CERDDI GWENALLT:
Y CASGLIAD CYFLAWN

Cerddi Gwenallt:
Y Casgliad Cyflawn

Golygwyd gan
Christine James

Argraffiad cyntaf—2001

ISBN 1 85902 898 5

ⓗ y cerddi: Nel Gwenallt a Gwasg Gomer
ⓗ y golygiad hwn, y rhagymadrodd a'r nodiadau: Christine James

Cedwir pob hawl. Ni chaniateir atgynhyrchu unrhyw ran o'r cyhoeddiad hwn na'i gadw mewn cyfundrefn adferadwy na'i drosglwyddo mewn unrhyw ddull na thrwy unrhyw gyfrwng electronig, electrostatig, tâp magnetig, mecanyddol, ffotogopïo, recordio, nac fel arall, heb ganiatâd ymlaen llaw gan y cyhoeddwyr, Gwasg Gomer, Llandysul, Ceredigion.

Dymuna'r cyhoeddwyr gydnabod cymorth
Adrannau Cyngor Llyfrau Cymru.

Cyhoeddir gyda chymorth Cyngor Celfyddydau Cymru.

Argraffwyd gan
Wasg Gomer, Llandysul, Ceredigion SA44 4QL

CYNNWYS

RHAGAIR   xv

RHAGYMADRODD   xvii

AWDLAU
1. Y Mynach   3
2. Y Sant   25
3. Breuddwyd y Bardd   47

YSGUBAU'R AWEN
4. Yr Angylion a'r Gwragedd   61
5. Y Twrch Trwyth   63
6. Adar Rhiannon   64
7. Myfyrdod   65
8. Y Ffwlbart   66
9. Beddau   67
10. Gwlad Adfeiliedig   68
11. Y Bardd a'r Beirniad Olaf   69
12. Cymru   70
13. Ar Gyfeiliorn   72
14. Y Gristionogaeth   73
15. Y Crwydraid Ysbryd (*Ausonius*)   75
16. Cusan (*Petronius Arbiter*)   75
17. Cwsg (*Petronius Arbiter*)   76
18. Plant Bethlehem (*Prudentius*)   76
19. Horas Lawryfog (*Goliardi*)   77
20. Call yw Cellwair (*Goliardi*)   78
21. Yr Ysgolor Tlawd (*Goliardi*)   80
22. Cyffes y Golias (*Goliardi*)   81
23. Ni, Grwydriaid (*Goliardi*)   82
24. Balâd yr Arglwyddesau (*François Villon*)   84
25. Balâd yr Arglwyddi (*François Villon*)   85
26. Hwyrgan y Crwydryn (*Goethe*)   86
27. Duw (*Rilke*)   86
28. Homer   87
29. Hesiod   87
30. Heracleitos   87
31. Dewis   88
32. Mwyniant Merched   88
33. Hen Ferch   88
34. Beddargraff Priodasferch   88

35.	Beddargraff y Gweithiwr Dur	88
36.	Gwanc yr Angau	89
37.	Beddargraff Amaethwr	89
38.	Ymson yr Arch	89
39.	Beddargraff Morwr	89
40.	Cysur	89
41.	Beddargraff Arwyr	90
42.	Atgyfodiad Lasarus	90
43.	Beddargraff Gŵr Cyfoethog	90
44.	Beddargraff Gwroniaid	90
45.	Beddargraff Gwraig Enwog	90
46.	Golud Marwolaeth	91
47.	Ffordd y Bedd	91
48.	Delw Alecsander Fawr	91
49.	Adfeilion Hen Ddinas	91
50.	Marwolaeth y Claf	91
51.	Henaint	92
52.	Cuddio Bai	92
53.	Cyflymder Bywyd	92
54.	Hen Butain	92
55.	Hen Ferch yn Ymbincio	92
56.	Beddargraff Milwyr	93
57.	Beddargraff Morwr	93
58.	Beddargraff Anwireddus	93
59.	Y Beddau	93
60.	Barddoniaeth	93
61.	Englyn Cysur i Mr W. J. Richards	94
62.	Beddargraff Mr Dafydd Nicolas	94
63.	Er Cof am Mr Oliver Jones	94
64.	Er Cof am Mrs Davies	96
65.	Er Cof am Mr Idwal Jones, BA	97
66.	Yr Awen	98
67.	Cymru	98
68.	Yr Iliad	99
69.	Iwerddon	100
70.	Fy Nhad	100
71.	Cariad	101
72.	Jwdas Iscariot	101
73.	Cyfaill o Fardd	102
74.	Dante	102
75.	Pechod	103
76.	Yr Eglwys	104
77.	Ann Griffiths	104
78.	Sir Gaerfyrddin	105

79.	*Golden Grove*	105
80.	Y Lleianod	106
81.	Cymru	106
82.	Cnawd ac Ysbryd	107
83.	Golff	107
84.	Pantycelyn	108
85.	Y Saeson	108
86.	Natur	109
87.	Fenis	109
88.	Fenws a'r Forwyn Fair	110
89.	Y Gwaredwr	110
90.	Y Duwdod	111
91.	Cerddoriaeth	111
92.	Yr Anghrist a'r Crist	112
93.	Saunders Lewis	112
94.	Y Rhufain Newydd	113
95.	Sir Forgannwg	113
96.	Y Sarff	114

CNOI CIL

97.	Y Cymun	117
98.	Heulwen y Pasg	118
99.	Y Nadolig	119
100.	Ewrob	120
101.	Yr Iddewon	121
102.	Testament yr Asyn	122
103.	Datblygiad	124
104.	Dyngarwch	124
105.	Y Comiwnyddion	124
106.	Yr Hen Fyd Newydd	125
107.	Anllygredigaeth	125
108.	Gorffennol Cymru	126
109.	Cymru a'r Rhyfel	128
110.	Nant-y-moch	130
111.	Gandhi	131
112.	Corff ac Ysbryd	131
113.	Rwsia	132
114.	Dartmoor	132
115.	Llundain	133
116.	Cymru Victoria	133
117.	Ofnau	134
118.	Gweithwyr Deheudir Cymru	134
119.	Cwm Rhondda	135
120.	Dyn	135

EPLES

121.	Y Meirwon	139
122.	Rygbi	140
123.	Y Dirwasgiad	141
124.	Cymdogion	142
125.	Morgannwg	143
126.	Colomennod	144
127.	Y Morgrug	145
128.	Y Paun	146
129.	'Sul y Fferm'	146
130.	Rhydcymerau	148
131.	D. J. Williams, Abergwaun	150
132.	Sir Forgannwg a Sir Gaerfyrddin	152
133.	Rhiannon	153
134.	Cymru	154
135.	Er Cof am Ddafydd Lewis, Gwasg Gomer	154
136.	T. Gwynn Jones	155
137.	Iarll Dwyfor	158
138.	Prosser Rhys	159
139.	Llydaw	160
140.	Y Draenog	161
141.	Y Sipsi	162
142.	Dyn	163
143.	Narcisws	164
144.	Plentyn	165
145.	Cymun yr Arglwyddes	166
146.	Y Ddwy Efa	166
147.	Yr Anifail Bras	167
148.	Yr Eglwys	168
149.	Amser	169
150.	Y Calendr	170
151.	Cwmyreglwys	171
152.	Y Pensaer	172
153.	Lasarus	173
154.	Y Swper Olaf	174
155.	Ceiliog y Gwynt	174
156.	Cip	175
157.	Mair a'r Milwr	176
158.	Y Merthyron	178
159.	Yr Eryrod	180
160.	Dewi Sant	182
161.	Plant yr Almaen	184
162.	F. R. Könekamp	185

163.	I Offeiriad y Dinistriwyd ei Eglwys gan Fom	
	(*Reinhold Schneider*)	187
164.	München	188
165.	Oberammergau	189
166.	Bach	190

GWREIDDIAU

167.	Gwreiddiau	195
168.	Yr Awen	196
169.	Yr Hen Emynau	197
170.	Gwlad ac Ynys	198
171.	Dewis	199
172.	Y Drws	200
173.	Y Maen Rhwystr	201
174.	Y Pedwar Amser	202
175.	Newid Byd	203
176.	Epigramau	204
177.	Y Genedl	217
178.	Llywelyn ein Llyw Olaf	218
179.	Yr Hen Ŵr o Bencader	219
180.	Cwm Tryweryn	220
181.	Dinbych-y-pysgod	221
182.	Y Tipiau	222
183.	Owain Glyndŵr	223
184.	Cymru	225
185.	Y Capel yn Sir Gaerfyrddin	226
186.	Cartrefi'r Gweithiwr	227
187.	Sir Benfro	228
188.	Yr Esgob William Morgan	229
189.	Ynys Cyprus	230
190.	Albert Schweitzer	231
191.	Beirdd a Llenorion Ewrob	232
192.	Jesebel ac Elias	233
193.	Yr Alarch	260
194.	Y Lawnt	261
195.	Gardd	262
196.	Panther y Sŵ (*Rilke*)	263
197.	Arachne	264
198.	Promethews	265
199.	Duw	266
200.	Yr Awyren Fôr	267
201.	Amser	268
202.	Yr Eglwysi	269

203.	Dwy Ffordd	270
204.	Dwst y Garreg	271
205.	Dŵr	272
206.	Doniau	273
207.	Y Bws Trydan	274
208.	Barabbas	275
209.	Lasarus	276
210.	Y Grawys	277
211.	Corff Crist	278
212.	Noswyl yr Holl Eneidiau	278
213.	Nadolig 1955	279
214.	Y Groglith	280
215.	Sul y Pasg	281
216.	Disgyblion Didymus	282

Y COED

217.	Sir Gaerfyrddin	285
218.	Trychineb Aber-fan	288
219.	Emyr Llewelyn Jones	292
220.	Er Cof am yr Athro Emeritws E. D. T. Jenkins	294
221.	John Edward Daniel	296
222.	Dr Llewelyn Rhys-Jones	298
223.	Pwysigrwydd	299
224.	Cwm Rhondda	300
225.	Catholigrwydd	302
226.	Moderniaeth	303
227.	Y Cloc	304
228.	Cyfanrwydd	305
229.	Yr Asyn	306
230.	Arddangosfa'r Llyfrgell	307
231.	Gardd	308
232.	Cyfeillion	310
233.	Y Bardd	312
234.	Y Sosialwyr	312
235.	Yr Hen Ŵr Ifanc	313
236.	Y Ddaear	314
237.	Yr Adar Rheibus	315
238.	Epigramau	316
239.	Y Gwawn	317
240.	Owain Glyndŵr	318
241.	Canaan	320
242.	Bethlehem	321
243.	Ffynnon Nasareth	322
244.	Cana Galilea	323

245.	Bethania	324
246.	Mynydd y Gwynfydau	325
247.	Yr Olewydden	326
248.	Gardd Gethsemane	327
249.	Y Dafarn	328
250.	Eglwys y *Dominus Flevit*	329
251.	Eglwys y *Pater Noster*	330
252.	Eglwys yr Holl Genhedloedd	331
253.	Mosg Al-Aqsa	332
254.	Wal yr Wylofain	333
255.	Y Wal Wylofus	334
256.	Môr Galilea	334
257.	Dau Wareiddiad	335
258.	Y Cymun	336
259.	Gweithdy'r Saer	337
260.	Swper yr Arglwydd	338
261.	Gabriel	339
262.	Magdala	340
263.	Jwdas	341
264.	Ioan Marc	342
265.	Pedr	343
266.	Sacheus	344
267.	Luc	346
268.	Simon Selotes	347
269.	Yr Iddewon	348
270.	Y Coed	349
271.	Soned i Orffews (*Rilke*)	351
272.	Dinistr Senacherib (*Byron*)	352
273.	Y Cymun Bendigaid (*Heber*)	353

CERDDI YCHWANEGOL

274.	Y Friallen	357
275.	Ufudd-dod	359
276.	Llofrudd yr Eos	361
277.	Yr Ysmociwr	362
278.	Yr Ysmociwr	363
279.	Y Nadolig	364
280.	Pwlpud Cymru	365
281.	Y Glöwr	366
282.	Awrlais y Capel	368
283.	Gwanwyn	368
284.	Er Cof am fy Nghyfaill Annwyl, Mr Oliver Jones	369
285.	I'm Rhieni—Aberth	370
286.	Ynys Enlli	371

287.	Gofyn Oed yn y Noson Lawen—A'r Ateb	376
288.	[Cyfarch y Bardd Buddugol]	378
289.	Y Di-waith	378
290.	Cyfnos a Gwawr	379
291.	Lili a Rhos	386
292.	Hiraethgan Natur	390
293.	[Tir Gobaith]	391
294.	[Gwae Fi]	394
295.	[Tristwch]	394
296.	Yr Hen Darw	395
297.	Plas Grug	396
298.	Er Cof am 'Ferch y Bryniau'	397
299.	Y Gwynt	398
300.	Y Gân Goll	399
301.	Fy Nhad	400
302.	Yr Angau	401
303.	[Cyfarch D. Ernest Williams]	401
304.	Lottie	402
305.	Yr Eira	402
306.	Yr Hen Amser Gynt	403
307.	Pobol y Blaid	404
308.	Alltudiaeth	405
309.	Cyfaill o Fardd	405
310.	Sir Forgannwg	406
311.	Rhufain	406
312.	Y Lleianod	407
313.	Yr Awen	407
314.	Distawrwydd	408
315.	Diniweidrwydd	408
316.	Maddeuant	409
317.	Gollyngdod	410
318.	Y Llais	410
319.	Y Dref	411
320.	Y Tir	411
321.	Hiraeth	412
322.	Emyn	413
323.	Emyn Cenedlaethol	414
324.	Ieuenctid	415
325.	Yr Awen	416
326.	Serch	416
327.	Gorfodaeth Filwrol	417
328.	[Cofio Cymdeithas]	417
329.	[I'r Gweddwon]	417

330.	Y Gweithfeydd Segur	418
331.	I Norah Isaac	419
332.	Y Deyrnas	420
333.	Jesebel ac Elias (Darn)	422
334.	Disgyblion Didymus	424
335.	Cyfarch Alun yn 70	425
336.	Nadolig	426
337.	*Magnificat*	427
338.	Y Ffurfafen	427
339.	Tegwch (*John Masefield*)	429
340.	Y Gôt (*Goliardi*)	429
341.	Cân Serch Aderyn (*Goliardi*)	430
342.	[Cyffes y Golias] (*Goliardi*)	430
343.	Plismyn Pen-ffwrn (*W. S. Gilbert*)	431
344.	Y Ferch o Gydweli	432
345.	Cân Fuddugol Walther (*Wagner*)	434
346.	Tyrd Ferch i'r Goedwig (*J. S. Bach/Picander*)	435
347.	I'r Tragwyddol (*Schubert/Klopstock*)	436
348.	I Garcharorion yr Iaith (*Padraic Pearse*)	437

NODIADAU

	'Y Mynach'	441
	'Y Sant'	450
	'Breuddwyd y Bardd'	457
	Ysgubau'r Awen	464
	Cnoi Cil	504
	Eples	518
	Gwreiddiau	555
	Y Coed	598
	Cerddi Ychwanegol	643

BYRFODDAU   673

RHAGAIR

Dyletswydd ddymunol yw cydnabod cymorth a chyfraniad llawer un yn y gwaith o baratoi'r gyfrol hon. Rhaid diolch yn gyntaf i Mrs Nel Gwenallt a'r teulu ac i Wasg Gomer am ymddiried y dasg i'm gofal, ac am eu hamynedd tra oeddent yn disgwyl imi fynd â'r maen i'r wal. Rhaid cydnabod hefyd ran allweddol yr Athro Hywel Teifi Edwards yn y weledigaeth gychwynnol, a diolch iddo am ei ddiddordeb yn y gwaith a'i anogaeth ddihafal ar hyd y ffordd.

Mae arnaf ddyled fawr i'm cyfeillion a'm cydweithwyr yn Adran y Gymraeg, Prifysgol Cymru, Abertawe, ac yn arbennig yr Athro Dafydd Johnston, Mr Robert Rhys a Dr Cynfael Lake, ynghyd ag ysgrifenyddes yr Adran, Mrs Gaynor Miles. Ymhlith llawer o unigolion eraill y cefais gymorth amrywiol ganddynt y mae Mr Elgan Philip Davies, Mrs Non ap Emlyn, Mrs Mary Burdett-Jones, Dr Ceri Davies, Mr P. J. Donovan, Dr Rhidian Griffiths, Mr Geraint H. James, yr Athro R. M. Jones, Mr Dafydd Rowlands a Mrs Dianne Thomas, a charwn ddiolch yn ddiffuant iddynt i gyd.

Hoffwn gydnabod yn ddiolchgar gymorth parod staff amryw o lyfrgelloedd, gan gynnwys Llyfrgell Genedlaethol Cymru, Llyfrgell Prifysgol Cymru, Abertawe, a Llyfrgell Prifysgol Cymru, Caerdydd. Manteisiais hefyd ar wybodaeth staff Geiriadur Prifysgol Cymru ac ar brofiad adran olygyddol Cyngor Llyfrau Cymru.

Cyhoeddwyd llawer o'r cerddi ychwanegol a welir yn y gyfrol hon mewn cylchgronau a chyfnodolion a chydnabyddir y ffynonellau yn llawn yn y nodiadau i'r cerddi unigol.

Rwyf yn ddyledus i staff Gwasg Gomer am eu gwaith glân a gofalus, ac i swyddogion y Wasg, yn enwedig Ms Bethan Mair am ei chyngor a'i harweiniad.

Yn olaf, braint yw cael diolch i'm teulu—i'm gŵr, Wyn, am ei gefnogaeth gyson, ei gyngor doeth a'i gymorth ymarferol; ond hefyd i'r plant, Eleri, Emyr ac Owain, am ganiatáu imi dreulio cymaint o amser dros fy mhapurau a'm llyfrau, ac i Mam am ymgymryd â chynifer o bethau ar fy rhan. Hebddynt, ni fyddai'r llyfr hwn wedi gweld golau dydd.

Christine James
Medi 2000

RHAGYMADRODD

Gwenallt oedd un o'r mwyaf toreithiog o holl feirdd Cymraeg yr ugeinfed ganrif—y ganrif fwyaf toreithiog ei chynnyrch, o bosibl, yn holl hanes ein llên hyd yma—a gosodwyd sawl label ar ei awen gynhyrchiol dros y blynyddoedd. Fe'i cyfarchwyd yn gofiadwy ar gywydd gan Thomas Parry fel 'Y bardd bach uwch beirdd y byd', llinell sydd yn pwysleisio'r cyferbyniad rhwng maint corfforol y dyn a'i fawredd fel bardd.[1] Yn ôl J. E. Meredith, Gwenallt oedd 'bardd Cristionogol mwyaf Cymru er dyddiau Ann Griffiths; . . . un o'r beirdd crefyddol mwyaf yn hanes llenyddiaeth Cymru'.[2] Fe'i dyfarnwyd hefyd yn 'ben-ddehonglydd Cymraeg y proletariat diwydiannol',[3] ac yn ôl un adolygydd Saesneg, ef oedd 'the most truly national poet that Wales has produced this century'.[4] Ac yn ei ffordd nodweddiadol bryfoclyd a threiddgar, datganodd R. M. Jones mai Gwenallt oedd 'bardd mwyaf anlabeladwy Cymru yn yr ugeinfed ganrif'.[5]

'[D]ylanwad y cynefin yw'r dylanwad trymaf ar bawb ohonom', meddai Gwenallt wrth drafod gwaith Kate Roberts,[6] ac mewn corff sylweddol o ganu sydd yn rhychwantu cyfnod o dros hanner canrif, ynghyd â nifer o weithiau rhyddiaith arwyddocaol, dehonglodd Gwenallt ar ein cyfer y cynefin hwnnw a fu'n gymaint dylanwad arno ef yn bersonol. 'Y duedd wrth edrych yn ôl ar gynefin o bellter y blynyddoedd', meddai mewn rhan arall o'r ysgrif honno, 'yw ei ddelfrydu a'i ramanteiddio; dangos y daioni a'r rhinweddau yn unig.'[7] Ond os yw awdur a'i gynulleidfa fel ei gilydd yn ymwybodol o'r camystumio a all gyd-fynd â syllu'n ôl dros ysgwydd y blynyddoedd, nid oes dwywaith nad trwy osod ei waith yng nghyd-destun ei gynefin y ceir yr olwg fwyaf cyfannol ar farddoniaeth Gwenallt.[8]

---

[1] Thomas Parry, 'Gwenallt', cywydd a ddarllenwyd mewn cyfarfod yng Ngholeg Prifysgol Cymru, Aberystwyth, i ddymuno'n dda i'r bardd ar ei ymddeoliad, 7 Mai 1966; gw. *Y Traethodydd*, 124 (Ebrill 1969), 90–1. Dyfynnu llinell agoriadol marwnad adnabyddus William Llŷn i Gruffudd Hiraethog a wnaeth Thomas Parry yn y llinell honno o'i gywydd; gw. *The Oxford Book of Welsh Verse*, gol. Thomas Parry (Rhydychen, 1962), 203.
[2] J. E. Meredith, *Gwenallt: Bardd Crefyddol* (Llandysul, 1974), 53.
[3] R. M. Jones, *Llenyddiaeth Gymraeg 1936–1972* (Llandybïe, 1975), 17.
[4] [Dienw], 'God's light on a wilderness', *Times Literary Supplement*, 11 Medi 1969, 999.
[5] R. M. Jones, *Llenyddiaeth Gymraeg 1936–1972*, 25.
[6] D. Gwenallt Jones, 'Y Ddwy Wraig', *Kate Roberts: Cyfrol Deyrnged*, gol. Bobi Jones (Dinbych, 1969), 159.
[7] *ibid.*, 145. Cf. sylw Gwenallt wrth drafod gwaith D. J. Williams: 'Ni all unrhyw lenor, ar ôl bod am flynyddoedd lawer o'i fro, ei disgrifio hi yn union fel yr oedd hi yng nghyfnod ei fachgendod. Y mae'r blynyddoedd rhyngddo ef a hi'; 'Y Fro: Rhydcymerau', yn *D. J. Williams, Abergwaun: Cyfrol Deyrnged*, gol. J. Gwyn Griffiths (Llandysul, 1965), 119.
[8] Mewn darlith a oedd i egluro 'Cefndir Meddwl fy Marddoniaeth', nododd Gwenallt mai ' "y cynefin" sydd yn bwysig, nid fy mhrofiadau i yn y cynefin hwnnw'; gw. 'Y Bardd a'i Fro', atodiad *Y Gwrandawr, Barn*, 68 (Mehefin 1968), vi; cf. nodiadau Gwenallt yn LlGC 21754E (Papurau Gwenallt), ff.2.

Bydd dyn wedi troi'r hanner-cant yn gweld yn lled glir
Y bobl a'r cynefin a foldiodd ei fywyd e',

meddai'r bardd yn llinellau agoriadol 'Y Meirwon', un o'i gerddi mwyaf adnabyddus a'r gerdd yn wir, yn ôl ei dystiolaeth ef ei hun tua diwedd ei oes, a roddodd y boddhad mwyaf iddo wrth edrych yn ôl dros ei yrfa farddol.[9] Mewn gwirionedd mae'r dylanwadau a gyflwynir inni yn y gerdd hon trwy gyfres o ddelweddau ysgytwol o egr yn ategu'r hyn a ddywedasai'r bardd eisoes ar ryddiaith mewn ysgrif hunanddadansoddol a gyfrannodd i'r gyfrol *Credaf*.[10] Mae'r ysgrif honno yn agor â gosodiad syml: 'Y mae'r capel yr awn iddo mewn pentref diwydiannol.'[11] Yn y frawddeg dwyllodrus o anafaelgar hon mae Gwenallt nid yn unig yn enwi'r ddau ddylanwad pwysicaf ar ei fagwraeth gynnar y tu allan i gylch uniongyrchol y teulu, sef y gymuned grefyddol a'r gymuned ddiwydiannol, ond y mae hefyd yn crynhoi'n ddestlus y ddwy thema fawr sydd yn ymgordeddu trwy'r cwbl o'i waith creadigol, o'i waith cynharaf i'w ddarnau anorffen olaf, yn farddoniaeth a rhyddiaith fel ei gilydd, sef crefydd a diwydiant: ei ddehongliad o'i bererindod ysbrydol ef ei hun a'i olwg ar berthynas pobl â Duw, a'i ymateb i ddefnydd y ddynoliaeth o'r greadigaeth o'i chwmpas, gan gynnwys y tensiwn rhwng y bywyd amaethyddol a'r bywyd diwydiannol a grisialwyd iddo ef yn y cyferbyniad a welai rhwng sir Gaerfyrddin wledig, amaethyddol a Morgannwg boblog a diwydiannol.

Y pentref diwydiannol y cyfeiriodd Gwenallt ato ym mrawddeg agoriadol 'Credaf' yw Pontardawe, pentref sydd yn gorwedd yng ngwaelod Cwm Tawe, ryw wyth milltir i'r gogledd-ddwyrain o ddinas Abertawe. Yno y'i ganed ar 18 Mai 1899 mewn tŷ yn Wesley Terrace, yr hynaf o dri phlentyn Thomas a Mary Jones. Yn 1903, yn y cyfnod rhwng geni ei frawd John Llywelyn yn Chwefror 1901 a geni ei chwaer Elizabeth Anne yn Hydref 1905, symudodd y teulu i dŷ arall, yn Railway Terrace yn yr Alltwen, yr ochr arall i afon Tawe, ac yn y rhan fwy dymunol honno o'r pentref y magwyd Gwenallt. Yr enw a roddwyd ar y bychan oedd David James Jones, ond yn dilyn ei lwyddiant yn Eisteddfod Genedlaethol Abertawe yn haf 1926 mabwysiadodd yr enw barddol Gwenallt, enw a

---

[9] Gw. 121. 'Y Meirwon', n.

[10] *Credaf: Llyfr o Dystiolaeth Gristionogol*, gol. J. E. Meredith (Aberystwyth, 1943), 52–75. Cynnwys y gyfrol ddatganiadau personol gan ddeg o leygwyr o gylch Aberystwyth ynghylch eu ffydd, mewn cyfnod pryd yr oedd seiliau'r Eglwys Gristnogol yn cael eu siglo nid yn unig gan ryferthwy'r Ail Ryfel Byd, ond hefyd gan bob math o athroniaethau a dylanwadau eraill. Ailgyhoeddwyd datganiad Gwenallt, sydd yn dra dadlennol o safbwynt gwerthfawrogi ei waith fel bardd, yn *Gwenallt: Bardd Crefyddol*, gol. J. E. Meredith, 55–79, ac at yr argraffiad hwnnw y cyfeirir yn y drafodaeth a ganlyn.

[11] 'Credaf', yn *Gwenallt: Bardd Crefyddol*, 55.

luniwyd trwy drawsosod elfennau enw pentref ei fagwraeth, ac enw sydd ynddo'i hun yn crisialu perthynas arbennig y bardd hwn â'i gynefin.[12] Ar y berthynas rhwng pentref Pontardawe a'r Allt-wen, gadawer i Gwenallt ei hun esbonio:

> Pontardawe yw'r enw swyddogol ar yr holl bentre, ond i ni yn yr Alltwen [sic] Pontardawe oedd enw'r pentre ar lawr y dyffryn. Wrth edrych ar y Gwaith Dur a'r Gwaith Alcan a'u mwg a'u mwrllwch ym Mhontardawe, fe fydden ni, fechgyn, yn dweud wrth ein gilydd: 'Dyna dwll o le.'[13]

Dechreuasai cymoedd de-ddwyrain Cymru ddatblygu'n ganolfannau diwydiannol o bwys tua diwedd y ddeunawfed ganrif. Cyn hynny, mannau diarffordd, tawel, tlawd a gwledig oedd y rhain, a ffermio defaid yn brif alwedigaeth y boblogaeth brin. Erbyn diwedd y bedwaredd ganrif ar bymtheg, yn sgil twf y diwydiannau glo a haearn, a hefyd y diwydiannau alcan (tun) a chopr yn yr ardaloedd mwyaf gorllewinol, trawsnewidiwyd y cymoedd gwledig hyn yn gymunedau poblog, prysur a chosmopolitaidd, a gweithfeydd trwm wrth galon a chanol pob un.[14] Ar y dechrau cymunedau Cymraeg eu hiaith oedd y rhain, gan mai o ardaloedd cyffiniol y Gymru wledig y deuai'r rhan fwyaf o'r mewnfudwyr cyntaf i chwilio am waith yn Eldorado'r cymoedd; ond gydag amser daethant yn gynyddol seisnigedig wrth i fwyfwy o weithwyr fudo i dde Cymru o dros Glawdd Offa, ac o wledydd eraill.[15]

Mewn termau bras, proses a gychwynnodd yn y cymoedd mwyaf dwyreiniol ac a ledodd yn raddol tua'r gorllewin oedd y twf deublyg hwn mewn diwydiannaeth a phoblogaeth. Ar ochr orllewinol Maes Glo De Cymru y mae Cwm Tawe, ar ymyl dwyreiniol ardal y glo carreg. Roedd

---

[12] Ceir yr hanes yn Beth Owen, 'Cywiro Camsyniadau', *Taliesin*, 38 (Gorffennaf 1979), 90. Gollyngodd y 'James' o'i enw yn llwyr wedi hynny, ac arddel y ffurf D. Gwenallt Jones ar ei weithiau cyhoeddedig.

[13] LlGC 21754E (Papurau Gwenallt), ff.2.

[14] Er enghraifft, cynyddodd poblogaeth Cwm Rhondda, canolbwynt Maes Glo De Cymru, o 951 yn 1851 i 55,000 yn 1881. Er y bu peth cloddio ar lo bitwmen yng ngwaelodion Cwm Rhondda mor gynnar ag 1807, ni ddechreuwyd cludo glo ager, 'glo gorau'r byd', o'r cwm tan 1855. Erbyn 1874 roedd Cwm Rhondda yn cynhyrchu 2.1 miliwn o dunelli o lo y flwyddyn, ac erbyn 1884 codasai'r ffigur hwnnw i 5.5 miliwn. Gw. John Davies, *Hanes Cymru* (Penguin, 1990), 384 yml.

[15] Bu gostyngiad o 10% ym mhoblogaeth siroedd gwledig canolbarth Cymru yn y cyfnod rhwng 1850 a dechrau'r Rhyfel Byd Cyntaf, a phrofodd rhai plwyfi unigol ostyngiad o 40% neu ragor. Amcangyfrifir i 388,000 o bobl ymfudo o ardaloedd gwledig Cymru i rannau eraill o Brydain yn y cyfnod 1851–1911; yn yr un cyfnod, ymfudodd 320,000 o bobl i mewn i Faes Glo De Cymru. Gw. John Davies, *Hanes Cymru*, 386. Mae hanes plant mam-gu a thad-cu Gwenallt ar y ddwy ochr yn enghraifft dda o *diaspora* Cymry gwledig eu cenhedlaeth; gw. D. Gwenallt Jones, 'Y Fro: Rhydcymerau', 121–2.

patrwm datblygu'r rhan hon o'r maes glo braidd yn wahanol i hanes y cymoedd mwy dwyreiniol, yn bennaf am na thyfodd y farchnad am lo carreg ar raddfa fawr tan yr 1880au.[16] Er bod gwaith metel—copr, alcan a haearn—wedi datblygu yng Nghwm Tawe er cyfnod cymharol gynnar, parhâi diwydiant glo'r cwm ar raddfa gymharol fach ac yn un lleol ei natur hyd at chwarter olaf y bedwaredd ganrif ar bymtheg, gan dynnu ei weithwyr bron yn gyfan gwbl o siroedd Caerfyrddin a Brycheiniog cyfagos;[17] pan aned Gwenallt ym Mhontardawe yn niwedd y ganrif honno, roedd y gymuned yno'n bur Gymreig ei hiaith a'i hysbryd o hyd.[18]

Roedd teulu Gwenallt ei hun yn nodweddiadol o lawer o deuluoedd y pentref a'r cyffiniau y pryd hwnnw. Hanai ei fam a'i dad ill dau o deuluoedd a oedd â'u gwreiddiau'n bendant ddwfn ym mhridd sir Gaerfyrddin wledig. Ar fferm o'r enw Esgeir-ceir, ger Rhydcymerau y magwyd ei dad, y pumed o wyth o blant, a chan na allai 'fferm mor sâl, a fferm ar rent, gynnal yr holl blant ar ôl iddynt dyfu . . . yr oedd yn rhaid i rai ohonynt fynd dros y nyth'.[19] Hedfan dros y ffin i sir Forgannwg a wnaeth Thomas Ehedydd Jones, a glanio ym Mhontardawe yn gynnar yn 1894, wedi'i ddenu yno gan y llewyrch economaidd a gysylltid yn bennaf yn y cyfnod hwnnw ag enwau William Gilbertson a'i fab Arthur, dau *entrepreneur* lleol y diwydiant dur ac alcan.[20] Gwaith garddwr a gafodd Thomas Jones i ddechrau, swydd a weddai i'w gefndir amaethyddol, ond cyn hir mentrodd i'r gwaith dur ei hun a chael gwaith wrth y ffwrneisi, lle'r oedd y cyflogau dipyn yn uwch—peth digon pwysig i ŵr â'i feddwl ar fagu teulu. Ar 12 Mai 1894, yn Swyddfa Gofrestru Pontardawe, priododd Thomas Ehedydd Jones â Mary, merch fferm a aned yn Abergloideth, Llanfihangel-ar-arth yn sir Gaerfyrddin, ond a fu'n byw gyda'i theulu ar fferm Pwllcymbyd, yn yr un ardal â Thomas Ehedydd yng nghylch Rhydcymerau, am flynyddoedd cyn i'r ddau fentro o'u cynefin i fro'r 'gweithie'. Yno, ym Mhontardawe, yng nghanol y mwg a'r mwrllwch

---

[16] 2.2 miliwn o dunelli oedd holl gynnyrch glo carreg de Cymru yn 1900; gw. *The South Wales Coal Annual, 1915*; cymharer â'r ffigur hwn yr ystadegau am Gwm Rhondda yn unig yn n.14 uchod.

[17] Gw. J. H. Davies, *History of Pontardawe and District from Earliest to Modern Times* (Llandybïe, 1967), 52 yml.; Ieuan Gwynedd Jones, 'Y Ddinas a'i Phentrefi', yn *Cwm Tawe*, gol. Hywel Teifi Edwards (Llandysul, 1993), 81–104; Ioan Matthews, 'Maes y Glo Carreg ac Undeb y Glowyr 1872–1925', yn *Cof Cenedl VIII*, gol. Geraint H. Jenkins (Llandysul, 1993), 133–64. Yn ystod yr ugain mlynedd rhwng 1871 ac 1891, cynyddodd poblogaeth y pum plwyf sydd yn ffurfio dosbarth gwledig Pontardawe o 13,368 i 17,374. Erbyn 1911 codasai i 31,507.

[18] Yn 1911 roedd cymaint â 92.6% o boblogaeth dosbarth gwledig Pontardawe yn medru'r Gymraeg; gw. Ioan Matthews, 'Maes y Glo Carreg ac Undeb y Glowyr 1872–1925', 146.

[19] D. Gwenallt Jones, 'Y Fro: Rhydcymerau', 121.

[20] J. H. Davies, *History of Pontardawe*, 59–65. Parhaodd y teulu hwn yn ddylanwad mawr ym mywyd diwydiannol y cylch hyd 1950, pryd yr ymddeolodd yr olaf o feibion Arthur Gilbertson.

a wnâi'r pentref yn 'dwll o le' yng ngolwg Gwenallt a'i gyfeillion ifainc, byddai ei rieni, fel cynifer o'u cymdogion, yn treulio'u horiau hamdden 'yn hel eu hatgofion am eu bro enedigol, ac yn sôn am eu hiraeth amdani, gan freuddwydio am ymfudo yn ôl iddi ar ôl ymddeol o'u gwaith'.[21]

Ei fagwraeth yn yr awyrgylch hwn a sefydlodd ym meddwl y Gwenallt ifanc y myth cryf a chynhaliol am baradwys o sir Gaerfyrddin wledig, gyfoethog ei thraddodiadau, myth a gadarnhawyd gan ei ymweliadau idylaidd â'r fro yn fachgen ysgol i gynorthwyo â'r cynaeafau gwair a llafur ar ffermydd y tylwyth yno. Ac er i'w rieni sôn hefyd ar yr aelwyd yn yr Allt-wen am galedi bywyd y wlad, a'r cyni a'u gyrasai oddi yno i Forgannwg ddiwydiannol,[22] nid amharodd hynny ddim ar yr anwyldeb at yr hen sir a fegid yn eu cartref nac ar y myth a fwydid gan yr anwyldeb hwnnw. Yng ngeiriau Gwenallt ei hun, 'Nid y cof yn unig sydd yn bwysig. Ni ellir ysgaru hwnnw oddi wrth y dychymyg, y serchiadau a'r syniadau.'[23]

Eithr cam dybryd â rhieni Gwenallt a'r mewnfudwyr eraill i Bontardawe a'r pentrefi diwydiannol eraill ar draws y maes glo, fyddai eu darlunio'n glytiau llipa o hiraeth, yn bresennol yn y cnawd ond â'u hysbryd yn annatod glwm wrth eu gwreiddiau ymhell dros y ffin:

> Nid breuddwydio a hiraethu yn unig a wnaethant yn y pentrefi diwydiannol, ond gwneud eu rhan yn anrhydeddus yng ngwaith y Capeli ac ym mywyd y cylch, a chyda'r canu a'r barddoni yn y *penny readings* a'r Eisteddfodau; a thraddodi i ni, y meibion a'r merched, eu Cristionogaeth Galfinaidd a'u diwylliant yn etifeddiaeth.[24]

Cafodd Gwenallt fagwraeth grefyddol a diwylliannol ddigon nodweddiadol o'r cyfnod. Methodistiaid Calfinaidd oedd ei rieni, ac oherwydd nad oedd gan yr enwad hwnnw addoldy yn yr Allt-wen cerddai'r teulu'r filltir o'u cartref i gapel Soar, Pontardawe, lle'r oedd Thomas Ehedydd Jones yn ddiacon. Ym mharagraff cyntaf ei ysgrif 'Credaf', ymhelaetha Gwenallt ar y cyfarfodydd a'r gweithgareddau eraill a fynychai yn Soar yn ystod ei blentyndod a'i lencyndod:

> Awn bob Sul i gyfarfod y bore; yn y prynhawn i'r Ysgol Sul; i'r cyfarfod pump, cyfarfod i ddysgu'r ifainc i weddïo yn gyhoeddus; i gyfarfod yr hwyr; i'r Ysgol Gân; bob wythnos i'r cyfarfod gweddi a'r seiat; i'r plygain fore'r

---

[21] D. Gwenallt Jones, 'Y Fro: Rhydcymerau', 124. Mynegi hiraeth y genhedlaeth honno o ymfudwyr o'r wlad a wnaeth Gwenallt yn ei soned gyfarwydd, 'Sir Gaerfyrddin'; teitl gwreiddiol y gerdd oedd 'Gwŷr Sir Gaerfyrddin, *wrth y Sir*'; gw. 78. 'Sir Gaerfyrddin'.
[22] D. Gwenallt Jones, 'Y Fro: Rhydcymerau', 124.
[23] *ibid.*, 119.
[24] *ibid.*, 124.

Nadolig; i wythnos gyfan o gyfarfodydd gweddi'r wythnos gyntaf yn Ionawr; eistedd yr Arholiadau Ysgrythurol; a mynd ar drip yr Ysgol Sul yn yr haf i lan y môr.[25]

At y rhestr hon gellir ychwanegu hefyd gyfarfodydd y *Band of Hope* a'r Cwrdd Dirwestol a gynhelid yn wythnosol ar nos Lun.[26] Er mor ddieithr y bydd yr arlwy hon o gyfarfodydd crefyddol i brofiad y rhan fwyaf o ddarllenwyr cyfoes, rhaid pwysleisio nad oedd yn eithriadol o gwbl yn y cyfnod a ragflaenodd y Rhyfel Byd Cyntaf, yn arbennig yn sgil Diwygiad 1904–05, ac ni wna'r rhestr ond dangos dylanwad allweddol a hollbresennol y capel Anghydffurfiol ym mywyd Cymru ar y pryd.[27]

Yn ogystal â gweithgareddau crefyddol, roedd Pontardawe yn ferw o ddigwyddiadau diwylliannol eraill o bob math yn y cyfnod hwn; mae'r papur lleol, *Llais Llafur*, yn frith o hysbysebion am ddarlithiau, eisteddfodau, dramâu a chyngherddau ymhlith amryw o bethau eraill,[28] a rhoddodd Gwenallt ei hun grynodeb o ddiwylliant cerddorol cyfoethog y pentref y pryd hwnnw yn y rhestr ganlynol:

> . . . 'roedd yno gorau, côr cymysg, côr plant, côr meibion; 'roedd y plant yn canu operetau, a'r rhai hŷn yn canu operâu fel 'Mikado', 'Ffaust', ac yn y blaen, wedyn canu cantatas gan Handel, Mozart, Brahms, Mendelssohn, Haydn. 'Roedd bandiau pres yno, pob math o gyngherddau—Sacred Concerts, Organ Recitals, Benefit Concerts, Grand Concerts, Miscellaneous Concerts, Carol Service, Brass Band Contest—'roedd y lle yn llawn canu.[29]

Yn y capeli yn aml y llwyfennid yr achlysuron hyn—roedd gan Soar, Pontardawe, gryn enw am ei weithgareddau cerddorol, er enghraifft—neu yn Neuadd Gyhoeddus fawreddog y pentref a agorwyd yn 1909 gan y gantores fyd-enwog Adelina Patti a oedd â'i chartref yng nghastell Craig-y-nos ym mlaenau Cwm Tawe. Mae'r bwrlwm hwn o weithgarwch amrywiol, o'i gymryd ynghyd, yn ddigon nodweddiadol o Anghydffurfiaeth

---

[25] 'Credaf', yn *Gwenallt: Bardd Crefyddol*, 55; cf. Gwenallt, 'Y Bardd a'i Fro', vi.

[26] Gwenallt, 'Y Bardd a'i Fro', vi.

[27] Ar fywyd crefyddol Cymru a rôl y capel Anghydffurfiol ym mywyd y genedl yn y chwarter canrif cyn dechrau'r Rhyfel Byd Cyntaf, gw. R. Tudur Jones, *Ffydd ac Argyfwng Cenedl: Hanes Crefydd yng Nghymru 1890-1914* (2 gyfrol; Abertawe, 1981 ac 1982).

[28] Am ddarlun clir o gyfoeth y diwylliant amrywiol hwn yng nghyfnod llencyndod Gwenallt, gw. T. J. Morgan, 'Cefndir Gwenallt', *Y Traethodydd*, 124 (Ebrill 1969), 97–101. Atgynhyrchwyd yr ysgrif honno yn ei gyfrol *Diwylliant Gwerin* (Llandysul, 1972), ac mae dwy arall o ysgrifau'r gyfrol honno, sef 'Diwylliant Gwerin' (tt.7–84) a 'Beirdd Eisteddfodol Cwmaman a Chwmtawe' (tt.85–116) yn dra gwerthfawr wrth geisio dehongli cynefin diwylliannol Gwenallt.

[29] Gwenallt, 'Y Bardd a'i Fro', vi. Cf. y prysurdeb—a'r llwyddiant—cerddorol yng Nghwm Tawe mewn cyfnod cynharach a ddisgrifir gan Rhidian Griffiths, 'Dau Gôr', yn *Cwm Tawe*, gol. Hywel Teifi Edwards, 188–98.

Gymreig a'i diwylliant cysylltiedig pan oedd y rheini ar eu hanterth yn niwedd y bedwaredd ganrif ar bymtheg a dechrau'r ugeinfed.[30]

Peth arall a nodweddai ddiwylliant pentrefi cymoedd diwydiannol de Cymru yn nechrau'r ugeinfed ganrif oedd gweithgarwch gwleidyddol, ac nid oedd Pontardawe yn eithriad yn hyn o beth. Ymddengys mai'r hyn a daniodd ddiddordeb Gwenallt mewn gwleidyddiaeth oedd y streic ym mhwll glo cyfagos Tarenni-Gleision yn 1910.[31] Ar y pryd, roedd y streic a'i chyffro cysylltiedig yn dipyn o sbort i fachgen ifanc, ond ymhen rhai blynyddoedd, ac yntau bellach tuag un ar bymtheg oed, dechreuodd Gwenallt holi '[P]aham yr oedd streic? Beth yr [sic] oedd y tu ôl i streic?'[32] Nid holi mewn gwagle a wnaeth, oherwydd yn yr union gyfnod hwn bu'r cymoedd diwydiannol yn dyst i dwf cyflym yn y Blaid Lafur ac mewn mudiadau o blaid diwygio cymdeithasol, mewn Sosialaeth a Chomiwnyddiaeth, wrth i'r to iau gefnu ar y Rhyddfrydiaeth radicalaidd a nodweddai Anghydffurfiaeth eu rhieni. Daeth cyfundrefnau gwleidyddol ac economaidd yn bwnc trafod brwd, a chynhelid dosbarthiadau a darlithiau ym Mhontardawe, fel mewn mannau eraill ar draws y maes glo, er ceisio hyrwyddo—a hefyd, weithiau, i wrthsefyll—yr athroniaethau 'newydd'. Yn yr hinsawdd wleidyddol chwyldroadol hon, dechreuodd Gwenallt edrych ar amgylchiadau'r gymdeithas o'i gwmpas trwy lygaid newydd, a chael 'sioc a siom'.[33] Yn 'Credaf' dehonglodd yr hyn a welodd mewn ieithwedd a etifeddasai o'i fagwraeth Anghydffurfiol:

> 'Roedd y cyfalafwyr yn debyg i'r Ysgrifenyddion, a'r crefyddwyr i'r Phariseaid, ond â gwerin gwlad, yn ei chwys a'i llafur, ei thlodi a'i chyni, yr oedd cydymdeimlad Crist . . . Y tu allan i'r Eglwys, yn y Blaid Lafur a'r mudiadau cymdeithasol, yr oedd y gwir Gristionogion.[34]

Teimlai nad oedd y grefydd Anghydffurfiol, a oedd yn rym mor amlwg yn niwylliant y gymdeithas o'i gwmpas, yn ymateb yn ddigonol i broblemau'r gymdeithas honno. 'Nid oedd gan y Diwygiad [sef Diwygiad 1904–05] ddim i'w gynnig i weithwyr', meddai.[35] Roedd y capeli'n rhy 'arallfydol' eu hosgo i roi sylw i anghenion eu haelodau yn y byd hwn, a thrwy ymosod ar seiliau athronyddol Comiwnyddiaeth a Sosialaeth, ni wnaent

---

[30] Am ddarlun manwl o'r bwrlwm llenyddol a nodweddai gwm cyfagos yn yr un cyfnod yn fras, gw. Huw Walters, *Canu'r Pwll a'r Pulpud: Portread o'r Diwylliant Barddol Cymraeg yn Nyffryn Aman* (Cyhoeddiadau Barddas, 1987).
[31] Gw. 'Credaf', yn *Gwenallt: Bardd Crefyddol*, 55–6; Gwenallt, 'Y Bardd a'i Fro', vi.
[32] Gwenallt, 'Y Bardd a'i Fro', vi.
[33] Gw. 'Credaf', yn *Gwenallt: Bardd Crefyddol*, 56.
[34] *ibid.*
[35] LlGC 21754E (Papurau Gwenallt), ff.4v.

ond cynnal y drefn gyfalafol a orthrymai'r gweithwyr. 'Gwelais y
gwahaniaeth rhwng fy nhad fel gweithiwr ac fel gweddïwr cyhoeddus, y
gagendor rhwng y capel a'r gwaith dur',[36] meddai; sylweddoli'r bwlch hwn
rhwng bywyd beunyddiol y gweithiwr a'i grefydd a arweiniodd Gwenallt,
ac yntau bellach yn llanc dwy ar bymtheg oed, i fabwysiadu safbwynt y
Sosialydd Cristnogol ac ymuno â'r Blaid Lafur Annibynnol. Sonia am y
weledigaeth a'i harweiniodd i'r fan honno—gweledigaeth sydd, er ei
delfrydaeth, wedi'i hangori'n dynn wrth ei gynefin ym Mhontardawe:

> 'Rwy'n cofio mynd i ben Craig yr Allt-wen [sef y mynydd y tu cefn i'w
> gartref], a gweled yn y pellter uwch bae Abertawe y byd perffaith: yr
> Iwtopia: byd heb garchar, heb ryfel, heb dlodi, heb ormes ac anghyfiawnder,
> byd heddychlon, cyfiawn, rhydd a pherffaith.[37]

Ei argyhoeddiadau Sosialaidd, a fwydwyd gan ei ddarllen helaeth ar
lenyddiaeth Sosialaidd o bob math, gan gynnwys *Llais Llafur*, papur lleol
answyddogol y Blaid Lafur Annibynnol, ynghyd â'i aelodaeth o'r gangen
leol o'r blaid honno a dwy gymdeithas basiffistaidd, sef y Gymdeithas
Wrth-Gonsgripsiwn a Chymdeithas y Cymod,[38] a yrrodd Gwenallt i sefyll
fel gwrthwynebydd cydwybodol i'r Rhyfel Byd Cyntaf. Am iddo
wrthwynebu Deddf Gorfodaeth Filwrol, fe'i carcharwyd am y rhan fwyaf
o'r cyfnod rhwng Mai 1917 a Mai 1919, mae'n debyg, yn Dartmoor a
Wormwood Scrubs.[39] Cyn ei garcharu cawsai Gwenallt gwmni rhai o gyffelyb

---

[36] 'Credaf', yn *Gwenallt: Bardd Crefyddol*, 56–7. Ymhen blynyddoedd—a'i osgo at grefydd bellach yn llawer iawn mwy cadarnhaol nag yr ydoedd yn y cyfnod a drafodir yma—rhoddodd Gwenallt fynegiant cofiadwy i'r ddeuoliaeth a welsai, yn ei soned adnabyddus, 'Sir Forgannwg'; gw. 95. 'Sir Forgannwg'.

[37] LlGC 21754E (Papurau Gwenallt), ff.4–4v; atgynhyrchwyd yn J. E. Meredith, *Gwenallt: Bardd Crefyddol*, 19.

[38] Carcharwyd cynifer â phump o ddeuddeg aelod cangen Pontardawe o'r Blaid Lafur Annibynnol am iddynt wrthod mynd i'r Rhyfel, 'am ei fod yn rhyfel cyfalafol, rhyfel y marsiandiwyr a'r diplomyddion cudd'; Gwenallt, 'Y Bardd a'i Fro', vi. Sefydlwyd y gangen leol o Gymdeithas y Cymod gan ddau weinidog gyda'r Annibynwyr yn yr Allt-wen, sef W. J. Rees a Rees Rees. (Gyda'r Annibynwyr y bu Gwenallt yn addoli yn y cyfnod hwn, gan fod gweinidog y Methodistiaid Calfinaidd yn Soar, Pontardawe, sef y Parch. D. G. Jones, yn frwd o blaid y rhyfel; gw. 70. 'Fy Nhad', n.) Gw. ymhellach Dewi Eurig Davies, *Byddin y Brenin: Cymru a'i Chrefydd yn y Rhyfel Mawr* (Abertawe, 1988), 151–7.

[39] Gw. 114. 'Dartmoor', n. Mae nofel Gwenallt, *Plasau'r Brenin* (1934), yn tynnu ar brofiadau'r cyfnod hwnnw; credir yn gyffredin fod ei phrif gymeriad, Myrddin Thomas, yn adlewyrchu llawer o bersonoliaeth, cefndir a phrofiadau Gwenallt ei hun, ac na ddylid gorbwysleisio'r cyfatebiaethau ychwaith. Am drafodaeth olau ar y cyfnod hwn yn hanes Gwenallt, a'i berthynas â *Plasau'r Brenin*, gw. Gerwyn Williams, *Tir Neb* (Caerdydd, 1996), 69 yml.

Er bod y cronoleg braidd yn ddryslyd, ymddengys i Gwenallt dreulio peth amser wedi Mai 1917 yn llochesu ar ffermydd y tylwyth yng nghyffiniau Rhydcymerau, sir Gaerfyrddin, yn ffoadur rhag gwŷs yr awdurdodau i ymuno yn y rhyfel; gw. D. J. Williams, 'Gair o Goffa am Gwenallt a'i Gefndir', *Barn*, 75 (Ionawr 1969), 60, ynghyd ag R. Non Mathias, 'Bywyd a Gwaith

fryd iddo yn nosbarthiadau Marcsaidd gwrthwynebydd cydwybodol arall o'r enw Nun Nicholas,[40] a hefyd yn siop ddillad Griffith Davies ar sgwâr y pentref ym Mhontardawe—canolfan basiffistaidd answyddogol ond cydnabyddedig—a daeth yn gyfeillgar â brawd Griff, sef Albert Davies, un arall a garcharwyd yn yr un cyfnod oherwydd ei ddaliadau.[41]

Nid yn annisgwyl, efallai, yn wyneb ei brofiadau caled ei hun yn y carchar, ynghyd â'r dirmyg a'r erledigaeth a ddioddefodd ei dad yntau oddi wrth aelodau a gweinidog Soar oherwydd safiad Gwenallt,[42] ni bu'n hir cyn y trodd y Sosialydd Cristnogol yn Farcsydd anffyddiol:

> Yr oedd Marcsiaeth i ni yn llawer gwell efengyl na Methodistiaeth. Efengyl oedd hi; crefydd, a chrefydd gymdeithasol, ac yr oeddem yn barod i fyw drosti, i aberthu drosti, ie, a marw er ei mwyn, ond ni chodem fys bach dros Galfiniaeth. Yr oedd cyfalafiaeth i ni yn beth byw. Gwelem y tlodi, y newyn a'r hanner-newyn, aflendid yr hofelau, mamau yn myned yn hen cyn eu hamser, creulondeb y milwyr a'r plismyn yn adeg y streiciau, meddygon yn rhoi 'tuberculosis' ar dystysgrif y marw yn lle 'silicosis' er mwyn osgoi talu iawndal i berthnasau, a'r cyrff yn dod adref wedi'r damweiniau. Daeth corff fy nhad, ymhen blynyddoedd ar ôl hyn, adref, wedi ei losgi i farwolaeth gan y metel tawdd, a hynny heb eisiau. Yn y bregeth angladdol, pan ddywedodd y gweinidog mai hyn oedd ewyllys Duw, tywelltais oddi mewn i mi holl regfeydd yr 'haliers' ar ei bregeth ac ar ei Dduw, a phan ganasant ar lan y bedd 'Bydd myrdd o ryfeddodau' cenais yn fy nghalon 'The Red Flag'.[43]

Yma, yn ei wrthodiad deublyg o grefydd a'r gymdeithas ddiwydiannol gyfalafol, mae Gwenallt yn ei ddarlunio'i hun yn brototeip o'r *angry young men* a fyddai'n lleisio'u gwrthwynebiad i'r sefydliad Prydeinig a'i agweddau a'i ragdybiau yn yr 1950au; ac yn ei gerdd fawr, 'Y Meirwon', a luniodd ar drothwy'r 1950au, ac yntau bellach yn hanner cant oed, cyfeiria eto at y weledigaeth Sosialaidd a gafodd uwchben yr Allt-wen, ac at y weithred o ganu'r 'Faner Goch' wrth erchwyn bedd ei dad, ymhlith y profiadau ffurfiannol 'a foldiodd ei fywyd'.[44]

Cynnar Gwenallt' (Traethawd MA Prifysgol Cymru [Aberystwyth], 1983), 14. Mae'n bosibl hefyd i Gwenallt gael lloches gyda'i Ewythr Josi yn y Gelli Aur, ger Llandeilo; gw. 79. '*Golden Grove*', n; 130. 'Rhydcymerau', n.

[40] Gw. rhagymadrodd Gwenallt i T. E. Nicholas, *Llygad y Drws: Sonedau'r Carchar* (Aberystwyth, 1940), 10.

[41] Gw. 232. 'Cyfeillion' ll.13n.

[42] Gw. n.38 uchod.

[43] 'Credaf', yn *Gwenallt: Bardd Crefyddol*, 60–1. Bu farw tad Gwenallt ar 24 Medi 1927 yn sgil damwain yn y gwaith dur. Gweinidog Soar ar y pryd oedd y Parch. D. G. Jones (gw. n.38 uchod), a chymerir mai ato ef y cyfeirir yma. Ceir adroddiad am yr angladd yn *South Wales Voice*, 8 Hydref 1927, 3. Emyn angladdol adnabyddus yw 'Bydd myrdd o ryfeddodau'; gw. *Llyfr Emynau a Thonau y Methodistiaid* (Caernarfon a Bangor, 1929), rhif 666. Ar 'The Red Flag', gw. 192. 'Jesebel ac Elias' ll.430n.

[44] Gw. 121. 'Y Meirwon' ll.16n, ll.33n.

Un o eironïau mawr cymdeithas ddiwydiannol Maes Glo De Cymru—fel cymdeithasau tebyg mewn mannau eraill—oedd ei thuedd anorfod at hunan-ddinistr a chwalfa. Er i ddynion gael eu denu yn eu cannoedd o filoedd at y 'gweithie' a magu eu teuluoedd yn eu sŵn a'u gwynt a'u golwg, ac er mai'r llwybr naturiol i'r rhan fwyaf o fechgyn wrth adael yr ysgol fyddai dilyn camre eu tadau at y talcen glo neu'r ffwrnais, dymuniad ysol llawer o rieni oedd i'w plant gael gwaith arall, llai peryglus, mewn mannau mwy dymunol. Y ffordd glasurol i blant gweddol alluog ddianc rhag caledi a pherygl y bywyd diwydiannol a'r cyni a ddeuai adeg streic neu ddirwasgiad oedd ar hyd llwybr addysg, ac felly y bu yn achos Gwenallt. O'r ysgol elfennol yn yr Allt-wen, enillodd ysgoloriaeth i Ysgol Sir Ystalyfera yn 1910, lle y bu'n ddisgybl yn nosbarthiadau Cymraeg Kate Roberts am gyfnod byr rhwng 1915 a 1917.[45] Yn y flwyddyn academaidd 1916–17 bu Gwenallt yn ddisgybl-athro, a olygai rannu ei amser rhwng ei astudiaethau ei hun yn Ystalyfera a dysgu plant cynradd, ond cyn pen y flwyddyn honno, a chyn iddo gael cyfle i sefyll arholiad y Dystysgrif Uwch, roedd wedi'i garcharu, fel y gwelwyd, oherwydd iddo wrthwynebu Deddf Gorfodaeth Filwrol.[46] Ar wahân i gyfnodau o wyliau, ni fyddai Gwenallt yn dychwelyd i Bontardawe.

Wedi'i ryddhau o'r carchar yn 1919, treuliodd Gwenallt rai misoedd yn ymadfer ar ffermydd y tylwyth yn sir Gaerfyrddin cyn mynd ymlaen ym mis Hydref i Goleg Prifysgol Cymru, Aberystwyth. To arbennig iawn o fyfyrwyr a aeth i'r Coleg y flwyddyn honno, y flwyddyn academaidd gyntaf wedi diwedd y Rhyfel; roedd llawer o'r bechgyn yn fyfyrwyr hŷn, rhai wedi treulio cyfnod yn y lluoedd arfog cyn dod yno, eraill wedi bod yn y carchar oherwydd eu daliadau, a chafodd Gwenallt ei hun yn rhan o gymdeithas eithriadol a fynnai gyfranogi'n llawn o fywyd y Coleg, gan herio'r arlwy academaidd a'r rheoliadau cymdeithasol fel ei gilydd.[47] Enillodd Gwenallt radd dosbarth cyntaf yn y Gymraeg yn 1922 a gradd ail ddosbarth yn y Saesneg yn 1923, pryd y dyfarnwyd ysgoloriaeth ymchwil iddo a ganiatâi iddo aros yn Aberystwyth am ddwy flynedd pellach er mwyn astudio ar gyfer gradd MA.[48] Ym mis Medi 1925 cafodd Gwenallt ei benodi'n athro Cymraeg yn Ysgol Sir y Barri yn sir Forgannwg, swydd

---

[45] Aeth Kate Roberts i Ystalyfera yn 1915, ac aros yno am ddwy flynedd cyn symud ymlaen i Ysgol Ramadeg y Merched, Aberdâr. Am atgofion Kate Roberts am Gwenallt yn y cyfnod hwn, gw. 'Gwenallt y Gwrthwynebwr', *Baner ac Amserau Cymru*, 2 Ionawr 1969, 1; 'Gwenallt: Atgofion Cyfeillion', atodiad *Y Gwrandawr*, *Barn*, 77 (Mawrth 1969), i.

[46] Gw. n.39 uchod.

[47] Ceir darlun byw, os unochrog, o'r gymdeithas honno gan Gwenallt yn *Cofiant Idwal Jones* (Aberystwyth, 1958), 72–125.

[48] Dyfarnwyd iddo radd MA Prifysgol Cymru yn 1929 am ei draethawd, 'Cerddi'r Saint a'u cymharu â'r bucheddau cyfatebol'.

a ddaliodd am ddwy flynedd cyn iddo ddychwelyd yn Hydref 1927 i Adran Gymraeg Coleg Aberystwyth, bellach yn ddarlithydd yn ei hen adran. Bu'n lletya mewn sawl man yn y dref honno cyn prynu tŷ ar Ffordd Rheidol ym Mhenparcau yn 1934. Wedi iddo briodi â Nel Owen Edwards, merch o Aber-arth, sir Aberteifi, yn ei phentref genedigol ddydd Sadwrn y Pasg 1937, yn y tŷ hwnnw yr ymgartrefodd y ddau; yno y magwyd eu hunig blentyn, Mair, a aned yng Nghaerdydd ar 30 Mawrth 1946; a dyna fu cartref Gwenallt hyd ei farw ar 23 Rhagfyr 1968.[49]

Bu Gwenallt yn aelod o staff Coleg Aberystwyth am yn agos i ddeugain mlynedd, hyd ei ymddeoliad ym mis Mai 1966, ac yntau erbyn hynny wedi'i ddyrchafu'n Ddarllenydd. Llenwai Gwenallt ei swydd i'r ymylon: mae cenedlaethau o fyfyrwyr wedi tystio i'w ddysgu diddorol a heriol, a chwaraeodd ran amlwg mewn gweithgareddau staff-myfyrwyr;[50] roedd yn ymchwilydd dyfal ac yn awdur cynhyrchiol a wnaeth gyfraniad pwysig i ysgolheictod Cymraeg, yn enwedig ym meysydd llenyddiaeth a syniadaeth y ddeunawfed ganrif a'r bedwaredd ganrif ar bymtheg;[51] ef oedd golygydd cyntaf cylchgrawn llenyddol yr Academi Gymreig, *Taliesin*, o'i sefydlu yn 1961 hyd 1965. Eithr fel bardd y gwnaeth Gwenallt ei gyfraniad mwyaf gwerthfawr ac arhosol i fywyd diwylliannol Cymru.

★ ★ ★

Fel y gwelwyd eisoes, magwyd Gwenallt mewn awyrgylch diwylliannol cyfoethog ym Mhontardawe, ac roedd llenyddiaeth, ac yn enwedig barddoniaeth, yn rhan bwysig o'r cefndir hwnnw. Yn wir, nid gormodiaith fyddai disgrifio Pontardawe a'r pentrefi cyfagos yn bair o weithgarwch barddol pan oedd Gwenallt yn llanc:

> 'Roedd . . . beirdd y cylch, beirdd gwlad ar rhyw [sic] ystyr, pan 'roedd [sic] rhywun yn marw, 'rown n[h]w'n llunio Marwnad, pan oedd rhywun yn priodi 'rown nhw'n llunio ar [sic] Briodasgerdd, 'rown nhw'n cystadlu yn y 'penny readings' ac yn cystadlu mewn eisteddfodau, a phrif amcan bardd oedd ennill cadair, ac wedi ennill y cynta' [sic] ennill yr ail. 'Roedd [']na rai beirdd, fel Nicholas y Glais, ac eraill ohonyn' nhw, yn ennill rhyw ddeg neu ddwsin mewn blwyddyn.[52]

[49] Nid ar Noswyl Nadolig y bu farw Gwenallt, fel y myn sawl trafodaeth ar ei waith a'i fywyd.
[50] Am atgofion pedwar o'i gyn-fyfyrwyr, sef Garfield H. Hughes, Dyfnallt Morgan, W. Leslie Richards a Brynley F. Roberts, gw. 'Atgofion Myfyrwyr', *Y Traethodydd*, 124 (Ebrill 1969), 112–26. Gw. hefyd Hywel Teifi Edwards, 'Gwenallt', yn *Dathlu*, gol. R. Gerallt Jones (Caerdydd, 1985), 93–102.
[51] Am restr o'i gyhoeddiadau, gw. R. Iestyn Hughes, *Llyfryddiaeth Gwenallt* (Aberystwyth, 1983).
[52] Gwenallt, 'Y Bardd a'i Fro', vi.

Roedd tad Gwenallt, Thomas Ehedydd Jones, yn fardd digon amlwg yn y traddodiad hwn, a dywedir mai fel 'Thomas Jones y bardd' yr adwaenid ef yn lleol;[53] canai gerddi telynegol yn null y cyfnod, lluniai gerddi achlysurol i gyfarch cyfeillion a chydnabod, a chystadlai'n ffrwd mewn cyfarfodydd llenyddol ac eisteddfodau gan ennill o leiaf bedair o gadeiriau lleol.[54] Roedd Thomas Jones hefyd yn darllen barddoniaeth; ymhlith yr hanner dwsin o lyfrau a oedd ganddo ar yr aelwyd yn yr Allt-wen yr oedd gweithiau Elfed a Ben Bowen, a than ddylanwad ei dad daeth y Gwenallt ifanc yntau i'w darllen a'u mwynhau, er nad yr un cerddi a apeliai at y naill a'r llall.[55] Cyfrol arall a oedd ar silff lyfrau'r cartref oedd copi o *Yr Ysgol Farddol* (1869) Dafydd Morganwg, llawlyfr safonol y cyfnod ar y cynganeddion a'r mesurau caeth, a roddasai Thomas Jones yn anrheg i'w fab ar ei ben-blwydd yn bedair ar ddeg oed. O'r llyfr hwn, dan gyfarwyddyd ei dad, y dysgodd Gwenallt y cynganeddion, a hynny'n ddigon da i fedru cywiro prifathro Ysgol Sir Ystalyfera, yn ôl un o atgofion Kate Roberts am ei chyfnod yn yr ysgol honno:

> Un tro, pan oedd raid ail wampio dosbarthiadau, a gwneud tri dosbarth yn ddau, oherwydd gwaeledd yr athro Cymraeg, cymerodd y prifathro ddosbarth Gwenallt yn y Gymraeg. Rhoes wers ar y cynganeddion yn Saesneg un diwrnod. Digwyddodd prif arolygydd y Bwrdd Canol ddyfod i mewn ac aros i wrando. Gwnaeth y prifathro gamgymeriad a chywirodd Gwenallt ef![56]

Dysgodd hefyd lunio'i linellau cynganeddol a'i englynion ei hun.[57] Eithr nid oedd ei afael ar gerdd dafod yn gwbl ddi-feth ar y pryd: wrth gofio'i ddyddiau yn Ystalyfera, cyfaddefodd Gwenallt:

> 'Roedd y Dr. Kate Roberts yn athrawes arnaf yn yr Ysgol Sir, ac 'r wy'n cofio dangos englyn iddi ar 'Yr Oen['] ar ddiwedd gwers, ac fe ddangosodd hi wall imi yn un o'r llinellau. Felly y dysgais i gynganeddu'n gywir.[58]

---

[53] Deuai Thomas Jones o 'nythaid o feirdd'; cf. 130. 'Rhydcymerau' ll.27. Prif feirdd y 'nythaid' hwnnw oedd Thomas Jones a'i frodyr hŷn, Dafydd a Josi; yn y genhedlaeth nesaf gellir enwi mab Dafydd, yntau â'r enw Thomas Ehedydd Jones (gw. 130. 'Rhydcymerau' ll.25n), a Gwenallt ei hun. Cf. D. Gwenallt Jones, 'Rhai Atgofion', *Llais y Lli* (Papur Myfyrwyr C. P. C. Aberystwyth), 25 Mai 1966, 2.
[54] Gw. R. Non Mathias, 'Bywyd a Gwaith Cynnar Gwenallt', 4–5.
[55] Gwenallt, 'Y Bardd a'i Fro', vi; cf. LlGC 21754E (Papurau Gwenallt), ff.6–7.
[56] Kate Roberts, 'Gwenallt y Gwrthwynebwr', 1. (Diddorol nodi i Gwenallt ei hun wadu iddo gael '[yr] un wers mewn ysgol na choleg ar y cynganeddion'; gw. 'Rhai Atgofion', 2.)
[57] Cadwyd rhai llinellau unigol o ymarferion cynganeddol yn LlGC, Papurau Gwenallt, DD28. Dichon mai dyma rai o'r 'llinellau anfarwol' y cyfeiriodd Gwenallt atynt yn *Cofiant Idwal Jones*, 38.
[58] LlGC 21754E (Papurau Gwenallt), ff.7.

Dysgodd grefft cynganeddu hefyd oddi wrth y beirniaid a gywirai'r englynion a gynigiai yng nghystadlaethau'r *penny readings* lleol;[59] dywedir, er enghraifft, nad oedd neb yn fwy ffyddlon na Gwenallt a'i dad yn y *penny readings* a gynhelid ym Mryn Seion, capel yr Annibynwyr yng Ngelli-nudd, ger Pontardawe, ac yno, mae'n debyg, yr enillodd Gwenallt ei wobr lenyddol gyntaf—6c. am englyn ar y testun 'Tragwyddoldeb'. Nid cerddi caeth oedd unig gynigion barddol Gwenallt mewn achlysuron o'r fath, fodd bynnag; dywed ef ei hun iddo gystadlu hefyd 'ar lunio tri phennill wyth linell'.[60] Cadwyd nifer o gerddi telynegol ar fesurau rhydd yn llaw Gwenallt y gellir yn hawdd gredu iddynt gael eu cyfansoddi ganddo ar gyfer cyfarfodydd llenyddol ac eisteddfodau lleol, ac fe'u cynhwysir yma yn adran y Cerddi Ychwanegol, rhifau 274–82.[61] Cerddi o benillion wythllinell yr un yw'r rhain i gyd namyn un[62]—uned a oedd yn hoff gan Ben Bowen yntau. O ran eu pynciau, hefyd, ymdebyga'r cerddi hyn i waith Ben Bowen ac Elfed, a dichon bod ynddynt ambell adlais o'u gwaith.[63] Fodd bynnag, y dylanwad pwysicaf o ddigon ar y cerddi cynnar hyn yw'r *milieu* llenyddol y cyfansoddwyd hwy ynddo. Mae'r capel Anghydffurfiol, ei ieithwedd, ei ddelweddaeth, ei agweddau a hyd yn oed ei gelfi, yn hollbresennol yma, a golwg hanfodol grefyddol a geir ar bynciau 'seciwlar' mor amrywiol ag 'Y Friallen', 'Yr Ysmociwr' ac 'Y Glöwr',[64] heb sôn am y cerddi ar bynciau uniongyrchol grefyddol.[65] Er bod y rhain yn gyfansoddiadau digon cymen, ac yn 'ffasiynol' i'r graddau eu bod yn nodweddiadol o'r math o gerddi a gylchredai gyfarfodydd llenyddol ac eisteddfodau lleol y cyfnod, maent hytrach yn sentimental eu hosgo ac ystrydebol eu hieithwedd; nid annheg fyddai eu hystyried yn ymarferiadau prentis o fardd, a dichon hefyd eu bod yn dwyn nodau awen Thomas Jones y tad.

Ni oroesodd unrhyw gerddi y gellir eu priodoli'n sicr i'r blynyddoedd a dreuliodd Gwenallt yn y carchar,[66] a dichon bod y bwlch amser rhwng y cyfnod hwnnw a chyhoeddi ei nofel *Plasau'r Brenin* (1934) hefyd yn awgrymog yn hyn o beth.[67] Blynyddoedd o ddarllen a meddwl a myfyrio

---

[59] Gw. Gwenallt, 'Rhai Atgofion', 2; cf. LlGC 21754E (Papurau Gwenallt), ff.7.

[60] Gwenallt, 'Rhai Atgofion', 2. Cf. hefyd 130. 'Rhydcymerau' ll.21–3.

[61] Roedd 'darn adroddiadol i blant' ar y testun 'Ufudd-dod', a thelyneg ar y testun 'Y Friallen', ymhlith testunau Eisteddfod Pontardawe, 1913; cf. 274. 'Y Friallen', n; 275. 'Ufudd-dod', n.

[62] Yr eithriad yw 276. 'Llofrudd yr Eos', sydd hefyd yn wahanol i'r cerddi eraill a drafodir yma o ran ei chynnwys 'seciwlar'.

[63] Gw. 274. 'Y Friallen', n; 281. 'Y Glöwr', n.

[64] Gw. *ibid*., a hefyd 277. 'Yr Ysmociwr' a 278. 'Yr Ysmociwr'.

[65] Gw., er enghraifft, 279. 'Y Nadolig'; 280. 'Pwlpud Cymru'; 282. 'Awrlais y Capel'.

[66] Nid oes raid mai yn 1918 y cyfansoddwyd yr englynion coffa i Oliver Jones, Pontardawe, a foddwyd ym mis Awst y flwyddyn honno; gw. rhifau 63 a 284.

[67] Gw. n.39 uchod. Nid tan 1942, a chyhoeddi'i gyfrol *Cnoi Cil*, yr ymddangosodd unrhyw gerdd y gellir dweud â sicrwydd ei bod yn ffrwyth profiadau'r cyfnod hwnnw; gw. 114. 'Dartmoor', n.

oedd y rhain yn hanes Gwenallt, nid blynyddoedd o ganu. Eithr yn y carchar y ganed Gwenallt y bardd, yn ôl Saunders Lewis.[68]

O fewn rhyw chwe mis i'w ryddhau o'r carchar cafodd Gwenallt ei hun mewn byd newydd sbon yn y Coleg ger y Lli, ac yn yr hinsawdd academaidd a chymdeithasol gyffrous honno yn Aberystwyth y dechreuodd ei awen flaguro a datblygu wrth iddo gefnu'n bur ymwybodol, fe ymddengys, ar ei gefndir crefyddol a diwydiannol. Un o'r dylanwadau creadigol pwysicaf arno yn y cyfnod hwn oedd T. Gwynn Jones, a ddyrchafwyd o swydd Darllenydd i Gadair Gregynog mewn Llenyddiaeth Gymraeg yn 1919.[69] 'Athro a bardd wedi ei eni ac wedi byw ar hyd y blynyddoedd yn yr Oesoedd Canol ydoedd ef', meddai Gwenallt,[70] a chynigiai'r byd aesthetig a rhamantaidd yr ymdrôi T. Gwynn Jones ynddo, a'i bwyslais ar arwriaeth draddodiadol, ar bendefigaeth ac ar yr Eglwys Babyddol, ddihangfa hudolus o ddeniadol i ddyn ifanc a siomwyd gan ei gynefin. Mae dylanwad T. Gwynn Jones i'w weld yn glir ar y fynachaeth ganoloesol ramantaidd sydd yn gefndir i 'Ynys Enlli', yr awdl a enillodd i Gwenallt Gadair Eisteddfod Coleg Prifysgol Cymru, Aberystwyth, ym mis Chwefror 1922;[71] ac i'r un byd yn union y perthyn awdl 'Y Mynach', a enillodd iddo Gadair Eisteddfod Genedlaethol Abertawe bedair blynedd yn ddiweddarach, gan ddwyn Gwenallt i sylw'r genedl am y tro cyntaf.[72] Roedd diddordeb T. Gwynn Jones mewn mydryddiaeth, a'i agwedd arbrofol at fesurau, hefyd yn ddylanwad arno yn y cyfnod hwn—ac yn ddylanwad arhosol yn wir, oherwydd bu Gwenallt yn arbrofi ar hyd ei oes â'r agweddau technegol ar farddoni.

Cafodd Gwenallt hyd i gyfeillion yn y Coleg yn y 'nythaid o feirdd'[73] a ganai yno ar y pryd, cylch a gynhwysai Idwal Jones, Iorwerth C. Peate a B. J. Morse,[74] ymhlith eraill, a bu'r rhain yn ddylanwad mawr arno fel bardd yr adeg honno. Trwyddynt fe'i cyflwynwyd i waith rhai o feirdd mawr Lloegr, America a chyfandir Ewrop, a than eu dylanwad daeth i goleddu syniadau elitaidd ac adweithiol am natur a phwrpas barddoniaeth a'i gosodai am y pegwn â'r beirdd y bu unwaith mor hapus yn troi yn eu plith yng nghyfarfodydd llenyddol Pontardawe. Llyncodd y syniadaeth ramantaidd a oedd yn rhemp ym marddoniaeth Gymraeg yr adeg

---

[68] Saunders Lewis, 'Plasau'r Brenin', *Y Traethodydd*, 124 (Ebrill 1969), 54.
[69] Canodd Gwenallt farwnad i'w hen Athro pan fu farw yn 1949; gw. 136. 'T. Gwynn Jones'.
[70] Gwenallt, 'Rhai Atgofion', 2.
[71] Gw. 286. 'Ynys Enlli'.
[72] Gw. 1. 'Y Mynach'.
[73] 'Credaf', yn *Gwenallt: Bardd Crefyddol*, 62.
[74] Gw. 65. 'Er Cof am Mr Idwal Jones, BA', n; 288. '[Cyfarch y Bardd Buddugol]' ll.1n; 73. 'Cyfaill o Fardd', n.

honno—barddoniaeth y foment, barddoniaeth yr emosiwn a'r teimlad goddrychol—a gwelir yr osgo ramantaidd, fyfïol a gor-deimladol hon mewn amryw o gerddi y gellir eu priodoli'n bur ddiogel i gyfnod Gwenallt yn fyfyriwr, gan gynnwys 'Cyfnos a Gwawr', awdl fuddugol Eisteddfod Myfyrwyr Cymru, Caerdydd 1924, a'r cerddi anorffen neu anghyflawn 'Lili a Rhos' a '[Tir Gobaith]',[75] ymhlith eraill. Mae tuedd 'Cyfnos a Gwawr' at bruddglwyfni, düwch ac anobaith hefyd yn nodwedd ar sawl cerdd arall y tybir eu bod yn perthyn i'r un cyfnod yn fras, gan gynnwys 'Hiraethgan Natur', '[Gwae Fi]' a '[Tristwch]';[76] mae cysgod y bedd yn drwm hyd yn oed ar gerddi mwy telynegol eu trawiad fel 'Plas Grug' ac 'Y Gân Goll'.[77]

Roedd Gwenallt yn feirniadol iawn yn y cyfnod hwn o farddoniaeth gyfoes a fynnai gymysgu paganiaeth ramantaidd, hedonistaidd â Christnogaeth. 'Angen barddoniaeth Gymraeg', meddai am y cyfnod hwnnw, 'oedd carthu ohoni bob cymhariaeth ac arwyddlun Cristionogol . . . a chael cymariaethau ac arwyddluniau newydd sbon, yn codi o'r bywyd cyfoes, yn enwedig o'r bywyd diwydiannol.'[78] Â synnwyr ddoe, gwelwn mor eironig oedd y safbwynt hwn gan fardd a fyddai'n cael ei gydnabod maes o law yn feistr ar y dechneg o gymryd delweddau o'r byd cyfoes, a'r bywyd diwydiannol yn arbennig, a'u llenwi'n herfeiddiol annisgwyl ag arwyddocâd Cristnogol. Oherwydd er iddo droi cefn yn ymwybodol ar ei gynefin Ymneilltuol, yn ystod ei gyfnod yn y Coleg fe heuwyd ym meddwl Gwenallt, yn ddiarwybod iddo ar y pryd, yr hadau cyntaf a fyddai'n tyfu maes o law yn ffydd Gristnogol ymrwymedig.

Nid dros nos y troes y Sosialydd yn Farcsydd a'r Marcsydd yn Gristion, ac er nad oes modd bellach osod dyddiadau pendant ar y broses, ymddengys fod ethol Llywodraeth Lafur Ramsay MacDonald yn 1924 yn ddigwyddiad arwyddocaol yn yr hanes. Ni chyflawnodd y Llywodraeth honno'r dwygio cymdeithasol chwyldroadol y bu Gwenallt yn ei ddisgwyl, 'ac er iddi wneuthur rhai pethau da', meddai, 'fe'm siomwyd ac fe'm dadrithiwyd.'[79] Wrth iddo yn ei siom ailystyried ei ddaliadau gwleidyddol, a'i brofiadau a'i syniadau ei hun, fe wawriodd ar Gwenallt mai hunan-les oedd wrth wraidd ideoleg gomiwnyddol a chyfalafol fel ei gilydd:

---

[75] Gw. 290. 'Cyfnos a Gwawr'; 291. 'Lili a Rhos'; 293. '[Tir Gobaith]'.
[76] Gw. 292. 'Hiraethgan Natur'; 294. '[Gwae Fi]'; 295. '[Tristwch]'.
[77] Gw. 297. 'Plas Grug'; 300. 'Y Gân Goll'. Yn ddiweddarach, beirniadodd Gwenallt yr un dueddramantaidd, bruddglwyfus yng ngwaith beirdd y gyfrol *Barddoniaeth Bangor 1927–37*, gol. J. E. Caerwyn Williams (1938); gw. 'Beirdd yr Angau', *Heddiw*, 3:12 (Gorffennaf–Awst 1938), 348–50.
[78] 'Credaf', yn *Gwenallt: Bardd Crefyddol*, 64.
[79] ibid., 65.

Dysgodd Rousseau ac eraill i ni fod y natur ddynol yn drwyadl dda, ac y gallai dyn, yn ei rym a'i allu a'i wybodaeth ei hun, adeiladu cymdeithas gyfiawn, berffaith. Ond gwelais fod un peth yn gyffredin i gyfalafwyr ac i Gomiwnyddion—hunan-les. Yr hunan oedd yr huddygl ym mhob potes.[80]

Fe'i dadrithiwyd hefyd tua'r un adeg gan ramantiaeth a osodai'r hunan, yr *ego* barddol, yn y canol:

> Nid oeddem ninnau, y beirdd, fymryn gwell. Pwrpas celfyddyd a llenyddiaeth i ni oedd hunan-fynegiant . . . Yr oedd gennym ni allu creadigol; nyni oedd y duwiau; nyni oedd y Cristiau.[81]

Cymeriad allweddol yn y profiad yma o ddadrithiad, yn ôl Gwenallt ei hun, oedd y bardd Ffrangeg, Charles Baudelaire (1821–67), un o hoff awduron y 'nythaid o feirdd' y symudai Gwenallt yn eu plith yn Aberystwyth.[82] O'r holl feirdd y bu Gwenallt yn darllen eu gweithiau yn y cyfnod hwn,

> Baudelaire oedd y bardd mwyaf ohonynt i gyd, o ddigon, canys, er y ceir yn ei farddoniaeth ffasiynau ffôl ei gyfnod, darganfu un peth pwysig, a'i cododd uwchlaw ei oes a'i ganrif. Mewn canrif . . . pan gredai dynion yn naioni'r natur ddynol, pan oedd gwyddoniaeth ac addysg yn grefydd, pan gerddai dynion at berffeithrwydd ar hyd ffordd cynnydd a datblygiad, pan oedd eu diwinyddiaeth yn Rhyddfrydol, darganfu Baudelaire un peth pwysig— pechod, y pechod gwreiddiol . . . Y mae'r neb a genfydd ei bechod ei hun yn hanner Cristion.[83]

Ymddengys fod y blynyddoedd 1927–28 yn gyfnod allweddol yn hanes ysbrydol Gwenallt. Fel y gwelwyd eisoes, bu farw ei dad yn sgil damwain ddiwydiannol erchyll ym mis Medi 1927, a bu profiadau'r angladd yn fodd i roi diwedd ar unrhyw ymlyniad wrth grefydd ei ieuenctid a oedd ar ôl ym meddwl y bardd.[84] Tua diwedd yr un flwyddyn, ymddangosodd llyfr Saunders Lewis, *Williams Pantycelyn*, cyfrol sydd yn rhoi cryn sylw i seicoleg tröedigaeth wrth ymdrin â cherdd hir Williams, *Bywyd a Marwolaeth Theomemphus* (1764); mae'n bur sicr i Gwenallt, ac yntau bellach yn ddarlithydd newydd yn Adran Gymraeg Aberystwyth, ddarllen y gyfrol honno ar y pryd ond, trwy ryw gyd-ddigwyddiad gogleisiol, rhaid

---

[80] *ibid.*, 67.
[81] *ibid.*
[82] *ibid.*, 62.
[83] *ibid.*, 67–8.
[84] Gw. n.43 uchod.

cofio hefyd fod Saunders Lewis wedi trafod y rhan fwyaf o gynnwys ei lyfr, cyn ei gyhoeddi, ym Mhontardawe yn y dosbarth ar Lenyddiaeth Gymraeg a gynhaliai yn y pentref dan nawdd Coleg Prifysgol Abertawe.[85] Yn gynharach y flwyddyn honno, yn rhifyn Haf 1927 o'r *Llenor*, ymddangosodd llythyr oddi wrth Saunders Lewis at y golygydd, W. J. Gruffydd, 'Llythyr Ynghylch Catholigiaeth', sydd yn dadlau'n bryfoclydddifrifol dros bwysigrwydd pechod a'i rôl allweddol ym mhob llenyddiaeth fawr.[86] A'r ffactor a glymai'r pethau hyn ynghyd ym mhrofiad y bardd oedd y testun a gyhoeddwyd yn 1927 ar gyfer cystadleuaeth y Gadair yn Eisteddfod Genedlaethol Treorci 1928, sef 'Y Sant'. Mae'n arwyddocaol nad portreadu un o'r seintiau cynnar yn null rhamantiaeth ganoloesol T. Gwynn Jones a wnaeth Gwenallt yn yr awdl a luniodd ar gyfer y gystadleuaeth honno, nac ychwaith adrodd hanes a phrofiad un o'r Cristnogion aeddfed a lenwai seddau Soar neu Seion o Sul i Sul, ond yn hytrach archwilio'r profiad o dröedigaeth ysbrydol llanc 'a chanddo fywiogrwydd dychymyg a rhyferthwy nwydau',[87] yn union fel y gwnaeth Pantycelyn o'i flaen.

Mae hanes cystadleuaeth y Gadair yn Eisteddfod Genedlaethol Treorci 1928, a'r '*bust up* eisteddfodol o'r iawn ryw' a dorrodd allan yn ei sgil, wedi'i gofnodi'n fanwl,[88] ac nid oes angen manylu arnynt yma. Yn fyr, awdl Gwenallt a ddyfarnwyd yn orau yn y gystadleuaeth, ond ataliwyd y wobr am fod y beirniaid o'r farn bod cynnwys y gerdd yn annheilwng.[89] Fe'i beirniadwyd ganddynt yn bennaf am fod ynddi orhelaethu ar fywyd pechadurus y sant cyn ei dröedigaeth nes troi'r cwbl yn 'bentwr o aflendid',[90] tra bod hanes y dröedigaeth ei hun yn orgryno ac yn anargyhoeddiadol yng ngoleuni astudiaethau cyfoes mewn eneideg.[91] Gellid ateb y naill feirniadaeth fel y llall trwy gyfeirio at y ddwy

---

[85] Gw. Saunders Lewis, *Williams Pantycelyn* (Llundain, 1927), xii; cf. *Adroddiad Blynyddol* Coleg Prifysgol Abertawe am y sesiynau academaidd 1925–26, 1926–27, 1927–28. Ymddengys fod Gwenallt ei hun, mewn nodiadau darlith a luniodd tua diwedd ei oes, yn cydnabod rôl Saunders Lewis a'r dosbarth hwnnw yn ei hanes ysbrydol: mewn adran sydd yn sôn am hanes ei dröedigaeth, mae Gwenallt yn nodi, 'Wedi gweled pechod. Crefyddwyr ddim yn credu mewn pechod. Dosbarth Allanol. Saunders Lewis a mi. Y Soned ar Bechod'; LlGC 21754E (Papurau Gwenallt), ff.53.

[86] *Y Llenor*, 6:2 (Haf 1927), 72–7. Am drafodaeth ar y ddadl a'i chefndir, gw. John Emyr, *Dadl Grefyddol Saunders Lewis ac W. J. Gruffydd* (Pen-y-bont ar Ogwr, 1986).

[87] Saunders Lewis, *Williams Pantycelyn*, 107.

[88] Peredur Lynch, '"Y Sant" Gwenallt', yn *Cwm Tawe*, gol. Hywel Teifi Edwards, 293–328.

[89] Gw. 2. 'Y Sant', n.

[90] Beirniadaeth John Morris-Jones, *Cofnodion a Chyfansoddiadau Eisteddfod Genedlaethol 1928* (Cymdeithas yr Eisteddfod Genedlaethol, [1928]), 4. Rhaid pwysleisio mai digon dof yw'r pechodau a ddarlunnir yn yr awdl hon yn ôl safonau heddiw, a phrin y byddai'r un beirniad eisteddfodol yn cael ei dramgwyddo ganddynt bellach.

[91] *ibid.*, 3.

drafodaeth gan Saunders Lewis a grybwyllwyd eisoes. Y cwestiwn y mae'n rhaid ei ofyn, er nad oes modd ei ateb yn llawn efallai, yw i ba raddau y mae Gwenallt yn canu o'i brofiad ei hun yn awdl 'Y Sant'. Er bod rhai elfennau ynddi y gellir eu cysylltu'n bur ddiogel â phrofiad y bardd, mae elfennau eraill yr un mor sicr yn ffrwyth ei ddarllen eang.[92]

'Y mae'r neb a genfydd ei bechod ei hun yn hanner Cristion', meddai Gwenallt,[93] a dichon nad oedd y bardd yn fwy na 'hanner Cristion' adeg llunio 'Y Sant'. Ond rywbryd yn y cyfnod rhwng 1928 a chyhoeddi ei gyfrol gyntaf o farddoniaeth, *Ysgubau'r Awen*, yn 1939 aeth yr 'hanner' yn gyflawn. Mae amryw o gerddi'r gyfrol honno yn amlwg yn gynnyrch un a gofleidiasai'n bersonol y ffydd Gristnogol uniongred. Gwelir ei safbwynt ymrwymedig yn glir yn osgo ac ieithwedd cerddi fel 'Ar Gyfeiliorn', a gyhoeddwyd dan y teitl 'Heddiw' yn rhifyn cyntaf y cylchgrawn *Heddiw* yn Awst 1936, ac 'Y Gristionogaeth'.[94] Yn ei soned enwog, 'Pechod', rhoddodd fynegiant cofiadwy i'w ganfyddiad o bechod:

> Pan dynnwn oddi arnom bob rhyw wisg,
> Mantell parchusrwydd a gwybodaeth ddoeth,
> Lliain diwylliant a sidanau dysg;
> Mor llwm yw'r enaid, yr aflendid noeth . . .[95]

Ac aeth ymlaen yn y chwechawd i roi mynegiant ysgytwol hefyd i'r hyn a ddilynodd y canfyddiad hwnnw yn ei brofiad ei hun, sef troi at Dduw ac 'udo am y gwaed a'n prynodd ni'. Yn 'Credaf', ceisiodd Gwenallt esbonio yr hyn a olygir wrth yr ymadrodd 'troi at Dduw':

> Cam cyntaf pob Cristion yw edifeirwch . . . Edifeirwch yw allwedd ffydd a chredo, ac nid edifeirwch y nwydau yn unig ond edifeirwch y rheswm a'r deall. Tröedigaeth yr holl berson at Dduw yw edifeirwch . . . Chwyldroi personau a wna'r Efengyl, ac nid chwyldroi cyfundrefn . . . Nid yw'r chwyldro Comiwnyddol ond pigiad chwannen o chwyldro yn ymyl y chwyldro Cristionogol.[96]

Mewn man arall disgrifiodd ei dröedigaeth ei hun fel hyn: 'Troi yn Gristion wrth ddarllen fy Meibl. Tröedigaeth Rhesymolwr a Rhamantydd.'[97]

Teg nodi, fodd bynnag, nad gorchwyl hawdd yw gosod label dwt ar 'liw' Cristnogaeth Gwenallt, fwy nag ar ei awen;[98] nid yw'n ffitio i'r un

---

[92] Gw. Peredur Lynch, ' "Y Sant" Gwenallt', 304–6, ynghyd â'r nodiadau ar 2. 'Y Sant'.
[93] Gw. n.83 uchod.
[94] Gw. 13. 'Ar Gyfeiliorn'; 14. 'Y Gristionogaeth'.
[95] Gw. 75. 'Pechod'.
[96] 'Credaf', yn *Gwenallt: Bardd Crefyddol*, 76.
[97] LlGC 21754E (Papurau Gwenallt), ff.53. Cf. 159. 'Yr Eryrod' ll.29–32.
[98] Cf. n.5 uchod.

mold parod. Gellir casglu ar sail tystiolaeth ei gerddi ei fod yn uniongred ac efengylaidd ei gredo o gyfnod *Ysgubau'r Awen* ymlaen, eithr mae'n glir y bu tueddiadau a phwysleisiau gwahanol yn ei ffydd o gyfnod i gyfnod yn y blynyddoedd dilynol, ac adlewyrchir hynny i raddau yn ei 'grwydro' eglwysig. Ar y dechrau câi ei ddenu gan agweddau ar Eglwys Rufain, ei defodaeth a'i symbolaeth, a hynny'n gymaint, efallai, yn sgil ei wrthodiad o Ymneilltuaeth ei gynefin a dylanwad canoloesoldeb T. Gwynn Jones arno yn ei gyfnod fel myfyriwr, â'i ddarllen ar lyfrau gan rai o awduron mawr Eglwys Rufain a dylanwad ac esiampl Saunders Lewis.[99] Mae'r dueddhon at Eglwys Rufain (o'i chyferbynnu â chatholigiaeth ramantaidd ganoloesol ei gyfnod fel myfyriwr) i'w gweld gliriaf yn rhai o gerddi *Ysgubau'r Awen*.[100] Ond ni allai ymgartrefu yn Eglwys Rufain. Gwendid mawr y Cyfrinwyr Catholig, meddai Gwenallt, oedd nad 'oedd y rhain yn rhoi pwyslais ar bechod, ar faddeuant ac iachawdwriaeth'.[101] Pan argyhoeddwyd ef o'r angen i ymuno'n ffurfiol â charfan Gristnogol, â'r Eglwys yng Nghymru y penderfynodd fwrw ei goelbren, gan dderbyn bedydd esgob ym Mhlas Abergwili ym mis Ionawr 1944 oddi ar law'r Gwir Barchedig D. L. Prosser. Mynychai Eglwys Llanbadarn Fawr ger Aberystwyth yn y cyfnod hwn, ac mae cysgod yr eglwys honno, ac Anglicaniaeth yn gyffredinol, yn amlwg ar nifer o gerddi sy'n deillio o'r blynyddoedd rhwng 1944 a 1957. Y flwyddyn honno gadawodd Gwenallt yr eglwys esgobol oherwydd y penderfyniad i ethol esgob na fedrai'r Gymraeg, a dychwelodd at enwad ei blentyndod gan ymaelodi yng nghapel y Tabernacl, Aberystwyth, lle'r oedd ei wraig a'i ferch eisoes yn aelodau. Rhaid pwysleisio na ddylid cyfystyru'r newid enwadol hwn â newid yn ei gredoau, oherwydd ar un olwg yr oedd wedi dychwelyd at ffydd ei 'dadau' Methodistaidd yn y broses o ailafael yn y ffydd Gristnogol o'r newydd yn y cyfnod o tua 1927–28 ymlaen. Er i Gwenallt aros yn aelod ffyddlon yn y Tabernacl hyd ddiwedd ei oes, fe'i denwyd yn gynyddol yn ei flynyddoedd olaf gan y Mudiad Efengylaidd, mudiad a osodwyd ganddo mewn olyniaeth anrhydeddus yn disgyn o'r 'Apostol Paul. Sant Awstin. Luther a Chalfin. Pascal. Kierkegaard. Barth'[102]

---

[99] Derbyniwyd Saunders Lewis i Eglwys Rufain yn 1932, ond buasai'n gefnogol iddi am rai blynyddoedd cyn hynny. Ar dröedigaeth ddeublyg Saunders Lewis i Gatholigiaeth a chenedlaetholdeb Cymreig, gw. D. J. Williams, 'Saunders Lewis—A Man of Destiny', yn *Presenting Saunders Lewis*, gol. Alun R. Jones & Gwyn Thomas (Caerdydd, 1983), 3–5.

[100] Gw., er enghraifft, y pwyslais ar Fair mewn cerddi fel 13. 'Ar Gyfeiliorn' ac 88. 'Fenws a'r Forwyn Fair'. Ar y llaw arall, cysêt mewn gwirionedd yw'r elfennau pabyddol mewn cerddi fel 286. 'Ynys Enlli' ac 1. 'Y Mynach'.

[101] LlGC 21754E (Papurau Gwenallt), ff.54.

[102] *ibid*. Mewn nodyn yn *Y Llan*, 22 Tachwedd 1957, 6, cyfeiria Gwenallt ato'i hun fel aelod 'answyddogol' o'r Mudiad Efengylaidd. Ar y Mudiad Efengylaidd, gw. Noel Gibbard, *Cofio hanner canrif: hanes Mudiad Efengylaidd Cymru 1948–1998* (Pen-y-bont ar Ogwr, 2000).

—er na allai ymuniaethu'n llwyr â'r cylch efengylaidd ychwaith, yn bennaf, fe ymddengys, am na allai '[g]ytuno â rhai o'i [d]daliadau fel y gred yn ysbrydoliaeth lythrennol y Beibl'.[103] 'Ni wn lle y safaf', meddai Gwenallt mewn nodiadau a luniodd tua diwedd ei fywyd,

> O'r Efengylwyr, teimlo yn agosach at Pascal ac at Emry[s] ap Iwan, ac y ma[e] dylanwad Pascal arno. Hwn yw'r diwinydd mawr i mi. Yn cadw cydbwysedd rhwng Cariad a chyfiawnder Duw, yn rhoi lle i wyddoniaeth a chenedlaetholdeb ac yn cadw cydbwysedd rhwng ffydd a rheswm. Fe fyddwn yn fy ngalw fy hun yn Efengylwr Catholig.[104]

Ymhelaethwyd rhyfaint yma ar hanes tröedigaeth Gwenallt a'i rawd eglwysig am fod y ffydd a arddelodd erbyn 1939 yn ganolog nid yn unig i'w fywyd, ond hefyd i'w holl waith creadigol, o'r adeg honno ymlaen— nodwedd a dynnodd lach mwy nag un beirniad.[105] Mae'r wedd grefyddol yn bresennol, fel y nodwyd, yn amryw o gerddi *Ysgubau'r Awen*, a rhed fel edefyn euraid trwy bob un o'r cyfrolau diweddarach, o *Cnoi Cil* (1942), trwy *Eples* (1951) a *Gwreiddiau* (1959) ac ymlaen i *Y Coed* (1969) a'i gerddi anorffen olaf.[106] Weithiau mae'r edefyn hwnnw'n amlwg ar yr wyneb, mewn cerddi ar destunau uniongyrchol grefyddol, megis 'Y Cymun' neu 'Jesebel ac Elias',[107] mewn cerddi sydd yn olrhain ei brofiad ei hun,[108] neu'r gyfres o gerddi ar lecynnau a chymeriadau beiblaidd a luniodd Gwenallt yn sgil ei ymweliad ag Israel yn 1961;[109] dro arall mae'n ymhlyg yn safbwynt y bardd at destun 'seciwlar', megis yn ei gerddi i 'Llywelyn ein Llyw Olaf' neu 'Trychineb Aber-fan',[110] oherwydd nid athroniaeth sydd yn effeithio ar ran o'r bersonoliaeth yn unig mo Cristnogaeth yn ôl Gwenallt, ond ffydd sydd yn effeithio ar 'y nwydau . . . y rheswm a'r deall'.[111]

Gwelir y wedd holistaidd ar ffydd Gwenallt yn glir o edrych ar thema arall yn ei farddoniaeth sydd yn datblygu yn yr 1920au a'r 1930au, yn gyfochrog â'i ddatblygiad ysbrydol, sef ei genedlaetholdeb.[112] Yn ei ysgrif 'Credaf', mae Gwenallt yn awgrymu mai yn sgil ymweliad â Spideal, pentref

---

[103] LlGC 21754E (Papurau Gwenallt), ff.55.
[104] *ibid.*
[105] Gw., er enghraifft, John Rowlands, *Cnoi Cil ar Lenyddiaeth* (Llandysul, 1989), 70–8; *idem*, 'Atgyfodi Dadl', *Taliesin*, 64 (Hydref 1988), 80–8.
[106] Gw., er enghraifft, 336. 'Nadolig'; 337. '*Magnificat*'; 338. 'Y Ffurfafen'.
[107] Gw. 97. 'Y Cymun'; 192. 'Jesebel ac Elias'.
[108] Y cerddi mwyaf arwyddocaol o safbwynt deall pererindod ysbrydol Gwenallt yw'r tair tua dechrau'r gyfrol *Gwreiddiau*, sef 169. 'Yr Hen Emynau'; 171. 'Dewis' a 172. 'Y Drws'.
[109] Gw. rhifau 241–70.
[110] Gw. 178. 'Llywelyn ein Llyw Olaf'; 218. 'Trychineb Aber-fan'.
[111] Gw. n.96 uchod. Cf. 171. 'Dewis' ll.28–30.
[112] Cf. profiad Saunders Lewis; gw. n.99 uchod.

bychan ger Galway yng ngorllewin Iwerddon, yn 1929 y daeth i sylweddoli pwysigrwydd ac arwyddocâd ei wreiddiau yn sir Gaerfyrddin wledig:

> Gwelais werth iaith, a diwylliant a thraddodiadau'r bywyd gwledig. Âi fy meddwl o hyd yn Connemara yn ôl i Sir Gaerfyrddin a gwelais mai yno yr oedd fy ngwreiddiau.[113]

Mewn gwirionedd roedd Gwenallt eisoes wedi datgan yn groyw bwysigrwydd y gwreiddiau hynny yn y weledigaeth iachusol o sir Gaerfyrddin sydd yn llenwi trydydd caniad 'Y Sant' yn 1928.[114] Oherwydd ochr yn ochr â'r deffroad ysbrydol y dadleuwyd y gellir ei olrhain i gyfnod llunio'r awdl honno, daeth Gwenallt i sylweddoli o'r newydd arwyddocâd traddodiad a hanes, teulu ac achau, a'r ymdeimlad o gymuned a grisialwyd iddo ef yn y gymdeithas wledig yr hanai ei rieni ohoni ac y bu yntau'n ymwelydd rheolaidd â hi er ei blentyndod. Roedd y pwyslais hwn ar wreiddiau a hanes yn wahanol iawn i bwyslais Marcsiaeth ar heddiw ac yfory, a'r dyrchafu ar gymuned benodol yn bell oddi wrth weledigaeth Sosialaeth ganoledig o gymdeithas ryngwladol, ddi-ffiniau;[115] ac arweiniodd y sylweddoliad hwn maes o law yn achos Gwenallt at ymrwymiad gwleidyddol i genedlaetholdeb Cymreig a chefnogaeth i Blaid Cymru, ac at farddoniaeth ymrwymedig sydd yn dra gwahanol ei naws i gerddi rhamantaidd a dihangol ei gyfnod yn fyfyriwr.

Cerdd wladgarol mewn gwisg ganoloesol yw 'Breuddwyd y Bardd', a enillodd iddo Gadair Eisteddfod Genedlaethol Bangor yn 1931, a gellir dehongli'r gerdd hon yn ymateb uniongyrchol i brofiadau Gwenallt yn Iwerddon yn 1929.[116] Yn y soned 'Sir Gaerfyrddin',[117] wrth iddo roi mynegiant i brofiad to ei rieni o allfudwyr o'r 'hen sir', gwelir ei bwyslais ar bwysigrwydd gwreiddiau yn nelweddaeth y llinell enwog sydd yn cyfeirio at y 'gwreiddiau haearn ym meddrodau'r fro', ac y mae 'Rhydcymerau'[118] nid yn unig yn dathlu'r gymdeithas wledig yr hanai teulu Gwenallt ohoni ond hefyd yn mynegi dicter y bardd wrth weld y gymuned honno'n cael ei chwalu gan rymusterau oddi allan. Parhaodd sir Gaerfyrddin wledig yn ysbrydoliaeth i awen Gwenallt ar hyd ei oes, ac

---

[113] 'Credaf', yn *Gwenallt: Bardd Crefyddol*, 68.
[114] Gw. yn arbennig ll.484–511.
[115] Cf. trafodaeth R. M. Jones ar syniadau gwleidyddol a chenedlaetholdeb Saunders Lewis, 'Yr Anrhydedd sy'n Gwneud Cenedl', *Ysbryd y Cwlwm: Delwedd y Genedl yn ein Llenyddiaeth* (Caerdydd, 1998), 307–35, ac yn enwedig t.331.
[116] Gw. 3. 'Breuddwyd y Bardd', n; cf. sylwadau Gwenallt yn 'Great Welsh Figures: Symbols of Hope and Despair', *Western Mail and South Wales News*, 7 Awst 1931, 9.
[117] Gw. 78. 'Sir Gaerfyrddin'.
[118] Gw. 130. 'Rhydcymerau'.

mae cerddi fel 'Sir Gaerfyrddin' ac 'Y Ddaear'[119] yn y gyfrol olaf o'i waith yn dal i fwydo ar y myth cryf a adeiladodd dros y blynyddoedd ar y seiliau cadarn a osodwyd i lawr yn ei feddwl ifanc gan ei rieni ar yr aelwyd yn yr Allt-wen. Allan o'r cariad hwn at sir Gaerfyrddin y tyfodd gwladgarwch Gwenallt, ac mae ei gerddi i Gymru ac am Gymreictod—gan gynnwys 'Rhiannon', 'Y Genedl' a'r pum cerdd dra gwahanol i'w gilydd a gyhoeddwyd dros gyfnod o ugain mlynedd ac sydd yn rhannu'r un teitl, 'Cymru'[120]—yn amrywio yn eu cywair o'r annwyl-hiraethus, i'r chwerw, i'r eironig, i'r dig-gystwyol, ond maent yn un yn eu hymrwymiad sylfaenol i'r achos cenedlaethol o fewn fframwaith Cristnogol.[121]

Ond nid tua sir Gaerfyrddin wledig yn unig y syllai Gwenallt o sefydlogrwydd a chysur ei swydd a'i gartref yn Aberystwyth. Gyda threigl amser rhoddodd bwyslais cynyddol ar ei wreiddiau yng nghymoedd diwydiannol de Cymru a phentref a chymdeithas ei blentyndod ym Morgannwg. Ceir yr awgrymiadau cyntaf o hynny yn *Ysgubau'r Awen* mewn cerddi fel 'Beddau' a 'Sir Forgannwg',[122] ond tyfodd y weledigaeth dros y blynyddoedd—a chaledu hefyd ar y cyfan—nes creu mewn cerddi fel 'Y Meirwon' ac 'Y Dirwasgiad' yn *Eples*, ac 'Y Tipiau' yn *Gwreiddiau*,[123] fyth o sir Forgannwg ddiwydiannol sydd yn gymar teilwng i'w ddarlun o sir Gaerfyrddin. Er bod ei gerdd i 'Trychineb Aber-fan',[124] un o gerddi blynyddoedd olaf y bardd, ar un olwg yn newyddiadurol o ffeithiol, nid yw wedi ymryddhau'n gyfan gwbl ynddi rhag myth y gymuned lofaol yn wynebu pob anhawster â dewrder. Gellir canfod brychau ac anghysonderau yn hanesyddoldeb y darlun a gyflwynodd Gwenallt o'r De diwydiannol ac yn ei ymateb iddo,[125] yn union fel yn achos ei ddarlun o'r sir Gâr wledig, ond nid yw hynny'n tynnu iot oddi ar hacrwch hyfryd a grymuster y weledigaeth a gyfleir yn y naill achos na'r llall. Ys dywedodd Gwenallt ei hun, 'Nid y cof yn unig sydd yn bwysig. Ni ellir ysgaru hwnnw oddi wrth y dychymyg, y serchiadau a'r syniadau.'[126]

Mae'r ymgais hon i gymathu ei wreiddiau gwledig a diwydiannol yn crisialu mewn gwirionedd thema waelodol holl waith aeddfed Gwenallt, sef yr undod hanfodol mewn bywyd y credai ynddo fel Cristion ac yr ymdrechai i'w sylweddoli. Yn wir, gellir dehongli'r cwbl o waith creadigol

---

[119] Gw. 217. 'Sir Gaerfyrddin'; 236. 'Y Ddaear'.
[120] Gw. 133. 'Rhiannon'; 177. 'Y Genedl'; ynghyd â rhifau 12, 67, 81, 134, 184.
[121] Gw. n.130 isod.
[122] Gw. 9. 'Beddau'; 95. 'Sir Forgannwg'.
[123] Gw. 121. 'Y Meirwon'; 123. 'Y Dirwasgiad'; 182. 'Y Tipiau'.
[124] Gw. 218. 'Trychineb Aber-fan'.
[125] Gw., er enghraifft, M. Wynn Thomas, 'Pwys Llên a Phwysau Hanes', yn *Sglefrio ar Eiriau*, gol. John Rowlands (Llandysul, 1992), 1–21.
[126] D. Gwenallt Jones, 'Y Fro: Rhydcymerau', 119.

Gwenallt, a hanes ei fywyd, yn nhermau'r ymdrech i gysoni'r tensiynau a welai rhwng y gorffennol a'r presennol, y gymuned wledig a'r gymdeithas ddiwydiannol, cenedlaetholdeb a rhyngwladoldeb, y materol a'r ysbrydol. Rhan allweddol o'r rheswm pam y trodd Gwenallt ei gefn ar grefydd yn ei ieuenctid oedd 'y gagendor rhwng y capel a'r gwaith dur',[127] y bwlch a welai rhwng arallfydrwydd pietistaidd y capel a chwys a llafur bywyd bob dydd. Mae'r Gristnogaeth a gofleidiodd yn llawn erbyn 1939, ar y llaw arall, yn ffydd gron, hollgynhwysol, yn cwmpasu nefoedd a daear, cnawd ac ysbryd, gwlad a phentref diwydiannol.[128] Diddorol yn wir yw sylwi cynifer o gerddi Gwenallt sydd yn enwi dwy elfen gyferbyniol, 'elyniaethus', yn eu teitl: 'Yr Angylion a'r Gwragedd', 'Fenws a'r Forwyn Fair', 'Sir Forgannwg a Sir Gaerfyrddin', 'Mair a'r Milwr', 'Gwlad ac Ynys', 'Jesebel ac Elias',[129] ac enwi ond ychydig. Nod amgen Gwenallt fel bardd yw'r modd y mae ei weledigaeth Gristnogol yn caniatáu iddo gymathu elfennau mor ymddangosiadol wrthwynebus ac anghymarus. Mae hyd yn oed ei genedlaetholdeb yn rhan o'r weledigaeth gyfannol hon, ac nid yn agwedd ymrannol a chul. Gwelir hyn orau, efallai, yn ei gerdd i 'Dewi Sant' lle y disgrifia, mewn termau digon tebyg i'r cysyniad canoloesol am Gadwyn Bod,

> drefn naturiol Duw,
> Y person, y teulu, y genedl a'r gymdeithas o genhedloedd,
> A'r groes yn ein cadw rhag troi un ohonynt yn dduw.[130]

Yng ngeiriau un o gyfeillion pennaf Gwenallt, Aneirin Talfan Davies:

> Y mae Gwenallt yn fardd dau fyd—y wlad a'r dref ddiwydiannol. Yn ei gerddi ceir tensiwn parhaus rhwng y ddau. Er ei fod yn ymhyfrydu yn ei wreiddiau yn Sir Gâr, y mae ei ymlyniad wrth ei gwm diwydiannol yn gadarn a di-sigl. Yn y wlad cafodd yr emynwyr yn athrawon iddo, a chlywodd am gyni'r werin, am dlodi a rhyfel dosbarth gan y Marcsydd yn y pentrefi proletaraidd. Rhaid oedd cael cymod rhwng Rhydcymerau a Phontardawe.
>
> Trwy'r Efengyl Gristionogol cafodd weledigaeth o undod bywyd; bywyd y mae grym yr Ysbryd Glân yn cyniwair drwyddo, yn gwneud pob peth yn sanctaidd, ie, hyd yn oed daear Cymru, ei mynyddoedd a'i chymoedd, y fferm a'r ffwrnais. Y golomen sy'n nythu yn y coed, sydd hefyd yn codi o

---

[127] 'Credaf', yn *Gwenallt: Bardd Crefyddol*, 56–7.

[128] Cf. 82. 'Cnawd ac Ysbryd'; 132. 'Sir Forgannwg a Sir Gaerfyrddin'. Gw. hefyd sylwadau Gwenallt yn 'Rhamantiaeth', *Taliesin*, 2 (1961), 133–4.

[129] Gw. 4. 'Yr Angylion a'r Gwragedd'; 88. 'Fenws a'r Forwyn Fair'; 132. 'Sir Forgannwg a Sir Gaerfyrddin'; 157. 'Mair a'r Milwr'; 170. 'Gwlad ac Ynys'; 192. 'Jesebel ac Elias'.

[130] 160. 'Dewi Sant' ll.29–31.

lwyfan cwb colomennod ym mhen draw gardd y gweithiwr tun, ac yn amgylchu'r pileri mwg.[131]

Fodd bynnag, cam dybryd â bywyd a gwaith Gwenallt fyddai caniatáu i'r drafodaeth hon fynd yn or-hagiograffaidd; er ei brofiad ysbrydol, roedd traed Gwenallt yn bendant iawn ar y ddaear. Dywedir iddo dueddu i fod yn swil yng nghwmni dieithriaid, ond mae cyfeillion yn cofio amdano'n gwmnïwr difyr, yn ddireidus ei bersonoliaeth ac yn llawn asbri.[132] Soniodd Hywel Teifi Edwards amdano'n 'ganoloesol ei barodrwydd a'i allu i gwmpasu'n hwyliog y cysegredig a'r anllad',[133] ac yn yr ysgrif 'anarholiadol' honno, chwedl ei hawdur, cawn olwg fyw ar gymeriad a fynnai dynnu ar holl adnoddau'r Gymraeg i farddoni'n gynhyrfus ar y naill law, ac i regi a diawlio reff a chwaraewyr ar gae pêl-droed ar y llaw arall; un a fedrai ymateb yn afieithus frwd i bregeth, ac a '[f]entrai ambell sylw *risqué*' yn y dosbarth;[134] un yr oedd 'yn ffynhonni ynddo'r gred nad oedd i na Chymru na'r byd obaith ymwared o'u trallod heb dderbyn Crist yn Waredwr' ar y naill law,[135] ac a '[y]mborthai'n ddiedifar ar ei ryfyg ar adegau [eraill], fel dyn yn gwybod iddo wneud strôc'.[136] Ys dywedodd Gwenallt ei hun, buasai yr un mor gartrefol mewn noson lawen gyda Thalhaiarn ag mewn seiat gyda Phantycelyn.[137] Person angerddol oedd Gwenallt wrth natur, a sianelai'r angerdd hwnnw nid yn unig i'w waith creadigol, wrth roi mynegiant i'w argyhoeddiadau gwleidyddol a chrefyddol,[138] ond hefyd i gyfeiriadau llai 'dyrchafedig', wrth wylio gornest reslo ar y teledu, dyweder.[139] Dyn bach byr oedd Gwenallt, 'trawiadol fychan o gorffolaeth', chwedl W. R. P. George;[140] ond os oedd yn fach o gorff, nid oes dwywaith na wrthbwysid ei brinder modfeddi gan faintioli ei gymeriad.

★ ★ ★

Ni fyddai'r un cyflwyniad i fywyd a gwaith Gwenallt yn gyflawn heb gyfeirio'n gryno at ei arddull. Roedd gan Gwenallt ddiddordeb byw yn

---

[131] Aneirin Talfan Davies, ar glawr *Teyrnged i Gwenallt* (Recordiau'r Dryw, 1970): rhif WRL 527.

[132] Gw., er enghraifft, W. R. P. George, 'Cofio Gwenallt', yn *Dathlu*, 108–12; S. Ifor Enoch, 'Gwenallt', yn *Dathlu*, 113–16; 'Llywelyn', 'Mae Cymru'n Wacach ac yn Dlotach Hebddo', *Y Ddraig Goch*, 38:3 (Mawrth 1969), 3.

[133] Hywel Teifi Edwards, 'Gwenallt', 94.

[134] *ibid.*

[135] *ibid.*, 95.

[136] *ibid.*, 99.

[137] *ibid.*, 97.

[138] Cf. cerdd Waldo Williams, 'Bardd [sef Gwenallt]', sydd yn darogan parhad i'w gerddi 'Oherwydd crefft, a chrefft oherwydd angerdd'; *Dail Pren* (Aberystwyth, 1956), 58.

[139] Gw. Hywel Teifi Edwards, 'Gwenallt', 98.

[140] W. R. P. George, 'Cofio Gwenallt', 108.

nhechnegau barddoni, ac yr oedd ef, ynghyd â T. Gwynn Jones, Bobi Jones ac Euros Bowen, ymhlith y mwyaf arbrofol o feirdd yr ugeinfed ganrif. Gellir dehongli'r nodwedd hon eto yn ei waith yn nhermau ei ymchwil am gydbwysedd a chyfanrwydd:

> Nid y ffordd o ddywedyd y peth yn unig sy'n bwysig, ond hefyd y mae'r peth. Felly, fe ddylid cadw cydbwysedd rhwng ffurf a chynnwys, rhwng mater ac arddull a rhwng y syniadau a'r synwyrusrwydd. 'Rwy'n credu yn hyn, y mae'n debyg, am imi ddod i oed fel bardd yn y cyfnod rhwng y ddwy ysgol lenyddol—rhwng yr esthetigwyr a'r propagandwyr.[141]

Nodwyd eisoes sut mae arddull ei gerddi cynharaf—yn fesurau, strwythur, ieithwedd a delweddaeth—yn uniongyrchol ddyledus i ddiwylliant Anghydffurfiol ei gynefin; cerddi confensiynol ydynt, a *milieu* eu cyfansoddi yn fwy hyglyw ynddynt na llais y bardd. Nodwyd hefyd mai ymateb uniongyrchol yn erbyn y cefndir hwnnw ac yn erbyn ei brofiadau yn y carchar a welir yng nghynnwys ac arddull cerddi Gwenallt yn y cyfnod wedi iddo fynd yn fyfyriwr i Goleg Aberystwyth yn 1919, wrth iddo ddod dan ddylanwad T. Gwynn Jones a'r ganoloesoldeb a'r rhamantiaeth baganaidd a nodweddai lawer o farddoniaeth Gymraeg y cyfnod. Yn union fel y mae testun ei ganu yn newid wrth i Gwenallt ymwrthod â'i hen safbwyntiau ac arddel y ffydd Gristnogol yn y cyfnod rhwng llunio 'Y Sant' a chyhoeddi *Ysgubau'r Awen*, gwelir newid cyfatebol yn ei arddull. Er nad yw'r ffiniau yn gwbl haearnaidd, ar lawer ystyr gellir ystyried 'Breuddwyd y Bardd' (1931) yn gefndeuddwr arddulliadol rhwng cyfnod ei awdlau 'canoloesol' a'i ddull rhamantaidd ar y naill law, a'i ganu aeddfed, ymrwymedig a mwy garw ei naws ar y llaw arall. Ar wahân i ambell gyfres o englynion a rhai cerddi coffa, eithriadau yw'r cerddi a luniodd Gwenallt ar y mesurau caeth ar ôl 1931, ac er bod yr Oesoedd Canol, eu cymeriadau a'u chwedlau yn para'n ysbrydoliaeth i'w waith diweddarach, maent bellach yn greiddiol i'w destun yn hytrach nag yn gysêt neu'n gefndir.

Ar fesurau rhydd, cymharol sionc, y canwyd y rhan fwyaf o gynnwys *Ysgubau'r Awen*, er bod gofynion y mesurau a ddewiswyd ganddo yn lled ffurfiol, am mai yn raddol yr ymryddhaodd Gwenallt o ddisgyblaeth y canu caeth. Er enghraifft, gwneir defnydd helaeth o'r pennill pedair-llinell yn odli *a,b,a,b*, er bod hyd y llinell yn amrywio o gerdd i gerdd, ac weithiau'n wefreiddiol amrywiol o fewn yr un gerdd.[142] Eithr mesur pwysicaf *Ysgubau'r Awen* yn ddiau yw'r soned. Gellid dweud mai adlewyrchu chwaeth ei gyfnod a wnâi Gwenallt wrth ganu ar fesur soned, oherwydd cyfrifir y

---

[141] Gwenallt, 'Rhai Atgofion', 3.
[142] Gw., er enghraifft, afreoleidd-dra soniarus llinellau 7. 'Myfyrdod'.

blynyddoedd 1920–40 yn 'oes aur y soned Gymraeg',[143] ond rhaid cydnabod hefyd fod strwythur sylfaenol y ffurf hon—esgyniad araf yr wythawd, datrysiad y chwechawd, a'r tro yn y gynffon sydd yn bosibl yn y cwpled clo—yn arbennig o addas i fardd a chanddo argyhoeddiadau penodol, a sêl genhadol i'w rhannu. Mae amryw o gerddi *Ysgubau'r Awen* yn dangos hoffter Gwenallt o ddefnyddio symbol penodol i gynrychioli haniaeth neu egwyddor, gan beri i'r gerdd gyfan droi o gwmpas y symbol hwnnw—techneg a fyddai'n para i nodweddu ei ganu am weddill ei yrfa farddol.[144] Yma yn *Ysgubau'r Awen* hefyd, mewn cerddi fel 'Yr Angylion a'r Gwragedd' ac 'Ar Gyfeiliorn', ynghyd ag amryw o'r sonedau, gwelir dechrau datblygu'r garwder cras a chyhyrog yn y dewis annisgwyl, ac weithiau amharchus, o air ac odl a delwedd a fyddai'n nodweddu ei ganu diweddarach.[145]

Digon tebyg i *Ysgubau'r Awen* yw patrwm a strwythur sylfaenol cerddi *Cnoi Cil*, y pamffledyn tenau a gyhoeddodd Gwenallt ar ganol yr Ail Ryfel Byd. Fodd bynnag, ymddengys i'w awen gael ei hysigo gan erchyllterau'r rhyfel sydd yn gefndir mor amlwg i amryw o'r cerddi, oherwydd nid yw'r sbarc a'r sbonc a befriai trwy gerddi'r gyfrol gyntaf mor amlwg yma. Yn eu lle ceir mwy o'r elfen ddidactig a oedd i ddatblygu'n nodwedd lywodraethol yng ngwaith Gwenallt erbyn ei gyfrolau diwethaf.

Er mai cerddi *Ysgubau'r Awen* a ddetholwyd amlaf i flodeugerddi a chasgliadau ail hanner yr ugeinfed ganrif, derbynnir yn gyffredinol mai yn y gyfrol *Eples* y cyrhaeddodd Gwenallt ei anterth fel bardd.[146] Ac yntau 'wedi troi'r hanner-cant',[147] roedd bellach wedi ymryddhau'n llwyr 'rhag y rhwyddineb a'r esmwythdra rhamantaidd' a nodweddasai ei ganu cynharaf,[148] rhwyddineb ac esmwythdra yr oedd eu gweddillion i'w gweld o hyd ar ambell gerdd yn *Ysgubau'r Awen*. Yr un yw'r weledigaeth sylfaenol, ond mae yna ryw finiogrwydd newydd yn y dweud bellach; mae ei awen wedi magu dannedd. Mae'r pennill odledig yn ddigon amlwg yn *Eples* o hyd— yn wir, mae yno rai enghreifftiau nodedig iawn, yn enwedig ymhlith y

---

[143] Meic Stephens (gol.), *Cydymaith i Lenyddiaeth Cymru*, arg. newydd (Caerdydd, 1997), 676. Am drafodaeth ar y soned yn y cyfnod hwnnw, sydd yn rhoi sylw penodol i rai o sonedau Gwenallt, gw. Derec Llwyd Morgan, *Y Soned Gymraeg*, Cyfres Pamffledi Llenyddol Cyfadran Addysg Aberystwyth, rhif 13 (Llandybïe, 1967).

[144] Mae 5. 'Y Twrch Trwyth' ac 8. 'Y Ffwlbart' yn enghreifftiau da o gerddi yn *Ysgubau'r Awen* lle y defnyddiodd Gwenallt anifeiliaid yn symbolau er mynegi ffieidd-dra pechod; mae 140. 'Y Draenog' a 147. 'Yr Anifail Bras' yn enghreifftiau diweddarach (o'r gyfrol *Eples*, 1951) o'r un dull sylfaenol.

[145] Gw. 4. 'Yr Angylion a'r Gwragedd'; 13. 'Ar Gyfeiliorn'. Cafwyd ambell enghraifft gynnar o'r nodwedd hon eisoes yn 'Y Sant', mewn llinellau 'rhyfygus' megis, 'Bwytawn ei chnawd braf yn y Sagrafen' (ll.107), a 'Melltithiais, caseais y Cnaf yn Seion' (ll.134).

[146] Gw. R. M. Jones, *Llenyddiaeth Gymraeg 1936–1972*, 7; cf. Hywel Teifi Edwards, *Arwr Glew Erwau'r Glo* (Llandysul, 1994), 244.

[147] Gw. 121. 'Y Meirwon' ll.1.

[148] R. M. Jones, *Llenyddiaeth Gymraeg 1936–1972*, 7.

cerddi ar ddechrau'r gyfrol sydd yn tynnu eu hysbrydoliaeth o'r De diwydiannol—ond teg dweud bod y mesurau a ddefnyddiwyd yn llai sionc ar y cyfan gan fod Gwenallt nid yn unig wedi tueddu i estyn ar hyd y pennill ond hefyd ar hyd y llinell, gan greu uned hwy i gyfleu ei genadwri. Oherwydd mae'n gwbl eglur mai bardd a chanddo neges i'w rhannu sydd yn canu yn *Eples*; 'awen gywirol' oedd ei awen yn y bôn, 'awen bardd yr oedd cael eraill i dderbyn ei werthoedd yn fater o'r pwys mwyaf iddo'.[149] Yn y gyfrol hon hefyd y ceir enghreifftiau cynharaf Gwenallt o ganu *vers libre*, ac mae'n arwyddocaol mai cerddi sydd yn ganolog i'w genhadaeth Gristnogol a chenedlaethol yw'r rheini.[150] A chyffredinoli, mewn cerddi ar bynciau sydd agosaf at ei galon y mae Gwenallt yn tueddu i fod yn fwyaf arbrofol ei arddull.

Os cyrhaeddodd Gwenallt ei anterth yng ngherddi *Eples*, mae'n dilyn o reidrwydd mai ar i lawr yr aeth ei awen wedi hynny. Er bod *Gwreiddiau*, a hefyd *Y Coed*, sef y gyfrol a gyhoeddwyd gan ei weddw ar sail papurau'r bardd ar ôl ei farwolaeth, yn cynnwys rhai cerddi unigol nodedig, nid yw'r cyfrolau hyn ar y cyfan yn meddu ar yr un fflach a'r un gwreiddioldeb a nodweddasai *Ysgubau'r Awen* ac *Eples*.[151] Bellach, yn ei ymchwil am arddull gynyddol ddiaddurn, bron nad aeth y genhadaeth yn drech na'r grefft. Drosodd a thro yn y cyfrolau diwethaf hyn y mae Gwenallt megis yn ymwisgo â phersona'r proffwyd beiblaidd, a nodweddir llawer o'r cerddi gan ryw daranu cystwyol yn erbyn cyflwr Cymru a'r ddynoliaeth ddi-gred, a hynny mewn arddull sydd ar ei gorau yn rymus rethregol ond a all fod hefyd yn dra rhyddieithol ar brydiau. Y wedd hon ar ganu Gwenallt sydd wedi ennill iddo'r enw 'brwnt' o fod yn bropagandydd. Roedd Gwenallt ei hun yn ymwybodol iawn o'r ffin denau a gerddai rhwng propaganda a phrydyddiaeth ymrwymedig, ond mynnai amddiffyn ei osgo:

> Y mae hawl gan fardd i ganu ar ddiwinyddiaeth, athroniaeth a gwleidyddiaeth, ar yr amod ei fod yn ceisio eu troi yn farddoniaeth, trwy symbol, delwedd, trosiad ac yn y blaen.[152]

Eto mae i arwder difloesgni a delweddaeth ddigyfaddawd cerddi cyfnod olaf Gwenallt eu rhythmau a'u swyn eu hunain a ddylai rwystro hyd yn oed y beirniaid mwyaf llugoer eu cydymdeimlad â'r safbwynt a fynegir, rhag eu collfarnu'n llwyr. Yn sicr, mae ar dudalennau *Gwreiddiau* ac *Y Coed*

---

[149] Hywel Teifi Edwards, 'Gwenallt', 96.
[150] Gw., er enghraifft, 130. 'Rhydcymerau'; 159. 'Yr Eryrod'; 160. 'Dewi Sant'.
[151] Cf. n.157 isod.
[152] Gwenallt, 'Rhai Atgofion', 3.

rai cerddi unigol sydd yr un mor afaelgar â dim a geir yn y cyfrolau blaenorol, cerddi a gafodd dderbyniad hynod wresog gan y beirniaid.[153]

Un o brif fanteision cael casgliad cyflawn o gerddi unrhyw fardd yw'r modd y caniatâ i'r darllenydd olrhain drosto'i hun y newid a'r datblygu a fu yng nghanu'r bardd hwnnw dros y blynyddoedd. Yn achos Gwenallt, fel y gwelwyd, mewn gyrfa farddol dra chynhyrchiol a rychwantai gyfnod o dros hanner can mlynedd, cafwyd newid ymwybodol yn ei arddull, o delynegion sentimental ei lencyndod, trwy gyfnod yr awdlau a'u hawyrgylch rhamantaidd canoloesol, ymlaen i aeddfedrwydd ei gerddi rhydd, ac i'w gerddi *vers libre* 'rhyddieithol' olaf.[154] Roedd y datblygiad hwn yn adlewyrchu diddordeb dwfn y bardd yn nhechneg barddoni, ac yn ddrych, fel y dadleuwyd, o'i ddatblygiad syniadol ac eneidiol; ond bu i'w arbrofi cyson ar hyd ei oes arwyddocâd ehangach, oherwydd 'yr oedd y tyfiant yn gymorth i lenyddiaeth Gymraeg ymystwytho ac ymestyn'.[155] Ac roedd ei ddatblygiad yn adlewyrchiad hefyd o'r 'ymystwytho ac ymestyn' a oedd yn digwydd yng ngwaith beirdd eraill o'i gwmpas. Oherwydd er bod gwaith Gwenallt ar lawer olwg yn flaengar o safbwynt arddulliadol, mae hefyd yn nodweddiadol o'r ysbryd arbrofol a nodweddai farddoniaeth yr ugeinfed ganrif; bardd ei oes oedd Gwenallt o ran ei dechneg.[156]

★ ★ ★

Un arall o fanteision casgliad cyflawn yw'r modd y caniatâ i'r darllenydd olrhain y syniadau a'r themâu sydd yn ganolog i waith bardd, a'r modd y mae'r meddyliau hynny'n datblygu ac yn newid. Un o'r pethau mwyaf diddorol am yrfa farddol Gwenallt wedi iddo droi'n Gristion ac yn genedlaetholwr yw'r modd y mae'r un themâu'n troi'n gyson yn ei feddwl, a sut y mae'n dychwelyd drosodd a thro at yr un delweddau a'r un troadau ymadrodd nes rhoi'r argraff weithiau ei fod yn ei ddyfynnu ei hun; mae yma weledigaeth gyson, os hytrach yn ailadroddus ar brydiau.[157]

[153] Gw., er enghraifft, drafodaeth R. Geraint Gruffydd ar 192. 'Jesebel ac Elias', ' "Jezebel ac Elias" gan Gwenallt', *Y Traethodydd*, 124 (Ebrill 1969), 76-83; ac ymdriniaeth D. Densil Morgan â 218. 'Trychineb Aber-fan', ' "Dagrau tostaf yr ugeinfed ganrif" '; Golwg newydd ar un o gerddi Gwenallt', *Barn*, 286 (Tachwedd 1986), 377-80.

[154] Cf. sylw Iwan Llwyd, 'Mae i bob un o gyfrolau Gwenallt ryw naws a chymeriad gwahanol —y cyfan ohonyn nhw gyda'i gilydd yn cyfrannu at wead aml-haenog cyfanwaith y bardd ei hun'; 'Colofn Iwan', *Barddas*, 252 (Mai/Mehefin 1999), 26.

[155] R. M. Jones, *Llenyddiaeth Gymraeg 1936-1972*, 6.

[156] Cf. n.165.

[157] Cf. sylwadau Harri Gwynn wrth adolygu *Gwreiddiau*: 'Yr argraff gyntaf a adawyd arnaf oedd fod Gwenallt wedi mynd i efelychu Gwenallt a bod yma ail-adrodd hen weledigaethau yr un bardd'; *Lleufer*, 16:1 (Gwanwyn 1960), 47. Nid Gwenallt yw'r unig fardd diweddar i'w gyhuddo o fod yn ailadroddus, wrth gwrs; cf. sylwadau Robert Rhys am waith Gwyn Thomas:

Yn sicr nid yw pob cerdd a gynhwysir yma o'r un safon. Fel cadwyn fawr o fynyddoedd, roedd yng ngyrfa farddol Gwenallt gopaon uchel, troedfryniau a gwastadeddau—heb sôn am ambell ddyffryn. Ond pwysigrwydd y gwastadeddau yw eu bod yn rhoi persbectif a chyd-destun i'r copaon. Ac fe ddywedir mai o'r troedfryniau y ceir yr olwg fwyaf dramatig a chyffrous ar Everest.

Wrth adolygu *Y Coed*, a gyhoeddwyd ryw saith mis ar ôl marw Gwenallt, meddai R. Geraint Gruffydd:

> Dyma, ysywaeth, gyfrol farddoniaeth olaf Gwenallt, yr olaf yn y gyfres fawreddog o gyfrolau sy'n cychwyn gydag *Ysgubau'r Awen* ac yn cynnwys hefyd *Cnoi Cil*, *Eples* a *Gwreiddiau* . . . Chwith meddwl mai dyma'r gyfrol olaf a gawn ganddo . . .[158]

Yn ystod y deng mlynedd ar hugain a aeth heibio oddi ar gyhoeddi'r geiriau hynny ymddangosodd cyfrol ychwanegol o ryddiaith Gwenallt, sef ei nofel led-hunangofiannol, *Ffwrneisiau: Cronicl Blynyddoedd Mebyd* (1982), a gyhoeddwyd gan ei weddw, Nel Gwenallt, gyda chymorth y diweddar Athro J. E. Caerwyn Williams, ar sail drafftiau anorffenedig. Er y llwyddwyd i gadw llawer o farddoniaeth Gwenallt mewn print dros y blynyddoedd er ei farw, ni chyhoeddwyd unrhyw gyfrol newydd o'i gerddi nes cyhoeddi'r gyfrol bresennol, sydd yn amcanu cynnwys rhwng dau glawr holl gerddi Gwenallt mewn golygiad newydd.[159] Am y tro cyntaf erioed casglwyd ynghyd, mewn trefn gronolegol, awdlau eisteddfodol Gwenallt—y rhai arobryn ('Y Mynach', 1926, a 'Breuddwyd y Bardd', 1931) yn ogystal â'r 'Sant' enwog o wrthodedig (1928)—a'u dilyn gan y gyfres fawreddog y cyfeiriodd R. Geraint Gruffydd ati, *Ysgubau'r Awen* (1939), *Cnoi Cil* (1942), *Eples* (1951), *Gwreiddiau* (1959) ac *Y Coed* (1969). Ac er y bydd llawer o'r cerddi a gynhwysir yma, felly, yn gyfarwydd i garedigion barddoniaeth yr ugeinfed ganrif, hyderir y bydd y persbectif newydd a geir arnynt o gael y cwbl ynghyd yn drawiadol o ffres a dadlennol.

Ond yn ogystal â'r 'hen gyfeillion', rhaid prysuro i bwysleisio bod yn y gyfrol hon gerddi 'newydd' hefyd, wedi'u casglu o amryw ffynonellau, a'u trefnu'n gronolegol (hyd y gellid) mewn atodiad o Gerddi Ychwanegol.

'[mae]'r hyn a fu'n ddyfeisgarwch pefriog yn dechrau ymgaledu'n fformiwla gyfarwydd. A'r canlyniad yw ei fod yn ysgrifennu rhai cerddi am yr ail a'r trydydd tro, ac fel petai'n parodïo ei arddull ei hun ar brydiau'; 'Cyflwr ein Llenyddiaeth', *Llais Llyfrau* (Gwanwyn, 1982), 10 (dyfynnwyd yn Alan Llwyd, *Gwyn Thomas*, Cyfres Llên y Llenor, Caernarfon, 1984, 8).

[158] R. Geraint Gruffydd, *Y Cylchgrawn Efengylaidd*, 11:3 (Ebrill–Gorffennaf 1970), 86.

[159] Ni chynhwysir yma unrhyw ddramâu cerdd o waith Gwenallt, nac ychwaith gyfieithiadau neu addasiadau ganddo o'r *genre* hwnnw.

Ymddangosodd nifer o'r cerddi hyn o'r blaen dros y blynyddoedd mewn cylchgronau a blodeugerddi amrywiol, ond ni chynhwysodd Gwenallt hwy—am ba reswm bynnag—yn ei gyfres cyfrolau. Mae yma hefyd gerddi ganddo a gadwyd mewn llawysgrif, rhai yn waith y bardd ifanc, yn *juvenilia* neu brentiswaith, rhai yn gynnyrch blynyddoedd coleg, ac eraill yn ffrwyth blynyddoedd, onid misoedd, olaf y bardd, a'i law bellach yn bur sigledig. Y mae yma hefyd gorff o ganu hynod werthfawr a ganfuwyd mewn casgliad teipysgrif o gerddi Gwenallt sydd ynghadw yn Archif Llyfrgell Prifysgol Cymru, Caerdydd, ymhlith papurau un o gyfeillion pennaf y bardd, B. J. Morse.[160] Mae'r casgliad teipysgrif hwnnw yn cynnwys nid yn unig fersiynau amrywiol ar nifer o gerddi a ymddangosodd yn *Ysgubau'r Awen*, ond hefyd sawl cerdd nas cyhoeddwyd erioed o'r blaen, gan gynnwys nifer o rai serch. Gosodwyd hefyd yn adran y Cerddi Ychwanegol nifer o addasiadau o gerddi a chaneuon a droswyd gan Gwenallt i'r Gymraeg, eto wedi'u trefnu'n gronolegol. Yn wir, llwyddwyd i gywain ynghyd dros ddeg a thrigain o eitemau 'newydd' i'r casgliad hwn—cymaint yn wir â chyfrol gyfan arall yn y 'gyfres fawreddog' y soniodd R. Geraint Gruffydd amdani. Dyma ddeunydd a fydd yn gwbl newydd i'r rhan fwyaf o ddarllenwyr, cerddi sydd yn dyfnhau ein gwybodaeth am Gwenallt ac yn taflu goleuni gwerthfawr arno nid yn unig fel bardd ond hefyd fel unigolyn.

Nid yw'r Cerddi Ychwanegol oll yn gyfwerth, wrth reswm. Mae rhai yn amlwg yn gyfansoddiadau gorffenedig ac arnynt sglein derfynol: mae eraill yr un mor amlwg yn anorffen ac anghyflawn, ac nid yw ambell un ohonynt fawr mwy na dryll. Penderfynwyd cynnwys y cerddi anorffen ar gorn cynsail a osodwyd eisoes gan olygyddion *Y Coed* a *Ffwrneisiau*, ill dwy'n gyfrolau a seiliwyd i raddau helaeth ar waith anorffenedig. A phetai angen dadl rymusach, fe'i cyflwynir ar fy rhan gan Geraint Gruffydd yn yr adolygiad ar *Y Coed* y cyfeiriwyd ato eisoes:

> . . . mewn ffurf anorffen y cafwyd llawer o'r cerddi [a geir yn *Y Coed*], ac y mae'n wir y byddai Gwenallt wedi cymhennu cryn dipyn arnynt cyn eu gollwng o'i law, petai wedi cael byw. Eto yr oedd yn dda eu cael, *gan fod hyd yn oed ddrafftiau anorffen bardd o'i faintioli ef yn llawn diddordeb*.[161]

Yn y chwedl ganoloesol Gymraeg *Culhwch ac Olwen*, rhaid i'r arwr gyflawni nifer o dasgau, y rhan fwyaf ohonynt yn ymddangosiadol amhosibl, cyn y caiff briodi'r ferch yr ymserchodd ynddi. Ymhlith y tasgau

---

[160] Gw. 73. 'Cyfaill o Fardd', n.
[161] R. Geraint Gruffydd, *Y Cylchgrawn Efengylaidd*, 11:3 (Ebrill–Gorffennaf 1970), 86 [myfi piau'r italeiddio].

mwyaf llafurus a osodwyd ar Culhwch oedd y gwaith o gasglu ynghyd naw mesur o had llin a heuwyd ers talwm ond na thyfodd erioed. Tasg ddigon tebyg i honno oedd ceisio casglu ynghyd holl gerddi Gwenallt i'r gyfrol hon; oherwydd er bod y rhan fwyaf o lawer o'i farddoniaeth yn hysbys ddigon, yn gorwedd ar wyneb y tir, megis, yn ei gyfrolau cyhoeddedig, roedd nifer mawr o gerddi eraill, fel y nodwyd eisoes, ynghudd mewn llawysgrifau ac mewn papurau newydd a chylchgronau. Fel y cofir, fe lwyddwyd i gasglu pob hedyn gwasgar yn chwedl *Culhwch ac Olwen* gyda chymorth haid o forgrug cymwynasgar, gan gynnwys y morgrugyn cloff a ddaeth â'r hedyn olaf un beth amser ar ôl y lleill.[162] Ond er i minnau gael cymorth nifer o gyfeillion yn y gwaith o chwilota am gerddi Gwenallt, rhaid cydnabod na ellir bod yn sicr, fel yn achos yr had llin, fod pob un gerdd o'i waith wedi'i chasglu a'i chofnodi yn y gyfrol hon, er gwaethaf ei theitl. Manteisiais yn llawn ar y gwaith llyfryddol a gyflawnwyd gan Non ap Emlyn ac R. Iestyn Hughes.[163] Defnyddiais y mynegeion amrywiol (ond anghyflawn) i gasgliadau llawysgrifau Llyfrgell Genedlaethol Cymru. Chwiliais yn bur systematig trwy'r cyfnodolion y bernais y byddent y rhai mwyaf tebygol o ddwyn ffrwyth, ond ni fentrais i fyd y papurau newydd ac eithrio *Baner ac Amserau Cymru* yn ystod oes Gwenallt ei hun. Ac yn achos bardd mor gynhyrchiol ac amrywiol ei awen â Gwenallt, ni ellir ond dyfalu faint o gerddi cyflwyniadol ac achlysurol o'i waith sydd wedi'u cadw dros y blynyddoedd yn nwylo cyfeillion a chydnabod a'u disgynyddion. Yn wir, gwerthfawrogwn pe bai darllenwyr y gyfrol hon yn rhoi gwybod imi am unrhyw gerddi eraill y gwyddant amdanynt, gyda golwg ar eu cynnwys mewn argraffiadau pellach o'r gwaith hwn, os bydd galw.

★ ★ ★

Wrth olygu cerddi Gwenallt ar gyfer y casgliad presennol, penderfynais ymwrthod â'r dull syncronig arferol o gyflwyno gwaith beirdd y cyfnod diweddar, a mabwysiadu dull diacronig gan dybio y gallai hynny fod yn ddadlennol nid yn unig o safbwynt arddangos y broses greadigol (er enghraifft, dulliau'r bardd o adolygu a diwygio'i waith ei hun), ond hefyd o ran mesur ymyrraeth golygyddion blaenorol. Ymgynghorwyd yn fanwl â phob fersiwn hysbys o bob cerdd unigol, yn rhai argraffedig a llawysgrif,

---

[162] Am yr hanes, gw. *Culhwch ac Olwen*, goln Rachel Bromwich & D. Simon Evans (Caerdydd, 1992), 34. Defnyddiodd Gwenallt yr hanesyn yn ddelwedd mewn cerdd; gw. 127. 'Y Morgrug' ll.17–20.

[163] R. Non Mathias, 'Bywyd a Gwaith Cynnar Gwenallt'; R. Iestyn Hughes, *Llyfryddiaeth Gwenallt*.

a seilio'r testun terfynol fel arfer ar y fersiwn diweddaraf y gellid credu i Gwenallt ei hun ymwneud ag ef, gan nodi unrhyw amrywiadau arwyddocaol mewn fersiynau eraill mewn nodiadau testunol yng nghefn y gyfrol. Fodd bynnag, cywirwyd yn ddistaw unrhyw wallau amlwg (e.e., gwallau cysodi), a diwygiais orgraff y cerddi yn ôl yr angen er cydymffurfio ag arferion cyfoes ac argymhellion *Orgraff yr Iaith Gymraeg* (Caerdydd, 1987), ac eithrio lle y bo ystyriaethau mydryddol yn milwrio yn erbyn hynny. Yn yr un modd, diwygiais enwau lleoedd yng Nghymru yn unol ag argymhellion *Rhestr o Enwau Lleoedd*, gol. Elwyn Davies (Caerdydd, 1967), ac enwau priod ac enwau lleoedd beiblaidd yn unol ag arfer y Beibl Cymraeg Newydd (1988).[164] Mentrais ddiwygio hefyd rai o briflythrennau Gwenallt, er cysondeb ac er mwyn cydymffurfio â disgwyliadau a chwaeth y gynulleidfa gyfoes. Mewn ychydig o achosion teimlwyd yr angen i ddiwygio atalnodi gwreiddiol y cerddi, yn bennaf er mwyn dwyn y testun ychydig yn nes at arferion atalnodi heddiw. Yn achos y cerddi llawysgrif diwygiais yr atalnodi'n fwy trwyadl, a defnyddiais fachau petryal gwag i ddynodi bwlch neu ofod yn y llawysgrif yn achos y cerddi anorffen.

Os golygiad newydd o gerddi Gwenallt sydd yn y gyfrol hon, golygiad ydyw hefyd sydd wedi'i baratoi ar gyfer cynulleidfa newydd mewn cyfnod newydd, a dyna esbonio bodolaeth yr adran helaeth o Nodiadau yng nghefn y gyfrol. Yn ogystal â'r nodiadau testunol y cyfeiriwyd atynt eisoes, ceir ar gyfer pob cerdd unigol fanylion llyfryddol, gan gynnwys gwybodaeth am fersiynau llawysgrif a manylion am gyfieithiadau ohoni a thrafodaethau arni—gwybodaeth sydd, yn ogystal â'i gwerth empiraidd, yn ddrych diddorol o chwaeth farddol yr ugeinfed ganrif yn gyffredinol ac yn adlewyrchu'r 'gwerth' cymharol a osodwyd ar gerddi Gwenallt dros gyfnod o lawer o flynyddoedd. Fodd bynnag, nodiadau cyffredinol sydd yn amcanu egluro a goleuo'r cerddi ar gyfer y darllenydd cyfoes yw'r rhan fwyaf o lawer o gynnwys adran y Nodiadau. Oherwydd annilys bellach yw'r farn a ddelid yn gyffredin ar un adeg fod Gwenallt yn fardd uniongyrchol, hawdd ei ddeall.

> Bardd ei gyfnod oedd Gwenallt yn ddi-os, ac adlewyrchwyd credoau, naws a dull ymadrodd ei genhedlaeth yn ei gerddi[165]

meddai Cefin Campbell, wrth drafod rhai o gerddi Gwenallt dro yn ôl, ac

---

[164] Er mabwysiadu orgraff enwau priod a lleoedd y Beibl Cymraeg Newydd, rhaid pwysleisio nad ymddangosodd y cyfieithiad hwnnw tan ar ôl marw Gwenallt; y cyfieithiad 'traddodiadol' a ddefnyddiai'r bardd a'r cyfieithiad hwnnw, wrth reswm, a adleisir yn ei gerddi.

[165] Cefin Arthur Campbell, 'Ystyried rhai o gerddi Gwenallt (4)', *Barn*, 314 (Mawrth 1989), 24.

y mae yn llygad ei le. Ond am mai bardd ei gyfnod ydoedd, ni allaf gytuno â'r sylwadau sy'n rhagflaenu'r gosodiad hwnnw:

> Un peth y gellir ei ddweud yn gyffredinol am gerddi Gwenallt yw eu bod yn dra eglur, yn uniongyrchol ac yn weddol rydd o gyfeiriadau anodd. Croywder eu mynegiant a difloesgni eu hergydion yw eu nodweddion pennaf. Hybir tryloywedd ei ganu gan natur ieithwedd ei farddoniaeth, a'r ieithwedd ar y cyfan yn un Feiblaidd Gristnogol.

Cynulleidfa ddarllen dra gwahanol sydd yng Nghymru heddiw, ar ddechrau'r unfed ganrif ar hugain, o'i chymharu â honno a gyfareddwyd gan 'Y Mynach' yn 1926 ac a sgandaleiddiwyd gan 'Y Sant' yn 1928; mae'n bur wahanol hefyd i'r gynulleidfa a ddarllenodd *Ysgubau'r Awen* yn 1939, ac felly hefyd, i raddau gwahanol, bob un o gyfrolau eraill Gwenallt. Trwy gydol yr ugeinfed ganrif, a chyda chyflymdra cynyddol yn y cyfnod ar ôl yr Ail Ryfel Byd, bu'r dreftadaeth ddiwylliannol a chrefyddol Gymreig a Chymraeg gyfoethog a etifeddodd Gwenallt a chynifer o'i gyfoedion yn graddol golli ei thir, a'i disodli gan ddiwylliant arall, cwbl wahanol. Eithriadau prin bellach, a barnu yn ôl y myfyrwyr sydd yn cyrraedd adrannau Cymraeg Prifysgol Cymru, yw'r bobl ifainc hynny sydd yn hyddysg yn 'Y Pethe'. Caeodd y capeli a darfu am yr ysgolion Sul, ac o'r herwydd, nid oes gan ddarllenwyr ifainc heddiw yr wybodaeth ysgrythurol ac emynyddol a ganiatâ iddynt synhwyro a gwerthfawrogi'r adleisio neu barodïo ar adnod a phennill sydd yn rhan mor amlwg o waith Gwenallt.[166] Ac felly hefyd am y cyfeiriadau clasurol aml yn ei gerddi, a Lladin bellach yn bwnc 'marw' yn ein hysgolion a'n prifysgolion.

Yn yr un modd, mae strwythur economaidd, diwydiannol a gwleidyddol Cymru yn dra gwahanol bellach i'r hyn ydoedd yn niwedd oes Gwenallt, heb sôn am y sefyllfa a oedd ohoni yn y cyfnod rhwng y ddau ryfel byd, dyweder. Os yw Cymru bellach yn wlad ôl-Gristnogol, mae hefyd yn ôl-ddiwydiannol ac i raddau helaeth hefyd yn ôl-amaethyddol, gan beri bod llawer o'r ddeinameg gymdeithasol a yrrai waith mwyaf pwerus Gwenallt wedi pylu erbyn hyn. Caeodd y pyllau-glo, diflannodd y tipiau, bu chwalu difrifol ar gymdeithas cefn-gwlad; termau hanesyddol digon dieithr yw y Dirwasgiad Mawr a Sosialaeth Ryngwladol bellach, ac i ddarllenwyr na chawsant eu geni tan yr 1970au neu'r 1980au, mae digwyddiadau

---

[166] Ar ddiffyg gwybodaeth feibladd ymhlith y genhedlaeth iau, cf. Gary M. Burge, 'The Greatest Story Never Read', *Christianity Today*, 9 Awst 1999, 45–9. Cf. sylwadau Bethan Mair Matthews, 'Dylanwad y Sinema ar Lenyddiaeth Gymraeg', *Y Traethodydd*, 153 (Ionawr 1998), 21. Gw. hefyd y gofidiau a fynegodd Geraint Bowen mor gynnar ag 1952 yng nghyd-destun cerddi *Gwreiddiau*; 'Bardd yr Argyhoeddiad', *Baner ac Amserau Cymru*, 13 Chwefror 1952, 7.

cenedlaethol eu pwys fel boddi Capel Celyn a thrychineb Aber-fan mor ddieithr bell â chwymp Llywelyn a gwrthryfel Owain Glyndŵr.

Meddai Ioan Williams yn ei Ragair i'w olygiad o ddramâu Saunders Lewis:

> Er mwyn gosod gweithiau Saunders Lewis ar yr un sylfaen â chlasuron llenyddol a dramataidd gwledydd eraill, teimlais fod angen cyflwyno sylwebaeth gyflawn ar y testunau. Felly yr wyf wedi ceisio cynnig sylwadau ac esboniadau lle bynnag y teimlais fod eu hangen. Ni chredaf mai'r golygydd hwn fydd y cyntaf i weld nac i ddatrys pob problem, a derbyniaf, er yn anfodlon, y byddaf wedi colli sawl cyfeiriad a methu â gweld anawsterau y bydd darllenwyr craffach yn eu gweld. Fe ddichon y bydd rhai'n teimlo hefyd fy mod wedi cynnig sylwebaeth lle nad oedd ei heisiau. Ond y mae fy mhrofiad o gyflwyno'r dramâu i bobl ifainc wedi fy mherswadio na ddylid cymryd yn ganiataol y wybodaeth fwyaf sylfaenol, yn arbennig am faterion Beiblaidd ac Ysgrythurol. Ymddiheuraf os ydwyf wedi mynd yn rhy bell ar brydiau, ond teimlaf mai mwy o nodiadau fydd eu hangen wrth i'r blynyddoedd fynd heibio, nid llai. Y mae tuedd gan rai ohonom sydd wedi byw trwy bum degau a chwe degau'r ganrif hon i anghofio fod arferion ac ystrydebau'r blynyddoedd hynny mor ddieithr i'r rhai sy'n darllen gweithiau Saunders Lewis am y tro cyntaf yn awr ag yw moesau oes Fictoria.[167]

Dyna'n union yr ystyriaethau a'r amcanion a'm gyrrodd innau wrth baratoi'r golygiad hwn o gerddi Gwenallt.

---

[167] Ioan M. Williams (gol.), *Dramâu Saunders Lewis: Y Casgliad Cyflawn, Cyfrol 1* (Caerdydd, 1996), x.

Y MYNACH A'R SANT

Dwy Awdl

I
Ysbryd
Sant Thomas Aquinas

Rhwydd yw diolch i'm cyfeillion, y Dr T. H. Parry-Williams, yn arbennig, a Mr Dewi Morgan a Mr T. E. Nicholas am graffter eu beirniadaeth barod a'u trafferth garedig, a rhwym arnaf gydnabod caniatâd Cymdeithas yr Eisteddfod Genedlaethol i argraffu'r awdl gyntaf.

'Ce qu'il voit dans le mouvement néo-thomiste, c'est un aspect de la réaction contre l'idéalisme allemand, c'est le retour de la pensée moderne au réalisme chrétien.'

Les Nouvelles Littéraires, Medi 8fed.

(Adwaith yw'r mudiad Tomistaidd diweddar, yng Nghatholigiaeth Ffrainc, yn erbyn delfrydiaeth yr Almaen, a chais i ddwyn y meddwl modern yn ôl at realism Cristionogaeth.)

1. Y MYNACH

I

    Daw gwennol lwyd â gwanwyn
    I don lli, i dannau llwyn,
    Tegwch dilwch i'r dolydd,
    Gwenyn a gwawn yn y gwŷdd;
5   Yn nail perth cân prydferthwch,
    Llawenydd llonydd o'r llwch.
    Cariad sydd gân y gwanwyn,
    Yn bersawr o'r llawr a'r llwyn:
    Yn oer a gŵyl daw'r wawr gain
10   I agor dôr y dwyrain,
    Yn welw ei lliw fel lleian,
    Awyr Duw a ry ar dân;
    Ar gwfaint, oerni'r gafell,
    Daw rhin pur y dwyrain pell.

15   Mynachlog y Grog ar greigiau—a saif
        Uwch sŵn y glas donnau;
        Y wawr ŵyl a yrr olau
        O'r nefoedd i'r celloedd cau.

    Wrth y groes yn ymgroesi—y mynach
20   Main ac athrist weli,
        A dywed, os gwrandewi,
        Ing ei gôl ar ei hôl hi.

    'Daw'n ôl y wennol a'r ŵyn,—trebl adar,
        A blodau i'r glaslwyn;
25   Y gain ni ddwg y gwanwyn,
        Genau Mair, a gwenau mwyn.

'Mor dawel yw f'Angela—yn y clai,
　　Yng ngarth cloestr Teresa;
　　Rhydd wanwyn ni thraidd yna,
30　　Gwres yr haul, teg ros yr ha'.

'Ar wedd gain yr oedd gwanwyn,—a manna
　　Yng ngair min y forwyn;
　　A lleddf oedd lliwiau addfwyn
　　Rhubanau Mair ar ben mwyn.

35　'Mor dirion oedd ei bron brudd,—ac annwyl
　　Mewn cyni a chystudd,
　　Dwyfol ei llygaid ufudd,
　　Yr oedd gras yn harddu'i grudd.

'Canai i'w Christ â llais cristal,—*Ave*
40　　Ar wefus liw'r afal;
　　Lliw twf ei gwallt dihafal
　　Yn aur y thus ar ei thâl.

'Miri dau ym more'u dydd—oedd "oriau",
　　A lluniau'r saint llonydd,
45　　Emynau cred a bedydd,
　　Thuser, a phader, a ffydd.

'Wrth y tân gwrando'r canu,—ar wyliau,
　　Ar aelwyd ei theulu,
　　Plygai'r wlad i'r Ceidwad cu,
50　　A'r asyn mud i'r Iesu.

'Rhodio maes, ar hyd y môr,—yn y wlad
　　Gwylio'r blodau'n agor,
　　Hel rhos Mair i ddelwau'r Iôr,
　　Briallu bro i'w allor.

'Y welw wen ni welai hi—liw a llun
Haul a lloer a heli;
Gwelai groes fwyn mewn llwyni,
Briw Oen lleddf uwch bryn a lli.

'A'm gwefus ar ddwyn cusan,—hi giliai
O'm golwg yn fuan,
A chawn y ferch, yn y fan,
Ger y lli'n gwarae lleian.

'Yn y gwyn gôr mor gain y gân—o'i min,
Mwyn ei mawl yn datgan,
Dwyfol gân purdeb anian
Yn arian lais morwyn lân.

'O dôi hyll nos yn dywyllwch,—a'r lli'n
Golchi drosti'n dristwch,
Llawen oedd mewn llonyddwch:
Roedd Iesu'n cysgu'n y cwch.

'Gwelid gwrid ei gwaradwydd—yn ei boch
Pan bechai i'w Harglwydd,
Ar wedd gain y rhedai'n rhwydd
Ddagrau ei chudd euogrwydd.

'Gwelais ei gwedd yn gwaelu,—ag ing oer
Gwingai hi, a chrynu,
Dwylo a thraed yn gwaedu,
Ar dirion dâl roi drain du.

'Tanbaid oedd sêl Angela—tros ei Duw,
Tros y deg Fadonna;
Ei threm im oedd ddieithr iâ,
Ei bron dirion yn eira.

'Colyn oedd i'm calon i—roi dy wedd
  I gaer Duw a gweddi,
85   I dristwch dy degwch di,
  Dy lendid i leiandy.

'Bywyd yn llesg, byd yn llwm—ar dy ôl,
  Cur a dolur noethlwm;
  O! *Regina Virginum,*
90   Enaid trist tan benyd trwm.

'Nid oedd hwyl na hoen, nid oedd hedd—i'm briw,
  A'm bron heb dangnefedd,
  Hi'n agos mewn unigedd,
  Llen y byw yn lliain bedd.

95 'Ni rôi Crist iddi ond tristyd,—ac ing,
  Ac angen, ac ympryd;
  Lili poen, lili penyd,
  Alltud bach rhag malltod byd;

'F'annwyl brudd, yn ufudd i'r nef,—heb fam,
100 Heb fwyn dad na chartref;
  Yng nghaer gras heb dras, heb dref,
  Dyweddi Duw a dioddef.

'Un dyner mewn daioni,—ei difa
  A wnâi'i dwyfol ynni,
105 Llesg ei gwedd gan ing gweddi;
  Roedd Iesu'n ei hysu hi.

'I'w hing olaf daeth f'Angela,—y fwyn
  A fynnai Ei Wynfa;
  Di-baid o'i phlaid yn ei phla,
110 I'r nef wen, rhown nofena.

'A Mair annwyl a'i morynion—a'i dug
　　I nef Duw'r angylion;
　Hi orwedd yno'r awron
　Yn wyry fry, ar Ei fron.

115　'Llw ufudd-dod a thlodi—a dyngais,
　　Dod i ing a chyni
　Y man hwn er ei mwyn hi,
　I'r dduwiol urdd welw erddi.'

O enau cau Crist daeth cwyn—o wrando
120　　Cryndod cyffes addfwyn,
　Cyfrinach y mynach mwyn,
　Dau enaid a dau wanwyn.

　　　　II
　Toddes y gwanwyn mwynaf
　Yn wres yr haul, rhos yr haf;
125　A hardd yw gwaed gwyrdd y gwŷdd,
　Rhugl a mwyn arogl manwydd;
　O nodau cân ceiniaid coed
　Daw angerdd gwaed ieuengoed;
　Mae angerdd ŵyn ar dwyni,
130　Angerdd llon yng ngwyrdd y lli;
　Ieuanc bridd yng ngwanc breuddwyd,
　A phoeth a noeth yw ei nwyd;
　O'i rhodle heulwen radlawn
　Yn berwi'n hir ar brynhawn;
135　Bywyd a serch trwy'r byd sydd
　Yn llawn o nwyd llawenydd.

Is gwên yr haul, uwch si gwan yr heli,
Saif Mynachlog y Grog ar boeth greigiau,
Ei chlochdy uchod i'r nef yn codi,
140 A mwyn iaith hiraeth ym main ei thyrau.

Mae'r haf a'i angerdd ym mlodau'i gerddi,
Yn nail y lôn hoen haul a'i lawenydd;
Dan y dail, od ei yno, di weli
Fan lle huna llyn, yn fwyn a llonydd;

145 Hun ar lun croes yno hir lyn crisial,
Morwynol hud yn y mirain loywder,
(Nid y dwfr cras trwy'n dolydd a basia)
Litani a salm sydd i'w liw tyner.

Saif brawd yno dan bwys myfyrdodau,
150 Ing ei galon yn eigion ei lygaid;
Yn welw ei wyneb, huawdl ei enau,
Dywaid y mynach gyfrinach enaid.

'Roedd haf a'i angerdd ym mlodau'r gerddi,
A nwydau'r haf yn fy enaid rhwyfus;
155 Hualau rhwym oedd doluriau imi,
Crefydd y claf, cur ufudd y clwyfus.

'Yn llawn dihewyd llon neidiai awel;
Llyn yn ei wely fel llun anwylyd;
Y gell oedd dywyll, ei gwyll oedd dawel,
160 Byw tan glog y fynachlog mor nychlyd.

'Gwell na llais y Pab oedd lliw y pabi,
A synhwyrus hynt na seiniau'r santaidd;
Nid eu byd henllwyd, ond bywyd tanlli,
Enaid llon ydyw ffurf y cnawd lluniaidd.

165 'Gwell na mawl sant oedd min y Bacchante,
     A'i harogl esmwyth fel arogl iasmin;
     Y ias o dân o dan ei sidanwe
     Na'r "oriau" llwyd a'u geiriau oer, Lladin.

     'A gwell naid ac ymgolli yn nwydau
170 Y môr a ganai rhwng marw a geni
     Na byw yn sant gan furmur y siantau
     Unllef, a goddef caethiwed gweddi.

     'Rhyw forwyn wen a gerddai'n f'ymennydd,
     A'i bronnau cywrain mor gain, mor gynnes;
175 Ei llaw wen a'i llun yn llawn llawenydd,
     Tyner i minnau'r tân ar ei mynwes.

     'Fe ddôi imi falm o'i hwyneb almon,
     O'i golau a'i lliw, o'i harogl llawen;
     A gwin a mwyniant a gawn o'i minion,
180 A rosari fwyn yn nhresi'r feinwen.

     'Ei chnawd, mewn gwawd, ar Ei grog a oedai,
     Yn lledu yno ei hanllad hunan;
     Yr Iesu gwylaidd o'i groes a giliai,
     Mewn tristwch, i'r tywyllwch tu allan.

185 'Cyrff a neidiai, a lamai'n noethlymun
     Ar farmor allor ogylch canhwyllau,
     Eu gwedd aur a'u cam a guddiai'r Cymun,
     Rhag rhos eu min ffôi rhin offerennau.

     'A dawns dân pob dewines adeiniog
190 A ddôi yn llu i gynhyrfu'r nerfau;
     E godai hir seiniau'u gwaed rhosynnog,
     Neu loyw win hen oed a lonnai'u nwydau:

'Hud eu gwahoddiad a dagai weddi,
Ac yr oedd eu swyn yn corddi synnwyr;
195 Roedd golau uffern ar ganwyllerni,
Annwn a'i lleisiau yn nhôn y llaswyr.

'Lloer delw Helen a chellwair Dalila
Ddôi i ymennydd yn hedd emynau;
A seiniau tân rhyw wyllt sonatina
200 Yn llawen a thwym yn lli anthemau.

'Mewn arogldarth glas chwarddai temtasiwn,
A segur liwiau mewn cysegrleoedd;
Awn rhag sêl, purdeb isel Ei Basiwn,
I sipio'r gwanwyn yn swper gwinoedd.

205 'Roedd lliw fy mhechod yn ddwfn gysgodau
Yng ngheinder y main, yng ngwyndra mynor;
Euogrwydd nwyd drwy garuaidd nodau
Y caniad, a'i wyll uwch cannaid allor.

'Nid arogl glân fforestydd Lebanon
210 Y nwyd a gelai'n fy enaid gwaelaf;
Roedd ffau dreigiau yng nghiliau fy nghalon,
A lleisiau sinistr dinistr odanaf.

'Mi daflwn y diafl o'm natur aflan;
Roedd im adwyth yn llwyth eu llywethau,
215 A nadredd y nos drwyddo yn hisian,
Eu gwanu'n ingoedd, eu gwenwyn angau.

'Nid oedd pleser corff ond poen diorffwys,
A nwydau a dyf o hadau diafol;
Ei rym brwd ni rôi imi baradwys,
220 Na hedd i'r synnwyr trwy ddôr y swynol.

'Rhag rhwyd brydferthaf cyfrwystra'r diafol
Gwaeddai f'angen, a gweddïai f'ingoedd,
Rhag dawns sidan, a rhag dinas hudol;
Nwydau'r anifail nid â i'r nefoedd.

225 'Wynebau rhai addfwyn a ddôi i'm breuddwyd,
Uwch crud di-nam cariad mam yn mwmian,
Roedd tyner olau, roedd tân ar aelwyd,
A'i wrid yn gysur, cariad yn gusan.

'Am air o'i fin criai mêr fy enaid;
230 Dôi eira i'm gwaedd, dôi rhew i'm gweddi;
Wrth flodau a phren rhoddwn ochenaid,
Gweddïo marw rhwng gwŷdd a mieri.

'Crys gwallt a chroes dost ni roddai osteg
Ar ddygn nwyd eirias, ar rydd gnawd oriog;
235 Ni ddôi iddo hedd na budd o ddioddef
Y wialen, a main, hoelion miniog.

'Yn nhrig annelwig yr annuwiolion
Rhoddai Ef f'enaid i'r dduaf annwn;
Byd meirw a gollwyd, byd mawr y gwyllon,
240 A lliw gwaed wylo eu llygaid aliwn.

'Tir gwaedd ac ofn y tragywydd gyfnos,
Awyr eneidiau yn oer annedwydd;
Yno gwelw hin oedd, a glaw anniddos,
Dafnau tân fel ôd mân ar y mynydd.

245 'A gloyw oedd mawredd arglwydd y meirwon,
Ymherawdr unig ym mro'i drueni;
Rhagddo âi poen ac wylo, y galon
A rwygem â'n gwŷn; rhegem ein geni.

'Dygwn fy nghalon lesg i'r gyffesgell,
250 Lludw ar fy mhen, a llwydoer fy mhoenau,
O fedd fy nghamwedd yn daer fy nghymell
A wnâi duwiol ŵr, â'i dawel eiriau.

'Un hwyr, yn wylo, rhiain a welais,
Yng ngolau'i gwên wedd f'Angela gannaid;
255 O dan ei llygaid yno llewygais;
Gwyrodd y fun uwch euogrwydd f'enaid.

'Fe'm dug i'r grog lle'r oedd cnawd yn crogi,
Yn deg ei olwg, a digywilydd;
Syrthiodd ei swyn yn sarn oddi arni;
260 A briw fy Nuw a welwn o'r newydd.

'E redai'r dolur o'r traed a'r dwylo,
Y drain hirlym a drywanai'i arlais;
Wylais allan fy hunan fan honno,
Gwilydd, gofid; ac wele hedd a gefais.

265 'I'm calon a'm gwedd daeth gorffwys gweddi,
Eneiniad mwyn yn enaid emynau;
Lle bu'r gwael wŷn mae llwybr y goleuni,
Aroglus wyntoedd nef trwy'r gŵyl siantau.'

Bywyd o fawl a byd diofalon,
270 Llawenydd dyddiau yn llefau llafar;
Daeth Duw i'r gwael, daeth hyder i'w galon,
A golau i'r dall na ddeall y ddaear.

III

      Wedi'r haf, daw mwynder hir
      Hydref, a'i rad, i'r frodir;
275   Ei law, ei liw, awel lon
      I oeri'r oriau hirion;
      Gwlad a'i llond o ffrwythlonder,
      Llawnder pwyll, dillynder pêr,
      Y deg dref a'r goedwig drwch
280   Yn llawn hedd, a llonyddwch;
      Mae ar y môr li, mae ar lwyn
      Olau aeddfed yr haul addfwyn:
      O! mor hardd yw'r môr oerddwr,
      Gwely dwfn golau a dŵr;
285   Mor dawel murmur diwair
      Gweddi gwynt mewn gwŷdd a gwair;
      Nifwl araf, fel safwyr,
      Ar erwau hedd hir yr hwyr;
      Daw llaswyr nef trwy'r hwyrnos,
290   A siant o'r nant yn y nos.

      Daw'r hwyr gwridog i'r fynachlog nychlyd,
      Ar furiau'i heglwys rhy ei firaglau,
      Hyd groes Iesu ei deg ros a esyd,
      A gwrid ei olud ar gŵyr y delwau.

295   Gwisgir saint dinam mewn gwisg o fflamau,
      Angylion hefyd yng ngolau'u nefoedd;
      Gwna'r glwys fawredd gain aroglus furiau
      Yn wyrth rasol dwfn hiraeth yr oesoedd.

      Mae cur ac ofn yn nhrem y colofnau,
300   Yn nhro y bwa boenau hir bywyd,
      Yn llun y main mae llawen emynau,
      Rhin y groesbren, a gwewyr Ei Ysbryd.

Anadliad Duw â hyd eiliau tawel,
Hyd yr oriel lân, drwy'r awyr lonydd,
305　Nid awyr daear, a'i ôd a'i awel,
Awyr hoen, ac arafwch, rhin crefydd.

Wedi'i ymbil â'r Iôr rhwng allorau,
A'i wên yn degwch calon fendigaid,
Daw'r sant ataf; ac araf ei eiriau,
310　Dywaid y mynach gyfrinach enaid.

'O'r crwydr a'r frwydr daeth tangnef yr hydref,
Dwyfol dân a chân lle bu ochenaid;
Golau dydd lle bu glwy a dioddef,
Golau annwyl gwelïau Ei enaid.

315　'Caf bur gymundeb â'i wyneb unig,
Ac arial a nwyf y Greal nefol;
Byw dan oludoedd byd anweledig,
Treiddio i afiaith y natur ddwyfol.

'Yn dyfal uno â'r dwyfol anwel
320　Uwch byd a'i ing, uwch bywyd a'i angau,
Rhed cariad Duw ar hyd cread tawel,
A minnau'n anadl mwyn yn Ei enau.

'Braint i eiddilyn brwnt yw addoli
Y Gwaredwr dwyfol, Greawdr deufyd;
325　Daw'r blys melys am ostwng a moli
Yr Oen, a gymerth boen dyn a'i benyd.

'Caf yfed gwin y ddwyfol gyfrinach,
Hoen dihalog ar riniog yr anwel;
Caf fendith ŵyl Mam annwyl y mynach,
330　A rhin Ei bysedd ar wyneb isel.

'Molaf Dduw lwyd am ffydd y proffwydi
Yn nrycin, rhyfel, yn rhu canrifoedd;
Am wyrthiau aur y cwmwl merthyri,
Am y gras i'w dal ym mwg yr oesoedd.

335 'A molaf actau'r hen Dadau didwyll,
A'u henaid yn wawl yn nos dynoliaeth,
Mewn gwyllt anial am gynnal y Gannwyll,
Pan hunai byd mewn poen anwybodaeth.

'Fy mawl a eiliaf i Fam y lili,
340 Loywdeg lawenydd y blodau glana',
Daw dyddiau ei heddwch dedwydd iddi,
Rhoi coron i'r Wen ym mhen Amana.

'Fy nghalon eilw f'Angela anwylaf,
Y fwyna' deg yn ei nef fendigaid,
345 Ei henw filwaith yn llawen a folaf,
A molaf f'annwyl am wylio f'enaid.

'Awn i'r eglwys hardd ar glais y wawrddydd
Yn ddau a dau, yn orymdaith dawel;
Yno y daw aml enaid am lonydd
350 At draed yr Iesu, â'u trydar isel.

'Newydd a phur yw gweddi offeren
Yn hir hedd deufyd, wrth Fwrdd y Dwyfol;
Ar liain gwynnaf dwyster Sagrafen
Mae Aberth yr Oen yn ymborth rhiniol.

355 'Syml fwrdd Ei ddioddef, bwrdd tangnefedd,
A bwrdd ein Duw uwch trwst byrddau'n daear,
Bwrdd Ei ras pur, Ei gur, Ei drugaredd;
Swper Ei gywilydd, Swper galar.

	Wrth Ei fwrdd digymar, yn ddisiarad,
360	Cofiwn un pren, a'r Cyfiawn a'n prynodd,
	Dihafal gur ac ing dwyfol gariad;
	Ei galon lân hyd y glyn a lynodd.

'A Mair yn welw am y Marw yn wylo
Yno welaf wrth grog Ei Hanwylyd,
365 A rhed y dolur i'w thraed a'i dwylo,
I'r lana' calon â'r hoelion celyd.

'Wyla'n Gwyry uwch clais hoelion geirwon,
A rhy Ei gwelw wefus ar Ei glwyfau,
Olew a myrr i'w welïau meirwon,
370 Ei Hoen a'i Llawenydd mewn llieiniau.

'Caf fendith nef, a chusan tangnefedd,
Daw bendith ŵyl Joseff annwyl inni;
Am ein drygau hir daw mwyn drugaredd,
Yn hynaws dawel, trwy'r *Agnus Dei*.

375 'Yno daw hedd Ei Dad i bechadur,
A nef i'r enaid o'i ŵydd cyfriniol;
Newyn diwala am boen a dolur,
Ysbryd y cariad, dyhead duwiol.

'Hosanna f'enaid a seiniaf innau
380 Am fara'i ing, am Ei friw, a'i angau;
Seinio Ei glod yw hoffter f'aelodau,
Yn ddwylo a thraed, yn waed a nwydau.

'Caner Ei glod gan goedydd a blodau,
Gan heuliau mawrion, gan heli moroedd,
385 Yr awyr a'i adar, sêr o'u rhodau,
Y llynnau, mân wŷdd, llwyni, mynyddoedd.

'Uner yr henfyd â chorau'r Wynfa,
Seraffiaid, ceriwbiaid: Cân yr Aberth
A gân angylion, a gân Angela,
390 A hawddgar ysbrydoedd i'w groes bridwerth.

'Byd a nef wen yn wallgof lawenydd,
Yn gôr o fawl, a chlod, a gorfoledd;
Hoen a galar sydd yn un â'i gilydd,
Ac angau'i hun yn rhan o'r gynghanedd:

395 *"Gloria in excelsis Deo,*
Et in terra pax hominibus bonae voluntatis.
Laudamus te. Benedicimus te.
Adoramus te. Glorificamus te.
Gratias agimus tibi propter magnam gloriam tuam.
400 *Domine Deus, Rex coelestis,*
Deus Pater omnipotens.
Domine Fili unigenite, Jesu Christe.
Domine Deus, Agnus Dei, Filius Patris.
Tu solus Dominus.
405 *Tu solus Altissimus, Jesu Christe,*
Cum Sancto Spiritu, in gloria Dei Patris.
                                    Amen."

'Dihafal, di-ail dwyfol dawelwch
Pan dau y côr glân â'i gân ogonaid;
410 Bydd bron a gwedd tan ecstasi heddwch,
Llewyg dianadl yn llygaid enaid.

'Ffy balchder hunan, pob ffôl ymrannu;
E dawdd yr enaid i hedd yr anwel,
Uwchlaw gwae einioes, uwchlaw gwahanu,
415 A munud daear, mewn cymun tawel.

'I'r fynachlog newynog drueiniaid
A ddaw, i'r rheidus bydd nawdd garedig,
Nerth i unig, a chymorth i weiniaid,
A helbul eneidiau gwael, blinedig.

'Awn y prynhawn i'r meysydd, yn wynion
Gan wenith santaidd, a'i gywain yno;
Rhoi i'r Iôr fawl ar yr erwau hirion
Am ddawn ein grawn, am ei ddwyn yn gryno.

'Y gwylain a ddaw trwy'r awyr dawel,
O wynlliw disglair ein Mair o'r moroedd;
Daw cân yr ewyn, daw cân yr awel
A'i dwysber hud i godi ysbrydoedd:

> *"Nunc lege, nunc ora,*
> *Multoque labore labora,*
> *Sic erit hora brevis,*
> *Sic erit ille levis."*

'Bydd fwyn chwedlau pell yn y llyfrgelloedd,
Duwiau sêr a haul, duwies yr heli;
Rhag yr Iesu gwelw a'r groes e giliodd
Duwiau nos a môr, eu dawns a'u miri.

'Sifalri marchog a mabinogion,
Rhan mab a merch yn nhraserch yr oesoedd;
Brutiau oes agwrdd brwd dywysogion,
Ing a thrueni, angau a thrinoedd.

'O hirddydd a'i loes, hwyrddydd a'i laswyr
A ddwg hedd bendigaid, ysbaid gosber,
A'i les i enaid, a'i hwyl i synnwyr,
A'i hiraeth, a'i ias, a glesni'r thuser.

'O enaid yr eglwys daw aroglau
445 Safwyr a chwyr trwy'r llonyddwch araf,
Trwyddynt hed si adenydd gweddïau
I hedd agored y nef hawddgaraf.

'A daw gwenau lloer hyd gain allorau,
A murmur gwelw saint marmor i galon;
450 O organ wedyn daw hirgŵyn nodau,
A'r gân gannaid o gôr gynau gwynion;

'Hardd leisiau'n llawn balm a mwynder salmau,
Yn bur, yn annwyl, heb ryw na hunan,
Lleisiau araf yn murmur llaswyrau,
455 Eu hoen a'u hingoedd trwy'r siantau'n yngan.

'Yn nodau Bach mae'i nwydau a'i bechod,
Hunan a'i wendid yng nghanu'n Handel;
Yn y siant annwyl mae hoen saint dinod,
Bywyd diwair a glendid byd tawel.

460 'Mwyn a melys hwyr emynau moliant
Yn loywaf ias ar nefol wefusau;
Yr awyr lân a gân i'w ogoniant,
A gwydr a main a gwyd yr emynau.

'Mwyn y *Magnificat* a'r *Stabat Mater*,
465 I Fair gain, furmur *Ave Regina*;
Troi yn nistaw fwynhad *Pater Noster*,
A Nêr addolwn drwy'r weddi ola'.

'Yn fy nghell, wrth y groes, mi ymgroesaf,
Ymbil dros gyni, daioni dynion;
470 Yn hwyl emynau a'u mawl mi hunaf,
Ei bur hedd a'i hud yn llanw breuddwydion.'

IV

Daw y gaeaf i'r afon,
I lwyni tir, i lanw ton;
Daw'r eira hir drwy oer hedd
475　　Ar ei dyner adanedd,
Diffrwyth eira i'r dyffryn,
Eira'n brudd ar waun a bryn,
Ar hen bren ei oerni brau
Yn hongian ar y cangau;
480　　Unlliw a lleddf pob lle a llun,
Llwyni cwm fel llen Cymun;
Oer y gerdd tan rew ac iâ,
A'r arogl tan yr eira;
Ar wŷdd syn mae pur wedd saint,
485　　Ar eu hwyneb oer henaint.

Yr oedd sant yn brudd a syn—yn ei gell,
　　I'w fedd gwael yn disgyn;
Nychai gwedd y mynach gwyn,
Rhawd ei yrfa ar derfyn.

490　　Yn ei welw wae dwyfol wên—yn aros
　　Ar ddeurudd, fel heulwen;
Roedd golau is aeliau hen,
Llewych ei ysbryd llawen.

Yn boeth ei ben, heb obaith byw,—yn wael
495　　Ar wely'i gell unlliw,
Cwyn eiddil ar fin diliw,
Ei groes ebon ar fron friw;

Ar Ei rudd waed rhoddai o—'i welw wefus,
　　Ar glwyfau yn llifo,
500　　O'i ystlys ŵyl a'i ddwylo
Dôi'r gwaed, o'r traed lawer tro.

Er cwyn, er cur, er cyni,—hoff iddo
    Y Ffydd, ei ddyweddi;
    Hyd y pridd, ffyddlon iddi,
505 Hunai'n hen ar ei bron hi.

Calon fwy gweddw na'r gweddwon—a gurai
    O gariad at dlodion,
    Cannwyll ei actau ceinion
    Ar wely llesg rôi wawl llon.

510 Cur, a dolur, a dolef—ei enaid,
    A'i anadl heb dangnef,
    Ei ddyddiau yn ddioddef,
    Yn oriau'r nos curai'r nef.

I'w loes gref solas Sagrafen—annwyl
515   A fynnai yn llawen,
    Bara ing briw i'w angen,
    Gwaed a dŵr Prynwr y pren.

Yn flin ei wedd gan flynyddoedd,—i'w glwy
    Fo gâi nwyf y nefoedd,
520 Ar fin y dŵr fwyned oedd
    Manna angel mewn ingoedd.

Criai ar Grist yn ei dristwch,—i Dduw
    Am faddeuant, heddwch;
    Llwyd a llesg mewn lludw a llwch,
525 Rhoed i Fair edifeirwch.

Rhyw ddwfn ddaeargryn a grynodd—ei gell,
    Golau gwyn a'i llanwodd,
    Trwch dywyllwch a'i dallodd,
    Ing a phoen, angau a ffodd:

530   Ac adain yn ei godi,—i nef Dduw
          Efô a ddaeth arni,
          Y gŵyl Oen ei goleuni,
          Duw oedd ei haul a'i dydd hi.

          Yn y Ddinas nid oedd henaint,—na chell
535   Na chafell, na chwfaint;
          Yno'r oedd sŵn myrdd o saint,
          Hedd a haf heb oddefaint:

          Yn wyn lu morynion lawer—wyliodd,
          Angela o'u nifer,
540   Gŵn denau am gain dyner,
          Corun sant is coron sêr.

          E giliodd y nef a'i golau,—syrthiodd
          Yn swrth i'r dyfnderau;
          Fe ddaeth ing, fe ddaeth angau
545   Yn hyll eu gwedd, i'w gell gau.

          Yr abad mwyn a ymswynodd,—olew
          Ar bob aelod irodd;
          Ar Dduw y taer weddïodd,
          Gras a rhin y groes a rodd.

550   Eang olau angylion—a hwyliodd
          Eilwaith i'w gell dirion;
          Yr enaid ddug morynion
          Cain eu llais, llawn canu llon.

          Syrthiodd yn ôl i'w hun ola',—a'i ing
555   Yn yngan 'Angela';
          Hunai'r lloer oer, a'r eira,
          Hunai'r rhew, a hunai'r iâ.

Canhwyllau cyni allor—a welodd
    Ei wael wyneb marmor,
560   Nodau cân enaid y côr
    A wylodd ar ei elor.

Yn yr eglwys aroglau—a dreiddiodd
    Drwy hedd y gweddïau,
    Persawr Duwdod a blodau,
565   Heddwch a ffydd, o'i bridd brau.

Mair o'i delw rhwng y delwau—hen a gloyw
    A glywodd y geiriau,
    Mwyn y cwyn o'i genau cau,
    Dagrau oedd ar deg ruddiau.

570   Y du elor i dawelwch—mynwent
    Ddug mynaich mewn tristwch,
    O allor i dywyllwch,
    Fflam gŵyr a llaswyr i'r llwch.

A'r haul gwyw ar oer liw gaea'—y garth,
575   Ei gorff a roed yna;
    Rhodd iâ oer a phrudd eira
    Burdeb hir ar dir y da.

Hen was i Dduw a hun isod—ym mynwent
    Y mynaich a'r manod,
580   Fu lew o nwyf, loyw eu nod,
    Drudion daear dan dywod.

Mor llon yw y marw llonydd—yn ymyl
    Sŵn emyn boreddydd,
    Yn ymyl Duw, a mawl dydd,
585   Saint eu hurdd, a siant hwyrddydd.

Y bore bach heibio i'r bedd—daw'r brodyr
　　O bryd gwelw, trist osgedd;
　Rhydd un i'r gro, â phrudd wedd,
　O law ddifrif loyw ddyfredd.

590　Daw yn yr hwyr dyner 'oriau',—a salm
　　Y saint uwch y beddau,
　Nodau eu siant yn dwysáu
　Unigrwydd cysegr dagrau.

　A mwyn y *Requiem* yno—a'r hwyr
595　　Ar ei hing yn gwrando,
　Geiriau ei hedd ar y gro
　Yno'n olaf yn wylo:

　　　　'. . . *et fidelium animae,*
　　　　Per misericordiam Dei,
600　　　　*Requiescant in pace;*
　　　　　　　Amen.'

2. Y SANT

I

    Yn heddwch ei flynyddoedd
    Hardd a dwys ei gerdded oedd,
    Dôi'n araf o'i ystafell,
    A'i drem welw ar dir ymhell
5   Uwch byd mân ein ffwdan ffôl.
    Dywed imi, ŵr duwiol,
    Ai rhwydd santeiddrwydd i ti?
    Ai dawn ydyw daioni?
    Adrodd, ŵr y nef, hefyd
10   Dreigl dy fyw drwy galed fyd.

    'Hyd fin dŵr tawel dyfnderau Tywi
    Gwyllt y rhedwn, ac y neidiwn i,
    Llamwn ar hyd ei rhyd mewn direidi,
    A nofiwn drwy ias ei dyfnderau hi;
15   Plentyndod pur sydd i'w murmur i mi,
    Rhyddid, hoen, a llam breuddwydion i'w lli.

    'Fy nhad oedd mor fawr, gawr o gyhyrau,
    Un hir a manwl; roedd fy nhrem innau
    Ar ei wisg lwyd, cry' osgo'i aelodau;
20   O'i enau mawr y dôi grym ei eiriau;
    Ar aelwyd y wlad fy nhad oedd fy Nuw.

    'Carwn wneud dolur i greaduriaid,
    Ceisio, a chwalu cyrff, coesau chwilod;
    Dal iâr yr haf, a'i dolurio hefyd,
25   Ei gwanu â phìn er dygnu ei phoenau:
    Dychrynllyd im oeddynt, a gwynt eu gwaed.

'A'm mam yn aml oedd yn mwmian emyn
Am nawdd mewn ing, man hedd mewn angen,
Maddeuwr beiau yn angau'n hongian,
A'i iawn yn waed prudd yno hyd y pren.
Rhag ofnau lu, rhag y chwilod duon
E gawn nawdd ei braich, sugno hedd o'i bron.

'Daeth chwaer fach lân i ddwyn fy nheganau,
A dwyn serch tad mwyn, swyn ei gusanau;
Cilio'n ŵyl at fam annwyl wnawn innau,
Cawn wasg ac anwes gynnes ei genau,
Blas hufen neu flawd, blas syfi neu flodau
Ar ei dwylo, ac arogl gwair y dolau.

'Darllenwn wrth dân rad lyfrau anrheg,
Oes a hynt cyni y seintiau "ceiniog",
Eu hing hir, y gri, a'u hangau ar grog,
Eu rhwygo â'r meini, a'r gêr miniog,
Ac erchyll dwllwch cur a chell dyllog,
Eu celu'n unigedd culni ogof,
Ar y drain anial eu crwydr newynog,
Eu taflu yn llu i ddychryn llewod,
A bedd arswydol fol y bwystfilod:
Eu poen a gusanwn; sant fynnwn fod.

'Deffrown rhag arswyd dychryn breuddwydion
Ar wellt fy ngwely'n orwyllt fy nghalon,
A dyfal y deuai y dieifl duon,
Erch a miniog oedd eu picffyrch meinion;
Roedd sawr brwmstan ar len a gwrthbannau,
A ffrâm y gwely'n fflam ffrom a golau.

55   'Taenwn fy angerdd ar wair y werddon,
        Yn ei dirgelwch, crychneidiai'r galon
        O hiraeth eirias, dan berthi hirion;
        O waith maes haf awn i wyll yr afon,
        I argel ddu, yn ddirgel weddïwr,
60   A'i weddi ar lyfnder dyfnder y dŵr.

        'A hy ar Dduw yr hir, hir weddïwn,
        Am nerth y Creawdr mewn hiraeth crïwn,
        Rhag y drygioni, rhag dreigiau annwn,
        Am olau Ei burdeb, ac aml bardwn,
65   A'i rym im hefyd rhag gorthrwm afiach
        Y nwydau oedd yn bechodau un bach.

        'Gwelwn Ei grog wrth aradr ac oged,
        Gwelïau Ei gur drwy glwy y gweryd;
        Yn y clos, eilwaith, clywais Ei alwad
70   I ddwyn o'r llaid afradloniaid y wlad;
        Ond Ei waed tost oedd yn nhân coed y tŷ,
        A dagrau fy Nêr yn lleithder y llaethdy,
        A'i hoelio dros y byd yn nhail drws beudy.

        'O gilio i'n hydlan, ac wylo yn hidlaid,
75   Gweddïwn yn y llif, gwaeddwn yn y llaid
        Am ran o'i gur, ac am ran o'i gariad,
        A doluriau tranc y dwylo a'r traed,
        Am rin Ei waed iach, a'm harwain o'i Dad
        O loes ac anfoes fy nwydau ynfyd.

80   'At waith cynhaeaf daeth merch yr Hafod,
        Un fain ei thwf, ac yn llyfn ei thafod,
        A'i gwallt ar wddf o liw'r gwellt aur aeddfed:
        Awn ar y maestir, dan rwymo ystod,
        A gwelwn ei hoen glân yn ei hwyneb,
85   A'i chorff yn plygu wrth wasgu ysgub.

'Y fun a'i llun ni'm gadai'n llonydd,
Ei chnawd oedd y llen, sglein y gobennydd,
A chwsg âi wrth ei cheisio, ac awydd
Nythu genau rhwng dwyfron noeth-gynnes;
90   Ein dau yn llawn grym, a'm gwrid yn llawn gwres,
Aros o'i mwyniant er croesi mynwes.

'Yn fy hun, dôi wedi'r gaeaf, hinon,
Âi gwas ag aradr drwy gwysi geirwon,
Rhoid hadau nwyd yng ngwanwyn breuddwydion,
95   Dôi'r eginhad hardd drwy gnawd y werddon,
Aderyn i'w nyth yn y drain noethion.

'Rhwygo fy muchedd wnâi drwg fy mhechod
Heb allu'i chwalu, fel chwalu'r chwilod:
Dôi ataf y diafl hyd wair y daflod,
100   Plethwn, gwasgwn bob bys rhag ei gysgod,
Enaid yn gwrando, a'r cnawd yn gryndod,
A'i warth ddôi arnaf yn fawrnerth ddyrnod.

'Ar wellt tŷ gwair gwyddwn orwyllt gariad,
A chrefai, brefai am ferch yr Hafod,
105   Ei hwyneb, hirwyn wddf, a'i bron aeddfed;
Ar hyd ei blows biws rhedai blys bysedd;
Bwytawn ei chnawd braf yn y Sagrafen,
Yfwn ei gwaed yn y meddw ddafnau gwin;
Yn sydyn yn nwyd emyn dôi imi
110   Filain wanc coch i'w thraflyncu hi.

'Rholiwn ar gae gan artaith y gwaeau,
I'r wybr uchod codwn gri a breichiau,
Ac weithiau'n fileinig y gwthiwn flaenau
Y drain drwy fy nghroen, er dofi poenau

115	Y ias eirias a gerddai synhwyrau;
	Nid oedd yr un llais, nid oedd rhin llysiau,
	Olew nac eli, awel na golau
	A allai laesu fy ngorffwyll loesau.

	'Na chawn fynd yn ôl i'r groth anolau,
120	A'm dug i ingoedd, a'm dug i angau.

	'Fe glywaf ei lef, gwelaf wylofain
	Ei loyw lygaid, yn ymyl ei ugain,
	Ei wyneb, oedd goch, yn hwy gan ochain;
	Mor hagr-wedd y marw! gwae ei ruddiau main,
125	A gwyw ei gnawd mêl gan sugnad milain
	Haint a dioddef: clyw, fy mrawd, fy llefain,
	Clyw! clyw! Mor dawel yw yn ei liain.

	'Yr ymennydd briw trwm ni wyddai ba raid
	I Dduw ei ddwyn, yn ôl cwyn "diaconiaid";
130	I nef Ei degwch hunanol fe'i dygwyd
	O'i chôl, a'm duwiol fam a adawyd
	A'i gruddiau'n wylo'n unigrwydd ein haelwyd;
	Garw oedd fy mywyd, a gwir oedd f'amheuon;
	Melltithiais, caseais y Cnaf yn Seion.

135	'Yn ei arch ddwys fe'i rhoed i orffwyso,
	O ofn haint hen, yn y fynwent honno;
	Rhois yno fy ffydd, a'm crefydd, is gro,
	A rhoi'n y ddaear yr hen weddïo
	A gawswn o grud, yn gyson gredo,
140	Fy hoen am byth, fy ninam obeithio,
	A'r Iddew o Dduw, yn nhir ei fedd o.

'Dros ein byw nid oes Duw; dall a diau
Y daw hen dynged â ni hyd angau;
Os brau yw'n haros, os byr ein horiau,
145 Dawnsiwn, meddw-wn, a boddwn y beddau
Â moroedd o win, â myrdd o wenau,
A mynnu enaid gwallgo mwyniannau:
Yfwyr, herwyr a ŵyr fywyd orau.

'Cas gennyf Grist am ledu Ei dristwch,
150 A'i anadl dall; mae delw Ei dywyllwch
Ar lynnoedd, glynnoedd, mynyddoedd, glannau,
A'r tir, ac afonydd, a'r trigfannau.

'Lle bu gân a thwrf pell baganiaeth iach,
Moethusrwydd gwledd, rhialtwch cyfeddach,
155 Daeth pla o "Genefa", a'i boen afiach
I nychu'r delyn, dawns iach o'r dolydd,
A'r ffraeth ganu uwch berw ffrwyth y gwinwydd;
Ei lwydni moes aeth dros flodau'n meysydd:
Mor hagr a di-lun yw'r capel unig,
160 Cysegr tristwch, gorddüwch Iddewig;
Wrtho'n wylo hiraeth ywen, helig,
A llwydoer gur uwch y lledwyr gerrig.

'A drych hurtrwydd oedd aradr a chartref,
Y tir gwyw henllwyd lle trigai hunllef;
165 Arwain cart tom o fwg y domen,
A'r clai fel gelyn melyn ym mhob man,
Ar gyrn, ar bâl, ar garnau'r ebolion,
Melyndra ar wisg, ym mlinder esgyrn,
Ei olion byth ar lawr glân y bwthyn,
170 Yno ei dwll oer ym meddrod y llan.

'Mor ffôl ei lun ydyw'r gwladwr unig,
Ei ddwylo'n goch tan ddilyw ne' guchiog,
A'i ben y bore yn erbyn y barrug;
Yna ba les roi fy ngwanwyn blysig
175 Mewn trymwaith blin, ar fin rhyw afonig,
Ymysg typdra dynion geirwon, gorwag.

'O dresi a iau maes af dros y môr,
O'i henaint trwm i fyd rhamant tramor;
Gwrando yn y môr chwedleuon morwyr,
180 A'r isel nos yn grisial, yn asur;
Af i diriondeb haf y dwyreindir,
A'i ariannaid des yn coroni tir,
A goludog wedd prennau gwlad, a'i gwŷr
Yn loyw gan liw haul, gan ei holew ir.

185 'Caf yfed llyn hoen, caf fwyd llawenydd,
Dawnsio hyd y wawr, neidio yn nhes dydd
Yn wyllt fy mhen, nes hollti f'ymennydd.
Gadael y wlad anhynod, a'i thlodi,
Man dinwyd, tawel min dinod Dywi,
190 Awn, fel awel, ar drafel drwy drefi,
Gweld rhyfeddodau, miraglau di-ri!

'Arhosais wrth ffenestr delwau llestri,
Craffu ar Fenws, ac ar ei ffurf heini
Gweddïais yn daer. "Deg dduwies wen, Di
195   Freuddwyd anterth prydferthwch,
    O! wychder llun, uchder llwch,
    Rho harddwch in, a'r urddas
    A laddodd Crist a'i drist dras;
    Mae'r gwerth oedd ym marw y Gŵr?
200   Gwirionwaed pell gwerinwr.

Troi'r byd yn drist wnâi'r Crist crog,
A daioni'n undonog;
Nid af i'w iau lwyd Efô,
I'm hannog fel y mynno;
205 Yn fy nydd, mi wnaf â nwyf
F'einioes, yn ôl a fynnwyf;
Noethlawn gorff, perffeithlun gwedd,
Bron, neu wyneb yw rhinwedd;
Ffôl dal yn ôl ein nwyd hen,
210 Marweiddio corff mor addien;
Rho in nwyd dwfr, gorhoen dail,
Nefoedd benrhydd anifail;
Rho'n ddi-nag, dduwies bagan,
Nwydli dy lanc di ar dân."'

II
215 'Roedd dinas firain fel merch gain ei gwedd,
Yno ar y wlad wastad yn eistedd;
Awn, ŵr ifanc, i'w dirgelion rhyfedd,
I dyrfa dew, a di-rif, a di-hedd;
Clai ni chaid, na llaid i'w strydoedd llydain,
220 Aruthr imi daer ruthr y moduron
Direol, gwallgofrwydd byd ar olwyn,
Yn we hir, gywir o forgrug eon;
Âi drwy fy ngwaed drwst y traed fel trydan,
Fel ias o dân dwyfol leisiau dynion.

225 'E ddôi nos o liw i'r ddinas lawen
Yn wyrth ar heol, fel rhith yr awen,
Y goleuni aur, gwyrdd gwelw neu oren
Mor beraidd â hud byd mawr breuddwydion;

Ac fe redai golau'r tramau trymion,
230 Rhwng coed y ffyrdd, fel bythwyrdd obeithion;
Sbïo am hir ar wyrth siopau mawrion,
Lluniau, a delwau, mentyll hudolion,
Dysglau bwydydd coeth, ffrwyth tiroedd poethion,
Gwinoedd tân, a'u cân, mewn gwydrau ceinion,
235 Berw diod, gwirod mewn fflasgau oerion,
Byd llawen, doniol bwyd a llyn dynion.

'Roedd hud yn symud y dyrfa drwy swyn
Y nos hardd i mi, a'i chynhesrwydd mwyn,
Bodau rhith dieithr byd o wyrth dewin;
240 Eu rhawd mor fywiog, a'u traed mor fuain,
Llawenydd llanc yn eu tro lluniaidd, llawn:
Deced a mireinied y morynion,
Eu gosgedd a'u cam mewn gwisgoedd cymen,
Yr oedd cochni'r coral meddal i'w min,
245 Dwyael liwgar uwch nos rhad olygon.

'O! ddinas anferth, ddinas prydferthwch,
Di wyd ddinas hud a diddanwch,
Dinas deg, ryfedd dawns a digrifwch,
Dinas cân annwyl, a hwyl, ac elwch.
250 Dinas decaf y duwiau a'r diafol,
Ac orohïan ymhob cwr heol,
A bywyd yn ferw mewn byd anfarwol,
Digonedd dwfn yfed gwinoedd dwyfol,
Arogledd a gwedd y cnawd tragwyddol.

255 'Roedd swyn hawddgaraf yn nhrem y diafol,
Geined ei ddrygau, a'i wydiau hudol;
Roedd hud a mwyniant ar wedd demoniaid,
A garai f'anian, a gorau f'enaid.

'Yr oedd ddihafal y cárnifal nwyfus,
260 Dawns y cannoedd ar hyd y nos gynnes,
Pob dyn yn dduw, yn cydio'n ei dduwies,
Yn rhoi iaith i fwyn hiraeth ei fynwes
Ym mrys yr hwyl a'r rhythm, res ar ôl rhes:
Dawnsiwn, cymerwn lawer cymhares,
265 Yn awr yng nghôl ysgafnhir angyles,
Yn iasau tyn gwylltineb satanes,
Neu gôl bronnau hagr, aroglber negres.
Dawnsiwn, mi gymerwn yn gymhares
Y Gleopatra huawdl, Efa dlos
270 Yn deg ei ffug yn ei ffedog ffigys,
A Helen eurgain o lannau Argos,
A duwiesau dyfroedd, a glynnoedd glas;
A llithrai eneidiau llathr a nwydus,
Troi, trosi wedyn, un twr trwsiadus,
275 Yn chwerthin a bloedd, cynhyrfoedd nerfus
Ar hyd y nos, fel criw Dionysus.

'Wedi blino'n deg, cyn dyfod blaen dydd,
Awn i dŷ yn llawn o dân llawenydd,
Cysegr hoywdant ac iasau gwirodydd,
280 A'i beraidd gân uwch y byrddau gwinoedd,
Nodau ei miwsig yn llawn nwyd a maswedd;
Roedd lluniau noethni nwyd ar barwydydd
Yn deg o olwg a digywilydd.
Y gwinoedd i'm cof redai'n anghofrwydd,
285 Yn ango mwyn tros wlad ing a mynydd—
Y wrach hagr, ddi-ddawn, rychiog, oer, ddiddannedd—
Tros chwys a dylwaith tresi a chŵys dolydd,
A'r eisiau hyd lannau Tywi lonydd,
Yn ango a balm tros angau, a bedd
290 Fy mrawd a laddodd ffawd, a bedd fy ffydd,
Y dyhead cryf am Dduwdod crefydd;

Yfwn nwyd y gân, ysgafn enaid gwinoedd,
A'u rhannu â phutain oedd mor gain ei gwedd.

'Yn fy sobrwydd sych gwyddwn glafychu
295   Fy mron ddigalon, ni allwn gelu
Gofid, fy ing am y gwiwfyd a fu:
Ffrwynau, a charnau, peiriant yn chwyrnu
Lawer diwrnod gynt ar lawr dyrnu,
Codi clawdd ffin, sŵn melin yn malu,
300   Persawr tail ar âr wrth ei wasgaru:
Am ŵyn bach roedd fy mron yn crebachu,
Am y lôn iach i ymlawenychu,
A'r trwsgl glwydau lle'r oedd sachau'n sychu.

'Roedd blodau rhinwedd ar wledig feddau,
305   A syn y gwelais yno'n eu golau
Oes a hyntoedd dedwydd santaidd dadau,
Eu byw mor lân, a diddan eu dyddiau
Yn iechyd euraid haul yr uchderau.

'Roedd gwên oer watwarus i'w wefusau,
310   Llwydwyn ei ffriw hen, llydain ei ffroenau,
O'm blaen ei olygon eon yn au,
A'u trem yn dywyll heb eu canhwyllau,
A malais tlws ar y moel ystlysau,
Ac ar ei fwng, ei ais, a'i grafangau.

315   'Eisteddai'r goblin ym merw y ddinas,
Yn berffaith gampwaith, yn ffawd o gwmpas
Byd, bod o bob gradd, yn lladd, yn lluddias
Daioni pob un, gobaith dyn pob oes:
Crechwenai'r ffawd yn ddidostur wawdus
320   Ar ei fri, a'i gwymp, ar ei ofer gais
Dros hedd a rhinwedd i fyrder einioes,
Ar Dduw, a'i Grist, Ei drugaredd a gras.

'Safai teml nwyd y brydferth broffwydes
Mewn hedd yno, tan dwrf mân y ddinas;
325   Llawn o addurn oedd hi o'r llunieiddia',
Llenni swynol yn llawn lluniau Sina.
Ifori gwyn delwau crefft Firginia,
Aur yn bileri, riwbi Arabia,
Neu liwiau mwynder teml Foslem India,
330   A nen yn wychder gan sêr Asyria;
A rhos cain oll oedd y rhes canhwyllau,
Yn oleuni myrr ar liain y muriau,
A moeth helaethwych yr esmwyth lythau.

'Roedd yno luniau mil o fwystfilod,
335   Newyn gwres teirw, enyngar satyriaid,
A naead addwyn tan nwydau hyddod;
Maethgeirch feirch yn ymosod ar ferched,
Duwiesau lu gerbron nwydus lewod,
A dôi i'w hela y crocodilod:
340   Lluniau du, byw yn llawn udo di-baid,
A naid hoen filain nwyd anifeiliaid.

'Dôi'r broffwydes dal mewn arian sandalau,
Hud mantell aur â diemwnt lloerau,
A'i thâl purloyw tan dalaith liw perlau,
345   A gwregys gymysg o fain a gemau;
Ar ein deulin yno gerbron y delwau
Buom, yn crio, gweddïo ar dduwiau:

    "O! Iesu deg, Isis dal,
    Dduw Iehofa ddihafal,
350   O! Fair, O! Ishtar firain,
    Fenws goeth a'r fynwes gain:
    Dduwiau mawr, yn awr, clywch ni,
    Ar ein gwaedd, eiriau'n gweddi,

	Codwch a dodwch ni'n dau
355	Yn nedwydd nef eich nwydau,
	Yn ne' lawn o lawenydd
	Rhowch ein heneidiau yn rhydd,
	Yn awyr noethni ieuanc,
	Dihewyd, gwynfyd pob gwanc;
360	Agorwch lygaid gwirion,
	Nwydau brwd enaid a bron,
	Fel Selyf gweled cyfoeth,
	A nwydau mawr cnawd a moeth,
	Gwallt pen a chorff, lliw porffor
365	Haul ym medd cnawdol y môr,
	Lleithder crwn, crog ei bogail,
	A rhawd deg ei thraed di-ail,
	Sipio bron o rawnsypiau,
	O'i chnawd sawr llysiau a chnau."

370	'Yn ein nwyd wyllt y syrthiasom ein dau,
	Dau yn lloerig wrth draed hen allorau,
	Fy nannedd yn goch yng ngwaed ei bochau,
	A iasau hoen ei dagr rhwng f'asennau.

	'Dôi euogrwydd hallt i'm calon alltud,
375	Yn droeog sarff deuai'r drwg a'i syrffed;
	Mor aflan, ac mor wan! aeth i'r enaid
	Eiddilwch llewych, meddalwch lleuad.
	Dôi loes yr anfoes, a'r pechod ynfyd
	I gorff, a llaw, i'm pen, i'm gorffwyll waed,
380	I wan ymennydd, a'm lladd mewn munud.

'Yn fy nghôl wylwn bechod fy nghalon,
Blas ei ddrewdod yn ddiod ddiewyn,
Neu arogl clwyfau'r gwelyau cleifion;
Yn y llaid wylais is lleuad aliwn

385 Bywyd artiffisial byd hurt ffasiwn;
Yn y gwaeledd, yn y boen y gwelwn
Wlad wych yr haul, wlad iach yr awelon,
A'i hirlwyni cain mor lân ac union.
Yr oedd yr haf ar burdeb yr afon,
390 Yn ei eang haul nofiai angylion,
Yn gwanu i'r dwfn, ac yn gwynnu'r don.

'Lle bu ideol doe, lle bu delw deg,
Lle gwisgais ramant amdani'n fantell,
Hoffter ei llun, hoffi tro a llinell,
395 Y mae delwau fy serch heno'n erchyll,
O lygredd yr hagr, halogrwydd yr hyll.

'Hudo'r bobloedd yw mwynderau Bab'lon,
Denu pawb y nos, dynion pob nasiwn,
 lliwiau aur, cochlas ei themtasiwn,
400 Gwên ei hwyneb isel, gwin hen basiwn,
Huda aml enaid hyd ymyl annwn,
A'i wthio, ei chaeth, i wanc noeth ei chŵn.'

III
'O sŵn y bobloedd, a dygn swyn Bab'lon,
Ac o wlad hen nwydau caled dynion,
405 Na ŵyr na hoen haul, na rhin awelon
Ciliais yn glaf. Dieithr oedd yr afon,
Y tir, y gwelydd, swildod trigolion.
Mewn syndod sefais. Cydiais mewn coeden,
Ar ei rhisg gwyw iasoer y rhois gusan.

410 'Am yr hen rith fy mron a hiraethai,
Ynof y ddinas a'i hias a'm hysai,

Cain lawenydd ei gwin a'm canlynai
'N daer rhwng y coed, a'i feddwdod a oedai
Yn awyr y clos, yn y pridd, a'r clai.

415 'E fynnai duwies hyd afon Dywi,
Ddwyn aroglau alltud yn ei hud hi,
A lliw tir rhamant o'r pellter imi,
Gwaharddedig harddwch gwyrdd-deg erddi.

'Cerddai wrth yr afon fel Madonna,
420 Yn ei phrid ias angof Affrodisia,
A'i chain ewinedd yn gochni henna;
Mor ddi-ddal, mor dal, mor hudolus,
A rhin ei phaent ar enau ffuantus,
A gwaed ei chorff yn borffor diorffwys,
425 Wyneb a'i aroglau mor beryglus.

'Yn rhwydd ymdynnodd f'angerdd amdani,
A thwym nwyd a hen ddaeth i'm henaid i;
Ar ddwyfron clywais lais afon, a si
Ei glannau a ddeffroes ddirgel ynni
430 Yn fy nghalon. A chreulon oedd ei chri,
Pan giliodd; fe'm gadawodd wrth Dywi.

'Ac nid oedd na phoen na hoen i'm henaid,
Ond e roed bwrn im o flinder di-baid;
Heb awydd byw, onid baw oedd bywyd:
435 Gobaith, a dioddef, a gwaith hefyd,
Cyfoeth, rhoddion, ac afiaith, a rhyddid,
A'n treigl truan bach trwy galed drin byd
Ond oferedd, gwagedd, gwagedd i gyd,
Yn pasio yn wag, megis peiswyn ŷd,
440 Neu yr ewyn rhwydd yn nhroeon y rhyd.

'Un hwyr mi grwydrais dir trwm, garw hydref,
A brain yn gerain uwch cwysi agored,
A llithro aradr drwy y llathr weryd;
O'r rhychau a'r grynnau codai'r anwedd,
Y pridd yn un anadl ag anadl gwedd;
Dôi ataf o draw aradrgan lawen,
Bodlonrwydd syml lais; ac mi welais wên
Wyneb aradrwr ar ei lwybr adref.

'Sefais. Cyffrowyd, dihunwyd enaid,
A myned o'i bridd mewn hud a breuddwyd;
Anghofiais fy mhryder, a'm hing hefyd,
A hardd nos swynfawr y ddinas ynfyd,
A hoffi tân oer drem ei phuteiniaid;
Aeth yn angof uffernau fy mhrofiad,
Dial fy meiau, dyli fy mywyd.

'Treigl amser, ffiniau lle a ddilewyd,
Ac enaid yn noeth heb y cnawd a'i nwyd,
A'm heinioes yn nhragwyddoldeb munud.

'A'r ecstasi mwyn yn newid f'wyneb,
Daeth, o enaid, lais dwyfol Doethineb:
"Nid ofer yn dy gof yw d'ing, d'ofid,
Daw iechyd a nwyf o'th glwyf a'th glefyd,
Dy boen fydd grymuster hoen dy enaid,
Dy gnawd di yn rhan o asbri d'ysbryd,
Euogrwydd d'anfoes yn angerdd dy wynfyd,
A nwyd y beiau; un ydyw bywyd;
Dan y bedd a'r angau un ydyw'n byd,
A'r hen ddiafol yn rhan o Dduw hefyd."

'Mor ddieithr oedd y ffridd, y pridd, pob pren,
A hynod olau ar ysglein deilen,

A'r dwfr mor grisial; yfais i'm calon
Yr hedd rhyfedd yn aros yr afon.
Llanwyd y tir gan gynghanedd dirion,
Cyweirganu taer côr o gantorion,
475 Dôi nodau o eang olau angylion,
Ac atswn doniau cân gytsain dynion
A ddwg feichiau hir ar dir pryderon;
Dôi hefyd fiwsig o'r cerrig geirwon,
O lwyn ac awel, grafel yr afon,
480 A'u mawl ym melyster tyner eu tôn,
Melyster a gân am lestri gwenyn:
Yn fy nghôl toddes oerni fy nghalon,
Aeth gorhoen enaid hyd fôn llygaid llon.

'A gwelais ogoniant glas y gweunydd,
485 A moesau mwynion plant maes a mynydd,
Eu bywyd dewr ar wyneb y tiroedd,
Yn y gwair a'r gwŷdd, yn gyrru'r gweddoedd
Â'u haradr isel ar hyd yr oesoedd,
Yn hau hefyd rhwng daear a nefoedd,
490 Haf a hydref, yn cywain aeddfedrwydd
Haidd, ŷd ar gaeau eu ffydd dragywydd.

'Y mae heddiw bob pant a chnwc yn santaidd,
Pob tywarchen a phren, gwartheg a phraidd;
Bu serch ar bob llannerch yn llawenydd,
495 Emynau heddwch ar y mynyddoedd,
A chyffro'r weddi uwch y ffriddoedd,
Y cyni, a'r ofnau drwy'r canrifoedd;
Y mae hen gewri'r sir yma'n gorwedd,
Gweddillion emynyddion yn ei hedd,
500 Y gwŷr hoff a gâi ynddi gorff a gwedd
Eu Gwaredwr briw; Ef, ag aradr bren,
Yn tynnu Ei rych dragywydd â'r ychen,
A'i olwg siriol ar sefydlog seren.

'A thithau hen sir, a'th wyneb siriol,
505 Yn daer y'm gelwit, fe'm gelwit i'th gôl,
Galwai pridd a dwfr, galwai praidd a dôl,
Heulwen y mynydd, awelon maenol,
A beddau fy nhadau f'enaid yn ôl
O demtasiwn nosau f'uffernau ffôl:
510 A thithau hen sir, a'th wyneb siriol
Yn daer y'm gelwit, fe'm gelwit i'th gôl.

'O! Gymru ddigymar, a'th wên araf,
Mam y proffwyd llwyd, a'i freuddwyd llydan,
Mam llawen arwyr, a mam llenorion,
515 Ac anturwyr y môr, a'r cantorion;
Dan dy do gwyn megaist dywysogion,
Penaethiaid, balch farwniaid ar dy fron;
Di a'u gelwaist i huno'n dy galon,
O! ddwyfol feirw, O! ddihafal fawrion.

520 'Bu arwydd y grog uwch ein hiniogau,
Hoen a llawenydd saint yn ein llannau,
A'u rhodio glân ar dywod y glannau:
Bu Mair dyner, a'i gwddf yn baderau,
Yn galw i'r gwanwyn yr ŵyn a'r prennau,
525 A'i hadar llonydd is dŵr y llynnau:
Bu bwrw cur a dolur gerbron y delwau,
A phoen a henaint yn y ffynhonnau.

'Bu gwawr paradwys yn ein heglwysi,
Cyn laned â'r eira can eleni,
530 A gloywai enaid yn ei goleuni;
Ni ddôi nwydau'r cnawd ffôl i'r addoli,
Na sŵn eu traed ar hyd ei seintwar hi,
Neu lef wyllt tan loyw fwâu i'w hollti;

Bu saint drwy hedd defosiwn gweddi
535   Yn gweled y nef yn ein gwlad ni.

'Yn ôl traed tawel Hywel, Sant Dewi,
O'u bro yr âi yr hen bererinion
Drwy borth Rhufain gain, lle'r oedd cyrff gwynion
Merthyri dwyfol, ac apostolion;
540   Dros don eigion at gysegr Sant Iago;
Yna, o'u bodd, i lunio eu beddau
Yn Enlli santaidd, plwyf hun llu seintiau.

'Ac mor eiddil yw ein Cymru heddiw!
Mor wan a di-hedd ydyw morwyn Duw!
545   Morwyn drist druan ar lwybrau distryw,
Yn rhoi ei henaid i'w charwyr annuw.
Mi a af, mi a godaf y meirwon gwyw,
A dihuno'r bedd—ai diynni yw'r byw?

'Daw'r gwyryfon ieuainc, daw'r gwŷr hefyd,
550   A henwyr o bell a ŵyr boenau'r byd,
Daw'r cynghorwyr, fel brodyr, doeth eu bryd,
Chwarelwyr, glowyr, a'r gweithwyr i gyd,
Y rhai bychain, a gwŷr heb eu hiechyd,
Gwŷr tan eu clwyfau, gwŷr tan eu clefyd,
555   Beirdd gloyw y gân, o'r broydd glo ac ŷd,
A'u rhoi eu hunain, a mêr eu henaid
It, O! Fun deg, fe'th alwant "Fendigaid",
A'th ddidawl fawl a gân d'anifeiliaid.

'Sefais, hwyr o haf, ar lan yr afon,
560   Sefais, a gwelais ei lli dros y geulan
Hyd y maes a'r ddôl; yr oedd ei olion
Yn wyrdd ar erddi, yn hardd ar werddon.

'Torrai syched wrth yfed o'r afon
Adar crwydrol, a phedwarcarnolion,
Nofiai'n ei haul dorf o annuwiolion,
A'u gwydiau hir, dygn a aeth gyda'r don;
A bu i'w hoywli daflu helbulon,
Gofidiau a phoenau; tarddai ffynnon
Heddwch bendigaid o enaid dynion.

'Gwelais yn ei llun a glesni ei lli
Mai afon Duw fydd mwy afon Dywi.'

Cododd ei santaidd law, fe'm gadawodd,
Ei lygaid a'u rhin o'm golwg a drodd,
A'i ddwyfol wyneb ef a ddiflannodd.
Ni bu hir y gŵr mewn bro a garodd,
Gwelwyd ei gilio; a Duw a'i galwodd.

A bu rhyw hanner awr o ddistawrwydd
Yn y ne', yna ebr Un, yn ebrwydd:
'At hoen y ne' O! tyrd, di, enaid dyn,
A dos o gylch i gylch yn Ein byd gwyn,
A'th enaid aeddfed yn y nawfed nen,
Yno a wêl santeiddrwydd ei heulwen,
A'i golau'n brydferthwch, di-lwch, di-len.'

BREUDDWYD Y BARDD

3. BREUDDWYD Y BARDD

    Cyfrolau brud a llên a ddarllenodd,
    Hanes a choelion hen oes a chwiliodd
    Y bardd oediog. Un hwyrnos breuddwydiodd
    Freuddwyd, a gafwyd o'r hyn a gofiodd,
5   Lluniau'r rholiau a welodd,—cerddi hen,
    Y brutiau a llên brud tywyll, anodd.

    Gwelodd yn ei hun forwyn unig,
    A'i gwisg a guddiai gorff gosgeiddig,
    Union ei dwf, fel merch pendefig;
10   Yr oedd ei hwyneb yn debig—i wedd
    Un a aeth i'r bedd yn enethig.

    Mun bereiddiach ni fu mewn breuddwyd,
    Mwynach rhiain yma ni chrëwyd,
    Anwylach morwyn ni welwyd,—ni fu,
15   Na Morfudd, Dyddgu na Lleucu Llwyd.

    Roedd blewyn gwyn yn ei gwallt gwinau,
    Olion hir loes ar lân arleisiau;
    Awch ei hiraeth, yn nhwllwch oriau,
    Ni rôi hun i flinder amrannau;
20   Yr oedd lliw prudd i'w gruddiau,—lliw ing maith.
    Wele ei haraith a'i gwelw eiriau:

    'O! mor unig wyf heb fy mrenin,
    Di-nawdd a di-nerth a dichwerthin,
    A garw yw f'oes heb un gair o'i fin.
25   Pan ffoes, daeth i'm heinioes hin—y gaeaf,
    Ac ni chaf mwy haf ym Mehefin.

'Roedd yn frenin o lin haelioni,
Teyrn, ac arglwydd o gyff arglwyddi,
A changen brenhinbren ein bro ni;
30   Codai'i frigog ben i'r wybrenni,
A'i wreiddiau hen oedd yn ei phridd hi,
Yn ei irddail roedd cerddi,—rhwng cangau
Lleisiau eneidiau yno'n oedi.

'Yr oedd fel cawr uwch gwŷr mawr a mân,
35   Mal haul teg yn ymyl lloer egwan,
Neu'r eryr yn ymyl yr aran,
Mal yr aur yn ymyl yr arian;
Cadarngryf fel llew oedd y glew glân,
Un mwy nid oedd mewn un man—na'i gryfach,
40   Ni chaid un dewrach dan ei darian.

'Noddai ei neuadd y naw awen,
Caredig oedd i'r unig a'r hen,
Nawdd rhag eu hingoedd, rhag eu hangen;
Ef oedd eu hymffrost, eu post a'u pen,
45   Ei olud megis heulwen—ar y twyn,
Ei enw yn addwyn fel gwinwydden.

'Lle bu cartref a nef ei hynafiaid,
A bonau deri hen benaduriaid,
Wele eu bro bêr tan law barbariaid,
50   A'i holl degwch dan eu pla melltigaid;
Cyfyd gwersyll hyll yr haid—ar ei dir,
Heno ar randir hun ei orhendaid.

'Ffoes ef fel Myrddin rhag y cŵn blinion
Yn cilio i heddwch Coed Celyddon,
55   Dyrys baradwys y crwydr ysbrydion,
Yn wallgo byth gan dwyll gau obeithion;
Hiraethus eu crwydro weithion,—heb ffydd,
Trwy siaradus wŷdd y gelltydd gwylltion.

'Ei drig heno sydd yn bwdr ac unig,
60 Lle y bu neuaddau ieirll bonheddig;
Ni ddaw na'r glêr na'r cerddor na'r clerig
Na dysg gadarn athrawon dysgedig;
Hendy'r wâdd, adar y wig—a'r drain crwm,
Dringodd y mwswm pan drengodd miwsig.

65 'Aeth hen hwsmonaeth o fryn a mynydd,
A'u gogoniant o gaeau a gweunydd;
Ni rwym dwylo gnydau trwm y dolydd,
Ni chodant bicffyrch uwch llennyrch llonydd;
Saif lloer amheus uwch y meysydd—a'u brwyn,
70 Llys a gloyw wenwyn pyllau siglennydd.

'Cofia heldrin y werin, ein Hiôr,
Ei hing, ei hangen, a'i hanghyngor,
Lleng ddyhir, fud fel llong weddw ar fôr,
Ar ddyfroedd eang heb angor—i'w dal.
75 Wele bobl anial heb eu blaenor.

'Nawdd fy nghenedl, clyw waedd fy nghyni,
Fy ngweddïau, llef f'ing, O! Ddewi;
Tros f'anwylyd cain rho d'adain di,
Ar gur pob dolur rho falm d'eli,
80 A rho ymborth i'w borthi—mewn newyn,
Rho dy lyn wedyn i'w ddiodi.

'Ni fynnai'i wŷr, ei filwyr efô,
Na'i arddel, na mynd i'r drin erddo,
Eu haddoer ffydd a'i gyrrodd ar ffo,
85 Fel bardd dig y ffyrnig *Inferno,*
Tan felltith barn ymhell o'i Arno,
Hoff haul a rhin sêr ei Fflorens o;
Tlawd ei rawd o fro i fro,—fel llong glaf
O hafan i hafan yn nofio.

90   'Efallai yr hun dan niwloedd Llundain,
        Neu leoedd moel ymhlith pobloedd milain,
        Hwyrach y try i dai erch eu truain.
        Daw ei drafael, ond odid, i Rufain,
        Lle yno y cwsg gweddillion cain—hedd,
95   Rhyddid a mawredd gwareiddiad mirain.

        'Truan ei drafael mewn estron drefydd,
        Yn dwyn ei galon dan ei gywilydd;
        Tan ei garpiau llwyd mae crawn cornwydydd,
        Hyd ei rawd afrad, briw ei draed efrydd;
100   Er ei ffawd dlawd hyd wledydd—dynolryw,
        Llyw eneiniog yw, teyrn tragywydd.

        'O! dychwel, un annwyl, dychwel, eneiniog,
        I'th dir glân, heno, o'th dreigl newynog;
        Odid na weli ddewrder banerog,
105   Beilch a gwerin yn fyddin wirfoddog,
        Arwain y dorf, arwain d'arfog—wŷr di,
        I farw, os mynni, ar ros a mawnog.

        'Disgwyl dy hadau mae erwau meirwon
        A chaeau mall, lle bu ceirch a meillion,
110   Rho gynaeafau i'r bryniau braenion,
        Ac yna irwydd yn fraisg gan aeron,
        Glo gwyn o li egnïon—ffrydiau mân,
        Ei olau a'i dân i fil a dynion.

        'Is lloer dinas hyll y rhodienni,
115   Neu ar lan leddf murmur aliwn li,
        A'th galon dirion bron ar dorri
        Am weled haul uwch dy famwlad di,
        Mawr yr hiraeth am Eryri—uchel,
        A ffrithlan dawel ffrwythlon Dywi.

120 'Mi a awn heddiw i'r mynyddoedd
  I fyw'n llonydd, wrth fin y llynnoedd,
  Cysgwn ar bridd a main y ffriddoedd,
  A byw ar bawr, a berw aberoedd,
  Pe cawn glywed ei hynt gan wyntoedd,
125 Neu glywed ar greigleoedd—sŵn ei ddod,
  Neu ganfod cysgod llesg ei wisgoedd.

  'Rwyf yn disgwyl, yn disgwyl bob dydd
  Am ei weled ef ar y moelydd,
  Ei drem a'i wyneb ar drum mynydd,
130 Anwes ei fynwes wrth afonydd;
  O! na ddôi i'n rhoi yn rhydd—cyn bo hir,
  A'r dirus arwyr dros Iwerydd.

  'Daear a'i drysi a dŵr a droswn,
  A llwch heolydd traphell a chwiliwn,
135 Ac fel Dido daer fy nghorff a ddodwn
  Yn fflamau'r angau hyd oni threngwn,
  O nef wen ef a fynnwn,—onis caid,
  Tynnwn ei enaid o'r tân yn annwn.'

  Daeth ati artist llym, sadistig,
140 Fflangellwr ei fro, dychanwr dig,
  O'i enau clybu'r fun unig—yno
  Eiriau ei wawdio angharedig:

  'Er dy hiraeth, ni ddaw tro d'arwr
  A'i osgordd o wŷr dros y gwyrdd ddŵr;
145 Gwae erioed it ddisgwyl gwaredwr,
  Boed Arthur neu Dudur neu Lyndŵr,
  Twyll yw hud brud y brudiwr,—Cymru rydd,
  Rhith ei ymennydd, gwyrth ymhonnwr.

'Di, ynfyd, na châr dy wlad anfoes,
150 Canys dydd ei ffydd weithion a ffoes,
Darfu'i hunfarn a darfu'i henfoes,
A'u gorfod, wedi'u darfod, nid oes;
Ymlusg i'w bedd ar ddiwedd oes—hirfaith,
Yn cario ei hiaith fel cario croes.'

155 Pan giliodd, hi wylodd yr heli,
A'i bron dirion fel pe ar dorri,
Fel gweddw laes dan len ei thrueni;
Wedi'r tristwch, daeth heddwch iddi,
Wele'i henaid balch yn ymlonni,
160 Gwyddai drwy reddf a gweddi—blynyddoedd
Mai byw er hyn oedd mab ei bron hi.

Daeth ati broffwyd talfain, llwydwedd,
A hen haint ni roddai i hwn hedd,
Ond ei ysbryd hoyw oedd fel gloyw gledd
165 Yn ei wain wan. Tan ei anhunedd,
Ei ddolur, a'i eiddiledd—roedd egni,
A nwyd yn llosgi dan y llesgedd.

'Mwyn heddiw ydyw awyr mynyddoedd
Gan anadlau di-goll hen genhedloedd,
170 Y mae'r balchder gynt o hyd mewn gwyntoedd
Ar y bryniau hyn, lle bu'r brenhinoedd;
Lle mae aradr, aradr oedd—yn torri
Yn loyw ei chwysi'n nhawelwch oesoedd.

'Tra saif dibetrus sêr mewn aberoedd,
175 Neu lanhau marian gan lanw y moroedd,
Tra bo digrif llenyddiaeth canrifoedd,
A mêr llafur a chlasur yr oesoedd,
Pery hud parabl ysbrydoedd—fy mhau,
Cân hi ei hodlau ymhlith cenhedloedd.

	'Ym mrwydrau ni fed fy mro wrhydri,
180	
	Na dwyn gwrolgamp ar don garw weilgi;
	Ni chododd gwr llen y ffurfafenni,
	Na rhoi grym anadl ar gŵyr a meini;
	Deddf hedd a fydd ei deddf hi,—a phob bron
185	A wêl ei hunion farn yn oleuni.

'Gwrandawn ar lef priddellau Glasnevin,
Lle cwsg gwladgarwyr ac arwyr Erin,
MacSwiney, Connolly, Micael Colin;
Nac ofnwn arfau, a geiriau gerwin,
190   Na difrawder y werin,—na gwawd neb,
Cawn weld disgleirdeb wyneb ein brenin.'

Darfu ei einioes, fel hoedl Moesen,
Gan weld treftad ei wlad fel trwy len,
Ail i anwylyd trwy welw niwlen,
195   A'r dwyfol Frenin byw arni'n ben.
Rhoed ei arch tan dywarchen—a'r dewr claf
Yn ei hun olaf, yn Neiniolen.

Fel gwylan, ar lan, disgwyliai hi
Hwyl ei hanwylyd ar lanw heli;
200   Rhwng dwfr a nen gwelodd hwylbrenni
Ar orwelgant noeth erwau'r weilgi;
Nofiai naw llong dros gefn lli—i heddwch,
Ac i dawelwch hafn Cydweli.

A mawr oedd mwynhad y cariadau,
205   Wedi blin oddef nwyd blynyddau;
Llaeswyd hen nwyd gan ocheneidiau,
A gafael hudol aml gofleidiau,
Ac araf oedd eu geiriau,—a charnbwl,
Anodd oedd meddwl, hawdd oedd maddau.

210 "Fory gwisg dy briodaswisg di,
Decaf o'r gwragedd, fy nyweddi,
Dygwch lelog, rhos, dygwch lili'n
Duswon heirdd i'n priodas ni;
I loer y gwragedd, fy nyweddi,
215 Cydseiniwch a chenwch chwi,—O! glychau,
Alluog leisiau'r holl eglwysi.'

I eglwys ddyfnddwys rhodiodd y ddau,
A'u morynion, gwynion eu gynau;
Roedd rhesi enwau beirdd yr oesau,
220 Enwau'r meirwon mawr ar ei muriau,
Delwau santaidd cenedl o seintiau.
Aeth y brenin a'i fun ar luniau
Wrth y llariaidd brydferth allorau;
I Ddewi Sant, gweddïau—a yrrwyd,
225 Pan glymwyd, unwyd eu calonnau.

Neidiai fflam brydferth y coelcerthi
Ar yr Aran ac ar Eryri,
Ar fryniau, o'r Berwyn i'r Frenni;
Dwyn esgyrn mall, ysgall i'w llosgi,
230 Dail derw, eisin, danadl a drysi,
Pwdr wreiddiau, gwrysg a phob budreddi,
Onid unwyd gwlad gan gadwyni
O dân a gwres. Dawnsiai llancesi
A hogiau yno'n deg a heini;
235 Âi'r ifainc tua'r trefi—â'u ffaglau,
Yna, i lannau â'u goleuni.

Daeth brenin adref i'w gynefin,
Yn unben gwlad, yn gariad gwerin;
Addolai wŷr ei ddelw ar ddeulin,
240 Ymgrymai'r byw i'w duw a'u dewin,

A didawl oedd mawl pob min,—'O! Dduw, moes
Hir oes, hir einioes fyth i'n brenin!

'Gosodwch eich ffyrdd di-lun yn union,
A llwybrau cymwys lle bu rhai ceimion;
245   Harddwch, agorwch y parciau geirwon,
Goleuwch, lledwch theatrau llwydion;
Gwael yw cael strydoedd culion,—baw a llaid,
Lle y dwg euraid benllad ei goron.

'Ewch i'r wlad, a dwedwch, genhadau,
250   Y daw'r brenin ar dro i'r bryniau,
Dygwch o bridd degwch byw'r heiddiau,
A'r mirain wair o'r meirwon erwau,
At eich erydr dewch, ewch i hau—yr ŷd,
I gywain hefyd gynaeafau.

255   'Gymru, agor dy byrth a'th ddorau
I lawenydd plentyn dy lwynau
A grwydrodd ymhell mewn rhyw bell bau;
I eneiniog Duw rho gusanau,
A rho dy frenin ar dy fronnau;
260   Gymru, agor dy ddorau—a'th geyrydd
Di i lawenydd mab dy lwynau.'

Y prynhawn, ar gae, yr oedd chwaraeon,
Annos y bêl, neidio dros bolion,
Chwarae tennis, rasis, pob ymryson,
265   Llywio a rhwyfo cychod ar afon;
Dygn, ieuanc ymroad egnïon—hir,
Ceinder ac ynni'r cnawd a'r gewynion.

Lle bu llam march, ac ymffust marchog,
Gwrhydri cewri tal, cyhyrog,
270 Wele genedl eu gewynnog—epil,
A phlant dieiddil yr hil heulog.

Yn hwyr, daeth pencerdd, bardd a cherddor,
Ieirll, dugiaid, penaethiaid i'r neithior,
E gafwyd yno ddygyfor—canwyr
275 A holl lengarwyr llan a goror.

A daeth gwŷr mwyn ar daith o Germania,
A gwŷr teilwng o gyrrau Italia,
Gwŷr o'r Alban, Iwerddon, Britannia,
Ac o rosydd Sbaen a Ffrainc a Rwsia,
280 A gwŷr o gyrrau Hwngaria—a'r Pwyl,
I uno yng ngŵyl brenin yng Ngwalia.

Caed pysgod hynaws, yn loyw gan sawsau,
Digon o gig a rostiwyd gan gogau,
Bara gwenith y ffrith, ac aml ffrwythau,
285 A seigiau melynion sug melonau,
Yn y gwridog wirodau—dilychwin,
A rhin yr henwin roedd berw ffynhonnau.

Yfodd y brenin ei win yno,
Pawb ei gwpan, er cof amdano,
290 Y gwladgarwr glew a diguro,
A noddwr eu ffydd pan oedd ar ffo;
Yn ufudd ei win a yfodd o,
Y dychanwr, difrïwr ei fro,
'Huned yn ddedwydd heno,'—medd yntau,
295 'Ei enw a'i angau nid â'n ango.

'Bydded heno yn bêr ein lleferydd,
A hen delynau a fu'n fud lonydd,
Rhowch ar dannau mân gân y datgeinydd,
A dyrïau gwlad nes hudo'r gwledydd;
Gwea, O! fardd, dy gywydd,—bydd lawen,
Rho inni, Awen, dy gân o'r newydd.'

'Di, nodded awenyddion,
A ffydd datgeiniaid a'u ffon,
Arglwydd uwchlaw arglwyddi,
A theyrn uwch pob teyrn wyt ti;
Llyw dwyfol o reiol wraidd,
Un o henwaed brenhinaidd,
Mab cân y ddarogan wyt,
Gwaredwr ein gwŷr ydwyt.

'Un a gaf, deyrn, a gyfyd
Uwch mawredd a bonedd byd,
Uwch gwerin, a brenin bro,
A'r Awen hen yw honno.
Awen, rhoist dy ddyhewyd
Mawr i'r beirdd ym more'r byd,
D'annirnad ynni arnynt,
Y Cynfeirdd, Gogynfeirdd, gynt,
Dy wynfyd, dy adfyd oedd
Yn drysor, hyd yr oesoedd;
Meistres anfad, ofnadwy,
Eu hanobaith a'u hiaith hwy.
Nid oedd rhad yr ymwadu
 miri pob cwmni cu,

Cyfoeth, moeth ac esmwythyd,
325 Diogi byw, diwygio byd,
E fynni holl nwyf einioes,
A sugni egni ein hoes,
Nwyd brwd, nerth y cnawd brau,
A'r hun o'r llesg amrannau;
330 Rhoi byd caeth, rhoi bywyd cau,
Unigrwydd hyd at ddagrau.
Ond mwyn yw dy ffrwyn inni,
Ac esmwyth iau d'odlau di.
Anorfod dy rym dirfawr,
335 Merthyrdod myfyrdod mawr.
Rhaid ar artistiaid wyt ti,
Drwy oddef drud y rhoddi
Lun ar anwadal einioes,
Ar aflonydd ddeunydd oes,
340 Yr aur anodd a doddi
Trwy dân dy dawddlestri di,
D'eang gathartig angerdd
Di a'i gyr i fold y gerdd;
O'i llunio hi, llawen yw
345 Dywedyd mai da ydyw.

'Heddiw, rhodded i'r gwledydd
Rin a rhwym yr Awen rydd,
A heddwch pob celfyddyd,
Awen beirdd yn uno byd.'

350 Ac o'r ŵyl aeth pob gŵr i'w wely,
Ac i'w wâl y teyrn, a'i gywely.
Daeth heddwch, tawelwch i'r tŷ,—seibiant
A hun i amrant yr holl Gymry.

YSGUBAU'R AWEN

Cyfrol o Farddoniaeth

I'R
TAIR:
GWRAIG,
CHWAER,
AC
ER
COF
AM
FY
MAM

Detholiad o gerddi a luniwyd rhwng 1933 a 1939 a geir yn y gyfrol hon, ar wahân i drwsio un hen gyfres o englynion. Diolchaf i Olygyddion *Y Llenor, Y Ddraig Goch* a *Heddiw* am eu caniatâd i argraffu'r cerddi a ymddangosodd yn eu cylchgronau.

CERDDI

4. YR ANGYLION A'R GWRAGEDD

Y Gwragedd
Dyro dy awen wrth draed y morynion,
    A bydd yn offeiriad efengyl serch,
Rho dy sonedau a'th holl englynion
    Yn offrwm poeth ar allorau merch.

Yr Angylion
5 Dyro dy awen i'r Tri o Bersonau,
    I'r Tad a'r Mab ac i'r Ysbryd Glân,
Plyg i'r Eglwys a'i holl ganonau,
    Rho win y Cymun yng nghwpan dy gân.

Y Gwragedd
Rhoddwn ein gwin i'th bensyfrdanu,
10   Ffeiriwn ein cyrff am dy bapur a'th inc,
Bydd sigl ein traed yng ngherdded dy ganu,
    Miwsig ein bronnau'n ei donau a'i dinc.

Yr Angylion
Ni bigwn lysiau o'r dwyfol erddi,
    Yn falm a nard, i buro dy gân,
15 Â thusw o isop y golchwn dy gerddi,
    Oni fyddont yn wynnach na'r gwlân.

Y Gwragedd
Gwisged dy awen bob addurn a gaffo,
    Dwyn ei lliwiau o Brofens a Sbaen,
Edrych ar we melodïau Saffo,
20   Noethni duwiesau Groeg yn y maen.

Yr Angylion
Casgl dy flodau o lawnt y merthyron,
    Lili a rhos eu merthyrdod hwy,
Trwytha d'awen â'u llên a'u llythyron,
    Cronicl Ei aberth a brutiau Ei glwy.

Y Gwragedd
25 Tafl y ffrwyn ar war yr ebolion,
        Gollwng y meirch o'r ystabl yn rhydd,
    Na chlwm dy eifr wrth raffau a pholion,
        Rhwng muriau'r parc na chaethiwa'r hydd.

    Âi'r duwiau fel teirw ar ôl y treisiedi,
30   A breisgáu Ewropa, Leda a Io,
    Ac Elen ar y gaer a'i chorff yn medi
        Gwenith dwy genedl yn ymyl Tro.

Yr Angylion
Llusgwyd y duwiau i bridd y bwystfilod,
    A chodi bastardiaid o'u hadau brith,
35 A Groeg a Thro fel twp angenfilod
        Yn darnio'i gilydd, yn aberth dros rith.

Y Gwragedd
Cân i'r heulwen tra gweli ei golau,
    Cân i'r byd a'r esmwythyd a'r moeth,
Cân i'r gwinoedd cyn dryllio'r ffiolau,
40   Cân cyn oeri o'r ddeugnawd boeth.

Yr Angylion
Na chân i iasau byr y marwolion,
    Y cnawd a'r gwin a'u medd-dodau mân,
Cân di i wynfyd y tragwyddolion,
    I'r Tad a'r Mab ac i'r Ysbryd Glân.

5. Y TWRCH TRWYTH

Creadur gwrychlyd, cyfrwys, call,
   A'r ellyn ar ei ael,
Fe'i lluniwyd ef o'r nwydau dall
   Ym mhridd ein natur wael.

5   Yn niffeithleoedd drain a brwyn
   Y mae ei sgêm a'i sgwlc,
Ac anodd yw ei ddal â'r ffrwyn
   A'i droi i dŷ neu dwlc.

Mi heliaf ef trwy'r pridd a'r don
10   Â min fy saethau llym,
Ond nid yw saeth na gwayw-ffon
   Yn mennu arno ddim.

Mae'r tlysau rhwng ei ddwyglust ef
   Yn cyffro'n nwyd a'n gwanc,
15   Ond gan ei wrych a'i wenwyn ef
   Y lladdwyd llawer llanc.

Pan rydd ei ben bwystfilaidd, cas
   Ar lin ei phurdeb hi,
Trywanaf ef â'm cleddyf glas,
20   A rhed ei waed yn lli.

6. ADAR RHIANNON

Adar Rhiannon, rhoddwch dro heno
Ar eich cân i ni uwch y weilgi werdd,
Daw hoen i wyneb hyd oni weno
Wedi'r gwaeau hir wrth wrando'r gerdd.

5   Mawr y cur sydd yng Nghymru ac Erin,
Ac wedi'r anrhaith, mor ddiffaith yw'r ddwy,
Nid oes gŵr a dywyso eu gwerin
Na bardd a rydd iaith i'w hanobaith hwy.

Codwch y meirwon â'ch cerdd adloniant,
10   Rhowch i'r byw obaith ar ddieildaith hynt,
Eiliwch gân y gwrolwych ogoniant,
Emyn neu gainc o'r hen harmoni gynt.

Adar Rhiannon, rhoddwch dro heno
Ar eich cân i ni uwch y weilgi werdd,
15   Daw hoen i wyneb hyd oni weno
Wedi'r gwaeau hir wrth wrando'r gerdd.

7. MYFYRDOD

Rhowch i mi gilfach a glan,
Cilfach a glan a marian i mi,
Lle na ddaw'r gwylanod ar gyfyl y fan,
Na mwstwr tonnau nwydus, twyllodrus y lli.

5   Ymhell o'r storm a'i stŵr,
Y storm a'i stŵr a'i dwndwr a'i gwawd,
Lle na ddaw'r gwyntoedd i boeni'r dŵr,
Na'r cesair creulon i daro, cnocio'r cnawd.

Lle na ddaw'r geifr â'u cyrn,
10   Y geifr â'u cyrn hëyrn a hir,
Na phystylad meirch porthiannus, chwyrn,
A'u carnau carlam i godi, torri'r tir.

Rhyw ddedwydd lonydd le,
Llonydd le ar dyle neu dwyn,
15   Lle caf fodio llawysgrifau'r ne',
Dethol gyfrolau'r doethion, mynachdod myfyrdod mwyn.

8. Y FFWLBART

Gwelais di'n syllu yn haerllug a barus
   Ar fryn ac yn fawr dy frol,
A'th gorpws drewllyd yng nghanol yr heulwen
   Fel ysmotyn inc ar y rhòl.

5 Gadewaist dy dylwyth gwyllt yn y goedwig,
   Y cathod, y drewgwn a'r moch,
A chroesi'r ddôl at anheddau dynion
   I hela d'ysglyfaeth goch.

O! na fuasai gennyf wn dwyfaril
10   A chetris y tu ôl i'w ffroen,
Gollyngwn yr angau o dan dy flewiach
   A dawnsiwn uwchben dy boen.

Ni sneciet wedyn fel pechod i'r goedwig,
   Ni welai dy dylwyth di'n ôl,
15 Gorweddit yn gelain yng nghanol dy ddrewdod,
   Yn fryntni oer ar y ddôl.

9. BEDDAU

Piau'r beddau'n Llansawel?
Hengyrff fy nheidiau tawel;
Cysgwch tan haul ac awel.

Piau'r beddau cysegrlan?
5   Gwŷr diwyd, duwiol, diddan;
Heddwch i'w llwch yn y Llan.

Piau'r cleiog feddrodau?
Arweinyddion y corau,
Dafydd Siop, Siâms y Dolau.

10 Bedd fy nhad ar y bryn.
Lluniai bennill ac englyn:
Ni wêl ef y llygaid hyn,
Sul y Blodau, bob blwyddyn.

Bedd fy mrawd ar y bryn.
15 Canai solo ac emyn,
Canodd dro: tawodd wedyn.

Bedd fy mam gyda'r ddau.
Crefftreg gwëyll a nodwyddau;
Beth wnawn â'r ffrâm gwiltiau,
20 A'r sgeiniau gwlân heb eu gwau?

Piau'r beddau'n yr Allt-wen?
Dau yfwr cadarn, llawen,
Dai Bach Mawr a Thwm Gwen.

Piau'r bedd dan y drain?
25 Gweryd ein hiaith gywrain,
Cell ein gwareiddiad cain.

10. GWLAD ADFEILIEDIG

Nid oes un grefft ar wrych, a hi'n fis Awst,
A'r bwlch sy'n llipa rhwng y ddeugae wyllt,
Mae rhaffau'r corryn ar bob dist a thrawst,
A'r rhwd yn bwyta clicied, clo a byllt.

5   Bu'r aradr wrthi'n cribo'r cochlyd bridd,
Ac uwch y cwysi, grawc gorfoledd brain;
Ond heddiw yno rhed y chwyn yn rhydd,
Sopynnau brwyn a rhedyn, cnydau'r drain.

Nid oes a ddaw i ladd y gwair a'r mawn,
10 A rhwymo'r ystod wenith yn ei gofl,
Ni ddisgyn sguthan ar gogyrnau'r grawn,
Nid esgyn petris mwy o'r caeau sofl.

Heibio i'r rhodau llwyog rhed y ffrwd,
Melin a phandy sydd heb do na llawr;
15 Epilia'r llygod lle bu'r corn a'r cwd,
A chwsg ystlumod gyda'u pen i lawr.

Bwyall a thrawslif y digwilydd gad
A gwympodd goed yr allt, o'i throed i'w thop,
Gorwedd y llethrau ar hyd ochrau'r wlad
20 Fel ŵyn a defaid wedi'u cneifio'n grop.

Tawodd yr efail a gweithdy saer y fro
A thrwst y gambos ar eu ffordd i'r ffair;
Tynnwyd yr hufen gan y dur a'r glo
A gado'r llefrith glas mewn llestr a phair.

11. Y BARDD A'R BEIRNIAD OLAF

A daeth cryndod y corn trwy bridd ein beddau,
    A dymchwelyd daear a nen yn sarn,
A chodwyd y meirwon fry i dueddau
    Gorseddfainc dyngedfennol y Farn.

5   Arhosem yng nghyntedd y nef yn rhengoedd,
    Yn wŷr newydd-ddeffro o ddyfnder hun,
Safai'r penaethiaid yn gymysg â'r gwrengoedd,
    O bob gwlad a iaith, o bob lliw a llun.

Ac yno'n eu plith ei lyfr a fynwesodd,
10   A'i draed yn grynedig, a'i wep yn drist,
A phan ddaeth ei dro, yn euog dynesodd
    I'w wyddfod ofnadwy, a meddai Crist:

'Paham mae d'euogrwydd di yn dy lethu?
    Oni wnaethost dda ar bererindod d'oes?
15   A chredu mewn gwlad lle bu cymaint pregethu
    Yn hunan-aberth Fy nwyfol groes?'

'Ni roddais i'th deyrnas fy nerth a'm hynni,
    Na datgan efengyl Calfaria Fryn,
Ond gelli, O! Farnwr mwyn, os mynni,
20   Ddarllen y sypyn caneuon hyn.'

'Cuddiai mwg y pair Fy nghroes ar Galfaria,
    Llenwit Fy medd â chelanedd dy gân,
Dos i Allt yr Ysbrydion, yno taria
    Hyd oni'th ystwyther di yn y tân.'

12. CYMRU

Gorwedd llwch holl saint yr oesoedd
    A'r merthyron yn dy gôl,
Ti a roddaist iddynt anadl
    A chymeraist hi yn ôl.

5 Bu'r angylion yma'n tramwy,
    Ar dy ffyrdd mae ôl eu troed,
A bu'r Ysbryd Glân yn nythu,
    Fel colomen, yn dy goed.

Clywai beirdd mewn gwynt ac awel
10   Gri Ei aberth, llef Ei loes,
Ac yng nghanol dy fforestydd
    Gwelent bren y groes.

Ei atgyfodiad oedd dy wanwyn,
    A'th haf Ei iechydwriaeth las,
15 Ac yng ngaeaf dy fynyddoedd
    Codai dabernaclau gras.

Hidlai wlith a glaw Rhagluniaeth
    Ar dy gaeau ŷd a'th geirch,
A'i ogoniant oedd ar offer
20   Ac ar ffrwyn dy feirch.

Bu dy gychod a'th hwyl-longau'n
    Cerdded ar hyd llwybrau'r lli,
Ac yn llwythog tan eu byrddau
    Farsiandïaeth Calfari.

25 Duw a'th wnaeth yn forwyn iddo,
      Galwodd di yn dyst,
    Ac argraffodd Ei gyfamod
      Ar dy byrth a'th byst.

    Mae dy saint yn dorf ardderchog,
30   Ti a'i ceri, hi a'th gâr,
    Ac fe'u cesgli dan d'adenydd
      Fel y cywion dan yr iâr.

13. AR GYFEILIORN

Gwae inni wybod y geiriau heb adnabod y Gair
A gwerthu ein henaid am doffi a chonffeti ffair,
Dilyn ar ôl pob tabwrdd a dawnsio ar ôl pob ffliwt
A boddi hymn yr Eiriolaeth â rhigwm yr Absoliwt.

5 Dynion yn y Deheudir heb ddiod na bwyd na ffag,
A balchder eu bro dan domennydd ysgrap, ysindrins, yslag:
Y canél mewn pentrefi'n sefyllian, heb ryd na symud na sŵn,
A'r llygod boliog yn llarpio cyrff y cathod a'r cŵn.

Y duwiau sy'n cerdded ein tiroedd yw ffortun a ffawd a hap,
10 A ninnau fel gwahaddod wedi ein dal yn eu trap;
Nid oes na diafol nac uffern dan loriau papur ein byd,
Diffoddwyd canhwyllau'r nefoedd a thagwyd yr angylion i gyd.

Mae lludw yng ngenau'r genhedlaeth, a chrawn ei bron yn ei phoer,
Bleiddiast mewn diffeithwch yn udo am buteindra dwl y lloer:
15 Neuaddau'r barbariaid dan sang, a'r eglwys a'r allor yn weddw,
Ein llong yn tin-droi yn y niwl, a'r capten a'r criw yn feddw.

Gosod, O! Fair, Dy Seren yng nghanol tywyllwch nef,
A dangos â'th siart y llwybr yn ôl at Ei ewyllys Ef,
A disgyn rhwng y rhaffau dryslyd, a rho dy law ar y llyw,
20 A thywys ein llong wrthnysig i un o borthladdoedd Duw.

14. Y GRISTIONOGAETH

A ddaeth Dy awr, O! Dduw, Dy awr ofnadwy Di?
Ai cyflawnder yr amser yw yn ein hoes a'n heinioes ni?
Oes athrist yr Anghrist hy, awr yr her a'r trawster a'r tranc,
Awr y finegr a'r fynwent, oes dwym y ffagl a'r ystanc.

5 Cynefin ein min â moeth, a'n hysgwydd â sidan wisg,
Gwynfyd yw byd a gwybodaeth a llafur dwfn y llyfrau dysg:
Ai'r plan ydyw gado'r plu, y mêl a'r llieiniau main,
A herio cynddaredd Nero, a chabledd Jwdas a Chain?

Ni, weinion a deillion diallu, y llesg feidrolion a llwfr,
10 O! aed heibio Dy aberth; aed Dy dân, O! Dad, aed y dwfr;
Ni fynnwn y bustl a'r finegr, y main a'r ffrewyll a'r myrr,
Na gado ein melyn godau, esmwythyd ein bywyd byr.

Y mae treftad ysbryd ein tadau tan ddanadl a banadl y byd,
Yr ysgall lle bu'r esgor a'r drain lle bu'r marw drud;
15 Bawlyd yw purdeb eu halen, a llaith yn ein llestr ni,
A'u cannwyll gynt a fu'n cynnau, gwelw yw ei golau hi.

Ar y Ddeddf a'r Drugareddfa dawnsiwn a chwaraewn chwist,
Bargeiniwn lle bu'r Geni, gwnawn log lle bu crog y Crist;
Wrth borth y nef mae'r anifail, a'i dom a'i fiswail a'i sŵn,
20 Heidia'n y nen yr ehediaid, ar hyd y côr rhed y cŵn.

Anniddig ŷm wedi'r pigo, fel drudwen, bronfreithen neu frân,
A phrofi clêr a phryfed, trychfilod a malwod mân;
Ardderchoced a fai hedeg uwch y drwg i'w uchderau Ef,
Lle mae'r Oen yn wledd a gweddill yn nhai eryrod y nef.

25 Os mynni ein gwaed, O! fyd, yf bob diferyn coch,
   Rho'n cyrff yn ogor i'th feirch, rho'n cnawd yn soeg i'th foch,
   Yr enaid a ddaw'n ôl o'r anwel, oddi wrth Grist â gwyrthiau gras;
   Tynnwn y cread o'r tonnau, y byd o'i ddiddymdra bas.

   Gwân dy holl epil â'r gynnau, â'r bom maluria di'r byd,
30 Poera dân o bob peiriant, a fflam a phlwm o bob fflyd,
   Diwreiddia di dy wareiddiad, a phan fo'r ddaear fel braenar briw
   Down â haul o'r byd anweledig, down â'r gwanwyn o ddwylo Duw.

CYFIEITHIADAU
A
CHYFADDASIADAU

15. Y CRWYDRAID YSBRYD
(Ausonius)

Crwydrant trwy'r dyrys goed, tan olau llwm,
Ymysg y cawn, pabïau cysglyd, trwm,
Wrth lynnoedd distaw a di-don, di-wynt,
A'r blodau ar eu glan, wylofus ŷnt,
Enwau'r brenhinoedd a'r bechgynnos gynt.

16. CUSAN
(Petronius Arbiter)

Mi gofia'r berffaith nos, O! dduwiau'r nef,
Pan wasgwn hi, a'n hawchus fin
Yn rhoi y naill i'r llall ei ysbryd crwydr,
Trawsfudiad enaid dyn.

17. CWSG
(Petronius Arbiter)

Yn ieuanc ac yn eurwallt ac yn deg dy lun
Ti roddaist im gusanau mudion, mwyn,
Ac oni'th welaf di pan fyddaf ar ddi-hun,
O! Gwsg, erglyw, paid ti â'm deffro byth.

18. PLANT BETHLEHEM
(Prudentius)

Torrwyd blodau yn eu blagur
    Ar y trothwy trist,
Fel rhosynnau heb ymagor
    Gan ddialwyr Crist.

5   Ŵyn poethoffrwm y Gwaredwr,
    Chwi a'ch gwnaed yn iach,
Tan y palmwydd y chwaraewch
    Â'ch coronau bach.

19. HORAS LAWRYFOG
(Y Goliardi)

Horas, bencerdd celfyddydau,
    Yr holl wir a ddwedodd,
Amser, rheibiwr ein bywydau'n
    Gynt na'r gwynt a hedodd.
5   Pa le maent, O! hen gwpanau,
    Gwell na'r mêl godidog,
Ffrae a heddwch a chusanau
    Y rhianedd gwridog?

Aeddfed grawnwin ar y cangau
10   Fel y merched, hwythau,
Gresyn yw na ad yr angau
    Inni brofi'r ffrwythau;
Diwerth ydyw clod, enwogrwydd
    Yn ein dyddiau prinion
15   Oni chawn fwynhau gwresogrwydd
    Gwin a merched dynion.

20. CALL YW CELLWAIR
(Y Goliardi)

Gadawn lonydd i ddoethineb
    Addysg, a'i flinderau,
Cydiwn afael yn ffolineb
    Ienctid a'i bleserau.
5   Rhowch i'r hen gyfrolau hirion,
    Llyfrau sych difrifwch,
    Gweddus i ieuenctid tirion
    Ydyw chwarae a digrifwch.

Cytgan Lladrateir ein dyddiau mwynion
10   Gan eu doeth gaethiwed,
    Gwell i'r ieuainc ydyw swynion
    Merched teg, diniwed.

Hed ein gwanwyn ar adenydd,
    Gaea' a ddaw i'n nychu,
15 Bydd yr einioes heb lawenydd,
    Bydd ein cnawd yn sychu;
    Gwelwa'r gwaed a phyla'r galon,
    Hed ein holl wynfydau,
    Daw ofn henaint a'i ofalon
20   Gyda'i leng clefydau.

Cytgan Lladrateir ein dyddiau mwynion, &c.

Yr hen dduwiau a ddilynwn,
    Pan ddônt o'u cyfannedd,
Yn ein hamdden ni ganlynwn
    Drywydd y rhianedd:

25   Wrth ein proffes ni a lynwn,
        Dyna'r arfer gorau,
    At y merched y disgynnwn,
        Awn i blith eu corau.

Cytgan Lladrateir ein dyddiau mwynion, &c.

    Yno syllwn ar esmwythder
30   Symud y morynion,
    Gwelwn lendid ac ystwythder
        Eu haelodau gwynion;
        Ac wrth graffu ar hudoledd
          Eu hystumiau hoenus,
35   Mi anghofiaf, mewn gorfoledd,
          Fyd a'i ffwdan poenus.

Cytgan Lladrateir ein dyddiau mwynion
        Gan eu doeth gaethiwed,
    Gwell i'r ieuainc ydyw swynion
        Merched teg, diniwed.

21. YR YSGOLORTLAWD
(Y Goliardi)

Trist yw rhan y stiwdent tlawd,
   Y cyni a'r anghofrwydd,
Llogell wag yn aml a'i gyr
   I ymyl ffin gwallgofrwydd.

5   Nwyd at lên a dysg ni ad
   Iddo'r nos i gysgu,
Eisiau arian yn ei bwrs
   A'i ceidw ef rhag dysgu.

Llwm yw'r dillad ar ei gnawd
10   Pan fo'r hin yn rhynnu,
Oer yw'r llety gyda'r nos,
   A'i gorpws bach yn crynu.

Ni all ef fynd i Eglwys Dduw
   I ganu siant a hymnau,
15   Cyll ef gân yr organ bres
   Am nad oes ganddo ddimai.

'Boed dy law fel Martin Sant
   Yn hael i wrêng a gwerin,
Dyro am f'aelodau wisg
20   I guddio corff pererin.

'O! fy noddwr enwog, gwiw,
   Gwna i mi ddaioni,
Dyro rodd yn ôl dy radd,
   Dyro im haelioni.

25   'Ac aed Duw â thi i'r nef
      At rai gwynfydedig,
  Yno rhoed yn ôl i ti
      Wobr y rhai caredig.'

22. CYFFES Y GOLIAS
(*Y Goliardi*)

Yn y dafarn mynnwn fod
    Pan ddaw gwŷs yr angau,
Bydded gwin yn agos im
    Yn yr olaf bangau;
5 Yna cân y côr angylaidd
    Ei lawenydd iti:
'Bydd drugarog, Di, O! Dduw,
    I botiwr rho Dy biti.'

Fe gyneuir lamp y cnawd
10   Gan y gwinoedd nwyfol,
A'n hysbrydoedd brwysg a hed
    I'r trigfannau dwyfol;
Gwell i'm genau ydyw blas
    Llym y gwridog licer
15 Na chymysg gwin a dŵr y llan,
    Y dŵr a roes y ficer.

23. NI, GRWYDRIAID
(Y Goliardi)

Ni, grwydriaid dihidio
Heb ddim i'n gofidio,
Tara tantara teino.

Bwytawn ni ein gwala
5   Gan ganu'n sgyfala,
Tara tantara teino.

Ar chwerthin ni tholiwn,
Mewn carpiau ymroliwn,
Tara tantara teino.

10   Ar ferched y dotiwn,
Cellweiriwn a photiwn,
Tara tantara teino.

Nid ofnwn, ni phwyllwn,
Ond hudwn, a thwyllwn,
15   *Tara tantara teino.*

Pan fo drud y peth rhata',
Ni awn i ladrata,
Tara tantara teino.

Crwydredig urddolion,
20   Saint, apostolion,
Tara tantara teino.

Beth bynnag a fynni,
Fe'i cei, os gorchmynni,
Tara tantara teino.

25 Ni ofnwn, bob adeg,
Holl rannau gramadeg,
Tara tantara teino.

Ni garwn drythyllwch,
A dwyn mewn tywyllwch,
30 *Tara tantara teino.*

Pan roir i ni fodfedd,
Cymerwn ni dro'dfedd,
Tara tantara teino.

Pan ddaw o'i grwydriadau,
35 Caiff ein llongyfarchiadau,
Tara tantara teino.

Yn iach, frawd cariadlon,
Pob lwc i'r afradlon,
Tara tantara teino.

40 Heb gur na gofalon,
Ond calon wrth galon,
Tara tantara teino.

24. BALÂD YR ARGLWYDDESAU
(François Villon)

Mae hanes arglwyddesau,
Enwogion, beilchion y bau?
Heno lle mae Rhiannon,
A hen drydar adar hon?
5   A'r dagrau oedd ar hyd gran
Esyllt dristwyllt am Drystan?
Lle'r aeth eu gwychder a'u gwedd?
Lle heno mae ôd llynedd?

Lle mae Morfudd wallt rhuddaur,
10 A'i felen bleth fel nobl aur?
A lliw rhudd Llio Rhydderch,
Gwinwydden a seren serch?
Lle mae'r ferch wen o Bennal,
Ei haur a'i thwf, eira'i thâl?
15 Lle'r aeth eu gwychder a'u gwedd?
Lle heno mae ôd llynedd?

Mae'r sidan oedd amdanynt?
Eu crysau a'u gynau gynt?
Lle mae'r syndal a'r pali?
20 Gemau, modrwyau di-ri?
Mae pob perl? Lle mae'r gerlant?
A'r rhudd mwyn ar wedd a mant?
Lle'r aeth eu gwychder a'u gwedd?
Lle heno mae ôd llynedd?

25 Gyfaill, paid mwy â gofyn
I'r lle'r aeth yr holl rai hyn;
Hwn yw'r byrdwn uwch eu bedd,
Lle heno mae ôd llynedd?

25. BALÂD YR ARGLWYDDI
(François Villon)

Heddiw lle mae arglwyddi,
Muriau'n hiaith a'n Cymru ni?
Mae Hafgan, Pwyll Pen Annwn,
A'r corn a fu'n galw'r cŵn?
5   Lle mae enwog farchogion,
A rhad a gras y Ford Gron?
Ym mha barth mae bedd Arthur,
Un a fu i'w oes yn fur?

Mae Benlli, Rhodri a Rhys,
10 Hen arweinwyr yr Ynys?
Mae Hywel? Lle mae Owain
Heno a'i wŷr? Mae ei nain?
Ein Llyw Olaf, Llywelyn?
A'n glew, Syr Owain y Glyn?
15 Ym mha barth mae bedd Arthur,
Un a fu i'w oes yn fur?

Dywedyd mwy afraid ydyw,
Rhith cysgod yw bod a byw;
Ni all y byw dwyllo bedd
20 Na dianc rhag eu diwedd:
Lle mae Siasbar a Harri
A honnai waed ein hil ni?
Ym mha barth mae bedd Arthur,
Un a fu i'w oes yn fur?

25 Aeth o'r byd i borthi'r bedd
Ogoniant De a Gwynedd:
Ym mha barth mae bedd Arthur,
Un a fu i'w oes yn fur?

26. HWYRGAN Y CRWYDRYN
(Goethe)

  Uwchben y bannau
  A brig y coedlannau
Ni chlywi di ond distawrwydd y bedd;
  Tawel yw adar y tir,
5   Aros, dro, a chyn hir
  Fe gei dithau hedd.

27. DUW
(Rainer Maria Rilke)

Diffodd fy llygaid, eto fe'th welwn Di,
A'th glywed wnawn er rhwygo'r clustiau hyn,
Cau Di fy safn, fe'th folwn eilwaith Di,
Er torri 'mreichiau, gwasgwn Di yn dynn
5 Â'm calon nwydus, megis pe bai law:
Parlysa 'nghalon, f'ymennydd eto a gân,
A cherdded atat wnawn heb gennyf draed,
Pe teflit i'm hymennydd ffagl o dân,
Mi'th gariwn eto'n gyflawn yn fy ngwaed.

ENGLYNION, &c.

28. HOMER

Aeth ein haul am byth yn nos—yn Helas,
    Ciliodd ein Hapolos,
Mae Pen Awen ac eos
Groeg a'i hiaith tan greigiau Ios.

29. HESIOD

Heno'n isel hun ein Hesiod,—a'r glaw
    Ar gloeon ei feddrod,
Ond ni ellir rhoi, cloi clod
Dy awen dan ei dywod.

30. HERACLEITOS

Ddoe oered ei ddaearu,—diweddodd
    Dyddiau'r cyfeillachu,
Ac âi heulwen i'w gwely
Cyn darfod cwrs ein sgwrs gu.

5   Ond ni roir llên dan ro a'r llaid,—nac eirch
    Am gamp yr artistiaid,
Yma ni phydra, ni phaid
Llais a lliw ei Eosiaid.

31. DEWIS

Gwell i ŵr hur wrth lafurio—'n wasaidd
    I'r isaf taeogion
  Na'i roi tan y ddaear hon
  Yn ymherawdr y meirwon.

32. MWYNIANT MERCHED

Nawr ymrown, ni'r morynion,—ni cheir gwên,
    Ni cheir gair gan feirwon,
  Na throeon braich, na thrin bron,
  Na chariad yn Acheron.

33. HEN FERCH

Gwyllt a moel ei gwallt melyn,—ar ei min
    Ni cheir mêl y gwenyn,
  Crin a gwael ydyw'r croen gwyn,
  Drysi yw ac nid rhosyn.

34. BEDDARGRAFF PRIODASFERCH

Siom a braw a ddaeth i'w siambr hi,—y ferch
    Oedd ar fin priodi;
  Rhoed bedd iddi'n ddyweddi,
  Fe'i dug i'w ddigartref dŷ.

35. BEDDARGRAFF Y GWEITHIWR DUR

Gwnâi ei dwrn o flaen y ffwrnes,—a thwym
    Ei thân ar ei fynwes;
  A heno mor anghynnes
  Iddo yw'r gro, wedi'r gwres.

36. GWANC YR ANGAU

I'w newyn nid oes diwedd,—nid erys
    Y dŵr rhwng ei ddannedd;
Y genau heb ddigonedd
A'r glwth bolrwth ydyw'r bedd.

37. BEDDARGRAFF AMAETHWR

Aeth o'r pridd a thir y preiddiau—i fyd
    Y difedel erwau,
Byd heb hin a byd heb hau,
Byd meirwon heb dymhorau.

38. YMSON YR ARCH

E gyrchwyd coed, ac erchyll—ddaeargist
    Drist a wnaed o'r estyll,
Ducpwyd fi i'r tŷ tywyll
I ddal y budreddi hyll.

39. BEDDARGRAFF MORWR

Nid oedd câr yn galaru—uwch ei arch,
    Na chorff i'w ddilladu,
Nid oedd angladd na chladdu
Na bedd yn y fro lle bu.

40. CYSUR

Nid oerir byd gan lwydrew'r bedd,—ei ing
    Mewn ango a orwedd,
A than yr yw ceir diwedd
Ing y byd yn ango bedd.

41. BEDDARGRAFF ARWYR

O! wlad, yn dy galedi—ein drud waed
    A roed oll i'th noddi,
    Ac o'r beddrod gwnawn godi,
    Bob dyn, ar d'orchymyn di.

42. ATGYFODIAD LASARUS

Diengyd o dŷ angau,—a dillad
    Diollwng y beddau,
    A gwelodd holl Roeg olau
    Un oedd yn gryfach na Iau.

43. BEDDARGRAFF GŴR CYFOETHOG

Gadael a wnaeth ei godau,—ei arian,
    Ei aur a'i feddiannau,
    A chwsg mewn arch wedi'i chau
    A'i geiniog yn y genau.

44. BEDDARGRAFF GWRONIAID

Ni bydd rhwd i'w beddrodau,—ni ddaw wyfn
    I ddifa'u cadachau,
    Mawl gwlad yw eu marwnadau
    A'u bedd yw coron y bau.

45. BEDDARGRAFF GWRAIG ENWOG

Heibio i'w bedd daeth pawb o barch,—adar
    A blodau i'w chyfarch;
    Yno yr wylai'r alarch
    A'r gwdihŵ ar ei harch.

46. GOLUD MARWOLAETH

Hi biau'n gwlad a'n treftadaeth,—y tai
    A'r tir a'i hwsmonaeth,
Mae'r byd i gyd iddi'n gaeth
A mawr yw elw marwolaeth.

47. FFORDD Y BEDD

Cerdd ar lôn afradlonedd,—neu heol
    Eang pob digonedd,
Yn y pen draw daw diwedd
Ffyrdd y byd i ffordd y bedd.

48. DELW ALECSANDER FAWR

Yn efydd y gelfyddyd—rhoed ei rym,
    Rhoed ei rwysg a'i fywyd,
Holl ofn ei allu hefyd,
Brenhiniaeth, unbennaeth byd.

49. ADFEILION HEN DDINAS

Tŵr y sêr, mam trysorau,—a dinas
    Dynion dewr a duwiau
Sy'n llwch, diffeithwch, a ffau
I'r ewigod a'r dreigiau.

50. MARWOLAETH Y CLAF

Cnowyd ei gorff a'r cnawd gwyn—yn ei ing,
    Aeth angau â'r bywyn,
A gado'r gwarged wedyn,
Crofennau balchderau dyn.

51. HENAINT

Prif bechod y pechodau—yw'r henaint,
    Lleidr anadl a chamau,
    Gwywa'n haeddfed gyneddfau,
    Mae'r holl gorff yn marwhau.

52. CUDDIO BAI

Ar faen bedd rhowch ei rinweddau,—a rhestr
    Yr holl gymwynasau,
    Dan y clai clowch ei feiau,
    Gwallau gŵr yn ei gell gau.

53. CYFLYMDER BYWYD

Heddiw'n hen, ddoe yn heini,—heddiw'n llesg,
    Ddoe'n llon, yn llawn ynni,
    Ystyriwch fel ystori
    Eich hoedl a aeth, chwedl yw hi.

54. HEN BUTAIN

Nid oes gwerth ar brydferthwch,—aeth y rhwysg,
    Aeth rhaib ariangarwch;
    Uwch ei gwâl chwi a'i gwelwch
    Yn fryntach, hyllach na hwch.

55. HEN FERCH YN YMBINCIO

Dyry liw gwyn ar dreuliog wedd,—a rhy falm
    Ar fin ac ewinedd,
    Dyry bast ar welwder bedd,
    Dyry'r powdr ar y pydredd.

56. BEDDARGRAFF MILWYR

Codi mwy ni wna'r cadau—wedi'r drin,
    Aeth byddin i'r beddau;
  Iddo ef rhaid ufuddhau,
  Erchyll ringyll yr angau.

57. BEDDARGRAFF MORWR

Bu'i orchwyl gyda'r hwyliau,—a'i lafur
    Ar lif yr eigionau:
  Aeth o'r byd i'r ddieithr bau
  Yn llong dywyll ei angau.

58. BEDDARGRAFF ANWIREDDUS

Dan y main nid oes dyn menach,—na'r un
    Erioed a fu gasach,
  Na chreded y plwy mwyach
  Anwireddau'r beddau bach.

59. Y BEDDAU

Ys garw yw byd ysgerbydau,—hen glwb
    Digleber aelodau,
  Y seiad ddibrofiadau,
  Hen ddi-fom, ddi-nwy noddfâu.

60. BARDDONIAETH

Ai synnwyr yw ai seiniau?—Ai meddwl?
    Ai moddau a rhythmau?
  Y wir ddawn a una'r ddau,
  Golau synnwyr, sigl seiniau.

61. ENGLYN CYSUR
I Mr W. J. Richards, Derwen-las

Wrth oddef dy hir glefyd—cefaist gân,
    Cefaist ei gwau hefyd,
Mawryga ddawn benna'r byd,
Ti feddi ddawn celfyddyd.

62. BEDDARGRAFF
Mr Dafydd Nicolas, Crymych

Bu'n ddiddig ym mhob digwydd,—hyd ei oes
    Bu'n dad caredigrwydd,
Mewn tristwch rhoddwch yn rhwydd
Ddagrau ar foneddigrwydd.

63. ER COF
Am Mr Oliver Jones, brawd Mr Gunstone Jones, englynwr a thelynor, a foddodd oddi ar long ryfel, Awst 1918

    O'r eigion ni ddaw ef ragor—i'w wlad,
        O waelodion cefnfor,
    Tan wrymiau hallt tonnau'r môr
    Tawel hun y telynor.

5   Hiraeth a wylia wrth heli,—ar lan
        Fel gwylan fe'i gweli
    Ar ei hundroed yn oedi,
    A sbïo'n lleddf dros ben lli.

     Gweddw dawel yw ei delyn—yn ei thŷ
10   Heb na thân nac enllyn,
    I'w ysgwydd mwy ni ddisgyn,
    Ni ddeil gerdd ei ddwylo gwyn.

Seiniau'i gân oedd fel sŵn gwenyn,—neu wth
   O wynt ar ei delyn,
15   Nodau lleddf, a llon wedyn,
   A nodau dwfn enaid dyn.

O'r dylif ni ddaw'r dwylo—a ganai
   Yn gain a diflino,
   Angau hen a geidw heno
20   Sain dy grefft dan swnd a gro.

Mewn cof y glŷn d'englyn di,—a difyr
   Ar dafod dy gerddi,
   Y mae archoll o golli
   Awen llanc is ewyn lli.

25   Â mawr drwst â'r môr drosto,—a phwysau
   Ei donnau amdano,
   Byddwch fwyn, rhag difwyno
   Ei wlych a'i oer, welw lwch o.

Angau a gladd ymladdwyr—yn y gro,
30   A rhoi'r groes ar filwyr,
   Rhy llaw angau i'r llongwyr
   Feddau gwag, o foddi gwŷr.

Ein meibion sythion a saethant,—dynion
   Dan donnau a foddant,
35   Cerdd Dafod a ddifodant,
   Cerydda Duw ein Cerdd Dant.

64. ER COF
Am Mrs Davies, Glyn-coed, Pontardawe

Y wraig rywiog, garuaidd,—hon oedd
    Yn winwydden lariaidd,
    Tyfai o'r tir yn iraidd,
Llawn oedd ei grawn, dwfn ei gwraidd.

5   Yn ei chysgod y rhodiai—rhai ifainc,
    A'r afiach a noddai,
    Ei gwin gwyn y gwan a gâi,
A'r henwyr sug ei rhiniau.

Bu'r claf yn yr olaf waeledd—yn ddoeth,
10   Yn ddygn hyd y diwedd,
    Aeth o'i thref i'w thangnefedd
A'r napcyn gwyn ar ei gwedd.

Ond ennaint ei daioni—hi ni phaid,
    Na'i ffydd na'i haelioni,
15   Ein hanadl a ddwg inni
    Aroglau ei hactau hi.

65. ER COF
Am Mr Idwal Jones, B.A, Llanbedr Pont Steffan

  Olwen, paid â gorwylo,
  Gormodiaeth o hiraeth ni thâl,
  Cans ni thywelltir ar diroedd
  Law o'r cymylau o hyd;
5 Nid ymyrrir o hyd â moroedd
  Gan ruthriadau a gythiau gwynt,
  A'r eira nid yn hir yr erys
  Na rhew yn glog ar ein gwlad.

  Y gwŷdd nid ydynt fel gweddwon
10 Yn grwm hyd y flwyddyn gron:
  Pob hwyr, pob nawn, pob bore
  A wêl dy hallt wylo di;
  Yn ei wae nid â ein gaeaf
  O bwl i bwl yn ddi-baid,
15 Wedi'r wylo daw'r heulwen,
  Wedi'r nos daw'r wawr i nen.

  Wedi'u gorchest o'r Wermwd garchar
  I'w tref daeth yn ôl y Tri,
  Gwybydd, fy chwaer, fod gobaith
20 I'n gwlad hoff, er ei gwaeled hi;
  Idwal a'i ganeuon doniol
  Ei diddanwch a'i difyrrwch a fydd,
  Bydd ynddi ei gomedïau,
  Miri a hwyl ei hiwmor ef.

SONEDAU

66. YR AWEN

    Ti ddaethost ataf yn yr ogof hyll
    Lle nad oedd golau ond fy nghannwyll wêr,
    A dygaist fi o ddwylo gwag y gwyll
    I olwg rhinwedd haul a lloer a sêr:
5 Dangosaist imi'r deml a blannodd Ef
    Yn stormydd natur ac yn niwloedd dyn,
    Ac ar ei hallor Belican y nef
    Yn pesgi'i gywion bach â'i waed Ei Hun.
    Adwaenaf di fel y Crochenydd hen
10 A luniodd â'th batrymau'r llestri pridd,
    Ti fuost wrthi'n naddu dysgl a stên
    Er pan aeth gwŷr i Gatraeth gyda'r dydd,
    A phan oedd Llywarch heb na thŷ na thref
    A'r gwynt yn chwythu'i henaint sydyn ef.

67. CYMRU

    Er mor annheilwng ydwyt ti o'n serch,
    Di, butain fudr y stryd â'r taeog lais,
    Eto, ni allwn ni, bob mab a merch,
    Ddiffodd y cariad atat tan ein hais:
5 Fe'th welwn di â llygaid pŵl ein ffydd
    Gynt yn flodeuog yn dy wyrfdod hardd,
    Cannwyll brenhinoedd, seren gwerin rydd,
    Lloer bendefigaidd llên ac awen bardd.
    Er mwyn y lleng o ddewrion gynt a roes
10 Eu gwaed i'w chadw'n bur rhag briw a brad,

A'r saint a'i dysgodd yn erthyglau'r groes,
Tosturia wrthi, drugarocaf Dad,
Rho nerth i'w chodi, yna gwisgwn ni
Ei chorff â gwisg ei holl ogoniant hi.

68. YR ILIAD

Ar draws fy wybren rhuthra d'arwyr tal,
Hector, Patroclos ac Achilles ddreng,
Mewn brwydr am Elen freichwen a di-ddal
Hwy sgubant fel ystorm ar flaen y rheng:
5   Rhwyga'r picelli eu tariannau lledr,
A gwanu'r cnawd, er tewed yw eu trwch,
A'r cewri'n cwympo, er eu maint a'u medr,
Fel pinwydd fforest, gan gusanu'r llwch.
Daw'r duwiau cecrus ar eu dison draed
10   I gorddi dyfnder nwyd pob ofnus ŵr,
Hyd onid ydyw'r pridd yn boeth gan waed
A'r cyrff disynnwyr yn arafu'r dŵr:
Ac wedi oedi'r gad, clywch ubain Tro
Wrth gladdu balchder Iliwm yn y gro.

69. IWERDDON

Lle bu prydferthwch Deirdre gynt a'i chân,
Dewrder Cocholyn a gosgorddlu Ffinn,
Daeth cadau'r Saeson gyda'u dur a'u tân
I rwygo dyffryn ac i reibio bryn:
5 Ffoes y trueiniaid i'r Gorllewin llwm
Yn dorf ddi-dŷ, ddiymgom a di-air,
Heb ddim ond paciau ar eu cefnau crwm
A'u ffydd a'u cred yn Nuw a Christ a Mair.
Fel ffynnon gudd y tarddai ysbryd Ffinn
10 Gan dreiglo'n ffrydlif trwy'r canrifoedd maith,
Hyd oni thyfodd yn y dyddiau hyn
Yn afon swrth, ryfelgar ar ei thaith;
Daeth hedd a rhyddid ar ei hymchwydd hi
A sgubodd y barbariaid tua'r lli.

70. FY NHAD

Credet yn Nhestament tangnefedd Duw
Yn nydd y frwydr, pan aeth ein gwaed ar dân,
Enllib dy bobl a wnâi dy fron yn friw,
Eu poer, eu parddu a'u picellau mân;
5 Ti ddeliaist ati er pob cnoc a chlwy,
Fe'th wneid yn ddewr gan rym Ei hedd a'i ras,
Gwenit yn nannedd eu cynddaredd hwy
A melltith meddwon y tafarnau bas.
Tawodd y tân. Oerodd y peiriau berw.
10 Peidiodd cawodydd poer a saethau'r bobl.
Ac wedi'r cwbl ni throaist ti yn chwerw,
Ond rhoddaist arnynt fendith d'enaid nobl:
Gwelais y cam a'r cabl a'r croesbren garw
Yn goron ar dy ben ar wely marw.

71. CARIAD

Crwydrasai'r llanc fel diewyllys wynt
Gan gellwair yn y fforest gyda'r brig,
Nid ydoedd ffin rhwng dyn a bwystfil gynt,
Yr un eu chwythad hwy, eu gwaed a'u cig:
5   Cuddiai farwolaeth yn y cwpwrdd clo
Tra gwisgai gapan papur yn y wledd,
A dawnsio'n niwlog feddw fel un ar ffo
Oddi wrth drwst y pryfed yn y bedd.
Dangosodd hi y ffordd tu hwnt i'r ffin
10 Lle cerdd cymdeithas arni'n bâr a phâr,
A'i gadael, weithiau, am y tefyrn gwin
I yfed a chwnsela â ffrind a châr;
Dwedodd yr angau wrth ei bryfed ffôl
Mai dim ond masglau ŵy a fydd ar ôl.

72. JWDAS ISCARIOT

Rhaid oedd i'r cwmni gwirion wrth dy fedr
I gadw'r cyfri ac i gasglu'r pres,
Ni hidiai Ioan ac ni faliai Pedr,
Rhaid oedd wrth aur i ddod â Duw yn nes:
5   Yr elusennau aml a odrai'r gist,
A'r Pasg a'i gwagiodd, gyda'i win a'i fwyd,
Ac ar y farchnad gwerthaist ti dy Grist
Gan wybod y dôi'n rhydd o'u magl a'u rhwyd.
Gresyn dy grogi cyn codi Mab y Dyn
10 A rhannu eilwaith win a bara croyw,
Y groes yn codi'r brad oddi ar dy fin
A golchi d'arian brwnt yn berffaith loyw;
Gallasit fel Pedr wylo'n chwerw dost
A gweld y gist yn llawn ar Bentecost.

73. CYFAILL O FARDD
(I B. J. Morse)

Tithau a glywaist y meddyliau mân
Yn crio am ffurf, a'r argraffiadau lu,
A'r ysbryd beichiog fydd yn dwyn y gân
Fel gwraig yn dwyn ei phlentyn yn y bru:
5   Ac wedi'r esgor, dysgu i'r epil gwan
Gadernid camau a chywirdeb iaith,
Hyd oni thyfai'n gyflawn yn y man
A'n gadael, fel dieithryn, ar ei daith.
Ac nid fel gwenyn diog wrth eu cell
10 Y bu dy awen, gyda'u plwyflyd stôr,
Ond âi ar antur ac ar gerdded pell
A mela ar y meysydd tros y môr;
Cloff o glun fyddai bywyd hebddi hi,
A chrupl ar ffon fagl fyddai'r byd i ni.

74. DANTE

O'r gwragedd prydferth oedd yn ninas Duw
Y nawfed oedd dy gariad berffaith di,
A cheraist hi yn fwy nag undyn byw
A garodd forwyn ar ein daear ni;
5   Ac wedi'i marw, wylai d'ysbryd briw
Ei ddagrau halltaf rhwng ei gŵyn a'i gri,
Collaist dy hedd a'th hwyl, dy lais a'th liw
Pan aeth â'r gwanwyn ymaith gyda hi.
Ond dôi ei chariad atat ar dy rawd
10 I'th arwain â'i ddoethineb dwyfol ef,

A'i lais yn gysur yn dy gur a'th gam;
A gwelit hi, ar dro, trwy ddellt y cnawd
Yn sefyll fry yn syth wrth orsedd nef
Tan faner wen yr ogoneddus Fam.

75. PECHOD

Pan dynnwn oddi arnom bob rhyw wisg,
Mantell parchusrwydd a gwybodaeth ddoeth,
Lliain diwylliant a sidanau dysg;
Mor llwm yw'r enaid, yr aflendid noeth:
5   Mae'r llaid cyntefig yn ein deunydd tlawd,
Llysnafedd bwystfil yn ein mêr a'n gwaed,
Mae saeth y bwa rhwng ein bys a'n bawd
A'r ddawns anwareiddiedig yn ein traed.
Wrth grwydro hyd y fforest wreiddiol, rydd,
10 Canfyddwn rhwng y brigau ddarn o'r nef,
Lle cân y saint anthemau gras a ffydd,
Magnificat Ei iechydwriaeth Ef;
Fel bleiddiaid codwn ni ein ffroenau fry
Gan udo am y gwaed a'n prynodd ni.

76. YR EGLWYS

Pan fydd y sêr yn ormes ar ein cnawd,
Ac arswyd eu hynafiaeth yn y nen,
Hi gyfyd gaer lle gall ein hysbryd tlawd
Ffoi iddi, gyda'r nos, a phlygu'i ben;
5   Ac yno y gosodwn wrth Dy draed
Faich ein bychander pechadurus ni,
Eiddilwch gostyngedig cnawd a gwaed,
Ac ofn Dy greadigaeth ryfedd Di.
Ond gwelwn mai o'th law fel ffynnon lefn
10 Y disgyn pob rhyw fywyd yn ei bryd,
Ac yn y moroedd dyfnion mae Dy gefn,
D'ysgwyddau yng nghadernid creigiau'r byd,
Nid yw nifylau'r nef a'i sêr di-ri
Ond mantell gerddgar D'anfeidroldeb Di.

77. ANN GRIFFITHS

Fe lusgodd d'ysbryd o'i buteindra rhad,
A llygredigaeth rhwydd dy droeog hynt,
A thorrodd gwawr eich uniad ar y wlad
Tros gopa bryniau sir Drefaldwyn gynt:
5   Roedd gan dy Briod goron ddrain a'r gloch
Wrth odre porffor diwnïad wisg,
Ac yn eich neithior roedd y gwin yn goch,
A'r bara yn berarogl yn eich mysg.
Ond crwydrit ti o'th addunedau i gyd
10 I hen gynefin dy bechodau erch,
A chrynai d'angerdd ym mhuteindai'r byd
Wrth ganu cân dy briodasol serch;
Ond tynnodd di trwy borth y bedd i'r nef
I'r diogelwch rhwng Ei ddwyfron Ef.

78. SIR GAERFYRDDIN

Ni wyddom beth yw'r ias a gerdd drwy'n cnawd
Wrth groesi'r ffin mewn cerbyd neu mewn trên:
Bydd gweld dy bridd fel gweled wyneb brawd,
A'th wair a'th wenith fel perthnasau hen;
5   Ond gwyddom, er y dygnu byw'n y De
Gerbron tomennydd y pentrefi glo,
It roi in sugn a maeth a golau'r ne'
A'r gwreiddiau haearn ym meddrodau'r fro.
Mewn pwll a gwaith clustfeiniwn am y dydd
10 Y cawn fynd atat, a gorffwyso'n llwyr,
Gan godi adain a chael mynd yn rhydd
Fel colomennod alltud gyda'r hwyr;
Cael nodi bedd rhwng plant yr og a'r swch
A gosod ynot ein terfynol lwch.

79. *GOLDEN GROVE*

Pan gyfyd hiraeth am fywyd y wlad
Mi af i Landeilo, i'r *Golden Grove,*
A cherddaf yn warsyth hyd barc y Stad,
Lle'r egyr prydferthwch y peunod dof:
5   A chlywaf rhwng praffter y derw a'r ynn
Guriadau hynafol y cloc yn y tŵr,
A gwylio'r elyrch balchben ar lyn,
Gweddeidd-dra eu hystum yn rhannu'r dŵr:
Cwningod clustlipa, rhwng pori bach,
10 Yn sbïo'n gellweirus ar lawntiau clir,
Y ffesant yn rhwygo'r awelon iach,
A'r ceirw yn hedfan tros laswellt y tir;
A gwelaf, wedi dychwelyd i'm bro,
Draddodiad y pridd tan y tipiau glo.

80. Y LLEIANOD

Daethoch fel colomennod pell i'n hwybr
O gelloedd Ystrad Fflur a Glyn-y-groes,
A'ch bwrw fel rhai wedi colli eu llwybr
I goedwig fusgrell ein drycinog oes:
5   Ni sefwch ar y to, ar gafn neu ddist,
Nac oedi ar ein stryd, ymhlith y llu,
Ni wêl neb am eich traed fodrwyau Crist
Na darllen y negesau dan eich plu.
Pan dreio'r ddrycin a phan edwo'r gwynt
10 A dod o'r sudd i'r bôn a'r dail i'r brig,
Codwch o'r goedwig fel y gwnaethoch gynt
Â dail yr onn a'r derw yn eich pig,
A sefyll fry ar do neuaddau'r nef
A'r dail yn llawenychu'i galon Ef.

81. CYMRU

Paham y rhoddaist inni'r tristwch hwn,
A'r boen fel pwysau plwm ar gnawd a gwaed?
Dy iaith ar ein hysgwyddau megis pwn,
A'th draddodiadau'n hual am ein traed?
5   Mae'r cancr yn crino dy holl liw a'th lun,
A'th enaid yn gornwydydd ac yn grach,
Nid wyt ond hunllef yn dy wlad dy hun,
A'th einioes yn y tir ond breuddwyd gwrach.
Er hyn, ni allwn d'adael yn y baw
10 Yn sbort a chrechwen i'r genhedlaeth hon,
Dy ryddid gynt sydd gleddyf yn ein llaw,
A'th urddas sydd yn astalch ar ein bron,
A chydiwn yn ein gwayw a gyrru'r meirch
Rhag cywilyddio'r tadau yn eu heirch.

82. CNAWD AC YSBRYD

Duw ni waharddodd inni garu'r byd,
A charu dyn a'i holl weithredoedd ef,
Eu caru â'r synhwyrau noeth i gyd,
Pob llun a lliw, pob llafar a phob llef:
5   Bydd cryndod yn ein gwaed pan welwn ôl
Ei fysedd crefftgar ar y cread crwn,
A berw, pan waeddwn mewn gorfoledd ffôl
Na fynnwn fywyd fel y bywyd hwn.
A phan adawo'r ysbryd wisg y cnawd
10 Yn blygion stiff ac oerllyd yn yr arch,
Odid na ddelo rywbryd ar ei rawd
I'w wisgo eilwaith fel dilledyn parch;
Dwyn ato'r corff, ei ffroen a'i drem a'i glyw,
I synwyruso gogoniannau Duw.

83. GOLFF

Pan fyddo bywyd ar f'ysgwyddau'n faich
A'm dwrn yn cau yn erbyn tynged dyn,
Mi af i'r bryn i 'stwytho troed a braich,
Gan erlid y bêl wen o'r tî i'r grîn;
5   Gan sigl y clwb y bitw fach a lam
I'r awyr fry ymhell, fel ergyd gwn,
Ac wedi llawer cnoc ac ergyd cam
Ei dodi'n gynnil yn y tyllau crwn:
Bydd gosod sgidiau hoelion ar y gwyrdd
10 Yn deffro'r hen gymundeb gynt â'r pridd,
Iechyd y corff yn canu hyd y ffyrdd,
Rhialtwch meysydd a ffraethineb ffridd;
Ac yn yr hwyrnos, wedi blino'n lân,
Daw bywyd ataf gyda dryll o'r gân.

84. PANTYCELYN

Aet ar dy gwrs drwy'r wlad, glerwr y nef,
Ac yn dy waled radd yr Ysbryd Glân,
Ti oeddit bencerdd Ei eisteddfod Ef
Ac athro gwarant yr holl glerwyr mân:
5   Gwelit dy Frenin ar Ei farch, a'i gledd
Yn medi cadau'r cnawd a'r byd a'r diawl,
Ac yn Ei blas Ei win, Ei seidr a'i fedd
A yfit, a gwau iddo glod a mawl.
I wladwyr, a gadwynid wrth y pridd,
10 Fel ychen wrth y dres, drwy gydol oes,
Cenaist, yn eu tafodiaith, gân y ffydd
A glywit ar ddigangen bren y groes,
A'u codi fry uwch cors a chraig a rhiw
A'u rhoi wrth fyrddau crwn danteithion Duw.

85. Y SAESON

Rhoddwch eich iau ar war y genedl falch
A'ch genfa yn ei safn a'ch chwip o'i hôl,
A gyrrwch hi, fel ych, trwy'r pridd a'r calch
I dorri'r gŵys faleisus ar y ddôl;
5   Teflwch eich estron had i'r cwysi coch
A dwyn y cnydau, fel y gwnaethoch gynt,
Gan roddi'r gwellt o flaen eich meirch a'ch moch
A'r grawn i'ch ymerodrol felin wynt.
A than y pridd eich diwydiannol fall
10 A'i cladd hi rhwng y sglaits a'r haenau glo,
Fel twrch yn turio trwy'r dyfnderoedd dall
A bwrw ei dwmpathau hyd y fro:
Heb adael iddi, yn eich rhaib a'ch blys,
Ond lludw a rhwbel, lloffion sofl ac us.

86. NATUR

Mae ynom Dduwdod sydd yn hŷn na hi,
Dirgelwch hen na ŵyr ei phridd a'i thân,
Rhoes y Crochenydd ddelw ar ein llestr ni
Nad yw ar ei thoredig lestri mân:
5 Pan drenga'i hepil, pydrant yn y pridd,
Yn un â'r gwynt y bydd eu chwythad hwy,
A'r man lle syrth y pren, yno y bydd,
A'r seren ludw, nis goleuir mwy.
A daw ei diwedd hithau, yn y man,
10 Fe'i plygir fel dilledyn yn y drôr,
Ac ni bydd dinas mwy na thref na llan,
Na phridd mewn daear, dyfroedd yn y môr;
Wedi i'r angel godi'i chyrten lliw
Cawn weled drama wynfydedig Duw.

87. FENIS

Frenhines fwythus ymysg dyfroedd môr,
A'th wisg yn berlau a sidanau drud,
Rhoes Natur hael ei chyfoeth wrth dy ddôr
A dyn ei ddawn a phob synhwyrus hud:
5 Rhoes Tiziano dy fireinder gwedd
Mewn lliw a llinell, yn gelfyddyd gain,
Dy ogoneddus gnawd, dy borffor wledd,
Moethusrwydd melfed a llieiniau main.
Ond gwae dydi, y feistres greulon, gas,
10 Poenydiaist blant dy groth yn wrêng a theyrn,
Gwelais eu hing mewn celloedd dan y Plas,
Wrth bydru yno mewn gefynnau heyrn;
Âi gwŷr dihenydd ag arteithiol wedd
Tros Bont yr Ocheneidiau tua'r bedd.

88. FENWS A'R FORWYN FAIR

Syfrdenaist fyd pan godaist ti o'r don
A'i hewyn hi yn groen am gnawd mor goeth,
Crynai pob calon wrol ger dy fron
A mynnai'r hen yn ôl eu nwydau poeth;
5   Cerfiodd celfyddyd â meistrolaeth cŷn
Ddelw dy dduwiestod yn y marbl a'r maen,
Ac yn dy deml ymgrymai gwanwyn dyn,
Llefai morwyndod a phuteindra o'th flaen.
Daeth Mam Gofidiau ac Eiriolreg Nef
10 O Fethlem i'th gynefin ar Ei rhawd,
A throes dy demlau'n demlau iddo Ef
A phlannu'r groes lle bu allorau'r cnawd;
Hi saif hyd byth lle gynt y safet ti
Ac Iechydwriaeth rhwng Ei breichiau Hi.

89. Y GWAREDWR

Ti wylit gynt groth y cyntefig dân
A gwewyr esgor niwl a tharth a nwy,
A chlywaist grio'r bydoedd mawr a mân
Wrth dorri'r llinyn byw a'u clymai hwy:
5   Ti roddaist ddyn yn stiward ar Dy stad,
Ond mynnodd iddo'i hun y cwbl o'r elw,
Bwriodd yr Ustus Angau ef a'i had
I gelloedd cosb ei hen garchardy gwelw.
Disgynnaist oddi fry o dŷ Dy Dad
10 A mynd drwy'n byd yng ngharafán y cnawd,
Heb le i orffwys, gan ustusiaid gwlad,
Ond cyrrau garw y comin ar Dy rawd;
Ar bren tu faes i'r dref, wrth hongian Duw,
Drylliwyd y carchar haearn dan yr yw.

90. Y DUWDOD

Ffynnon pob bywyd a phob golau sy,
Symudydd disymud pob symud yw,
Crogodd yr heulwen yn Ei oriel fry
Yn ddarlun perffaith o wynfydedd Duw;
5   Plannodd y bydoedd yn ystrydoedd cain,
A pharciau rhyngddynt, ar lecynnau'r nef,
A'r lloer fel eglwys gadair rhwng y rhain,
Ar blan Ei bensaernïaeth brydferth Ef.
Rhoddodd Ei olau benthyg yn ein byd
10   Yn llwybr gwyn i'n pechadurus draed,
A'i rin i garthu'n ffosydd pwdr i gyd
A lladd y pryfed marwol yn ein gwaed:
Llygedyn golau Ei goelcerthi pêr
Yw'r fflam a lysg ar wic fy nghannwyll wêr.

91. CERDDORIAETH

O dwrw a dwst y byd mor dda yw ffoi
I noddfa gerdd llinynnau a bwâu,
A chau ein llygaid rhag i ddim gyffroi
Hyfrydwch ysbryd a'i dangnefedd brau;
5   Gwyliwn â'n clustiau rediad tôn a sain
Yn dod a myned ac yn dod drachefn,
Cydluniad celfydd eu hedafedd cain,
Symud rheolus eu soniarus drefn:
A bydd cymysgedd chwerw ein byd a'n byw,
10   Ei haul, ei law, ei wynt, ei storm a'i sêr,
Yn rheidrwydd rhiniol, rhythmig ar ein clyw,
Yn ordr a dosbarth ac ordeiniad pêr;
Unbennes tiriogaethau'n hysbryd ni
A mam y celfyddydau cain yw hi.

92. YR ANGHRIST A'R CRIST

Ni droesom Dduw'n dragywydd gelwydd gwyn,
A'i nef yn nyth i'r chwilod ac i'r chwain,
A phydrodd pren y groes ar ben y bryn
Ac ar ei breichiau ysgerbydau brain;
5 Nid oedd y cread ond fel peiriant dall
Yn pwffian yn y nos heb lein na phwynt,
A phwysau ei olwynion trwsgl, di-ball
Yn darnio dynion a'u delfrydau hwynt.
Eto, dangosodd Iesu inni'r plas
10 A gododd Duw o feini'r nef a'i gwŷdd,
Ac ynddo fwrdd yr Aberth, dodrefn gras,
Gwelyau gobaith a seleri ffydd;
A mynnwn weini mwy'n Ei neuadd wen
Yn un o'r llestri pridd neu'r cawgiau pren.

93. SAUNDERS LEWIS

Ac er mwyn Cymru buost ti yn ffŵl,
Yn ffŵl fel holl ferthyron Crist a Mair,
Taflasant atat eu pelenni pŵl
Fel cocyn hitio yn stondingau'r ffair:
5 I blith ysbwriel Lloegr y'th fwriwyd draw,
Yn un o'i hadar creim, ar unig glwyd,
A Chymry, yn dy gefn, â'u bradog law
Yn rhoddi'r bustl ar ben y wermod lwyd.
Ni'th glwyfwyd di; ni fennodd arnat ddim,
10 Cans cododd Cymru gaer o'th amgylch di,
Ni ddichon eu cythreuldeb hwy na'u grym
Fyth dreiddio drwy ei meini cabol hi,
A saif y Forwyn Fair, fel tŵr uwchben,
Gan ddiffodd pob pêl dân â'i mantell wen.

94. Y RHUFAIN NEWYDD

Aeth ein gwareiddiad eto'n soglyd does
Heb furum Crist i'w godi'n fara cras,
Ymgasgl y meistri wrth buteindy'r oes
A gado gwaith a brwydr yn nwylo'r gwas;
5 Mae'r wlad fel gweddw ddibensiwn yn ei bwth
A'i meibion mewn gweithfeydd ac athrofâu,
A phobl y dref yn llarpio bwydydd glwth
Ceginau seliwloed y sinemâu.
Eistedd y Crist ar fynydd ar wahân
10 Ac wrth Ei draed drwp Ei ddisgyblion tlawd,
A safn y bwystfil, min y cledd a thân
Yn iasu i ddifa'u hesgyrn hwy a'u cnawd;
A wnei Di eto blannu'r hedyn llin
A all ireiddio anialdiroedd dyn?

95. SIR FORGANNWG

Mor wag dy lowyr yn eu dillad gwaith
A llwch y glo yn fwgwd ar eu pryd,
Arian papur y gyfnewidfa faith,
Allforion ym mhorthladdoedd gwanc y byd:
5 Codasant, yng ngwrthryfel cig a gwaed,
Fandrel a rhaw i daro duw eu hoes,
Ond hoeliwyd hwy'n dynnach, ddwylo a thraed,
A rhoddi mwy o sment wrth fôn eu croes.
Y Sul a rydd amdanynt ddillad glân
10 Ac yn eu hwyneb olau enaid byw,
Ac yn y cysegr clywir yn eu cân
Orfoledd gwerin bendefigaidd Duw;
Tynnir y caets o waelod pwll i'r nef
 rhaffau dur Ei hen olwynion Ef.

96. Y SARFF

    Dolennaist dy gyfrwystra'n blyg a phlyg
    Fel iorwg am y gwaharddedig bren,
    A denu dyn dan ei wybodus frig,
    Ac ysgwyd ffrwyth yr angau am ei ben;
5   Ymlithraist oddi yno ac ar dy sathr
    Gedaist dy wenwyn gwydn ar fryn a phant,
    A dal dynoliaeth yn dy glymau llathr
    Fel gwiber Tro'n dal Laocôn a'i blant.
    Chwibenit yn yr anial arno Ef
10 A cheisio'i ddal â'th drem sefydlog graff,
    Parlyswyd di gan lygaid Dewin Nef
    A'th dynnu ato fel llesmeiriol raff,
    A'th wau di'n llipa amdano'n dorch a thorch
    A gwasgu'r gwenwyn o'th angheuol fforch.

CNOI CIL

Cerddi a Sonedau

RHAGAIR

Lluniwyd y cerddi a'r sonedau hyn rhwng mis Ionawr 1940 a mis Hydref 1942. Ymddangosodd un soned a dwy gerdd, 'Gandhi', 'Testament yr Asyn', 'Y Comiwnyddion', yn *Y Faner* ac un soned, 'Dartmoor', yn *Heddiw*, a diolchaf i'r Golygyddion am eu caniatâd i'w hailargraffu yn y llyfryn hwn. Cyflwynaf y cerddi a'r sonedau hyn i'm hen athrawes a'm cyfeilles, Kate Roberts.

97. Y CYMUN

Gwenith maethlonaf dyffrynnoedd y nef
A blawd rhywiocaf y Duwdod oedd Ef,
   A burum Ei chroth a'i cododd yn does;
Fe'i tylinid gan ddioddefaint a chur,
5 A'i bobi yn fara sacramentaidd bur
   Yn ffyrnau Gethsemane a'r groes.

Tan ddisgleirdeb Arctwros fe dynnwyd y grawn
Ar ganghennau'r winwydden lednais, lawn,
   A sathru eu sudd o'r gwinwryf i'r cafn,
10 Gwin yr unig gynhaeaf erioed
Na ddwed yr un tafod faint yw ei oed,
   Y mae'r berw tragwyddol ym mhob dafn.

Y mae briwsionyn o'r bara yn wledd,
Yn wyrth o atgofion a moliant a hedd,
15   Enllyn heb ddiwedd ar gnoi ei gil;
Pan yfaf ddracht o gwpan Ei waed
Fe fyddaf yn feddw o'm pen i'm traed,
   Ac fe ganaf, yn nefolaidd chwil.

Wedi bwyta ffrwyth rhyfygus y pren
20 Y mae'r tafod yn sur tan y gramen wen,
   A'r cylla yn chwydu ei wenwyn coch;
Y gwin a lanha'r arennau a'r iau,
A'r bara yn ein deffro a'n bywiocáu
   Ac adfer y gwrid a'r graen i'r foch.

25   O amgylch swper Ei Basg ar y bwrdd
     Y bydd y teulu apostolig yn cwrdd
         I fwyta cig danteithus yr Oen;
     Â heibio'r nwydau a'r pechodau tost
     Wrth weld y gwaed ar y capan a'r post
30   A'i aroglau yn ffieidd-dra i'w ffroen.

     Pan syrth ein gwenith i'r difelin fôr,
     A theneuo o'r gwarchae bob bwrdd ac ystôr,
         Nid oes dim dogni ar Ei fara briw;
     Pan gwymp y gwenwyn i ffynhonnau'r byd
35   A llyfu o'r tanau ei gronfeydd i gyd,
         Ni dderfydd diwaddod ddiod dy Dduw.

98. HEULWEN Y PASG

     Cuddiai ei hwyneb rhag mwrdwr y groes,
         Y cochni twym ar yr hoelion,
     Rhag y pigau drain yn trywanu'r sgalp,
         A'r twll rhwng asennau moelion;
5   Eisteddai fel gweddw uwchben Calfari
         Yn y wisg dywyllaf o'i wardrob hi.

     Safai uwch y milwyr a maen y bedd
         Yr oedd Joseff newydd ei naddu:
     Ond y trydydd dydd hi a roddodd sbonc
10   A rhoi liwt i'r clogyn claddu;
     Ewch, fore'r Pasg, i ben bryn a ban
         I'w gweled hi'n dawnsio fel miri-man.

99. Y NADOLIG

Coginiwch yr ŵydd basgedig
   A sleisen o gig moch ar ei thraws,
Datglymwch y pwdin berwedig
   A rhoi tro i'r sosban saws,
5   A gelwch y teulu at y cinio gwych,
Fe anwyd y Baban ym mhreseb yr ych.

Addurnwch yr ystafell â chelyn
   A sbrig o fisilto uwchben,
Rhowch ganhwyllau glas, coch a melyn
10   Yn un rhwydwaith o dan y nen,
Rhowch y sêr a'r clych ar y dodrefn a'r drych,
Fe anwyd y Baban ym mhreseb yr ych.

Cyneuwch, wŷr, eich cetynnau
   Ac agorwch y lager a'r gwin,
15   Ewch, wragedd, i nôl eich pecynnau
   Siocled a thanjarîn,
A gwrandewch o'r 'bocs canu' ar garolau a chlych
Yn siglo'r Baban ym mhreseb yr ych.

Daeth Doethineb trwy'r iâ o'i chelloedd,
20   A Brenhiniaeth trwy'r rhew ato Ef,
Daeth Gweriniaeth y diadelloedd,
   Daeth angylion i lawr o'r nef,
Ac yn yr ystabl ar eu gwely gwlych
Ymgrymodd yr asyn, penliniodd yr ych.

100. EWROB

Molaf fy Nuw am y pererindodau
    I'w gyfandir Cristionogol Ef,
Gwyn fyd y llygaid a welodd ryfeddodau
    Carpedi dewines y nef.

5   Gwelais y Baban paent mewn presebau
        Yn gorweddian yn Ei gawell gwair,
    A Nadolig yr Eidal yn orfoledd ar wynebau
        Yr ych a Joseff a Mair.

Canfûm Ethsemaneau lawer a'u loesau,
10   Gwroldebau Ei wyneb main,
    A chrychydd o Grist ar ugeiniau o groesau
        Tan gannoedd o hoelion a drain.

Gwelais yn Ffrainc yn ei hamgueddfeydd a'i heglwysi
    Ef yn cael Ei eni a'i ladd,
15   Y croesau marmor, mawr ar Ei gefn yn bwysi,
    Yr angau sefydlog, nadd.

Llawenychaf uwch ei Christiau a'i Meiriau diwair,
    Ei holl saint a'i merthyron lliw,
A'r angylion a'r ceriwbiaid glas oedd yn cyniwair
20   Uwch eu coluddion a'u haelodau briw.

Gwared Ewrob, O! Dduw, rhag yr Anghrist yn Rwsia,
    Maluria ei gnawd a dryllio ei ais,
Gwared hi rhag eryrod etholedig Prwsia,
    Cadw hi rhag Mamon y Sais.

101. YR IDDEWON

I

Beth wnawn â'r Iddewon
    Seimllyd a chweiniog?
Gwerthwch hwy i gyd ar y mart,
    Ddeg ar hugain am geiniog.

5   Gwerthasant fy Mhrynwr
    A mwrdro'r Diniwed,
Gwthiwch yr arian i lawr i'w llwnc
    Ac ysbaddu'r holl giwed.

Meginwyr gwrthryfel
10   O Farcs hyd Lenin,
Llosgwch hwy i gyd yn y tân
    Y maent hwy yn ei ennyn.

I'w lloi aur yr offrymant
    Eu hympryd a'u gweddi,
15   Pistyll eu heurbis ydyw eu gwin,
    A'u bara hwy, eu budreddi.

Beth wnawn â'r Iddewon
    Seimllyd a chweiniog?
Gwerthwch hwy i gyd ar y mart,
20   Ddeg ar hugain am geiniog.

II

Er mwyn Abraham a Moses,
    Amos ac Eseia,
Byddwch drugarog wrth y criw,
    Hil a chenedl y Meseia.

25 Y Mamon digymdeithas
      Yw duw ein cyfoethogion,
      Peidiwch â'u gwaedu fel y bwch
        Yn bech-aberth Cristionogion.

      Bererinion yr ysbryd,
30   Dystion tragwyddoldeb,
      Plant y Duwdod yn ein plith
        Yn damnio ein materoldeb.

102. TESTAMENT YR ASYN

Rhaid im, hen asyn, druan,
Ganu yn iach yn o fuan,
Fel pob dyn a dylluan
  Marw sydd raid i mi.

5   Cyn mynd i nef asynnod
    Fe luniaf f'ewyllys hynod,
    Wele bob sill a dyfynnod,
      Â chwyr, O! seliwch hi.

    'Fy nghefn a rof i enwogion
10 Cymru a'i holl daeogion,
    Fel y cariont eu cymdogion,
      Y Saeson dylion, doeth.

    'Fy nghoesau gwych a'm carnau
    I'r beirniaid wrth lunio'r barnau,
15 Fel y ciciont hwy yn ddarnau
      Gorff pob llenyddiaeth goeth.

'Fy nghynffon hir i'r canonwyr,
Y San Steffanaidd esbonwyr,
Byddant yn well cynffonwyr
20   I gawr santaidd Caergaint.

'Fy llygaid i'r gweinidogion,
Gweision twt y cyfoethogion,
Am na welant yr angenogion
   A swil gardodau'r saint.

25   'Fy nghlustiau main i urddolion
Bol-bwysig y prifysgolion,
Am na wrendy'r hen fydolion
   Ond ar gyffro bodio'r bunt.

'F'ymennydd i'r rhyfelgarwyr
30   A'r crwsadlyd ariangarwyr,
Mor wahanol i'r gweringarwyr
   Y Gŵr a fu arnaf gynt.'

Gadawaf eich byd barbaraidd
A'ch uffern dotalitaraidd,
35   A mynd at fy mrodyr gwaraidd;
   Marw sy ddoeth i mi.

103. DATBLYGIAD

Am ddisgyn o'r mwnci na foed arnom gywilydd,
Dyna pam y câr y cenhedloedd ei gilydd.

104. DYNGARWCH

Y mae caru dyn yn beth pell a pheth hawdd,
Haws na charu'r cymydog sydd dros y clawdd.

105. Y COMIWNYDDION
(I'r cyfaill, Niclas y Glais, a'i fab, Islwyn)

Y mae rhywbeth o le ar Ddatblygiad,
   Mae Cynnydd wedi chwarae rhyw dric,
Gweld Stalin yn cofleidio'r hen Churchill,
   A Churchill yn cusanu'r hen Nic.

5   Beth pe deuai Karl Marcs o'i feddrod,
   Beth pe codai'r brawd Lenin yn fyw,
A chanfod y Comiwnyddion yn cydfrwydro
   Â'r Cyfalafwyr, sydd yn ymladd tros Dduw!

Mor wir yw dilechdid materoliaeth
10   Fel y dengys llyfrau Islwyn, y mab,
Bydd Syr Stalin yn unben ar y Ffasgiaid
   A Niclas yn y Fatican yn Bab.

106. YR HEN FYD NEWYDD
(*Pwnc araith y Gwir Anrhydeddus Mr Anthony Eden ym Merthyr*)

Daeth Eden i lawr i areithio i Ferthyr,
A goleuodd ei thlodi i gyd fel llucheden;
Beth am y byd gwell wedi'r Rhyfel diwethaf
Pan oedd hi yn ferthyr wedi addo Eden?

107. ANLLYGREDIGAETH

    Cyn hir fe fydd fy nghorpws
      Yn gig i bryfed brwd,
    A phlât yr arch a'i thrimins
      Disglair yn fyw gan rwd.

5   Bydd haul uwch Dyffryn Tywi
      Fel darn cyfalaf Duw,
    Ni all y pryf ei gyrraedd,
      Ni lygra'r rhwd ei liw.

108. GORFFENNOL CYMRU
(I Syr John E. Lloyd, DLitt., FBA)

Ei wyneb sydd tan benwynni
Yn dirionwch dwys wedi'r ynni
A fu'n casglu, nyddu ein hanes ni.

Bu ei drem ef ar drumau cyntefig
5   Bro a iaith hen y llwyth Brythonig,
Syllodd ar sglein y ddysg Rufeinig,
Nadd ei gloywder ar y deunydd gwledig.

Gwelodd gyfreithiau ei hysgolion,
Dulliau hen y deall union,
10 Rhoid ffrwyn ac afwyn ar anghyfion
Filain nwydau o flaen ynadon.

Gwelodd aradrwyr, â'u gwylaidd wrhydri,
Yn y tir cas yn torri eu cwysi,
Y glew a fwriai had o Galfari,
15 Ac ar y pridd creulon yn tonni
Ceinderau glas cnydau'r eglwysi.

Canfu genedl arfog tan dywysogion,
Y môr gwrol o Gymry geirwon,
Rhag ei lanw y ciliai'r gelynion
20 A'u traws geyrydd yn bentwr ysgyrion.

Bu Eryri a bu meini pob mynydd,
Y sêr yn eu cwrs, yr hin, y corsydd,
Cynllwyn cadarn cynlluniau coedydd,
A thyllau dyfnion tan ryd afonydd
25 Yn drysu ac yn gwanu'r goresgynnydd.

Yn wyneb rhu, berw a chyrn barbaraidd
Y Minotawros totalitaraidd
Ba ryddid a fydd i'n cenedl bruddaidd?

Llawen ydyw am y bellen edau,
30 Ei gorffennol yn ei gyfrolau,
I'w dwyn o labrinth ei gwydn lwybrau.

Hi a wân gleddyf trwy goluddion
Yr hen gawr aliwn a dwrn-greulon,
Mwyach ni thelir, yn deyrnged wirion,
35 Ei gwŷr ifainc hi a'i gwyryfon.

109. CYMRU A'R RHYFEL

Di, denant yn yr uffern estron, wasanaethferch yr angau aliwn,
A'th feibion yn gaethgludion mewn llynges, sgwadron a bataliwn,
Ond cyfyd eu pwyll a'u hiwmor, eu hemynau a'u gwir wladgarwch
Uwch brad a bryntni d'orthrechwyr, mochyndra eu Mamongarwch.

5   Gwisgid dy dir â bratiau fel herwr di-raen a dryslyd,
Nid yn ei drowser ribog, brown a'i smoc a'i grys gwlanen chwyslyd,
A lle bu crefft dyn ac anifail, diwylliant yr aradr union,
Y mae ffair y ffugliw erodromau, peiriannau lle bu'r pererinion.

Dy weithwyr a'th grots, a fu'n pydru ar groesffyrdd, pontydd a chornelau,
10   A fwrir i'r pocedi pell heddiw fel biliard belau,
A'r merched yn y ffatrïoedd yn torri bedd i'r gelyn,
A lle bu'r paent a'r powdrach gedy'r powdr ei welwliw melyn.

Diwydra'r fallgyrch dy ffenestri a diastellu dy ddorau,
Di-doi capel ac eglwys a bomio'r groes a'r allorau;
15   Ehangle o ddiffeithwch llosg yw calon un o'th drefi,
A chyrff ei thrigolion yn stecs rhwng plastr a briciau'u cartrefi.

Morwyn yng nghegin y Cesar yw Sulames ei arfog wely,
Trosglwyddo cwpan y Cymun i ddal meddwdod ei boteli,
Gwlad Dewi Sant a Theilo, Pantycelyn a San Tathan
20   Wedi ei chlymu yn dynn rhwng dwy ffolen y Lefiathan.

Yr hyn a wnânt i ni a wnaethant gynt i'n tadau,
Y gweithwyr a'r tenantiaid, y tywysogion a'r abadau,

Yr un hen ormes a thrais, yr un ystryw a'r un triciau,
Addo a thwyllo a gwyro barn; dyrnod, bonclust, ciciau.

25   Roedd dy wreiddiau di yn y tir cyn gwawr y cyntaf Nadolig,
Cyn rhuthro o'r barbariaid Sacsonaidd i wlad o eglwysi catholig,
Ac er i ystormydd o elynion ddifa dy lysoedd a'th drefi,
Ni choncrwyd ardderchowgrwydd enwau dy Lannau a'th gantrefi.

Datodwyd gwregys dy forwyndod gan y Tuduraidd buteindra,
30   Ac ysigo dy fronnau pendefigaidd â phwysau tyn ei fileindra,
A thithau ar wely dy warth yn adrodd o'r Beibl adnodau,
A salm ac emyn yn hybu cywilydd dy holl aelodau.

Ond cedwaist ryw wawr o ddiweirdeb, rhyw lygedyn bach o lendid,
A brithgo am dy harddwch a'th urddas ynghanol dy wae a'th wendid;
35   Fe chwythwn y llygedyn yn dân, a meginwn y tân yn ffaglau,
Ac fe sgrwbiwn dy gorff yn wyn, ei dom, ei fiswail a'i gaglau.

Fe awn er dy fwyn yn ferthyron y tu ôl i farrau'r carchardy,
A disgyn i hanner tywyllwch di-fwyd, diddiod y daeardy,
Ac fe gawn sgwrs â gwallgofrwydd, yr unig ffrind yn y celloedd,
40   Ac ysgwyd llaw â marwolaeth a'i dilyn i un o'i stafelloedd.

110. NANT-Y-MOCH

Neithiwr fe bysgotwn ger Nant-y-moch,
Gan ymsengi yn ddi-stŵr
A gorwedd, dipyn o'r geulan, yn fy hyd;
Fe glywn yr abwydyn modrwyog, coch
5   Yn cael ei dynnu gan y dŵr
I lwydni tywyll pwll neu i grychni rhyd.

Ni ddaeth rhwng y bryniau yno'r byd a'i sŵn,
Ac ysgarmesoedd y môr
A'r cyrchoedd awyr yn wasgfa ar ei wedd;
10 Nid oedd yn eu hawyr ias ar gwymp Rangŵn,
A simsanrwydd Singapôr,
Nid oedd eu gwanwyn hwy yn wanwyn y bedd.

Tuthiai bugail ar gefn ei boni bach,
Gan chwiban ac annos y ci
15 I gasglu'r praidd i'r gorlan yn y pant:
Roedd Cymru yno yn gadarn ac yn iach,
Ac wrth ei thethau hi
Y sugnai bugail, prydydd gwlad a sant.

111. GANDHI

Clown y syrcas ymerodrol ydoedd hwn,
I'r Cristionogion croenwyn yn gyff gwawd,
Crechwenai byddinoedd ar ei griw di-wn
A Mamon ar ei dröell nyddu dlawd.
5   Bu'r ffacir droeon ym mhlasau Siôn-Ben-Tarw,
Lle nyddai olau gwawr i'w genedl lwyd,
A'i afr yn ei warchod rhag y dyfroedd marw,
Lle bwriwyd llawer gan ddicâd eu bwyd.
Siglid yr ymerodraeth gan ei ympryd gwan
10 A'i chracio â'r distawrwydd ar ei fin,
Chwythir ei hadfeilion haerllug yn y man
Ag anadl mawr ei enaid tros y ffin;
Symudir y syrcas gyda'r wawr â'i phac,
A'r llanastr lle bu'r sioe, y tail lle bu'r trac.

112. CORFF AC YSBRYD

Llusgwyd yr ysbryd oddi wrth y cnawd
A sbwylio'r hen briodas gecrus, glyd,
A'u gyrru ar drugaredd siawns a ffawd
I odinebu ar hyd llwybrau'r byd:
5   Cododd y corff ei eglwys ar lun crân,
Yn aur a dur o'i seiliau hyd ei thop,
Ac ar ei hallor y crychneidiai tân
Efengyl marchnad, iechydwriaeth siop:
Ysbonciai'r ysbryd fel hen drwbadŵr
10 I oglais nwydau Natur yn un fflam,
Canai aderyn, bwystfil, gwynt a dŵr
Anthem puteindra'u hamlfronnog fam;
Dychwelwch o'ch crwydr dwl a'ch credo wallus
I'ch hen gyfamod duwiol a deallus.

113. RWSIA

Bu'r Dwyrain a'r Gorllewin fel dau lu
Yn ymladd am gyfandir d'ysbryd noeth,
Troaist rhag d'ormes a'th greulondeb du
At fflamau Ewrob, golau'i rheswm doeth;
5   Breuddwydiai d'arweinyddion yn eu cell
Am Rwsia gyfiawn, flaengar a di-Tsar,
Gwyddoniaeth fyddai pensaer ei byd gwell
A Marcs ac Engels ei unbeniaid gwâr.
Ar ffermydd yr Anghrist rhoir dy bobl fud,
10 Heb Basg a Sulgwyn yn ei galendr coch,
Siglir ei ddoli wichlyd yn Ei grud
A naddu pren Ei groes yn gafnau moch,
Cyfyd ffatri i lenwi gwacter d'enaid Slaf
A'i pheiriant i ddistewi poen dy grefydd glaf.

114. DARTMOOR

Daw eilwaith farrau heyrn ar draws ein trem
A chlep y drysau deuglo ar ein clust,
A mwmian carcharorion od, di-glem
Wrth hau a medi, ac wrth godi'r ffust;
5   Gwelwn fis Awst yn rhoddi'r machlud trwm,
Fel gwaed llofruddiaeth, ym mhob llyn a ffos,
A Thachwedd yn hau niwloedd creimllyd, crwm
Fel carchar am y carchar ar y rhos:
A'r nos daw cri ellyllon yn ddi-dor
10 O'u seiat oerllyd yn y corsydd garw,
Ysgrech ysbrydion o ryw bant neu dor,
Euogrwydd oesoedd sydd yn methu marw;
A Thywi las fel llinyn yr hen wynfydau
Yn dirwyn rhwng hwsmonaeth y gwair a'r ydau.

115. LLUNDAIN

Mor galed a bydolgall a di-drefn
Yw hi wrth Rufain neu wrth Baris wych,
Mae ysgelerder ar ei bol a'i chefn,
A'i noethni gwancus wedi mynd yn sych:
5   Ei phrif weinidog ydyw'r Mamon hagr
A yrr tros fyd ei leng o weision twt,
Claddant ym mron y Dwyrain doeth eu dagr,
A thaflu crefftau Cymru ar y clwt.
Gwelais fy mhobl yno, a mygais reg,
10 Yn cysgu'n ddiflas yn ei theiau dòs,
A thwr yn canu, yn sŵn organ geg,
Emynau Calfari yn *Charing Cross*;
Ni'n bolaheulo ar draethellau Seion
A'n cnawd yn byw ar gardod cân a chreion.

116. CYMRU VICTORIA

Ni chanfuasom ei 'Heden dlos' a'i 'Haf
Bytholwyrdd' fel aspidistra yn y pot,
Na llun Victoria o'i thragwyddoldeb braf
Yn syllu ar drugareddau y *what-not*;
5   Eisteddai'i Duwdod mewn swyddfa uwch y byd
Fel pennaeth banciau a marchnad siâr a stoc,
Gorlwythid yr epa â'r pechodau i gyd
Ac ehedai dyn trwy'r nef fel angel broc.
Gwelsom ei gwareiddiad aur a'i haddysg bres
10 Fel defaid wedi pryfedu tan eu gwlân,
A'n hesgyrn a'n sgerbydau dibrofiad, ffres,
Er mwyn y cnaf, yn domennydd rhwng y tân;
A'r groes yn carlamu o bigyn Calfari
I gopa bryn penglogau ein cenhedlaeth ni.

117. OFNAU

Y mae arnaf ofn fel fy oes fy hun,
Ofn y diddymdra dwl, dihidio, dall,
Sylwi ar bopeth yn ein byd, pob un,
Yn ffaglu am ennyd fain, a mynd i'r fall;
5   Lledodd dau ryfel ddychrynfeydd ei hafn,
Y beddau a chyd-feddau'r cyrff di-ri,
A minnau'n llithro'n winglyd at ei safn
Fel gwelltyn gwallgof at drobyllau'r lli.
Ond daw arnaf ofn gwaeth, fel ergyd llach,
10 F'ofn i fy hunan ar wahân i'r cwbl,
Ehed yr enaid prydferth megis fflach
O fellten glas-y-dorlan uwch dŵr trwbl;
Fe gipiaf f'ysbryd drudfawr megis dryll
Disgleirloyw o grafangau gwanc y gwyll.

118. GWEITHWYR DEHEUDIR CYMRU

Fe ddysgwn gynt, yn llencyn, wrth eich traed
Mai anifail gwleidyddol ydyw dyn,
Gwelwn haearn cyfiawnder yn eich gwaed
A gwreichion barn yn llosgi ar eich min;
5   Rhoddem ein cerrig bach yn ein ffyn-tafl
I lorio cawr y gyfalafiaeth ddreng,
A thyllu siclau pres a gemau'r diafl
Ar waetha'i rym, a'r bradwyr yn ei reng.
Garw inni bwyso ar broletariat byd
10 A Lloegr lastwraidd, ni a Sgotland gaeth,
Gan dorri'n ffyn mewn estron goed i gyd
A chodi'n cerrig ar huodlyd draeth;
Fe'u torrwn mwyach o geinciau yw ein llannau
A thaflu cerrig ein cenedlaethol lannau.

119. CWM RHONDDA

Disgynnodd y siawnsfentrwyr ar y glo
A'i droi yn rhan o'r annwn heintus, welw,
Ei wŷr yn ddim ond rhifau yn eu bro,
Rhifau bataliynau busnes ac elw;
5   O'r dyfnder clywsant lef Sosialwyr croch
Yn addo gwynfyd o Senedd-dy'r Sais,
Ac wedi'r siom orchymyn Marcsiaid coch
Am iddynt gipio'u nefoedd wag trwy drais.
Dringwch, a'r milgwn wrth eich sawdl, i'r bryn,
10 I wlad y ffermydd a'r ffynhonnau dŵr,
A gwelwch yno ein gwareiddiad gwyn
A dyrnau Rhys ap Tewdwr a Glyndŵr,
Ac ar ei gopa Gristionogaeth fyw
Yn troi Cwm Rhondda'n ddarn o Ddinas Duw.

120. DYN

Lluchiaist gyfrolau'r ddiwinyddiaeth ddofn
I blith y cawdel yn y cwtsh-dan-stâr,
Gan sefyll ar dy sawdl yn syth ddi-ofn
A lledu tros y byd d'ysgwyddau sgwâr:
5   Treiddiaist trwy Natur â'th ymennydd llym
I gyfrinachau ei gronynnau mân,
A chlymu wrth dy beiriant di ei grym,
Parabl ei hawyr, sbonc ei dŵr a'i thân.
Hyhi a'th goncrodd. Nid wyt ti ond oen
10 Yng nghrafanc ei fwlturiaid metel gloyw,
Pryfyn yng ngheg ei llyffaint dur-eu-croen,
Brithyll yn safn ei morloi marwol hoyw;
Ac yn dy gwrcwd yn y tyllau sarn
Y crŷn dy bechod rhag ffrwydriadau'r farn.

EPLES

Cyfrol o Farddoniaeth

I
ANEIRIN TALFAN;
GRIFFITH JOHN WILLIAMS

Lluniwyd y cerddi hyn rhwng 1943 a 1951. Ychydig ohonynt a argraffwyd (a diolchaf i olygydd *Y Faner*, golygydd *Y Tyst*, golygyddion *Y Llenor*, golygydd *Y Llan* a golygyddion eraill am eu caniatâd i'w cynnwys yn y gyfrol hon), gan na chefais hamdden i'w gorffen. Rhaid oedd mynnu, o'r diwedd, egwyl i'w gorffen a'u casglu, a'u gyrru i'r Wasg cyn colli pob awydd i'w hargraffu. Diolchaf i Wasg Gomer, Llandysul, am fentro eu cyhoeddi, â phris papur a rhwymiad mor uchel.

121. Y MEIRWON

Bydd dyn wedi troi'r hanner-cant yn gweld yn lled glir
  Y bobl a'r cynefin a foldiodd ei fywyd e',
A'r rhaffau dur a'm deil dynnaf wrthynt hwy
  Yw'r beddau mewn dwy fynwent yn un o bentrefi'r De.

5   Wrth yrru ar feisiglau wedi eu lladrata o'r sgrap
  A chwarae rygbi dros Gymru â phledrenni moch,
Ni freuddwydiais y cawn glywed am ddau o'r cyfoedion hyn
  Yn chwydu eu hysgyfaint i fwced yn fudr goch.

Ein cymdogion, teulu o Ferthyr Tudful oeddent hwy,
10   'Y Merthyron' oedd yr enw arnynt gennym ni,
Saethai peswch pump ohonynt, yn eu tro, dros berth yr ardd
  I dorri ar ein hysgwrs ac i dywyllu ein sbri.

Sleifiem i'r parlyrau beiblaidd i sbïo yn syn
  Ar olosg o gnawd yn yr arch, ac ar ludw o lais;
15   Yno y dysgasom uwch cloriau wedi eu sgriwio cyn eu pryd
  Golectau gwrthryfel coch a litanïau trais.

Nid yr angau a gerdd yn naturiol fel ceidwad cell
  Â rhybudd yn sŵn cloncian ei allweddi llaith,
Ond y llewpart diwydiannol a naid yn sydyn slei,
20   O ganol dŵr a thân, ar wŷr wrth eu gwaith.

Yr angau hwteraidd: yr angau llychlyd, myglyd, meddw,
  Yr angau a chanddo arswyd tynghedfen las;
Trôi tanchwa a llif-pwll ni yn anwariaid, dro,
  Yn ymladd â phwerau catastroffig, cyntefig, cas.

25 Gwragedd dewrfud â llond dwrn o arian y gwaed,
       A bwcedaid o angau yn atgo tan ddiwedd oes,
    Yn cario glo, torri coed-tân a dodi'r ardd
       Ac yn darllen yn amlach hanes dioddefaint y groes.

    Gosodwn Ddydd Sul y Blodau ar eu beddau bwys
30   O rosynnau silicotig a lili mor welw â'r nwy,
    A chasglu rhwng y cerrig annhymig a rhwng yr anaeddfed gwrb
       Yr hen regfeydd a'r cableddau yn eu hangladdau hwy.

    Diflannodd yr Wtopia oddi ar gopa Gellionnen,
       Y ddynoliaeth haniaethol, y byd diddosbarth a di-ffin;
35 Ac nid oes a erys heddiw ar waelod y cof
       Ond teulu a chymdogaeth, aberth a dioddefaint dyn.

122. RYGBI

   Nid pentref ar fap Cymru oedd yr Allt-wen,
   Nid oedd gan weithwyr wlad na phroletariat ffin,
   Addolem ar ein deulin y fflam ar ben y stac,
   Fflam cyfiawnder byd a brawdoliaeth dyn.

5 Breuddwydiem drwy'r wythnos am ŵyl y Crysau Coch,
   A dyfod yn Sant Helen wyneb-yn-wyneb â'r Sais,
   A gwallgofi pan giciai Bancroft ei gôl Gymreig
   A sgorio o Dici Owen ei genedlaethol gais.

123. Y DIRWASGIAD

Nid egyr ystac ei hymbarél o fwg
    Fflam-ddolen uwch cwpan ein byd,
Nid â rhugldrwst y crân a sgrech yr hwterau
Rhyngom ac arafwch yr uchelderau;
    Y mae'r sêr wedi eu sgrwbio i gyd.

Ni ddisgyn mwrllwch ar y gerddi gerllaw
    Fel locustiaid Aifft newydd dyn,
A mentra glaswelltyn a chwynnyn dyfu,
A daw sipsiwn o ddefaid yn anamlach i lyfu
    Bwcedi'r tuniau samwn a sardîn.

Ailwynnir yr ewyn ar afon a nant,
    A chliria'r ysgùm oddi ar y cerrig brith,
Haws canfod y brithyll yn y dyfroedd olewllyd,
A'r llyswennod yn llithro rhag y fitrel drewllyd
    I ymyl y lan i dorchi eu nyth.

Ni chlywir y bore larwm y traed
    Na chwerthin bolwyn y llygaid y prynhawn;
Estron yw'r cil-dwrn yn y cypyrddau,
A'r tai yn tocio'r bwyd ar y byrddau,
    A'r paent ar ddrws a ffenestr yn siabi iawn.

Surbwch yw'r segurdod ar gornel y stryd;
    Gweithwyr yn trampio heb eu cysgod o le i le;
Daeth diwedd ar Eldorado'r trefi;
Tyllwyd y gymdogaeth; craciwyd y cartrefi,
    Seiliau gwareiddiad a diwylliant y De.

124. CYMDOGION

Rwy'n cofio am y cymdogion
    Yn golchi llestri a llawr,
A'm helpu yn seremonïau
    Yr angau mawr.

5   Llond ystafell o gysurwyr
    Yn sôn am eu tywydd garw,
A chodi cyn mynd adref
    I roi cip ar y marw.

Yr hen angau yn treiddio
10   Trwy arian, swydd a gwaith,
A thrwy ludw'r crefyddau
    At ein clai elfennol, maith.

Comiwnyddiaeth ddiniwed Eden,
    Catholigrwydd y llun a'r ddelw,
15   A thân yr hen berthynas
    Rhwng barrau ein gratiau gwelw.

125. MORGANNWG

Yn y pentrefi peiriannol, proletaraidd,
    Lle'r oedd chwyrn y gantri a rhugldrwst y crân,
Lle'r oedd y gwaith cemi yn crafu'r gwddwg
    A gwrid ar yr wyneb o'r ffwrnais dân:
5   Yn y môr mecanyddol roedd teuluoedd dyn
    A'r eglwysi fel ynysoedd glân.

Nid oedd y gweithiwr ond llythyren a rhif
    Yn rhyw fantolen anghyfrifol draw;
Ni osodai ei ddelw ar lif y metel;
10   Marw oedd cynnyrch ei law:
Iechyd fin-nos oedd twlc mochyn a gardd
    A thrin morthwyl a chaib a rhaw.

Nid oedd yr un ysbryd yn troi eu holwynion,
    Nac acen y Crist ar dafod y fflam,
15   Ac nid oedd pâr o ddwylo tyllog
    Y tu ôl i'r dwylo yn llanw tram:
Canai personau mewn cyngerdd ac Ysgol Gân
    '*All men, all things*' a '*Worthy is the Lamb*'.

Diffoddai'r hwter fflach yr hiwmor
20   A tharo anffyddiaeth a Sosialaeth yn syn;
A dirwynai'r angladdau yn dawel dywyll
    Rhwng taranau'r gwaith dur a'r gwaith tun:
Codent o'u beddau ar rym yr emyn
    Heibio i'r staciau yn eu gynau gwyn.

126. COLOMENNOD

Bugeiliai'r gweithwyr eu clomennod gyda'r hwyr,
   Wedi slafdod y dydd, ar y bryn,
Pob cwb â'i lwyfan yn nhop yr ardd
   Yn gollwng ei gwmwl gwyn.

5   Fe'u gyrrid i Ogledd Cymru ac i Loegr
   A'u gollwng o'r basgedi i'r ne',
Ond dychwelent o ganol y prydferthwch pell
   At ein tlodi cymdogol yn y De.

Amgylchynent yn yr wybr y pileri mwg
10   Gan roi lliw ar y llwydni crwm;
Talpiau o degwch ynghanol y tawch;
   Llun yr Ysbryd Glân uwch y cwm.

Yr Ysbryd Glân yn santeiddio'r mwg,
   A throi gweithiwr yn berson byw,
15   Y gyfundrefn arian yn treiglo yn nhrefn gras
   A'r undebau yn rhan o deulu Duw.

127. Y MORGRUG

Aflonyddais ddoe, wrth lanhau llwybr yr ardd,
   Ar fyd o forgrug wrth fôn dant-y-llew;
Sefais, pwyso ar y bâl, a'u gwylio hwy
   Yn gwau drwy ei gilydd yn dew.

5   Rhyw weriniaeth ddiwyd, ddiwydiannol oeddent hwy,
   Heb ganddynt yr un gorffennol, na dyfodol ychwaith;
Dygnu a rhygnu arni fel gweithwyr y De
   I allforio am y doleri hollalluog eu gwaith.

Ni welais yr un Rhyddfrydwr na'r un Radical pinc,
10   Na'r un Anghydffurfiwr nac Anarchydd yn eu plith;
Cymdeithas glòs, glwm wedi ei phlanio yn berffaith gaeth
   Gan un o dechnegwyr heddychol y Chwith.

Dig oeddent am imi godi'r tywyllwch o dan y chwyn,
   Hanner tywyllwch tom-tom greddf a rhaid;
15 Ni adawent i berson yr haul dreiddio atynt hwy
   I swbwrbia Barabbasaidd yr hil a'r haid.

Mynnwn roddi iddynt dasg y morgrug llenyddol gynt,
   Casglu hadau llin ym mhriodas y ferch,
Gwerin gydweithredol yn drysu cynllwynion y cawr,
20 Gwŷr yn gwasanaethu yn hen sacramentau serch.

128. Y PAUN

Tarfasom ar dy gymdeithas bendefigaidd,
Yr hen baun siabi ar lawnt y plas,
Pwy yw'r rhapsgaliwns hyn a ddaeth i'th gynefin?
Rwyt ti yn sbïo yn ysgornllyd o gas.

5   Talasom swllt am gael gweled y darluniau,
Y dodrefn, y pais-arfau a phob peth;
Rhaid oedd i'th feistr droi ei blas yn amgueddfa
I ysgafnhau dipyn ar faich y dreth.

Ni ddaw'r un Dafydd Nanmor mwy i'th yrru
10   Yn llatai claerbais at ryw Wen o'r Ddôl;
Yn ein hoes ni, oes y dyn cyffredin,
Y mae dy falchder mor annemocrataidd o ffôl.

Rhaid iti roddi dy orsedd i adar y Chwith,
Y dryw bach, y robin goch a'r wennol,
15   A dianc â'th enfys o adenydd am byth
I ganol ysblander rhamantus y gorffennol.

129. 'SUL Y FFERM'

A wnei Di gofio, O! Grist, am amaethwyr Cymru?
    Hen greaduriaid digon tlawd a balch;
Ti wyddost, mi wn, fod Dy holl lawogydd
    Yn sugno o'r pridd y ffosffad a'r calch.

5   Estynnodd dau ryfel gynefin yr erydr
       A chribodd yr ogedi dir newydd sbon;
    Y mae'r gwair fel gwallt gwyrdd a'r ŷd fel llywethau
       Lliw ysguthan ar wegil bryn a bron.

Maddau inni mewn heddwch am anghofio ein daear,
10   Am ddienyddio Dy bridd, am ladd ei lun a'i liw;
A Thithau wedi rhoddi cymaint o'th gyfoeth a'th brydferthwch
    Yn y cornelyn o'r byd lle'r ydym ni'n byw.

Ffeiriasom ein gwladwyr, ein ffermydd a'n tyddynnod
    Am y Mamon diwydiannol a'r bara rhad,
15   Ac y mae'r peithiau pell yn anghenfil llychlyd
    A'n diwylliant a'n crefydd mewn Sain Ffagan o wlad.

Rhaid rhoddi yn ôl i'r ddaear onest
    Am a gawsom o'i dwylo cyfiawn hi;
Maddau i ni am sarnu Dy greadigaeth;
20   Maddau ein materoldeb a'n hunanoldeb ni.

Y mae digonedd o galch yn ein hodynau
    I ladd y surni yn y priddoedd i gyd;
Dysg ein ffermwyr i ddwyn beichiau ei gilydd
    Am i Ti ddwyn holl feichiau'r byd.

25   A bydd yn Dy greadigaeth Di fwy o gynghanedd,
    Darn o'r symffoni sydd yn y Gair;
Miwsig y neithiorau yn ystafelloedd y gwenith,
    Cerddoriaeth priodasau gwyntog y gwair.

Yng ngenesis y byd y lluniaist Ti'r priddoedd,
30   Ac o bridd hefyd y creaist Ti ddyn,
Ac adferaist Natur a'r hwsmonaeth a'r tractorau
    Yn Dy Swper wrth fendithio'r bara a'r gwin.

130. RHYDCYMERAU

Plannwyd egin coed y Trydydd Rhyfel
Ar dir Esgeir-ceir a meysydd Tir-bach
Ger Rhydcymerau.

Rwy'n cofio am fy mam-gu yn Esgeir-ceir
5   Yn eistedd wrth y tân ac yn pletio ei ffedog;
Croen ei hwyneb mor felynsych â llawysgrif Peniarth,
A'r Gymraeg ar ei gwefusau oedrannus yn Gymraeg
    Pantycelyn.
Darn o Gymru Biwritanaidd y ganrif ddiwethaf ydoedd hi.
Roedd fy nhad-cu, er na welais ef erioed,
10   Yn 'gymeriad'; creadur bach, byw, dygn, herciog,
Ac yn hoff o'i beint;
Crwydryn o'r ddeunawfed ganrif ydoedd ef.
Codasant naw o blant,
Beirdd, blaenoriaid ac athrawon Ysgol Sul,
15   Arweinwyr yn eu cylchoedd bychain.

Fy Nwncwl Dafydd oedd yn ffermio Tir-bach,
Bardd gwlad a rhigymwr bro,
Ac yr oedd ei gân i'r ceiliog bach yn enwog yn y cylch:
'Y ceiliog bach yn crafu
20   Pen-hyn, pen-draw i'r ardd.'
Ato ef yr awn ar wyliau haf
I fugeilio defaid ac i lunio llinellau cynghanedd,
Englynion a phenillion wyth llinell ar y mesur wyth-saith.
Cododd yntau wyth o blant,
25   A'r mab hynaf yn weinidog gyda'r Methodistiaid Calfinaidd,
Ac yr oedd yntau yn barddoni.
Roedd yn ein tylwyth ni nythaid o feirdd.

        Ac erbyn hyn nid oes yno ond coed,
        A'u gwreiddiau haerllug yn sugno'r hen bridd:
30   Coed lle y bu cymdogaeth,
        Fforest lle bu ffermydd,
        Bratiaith Saeson y De lle bu barddoni a diwinydda,
        Cyfarth cadnoid lle bu cri plant ac ŵyn.
        Ac yn y tywyllwch yn ei chanol hi
35   Y mae ffau'r Minotawros Seisnig;
        Ac ar golfenni, fel ar groesau,
        Ysgerbydau beirdd, blaenoriaid, gweinidogion ac athrawon Ysgol Sul
        Yn gwynnu yn yr haul,
        Ac yn cael eu golchi gan y glaw a'u sychu gan y gwynt.

131. D. J. WILLIAMS, ABERGWAUN
(Ar ôl ymneilltuo o'r Ysgol)

Rwy'n cofio'r ceffylau yn Rhydcymerau
    Yn y Gelli, yn Tir-bach ac yn Esgeir-ceir,
Yn llafurio trwy'r blynyddoedd digysgod, fel tithau,
    Yn ddyfal ac yn ddewr ac yn ddeir.

5   Rwy'n eu cofio yn llusgo'r aradr ar y llethrau
    Onid oedd eu ffolennau a'u hegwydydd yn fwg,
Ac yn tynnu'r llwythi ar y llwybrau trafferthus,
    Fel tithau, heb na grwgnach na gwg.

Cofiaf am straeon cyfarwyddiaid y fantell simnai,
10   Yn enwedig ystorïau carlamus fy Nwncwl John;
Yr un ddawn adrodd stori sydd gennyt ti â hwythau,
    Ond bod gwrtaith ysgol a Choleg wrth wreiddiau hon.

Gwrthodwyd rhoddi dirwest yng nghyffes ffydd y Capel,
    Roedd syched gwair ac ŷd yn codi'r bys bach,
15 A rhaid oedd yfed peint yn y ffair wedi taro bargen;
    Rwyt tithau hefyd yn yr un traddodiad iach.

Dy uchelgais di a mi oedd mynd i'r weinidogaeth;
    Dechreuaist ti arni, ond bu un tro trist,
Fe ddaliodd plismon di ar dy feic â'r lamp heb olau
20   Nos Sul, ar ôl rhoi pregeth ar oleuni Crist.

Nid wyf yn siŵr a oedd dy ddiwinyddiaeth yn uniongred
    Yn ôl barn hen wynebau'r tir coch a'r tir glas,
Ond cafodd y proffwyd ifanc mabolgampus,
    Ar ôl hyn, uwd gan y Brenin yn ei Blas.

25 Newid tresi a wnei di am dresi eraill,
        Canys fe wn i am holl egni dy ach;
    Ni ddaw segurdod i'r heulwen driugeinmlwydd
        Sydd ar dy wyneb ac yn dy lygaid bach.

    Gŵr bonheddig ydwyt o'th sodlau i'th gorun,
30   A thu ôl i'th swildod un o greigiau Shir Gâr;
    Fe ddygi'r Capteiniaid Ymerodrol i mewn i'r harbwr
        A Chymry ofnus y wlad i'r gorlan â'th ddycnwch gwâr.

    Nid yw'r gwaith a wnaethost ti yn deilwng o dysteb,
        Ac ni chei di gan y Brenin y CBE;
35 Ond bydd y cyfarwyddiaid yn adrodd drwy Gymru
        Bedair Cainc dy fabolgampau a'th aberth di.

132. SIR FORGANNWG A SIR GAERFYRDDIN

Tomos Lewis o Dalyllychau,
A sŵn ei forthwyl yn yr efail fel clychau
Dros y pentref a'r fynachlog ac elyrch y llyn;
Tynnai ei emyn fel pedol o'r tân,
5 A'i churo ar einion yr Ysbryd Glân
A rhoi ynddi hoelion Calfaria Fryn.

Dôi yntau, Williams o Bantycelyn,
Yn Llansadwrn, at fy mhenelin,
I'm dysgu i byncio yn rhigolau ei gân;
10 Ond collwn y brefu am Ei wynepryd Ef
Ar ben bocs sebon ar sgwâr y dref
A dryllid Ei hyfrydlais gan belen y crân.

Ni allai'r ddiwydiannol werin
Grwydro drwy'r gweithfeydd fel pererin,
15 A'i phoced yn wag a'r baich ar ei gwar:
Codem nos Sadwrn dros gyfiawnder ein cri
A chanu nos Sul eich emynau chwi:
Mabon a Chaeo; Keir Hardie a Chrug-y-bar.

Y mae rhychwant y groes yn llawer mwy
20 Na'u Piwritaniaeth a'u Sosialaeth hwy,
Ac y mae lle i ddwrn Karl Marcs yn Ei Eglwys Ef:
Cydfydd fferm a ffwrnais ar Ei ystad,
Dyneiddiaeth y pwll glo, duwioldeb y wlad:
Tawe a Thywi, Canaan a Chymru, daear a nef.

133. RHIANNON

Fe sefi di, Riannon, o hyd wrth dy esgynfaen,
 Â gwaed yr ellast a'i chenawon ar dy wyneb a'th wallt,
Ac yno yn Arberth drwy'r oesoedd ymhob rhyw dywydd
 Y buost yn adrodd dy gyfranc ac yn goddef dy benyd hallt.

5 Fe gariest ar dy gefn y gwestai a'r pellennig,
 Gweision gwladwriaeth estron a gwŷr dy lys dy hun,
Sacheidiau o lo a gefeiliau o ddur ac alcam,
 Pynnau o flawd a gwenith. Ni wrthododd yr un.

Y mae'r gwŷr a'th gâr yn magu dy blentyn eurwallt,
10 Yn gwybod mai gwir dy gyfranc ac annheg dy sarhad,
A phan olchir gwaed yr ellast a'i chenawon o'th wyneb,
 Cei dy blentyn, Pryderi, i'th gôl ac i orsedd dy wlad.

134. CYMRU

Gwlad grefyddol gysurus oedd hi,
   A dyn yn feistr ar ddaear a nef,
Pan ddaeth dwy sarff anferth eu maint,
A'u boliau yn gosod y tonnau ar dân,
5   Ac yn bwrw eu gwenwyn ar ei thraethau yn lli.

Edmygai'r bechgyn eu cyntefigrwydd garw,
   A'u parlysu fel adar gan eu llygaid slic;
Ac ymddolennai eu cyrff yn araf bach
Am droed a choes a chanol a gwddf,
10 A'u gwasgfeuon yn dychrynu'r bustach marw.

Yn gynt na'r gwynt ac yn welw ei liw
   Y rhedodd Laocôn yn ei phylacterau llaes,
Ac wrth geisio datrys eu clymau tyn
Clymasant ei draed a'i forddwydydd ef:
15 Nid oes a'u gwaredo ond ei ddwylo a'i Dduw.

135. ER COF
Am Ddafydd Lewis, Gwasg Gomer

Un â'i holl awch yn nulliau'i waith,—ei Wasg
   Oedd ei nerth a'i afiaith;
Ei graffter yn ei grefftwaith,
Llun a lliw llinellau iaith.

5   Er i'r bedd yrru o'r byd—ei stori,
   A'i ystyriol wynepryd,
Ar y silff erys o hyd
Law ei foddus gelfyddyd.

136. T. GWYNN JONES

Gwynt digyngor fu'n torri
Awen ein brenhinbren ni;
Aeth ei wybodaeth o'n byd
A'i afiaith o'n mysg hefyd;
5   Darfu ei wylo dirfawr,
A mud yw ei chwerthin mawr;
Ragor ni ddaw ei regi
Yn ei nwyd i'n hysgwyd ni;
Y gwibdan is amrannau
10 A fu, ef a ddarfu wau;
Ei ysgwydd yn gogwyddo,
Gwyrodd, gwargrymodd i'r gro;
Piler o gorff a dderyw,
Uchelwr, isel ŵr yw.

15 Ei enau oedd yn llawn iaith,
Yn llawn arddulliau heniaith;
Heniaith helaeth a hylun,
Hi a wnâi farddoni'i hun.
Corddid ef gan y cerddi
20 A chain ias ei chanu hi,
Ar enau brwd ei rin brau,
A grym ei epigramau;
Ar nwyd boethaf rhôi'r afwyn,
Ar war ffrwd hi a rôi'r ffrwyn.
25 Ei hafal nid oedd hefyd
I roi barn ar ddirdra byd;
Hen drais a balchder oesoedd,
Dyn â'i helynt ynddynt oedd,
Ei ofn a'i ryfel a'i hedd
30 A'i ing hen ar gynghanedd;

Anap a hap ei epil,
Hen drasiedïau ei hil.
Iddo hardd ydoedd urddas,
Grym pendefigaeth a'i gras;
35 Hanes hynod traddodiad,
Cryfder a glewder ein gwlad;
Defod a moes hen oesoedd
Yn ei gorff a'i osgo oedd.
Cwyn arw oedd cwyn ei werin,
40 A thrwm ei thrafel a'i thrin,
Diawliai uwchben ei dolur,
Rhegi ei chyni a'i chur.
A Chymru oedd mor druan,
Wfft i'r gachadures wan;
45 Na roed angerdd Iwerddon
Ym marw waed ac ym mêr hon.

Ac yna yn ei ganu
Ef a aeth at oes a fu;
Canfu oleuni'r cynfyd,
50 Rhamantiaeth mabolaeth byd;
Lluniodd genedl ddiedlaes,
Berffaith â'i holl obaith llaes,
Cymru nwyd ei freuddwydion,
Creadigaeth hiraeth, hon.

55 Daeth ar bob corff y gorffwyll,
E aeth y byd doeth o'i bwyll;
Dyn nid oedd yn hanner duw,
Gwyddai nad oedd ond geudduw;
Ei Dŵr Babel uchelfawr
60 Yn llwch a syrthiodd i'r llawr;
A Chymru'r bardd a'i harddwch
Mawr i'r llawr a aeth yn llwch;

Ellyll yn ei Afallon
Yn llwyr a wnaeth ddryllio hon:
65   Ar ei sêr tyf mieri,
Danadl ar ei hanadl hi.

Bu'n ymorol am olau
Ar ystyr y gwir a'r gau,
Ar y byd, ar wacter bod
70   A nod arfaeth ein dirfod:
Holi ffydd ac anffyddiaeth,
Deall, anneall a wnaeth;
Holi diawl a holi Duw,
Gwirioniaid a gwŷr annuw;
75   Holi hanes, a dilyn
Ffolineb, doethineb dyn.

Fel y Llywarch hybarchwedd
Oedd y bardd wrth bridd y bedd,
Yr un anhun a henaint
80   Oedd iddynt, 'r un hynt a haint;
Trydar adar ar goeden
Uwch y bedd lle gorwedd Gwên;
A, Wên, hen hogyn hygar
Gynt â'i golomennod gwâr;
85   A Chynddilig fendigaid,
Na fai ŵr ef pan fu raid;
Lladd trist oedd lladd y Cristion,
A'i ffydd ddi-gledd, ddiwayw-ffon.
O'i waed Ef daw tangnefedd,
90   O'i groes i bob oes yr hedd.

Athro hen, athro annwyl,
Nofia tair clomen wen, ŵyl

Uwch dinistr dall d'Afallon,
Yn nos hyll yr Ynys hon;
95   Ehedant, gwibiant drwy goed
Dirgel uwchben lludw Argoed.

Nofia tair clomen wen wâr
Uwch dy dŷ di mewn daear.

137. IARLL DWYFOR

Buost yn dal yn dy law Armagedon y gwledydd
   Ac yn lolian yn y prif Seisnig esmwyth-feinciau,
Ond fe dynnodd Dwyfor di yn ôl yn dy ddiwedydd
   I glebran ar dy garreg â'i llencynnaidd ddŵr a'i cheinciau.

5   Ymysg y mawrion a'r arglwyddi roeddet ti yn od bererin,
   A dychwelaist cyn y machlud at dy dwr syml o gyfeillion,
I'r ardal lle bu'r ystorm yn torri coed-tân i'r werin
   A'r gormeswyr yn cywain yr ŷd, y gwair a'r meillion.

Diffoddodd yr Ymerodraeth y cwbl ond pregethau a cherddi,
10   Ac yn ôl at dy angau gwledig yng Nghymru y daethost;
Diolched Dwyfor iti am bob dim a wnest erddi
A cherydded di hefyd am nas gwnaethost.

138. PROSSER RHYS

Y mae bwlch mawr ar ei ôl yng Nghymru
    Ac anodd fydd cael neb i lanw ei le;
Ni fydd ei swyddfa mwyach yn seiat
    Llenorion Gogledd a De.

5   Gyrrid y gwaed ifanc drwy ei wythiennau
    Gan guriadau A. E. Housman a Joyce,
Efaill y Cymro o Lyn Eiddwen
    Oedd y llanc penfelyn o Sais.

Cymru a roes i'r Cardi ei foesoldeb,
10   Hyhi a'i cododd uwch cythreuldeb rhyw;
Ac anodd yw cerdded un o lwybrau Cymru
    Heb daro rywle yn erbyn Duw.

Llewyrched arno'r goleuni tragywydd,
    A boed iddo iechyd yn y nef:
15   Fe welais y llanc penfelyn o Amwythig
    Yn dawnsio yn ei ddicter ar ei feddrod ef.

139. LLYDAW

Daeth Llydaw alltud neithiwr tan fy nghronglwyd
  Ag ôl y barrau tywyll ar wyneb y gŵr;
Daeth gwaed at waed, a Brython i aros gyda Brython
  Er i bedair canrif ar ddeg gerdded dros y dŵr.

5 Gadawodd ei dylwyth a'i deulu tan ormes y democratiaid
  A baban a aned pan oedd rhwng pedwar mur;
Y mae dioddefaint yn ei fagu ar ei fynwes,
  A dewrder yn canu hwiangerddi uwch ei grud.

Fe dyf ef yn llanc â'r haearn yn ei wythiennau,
10 Yn ŵr ifanc â'r dur yn ei lygaid, yn y man;
Fe yf hen seidr arwyr cenedlaethol Llydaw,
  A bwyta hen grempogau'r Saint a'r Santes Ann.

Fe arwain genedl at fedd yr Abbé Perrot,
  (Sylfaen y Llydaw newydd yw mwrdwr y sant),
15 A bydd 'pardwn' Llydaw gyfan yn llanw ei Eglwys,
  A'r ffair, wedi'r offeren, yn llawn rhialtwch plant.

140. Y DRAENOG

Fe'i gwelais ef echdoe ar fy ffordd i Nanteos
    Wedi ymbelennu yn ei bigog groen,
Roedd sirioldeb yr haul arno yn syrffed
    A sgwrs yr adar uwch ei ben yn boen.

5   Fe guddiodd ei ben y tu mewn i'r crynder
    A hongian ei draed y tu mewn i'r drain;
Nid rhaid symud i hel pryfed a llyffaint
    Gan fod ar ei bigau bantri o chwain.

Yn y tywyllwch crwn y llam y llyffaint
10   Ac y cân brogaid a phryfed fel cloch,
A'r greddfau hen yn llifo fel dyfroedd
    Dwyfol, gwrywgydiol a choch.

Ynddo ef y mae cyltau cyntefig y Congo,
    Demoniaid rhwydd y gwylltiroedd tan,
15   Miwsig yr eilunod ym Malaya a Tahiti,
    Duwiau a duwiesau silindrig Japan.

Efe ydyw'r proffwyd ar adfeilion Ewrob,
    Cynddelw ei llên a'i chelfyddydau cain;
Efe a lanwodd y gwacter lle y bu'r Drindod,
20   O! belen anfarwol. O! dduwdod y drain.

141. Y SIPSI

Gwelais hi neithiwr yn ffair Aberystwyth
Rhwng dau gyrten drws ei charafán,
Y tlysau Ishtarig ar ddwyrain ei mynwes
A'r modrwyau Pharoaidd ar ei bysedd tan.

5   Hi a dynnai o'r lleuad a'r deuddecsygn
Dynged gwragedd a merched â'i gêr,
A chloddio i'r bêl a'r milgwn a'r ceffylau
Am y pentwr aur ym mhyllau'r sêr.

Pythia ddilesmair yn eistedd ar ei thrybedd
10   Uwch anwedd hynafol y pwll yn y llawr;
I genhedlaeth heb ddoe, a'i heddiw yn wacter,
Hyhi yw Sibyl ei dyfodol mawr.

Gwyliai ehediad saethau ac adar
A dehongli'r craciau ym mhalfais yr hydd,
15   Tynnai frud o fustl ac afu'r defaid
A chladdu'r cadno byw yn y pridd.

Dewines Endor yr ugeinfed ganrif
Gyda'i llo bras a'i bara cri;
Hi a gododd i Saul Samuel o'r ddaear
20   Ac a laddodd Hitler a Goebbels yn ein dyddiau ni.

Rhoddodd ŵr a ffortiwn i'r merched modern
O Lanfihangel-y-Creuddyn a Llan-non;
Ei phelen yn llawn cyfrinachau Caldea
A hen ddewindabaeth Babilon.

142. DYN

Fe'th gaeaist dy hun yn dy dŵr di-ail
   O goncrit, a phob drws ar glo,
Heb weled y dyfnderoedd o dan ei sail
   A'r sêr diwinyddol uwch ei do.

5   Gwan yw ei olau a'i awyr yn fwll,
      A thi'n hanner byddar a dall
   Yn ceisio concro'r cread yn dy dwll
      Fel duw bach gorffwyll a chall.

Nerfus dy gydwybod a dewr-lwfr dy lef,
10   A chrŷn dy hollalluog law,
A'th wyddoniaeth yn ymbalfalu am ryw nef
   Y tu hwnt i'r atomau draw.

Darlunia dy gamera gysawdiau'r nen;
   Ffon fesur dy fydysawd ydyw x;
15   A'r bomiau atomig yn hongian uwch dy ben
   I droi dy fyd a'th nefoedd yn stecs.

I dir a môr y cyfynget gynt
   Yr angau mewn morgyrch a brwydr,
Ond rhoddaist iddo fynwentydd yn y gwynt,
20   Rhwng y cymylau grematoria ffrwydr.

Canrif o ryfeloedd fydd ein canrif ni,
   Rhyfeloedd yr ideolegau llwyd;
Daw rhoced mor gynefin â dŵr i ti,
   A bom mor gyfarwydd â bwyd.

25 Darfod a wnaeth dy wareiddiadau crand,
        Asyria, yr Aifft, Babilon;
    Y mae ugeiniau ohonynt o dan y sand
        A degau o dan y don.

    Newydd syrthio a wnaeth dy Fabel glyd,
30   Ac y mae gwacter a siom a sioc:
    Ond y mae arnat ddelw o'r tu hwnt i'r byd
        A llun sydd uwch cyrraedd y cloc.

143. NARCISWS

Dihangodd rhag safnau'r Lefiathan a'r Behemoth
    Rhag i'w enaid gael ei wasgu gan felinau'r gwaith tun,
A'i ysbryd gael ei daflu gyda'r ysgrap i'r ffwrnais;
    Dihangodd i'r fforest i ymyl dŵr y llyn.

5   Ni ddôi yno'r un bugail gyda'i eifr a'i ddefaid,
        Na gwartheg i dorri eu syched ar ei lan;
    Ni thorrai'r un aderyn ar undonedd ei ddyfroedd,
        Ac ni ddôi'r haul drwy'r coed i gynhesu'r fan.

    Cyneuodd dân rhwng esgyrn gwyryfol ei gariadferch,
10   Ond ni fennai ei hymhŵedd a'i gweddi arno ef;
    Llithrodd y lleithder o'i hwyneb a'i chorff i'r awyr,
        Toddodd ei hesgyrn onid oedd hi yn ddim ond llef.

    Dotiai ar lun ei wyneb yn nrych y dyfroedd,
        Y llygaid heb ynddynt lawenydd cymdeithas dyn,
15 Y genau heb ganddo brofiad i'w adrodd yn y seiat,
        Yr ên heb ganddi her i'w ddiddymdra ef ei hun.

    Canolbwyntiodd arno onid aeth yn wacach, wacach,
        A'i wyneb hesb yn ddim yn nŵr y llyn:
    Ac ar adfeilion ein gwareiddiad ni heddiw
20   Tyf y blodau melyn â'r petalau gwyn.

144. PLENTYN

    Dyro imi dipyn o'th syndod
        Wrth fodio llyfnder dy gnawd,
    Rhyfeddod y traed a'r bysedd
        O'r bys bach i'r bys bawd;
5   Byddi'n neidio wrth weled yr adar
        Ac yn crynu wrth ganfod y coed;
    Y mae gwartheg, defaid, ceffylau
        Yn wyrthiau ar bedair troed.

    Ni wyddost ti ddim am yr ego
10   Fel y gŵyr ein hathronwyr ni,
    Ac nid oes arnat chwant chwilmantan
        Am y wrach o Electra ynot ti;
    Ond fe chwerddi am fod gan bethau
        Eu llinell, eu llun a'u lliw;
15   Aelod bach yn Urdd Sant Ffransis
        Yn dotio ar greadigaeth Duw.

145. CYMUN YR ARGLWYDDES

Hyhi ydyw'r Gwanwyn, y Fair fendigaid,
   Ei egni, ei ddireidi a'i drefn;
Hi a luchiodd y gaeaf a'i holl dywyllwch
   Y tu ôl i'w gwyryfol gefn.

5   Daeth cainc y cwlltwr a rhugl yr oged
   I'r meysydd rhwng Gwynedd a Gwent,
Ac fel fy nhad-cu yn Llanfihangel Rhos-y-corn
   Af i'w Chymun, ei chinio rhent.

Bydd yno gawl a chigoedd a llysiau,
10   A sawl math o bwding ar y bwrdd,
A'r Arglwyddes Ei hun yn dod rownd â glasaid
   O win i bob tenant cyn mynd i ffwrdd.

146. Y DDWY EFA

Fe gysgodd Adda yn Eden,
   A thynnwyd o'i ystlys wraig,
Hi a werthodd ein diniweidrwydd
   A rhoi ein had i'r ddraig.

5   Fel y cysgodd Adda yn Eden
   Y cysgodd y Crist yn y graig,
A thynnwyd o'r twll yn Ei ystlys
   Y lanaf, berffeithiaf gwraig.

Hyhi ydyw'r Efa newydd,
10   Mam pob creadur byw;
Hyhi a'n hadfer i baradwys
   Y dyndod perffaith yn Nuw.

147. YR ANIFAIL BRAS

Ni welais i ef erioed yn fy myw,
Ac ni wn beth oedd ei lun a'i liw,
Ai du ai llwyd ai coch;
Beth, Eseia, oedd ei hanes a'i dras?
5   Yr anifail bras.

Cerddodd drwy'r canrifoedd i'w ffiaidd ffald
Yn Siberia, Belsen a Buchenwald,
Ac uwch Hiroshima goed
Y gollyngodd ei holl lysnafedd cas;
10   Yr hen anifail bras.

Pe gwelai'r bwystfil Ei ogoniant Ef
A'r groes yn clymu daear a nef,
Gyda'r fuwch a'r ych a'r oen
Yr âi i bori ei borfa las;
15   Yr anifail bras.

148. YR EGLWYS

Pebyll ar ochr Mynydd y Gweddnewidiad ydyw'r Eglwys,
Pebyll lle y mynnodd Pedr i'w bebyll fod,
Y Mynydd lle y tywynnodd y Crist fel yr haul yn yr eira,
Heb i'r eira oeri'r haul a heb i'r haul ddadmer yr ôd.

5   Buom yn y dyffryn gynt yn taranu ar ein bocsys sebon
       Yn erbyn Aifft y gweithwyr a brics di-wellt y meistri gwaith,
    A gofyn i Engels a Karl Marcs, yn lle'r Crist ar y Mynydd,
       Ein harwain i'r Ganaan Gomiwnyddol ar ben y daith.

Drwy ffenestr labordy yn y pant gwelem batrwm y bydysawd,
10   Patrwm fel patrwm carped, a'i flew yn atomau briw;
    Efnysien ydoedd Elias, a Matholwch ydoedd Moses,
       Llef tafleisydd o Iesu oedd y llef o gwmwl Duw.

Dringasom gyda Hegel i'r Mynydd, ac ysbryd o Grist oedd yno,
       Darn o'r Absoliwt di-grud, di-fedd, di-liw a di-lun,
15   Troi bryn a dyffryn yn fynydd, a'r mynyddoedd yn esgyn fel grisiau
       O'r isaf yn y cynfyd hyd at Himalaya perffeithrwydd dyn.

Aifft newydd ydyw'r Ganaan, ac o'r carped daeth y bom atomig,
       A'r Absoliwt gwlanog ni cherddai drwy bechod a dyfnder bod,
    Rhy dew yw cynfas y pebyll i weld yr haul yn yr eira,
20   Bydd yr eira'n claearu'r haul, neu'r haul yn melynu'r ôd.

Pan deneuo'r Ysbryd y cynfas gwelwn mai creadigaeth yw'r
       bydysawd,
       Mai person ydyw'r gweithiwr am mai plentyn Duw ydyw ef,
    A gweld y Crist o'i groes a'i fedd yn esgyn fel gogoniant
       Yr haul yn yr eira clwyfus i oleuo'r seithfed nef.

149. AMSER

Mor ddifyr yw gwylio holltaith cyflymdren Amser
    O'r orsaf gyntaf i'r orsaf olaf i gyd;
A fydd ar ben y siwrnai ryw baradwys berffaith
    Neu ryw Armagedon yn dymchwelyd ein byd?

5   Fe gais athronwyr a gwyddonwyr godi Amser
    Oddi ar gefn ein cenhedlaeth ni fel llwyth:
Ond fel Tantalws gynt hyd ei ên yn annwn
    Ni allant sipian y dŵr na chyrraedd y ffrwyth.

Mor wych a fyddai dywedyd wrth ryw funudyn,
10   'Aros, gyfaill, a gad i ni dy fwynhau';
Ond cyn y gallwn roi ein llaw ar ei ysgwydd
    Bydd yn bwyth yn rhyw batrwm wedi ei wau.

Fe ddaeth Ail Berson y Drindod o dragwyddoldeb
    A chanddo Ei raglen amser Ef Ei Hun;
15   Daeth i'r un cerbyd â ni, ar hyd yr un rheilffordd,
    I'r trên a gychwynnodd Ef ar y cyntaf ddydd Llun.

Dawnsiodd gwylmabsant o glociau o amgylch Ei groesbren,
    Ac fe wenodd yr Angau â'i holl wyneb glas;
Ond pan gododd y Gwaredwr y trydydd dydd o'r ogof
20   Fe droes y ddau unben yn ddau grwt o was.

Ac ar y diwedd fe fydd holl daith y canrifoedd,
    Holl dipiadau'r cloc, yn un patrwm plaen;
Holl hanes dyn a Natur yn un adeilad cytbwys
    Yn sefyll yn sicr sad ar dragywydd gongl-faen.

150. Y CALENDR

Byddai ein dyddiaduron a'n calendrau ni
    Heb y Crist a'i apostolion yn foel,
Cerdd eu traed tragywydd ar eu misoedd hwy;
    Y mae'r Efengyl yn hongian wrth hoel.

5   Gweryra'r meirch apocalyptig yn yr wybr,
    Ac y mae teyrnas Dafydd ar nesáu,
    Ac wele Faban yn cogran mewn ystabl
    A'i gri wedi hollti'r canrifoedd yn ddau.

Daw'r gwanwyn i ystwytho'r cloddiau crimp,
10   Ac adar i fywiogi awyr a gwŷdd;
    Ac wrth balu'r ardd fe gawn weled ôl
    Y penliniau main yn y pridd.

Chwithig yn y gwanwyn yw cofio am Ei groes,
    Yr ufudd-dod, y cernod a'r cwbl,
15   Ond fe ofalodd Duw ar y trydydd dydd
    Roi yn y calendr wanwyn dwbl.

Fe aeth â'r haf gydag Ef ym mis Mai,
    Ond daeth heulwen yr Ysbryd Glân,
A ffraeth yw ffrwythlondeb y Pentecost,
20   A'r Gymraeg yn un o'r tafodau tân.

Misoedd y dychryn yw misoedd yr hydref,
    Misoedd diwedd ein byd;
Ac y mae'r Drindod wrthi hi yn ddistaw bach
    Yn y meysydd yn aeddfedu'r ŷd.

151. CWMYREGLWYS

Nid oes yng Nghwmyreglwys ond un mur
   O'r Llan wrth hen falchder y lli;
Gollyngodd rhyw Seithennin donnau'r môr
   Tros ei hallor a'i changell hi.

5   A wnei Di, Geidwad bendigedig,
   Ysgubo'r eigion yn ei ôl?
Ni chwardd y dyfroedd ar Dy ben Di
   Fel ar ben y brenin ffôl.

Ac yna fe ailadeiladwn Dy deml,
10   Yn allor a changell a chôr;
Ac fe drown-ni gors gywilyddus y Cwm
   Yn ardd ffrwythau, lle bu'r môr.

152. Y PENSAER

Dysgodd yr Iesu ei grefft fel pob llanc
    Tlawd a chyfoethog yn ei wlad;
Arferai drin coed a cherrig a chlai,
A dysgu cynlluniau a mesurau tai
    Yng ngweithdy ei dad.

Roedd y tai yn brin yn nhref Nasareth,
    A'r gwaith yn bur galed a thrwm,
A phrysur oedd sŵn y trawslif a'r plaen,
A'r cŷn a'r morthwyl yn disgyn ar y maen
    Ac yn naddu'r plwm.

Wrth fwrw'r hoelion i mewn i'r pren
    Fe gafodd y prentis loes,
Fe welodd wrth forteisio dau ddarn
Waredwr ifanc yn bodloni barn
    Duw ar y groes.

Wedi gorffen tŷ âi Joseff a'i fab
    Oddi amgylch iddo am dro,
A chlywent yn ei wacter sŵn chwarae ac ysbonc
Y plant, a'u mamau â'u clec a'u clonc
    Ar wastadedd y to.

Melys i'r crefftwr ei swper a'i gwsg,
    A'r diddanwch wedi gorffen ei dasg;
A hiraethai'r Iesu am yr hoen a'r hwyl
Wrth ddilyn arferion a defodau pob gŵyl,
    Y Pebyll, y Pentecost a'r Pasg.

Nid oes maen ar faen na phren ar bren
   O'r holl dai a gododd i gyd,
Ond fe erys adeiladwaith Ei Eglwys gain,
A gododd gyda deuddeg o seiri coed a main,
30   Tan ddiwedd y byd.

153. LASARUS

Dyn a luniodd ei angau ef ei hun
Fel clo ar stori fer, Amen ar ddiwedd cân;
Neu osod ffrâm derfynol am ei lun
Neu godi'r lludw tua deuddeg i ddiffodd tân.
5   Cododd o'i fedd i ffyrnigo'r Phariseaid taer
A chychwyn y Croeshoelio â'i ail-fyw;
Gwelodd lawenydd arbennig ar wedd ei ddwy chwaer
A'r cyfaill annwyl ar ei aelwyd yn Fab Duw.
Fe âi am dro i weled ei fedd ei hun,
10   Y bedd y byddai'n gorwedd ynddo yr ail dro;
Bydd rhaid cael ffrâm o fwy i ddal y llun,
Ailganu'r Amen, a rhoddi dwbwl glo:
Da yw darllen ei lyfryn ef, a'r atodiad,
Gyda gwyddoniadur mawr Ei Atgyfodiad.

154. Y SWPER OLAF

Ie, gwledd briodas oedd y Swper Olaf
    Yn yr oruwchystafell am naw o'r gloch;
Pen-blwydd y pla olaf cyn tynnu o Jehofa
    Ei Israel rhwng muriau hallt y Môr Coch.

5   Tynnai Israel oddi am ei bys ei modrwy briodas
    Pan werthai i'r duwiau ei chorff fel hŵr,
Ac ni fynnai gamu tros derfynau ei thiriogaeth
    I sôn wrth ei chwiorydd am ogoniant ei Gŵr.

Ie, gwledd briodas oedd y Swper Olaf
10   Cyn marw ar y pren am dri o'r gloch;
Gosod y fodrwy newydd cyn i'r Crist dynnu'i Eglwys
    Gatholig rhwng muriau hallt y môr coch.

155. CEILIOG Y GWYNT

Rwyt tithau erbyn hyn yn rhan o'r Eglwys,
    Fe'th godwyd o'th domen i'w thŵr;
Fe roddwyd i tithau le yn Ei blan
Pan genaist ti ddwywaith yn y fan,
5   A throi calon yr hen Apostol yn ddŵr.

Geiliog y Crist ar bigyn y tyrau,
    Rwyt ti yn dal i ganu o hyd;
O! Wynt, rho iddo ei hen ddawn a'i fedr
I godi, fel o galon fyrboeth Pedr,
10   Y dagrau fioled i lygaid y byd.

156. CIP

Gwelaf genhedlaeth ar ôl cenhedlaeth o fyfyrwyr yn dyfod
    Ac yn cilio, fel llanw a thrai yng Ngholeg y Lli,
A rhag y newid a'r symud a'r cyflymder fe giliaf
    I ryw graig wenithfaen droetsicr yn f'ysbryd i.

5   A ellir codi pont rhwng y rheswm cau a'r rhosyn?
    Neu ai gwacter ydyw'r cwbl y tu allan i ddyn?
Bydd gwacter bywyd, weithiau, ar f'ysbryd yn hunllef,
    A'r graig, hithau, yn f'ysbryd yn wacter blin.

Bu Darwin imi yn dduw, ac y mae Einstein yn ddirgelwch,
10   Ai gan fathemategwyr y mae ein cyfrinach ni?
Fe fynnwn fyd lle nad oes pwyso llwch mewn cloriannau,
    A lle nad ydyw chwech yn dri ac yn dri.

Pe diosgwn ddail y rhosyn a thynnu pob petal,
    A llithro dros riniog ei lun a thrwy ddrws ei liw,
15   Fe welwn, y tu hwnt i bob synnwyr, syniad a dychymyg,
    Y rhosyn noethlymun yn bwynt o oleuni byw.

Wrth wylio drwy'r blynyddoedd basiant yr holl wynebau
    Fe wn fod rhywbeth ynddynt hwy i gyd ar goll,
Rhywbeth yn fwy na hwy ac yn ddyfnach na'u personau;
20   Y mae rhyw wyneb mawr y tu hwnt i'r wynebau oll.

Wyneb sydd yn aros tan gyflymder yr holl wynebau;
    Wyneb syml a sengl tan symud lliw a llun;
Gorllif creadigaeth Duw yw'r wynebau a'r rhosynnau;
    Duw yn unig a edwyn Ei wyneb Ef Ei Hun.

25   Fe fynnwn, weithiau, gael cip, un cip, ar yr wyneb hwnnw,
    Ond ofnaf rhag imi fel Icarws orfeiddgar gynt
Syrthio, a'i gorff yn disgyn fel saeth i'r eigion,
    A'i adenydd yn blu ar chwâl yn y gwynt.

157. MAIR A'R MILWR

Y MILWR RHUFEINIG:
Rhoesom am ei gorff y llen borffor,
   Ac ar ei ben y goron ddrain;
Gosod yn ei law ddehau gorsen
   O deyrnwialen fain:
5   Mor wych yr edrych yn ei regalia,
Cartŵn o dduwdod ein satwrnalia;
   Addolwn a phlygwn iddo lin,
   Duwdod y greadigaeth grin;
Brenin na frenin, a duw yn jôc,
10   Ein Sadwrn ni wedi cael strôc.

Pe deuet ti, Fair, y Rhagfyr i'n Rhufain
   Ti geit weled y duwdod byw,
   Duw dadeni ein byd.
Bydd pob siop a swyddfa a'r Senedd ar gau,
15   A'r bobl drwy'r dydd yn gamblo ar gnau;
Dawnsio a neidio a llamu ymhob heol,
Y nwyd heb lyffethair a'r cnawd heb reol;
Bydd ein byrddau yn gwegian dan y bwydydd bras,
A phob meistr yn gweini ar ei was;
20   Daw yn ôl hen gyfiawnder yr euraid oes
Yn y taprau cwyr a'r delwigau toes.

MAIR FADLEN *(ar ôl yr Atgyfodiad)*:
Ni allai holl rym eich Ymerodraeth
   Gadw'r maen ar enau Ei fedd;
Ni roddodd pryfedyn big yn Ei ddwylo,
25   Ei draed a'i gorff a'i wedd:
Fe red y pryfed drwy eich holl lenyddiaeth,
   A naid y llyffaint o bwt i bwt;

  Ni allodd Sadwrn er ei holl ddadeni
   Blygu llieiniau'r bedd yn dwt:
30 Ond fe ddaeth y cartŵn o afael y pridd
   Â'r Gwanwyn o ddwylo'r Angau,
   A Bywyd o'i grafangau,
  A dadeni dyn a'r byd y trydydd dydd.
  A dywedodd wrthyf y câi Ei ddyrchafu
35   At ein Tad ni a'i Dad Ef;
  Mor wych yr edrych yn Ei regalia,
  Meseia a meistr ein satwrnalia
   Tragywydd yn y nef.

158. Y MERTHYRON

Coch oedd yr Eglwys o'i phen i'w thraed,
   Llieiniau coch ar yr allorau,
Coch ar y pulpud a'r lletring fel gwaed,
   Gwaed ar y ffenestri a'r dorau.

5   Ffrydiai'r gwaed drwy estyll y llawr
   A rhedeg ar hyd yr eiliau;
Gwaed y Gwaredwr a gwythiennau mawr
   Y merthyron oedd ei seiliau.

Dygn oedd eu dewrder ym more ein byd
10   Wrth eu llusgo yn lluoedd o'u hannedd,
A'r llewod yn malu eu cnawd fel ŷd
   Ym melinau cyhoeddus eu dannedd.

Eu cadwyno i sefyll ar flaenau eu traed,
   Rhacio eu cyrff â chyllyll ciaidd;
15   Torri eu dannedd, eu hwyneb a'u gwythi gwaed,
   A'u boddi mewn pydewau ffiaidd.

Dwbid eu cyrff â phyg ac â gwêr
   I hogi'r fflamau eiriasboeth,
Ond roedd eu hwyneb yn haul a'u llygaid yn sêr
20   Wrth byncio eu hemynau crasboeth.

★   ★   ★   ★

Gelynion gwyddonol yw ei gelynion hi,
   Meistri mwrdwr yr ymennydd;
Cyfrwysach na'r fflam a llymach na'r lli',
   Mileiniach na melinau'r dannedd.

25 Holi a chroesholi a phob rhyw dwyll
  A chyffur yn eu troi yn ffyliaid;
  Y saint yn ferthyron yn eu pwyll,
   Yn y llysoedd yn euog benbyliaid.

  Notgochi a wnânt ddeadelloedd Duw
30 A rhoi Herod yn y corlannau;
  Rhoi cyflog a phensiwn i'r bugeiliaid, a byw
   Yn gaethweision cysurus yn Ei drigfannau.

  Goleuid Seren Dafydd yng ngwedd
   Y bwystfil, a rhwng ei grafangau,
35 A'r lleian o Rwsia yn cymryd sedd
   Yr Iddewes yn nhrên yr angau.

  Cerdd yr Eglwys drwy'r siambrau nwy,
   Y llysoedd, y gwersylloedd a'r beddrodau,
  Ac esgyn yn rymus hardd ohonynt hwy
40 Yng ngwisg ysgarlad ei merthyrdodau.

159. YR ERYROD

Hwynt-hwy sydd yn gwybod fwyaf am yr haul
A deall orau hen lawysgrif y cymylau;
Hwynt-hwy y nos sydd yn pigo'r pendant sêr
Uwchlaw'r lleuad a'r amheus nifylau.
5   Fel yr eryrod, felly hwythau'r saint.
Esgynnent hwy drwy awyr ein meidroldeb,
Trwy gredo, dogma, diffiniad ac iaith
I siarad â Duw ym maestrefi tragwyddoldeb;
A disgyn oddi yno yn ôl i'n byd
10 Â'r goleuni yn gân yn eu harennau rhwyfus:
Rhoi'r cwbl i'r tlodion, a chot i dramp
A rhoi cusan ar rudd y gwahanglwyfus.
Nid oeddent ond niwsans mewn byd ac Eglwys
A hereticiaid yn ôl yr awdurdodau;
15 Codent fel gwŷr busnes demlau Duw
A rhoi stigmata Crist ar ddwylo eu cyfnodau.
Aethant i'r cylch tân, a llosgi eu plu,
A chodi yn eryrod ifainc bendigedig,
A rheoli o'r nef gyda Duw a Christ
20 Ein byd â chysgod eu hadenydd cysegredig.

★ ★ ★ ★

Tithau, yr eryr aur, dy greulon aur
A fu'n tywyllu daear â'th adenydd,
Yn lladd cantiglau'r adar yn y coed
A mwrdro Magnificatâu eu llawenydd;
25 Rhoed tithau yn yr Eglwys gan yr Ysbryd Glân
Yn ystlyswr cyson, call ac answyddogol,
Yn dal rhwng rhychwant dy adenydd dof
Gyfieithiad Cymraeg y Datguddiad Cristionogol.

★ ★ ★ ★

Ioan yr Efengylydd; brenin eryrod byd,
30   Efe a'm cododd uwchlaw'r clyfar gysgodau;
Ei Gymraeg yn fy mwrw i lawr ag ergyd gordd
A chlirio'r dryswch rhamantaidd â bwyall ei adnodau.
Clwm cnawd ac ysbryd oedd y llinglwm tyn i mi;
Ni allwn addoli'r cnawd, a chas oedd ysbrydolrwydd,
35   Ysbrydolrwydd a ddirmygai'r corff a'r wlad,
Nid oedd ond haen dros Seisnigrwydd a bydolrwydd.
Karl Marcs yn bwrw golau ar oesoedd y byd,
A rhoi i'r dyfodol ei economaidd dragwyddoldeb;
Rhoi dyn yn lle Duw a'r werin ar orsedd Crist
40   A rhyfel yn torri yn rhacs jibidêrs eu dwyfoldeb;
Gwrthod addoli Duw a cheisio addoli'r diawl
A gwau'r ddau yn anghenfil Hegelaidd, Kantaidd:
Methu cofleidio bywyd a methu anwesu'r bedd
Ac ar ecstasi'r foment dom y pryfed rhamantaidd.

★   ★   ★   ★

45   Eryr apostolig; f'eryr diwinyddol i,
Yn rhythu ar y *Logos* yn y tragwyddoldeb,
A hwnnw yn cerdded o gôl y Drindod bell
I wisgo cnawd, a sgandal ei farwoldeb.
Fe welodd yn Ei lygaid, Ei geg a'i gorff
50   Ogoniant, gogoniant megis yr Unig-anedig;
Olwynai uwch Ei gelain feinwen ar y groes
A gweld Ei feddrod yn wacter bendigedig.
Tynnodd Ef fara o fara a dŵr o ddŵr,
Goleuni o oleuni, ac o win win symbolig;
55   Pedair mil ac arnynt newyn fel ein newyn ni
A borthwyd â bara dilwydni a physgod catholig.

Heddiw y mae Dydd y Farn, nid oes yfory na doe,
Y mae tragwyddoldeb yn y cloc, a bywyd o farwolaeth:
A chan na fyddai efe farw mwy
60   Gresyn nad ysgrifennodd lyfrgell o dystiolaeth.

Eryr ewcharistig, gorffwyset ar fron yr Haul,
A gwrando ar guriadau Ei galon fendigedig,
A chario rhwng dy blu y wennol, y robin a'r dryw
I gael cip ar ogoniant megis yr Unig-anedig.

160. DEWI SANT

Nid oes ffin rhwng deufyd yn yr Eglwys;
Yr un ydyw'r Eglwys filwriaethus ar y llawr
Â'r Eglwys fuddugoliaethus yn y nef.
A bydd y saint yn y ddwy-un Eglwys.
5   Dônt i addoli gyda ni, gynulleidfa fach,
Y saint, ein hynafiaid hynaf ni,
A adeiladodd Gymru ar sail
Y crud, y groes a'r bedd gwag;
Ac ânt allan ohoni fel cynt i rodio eu hen gynefin
10   Ac i efengylu Cymru.
Gwelais Ddewi yn rhodio o sir i sir fel sipsi Duw
A'r Efengyl a'r allor ganddo yn ei garafán;
A dyfod atom i'r Colegau a'r ysgolion
I ddangos inni beth yw diben dysg.
15   Disgynnodd i waelod pwll glo gyda'r glowyr
A bwrw golau ei lamp gall ar y talcen;
Gwisgo ar staeds y gwaith dur y sbectol a'r crys bach glas
A dangos y Cristion yn cael ei buro fel y metel yn y ffwrnais;
Ac arwain y werin ddiwydiannol i'w Eglwys amharchus.

20   Cariodd ei Eglwys i bobman
       Fel corff, a hwnnw yn fywyd, ymennydd ac ewyllys
       A wnâi bethau bach a mawr.
       Daeth â'r Eglwys i'n cartrefi,
       Rhoi'r llestri santaidd ar ford y gegin,
25   A chael bara o'r pantri a gwin sâl o'r seler,
       A sefyll y tu ôl i'r bwrdd fel tramp
       Rhag iddo guddio rhagom ryfeddod yr Aberth.
       Ac wedi'r Cymun cawsom sgwrs wrth y tân,
       A soniodd ef wrthym am drefn naturiol Duw,
30   Y person, y teulu, y genedl a'r gymdeithas o genhedloedd,
       A'r groes yn ein cadw rhag troi un ohonynt yn dduw.
       Dywedodd mai Duw a luniodd ein cenedl ni
       I'w bwrpas Ef Ei Hun,
       Ac y byddai ei thranc yn nam ar y drefn honno.
35   Daeth dicter ar ei dalcen
       Wrth ein chwipio am lyfu pen-ôl y Lefiathan Seisnig,
       A'n gadael ein hunain, yn ei wlad Gristionogol ef,
       I gael ein troi yn gŵn Pavlov.
       Gofynasom iddo am ei faddeuant, ei nerth a'i lymder
40   A dywedyd wrtho, cyn ein gadael,
       Am roi i'r Arglwydd Iesu Grist ein llongyfarchiadau tlawd,
       A gofyn iddo a gawn-ni ddod ato
       I'w foli am byth yn y nef,
       Pan ddaw'r funud hiraethus honno
45   Y bydd yn rhaid dywedyd 'Nos da' wrth y byd.

161. PLANT YR ALMAEN

Y mae Rahel o hyd yn yr Almaen
    Yn wylo yn wanllyd a di-stŵr;
Trugarocach ydoedd cleddyf Herod
    Na'r newyn ar y Rhein, yn y Ruhr.

5   Magu swp o esgyrn sychion
        A wna esgyrn breichiau hon,
    Nid oes fawr o fwyd yn ei phantri
        Na diferyn o laeth yn ei bron.

    Ac y mae'r gwŷr wrthi hi yn ceibio
10   Y dialgar bridd a chlai,
    Bydd yr elorau dipyn yn ysgafnach
        Am fod yr eirch dipyn yn llai.

    Mae tosturi'r Crist ar Ei groesbren
        Yn ffrydio o'i ystlys a'i draed;
15   Pob angladd yn ddraen yn Ei benglog,
        Pob bedd yn ddiferyn o waed.

162. F. R. KÖNEKAMP

Rhaid i artist farw yn ferthyr neu fyw yn fynach
    Neu'n hanner sant yn y byd ohoni yn awr;
Daeth ef i Bwll Gwaelod yn sir Benfro, o bobman,
    Gyda'i frwsys tlawd, ei liwiau dewr a'i esgeulustod mawr.

5   Ni phlygodd i dynnu portreadau marw y mawrion,
    Na derbyn sibolethau athrawon academi,
Ond byw yn ei gaban sinc i ddal yn ei luniau
    Wyrthiau aflonydd yr haul ar dir a lli.

Gwelais ei frws yn dawnsio gan egni gorfoleddus,
10   Pob gewyn a chymal ar waith, a'i wyneb yn ysbryd byw;
Dycnwch y mynach artistig a dawn y mathemategwr
    Yn gosod ei symbolau yn nyfnderoedd llinell a lliw.

Tyf ei goed yn syth gan rymuster cyntefig,
    Nawf ei bysgod yn ddeallus, a'r adar yn ometrig gôr;
15 Rhuthra ei ystormydd yn gylchoedd o angerdd cytbwys,
    Llif dros ei gynfas donnau'r haniaethol fôr.

Tynnodd lun yr egni atomig fel calon Natur,
    Calon ffrwythlondeb y byd, calon ei drasiedi drist;
A llun seintiau ac artistiaid Gorllewin Ewrob
20   Yn nofio fel cyfryngwyr o amgylch El Grecoaidd Grist.

Tynnodd lun deures o ddrysau cam y carcharau,
    A phlethwaith o wifrau pigog yn goron ar eu pen;
Ac ni wna'r arianwyr bach a'r gwleidyddion pitw ynddynt
    Ond syllu ar fanana o loer yng ngwacter y nen.

25 El Greco yw ei feistr, artist y santeiddrwydd melyn,
    Peintiwr wedi meddwi ar Ethsemane, yr hoelion a'r drain;
    Crëwr y Cristiau ystumig a'r seintiau ymestyngar
    A'u hysbryd fel llafnau Toledo yn torri trwy'r wain.

    Rhega wrth gofio am ei gyd-artistiaid draw yn Rwsia
30   Wedi eu caethiwo gan anghenfil fel Nebuchodonosor gynt;
    Yr arth dotalitaraidd yn cadwyno'r goleuni ar y Stepiau,
        Yn crebachu brws a phaent ac yn mwrdro rhyddid y gwynt.

    A beth am Gymru? Ie, gwlad y goleuni cyfnewidiol,
        Gwlad y llygaid marw a'r grefydd hacraf yn y byd;
35 Eich artistiaid yn puteinio eu dawn a'u medr yn Llundain
        A chelfyddyd wrth eu drysau, a'ch llên yn lluniau i gyd.

    A beth am eich gwlad? Ie, f'Almaen, yr ysgerbwd o Almaen;
        Gwald y *volk*, gwlad fetaffisegol, a'r ddewraf yn y byd yw;
    Y mae'r artistiaid yn tynnu llun ei asennau a'i esgyrn
40   Am mai rheidrwydd ydyw art fel y fflach yn llygaid Duw.

163. I OFFEIRIAD Y DINISTRIWYD EI EGLWYS GAN FOM
(*Cyfieithiad o soned gan Reinhold Schneider*)

Ti ydyw'r deml ar ôl ei dinistr hi,
Ti yw'r golau gan nad oes golau mwy,
Man eu cyfarfod, man eu hundod hwy,
Y tŵr gweddi mewn gwlad heb dŵr wyt ti.

5   Ti yw caer ddycnaf teyrnas Mab y Dyn,
Sy ddwfn yn y byd, na chaiff ond gwg ein byd;
Â holl wae ein daear, a'i ddagrau i gyd
Dy wisg a wisg ei Brenin hi Ei Hun.

I'w lwybrau Ef y rhed dy lwybrau di,
10   Ti ydyw'r wawrddydd na all fachlud byth;
Etholodd Amser di â'i gyntaf lef.

Na chrŷn o flaen ein barbareiddiwch ni;
Syll ar y dychryn olaf yn dduwiol syth:
Mae Duw mewn poen; diflenni ynddo Ef.

164. MÜNCHEN

Y mae golwg druenus ar München,
Traean y ddinas yn gydwastad â'r llawr,
Traean yn furddunod twp,
A thraean ar ei thraed.
5 Ni wyddwn wrth weled y torfeydd ar y strydoedd
Pa le yr oeddent i gyd yn byw,
Ond fe welais rai yn cripian drwy dyllau yn y llawr
Fel cwningod o fôn clawdd.
Ac ni wyddwn ple'r oeddent i gyd yn addoli Duw
10 A chynifer o eglwysi yn gandryll;
Ac yn porthi newyn eu clustiau
A'r neuaddau cerdd yn yfflon;
Ac yn disychedu eu llygaid
A'r orielau darluniau yn rhacs;
15 Ac yn chwilio am wybodaeth a dysg
A'r colegau yn jibidêrs.

Ac ynghanol yr adfeilion yr wythnos honno
Yr oedd yr *Oktoberfest,*
Pythefnos o wylmabsant.
20 Roedd yno firi a reiolti a rhialtwch:
Plant amddifaid yn chwerthin ar gefn ceffylau bach,
Gweddwon yn anghofio eu huffern wrth stondingau dillad a llestri,
Anafusion yn llawen wedi yfed y cwrw godidog;
A'r bechgyn a'r merched yn canu caneuon gwerin
25 Ac yn dawnsio dawnsiau gwerin Bafaria.

Y mae rhyw allu yng nghalon dyn
I anghofio trasiedi gwareiddiad, am dro.
Yno yr oedd ffrwd o sbri yn treiglo
Trwy'r tomennydd rhwbel a'r anghyfanedd-dra gwallgof.
30 Yr *Oktoberfest*
Yng nghanol ysgerbwd llosg llew o ddinas.

165. OBERAMMERGAU

Braint oedd cael pererindota i Fafaria
I weled ar y llwyfan llw Basiwn Calfaria:
Teithio yn y trên yn ôl i'r Oesoedd Canol
Wrth draed y Zugspitze a'r Köpfel,
5   I blith gwerin fynyddig, goediog, grefftgar, Gatholig.
Nid oedd yn ei thir adnoddau diwydiannol
I'r Mamon asynglust eu codi,
A sefydlu gwareiddiad modern y banciau
Ar dipiau glo, tipiau ysgrap a hofelau.
10 Fforestydd a ffermydd teulu oedd yno
A chrefftau gwledig, a thraddodiad canrifoedd y tu ôl iddynt,
A'r traddodiad hwnnw wedi ei ystwytho i gwrdd â phob gofyn.
Llunient deganau dihafal a chlociau,
A fiolinau byd-enwog ym Mittenwald;
15 A llunio hanes yr Arglwydd ar bren, pres, lliain, llestri, sebon,
A cherfio Calfaria o gneuen.

Sut y gallai Catholigion mor ddidwyll
Fagu digon o gasineb yn y Ddrama i'w groeshoelio Ef?
Gallai'r Phariseaid Marcsaidd dros y ffin
20 Ei boenydio a'i hongian Ef yn selog giaidd;
A gallai'r Americaniaid yn eu mysg
Actio'r gwŷr busnes yn y Deml i'r dim;
A byddai Ianci o Iwdas
Wedi taro gwell bargen â'r Archoffeiriad:
25 Ond ni allai na Moscow na Wall Street
Godi'r Crist, Mair Forwyn, Mair Fadlen a'r apostolion.

'Pa bryd y daw'r rhyfel nesaf?'
Oedd cwestiwn y brodorion,
Y rhyfel rhwng barbariaeth Mamon a barbariaeth Marcs.

30 Pe deuai, ac i'r bomiau atomig a'r rhocedi
    Ladd pob copa walltog, a dinistrio'r groes
    Ar ben y Zugspitze a'r Köpfel;
    A delwau Mair a'r Plentyn yn yr ogofâu;
    A'r sgrinoedd ar ymyl yr heolydd;
35 A'r lluniau o'r Geni a'r Swper yn y siopau,
    A'r ffynnon o Grist ar sgwâr y pentref:
    Fe ddeuai angylion o'r nef
    I blannu'r groes ar ben yr adfeilion,
    A gosod delwau Mair yn nhyllau'r murddunod,
40 A'r apostolion a'r saint ynghanol y rhwbel;
    A chlirio, ymhen deng mlynedd, lawr gwastad
    I actio Drama Ei Basiwn ar Galfaria
    Ynghanol diffeithwch Bafaria.

166. BACH

Pan fydd y byd arnom yn glefyd
A'r diafol yn ein gwahanglwyfo hefyd
    Daw Iohann Sebastian Bach;
Fe'n bwrir i lyn ei harmonïau,
5 A'n golchi â dyfroedd ei felodïau,
    A dod o'r olchfa yn weddol iach.

Sigla Mair ar y cyntaf Nadolig
Y crud yn yr ystabl â'i dwylo melodig;
    Cân y seren solo yn y nef;
10 Daw'r angylion oddi fry â'u moliannau
    I'w plethu â mawl y tomlyd gorlannau;
    Cân y Doethion driawd iddo Ef.

Pa le y cawn-ni Oen i'w offrymu
Ar y Pasg? Pwy a all ddiddymu
15   Pechodau nadreddog dyn?
Cân yn y cwpan y gwaed cysegredig,
A dawns ar y bwrdd y cnawd bendigedig;
    Harmoni Duw yn y bara a'r gwin.

Disgyn nodau y miwsig llymaf
20 Ar ganol gardd y tawelwch trymaf,
    Ar unigrwydd gwaed a chwys;
Paham na ddaw'r mellt a'r taranau,
Neu'r lleng angylion o'r uchelfannau,
    I ladd y bradwr a milwyr y llys?

25 Cria'r Crist yn rhythmig ar Galfaria,
A sylla'r cerddor drwy draethgan ac *aria*
    Ar y traed yn pontio dyn a Duw;
Ni fentra sbïo fry ar Ei bangau,
Na chyfarfod â'r llygaid yn llawn angau
30   Nac â'r drain a'r hoelion yn Ei wanu i'r byw.

Cân yn yr Eglwys drindod o organau,
A'i deuddeg colofn yn llyfn gan foliannau,
    A'i grisiau yn loyw gan ddefod a moes;
Disgyn yr angylion i ymuno â'r corau,
35 A phlyg y greadigaeth wrth yr allorau,
    A'r Dwyrain yn gwynfydedig o'r groes.

GWREIDDIAU

Cyfrol o Farddoniaeth

RHAGAIR

Cerddi a luniwyd rhwng 1951 ac 1959 yw'r cerddi yn y gyfrol hon, ar wahân i dair: cyhoeddir dwy o'r rhain ar gais cyfeillion, ac anghofiwyd cyhoeddi'r llall, sef 'Dwst y Garreg' yn *Y Llinyn Arian*. Diolchaf i Urdd Gobaith Cymru am ganiatâd i gyhoeddi'r gân hon, ac i olygyddion y gwahanol gyhoeddiadau am gyhoeddi'r cerddi a argraffwyd ynddynt. Diolchaf hefyd i Mr Aneirin Talfan Davies, MA, am ei gais caredig i lunio Pryddest Radio, sef 'Jesebel ac Elias'; ac i'r BBC am ddarlledu darnau ohoni ar 10 Ionor 1955. Dyledus ydwyf i Mr R. L. Gapper, BSc, ARCA, am osod y ffigur a'r teitl ar y siaced lwch, ac am lythrennu'r teitl ar yr wyneb-ddalen. Fel arfer, bu Gwasg Aberystwyth yn garedig, gan ddewis y papur a'r argraffu gorau, ac ystyried pob awgrym a wneuthum.

10 *Tachwedd* 1959   D.G.J.

167. GWREIDDIAU

Gwenith arwynebol a haidd penchwiban
　Oedd haidd a gwenith ein gweunydd gynt;
Rhag cyfyngder y clwydi a'r cloddiau traddodiadol
Codent hwy eu bysedd blaengar i gofleidio
5　　　Pob awel eang ac agnosticaidd wynt.

I'r awyr denau y codent hwy eu pennau,
　Y delfrydol wenith a'r ysbrydol haidd,
Am na fynnent edrych ar y meysydd materol
A'r gweryd terfynol, a rhag i'w trwynau arogleuo
10　　Drewdod y domen euog wrth eu gwraidd.

Yn eu daear dlawd ac yn eu pridd plwyfol
　Breuddwydient am wledydd y rhamantaidd des,
Lle dawnsiai eu perthnasau gyda'r pabi fflamllyd,
Yn Van Goghaidd feddw felyn,
15　　A'u brig wedi dotio ar y goleuni a'r gwres.

Diolch am y dwthwn pan ddarganfu'r gwenith
　A'r haidd eu gwraidd yn y rhagluniaethol bridd;
Pridd ac isbridd wedi eu troi a'u trafod
Trwy'r canrifoedd yng Nghymru gan yr aradwyr Efengylaidd
20　　Â'u herydr teircwys, eu hogedi a'u ffydd.

168. YR AWEN

Pan beidiodd Duw â chreu, fe greodd yr artistiaid
    Gerfddelw a darlun a thelyneg a chân;
Y Duwdod oedd ein dychymyg, y Crist oedd ein crebwyll,
    A'n hysbrydoliaeth ddwyfol oedd yr Ysbryd Glân:
5   Gwell na'r Gair yn Efengyl Ioan oedd ein gair
    A gwell na'r plentyn siawns ym mola Mair.

Asio a wnawn ein profiadau a'u cyfannu â delwedd a symbol;
    Llywio â'r deall y teimladau tywyll, trofaus:
A darganfod a wnawn tan wyneb ffrwythlon a gwyntog Natur
10   Y ffigurau a'r ffurfiau pur, parhaus:
Ein dychymyg a wna drawsffurfio pob dim rhwng y nefolaidd gôr
A'r perlau sydd yn y wystrys breuddwydiol ar loriau'r môr.

Ymhellach, angel oedd y bardd yn dwyn ei gyfrwys gyfrinachau
    A'u gosod ar ystyfnigrwydd y ddalen wen;
15   Yr Atlas yn codi uwchlaw cenedl, crefydd a theulu
    Ac yn dal y tragwyddoldeb esthetig ar ei ben:
Offeiriad y tu ôl i'r sgrin yn troi yn fara a gwin
Y miwsig metaffisegol a'r annherfynol rin.

Ond heddiw, anadl a roes Duw yn yr artist yw'r awen,
20   Fel yr anadl gywrain a gafodd Besalel fab Uri gynt:
Ac awen Gristionogol beirdd Cymru o Gynddelw Brydydd
    Hyd Elfed oedd dawn y goleuni a'r gwynt:
A gloywi'r rhagorddawn hon yw ein braint a'n tasg;
Awen y Nadolig a'r Groglith, y Pentecost a'r Pasg.

169. YR HEN EMYNAU

Buont hwy yn canu uwch fy nghrud,
Uwchben fy machgendod a'm hieuenctid,
Fel côr o adar Cristionogol:
Hwynt-hwy â'u cân oedd yn cario Calfaria
5   A'r groes i ganol y gweithfeydd;
Bethlehem a'r crud i ganol y tipiau;
Y bedd gwag i blith y gwagenni,
A dwyn afon yr Iorddonen heb fitrel yn ei dŵr.

Yr adar hyn a heliais o'r goedwig
10 Â'm gwn gwyddonol ar annel;
Eu cwrso o'r mangoed a'r prysglwyni
Â'm pastwn pendant, materyddol:
Ond clywn eu cân o goedwigoedd eraill
Fel côr o dylluanod meddal, tywyll a ffieidd-dom.

15 Yn sychder a diffeithwch y goedwig
Yr oeddent yn dal i ganu o dan wreiddiau'r coed,
O dan riniog y rheswm a charreg-drws y deall,
Yn dal i ganu er na chlywais i hwy;
Ond gwn erbyn hyn iddynt fynnu canu
20 Yn ddygn, yn ddiwyd a diwrthdro.

A phan ddaeth y goleuni yn ôl i'r goedwig
Esgynasant o blith y gwraidd i'r canghennau a'r brig
I ganu eilwaith, a'u cân wedi aeddfedu yn y nos:
Dwyn y crud, y groes, y bedd gwag a'r Pentecost
25 Yn ôl o'r newydd, yn danbaid newydd;
Ac o dan y diferion gwaed a'r dŵr
Cusanu Ei fuddugoliaethus draed,
Heb feiddio edrych gan euogrwydd ar santeiddrwydd ofnadwy
    Ei wyneb.

170. GWLAD AC YNYS

Gwlad wareiddiedig oedd yr ymwybod gynt,
A'r haul yn taflu ei oleuni rhesymol
Ar y tir twt, trefnus heb fwrw yr un cysgod:
A chymaint oedd y goleuni deallus
5   Fel y diffrwythid y coed, y blodau a'r ŷd.
Nid oedd dirgeledigaethau y tu hwnt i'r gorwelion
A than wyneb y pridd nid oedd na phechod na thrasiedi.
Hen ofergoelion marw—yr enedigaeth wyryfol,
Gwyrthiau, duw yn dyfod yn ddyn,
10   Duw yn marw ar groes a chodi o'i fedd—
A luchiwyd fel ysbwriel i'r cistiau lludw
A'u tywallt ar y tomennydd i'w llosgi.
Y labordy oedd eglwys y wlad; y Rhesymolwr oedd yr offeiriad,
A'r pedwar efengylydd oedd Darwin, Huxley, Bradlaugh a
    McCabe.

15   Archwilwyr newydd a ddaeth i fapio'r wlad,
A phrofi yn wyddonol nad oedd hi yn ddim ond ynys,
Yn ddim ond ynys mewn môr cudd, cyfrwys a chynoesol.
I'r lan yr aethom a gwelsom (ac yr oedd yn sioc i'n gwyddoniaeth
Ac yn ysgytwad i'n gwareiddiad)
20   Yr hen ofergoelion marw yn nofio yn y dyfnder
Fel morfilod cyntefig, angenfilod cynddelwig,
Ac yn eu mysg yr oedd pysgodyn y Pasg.

A thu hwnt i'r gorwelion yr oedd y Crist coch,
Yn ôl Pascal a Kierkegaard, fel haul anweledig
25   Yn taflu ar erwau'r wlad euog, dlawd
Ei oleuni gwir, gwaredigol, iach a ffrwythlon:
Ac yn treiddio i ddyfnderoedd y môr ystyfnig
Gan weddnewid yr angenfilod yn weision iddo Ef.

171. DEWIS

Wrth drigo ym myd y rhamantiaeth a'r ddelfrydiaeth gynt
Trigwn yng nghanol niwl gwlanog yn yr wybren uwch y byd:
Os oedd Duw, deuai trwy'r niwl fel goleuni
Neon, ac nid oeddwn yn siŵr mai myfi oeddwn i;
5   Cydiwn yn fy nhrwyn i weled a oedd yn drwyn
Ac nid yn wlân; ac ym mysedd fy nhraed
I weled a oeddent yn draed, ac nid yn fysedd niwl;
Tybiwn nad oeddwn innau ond niwlyn
Neu wlenyn, a phan geisiwn gydio yn y niwl
10 Diflannai rhwng fy mysedd fel rhith.
Mor gysurus ac mor ddibwrpas oedd fy myd
Fel y gallwn fy lladd fy hun yn rhwydd.
Mor odidog oedd yr olygfa uwchben y byd,
Gweled niwl yn cerdded ac yn cynyddu trwy'r canrifoedd,
15 Yn cynyddu trwy ymladd yn erbyn niwl arall,
A'r frwydr fwyaf oedd croeshoelio'r niwl ar Galfaria.
Blinais ar y niwl am nad oedd yn fwyd i fol
Ac am na allai gwlân blymio i'r dyfnderoedd oddi mewn.

Chwyldro oedd cael rhoi troed ar y ddaear solet;
20 Cael ysgwyd llaw â dyn; rhoi cusan i ferch;
Eistedd gyda'r teulu wrth y tân;
Yfed gwin ffraeth gyda chyfeillion,
Ac yr oedd 'gwynt' twlc mochyn yn hyfrydwch.
Darganfod fy mod yn byw yn yr ugeinfed ganrif,
25 Yn byw mewn plwy arbennig
Ac mewn gwlad arbennig o'r enw Cymru.
Rhaid oedd imi weled mai myfi oeddwn i
Trwy ddewis â'r deall, y nwydau a'r ewyllys
Rhwng nos a dydd, rhwng Duw a diafol,
30 Rhwng rheidrwydd a rhyddid a rhwng pechod a gras.

Ac wedi dewis, llunio bywyd plwy,
Helpu hanes Cymru ac addoli mewn eglwys.
A phan edrychais i fyny i'r wybren,
Lle bu'r haniaethol niwl a'r ansylweddol wlân,
35   Gwelais seren solet yn sefyll uwchben crud Baban.

172. Y DRWS

Fel y seithwyr gynt yn Harlech a Gwales
    Buom ninnau yn y neuadd dridrws uwch y lli,
Yn gwrando ar gerdd yr adar esthetig,
    A difwyn oedd pob cerdd arall wrthi hi.

5   Yr heulwen ni threiddiai trwy ei rhamantaidd ffenestri
    Ar ecstasi'r gwleddoedd dandïaidd, Khayyâm;
A dawnsiai ynddi ganhwyllfflam gnawd y canrifoedd,
    Helen a Salome a *La Belle Dame*.

Ond Heilyn a agorodd y drws gwrthnysig:
10   A chlywsom ddiasbad y wlad yn ei loes,
Cyfarth coch y dwst diwydiannol;
    A gweled y bara, y gwin a'r groes.

173. Y MAEN RHWYSTR

Y maen a osodasom yn erbyn drws yr ogof
   Fel na chodai'r ymhonnwr o'r beddrod byth:
A thaenasom y newydd yn ein llên a'n hysgyrsiau
   Nad oedd atgyfodiad y corff yn ddim ond myth.

5   Ein bywyd a lywodraethid gan y Stalin o reswm;
       Rheswm wedi ei ysgaru oddi wrth y person, y deall
          oddi wrth y dyn:
   Ni chlywsom ni y pryd hwnnw hen resymau'r galon
       Na llais yr ysbryd: nid dau oedd dyn, ond un.

Pan holltwyd yr atom, fe holltwyd ein materoliaeth,
10   A darganfuwyd hen briodas y meddwl â'r cnawd:
Nid un ydoedd dyn, ond tri—corff, enaid ac ysbryd;
   Yr hen drindod aflonydd, anghenus a thlawd.

Cnawd yn cweryla â'r ysbryd, yr ysbryd yn dadlau â'r enaid
   Y tu mewn i gylch cyfyng yr hunan trahaus:
15   Ac yn y cyfyngder clywid yr Ysbryd yn agor yr Ysgrythur
   I bechaduriaid wrth deithio'r ffordd i Emaus.

Mor simsan oedd ein seiliau; mor bwdr ein holl bendantrwydd;
   Mor sigledig mewn llys, canys haerllug o annheg
Oedd rhoddi ein tystiolaeth yn erbyn tystiolaeth rhai a oedd yno,
20   Tystiolaeth llygaid a chlustiau yr un ar ddeg.

Wedi ein trechu yn y llys cawsom help llaw yr Ysbryd
   I symud y maen oddi ar y bedd o bwt i bwt:
A chlywsom yno beraroglau Mair, a gweled y gwacter
   A'r llieiniau a'r napcyn wedi eu gosod yn daclus dwt.

174. Y PEDWAR AMSER

Annirnad yw amser y planedau fry;
    Y seryddwr a gais â'i gêr
Fesur pellafoedd y goleuni a'r nwy;
    Miliynau blynyddoedd y sêr.

5   Miloedd yw blynyddoedd hanes dyn,
    Ei hanes pwysig a brith;
Gwareiddiadau yn codi ac yn gwywo fel niwl,
    A'n gwareiddiad ni yn eu plith.

Y cloc ar y silff-ben-tân ni rydd
10   Ganmlwydd i'n hoes yn y byd;
A gall rhyw bigyn gan bryfedyn bach
    Ein llorio a'n claddu unrhyw bryd.

Ond ni all yr un cloc â'i fysedd fesur fyth
    Brofiadau argyfyngus dyn:
15   Pan ildiasom ein bywyd i'r Gŵr ar y pren
    Fe aeth yr awr a thragwyddoldeb yn un.

175. NEWID BYD

Fe gefais gip ar y byd heulog hwnnw
Cyn y Rhyfel Byd Cyntaf;
Gweled y ddynoliaeth wedi gadael Aifft
Y tlodi, y caethiwed a'r ofergoelion Cristionogol;
5   Y ddynoliaeth wedi ymlwybro trwy ddiffeithwch yr
       Oesoedd Canol,
A than heulwen y Dadeni Dysg
Yn gorymdeithio yn dalog braf dros bant a bryn,
Gan gynyddu mewn gwybodaeth, cysur a chyfiawnder:
Cerdded i ben Nebo
10 I gael cipdrem ar y Ganaan berffaith gydradd, gyfiawn a lleslon;
Ac yr oedd y dyfodol o'n blaen yn orfoledd diddiwedd ar
       y ddaear.

Y fath agendor sydd rhwng y byd hwnnw a'n byd ni
Ar ôl y ddau Ryfel Byd!
Y Ganaan a ddiflannodd fel niwl hud y Mabinogion,
15 Ac nid oedd Nebo ond mynydd tân
A chwythodd ei goluddion i'r gwynt:
Nid yw ein byd modern ni, yn ôl rhai,
Yn ddim ond diffeithwch diystyr:
A'r hen ofergoelion Cristionogol a ddaeth yn eu hôl eilwaith,
20 Ofergoel fel diwedd y byd,
'Diwedd byd a Dydd Barn.'
Ie, rhyw bwt o ddyfodol sydd i'n byd,
Canys daeth y diwedd yn agos atom
Gyda'r rhocedi llyw a'r bom;
25 A hefyd daeth dydd barn:
Ond ni orbrydera'r Cristion ar ganol ei waith a'i weddi,
Canys ni wna rhyfel atomig
Ond ei chwythu ef adref cyn ei bryd.

176. EPIGRAMAU

Fe fyddi di, ddyn, yn trefnu cymdeithas
Ac yn ceisio datrys problemau di-ri,
Ond ni weli di yr anhrefn sydd ynot dy hunan,
Ac mai'r broblem gongl-faen ydwyt ti.

★   ★   ★

5   Cesglaist bob gwybodaeth am adar
    A dosbarthu eu nythod a'u plu;
    Ond ni fedri di fyth gatalogio
    Solo aderyn du.

★   ★   ★

Nid oes drws na ffenestri i'th garchar;
10   Nid oes ynddo lonyddwch y bedd;
A'i furiau ef nid ydynt ond drychau
Yn ystumio'r goleuni a'th wedd.

★   ★   ★

Gan nad oes ffordd rhwng dy fyd di a byd arall
Ni weli di ystyr yn dy gân a'th lun;
15   A lluniaist yn dy berfedd di iaith breifat
Nad wyt ti yn ei deall dy hun.

★   ★   ★

Nid ydyw sylwedd i ti ond cysgod
A bywyd yn ddim byd ond rhith;
Ond fe wyddost ti yn nyfnder dy galon
20   Fod dy fyd wedi ei ddamnio am byth.

★   ★   ★

Nid yw'r bydysawd i ti ond blinder
   A darn o flinder hefyd yw dyn;
A chan nad oes dim byd ond blinder
   Fe aeth blinder, yntau, yn flin.

★   ★   ★

25 Fe droaist ti dy berson yn beiriant
       Ac ofn rhyddid yn rheg;
    Dy siambr boenydiau yn brydferthwch
       A'th hunllef yn ystori Tylwyth Teg.

★   ★   ★

    Fe fu celfyddyd a chrefydd trwy'r canrifoedd
30   Yn troi'r cread yn gartref i ddyn;
    Ond erbyn hyn yr wyt ti yn alltud ohono
       Ac yn estron i'th berson dy hun.

★   ★   ★

    Fe geisi di gadw dy lygaid
       Y tu mewn i derfynau dy ddyndod,
35 Fel y mochyn na all ganfod yr un gorwel
       Y tu hwnt i ffin ei fochyndod.

★   ★   ★

    Ni elli di ddianc o ddiddymdra dy fyd
       Ond trwy chwilio am ollyngdod mewn pêl-droed a bet;
    Canys i ti nid ydyw'r cosmos i gyd
40   A bywyd yn ddim ond olwyn *roulette*.

★   ★   ★

Mor hunanderfynol y gorweddi
   Ar dy soffa saff yn y parlwr;
Gan geisio anghofio'r nadredd nerfus
   A'r malwod morbid yn y seler.

★   ★   ★

45　Ar ôl dinoethi dy holl falchder a'th wareiddiad
   Nid oes ond hunanladdiad neu edifarhau;
Canys o'r gwaelod fe ddaeth erbyn hyn i'r golwg
   Y Bwchenfeldi a'r Hiroshimâu.

★   ★   ★

Fy fyddi di yn achwyn mai llesg a llipa
50   Ydyw'r golau yn y bylbiau bach;
Ond fe welet, ped edrychet yn ddigon dwfn,
   Nad yw calon y dynamo yn iach.

★   ★   ★

Yr athronwyr modern ni chredant mewn gwrthrychau
   Fel cath a gwely a gwraig a gwrych;
55　Ac ar ôl priodi ni chysgant hwy gyda'u gwragedd
   Ond gyda delw synhwyrus ohonynt yn y drych.

★   ★   ★

Mor baradwysaidd faterol ydyw ein bywyd;
   Mor gysurus ddiogel, a'n cyrff mor iach;
Ond y mae'r eglwysi yn gwacáu, ac ysbytai'r meddwl yn
      ehangu
60   I ddal ein gwallgofrwyddau, fawr a bach.

★   ★   ★

Cawsom brifddinas o'r diwedd, ond ni fydd honno
    Yn un iawn heb Fadam Tussaud's a Sŵ;
A hawdd fydd eu codi am fod gennym ddigon
    O ddyhirod a bwystfilod i'w llenwi nhw.

★ ★ ★

65   Y ganrif ddiwethaf oedd canrif ramantus y plentyn,
    Creadur naturiol, diniwed a di-nam:
Ond heddiw, yn ôl Freud, y mae'n greadur gwahanol,
    Yn llofruddio ei dad ac yn myned trwy ei fam.

★ ★ ★

    Y dyn modern a eistedd ar orsedd lle teyrnasai Duw,
70   Gan ladrata Ei nefoedd a diffodd Ei uffern dân:
Ond ni lwyddodd i osod ei nefoedd ar y ddaear, ond
    llwyddo y tu hwnt
I gynnau ei uffern o fomiau brwnt a glân.

★ ★ ★

Mor llawn oedd myth a drama yr hen fyd
    O raib a llosgach a lladd;
75   Mor llawn ac mor bell, ac eto, nid pell;
    Y maent ynom yn y gwaelod ynghladd.

★ ★ ★

Wrth i ddyn fyned yn llai a llai
    Â'r peiriannau yn fwy a mwy;
A phan fydd efe wedi myned yn ddim
80   Ni fydd ei eisiau ef arnynt hwy.

★ ★ ★

Do, bu angau'r hen gwningod
    Yn dyfiant i laswellt ac âr;
Ond daeth y llwynogod â mwy o'r angau
    I gwt hwyaden ac iâr.

★   ★   ★

85   Mor faethlon ydyw'r bwyd a brynwn yn y siop
    Yn dorthau, ffrwythau tun a chacenni;
Ond fe dynn y barbariaid ohonynt y fitamin byw
    A'i werthu yn y siop gemist fel pelenni.

★   ★   ★

Gwrando ar y radio ac edrych ar y set deledu,
90   A mwynhau'r opiwm; ond paid â chodi dy ben
A cherdded at y ffenestr, ac edrych drwyddi,
    Rhag iti weled y cwmwl niwclear yn y nen.

★   ★   ★

Collodd y tad ei frenhiniaeth ar yr aelwyd
    A rhoi heibio deyrnwialen ei wialen fedw;
95   Ac o'r anllywodraeth daeth y lladron a'r llofruddion
    llencynnaidd
    A dinistr yn donnau gan y Bechgyn Nedw.

★   ★   ★

Yr hen ŵr yn y lleuad â'r baich drain ar dy gefn!
    Mor unig trwy'r holl ganrifoedd fuost ti:
Ond paid â phoeni, gymrawd, oherwydd fe gei di cyn hir
100   Gymdeithas y Comiwnyddion a'r ci.

★   ★   ★

Ai gwir yw mai soseri sydd yn ehedeg,
   A soseri yn unig, trwy'r ne'?
Paham na fyddai cwpanau arnynt fel y gallem
   Yfed y goleuni fel te?

★ ★ ★

105 Gan y gwerinwyr yng Nghymru nid oes mwyach werin,
   Ar ôl i gyfoeth y wlad gael ei ledu:
I rengoedd y dosbarth parchus yr esgynnodd hithau
   Gyda'i modur, ei gwyliau a'i set deledu.

★ ★ ★

Mor hen ffasiwn erbyn hyn ydyw'r piano a'r delyn;
110   Hen greiriau yw'r unawdydd a'r odlwr:
Miwsig cyntefig, cwrcathlyd ein diwylliant modern
   Yw'r bocs jiwc, y band sgiffl a'r iodlwr.

★ ★ ★

Ymgiprys am daro'r lloer â rhoced
   A gosod ystordy arfau arni hi;
115 A'r genedl a lwyddo i'w meddiannu a lywodraetha
   Ein byd lloerig ni.

★ ★ ★

Nid oes deunydd na dynion na gwrthrychau gweledig,
   Dim ond haniaethau ac afluniau o bob math
Gan yr arlunwyr eithafol, fel pe ceisient beintio
120   Haniaeth y wên heb yr wyneb a'r gath.

★ ★ ★

Am iti golli dy Gristionogaeth, dy fetaffiseg a'th foesoldeb
Fe bwysi yn drwm ar siop y fferyllyddion,
Gan brynu dy obaith, dy ffydd a'th dangnefedd
Yn y pelenni egni a'r tawelyddion.

★ ★ ★

125   Fe fyddwn ni, y beirdd, yn dotio ar wyryfdod geiriau,
Llam y llafariaid, ceinder y cytseiniaid:
Ac fe fyddwn ni yn poeri yn wyneb y newyddiadurwyr
Am droi'r gwyryfon hyn yn buteiniaid.

★ ★ ★

Pan ei di i'r lleuad a Mawrth a Fenws
130   Fe ddygi gyda thi ynot dy hun
Dy bwysigrwydd a'th bechod, gan eu troi yn llwyfannau
Newydd hen drasiedi dyn.

★ ★ ★

Cododd yn ddiweddar ysgol o arlunwyr,
Ysgol bwysicaf ein canrif ni:
135   Celfyddwaith clasurol y babŵn a'r babanod,
Art yr orang-wtang a'r tsimpansî.

★ ★ ★

A garo sylwedd a chymdeithas, rhaid iddo fyw yn unig
Trwy ymwadu â'r pobloglyd beiriandodau:
Y radio yn ein byddaru fel na chlywn-ni sŵn syniadau
140   A'r teledydd yn ein dallu â disgleirdeb ei gysgodau.

★ ★ ★

Ym mynwent Llanycil y claddwyd Bob Tai'r Felin;
Claddu ei faled, ei gloch a'i wynt:
Ond y mae'n dal o hyd ar y record i gladdu'r asyn
A fu farw wrth gario glo i'r Fflint.

★ ★ ★

145 Mor dlawd a dirmygus ydyw'r Gwaredwr
        Wrth hongian ar Ei groes trwy'r oesau,
     Heb bensiwn, a heb geiniog goch yn Ei boced
        Na *gaiters* i barchuso Ei goesau.

★ ★ ★

        Molwn ein canrif am ei saint a'i diwygwyr
150   A chanwn iddynt fawl ac arwyrain:
        Schweitzer a Danilo Dolci yn y Gorllewin,
        Gandhi a Vinobha Bhave yn y Dwyrain.

★ ★ ★

     Myned i ymweled â chyfaill yn ysbyty'r meddwl,
     A chael myned i'r ystafell bob yn ddau ar y tro;
155 Tri yn eistedd i ymgomio o amgylch y byrddau;
     A cheisiaf ddyfalu p'run o'r tri sydd o'i go'.

★ ★ ★

     Ganrif y ffoaduriaid a'r bobol ddigartref;
     Fforestydd ohonynt, di-bridd a diwreiddiau:
     A wnei Di gofio am y rhain, y Bugail diobennydd,
160   Am y digorlan a'r digynefin breiddiau?

★ ★ ★

Wrth ollwng y bom ar Hiroshima a Nagasaki,
Fe droesom Asia i ni yn elyn:
Ac fe ddaw dydd eu dialedd hwy arnom rywbryd,
Dydd y dial dychrynllyd, melyn.

★ ★ ★

165 Rhaid heddiw wrth gefndir o sŵn a mwstwr
I foddi'r gwacter sydd yn y dyn:
Nid oes ganddo ddim y gall ef bwyso arno,
Nac adnod na chân na llun.

★ ★ ★

Fe fydd y canrifoedd yn newid y ddau leidr,
170 Ond ar Ei groes y byddant yn Ei gadw E':
A heddiw y mae Iddew yn crogi ar Ei chwith
Ac Affricanwr yn hongian ar Ei dde.

★ ★ ★

Yn yr Eidal bydd y set deledu yn y caffeau
Yn dangos amrywiaeth y wlad a'i dulliau byw,
175 Yn dangos amrywiaeth y taleithiau ac undod y genedl:
Teledydd Dante a Mazzini, yr Eglwys a Duw.

★ ★ ★

Nid rhaid wrth ddiwylliant o gwbwl yn y Famon o America
I ddringo'r ysgol o waelod tlodi i'r lan;
Ond bydd y miliynydd snoblyd yn dangos ei ffug-ddiwylliant
180 Wrth brynu Van Gogh, Gauguin, Toulouse-Lautrec a
Cézanne.

★ ★ ★

'Pob pant a gyfodir, a phob mynydd a bryn a ostyngir',
　　Meddai Eseia, wrth baratoi'r ffordd i Dduw:
Ond fe fyddwn ni yn gostwng mynydd a bryn i lefel y pantiau;
　　Un lefel gydradd, gyffredin, ddiddiwylliant a di-liw.

★　　★　　★

185　Y mae ein hoes ni yn gadael yr hen fynegbyst
　　　Ac yn symud ac yn newid yn gyflym iawn:
　　Ond wrth adael yr hen sicrwydd rhuthrwn ar y sugn-dywod;
　　　A pho gyflymaf y rhuthrwn arafaf yr awn.

★　　★　　★

　　Llunio ei gylchoedd gwareiddiedig—yn deulu,
190　　Plwy, sir a chenedl—a wnaeth dyn:
　　Ond wrth deithio i'r gofod gwelir y cyntefigrwydd newydd,
　　　Fel pe byddai dyn wedi datblygu yn llwrw ei din.

★　　★　　★

　　Nid oes neb a wad nad yw bywyd yn myned yn ei flaen,
　　　A bod dyn yn datblygu yn ddiwrthdro a di-baid:
195　Pan fydd y mab yn gwrthryfela yn erbyn safonau ei dad,
　　　Fe fydd yn dadlau ac yn ymladd tros safonau ei daid.

★　　★　　★

　　Nid oes gan y dyn gwyn, gwareiddiedig ddiwylliant heddiw,
　　　Yn benillion, ceinciau a dawnsiau fel y bu;
　　Ac yn ei anniwylliant y mae'n benthyca diwylliant arall:
200　　Jas, sgiffl, sigl a swae y dyn du.

★　　★　　★

'Diolch mai i ni, ac nid i'n gelynion,' meddai Truman,
'Y rhoddodd Duw y bom'; ac ar y ddwy dref
Efe a'n harweiniodd i'w gollwng, a'u llosgi a'u difa
Er mwyn ein democratiaeth a theyrnas nef.

★ ★ ★

205 Peiriannau yn cyfrif ac yn cofio fel ymennydd;
Peiriannau yn gwneuthur gorchwyl dwylo dyn:
Blychau a setiau yn peirianoli llais a llygad
Oni fyddo'r person yn troi yn beiriant ei hun.

★ ★ ★

Nid yw dyn yn berson sydd yn dewis ac yn penderfynu;
210 Nid yw'n euog o drosedd nac yn gyfrifol am gam:
Y mae'r bai am y camwedd a wnaeth ar yr amgylchiadau,
Ac am y trosedd, y mae'r bai ar y tad a'r fam.

★ ★ ★

Pregethant Gristionogaeth yn y capeli a'r eglwysi,
A rhônt yn yr ysgolion a'r colegau addysg lydan:
215 Ond gadawant hwy i'r Mamon modern reoli'r awyr
A bwrw ei anniwylliant ar y sgriniau trydan.

★ ★ ★

Yn y gwledydd totalitaraidd nid oes gwrthryfelwyr,
Canys nid oes ond yr angau erchyll o'u blaen;
Arteithio corff ac ysbryd â'r dyfeisiau newydd,
220 Dyfeisiau sydd yn fwy gwyddonol na chwil-lys Sbaen.

★ ★ ★

Yn y gweriniaethau, hysbysebu yw'r gelfyddyd
I gadw â'r nwyddau newydd y bobl yn ddof:
Lladdant bob gwrthryfelwr â modur, pob anghydffurfiwr â swyddi
Oni fyddo'r werin yn fud ac ufudd fel cŵn Pavlov.

★   ★   ★

225 Pan ddaw'r rhyfel nesaf rhwng Rwsia a'r Unol Daleithiau
Nid ymladd a wnânt tros Gristionogaeth a'u
  gwleidyddiaeth hwy:
Yn llaw'r cadfridogion, y technegwyr a'r biwrocratiaid y mae
  eu llywodraethau:
Yr un drindod faterol sydd yn rheoli'r ddwy.

★   ★   ★

Y dyrfa a floeddiodd, 'Croeshoelier Ef':
230   Ni fyddai neb wedi bloeddio ar ei ben ei hun;
Ond er i'r dyrfa Ei yrru Ef i'r croesbren,
Euog a chyfrifol, er hynny, oedd pob un.

★   ★   ★

'A ydych yn cael y gorau ar y *Sassenach* yn eich gwlad?'
Oedd y cwestiwn a ofynnwyd i'm cyfaill gan hen
  Wyddeles dew:
235   'Os gwneiff eich bechgyn chi hanner cystal â'n bechgyn ni,
Fe fyddan' wedi gwneud yn o lew.'

★   ★   ★

Di-raen a diflas yw'r dref fel gorsaf danddaearol,
Ac yn llawn mwstwr a llwch a mwg y trên:
Mor braf yw esgyn y grisiau-symud i'r awyr agored,
240   I awyr iach cerddoriaeth, celfyddyd a llên.

★   ★   ★

Pwrpas pob dim yw ein cyflyru; fe'n cyflyrir gan y sinema,
Ffortiwn y papurau pêl-droed a'r hysbysebau o bob tu;
Ein cyflyru a wna'r papur newydd, y radio a'r teledydd,
Fel clomennod yn cael eu cyflyru wrth bigo ysmotyn du.

★   ★   ★

245 Nid nyni sydd yn berchen ar adnoddau ein dŵr a'n daear,
Nac ar yr wybren y disgyn ohoni y Strontiwm naw-deg:
Dygant hwy ein dynion a'n dŵr, gyrru eu diwylliant i'n clust a'n llygad
A gadael i'r gwenwyn fyned gyda'n lluniaeth i'n ceg.

★   ★   ★

Yn y distawrwydd rhwng ffrwydro'r bom uwch Hiroshima
250 A gollwng y bom nesaf, ni allwn ond mwynhau'r byd:
Carafana ar y meysydd, picnica ar ochr yr heolydd
A bolaheulo ar y traethau yn ein hyd.

★   ★   ★

Marwol yw'r modur ar yr heol, ac ar y môr y mae'r llongau
Yn symud mor araf, a gorlawn ydynt ac aflêr:
255 Mor newydd fyddai gwyliau ar awyrlong yn ehangder yr wybrennau,
Gan symud yn gynt na sŵn rhwng porthladdoedd y sêr.

177. Y GENEDL

Ni fynnwn ni blygu uwchben d'afiechyd
   Fel meddygon anffaeledig iach,
Gan roi'r corn ar dy frest a'n bys ar dy bryder
   Ac archwilio dy seithuctod a'th grach:
5 Wrth lunio diagnosis o symtomau dy glefyd
Ni glywwn ei wres yn ein pennau ni hefyd.

Ond mynnwn dy ddwyn i ward yr ysbyty
   Lle y dihetrir dyn yn noethlymun dlawd;
Y byd a'i bwysigrwydd y tu allan i'r ffenestri,
10   Arian a swydd a chysur a chnawd:
Heb ddim ond cwpwrdd a phot a phangau
Yn y mynachdy y drws nesaf i'r angau:

A'th gario ar gerbyd i'r gwely haearn
   I ystafell y sisyrnau a'r cyllyll di-haint,
15 Lle y tynnwyd tan ei goleuni a'i distawrwydd
   Trwy'r canrifoedd hen gancr euog y saint:
Y mae'r Meddyg gwyn wrth yr atgas operasiwn
Yn theatr drugarog, atgyfodus Ei Basiwn.

178. LLYWELYN EIN LLYW OLAF

Mor adwythig oedd y bicell a drawodd ar antur
  Y Tywysog Olaf heb ei fyddin gref;
Gwaedu i farwolaeth fel pelican trychinebus,
  A'i Gymru annibynnol gydag ef.

5   Mor adwythig oedd y broffwydoliaeth a waredodd Gymru
      O'r hir herwriaeth a'r dieflig drais;
    Yn y ddinas lle bu'r pen yn grechwen ar y polyn
      Dringodd Penmynydd i orsedd y Sais.

    Deuwell oedd ganddynt drysorau'r Aifft Dudurllyd
10   Nag adfer ei wladwriaeth ef yn y tir;
    A digiodd y gwaed i'r byw ar lan Irfon
      Ac aeth ei gelain ar ddifancoll yng Nghwm-hir.

    Deuwn heddiw yn fyddin i'r fan yng Nghilmeri
      Lle nad oes yr un asgwrn o gorff ein Llyw;
15 Ond yma y mae ei waed, a gwaed ei Gymru,
      Cymru Dewi a Hywel Dda a Duw.

179. YR HEN ŴR O BENCADER

HARRI II:
'Pa obaith sydd i'th genedl di, yr hen ŵr mwyn,
   Yn erbyn fy myddin hon?
Fe allwn ei dileu hi oddi ar fap y byd
   Mor rhwydd ag anadlu bron.'

YR HENWR:
5 'Eich Mawrhydi, ni allai eich holl allu mawr chwi
   Fyth orchfygu fy ngwlad
Oni bai am eich cynghreiriaid sydd y tu mewn iddi hi,
   Anundeb a swyddgarwch a gwad.

'A gwendidau fy nghenedl sydd yn fy ngyrru, ŵr hen,
10   I golli fy nhymer yn lân;
Ond ni all neb ei dileu hi ond dicter mawr Duw
   Ar ben ein dicterau mân.

'Ac o'i drugaredd fe gyfyd Ef weddill bach dewr
   I'w harwain trwy'r argyfyngau i gyd;
15 A'r rhain fydd yn ateb yn Nydd y Farn fawr
   Dros y cornelyn hwn o'r byd.'

180. CWM TRYWERYN

Cyfododd y Goliath pres yn Lerpwl
   I waradwyddo ac ysbeilio'r werin,
Gan gasglu'r afonydd at ei gilydd i gyd
   I foddi'r gymdeithas yn Nhryweryn:
5   Tyred, Ddafydd, â'th gerrig o'r afon,
     A Duw y tu ôl i'th ffon-dafl,
   I gadw emynau Capel Celyn,
     A baledi Bob Tai'r Felin
Rhag eu mwrdro gan y dŵr yn argae'r diafl.

10 Gofyn, Ddewi, i Dduw yn dy weddïau
     Am gadw rhag y Philistiaid dy werin;
   Arweiniwch, y ddau Lywelyn a Glyndŵr,
     Eich byddinoedd i Gwm Tryweryn:
   A thi, y Michael mawr o Fodiwan,
15   Pe byddet yn y Bala yn awr,
     Ni châi mynwent wag Capel Celyn,
     Cartref a chnwd a chân a thelyn
Eu claddu tan argae'r dienwaededig gawr.

181. DINBYCH-Y-PYSGOD

Mor llawn ydyw'r ddeudraeth yn Ninbych-y-pysgod
   O ymdorheulo plant a gwragedd a gwŷr;
A'r bae wrth ei fodd yn cario cychod a llongau
   O'r harbwr i santeiddrwydd Ynys Bŷr.

5   Tros fil o flynyddoedd yn ôl bu'r cynfardd yn canu
   I'r addfwyn gaer ar y nawfed don;
A phan oedd y môr o'i hamgylch yn gwneud y mawr wrhydri
   Uchel oedd y gwin a'r gerdd y tu mewn i hon.

Canrifoedd o wylanod er cyfnod y cynfardd
10   A fu'n clebran a dadlau ar y traethau hyn;
Ond wedi dyfod yr ymwelwyr y maent yn llawer distawach
   Ac yn fwy dedwydd am fod eu boliau bach yn dynn.

Nid oes yr un awgrym o gwmwl yn unman yn yr wybren
   Na chysgod o bryder ar fôr a thir:
15   Ar wahân i'r sŵn argoelus sy'n aros yn yr awyr:
   Bugunad y gynnau neithiwr ym Maenorbŷr.

182. Y TIPIAU

Sôn y sydd yn awr yn y De am symud pob tip,
A'u troi yn goedwig a chaeau chwarae a dôl;
A da fydd cael gwared arnynt, ond eto i gyd
Bydd hiraeth ar rai ohonom ni ar eu hôl.

5 Poeth o hyd yw eu peithiau gan waed yr Indiaid ciwt
A laddwyd gan y cowbois trwy gyfrwysach dichell a thric:
Yno y mae'r meysydd poblog lle curai Cymru bob gwlad
Yn yr ornest rygbi â champau ein cais a'n cic.

Lleoedd mwy aframantus nid oes yn y wlad na'r tipiau twp,
10 Tom y pyllau a chwydfeydd y ffwrneisiau coch;
Ond er hyn ar y rhain y clywsom ni gyntaf wanwyn y nwyd
A phlannu ein hegin gusanau ar wefus a boch.

Hyd eu llwybrau anwledig trwy'r flwyddyn y cerddai'r saint
I Salem a Seion fore a phrynhawn a hwyr,
15 Gan sylwi ar y tipiau yn gweddnewid dan yr heulwen a'r glaw
O'r disgleirdeb diamwntaidd hyd at y craster llwyr.

Geni, priodi, byw a marw a ddyneiddiodd y rhain;
Chwarae a charu a chrefydd a wareiddiodd eu ffyrdd:
Yn wir, erys y rhain i ni yn gain gan drafnidiaeth dyn
20 A chan amrywiol brofiadau bywyd yn iraidd wyrdd.

183. OWAIN GLYNDŴR

I ddifancoll y ciliodd Owain,
   Yn ôl tystiolaeth y Brut,
A thrueni nad ychwanegodd hefyd
   Ym mha le a pha sut:
5   Ai ym Monnington Straddel gydag Alis
   Y cafodd ar y diwedd do?
Ai wrth y capel gerllaw y gorwedd
   Yn heddwch Seisnig y gro?
      Ond fe gododd ymhen pedair canrif
10   I gychwyn ei frwydr drachefn.

Ei blasty di-glo, diglicied
   A losgwyd yn lludw gwyn;
Parlyswyd y clomennod yn y maendwr
   A chrynodd y pysgod yn y llyn:
15   Cymerwyd yr orau o'r gwragedd
   I Lundain, a dau o'i blant,
Ac yntau fel Grivas yn cael ei hela
   Gan y gormeswyr o fryn i bant:
      Ond fe gododd ymhen pedair canrif
20   I gychwyn ei frwydr drachefn.

Mynnai gael Eglwys y Cymry
   Yn rhydd o afael Caergaint;
Codi dau goleg i'r ysgolheigion
   A chael esgobion Cymraeg i'r saint:
25   A theyrnasodd am dro fel brenin,
   Yn null y tywysogion gynt;
Ond y pedwar llew a orchfygwyd
   A'r sêr, y glaw a'r gwynt:
      Ond fe gododd ymhen pedair canrif
30   I gychwyn ei frwydr drachefn.

Sefydliad erbyn hyn yw ei Senedd
I gynnal cyfarfodydd y dref,
A rhoddwyd bordydd chwarae biliards
A chaffe hefyd ynddo ef:
35 A chlywyd yn ddiweddar am y ffrwgwd
Rhwng y Cymry eang a chul,
A ddylid agor y caffe
Ar brynhawn dydd Sul?
Ond fe gyfyd ymhen y canrifoedd
40 I agor ei Senedd drachefn.

184. CYMRU

Do, fe fuom ni yn dy regi di ac yn dy chwipio;
Yn dy alw yn boen, yn bitsh ac yn butain,
   A dal fod dy gorff yn gancr ac yn grach:
Maddau inni os buom yn rhy lawdrwm arnat,
5   Canys nid ydym yn broffwydi anffaeledig nac yn seintiau cyfiawn:
   Nid yw ein cyrff a'n heneidiau ninnau yn iach.

Fel derwen yn sugno ei maeth o'r ddaear, ac o'r nef y goleuni
Y buost ti trwy'r canrifoedd; ond heddiw anghofiaist yr wybren
   A byw i grafu o'r pridd yr eilunod mân:
10 Cydymdeimlad llac Iesu Hanes yw dy grefydd;
Teganau a chardiau dy Nadolig; dy Basg yn wyau siocled:
   Y lili heb y drain a'r ysgall; y goleuni heb y tân.

Ni a fynnwn ein bwrw ein hunain a thi i'r llyn sachlennaidd;
Llyn â'i ddyfroedd o ddifri; ei lannau yn wyn gan halen;
15   A'r gwynt ar ei wyneb fel anobeithiol gri:
Ac yna ni a gerddwn gyda'n gilydd i'r Swper santaidd,
A gofyn ar ein gliniau cyn cymryd y gwin a'r bara:
   'Iesu, fab Dafydd, trugarha wrthym ni.'

Fel Isaac wedyn, ni a dynnwn y pridd o'r pydewau,
20 Y pridd a osodwyd i'w tagu gan y Philistiaid, yr amaethwyr eurllaeth,
   Y swyddgarwyr, y cynffonwyr a'r bradwyr o bob rhyw:
Ac ni a gloddiwn yn y dyffrynnoedd am y ffynhonnau rhedegog;
Ffynnon Moses a'r Macabeaid, ffynnon Glyndŵr ac Emrys
   A'r ffynhonnau sydd â'u llygaid yng ngras ac iechydwriaeth Duw.

185. Y CAPEL YN SIR GAERFYRDDIN

Mor syber oedd y Sabothau yn Seion,
Mor naturiol oedd y Capel yn y wlad;
Y Capel a oedd yn fyw gan yr Efengyl
Ac yn gynnes gan emynau Pantycelyn, Dafydd Jones o Gaeo,
5   Tomos Lewis o Dalyllychau ac emynwyr y sir.
Y tu allan iddo yr oedd cerbydau'r ffermwyr
Ac yn yr ystabl wrtho yr oedd y ceffylau yn pystylad
Ar ganol gweddi a phregeth;
Ac oddi amgylch iddo yr oedd y meysydd ym mis Awst
10   Wedi eu beichio gan wenith a cheirch a siprys.
Nid oedd ond mur rhwng y Gwaredwr yn y Capel
A Chreawdwr y byd y tu allan iddo.
Mor wahanol oedd y Capel yn y Deheudir diwydiannol,
Lle'r oedd yn cystadlu â'r gwaith dur, y gwaith alcam a'r pwll glo.

15   Er hyn oll, y Capel a roddai yn ddiwahaniaeth,
Yn y glesni a'r glaw gwledig, ac yn y mwstwr a'r mwrllwch,
Y dŵr ar dalcen, y fodrwy ar fys a'r atgyfodiad uwch yr arch.

186. CARTREFI'R GWEITHIWR

Cartrefi digymar oedd y gwersylloedd
A godwyd gan y pensaer o Famon
   Yn y cwm ac ar ochrau'r bryn:
   Yn y môr metelig, nwyog,
5   A'i lanw a'i drai o fflamau,
   Hwynt-hwy oedd yr ynysoedd gwyn.

Ar ôl y peiriant mor rhwydd oedd y parabl,
Mor bêr oedd y bwyd wedi'r slafdod,
   A phob diod yn well na'r gwin:
10 Gwyrthiau oedd ei blant a'i gymar;
   Cristionogaeth a diwylliant oedd yr aelwyd;
   Y gwareiddiad ydoedd teulu dyn.

Cartref yn debyg i'n cartrefi ninnau
Oedd y cartref hwnnw yn Nasareth,
15   Cartref y gweithiwr, yn ôl y Gair:
Diolch mai gweithiwr oedd y Meseia,
Mai crefftwr a fu farw ar y croesbren
   Ac mai mam gweithiwr ydoedd Mair.

187. SIR BENFRO

I'r cynfyd y camwn wrth groesi'r ffin i sir Benfro,
  Sir carreg ogam a chromlech a charn a chroes;
Ac ar ffermydd yn gyffredin codwyd, wrth aredig, o'r pridd
    hen feini
  A'u gosod i sefyll ar gaeau yn dyst i'r gyntefig oes.

5 Wrth rodio ar lannerch a dyfod ar draws twmpath, braidd
    na ddisgwyliwn
  Weled rhyw Bwyll yn erlid Rhiannon yn ffôl o fud:
  A disgwyl gweled y wlad, y dynion, y tai a'r anifeiliaid
  Yn diflannu yn sydyn trwy dwrf y niwloedd hud.

Mewn cilfach ar lan y môr rhwng y creigiau â'u haenau
    cynoesol
10 Gwelwn sant yn cychwyn mewn cwch i Iwerddon neu Âl:
  A chlywed rhwng cerrig rhyw garn ar foelydd y Preseli
  Y Twrch Trwyth a'i berchyll yn rhochian ar eu gwâl.

Tawelwch Tyddewi sydd wedi ei buro a'i santeiddio trwy'r
    canrifoedd
  Fel mai cabledd ynddi yw awyren, modur a thrên:
15 A bendithiwn Dduw am y fraint o gael Ei Efengyl yng
    Nghymru
  Mor syfrdanol o gyfoes a hefyd mor hynafol o hen.

188. YR ESGOB WILLIAM MORGAN

Gwelai ef nad oedd y Gymraeg ond tafodiaith gyffredin
    Ffair, fferm, baled a thelyn a thôn;
Ac na allai'r tafod a barablai ym marchnadoedd Mynwy
    Ddeall y tafod gyddfol ym marchnadoedd Môn.

5   O'i flaen canfyddai ef yn seddau'r Eglwys
    Ei bobl yn eistedd y tu hwnt i derfynau gras,
Fel defaid ac ŵyn ei gynefin yn crwydro ar eu cythlwng
    Ar y mynyddoedd estron heb ganddynt yr un blewyn glas.

Am hynny ef a lafuriodd i ollwng y Llyfrgell Santaidd
10   O hynafol groen yr Hebraeg a rholiau brwyn y Roeg:
A gras syfrdanol i'r Cymry oedd clywed am y tro cyntaf
    Y Tad, y Mab a'r Ysbryd yn parablu yn Gymraeg.

Iechydwriaeth o sir Fôn i sir Fynwy ydoedd clustfeinio
    Ar eiriau ac actau'r Meseia mewn rhyddiaith gyffredinol a hardd:
15   A'i glywed yn bendithio'r gwin a'r bara yn yr oruwchystafell,
    Yn marw, yn codi ac yn esgyn yn iaith bendefigaidd y bardd.

Canmolwn ef am ei ddygnwch, ei ddewrder a'i santeiddrwydd
Ac am ei gymorth i gadw'r genedl a'r iaith lenyddol yn fyw,
Gan roddi arni yr urddas ac iddi'r anrhydedd uchaf
20   Wrth ei throi yn un o dafodieithoedd Datguddiad Duw.

189. YNYS CYPRUS

Fe fyddwn ni, Eglwysi Gorllewin Ewrob,
Yn bwhwman gormod o gylch bôn y groes,
Yn gorbeintio'r drain, yn gorganu i'r bicell
Ac yn gorgymuno â'r gwaed.
5   Dylem dynnu dalen o galendr yr Eglwys Roegaidd,
Llawenychu yn llawnach a gorfoleddu yn haelach,
Neidio, dawnsio a gwledda.
Ar ôl fflamau cynhebrwng y Crist yng Ngroeg,
A'r Gwaredwr yn gorwedd yn Ei fedd o Eglwys,
10   Daw ar ganolnos o enau'r offeiriad eiriau'r apostolion,
Christos anesti.
O'r golau y tu ôl i'r allor cyneuir pob cannwyll,
A'i dwyn hi i ailgynnau cannwyll pob aelwyd,
Ac ailoleuo stryd, sgwâr, gwinllan a mynwent
15   Oni fyddo'r ddinas yn fôr o ganhwyllau,
A'r wlad yn fyw gan y wawr Basgaidd:
Yn ei golau bydd gwledda, yfed gwin a thân gwyllt,
Taro wyau coch yn erbyn ei gilydd
Ac yn y pentrefi rostio oen.
20   Gellid tybio mai'r bore hwnnw y cododd y Crist.
Christos anesti.

Fe fyddant yn dawnsio, neidio a gwledda
Pan gyfyd gwawr arall ar eu Hynys hwy;
Gwawr gwaredigaeth y genedl;
25   Gwawr yn goch gan eu gwaed
Ac arni fendith esgobion yr Eglwys,
Ac ynddi aberth gwerin, myfyrwyr a phlant ysgol:
Dewrder oedd eu dewrder hwy
Yn nhraddodiad Salamis, Marathon a Thermopylae.
30   Dwy wawr,
Gwawr gras a'r wawr genedlaethol.
Gwyn eu byd.

190. ALBERT SCHWEITZER

Gwledydd Gorllewin Ewrob a Phrydain
A wareiddiodd y Dwyrain Pell a'r Dwyrain Canol
Â'r Beibl, y *ledger* a'r gwn—y tri hyn:
Y brodorion a dderbyniodd yr Iesu Catholig
5   Er lladd eu brodyr a lladrata eu golud:
Mor wahanol iddo Ef oedd y Cristionogion gwyn.

Gwareiddiad Bach, Kant a Goethe
A ddirywiodd, a gadawodd Schweitzer yr Ewrob bwdr
Gan fyned yn iawn tros ein trais a'n snobrwydd
10   I'r Affrica ryddieithol, a chodi ei ysbyty yn Lambaréné
I wella heintiau a chlefydau'r Lasarus lliw:
Yr Ysbryd a'i hanfonodd ef yno fel llysgennad
I dystio yn y Dwyrain Canol a'r Dwyrain Pell
Nad oes yr un *apartheid* yn nheyrnas Dduw.

191. BEIRDD A LLENORION EWROB

Beirdd a llenorion Ewrob sydd wedi cadw'r fflam yn fyw,
Y fflam rydd a chyfiawn a chenedlaethol;
Cadw'r fflam wareiddiedig yn fyw
Ar y crocbrennau, trwy'r bwledi, yn y carcharau ac yn y
    mudandod,
5   Yn Rwsia, Hwngaria, Gwlad Pwyl a'r gwledydd tywyll:
Cadw'r fflam Gristionogol yn fyw yn y nos dotalitaraidd
A thu ôl i'r llen haearn.
Fflam a gyneuwyd gan athrylith ddynol Groeg,
Ac a gochwyd gan y Meseia ym Mhalestina,
10   Yw fflam Gristionogol, wareiddiedig Ewrob.
Ni all lanterni a lampau Jwdas a'i griw yng Ngethsemane,
Na'r fellten o Satan a syrthiodd o'r nef,
Fyth ddiffodd y fflam hon,
Y fflam a gafwyd o ganhwyllau'r Swper Olaf yn yr
    oruwchystafell.
15 Goleuni plygain y Pasg yw ei goleuni hi,
Ac ar ei phabwyr y mae tafodau tân y Pentecost yn parablu.

192. JESEBEL AC ELIAS

I

Y plas ifori ym mhrifddinas Jesreel
Oedd pencadlys y gwareiddiad modern yn Israel
Amrwd; moderniaeth ymerodraeth y môr:
Gwareiddiad marsiandïaeth a masnach a metel:
5   Diwylliant y Sidoniaid dyfeisgar a digydwybod:
Y gwŷr a glymai'r Dwyrain â'r Gorllewin
Â chadwyni porffor a llinynnau aur.

Dwy orsedd aur oedd llewyrch y llys,
Gorsedd Ahab a gorsedd Jesebel,
10   Ac ar eu gortho gwyrthiol symbolau Baal.
O gedrwydd oedd ei golofnau, ei gelfi o ifori;
Llestri o wydr lliw, a'r llenni
O borffor, y porffor a rwydid yn yr eigion:
Y cwbl yn orchestwaith seiri coed,
15   Main a metel; gwaith gwehyddion a gwniadyddesau
A chaledwaith caethweision.

Ar orsedd Israel ni bu brenhines fel hon,
Brenhines o bell, brenhines bob modfedd ohoni;
Gemwaith aur ydoedd ei gwisg hi
20   Ac arni aroglau myrr, aloes a chasia:
Ei gwallt oedd fel aur trythyll, a'r llywethau
Yn llifo fel tonnau llwynogaidd oddeutu ei thalcen;
Y gwefusau gwancus, gafaelgar a gwallgof;
Yn ei llygaid lliw-agor yr oedd llewyrch
25   Y nwyd a reolai'r brenin a'r brodorion;
Yn ei hwyneb yr ewyllys a goncrai bob gwrthwynebiad
A than ei gên benderfynol hi gorweddai
Gwddfdlysau ar lun blodau a bwystfilod;

Ei hewinedd henna oedd fel crafangau cryf
30 A droai fyd yn un ymerodraeth fawr:
Ac yn ei holl gorff yr oedd crandrwydd creulon
A gallu diwrthdro dictadures y Dwyrain.

Ahab fab Omri a Jesebel ferch
Ethbaal, y brenin a'r archoffeiriad, a gododd
35 Deml i Baal y drws nesaf
I deml Jehofa ar wastadedd Samaria,
A dwyn gyda hi o'i gwlad ei hoffeiriaid,
Bedwar cant a deg a deugain ohonynt,
I weini wrth yr allorau, a diffodd unduwdod
40 Y Jehofa anwaraidd, cul, cenedlaethol.
Baal oedd duw yr ymerodraethwyr a'r moderniaid,
Y Baal barfog, â phelydrau'r haul ar ei ben,
Yn marchog ar gefn y teirw,
Ac yn ei law rawnwin a phomgranadau:
45 A'i gymhares Astoreth, duwies y Sidoniaid,
Y Fam a'i phen fel lloer gorniog
Ac wrth ei bronnau ffrwythlon y golomen. Yn ei gwyliau
I gymell y gwanwyn â'r aberthau anllad
Dawnsiai Jesebel ddawnsiau synhwyrboeth
50 Sidon, a churai cledrau celfydd ei dwylo
Y tambwrîn.

Ceidwadwyr cyndyn oedd Elias y Thesbiad
A'i ganlynwyr; ffyliaid ar ffordd cynnydd
Oedd y Nasareaid a'r Rechabiaid; gelynion gwareiddiad.
55 Mynnent hwy gyfyngu'r genedl i'w gorffennol;
Addoli yn unig y Duw hwnnw
A holltodd y môr yn briffordd hallt
A boddi byddin lle y bu hi:
Y Duw a roes y deddfau yn y mellt a'r daran
60 A gorchmynion i'r genedl ym mwg y mynydd;

Duw bugail a defaid a chorlan:
Duw'r manna, y soflieir a'r dillad didraul
A Duw nomadig y pebyll Piwritanaidd.
Ni fynnent hwy Baal ac Astoreth yn dduwiau,
65   Tad y pridd a Mam y cnydau,
Sefydlwyr gwareiddiad gwin a gwenith;
Na Sidon â'i gallu yn gefn i'r genedl
Ac yn batrwm beiddgarwch masnach a busnes.

Nid oedd gobaith o gwbwl gan broffwyd brwdfrydig
70   Fel Elias yn erbyn awdurdod y ddictadures ddwyfol;
Tyddynnwr yn erbyn teyrn, gwladwr yn erbyn gwladwriaeth.
Canys Jesebel yw mam pob ymerodraeth,
Mamaeth pob busnes, noddreg pob masnach;
    Hi yw'r pŵer sydd yn pydru,
75   Y moethau sydd yn meddalu,
A'r ffyniant sydd yn mygu anturiaeth pob ffydd.

          II
Ar ôl ffiasgo Baal ar ben Carmel
A gollwng gwaed ei offeiriaid i Gison
Ymffyrnigodd Jesebel, a lladd proffwydi Duw;
80   Ond ciliodd Elias rhag ei bâr i Beerseba
A rhag anffyddlondeb ei genedl i anobaith yr anialwch.

'Dwl yw ceisio diwygio cenedl Duw
A ffôl yw ei blino a'i chystwyo hi;
Y genedl heb gof ganddi am hanes ei gorffennol,
85   Na chof am ei chyfamod gynt â Duw:
Cenedl yn cloffi rhwng dau feddwl;
Cenedl na fyn ddewis, y dewis dirfodol,
Rhwng Sinai a Sidon, Jehofa a Jesebel.
Gwell yw ganddi hi offrymu i'r llo,

90 Addoli'r ddeulo, a llunio delwau mewn llwyni,
    Ac arogldarthu ar yr uchelfeydd i'r duwiau dieithr.
    Nid yw yn werth ei hachub hi
    Na chodi bys bach dros y butain bwdr:
    A gwell yw i minnau, cyn cael fy mwrdro,
95 Fyned i farw wrth droed y ferywen.'

    Cyn marw mynnai i Dduw ddinistrio
    Jesebel a'i theyrnas â thân, gwynt a daeargryn;
    Ond ar eu hôl ar Horeb clywodd y distawrwydd,
    Distawrwydd gras ac nid dinistr grym;
100 Y distawrwydd a oedd mor ddwys fel yr oedd iddo lef,
    Y llef sydd yng nghalon dyn ac yng nghraidd y bydysawd,
    Y llef a yrrodd Elias yn ôl i Jesreel
    I daflu beddrod Naboth yn wyneb Jesebel.

    I'r winllan ladrad â'i grawnwin yn llawn gwaed
105 Yr hwyliodd Elias fel ustus Duw,
    Gan ddedfrydu'r brenin a'r frenhines i farw
    Rhwng y cŵn a'r brain am lunio'r dystiolaeth dwyllodrus,
    A gyrru'r gwinllannwr treftatgar i farwolaeth,
    Fel cablwr Duw a'r brenin; a dwyn ei winllan
110 Ar ôl ei angau caregog.

    Y cŵn a glywodd y tu allan i'r ddinas
    Aroglau'r gwaed wrth olchi ei gerbyd,
    A brysio i'w lyfu, a melysach i'w tafodau hwy
    Oedd gwaed Ahab na gwaed Naboth.
115 Ahab a gladdwyd yn naear Samaria;
    A chafodd ei fab ym maes Naboth
    Fedd; a chladdwyd yn eu beddau hwy
    Buteindra Baal.

Mor unig oedd y plas heno
120 Ar ôl eu marw hwy; mor weddw oedd yr orsedd:
Mor ddiymadferth oedd y Jesebel estron
Heb eunuch na morwyn na milwr ffyddlon.
Y crandrwydd creulon oedd yn dechrau crino
A'i gallu a'i hawdurdod hi yn gwywo.
125 Nid oedd Baal yn boblogaidd, na'i gymhares, Astoreth,
Yn gymeradwy gan y bobl Biwritanaidd, y bobl
A'i dirmygai hi am drawsfeddiannu gwinllan Naboth:
Parablai'r proffwydi yn eu llewygfeydd gwallgof
Yn ei herbyn, gan eneinio'r gwrthryfelwr, Jehu.

130 Mor ddieithr bell oedd ei Sidon sidanaidd
A'i fôr perffeithlas a'r pysgod porffor;
Y llongau yn llamu ar y lli, a'r cychod
Yn canu: dinas Baal ac Astoreth:
Y ddinas lle'r oedd y rhyfelwyr yn arglwyddi;
135 Y gwŷr busnes yn unbeiniaid; y llong-lywiawdwyr
Yn ddoethion, a'r dinaswyr yn dywysogion:
Y ddinas ddawnus a oedd yn ymerodraeth y môr,
Marchnadyddes y bobloedd i ynysoedd lawer:
Dinas ei chartref, ei chyfeillesau a'i gwyryfdod;
140 Dinas beddau ei rhieni rheiol.

Clywodd lais y dialydd yn y ddinas,
Llais gwaed proffwydi Israel
A llef gwaed y nebun o Naboth.
Aeth i edrych ei hwyneb yn y drych olaf
145 A'i goluro, gan lanw'r rhychau tan ei llygaid;
A dewis yn ei gwardrob ei gwisg briodas,
Gwisg odidog o emwaith aur
Ac arni aroglau myrr, aloes a chasia:

Edrychodd trwy'r ffenestr islaw ar ei ffawd
150 A bwrw ar ben yr ymhonnwr ei gwatwareg:
Ac ni ellir llai nag edmygu ei hymddál dewr
A'i hymddisgyblaeth wrywaidd.

Ar arch Jehu lluchiwyd Jesebel
Gan yr eunuchiaid o'r plas i lawr i'r ystryd,
155 Gan adael ei gwaed claear ar ei bared:
Gorweddai yn garped tan garnau'r meirch
A daeth y cŵn pislyd i ysu ei chorff,
Gan adael y benglog, y traed a'r cledrau:
Y traed fel teyrnged i'w dawnsio, y cledrau
160 O barch i'w curo celfydd, a'r benglog am buteinio Israel.

Ni chafodd hi arch na chynhebrwng parchus,
Na blodau na cherbyd na bedd ychwaith;
Ni luniodd yr un bardd iddi bennill
Ac nid wylodd ei deiliaid yr un deigryn.
165 Nid oedd yno neb, ond ysbryd Naboth,
Pan gasglwyd ei gweddillion, a'u gwasgaru hwy
Fel tail ar wyneb y tir yn Jesreel.

III

Y Plas Grisial ym mhrifddinas Lloegr
Oedd pencadlys gwareiddiad modern y Gymru
170 Amrwd; moderniaeth ymerodraeth y môr:
Gwareiddiad marsiandïaeth a masnach a metel;
Diwylliant y Saeson dyfeisgar a digydwybod;
Y gwŷr a glymai'r Gorllewin â'r Dwyrain
Â chadwyni cotwm a llinynnau aur.

175 Y plas hwn oedd metropolis y byd;
Plas Gwydr y gwyrthiau diwydiannol;

Pasiant y peiriannau, ffair y ffatrïoedd;
Plas y pŵer a'r mawredd mecanyddol.
Agorwyd ef gan fendith Brenhines
180 A gweddi Archesgob: ei lawryfon ef
Oedd llawryfon buddugoliaeth ar bwerau Natur;
Ei bistylloedd yn bistylloedd cynnydd a rhyddid
A sŵn ei utgyrn yn agor y gwareiddiad aur.

Yr Aur, iddo ef y rhoddwyd y rhyddid
185 A'r rhyddfrydiaeth hefyd a'r anghyfrifoldeb hael;
Ei dynnu o gadwyni crefydd y Crist
A'i godi uwchlaw gwaith dwylo dyn
A'i roddi ar wahân i anghenion y bobl.
Efe a ysgarodd dlodi oddi wrth falchder
190 A'i droi yn ddiogi ac yn docyn i uffern;
Gyrru gwallgofiaid i'r peithiau poeth
I gloddio amdano ac i ridyllio ei wyrth,
A byddinoedd ben-ben i ymladd am ei baradwys.
Efe a glymodd genhedloedd y byd
195 Yn un gymdeithas gyffredinol â'i linynnau brawdol.
Nid metel ydoedd ef, ond y democrat mawr;
Y dewin diaroglau; y duw sofran, sych
A'r absoliwt melyn.

Nid oedd gobaith o gwbwl gan y gegin o Gymru
200 Yn erbyn y plas amlystafellog, byd-eang;
Teulu o gymdeithas yn byw ar ei bwyd ei hun
Ac yn tyfu ei dillad ar gefn y defaid;
Ei chrefftwyr yn rhoi delw yr ysbryd ar waith eu dwylo;
Ei beirdd yn croniclo ei bywyd a'r delyn yn datgan ei
    diddanwch;
205 Ac wrth ei bwrdd democrataidd yr afiach a'r anghenus
Yn cael rhan o'i luniaeth a'i lawenydd.

Nid oedd gobaith o gwbwl gan y grefydd o Gymru
Yn erbyn megalopolis busnes y byd:
Yr eneidiau unig yn cerdded trwy'r Môr Coch
210   Ac yn crynu rhag taran a mwg y mynydd;
Crwydriaid yn cwyno trwy'r diffeithwch ac yn aml
Ar fin y dibyn: pererinion y pebyll Piwritanaidd.
Y morwyr etholedig yn hwylio ar fôr tymhestlog,
Yr Efengyl yn angor i'w llongau, a'r Llyfr
215   Wrth y llyw; yn llawenhau ac yn seinio Hosanna
Ar eu byrddau am fod yr awelon yn yr hwyliau.

Fel y gwnaeth Ahab gynt ehangwyd y grefydd,
Crefydd i gofleidio'r Duw a'r duwiau;
Duw Calfin a duw cyfalaf;
220   Duw'r Piwritan a duw'r peiriant;
Y Beibl a Bentham; y seiat a'r banc;
Gweddi a gweithfeydd, a chymanfa a chaethweisiaeth;
Brawdgarwch a busnes, a Seion a Sidon:
Ond ni adewid ond i gysgod Duw ddisgyn
225   Ar fur ysgol a choleg dyrchafiadol;
Academïau gallu a gogoniant Jesebel;
Gan droi'r Drindod yn Bedwardod: y Tad, y Mab,
Yr Ysbryd Glân a Jesebel.

Hwn oedd emyn y deml Victoraidd:

230   O! Jesebel, fy nuwies,
      Fy Jesebel a'm Duw;
    Ni allaf ar y ddaear
      Heb eich help chwi fyw:
    Fe geidw Ef fy enaid
235   A'i gadw yn llawn gwres,
    A hithau a rydd lwyddiant
      I'r saint wrth hel eu pres.

Caf Ei gwmni ar y Sabath
  Mewn pregeth, salm a llith;
Mor braf yw canu'n gynnes
  Am y bywyd a bery byth:
Caled yw'r bywyd yma
  Heb siawns i gael dim sbel;
Ac nid af ar gyfyl tafarn
  O barch i'm Jesebel.

Deiliad dwy deyrnas ydwyf
  A'r ddwy'n dragwyddol fawr:
Un Iesu yn y nefoedd,
  Un Iesebel ar y llawr:
A phan fydd raid ffarwelio
  Â byd fy nuwies ffel,
Caf delyn aur i ganmol
  Fy Nuw a'm Jesebel.

Hon oedd rhieingerdd y bardd yn y Grisialblas:

Dau lygad disglair fel dwy em
  Sydd i'm hanwylyd i,
Ond nad yw'r ddwyem yn ei threm
  Mor werthfawr â'i gemau hi.

Am wawr ei gwddf dywedyd wnawn
  Mai'r tan taneiddiaf yw,
Ond bod rhyw lewyrch gwell na than,
  Anwylach yn ei liw.

Hi gerdd yn ei gogoniant pwdwr
  Fel duwies Dior ar y stryd;
A'i ffasiwn yn ei chodi fry
  Uwchlaw gorchwylion byd.

Mor ddefosiynol yw yn y llan,
Mor neis ei gwep a'i sêl;
A neis yw'r cwbwl oll iddi hi
270   O'r groes i *Jumble Sale*.

A chain yw sain y Saesneg swel
Yn ei hymwthlais hi;
Mae iaith fasnachol y ddaear hon
Ar enau 'nghariad i.

275   A sicr wyf mai swanc yr iaith
Wrth hisian tros ei min
A roes i'w gwefusau'r parchus dro
A lliw a nicotîn.

Y llog hollalluog a gaeodd y comin;
280   Diffodd yr efail ddiwinyddol, ddiwylliedig;
Malu'r melinau a lladd y lledr a'r llestri;
Efe a roes daw ar y nodwydd a'r edau
A saethu trwy ei dwygoes y wennol wehydd:
Efe a gododd y gegin Gymreig
285   A'i gosod i gyd yn yr Amgueddfa Genedlaethol,
Lle mae'r Beibl ynddi mor hynafiaethol â'r bibell
A'r sbectol arno, ac â'r bwrdd oddi tano.

Caseais hi, y Jesebel Brydeinig,
Er pan oeddwn yn llanc dwy ar bymtheg oed:
290   Hyhi a'i haddolai ei hun
Yn y drychau crwn o fetel cabol:
Hyhi a reolai â'i theyrnwialen aur,
O'i gorsedd gartrefol yn y Plas Grisial,
Yr anferthwch tragwyddol o ymerodraeth a ymledai
295   O'r Gorllewin difachlud i'r Dwyrain lliw:
Ymerodraeth ramantus, ddiurddas a dienaid.

IV

Mantell Elias a ddisgynnodd ar Eliseus
Ac ar yr holl broffwydi o hynny hyd heddiw:
O'u Horebau main i ganol yr aur Victoraidd
300 Y daethant hwy, proffwydi praff y Drindod;
Tafodau maddeuant, trugaredd ac edifeirwch,
A geneuau Ei gyfiawnder, Ei gariad a'i ewyllys:
I bobl gysurus, grefyddol dangosasant hwy
Fethlehem o dan y banciau, Calfaria tan y cyfnewidfeydd,
305 Y bedd gwag o dan yr holl gyfoeth a'r gogoniant
A than y diwydiannu oll deyrnas Dduw.

O'u Horeb yng Nghymru, Mihangel ac Emrys
A ddaeth i lawr i ffrewyllu ei ffyniant hi;
Ffrewyllu'r llo ac addoli'r ddeulo
310 Ac arogldarthu ar yr uchelfeydd i'r duwiau dieithr:
Y genedl heb gof am hanes ei gorffennol,
Na chof gynt am ei chyfamod â Duw:
Cenedl yn cloffi rhwng dau feddwl;
Cenedl na fynnai ddewis, y dewis dirfodol,
315 Rhwng Sinai a Sidon, Jehofa a Jesebel:
Gwell oedd ganddi hi bwyso ar bawen y llew,
Cyrn y tarw a'r llongau hollalluog.

Gwyn eu byd hwy, y cenhedloedd bychain,
Meddai Sant Awstin; a hithau, Gymru, yn eu mysg:
320 Ni fyn y rhain fwrdro'r Nabothiaid
A lladrata eu gwinllannoedd a lladd eu treftadaeth,
Ond byw a ffynnu y tu mewn i'w ffiniau:
Tynnant eu maeth o'u meysydd a'u nodd o'u hadnoddau
Ac arian yn was bach yn eu masnach a'u busnes:
325 Cenhedloedd â'u canol mor agos i'r cylch
Fel y bydd y bobl yn bersonau, a'u deiliaid yn deuluoedd,
A'u gwleidyddiaeth yn wleidyddiaeth cymdogaeth dda:

Cenhedloedd yn cadw'r ddysgl yn wastad
Rhwng y chwith a'r dde, gwlad a thref,
330 Y delyn a'r glo, yr awen a'r haearn;
A deddf Duw yn llyw eu llywodraethau.

Yn ddiarwybod iddi hi ei hun y lluniodd Lloegr
Ei hymerodraeth, ac wedi ei llunio fe'i llyncwyd ganddi:
Y pyramid o ymerodraeth ar dir a môr,
335 A'r brenin yn eistedd ar ben ei bigyn;
Ac ynddo oddi tano y biwrocratiaid a'r gwŷr busnes,
Cadfridogion, cenhadon, arianwyr a gormeswyr;
A'i waelod triongl yn llethu'r llwythau,
Yn torri teulu, yn dinistrio diwylliant;
340 Ac wedi ei seilio ar siantïau a dyrnaid o reis.

O golegau'r Gorllewin yr âi gwŷr ifainc y Dwyrain
Gan ddwyn yn ôl yn eu côl y wawr fodern
A gwympasai gaerau breintiedig y Bastîl:
Y wawr rydd yn dadlennu iddynt ganrifoedd o gaethiwed;
345 Datguddio'r tlodi marwol mewn gwledydd o gyfoeth
A thywyllwch dilythyren y miliynau mud:
Gwelsant ddwyn treftadaethau y Nabothiaid iselradd
Trwy drais a thwyll gan y Cristionogion gwyn:
Y wawr a'u troes yn arweinwyr dewr a di-ildio,
350 A thrwy ympryd a gafr ac eistedd ar y ffordd,
Ac o gelloedd carcharau ac yn eu beddau calch,
Hwy a siglasant seiliau y pyramid pwerus.

Canmolwn ein cenhadon am ddwyn yr Efengyl i Asia
Ac Affrica, a rhoi'r Beibl yn ieithoedd y byd:
355 Ond mor anghyson â'u Hefengyl hwy oedd gwareiddiad y
        Gorllewin;
Yr aur ar yr ymennydd, yr arian yn y galon;

Y puteindai, yr hapchwarae ar y byrddau pìn;
Cnawd gogleisnoeth y sinema, anniwylliant y radio a'r teledu.
Gwell gan ieuenctid deallus y ddau Ddwyrain
360 Yw Mohammed na Mamon, Bwda na duwiau busnes,
Y diwylliant du na'r snobrwydd gwyn;
A symlrwydd a gonestrwydd bwystfilaidd y Comiwnyddion.

Deffro dychrynllyd yw deffro'r Dwyrain.
Y mae epil Naboth yn gafaelyd yn eu gwinllannoedd;
365 A hil y caethweision a gododd y Plas Ifori
Yn cydio yn eu heneidiau ac yn cadw rhag eu llygru
Gan yr aur gwyn a'r arian gwareiddiedig:
Y mae'r brodorion yn rhoi eu bawd wrth drwyn
Ac yn rhoi eu bys ar driger, a thu ôl i'r gynnau gwynias
370 Y mae'r hen nwydau cyntefig yn bygwth ac yn berwi.

Daeth dydd nemesis ei hwbris hi.
Ar ôl y Rhyfel Cyntaf, fel Jesebel gynt,
Aeth yr ymerodraeth, hithau, i goluro ei hwyneb;
Gwisgo'n wych am ei phen ac edrych trwy ffenestr,
375 A rhoi ei rhu olaf; ac ni ellid llai na synnu
At ei dewrder diegwyddor a'i mawredd diymysgaroedd.
Eithr yr oedd yn rhy hwyr canys gwelsai'r gorthrymedig
Y celwydd y tu ôl i'r colur, y trais y tu ôl i'r trysor
A thu ôl i'r gemau gamwedd.

380 Hyhi a fostiai na fachludai arni'r haul
Sydd yn diffodd fel bwlb bach: y deyrnas
A sefydlodd Duw sydd yn esgymunbeth dyn.
Y pedwar llew tan Nelson yn Sgwâr Trafalgar
Llywaeth ydynt erbyn hyn fel pedwar llo:
385 Y tarw a droes yn llyffant, y bwldog yn bwdlgi:
Nid oes yr un gigfran yn gerain yn Nhŵr Llundain,
Ac nid yw'r Plas Grisial yn awr ond siop wystl.

Heddiw y mae hi, a fu yn ben-bancreg y byd,
Hyd ei haeliau mewn dyled; a meistres y moroedd
390 Ond morwyn yng nghegin y plas dolerog.

Y simsanaf o'r ymerodraethau yw'r sawl a godwyd
Ar y diduedd donnau ac ar yr amhartïol fôr,
Fel Ninefe, Phenecia, Ffrainc a Phrydain:
Ac y mae'r Jesebel Brydeinig yn ymddatod heddiw,
395 Gymal oddi wrth gymal ac asgwrn oddi wrth asgwrn,
Yn Asia, Affrica, yr Alban a Chymru;
A chesglir ei gweddillion hi a'u gwasgaru hwy
Fel tom diberchennog ar wyneb y tir.

V
Bwriadaswn ganu marwnad benigamp
400 I'r Jesebel olaf, ar ôl iddi roi help
I sadio'r gwrthryfel, a sefydlu'r Ganaan gydradd:
Canys disgwyliaswn i'r olaf un gael o'r diwedd
Arch ac angladd, blodau a barddoniaeth;
A'r arch honno yn gorwedd yn ymyl arch
405 Lenin yn y mawsolëwm yn y Sgwâr Goch;
A lluniau'r ddau yn hongian ar ei welydd,
A gwerinoedd y byd yn gorymdeithio heibio i'w heirch
Yn filoedd gorfoleddus.

Yn ein breuddwydion telynegol am yr Wtopia bell
410 Ni ragwelsom ni, yn ein diniweidrwydd dall,
Yr arhosai'r hen greigiau wedi i'r gwrthryfel gilio:
Y tu ôl i'r delfrydau disglair, y gobeithion glân
A'r aberth diarbed yr oedd wyneb sinistr Jesebel.
A heddiw y mae meistri medrus y gwrthryfel gwyllt
415 Yn cystadlu â'i gilydd am ei chusan haearn,
Yn mwrdro ei gilydd yn y wanc am winc ei llygaid;

A'r unben yn gorymdeithio i'r orsedd goch
Dros garped o gyrff y gwrthryfelwyr gwreiddiol.

Hon a oedd yn dal yn ei dwylo ein hanfarwoldeb,
420 Rhwng ei breichiau ein buddugoliaeth a'n gobaith a'n
    gogoniant,
Honno sydd yn cuddio ei gormes y tu ôl i'r gaib,
Ei rheolaeth y tu ôl i'r rhaw, ei hunbennaeth y tu ôl i'r bara,
A thu ôl i gaws, ei llywodraeth ar genhedloedd bychain;
Llywodraeth sydd fel gwawr gyntefig wedi rhewi yn gorn.

425 Wedi mwrdro Duw dygasom Ei deyrnas Ef
A'i throi yn deyrnas dyn ac yn deyrnas y dyfodol,
Yn deyrnas y bobl ac yn deyrnas y byd;
Teyrnas wedi'i seilio ar ffatri, labordy a fferm gydweithredol
A'i phinaclau yn codi i blith yr ysbrydol sêr.
430 Calan Mai oedd ein Pasg ni, gŵyl y Faner Goch,
A miwsig y seindyrf pres yn dymchwelyd Jerichoau'r werin;
Gŵyl yr haf haniaethol, yr haf na fyddai ar ei ôl fyth
Yr un hydref na'r un gaeaf adweithiol.
Ond ymhen blynyddoedd lawer, ar ôl ein holi ein hunain,
435 Fe welsom yn glir mai ein hunbennaeth ni oedd y bobl;
Ein trachwant ni am allu ac awdurdod oedd y werin;
Ein swyddgarwch oedd Sosialaeth; a hunanoldeb dwyfol
Oedd ceisio llunio dyn ar ein llun a'n delw;
Troi'r dyn cyffredin yn ddyn cyffredinol.

440 Y werin honno a ogoneddem ni gynt
Rhith ydoedd hi; myth oedd y gweithiwr;
Hwn oedd y Meseia mewn mwffler, y Crist mewn cordorói
A gariai ar ei gefn holl bechodau'r byd:
Ac ar ôl ei chodi o'r domen gwell oedd ganddi hi
445 Fodur na chyfrifoldeb, set deledu na rhyddid,
A bargen a bygwth nag urddas ac annibyniaeth:
A heddiw nid yw hi, a fu gynt yn llais Duw,
Ond llais doli ar fraich y dafleisreg dotalitaraidd.

Tebyg ydyw'r gweithiwr heddiw i'r morwr awtomatig
450 Sy'n chwerthin nes bod ei gorff yn ysgwyd,
A'r llygaid marblis yn rholio yn ei ben—
Ar ôl rhoi'r geiniog yn y slot: neu'r pyped
Sydd yn codi o'i arch wrth linynnau anweledig;
Esgyrn y benglog, y traed a'r dwylo
455 Yn ymwahanu, ac yn dawnsio i'r tonau tunaidd:
Ailgydio wedyn, a'r ysgerbwd yn gorwedd yn dwt
Yn ei arch eilwaith, a'r llinyn yn cau'r clawr.

Hon oedd cân y bardd gwerin modern iddi hi:

    Rwyt ti'n fodlon cydnabod fod Olwen
460   Yr eneth brydferthaf—ond un;
    Ni synni un mymryn fod beirdd pob oes
        Yn hanner addoli ei llun:
    A rhaid i ti addef er hynny
        Fod un sy'n anwylach i ti;
465   Ond y mae gennyf un sydd yn well na'r ddwy;
        Hon yw fy Jesebel i.

    Rwy'n ffoli ar y fflamgoch sidanau
        Am wregys f'anwylyd wen,
    A'r gadwyn o berlau llaes am ei gwddf
470   A'r goron aur am ei phen;
    Nid rhaid i mi weithio yn galed,
        Caf gyflog fawr ganddi hi,
    Heb falio am ddyled i neb drwy'r byd;
        Hon yw fy Jesebel i.

475   Does neb ar y ddaear yn haelach
        Na pharotach i wrando cwyn;
    Hi a rydd y dannedd yn fy ngheg
        A'r sbectol ar fy nhrwyn:

   Nid oes eisiau pryderu am addysg
480   Y plant sy cyn amled eu rhi;
   Cânt lyfrau a dillad a bws am ddim;
    Hon yw fy Jesebel i.

   Hi yw'r nyrs sy'n fy nwyn o'r groth
    A'r meddyg pan fyddaf yn dost;
485   Hi a rydd bensiwn ar fin y bedd
    A'm claddu i ar ei chost:
   Nid oes gennyf gyfrifoldeb na rhyddid;
    Rhois fy enaid yn grwn iddi hi;
   F'anwylyd, fy nuwies, fy mhopeth, fy myd;
490   Hon yw fy Jesebel i.

   Honno a welais ar y sgrin yn y sinema
   Yw seren y gwledydd, duwies y dynionach;
   Ymerodres ramantus byd o beiriannau.
   Ar nos ei phriodas rhoes Jesebel gic
495 I Ahab feddw o dan y gwely, ac fe aeth i'w gwâl
   I freuddwydio yn odinebus am ei Jehu angerddlyd:
   Nid oedd y genedl yn cyfrif; nid oedd Baal yn felltith
   Ac nid oedd Jehofa ond cysgod wrth y Jesebel jaslyd,
   A chyfaredd ei chorff yn cau ei chroth:
500 A phan luchiwyd hwnnw dros y canllaw i'r cŵn
   Edrychodd Jehu arno trwy ei ddagrau seimbaent.

       VI
   Geneth gyffredin a gwraig gweithiwr,
   Mam heb gawell a heb gewyn ond bratiau
   I'w Baban yn y beudy oedd y Fam-Forwyn:
505 Ac ar ei gwely gwair wrth yr ych a'r asyn
   Y wael wasanaethyddes a freuddwydiai mai ei Baban
   Fyddai'r ail Foses neu'r ail Elias;
   Deddf-roddwr newydd, gwaredwr y genedl,

Ffrewyll y beilchion, y cyfoethogion a'r gormeswyr;
510 Tad y tlodion, y gostyngedig a'r isel-radd.

O ganol newyn a gwylltfilod y diffeithwch
Y diafol a'i cododd Ef i ben mynydd
A dangos iddo holl deyrnasoedd y byd:
Dangos Jesebel yn anterth ei gallu a'i gogoniant,
515 Yn ei llygaid llacharaf ac yn ei gwisgoedd crandiaf;
Canys gwyddai fod yn rhaid iddi goncro'r Meseia,
Ei gelyn grymusaf a'i gelyn olaf hi.

Craffodd y Crist ar y crandrwydd oll,
Ar ei gogoniant gwallgof, ar ei gallu demonig,
520 Ar y golud digyffelyb a'r mawredd milwrol,
Ar ymerodraeth dragywydd y byd a'r bydysawd;
   Ar y pŵer sydd yn pydru,
   Y moethau sydd yn meddalu
A'r ffyniant sydd yn mygu anturiaeth pob ffydd.

525 Efe a'i gwrthododd hi; Efe;
Y cyntaf i'w gwrthod; a'r unig un.
Heb Dduw i'w addoli mor ddamniol wych
Fyddai addoli'r Jesebel yn ei gogoniant dwyfol;
Offrymu ar allor eglwys ei hymerodraeth,
530 Gweddïo i'w gallu, arogldarthu i'w hawdurdod
A chanu emynau i'w mawredd.

Digiodd hi wrtho, ymgynddeiriogi; a dirmygu
Ei gwrthwynebwr ffôl, ffuantus a ffiaidd:
Tywysog wedi Ei eni ym mhreseb yr anifail;
535 Brenin â gosgordd o ddeuddeg gwerinwr;
Arglwydd yn golchi traed Ei weision;
Llywodraethwr yn gyrru ar gefn asyn gwyllt

I'w deyrnas dwp: ynfytyn yn dymchwelyd
Yn y deml y byrddau masnach a busnes
540   Ac yn gollwng i'r gwynt y clomennod arian.

Aeth ati i gynllwyn fel y gwnaethai hi gynt
Yn erbyn Naboth: llunio'r dystiolaeth dwyllodrus
Yn Ei erbyn fel cablwr Duw a gwrthryfelwr yn erbyn Cesar;
Ei ddwyn o flaen Caiaffas, Herod a Philat;
545   Ei ddedfrydu i farwolaeth a diddymu Ei deyrnas.
A llwyddodd hi y tu hwnt i bob disgwyl.
A phan oedd ei gelyn atgas ar Ei ffordd i'r groes
Dawnsiodd Jesebel yn ei llys ac yn ei theml
Fel na ddawnsiasai erioed, yn ei bodd a'i balchder;
550   A'i dwylo meddw yn dulio'r tambwrîn.

Nid oedd gobaith i Frenin diarfau goncro
Y diafol, y demoniaid, y pechod a'r angau:
Y cyff gwawd porffor o Frenin
 chorsen yn deyrnwialen a choron yn ddrain;
555   Y Meseia gwyn, a fu rhwng Moses ac Elias
Ar Hermon, yn hongian rhwng dau gangster;
Crëwr y byd yn crogi ar bren;
Iddew yn marw marwolaeth Rufeinig yn llygad-agored;
Duw yn trengi fel drwgweithredwr; yr Arglwydd fel gwas;
560   Y Brenin yn gwingo fel caethwas yn y tywyllwch
A'i deyrnas ond darn o bapur uwch Ei ben.
Gallai ofyn i lengoedd a rhengoedd yr engyl
Ei gipio i'r goleuni o'r nos gosmig;
Neu alw ar Elias i yrru ei gerbyd a'i feirch tanllyd
565   Gan losgi eu llwybr trwy'r gwyll a'i gario i gôl Ei Dad.
Eithr Ei gelain o gariad a'i ufudd-dod dychrynllyd
A goncrodd gynghrair galluoedd y tywyllwch;
Diarfogi'r diafol a'i deyrnas a'r diefliaid,

Y tywysogaethau a'r awdurdodau demonig,
570 Yr angylion du a bwystfilod y môr.

O'r pren y diferodd y gwaed i isfyd
Calon dyn, y galon sydd yn gysegr
Ac yn deml delwau a duwiau'r canrifoedd—
Moloch, Mamon, Fenws a Jesebel;
575 Y gwaed yn gyrru edifeirwch i'r gydwybod;
Gras i'r galon; goleuni i'r ymennydd;
Nerth i'r nerfau; a grym i'r dwylo
Daflu'r delwau oddi ar eu hallorau tomlyd
Fel y bwriwyd Dagon gynt yn y deml.

580 Yr angau ei hun a gladdwyd yn Ei fedd gwag;
Y bedd yn yr ogof; yr ogof yn yr Ardd;
Gardd y goleuni a'r greadigaeth newydd:
Lle bu Adda y mae Mab y Dyn, a llun
A delw Duw arno yn eglur a pherffaith:
585 Yng nghanol yr Ardd, y mae pren Ei groes
Na faidd yr un sarff na'r un ddraig ei ddringo:
Y drain yn Ei goron yn difa'r drain a'r ysgall:
A lle bu'r ceriwbiaid tanllyd yn ysgwyd eu cleddyfau
Y mae'r Ysbryd Glân yn cadw'r ffordd yn glir at y groes:
590 A chyda Brenin y byd a'r bydysawd y mae Ei frenhines,
Yr ail Efa; yr Efa a ddaeth o'i ystlys gyda'r dŵr a'r gwaed:
A'r Efa hon yw Ei deyrnas dragywydd Ef.

Disgyn o'r nef i'r crud, ac o'r crud i'r bedd;
A chodi ohono; ac esgyn ar nos Sul y Pasg
595 I oleuni'r nef (y nef a lanhawyd
Ar ôl i Satan syrthio ohoni fel mellten),
Gan ddwyn gydag Ef i'r nef ein dyndod ni:
Y ceriwbiaid a'r seraffiaid yn synnu at Ei gorff,

A synnu mwy at y creithiau arno, creithiau Duw a dyn:
600 Yr angylion yn rhyfeddu at agwedd y gwas;
A holl luoedd y nef yn llefain yn eu rhyfeddod:
'O! byrth, dyrchefwch eich pennau; ac ymddyrchefwch,
Ddrysau tragwyddol; a Brenin y gogoniant a ddaw i mewn':
A'r Brenin, gan lusgo ysbail y diafol, yr angau
605 A phechod ar Ei ôl, a eisteddodd ar Ei orsedd,
Uwchlaw pob gallu, awdurdod, tywysogaeth a gwladwriaeth;
Gan adael yn Ei le ar y ddaear yr Ysbryd Glân
I reoli Ei deyrnas, i lywio hanes y byd
A dwyn dynion yn ddinasyddion iddi hi.

610 Teyrnas Duw yw, teyrnas y Meseia;
Teyrnas y gras, y gwas a'r goleuni;
Teyrnas yr hedyn, teyrnas y garreg;
Teyrnas y cyrn a theyrnas y llygaid;
Teyrnas yr Oen a'r aeon newydd;
615 Teyrnas uwchlaw'r teyrnasoedd,
Teyrnas y tu mewn i'r teyrnasoedd,
Ac yn dymchwelyd Babeli a Babilonau dynion:
Teyrnas ydyw sydd fel yr haul y tu ôl i'r byd a'r cosmos
Yn curo'r cymylau, yn gwanu'r niwloedd a'r gwynt
Ac yn taro yr ystormydd o fellt a tharanau,
620 Hyd oni chyrhaeddo ei anterth, a'u gorchfygu i gyd
A llanw'r wybren â buddugoliaeth berffaith las.

Bendigedig fyddo'r Arglwydd; Ef a fendithiwn
Am ddyfod bob cam o ganol gogoniant y goleuni
 I drengi fel criminal ar bren;
625 Wedi bwyta'r afal yng ngardd Eden
Aethom ni yn dduwiau, ac yn gaethweision i ddiafol;
 Ni allai ond croesbren ddiwreiddio'r pren.

Pan oedd yr Iesu yn hongian ar y groes ganol
Yr oedd y sarff yn barod i'w ladd, y ddraig i'w wanu;
630   A bu farw yn sŵn crechwen y diawl:
Ni allai Efe mwyach ein tynnu o'r cadwyni
A roddwyd am ein cyrff a'n hysbryd yn Eden;
Bu farw heb ddwyn oddi wrtho arnom yr hawl.

Mor gyfrwys oedd y cythraul; ond fe'i twyllwyd yntau
635   Gan yr abwyd o gorff: ni welodd ogoniant y Duwdod
Y tu ôl i'r gwaed a'r dŵr a'r anadl olaf:
Codi o'i fedd oedd y fuddugoliaeth derfynol:
Bendigedig fyddo'r Arglwydd, iddo byddo'r clod:
Ond er iddo ennill ar ddiafol y frwydr benderfynol
640   Ni ddaeth diwedd y rhyfel: y mae'n rhaid ymladd eto;
Ond y mae dechrau'r diwedd wedi dod.

Paham yr ydym ni mor ddigalon, mor rwgnachlyd?
Paham yr ymladdwn ni mor barchus ac mor feddal?
A ninnau'n byw rhwng y goncwest a'r greadigaeth
    newydd:
645   Maddau i ni ein llwfrdra, Arglwydd da:
O weled Ei arglwyddiaeth ymladdwn yn ddewrach
I ledu Ei lywodraeth ar fywyd a daear;
Ymladdwn gan lefain yr hen air cyswyn,
Māranāthā.

650   Tridiau a gafodd Jesebel i ddathlu'r goncwest,
Canys ar ganol y gwleddoedd, y sbort a'r sbri
Clywodd fod ei gelyn cadarn wedi codi,
Er gwaethaf y maen a'r milwyr, o angau'r ogof:
Rhwygodd ei gwallt gwyllt tan regi,
655   A bloeddio yr enillai'r rhyfel yn y diwedd,
Er iddi golli brwydr bwysig; ac yn ein canrif ni
Y mae'r rhyfel hwnnw ffyrnicaf.

Gogoniant i ddyn yn yr uchelder, canys dyn
Ydyw mesur pob dim, yw anthem y dyneiddwyr;
660　Y dyn a gerddai gynt mor dalog braf
Yn ei allu a'i wybodaeth i'w baradwys yn y byd.
Nid anifeiliaid glân yn unig sydd yn natur dyn
Ond anifeiliaid glân ac aflan fel yn Arch Noa;
A daeth yn y blynyddoedd diweddar hyn gyfog i geg
665　Ac arswyd i enaid wrth glywed rhu'r bwystfilod,
Dwndwr y demoniaid, cyfarth y cythreuliaid.

Pwy a all rifo erchyllterau barbaraidd dynion?
Y pyllau petrol; y moduron mwrdro;
Lladd cenedl gyfan; diddymu hil:
670　Rhofio cyrff Iddewon i'r ffyrnau nwy
Fel gweithwyr y De yn rhofio ysgrap i'r ffwrneisiau,
A chyn eu llosgi yn tynnu braster o'r cyrff,
Yn plicio gwallt a thynnu aur o'r dannedd:
Golchi ymennydd fel golchi llythrennau ar y llechen,
675　A gorfodi dyn yn anymwybodol i sgrifennu'r llythrennau
Na fynnai â'r sialc newynog a hanner-gwallgof.
Piau'r beddau yn Belsen a Buchenwald?
Nid beddau dynol, ond ffosydd o feddau
Y bwriwyd y celaneddau iddynt fel carthion ar domen y dref.
680　Ysgelerderau demonig yr Almaenwyr a'r Japaneaid;
Arteithderau y Saeson yn Ynys Cyprus, Affrica
A Belfast; barbareidd-dra Ffrainc yn Algeria:
Fe aeth yr erchyllterau trwy'r gwledydd fel y frech goch,
　　gythreulig.
Y dyneiddwyr, meddal ac arwynebol yw eich dyneiddiaeth
685　O weled ffieiddio, bychanu a dirmygu dyn:
Nid yw dyn yn ddyn, cofiwch, ar wahân i Dduw.

Tan y bwystfilod a'r demoniaid yn natur dyn
Y mae Duw yn llefaru: y Drindod sydd yn y gwaelodion;

Y groes sydd yn nyfnder enaid Ewrob.
690 Yn y ffyrnau nwy cyn i'r ymennydd droi yn garbon
Pur yr oeddent yn moli dull y pedwerydd:
Cyn hongian ar eu crocbrennau yr oeddent yn bendithio Crist
Am hongian ar grocbren Ei Hun o'u blaen hwy;
Cyn i'r bwledi sythu'r corff yr oedd yr Ysbryd Glân
695 Wedi lleddfu'r ofn; yng nghelloedd y carcharau
Yr oedd Paul a Silas gyda hwy yn canu emynau.
Ewrob, hen gyfandir y groes a'r bedd gwag,
Gwyn dy fyd am godi o'th groth y fath ferthyron,
Yn Gatholigion a Phrotestaniaid; mam y merthyrdod eciwmenaidd:
700 Y rhagorfraint fwyaf oedd cael marw tros Dduw a throsot ti,
Ac o'u beddau hwy y daw dy feddyginiaeth di a'th iachawdwriaeth.

Duw a roes ddyn yn arglwydd ar Ei greadigaeth,
Rhoi'r anifeiliaid a'r holl adnoddau o dan ei draed:
Rhoi iddo'r deall i astudio ei chyfansoddiad
705 A'i chyfrinachau hi; mesur y meysydd magnetig;
Ysbïo trwy'r llygad peiriannol ar yr aneirif sêr,
Agos a phell, sydd yn y Llwybr Llaethog;
Taro'r lleuad wyryfol; recordio'r tonnau radio
A'r goleuni wltra-fioled sydd yn dylifo o'r haul;
710 Gwrando ar y ffrwydriadau hydrogen yn y gwacterau cosmig;
Treiddio trwy grystyn y ddaear a'r fantell hyd at ei chrombil,
A phlymio i weled y rhyfeddodau ar loriau'r môr.
Dyn heddiw sydd yn ceisio dynwared Duw,
Gan yrru ei loerennau i gylchdroi'r byd a'r haul,
715 A'u troi yn arsyllfeydd rhwng y sêr, gan wrando ar yr arwyddion
O'r eangderau mud, a derbyn darlun o'r wybrennau.

Cyn hollti'r atom, yr oedd dyn wedi ei hollti ei hun yn ddau,
Gan droi ei gorff yn beiriant, a'i enaid yn angel;

A bu farw'r angel pan alltudiwyd Duw o'i fyd.
720 Peiriant o greadigaeth yw creadigaeth Duw i ddyn,
Ac yntau hefyd yn beiriant: peiriant yn archwilio peiriant.
Lle gynt y bu'r nefoedd yn datgan gogoniant Duw
A lle gynt y safai patrymau perffaith Platon,
Nid oes yno yn awr ond sbwtnig a gêr, ffeithiau a ffigurau.
725 Wrth fwrw Duw o'i fyd, y dyn, a fu gynt yn arglwydd,
Sydd yn gaethwas y greadigaeth, yn was yr wybrennau
Ac yn ddieithryn unig ar ei ystad ef ei hun:
Ei feddwl a rydd i fater, rhoi ei gorff i'r gwellt,
Ei anadl i'r gwynt a rhoi ei ddiwedd yn y ddaear.

730 Y Jesebel fodern nid yw yn coluro ei hwyneb
Fel honno gynt, nac yn rhoi lliw i agor ei llygaid,
Na rhoi tlysau wrth ei chlustiau, ac am ei gwddf ac ar ei bron;
Galluocach o lawer yw hon na'i chwiorydd gynt:
Ymennydd electronig yw ei hymennydd hi;
735 Radar yw ei llygaid a radio yw ei chlustiau;
Rhocedi dibeilot yw grym ei breichiau;
Y twrbin yw ei chalon, a'r cynhyrchydd a'r adweithydd
Yw ei dwy ysgyfaint; aliwminiwm yw ei hymysgaroedd;
Pistonau yw ei hesgyrn, rhwber yw ei chnawd
740 A phetrol yw'r gwaed a lif trwy ei gwythiennau.

Mor hen ffasiwn erbyn hyn yw'r bom a ollyngwyd uwch Hiroshima
A Nagasaki; rhyw belen griced o fom,
Ond fe gollodd ei beilot, er hynny, ar ôl y dinistr, ei bwyll:
Y bomiau modern yw'r bomiau hydrogen megaton;
745 Y rhocedi rhyngblanedol; y bomiau tân;
Ond brenin yr holl fomiau yw'r bomiau cobalt:
Ar wahân i'r bomiau a'r rhocedi, y mae teulu o nwyon,
Y nwy gwenwyn, y nwy gwallgof
A'r nwy nerfau: a hefyd bydd owns o'r bacteria
750 Yn mwrdro miloedd a'r tir a'r anifeiliaid.
Beth pe gollyngid y rhain i gyd gyda'i gilydd?

Diwedd dyn a'r byd yw'r bom a'r bacteria;
Rhaid i ddyn ddewis, dewis rhwng byw
A'r angau cemegol, rhwng gwareiddiad a hunanladdiad.
755 Y Duw gwledig yw ein Duw ni; nid yw yn Dduw diwydiannol;
Ni adewir Ef i mewn i ffatri, labordy ac atomfa
A bwriwyd y werin wrthryfelgar o'r eglwysi parchus.
Gwelais y gweithiwr o Grist yn hongian ar Ei groes drydan;
Joseff yn dysgu ei brentis o fab rhwng ysglodion y gweithdy;
760 A Mair, fel gweddwon y llif a'r tân,
Yn meistroli ei dagrau wrth feddrod ei mab.
Y teulu gwerinol hwn a dry bob teulu yn debyg iddo;
Troi'r awtomaton yn berson; rhoi'r ffrwyn ar war y Lefiathan;
Gyrru'r llongau-awyr yn llinynnau cyflym
765 Cyfiawnder a chydweithrediad rhwng gwledydd y byd;
Codi'r helicopteri yn llawn trugaredd a heddwch;
A throi'r ynni atomig i wella cancr a'r clefydau
A'i yrru ar hyd sianelau daioni a chariad:
Bydd delw'r teulu ar ddiwylliant radio a theledu
770 A bydd cymdeithas dyn yn gysgod o gymun Ei gorff.

Bendithiwn y Fam am ein dwyn o'i chroth gatholig,
Am roddi dŵr ar dalcen, a'n magu ar ei mynwes eciwmenaidd;
Dysgu'r Beibl i ni wrth ei thraed, a'n tywys ni
At y crud mewn preseb, croes ar fryn a bedd gwag mewn gardd:
775 Ein dwyn ni oll o bob llwyth a chenedl ac iaith,
Heb fod rhyngom yr un llen haearn na'r un llen bambŵ,
At fwrdd crwn y Swper santaidd
I yfed gwin Ei waed a bwyta bara Ei gorff;
A'r Ysbryd Glân yn codi oddi ar y bwrdd y bara a'r gwin
780 Ac yn eu cydio wrth Ei gorff atgyfodedig Ef yn y nefoedd:
Bwyta ac yfed ar y ddaear hon hyd oni chawn yn y diwedd,

Trwy Ei faddeuant a'i ras, yfed gwin
Gwledd y fuddugoliaeth Feseianaidd yn nhŷ ein Tad.
Pan gyrhaeddo'r haul ei anterth, ac aeddfedu o'r gwenith
785 Yn dragwyddol felyn, a thyfu o'r had yn goed,
Bydd daear newydd a nef newydd.
Bydd yr haul, y lloer a'r sêr wedi eu golchi yn lân
A Natur oll wedi ei gweddnewid gan ras;
A'r anifeiliaid ufudd yn darganfod eu lleferydd.
790 Bydd corff, enaid ac ysbryd yn drindod gytûn;
Y corff-enaid-ysbryd yn gweled ei wyneb heb yr un drych
Ac yn gweled doe, heddiw ac yfory yn un heddiw tragywydd.
Pob llinell gam a fydd yn llinell gywir;
Y llun yn llawn; y ddelw yn ddifefl;
795 Y gân yn gyfan, a phob anghytgord ac anghytsain
Yn rhan o'r gynghanedd gron: bydd gwenoliaid gwehydd
Y ddaear tan law'r Ysbryd wedi gorffen y patrwm perffaith.
Bydd paradocsau ystyfnig iaith a meddwl meidrol
Wedi eu hasio gan y goleuni sydd yn uwch na hwy:
800 A dirgelwch diwaelod y ddwy natur
Mewn un Person i'w weled yn hollol glir:
Ni wnaeth gormes holl Ahabiaid a Jesebeliaid y byd
Ond goleuo yn danbeitiach Ei gariad a'i gyfiawnder;
Ac nid oedd y diefliaid, y demoniaid a'r cythreuliaid
805 Ond gweision Ei ogoniant a'i dangnefedd Ef.

I'w Dad y rhydd y Meseia Ei deyrnas fuddugoliaethus;
A'r Tri yn eistedd ar Eu gorseddau gogoneddus;
Y Tad yn y canol, yr Ysbryd Glân ar y chwith
A'r Mab yn eistedd ar y dde ar Ei orsedd arbennig;
810 Ac oddi amgylch iddynt osgorddlu'r archangylion a'r angylion.
Ar lun croes y mae gorsedd y Crist;
Ei goron yn ddrain, a'r drain wedi troi yn drysorau;
Ac y mae'r tlysau ar Ei ddwyfronneg ar lun hoelion;
Yr hen waywffon wedi ei throi yn deyrnwialen

815   Yw Ei deyrnwialen Ef; ac y mae Ei wisg yn goch
       Fel pe byddai'r goleuni wedi ei dorri a'i gyfrodeddu.
       O'u blaen y mae cyfrin-gyngor yr apostolion a'r proffwydi;
       A thu ôl iddynt senedd y saint a'r merthyron:
       Y rhain oll, a deiliaid y deyrnas ar eu deulin
820   Yn llefain yn llawen â'r palmwydd yn eu llais:
       Iddo Ef y rhoddwyd y gallu a'r gogoniant,
       Yr awdurdod a'r anrhydedd, y prydferthwch a'r ddoethineb.
       Hosanna. Halelwia. Hosanna i'r Amen.

193. YR ALARCH

    Cip brysiog a gefais arno
    Wrth fyned yn y trên i'r Gogledd;
    Alarch ar bwt o lyn wrth odre craig;
    A'i wddwg oedd fel cylch meinwyn
5   Wrth iddo roddi ei big yn ei fynwes.
    Mor llonydd oedd y llyn:
    Mor dawel oedd yr alarch;
    Y llonyddwch gwyrdd, gwyryfol;
    Y tawelwch ysgafn, dibrofiad
10 A'r unigrwydd diniwed.

    A chofiais yn sydyn i brifdduw'r Groegiaid
    Gymryd ffurf alarch er mwyn sathru Leda,
    A chael ohoni ddau ŵy;
    Trwy fasgl un ohonynt y daeth yr Helen dyngedfennol;
15 Yr hen Helen yn gweld yn y drych
    Y rhychau ar ei hwyneb;
    A'r prydferthwch, a dorrodd wenith ifanc dwy genedl,
    Wedi ei ddiddymu gan y cloc.

'Yr alarch ar ei wiwlyn'
20 A'i wddwg fel cylch claear:
Y serch rhamantus ddwyfol
Wedi ei droi yn llonyddwch myfyrgar:
Yr ystormydd o nwyd treiddgar, treisgar
Wedi eu troi yn dawelwch aeddfed:
25 Yr alarch marmor ar y llyn yn dwyn ar gof
Ddelwau dynol a disgybledig Groeg.
Yr alarch pur, clasurol.

194. Y LAWNT

Wedi gorffen eillio gwallt y lawnt
   Mor llyfn ydyw'r manflew crop:
Ac fe ddaw mwyalchen â'r hwyr yn ei phlu
   I'w phrydferthu o hop i hop.

5 Duach yw'r du a gwyrddach yw'r gwyrdd
   Fel cyd-daro lliw blows a sgert;
A phwt o felyn fel botwm gwddf
   Yn gorffen y patrwm pert.

195. GARDD

Fe ddwg y gwanwyn ei galedwaith a'i chwys
    A bydd raid crymu'r cefn fel torch;
A'r bwyd caneri, cwt-y-cadno a dant-y-llew
    Yn dreth ar amynedd caib a fforch.

5   Byddwn yn gwasgar yr ysbwriel ar hyd y rhych
    A thaenu'r tail ar ei ben o'r llwyth;
Gan ryfeddu at Natur a'i chynllun call
    O droi ei phydredd yn ddail a ffrwyth.

Wedi gorffen gardd mor ddedwydd yw dyn
10   Fel bardd wedi gorffen ei gân;
Bydd y frwydr â Natur ystyfnig, swrth
    Yn goncwest o gymhendod glân.

Ond annoeth ydyw brysio canu corn,
    Canys bydd raid eilwaith grymu cefn,
15   Rhag i'r diffeithwch sydd o dan y pridd
    Dagu'r holl degwch drachefn.

196. PANTHER Y Sŵ
(Cyfieithiad o 'Der Panther' gan Rainer Maria Rilke)

Dy lygaid wrth ysbïo trwy'r barrau plaen
Sydd flinedig fel na welant ddim mwy,
Fel pe rhoddid miloedd o farrau o'th flaen
A diddymdra y tu ôl iddynt hwy.

5   Dofwyd dy droed gan gyfyngder dy gell
A'th ewyllys gan y drysau a'r byllt;
Ond cwsg ynot ddawns y barbareiddiwch pell
A ffyrnigrwydd ffeuau'r fforestydd gwyllt.

Tynnwyd llen y llygaid unwaith gan boen
10   A hynny'n ddi-sŵn; ac mi welais lun
Distawrwydd y Dwyrain o dan dy groen
A hwnnw yn gwrando ar dragwyddoldeb ei hun.

197. ARACHNE

Fe fyddwn yn nyddu twysgi ein hedafedd
   Ar ôl eu sychu ar y ddintir a llifo'r gwlân;
A'r wennol a'r bobin yn eu gweu ar garfannau
   Yn frethynnau, carthenni a gwlanenni glân:
5   Y deunydd a dorrwn yn ôl ein patrymau hunanol
   A'u dangos i syfrdanu dynion a Duw;
Fel Arachne gynt a fu'n cystadlu â'r hen dduwies
   Ac yn ei churo â'i gweoedd o chwedlau llun a lliw.

Pan godwn ninnau ein gweoedd i'r goleuni tragwyddol
10   Mor ddi-raen a thlawd yw gwaith ein dwylo abl,
Fel rhwydweoedd llychlyd a gwantan y pryf copyn
   Rhwng trawstiau ysgubor, cartws ac ystabl.

198. PROMETHEWS

Bendith, Bromethews, oedd dwyn dy dân
   Â'th gorsen o'r haul i'n byd,
A'i wasgaru ef ar hyd y ddaear ddwl
   Yn aelwydydd cysegredig a chlyd.

5   Y crefftau a roddaist i ddynol-ryw
   A'r offer a luniaist â'i wres:
Ond cychwyn dy felltith oedd rhoi yn ei llaw
   Yr arfau haearn a phres.

Yr ysbryd a ysgymunaist o fathemateg dy fyd,
10   Ac addoli dy dân fel duw:
A doniau dy grefydd dechnegol i ni
   Ydyw'r bomiau a'r rhocedi llyw.

Wrth ymbelydr-losgi yn Asia y ddwy dref
   Erchyll oedd dy orchest a gau;
15   Ac fel yr eryr gynt y mae'r pryder a'r ofn
   Yn brathu beunydd dy iau.

Bendith, Bromethews, oedd dwyn dy dân
   O'r haul i'n byd, ond, clyw,
Ni elli di gadw er dy gynadleddau i gyd
20   Dy dân yn ddiogel heb Dduw.

199. DUW

     Nid meudwy mud, iogïaidd ydyw Ef
     Mewn myfyr uwch Ei fogail mawr Ei Hun;
     Na mathemategwr yn niwl y nef
     Yn datrys symiau goruwchnaturiol dyn:
5   Ni luniodd Ef ein byd fel artist pur,
     Gwasgodliw, ar hunangar, sgilgar sgêm;
     Na'i yrru'n beiriant ar hyd rheiliau dur
     Ar ôl i'w law wyddonol godi'r stêm.
     Efe ydyw Ef; a chariad yn Ei fron
10   Fel berw ymhlith Ei holl feddyliau i gyd,
     A hwnnw'n bwrw i'r wyneb don ar don
     O angerdd ar hyd traethau broc ein byd;
     A bwrw'r nawfed don ar Galfari,
     A'r llong ymwared ar ei hewyn hi.

200. YR AWYREN FÔR

Daeth atom fel eryr aliwminiwm mawr
    Trwy'r awyr â'i styrbiol stŵr;
Disgyn yn dawel a nofio yn wych
    Fel morfil dur ar y dŵr.

5   I'r dref y daeth ar ei gwyliau haf
    A chael llety di-dâl ar y lli:
A doniol oedd gweled ei chriw yn dod,
    Fel Jona, o'i chrombil hi.

Y peiriant a'i ddeudod yn undod gloyw;
10   Icarws a Neifion ynghyd;
Ystafell briodas yr heli a'r haul;
    Cysylltreg yr wybrennau â'n byd.

Wrth ddychwelyd hi a dorrodd ar ei hôl y dŵr
    Yn ystryd o gynhyrfus laeth;
15   A chyn codi anodd oedd gweled yn glir
    Ai rhedeg ai ehedeg a wnaeth.

Wrth i Fair roddi i'r Crist ein cnawd
    Y disgynnodd i fôr ein byw:
Ac esgynnodd trwy'r wybrennau gyda'i glwyfau gwych
20   I eiriol trosom ar Dduw.

201. AMSER

Creulon grwn ydyw'r cloc sydd ar y silff-ben-tân,
Crynder haul a lloer a holl wyddoniaeth y nef,
A'n bywyd bitw bach, er ein sŵn a'n ffrwst a'n ffrost
Ond symud mud y bysedd ar ei grynder ef.

5   O'r groth y daethom tan unbennaeth gyffredinol ei bendil bach,
Ac ar amnaid ei fys i'r bedd y syrthiwn pan ddelo'r awr:
A rhwng y bysedd hyn hefyd y mae Natur yn hau, medi a marw:
Gwareiddiadau yn codi, a theyrnasoedd yn syrthio i lawr.

Yn y Calendr Efengylaidd sydd yn hongian oddi tano ef ar y wal
10   Y mae amser yn symud fel llinell o ris i ris;
A thrwy Ei daith o'r nef i'r groth, ac o'r groes i fynwes Ei Dad
Fe'n codir ninnau o'r cylch uwchlaw unbennaeth y bys.

202. YR EGLWYSI

Hen longau ydynt y tu ôl i'r llifddorau
    Yn llercian yn y llaid a'r llacs;
Rhwd ar eu hangor, baw ar eu bowiau,
    Eu byrddau heb baent a'u hwyliau yn rhacs:
Ar ogwydd y maent fel pe byddai arnynt arthritis
    Yn eu haelodau, heb allu codi mwy:
Anghofiasant am y môr ond pan fydd y llifddor yn gadael
    Awgrym o'r llanw i mewn atynt hwy.

Hwy a fwriwyd o'r neilltu gan lifeiriant
    Diwydiannol a gwyddonol ein byd:
Nid oes angerdd yr ailenedigaeth tan eu hwyliau,
    Dim ond crefyddolder tenau a chlyd;
Baner y Frenhines a'r catrodau ar eu hwylbrenni,
    A'r Capten yn gwahardd cwrw a gwin:
Clebran am y Sabath a'r cyfundrefnau crefyddol
    Gan anghofio hunanladdiad eciwmenaidd dyn.

Pe gofynnent i'r Anadl godi'r llifddorau
    A mentro allan i'r afresymol fôr,
Eu hangor yn ir, eu hwyliau yn hyderus,
    A ffydd ar fwrdd, ffenestr a dôr,
Hwy a gaent weled y Crist wedi Ei hoelio
    Yn dechnegol ar Ei bliwtoniwm groes;
Yn disgyn oddi arni, yn dofi'r dyfroedd
    Ac yn tagu ystormydd niwclear ein hoes.

203. DWY FFORDD

Codaf fy het i holl eunuchiaid y canrifoedd
A'u sbaddodd eu hunain er mwyn teyrnas Dduw;
A gwn iddynt ofyn am Ei ras yn y demtasiwn
I boeri ar brydferthwch ac ar ordinhadau ein 'rhyw'.

5   O hirbell y dilyn y bardd ddigaban feudwyaeth
A diobennydd dlodi Mab y Dyn:
Gwell ganddo yw cael picnic gyda'r pum mil ar y borfa
Ac yfed yn Ei gwmni y tafodrydd win.

Dau brydferthwch sydd ganddo Ef yn Ei greadigaeth:
10   Prydferthwch fel mewn symffoni yn ddynamig a byw;
A phrydferthwch sefydlog fel prydferthwch darlun olew:
Symbolau ydynt o'r prydferthwch cynddelwig yn Nuw.

Gymaint o'r prydferthwch dwbl sydd yn Ei greadigaeth
Fel y temtir y bardd i fod yn bagan ar dro;
15   A gofyn ef am Ei nerth rhag gwneud delw o'r delweddau,
Ac addoli'r arwyddlun fel eilun o lo.

204. DWST Y GARREG

Ni ellir dianc yn y De rhag yr hollbresennol beswch
    Mewn neuadd, addoldy a chae;
Yn gymysg â chanu, chwarae a chwrw
    Bydd y diwyd, diwydiannol wae.

5   Y mae sŵn eu hysgyfaint fel sŵn meginau
    Yn chwythu'r anadl brin;
A meithach ydyw'r ystorïau a'r newyddion
    Nag yr oeddynt, wrth ddringo'r bryn.

Mae naws y llwydrew a gwynt y dwyrain
10   Yn tagu'r fegin yn lân;
Y gorweiddiog yn dugochi'r gobennydd,
    A'r canol-oed yn hen wrth y tân.

Y gronynnau a ymgasgl yn sicr a phwyllog
    Ar waethaf y cellwair pert;
15   A'r carthgludydd o Angau a ddaw heibio i'r teios
    I godi ei wargedau yn ei gert.

Pe deuai'r Pen-ffisigydd at lowyr Cymru
    Fe wnâi yn naturiol a di-ffrwst
Fyrhau eu hystraeon a'u newyddion ar y rhiwiau
20   Drwy chwythu o'u hysgyfaint y dwst.

205. DŴR

Y mae cronfa ddŵr sydd y tu hwnt i dymhorau dyn,
    Cronfa nas cenfydd neb ond y barcut o ffydd:
Ac ni ddring yr un gaeaf i roi ar ei wyneb rew,
    Na gwres yr haf i ddogni ei ddŵr o ddydd i ddydd.

5   Yn ein tegelli trydan y rhydd ei angerddol gân,
    Cân am ei fod yn rhodd Ei ragluniaeth bob pryd:
Mor gyffredin ydyw dŵr, mor gyffredin fel na welwn ni
    Ei fod yn un o wyrthiau rhyfedd Creawdwr y byd.

Yn y peiriannau golchi y bydd efe yn trobyllu yn chwyrn
10   Gan droi a gwasgu pilyn brwnt a brith yn lân;
Ac i'r badell y daw ei ffrwd i garthu ein baw i ffwrdd
    Fel gras yn carthu o'r enaid bechodau mawr a mân.

Yn ein baddonau gorweddwn fel yn y bru ac yn y bedd
    A chodi ein cyrff o'u dyfroedd yn ir a byw;
15   Fel yn y bedydd yr awn o'r byd trancedig i'r groth
    Lle mae ei ddyfroedd yn feichiog gan fywyd tragwyddol Duw.

206. DONIAU

Fe fyddi yn rhyfeddu at y doniau aruthrol,
   Gwybodaeth a gorchestgampau dyn,
Ond ni ryfeddi di ddim at y doniau yn d'ymyl,
   Y ddawn arbennig: dy fodolaeth dy hun.

5   Fe fyddi di yn synnu at oedran y greadigaeth
   A chárnifal y canrifoedd a fu;
Ond ni synni di ddim at y dirgelwch ar dy aelwyd,
   Y miragl nawmis yn y bru.

Fe'th bensyfrdenir gan y mamothiaid gyrjet,
10   Eu cyflymder cyntswn a'u maint;
Ond ni wêl dy lygaid yn dy ddiffeithwch cysurus
   Hen *oases* y llenorion a'r saint.

207. Y BWS TRYDAN

Mor undonog yw ei daith o ddydd i ddydd
　　Ar hyd yr un hen rigolau;
A threth ar ei nerfau crynedig ef
　　Yw gorfod aros yn hir wrth y golau.

5　Cerbydyn yn un o linyn hir
　　O feisiclau, fannau, moduron a lorïau;
Llinyn rhuthr thrombosig ein byd,
　　Di-fetaffiseg a di-Feibl a di-weddïau.

Myned heibio beunydd i'r un hen dai,
10　　Yr un siopau â'u cadwynog wynebau
Sydd yn unffurfio pob dinas a thref,
　　A'r nos â golau neon eu hysbysebau.

Myned heibio i'r un hen sinemâu,
　　A'u darluniau yn llawn cyffrouster a glamor;
15　Y Trystan brown yn brwydro yn ddygn
　　Am ei Esyllt seimbaent yn y diffeithdiroedd tramor.

Uwch simsanrwydd ein gwareiddiad siabi a bas
　　Cyfyd y bws i'r awyr lydan
Ddwyfraich sydd yn tynnu, fel gweddi fain,
20　　Bŵer o wifren y gwyryfol drydan.

208. BARABBAS

Byddaf yn myned wrth fy ffon i ben y bryncyn
　I'r man lle y dylesid fy nghrogi i;
Ni wn pam y dewisodd y dyrfa dwp a'r offeiriaid
　Yr Iesu yn lle'r Iesu hwn yn un o'r tri.

5　Byddaf yn diolch i Dduw, yn f'edifeirwch am fy mhechod,
　Am iddo gymryd fy lle i ar y groes;
Ond pam y gadawodd Duw i'w Fab Ef hongian?
　Bydd y broblem yn fy mhoeni tan ddiwedd f'oes.

Y Cristionogion a ddywedodd wrthyf fwy nag unwaith yn
　　y Deml
10　　Y cawn i oleuni ar fy nryswch yn y man:
Bod Duw yn gwneud pethau od wrth achub pechadur
　A bod lle i'r hen gangster yn Ei blan.

209. LASARUS

Onid profiad rhyfedd oedd dod yn ôl i'r aelwyd yr eilwaith,
    A gweled Mair a Martha am yr ail dro?
A oedd ef yn cofio sut y bu efe fyw cyn iddo farw?
    Onid oedd pedwar diwrnod ar goll yn ei go'?

5   A glywodd efe riddfan a chynnwrf yr Iesu wrth y beddrod?
    A yw yn cofio'r amdo yn rhwymo ei ddwylo a'i draed?
A ydyw yn cofio'r napcyn yn rhwym am ei wyneb?
    Pryd gyntaf y clywodd ailgylchrediad y gwaed?

Pan gerddai'r stryd ym Methania, y gwragedd a lygadrythai arno,
10   Llygadrythu ar y rhyfeddod a gododd o'i dranc:
'Ai fe yw e', dwedwch?', gofynnodd un glebreg i'w chymdoges;
    'Fydd dim rhaid iddo aros y tro hwn yn hen lanc.'

Wrth fyned am dro i weled y maen a'r ogof
    Cofiai y byddai'n rhaid iddo orwedd ynddi yr ail waith:
15   A gafodd rhywun o'r blaen ar y ddaear ei brofiad od a rhyfedd?
    Dwy amdo, dau fedd, dau ddrewdod a dwy daith.

Ni chawn ni fyth brofiad od ac anghyffredin Lasarus,
    Cerdded ar y ddaear ar ôl gorwedd yn y clai:
Ond gweddïwn ni ar yr Iesu, yr Atgyfodiad a'r Bywyd,
20   Am ein codi ninnau o fedd ein camweddau a'n bai.

210. Y GRAWYS

Yn y Grawys bydd y Cristion
Fel mewn trên yn myned i dwnnel maith;
Codi ffenestri
A chau drysau rhag rhuthr y tywyllwch myglyd, llaith.

5   Cadduglyd a hudduglyd
Ydyw'r cerbyd ar wahân i un golau bach;
Blas lludw llwydwyn
Yn y genau, ac am gnawd ac enaid y bydd sach.

Mor gul ac mor galed
10   Yw'r twnnel i nwydau a thrachwantau dyn:
Ei enaid ni all feddiannu
Dim heb iddo yn gyntaf ei golli ef ei hun.

Anobaith ar wynebau
Wrth i'r trên saethu o'r twnnel i'r ehangder gwyn;
15   Y lliw sydd yn y gorllewin!
Y Meseia yn machlud yn goch tros benglog y bryn.

Mor dawel ac mor dywyll
Yw'r tridiau yn y trên, ac mor hir yw pob awr:
Ond rhyfeddwn a gorfoleddwn
20   Pan droir y machlud marw yn oleuwinddwr wawr.

211. CORFF CRIST

Dwylo yn debyg i'r rhain
　A bwniwyd ar y pren:
Traed fel ein traed ni
　A dyllwyd: pen fel ein pen
5　A gariodd y gwaradwyddus ddrain.

Y fath anrhydedd, y fath orfoledd, O! gnawd,
　Oedd cael rhoi corff i Fab Duw;
Corff Iddew ym Methlehem,
　Corff marwol dynol-ryw:
10　Y corff a weddnewidiwyd yn y bedd
　Yn Gorff catholig fyw.

212. NOSWYL YR HOLL ENEIDIAU

Ar Noswyl yr Holl Eneidiau
Fe fydd y llen rhwng deufyd mor denau
Fel y daw arni res o wynebau, un ar ôl y llall,
Fel ffilm o wynebau ar y set deledu.

5　Yn eu mysg bydd dau wyneb yn arbennig o glir;
Dau wyneb dwy wraig ddiwydiannol o'r De;
Dau wyneb sydd erbyn hyn yn raenus ac yn rasusol
Wrth foli yn y nef eu Cynhaliwr hwy,
A'u daliodd yn ddewr yn y gweddwol dân,
10　Ac yn y llwch a'r llif a dorrodd ffon eu bara.

Cyn diflannu curasant eu dwylo gan lawenydd.

213. NADOLIG 1955

Torrodd y peirianwyr y gwifrau pigog
    A chlirio'r tanciau a'r 'mwynau' ffrwydr;
Israel a'r Iorddonen a roes i'r pererinion
    Ffordd i Fethlehem trwy faes y frwydr;
Arabiaid, Iddewon a'r byd sy'n addoli
    Y Duw tragwyddol wedi ymgnawdoli.

Yno nid oedd ond Mam ddiymadferth, a Phlentyn
    Yn chwarae yn ddoniol ddiniwed ar ei glin;
Ond Ei wyneb oedd heulwen y Dwyrain Canol
    A'i ddwylo yn drech nag arfogaethau dyn:
Ac ni all yr holl fomiau chwythu'r offeren,
    Dinistrio'r ystabl na siglo'r seren.

214. Y GROGLITH

Euthum am dro brynhawn y Groglith
    Ar hyd caeau fferm i weled yr ŵyn,
    Gweled ŵyn cyntaf y tymor,
    Y tameidiau o ddiniweidrwydd a direidi mewn crwyn.
5   Ac yno yr oedd deuddeg, yn ŵyn a defaid
    A hwrdd, wedi eu gosod eu hunain, bob un,
    Fel pe byddai arlunydd wedi bod yno yn eu trefnu
    Cyn peintio eu llun.

Yn sydyn i'w canol daeth y Bugail barfog,
10   Ac ni wyddwn i o ble y daeth ef;
    Ai o ganol darlun gan artist yn Ravenna,
    Ai o ganol oratorio gan Bach,
    Ai o bennod yn Efengyl Ioan,
    Ai o ganol y nef.

15 Yn raddol troes ei fugeilffon yn groesbren,
    A chlywais y drain yn gweiddi yn Ei ben,
    A'r hoelion yn crochlefain yn Ei ddwylo a'i draed:
    A gwelais wedyn y deuddeg, yn ŵyn a defaid
    A hwrdd dianghenraid a diddrysni,
20   Yn goch gan y gwaed.

215. SUL Y PASG

Gaeaf santaidd sydd yn y byd yn yr Wythnos Fawr:
   Y ddaear yn weddw, y nefoedd yn grin,
Sŵn ffrewyllu a hoelio ar y finegraidd wynt;
   A'r tywyllwch yn tagu Mab y Dyn.

5   Ond y gwanwyn sy'n dod, ie, dau wanwyn i'r byd
   O'r dyfnderoedd ar y trydydd bore-ddydd:
Fe ddaw'r lili, y briallu a'r cennin Pedr
   Ar ôl y Gwaredwr o Aifft y pridd.

Gwyrdd a gwyn yw'r gorfoledd, a melyn yw'r mawl
10   Am i'r Adda newydd godi o'i fedd yn fyw;
A'r iorwg, gan ymglymu am y pren fel yr hen sarff,
   Sydd i ni yn fywyd tragwyddol gyda Duw.

216. DISGYBLION DIDYMUS

Ein llygaid ni welent y tu hwnt i'r golwg
A'n clustiau ni chlywent y tu hwnt i'r clyw:
Y rheswm unbenaethol a ddangosodd yn glir iddynt
    Mai rhith oedd yr Ysbryd ac mai ofergoel ydoedd Duw.

5   Wrth wylio'r rheswm gwelid fod yr hunan yn ei lywio
    Wrth ymresymu a llunio dadl a phle;
A thu ôl i'r dadleuon yr oedd arno ofn i rywun cryfach
    Ei ddiorseddu a dwyn ei deyrnwialen e'.

Mor giaidd oedd y nwydau, a'r ewyllys oedd mor benstiff
10   Wrth feddwl neidio at y ffiaidd, ddisgybledig ffydd:
A'r rheswm clwyfedig yn bwhwman rhwng cred ac amheuaeth,
    Rhwng ie a nage a rhwng nos a dydd.

Didymus yw nawddsant yr hen Resymolwyr
    A Thomos yw apostol y gweledig braw':
15   Rhown ein bys ar ei fys yn yr archoll yn Ei ystlys
    Ac ar ei ôl yn ôl yr hoelion yn Ei ddwy law.

Y COED

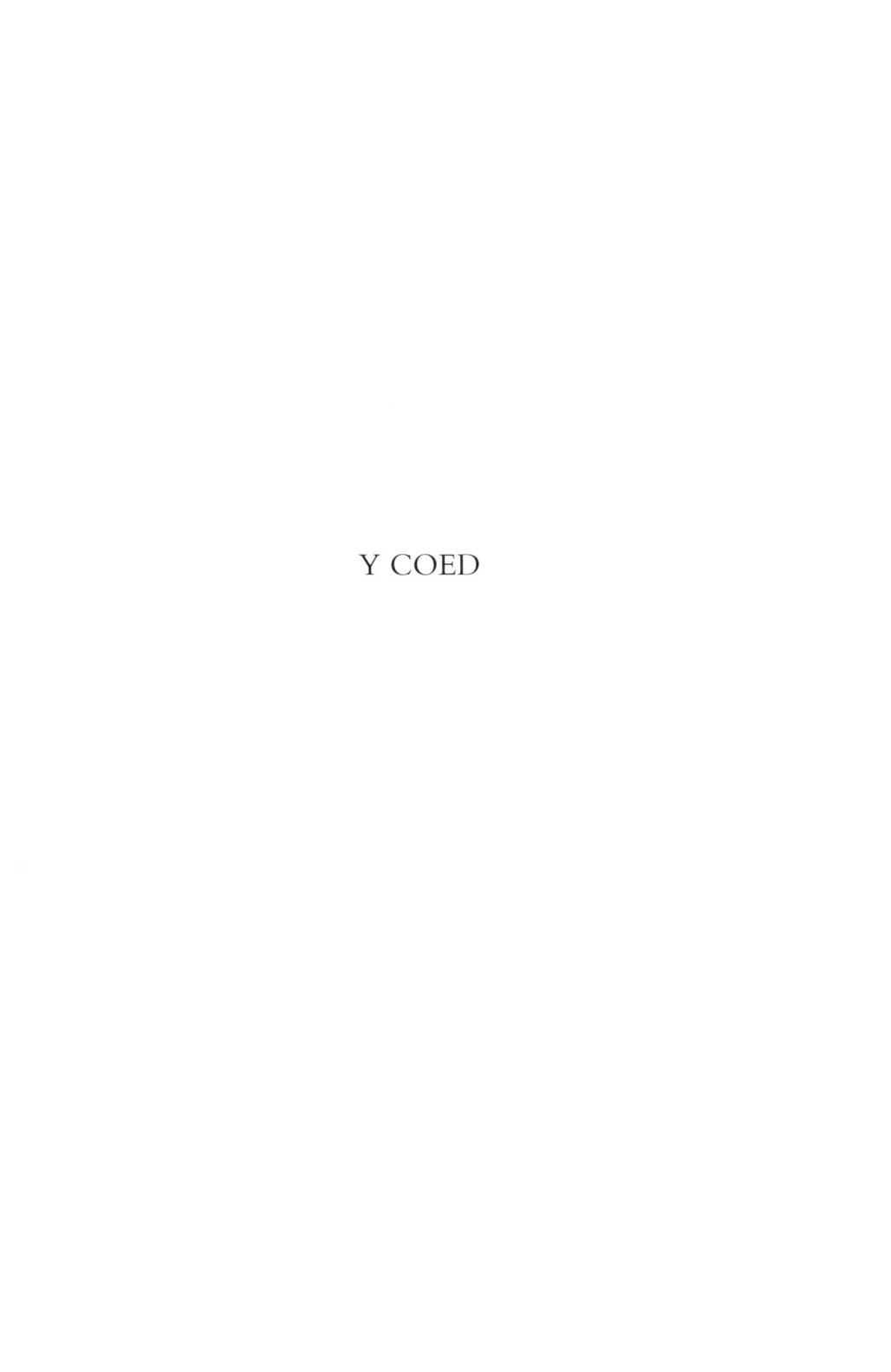

Yn ôl bwriad Gwenallt,
fe gyflwynir y gyfrol hon
i
MAIR GWENALLT
A'I CHYD-IEUENCTID
mewn edmygedd o'u dewrder a'u haberth

RHAGAIR

Dyma gyfrol olaf Gwenallt o farddoniaeth. Er bod rhai o'r cerddi wedi'u teipio'n orffenedig, yr oedd y mwyafrif mewn llawysgrifen; a diau y byddai Gwenallt wedi newid tipyn arnynt, ac ychwanegu diweddebau, ac yn y blaen. Ond dyma eu cyflwyno fel y maent.

Dymunir diolch i olygyddion y cylchgronau a gyhoeddodd rai o'r cerddi hyn eisoes, ac i Wasg Gomer am eu diddordeb mawr yn y gyfrol hon fel yng nghyfrolau eraill Gwenallt. Dymunir diolch hefyd i'r Dr Bobi Jones, Mr W. R. P. George ac eraill am eu cefnogaeth a'u cyngor, ac am fy hybu i fynd ymlaen â'r gwaith.

NEL GWENALLT

217. SIR GAERFYRDDIN

(Cân deyrnged i Lywydd Plaid Cymru ar ei ethol yn Aelod Seneddol)

    Er pan genais iddi gynt y mae'r hen dylwyth i gyd erbyn hyn
    Yn gorwedd yn ysgubor y bedd; a'r holl gydnabod ond dwy wraig,
    Dwy wenithen oedrannus ar unigrwydd y cae sofol.
    Gwyn eu byd y rhain oll a gafodd y rhagorfraint o huno
5   Yn ei hemynyddol a'i Methodistaidd bridd.

    Hwynt-hwy, Bantycelyn, Tomos Lewis ac emynwyr eraill y sir
    A ganai i ni, pan oeddem yn blant, Efengyl Iesu Grist:
    Dangos y Babi o Dduw-ddyn yn Ei grud preseb; dangos y pren
    Melltigedig, agapelon ar y bryn; a'r bedd buddugoliaethus o wag.
10 'Pererin wyf mewn anial dir' meddai ef yn un o'i emynau;
    Ie. Eitha gwir. Ond y mae'r pererin yng Nghymru hefyd yn Gymro.
    'Ac yn rhyw ddisgwyl bob yr awr fod tŷ fy Nhad gerllaw.'
    Ond yr oedd tŷ naturiol yng Nghefn-coed, Llanfair-ar-y-bryn.
    Edrych a wnaeth ef ar Gymru fel anialwch tan olau Duw,
15 A cheisio ei throi yn rhan o deyrnas Crist. Ond yn eu hoes eu hun
    Ni welsant hwy oleuni naturiol dyn.

    Mor bwysig yn hanes gwleidyddol ac economaidd y sir yw'r clwydi.
    Gwŷr y Beca Anghydffurfiol yn cario'r ceffyl pren a'r gynnau,
    A malu'r clwydi â bwyell, bilwg a gordd. A ffermwyr Llangyndeyrn
20 Yn cloi, cadwyno'r clwydi; a rhoi tractor ym mhob bwlch ac adwy;
    A chloch yr Eglwys yn gwylio'r ffiniau rhag y Lefiathan Sosialaidd.
    Etholiad ffyrnig oedd yr etholiad seneddol yn sir Aberteifi
    Yn un naw dau un: ymgiprys mileinig rhwng dau Ryddfrydwr;
    Teulu yn cweryla â theulu; gŵr a gwraig yn gwrthod siarad â'i gilydd;

25 Aelodau capel wedi ymrannu; a chariadfab yn rhoi bonclust i'w
    gariad.
   O blaid Llewelyn Williams yr oeddem ni, fyfyrwyr Coleg
    Aberystwyth,
   Ac ar lwyfan y Colisewm yn y dre fe'i clywsom ef yn datgan
   Y dylai Cymru gael ei llywodraeth ei hun. Ac ar ôl y cyfarfod
    tymhestlog
   Ei godi ef ar ein hysgwyddau, a chario ein harwr ar hyd y
    Promenâd,
30 A'r gwylanod yn synnu atom; ac ni fu erioed ar ysgwyddau mor
    ifainc
   Gymaint o bwysau ar ben-ôl; ac fe fuont yn ysig am wythnos
    gyfan.

   Yr Annibynnwr di-iro-llaw: llenor cymeriadau Llansadwrn:
   Gelyn y barbaraidd *Black and Tans:* cyfaill y carcharorion
    cydwybodol.
   Fe godasom gofadail iddo; a rhoi ar ei phen glomen ddiolchgar.
35 Pan glywodd hwn y daranfollt etholedig o Neuadd Caerfyrddin
   Fe neidiodd ei lwch sobor yn y bedd o dan y groes Geltaidd
   Ym mynwent Llansadwrn.

   Felly, yr hyn a wnaethom ni oedd clymu Pantycelyn a Brownhill:
   Asio'r efail of yn Nhalyllychau wrth bulpud Emrys ap Iwan;
40 Ac fel y gwnaeth Llewelyn Williams ei hun, cydio *Taith y Pererin*
   Wrth genedlaetholdeb Rhys ap Tomos a phendefigion
    Abermarlais a Dinefwr.
   Y ddiwinyddiaeth Efengylaidd, greadigol, genedlaethol yw ei
    diwinyddiaeth
   Hi, sir Gaerfyrddin.

   I ganol y traddodiadau a'r actau hyn y daethost ti, Wynfor;
45 I ganol tân y tlotai a'r teisi: i gwrdd diolchgarwch Llangyndeyrn:
   A cherdded yn ôl traed diwyro Gymru Fyddaidd yr hen Lew.

Tithau a'th allu a'th aberth a fuost yn dwbwl ffrwythloni ei phridd,
Gan ddwyn dy ffrwyth i'r farchnad: a bywhau boncyff yr hen ddewin.

Pr'un yw'r sir orau yng Nghymru gyfan, gofynnwch chi?
50   Fe fydda' i'n cloffi rhwng sir Gaerfyrddin a sir Forgannwg
Am fod fy nhylwyth wedi eu claddu yn y ddwy: ac ail i'r dewrder gwledig
Oedd dewrder diwydiannol y De; dewrder yn herio'r milwyr a'r plismyn pell.
Ond, tydi, Shir Gâr, a gododd y genedlaethol wawr: tydi a wnaeth y gyntaf wyrth.

Ac am hynny
55   Cydganwn emyn cenedlaethol Elfed,
Cydgitarwn a phopganu gyda Dafydd Iwan
Wrth orymdeithio yn fuddugoliaethus trwy ei phyrth.

218. TRYCHINEB ABER-FAN

Y tu ôl i len y niwl a guddiai'r tomenni rhag y pentrefwyr
Fe saethodd yn sydyn o waelod Tip Saith y dŵr disgleirddu, seimllyd,
Gan dorri sianel i'r llifeiriant llacs llysnafeddus ar ei ôl,
A hwnnw yn cario gydag ef frics, coed, clogfeini a thramiau
5   A gweddillion dau fwthyn Hafod Tanglwys Uchaf.
Ei sŵn oedd fel sgrechain jet wrth ehedeg yn isel iawn.
O'i flaen yr oedd Ysgol Pant-glas fel argae byw: y mwd
Yn cario'r ffens, yn tywyllu'r ffenestri, yn symud y waliau,
Ac yn un pen ohoni yn dringo mor uchel â'r to, a disgyn
10   Ar ben y plant a'r athrawon gwrol: a llifo drwyddi a throsti hi
Gan ladd trigolion yn eu tai, a dryllio cartrefi a moduron.
Yna distawrwydd sydyn, solet: ni chlywid yr un aderyn yn canu,
Na'r un plentyn yn llefain: clywed dim ond drycsawr yr angau.

Y trigolion, a'r glowyr cyfarwydd gyda'r cynta', wrth gwrs,
15   A dieithriaid o bob math, o'r Bîtnics hyd Fyddin yr Iachawdwriaeth,
Yn ceibio, rhofio a chrafu yn yr Ysgol a'r tu allan am y cyrff,
A'u dwyn i sièd gerllaw, eu golchi, a'u rhoi mewn blancedi.
Rhai cyrff ac wynebau wedi eu hanffurfio gan y llaid, ac eraill
Wedi eu dryllio, a'r drylliau yn cael eu rhoi mewn blanced,
20   Gan orchymyn na ddylai neb eu hagor: a'r ceir ambiwlans yn eu dwyn
I Fethania, gyda phlisman y tu mewn, a rhes o dadau y tu allan
Yn aros i'w hadnabod: cant un deg chwech o blant, a dau ddeg wyth o oedolion.
A fu erioed mewn capel yng Nghymru, ar y llawr ac ar y llofft,
Gynulleidfa mor od, ac yn ei ysgoldy ddisgyblion mor fud?

25   Slwdj Tip Saith a droes Aber-fan yn debyg i Fethlem a Rama;
Rama, lle y bu Rahel yn wylo am ei phlant am nad ydynt hwy
Ac ni fynnai ei chysuro: ond caethgludo'r plant i Fabilon

A wnaeth y gelyn, ac yn y gaethglud yr oedden nhw yn fyw, beth bynnag,
A lle y mae bywyd y mae gobaith. Herod yn torri pennau'r plant
30 Â'r cleddyf ym Methlem, ac er bod eu plant yn gyrff yr oedd eu mamau
Yn eu hadnabod hwy. O ladd, gwell lladd â'r llafn na lladd â'r llaid.
Mamau Aber-fan yn wylo'n dorcalonnus, ac yn enwedig famau'r plant
Diadnabod: yn wylo dagrau tostaf yr ugeinfed ganrif; dagrau
A oedd yn ddyfnach na dagrau mamau Bethlem, a'i dagrau hithau, Rahel.
35 Rhai mamau yn sefyll fel delwau ger y dilyw sticlyd gan gredu
Mai hunllef oedd y cwbwl, hunllef a gawson nhw yn eu cwsg y noson gynt.
Rhai yn eiddigeddu wrth blant byw; ac eraill yn chwerwi wrth Dduw
Am beidio â disgyn o'r nef i atal y tip rhag chwydu ei angau;
Rhai yn chwilio am fwrdrwr eu plant i'w hongian ar y pren crogi.
40 Rhieni yn clywed y breichiau tragwyddol yn cau amdanynt, a'u cynnal,
Cynnal eu ffydd friw yng Nghrist, a'u gobaith drylliedig yn Nuw.
Ni all yr un aelod Ei addoli Ef fyth mwy yng nghapel Bethania
Am i gyrff eu plant orwedd yno, a'u gadael heb ffarwelio â hwy,
Heb gri a heb anwes.

45 Drud fu'r glo drwy'r blynyddoedd yn Neheudir Cymru am ei fod yn goch
Gan waed yr ifanc a'r canol-oed, fel y ffrydiau gwaed a gollwyd
Yn Senghennydd, pentre heb fod nepell o Aber-fan: ond heddiw
Y mae'n ddrutach am fod gwaed y gwirioniaid ar ben hwnnw.
Y tipiau

Yr arferem chwarae arnynt, caru, byw yn eu cysgod, a cheibio
  talpau
50 Glo ohonynt yn adeg streic, ni allwn ni mwyach edrych
  arnynt hwy
Heb gochni yn ein llygaid, heb atgo am arswyd a phwys o
  euogrwydd.
Pam y gwnaethost, Arglwydd, gymoedd Deheudir Cymru mor
  gul a gwlyb?
Ond Keir Hardie a ddaliai gynt y dylid claddu'r tomenni
Yng ngwacterau'r pwll glo i atal cwympiadau, nwyon a llifogydd:
55 Eithr y mae'r Sosialwyr modern yn credu fel y cyfalafwyr gynt
Fod cynnyrch yn fwy gwerthfawr na gweithwyr, a chost na
  chartrefi.

Mewn dioddefaint y mae dyfnder; y dyfnder hwnnw sydd yn
  tynnu
Gwŷr, gwragedd a phlant at ei gilydd yn agos. Y dioddefaint hwn,
Yn fwy na dim, sydd wedi codi yn y Deheudir gymunedau
  mor glòs,
60 Cymdeithas mor ddynol. Nid cydymdeimlad Cymru yn unig a
  gafodd y pentre,
Ond cydymdeimlad gwledydd rhydd y byd. Fe ddaeth Maer
  Longarone
Bob cam o ogledd yr Eidal i ysgwyd llaw â rhieni Aber-fan
Am i'r argae ar afon Piave dorri, a lladd trigolion y pentre
Gan gynnwys y plant, ond boddi a wnaethon nhw mewn
  dyfroedd glân.
65 Ni chafodd gydymdeimlad y gwledydd Comiwnyddol am fod y
  drychineb,
Mae'n debyg, yn drychineb gyfalafol; ond cyfundrefn o'r un math
Sydd ganddyn nhw â'r Behemoth biwrocratig, estron o Fwrdd
  Glo
Yng Nghymru.

Dianc o'r pentre i'r Aifft a wnaeth Mair, Joseff a'r Baban
70 Pan laddwyd y plant; a dychwelyd iddo ar ôl i'r hen fwtsiwr farw.
Ond pan dyfodd y baban yn ŵr ifanc fe yfodd Ef Ei Hunan,
Yng Ngethsemane, y cwpan a oedd yn llawn trueni dyn a dicter Duw.
Ac wrth hongian, rhwng dau leidr, ar y groes, a'r gwaed amdano fel gŵn,
Fe gollodd yntau afael ar Ei Dad, yn y tywyllwch teirawr ar ôl y clips;
75 A'i fam yn sefyll gerllaw, a'r cleddyf wedi trywanu ei chalon
Wrth wylio'r fath farwolaeth farbaraidd: ei Mab yn cael Ei groeshoelio
Gan bwerau'r fall sydd yn gweithio mewn crefyddwyr, gwladweinwyr a gwerin.
Fe blymiodd Ef i'r dyfnderoedd sydd yn is na dioddefaint Aberfan,
Dyfnderoedd demonig dyn a dyfnderoedd tragwyddol Duw. O'i glwyfau
80 A gwaed y pen y llifodd i ni, bechaduriaid, y cyfiawnhad, yr iawn,
Y maddeuant a'r cariad; ac â'n dwylo wedi eu nerthu gan ras fe gydiwn
Yn y rhwymyn sy'n ein clymu wrtho; rhwymyn na all trychineb ei dorri.
Yn y darn tir uwchben y mae'r groes flodau fawr, ac ar ei phen hi
Flodeudorch o San Remo; ac ar y beddau y croesau bach, cymdogol;
85 Ac ar bob bedd y mae enw, ar wahân i fedd y cyrff diadnabod.
Croes ein ffydd a'n hiachawdwriaeth. Croes y cyfiawnder a'r cariad.

219. EMYR LLEWELYN JONES

    Yn y llys yn y Bala fe welwyd y gwrthryfel yn ei gerbyd,
    Ôl ei draed yn yr eira; a'r droed fain, bigog y tu mewn i'r cylch
    Yn chwythu gwaelod gormes trawsnewidydd Tryweryn.
    Tan yr wyneb ceriwbaidd a'r wên fachgennaidd yr oedd y grym
5   I godi Cymru i ben bryn aberth a dioddefaint,
    Fel y codwyd hi lawer gwaith yn y gorffennol.
    Fe fydd tri Llywelyn yn y carchar yn trigo
    Gyda'i gilydd; ac fe fydd Owain Glyndŵr yn y gell.
    Yno hefyd fe ddaw Michael Daniel Jones, yr Annibynnwr;
10 Emrys ap Iwan, y Methodist; a'r Eglwyswr, Arthur Price;
    A'r golau yn y gell fydd llewyrch y Tân yn Llŷn.
    Arweinwyr cenedlaethol y Dwyrain a'r Gorllewin a ddaw yno hefyd;
    Gandhi, Kossuth, Mazzini, a'r genedlaetholreg honno o Ffrainc,
    Y Jean d'Arc a losgwyd gan y Saeson yn Rouen;
15 Ffrwydrol oedd ei gweledigaethau hithau, a'r danchwa
    A chwythodd y Saeson sosi o'i mamwlad Gatholig hi.
    Arwyr Iwerddon, hithau, y genedl ddewraf yn Ewrob,
    Padrig Pearse, James Conolly, Michael Collins a'r lleill;
    Ac o'u beddau hwy y sugnaist ti dy wydnwch a'th ddifrifoldeb.

20 Y tu mewn i'r pedwar mur yn yr unigedd estron
    Fe ddaw amheuon i siglo dy ffydd, digalondid i wanhau'r dewrder;
    Fe fyddi yn amau a oedd hi yn werth achub y Gymru lipa,
    Yr hen wlanen o wlad; y genedl nad oes ganddi dafod
    Ond i lyfu tin ei gormeswyr, a'r llyfu yn arian a swyddi.

25 Yn yr amheuon llosg ac yn hunllefau'r anobaith
    Edrych ar ben y stôl trwy farrau ffenestr dy gell
    Ac fe gei di weld dy gartref lle y siglodd dy rieni di
    Yng nghrud llên ac awen; bydd dy Giliau yn y golwg,
    Y beirdd gwlad a roddodd eu diwylliant yn dy waed:
30 Y Geredigion a'th gododd, sir Ieuan Brydydd Hir
    A fflangellodd yr Esgyb Eingl a fynnai fwrdro'r Gymraeg:
    Fe weli di hefyd drwyddi y crac a roist yn y concrit,
    Y prafftter a roist yn y pren; a'r cadernid melyn a gwyrdd
    Yn y genhinen Bedr areithlyd; yr arwr o Gymro
35 A roesit yng nghalonnau'r llanciau a'r llancesi.
    Ti a weli y genedl, y genedl a greodd Duw,
    Fel cenhedloedd eraill, i'w addoli a'i foli Ef.
    O golli'r Gymraeg fe fyddai un iaith yn llai i'w foli;
    O myn y genedl ei difa ei hun ni allai'r Arglwydd Iesu Grist
40 Ar Galfaria farw tros genedl goll; y genedl y rhoes Ef
    Iddi ar hyd y canrifoedd Ei ffydd, Ei ras a'i iachawdwriaeth.
    Y tu allan fe weli'r colofnau sydd yn ein cynnal,
    Yn dy gynnal di yn y gell a ninnau yn yr argyfwng:
    Y Gymraeg, y Gymru a'r Gristionogaeth.

220. ER COF AM
YR ATHRO EMERITWS E. D. T. JENKINS
(Athro'r Clasuron yng Ngholeg y Brifysgol, Aberystwyth)

Diflas oedd ymweled â'i gystudd olaf yn ei ystafell,
A'r bedd y tu allan i'r drws:
Hen glwyfau'r Rhyfel Cyntaf wedi ysigo ei galon,
Y dŵr melyn wedi colli ei sianel yn y cnawd,
5   A'r trawiad parlys wedi anunionsythu ei gorff.
Rhyfelwr ceidwadol ydoedd ef.
Pan oedd yn ifanc, fe gerddai miwsig y bandiau milwrol
Trwy ei wythiennau yn ias ymerodrol:
Ac ar feysydd Ewrob fe arweiniai'r Capten ei ddynion,
10   Ie, ei ddynion, nid milwyr, i frwydro yn erbyn
      barbareiddiwch rhamantaidd;
A thros grud gwareiddiad Ewrob yn Athen a Chaersalem.
Ac yn yr Ail Ryfel Byd gwisgodd y Capten ei ddillad
      eilwaith
I ddysgu a disgyblu gwladwyr lletchwith Ceredigion
I ymladd yn erbyn barbareiddiwch gwaeth
15   A thros yr un hen grud Clasurol a Christionogol.
Rhyfelwr ceidwadol, cadarn ydoedd ef.
Ar feysydd Colegol fe frwydrodd yn ddewr
Tros y cyfiawnder a'r ddynoliaeth
A blannwyd yn ei waed gan yr henfyd:
20   Achub yn ddi-dderbyn-wyneb gam y gwan a'r diniwed,
A bwrw'r unbeiniaid academig yn eu bogail.

Rhyfelwr ceidwadol, cadarn ydoedd ef:
Ond ofer oedd ei frwydr fwyaf.
Yr oedd y Roeg yn cael ei chlwyfo hyd angau yn y
      ceyrydd addysg,

25 A'r athrawon arwynebol a'r disgyblion diog
    Yn byw ar ysgerbwd y cyfieithiadau:
    Yr oedd y Lladin yn llesgáu; y Clasuron yn clafychu.
    Edlych o eglwys oedd yr Eglwys yng Nghymru
    Ar ôl ei thynnu gan benboethiaid oddi wrth Eglwys
       Loegr:
30 Yr Eglwys Loegr urddasol, sobr a syber,
    Yr Eglwys a safai yn y canol rhwng Rhufain a Genefa:
    Ond yr oedd yr edlych o Eglwys blwyfol, gul, gecrus,
    Yn symud oddi wrth y canol yn nes at Rufain.

    Yr oedd ei fyd ef yn trengi gydag ef yn ei ystafell.

35 Braint oedd rhoddi torch flodau ar ei fedd ym mynwent
       Llanychaearn,
    Yr eglwys a gododd ei dad;
    Blodau er cof am y cyfeillgarwch
    Ac o barch i'r gwahaniaethau rhyngom,
    Blodau ar fedd yr ysgolhaig dynol,
40 Y Cymro gwledig, y Tori rhonc,
    Y Cristion gloyw a'r rhyfelwr ceidwadol, cadarn.
    Arno y triged y goleuni tragwyddol.

221. JOHN EDWARD DANIEL

Adeilad tair ystafell oedd yr adeilad a gododd efe,
Ond cyn codi hwnnw yr oedd yn rhaid cwympo'r hen.
Gan Sant Awstin y cafodd efe ei ordd
I chwalu seiliau anwadal Hawen a Schleiermacher,
5   A dryllio muriau meddal y Morganiaid modern.
Gan Galfin a Luther y cafodd efe ei gaib
I dorri'r seiliau sicr, lle y bu eu seiliau hwy,
A chodi arnynt furiau ei adeilad cadarn, cydwaith.

Ar furiau'r oruwchystafell yr oedd Credo'r Apostolion,
10   Credo Nicea ac Athanasiws a'r *Te Deum*;
Ac ar y bwrdd wrth y ffenestr, yng ngoleuni'r Ysbryd Glân,
Yr oedd y Beibl a chyfrol Gweithiau Pantycelyn.
Ar y silffoedd yr oedd cyfrolau diwinyddiaeth y canrifoedd,
Ac ar y silff uchaf y ddiwinyddiaeth Efengylaidd o Dertwlian
15   Hyd at Kierkegaard a Karl Barth. Ystafell ddiwinyddiaeth
Oedd hon, ystafell y frenhines ar yr holl wybodau.
Cyn y Rhyfel Cyntaf y frenhines hon a gadwynid
Fel caethferch wrth wareiddiad Ewrob: wrth Iesu Hanes;
Wrth y dwyfoldeb mewn dyn, a phen ysgol datblygiad.
20   Y gynnau a chwalodd ei chadwyni, a rhyddhau'r frenhines,
Gan ddangos inni eilwaith y pechod gwreiddiol; y gagendor
Rhwng Duw a dyn; y gagendor na allai neb ei gau ond y
   Duw-ddyn.
Y Mab trwy gyfamod â'r Tad yn y Cyngor Bore
A ddisgynnodd o ganol y gogoniant i grud yn y preseb,
25   Gwyrth yn y gwair: ac a gerddodd yn ein cnawd trwy'n
   pechodau
A'n temtasiynau: a'i groeshoelio gan offeiriaid a Chesar
A'r demoniaid a ninnau, gan gau'r gagendor â'r gwaed,
Fel y cawn ni, trwy edifeirwch a ffydd a gras,
Ei gymdeithas Ef, Eglwys Ei atgyfodiad ar y ddaear,

30 Lle'r addolwn, moli a chymuno wrth draed y Drindod.
Llysgennad y frenhines hon yng Nghymru oedd efe;
Gweinidog Iesu Grist; croesgadwr yr Apostol Paul.

Yr ystafell chwith ar lawr oedd ystafell yr henfyd,
Groeg a Rhufain: crud gwareiddiad Ewrob.
35 Ar y silffoedd yr oedd clasuron eu barddoniaeth, eu drama, eu hanes,
Eu hathroniaeth a'u gwleidyddiaeth: bu ef yn bodio eu dalennau,
Fel medelwr yn mydylu eu gwair a'u gwenith ar y meysydd
Â rhaca ei ddeall, a'u cywain i ysguboriau'r galon.
Llên croesffordd y Gorllewin rhesymol a'r Dwyrain
40 Cyfriniol: llên trasïedïau hwbris dyn;
Llên y llwybr canol; y cyfiawnder diwyro,
Fel y llys a gynhelid ar yr Areopagus yn y nos
Rhag i wyneb y carcharor fennu ar ddedfryd y barnwr.
Llên y march du a'r march gwyn: y cysgodion yn yr ogof,
45 Cysgodion y ffurfiau tragwyddol sydd y tu hwnt i'r llygad a'r llaw,
Gan ddwyn Platon i ymyl ffin teyrnas yr Ysgrythurau,
Llên y Roeg Atig, a'r Roeg Helenistig,
Pan arloesodd Alecsander y ffordd i Efengyl yr Iddewon
Gerdded ar hyd-ddi i Asia a chyfandir Ewrob.

50 Yn yr ystafell dde ar lawr yr oedd map Cymru
Yn dangos sut y cadwynid hi wrth Lundain
Â chadwyni'r Sais, a'r cadwyni a weithiodd hi ei hun
A'u rhoi amdani: gwlad wedi ei gwarchae fel Troea gynt,
A'i gelynion y tu mewn iddi fel y Groegiaid yn y ceffyl pren.
55 Rhaid oedd ei rhyddhau. Ar y silffoedd yr oedd gwinllannoedd ei llên
Yr yfodd ohonynt ei ysbrydiaeth; ffynhonnau ei hanes hi
Y drachtiodd ohonynt ei wleidyddiaeth; bryniau ei Christionogaeth hi

Yr esgynnodd i'w pen i weddïo ar Dduw tros Gymru,
A gofyn am ei chadw yn genedl fel yr addolai Ef yn
   Gymraeg.

60 Nid ystafelloedd ar wahân oedd y rhain, ond yr oedd drws
Yn myned o'r naill i'r llall, a grisiau yn eu clymu.
Clymu dyneiddiaeth y Dadeni wrth y ddiwinyddiaeth
   Drindodaidd,
A gosod diwinyddiaeth yr Eglwys yng nghanol argyfwng
   Cymru:
Clymu Caersalem ac Athen a Bangor.
65 Adeilad oedd hwn na allodd Rhufain ei ddymchwelyd;
Adeilad ein hathro yn y ffydd a'n tad yn yr Efengyl.
Er gostwng ei lwch sydyn yn y fynwent ym Mangor
Fe erys ei adeilad. Yn yr ystafell Gristionogol y mae ei
   weddi,
Ei bregeth, a goleuni'r frenhines, morwyn Crist.
70 Yn yr ystafell glasurol y mae llef uchel ei ysgolheictod,
Ellyn y deall, a gorwelion y galon eang.
Yn yr ystafell genedlaethol fe erys ei arweiniad a'i aberth,
Yr unplygrwydd a'r argyhoeddiad solet; y sen a'r enllib;
Yr hwyl a'r chwerthin a'r sbri: y modur a'r mudandod.

75 A thywynned ar Ei was lewyrch wyneb ei Arglwydd.

222. DR LLEWELYN RHYS-JONES
      (*Beddargraff*)

Dawn i wneuthur daioni
Oedd gan ein meddyg bonheddig ni,
Daioni fel dy Iesu di.

223. PWYSIGRWYDD

Oes, y mae 'na bobol bwysig iawn yng Nghymru
    Yn ôl eu llun yn y papurau brau:
Y Seneddwyr yn gofyn cwestiynau drudfawr
    Ac yn brolio pan fydd etholiad yn nesáu.
5   Y gwladgarwyr yng nghinio Gŵyl Ddewi
    Yn cymysgu sebon â'r dŵr a'r bwyd:
Y bobol yn cael anrhydeddau'r Frenhines
    Ac yn sefyll fel delwau trwsiadus wrth y glwyd.
Y beirdd sydd yn llunio clasuron
10   Ac yn cystadlu yn y llenyddol ras:
Yr hanner duwiau sydd yn ymgynddeiriogi
    Pan gânt ryw feirniadaeth gas.
Yn y fan yma yn ymyl llys Pilat
    Y gellir eu gosod hwy yn eu lle;
15   Eu mesur â llathen, eu pwyso mewn tafol,
    Llathen a thafol tragwyddol y ne'.
Y pwysicaf o ddigon yw'r offeiriad distadl
    Sydd mewn tre yn moli Mair:
A'r gweinidog di-sôn-amdano ym mherfedd y wlad
20   Sydd yn ei lymdra yn pregethu'r Gair.

224. CWM RHONDDA
(Er cof am y diweddar J. Kitchener Davies)

Anialwch estron oedd Cwm Rhondda pan aeth efe yno,
Efe—y Cristion, y cenedlaetholwr, y dramodydd, y Cardi,
A'r heddychwr â'r enw milwrol. Gorymdeithio a wnâi efe
Gyda'r Lasarus gornwydlyd o werin a oedd yn pydru byw
5   Ar gildwrn y Llywodraeth Sosialaidd; a banc yr Iancis yn cwtogi ar hwnnw;
Hobnobio dan ei Ddraig Goch rampant â'r baneri coch proletaraidd,
Y gwagenni, y cyrn siarad, y bagiau-*chips* gweigion a'r rabl.
Nid hobnobio yn unig, ond ei helpu wrth roi cawl yn y ceginau,
Casglu sborion i'r ffeiriau, coblera a chynnal carnifeli jas.

10 Efe a safai fel Caniwt yn ei goler a'i dei i geisio atal
Y corwynt, y cenllysg a'r llifogydd; yr Atlas academig
A oedd yn dal Cymru ar ei ysgwyddau yn y diffeithwch;
A'i gydwladwyr yn ei alw yn ffŵl dwl, y lobyn, yr idiot.

Y Sosialwyr yn ei gynghori i adael ei gwafers, ac i gymryd swydd
15 Ac anrhydedd o'r tu mewn i'r unig Barti a oedd yn cyfri,
Neu'n ei fygwth y gallent hwy gau ei geg â swydd maes o law
A'i brynu fel y lleill â rubanau. Fe gafodd rhai ohonynt yn ddiweddar,
Ie, Sosialwyr cenedlaethol, swyddi bras, a'u cyflogau yn arian Jwdas.
Lle bu'r mwffler y mae llinyn y medalau am eu gyddfau gwerinol;
20 Lle bu'r cap y mae het silc Tŷ'r Arglwyddi ar eu pennau.

Nid medal, na marchog, na het silc a gafodd Kitchener Davies,
Ond y gorlafur a droes yn gancr; cwymp y cadfridog yn y
    frwydr;
Gollwng y gwaed a gadwodd Gwm Rhondda yn rhan o Gymru.

Disgyn a wnâi efe o fyd y ddrama i ben y bocs sebon
25 Gan hau â'i enau rhugl yr had od ar y ddaear, ond
Ni allai eu gweld yn disgyn i hen bridd y canrifoedd,
A oedd wedi ei balu, ei chwalu a'i wrteithio, o dan wyneb yr
    anialwch.
Wrth orymdeithio i Sgwâr y Petris, i lawr Ynyscynon,
Dros y Brithweunydd, heibio i'r Llethr-ddu at y Porth a'r Dinas,
30 Ac yn ôl dros Dylacelyn a thrwy Goedymeibion i'r Sgwâr,
Fe blannai goed, planhigion a edrychai yn ddirmygedig a gwyw,
Ac y mae'r rhain erbyn hyn wedi tyfu yn berthi, lle bu'r bylchau.
Y confolfiwlws nadreddog y ceisiai ef eu lladd yn ei ardd,
Cyn dringo pob postyn a llwyn, a thagu'r rhosynnau a'r ffa yn
    eu blodau,
35 A'r chwyn y bu'n ceisio eu tynnu nes bod ei gefn ar gracio,
Y mae ei ddisgyblion wedi llosgi eu llumanau a'r chwyn yn ulw.

Yn ei freuddwydion yn unig y clywai ef sŵn y gwynt sy'n
    chwythu,
Y gwynt a sgubodd yn ddiweddar drwy Gwm Rhondda; y
    gwynt newydd;
Y gwynt annisgwyl; y gwynt sydyn syfrdanol; y chwyldro o
    wynt traddodiadol;
40 Y gwynt a siglodd y San Steffan Sosialaidd hyd ei seiliau;
Y gwynt sy'n ireiddio llysiau a ffrwythydd y gerddi, ac yn enwedig
Hen ardd lafurus y Brithweunydd; y gwynt sy'n crychu'r perthi;
Y gwynt sy'n glanhau'r Cwm; y gwynt sy'n oedi, weithiau,
Ar y bedd ym mynwent y Llethr-ddu fel ei gofgolofn.

225. CATHOLIGRWYDD

  Fe'i carcharwyd gan Ei gnawd a'i esgyrn Iddewig
   Y tu mewn i derfynau Ei wlad,
  Ond fe'u rhoes fel estyll byw i'r morthwylio,
  A'u codi o'r beddrod, ar waethaf y gwylio,
5   Yn gorff catholig gan Ei Dad.

  A mwy y mae Caerdydd cyn nesed â Chalfaria,
   A Bangor bob modfedd â Bethlehem,
  Gostegir y stormydd ym Mae Ceredigion,
  Ac ar bob stryd fe all y lloerigion
10   Gael iechydwriaeth wrth odre Ei hem.

  Ni chuddiodd Ei Efengyl rhwng cymylau Jwdea,
   Y tu hwnt i dafod a llygaid gŵr.
  Ond rhydd y bywyd sydd fyth i bara
  Mewn llymaid o win a thamaid o fara,
15   A dawn yr Ysbryd mewn diferion dŵr.

226. MODERNIAETH

Fe dynnodd dyn linell ar y ddalen graff
    O ddot y barbariaid i ddot perffeithrwydd y byd,
A gosod y Geni, Gethsemane, y Groglith a'r Pasg
    Yn ddotiau go bwysig rywle ar ei hyd.

5   Fe welodd fywyd fel tonnau'r môr di-bwynt
    Yn rhedeg ar hyd y draethell i lenwi ei bwll;
A phan dorrodd y dyfroedd drwy'r argaeau sand
    Fe dynnodd Dduw o'i nef i atal y twll.

Nid oes gan na chrefydd na chelfyddyd mwyach iaith,
10   Nid yw hi ond dyn yn hel iddo'i hunan glecs.
Cystrawen yr atom ydyw cystrawen ein byd,
    A gramadeg y bydysawd oll ydyw x.

Ni welodd efe y Duw-ddyn yn trengi ar y post
    Gan droi ei linell a'i lanw a'i syms yn goeg,
15   Na gweled gwacter chwyldroadol Ei fedd,
    Na gwrando ar yr Ysbryd Glân yn parablu Groeg.

227. Y CLOC

    Y mae rhai crefyddau yn ceisio anghofio'r cloc
        A lladd ei oriau, ei funudau a'i eiliadau i gyd,
    Ac esgyn at yr Absoliwt yn ei eangderau,
    A syllu ar ddrama ffansïol ei bwerau,
5   Dibrolog, diepilog, diolygfa a di-act,
        Ar lwyfan digyrten uwchben ein byd.

    Disgynnodd y Crist i ganol tymhorau'r byd,
        A'r gaeaf uwch Ei grud yn ysgryd finiog iawn,
    A throes ei oriau, ei funudau a'i eiliadau
10 Yn Ddatguddiad Duw mewn geiriau a gweithrediadau,
    A gorffennodd blan iechydwriaeth dyn
        Am dri o'r gloch y prynhawn.

    Fe gafodd Ei apostolion syndod y byd,
        A Mair Glewffas a Mair Magdalen sioc,
15 Ni allai'r bysedd rheolus ar yr wynebau crynion
    Rannu'r amser mwyach i Waredwr dynion,
    A thraddododd i'w Eglwys, er ei bod yn y byd,
        Ei goncwest Ef ar y cloc.

228. CYFANRWYDD

Maddau i ni am graffu gormod ar y groes
    Gan anghofio tynnu Ei gorff i lawr,
A brasgamu fel Pedr â'i wynt yn ei ddwrn
    I weld gwep ac ing yr Angau gawr.

5   Mor anaml yr awn i gwmwl dydd Iau,
    I'r sŵn gwyn a'r parablus dân,
A gweld y pysgod cydwladol yn sicr rwyd
    Y Galileaid, a chynhaeaf yr Ysbryd Glân.

Ein meidroldeb ni a ddyfeisiodd y cloc,
10   Sy'n troi pob heddiw yn yfory a doe,
Ar y ffordd rhwng y Geni a bryn y groes,
    A'r groes a'r Dyrchafael rhaid cymryd llawer hoe.

(anorffenedig)

229. YR ASYN

Ni fûm i erioed yn hoff o'r ebol asyn hwnnw
    A gariodd y Gwaredwr ar ei gefn ar flaen y Rag.
Nid oedd yn yr Hosanna gellwair; nid oedd y disgyblion
    Yn casglu at ryw ysbyty, ac nid oedd y Meseia yn wàg.

5   Daeth un o'r asynnod llwyd o wyliau'r draethell
    I blith y meirch academig ar fy meysydd i,
A merch fach yn cydio yn dynn yn ei awenau gostyngedig
    Ac yn ei yrru i mewn i deyrnas ei diniweidrwydd hi.

Gwelais orymdaith y proffwydi y tu ôl i'r ebol asyn,
10   Ac Abraham a Moses a Dafydd yn cario palm,
Adda ac Efa yn seinio eu Hosannau gwaedlyd,
    A'r angylion a'r archangylion yn pyncio salm.

230. ARDDANGOSFA'R LLYFRGELL

Ni allai'r llygaid rhag y lliwiau llawen,
    Wedi'r fagddu ddwl, lai na chau,
A gadael eu soced wrth weld artistri Ewrob
    Wedi esgyn o'r ogofâu.

5   Mae Gwanwyn Botticelli yma yn goleuo
    Pentyrrau y llyfrau llwyd,
A'r hen Fona Lisa wedi dyfod o Baris
    I'n dal yn ei hynafol rwyd.

Hel atgofion am eu brodyr a'u chwiorydd
10   Wrth bensynnu ar gadair a mainc,
A gwyrthiau'r gelfyddyd yn dod yn orymdaith
    O'r Eidal, yr Iseldiroedd a Ffrainc.

Gweld defosiwn y Doethion yn eu dillad crandwych
    Wrth gyffredinedd y preseb gwair;
15   A'r darluniau i gyd yn gadael eu parwydydd
    I'w hoffrymu i Blentyn Mair.

231. GARDD

Fe ddwg y gwanwyn ei galedwaith a'i chwys
    A chrymu'r cefn fel torch,
A'r dant-y-llew a'r danadl a'r cancr
    Yn dreth ar amynedd caib a fforch.

5   Taenu'r ysbwriel ar hyd y rhych
    A'r dom ar ei ben o'r llwyth,
Rhyfeddu at Natur a'i chynllun call
    O droi ei phydredd yn ddail a ffrwyth.

Wedi gorffen gardd dedwydd yw dyn
10   Fel bardd wedi cwpláu cân,
Y frwydr â Natur ystyfnig, swrth
    Yn goncwest o gymendod glân.

Ond annoeth yw brysio canu'r corn;
    Bydd raid eilwaith grymu cefn,
15   Rhag i'r diffeithwch o dan y pridd
    Dagu'r holl degwch drachefn.
Bydd yn rhaid chwistrellu'r egin a'r tardd,
    A bugeilio'r brain yn y man.

Gwych fydd cael gweled aeddfedrwydd yr hydref
20   Tan olau cwyr yr eglwysi,
    A'r llysiau yn rhestri
    Ar silff y ffenestri,
A'r blodau ar yr allor bob yn bwysi,
    Wrth y lletring y cloron,
25   Wrth y bedyddfaen y moron,
    A rhaffau o ffrwythau
    Yn hongian yn llwythau,
A blodau'r hydref yn duswau del
    Yn llestri bach dŵr yr ymbarél.

30 Molwn ac addolwn,
    Utganwn a chydganwn,
    Mae'r cread yn un gwead
    O fwriad a dyhead,
    A gwyrthiau'r Drindod
35 Yn ddigon o syndod,
    Yn ddigon i syfrdanu a dallu dyn,
    Ni allwn wneud dim ond plygu glin.
    Yma mae Natur fel y dylai hi fod
    Yn llawn gorfoledd, moliant a chlod.

40 Roedd y Drindod yn ddigon o gymdeithas i Dduw
    Fel nad oedd raid iddo greu dim byd,
    Ond angerdd Ei gariad a grym Ei greu
    A greodd ryfeddod o fyd:
    Ni allai wneud yn well na phlannu gardd
45 Er mwyn i ddyn gael byw ynddi'n hardd,
    Ond crafangodd ei falchder am orsedd Duw,
    A throi darnau o'r cread yn ddiffaith wyw;
    Nid oedd dim amdani ond danfon Crist
    I ganol ein daear ddryslyd,
50 Ac yn yr Ardd bu Ei greisis trist,
    Ac ar ei phridd ddycnwch Ei benliniau gwyn;
    Ond clywais Ei weddïau angerddol chwyslyd
    Yn tagu'r hen bryfed a'r chwyn.

232. CYFEILLION

Cawsom lawer o hwyl gyda'n gilydd o dro i dro,
Wedi'r unigrwydd llafurus am ysbaid go faith
Yn rhoi rhes o ddarlithiau neu ddarn o ymchwil ar waith
Hyd onid oedd y nerfau cynhyrfus yn fy ngyrru o'm co';
5 Mi awn i Gaerdydd neu i Abertawe dan chwibanu rhyw gainc
I gwrdd â Ben adre o'r Almaen a J.D. o Ffrainc.

Y bardd, Rainer Maria Rilke, ydoedd eilun Ben,
A'i Almaeneg yn llawn angylion ac angau cymylog bron,
A J.D. yn adrodd am ysgolheictod y Sorbonne
10 Neu hanes y mudiad cenedlaethol a'i ganolfan yn Rennes;
Mi awn i Gaerdydd neu i Abertawe dan chwibanu rhyw gainc
I gwrdd â Ben adre o'r Almaen a J.D. o Ffrainc.

A dôi Albert atom hefyd o ganol y siop a'i ffrwst
I sôn am driciau busnes a sgêm y cwmnïau mawr
15 I fwrw siopau bychain i gyd i lawr,
Rhwng adrodd cerddi Goethe a sôn am nofel Proust:
Mi awn i Gaerdydd neu i Abertawe dan chwibanu rhyw gainc
I gwrdd â Ben adre o'r Almaen a J.D. o Ffrainc.

Yn sir Gaerfyrddin yr ydoedd ein gwreiddiau ni a'n stoc
20 A throai weithiau air sydyn o dafodiaith y sir
Ni yn ffermwyr cydnerth, bochgoch â barf a locsys hir,
Yn gwisgo crys gwlanen, trowsus rib, crafet a smoc:
Mi awn i Gaerdydd neu i Abertawe dan chwibanu rhyw gainc
I gwrdd â Ben adre o'r Almaen a J.D. o Ffrainc.

25 Canai J.D. emynau Pantycelyn yn Paris a Rennes,
A chlywai Albert yn y siop yn sydyn a swil
'Wrth gofio'i riddfannau'n yr ardd' rhwng cleciadau'r til,
A disodlai Dafydd Jones o Gaeo Rilke yn ymennydd Ben:

Mi awn i Gaerdydd neu i Abertawe dan chwibanu rhyw gainc
30 I gwrdd â Ben adre o'r Almaen a J.D. o Ffrainc.

Roedd yno hwyl a haelioni uwchben gonestrwydd y gwin,
Ysgwrsio, clebran, siarad dyli dwl a thynnu coes,
Ac er mwyn codi dadl dywedai rhywun rywbeth yn groes
I ramantiaeth Rilke neu i glasuroldeb Racine:
35 Mi awn i Gaerdydd neu i Abertawe dan chwibanu rhyw gainc
I gwrdd â Ben adre o'r Almaen a J.D. o Ffrainc.

Roedd cymdeithas yn llanw'r oriau hyd y fyl yn llawn,
A Chymru ac Ewrob mor agos uwch y coffi a'r gwin,
Ond ceid ambell ymadrodd swrth ac weithiau gweryl go flin,
40 A dioddef er mwyn adnabod ein gilydd yn iawn:
Mi awn i Gaerdydd neu i Abertawe dan chwibanu rhyw gainc
I gwrdd â Ben adre o'r Almaen a J.D. o Ffrainc.

Y mae Albert erbyn hyn wedi priodi merch o'r fro,
A Rainer Maria Rilke yn dal i boeni Ben;
45 Ond ni ddaw J.D. adre mwyach o Baris neu Rennes,
Canys bwytaodd y cancr ei bledren ifanc o:
Pan af i Gaerdydd neu i Abertawe trist iawn yw'r gainc,
Wrth gofio Ben yn dod adre o'r Almaen a J.D. o Ffrainc.

233. Y BARDD

Yn llyn y cof y mae haid o ddelweddau
Yn nofio yn gymysg â phrofiadau oes;
Ac yno hefyd y mae stoc o fesurau,
O'r *vers libre* i'r gynghanedd groes.

5   Pan ddisgyn yr awen i'w natur androgynaidd
Ffrwythlonir egnïon y ddau ryw,
Ac fe â'r profiad a'r ffurf, y syniadau a'r symbolau
Fel delw Pygmalion yn fyw.

234. Y SOSIALWYR

A gofiwch chwi amdanom
    Yn llunio bywyd â'n barnau?
Âi ein gobaith ar ei adenydd
I fyd yn llawn o heddwch a llawenydd,
5   Uwch ewyn cwrw'r tafarnau.

Roedd ein ffydd ni yn gadarn
    Yn y datblygiad astronomig:
Ond disgynnodd dau ryfel fel heintiau,
Gan ddwyn o'n tancerdi ein peintiau,
10   A daeth y bomiau atomig.

235. YR HEN ŴR IFANC

Yr hen ŵr ifanc a blaenor hefyd,
    Hen ŵr wedi darllen llyfrau llên:
Hen ŵr wedi colli ei ffordd yn rhywle;
    Hen ŵr wedi methu myned yn hen.

5   Y dydd siaradai yn synhwyrol am ei brofiad,
    A rhoi barn ar y byd yn bwyllog a doeth:
Ond y nos fe ddôi rhyw gythraul i'w gythruddo,
    Rhyw ddemon i'w droi yn wallgof boeth.

Rhwng llenni'r gwely fe hyrddiai ei nwydau
10   Ar gorff naturiol ei gymhares glên:
Angerdd ieuenctid o dan y penllwydi,
    Cnawd wedi methu myned yn hen.

Hen goeden benwyn a'r gwanwyn yn llercian
    Yn y boncyff a'r gwraidd a'r clai:
15   Nawnddydd yn gwrthod troi yn hwyrnos;
    Llanw wedi anghofio troi yn drai.

Yn ysbyty'r meddwl fe roddwyd nodwydd
    Yn ei gnawd i ddiffodd y nwyd:
I ladd y gwanwyn ac i hybu'r hydref,
20   Ac i ostwng y gwres yn y ffwrneisiau llwyd.

Hen ŵr ifanc a blaenor hefyd,
    Hen ŵr synhwyrol a doeth a chlên;
Hen ŵr yn methu gwahanu'r gwanwyn a'r hydref;
    Hen ŵr a'i ieuenctid wedi gwrthod myned yn hen.

236. Y DDAEAR

Mor agos oedd y ddaear gynt,
Mor agos â chymydog, ac yn siarad tafodieithoedd y
    Gymraeg;
Rhoddem arni lun, a dwyn ohoni liw,
Lliw gwenith, haidd, siprys a cheirch;
5   Tonnem ei gwallt hi â swch yr aradr,
A chribo ei ysglein â'r ogedi clonclyd:
A chlywai'r beirdd rhamantus yn y dinasoedd
Sŵn y nant fel hiraeth pell,
Ac yn unigedd anhygyrch y mynyddoedd
10   Codent lety i'r angylion rhwng deufyd.

Trowyd y ddaear yn labordy mawr,
Troi'r beudy yn ffatri a'r fuwch yn gocos yn cnoi cil;
Ac ni ddaw'r teirw ffroenchwyth mwyach
I neidio'r fuwch boeth ar y buarth;
15   Darfu eu hen domennydd hwy,
Y mae'r gemeg dramor yn diffrwytho'r pridd.

Nid yw'r ddaear mwy yn siarad iaith gartrefol dyn:
Cystrawen peiriant yw'r parabl; gramadeg *x, y, z*:
A throes y cymydog yn anghenfil pell;
20   Anghenfil â'i safnau hydrogenaidd
Yn barod i lyncu hwsmonaeth a gwareiddiad dyn.

       Peilonau lle bu'r angylion
       A'r concrit yn cronni'r nant.

237. YR ADAR RHEIBUS

Daw'r cigfrain crafanglyd a'r drudwys dreng
    Yn un giwed ystrywgar ac ystrancus,
Llithrant trwy wybren y Grawys yn lleng
    Gyda'u criau a'u crawcian gwancus.

5   Disgyn gwyliwr neu ddau ar ben post
    A dau neu dri ar y gwifrau a'r clwydydd,
Ac wedyn yr holl haid yn eu ffrwst a'u ffrost
    A llarpio'r ffrwythau a'r bwydydd.

Disgynnaf innau yn y gwacter blin
10   Lle'r ymrolia berw y blysiau,
A drachtio poteli o wirodydd a gwin,
    A llarpio'r cigoedd a'r llysiau.

Dedwydd yw'r gigfran a'r drudwy a'r gog
    Yn eu bolera awchus biglyd,
15   Nid oes nac ympryd na Gwener y Grog
    Yn nail eu calendrau ciglyd.

Dysgodd Branwen i'r drudwy bach
    Iaith fel llysgennad ei gofidiau,
Ond ni wn pwy a ddysgodd i'w epil a'i ach
20   Grechwenu ar ffolineb ymprydiau.

238. EPIGRAMAU

Pilat a ofynnodd, 'Beth yw gwirionedd?'
Ac y mae pobl heddiw yn ei chwilio trwy'u hoes:
Ond ni welodd ef ac ni welant hwythau
Fod hwnnw yn hongian yn eu hymyl ar y groes.

★ ★ ★

5   Fe fyddwn yn canmol y Cymry uniaith Gymraeg,
     Ond y mae yn rhai o'r rheini gymhlethdod sydd yn
       drasiedi ac yn jôc:
     Clywais y diwrnod o'r blaen am hen wraig bron uniaith
       Gymraeg
     Yn parablu Saesneg yn ei gwely ar ôl cael strôc.

★ ★ ★

     Yn Rwsia rhaid yw rhoi pob dim dan adain y Wladwriaeth:
10 Ni all hyd yn oed syrcas fod yn anwleidyddol:
     Rhaid i'r ferch sefyll ar y ddau geffyl yn Lenin-Farcsaidd,
     A'r clown daflu ei din dros ei ben yn Gomiwnyddol.

★ ★ ★

     Caiff y llygaid a'r clustiau wleddoedd yn y sinemâu,
     Ond anghofir y trwyn: a dygir peraroglau i'w gyffroi:
15 Perarogl rhosyn a *rouge,* perarogl dociau Hong Kong,
     Perarogl oraens a moch a gwartheg a lloi.

★ ★ ★

     Yn ôl yr arbenigwyr, y mae carthffosiaeth yn broblem:
     Llygrir y môr gan fudreddi'r dinasoedd mawr;
     Does dim amdani ond ei gludo mewn awyrlongau i'r gofod,
20 A'i arllwys uwchben y cymylau i lawr.

239. Y GWAWN

Yn Haf Bach Mihangel gwelais y gwawn
   Wedi dal yn eu rhwydi belydrau'r prynhawn.

Gwisgai Natur ei sidanfyw fest
   Ac yn bincsyth dani ddidennau ei brest.

5   Pa nifer o bilynnod, dywedwch chi,
   Sydd ganddi ymhlyg yn ei droriau hi?

Mae hi'n taclu am y tro olaf cyn symud tros y lli,
   A'i gwardrob a'i bocs gwnïo gyda hi.

240. OWAIN GLYNDŴR

Iolo Goch a Gruffudd Llwyd, beirdd y Gogledd
A olrheiniodd achau ei dad, a disgrifio ei Sycharth e',
A dyma fardd o Forgannwg yn moli ei fam ef, Helen,
Pendefiges yn llinach tywysogion a phendefigion y De.

5   Ni wyddys dim am ei hanes, ac ni ellir olrhain ei hachau,
    Ond gallwn ddychmygu mai hyhi a ddysgodd i'w mab
Hanes yr hen Brydain; yr ymdrech rhwng y ddwyddraig;
Proffwydoliaeth y beirdd am arwr i adfer y wlad,
Y mab darogan, Arthur neu Gynan neu Gadwaladr,
10 Sôn am gyfreithiau Hywel Dda a oedd wedi aros
Yn eu grym yn hwy nag yn y Gogledd.

Methu yn y diwedd ar ôl buddugoliaethau'r Cymry,
    A wnaeth y gwrthryfel, er gwaethaf help y sêr,
Y tywydd, y Ffrancod, y Llydawiaid a'r bradwyr,
15 A gorfoleddu a wnaeth y Saeson yn eu buddugoliaeth aflêr;
A'r Saeson yn rhoi'r ffrwyn yn llawer tynnach ar eu gwar
    Gan wahardd pob segurwr, tramp, cyfarwydd a bardd.

Abad Glyn-y-groes a ddwedodd wrtho ar y Berwyn
    Ei fod wedi codi ganrif yn rhy gynnar cyn torri o'r wawr;
20 Ond, o ludw ei frwydrau y cododd ymhen pedair canrif
Fel y ffenics, ei ysbryd i'n harwain ni'n awr.

Cilio ar ddifancoll â'i ddraig aur a wnaeth y dewin,
    A'i Sycharth yn adfeilion, a'i genedl yn drist ei gwedd,
A thrueni na wyddom lle y mae ef, a Gruffudd a Helen
25 Yn gorwedd, i ni gael plannu'r Ddraig Goch ar eu bedd.

Hyhi a roes y De a Dinefwr iddo yn filwyr,
   A'i dysg yn y Brut a roddes iddo ei ddraig;
Ac ar gynllun y gynhadledd yn Nhŷ-gwyn ar Daf
   Y cododd yn Harlech a Machynlleth ei seneddau Cymreig.

241. CANAAN

Gwlad â'i phen yn y niwloedd cyntefig
A'i gwallt yn y gwylltineb di-gainc.
Llygaid a welodd gwymp y gwareiddiadau campus,
A chlustiau a glywodd ieithoedd a thafodieithoedd
5   Na chadwyd yr un sŵn na'r un sain ohonyn nhw.
Y genau a lefarodd am y di-ddelw Unduw
Ynghanol crefyddau amlduw, delwgar a phuteingar.

Ei chorff oedd yn groesffordd Dwyrain a Gorllewin,
Llwybrau Bedwin, y camelod a'r carafanau:
10 Maes brwydr y brwd ymerodraethau,
Llwyfan drama'r cymysg hiloedd:
Ysbail cenhedloedd o'r Eifftiaid hyd y Moslemiaid:
Corff a ddrylliwyd gan y gelynion,
A'i aelodau yn llawn wylofain, gofid a marwolaeth.

15 Y traed a ryddhawyd gynt
O rwymau'r priddfeini yn yr Aifft:
Ac a ailrwymwyd wedyn
A'u cerdded i Fabilon y gwelyau crog a Thŵr Babel:
Ond y traed a arhosodd yn gadarn
20 Ar dri bryn Caersalem:
Y traed a safodd yn y preseb, wrth groes
A ger y bedd gwag yn yr ogof:
Yr undroed a safodd ar y graig hanesyddol
A'r llall yng nghorff ac ysbryd dyn.

242. BETHLEHEM

Helen oedd y cyntaf i godi eglwys ym Methlehem,
Ond pan ddinistriwyd yr holl eglwysi yn y chweched ganrif
Gan y Persiaid, ni ddistrywiasant yr Eglwys ym Methlehem
Gan dybio mai'r Persiaid oedd y Doethion.
5   Rhennir yr Eglwys heddiw rhwng y Lladinwyr, y Groegiaid
A'r Armeniaid: ac yn y *Grotto* y mae man Ei enedigaeth,
O dan un allor yno y mae Seren Dafydd
Yn dynodi'r fan: a phedair lamp ar ddeg
Y Groegiaid a'r Armeniaid yn llosgi,
10 Ac mewn man arall y mae allor y Lladinwyr
Lle bu'r preseb, ac uwch ei phen bum lamp.
Y mae allor berl o waith crefftwyr Bethlehem
Yn y *Crypta Lactis*.
Naturiol yw i Gristionogion brydferthu'r lleoedd santaidd;
15 Ond nac anghofiwn yr ystabl gynt,
Tom yr anifeiliaid ar y gwellt,
Y muriau moel yn loyw gan oerni
A Mair yn crynu gan oerfel wrth fagu ei Baban;
A thrwy'r twll yn y wal ni ddôi o'r wybren rewllyd
20 Ond goleuni un seren i'r tywyllwch a'r tlodi.
Pererinion oeddem yno; pererinion pechadurus;
Y pechod pwysig; y pechod pell;
Y pellter rhwng Duw yn Ei ogoniant yn y nef
A'r Plentyn yn y preseb.

243. FFYNNON NASARETH

Gweled y gwragedd troednoeth yn cerdded i'r ffynnon,
Ac yn aros eu tro i lanw eu piseri:
A chofion am Fair gynt
Yn cerdded o ogof ei chartref i'r ffynnon:
5 Y piser gwag ar ei hochor ar ei phen,
Ac yn aros ei thro, wraig gyffredin ymhlith y gwragedd,
A chario'r piser llawn ar y capan ar ei phen,
A cherdded yn droednoeth unionsyth tua'i chartref.
Nid oedd unrhyw wahaniaeth rhyngddi a'r gwragedd eraill:
10 Ond yr oedd yn ei chlust sgwrs â'r Angel,
Yn ei chalon ddirgelion Duw:
A'r corff a roes Ei ddyndod i Dduw.

244. CANA GALILEA

Y mae dwy eglwys ym mhentref Cana Galilea;
Eglwys lle bu'r briodas, ac eglwys lle bu'r wledd.
Chwyrn oedd ateb yr Iesu i'w Fam,
'Ni ddaeth fy awr i eto';
5 Ond ni fynnai Efe, fel un o'r gwahoddedigion,
Sbwylio'r briodas, ac fe droes y dŵr mewn deuddeg llestr
Yn llawn hyd y fyl o win.
Yn y wledd a'r llawenydd a'r miri
Fe welai gysgod y groes ar fron falch y priodfab,
10 Yn llygaid llachar y briodferch
Ac ar y dorch flodau ar ei thalcen,
Ac yr oedd gwawr goch ar wisg briodas ddifrycheulyd wyn.
Wrth yfed ei win yr oedd arno flas gwaed.
Rhagflasodd y gwin gwaedlyd yn y cwpan yng Ngethsemane,
15 A'r cwpan wedi ei wacáu ar y groes;
A'r gwin gwaedlyd a feddwodd yr apostolion
Ar y Pentecost.

245. BETHANIA

Y mae Eglwys Ffransisaidd lle bu cartref Mair a Martha,
Ac fel yn y rhan fwyaf o eglwysi Palestina
Y mae ynddi olion yr hen Eglwys Fysantaidd
Ac Eglwys y Croesgadwyr.
5 Ar furiau'r Eglwys y mae lluniau'r teulu
Gan artist o'r Eidal,
Ac yn un llun saif Lasarus yn nrws ei fedd
Yn ei amdo a'r napcyn ar ei wyneb,
Ac yr oedd gŵr yng nghornel y llun yn rhoi ei fysedd ar ei drwyn
10 Rhag y drewdod.
Mair yn eistedd wrth draed yr Iesu
Ac yn myfyrio ar Ei eiriau;
A Martha yn y gegin yn coginio bwyd
Ac yn cadw'r cartref yn lanwaith.
15 Myfyrgell a chegin;
Gweddi a gweithred;
Yr ysbryd a'r bol.
Pan fyddwn yn barddoni rhaid yw gwleidydda
Yn y cyfyngder ar Gymru; a phan fyddwn yn gwleidydda
20 Fe fyddwn yn ymhŵedd ar yr awen.
Pan fyddwn yn addoli yn yr Eglwys
Fe fyddwn yn anghofio am drueni'r byd;
A phan fyddwn yn y byd fe anghofiwn am addoli.
Anodd yw cadw cydbwysedd rhwng Mair a Martha.
25 I'w gadw dilynwn batrwm y Gŵr a gafodd gartref
Gyda Mair a Martha.

246. MYNYDD Y GWYNFYDAU

Yn ymyl yr Eglwys Ffransisaidd ar Fynydd y Gwynfydau
Cawsom gyfarfod ar fore Sul Galileaidd,
Darllen yr wyth Gwynfyd; gweddïo a chanu emyn.
Ar ôl y cyfarfod, cofiais imi ddarllen llyfr Tolstoy,
5   Pan oeddwn yn ifanc, ei lyfr ar y Bregeth ar y Mynydd:
Cydiai yn y Bregeth fel chwip
A fflangellu'r eglwysi am gyfreithloni rhyfeloedd
A'r esgobion am fendithio llongau rhyfel:
Fe droes y Bregeth yn bregeth anarchist a heddychwr,
10 Ac fe fwriwyd y rebel Rousseauaidd am ei heresïau
O'r Eglwys Uniongred yn Rwsia.
Y llyfr hwnnw yn fwy na dim a'm troes i gasáu'r Eglwys
Ac i felltithio'r blydi offeiriaid
Sydd yn crawcian fel brain diog o amgylch y groes.
15 Fe aeth llawer o ddŵr tan Bont Trefechan er hynny.
Heddiw gwelir na ellir ysgaru
Y Rabbi oddi wrth y Gwaredwr
A'r Proffwyd oddi wrth y pren,
Ac fe ddangosodd ein hundaith trwy Balestina
20 Y dylid clymu Mynydd y Gwynfydau wrth Fynydd yr
      Olewydd,
Y Bregeth wrth Olgotha
A'r Gwynfydau wrth y bedd gwag.
Gwynfydau deiliaid Ei deyrnas Ef ydynt hwy.

247. YR OLEWYDDEN

Pren y Dwyrain yw'r olewydden.
Yma yn yr ardd o flaen Eglwys yr Holl Genhedloedd
Y mae olewydd, ac yn enwedig un;
Perthnasau'r olewydd yng Ngethsemane gynt
5   Pan chwysodd y Gwaredwr yn Ei ing a'i artaith,
A'r disgyblion yn cysgu,
A gofyn am i'r cwpan fyned heibio
Fe wynebodd y methiant llwyr;
Yr anobaith dyfnaf; y drasiedi ddiystyr:
10 Y diddymdra.
Fe'n himpiwyd ninnau, y Gorllewinwyr, i'r olewydden hon,
Gan sugno ein holew o'i waed Ef,
A'n cadernid o'i gwreiddiau
Sydd yn cydio yn rhagluniaeth ac iachawdwriaeth Duw.
15 Olewydden Eglwys yr Holl Genhedloedd.

248. GARDD GETHSEMANE

Deuddeg ar hugain o Gymry ar brynhawn y Groglith
Yn cynnal cyfarfod yng Ngardd Gethsemane:
Gweinidog yn darllen hanes yr Ardd
Yn y Beibl Cymraeg:
5   Gweinidog arall yn diolch i Dduw mewn gweddi
Am y rhagorfraint arbennig o gael bod yno ymhlith yr
    olewydd:
A'r cwmni yn canu wedyn emyn Tomos Lewis Talyllychau,
'Wrth gofio'i riddfannau'n yr Ardd . . .'
Ni freuddwydiodd y gof wrth ei einion yn yr efail,
10 Nac yn ei wely yn y nos,
Y byddai twr o Gymry yn canu ei emyn yn yr Ardd:
Talyllychau yng Ngardd Gethsemane;
Gof ar ddi-hun yn ymyl yr Iesu.
Ni ollyngodd yr Arab o geidwad neb i'r Ardd trwy'r glwyd
15 Yn ystod y cyfarfod:
Gwrandawodd yn astud arnom yn yr iaith od,
A sychodd â'i lawes ddeigryn o gornel ei lygad.

249. Y DAFARN

Rhyfedd oedd gweled tafarn yng Ngalilea,
Canys cofiwn na welais dafarn yn yr Efengylau,
A gwyddwn na fyddai Moslem fyth yn gwerthu diod.
Myned i mewn: a'r tafarnwr yn moesymgrymu yn isel
5   Gan dybio mai Americanwr dolerog oeddwn i:
'Brynwch chi'r botel hon, syr? neu'r botel hon?
Diod nad oes ei bath yn y Dwyrain.'
Syllais ar y ddiod yn disgleirio yn y ddwy botel,
A chofiais am yr *absinthe* a yfais gynt mewn mynachlog yn Ffrainc:
10 Diod yn cerdded drwoch fel fflam, ac yn dwyn eich anadl.
'Ychydig ar waelod y gwydryn hwn, os gwelwch yn dda;
A byddwch mor garedig â'i lanw â dŵr.'
Tywalltodd y ddiod, a'r dŵr o ddwyreiniol jar.
Yr oeddwn yn Gristionogol gall i yfed ychydig,
15 Oherwydd pe byddwn wedi yfed tipyn mwy
Fe fyddwn yn cerdded adref yn igam-ogam fel rhyw jac-tar.
'Nos da,' meddwn wrtho, 'Nos da,' atebodd yn surbwch,
Tafarnwr surbwch *The Galilee Bar*.

250. EGLWYS Y *DOMINUS FLEVIT*

    Ar Fynydd yr Olewydd y mae Eglwys yr Wylo,
    Ar y fan, yn ôl y traddodiad,
    Yr wylodd yr Iesu uwchben Caersalem.
    O ffenestr yr Eglwys fe welir yr holl brifddinas,
5   Ac o dan yr allor y mae llun iâr a'i chywion,
    Yr iâr a wrthododd gasglu ei chywion ynghyd.
    Hanner canrif ar ôl y dagrau
    Y brifddinas a ddinistriwyd hyd ei seiliau
    Gan y milwyr tan Titws a Hadrian;
10 Ac fe'i troed yn ddinas Rufeinig,
    Yr *Aelia Capitolina*:
    Lle bu Duw daeth y duwiau paganaidd,
    Iau, Iwno a Fenws:
    Wrth lyn Siloam yr oedd nymffaewm,
15 Lle bu'r Cysegr Santeiddiolaf ddelw Iau a'r Ymerawdwr,
    Gosod fforwm ar Olgotha,
    A chwlt Adonis yn lle Eglwys yr Enedigaeth ym Methlehem.
    Ni châi Iddew nac Iddewes ddyfod ar gyfyl eu prifddinas,
    Ond unwaith y flwyddyn at Wal yr Wylofain.

251. EGLWYS Y *PATER NOSTER*

Ar Fynydd yr Olewydd y mae Eglwys y *Pater Noster*;
Eglwys ar y fan, yn ôl y traddodiad,
Y dysgodd ein Harglwydd Ei Weddi i'w ddisgyblion,
Yn batrwm o weddi.
5   Yno y mae Gweddi'r Arglwydd mewn deugain a phedair o ieithoedd;
A'r iaith gyntaf yw'r Syrieg,
Iaith nad oes fawr o wahaniaeth rhyngddi, medden nhw,
A'r Aramaeg, iaith genau ein Gwaredwr.
Yn eu plith yr oedd y Weddi yn Gymraeg,
10   Y *Pater Noster* Cymraeg;
Y Gymraeg yn yr Eglwys ar Fynydd yr Olewydd;
Y rhagorfraint fwyaf a gafodd hi.
Diolch i Dduw am y Gymraeg,
Un o ieithoedd mwyaf Cristionogol Ewrob,
15   Un o dafodieithoedd y Drindod.
Ei geirfa hi yw'r Nadolig;
Ei chystrawen yn Galfaria;
Ei gramadeg yn ramadeg y bedd gwag;
A'i seineg yn Hosanna.

252. EGLWYS YR HOLL GENHEDLOEDD

    Nid oes yn hon unrhyw wasanaeth gan gorff Cristionogol,
    Canys arian y cenhedloedd a gododd ei meini hi:
    Ac ynddi y mae'r garreg y bu Crist yn gweddïo arni,
    Carreg yn olau goch gan Ei chwys:
5   O flaen yr Eglwys y mae Gardd Gethsemane,
    A hen olewydden ynddi, a dywedir fod hon
    Yn wyres o'r olewydden yn yr Ethsemane gyntaf.
    Yr ing a'r chwys a unodd yr Eglwysi:
    Y garreg Gatholig:
10 Yr Ardd Eciwmenaidd:
    Yr olewydden Efengylaidd.

253. MOSG AL-AGSA

Sefyll o flaen y Mosg a gwrando ar y *mwesin* o'r *minaret*
Yn galw trwy gwpan ei ddwylo y ffyddloniaid
I adael eu gwaith a gweddïo,
(Ac y mae yn galw bum gwaith y dydd).
5   Yn ôl a ddywedwyd, ystyr ei alwad rhythmig yw:
'Mawr yw Duw. Cyffesaf nad oes duw ond Duw.
Cyffesaf mai Mohammed yw Apostol Duw.
Dewch i weddïo. Dewch i wneuthur daioni.
Duw sydd fawr. Nid oes yr un duw ond Duw.'
10 Cyn myned i mewn i'r Mosg rhaid oedd tynnu esgidiau,
Ac ni ffansïwn y slopanau brwnt wrth y drws,
Ac fe euthum yn nhraed fy sanau ar hyd y carpedi Persaidd
Ar y llawr; carpedi yr oeddech ynddynt yn suddo.
Dieithr i mi oedd y bensaernïaeth Arabaidd.
15 Uwchben yr oedd nenfwd drud a roddwyd gan y Brenin
Faruk o'r Aifft; a thano yr oedd ffenestri
Yn gollwng goleuni clir ar yr ale ganol,
Ale rhwng pileri marmor a charreg galch rosliw,
Ac ar flaen yr ale yr oedd hen frithwaith cywrain.
20 Ar wahân i hen bwlpud cedrwydd ar y blaen
Nid oedd ynddo allor na delw na sêt-fawr na seti
Fel yr oedd y Mosg yn olau ysgafn ac yn eang glir.
Ym mhen blaen y Mosg yr oedd *mihrab* yn cyfeirio tua Mecca,
Ac o'i flaen addolwyr yn penlinio,
25 Ac yn ymgrymu nes bod eu talcen ar y llawr;
Ar ôl y weddi yn codi eu dwylo hyd eu hysgwyddau
A'u cledrau i fyny tua'r nefoedd,
A thynnu eu dwylo wedyn ar hyd eu hwyneb
Ac ar hyd eu brest fel y gallai bendith Allah
30 Dreiddio trwy bob rhan o'u corff.
Rhy ddieithr oedd y Mosg i mi i addoli a gweddïo,

Ond fe fendithiais fel llenor yr Arabiaid
Am gadw clasuron Groeg yn eu hiaith,
A'u trosglwyddo trwy eu prifysgolion yn Sbaen
35 I Ewrob yr Oesoedd Canol.

254. WAL YR WYLOFAIN

Nid oedd ar ôl o Deml Herod
Ond y wal gerrig ar y gwaelod,
A châi'r Iddewon gynt ddod unwaith y flwyddyn
I gwyno am yr hen Deml,
5 I ochneidio am hen Orsedd Dafydd
Ac i wylofain am hen ogoniant Solomon.
Gallem, fel cenedlaetholwyr, gydymdeimlo â'u hen ddagrau,
Ac edmygu eu hen genedlaetholdeb Unduw hwy.
Ond, er hynny, hwynt-hwy a groeshoeliodd Deml Ei gorff Ef,
10 Ac er ei chladdu dridiau yn y morfil o ddaear,
Fe gododd er eu gwaethaf hwy yn Eglwys Crist.
Yn y Deml hon y mae gyda ni Archoffeiriad,
A dorrodd len y Cysegr Santeiddiolaf,
Y Cysegr golau, gorfoleddus,
15 Lle mae'r Duw-ddyn yn aberth,
Yr aberth yn waed croeshoeliedig,
A'r gwaed croeshoeliedig yn gyfiawnhad, yn gymod ac yn gymdeithas.

255. Y WAL WYLOFUS

Yr Iddewon yn meddiannu'r Wal Wylofus
Ar ôl gyrru gwŷr yr Iorddonen o'r Hen Gaersalem:
Y milwyr yn rhuthro ati, a rhai yn ei chusanu,
Hi, y sgrin gysegredicaf, darn o ragfur yr hen Deml
5   A adawyd ar ôl i'r Rhufeiniaid ddinistrio'r ddinas.
Ers canrifoedd y buont yn wylo, yn gweddïo a hiraethu
Am Deml Solomon, a'r ddinas a gododd y Brenin Dafydd.
A'r offeiriad yn dod yno a chwythu'r *shofar*,
Corn yr hwrdd a aberthwyd yn lle Isaac ar fynydd Carmel;
10   Roedd pob Abraham yn Israel yn barod i aberthu Isaac
Heb eu hatal gan yr hyrddod i adfeddiannu'r ddinas.
Er mor hen, mor fyw ydyw hanes cenedl yr Iddewon;
Rhyw flwyddyn yn ôl y claddwyd Dafydd yn ei feddrod,
A thri mis yn ôl y concrodd Jwdas Macabews elynion ei
    genedl.
15   Nid rhaid mwyach wylofain wrth y Wal, a hiraethu
Am y Deml, ac am Gaersalem, Seion eu Salmau.

256. MÔR GALILEA

Fiolyn o fôr yw Môr Galilea,
Fiolyn folcanig: yn y dŵr cynnes
Yr oedd y pysgod yn bentyrrau ar ben ei gilydd.
Llithra'r llongau drwy ei lonyddwch llyfn
5   Fel miwsig Mozart, ond fe allai storm godi
Ar amrantiad, y glesni'n troi yn wynder chwyrn,
A'r stŵr fel miwsig Beethoven. Môr oriog,
Môr yn mynd i eithafion mewn byr o amser.
Ni allem ni lanio'r ochor draw, ym Methsaida,
10   Dyweder, am fod y Syriaid yn ei wylio,
A genau eu gynnau wedi eu troi at y pysgotwyr.

257. DAU WAREIDDIAD

Yr oedd dau wareiddiad ar strydoedd yr Hen Gaersalem.
Gyrrai'r Arabiaid eu ceir llydain Americanaidd
Ar hyd yr heolydd culion; mor gul
Fel yr oedd yn rhaid i un car weithiau
5 Fyned i fyny i'r palmant i basio car arall;
Ac yr oedd cynifer o droeon yn y ffordd,
A rhai ohonynt mor chwyrn, fel yr oedd yn rhaid i'r gyrwyr
Ganu eu cyrn yn ddibaid; a chanu cyrn pan nad oedd raid
Am fod y car a'r corn i'r Arabiaid fel teganau i blant;
10 Yr oedd sŵn y cyrn diamynedd yn brifo nerfau dyn.
Ar yr un heol yr oedd modur a mul,
Asyn a bws, a cheir a chamelod.
Doniol oedd gweled y camel yn cerdded yn afrosgo araf,
Ei draed yn fforchi'r ewin
15 A'i gorff uchod fel rhyw danc triphen,
Tanc yn medru dal dyddiau o ddŵr.
Y camel yn cerdded yn urddasol ar heol darmacadam;
Yr hen greadur a oedd yn hŷn nag Abraham.
A heibio iddo y gwibiai'r ceir crand Americanaidd,
20 A phan fethent ei basio,
Gorfod myned y tu ôl iddo yn araf
Gan regi islaw ei ben-ôl.
Dau wareiddiad ar yr un heol;
Abraham a Henry Ford ar yr un ffordd.
25 Yn ôl y Moslem, y mae ar ei dduw, Allah, ugain enw,
Ond y camel yn unig a ŵyr yr ugeinfed.
Ac wele'r hen gamel gwybodus yn syllu oddi uchod yn ddirmygus
Ar wareiddiad materol y Gorllewin yn cyrnchwyrnu heibio.

258. Y CYMUN

    Y mae'r Cenacl ar ben Mynydd Seion
    Yng Nghaersalem Israel yn agos at Feddgell y Brenin Dafydd,
    Fel y gwelir yn araith Pedr yn Llyfr yr Actau,
    A'r fan hon, yn ôl pob tebyg, yr oedd yr oruwchystafell
5   Ac nid lle mae Eglwys Syriaidd San Marc.
    Beth bynnag am hynny, y Swper sydd yn bwysig, ac nid y fan:
    Yn y Swper cyntaf fe welwn y bara ar y ddysgl
    A'r gwin coch yn y cwpan
    A'r Meseia yn bendithio'r ddau.
10 Ond Gŵyl y Pasg oedd y noson honno
    I gofio am y genedl yn gado'r Aifft ac yn cerdded i Ganaan.
    Ond yr oeddynt hwy yn lladd oen, ac yn ei rostio,
    Ac yn cofio am y gwaed ar yr ystlysborth.
    Nid oedd oen rhost yn y Swper cyntaf.
15 Y Meistr, nid yw'r Pasg yn Basg heb oen.

    Yn y Cymun cyntaf ar ôl y Croeshoelio
    Yr oedd ar y ddysgl fara,
    Yn y cwpan y gwin coch,
    Ac yr oedd Oen wedi'i ladd ar y bryn:
20 Yr Oen a droes y gwin yn waed,
    Y bara yn gnawd briw,
    A'r Hen Gyfamod yn Gyfamod Newydd.
    Ydyw, Arglwydd, y mae'r Swper yn gyfan;
    Y bara, y gwin a'r Oen: y cwbl ynghyd:
25 'Yr Oen sydd yn tynnu ymaith bechodau'r byd.'

259. GWEITHDY'R SAER

Gadael y cwmni, a chrwydro ar fy mhen fy hun
Trwy ystrydoedd cefn Nasareth:
Ar ganol yr ystryd yr oedd cwter,
A dôi drycsawr y budreddi ynddi i'm ffroenau,
5   Ac Arabeg a Hebraeg i'm clustiau.
Chwilio am weithdy saer yr oeddwn, ac ar ôl hir chwilio
Gweled adeilad yn debyg i weithdy saer:
Myned i'r drws, a dywedyd '*Shalom*',
(Un o'r ychydig eiriau Hebraeg a ddysgais, 'Croeso');
10   '*Shalom*' oedd ateb un o'r seiri;
A myned i mewn a syllu ar y ddau yn gweithio
Â'u hoffer hen ffasiwn; yr oedd yno olwynion cert,
Erydr pren, trawstiau a phrennau o bob math:
Ni fu rhyw lawer o newid er cyfnod Crist.
15   Ar y mur gogyfer â mi yr oedd hysbyslen,
Ac arni eiriau Arabeg nad oeddwn yn eu deall:
Ond tybiwn mai hysbyslen cyfarfod oedd hi,
Ac, yn wir, ar ei thop yr oedd arwyddlun,
Y Morthwyl a'r Cryman.
20   Y Morthwyl Marcsaidd
A'r Cryman Comiwnyddol
Yng ngweithdy'r saer yn Nasareth.

260. SWPER YR ARGLWYDD

Roedd haint yn yr awyr a golwg go sâl ar bethau,
A holl liwiau natur ag ymyl o inclyd ystaen,
A bugail ar ochr bryn yn crynhoi'i ddefaid a'u cyfri,
Cyfri defaid twp o bechodau pryfedig a braen.

5   Roedd hi'n dawel yn yr Eglwys, ac yn y tawelwch ddychryn,
Dychryn rhag yr allor a'r groes a'r dwyrain yn y gwydr,
A'r gangell mor ddieithr o bell a'r nen uwch ei phen mor uchel,
A ni yn y pant yn penlinio fel tyweirch tywyll a budr.

Daeth Bethlem i lawr o'r nef i ganol gwasanaeth y Cymun,
10 Gyda'i hangylion a'i bugeiliaid a'i hanifeiliaid anfodlon fud,
A Mair yn clymu'n dwt anfeidroldeb Duw yn Ei gewyn,
Ac yn siglo tragwyddoldeb i gysgu yn Ei grud.

Ni luchiodd ein tipyn cnawd fel cerpyn ar domennydd
    Gehenna,
Na thaflu yno ein gwaed fel potel o foddion gwyw,
15 Ond eu codi o afael tridiau digyffelyb y pryfed
Yn gorff ysbrydol dryloyw perffeithrwydd dyn a Duw.

Roedd sŵn disgyn dŵr yn y gangell fel ar sgwâr dinas yn yr
    Eidal,
Gofer ar hyd gwely defod a defosiwn o ffynhonnau'r nef,
A phelydryn yn chwarae o amgylch y groes gan bylu'r ddwy
    gannwyll,
20 Pelydryn o goelcerth Ei ddynoliaeth ddwyfol Ef.

A thu allan troes düwch marwol yr yw yn Llanbadarn
Yn wanwyn o wyrdd a hwnnw yn orlawn o gân,
A'r môr yn carlamu i gofleidio Rheidol ac Ystwyth,
Â'i ewyn yn fflam a'i donnau i gyd ar dân.

261. GABRIEL

Nid yr Archangel, ond ein harweinydd ni yng Ngwlad yr Iorddonen,
Er iddo, hwyrach, gael ei enw ar ôl yr Archangel,
Gan fod i hwnnw le pwysig yn y *Qur'an*.
Un prynhawn aeth â ni i ben Mynydd yr Olewydd,
5   A dangosodd inni yn ymyl Eglwys yr Esgyniad
Y Gaersalem yn Israel, a phwyntio at res o dai,
Ac un ohonynt oedd ei gartref ef gynt,
Cartref y gorfu iddo ef a'i wraig a'i blant
Ffoi ohono, a gadael pob dim i'r gelyn;
10 Ac ni chafodd geiniog o iawndal.

Rhaid bod yn ei galon ef gasineb at yr Iddew,
A chasineb at Brydain ac America,
Fel casineb y llu ffoaduriaid a welsom yn Jericho,
Ym Methania ac yn ymyl ein gwesty yn yr Hen Gaersalem,
15 Ffoaduriaid yn byw mewn pebyll, cutiau ac ogofeydd,
Ac ni welsom ni erioed y fath dlodi:
Creaduriaid yn gwrthod gwneuthur pwt o waith,
Ond yn byw yn chwerw ddicllon ar gerdyn dogni
Y Cenhedloedd Unedig: ni fynnent hwy ond dychwelyd i'w cartrefi,
20 Ac nid oes neb a gâr gartref, teulu a thylwyth
Yn fwy na'r Arab.
Rhaid oedd i Gabriel chwilio am waith i gynnal ei deulu
Ym Methlehem, canys ni allai fforddio byw yng Nghaersalem;
A thybiodd y carai fod yn arweinydd partïon yn ei wlad ei hun,
25 Partïon o Brydeinwyr ac Americaniaid:
Ac fe aeth ati i ddysgu'n ddygn Saesneg,
Ac i astudio'r Beibl yn fanwl, a dysgu darnau ohono ar ei gof;
A'r Testament Newydd a'i troes oddi wrth Fohammed
At yr Arglwydd Iesu Grist.

30 Nid oedd casineb yn ei lais pan gyfeiriai at yr Iddewon,
    Ac nid doeth oedd dangos ei gasineb at Brydain ac America:
    A hwyrach hefyd i'r Arab cydnerth, cwrtais
    Goncro ei gasineb trwy nerth y Ffoadur dwyfol
    A chwysodd ing trwy Ei groen ar Fynydd yr Olewydd.

262. MAGDALA

    Draw fan acw, medd y gŵr, mae Magdala,
    Lle y ganed y Fair honno gynt;
    A gwelsom y tywel o wallt ar ei phen,
    Ac i'n ffroen daeth y nard costus yn wynt.
5   Fe wahoddodd Simon y Pharisead,
    Fel ninnau, yr Iesu i'w dŷ:
    Y Meseia yn ciniawa â dôr y creigfedd,
    A'r gwyngalch yn drwm arni hi.
    Heb yr un gwahoddiad daeth y ferch o Fagdala
10 I'r tŷ crefyddol; y butain fyw;
    Ac am iddi garu gormod y maddeuwyd
    Ei haml bechodau agored gan Dduw.

263. JWDAS

Fan hyn, medden nhw, y bu crocbren Jwdas:
A fan draw, y mae Eglwys yr Aceldama,
'Maes y Gwaed' a brynodd yr Archoffeiriad ag arian Jwdas,
Canys ni allai roi ei arian coch yn y drysorfa:
5   O'i wirfodd y bargeiniodd Jwdas,
O'i wirfodd y cusanodd Ef yn yr Ardd;
O'i wirfodd y lluchiodd ei arian brwnt yn y Deml,
Ac o'i fodd yr ymgrogodd fan hyn.
Ond yr oedd i'w fargen ddeg-ar-hugain ac i'w gusan gwyllt
10 Le yn nhrefn iachawdwriaeth goch y Drindod.
Y mae llinyn rhwng crocbren Jwdas a chrocbren y Crist:
Crocbren y bradwr a chrocbren y Brawd.

264. IOAN MARC

Nos Iau Cablyd fe aethom i Eglwys San Marc
Cyn cychwyn ar y daith i Ethsemane,
Ac y mae'r Eglwys, yn ôl y traddodiad,
Ar y fan lle bu cartref Ioan Marc,
5   Ac ynddo yr oedd goruwchystafell y Swper Olaf;
Eglwys Syriaidd yw'r eglwys hon,
Ac yn y gwasanaeth darllenwyd hanes y nos Iau yn Syrieg.
Ni allai'r Apostol Pedr ysgrifennu Aramaeg
Na Groeg, ac yn Ioan Marc fe gafodd glerc a llenor.
10 Adroddodd yr hen Bedr wrtho hanes yr Iesu
A'i hanes ef ei hunan,
A phan ddaeth at ei hanes yn llys yr Archoffeiriad,
Ac yntau'n gwadu deirgwaith wrth y forwyn
Nad oedd ef yn un ohonynt,
15 A chanu ddwywaith o'r ceiliog,
Efe a wylodd yn chwerw dost yr eilwaith.

265. PEDR

Yr Apostol Pedr, yn ôl ei enw, oedd y graig.
Yn llys Caiaffas fe wadodd ei Arglwydd deirgwaith
A hynny wrth ryw sgrafell o forwyn,
Ac fe ganodd y ceiliog euog ddwywaith.
5   Y graig a droes yn dywod, ac yn dywod gwlyb.

Ar ddydd y Pentecost disgynnodd yr Ysbryd ar Bedr,
A'i weddnewid: ac fe gyfododd ei leferydd yn erbyn ei genedl,
Gan gondemnio Iddewon Caersalem am groeshoelio ei Arglwydd,
Ond ar ôl Ei groeshoelio, yr Arglwydd a'i cododd o'r bedd
10 A'i ddyrchafu i eistedd ar ddeheulaw Duw.
Lleferydd y tyst oedd ei leferydd ef:
Tystiolaeth y graig gadarn.
Y tywod gwlyb a droes yn graig ddi-syfl,
Yn graig o ferthyr.

266. SACHEUS

Yn Jericho, lle'r oeddet yn bennaeth swyddfa drethi'r dref
Fe glywaist am y Meseia, ond ni allet ti gymdeithasu gydag Ef,
Yn ôl yr Iddewon, am na allai bradwr fod yn ddinesydd yn nheyrnas nef.
Ac ar ben hyn, yr oeddet yn gwybod am bob ystryw a hoced
5   I gasglu mwy na'r dreth, a rhoi'r arian twyll yn dy boced.
Creadur unig iawn oeddet ti, rhyw Ismael ariangar o ddyn,
Dyn wedi ymddieithrio oddi wrth Dduw ac oddi wrthyt ti dy hun;
Ond fe glywaist ti am yr Iesu, a honnai ei fod Ef yn Fab Duw,
Ac, er hyn, yn cwmnïa gyda phublicanod, puteiniaid a'r meddw griw.
10 A phan ddaeth Efe i Jericho, fe benderfynaist gael cip arno Ef,
Ac am dy fod mor fyr, dringo sycamorwydden y tu allan i'r dref.
Fe gefaist y fath sioc pan drodd Ei lygaid cyfeillgar atat ti,
A chael mwy o sioc pan y'i gwahoddodd Ei Hunan i'th dŷ.
Yn nhŷ'r pechadur, fe ddatganodd wrthyt ti, a phawb dynion oll,
15 Ei fod wedi dyfod i geisio ac i gadw'r rhai a aethai ar goll;
A dywedyd wrthyt hefyd, er dy fod yn fradwr gonest, dy fod ti
Yn perthyn i genedl Abraham, er it gael d'esgymuno ganddi hi.
Ti a fodlonaist roi hanner dy dda i'r tlodion, a thalu'n ôl
Ar y pedwerydd, fel pob lleidr, bob camachwyn a lladrad ffôl.
20 Do, ti a gefaist iachawdwriaeth ddidwyll, a ffydd ddihoced
Yr Efengyl sy'n achub yr enaid, a hefyd yn achub y boced.

Yn ôl y traddodiad, yr oedd Sacheus yn arfer myned am dro
Yn rheolaidd, i weld y sycamorwydden lle y gwelodd o
Y Gwaredwr: pren y sioc a'r syndod, coeden y gobaith a'r ffydd;
25 Pren yr iachawdwriaeth a'i gollyngodd ef o'i bechodau yn rhydd.

       ★   ★   ★

A oedd efe ddiwrnod y Groglith ar ben Calfaria Fryn
Yn syllu ar yr Iachawdwriaeth, a fuasai'n ei dŷ, yn hongian yn welw wyn
Ar y pren rhwng y ddau leidr? Onid y bobol a ddirmygai ef a'i siort
Oedd yn Ei groeshoelio, yn gweiddi, yn gwawdio a chael y fath sbort?
30   A phan aeth efe y noson honno i roi tro am y pren
Roedd y sycamorwydden yn llawn tywyllwch am fod y cwbwl ar ben.

Ond pan glywodd fod y Meseia wedi codi o'r bedd y trydydd dydd
Fe aeth ar Sul y Pasg at y goeden, a'i galon yn ysgafn a rhydd,
Ac yr oedd deuliw arni—coch a gwyn—a'r ddau yn toddi yn un
35   Wrth gael ei hysgwyd o'r gwraidd i'r brig gan hunanaberth y Duw-ddyn.

Ar wely ei gystudd olaf, mor ddwys ddigalon oedd ei wedd
Am na châi weld fyth mwy y sycamorwydden cyn myned i'r bedd;
Ond yn ei funudau olaf fe'i codwyd wrth glywed y gainc yn ei ben,
'Hosanna i Fab Dafydd', yn dod o ganghennau yr hen bren.

267. LUC

Yn Eglwys Syriaidd San Marc yn yr Hen Gaersalem
Yr oedd darlun o'r Forwyn Fair
Gan yr Efengylydd Luc;
Ond nid oes i'r traddodiad ddim sail,
5   Eithr yr oedd Luc yn artist geiriau ac yn ffisigwr.
Fel doctor fe ddadansoddodd yr ysgrifeniadau a'r traddodiadau
Gan osod ei esgyrn yn gywir,
Ei afu a'i ysgyfaint yn iawn,
Ei nerfau yn sicr sad,
10 Ei ymennydd yn bwyllus olau
A'r galon i guro yn rheolaidd.
Fel artist fe dynnodd lun o'r Efengyl,
Gan osod ei linellau yn lân,
Ei batrwm yn brydferthwch,
15 A'i liwiau yn gytbwys.
Troes hanes yr Iddew mawr
Yn gyfansoddiad celfydd yn ei Roeg graenus.

268. SIMON SELOTES

Paham y gadewaist ti fyddin y cenedlaetholwyr
    Ac ymuno â rhyw gang ddiniwed ddi-gledd?
Oet ti'n barnu y gallai'r Iesu gael gwared ar Rufain,
    A dwyn yn ôl i'th genedl annibyniaeth a hedd?

5   Fe welest ti y Brenin diniwed hwn yn gorymdeithio i Gaersalem,
    Ar gefn asyn, ie, asyn, ac nid ar farch cad;
A'i ddilynwyr yn taflu palmwydd o'i flaen a gweiddi 'Hosanna':
    Oet ti'n meddwl y gallai asyn a phalm ryddhau dy wlad?

Paham yr oedd Ef yn gadael i Jwdas Ei fradychu am arian?
10   A gorchymyn i Bedr yn yr Ardd roi ei gledd yn y wain?
Pam, ar bob rheswm, y maddeuodd i'w elynion ar y groesbren
    Ac Yntau'n gallu cael lleng o angylion i ddifa Rhufain a'r rhain?

Ymhen blynyddoedd ar ôl dy farw fe goncrodd Ymerodraeth Rhufain,
    Nid â byddin o gleddyfau, ond â'i groesbren Ef;
15   A gorchfygodd wledydd lawer ar gyfandir Ewrob,
    Heb eu difa, â'i fedd gwag a'i eiriolaeth yn y nef.

269. YR IDDEWON (*Israeliaid*)

Y mae hi yn genedl sydd wedi cadw ei gorffennol,
 Ei chrefydd a'i thraddodiadau hi gynt;
Y mae ei thir heddiw fel yr oedd ers canrifoedd,
 A hanesyddol yw ei haul, ei mellt a'i gwynt.

5 Wrth weled yr Arabiaid Bedwin yn pabellu ar y meysydd,
 Fe gofiasom am grwydro Abram a'i dylwyth ef,
A'r Rechabiaid a fynnai grefydd biwritanaidd yr anialwch,
 A dirmygu crefydd feddal foethus dinas a thref.

Fe edrychasom i lawr i ddyfnder swnllyd Ffynnon Jacob,
10 Gan ganu i'r Gŵr a fu'n sefyll wrthi hi,
Ac aros wrth y Môr Marw, lle'r oedd adfeilion Sodom a
 Gomorra,
 Ac ôl llosg arnynt, dan y dyfroedd dibysgod, di-li.

O Haifa fe ddringasom i ben mynydd Carmel
 Lle y lladdodd Elias broffwydi Baal.
15 Wrth Jericho, fe welsom y dref a ddinistriwyd gan fiwsig,
 Wedi ei chloddio o'r gorffennol gan gaib a rhaw a phâl.

Yn ei ddinas ei hun fe welsom Feddgell Dafydd,
 Ar ôl i un o'r Rabbiniaid godi inni gysegredig len;
Yno yr oedd rhes o ganhwyllau, a'r *Tora* a'r *Talmud* mewn
 cistiau
20 Ac wrth ymadael fe roes Rabbi fendith Hebraeg ar ein pen.

Yr heniaith y gorfodir i'w dysgu yn yr ysgolion,
 A'i harfer ym mhob cylch o fywyd, yw'r Hebraeg:
Ohoni hi y tynnant enwau diwydiannol a thechnegol,
 A phan na allant, o Roeg a Lladin ac Aramaeg.

25 Mor agos fyw yw hen broffwydi ac arweinwyr y genedl,
 Amos, Eseia, Jeremeia, Elias ac Eliseus:
Yr wythnos ddiwethaf y bu farw y Brenin Dafydd,
 Ac echdoe y claddwyd Jwdas Macabeus.

270. Y COED

Chwe miliwn o goed yng Nghaersalem, fe'u plannwyd hwy
Yn goeden am bob corff a losgwyd yn y ffyrnau nwy.

Coed sydd yn estyn eu gwreiddiau i ganol lludw pob ffwrn,
Y lludw sydd wedi mynd ar goll, heb fynwent na bedd nac wrn.

5   Chwithig oedd gweled y cangau fel cofgolofnau byw,
Ac nid marmor na gwenithfaen, na hyd yn oed yr angladdol yw.

Ni chlywem ni na chlychau'r Eglwys na *mwesin* y Mosg,
Ond clywed rhwng eu cangau hwy y marwnadau llosg.

Nid yw'r dwylo a'u plannodd yn ddieuog, na'u cydwybod yn lân,
10 Canys diddymodd yr Israeliaid bentrefi'r Arabiaid â'u tân.

Pam na ddylai'r Arabiaid, hwythau, godi yn Cairo ac Amman
Fforestydd o goed i gofio yr anghyfiawnder a'r cam?

Ond ni allwn ni gondemnio'r Natsïaid na'r Iddewon ychwaith
Canys fe droesom o'r awyr Dresden yn un uffern faith;

15 A gollwng y ddau fom niwclear ar y ddwy dre yn Japan.

O'r holl ganrifoedd a gerddodd ar y ddaear er cychwyn y byd,
Yr ugeinfed yw'r fwyaf barbaraidd ohonynt hwy i gyd.

Fe fydd y nesaf yn waeth am fod y bomiau a'r rhocedi yn fwy,
A dyfeisir mewn labordai dirgel sawl math o nwy.

20 A phan ddaw'r Trydydd Rhyfel i gadw ei ddychrynllyd oed,
Ni ellir rhifo'r lladdedigion llosg, na rhifo ychwaith y coed.

Chwe miliwn o goed yng Nghaersalem, chwe miliwn, a thair croes,
Ac ar y ganol yr Unig Un a fu'n byw'r Efengyl yn Ei oes.

Daw'r tymhorau i newid eu lliwiau, gwyrdd, melyn a gwyn.
25 Ond coedwig y marwolaethau'n aros a fyddant hwy, er hyn.

Pan fyddant ymhen blynyddoedd wedi tyfu i'w llawn maint,
Fe wêl y genhedlaeth honno nad oeddem ni yn llawer o saint.

CYFIEITHIADAU

271. SONED I ORFFEWS
(Rilke)

(I. XXVI)

Ti, er yn dduw, tan y diwedd oeddet ddatgeiniad,
Cyn dy gipio gan haid ddirmygus y matronau,
Trech na'u diasbad hwy oedd dy drefn di a'th ordeiniad,
O'u dinistr hwy y cododd dy adeiladol donau.

5   Ni allai'r un ohonynt wneud i'th ben a'th delyn niwed,
Er eu holl ruo a'u rhwygo; ac er anelu'r holl feini
Llym tuag at dy galon, fe droed hyd yn oed y rheini
Wrth dy daro di yn dynerwch ac yn dalent i glywed.

O'r diwedd, wedi dy hel gan eu dial, fe'th rwygwyd yn
    ddarnau mân,
10   Tra oedi dy sŵn yn y creigiau ac yn y blodau,
Yn y llewod ac yn yr adar. Yno o hyd y mae dy gân.

Ti, dduw, aeth ar goll. Nid aeth ar goll dy drywydd.
Am i'w casineb dy ddarnio a gwasgaru dy aelodau
Rydym heddiw yn wrandawyr a genau'r Natur dragywydd.

272. DINISTR SENACHERIB
(*Byron*)

Daeth Asyria i lawr yn llechwrus fel blaidd,
Yn ei phorffor a'i heurlliw, i ganol y praidd;
Roedd eu gwaywffyn gwych fel y sêr ar y lli,
Pan ymdreigla y laston ar Fôr Galili.

5   Megis dail yn y fforest yn wyrdd gan yr haf
Oedd eu lluoedd yr hwyrnos, a'u baneri mor braf;
Megis dail yn y fforest a'r hydre yn flin
Gorweddant y bore'n chwaledig a chrin.

Canys Angel Marwolaeth a ddaeth ar y gwynt
10   A chwythodd ar wyneb y gelyn ar hynt;
Ac aeth llygaid y cysgwyr yn oerllyd a syth,
Dim ond curiad o'r galon: aeth yn llonydd am byth.

Yno gorwedd march a oedd lydan ei ffroen,
Ond trwyddi ni ddaw chwyth ei falchder a'i hoen,
15   Y mae ewyn ei ebwch yn wyn megis llaeth
Ac oer fel tonnau ar greigiau y traeth.

Yno gorwedd marchog yn welw a gwael,
Gyda'r rhwd ar ei arfwisg, gyda'r gwlith ar ei ael:
Y pebyll yn llonydd—mud y cledd yn y wain,
20   A'r faner yn unig—a'r utgyrn heb sain.

Yr oedd gweddwon yn Assur yn cwynfan yn sâl,
A chwilfriwiwyd eilunod yn y temlau i Baal;
A chadernid y gelyn a doddodd fel gwêr,
Heb ergyd un arf, o flaen llygaid ein Nêr.

273. Y CYMUN BENDIGAID
(Heber)

Bara ein byd ar bren a roddwyd,
Gwin ar y groes a roes heb drai;
O'i enau'r geiriau byw a adroddwyd
Ac yn Ei fedd y mae bedd ein bai.

5   Edrych ar boen ein bron sychedig,
Edrych ar ing ein newyn maith,
A rho Dy angau bendigedig
I ni yn wledd ar hyd ein taith.

CERDDI
YCHWANEGOL

274. Y FRIALLEN

Hawdd yw canu i'r friallen
    Wisga wenau Duw,
Drama o brydferthwch Eden
    Yw ei cheinder byw;
Hardd frenhines hafau'r ddaear,
    Lawn o swyn a hud,
Fel yr Iesu, 'oll yn hawddgar',
    Yn sirioli'r byd.

Cyfrol euraidd o farddoniaeth
    Yw ei bywyd hardd,
Ei chymdeithas felys odiaeth
    Ydyw nef y bardd;
Ei chyfrinion ddeffry awen
    Â'i pheroriaeth ddrud,
Rhaid i'r prydydd a'r friallen
    I gael byw ynghyd.

Anfarwoldeb sy'n blaguro
    Drwy ei deilos mân,
A gwyleidd-dra yn ymguddio
    Yn ei chalon lân;
Harddwch 'lili y dyffrynnoedd'
    Ydyw yn ein plith,
Gwisga'i thlysni liwiau'r nefoedd
    O dan goron wlith.

Fwyn genhades wironeddol
    Nefoleiddia'r byd,
Sieryd iaith y Galon Ddwyfol
    Mewn huawdledd mud;

	Pregeth newydd ar sancteiddrwydd
30	Yw ei gwynder can,
	Dysga wersi gostyngeiddrwydd
	I'r ddynoliaeth wan.

	Ymgorfforiad yw o degwch
	Y baradwys fydd,
35	Ac yn hedd ei myg hawddgarwch
	Heula dwyfol ddydd;
	Gwened eto ei thangnefedd
	Weddill oesau'r byd,
	A deffroed ei swyngyfaredd
40	Eu telynau mud.

275. UFUDD-DOD
Darn adroddiadol i blant

Drwy ufuddhau i 'nhad a mam
   Mae gennyf gartref clyd,
A'r nef yn dweud na cha' i ddim cam
   Ond ufuddhau o hyd:
Fy mywyd sydd yn llawn o gân
   Dan wên ffurfafen glir,
Ac yn fy mron gydwybod lân
   A'i llond o heddwch pur.

Drwy ufuddhau i'm hathraw cu
   Sydd megis angel Duw
Yn deffro meddwl plant fel fi
   A'u helpu i ddechrau byw,
Rwy'n meddwl dod i feddu stôr
   O'i fawr wybodaeth ef,
Sydd yn datguddio meddwl Iôr
   I ddeiliaid teyrnas nef.

Drwy ufuddhau fel Iesu Grist
   A gwneuthur da o hyd,
Mi heriaf nerthoedd uffern drist
   I ddamnio f'enaid drud;
Caf nerth i fyw yn llon fy ngwedd
   Drwy roi ufudd-dod llwyr,
A gwenau Duw ar lwybr hedd
   A golau yn yr hwyr.

25	Drwy ufuddhau i'w ddeddfau Ef
	Hyd derfyn einioes wiw,
	I bur ogoniant nef y nef
	Caf fyned ato i fyw;
	Yr Ufudd wisga'i goron gain
30	Tu hwnt i nef y sêr,
	O'r ufuddhau y cyfyd sain
	Felusa'r anthem bêr.

276. LLOFRUDD YR EOS

Rhyw ŵr dysgedig odiaeth
Oedd wedi dysgu'r cyfan
Heb wybod fod gwahaniaeth
Rhwng eos a dylluan.

5   Un diwrnod aeth i hela
    A'i bwynt i ffordd y goedwig
    A'i osgo yn ysmala
    Fel hanner gŵr bonheddig.

    Fe welodd yn gyfagos
10   Ddau rywbeth yn ymhedfan
    A saethodd at yr eos
    Gan arbed y dylluan.

    Mae'r eos wedi marw
    A'i thelyn wedi tewi
15   A'r nos yn hir a garw
    Heb gân ym mrig y llwyni.

    A'r heliwr diwelediad
    Yn synnu ato'i hunan,
    Yn methu cysgu llygad
20   Yn sŵn sgrechfeydd dylluan.

277. YR YSMOCIWR

Dyn di-dwrw ydyw'r smociwr
   Gyda'i bibell yn ei ben,
Gyr ei ofid a'i drafferthion
   Gyda'r mwg i las y nen;
Chwardd yn wyneb anawsterau
   Heb ofidio am a ddaw,
Mwg a gwreichion yr hen bibell
   Sydd yn cadw'r diafol draw.

Bod yn hapus ar y ddaear
   Trwy bob helynt yw ei nod,
Pa beth bynnag sydd yn eisiau
   Y dybaco sydd yn dod;
Tyn ei fwgyn yn hamddenol
   Heb roi clust i dwrf y byd,
Os bydd tân ei dŷ yn diffodd
   Erys yn ei bib o hyd.

278. YR YSMOCIWR

Un rhyfedd yw'r smociwr
O ddynion y byd,
Y bib a'r dybaco
Sy'n llanw ei fryd;
Dyn doeth anghyffredin
A dim yn ei glop,
Rhaid iddo gael mwgyn
'Ta'r cyfan ar stop.

Dyn glymodd ei hunan
Wrth gwt y Gŵr Drwg,
Gan droi ei enillion
Yn dân ac yn fwg;
Ei ddannedd sydd dduon
A'i gylla, mi wn;
Pa ferch yn yr ardal
Rydd gusan i hwn?

279. Y NADOLIG

O! ddiwrnod cysegredig
  Sydd yn cydio'r nef a'r ddaear
A gobeithion byd colledig
  Yn ei ddwyfol wenau hawddgar;
Dyma frenin dyddiau'r cread
  Sydd yn annwyl drwy'r canrifoedd,
Dydd y ganwyd i ni Geidwad
  Yn y preseb oer dinefoedd.

Dydd tarawyd tant dedwyddwch
  Gan y Baban gwynfydedig
Ac y plannwyd benyr heddwch
  Ar glogwyni y pellennig;
Dydd dechreuad gwir lawenydd
  I genhedloedd y cyfanfyd,
Hardd flodeua bywyd newydd
  Dan ei dywyniadau hyfryd.

Ieuainc ydyw'r hen atgofion
  Yn ei awyr gysegredig,
Yn ymhedfan drwy'r awelon
  Fel angylion anweledig;
Gwynfydedig yw ei oriau
  Sydd yn llonni nef a daear,
Newydd sôn am y cadachau
  Ddeffry dant pob calon gerddgar.

Dwyfol dinc ei enw swynol
  Dania fyth yr Haleliwia
Mewn priodas annatodol
  Â hen breseb Bethlem Jwda;
Dyna'r dydd mae'r nef yn disgyn
  I addoli gyda dynion,
Pawb yn taro yr un nodyn
  Fel cymanfa o angylion.

280. PWLPUD CYMRU

Bwlpud Cymru, bwlpud annwyl,
    Mae dy enw'n ddyrchafedig,
Dros dy hen ganllawiau gwychion
    Daw'r gwirionedd bendigedig.
Gweddnewidia y canrifoedd
    Yn ysblander dy oleuni,
Nef a daear sydd yn fynych
    Ar dy fwrdd yn ymgusanu.

Dros dy risiau yr esgynnodd
    Hen wroniaid y gorffennol,
Eu hathrylith digyffelyb
    Wnaeth dy hanes mor anfarwol.
Er dy fod yn fflamio beunydd
    A dy enw yn ddihareb,
Aros ydwyt heb dy ddifa
    Fel y wyrddlas berth yn Horeb.

Aros eto oesau'r ddaear
    I ddyrchafu enw'r Iesu
Hyd nes delo hedd a chariad
    A chyfiawnder i deyrnasu.
Gyr oleuni yr Efengyl
    I baganiaid duon anwar
Nes bo'r golau anfachludol
    Wedi lledu dros y ddaear.

281. Y GLÖWR

Cymwynaswr mawr yr oesau
    Ydyw'r glöwr mad
Gloddia lwybr at drysorau
    Bryniau llwyd ei wlad;
5   Gwron hawddgar ar bob tywydd
    Gwyd cyn toriad gwawr,
Ceidw dân ar holl aelwydydd
    Y cyfanfyd mawr.

Mentra i'r dyfnderau duon
10   Gyda'i gaib a'i raw
Ac wyneba ar beryglon
    Heb un ofn a braw;
Hyd ei oriau yn egnïol
    Megis angel iach,
15 Wrth ei waith yn chwys dyferol
    Gyda'i lusern fach.

Boneddigaidd a di-dwrw,
    Plaen ei wisg a'i fwyd,
Gydag olion tywydd garw
20   Ar ei ruddiau llwyd;
Gŵyr beth ydyw profi tanllyd
    Gledd y ddeifiol fflam
Ac wynebu brwydrau celyd
    Dyfnder nos y cam.

25   Byw i arall yw ei hanes
         Drwy gydol ei oes
     O dan fflangell trais a gormes
         A rhyw lethol groes;
     Disgwyl dyddiau gwell i ddyfod
30   Yn y niwl a'r nos,
     A breuddwydia er ei drallod
         Am ei Wynfa dlos.

     Deil i siarad am ei hawliau
         A rhyw fywyd gwell
35   Yn y gobaith am weld dyddiau
         Y Milflwyddiant pell;
     Ynddo ceir y Brawd a'r Cyfaill
         Er i'r byd yn wawd,
     Byw i gyfoethogi eraill
40   Ac yn marw'n dlawd.

282. AWRLAIS Y CAPEL

Gywrain awrlais hardd y capel,
    Cennad amser ydwyt ti,
Cyfrif wyt ei gamre anwel
    I breswylwyr hoff y tŷ;
Ffyddlon wyt a gwasanaethgar
    Fel y gwyliwr ar y mur,
Dydd a nos fel angel hawddgar
    Yn gofalu dweud y gwir.

Gwrthrych sylw y tyrfaoedd,
    Ti sy'n rhoi i amser iaith,
Drwy y dyddiau a'r blynyddoedd
    Cerdded yw dy briod waith;
Wrth dy awgrymiadau tawel
    Ydym ni yn mynd a dod,
Tra bo to uwchben y capel
    Minnau ganaf i ti glod.

283. GWANWYN

Gwelais ysblander y golau ar fôr, ar farian a bryniau,
    Gwib a fu wynfyd gobaith, a maith fu'r amheuon mân.
Gwelais yr haul yn ymgilio, a'i dŵr ar y dŵr yn gwrido,
    Gwyddwn nad hir ymguddio fydd yn ei hanes efô.

(anorffenedig)

284. ER COF

Am fy nghyfaill annwyl, Mr Oliver Jones, Pontardawe, englynwr a thelynor, a foddodd yng ngolwg Aberaeron, Awst 1918

O'r eigion ni ddaw ragor,—i'w fwyn dir
   O ddyfnderau'r cefnfor,
Er rhuo maith rhuthr y môr
Tawel huna'n telynor.

5   Hiraeth a lŷn wrth ei lannau,—a'i drem
        Yn drist gan ofidiau,
     D'arab air is dŵr y Bau,
     Dy wên dyner dan donnau.

     Mor dawel yw ei delyn—ac mor brudd,
10   Mor llonydd pob llinyn;
     Hun y tân ymhob tennyn,
     Nwyd a gwae ei enaid gwyn.

     Dôi cân bêr o'i offeryn,—miwsig gwlith,
        Miwsig glaw yn disgyn,
15   Nodau ing a phoen wedyn,
     A nodau dwfn enaid dyn.

     O'r dylif ni ddaw'r dwylo—a ganai
        Mor gain a diflino,
     Angau hen a môr heno
20   A aeth rhwng ei gân ag o.

     Breuddwydion gwyn d'englyn di—ddaw o hedd
        Hen ddyddiau i'n llonni,
     Ni ddaw i'r bedd, er boddi
     Awen llanc is ewyn lli.

25 Â llef drist â'r llif drosto,—chwi, donnau,
       Byddwch dyner wrtho,
       Siglwch mewn heddwch iddo
       Ei unig grud yn y gro.

       Rhoddi'i gist a fai dristwch,—yn y llan,
30   Dan y lleddf dywyllwch;
       Am alar mwy, O! wylwch
       I raib y lli roi'i bell lwch.

       Yr heli yn hir holais—am ei fedd,
       Am y fan gofynnais,
35   Gwylain gloyw yno glywais,
       A chrygni'r lli yn eu llais.

285. I'M RHIENI—ABERTH

Fy chwerthin yw eich dagrau tawel chwi,
   Drutwaith fy newydd wisg a wnaeth eich gwisg
   Yn llwyd a hydraul; [   ] fy nysg
   A'ch cadwodd chwi rhag [   ] haul a lli:
5 A'ch traed yn flin, cerddwch fy llwybrau rhos
   Drwy'r dyddiau araf, hir; eich aberth gwaed
   A'm gwnaeth yn ddoeth; ei lais a gadwai 'nhraed
Rhag syrthio i afradlonedd llawer ffos.

   Pan rwygo llen eich bywyd tlawd yn ddwy
10 A llosgi'n isel dân gweledig fyd,
   Eich enaid noeth, tan wên y golau mawr,
   A dynn lawenydd mêl o boen a chlwy
   Yr eiriol ar fy rhan [. . .]

(anorffenedig)

286. YNYS ENLLI

O ddadwrdd blin y ddinas,
Byd y boen, a'r bywyd bas,
Af, ŵr lleddf, at ferw y lli,
O'r mwrllwch draw i'r morlli;
5 Am ro a hesg mae hiraeth anesgor,
A rhyddid dedwydd y gwyrdd diodor,
Mêl yw i mi ymyl môr,—ac o hyd
Diwerth yr henfyd wrth ru ewynfor.

Heb gâr i Aberdaron,
10 Oror deg a dery'r don,
Af ar fore haf araul,
A hoen lli tan danlliw haul;
E gaf lon hwylong ar frwysg-flaen heli,
Gloyw ei wyneb tan lain y goleuni,
15 A daw awr lon ar dêr li—tan las nef,
Yn ei su wanllef gylch Ynys Enlli.

E welaf ysgawn niwlen
Yn hug hardd ar greigiau hen,
Arw ddelwau o'r gwyrdd ddilyw,
20 Yn dyrau ban o'r dŵr byw,
I las y ne'n ddilesg hwy a esgyn,
A goleu'r eurnef yn ddisglair arnyn,
Bro wen hud, y bryniau hyn—geidw yn gêl
Lwys hafan dawel ar lasfin dywyn.

25 O! aneisior Ynysig,
Ofn na thrais o'th fewn ni thrig,
Da i alltud dy wylltir,
Didlawd yw dy dawel dir;
O'r byd anniddig hendre unigedd,
30 O'i gam a'i golyn wyt deg ymgeledd,
Hir fwynhad, diderfyn hedd,—Ynys lon,
Nef fy mreuddwydion, fy mro ddiadwedd.

Ar dy dir, Ynys firain,
Yn ŵr mud mysg gro a main,
35 Dyddaw malpai o'r diddim
Isel lais neu sisial im;
A dwysber ei hud o fyd ysbrydoedd,
Y cysegr iasoer lle cwsg yr oesoedd,
'Awn i heddwch blynyddoedd—pell, di-gur,
40 Cyn aru â dolur ein cain ardaloedd.'

E ddaw llewych dydd llawen
O naws ir i'n Hynys wen,
Adar a dail drwy y dydd
Wea'u mwyniaith mewn manwydd;
45 Draw y mae haul ar hendir y moelydd,
O bryd yn ieuanc, a'u byrdw' newydd,
Daw mêl-wawd aml ehedydd,—a hir drig
Awel a'i miwsig yn nhemlau meysydd.

Yn gynnar fore gwanwyn
50 Iach i'w maes y menych mwyn
A ddaw i waith yn ddi-hur,
Dwys eu hagwedd, disegur,
Ara' yr arant yr erwau hirion,
Yn lew eu hynni er glaw a hinon;
55 Yr hynaws wŷr, prin eu sôn,—dan yr iau,
Ba raid i'w horiau ryw flin bryderon?

O gŵys i gŵys yn gyson
Yn daer ânt er llad yr Iôn,
Foddog wŷr crefydd a gwaith,
60 Mwyn eu tramwy mewn trymwaith:
Y gwylain a ddaw drwy'r awyr dawel,
O liw yr eira o'r disglair orwel,
Daw o'r môr neithdar a mêl,—a dillyn
Yn su yr ewyn yn nawns yr awel.

65   Ara' y dônt hwyr y dydd
          I luniaeth, ac awr lonydd,
          Fendigaid ysbaid gosber,
          A hud nos dan adain Nêr,
          Â'i awel iachus daw mwyth gyflychwyr,
70   A'i les i enaid, a'i hwyl i synnwyr;
          Daw ar y llesg flinder llwyr,—Duw a roes
          I hirddydd ei loes, hwyrddydd ei laswyr.

          Hyfrydwch doa'r frodir,
          Daw dydd Duw i'r dedwydd dir,
75   O rad Rhi trwy'n bro y traidd
          Ieuenctid a nwyd sanctaidd,
          A hedd i weddi ddwg gwawrddydd addwyn,
          Awr o dawelwch i bur adolwyn,
          Awr ddisglair y Fair Forwyn,—awr gostwng
80   Enaid diollwng ag aidd diallwyn.

          I'r eglwys deg ar glais dydd
          Daw aml enaid am lonydd,
          Caer wech yw, cre' ei chywair,
          Firain fan y Forwyn Fair,
85   A hoff yn nwystrem ei chain ffenestri,
          E ddaw i flinion ryw leddf oleuni,
          Y gynnar wawr fel gwên Rhi—o'r nefoedd
          A huliai'i anlloedd ar seintlu Enlli.

          Dwyster, defosiwn distaw,
90   Ddydd Iôr ar bob gwedd a ddaw,
          A dywynna brid ennyd
          Ail llif o wawl arall fyd;
          Hyfryd a phêr yw dawn yr offeren,
          Ry ynni tawel i'r enaid dien,
95   Yntau â o'i benyd hen—i wynfyd,
          O'i ing a'i adfyd, uwch chwerw dynghedfen.

O! ryw ing, dwysber yngan
Y mae'r côr gan furmur cân
A lif fel awel hafaidd
100   Hyd yr hwyr, drwy goed a draidd;
Cwyn melys gariad, dyhead duwiol,
Seiniau tyneraf y saint yn eiriol,
A brodir bell ysbrydol,—a'i llad gwir,
Inni agorir yn rhin y garol.

105   O! na rôi y Tad yn rhydd
Eneidiau sant a phrydydd,
A'r glew wŷr o lawer gwlad
Yn Enlli, rhag gwŷn anllad,
A gadd rhag dilon alon ymgeledd,
110   A llad duwiolion rhag llid dialedd,
Y gorau fyd ag ar fedd,—o ddifrif
Weddïau afrif, a sanctaidd ddyfredd.

Ef a orwedd braen feirwon
Yn yr oer dir yn rhu'r don,
115   Fu lew o nwyf, loyw eu nod,
Drudion daear dan dywod:
O! urddol frodyr oedd dduwiolfrydig,
Yn wych eu rhodiad, glân a charedig,
Nerth i wan, da wrth unig,—wedi gŵyl,
120   'Oriau' a noswyl, yng ngro'r Ynysig.

Hen fenych o bell fannau
Fyn eu bedd dan fain y bau,
Mawr arwyr Cymru eirian,
A Lloegr, a ddaw i ro'r Llan:
125   A phrudd yw hwyl yr ysgraff ar ddyli,
O lawer oernad, a'r elor arni,
I'w hun ar lan tyner li,—o wae'r byd
Anwiw, a swnllyd yn Ynys Enlli.

          I Feilyr a'i dwys folodd,
130   Hwyr ei oes llonyddwch rodd,
          A hun y llesg tan rwn llwyd
          Y briddell heb un breuddwyd:
          Wedi gwisg ac anaw a 'dawn awen',
          Oriau a llewych gwedd 'rhieu' llawen,
135   Wawd y llys, cadd hewyd llên,—gwin a medd
          A gwely i orwedd mewn bro ddisgleirwen.

⋆ ⋆ ⋆

          E genais it ogoniant,
          Ynys wen, bro hen y sant,
          Weithion dy fri a ethyw,
140   Glod y gerdd, gwael wyd a gwyw,
          Heb y menych bob maenor,
          Oer y gwynt lle bu bêr gôr:
          Gwylain gloyw yno glywais,
          A chrygni y lli i'w llais.

145   Eto ar hyd y tir hen
          E rodiaf, fro hyfrydwen,
          A daw i gof y byd gynt,
          Ei alaeth, a'i aml helynt,
          Byw di-gas, byd o gysur,
150   A byd pell pob gwybod pur,
          'Hafan pob dysg a chrefydd,'
          'Lle caid rhoi enaid yn rhydd.'

          Wrth d'adael, brydferth dydwedd,
          Em y môr, cur trwm a'm medd:
155   Y mae archoll o golli
          Bywyd na ŵyr ein byd ni.

287. GOFYN OED YN Y NOSON LAWEN—A'R ATEB

I. *Gofyn Oed*

Mae ennyd in i 'mannerch,
Na rus i fab d'aros, ferch,
Mae'n f'enaid un gofuned
Hir, a'i gael a fai fawr ged;
5   Da yw adrodd, ei roddi,
Delaid waith, sy'n dy law di.

Cu ŵyl fydd yn y Coleg
Hwyr y dydd, ein *soirée* deg,
Dedwydd i enaid ydyw,
10 Hwyrddydd aur i ddeuoedd yw,
Lleisiau prydferth yn chwerthin,
A llawen gerdd well na gwin;
Nawdded i aml ddau wledda
Dan did aur,–dyna do da;
15 Nefoedd llanc, e fedd y llys
Rianedd teca'r Ynys,
Hwyr y mwynair a'r munud,
Huawdl fodd yn dawel fud.
O! dywed im y deui
20 Heno fy mun efo mi,
Ai yr oriau rhy hirion,
'Marwol wyf' am yr ŵyl hon;
Na rôi Duw in hwyr y dydd
Gadw'n gŵyl gyda'n gilydd.

II. *Yr Ateb*

25 Ŵr mwyn, ofni'r wyf, er Mair,
Nad digolled dy gellwair,
Odidog y dywedi,
Ai gwael dasg dy goelio di?
Awr oed a phob rhyw adeg
30 Dawn dyn yw dwedyd yn deg;
Di geni im dy gân hael,
Ag wedyn, mynd a'm gadael;
Oni wnaethost di neithiwyr
Oed â Gwen?—y byd a'i gŵyr!
35 Nid yw iawn, e fynni di
Rianedd i'w gwirioni,
E bwylli, mae it bellach
Bedair neu bump, druain bach;
Brau yw atgo boreuoed,
40 A mwy brau air mab erioed!

Ni fûm i yn fy mywyd
Efo mab; ai gwyn fy myd?
Ond er hyn mwynder anian
Yw mab a merch ymhob man.

45 Ai gwir y bradog eiriau
Sur o hyd sy i'th sarhau?
Gwir y gair, rhyw gâr a gŵyl
Yw 'nghri innau, 'nghâr annwyl;
Awn yn ddau, awn yn ddyun,
50 Nid âi neb hyd yno'i hun.

288. [CYFARCH Y BARDD BUDDUGOL]

Wele'r bardd o Lanbryn-mair
Oedd yn orau maes o dair,
Yr adar tlws a'u melys lef
A hudodd gynt ei enaid ef.

5   Ef yw'r bardd sy'n fawr o fri
A phrifardd Coleg ger y Lli;
Ond ennill it gadeiriau mwy
A gwraig fach lon i'w harddu hwy.

289. Y DI-WAITH

Dan raid annheg yn segur,—ar heol
    Mae'r truan digysur;
Llwyd ei wedd, heb hedd, heb hur,
Mwynhâi waith—dim i'w wneuthur!

290. CYFNOS A GWAWR

I

E gollais o'm tir bob golau a miri,
A hud o gerdd lon ceiniaid y gwyrdd lwyni,
A marw hoen Anian rhag mor wan ei hynni;
E ddaeth i'm henaid ochenaid a chyni,
5   Gobeithion dynion am byth yn dihoeni,
A dyhewyd a ffydd gwedi diffoddi.

Mewn bro, mwyn oedd tario uwch tegwch tirion
Flodau a eiliai felodi awelon;
Heddiw yr erys dros brudd erwau oerion,
10   A gaed i'w tramwy, ryw gysgodau trymion,
Yr angau a chwardd lle bu'r blodau heirddion,
A gorwedd mynwent lle bu'r gerddi mwynion.

Ar swyn llun a lliw er sain llwyni llawen,
Haf ir a'i dlysni dan yr hyfryd lasnen,
15   Ar wŷdd hen a dyrys, hyd ruddin derwen,
Ac isgoed ieuainc, y mae cysgod ywen;
Su loes a dolur a leinw islais deilen,
Dioddef dieiriau yw deddf daearen.

Mae trist riddfannau ym mannau y mynydd,
20   Adfyd a'i dduloes yn dyfod o ddolydd,
Ei wae oer a fynaig crych eirw afonydd
Oni ddarffo'r ust a'r hedd o'r fforestydd;
Yn lle haf a'i urddas daw tywyll fyrddydd,
Grwn taer y gaeaf ag oerni tragywydd.

25   Nid yw bod ond penyd, bywyd ond poenau,
Rhyw wagedd rhy engir a gudd yr angau;
Tywyllwch, eiddilwch ei wael feddyliau

A ddallodd, a ddyrysodd aidd yr oesau,
Drwy ei nos a'i ludded cedyrn sylweddau,
30   O cheisiodd, ef a gydiodd mewn cysgodau.

Y gŵr traws i ran odidog a anwyd,
Iddo ei gyfoeth o bell ddydd a gafwyd;
Yn ei wae anesgor y gwan a wasgwyd,
Ei fywyd ar olwyn araf a dreuliwyd;
35   Ânt ill dau yn llwch i dawelwch dulwyd,
Hir hun y briddell heb na thro na breuddwyd.

I araul dwyn daeth rhyw brelad unwaith,
Â hyder mwyn ebe, a'i drem yn obaith,
'Y mae draw wlad yr haf a'r difarw afiaith,
40   Lle bydd y purffydd yn eu cariad perffaith,
Ni bydd yno ddolur, na bedd, na'i ddylaith,
Ond alawon di-ail delyn y dalaith.'

'Ni ddaw,' meddwn, 'im hedd o nef dy feddwl,
Drwy lawen degwch ei darlunio digwl;
45   Ba les i lwm ei hwybrennau digwmwl
Yn nych eu poenau yma'n nhawch y pannwl?
Er dy hiraeth mwyn am dir dy rith manwl,
Y mae dy nefoedd mewn amdo o nifwl.

'Deuwell na phleser diallwyn ei phlasau,
50   A hoen hir ei hengyl, yw hun oer angau,
Gwell meddal bridd yn obennydd diboenau
Na swyn ei phur nwyd, na sain ei phêr nodau;
Salw a fai galw, eto eilwaith i'r golau,
Y mud a'r byddar o drymder eu beddau.

55   'Breuddwyd y di-hedd yw broydd dedwyddyd,
Ail ofer hud haf eu delfrydau hefyd,

Geurith ef a'i obaith, o groth ei febyd
Ei waed ei hun a rudda yrfa'i oerfyd,
A chrechwen nefoedd gopr uwch ei ben bopryd,
60   O aeaf i aeaf y treigl ei fywyd.

'Beth yw gwên heulwen, gobaith gwyn ei olau,
I'r bod dan ei bwn, i'r byd dan ei boenau?
Deuwell na'r ing a fydd dellni yr angau,
Wych deyrn y bronnydd a chadarn y bryniau;
65   Ei law grin a oera'r ddaear yn ddiau,
A'r sêr ar eu rhawd drwy asur eu rhodau.

'Pan fydd gwyw pob haf, tan drymloes ac afar,
Marw o'i dir y blodau, miri o drebl adar,
Y nef uwch eu llwch, a fu wych a llachar,
70   Yn llwyd a gwelw, a wisg ddillad ei galar;
I oror anaraul daw haul i'w dalar,
I'r bedd, yn y diwedd, daw nef a daear.

'Yna, o'u bedd diffrwyth, ni bydd i'w deffro
Ddyfyn un angel o'r ddyfna' hun yngo;
75   Dyn hir ei glod, rhwng y sêr a fu'n rhodio,
Yn hy ei enaid, a fydd braen, fan honno,
A daw, uwch ei dir, ledrith dawch i dario,
A'i oer niwl o'i ôl o'r anial i wylo.

'Yn y gwyll dilun bydd popeth yn huno,
80   Angau, a dyn a'i dynged, yn hud ango;
Yno, oesau maith, ni bydd i'w anesmwytho
Yr un dyhead crwydr, na sŵn, na brwydro,
Dydd llawen ac heulwen, mwy, wedi cilio,
A daw'r Nos ei hun i'w hen deyrnas yno.'

II

85 Eto er gwywo o natur, y gaeaf,
A chur a dolur ar fy mro dawelaf,
Y wig arw noeth, hyd y gangen grin eithaf,
A fu adail hirddydd, a nef dail harddaf,
Man y bu'r gerdd fêl, dagrau'r glaw a welaf,
90 Ag wylo awel yn y pellter a glywaf.

Ond, ar ryw bren hen, aderyn llawenydd
Â nwyd ei serch a ddihun lannerch lonydd,
Fore ei briodas y difarw brydydd
A grea enaid yn y diffaith grinwydd;
95 Ceiniaid o'r golwg a'u cân daer i'w gilydd
Yn nawn eu hawen a ddwg wanwyn newydd.

O fedd y gaeaf, e gaf yn dygyfor
Fyrdw' mân, egin egwan yn ymagor,
Yn lwys hoen ir, y mae'n glasu hen oror,
100 I Anian yn nes y daw hoen aneisior;
A ddaw o bob bedd ryw adwedd ddiodor,
A dod o âr isel fywyd a'i drysor?

Mi gofiaf yn hir air rhyw riain dirion,
Y dlysaf ei rhin o'r ceindlws forynion,
105 Y wawr roes ei haur yn ei thresi hirion,
Y môr hen y glas is amrannau glwysion,
Yr oedd i'w ddyfnderoedd nwyd pell freuddwydion,
A dôi parabl gwin o fin y fanon.

'Bererin nos,' ebr y rhiain yn isel,
110 'Dy gŵyn im a ddaw ar adain pob awel,
Aeth ofn nos a'i düwch i'th fynwes dawel,
A dyrys hug oeraidd ar draws y gorwel;
Mae yno nych maith amheuon anochel,
Surni hen ing heb gysuron un angel.

115 'Am y Gwir buost am hir yn ymorol,
Ba ellyll a'th ddug i gaddug tragwyddol?
Er herio o fedd yn aruthr herfeiddiol,
Nid â i'w ddwrn mawr ond dy ddarn marwol;
Er dod o'r bedd yn y diwedd i'w deol,
120 Daearen ni ddifa fyth dy ran ddwyfol.

'Âi yr enaid gynt ar ei anwel hyntoedd
Oll trwy hud bellterau y diball diroedd,
Âi i'r wawr mewn hedd pan eurai'r mynyddoedd,
I'r haul a'i lŷr marwor ar lili'r moroedd,
125 Yn rhawd hir y nos ar hyd yr ynysoedd,
Eanglwys a nofiai yng nglas y nefoedd.

'A dieithr i'w daith yr ehedai weithian
Drwy awyr unig hyd ororau Anian,
Gwelai oleuni pryf tân yn ymgripian,
130 Creigiau oer y tir yn cario gawr taran,
A chwarae awel a'i balch orohïan,
Neu wyndra lliw'r eiry yng ngheinder lloer arian.

'Nid oedd yno dân na diddan do annedd,
Na chur a düwch yr un carchar dihedd
135 A arafai gyflymder ei dyner adanedd,
Na thew furiau a gaethiwai ei fawredd;
E grwydrai yn rhan o'r eang gynghanedd
A ddaw o ddaear a nefoedd ddiddiwedd.

'Wedi'i hedd a'i ryddid daeth dydd i'w roddi
140 Yn ei arw annedd ym myd ei drueni,
Wynebu einioes a'i phoen a'i thrybini,
Ymwybod â'r gwenwyn ymhob drygioni,
Nes llesgáu ei gân is llosgwae ei gyni
Hyd hwyr henaint, a myned draw ohoni.

145 'Ond er crwydro traphell daeth dydd ymhellach
    Bu llad i'r enaid a phabell dirionach,
    Yn hon bu lai ei wyniau, a bu lonnach
    O gael yn ei feddiant glai yn ufuddach,
    E ddôi o fynwent ryw fyd gwell addfwynach,
150 O adwy'r gweryd rin bywyd rhagorach.

    'Gwelaist ryw fore ar y glastir feirwon
    Wryddau rhosynnau, a fu bêr eu swynion,
    Yn eu marw cynnar; A! mor wyw y ceinion,
    Alwodd wenyn taer, glywodd wanwyn tirion;
155 Ond er gaeaf blin dônt tan harddach hinon
    O'u rhandir eilwaith i wrando'r awelon.

    'E waeda'r haul yn ehangder heli,
    A'i olau olaf ar yr erwau lili,
    I'w fedd â'n isel a'r nefoedd yn nosi,
160 Ac ar bob bryn a glyn ddagrau'r goleuni;
    Wedi ei fer hun daw o fro ei eni,
    A'i derydr cain trwy'r dwyrain yn ymdorri.

    'Er nesáu heulwen oes i dre'r noswylio,
    I oerni y gweryd yr hwyr yn gwyro,
165 Y bywyd mirain ni ain y fan honno,
    Byd glanach, mwynach y mae'n ei ddymuno,
    Nid oes yn y pridd yr un dinistr iddo,
    Hen dŷ yr enaid a adewir yno.

    'I'w nef wen yn ysgafn e fyn hwnnw esgyn,
170 I'w dud a'i yrfa yn y dydd diderfyn,
    Daw'r briodas hud a'r baradwys wedyn
    O fod ufudd ei bridd i'w leiaf dyfyn;
    Derfydd poen a phryder, cân fel aderyn
    Ei alawon mawl o'r goleuni melyn.

175 'Daw i'w gôl fwynderau, ac oriau euraid
    Heb boen, na chyni, heb wae un ochenaid,
    Bydd ar lyn a bryn ddisgleirdeb ariannaid,
    Bywyd yn fwyn degwch, byd yn fendigaid,
    E leinw byd anwel anwybod enaid
180 Y broydd hud cain â phob breuddwyd cannaid.

    'I'w rodau perffaith daw'r enaid o'i deithiau,
    I fro'i ogoniant heb afar a gwyniau,
    O gerydd ingoedd, ac o gyrraedd angau;
    Y llwch hen a fydd yn llechu'n ei feddau,
185 A dry'n flawd a deilos i dirion flodau,
    Mêl i wenyn heidiog, melyn ne ydau.

    'Mwy byd enaid a fydd ymwybod inni,
    A daw o'i anian bob dawn a daioni,
    Bydd deg y dydd o lawenydd goleuni,
190 Yn llad odidog heb balldod i'w edwi,
    Llawnder pob haf a'i alaf yno weli,
    Uchelder cain pob ymchwil daer ac ynni.'

    Darfu'i llais a'i gwên, daeth dieithr lawenydd
    Ei nodau a'i nwyd i'm henaid annedwydd,
195 Ffoes fy nos a'i düwch rhag harddwch gwawrddydd;
    Mae rhin goleuni ym mryniau a glennydd,
    Cariad a hoen ieuanc mewn cread newydd,
    A minnau a ganaf emynau'i gynnydd.

291. LILI A RHOS

Awelon mwyn a siglai gynt fy nghrud,
    Tan haul y dydd, yn hedd y cyfnos oer;
Y nos, cusanai'r sêr fy ngwefus fud,
    Ac uwch fy nghwsg dôi murmur pell y lloer,
5   'Ti geri ond a garaf i [   ]'

Hwbwb y dre ni ddaeth i'm pell flynyddoedd,
    Ar freuddwyd nos ni thorres seiren gri,
Nomad y ffridd, y ffrwd, erwau'r mynyddoedd,
    Yr haul, y gwynt, a'r môr a'm creodd i.
10 Gorwedd, y dydd, tan do o wynt a chawn
    A'r oriau'n llithro i gysgodau'r llwyn,
Fy nhraed oedd ddisglair rhwng y grug a'r gwawn
    A'm dwylo'n bêr gan waed y blodau mwyn
Ac yn fy nghnawd aroglau gwŷdd a gwair a mawn.

15 Ar draethau'r haul y crwydrwn i, liw dydd,
    (Man chwarae'r golau â'r awelon gwan)
A gwylied llongau rhith yn hwylio'n rhydd
    Ar donnau o aur tawdd, o bellter glan,
Eu hwyliau gwyn fel plu o adain gwynt
20   Ar brennau'n codi a disgyn ar y don
Yn ysgafn dyner, hwy lithrent ar eu hynt
    Â'u llwyth o ddyheadau gwyn fy mron,
Hiraeth pob breuddwyd pell [   ] y dyddiau gynt.

E syllwn, yn y cyfnos llwyd, o'r traeth,
25   Ar haul yn gwisgo'r don â pherl a gem,
A rhedeg at fy nhraed gan ganu'n ffraeth
    I liwiau tân y machlud yn fy nhrem.
Nid oedd y môr ond llonydd ddrych i mi
    I weled ynddo lun fy enaid mawr,

30   Dyfnder fy hedd [   ]
     [   ]
     [   ]

     Nid oedd y ddaear faith ond cyfyng gell
       A golau ei llusernau'n wan ac oer,
35   A'i gado wnawn am drothwy'r machlud pell
       I gyntedd gwyn y sêr a theml y lloer.
     Ymlwybrwn trwy'r uchderau mawr, di-ffin
       Yn enaid noeth uwch [   ]
     A phuro f'ysbryd yn yr ether a'i rin
40   Wrth nofio trwy [   ]
     Ac yfed tân yr eangderau [   ] fel gwin.

     Codwyd y llen. Ai nymff ai ysbryd mwyn
       A ddawnsiodd yng ngoleuni rhamant nos?
     Ai breuddwyd yn llithro'n ysgafn, ai swyn
45   Yn nofio tan dynerwch lleuad dlos?
     Mor sombr, mor bur, mor berffaith, ac mor bêr,
       Ysbryd heb gnawd, heb ïau a heb waed,
     Heb deimlo pwys ein byw, ei llygaid têr
       Yn syllu tu hwnt i'n daear, a'i thraed
50   Fel pe ar ado'r byd a hedeg tua'r sêr.

     Duwies oedd hi yn byw ar anadl awel,
       Ar bersawr y blodau a golau'r nef,
     Ei threm yn disgwyl duw o'r pellter tawel
       Ati, a llesmair tan ei gusan ef:
55   Ni roddai'r dawnsio liw i'w gruddiau glân
       Na chryndod ysgafn yng ngoleuni'r nos,
     Mosiwn aelodau tan y brodwe mân
       Yn un â miwsig yr orchestra dlos
     Ac angerdd tyner enaid Chopin yn y gân.

60   Ei gwisg mor wyn â chnawd ei gwddf a'i bron,
        A'r ddau yn toddi'n un disgleirdeb gwelw,
      Ei sylffia wisg mor loyw ag ewyn ton
        Ar greiglan ddu, ei chnawd mor bur â delw
      Tan ddwylo Leonardo gynt; gwêl hi
65   Yn llithro'n gelfydd ar adenydd cudd,
      Gwêl hi yn codi'i hungoes luniaidd fry
        Tan gwmwl brodwe brau, mor ddwyfol brudd,
      Mor brydferth â gwylan unig ar ddisymud li.

      Brenhines dagrau a gwên. Miwsig wyd
70   Mewn gwisg o gnawd tryloyw, disglair gain,
      Barddoniaeth breuddwyd yn llawn nef a nwyd
        Yn symud yn y nos yn llun dal, fain.
      E ddaeth i lawr y llen. Tawodd y gân,
        A'r dorf yn orffwyll o'r pen blaen i'r drws.
75   Fe gododd eilwaith; wele'i breichiau glân
        Yn llawn pwysiau rhos a lili tlws:
      Mi roes fy nghalon lawen rhwng y blodau mân.

      Cerddais fel plu ar wynt i fangre'r oed
      [   ]
80   Y dydd yn gado'r nen, y maes, a'r coed
        A'r pryfed tân yn cynnau'u lampau bach;
      Yr adar o ffenestri'r machlud mawr
        A ddaeth â'u cân i'w hundai rhwng y gwŷdd,
      Eu serch a hun nes gweled clais y wawr
85   Heb wybod am y llais a'r lliw a rydd
      Y nos yn nyfnder nwydau yn fy mron yn awr.

      Fy nghalon a mi a'i disgwyl; y nos
        Sydd lawn gan dlws freuddwydion am y bêr,
      Draw ar goed, o gainc i gainc, draw duwies nos
90   Yn ysgafn naid, gan ysgwyd ffrwyth y sêr.
      Odid na lecha nymff, tan hir gysgodau

A gloywder dyfroedd yn ei thresi gwawn,
A'i chwerthin gwyllt yn crynu'r dail a'r blodau
Neu naead ddiog ar ei gwely cawn
95 A golau'r lloer yn llathru [   ]

Mor brydferth oedd ei hanadl ar fy ngrudd,
  Anadl fioled ei morwyndod hi;
Fe ddôi o ddyfnder enaid prydferth gudd
  Ag arogl nwyd i'w geiriau mwyn i mi.
100 Gwrandawodd brennau'r nos ar geinion cêl
  A ddaeth o galon Keats a Byron
[   ]
[   ]
Llais a âi heibio'r gwenyn craff a dwyn eu mêl.

105 Ar wddf disgleiriai cadwyn hir gan geinion
  Uwch cynnwrf breuddwyd oedd yn chwyddo'n bron,
O ddail y lotus gwnaed ei dwylo meinion,
  Dwylo a deimlodd fiwsig lleddf a llon
Creadur haul a gwynt ar luniaidd droed:
110 Angel rhyw nefol fyd a dwyfol dras
[   ]
  Roedd gwythi'i chnawd yn rhwydwaith edau las,
Cnawd oedd mor welw â hwyr yr hydref yn y coed.

Gan blygu'n ôl, a'i dwylo dan ei phen,
115 Syllai i'm trem â llygaid hanner cau
(Y sêr a weai'u hedau yn y nen,
  Ddigwlwm edau aur uwch chwerthin dau);
Aroglau uchel gwallt a gwisg y dlos
  A dieithr wlith ei llygaid lleddf a llon,
120 Miwsig ei min yn drwm gan anadl rhos
  A ruthrai'n genlli gwefr i'm pen a'm bron
Fel gwefr rhuthro dyfroedd storm yn hwyr y nos.

                                    (*anorffenedig*)

292. HIRAETHGAN NATUR

Beth ydyw'r gwlith ond dagrau'r blodau tlysion
A wyla yn y nos am feibion dewrion
Hyd nes y delo'r haul â'i dywel melyn
I sychu'r dagrau ar eu gruddiau dillyn.
5 Yn nrych y gwlithyn gwelaf lun ei dagrau
A'i gofid yn y llwydrew blodau.
O! awel, dwed paham dolefi weithion,
A fethaist ddod o hyd i'r meibion dewrion?
Ei chalon wyla ar eu mudion feddau
10 A'u henwau a ddisgynna dros ei thannau,
Y corwynt croch a gwyna yn y deri
Gan arllwys dagrau'n ffrydiau hyd ffenestri,
Fel pe y gwybydd yn nyfnderau'i galon
Na wêl ef mwy wynebau'r meibion dewrion.
15 Murmura'r gornant yn ei gwely graean
Ei hiraeth wrth yr hesg ar fin y dorlan;
Gwir y galwa'r nant am feibion Prydain
A'i nodau lleddf sydd rhwng y creigiau'n atsain.
Ar fy nghlybod tyr su y llu o hirbell
20 Tra'n arllwys hiraeth wrth ryw heulog draethell,
A beth yw'r hyn daflo'r don ar dywod
A'r galon dorrwyd gan ryw ingol drallod.

(anorffenedig)

293. [TIR GOBAITH]

A bu i'm bywyd innau'i obaith pell
Yn brydferth dir o flaen fy ieuanc drem:
Nid oedd a'i gwelodd ond myfi, na thraed
A'i cerddodd ond fy nhraed fy hun y dydd
5   A'r nos: i'w lannau pell nid â'r un llong,
Y mae tu hwnt i drem Columbus graff.
Ni ŵyr y llwybrau yno ond fy nhroed,
Mi biau'r tir, pob bryn a phant a maes,
Afonydd, mynyddoedd, a'i goedydd ef;
10 Coedydd na chlyw eu tyfiant ond fy nghlust,
Blodau na wêl eu tegwch ond fy nhrem;
Ni chlywodd fiwsig ei afonydd pur
Na murmur distaw'i greigiau yn y nos,
Ni chlywodd neb hwy ond fy mron fy hun.
15 Fy nghnawd fy hun yw'r tir a'r coed a'r graig,
Fy ngwaed yw'r blodau oll a rhuddliw haul;
F'ymennydd ydyw sêr a lloer ei nos,
O'm breuddwyd tarddodd ei afonydd gloyw,
Yn grisial pur, heb haearn yn eu dwfr.
20 O! brydferth, ddistaw anghydmarol dir:
Fe'th luniwyd yn nyfnderoedd f'enaid i.
Fy nwylo gwyn a wnaeth dy blasau perl,
Dy deml dlos o gerrig nadd fy mron.
Nid aeth offeiriad yno ond fy hun,
25 Wrth allor plygwn mewn defosiwn mud;
Gweddïwn, canwn, molwn Dduw a nef.
Ni welodd byd fy Nuw, fy Nghrist, fy nef,
Fy ieuanc Grist yn llawn o obaith gwyrdd.
O! dir fy ngobaith pell: y gwanwyn
30 A gerddai ar dy laswellt gloyw a phur.
Ni welid llwydni ar dy goed na'th ddail,
Na storm yn wylo rhwng y cangau aur.

>   Cerddai duwiesau rhwng dy goed y nos,
>   Eu hail ni welodd Groeg: ni luniodd llaw
> 35   Angelo gynt na Leonardo pell
>   Eu tebyg ym mhrydferthwch marmor oer
>   (Ni roir i farmor liwiau breuddwyd tlws):
>   Duwiesau cain yn llawn breuddwydion nwyd,
>   Eu gwallt mor ddu â'r nos dan adain brân,
> 40   Eu cnawd mor welw â hwyr rhwng cangau'r coed.
>   Mae rhythm eu camau ar fy nghlyw o hyd
>   A miwsig pell eu sidan yn fy ngho'.
>   Llawenydd calon oedd dy droedio gynt,
>   Ymhell rhag bywyd hyll a chras: rhag byd
> 45   Yn llawn o boenau, henaint, drwg a cham.
>   Mor dywyll oedd ei ddrych yn d'olau di,
>   Mor frwnt, a llwyd gan lwch a llaid a mwg.
>   Ni fynnwn drigo ar y ddaear ddu
>   Lle'r ydoedd byw yn boen, anadl yn ing,
> 50   Pob gallt â'i storm, a chwmwl uwch pob maes:
>   Mi fynnwn fyw ar dir fy ngobaith gloyw
>   Lle'r oedd y coed yn canu yn yr haul
>   A miwsig ar wefusau'r dyfroedd purlan.
>   Cerddwn y tir yn iach, yn ieuanc hoyw,
> 55   Fy nghnawd yn bêr gan arogl pin a gwin
>   A'r oriau'n goron rhos am dresi 'ngwallt.
>   Mi lamwn fel Bacchante tan y lloer
>   A thraed tân Atalanta oedd i mi,
>   Ni nofiodd cwmwl llwyd drwy 'nglesni 'mhen,
> 60   Ni chlywais law yn wylo yn fy mron.
>   O! nefol addfwyn dir, tir gobaith pur,
>   Gobaith yr ieuanc, gobaith heb un clwy,
>   Heb lesgedd yn ei galon ieuanc ddewr,
>   Gobaith ag antur dewrion yn ei waed:
> 65   Gobaith pob gobaith oedd, dewrder pob dewr.
>   Gwyn fyd na fyddet heno yn fy mron.

Erys y tir ond nid yr un, fel dyn
Ei hun fe newid popeth gydag ef.
[   ]

135   Od aeth y gwaed i'ch dagrau, niwl a nos
I'ch cnawd a'ch esgyrn, ni bydd hynny'n hir.
Ar dir fy ngobaith gwelaf werin byd:
Mae myrddiwn dwylo yn fy nwylo i
A myrddiwn lleisiau yn y gwynt a'r coed,
140   Lleisiau a fu yn fud, yn farw, yn oer.
Mae rhyddid lond y tir fel haul mewn bro,
Rhyddid a gobaith yn efeilliaid nef.
Y wawr a dyr o lygaid dyn, a hoen
A dardd o'i gnawd, a'i waed a lam i'w wedd.
145   Ar dir fy ngobaith nid oes ffos na gwn
Na chledd, ond heddwch yn golomen wen
Yn nofio yn ei nef, a rhwng y dail
Ni chlywir trydar ing na dagrau llwyd,
Na chi yn udo yn ddiniwed yn ei boen.
150   O! dir fy ngobaith gloyw: wyt gyfled byd
A nef, wyt uwch na'r sêr, dyfnach na bedd.

(anghyflawn)

294. [GWAE FI]

Gwae im fy ngeni yn ein hoes flinedig,
A'm dyfod yn rhy hwyr i fyd mor hen;
Y byd na ŵyr ddefosiwn, ofn parchedig,
Y byd sy'n llawn trahauster, mwyniant mên.

5   Fe'n ganed yn y gaeaf, blant gwywedig,
Ac amdo'r bedd oedd cadach gwyn ein crud;
Ein cred sy'n llesg, ein gobaith yn lluddedig,
Mae gwaed Calfaria heddiw'n oer a mud.

295. [TRISTWCH]

Mi glywaf furmur ywen uwch fy mhen,
Tw' lili dawel, gorthrwm carreg lwyd;
Nid oes, ar ddaear, serch na nerth a'm cwyd,
O dristwch llwch, i'r oer anhrugar nen.

296. YR HEN DARW

Coron wen ar ei gyrn o
A rhyw ing hanner ango.

Ni bu dynion creulonach,
Gwaed i gyd yw'r byd bach.

5   Dyfal oes y dwyfol aidd,
Oesau ieuenctid sanctaidd.

Rhyw boen hurt yn ei ben hen,
Hiraeth drig yn ei swrth drem.

Rhoddai'n ŵyl ieuainc ddwylo
10 Goron wen ar ei gyrn o.

Anifail duwiau'r nefoedd.
[   ]

Ar y maes ei drem isel
A gudd [   ] ac ofn cêl.

15 Hiraeth oer i'w wedd swrth o
Neu ryw ing hanner ango.

(anorffenedig)

297. PLAS GRUG

A'r dydd yn gwanhau daeth y nos i wau
    Ei rhwydi gwyll am y coed,
Hi daflodd ei hug dros harddwch Plas Grug,
    Tros feinir a mi'n cadw oed.

5   Crynai awel oer is breuddwyd y lloer
    Gan ddeffro pob deilen flin,
Rhoes in gusan hallt wrth gellwair â'n gwallt—
    Roedd heli'r môr ar ei min.

Syllai'r sêr a'r dail i'w llygaid di-ail,
10   Ar wanwyn ei Hebrill gnawd,
Er gwrando ar rin y wefus o win
    E oedai'r gwynt ar ei rawd.

Troes ein llygaid ffôl i'r llannerch o'n hôl,
    Aeth yn fudan barabl serch,
15   Safai cerrig y bedd yn y dulwyd hedd
    Yn ddrysau yr isfyd erch.

Daeth tristwch yn don i draethell y fron,
    Yn ddeigryn i lygaid syn,
Gorweddai yn drwm ar ein calon blwm
20   Gysgodau y beddau gwyn.

Mor fud oedd ein gwedd ar y rhynllyd sedd,
    E ddarfu mwynder yr oed,
A syllai y lloer â thrugaredd oer
    Ar dristwch dau dan y coed.

298. ER COF
Am 'Ferch y Bryniau', a gladdwyd tan ystorm Nadolig, 1924

Rhoed ei gwedd i'r gweryd gwyw,—a'i gwallt aur
    Tan y gwyllt wynt heddyw,
    Ar wely bach mor wlyb yw
    Nadolig dan y dilyw.

5   Awel iach a haul i'w chalon—a roes
    Eu rhin, a'u murmuron;
    Blodau a choed fu'i chyfoedion,
    Yr adar rhydd oedd brodyr hon.

    Ei bron ar fron yr hen fryniau—a rôi,
10   A'i grudd ar eu gruddiau;
    Bu'r dlos ymhob ffos a ffau,
    A'i thraed yn eu llathr rydau.

    Ar drwm droed daw o'r drum draw—awelon
    Gân galar i wylaw,
15   Ar ro trist rhowch yn ddistaw
    Eira a gwlith, dafnau'r glaw.

    Ni chlywch arian gân ei genau,—na thrwst
    Ei throed ar eich llethrau,
    Mwy, gwên ni ddaw i'w threm gau,
20   Na'i phêr anadl i'w ffroenau.

    Ym mro hun ni bu lun lanach,—na llef
    Y bore fu berach,
    O'th gell ni chodi bellach,
    Na diosg fyth dy wisg fach.

25   Câr y lloer a'r sêr, o bêr barch,—o'u nen,
    Yn y nos dy gyfarch,
    Rhy'r dawel wawr trwy dywarch
    Olau'r dydd ar glawr dy arch.

299. Y GWYNT

O'r bryniau daw i'r brenin
Awel o wynt yn loyw win,
Heb wylo daw i'w balas
Ag arogl ir gweiriau glas,
5   Arogl coeth o'r gwely cau
Llawn o flawd llawen flodau,
O lwyn glân, a dail yn glog,
Â'i oer anadl i'w riniog;
Gwynt a ddaw i'w gyntedd aur,
10 Eang a rhydd rhwng rhuddaur;
Cân i'r llys gerddi tlysion,
I'w farmor llyfn furmur llon,
O hardd gell i gell yn gwau,
A marw ar y muriau.

15 Araf ei hynt daw'r gwynt gwan
Ar ei dro trwy'r stryd druan,
I dyllau cul dywyllwch
Yn hen a llwyd gan y llwch;
Ni ddwg cân bêr i'r werin,
20 Aroglau oer y gloyw win;
Ei anadl a ddwg henaint,
Clefydau a hadau haint;
Dall yw rhan trysor anian,
Gwynt i'r gwych, a gwynt i'r gwan;
25 Mawrion a bryn a fynnynt,
Arian ag aur bryn y gwynt.

300. Y GÂN GOLL

Canai'r aderyn
 Ar frigyn y llwyn;
Canai ei ddernyn
 Dihafal yn fwyn.

5 Canai bob bore
 Wrth dorri o'r wawr,
Canai'n ei gartre—
 Melyswin ei sawr.

Canai nes cilio
10   Pob gofid a brad,
Tra'r bryniau'n eilio
 Mewn meddwol fwynhad.

Distaw yw'r canu,
 A'r bryniau yn fud;
15 Hiraeth yn plygu
 Y brigyn gwan clyd.

Pam y'm gadewaist?
 Pam tawodd dy lais?
Tybed a welaist
20   Fy nghalon dan glais?

301. FY NHAD

Ti ddysgaist inni'r plant i garu'r sir,
A'i hiaith a'i hanes a'i moesoldeb iach,
A charet sôn wrth dân nosweithiau hir
Am gŵn a defaid ac ebolion bach;
5 Adroddet inni gerddi beirdd dy fro,
Emynau lawer ac englynion lu,
Am orthrwm landlord a'i gynllwynion o,
A dewrder gwladwyr yn yr oes a fu.
A chodai hiraeth y castelli ffug
10 Wrth sôn am fwrw'r hwyr ar ddolydd glân,
Cael eto fynd drwy ramant gwair a grug,
A thrin y pridd a llunio pwt o gân;
Ond daeth yr angau llosg a ofnaist ti,
A buost farw heb ei gweled hi.

302. YR ANGAU

Duw ofnadwy d'ofn ydwyt,
Ac arglwydd pob arglwydd wyt;
Dy rym hen dros dir a môr,
Di dwyll wyd, a diallor;
5   A geir aberth a geri?
A oes dawn a'th blesia di?
Rhown yn aberth fy chwerthin,
Oriau uwch gwallt merch, a gwin;
Rhown i'th wanc fy rhieni,
10   A'r chwaer deg ar d'arch oer di;
Mi rown f'aur, mi rown f'arian,
Rhown fy nghwbl—ond rhin fy nghân—
Ped estynnit hyd hwyl f'oes,
Edau fain gwynfyd f'einioes.
15   Ni rydd neb roddion o werth,
Fo â heibio pob aberth;
Dwg y gwych, dwg y gwachul,
Ieuanc a hen, i'w nos gul;
Doeth a'r annoeth, i'r hunell,
20   Duw y marw nid yw ymhell:
Ond er agos ei drigo,
Ni ddaw dim a ddywed O.

303. [CYFARCH D. ERNEST WILLIAMS]

Enaid yn llawn haelioni,—y naill law
    Ar ôl y llall agori,
Wyt ŵr yn llawn tosturi,
A Christion tirion wyt ti.

304. LOTTIE

Rwy'n meddwl lot am Loti,—un ddawnus,
    Un ddoniol a digri;
Haden yn llawn direidi
A da ei hwyl, *spud* yw hi.

305. YR EIRA

Daeth o aeaf ffurfafen
Syfrdandod, yn ôd o'r nen,
Ei gabl pur, annhosturiol
Ar bob llwyn, ar dwyn a dôl.
5   Lliw hud byd arall ydyw,
A gwynder yr uchder yw.
O wybren daeth yn ebrwydd
Undonedd ei rhinwedd rhwydd,
A chuddiodd y lluwch eiddil
10   Nwyd y reddf a geidw yr hil.
Nid oes bref mamol ddefaid
Ar dwyn neu ŵyn yn rhoi naid,
Na'u cnu hwy ar ddrain mwyach,
Nac olion ebolion bach.
15   Rhigolau ceir tan eira,
A'r llwybr o dir lle bu'r da.
Dowch i'ch tir o dawch eich tai,
I'n byd o fryntni beudai;
Greuloned, ddyled yw'r ddôl,
20   Mae'r waun wen mor annynol.

306. YR HEN AMSER GYNT

  Ni chlywa' i'r crioedd dynol yn ein stryd
  A garwn gynt, yn hogyn, yn fy mro,
  Bloeddnad y gwerthwyr a grynai'r tai i gyd
  Wrth gynnig mecryll, rhython, calch a glo;
5 Ac aeth yr hyrdi-gyrdi i'r wlad hud
  Tros donnau'r môr, a'i miwsig gyda hi;
  A'r gwŷr a leisiai gerdd sydd heddiw'n fud,
  Tawodd eu hemyn yn ein tlotai ni:
  Ni ddaw'r ceffylau du-a-gwyn yn awr,
10 Y llewod llwyd â'u rhu, a'r clown â'i lef,
  A symud trwsgl yr eliffantiaid mawr
  Pan âi gorymdaith syrcas hyd y dref.
  Ffoesant rhag prysurdeb ein dyddiau chwyrn,
  Rhag rhuthr y ceir a'u diamynedd gyrn.

307. POBOL Y BLAID
(sef Cân yr Hanner-Cymry)

(Ar y dôn: *Mae Robin yn Swil*)

Rwyf i'n gystal Cymro â'r un ohonoch chi,
Rwy'n caru fy henwlad a'i holl hanes hi;
Ond nid wyf yn credu fel Pobol y Blaid
Fod hunanlywodraeth ar Gymru yn rhaid;
5   Hen gulni Pobol y Blaid,
    Hen gulni Pobol y Blaid,
Gwell gennyf fi gredu fel fy nain a fy nhaid.

Rwy'n caru fy heniaith a'i llenyddiaeth i gyd,
Hyhi yw'r iaith orau o holl ieithoedd byd;
10 Ond nid wyf yn credu er 'mod i'n Gymro i'r carn,
Ei rhoi'n iaith ysgolion a'r holl lysoedd barn;
    Hen gulni Pobol y Blaid,
    Hen gulni Pobol y Blaid,
Gwell gennyf fi gredu fel fy nain a fy nhaid.

15 Rwy'n credu yn ddidwyll fod y Sais yn ddyn clên,
Ei fod yn glawio bendithion ar yr ieuanc a'r hen;
Ond nid wyf yn credu fel Pobol y Blaid
Fod y Saeson yn sarnu fy ngwlad yn y llaid;
    Hen gulni Pobol y Blaid,
20   Hen gulni Pobol y Blaid,
Gwell gennyf fi gredu fel fy nain a fy nhaid.

Rwy'n caru'n angerddol y cenhedloedd i gyd,
Rwy'n credu y dylid rhoi Cymru i'r byd;
Ond nid wyf yn credu fel Pobol y Blaid
25 Sy'n sôn fyth am Gymru a Chymru'n ddi-baid;
    Hen gulni Pobol y Blaid,
    Hen gulni Pobol y Blaid,
Gwell gennyf fi gredu fel fy nain a fy nhaid.

308. ALLTUDIAETH

Ti brofaist ti, Oronwy, ar dy dramp
Drwy drefi Lloegr a Fyrsinia bell
Yr hiraeth at sir Fôn a oedd fel lamp
Yn bwrw'r gwyll o'th galon ac o'th gell;
5   A thithau, Geiriog, ym Manceinion lwyd,
Yn rhuthr y siop a miniog sgrech y trên,
Breuddwydiet am ogoniant Dyffryn Clwyd,
Ei nant, ei mynydd a'i halawon hen.
Bûm innau, feirdd, fel chwithau, lawer tro,
10 Yn troedio glan afonydd tramor, trwm,
A'r hiraeth torcalonnus am fy mro'n
Prydferthu'r fferm a'r bryn a llwybrau'r cwm:
A rhed yr hiraeth hwnnw, megis tân,
Yn rhythm a mydr ac acen drwy ein cân.

309. CYFAILL O FARDD
(I'm cyfaill, B. J. Morse)

Ti brofaist tithau feddwdod y nwyd greu,
A'th fwrw i lif y cyffroadau cu,
Y gofal maith, y disgwyl a'r dyheu
Wrth lunio'r gerdd, fel plentyn yn y bru;
5   Ac wedi'r esgor mawr, yr hoen a'r hedd
Na ŵyr bydolion daear am eu blas,
Roedd y disgleirdeb dwyfol ar dy wedd,
A'r llesmair mamol yn dy lygaid glas.
Pan fyddai'n cyrff fel traeth yn sych a blin
10 Gan ormod angerddoldeb tonnau'r nwyd,
Ni aem i wledda'n dau ar gig a gwin,
A sôn am wyrth barddoniaeth uwch ein bwyd:
Ni wn pa beth a wnawn pe'th gollwn di,
Fe ddygai'r angau hanner f'enaid i.

310. SIR FORGANNWG

Ti geri'r mwg a'r tarth a'r tipiau glo,
A chochni berw y ffwrneisiau dur,
Y nant a lygrwyd gan wenwynllyd ro
A'r huddygl afiach ar y coed a'r fflur.
5 A gwn paham. Mae llafur drud dy dras
A'u haberth ym mherfeddion mwll ei thir,
A chariwyd llawer ffrind o wyll y ffas,
Ar astell gyfyng, i'w gorffwysfa hir.
Mae dioddef mud y mamau yn ei thai
10 Wrth weled angen bwyd a'r gyflog brin,
Hyd onid aeth yn fwyn ei phridd a'i chlai,
A'i düwch yn dy olwg di yn wyn;
A gwn mai angerdd dwfn dy draserch di
A gâr ei mwg a'i llwch a'i hagrwch hi.

311. RHUFAIN

Ti siglaist ein gwareiddiad yn ei grud,
A'i godi'n dal a thirf â sugn dy fron,
Ti ddysgaist ti i'r llanc athroniaeth ddrud,
Iaith a llenyddiaeth Helas iddo o'r bron.
5 Ti godaist gaer a thref, heolydd fyrdd,
Rhoist iau dy gyfraith ar y nwydau hen,
Lle'r âi dy eryr hyd y cywrain ffyrdd
Dysgit i'r llwythau degwch dysg a llên.
Rhoddaist dy waed yn sylfaen Eglwys Dduw,
10 Plennaist gyfiawnder a bendithion hedd,
Ond daeth dy ddiwedd di, fel popeth byw,
Ac, yn dy dro, fynd i'r anochel fedd.
O'th sathrwyd gan farbariaid tan eu traed,
Lliwiaist y gwledydd â'th urddasol waed.

312. Y LLEIANOD

Ewch, gyda brig yr hwyr, ysbrydol lu,
Heibio i'm drws, gan sisial Ffrangeg cain,
Fel amdo am eich cyrff yw'r clogau du,
A lleddf yw rhugldrwst paderau main.
5   Ni cherwch chwi esmwythyd fel myfi,
Cyfoeth a swydd a chlod ac anwes merch,
Ni all taerineb dyn eich treisio chwi,
Na bardd eich llygru gyda'i soned serch.
Ni fynnwn i chwi ddioddef gwyniau'r cnawd,
10 Na'r edifeirwch llym na'r pechod croes,
Glynwch yn dynn wrth gariad pur eich Brawd,
A gwnewch eich nyth yn ymyl bôn Ei groes;
Ac er mor ddieithr im eich symud trist,
Fy mendith arnoch chwi, chwiorydd Crist.

313. YR AWEN

F'ysbryd a fu hyd y misoedd maith
    Yn hesb a di-hoen,
Ni luniwn gân na chywydd ychwaith,
    Ac yr oedd hynny'n boen.

5   Ac ofnwn ffrwydro o'm hawen dân
    Yng nghân fy nghynnar oed,
Na rôi ei gwadn rhwng trafferthion mân
    Oerfel y canol oed.

Ond er pan wnaethom ein cyntaf oed
10   Dihunwyd f'awen i,
A lluniaf gerddi mor rhwydd ag erioed:
    Ei chaneuon hi.

314. DISTAWRWYDD

Anodd yw cael ymadrodd ar fy min,
A'r hir ddistawrwydd sydd yn boen i ddau,
A heno am fy mod mor fud a blin
Mi wn, fy merch, fod hynny'n dy dristáu.

5   Ni fu fy nghariad i mor llesg erioed,
Na chymaint tristwch yn y fynwes hon,
Ond cofia neithiwr, ferch, am gamfa'r oed,
Ac angerdd y gorfoledd yn fy mron.

315. DINIWEIDRWYDD

Gwyn fyd dydi, fy niniwed ferch,
   Yng nghragen dy symlrwydd di,
Ni phrofaist yr hiraeth a'r claddu erch
   A'r gwallgofrwydd a'm chwerwodd i.

5   Canfûm fy mam yn ei thywyll dŷ,
      Heb fynnu'i chysuro mwy,
   Ac angau sydyn ei phriod hi
      Yn hollti ei chalon yn ddwy.

   Na foed it lawer o ofid, ferch,
10   Na'r chwithdod a'm chwerwodd i,
   Rhag saethau bywyd mi rof fy serch
      Yn dŵr i'th amddiffyn di.

316. MADDEUANT

Pan gyrraedd serch ei binacl ban
    Uwch stormydd y byd a'u rhu,
Fe ddaw'r cystuddiau creulon i'r lan
    Yn dorf o'r dyfnderoedd du.

Gwelaf yr adfyd rhwng bryniau'r wlad,
    Y tlodi, y cyni a'r cam,
Y fflamau a losgodd einioes fy nhad,
    A'r boen a heneiddiodd fy mam.

Clywaf yr ochain a'r cwyno di-ball
    Yn ysbytai dioddef a chur,
A gwŷr yn troi at barwydydd dall
    Cyn eu rhwygo â'r cyllyll dur.

Rhydd bywyd ei sawdl ar ein nefoedd ni,
    A daw'r chwerwder yn ôl i'm llef,
Ond er mwyn tynerwch ei chariad hi
    Maddeuaf bob dim iddo Ef.

317. GOLLYNGDOD

Bydd gollyngdod yn wên ar fy mhryd
    Pan af i'w chwrdd yn yr hwyr,
A thrymder pwysig, dysgedig fyd
    A'r llyfrau yn ango llwyr.

5   A phwyswn wrth lidiart gôl-yng-nghôl,
    A'r oriau fel munud awr,
Ni alwn ein gilydd wrth enwau bach ffôl,
    A chellwair â'n traserch mawr.

Dirmyged y doethion ein ffwlbri glân,
10   A chuchied pob sychlyd sant,
Arhoswn, er hynny, fy ngeneth lân,
    Yn hapus, gwallgofus blant.

318. Y LLAIS

Clywit weithiau yn y tonnau
    Ryw bellennig gri,
Llais annelwig yn y tonnau
    Yn dy alw di.

5   A dôi hiraeth i'th ddwyfronnau
    Ac i'th galon di,
Llais y plant oedd yn y tonnau
    Yn ein galw ni.

319. Y DREF

Ni allaf ddyfod i'th gyfarfod, ferch,
Ym mharc y dref lle gynt y carem ni,
Ond paid ag amau fy niffuant serch,
Cans atgas mwy fydd enw'r dref i mi.

5   Pe down, ni welet ond fy nhristwch llym,
A'r dagrau poenus yn y llygaid hyn;
Gwybydd fod un a fu mor annwyl im
Yn wallgof, yn ei hymyl, ar y bryn.

320. Y TIR

Distawodd eu crymanau yn y berth,
A'r bwlch sy'n bwdr rhwng y ddeugae wyllt,
Mae'r mwsogl ar y llwybrau llithrig, serth,
A'r rhwd yn bwyta clicied, clo a byllt.

5   Bu loyw'r erydr yn y melyn bridd,
Ac uwch y cwysi, grawc gorawen brain;
Ond heddiw yno rhed y chwyn yn rhydd,
A chnwd rhyfygus rhedyn, brwyn a drain.

Cwympodd gogoniant y fforestydd plan,
10   Y coed a godai i'r goleuni fry,
A heddiw hed y boda uwch y fan,
A chyfyd cadno ei hynafol gri.

Ciliodd disgyblaeth y gewynnau hir,
Diwydrwydd ffyddlon o'r ddidriniaeth fro,
Mae'r gwŷr fu'n plygu'r nant a dofi'r tir
15   Heddiw'n anniddig segur yn y gro.

321. HIRAETH

Mi fynnwn, weithiau, daflu'r cwbl i gyd,
Y dysgu a'r darlithiau, ddiwedd term,
A mynd yn f'ôl i'r sir a gerais cyd,
At ffridd a ffrwd a ffair a ffwdan fferm.

5   Bydd hiraeth am garedig lyfu'r cŵn,
A chlywed melys anadliadau'r lloi,
A gwrando'r gwair a'r ŷd yn cadw sŵn
Wrth godi'r helm a'r mwdwl cras, a'u toi.

Mi wylia'r da yn cnoi hamddenol gil,
10   Pystylad cesig wrth bresebau gwair,
Gwyddwn eu hachau, gynt, eu tras a'u hil,
A'r hiraeth wrth eu gwerthu yn y ffair.

Crynhown y defaid ar y mynydd iach
I'r ffald, a'u rhifo, gyda'u hwynos mân,
15   A chwilio am eu crwydrol epil bach,
A thrin eu clwyfau cignoeth wrth y tân.

A throi y fuddai chwyrn a'i golchi'n lân,
A thywallt llaeth i'r lloi a'r gwancus foch,
Trawslifo'r coed, a phigo fflwcs o'r gwlân,
20   A phobi caws rhwng gwres y barrau coch.

Daw ataf, gefn y nos, hiraethus gri
A dry fy nghalon, weithiau, yn fy nghôl.
Mi glywa'r pridd yn tynnu f'enaid i,
A'r anifeiliaid yn fy ngalw'n ôl.

322. EMYN

Esgob ein heneidiau,
　　Gwrando ar ein cri,
Clyw ein hocheneidiau
　　Yma atat Ti.

5　　Difa ein cnawdoldeb,
　　　　Dangos in Dy wedd,
　　Cip ar dragwyddoldeb
　　　　Rhwng y crud a'r bedd.

　　Pan fydd anghrediniaeth
10　　　　Yn ein blino ni,
　　Dyro inni luniaeth
　　　　Bwrdd Dy Gymun Di.

　　Yn ein dyddiau prinion
　　　　Gwna ni'n gryf a glew,
15　Ymladd â'n gelynion,
　　　　Llarpiog nerth y llew.

　　Pan fo'n traed yn sengi
　　　　Ar ymylon bedd,
　　Rhoi i ni, cyn trengi,
20　　　　Hedd, Dy berffaith hedd.

323. EMYN CENEDLAETHOL

Arglwydd Hollalluog,
    Cofia Gymru wan,
Cod hi o'i thrymluog
    Syrthni eto i'r lan.

Rhoes ein hen frenhinoedd
    Fywyd erddi hi,
Rhoes y gwrêng mewn trinoedd
    Waed eu bron yn lli.

Canodd beirdd mewn plasau
    Glod a mawl eu tud,
Cadwodd saint mewn clasau
    Ei llenyddiaeth ddrud.

Yn ei hysguboriau
    Plygai'n tadau ni,
Yn eu tywyll oriau
    Galwent arnat Ti.

Cofia'r dewr sy'n brwydro
    Heddiw yn y gad,
Cofia'r plant sy'n crwydro
    Mewn estronol wlad.

Arglwydd Hollalluog,
    Cofia Gymru wan,
Codi hi o'i thrymluog
    Syrthni eto i'r lan.

324. IEUENCTID

Ni fynnwn ei golli ef, yn ei dro,
A'i bleserau pendant, paganaidd o;
Gwae ef a fo ddoeth cyn dyfod ei bryd,
Gwae ef a arhoso'n ieuanc o hyd.

5 Taflwn bob deddf a rheol i'r gwynt,
A sbardynu'r march di-ffrwyn ar ei hynt,
Ond wedi'r carlamu o dwyn i dwyn,
Ysgafn yw caethiwed yr iau a'r ffrwyn.

Pan ffrwydro'r angerdd, pan dreio'r nwyd,
10 Nid oes a erys ond y tristwch llwyd,
Wedi drachtio rhysedd y cwpan gwin,
Nid ydyw ei waddod ond syrffed blin.

Wedi treiddio'r moroedd, o lan i lan,
Mwyn yw disgyblaeth y nef yn y llan,
15 Ac ni fynnwn fentro i'r stormydd mwy,
I ganol eu tonnau peryglus hwy.

325. YR AWEN

Ni wn paham y rhoddaist ynof ddawn,
A'r gallu rhyfedd sydd yn uwch na mi,
A rhoddi llun ar ddeunydd cyndyn iawn,
Y tryblith nwydus sy'n ein calon ni.
5 Mi roddais fy myfyrdod yn dy we,
Yn newis pob ystyfnig air, fy mhwyll,
A syrthiai'r cwbl i'w briod liw a'i le
Tan dy reolus rym a'th fregus dwyll.
Bu ddrud yr ymdrech. Rhown fy nghwsg a'm grym,
10 Ac egni fy synhwyrau er dy fwyn,
A bod yn unig sydd mor atgas im
Pan alwai'r haul a'r môr a'r ffrindiau mwyn;
Ond molaf Dduw am ras a nerth a thân
Rhag gorfod mynd i'r bedd ar hanner cân.

326. SERCH

Crwydrwn yn ffôl fel diewyllys wynt
Tan rym yr angerdd oedd yn drech na mi,
Carwn bob afiach synwyrusrwydd gynt,
A gwrid dirywiad ar y pridd a'r lli.
5 Mi welwn degwch yn neuaddau'r nos
Fel pryfyn at y fflam yn tynnu'r nwyd,
A swyn Yvonne, Juliette a Mimi dlos
Yn syrffed ingol yn y bore llwyd.
Pan welais Serch, dydi a'th lednais wedd,
10 A sŵn dy lais lilïaidd ar dy fin,
Mi gefais dro, a'r hwyr hiraethus hedd
Fel dwfr ffynnon i'm gwythiennau crin:
Rhoist nod a llwybr i'm cyfeiliornus draed,
A haearn sefydlogrwydd yn fy ngwaed.

327. GORFODAETH FILWROL

Dyma rôl ein marwolaeth,—dwyn ein byd
    Dan balf ymerodraeth,
Bwria'i gwynt dros ein bro gaeth,
A llwydrew ei llywodraeth.

328. [COFIO CYMDEITHAS]

Stŵr awen a storïau—wrth dân glo,
    A godro y gwydrau,
A'r prydydd gwawdrydd yn gwau
Ei ffel gân uwch fflagonau.

329. [I'R GWEDDWON]

I'r gweddwon y rhof fy nghala,
A'r hen ferched brwd, ysmala,
Fel y cnuchiont hwy eu gwala,
    A llesg y contia llawn.

330. Y GWEITHFEYDD SEGUR

Agorai pob ystac ei hymbrél o fwg
   Fflam-ddolen uwch cwpan ein byd,
Âi rhugldrwst y crân a sgrech yr hwterau
Rhyngom ac arafwch yr uchelderau,
5   Gan haearneiddio'r sêr i gyd.

Disgynnai eu mwrllwch ar y gerddi gerllaw
   Fel locustiaid diwydiant dyn,
Ni fentrai glaswelltyn rhag eu genau dyfu,
A rhaid oedd i sipsiwn o ddefaid lyfu
10   Bwcedi'r tuniau samwn a sardîn.

Igamogwyd y nentydd gan ymchwydd y tip
   A'u hwyneb tan ysgùm ac ewyn brith,
Gadawodd y brithyll yr afon olewllyd,
A chiliodd y llyswennod rhag y fitrel drewllyd
15   I ymyl y lan i dorchi eu nyth.

Ailwynnir yr ewyn ar afon a nant
   Ac ymloywa eu cerrig eto fel gwydr,
A theifl Natur tros y tipiau digynnydd
Gyrs a glaswellt a rhedyn y mynydd
20   Fel hugan gotwm tros eu cwilydd budr.

331. I NORAH ISAAC

Ped âi Norah ati i lunio llenyddiaeth,
   Sut nofel a fyddai ei nofel?
Ai rhamant newydd am Gefn Ydfa,
   Neu am bwll glo a siop a hofel?

5   Nid nofel fel nofel Eirian yn y ddrama
      Yn hel clecs am actorion Holiŵdebus,
    Nac am actresi yn newid gŵr fel newid lleuad,
      A thrasiedïau'r hen drindodau godinebus.

    Lluniodd Norah ei nofel wreiddiol yn y Lluest,
      Caneuon a cherddi plant a'u pasiantau;
10   Gwyn fyd na bawn innau mewn desg ddirgel
      Yn gymeriad yn un o'i haml ramantau.

332. Y DEYRNAS

Gostyngeiddrwydd y tu hwnt i grebwyll a deall dyn
Oedd i Dduw ddanfon Ei Fab i osod Ei deyrnas
Ar ein daear; teyrnas â'i gorsedd yn groes
A bedd gwag yn blas iddi,
5   Ei Brenin yn rheoli holl gwrs y canrifoedd
Â'i deyrnwialen; y wialen â'i bôn yn gariad,
A'i theircainc yn gyfiawnder, gallu a thrugaredd.

Am y deyrnas ni ŵyr dyn heddiw ddim,
Y dyn a'i caeodd ei hun y tu mewn i'r cread
10 Gan geibio i'w gyfrinachau a deall ei ddeunydd
A phlygu ei bwerau â'i beiriant i'w bwrpas:
Ond y meistr hunan-ganolog a aeth yn gaethwas
Iddynt, wrth ei roi ei hun yn rhan ohono,
Rhoi ei anadl i'r gwynt, ei gorff i'r gwellt,
15 Ei waed i'r anifail a rhoi ei ddiwedd yn y ddaear.

A rhyfedd o ddiwedd a luniodd efe
Iddo ef ei hun; llunio'r farwolaeth gam gemegol,
Gosod y mellt mecanyddol a'r taranau technegol
Yn yr wybren, a disgyn o'r awyr wedi eu rhewi
20 Arnom law ac eira ac eirlaw diffrwyth;
Y cymylau cobalt yn crogi uwch cyfanfyd
Ac yn mwrdro'r haul, lladd y lloer a'r sêr.

Draw o dragwyddoldeb y daeth y Crist i'r cread,
I'r crud, a thrwy'r groes a'r bedd yn ôl iddo
25 Gan ddwyn Ei waed a'i gorff gydag Ef,
Yno bydd y Duw-ddyn yn trawslifo Ei waed Ei Hun
I'n gwythiennau gwag, a throsglwyddo Ei gnawd i'n cyrff,
Y gwaed a gyfanna'r ddelw, glanhau'r llun,
Y cnawd a wna gyrff yn iach a goleuo'r ewyllys,
30 Gan droi cocos yn berson, dyn yn ben ar beiriant,
Yn farchog ar y Lefiathan ac yn ystiward ar ystad y cosmos.

Wrth fwrdd Ei Swper yr eistedd Ei westeion
O bob cenedl a llwyth, o bob lliw a llun,
Heb yr un llen haearn na'r un llen arian
35 Rhyngddynt, yn un gymdeithas ger y groes gydradd;
Bydd y groes yn newid ei lliw yn ôl lliw'r llwyth
Ond yn aros yr un; byddant yn yfed yr un gwin
Ac yn bwyta'r un bara â'r genau ac â'r ysbryd.
Nid yw Swper daear ond tamaid i aros pryd,
40 Y Wledd Feseianaidd i'r gwesteion unlliw
Ar ddiwedd y byd pan fydd ei ymerodraethau wedi darfod.

Teyrnas y tu hwnt, a theyrnas y tu yma,
Teyrnas yn Seion, a thu allan iddi,
Teyrnas ynom a theyrnas y tu maes i ni,
45 Teyrnas yn ein byd yn taro yn erbyn teyrnas
Pob Cesar, Caiaffas, Herod a Jesebel.

Geneth gyffredin a gwraig gweithiwr;
Mam heb gawell a heb gewyn ond bratiau
I'w Baban mewn beudy oedd y Fam-Forwyn:
50 Nid oedd iachawdwriaeth yn bosibl i'r byd
Heb ei hufudd-dod hi; yr Efa gyntaf
A ddaeth â marwolaeth i fyd drwy ei hanufudd-dod hi,
A'r ail Efa drwy ei hymostyngiad digwestiwn
A roes gnawd i Awdur Bywyd,
55 Gan Ei droi yn aelod o deulu Adda:
Hi yw'r gaethferch berffaith; y wir wasanaethyddes.

Mair yw mam pob chwyldro mewnol,
Brenhines barn a chyfiawnder y byd,
Nawddsantes y newynog a'r isel radd:
60 Ei *Magnificat* hi yw'r bomiau bendigedig
Sy'n dymchwelyd Babeli a Babilonau dyn:
Ac ni all cynllwyn, cildynrwydd a thrais a thrawster
Holl Ahabiaid a Jesebeliaid y byd
Ond datguddio Ei deyrnas dragywydd Ef.

333. JESEBEL AC ELIAS (Darn)

VI

Geneth gyffredin a gwraig gweithiwr,
Mam heb gawell a heb gewyn ond bratiau
I'w Baban mewn beudy oedd y Fam-Forwyn:
Mam yn bwrw ei mantell ar bob morwyn
5   Ac ar bob mam, hi yw'r wasanaethyddes wynfydedig,
Mam y chwyldro mewnol, y Sosialwyr symlaidd
A'r Gomiwnyddes Gristionogol.

Yn ei *Magnificat* y gwelodd ei henaid hi
Yr Arglwydd yn dyrchafu'r diniwed a'r gostyng[edig],
10 Y trugarogiaid, y tangnefeddwyr a'r isel radd,
Ac yn gostwng y goludog, yn bwrw'r beilchion
Ac yn disodli dictaduriaid, yn codi gwerin
Fel mynydd ac yn ei bwrw i lawr fel pant:
Gwelodd yn llaw'r Goruchaf y bomiau bendigedig
15 Sy'n dymchwelyd Babeli a Babilonau dynion
Ac ni all cynllwyn, trais, trawster a chrandrwydd
Holl Ahabiaid a Jesebeliaid y byd
Ond datguddio Ei deyrnas dragwyddol Ef.

Yn anialwch y Grawys gwisgodd Jesebel
20 Yn ei holl ysblander a'i godidogrwydd; ac ni fu ei gwisgoedd
Erioed yn gywreiniach, na'r colur ar ei hwyneb
Yn fwy cyfrwys, na'i llygaid yn fwy llachar,
Na'i thlysau mor loyw a'i gemau mor gymwys,
Ac arweiniodd hi y Meseia i ben y mynydd
25 I weled mawredd a [   ] ei hymerodraethau hi.

Craffodd y Crist ar y crandrwydd creedig
Ar y gogoniant gwallgof, y pwerau demonig
   Y pŵer sydd yn pydru,
   Y moethau sydd yn meddalu
30 A'r ffyniant sydd yn mygu anturiaeth pob ffydd.

Efe a'i gwrthododd hi, Efe;
Y cyntaf i'w gwrthod, a'r unig un.
Gwrthod y bara Stalinaidd, a gallu'r
Bwriadau a wnâi ddyn a'i fyd yn berffaith.
35 Gwrthod addoli yn nheml y Jesebel,
Offrymu ar allor eang ei hymerodraeth.
Gweddïo i'w gallu, arogldarthu i'w hawdurdod
A chanu hymnau i'w mawredd.

Hi a ymgynddeiriogodd gan ddirmygu a gwatwar
40 Ei gwrthwynebwr dwl, od a gwallgof:
Tywysog wedi Ei eni ym mhreseb yr ych,
Brenin a chanddo osgordd o ddeuddeg gwerinwr,
Arglwydd yn gostwng i olchi eu traed,
Ymherodr yn gyrru ar gefn ebol asyn
45 I'w deyrnas dwp; ynfytyn
Yn bwrw o'r deml y byrddau aur
A'r clomennod arian.

Hi a aeth ati eto i lunio dial
Fel y gwnaeth gynt yn erbyn Naboth y gwinllannwr
50 A chael y [   ]

Duw etc.
Crëwr etc.
Y Meseia yn marw rhwng dau gangster.
Brenin yn dewis y groes fel gorsedd,
55 Ei deyrnwialen yn gorsen, Ei goron yn ddrain,
Yr hoelion a'i wisg yn borffor Ei waed;
O godi bys bach deuai Ei osgordd angylion
Ac Elias yn ei gerbyd tân i losgi'r tywyllwch
A'i ddwyn cyn y tranc i gôl Ei Dad.
60 Ond ildiodd Ei anadl gwych olaf.
Ni fu [   ]

Nid ar ben y bryn y bu'r groes yn unig
Ond cerdded i galon dyn, y deml
Lle'r addolir delwau'r duwiau dieithr—
65 Moloch, Mamon, Fenws a Jesebel—
Y duwiau a ddethlir â defosiwn dynion,
A llosgir iddynt ffyddloniaid ffiaidd ac arogldarth creulon,
A ni all ond y gwaed yn diferu o fry
Eu bwrw i lawr fel Dagonau yn y deml.

(*anghyflawn*)

334. DISGYBLION DIDYMUS

Sosialydd o Iesu oedd Iesu'r Deheudir
A merthyr diwyrthiau ar Galfari;
Nid oedd dim anweledig y tu hwnt i'r gorwel
A'r epa oedd ein Hadda ni.

5 Darganfod y pechod yn byrlymu tan yr haenau
Disglair o iâ ar y llyn,
Ac ofni y dôi croes wrthun i'w cracio
A thoddi ein hanffyddiaeth dynn.

Tomos yw nawddsant yr hen Resymolwyr,
10 Apostol y gweledig braw';
Rhown ein bys ar ei fys yn y twll yn Ei ystlys
Ac ar ei ôl yn ôl yr hoelion yn Ei ddwy law.

335. CYFARCH ALUN YN 70

Fe ganodd i fywyd llawn yn ei gyfrol o gerddi,
Yn sbort a sbri, doniolwch a direidi,
Ond y mae hefyd yn ei farddoniaeth ef, gur,
Dolur, tristwch, afiechyd a thrueni.

5 Nid Cilie yw'r Cilie heb ei hanifeiliaid,
Ac fe ganodd yr amaethwr hwn i greaduriaid:
Efe yw prifardd y pwdl, marwnadwr y ci Moss,
Pencerdd di-os y moch, y ceffylau a'r defaid.

Bardd lwcus yw, fe ganodd i'r tir ac i'r eigion,
10 I sŵn stormydd a thonnau ac i'r llonydd adfeilion,
I aradr y maes a chwch y bae,
Cynaeafau'r cae, ewyn traeth, a'r awelon.

Wrth astudio, lawer gwaith, ei gyfrol o ganeuon,
Ni roddwn i ef ar yr un tir â Homer a'r mawrion;
15 Un o'r prifeirdd yw, yn nhraddodiad ei sir,
Traddodiad hir beirdd gwledig Ceredigion.

Bardd y Cilie yw Alun, a bardd Cwmtydu,
Y bardd a ddarluniodd y gymdeithas honno a ddarfu,
A'i gyfraniad arbennig ef, yn fy marn i,
20 Oedd tynnu llun ohoni am byth yn ei ganu.

(anghyflawn)

336. NADOLIG

Mor gysurus yw dianc o'n byd i ryw fyd o ffansi,
    Fel ar Ŵyl y Nadolig ym Methlehem;
Addurnwn y stabl â chardiau a chadwyni papurlliw,
    A llunio preseb o aur a pherl a gem.

5   Mor rhamantus yw côr y bugeiliaid yn y twllwch,
    Mor swynol yw'r seren arbennig yn y ne',
    Y seren a ddarganfu'r tri seryddwr, a phob cam ei dilyn
    Nes iddi sefyll yn stond uwchben llety yn y dre.

Myth oedd hanes Gabriel yn llefaru wrth y Forwyn
10   Mai beichiog ydoedd heb hedyn yr Ysbryd Glân:
A ffansïo mai gwraig brydferth ydoedd, nid gwraig gyffredin,
    Gwraig blaen ac ar ei gruddiau wrid y sosialaidd dân.

Fe gaewyd y Baban yn Ei ganrif ac yn Ei gyfnod,
    Gan esbonio Ei grefydd ysbrydol yn ysgolheig;
15   Ni chlywn Ef yn pregethu Ei Efengyl seciwlaraidd
    Wrth gerdded drwy ein hoes atomig yn Ei gorpws lleyg.

Dithau, y seren, dangos inni â'th oleuni gonest
    Mai'r un yw cnawd yr Iesu â chnawd y babanod lliw,
A chwithau, glychau, peidiwch â boddi â'ch gorfoledd
20   Gri'r rhai sy'n marw o newyn yn India yn yr un corff â Duw.

(anorffenedig)

337. MAGNIFICAT

    Ym Methlehem gosodwyd perlau ar y fan lle'i ganwyd,
        A pheintiwyd Ei fam yn Ewrob gan bob llun a lliw,
    Ond preseb anifail ydoedd Ei grud yn y llety;
    Ond er nad oedd yn dlawd preseb anifail oedd ganddo,
5   A'i fam yn wraig gyffredin wedi ei phrydferthu gan ras Duw.
    Ein tuedd ydyw cau y ddau yn eu canrif a'u cenedl,
        Gan droi Ei grefydd yn ysbrydol, ac anghofio'r cnawd [...]

(anorffenedig)

338. Y FFURFAFEN

    Y ffurfafen a fu'n [rheoli] ein daear ni ym Mesopotamia,
        Hyhi oedd unbennes holl dywysogaethau'r byd;
    Duwiau a duwiesau oedd yr hen sêr a'r hen blanedau,
        A bodau hollalluog, hollwybodol oedd y rhain i gyd.

5   Eu gweision sifil hwythau oedd yr hen astrolegwyr,
        Eu cyfreithiau a'u deddfau oedd eu calendrau hwy a'u siart;
    Yn y gofod y gwelent hwy holl blan y canrifoedd,
        Tynged pob creadur byw, rhagluniad ei le a'i bart.

    Y rhain a rannai i ddynion eu doniau yn y dynghedfen,
10   Cyfoeth a thlodi, llawenydd a phoen, rhyfel a hedd;
    Cyfeillgarwch, casineb, anrhydedd, a gwarth a gwynfyd;
        Y rhain a achosai holl ddigwyddiadau'r byd o'r crud i'r bedd.

Dylanwad mythig y rhain a welid ar bob aelod
O'r corff, pob meddwl, pob ysbryd, a beth oedd ei sgôp;
15 A phan aned baban i'r byd, rhaid oedd i'r rhieni gael gwybod
O dan ba blaned y daeth i'r byd, a beth oedd ei horosgôp.

Tri astrolegwr yn y dwyrain a welodd drwy'u sbienddrychau
Seren rhyw dduw na welsant hi erioed o'r blaen yn y nef;
A rhaid oedd ei dilyn ar eu camelod gobeithgar o Bersia,
20   A gwelsant hi yn sefyll yn stond uwch Bethlehem dref.

Yn sefyll uwchben llety, a rhaid oedd brysio yno ar unwaith,
I weled y Brenin a rhoi eu teyrnged, eu thus, eu myrr a'u haur,
Ac er eu syndod, stabl oedd yno, gŵr a gwraig gyffredin
A brenin yr Iddewon yn arglwydd ar orsedd o wair.

25 Seren goleuni Dafydd, a Seren y Meseia,
Seren yr Immanuel a wnaeth ein gollwng ni yn rhydd
O unbenaethau'r ffurfafen, dewiniaeth y sêr a'r planedau;
Seren carwr y cosmos, a seren ein rhyddid a'n ffydd.

(anorffenedig)

CYFIEITHIADAU AC ADDASIADAU

339. TEGWCH
(John Masefield)

Mi welais wawr a machlud ar forfa a bryniau'r gwynt
A'u tegwch dwys fel tonau hen, araf yr allfro draw:
A'r rhiain Ebrill yn dwyn ei blagur ar ei hynt,
Yn arwain yr irwellt mwyth, a'r cynnes tyner law.

5   Mi glywais gan y blodau a hen gerdd y lli,
    A gweld is gwenhwyl llong diroedd dieithr yn euraid hin:
    Ond y tecaf pethau erioed a ddangosodd Duw i mi,
    Ei gwallt, a'i gwedd, ei threm, a thro mwyn ei gwridog fin.

340. Y GÔT
(Y Goliardi)

Gwlân a ffwr nid oes gennyf, rwy'n frau a thenau a thyllog,
Chwyth y gwynt drwy'r tyllau a rhoi iti boen.
Pryn gôt arall, Brimas; ni allaf roi nawdd i'th groen.
Gwae, O! wae. Jacob foel wyf i ac nid Esau flewog.

341. CÂN SERCH ADERYN
(*Y Goliardi*)

Tyrd ataf, O! tyrd,
Nad im farw ond tyrd.
    Hyria, hyria nazaza
    Trillirivos!

Teg yw dy wedd, O! teg,
Teg dy drem, O! mor deg!
    Hyria, hyria nazaza
    Trillirivos!

Teg yw dy hirwallt di,
Teg, O! teg, teg wyt ti.
    Hyria, hyria nazaza
    Trillirivos!

Cochach na'r rhos wyt ti,
Gwynnach na'r llaeth, di.
    Hyria, hyria nazaza
    Trillirivos!

Tecach na'r cwbl, fy merch,
Balchder fy nwyd a'm serch.
    Hyria, hyria nazaza
    Trillirivos!

342. [CYFFES Y GOLIAS]
(*Y Goliardi*)

O dafarn af at fy Marnwr—a gwin
    I'm genau yn wlybwr;
Gofyn y côr gwyn i'r Gŵr,
'Rho nefoedd i'r hen yfwr.'

343. PLISMYN PEN-FFWRN
(W. S. Gilbert)

    Myfi yw'r plismon dewr, gofalus
        Sy'n cadw trefen yn y tir;
    Mi fydda'n cerdded hyd yr hewlydd,
        Ac yn fy llaw bydd cansen hir.
5   Pan af i far y 'Cart and Horses'
        Fe fyddaf weithiau'n codi 'nwrn—
    Fe af â nhw, fe af â nhw,
        Nyni yw plismyn dewr Pen-ffwrn.

    Mi af i ffair a mart a marchnad
10   I weld fod popeth yn ei le;
    Gofalaf fod y da a'r defaid
        Yn cadw ar y chwith a'r dde.
    Pan feddwo ffermwr ar ôl bargen
        Fe fyddaf weithiau'n codi 'nwrn—
15   Fe af â nhw, fe af â nhw,
        Nyni yw plismyn dewr Pen-ffwrn.

    Mi af i fferm i weld y cneifio,
        Neu weld y defaid yn cael dip.
    Af gydag Ysgol Sul yr Eglwys
20   Gyda'r plantos mân am drip;
    Ac os bydd rhai o'r plant yn styfnig
        Fe fyddaf weithiau'n codi 'nwrn—
    Fe af â nhw, fe af â nhw,
        Nyni yw plismyn dewr Pen-ffwrn.

344. Y FERCH O GYDWELI

    Dôi merch o Gydweli
    A'i chroen fel yr heli
    A'i gwallt hi yn grychiog fel tywod y traeth,
    A hwnnw yn felyn,
5   A'i llais fel y delyn,
    A'i chorff hi yn union a syth fel y saeth;
    Hi griai o'r heol
    Fore Sadwrn, fel rheol,
    'Gymrwch chi rython, gymrwch chi gocls,
10   Gymrwch chi rython heddi', mam?'

    Yn fore roedd hi'n gweithio,
    Yn cerdded ac yn teithio
    Bob cam o Gydweli i lan hyd y Glais:
    Yn fy ngwely y bore,
15   Mi wnawn i fy ngore
    I wrando a glywn i nodau ei llais;
    Hi griai o'r heol
    Fore Sadwrn, fel rheol,
    'Gymrwch chi rython, gymrwch chi gocls,
20   Gymrwch chi rython heddi', mam?'

    Hi gariai ei beichiau
    Yn drwm ar ei breichiau,
    A llawn oedd pob basged o rython di-ri:
    Ac mi gariwn y cwbwl
25   Yn wir heb ddim trwbwl
    Pe cawn i un cusan gan ferch glannau'r lli;
    Ac mi griwn o'r heol
    Fore Sadwrn, fel rheol,
    'Gymrwch chi rython, gymrwch chi gocls,
30   Gymrwch chi rython heddi', mam?'

       Er chwilio a chwalu,
       Rwy'n methu dyfalu
       Pa beth a ddigwyddodd i ferch glannau'r lli:
       Ai priodi a wnaeth-hi?
35   Ai i'r beddrod yr aeth-hi?
       Ond hiraeth sy'n hollti fy nghalon fach i;
       A daw'r eco o'r heol
       Fore Sadwrn, fel rheol,
       'Rhython . . . cocls,
40   Gymrwch chi rython heddi', mam?'

345. CÂN FUDDUGOL WALTHER
(Wagner)

Dôi yn y bore o'r perlysiau hardd,
Rosynnog wawr, yn llawn o sawr,
Yn llawn mwyniannau, gogoniannau,
Fe ddotiais i ar fy ngardd;
5   Ac yno dan ei rhyfedd goed,
A'u ffrwythau'n bêr ddanteithion,
Y daeth y breuddwyd mwyna' 'rioed,
Pinaclau fy ngobeithion,
A thlws pob hiraeth byw,
10 Y lanaf ferch, Efa 'mharadwys wiw.

Disgynnai'r hwyrnos a chau amdanaf i,
Ymdeithiais i ar lwybr serth
I fro'r ffynhonnau, disglair donnau
A'm swynai i â'u si:
15 Ac yno dan y llawryf hardd,
A golau'r sêr yn fwynlon,
Y daeth yn effro freuddwyd bardd,
Ei hwyneb sanctaidd swynlon,
A'm gwlychu â'i llaw â dŵr y llyn,
20 Fy mun wyt ti, O! ferch Parnasws fryn.

Mor sanctaidd yw, dihunais i o freuddwyd bardd
A gweld yr ardd a welswn i
Yng ngolau'r nef yn hyfryd hardd,
Mor eglur fyw.
25 Ac yno'r ffrwd a ddengys im fy ffordd,
A syn y sefais, a gweld a gefais
Y llun anwyla'n y byd,
Â'm hawen unwyd fi drwy f'einioes ar ei hyd,
Yn dynn y gwesgais hi; yng ngolau'r heulwen lawen,
30 Enillais i a'm hawen Barnasws, paradwys wiw!

346. TYRD FERCH I'R GOEDWIG
(J. S. Bach/Picander)

Tyrd ferch i'r goedwig dan ddail y fedwen,
O! tyrd mae'r Mai ar bant a thwyn,
Tyrd ferch i'r goedwig dan ddail y fedwen,
O! tyrd mae'r Mai ar bant a thwyn.
5   Melyn dy wallt fel aeddfed gneuen,
Pêr yw dy wefus fel almon mwyn,
Melyn dy wallt fel yr aeddfed gneuen
Pêr yw dy wefus fel almon mwyn.

O! tyrd fy merch i ganol y coed,
10   A'th law fel lili, fel plu dy droed.
Daeth Mai i'r goedwig er dy fwyn,
Daeth Mai i'r goedwig er dy fwyn.
O! tyrd fy merch i ganol y coed,
A'th law fel lili, fel plu dy droed.
15   Daeth Mai i'r goedwig er dy fwyn,
Daeth Mai i'r goedwig er dy fwyn.

347. I'R TRAGWYDDOL
(*Schubert/Klopstock*)

O! ysgafned fy mron pan orffwysa arnat, O! Dduw,
Mor isel pan edrycho arni ei hun.
Cwyno mewn tristwch a wna yn nos y bedd.
Tydi a'm gelwi o ganol nos,
5   Rhoi mewn tristwch yn yr angau hedd.
Mor wir mai'n dragywydd y creaist fi, Arglwydd Iôr!
Dim nid oes o dan y pridd ac uwch y nef, O! Dduw,
A all yn ei ddiolch ganu'n llawn Dy Jiwbilî.
Rhowch, goed, mynydd a phant ar delyn dôn!
10   Unwch â hwy bob afon a nant, â'ch sŵn a'ch sôn!
Ni seiniwch â'ch trwst a'ch murmur Ei fawl Ef i gyd;
'Duw ydyw, Duw ydyw' yn eich mawl!
Fydoedd, bloeddiwch ar gysegredig hynt,
Heuliau, chwythwch eich holl utgyrn yn gôr,
15   A chenwch, chwi sêr a chwi ddyfnderau'r môr,
Ac yn y mawl, unwch wynt!
Ni seiniwch chwi heuliau ac eigionau'r byd
Ei fawl Ef i gyd. Duw, nid i gyd.
'Duw, Duw, Duw ydyw' yn eich mawl!

348. I GARCHARORION YR IAITH
(Padraic Pearse)

Am na wnaeth y doethion lefaru, ni allaf siarad ond fel ffŵl;
Y ffŵl sydd yn caru ei ffolineb,
Ie, yn fwy na doethion wrth eu llyfrau neu yn eu cyfrifdai, neu yn eu cartrefi tawel,
Neu eu henwogrwydd yng ngenau dynion;
5   Y ffŵl na wnaeth yn ystod ei ddyddiau yr un peth call,
Na chyfri'r gost, na hidio os oedd rhywun arall yn medi
Ffrwyth ei hau mawr; bodloni yn unig ar wasgar yr had:
Y ffŵl diedifar, ac yn fuan ar ddiwedd y cwbwl
Yn gallu chwerthin yn ei galon unig pan leddir y tywysennau aeddfed gan y crymanau
10 A'r tlawd yn cael ei ddiwallu yn ei wacter,
Er iddo ef fod yn newynog.

Myfi a afradlonais y blynyddoedd ysblennydd a roddodd yr Arglwydd Dduw yn f'ieuenctid
Wrth fentro gwneud y pethau amhosibl, gan eu hystyried hwy yn werth y drafferth.
Ai ffolineb oedd ai gras? Nid dynion a'm barn, ond Duw.

15 Myfi a wastreffais y blynyddoedd godidog:
Arglwydd, pe cawn y blynyddoedd myfi a'u gwastraffwn eilwaith,
Ie, eu lluchio hwy oddi wrthyf!
Oherwydd yr hyn a glywais yn fy nghalon, y dylai dyn afradloni, ac nid cynilo,
Gwneud y weithred heddiw, a pheidio â gofalu am drwbwl yfory,
20 Ni ddylai fargeinio a ffeirio â Duw; neu a oedd hyn yn jôc gan Grist
Ac a yw hyn yn bechod gerbron dynion, sef Ei gymryd ar Ei air?

Y cyfreithwyr a eisteddodd yn eu cyngor, a'r gwŷr â'r wynebau
hir, llym
A barablodd, 'Ffŵl yw'r dyn hwn,' ac eraill a ddwedodd, 'Y mae
hwn yn cablu';
A'r doeth a drugarhaodd wrth y ffŵl a ymdrechodd i roi bywyd
25 Ym myd amser a gofod yng nghanol crynsythau pethau
gweithredol,
I freuddwyd a freuddwydiai yn ei galon, ac na allai ond y galon
ei dal.

O! ddynion doeth, dehonglwch hyn i mi: beth pe dôi'r
freuddwyd yn wir?
Beth pe dôi'r freuddwyd yn wir? A phe byddai miliynau heb
eu geni
Yn gallu trigo yn y tŷ a luniodd fy nghalon, cartre nobl fy
meddwl?
Arglwydd, mi a fentrais f'enaid, myfi a fentrais fywydau fy llinach
30 Ar wirionedd Dy ddychrynllyd air. Paid â chofio fy methiannau,
Ond cofia fy ffydd hon.

Fel hyn y lleferais.
Eto, cyn i'm hieuenctid poeth ddiflannu, rwy'n llefaru wrth
fy mhobl gan ddywedyd:
35 Byddwch chwithau yn ffyliaid fel finnau; chwi a wasgerwch,
ac nid cybydda,
Chwi a fentrwch eich cwbwl, rhag i chi golli mwy na'r cwbwl;
Chwi a ofynnwch am firagl, gan gymryd Crist ar Ei air.
Ac am hyn yr atebaf, O! bobol, ateb yn awr ac ar ôl hyn,
O! bobol a gerais, oni allwn ateb gyda'n gilydd?

NODIADAU

Y Mynach a'r Sant (Gwasg Aberystwyth, 1928)

Y llyfryn hwn, sydd yn cynnwys dwy awdl eisteddfodol Gwenallt, oedd menter gyntaf Gwasg Aberystwyth, a sefydlwyd gan Prosser Rhys ac H. R. Jones yn 1928; gw. 138. 'Prosser Rhys', n; 3. 'Breuddwyd y Bardd' ll.162n; Rhisiart Hincks, *E. Prosser Rhys, 1901–45* (1980), 147.

Adolygiadau

Iorwerth Peate, *Y Brython*, 20 Rhagfyr 1928, 4; Saunders Lewis, 'Addurn ar Lenyddiaeth Cymru Heddiw', *Y Ddraig Goch*, 3:9 (Chwefror 1929), 3; Thomas Parry, 'Y Mynach a'r Sant: dwy awdl', *Y Llenor*, 8:1 (Gwanwyn 1929), 60–4.

Cyflwyniad: nodiadau

Sant Thomas Aquinas (*c*.1225–74), brawd Dominicaidd o Aquino yn ne'r Eidal, a gyfrifir yn brif athronydd a diwinydd yr Eglwys Gristnogol yn yr Oesoedd Canol; gw. ODCC, 1614–17; ODS, 375–6. Bu ei athroniaeth yn ddylanwad mawr ar feddwl Gwenallt yn y cyfnod hwn, ac mae 'Y Mynach' ac 'Y Sant' ill dwy yn gerddi sydd yn archwilio rhai o'r problemau a drafodwyd yng ngwaith Thomas Aquinas, e.e. tarddle pechod, perthynas y corff a'r enaid; gw. Alan Llwyd, '"Y Sant": Awdl Wrthodedig Gwenallt', *Barddas*, 253 (Gorffennaf/Awst 1999), 4–10; *Credaf*.

T. H. Parry-Williams (1887–1975), bardd, llenor ac ysgolhaig, ac Athro'r Gymraeg yng Ngholeg Prifysgol Cymru, Aberystwyth, rhwng 1920 ac 1952. Roedd felly'n bennaeth ar Gwenallt adeg llunio 'Y Sant' ac adeg cyhoeddi *Y Mynach a'r Sant*. Gw. CLC, 570. Am hanes Gwenallt yn dangos awdl 'Y Sant' i Parry-Williams cyn ei hanfon i gystadleuaeth Eisteddfod 1928, gw. Nerys Ann Jones, *Dewi Morgan* (1987), 85.

Dewi Morgan ('Dewi Teifi'; 1877–1971), newyddiadurwr a bardd a wnaeth lawer i hybu'r diwylliant Cymraeg yng ngogledd Ceredigion. Roedd Gwenallt ymhlith nifer o feirdd a llenorion a elwodd ar ei arweiniad a'i anogaeth, a bu'n lletya ar ei aelwyd yn North Parade am gyfnod yn ystod ei yrfa'n fyfyriwr yn Aberystwyth. Meddai Gwenallt amdano, 'ef a ddangosodd i mi werth cynildeb' (*Y Bardd yn ei Weithdy*, gol. T. H. Parry-Williams, 27). Gw. CLC, 510. Am hanes Gwenallt yn dangos awdl 'Y Sant' i Dewi Morgan cyn ei hanfon i gystadleuaeth Eisteddfod 1928, gw. Nerys Ann Jones, *Dewi Morgan* (1987), 85. Am lun o Gwenallt gyda Dewi Morgan, gw. BBG, 29.

T. E. Nicholas ('Niclas y Glais'; 1878–1971), gw. 105. 'Y Comiwnyddion', n.

Les Nouvelles Littéraires cylchgrawn wythnosol Ffrengig a sefydlwyd gan André Gillon yn 1922.

mudiad Tomistaidd mudiad a ddatblygodd yn Eglwys Rufain ac a osodai bwys mawr ar ddysgeidiaeth ac athroniaeth Thomas Aquinas.

1. Y MYNACH

Awdl arobryn Eisteddfod Genedlaethol Abertawe, 1926; defnyddiodd Gwenallt y ffugenw 'Bardd y Fynachlog', a'r beirniaid oedd John Morris-Jones, J. J. Williams ac R. Williams Parry; gw. *Cofnodion a Chyfansoddiadau Eisteddfod Genedlaethol 1926, Abertawe* ([1926]), 5–6, 14–17, 24–5. Wedi'r fuddugoliaeth hon y mabwysiadodd y bardd yr enw 'Gwenallt', er mwyn ei gysylltu â'r Allt-wen, pentref ei fagwraeth (gw. 9. 'Beddau' ll.21n); ceir yr hanes gan Beth Owen (chwaer Gwenallt) yn *Taliesin*, 38 (Gorffennaf 1979), 90–1.

Cadwyd copi holograff o'r awdl yn LlGC, Papurau Gwenallt, A1, a chopi teipysgrif, yn cynnwys peth cyfarwyddyd i'r argraffwyr, yn A2. Ysgrifennwyd copi A1 (yn briodol iawn) ar 'The Liturgical Apostolate Writing Pad', sydd wedi'i addurno â thorluniau pren o olygfeydd beiblaidd. Cyhoeddwyd yr awdl hon gyntaf yn *Cofnodion a Chyfansoddiadau Eisteddfod Genedlaethol 1926, Abertawe* ([1926]), 26–38; gw. hefyd *Awdl y Gadair a Darnau Buddugol Eraill: Eisteddfod Genedlaethol Frenhinol Cymru 1926, Abertawe* ([1926]), 7–28.

Detholwyd i: *Y Flwyddyn yng Nghymru* (1943), 18 (ll.1–14 yn unig), 27 (ll.123–36 yn unig), 41–2 (ll.273–90 yn unig), 56 (ll.472–85 yn unig); T. H. Parry-Williams (gol.), *Awdlau Cadeiriol Detholedig 1926–1950* (1953), 1–16.

Trafodaethau: Bryan Martin Davies, 'Awdlau Gwenallt' (Traethawd MA Prifysgol Lerpwl, 1974); Dewi Stephen Jones, 'Tu hwnt i'r wynebau oll', *Barddas*, 109 (Mai 1986), 4–6; Peredur Lynch, '"Y Sant" Gwenallt', yn Hywel Teifi Edwards (gol.), *Cwm Tawe* (1993), 297–328.

Nodiadau testunol

17	**a yrr :** ar yrr (1953)
20	**Main ac athrist :** Athrist a main (A1, A2, 1926¹, 1926²)
21	**A dywed :** Dywed ef (A1, A2, 1926¹, 1926²)
43	**more'u :** more'i (A1, A2, 1926¹, 1926²)
50	**A'r :** Ar (A2, 1926¹, 1926²)
62	**gwarae :** gware (A1, A2, 1926¹, 1926²)
72	**Pan :** O (A1, A2, 1926¹, 1926²)
76	**a chrynu :** a gwaeddu (A1, A2, 1926¹, 1926²)
82	**yn eira :** ond eira (A1, A2, 1926¹, 1926²)
89	*Regina Virginum* : *Virgina Virginum* (A1, A2, 1926¹, 1926²); ceir '*Regina*' ar ymyl y ddalen mewn pensil yn A2.
90	Lleian drist tan ei llen drwm. (A1, A2, 1926¹, 1926²)
93	**agos :** aros (1926¹)
103	**Un :** Mun (A1, A2, 1926¹, 1926²)
111	Mair annwyl a'i morynion—a'i dygodd (A1, A2, 1926¹, 1926²)
112	I nef deg angylion; (A1, A2, 1926¹, 1926²)
114	**wyry :** wyryf (A1, A2, 1926¹, 1926²)
125	**A :** Ag (A1); diwygiwyd 'Ag' i 'A' yn A2.
136	Yn llanw byw â llawenydd. (A1, A2, 1926¹, 1926²)
143	**y dail :** ei dail (1926¹, 1926²)
152	Dwed y Mynach gyfrinach ei enaid. (A1, A2, 1926¹, 1926²); cf. ll.310n.
164	Ac enaid llon oedd ffurf y cnawd lluniaidd. (A1, A2, 1926¹, 1926²); 'Ac enaid llon yn . . .' oedd drll. gwreiddiol A1, cyn ei ddiwygio i'r drll. presennol.
169	**A gwell naid :** Gwell naid (A1); diwygiwyd y drll. hwnnw trwy ysgrifennu drll. presennol y llinell gyfan ar stribed o bapur, ynghyd â chyfarwyddyd am ei lleoliad, a'i sicrhau ar y ddalen â phîn.
172	Ac oriau gweddw yn llawn cur a gweddi. (A1, A2, 1926¹, 1926²)
176	**Tyner i minnau'r :** Tyner a mwyn y (A1, A2, 1926¹, 1926²)
186	Ar y cain allor, tan gŵyr canhwyllau (A1, A2, 1926¹, 1926²)
187	**a guddiai'r :** yn cuddio'r (A1, A2, 1926¹, 1926²)
193	**Hud eu gwahoddiad :** A hud eu gwahodd (A1, A2, 1926¹, 1926²)
211	**ffau :** lloches (A1); diwygiwyd y drll. hwnnw trwy ysgrifennu drll. presennol y llinell gyfan ar stribed o bapur, ynghyd â chyfarwyddyd am ei lleoliad, a'i sicrhau ar y ddalen â phîn. Drysu'r cyfarwyddyd hwnnw sy'n egluro ll.214 yn 1926¹ ac 1926², mae'n debyg.
214	Mae 1926¹ ac 1926² yn ailadrodd ll.211 yma; gw. ll.211n.
218	A nwyd a dyf o hadau y diafol (A1, A2, 1926¹, 1926²)
222	**a gweddïai f'ingoedd :** gweddïai fy ingoedd (A1, A2, 1926¹, 1926²)
225	**addfwyn a ddôi :** addwyn ddôi (A1, A2, 1926¹, 1926²)
236	Gwialen, main ac hoelion miniog (A1, A2; mae 'ac' wedi'i newid i 'a' mewn pensil yn A2); Gwialen, a main, a hoelion miniog (1926¹, 1926²)
243	**Yno gwelw hin oedd :** Gwelw hin oedd yno (A1, A2, 1926¹, 1926²)
247	**y galon :** ein calon (A1, A2, 1926¹, 1926²)
248	**A rwygem :** A rhwygem (1926¹, 1926²)
253	A mi'n wylo, un hwyr, mun a welais, (A1, A2, 1926¹, 1926²)
264	Gwarth cudd a gofid: gwyrth ac hedd gefais. (A1, A2, 1926¹, 1926²)
272	**na ddeall y ddaear :** nas deall daear (A1, A2, 1926¹, 1926²)

Nodiadau: 'Y Mynach' 443

273	Wedi aidd haf, daw hedd hir (A1, A2, 1926¹, 1926²)
277	Daear sy'n llond ffrwythlonder, (A1, A2, 1926¹, 1926²)
281	Ar li môr, y mae ar lwyn (A1, A2, 1926¹, 1926²)
282	**yr haul** : haul (A1, A2, 1926¹, 1926²)
300	**boenau** : poenau (A1, A2, 1926¹, 1926²)
307	**Wedi'i** : Wedi'r (1926¹, 1926²)
310	Dwed y Mynach gyfrinach ei enaid. (A1, A2, 1926¹, 1926²); cf. ll.152n.
311	**O'r** : 'Wedi'r' oedd drll. gwreiddiol A1, cyn ei ddiwygio i'r drll. presennol.
322	Mi ond hir anadl mwynder Ei enau. (A1, A2, 1926¹, 1926²)
324	**Greawdr** : creawdr (A1, A2, 1926¹, 1926²)
327	**ddwyfol** : Dwyfol (A1, A2, 1926¹, 1926²)
335	**A molaf actau'r** : Molaf actau'r (A1); diwygiwyd y drll. hwnnw trwy ysgrifennu drll. presennol y llinell gyfan ar stribed o bapur, ynghyd â chyfarwyddyd am ei lleoliad, a'i sicrhau ar y ddalen â phìn.
339	**Fam** : Fab (1953)
346	**A molaf f'annwyl** : Molaf fy annwyl (A1, A2, 1926¹, 1926²)
349	**Yno y daw aml enaid** : Yno daw aml i enaid (A1, A2, 1926¹, 1926²)
351	**yw gweddi offeren** : 'oedd gweddi'r offeren' oedd drll. gwreiddiol A1, cyn ei ddiwygio i'r drll. presennol.
365	**A rhed** : E red (A1, A2, 1926¹, 1926²)
367	**Gwyry** : Gwyryf (A1, A2, 1926¹, 1926²)
379	**innau** : finnau (A1, A2, 1926¹, 1926²)
384	Yr heuliau mawr, a heli y moroedd, (A1, A2, 1926¹, 1926²)
391	**wallgof** : wallco (A1, A2, 1926¹, 1926²)
409	**dau** : daw (1926¹)
417	**A ddaw, i'r rheidus** : Ddaw, ac i'r rheidus (A1, A2, 1926¹, 1926²)
431	*erit* : *labor* (A1, A2, 1926¹, 1926²)
441	Ddwg hedd bendigaid, ac ysbaid gosber, (A1, A2, 1926¹, 1926²)
446	**adenydd** : adanedd (A1, A2, 1926¹, 1926²)
448	**A daw gwenau lloer** : Daw gwenau y lloer (A1, A2, 1926¹, 1926²)
522	**Criai** : Cria (1926¹, 1926²)
524	Yn llwyd a llesg mewn lludw, llwch, (A2, 1926¹, 1926²); 'Yn llesg a llwyd mewn lludw, llwch,' oedd drll. gwreiddiol A1, ond diwygiwyd y drll. hwnnw trwy ysgrifennu drll. presennol y llinell gyfan ar stribed o bapur, ynghyd â chyfarwyddyd am ei lleoliad, a'i sicrhau ar y ddalen â phìn.
544	Daeth ing a phoen, daeth angau (A1, A2, 1926¹, 1926²)
548	**y taer** : fe daer (A1, A2, 1926¹, 1926²)
552	**ddug** : dug (A1, A2)
556	Hunai'r lloer, a'r oer eira, (A1, A2, 1926¹, 1926²)
558	**cyni allor** : y cain allor (A1, A2, 1926¹, 1926²)
563	**y gweddïau** : a gweddïau (1953)
567	**y geiriau** : eu geiriau (A1, A2, 1926¹, 1926²)
570	**mynwent** : monwent (A1, A2, 1926¹, 1926²)
575	'Rhoed ei gorff yna' oedd drll. gwreiddiol A1, cyn ei ddiwygio i'r drll. presennol.
576	'Roedd iâ oer, a phrudd eira'n (A1, A2, 1926¹, 1926²)
578	**was i Dduw** : was Duw (A1, A2, 1926¹, 1926²)
	mynwent : monwent (A1, A2, 1926¹, 1926²)
586	**heibio i'r** : heibio'r (A1, A2, 1926¹, 1926²)

Nodiadau cyffredinol

11 **Yn welw ei lliw** Mae'n bosibl bod y bardd yn chwarae ag ystyr wreiddiol dybiedig y gair 'lleian', sef 'un (l)lwyd ei (g)wedd neu ei (g)wisg'; GPC, 2144.

15 **Crog** croes; gw. ll.360n.

19 **y groes yn ymgroesi** Ar arwyddocâd y groes, gw. ll.360n. Mae ymgroesi yn arfer eglwysig, yn arwydd o ffydd, o barchedig ofn neu fraw, neu er mwyn ceisio amddiffyniad dwyfol rhag perygl.

26 **Genau Mair** Ar Fair, gw. ll.80n. Am y cysylltiad rhwng Mair a'r gwanwyn, gw. ll.34n; 2. 'Y Sant' ll.524n.

27 **Angela** Dichon mai ei gysylltiad amlwg â'r gair 'angel' (gw. ll.388n) sy'n esbonio dewis Gwenallt o enw ar gyfer y ferch hon.

28 **Teresa** (1515–82) o Ávila yn Sbaen, cyfrinydd a ddiwygiodd Urdd y Carmeliaid. Arwydd cynnar o'i duwioldeb diweddarach oedd y modd y byddai hi a'i brawd bach yn chwarae gwahanol agweddau ar y bywyd mynachaidd, cf. ll.62. Gw. ODCC, 1589–90; ODS, 371–3.

31 **manna** y bwyd gwyrthiol a ddarparodd Duw ar gyfer cenedl Israel ar eu taith trwy'r anialwch o'r Aifft i Wlad yr Addewid; gw. Exodus 16:14–15. Fe'i defnyddir yma'n drosiadol i gyfleu purdeb a melystra geiriau Angela; cf. Exodus 16:31.

34 **Rhubanau Mair** Ysnoden ('rhuban') Fair yw'r enw Cymraeg ar y planhigyn *Cyperus Longus* (Saesneg, *[English] Galingale*). Arwydd o'r defosiwn i Fair yng Nghymru'r Oesoedd Canol yw'r ffaith bod llawer o blanhigion a'u henwau yn cynnwys enw Mair; cf. ll.53n. Ar Fair, gw. ll.80n.

38 **gras** term diwinyddol am y cymorth goruwchnaturiol a roddir yn rhad ac yn anhaeddiannol gan Dduw i bobl er mwyn eu hachub a'u sancteiddio; gw. ODCC, 697–8.

39 **Ave** (Lladin, 'Henffych well!') gweddi i Fair yn litwrgi Eglwys Rufain. Cymer y weddi ei henw o'r cyfarchion yn Luc 1: 28,42.

42 **aur y thus** Pwysleisir harddwch sanctaidd Angela trwy ei chysylltu'n drosiadol â hanes geni Crist a rhoddion y doethion o'r dwyrain iddo; gw. Mathew 2:11. Math o arogldarth yw thus, ac o'r herwydd mae'n symbol o'r bywyd crefyddol a'r offeiriadaeth. Symbol o frenhiniaeth a chyfoeth yw aur. Gw. hefyd ll.369n.

43 **oriau** term eglwysig, sef 'amser penodol i weddïo, gweddi ar amser penodol'; GPC, 242, a cf. ODCC, 795.

45 **bedydd** gw. 205. 'Dŵr' ll.15n.

46 **thuser** gw. ll.443n.

pader gweddi (o'r Lladin *pater*, sef gair cyntaf Gweddi'r Arglwydd yn yr iaith honno; gw. ll.466n).

49 **Ceidwad** enw cyffredin ar Grist mewn ieithwedd Gristnogol, yn sgil ei waith yn achub pechaduriaid trwy farw ar y groes; gw. ll.360n.

50 **asyn** Yn ôl hen draddodiad, mae anifeiliaid yn penlinio (ll.49) ar fore'r Nadolig er cof am y Nadolig cyntaf ac mae'r asyn yn rhan nodweddiadol o olygfa geni Crist; gw. 99. 'Y Nadolig' ll.6n; 144. 'Plentyn' ll.15n. Symbol o ostyngeiddrwydd yw'r asyn; ar y cysylltiad rhwng Crist a'r asyn, gw. 102. 'Testament yr Asyn' ll.32n.

53 **rhos Mair** rhosmari. Mae rhosmari yn cyfleu ffyddlondeb mewn serch; mae hefyd yn symbol o goffâd ac, mewn cyfnod cynnar, o briodas. Gw. hefyd ll.34n.

Iôr Arglwydd, sef Duw.

58 **Oen** trosiad beiblaidd am Iesu Grist; gw., e.e., Ioan 1:29,36. Cred Cristnogion fod trefn aberthu anifeiliaid yn yr Hen Destament, a sefydlwyd er mwyn i ddynion osgoi cosb gyfiawn Duw am bechod, yn cael ei disodli yn y Testament Newydd gan aberth Iesu Grist ar y groes; gw. ll.360n. Mae offrymu oen yn rhan o drefn dathlu gŵyl y Pasg Iddewig, er coffáu'r modd yr arbedwyd meibion cyntaf-anedig cenedl Israel rhag

marwolaeth yn yr Aifft; gw. 72. 'Jwdas Iscariot' ll.6n; IBD, 868–9, 1358–68; ODCC, 944, 1437–8.

62 **gwarae lleian** gw. ll.28n. Ystyr 'gwarae' yw chwarae.

70 Cadwyd hanes yr Iesu yn cysgu mewn cwch yn ystod storm fawr ym Mathew 8:23–7; Marc 4:35–41; ar ei orchymyn, gostegodd y gwynt a thawelodd y tonnau.

77–8 Mae corff Angela yn datblygu *stigmata*, sef marciau sy'n cyfateb i glwyfau Crist adeg y Croeshoeliad; dywedir i beth felly ddigwydd i Ffransis o Assisi, ymhlith eraill, a'i fod yn arwydd o ffafr ddwyfol. Gw. ODCC, 1544. Ar y Croeshoeliad, gw. ll.360n.

80 **Madonna** (Eidaleg, 'F'arglwyddes') Mair Forwyn, mam yr Iesu. Dywed y Beibl iddi feichiogi ar Grist mewn ffordd wyrthiol heb gyfathrach â gŵr, ac felly'n baradocsaidd yn fam ac yn forwyn yr un pryd. Mae rhai canghennau o'r Eglwys Gristnogol yn uchel eu defosiwn i Mair. Gw. IBD, 959; ODCC, 1047–9; ODS, 267–70.

84 **caer Duw** y lleiandy; cf. 'caer gras' ll.101.

89 *Regina Virginum* (Lladin, 'Brenhines y Gwyryfon') Mair Forwyn; gw. ll.80n.

94 Mae abid y lleian yn debyg i amdo o'i chwmpas.

97 **Lili poen, lili penyd** Yn ôl traddodiad tyfodd y lili o ddagrau edifeiriol Efa wrth iddi adael Gardd Eden wedi'r Cwymp; gw. 2. 'Y Sant' ll.269n. Mewn celfyddyd Gristnogol cysylltir y lili bob amser â diweirdeb a diniweidrwydd. Fe'i hystyrir yn aml yn flodyn y Pasg a'r Atgyfodiad (gw. 12. 'Cymru' ll.13n) ac yn sgil hynny daethpwyd i synio amdani fel blodyn angladdol.

99–102 Bu tlodi, diweirdeb ac ufudd-dod (y 'Cynghorion Delfrydol') yn sail gyffredin i'r bywyd mynachaidd er yr Oesoedd Canol; gw. ODCC, 423.

102 **Dyweddi Duw** Synnir yn draddodiadol am y lleian fel priodasferch wyryfol Crist; cf. 80. 'Y Lleianod' ll.7n.

108 **Gwynfa** Paradwys; gw. 2. 'Y Sant' ll.528n. *Coll Gwynfa* yw teitl cyfieithiad William Owen Pughe o gerdd Milton, *Paradise Lost*.

110 **nofena** defosiwn yn cynnwys gweddïau neu wasanaeth arbennig dros naw niwrnod yn olynol, er mwyn ceisio ennill ffafr arbennig gan Dduw; gw. ODCC, 1165.

112 **angylion** gw. ll.388n.

115 **Llw ufudd-dod a thlodi** gw. ll.99–102n.

118 **duwiol urdd welw** Urdd y Sistersiaid; fe'u hadwaenir yn gyffredin fel y Mynaich Gwynion oherwydd lliw eu habid; cf. ll.451n, ll.488. Daeth y Sistersiaid i Gymru o'r cyfandir yn hanner cyntaf y 12fed ganrif a sefydlu rhwydwaith o abatai yma; hwy oedd y mwyaf dylanwadol o'r urddau mynachaidd yng Nghymru'r Oesoedd Canol. Gw. CLC, 673.

140 **mwyn iaith hiraeth** nodau lleddf clychau'r mynachdy.

143 **od** os.

148 **litani** 'Ffurf benodedig o weddi gyhoeddus, gan amlaf o natur edifeiriol, sef cyfres(i) o ymbiliau a ddywedir neu a genir gan yr offeiriad, &c., a'r bobl yn ailadrodd yr un atebiad i bob un ohonynt'; GPC, 2065. Gw. ODCC, 984–5.

149 **brawd** aelod o urdd fynachaidd.

161 **Pab** y teitl a roddid i bennaeth Eglwys Gristnogol y Gorllewin yn yr Oesoedd Canol, ac a roddir bellach i brif esgob Eglwys Rufain.

pabi At gochni rhyfeddol y blodyn y cyfeirir yma. Cofier hefyd fod i sudd y pabi rinweddau narcotig (o'r pabi gwyn y daw opiwm fel arfer); gw. 176. 'Epigramau' ll.90n.

165 **sant** gw. 2. 'Y Sant', n.

Bacchante gwraig a lanwyd ag ecstasi'r duw clasurol Bacchus (neu Dionysus), duw gwin. Disgrifir yr ecstasi hwnnw yn nrama Ewripedes, *Bacchae*. Gw. OCCL, 83, 84.

166 **iasmin** planhigyn a chanddo flodau persawrus, gwyn neu felyn o ran eu lliw fel arfer.

168 **Lladin** prif iaith crefydd yng Ngorllewin Ewrop tan y cyfnod modern.

171–2	**siantau / Unllef** y blaengan, sef math ar ganu eglwysig unsain sydd â'i wreiddiau mewn cerddoriaeth fynachaidd ganoloesol.
177	**almon** coeden sy'n cynhyrchu blodau gwyn toreithiog; cyfeirir yma at liw cnawd y ferch.
180	**rosari** llaswyr, sef math o weddi gyfansawdd yn cynnwys 15 degad o weddïau i Fair, ac a gysylltir yn arbennig ag Eglwys Rufain; defnyddir gleiniau wedi'u llinynnu ynghyd er mwyn cadw cyfrif wrth weddïo, a gelwir y rheini hefyd yn llaswyr. Gw. ODCC, 1417.
187	**Cymun** gwasanaeth eglwysig lle y gweinyddir bara a gwin (yn cynrychioli corff a gwaed Crist), a gysegrwyd i'r diben hwnnw yn unol â gorchymyn Crist i'w ddisgyblion adeg y Swper Olaf yn yr oruwchystafell, y noson cyn y Croeshoeliad; gw. Mathew 26:20–30; Marc 14:17–26; Luc 22:14–20; 1 Corinthiaid 11:23–6. Enwau eraill ar yr ordinhad (mewn gwahanol ganghennau o'r Eglwys Gristnogol) yw Swper yr Arglwydd, yr Ewcharist a'r Offeren. Gw. ODCC, 566–8, 953. Cred Eglwys Rufain fod bara a gwin y Cymun yn dod, wrth eu cysegru, yn fwyd sagrafennol fel y gall dynion fwydo ar y dwyfol. Mae'r gred honno'n gysylltiedig â dysgeidiaeth traws-sylweddiad a fabwysiadwyd gan Eglwys Rufain yn 1215, sef y gred bod sylwedd y bara a'r gwin yn troi yn sylwedd corff a gwaed Crist ei hun wrth eu cysegru yn yr Offeren. Gan hynny, yn nysgeidiaeth Eglwys Rufain, mae aberth Crist ar y groes yn cael ei ailadrodd bob tro y dethlir yr Offeren. Gw. ODCC, 1637.
195	**canwyllerni** teclynnau metel i ddal canhwyllau.
196	**Annwn** amr. Annwfn, yr Arallfyd Celtaidd. Yn chwedloniaeth ganoloesol Cymru, nid byd y meirw ond cartref y duwiau oedd Annwfn, lle o lawenydd diddiwedd, a leolir weithiau mewn ynys(oedd) dros y môr tua'r gorllewin neu bryd arall dan y ddaear. Tan ddylanwad Cristnogaeth dechreuwyd cymysgu rhwng Annwfn ac uffern a defnyddio Annwfn weithiau'n enw Cymraeg ar uffern. Gw. CLC, 19; PKM, 99–101.
	llaswyr gw. ll.180n.
197	**Helen** merch Leda a Zeus yn chwedloniaeth Groeg, a delfryd o harddwch benywaidd. Yn y traddodiad llenyddol Groegaidd sy'n dechrau â Homer roedd hi'n wraig i Menelaus, brenin Sparta. Tra oedd Menelaus oddi cartref, fe'i cipiwyd gan Paris mab Priam, brenin Caerdroea, am iddo gael ei swyno gan ei harddwch. Er mwyn achub ei gam, trefnodd Menelaus a'i frawd Agamemnon gyrch yn erbyn Caerdroea, gan roi cychwyn i ryfel enwog Caerdroea. Gw. OCCL, 263.
	Dalila gwraig hardd ond bradwrus a dwyllodd Samson i fynegi iddi gyfrinach ei nerth diarhebol; gw. Barnwyr 16:4–20.
199	**sonatina** 'sonata seml neu fer'; GPC, 3319.
203	**Ei Basiwn** 'Dioddefaint Crist ar y groes, hanes y Dioddefaint fel y'i ceir yn yr Efengylau, darlun o'r Dioddefaint'; GPC, 2699. Gw. hefyd ll.360n.
206	**main** lluosog 'maen'.
209	**fforestydd Lebanon** Roedd gwlad Libanus (Lebanon) yn enwog am ei choedwigoedd. Cedrwydd—coed ac iddynt arogl nodweddiadol—o Libanus a ddefnyddiwyd i adeiladu'r Deml yn Jerwsalem yng nghyfnod Solomon; gw. 1 Brenhinoedd 5:6. Am gyfeiriad at arogl Libanus, gw. Hosea 14:6. Gw. hefyd IBD, 891–4.
211	**dreigiau** Mewn llenyddiaeth a chelfyddyd Gristnogol mae dreigiau bob amser yn cynrychioli pechod, yn enwedig pechod paganaidd, ar sail adnodau megis Datguddiad 12:9 a Salm 91:13. Gw. hefyd ll.215n.
215	**nadredd** Mewn llenyddiaeth a chelfyddyd Gristnogol mae nadredd a seirff fel arfer yn symbol o Satan a phechod, ar sail Genesis 3:1–6. Ar frathiadau gan nadredd gwenwynig, cf. yr hanes yn Numeri 21:5–9. Gw. hefyd ll.211n.
218	**hadau diafol** cf. teitl cyfrol o gerddi gan Baudelaire, *Les Fleurs du Mal* ('Blodau Drygioni', 1857). Baudelaire oedd un o hoff feirdd Gwenallt yn y cyfnod hwn; gw. *Credaf*.
219	**paradwys** gw. 2. 'Y Sant' ll.528n.

Nodiadau: 'Y Mynach' 447

233	**Crys gwallt** crys o ddeunydd garw a wisgir gan fynaich er cystwyo'r cnawd.
236	**main** cf. ll.206n.
242–4	Er mai lle o wres annioddefol yw uffern yn y meddwl poblogaidd ar sail adnodau megis Datguddiad 21:8, mae oerfel a lleithder yn elfennau amlwg yn nisgrifiadau Beirdd y Tywysogion o uffern (gw. HGC, xiii–xiv), a hefyd yn nisgrifiad Dante o'r lle (gw., e.e., *Canto* vi o'r '*Inferno*' yn ei *Divina Commedia*); gw. hefyd 2. 'Y Sant' ll.53–4n.
244	**ôd** eira.
248	**gwŷn** 'nwyd, angerdd . . . serch; chwant, drygchwant, anlladrwydd . . .'; GPC, 1770.
249	**cyffesgell** blwch mewn eglwys lle y gall offeiriad wrando ar unigolion yn cyffesu eu pechodau.
250	**Lludw ar fy mhen** arwydd o edifeirwch a galar sydd â'i wreiddiau yn yr Hen Destament; gw. ODCC, 114, a cf. ll.524n.
261–2	Ar glwyfau Crist ar y groes, a'r goron ddrain a roddwyd ar ei ben, gw. ll.360n; 98. 'Heulwen y Pasg' ll.3n.
274	**rhad** bendith.
287	**safwyr** cf. ll.445n.
292–302	Cyfeirir sawl gwaith yma at yr arfer canoloesol (a bery o hyd yn Eglwys Rufain) o addurno muriau a nenfydau'r eglwysi â golygfeydd o fywyd Crist a'r seintiau, Dydd y Farn, nefoedd ac uffern ac yn y blaen. Yn ogystal â'u gwerth aesthetig, bwriad darluniau o'r fath oedd addysgu'r werin anllythrennog, a'u rhybuddio i ymbaratoi am y byd a ddaw. Gw. Glanmor Williams, *The Welsh Church from Conquest to Reformation* (1962), 446–8.
292	**miraglau** gwyrthiau. Roedd golygfeydd o wyrthiau Crist yn destun poblogaidd ar gyfer murluniau eglwysig. Ar wyrthiau, gw. IBD, 1009–11; ODCC, 1091.
303	**Anadliad Duw** trosiad am yr Ysbryd Glân, cf. ll.302; gw. 4. 'Yr Angylion a'r Gwragedd' ll.5n. Cf. hanes Duw yn anadlu 'anadl einioes' yn ffroenau dyn adeg y Creu; gw. Genesis 2:7, a cf. ll.322.
314	**gwelïau** clwyfau, archollion; cf. ll.261–2n.
316	**y Greal nefol** Y Greal Sanctaidd yw'r enw a roddir ar 'y ddysgl yr honnid i Grist ei defnyddio yn y Swper Olaf; dywedir hefyd i Joseff o Arimathea dderbyn i'r un llestr ddafnau o waed Crist oddi ar y Groes a'i ddwyn i Brydain'; GPC, 1528. Cyfeirir ati yn drosiadol yma. Ar Joseff o Arimathea, gw. ll.372n; gw. hefyd 140. 'Y Draenog' ll.1n.
322	**anadl mwyn yn Ei enau** gw. ll.303n.
324	**Gwaredwr** Crist; gw. 89. 'Y Gwaredwr', n.
	deufyd nefoedd a daear; gw. Genesis 1:1, a cf. 160. 'Dewi Sant' ll.1.
326	cf. Ioan 1:29.
327	**dwyfol gyfrinach** Mae'n bosibl y cyfeirir yma at y gred fod bara a gwin y Cymun yn cael eu newid mewn ffordd ddirgel yn gorff a gwaed Crist; gw. ll.187n, a cf. ll.354.
329	**Mam annwyl y mynach** Mair; gw. ll.80n. Bu'r Sistersiaid (gw. ll.118n) yn arbennig o daer eu defosiwn i Fair, gan gysegru eu habatai ar ei henw.
331	**llwyd** 'sanctaidd, bendigaid'; GPC, 2240.
	proffwydi gwŷr a alwyd gan Dduw i gyfleu ei neges a'i ewyllys i bobl, a hynny weithiau'n cynnwys elfen o ragfynegi'r dyfodol. Gw. IBD, 1276–87; ODCC, 1236–7, a cf., e.e., 101. 'Yr Iddewon' ll.22n; 141. 'Y Sipsi' ll.19n; 148. 'Yr Eglwys' ll.11n.
333	**cwmwl merthyri** cf. yr ymadrodd 'cwmwl o dystion' (Hebreaid 12:1); mae'r cysyniad o fod yn dyst wrth wraidd y gair 'merthyr'. Ar ferthyron, gw. 158. 'Y Merthyron', n.
335	**'r hen Dadau**. Defnyddir y term 'Tadau Eglwysig' fel arfer wrth gyfeirio at awduron Cristnogol mawr y chwe chanrif gyntaf. Fodd bynnag, mae 'gwyllt anial' (ll.337) yn awgrymu mai Tadau'r Anialwch yn benodol sydd gan Gwenallt mewn golwg yma, sef arloeswyr y mudiad mynachaidd asetig a drigai yn anialdiroedd yr Aifft yn y 3edd ganrif a'r 4edd; o'r cychwyniadau hyn y lledodd mynachaeth i'r Gorllewin o ddiwedd y 4edd ganrif ymlaen. Gw. ODCC, 600, 1102–3.

337	**y Gannwyll** trosiad am y ffydd Gristnogol. Cf. 2.'Y Sant' ll.150n.
339	**Mam y lili** Mair Forwyn; gw. ll.80n, ll.97n, ll.342n.
342	**Amana** mynydd a grybwyllir yng Nghaniad Solomon 4:8; cyfeirir at lili yn ad. 5, cf. ll.339.
352	**Bwrdd y Dwyfol** Bwrdd y Cymun; gw. ll.187n. Taenir lliain gwyn ar Fwrdd y Cymun fel arfer, cf. ll.353.
354	**Aberth yr Oen** bara a gwin y Cymun; gw. ll.187n, ll.58n.
	ymborth rhiniol Cyfeirir at gred Eglwys Rufain yn nhraws-sylweddiad; gw ll.187n.
358	**Swper** Mae Swper yr Arglwydd yn enw cyffredin ar y Cymun; gw. ll.187n.
360	**un pren** y groes y croeshoeliwyd Crist arni. I Gristnogion, mae'r groes yn symbol o gymod Duw a dyn pechadurus trwy farwolaeth ddirprwyol Crist; trwy ffydd yn effeithiolrwydd aberth Crist daw'r groes yn symbol o iachawdwriaeth i'r Cristion oddi wrth gosb pechod. Ceir hanes y Croeshoeliad ym Mathew 27:26–56; Marc 15:15–41; Luc 23:26–49; Ioan 19:16–37. Gw. hefyd 192.'Jesebel ac Elias' ll.558n.
	'r Cyfiawn a'n prynodd Crist. Talodd Crist, a oedd yn ddibechod ('Cyfiawn'; cf. Mathew 27:19, 24; 1 Pedr 3:18 etc.) ddyled pechodau'r ddynoliaeth ar y groes. Cf. 101. 'Yr Iddewon' ll.5n.
363	**Mair** Mair Forwyn; gw. ll.80n. Roedd Mair yn bresennol adeg y Croeshoeliad.
365–6	cf. proffwydoliaeth Simeon i Fair pan aeth â'r Iesu'n faban i'r Deml, Luc 2:35; gw. hefyd 88.'Fenws a'r Forwyn Fair' ll.9n.
368	**Gwyry** Mair Forwyn; gw. ll. 80n.
369	**myrr** sudd pêr ei arogl a ddefnyddid yn gyffredin wrth berarogli cyrff meirw. Roedd myrr yn un o'r rhoddion a roddodd y doethion i'r Iesu ifanc; gw. ll.42n.
370	**Ei Hoen a'i Llawenydd** Yn ôl traddodiad meddai Mair ar Saith (neu weithiau Pum) Llawenydd, a phob un ohonynt yn troi o gwmpas geni a bywyd cynnar yr Iesu; cf. ODCC, 904.
372	**Joseff** cyfeiriad amwys. Mae'n debyg mai Joseff, tad 'daearol' yr Iesu a olygir yma, gan y synnir amdano'n draddodiadol yn ŵr addfwyn a ofalai am Fair er nad ef oedd tad y plentyn yr esgorodd hi arno; gw. Mathew 1:18–25; IBD, 815; ODCC, 901. Posibilrwydd arall yw y cyfeirir yma at Joseff o Arimathea, gŵr cyfoethog ac aelod o'r Sanhedrin (Marc 15:43) a oedd yn ddisgybl cudd i'r Iesu (Ioan 19:38). Darparod fedd newydd a llieiniau ar gyfer corff marw Crist a fyddai fel arall, mae'n debyg, wedi cael ei daflu i fedd cyhoeddus; gw. Mathew 27:57–60; Marc 15:42–6; Luc 23:50–3; Ioan 19:38–42; IBD, 815–16; ODCC, 901. Gw. hefyd ll.316n.
374	***Agnus Dei*** (Lladin,'Oen Duw') Crist; gw. ll.58n. Cyfeirir yma at y caniad Lladin *Agnus Dei qui tollis peccata mundi*, sy'n seiliedig ar Ioan 1:29 ac a genir yn rhan o'r Offeren yn Eglwys Rufain; gw. Julian, 30–1.
379	**Hosanna** gw. 192.'Jesebel ac Elias' ll.823n.
380	**bara** un o ddwy elfen y Cymun, yn cynrychioli corff Crist; gw. ll.187n.
383–92	cf. Salm 148, a hefyd y cantigl Lladin *Benedicite, Omnia Opera Domini* (y ceir cyfieithiad Cymraeg ohono'n rhan o drefn gwasanaeth y Foreol Weddi yn y Llyfr Gweddi Gyffredin); gw. Julian, 134.
387	cf. dwy linell o emyn enwog David Evans, Porth-cawl, 'O! ganu bendigedig', sef 'Pan una'r holl gantorion / Yng nghôr y Wynfa draw'; gw. *Y Caniedydd Cynulleidfaol Newydd* (1921), rhif 1148, a cf. ll.108n.
388	**Seraffiaid, ceriwbiaid** Graddau gwahanol o angylion oedd y seraffiaid (chwe-adenog) a'r ceriwbiaid (pedair-adenog). Bodau nefol sydd yn cyfryngu rhwng Duw a dynion yw angylion. Mae llawer o achosion yn y Beibl lle y gweithreda angylion fel negeswyr a gweision Duw, yn ufuddhau i'w orchmynion neu yn gwarchod pethau sanctaidd, ond awgrym clir adnodau megis Hebreaid 1:6, Datguddiad 5:11 yml., yw mai moli Duw yw prif waith yr angylion; gw. IBD, 51-2; ODCC, 61–3. Gw. hefyd 12.'Cymru' ll.5n.

395–407 Emyn Lladin o'r 8fed ganrif sydd yn agor â chân yr angylion yn Luc 2:14. Ceir cyfieithiad Cymraeg ohono yn nhrefn gwasanaeth y Cymun Bendigaid yn y Llyfr Gweddi Gyffredin; gw. Julian, 425.
409 **tau** 3 un. pres. myn. y ferf 'tewi'.
420 **meysydd, yn wynion** cf. Ioan 4:35.
424 **gwylain** cf. 7. 'Myfyrdod' ll.3n.
425 **Mair o'r moroedd** Ar Fair, gw. ll.80n. Mae *topos* canoloesol adnabyddus yn cyfeirio at Fair fel *Stella Maris* ('Seren y Môr'); cf. yr emyn Lladin o'r 8fed ganrif, *Ave Maris Stella* a gyfieithiwyd i'r Gymraeg yn rhan o'r *Officium Parvum Beatae Mariae Virginis*; gw. Brynley F. Roberts (gol.), *Gwassanaeth Meir* (1961), 34, 116–17, a hefyd 'I.H'., *Allwydd neu Agoriad Paradwys* (1670; adargr. 1929), 151–2. Cf. 13. 'Ar Gyfeiliorn' ll.17.
428–31 Pennill sydd yn mydryddu credo ac arwyddair y Benedictiaid, *Laborare est orare* ('gweithio yw gweddïo').
432–5 Trwy *scriptoria* a llyfrgelloedd y mynachlogydd y diogelwyd llawer iawn o lenyddiaeth gynnar a chanoloesol i'r cyfnod diweddar yng Nghymru fel mewn gwledydd eraill. Er bod amryw o gymeriadau'r chwedlau brodorol Cymraeg (gw. ll.436n) yn tarddu yn y pen draw o dduwiau Celtaidd, dichon mai at fythau llên glasurol Groeg a Rhufain y cyfeirir yma (cf. 'pell', ll.432).
434 **Iesu gwelw** gw. 2. 'Y Sant' ll.149-50n.
436 **Sifalri** term cyffredinol yn corffori'r cysyniad canoloesol am fywyd delfrydol y marchog yn ei agweddau moesol, cymdeithasol a chrefyddol. Goroesodd nifer o chwedlau canoloesol yn Gymraeg (fel mewn amryw o ieithoedd eraill) sydd yn trafod pynciau megis dewrder, cwrteisi, haelioni, ffyddlondeb a medr wrth drin arfau yng nghyd-destun marchogion llys Arthur; gw. CLC, 666.

mabinogion y term a arferir yn gyffredin bellach am gorff o un ar ddeg o chwedlau rhyddiaith Cymraeg a oroesodd o'r cyfnod canol. Mae'n debygol mai yn yr ystyr 'stori am gampau arwr yn ei ieuenctid' y defnyddir y gair yma. Gw. CLC, 481.
437 Mae serch yn thema amlwg yn amryw o chwedlau'r Mabinogion (gw. ll.436n), fel mewn chwedlau a storïau ar draws Ewrop yn y cyfnod canol. Mae serch hefyd yn agwedd bwysig ar sifalri (ll.436n). Am stori serch dra phoblogaidd yn yr Oesoedd Canol, gw. 24. 'Balâd yr Arglwyddesau' ll.6n.
438 **Brutiau . . . dywysogion** Ystyr 'brut' yma yw 'cronicl, hanes, cofnodiad o ddigwyddiadau hanesyddol mewn trefn amseryddol'; GPC, 334. Mae Brut y Tywysogion yn destun hanesyddol pwysig sy'n cofnodi prif ddigwyddiadau hanes Cymru rhwng marwolaeth Cadwaladr Fendigaid yn 682 a marwolaeth Llywelyn ap Gruffudd yn 1282. Mae'r testun Cymraeg yn gyfieithiad o destun Lladin (sydd bellach ar goll) a luniwyd o bosibl yn Abaty Sistersaidd Ystrad Fflur, ar sail hen gofnodion eglwysig a mynachaidd; gw. ll.118n; CLC, 66; 240. 'Owain Glyndŵr' ll.7n. Mwy perthnasol o safbwynt awyrgylch rhamantaidd y llinellau hyn, efallai, yw'r testun ffug-hanesyddol, *Historia Regum Britanniae*, o waith Sieffre o Fynwy, a adwaenir yn Gymraeg wrth yr enw Brut y Brenhinedd; gw. CLC, 65–6; BB.
441 **gosber** gwasanaeth eglwysig hwyrol.
443 **thuser** llestr a ddefnyddir i losgi thus yn rhan o addoliad eglwysig; y mwg yn codi o'r thuser yw'r glesni y cyfeirir ato yma. Ar thus, gw. ll.42n.
445 **safwyr** arogldarth.
451 **côr gynau gwynion** y mynaich yn eu habidau gwynion (gw. ll.118n), ond cf. 125. 'Morgannwg' ll.24n.
456 **Bach**, Johann Sebastian (1685–1750), cerddor o'r Almaen ac un o gyfansoddwyr mawr y byd. Mae llawer o'i gyfansoddiadau wedi goroesi, yn weithiau crefyddol a seciwlar, yn offerynnol ac yn gorawl, ac ystyrir amryw ohonynt yn gampweithiau. Ymhlith gweithiau crefyddol pwysicaf Bach y mae Pasiwn Sant Ioan, Pasiwn Sant Mathew ac Oratorïau'r Nadolig a'r Pasg. Gw. OCM, 62–4; 166. 'Bach'.

457	**Handel**, George Frederick (1685–1759), cyfansoddwr mawr a wnaeth ei brif gyfraniad ym maes cerddoriaeth gorawl. Fe'i cofir yn arbennig fel cyfansoddwr yr oratorio 'Messiah'. Gw. OCM, 436–7.
464	*Magnificat* cân Mair Forwyn, a gofnodir yn Luc 1:46–55; cymer ei henw o'r ferf, yn golygu 'mawryga', sy'n agor y gân yn y Beibl Lladin. Ceir cyfieithiad Cymraeg yn nhrefn gwasanaeth y Brynhawnol Weddi yn y Llyfr Gweddi Gyffredin; gw. Julian, 711. *Stabat Mater* (Lladin, 'Saif y Fam') emyn Lladin lleddf yn darlunio Mair Forwyn yn wylo wrth y groes. Bu'n dra phoblogaidd o'r 14eg ganrif ymlaen er na ddaeth yn rhan swyddogol o'r Offerenlyfr hyd y 18fed ganrif; gw. Julian, 1081–4.
465	*Ave Regina* (Lladin, 'Henffych Frenhines') yn o bedwar antiffon Lladin i'r Forwyn Fair a atodwyd i wasanaeth cwmplin Eglwys Rufain; gw. Julian, 73, 99. Cf. ll.39n.
466	*Pater Noster* (Lladin, 'Ein Tad') geiriau cyntaf Gweddi'r Arglwydd; gw. Mathew 6:9–13 (a cf. Luc 11:2–4).
467	**Nêr** Arglwydd, sef Duw.
481	**llen Cymun** gw. ll.187n, ll.352n.
488	**mynach gwyn** gw. ll.118n.
508	cf. Mathew 5:16.
514–17	Cyfeirir at yr arfer o weinyddu'r Cymun i berson yn ei waeledd olaf, yma'n rhan o drefn yr eneiniad olaf; gw. ODCC, 1656–7; ll.187n a ll.524n.
517	**Gwaed a dŵr** gw. Ioan 19:34; 1 Ioan 5:6. **Prynwr y pren** gw. ll.360n.
520	**Ar fin y dŵr** Gan fod rhaid i genedl Israel groesi afon Iorddonen er mwyn cyrraedd Gwlad yr Addewid ar ôl eu crwydriadau trwy'r anialwch, daeth croesi Iorddonen yn drosiad am farwolaeth. Gw. hefyd 169. 'Yr Hen Emynau' ll.8n.
521	**Manna angel** gw. ll.31n, ll.388n. Digwydd yma'n drosiad am fara'r Cymun; gw. ll.187n.
524	**mewn lludw a llwch** arwydd o edifeirwch, gw. ll.250n. Mae cyflawni gweithred o edifeirwch, megis gwisgo lludw, yn rhan arferol o drefn yr eneiniad olaf; gw. ODCC, 1656–7. Cf. hefyd yr ymadrodd 'daear i'r ddaear, lludw i'r lludw, pridd i'r pridd' yn nhrefn gwasanaeth Claddedigaeth y Marw; gw., e.e., Genesis 3:19; Eseciel 27:30.
532–3	cf. Datguddiad 21:23. Ar Oen, gw. ll.58n.
534	**y Ddinas** y ddinas sanctaidd neu'r Jerwsalem newydd, sef y nefoedd; gw. Datguddiad 21. **nid oedd henaint** cf. Datguddiad 21:4–5. Mae'n bosibl yr adleisir disgrifiad enwog T. Gwynn Jones o Ynys Afallon, yn ei awdl 'Ymadawiad Arthur', 'ac yno ni thery / Na haint na henaint'; gw. *Caniadau* (1934), 33.
536	**sŵn myrdd o saint** cf. Datguddiad 19:1.
537	**heb oddefaint** cf. Datguddiad 21:4.
546	**ymswynodd** Cyfeirir at yr arfer o ymgroesi; gw. ll.19n.
546–7	**olew / Ar bob aelod irodd** Mae eneinio ag olew yn rhan o drefn yr eneiniad olaf; gw. ll.524n.
594	*Requiem* Offeren i'r meirw yn Eglwys Rufain. Daw'r enw o'r geiriau agoriadol, '*Requiem aeternam dona eis Domine*' (Rho iddynt orffwys tragwyddol, Arglwydd); gw. ODCC, 1385.
598–601	Gweddi sy'n digwydd ar ddiwedd y gwasanaeth angladdol (ymhlith mannau eraill) yn Eglwys Rufain.

2. Y SANT

Dyma'r awdl a ddyfarnwyd yn orau yng nghystadleuaeth cadair Eisteddfod Genedlaethol Treorci, 1928, ond ataliwyd y wobr oherwydd ei beiddgarwch. Ffugenw Gwenallt oedd 'Llangathen', a'r beirniaid oedd John Morris-Jones, J. J. Williams ac Elfed; gw. *Cofnodion a Chyfansoddiadau Eisteddfod Genedlaethol 1928, Treorci* ([1928]), 2–4, 9–12, 14. Bu cadair wag Treorci ac awdl Gwenallt yn ganolbwynt sgandal lenyddol bwysig a difyr ar y pryd.

Cadwyd copi holograff o ran o'r awdl (ll.107–70) yn LlGC, Papurau Gwenallt, A6.

Nodiadau: 'Y Sant'

Trafodaethau:
Saunders Lewis, 'Y Sant', *Y Llenor*, 7:4 (Gaeaf 1928), 217–30; Thomas Parry, 'Y Mynach a'r Sant: dwy awdl', *Y Llenor*, 8:1 (Gwanwyn 1929), 60–4; Bryan Martin Davies, 'Awdlau Gwenallt' (Traethawd MA Prifysgol Lerpwl, 1974); Dewi Stephen Jones, 'Tu hwnt i'r wynebau oll', *Barddas*, 109 (Mai 1986), 2–4; R. M. Jones, *Llenyddiaeth Gymraeg 1902–1936* (1987), 237–9; Peredur Lynch, '"Y Sant" Gwenallt', yn Hywel Teifi Edwards (gol.), *Cwm Tawe* (1993), 293–328; Alan Llwyd, '"Y Sant": Awdl Wrthodedig Gwenallt', *Barddas*, 253 (Gorffennaf/Awst 1999), 4–10; *idem*, '"Y Sant": Awdl Wrthodedig Gwenallt (Parhad)', *Barddas*, 254 (Medi/Hydref 1999), 4–8; *idem*, '"Y Sant": Awdl Wrthodedig Gwenallt (Y Rhan Olaf)', *Barddas*, 255 (Tachwedd/Rhagfyr 1999–Ionawr 2000), 4–8.

Nodiadau testunol
111 **gan artaith y gwaeau** : mewn artaith gwaeau (A6)
131 **O'i chôl, a'm duwiol fam** : 'A'm duwiol, ddiniwed fam' oedd drll. gwreiddiol A6, cyn ei ddiwygio i 'O'i ol ein duwiol fam'.
163 'Cas gennyf aradr a phladur adref' oedd drll. gwreiddiol A6, cyn ei ddiwygio i'r drll. presennol.
170 **Yno ei dwll oer** : 'A'i dwll oer melyn' oedd drll. gwreiddiol A6, cyn ei ddiwygio i'r drll. presennol.

Nodiadau cyffredinol
Sant Mae'r gair 'sant' yn dwyn amryw o ystyron. Fe'i defnyddir yn y Beibl am Gristion neu berson sydd wedi gosod ei ffydd yng Nghrist. Defnyddir y gair yn deitl yn aml ar fynachod crwydrol a ledaenodd Gristnogaeth yng Nghymru yn y cyfnod rhwng y 4edd ganrif a'r 8fed, a hefyd ar berson a ganoneiddiwyd gan Eglwys Rufain. Yn ei ystyr fwyaf llac gall olygu yn syml berson duwiol neu rinweddol.

Gellir cymharu hanes tröedigaeth 'Sant' Gwenallt â hanes Theomemphus; gw. William Williams, Pantycelyn, *Bywyd a Marwolaeth Theomemphus* (1764). Gw. hefyd drafodaeth Saunders Lewis ar y gerdd honno yn *Williams Pantycelyn* (1927), cyfrol a oedd yn bwnc trafod brwd yn yr union gyfnod y bu Gwenallt wrthi'n llunio'i awdl, ac yn ffrwyth dosbarth nos y bu Saunders Lewis yn ei gynnal ym Mhontardawe.

5 **ein ffwdan ffôl** cf. yr ymadrodd yn soned enwog T. H. Parry-Williams, 'Dychwelyd', 'wrth ffoi am byth o'n ffwdan ffôl'; *Cerddi* (1931), 57.
11 **Tywi** un o brif afonydd de-orllewin Cymru; mae'n codi yn y canolbarth ac yn llifo heibio i Lanymddyfri, trwy Landeilo a Chaerfyrddin i'r môr ger Llansteffan.
22–6 Ymddengys fod Gwenallt, wrth iddo lunio cefndir seicolegol ei sant, wedi tynnu ar atgofion un o gleifion enwocaf Sigmund Freud (gw. 176. 'Epigramau' ll.67n), y daethpwyd i gyfeirio ato fel 'dyn y bleiddiaid'. Creulondeb sadistaidd i fân greaduriaid oedd un o'i atgofion; gw. James Strachey (gol.), *The Complete Psychological Works of Sigmund Freud–Vol. XVII* (1955), 26. Gw. hefyd ll.67–73n, ll.85–91n.
27 Cadwyd llinell debyg iawn i hon ymhlith rhai ymarferion cynganeddol gan Gwenallt yn LlGC, Papurau Gwenallt, DD28, sef 'Y mae mam yn mwmian emyn mwyn'.
28 cf. y llinell 'Dy nawdd a'th nefol hedd' yn emyn David Morris, Twr-gwyn, 'Fy Nuw, gad i mi brofi'; gw. *Y Caniedydd Cynulleidfaol Newydd* (1921), rhif 493.
29 **Maddeuwr beiau** Crist, trwy ei farwolaeth ar y groes ('pren', ll.30); gw. 1. 'Y Mynach' ll.360n.
30 **iawn** term diwinyddol, 'gwaith aberth Crist yn prynu dyn a'i ailgymodi â Duw'; GPC, 2003. Ar 'y pren', gw. 1. 'Y Mynach' ll.360n.
34–5 Mae'r teimladau a ddisgrifir yn nodweddu'r cyflwr seicolegol a alwodd Freud yn Gymlhethdod Oedipus, lle y mae mab yn ymserchu yn ei fam ac yn elyniaethus i'w dad; gw. hefyd ll.22–6n; 176. 'Epigramau' ll.68n.
40 **seintiau 'ceiniog'** Cymerir mai at bris y llyfrau y cyfeirir; cf. yr enw *penny dreadful* ar bapur poblogaidd i fechgyn, a oedd yn llawn cyffro amrwd.

40–8	Nodir rhai o'r dulliau a ddefnyddid dros y canrifoedd wrth boenydio Cristnogion a'u dienyddio. Cf. 94. 'Y Rhufain Newydd' ll.11n; 158. 'Y Merthyron' n, ll.11–18.
51–2	**dieifl duon** . . . / . . . **picffyrch meinion** delweddau poblogaidd am gynorthwywyr y diafol (yn drosiadol yma am boenau cydwybod drwg).
53–4	**sawr brwmstan** . . . / . . . **fflam** Cysylltir tân a brwmstan yn gyson yn y Beibl â chosbedigaeth Duw ac uffern; gw. Genesis 19:24; Datguddiad 19:20, 20:10, 21:8 etc., a gwrthgyferbynner 1. 'Y Mynach' ll.242–4n.
59	**argel** 'lle cuddiedig, cuddfan, encil, lle o'r neilltu'; GPC, 197.
63	**dreigiau annwn** gw. 1. 'Y Mynach' ll.196n, ll.211n.
67–73	Gwêl y prif gymeriad symbolau mawr Cristnogaeth, sydd oll yn codi o hanes y Croeshoeliad, ym mhob man o'i gwmpas; cf. thema 12. 'Cymru'. Pwl o grefyddolder eithriadol oedd un arall o atgofion 'dyn y bleiddiaid' a seicdreiddiwyd gan Sigmund Freud; gw. ll.22–6n; James Strachey (gol.), *The Complete Psychological Works of Sigmund Freud—Vol. XVII* (1955), 68. Ar y Croeshoeliad, gw. 1. 'Y Mynach' ll.360n.
67	**crog** croes.
85–91	cf. ysfeydd rhywiol 'dyn y bleiddiaid'; gw. ll.22–6n; James Strachey (gol.), *The Complete Psychological Works of Sigmund Freud—Vol. XVII* (1955), 91–4.
91	**croesi mynwes** gw. 1. 'Y Mynach' ll.19n.
97	**fy mhechod** gw. 75. 'Pechod', n.
107	**y Sagrafen** y Cymun neu'r Offeren; gw. 1. 'Y Mynach' ll.187n.
121–7	Bu farw brawd Gwenallt, John Llywelyn, ar 27 Medi 1920, yn 19 oed; gw. 9. 'Beddau' ll.14n. Mae'r ymwrthodiad â chrefydd a ddisgrifir yn ll.137–41 yn adleisio ymateb Gwenallt i angladd ei dad yn 1927; gw. *Credaf.*
129	**'diaconiaid'** 'lleygw[y]r a benodir i gynorthwyo'r gweinidog, gan ofalu am faterion tymhorol a chyllid yr eglwys a chyfranogi (mewn rhai eglwysi) yn y gwaith bugeiliol'; GPC, 944. Adeg llunio'r gerdd hon, roedd diaconiaid yn gocyn-hitio parod i rai, oherwydd yr hyn a ystyrid yn rhagrith a ffug-dduwioldeb yn y cyfundrefn Anghydffurfiol.
134	**y Cnaf yn Seion** Crist. Mae Seion en enw ar un o'r bryniau y codwyd Jerwsalem arno (gw. 258. 'Y Cymun' ll.1n), a thrwy estyniad yn enw arall ar Jerwsalem, dinas y Brenin Dafydd yn yr Hen Destament a safle'r Deml. Mae Jerwsalem yn ganolbwynt daearyddol i Gristnogaeth; ymwelodd Crist â'r ddinas yn ystod ei weinidogaeth, yma y croeshoeliwyd Ef ac yr atgyfododd, ac yma hefyd y daeth yr Eglwys Gristnogol i fodolaeth adeg y Pentecost. Gw. IBD, 752–60; ODCC, 868–9. Cyferbynna'r ymadrodd 'Cnaf yn Seion' yn drawiadol â'r defnydd beiblaidd ar y gair Seion, sydd bron yn ddieithriad yn digwydd mewn cyd-destun o fawl; gw., e.e., Salm 9:11-14, 48:2–11.
137–41	gw. ll.121–7n.
141	**Iddew o Dduw** Crist. Cred Cristnogion fod Crist yn wir Dduw ac ar yr un pryd yn wir ddyn (yn Iddew o ran cenedl); gw. ODCC, 825; cf. 72. 'Jwdas Iscariot' ll.9n.
142–3	**dall a diau /. . . hyd angau** Ym mytholeg Groeg a Rhufain, tair nyddwraig yw'r Tynghedau sy'n rheoli'n fympwyol dynged pawb o'i eni hyd ei farw. Daliai'r gyntaf y cogail, tynnai'r ail yr edefyn—sef bywyd yr unigolyn—a dorrir gan y drydedd ddall. Gw. OCCL, 232.
144–7	cf. Eseia 22:13; Luc 12:16–21.
149–50	cf. geiriau Swinburne yn ei 'Hymn to Proserpine' (a ddyfynnir gan Gwenallt yn *Credaf*), 'Thou hast conquered, O pale Galilean; / The world has grown grey from thy breath.'
150	**tywyllwch** Mae'r Beibl bob amser yn cysylltu Crist â goleuni; gw., e.e., Ioan 1:4–9, 8:12, 9:5; Datguddiad 21:23.
153	**paganiaeth** gw. *Credaf.*
155	**'Genefa'** dinas yn y Swistir a fu'n ganolfan bwysig i'r Diwygiad Protestannaidd yn sgil gweithgarwch y Diwygiwr mawr John Calfin (1509–64), nid yn unig ym maes diwinyddiaeth ond hefyd mewn meysydd ymarferol megis addysg, a chyfraith eglwysig a

dinesig. Oherwydd y llu ffoadurion Protestannaidd o wledydd eraill Ewrop a geisiodd noddfa yng Ngenefa cyn dychwelyd eto i'w gwledydd eu hunain, lledodd dylanwad Calfin ar draws Ewrop gyfan yn yr 16eg ganrif. Gw. ODCC, 266–8. Y syniad poblogaidd am Galfin yw ei fod yn un sobor ei syniadaeth a fynnai ddileu pob llawenydd a hapusrwydd o'r bywyd hwn, er na welir hyn yn ei ysgrifeniadau. Yma cyffelybir diwinyddiaeth Calfin i bla a ledodd o Genefa gan ddifodi'r hen fywyd diofal a fu yn y wlad yn yr oes o'r blaen.

161 **ywen, helig** Plennid coed yw yn aml mewn mynwentydd ac fe'u cysylltir o'r herwydd â marwolaeth a galar, er bod eu bytholwyrddni'n symbol hefyd o anfarwoldeb; gw. BDPF, 1195. Cysylltir coed helyg â hiraeth a galar oddi ar y cyfnod y caethgludwyd pobl Israel i Fabilon; cf. Salm 137:1–2, a gw. hefyd ll.397n.

185 **llyn** diod.

193 **Fenws** duwies Rufeinig harddwch a serch; gw. OCCL, 592. Mae'n cyfateb i Aphrodite yn chwedloniaeth Groeg; gw. ll.420n (a hefyd ll.350n).

199 **y Gŵr** Crist; cf. Eseia 53:3; Sechareia 6:12; Ioan 19:5; gw. hefyd ll.141n. Ar farwolaeth Crist, gw. 1. 'Y Mynach' ll.360n.

203 **iau lwyd** cf. Mathew 11:29–30; 1. 'Y Mynach' ll.331n. Gw. hefyd ll.149–50n.

216 cf. safle dinasoedd pechadurus Sodom a Gomorra ar y wastadedd; gw. Genesis 13:10–13.

226 **awen** gw. 3. 'Breuddwyd y Bardd' ll.41n.

241 **eu tro lluniaidd** cf. y llinell o waith John Morris-Jones yn ei 'Rhieingerdd', 'Roes i'w gwefusau'r lluniaidd dro'; *Caniadau* (1907), 8–9. (Cf. 192. 'Jesebel ac Elias' ll.277.)

246–54 cf. disgrifiad Gwenallt o'r ddinas 'bechadurus' â phryddest T. H. Parry-Williams, 'Y Ddinas'—pryddest arobryn Eisteddfod Genedlaethol 1915 a achosodd gyffro nid annhebyg i 'Y Sant' oherwydd ei beiddgarwch. Gw. hefyd ll.323–4n.

249 **elwch** 'llawenydd, miri, twrw llawen'; GPC, 1208. Anodd peidio â gweld rhagrybudd o newid yma, yn sgil y llinell enwog o waith Aneirin, 'Ac wedi elwch, tawelwch fu'; gw. CA, 3.

256 **gwydiau** lluosog 'gwŷd', 'pechod, drwg, drygioni . . .; chwant, angerdd, nwyf, afiaith'; GPC, 1749–50.

260 **Dawns** Mae dawnsio yng ngwaith Gwenallt bron yn ddieithriad yn symbol o wrthryfel yn erbyn safonau uwch ac ymroi i wagedd; cf. 13. 'Ar Gyfeiliorn' ll.3; 75. 'Pechod' ll.8.

269 **Cleopatra** (69–30 CC), brenhines yr Aifft wedi marw ei thad Ptolemy XII Auletes yn 51 CC. Hudwyd Iwl Cesar a Marcus Antonius ill dau gan harddwch ei phryd a'i llais, a bu'n dra dylanwadol yn hanes y ddau. Daeth ei pherthynas â'r naill a'r llall i ben dan amgylchiadau trychinebus: llofruddiwyd Cesar yn 44 CC a chyflawnodd Marcus Antonius hunanladdiad yn 30 CC. Gw. OCCL, 140–1.

Efa y wraig gyntaf, a grewyd yn gymar i Adda, y dyn cyntaf, yn ôl yr hanes yn llyfr Genesis. Fe'u gosodwyd gan Dduw ym mherffeithrwydd Gardd Eden i arglwyddiaethu dros y greadigaeth, ond oherwydd iddi dwyllo Adda i fwyta ffrwyth y pren gwaharddedig, collodd y ddau eu diniweidrwydd cyntaf a gwneud arffedogau o ddail y ffigysbren er cuddio eu noethni cyn cael eu gyrru gan Dduw o'r Ardd yn gosb am eu hanufudd-dod. Gw. Genesis 2:15–3:24.

271 **Helen** gw. 1. 'Y Mynach' ll.197n.

Argos dinas Roegaidd, yng ngogledd-ddwyrain culdir Peloponesus. Defnyddir yr enw weithiau i gyfeirio at y diriogaeth o gwmpas y ddinas, a hyd yn oed i olygu'r culdir cyfan; gw OCCL, 53.

272 cf. ll.336n.

276 **Dionysus** duw gwin, cyfeddach ac ecstasi yn chwedloniaeth Groeg; gw. OCCL, 192–3, a cf. 1. 'Y Mynach' ll.165n.

289–90 **bedd / Fy mrawd . . . bedd fy ffydd** cf. ll.121–7n.

289 **balm** gw. 4. 'Yr Angylion a'r Gwragedd' ll.14n.

292 yml. Mae atgofion y Sant am ei hen fywyd, wedi rhialtwch dilyffethair yn y ddinas, yn adleisio dameg y Mab Afradlon; gw. Luc 15:11–32, a cf. ll.449n, ll.547n.

315 **goblin** ellyll neu ysbryd hyll a drygionus fel arfer, ond yma mae'n ymgorfforiad o ddrygioni eithafol gan ei fod yn difa pob daioni a gobaith ym myd dynion (ll.317–18).

322 **gras** gw. 1. 'Y Mynach' ll.38n.

323–4 **Safai teml . . . / . . . yno** cf. sylw Eifion Wyn yn ei feirniadaeth eisteddfodol ar bryddest T. H. Parry-Williams, 'Y Ddinas', 'A theml ni welais ynddi'; *Cofnodion a Chyfansoddiadau Eisteddfod Genedlaethol 1915, Bangor* ([1915]), 51.

326 **Sina** Bu Tseina'n nodedig am filoedd o flynyddoedd am ei chelfyddydwaith ym mhob math o gyfrwng, gan gynnwys y grefft o drosglwyddo lluniau a chaligraffeg i decstiliau. Â'r llenni a ddisgrifir yma yn nheml nwyd, cf. y disgrifiad o'r llen yn Nheml Solomon yn 2 Cronicl 3:14.

327 **Firginia** y gynharaf o drefedigaethau Lloegr yng Ngogledd America, ar yr arfordir dwyreiniol. Fe'i henwyd ar ôl 'Virgin Queen' Lloegr, Elisabeth I, sy'n gwbl eironig yn y cyd-destun presennol.

328 **Arabia** Cyn ymelwa ar ei hadnoddau anferth o olew, deuai cyfoeth Arabia'n bennaf yn sgil ei safle ar y llwybrau masnach pwysig rhwng India, Affrica ac Ewrop. Mae'r sôn am aur a riwbi yn y llinell hon yn dwyn i gof y rhoddion a gyflwynodd Brenhines Seba (rhan o Arabia) i Solomon, adeiladydd y Deml yn Jerwsalem yng nghyfnod yr Hen Destament; gw. 1 Brenhinoedd 10:1–13; ll.362n.

329 **teml Foslem India** Bu India'n drwm dan ddylanwad Islâm er y 11eg ganrif. Ar Islâm, gw. 192. 'Jesebel ac Elias' ll.360n. (Ni elwir mosg y Moslem yn deml fel arfer.)

330 **sêr Asyria** gw. 142. 'Dyn' ll.26n.

332 **myrr** gw. 1. 'Y Mynach' ll.369n.

335 **teirw** gw. 4. 'Yr Angylion a'r Gwragedd' ll.30n.

satyriaid ellyllon y bryniau a'r coedwigoedd sy'n gweini ar Dionysus (gw. ll.276n) yn chwedloniaeth Groeg. Ac yntau'n hanner dyn a hanner anifail (coesau a chyrn gafr), roedd y satyr yn greadur diarhebol o drachwantus a hoff o gyfeddach; gw. OCCL, 510.

336 **naead** nymff neu dduwies afon, llyn neu ffynnon yn chwedloniaeth Groeg. Roedd y naeadau yn ifanc a hardd, ac yn hoff o ddawnsio; gw. OCCL, 379, 386.

337 **maethgeirch feirch** Gall mai cyfeiriad at y centawrws sydd yma, sef creadur ym mytholeg Groeg a chanddo gorff a choesau ceffyl ond pen, brest a breichiau dyn. I'r Groegiaid roedd y centawrws yn symboleiddio chwantau byd natur a barbareiddiwch; gw. OCCL, 122.

345 **main** lluosog 'maen'.

348 **Isis** prif dduwies yr Aifft, yn cynrychioli ffrwythlondeb benywaidd byd natur. Daethpwyd i'w huniaethu ag Aphrodite yn chwedloniaeth Groeg; gw. OCCL, 300–1; ll.420n.

349 **Iehofa** ffurf ar yr enw Hebraeg am Dduw Israel a ddefnyddir yn arbennig yn yr Hen Destament; gw. ODCC, 865. Fe'i cyfieithir gan y gair 'Arglwydd' gan amlaf yn y Beibl Cymraeg, ond weithiau fe'i cedwir heb ei gyfieithu, e.e., Exodus 6:2–3.

350 **Mair** mam yr Iesu; gw 1. 'Y Mynach' ll.80n.

Ishtar duwies serch a rhyfel y Babiloniaid, a uniaethir weithiau â'r blaned Gwener neu Fenws (cf. ll.351). Ar Fenws, gw. ll.193n.

356 **ne' lawn o lawenydd** Adleisir disgrifiad enwog Sion Cent o'r nefoedd yn ei gywydd 'I'r Farn Fawr', 'Llawn, llawn, llawn, llawn llawenydd'; gw. CIGE, 283.

362 **Selyf** enw Cymraeg ar Solomon, mab Dafydd; brenin Israel a oedd yn nodedig am ei ddoethineb mawr a'i gyfoeth aruthrol. Cododd y Deml yn Jerwsalem a'i haddurno a'i dodrefnu'n foethus. Roedd Solomon hefyd yn garwr enwog (cf. Caniad Solomon). Yn ogystal â'i gyfarfyddiad enigmatig â Brenhines Seba (gw. ll.328n), roedd ganddo lawer o wragedd a gordderchau o wledydd eraill, a than eu dylanwad hwythau trodd oddi wrth

Nodiadau: 'Y Sant' 455

	Dduw a dechrau addoli duwiau eraill tua diwedd ei fywyd. Gw. 1 Brenhinoedd 6–7, 10–11; 2 Cronicl 3–4, 9.
364	**porffor** lliw a gysylltir bob amser â chyfoeth a statws uchel, ac un o'r lliwiau a ddefnyddiwyd wrth addurno'r wahanlen yn Nheml Solomon; gw. 2 Cronicl 3:14, a ll.362n. Gw. hefyd 192. 'Jesebel ac Elias' ll.7n.
372	Trosiad am chwant a serch y Sant, a'u heffaith arno.
375	**sarff** gw. 1. 'Y Mynach' ll.215n.
378	**pechod** gw. 75. 'Pechod', n.
389	**purdeb yr afon** cf. Datguddiad 22:1.
390	**angylion** gw. 1. 'Y Mynach' ll.388n.
392	**ideol** delfryd, peth a ystyrir yn berffaith.
393	**mantell** cf. 75. 'Pechod' ll.1–3.
397	**Bab'lon** prifddinas Babilonia yn yr hen fyd, a chanolbwynt ei gwareiddiad. Safai ar lan afon Ewffrates. Mae olion archaeolegol helaeth wedi goroesi o'r 3edd filrif CC ymlaen, yn dystiolaeth i'w dwylliant datblygedig, a chyfrifid ei Gerddi Grog yn un o saith ryfeddod yr hen fyd. Nodweddid bywyd y ddinas gan gyfoeth, moethusrwydd ac oferedd mawr. Roedd urddau'r offeiriaid (paganaidd) yn arbennig o gryf yn y brifddinas, a hwy a gynhaliai hen draddodiadau sêr-ddewiniaeth ac athroniaeth eu diwylliant; gw. IBD, 157–69, 257–8. Bu'r Iddewon yn gaethion ym Mabilon rhwng 597 a 538 CC, pryd y cawsant ddychwelyd i'w gwlad eu hunain. Gw. 2 Brenhinoedd 20:12 yml.
401	**annwn** gw. 1. 'Y Mynach' ll.196n.
402	**caeth** gw. ll.397n.
	cŵn Mae cŵn annwn yn greaduriaid rhithiol y dywedir bod eu gweld neu eu clywed yn rhagarwydd o farwolaeth; gw. CLC, 123. Cofier hefyd am Cerberus, yr anghenfil o gi yn chwedloniaeth Groeg sy'n gwarchod y fynedfa i'r Arallfyd er sicrhau na ddiainc neb o'r meirw oddi yno; gw. OCCL, 123.
418	**gwyrdd-deg erddi** cf. ll.397n.
419	**Madonna** Mair Forwyn; gw 1. 'Y Mynach' ll.80n.
420	**Affrodisia** chwant a phleser rhywiol (yn cael eu personoli yma). Daw'r gair o enw Aphrodite, duwies serch, harddwch a ffrwythlondeb yn chwedloniaeth Groeg. Yn ôl Hesiod, cododd hi o ewyn y môr gan ddod i'r lan naill ai yn Paphos yn Cyprus neu ar ynys Cythera; gw. OCCL, 43. Fe'i huniaethir â Fenws ym mytholeg Rhufain; gw. ll.193n.
438	**oferedd, gwagedd, gwagedd i gyd** cf. Pregethwr 1:2, a hefyd cywydd Sion Cent, 'I Wagedd ac Oferedd y Byd', CIGE, 288–92.
439	**peiswyn ŷd** us, trosiad beiblaidd cyffredin, fel arfer yn cyfleu natur ddarfodedig y rhai annuwiol; gw., e.e., Job 21:18; Salmau 1:4, 35:5; Hosea 13:3.
440	**ewyn** trosiad cyffredin er cyfleu peth darfodedig; cf. Hosea 10:7.
446	**aradrgan** Yr arfer yng Nghymru oedd canu i'r ychen wrth aredig; gw. CLC, 86. Â'r darlun o'r aradrwr a geir yn ll.446–8, cf. ll.501–3.
449	Dichon fod yma eto adlais o hanes y Mab Afradlon; gw. Luc 15:16, a cf. ll.292n, ll.547n.
460	**Doethineb** Gelwir Crist yn ddoethineb Duw yn 1 Corinthiaid 1:24,30; gw. hefyd Diarhebion 8, lle y personolir doethineb.
471	**dwfr mor grisial** cf. Datguddiad 22:1.
478	**miwsig o'r cerrig geirwon** cf. Luc 19:40.
492–7	cf. thema cysegredigrwydd y greadigaeth yng ngwaith Islwyn; gw., e.e., D. Gwenallt Jones, *Bywyd a Gwaith Islwyn* (1948), 61.
498	**'r sir** sir Gaerfyrddin; gw. ll.504–11n.
499	**emynyddion** Gwnaeth emynwyr sir Gaerfyrddin gyfraniad nodedig i emynyddiaeth Cymru yn y 18fed ganrif ac ar ôl hynny; ymhlith yr enwau mawr o gyffiniau gwlad teulu Gwenallt, rhaid nodi William Williams, Pantycelyn (gw. 84. 'Pantycelyn', n), Morgan

	Rhys, Dafydd Jones o Gaeo, a John Thomas, Rhaeadr Gwy. Cf. 185. 'Y Capel yn Sir Gaerfyrddin' ll.4n, ll.5n.
501	**Gwaredwr** Crist; gw. 89. 'Y Gwaredwr', n.
	aradr bren trosiad am y groes; gw. 1. 'Y Mynach' ll.360n. Â'r darlun hwn o Grist fel aradrwr, cf. ll.446–8. Gw. hefyd 108. 'Gorffennol Cymru' ll.12n.
503	**sefydlog seren** Bydd aradrwr yn syllu ar beth sefydlog wrth aredig er mwyn sicrhau rhych syth. Cf. hefyd y seren a arweiniodd y doethion i Fethlehem ac a safodd uwchben y tŷ lle'r oedd yr Iesu bychan; gw. Mathew 2:9. Gw. hefyd 171. 'Dewis' ll.35.
504–11	Mae cariad at sir Gaerfyrddin yn datblygu'n un o themâu pwysicaf gwaith Gwenallt yn ddiweddarach; cf. *Credaf*, 78. 'Sir Gaerfyrddin'.
504	**wyneb siriol** cf. 78. 'Sir Gaerfyrddin' ll.3.
508	**beddau fy nhadau** O sir Gaerfyrddin yr hanai teulu Gwenallt, ar ochr ei dad a'i fam ill dau; gw. 9. 'Beddau' ll.1n, a cf. 78. 'Sir Gaerfyrddin' ll.8.
512–19	Ceir sawl trawiad yn y molawd hwn i Gymru sydd yn dwyn i gof eiriau'r Anthem Genedlaethol.
513	**proffwyd llwyd** gw. 1. 'Y Mynach' ll.331n.
521–2	Dros y môr ac ar hyd yr arfordir y daeth Cristnogaeth i Gymru yn bennaf, ac amryw o'r seintiau cynnar yn ymsefydlu'n gyntaf ger yr arfordir gan godi 'llan' yno; gw. E. G. Bowen, *The Settlements of the Celtic Saints in Wales* (1954).
523	**a'i gwddf yn baderau** Darlunnir Mair Forwyn yn gwisgo gleiniau'r llaswyr o gwmpas ei gwddf; gw. 1. 'Y Mynach' ll.180n. Mae Eglwys Rufain yn gosod pwys mawr ar allu Mair i weddïo ar Grist ar ran dynion pechadurus; cf. 88. 'Fenws a'r Forwyn Fair' ll.9n.
524	**galw i'r gwanwyn** Oherwydd iddi roi genedigaeth i Grist, cysylltir Mair yn aml â ffrwythlondeb ym myd natur; cf. 1. 'Y Mynach' ll.34n. Mae'r Eglwys yn cadw 25 Mawrth yn Ŵyl Fair y Gyhydedd (neu Ŵyl Fair yn y Gwanwyn); gw. 145. 'Cymun yr Arglwyddes' ll.1n. Ar Fair, gw. 1. 'Y Mynach' ll.80n.
526–7	Cyfeirir yma at y gred (a fu'n gryf iawn yng Nghymru'r Oesoedd Canol, ac sy'n parhau o fewn Eglwys Rufain hyd heddiw) fod rhai delwau o Fair a rhai ffynhonnau a gysegrwyd ar ei henw yn gallu iacháu clefydau a heintiau; gw. Francis Jones, *The Holy Wells of Wales* (1954).
528	**paradwys** enw a ddefnyddiodd cyfieithwyr yr Hen Destament i'r iaith Roeg i gyfeirio at Ardd Eden yn Genesis 2:8. Defnyddir yr enw yn y Testament Newydd a chan awduron Cristnogol i gyfeirio at y nefoedd neu gyflwr o ddedwyddwch bendigedig. Gw. IBD, 1155; ODCC, 1218. Ar Eden, gw. ll.269n.
532	**seintwar** 'noddfa, lloches . . .; cysegrfan, lle sanctaidd neu gysegredig'; GPC, 3213. Yn ôl hen arfer yn yr Oesoedd Canol, câi troseddwyr a ffoasai i eglwys rhag eu herlidwyr yr hawl i nawdd; gw. ODCC, 1452.
533	**gloyw fwâu** pyrth neu nenfydau bwaog yr eglwysi; gw. 1. 'Y Mynach' ll.292–302n.
536	**Hywel [Dda]** (m. 949 neu 950), brenin a deyrnasodd dros y rhan fwyaf o Gymru erbyn diwedd ei oes. Fe'i cysylltir yn arbennig â chyfreithiau brodorol Cymru a dywed traddodiad iddo eu trefnu mewn cynhadledd fawr yn y Tŷ Gwyn yn Nyfed (sef Hendygwyn ar Daf yn sir Gaerfyrddin), lle y bu cynrychiolwyr o bob cwmwd yng Nghymru'n bresennol. Mae traddodiad cryf iddo fynd ar bererindod i Rufain yn y flwyddyn 928. Gw. Bywg., 382–3; CLC, 355.
	Sant Dewi (6ed gan.), un o'r seintiau cynnar a fu'n gyfrifol am gristioneiddio rhannau helaeth o dde Cymru trwy ei bregethu; cf. ll.521–2n. Prif ganolfan ei gwlt oedd Tyddewi, sir Benfro. Y Fuchedd a luniwyd iddo yn yr 11eg ganrif yw ffynhonnell llawer o'n 'gwybodaeth' amdano, gan gynnwys yr hanes amdano'n mynd ar bererindod i Rufain (neu Jerwsalem yn ôl rhai fersiynau) lle'r urddwyd ef yn archesgob. Fe'i mabwysiadwyd bellach yn nawddsant Cymru. Gw. CLC, 192; ODS, 103–4; D. Simon Evans, *Buched Dewi* (1959).

Nodiadau: 'Y Sant'

537 **pererinion** gw. 11. 'Y Bardd a'r Beirniad Olaf' ll.14n.
538 **Rhufain** un o brif ganolfannau pererindota Cristnogion y Gorllewin yn yr Oesoedd Canol (gyda Santiago de Compostella, ll.540n), yn bennaf oherwydd ei chysylltiadau â'r apostolion Pedr a Phaul (ll.539n), ynghyd â llawer o seintiau eraill a fu farw yno dros eu ffydd. Rhufain hefyd oedd 'cartref' y Pab, a chanolbwynt llywodraeth Eglwys y Gorllewin. Gw. CBPM.
539 **Merthyri** gw. 158. 'Y Merthyron', n.
apostolion Ystyr 'apostol' yw negesydd, un a anfonwyd; fel y gair 'sant', fe'i defnyddir mewn sawl ffordd. Yn ei ystyr fwyaf cyfyng mae'n derm penodol am ddilynwyr agosaf Crist a fu gydag Ef ar hyd ei weinidogaeth ddaearol, a fu'n dyst i'r Atgyfodiad (gw. 12. 'Cymru' ll.13n), ac a fu'n bennaf gyfrifol am ledaenu neges Cristnogaeth yn y cyfnod yn union ar ôl hynny. Er nad oedd Paul—a drodd o fod yn un o brif erlidwyr Cristnogaeth i fod yn un o'i phrif ladmeryddion—yn un o'r rheini fel y cyfryw, cafodd ei gymhwyso'n apostol gan weledigaeth arbennig o'r Crist atgyfodedig a chomisiwn i bregethu i'r Cenhedloedd; gw. Actau 9:1–18. Defnyddir y gair hefyd am unrhyw un sydd yn cludo neges, ond yn enwedig y neges Gristnogol. Gw. IBD, 78–80, 1166–78; ODCC, 88–9, 1234–8.
540 **Sant Iago** un o'r apostolion (ll.539n), a'r cyntaf ohonynt i farw dros ei ffydd. Yn ôl traddodiad, aethpwyd â'i greiriau i Santiago de Compostella yn Galicia yn Sbaen, a ddaeth (gyda Rhufain, ll.538n) yn un o brif ganolfannau pererindota i Gristnogion y Gorllewin rhwng y 10fed ganrif a'r 16eg. Gw. ODS, 207–8; CBPM.
542 **Enlli** ynys fechan tua dwy filltir o benrhyn Llŷn, a oedd yn gyrchfan boblogaidd i bererinion o Gymru yn yr Oesoedd Canol. Sefydlwyd mynachlog yno mor gynnar â'r 6ed ganrif; erbyn y 13eg ganrif roedd yno briody yn perthyn i'r Canoniaid Awstinaidd. Dywed traddodiad fod ugain mil o seintiau wedi'u claddu ar yr ynys, gan y credid nad âi neb a gladdwyd yno i uffern. Gw. CLC, 234; Enid Roberts, *A'u Bryd ar Ynys Enlli* (1993).
544 **morwyn Duw** cf. Luc 1:38 lle y geilw Mair Forwyn ei hun yn 'wasanaethyddes yr Arglwydd'; gw. hefyd ll.557n, a cf. 12. 'Cymru' ll. 25n.
545–6 Darlunnir Cymru yma fel putain, darlun beiblaidd yn ei wreiddiau; gw. 154. 'Y Swper Olaf' ll.5–6n; cf. 67. 'Cymru' ll.2; 184. 'Cymru' ll.2.
547 **Mi a af, mi a godaf** cf. geiriau'r Mab Afradlon, Luc 15:18; gw. hefyd ll.292n, ll.449n.
557 **Bun deg** Cyferchir Cymru fel petai hi yw'r Forwyn Fair; cf. ll.544n.
fe'th alwant 'Fendigaid' adlais o ran o'r *Magnificat*; gw. Luc 1:48; 1. 'Y Mynach' ll.464n, a cf. hefyd ll.544n.
558 **didawl fawl** cf. llinell o waith Goronwy Owen, 'A didawl eich mawl im oedd', o'r 'Cywydd yn ateb Huw'r Bardd Coch o Fôn'; gw. BDdG, 61. Ystyr 'didawl' yw 'di-dor, di-baid, parhaus, ... hael, heb dolio, helaeth'; GPC, 961. Cf. 3. 'Breuddwyd y Bardd' ll.241.
564 cf. Actau 10:12.
577–8 **distawrwydd / Yn y ne'** cf. Datguddiad 8:1.
581 **y nawfed nen** Yn ôl syniadau canoloesol am natur y bydysawd, roedd naw rhod neu gylch yn amgylchu'r ddaear: y nawfed rod oedd nef y nefoedd. Ystyrid naw (tair gwaith tri) yn rhif cyfrin yn yr Oesoedd Canol; gw. BDPF, 777, a cf. 148. 'Yr Eglwys' ll.24n.
583 **di-len** cf. 'heb len' yr emynwyr, e.e. *Y Caniedydd Cynulleidfaol Newydd* (1921), rhifau 377, 530; gw. hefyd 254. 'Wal yr Wylofain' ll.13n.

3. BREUDDWYD Y BARDD

Awdl arobryn Eisteddfod Genedlaethol Bangor, 1931. Ffugenw Gwenallt oedd 'Y Breuddwyd Brud', a'r beirniaid oedd J. Lloyd Jones, J. J. Williams a T. H. Parry-Williams; gw. *Cofnodion a Chyfansoddiadau Eisteddfod Genedlaethol 1931, Bangor* ([1931]), 24–8, 36–8, 44–5.

Cyhoeddwyd hi gyntaf yn *Cofnodion a Chyfansoddiadau Eisteddfod Genedlaethol 1931, Bangor* ([1931]), 46–53; gw. hefyd *Yr Awdl, y Bryddest a Darnau Eraill, Buddugol yn Eisteddfod Genedlaethol Bangor, 1931* ([1931]), 5–15.

Argraffwyd llythyr oddi wrth Gwenallt at Stephen J. Williams, dyddiedig 5 Mai 1931, yn gofyn iddo fwrw golwg dros yr awdl hon, yn *Barddas*, 255 (Tachwedd/Rhagfyr 1999–Ionawr 2000), 21.

Trafodaethau
Bryan Martin Davies, 'Awdlau Gwenallt' (Traethawd MA Prifysgol Lerpwl, 1974); Alan Llwyd, 'Gwenallt a "Breuddwyd y Bardd"', *Barddas*, 245 (Mawrth/Ebrill 1998), 4–11.

Nodiadau cyffredinol
Gellir ystyried y gerdd wladgarol hon yn ddilyniant naturiol i brofiadau Gwenallt yn ysgol haf Spideal ger Galway yn Iwerddon yn 1929; gw. *Credaf*. Eglurodd Gwenallt ei amcan a'i ysbrydoliaeth yn 'Great Welsh Figures: Symbols of Hope and Despair', *Western Mail and South Wales News*, 7 Awst 1931, 9. Mae sawl cyfatebiaeth, o ran strwythur sylfaenol a motiffau penodol, rhwng yr awdl hon ac awdl Hedd Wyn, 'Yr Arwr'; gw. *Cerddi'r Bugail* (1918), 1–25.

1   **brud** darogan neu broffwydoliaeth. Goroesodd corff o lên brud Gymraeg o'r Oesoedd Canol, peth ohoni'n rhyddiaith ond y rhan fwyaf yn farddoniaeth: ei thema sylfaenol yw rhag-weld y Cymry—gwir etifeddion Ynys Prydain—yn trechu'r Saeson a'r Normaniaid yn derfynol, ac adennill Coron Prydain (neu Goron Llundain) gyda chymorth rhyw arwr cenedlaethol, y 'mab darogan'. Mae'r brudiau yn nodedig am fod yn astrus ac yn anodd i'w dehongli; cf. ll.6. Gw. CLC, 163, a cf. 25. 'Balâd yr Arglwyddi' ll.10n. Mae'r ffurfiau 'brud' a 'brut' yn amrywio â'i gilydd; gw. GPC, 334 a cf. ll.6n.

5   **rholiau** sgroliau, darnau hir o femrwn neu bapur a ddefnyddir i ysgrifennu neu ddarlunio arnynt, ac sydd yn cael eu rholio er hwylustod wrth eu trafod a'u cadw.

6   **brutiau** gw. 1. 'Y Mynach' ll.438n.

7,12   Lledgyfeiriad, efallai, at chwedl *Breuddwyd Macsen* a'r forwyn hardd a welodd Macsen yn ei freuddwyd sydd yn ysgogi'r holl ddigwyddiadau sy'n dilyn; gw. CLC, 483; Ifor Williams (gol.), *Breuddwyd Maxen* (trydydd arg., 1928).

15   **Morfudd** prif gariadferch Dafydd ap Gwilym (*fl*.1315/20–1350/70) yn ôl tystiolaeth ei gywyddau. Roedd Morfudd a'i gwallt golau a'i haeliau tywyll yn arbennig o hardd yng ngolwg y bardd, ond—a hithau'n wraig briod—yn anaml y cydsyniodd hi â'i awydd i'w chanlyn. Gw. CLC, 507–8.

Dyddgu merch hardd, dywyll ei gwallt y goroesodd naw o gywyddau iddi gan Ddafydd ap Gwilym. Yn wahanol i Forfudd, nid ildiodd Dyddgu i awydd y bardd i'w chanlyn. Gw. CLC, 205.

Lleucu Llwyd gwraig briod hardd o Bennal, Meirionnydd, y canodd Llywelyn Goch ap Meurig Hen (*fl*.1350–90) farwnad serch enwog iddi. Gw. CLC, 455; OBWV, 75–8; Dafydd Johnston (gol.), *Gwaith Llywelyn Goch ap Meurig Hen* (1998), 63–5.

25–6   Thema bwysig yn llên Cymru ac Iwerddon yw thema Sofraniaeth. Ynddi portreadir sofraniaeth fel merch ifanc hardd, a'r briodas rhyngddi a'r arwr yn cynrychioli'r berthynas rhwng y brenin a'i deyrnas. Petai'r brenin yn marw neu'n cael ei alltudio neu'i garcharu nychai'r wlad hithau a mynd yn ddiffaith, gan ymadfer eto pan ddychwelai'r brenin neu pan gâi ei ryddhau. Gw. CLC, 675; Rhian Andrews, 'Rhai Agweddau ar Sofraniaeth yng Ngherddi'r Gogynfeirdd', BBGC, 27:1 (1976), 23–30; cf. ll.108–13, ll.251–4n; 10. 'Gwlad Adfeiliedig'.

26   **haf ym Mehefin** tymor pleser, gwres, caru a ffrwythlondeb. Ystyr y gair 'Mehefin' yw canol haf.

27–46   Mae'r brenin hwn yn meddu ar yr holl rinweddau arwrol traddodiadol a ddarlunnir ym marddoniaeth Gymraeg o ddyddiau Taliesin ymlaen: mae'n hael (ll.27), o dras frenhinol (ll.28–9), yn gryf o gorff (ll.34, ll.38), yn ddewr ar faes y gad (ll.40), yn noddi beirdd (ll.32–3, ll.41) ac yn amddiffyn y diymgeledd (ll.42–3). Ceir sawl adlais o'r hen ganu mawl Cymraeg yma. Ar y delfryd arwrol, gw. CLC, 188. Awgrymodd Alan Llwyd, os cynrychioli Cymru y mae'r forwyn yn y gerdd hon, yna dichon mai Saunders Lewis, prif ladmerydd y Blaid Genedlaethol yn ei chyfnod cynnar, yw'r brenin; gw. 'Gwenallt a "Breuddwyd y Bardd" ', *Barddas*, 245 (Mawrth/Ebrill 1998), 10.

28–33 Mae defnyddio coeden yn drosiad am dras bendefigaidd yn hen arfer ym marddoniaeth Gymraeg yr Oesoedd Canol. Cf. 136. 'T. Gwynn Jones' ll.2n.
35 **Mal** Fel.
36 **garan** crëyr, crychydd.
41 **neuadd** 'tŷ brenin, pendefig neu dirfeddiannwr, palas, plas, llys'; GPC, 2575.
   y naw awen merched Zeus a Mnemosyne, duwiesau llên, cerdd a dawns ym mytholeg Groeg, naw o ran eu nifer yn ôl y bardd Hesiod; gw. OCCL, 372. Defnyddir 'awen' yn Gymraeg fel arfer i olygu 'dawn, athrylith neu ysbrydoliaeth farddonol'; GPC, 240.
53 **Myrddin** bardd a daroganwr chwedlonol. Dywedir iddo golli ei bwyll ar ôl i'w arglwydd, Gwenddolau, farw ym mrwydr Arfderydd (OC 573), a ffoi i Goed Celyddon yn ne-orllewin yr Alban gan fyw yno'n ddyn gwyllt ymhlith yr anifeiliaid, dan ofn cael ei ganfod gan elyn Gwenddolau, Rhydderch Hael. Yn ei wallgofrwydd cafodd Myrddin ddawn darogan. Gw. CLC, 527; TYP, 469–74; 217. 'Sir Gaerfyrddin' ll.48n.
   cŵn blinion Mewn cylch o ganu astrus a gadwyd yn Llyfr Du Caerfyrddin, sef 'Oianau Myrddin', mae Myrddin yn cyfarch porchell sydd yn gydymaith iddo yng Nghoed Celyddon, ac yn ei rybuddio i fod yn effro rhag 'cŵn cyfrwys' Rhydderch Hael; gw. A. O. H. Jarman (gol.), *Llyfr Du Caerfyrddin* (1982), 29–35.
54 **Coed Celyddon** gw. ll.53n.
55 **paradwys** gw. 2. 'Y Sant' ll.528n.
58 **siaradus wŷdd** Mewn cylch o ganu astrus a gadwyd yn Llyfr Du Caerfyrddin, sef 'Afallennau Myrddin', mae Myrddin yn cyfarch afallen sydd yn ei gynnal â'i ffrwythau, gan briodoli iddi nifer o nodweddion rhyfeddol. Gw. CLC, 8–9; A. O. H. Jarman (gol.), *Llyfr Du Caerfyrddin* (1982), 26–8.
59–64 Thema gyfarwydd yn llenyddiaeth Gymraeg yw canu i aelwyd ddiffaith gan gymharu diffeithwch y presennol â gwychder y gorffennol, e.e., 'Stafell Gynddylan' yng nghylch Canu Heledd; gw. CLlH, 35–7. Enghraifft enwog arall o'r *genre* yw englynion Ieuan Fardd (1731–88) i Lys Ifor Hael, a ledadleisir yma; gw. BDdG, 69; cf. ll.229n.
61 **clêr** beirdd (neu gerddorion) crwydrad; gw. 84. 'Pantycelyn' ll.1n.
64 **mwswm** mwsogl.
71 **heldrin** 'trwbl, helbul, helynt, trafferth'; GPC, 1842. Mae gan Tomos Prys o Blas Iolyn (*c*.1564–1634) gywydd am yr 'heldrin' a fu pan ymosodwyd ar ei long gan forladron (cf. ll.73–4); gw. J. Fisher (gol.), *The Cefn Coch MSS* (1899), 41–4.
   Iôr Arglwydd.
73–4 **llong weddw ar fôr** Mae'n bosibl yr adleisir Marwnad Ithel ap Robert o waith Iolo Goch, 'Fal llong eang wrth angor, / Crin fydd yn crynu ar fôr'; gw. GIG, 71. Digwydd cymhariaeth debyg yn ll.88–9, a cf. trosiad estynedig 13. 'Ar Gyfeiliorn' ll.16–20; gw. hefyd 202. 'Yr Eglwysi'.
75 Adleisir llinell o Farwnad Tomas ap Rhys o'r Tywyn o waith Dafydd Nanmor, 'Bu bobl ynys heb i blaenawr'; gw. PWDN, 24.
77 **Dewi** nawddsant Cymru (cf. ll.76); gw. 2. 'Y Sant' ll.536n.
78 **rho d'adain di** cf. 12. 'Cymru' ll.31–2. Mae'n bosibl yr adleisir y llinell 'Taena d'adain dros ein gwlad', o'r emyn, 'Cofia'n gwlad, Benllywydd tirion'; gw. *Llyfr Emynau a Thonau y Methodistiaid* (1929), rhif 718, a 217. 'Sir Gaerfyrddin' ll.55n.
79 **balm** gw. 4. 'Yr Angylion a'r Gwragedd' ll.14n.
81 **llyn** diod.
85 **bardd dig y ffyrnig** *Inferno* Dante Alighieri (1265–1321), bardd Eidaleg enwog. Fe'i halltudiwyd o Fflorens, ei ddinas enedigol, oherwydd ei ddaliadau gwleidyddol tua dechrau 1302, a threuliodd weddill ei fywyd ar grwydr. Ei waith mawr oedd y *Divina Commedia* (Dwyfol Gân), cerdd hir mewn tri llyfr sef yr *Inferno* (Uffern), y *Purgatorio* (Purdan) a'r *Paradisio* (Paradwys). Yn yr *Inferno* caiff Dante ei dywys i uffern gan y bardd Lladin Fyrsil, a chael cyfle i gyfarfod eto â hen gydnabod. Gw. OCEL, 215–16; 74. 'Dante', n.

86	**Arno** yr afon sy'n llifo trwy ddinas Fflorens. Yn ôl ei dystiolaeth ei hun, ar lannau Arno y dechreuodd Gwenallt feddwl am destun awdl Eisteddfod Bangor; gw. 'Great Welsh Figures: Symbols of Hope and Despair', *Western Mail and South Wales News*, 7 Awst 1931, 9.
87	**haul a rhin sêr** Adleisir geiriau o *Canto* i o'r *Inferno*. **Fflorens** gw. ll.85n.
88	**fel llong glaf** Ni châi llong a chlefyd ar ei bwrdd ganiatâd i ddod i'r lan. Cf. ll.73–4n.
90	**niwloedd Llundain** Arferai Llundain fod yn enwog am ei niwloedd trwchus, a oedd yn gyfuniad o niwl a mwg o simneiau diwydiannol a domestig.
94	**gweddillion cain** adfeilion a henebion enwog y diwylliant Rhufeinig clasurol.
98	**crawn cornwydydd** cf. 13. 'Ar Gyfeiliorn' ll.13; 81. 'Cymru' ll.6; Exodus 9:9; Deuteronomium 28:27; Job 2:7; Luc 16:21.
102	**eneiniog** gw. ll.258n.
108–13	gw. ll.25–6n. Ceir cymhwysiad diddorol ar thema Sofraniaeth yn ll.112–13 wrth ychwanegu cyfoeth glo i'r cyd-destun 'naturiol' arferol. (Cymerir mai cyfleu gwres eirias y llosgi a wna'r ansoddair 'gwyn', ll.112.)
113	**mil** 'anifail, bwystfil, creadur'; GPC, 2455.
118	**Eryri** y mynydd-dir yng ngogledd-orllewin Cymru. Ei gopa uchaf yw'r Wyddfa (1085m), mynydd uchaf Cymru. Bu mynyddoedd Eryri yn gadarnle naturiol i dywysogion Gwynedd yn erbyn ymosodiadau o'r tu allan yn yr Oesoedd Canol.
119	**Tywi** gw. 2. 'Y Sant' ll.11n.
132	**dros Iwerydd** Disgwylia'r forwyn i'w hanwylyd ddychwelyd dros y môr o du'r gorllewin; cf. ll.146n, ll.203.
135	**Dido** merch fytholegol un o frenhinoedd Tyrus. Yn ôl traddodiad, lladdwyd ei gŵr gan ei brawd, Pygmalion, a ffodd i Libya a sefydlu dinas Carthago. Yn ôl y fersiwn ar ei hanes a gadwyd yn *Yr Aeneid* (Llyfr 4), mae Dido yn syrthio mewn cariad ag Aeneas. Oherwydd ymyrraeth y duwiau, mae'n rhaid i Aeneas adael Carthago, yn erbyn ei ewyllys. Er mor daer yr ymbilia Dido arno, mae Aeneas yn ymadael, ac mae Dido yn ei thaflu ei hun ar goelcerth. Gw. OCCL, 10.
138	**annwn** gw. 1. 'Y Mynach' ll.196n.
139	**artist llym, sadistig** Awgrymodd Gwenallt ei hun mai'r llenor Caradoc Evans (1878–1945) yw'r cymeriad hwn; gw. 'Great Welsh Figures: Symbols of Hope and Despair', *Western Mail and South Wales News*, 7 Awst 1931, 9. Brodor o Lanfihangel-ar-arth, sir Gaerfyrddin, a fagwyd yn Rhydlewis, sir Aberteifi, oedd Caradoc Evans, ac mae ei weithiau llenyddol *My People* (1915), *Capel Sion* (1916) a'r ddrama *Taffy* (1923) yn feirniadaeth lem ar dwyll a rhagrith y bywyd traddodiadol Anghydffurfiol Cymreig yng ngorllewin Cymru; gw. Bywg.², 13; CLC, 241.
146	Enwir yma ynghyd dri 'mab darogan' ('gwaredwr' ll.145) gyda'r amlycaf yn y canu brud Cymraeg; gw. ll.1n. **Arthur** (diwedd y 5ed gan./dechrau'r 6ed), arweinydd milwrol a phennaeth, o bosibl, ymhlith yr hen Frythoniaid. Credir iddo ennill buddugoliaeth fawr dros y Saeson tua 519 ym mrwydr Mynydd Baddon. Dros y canrifoedd datblygodd Arthur yn gymeriad pwysig mewn cerdd a chwedl, a rhoddwyd hwb aruthrol i'w boblogrwydd gan waith Sieffre o Fynwy, *Historia Regum Britanniae*, yn y 12fed ganrif; Sieffre oedd y cyntaf i awgrymu fod Arthur, ar ôl ei glwyfo ym mrwydr Camlan, wedi mynd i Ynys Afallon i wella, gan godi amwysedd ynglŷn â'i ddiwedd. Mae amryw o'r cerddi brud canoloesol yn enwi Arthur fel 'mab darogan' (gw. ll.1n). Gw. Bywg., 14–15; CLC, 26–8. **Tudur** enw amwys yng nghyd-destun y canu brud (gw. ll.1n) gan y gallai gyfeirio at amryw o aelodau teulu pwysig Tuduriaid Penmynydd. Y tebyg yw mai at Harri Tudur (1457–1509) y cyfeirir yma. Ganddo ef, trwy ei fam, yr oedd yr hawl cryfaf o blith y Lancastriaid i goron Lloegr. Hwyliodd i Aberdaugleddau o'i alltudiaeth yn Llydaw yn 1485, a gorymdeithio i faes Bosworth lle y trechodd Rhisiart III, a chael ei goroni'n

frenin (Harri VII). Mae Harri Tudur yn 'fab darogan' mewn amryw o gerddi brud, ac wedi iddo esgyn i orsedd Lloegr credai llawer fod daroganau'r beirdd wedi'u gwireddu gan fod Cymro bellach ar orsedd Lloegr. Gw. Bywg., 316–17; CLC, 733–4.
Glyndŵr, Owain Glyndŵr (*c.*1354–1416), arwr cenedlaethol ac arweinydd milwrol galluog. Hanai o dywysogion Powys ar ochr ei dad, o dywysogion Deheubarth ar ochr ei fam (gw. 240. 'Owain Glyndŵr' ll.2n, ll.4n), ac roedd ganddo gysylltiadau pell â thywysogion Gwynedd. Trodd cweryl rhyngddo a'i gymydog, Arglwydd Rhuthun, yn wrthryfel cenedlaethol yn 1400 a chyn pen y flwyddyn cyhoeddodd ei ddilynwyr ef yn Dywysog Cymru. Er gwaethaf ei lwyddiannau cychwynnol, a ddaeth i'w hanterth yn 1404–06, dechreuodd y gwrthryfel golli ei rym o *c.*1408 ymlaen. Erbyn 1413 roedd Glyndŵr ei hun wedi diflannu ac ni wyddys sut na pha bryd y bu farw. Cred rhai iddo dreulio'i henaint yng nghartref ei ferch, Alys Scudamore, ym Monnington Straddel yn swydd Henffordd, ac mai yno y'i claddwyd. Yn ogystal â'i fedr milwrol roedd Owain yn wladweinydd medrus: cynhaliodd seneddau ym Machynlleth a Dolgellau ac roedd ganddo gynlluniau i sefydlu dwy brifysgol yng Nghymru ac i ryddhau'r eglwys o awdurdod Caergaint. Mae disgleirdeb ei yrfa filwrol ac amwysedd ei ddiwedd wedi peri bod enw Glyndŵr yn digwydd fel 'mab darogan' mewn amryw o'r cerddi brud (gw. ll.1n). Gw. Bywg., 650–1; CLC, 549; 183. 'Owain Glyndŵr'; 240. 'Owain Glyndŵr'.

154 **Yn cario ei hiaith fel cario croes** cf. 81. 'Cymru' ll.3; 83. 'Golff' ll.1.
162 **proffwyd talfain, llwydwedd** Awgrymodd Gwenallt ei hun mai H. R. Jones (1894–1930), ysgrifennydd cyntaf Plaid Genedlaethol Cymru, yw'r cymeriad hwn; gw. 'Great Welsh Figures: Symbols of Hope and Despair', *Western Mail and South Wales News*, 7 Awst 1931, 9; LlGC 21754E, 112. Ganed H. R. Jones yn Ebenezer, sir Gaernarfon—pentref y newidiwyd ei enw'n ddiweddarach i Ddeiniolen (ll.197). Ef a sylfaenodd Fyddin Ymreolaeth Cymru, a oedd yn rhagredegydd i Blaid Genedlaethol Cymru (Plaid Cymru yn ddiweddarach). Bu farw'n ifanc o'r ddarfodedigaeth, ac mae dwy linell o'i araith yn yr awdl hon ar garreg ei fedd yn Neiniolen. Gw. Bywg., 440; CLC, 392–3.
164 **hoyw** yn ei ystyr wreiddiol, 'heini, sionc, . . . nwyfus, bywiog'; GPC, 1901.
176 **digrif** 'hyfryd, braf, tirion, pleserus, dymunol'; GPC, 1000.
180 **ni fed** Defnyddir y ferf yn eironig yma: er cyfnod y Cynfeirdd (gw. ll.317n) digwydd medi a chynaeafu ym marddoniaeth Gymraeg yn drosiad am frwydro a rhyfela.
186 **Glasnevin** mynwent fawr yn ninas Dulyn lle y claddwyd llawer o wŷr mawr Iwerddon.
187 **Erin** hen enw ar Iwerddon; cf. OCIL, 175.
188 **MacSwiney**, Terence (1879–1920), cenedlaetholwr Gwyddelig a chwaraeodd ran bwysig yn hanes diwylliannol a gwleidyddol Corc. Roedd MacSwiney i fod yn un o brif arweinwyr Gwrthryfel Pasg 1916 yn Corc yn erbyn rheolaeth y Saeson yn Iwerddon, ond ufuddhaodd i orchymyn Eoin MacNeill i wasgaru o ddynion a beiodd ei hun yn bersonol am y ffaith na fu gwrthryfel yn y ddinas honno. Wedi ei restio yn Awst 1920, dechreuodd ar streic lwgu a oedd i bara am dros ddeg wythnos ac a fu'n fodd i dynnu sylw'r byd at broblemau gwleidyddol Iwerddon. Gw. OCIL, 349.
Connolly, James (1868–1916), sosialydd a chenedlaetholwr Gwyddelig. Ef a sylfaenodd Blaid Weriniaethol Sosialaidd Iwerddon yn 1898, a daeth yn arweinydd ar Undeb Gweithwyr Trafnidiaeth a Chyffredinol Iwerddon yn 1914. Connolly oedd arweinydd y lluoedd Gweriniaethol yn Nulyn adeg Gwrthryfel Pasg 1916, a chafodd ei glwyfo'n ddifrifol yn yr ymladd. Fe'i dedfrydwyd i farwolaeth gan lys milwrol Prydeinig a'i ddienyddio 12 Mai 1916. Gw. OCIL, 113.
Micael Colin (Michael Collins, 1890–1922), cenedlaetholwr Gwyddelig a enillodd statws lled-chwedlonol yn ei oes er hun ymhlith ei ddilynwyr. Chwaraeodd ran amlwg yn y mudiad cenedlaethol a dyfodd yn Iwerddon yng nghyfnod y Rhyfel Byd Cyntaf ac fe'i carcharwyd am ei ran yn nigwyddiadau Gwrthryfel Pasg 1916 yng ngwersyll Fron-

	goch ger y Bala. Pan sefydlwyd Gwladwriaeth Rydd Iwerddon yn 1922, ef oedd ei chadeirydd cyntaf. Fe'i claddwyd ym mynwent Glasnevin (ll.186n). Gw. DNB; OCIL, 107.
191	cf. Datguddiad 1:16; Mathew 17:2; gwrthgyferbynner Exodus 33:20.
192	**Moesen** ffurf Gymraeg ar enw Moses, proffwyd mawr ac arweinydd cenedl Israel yn yr Hen Destament. Tywysodd yr Israeliaid o'u caethiwed yn yr Aifft (gw. 148. 'Yr Eglwys' ll.6n), trwy flynyddoedd maith eu crwydro yn yr anialwch nes cyrraedd Canaan neu Wlad yr Addewid. Er i Dduw ddangos Gwlad yr Addewid iddo, bu farw Moses cyn i'r genedl fynd i mewn iddi; gw. Deuteronomium 34:1–6; IBD, 1026–30; ODCC, 1118.
197	**Deiniolen** gw. ll.162n.
198–9	cf. 63. 'Er Cof am Mr Oliver Jones' ll.5–6. Gw. hefyd 7. 'Myfyrdod' ll.3n.
200–1	Lled-adleisir rhan o gainc *Branwen* ym *Mhedair Cainc y Mabinogi*, lle y sonnir am y llongau a ddaeth gyda Bendigeidfran o Gymru i Iwerddon i achub Branwen o'i thrueni; gw. PKM, 39–40. Ar y rhifol naw ('naw llong', ll.202), gw. 2. 'Y Sant' ll.581n.
203	**Cydweli** pentref ar aber Gwendraeth yn sir Gaerfyrddin; cf. ll.132n, ll.146n.
211	Adleisir Caniad Solomon 1:8, 6:1.
212	**lelog** Oherwydd ei flodau toreithiog, persawrus, mae lelog yn symbol o ffrwythlondeb.
	rhos Mewn symbolaeth Gristnogol mae rhosyn yn symbol o berffeithrwydd anghymharol; gall hefyd gyfleu harddwch a serch.
	lili gw. 1. 'Y Mynach' ll.97n, a Chaniad Solomon 6:2.
214	**lloer y gwragedd** Defnyddir 'lloer' yn ffigurol 'am fenyw neu ferch nodedig am ei thegwch'; GPC, 2198.
221	**cenedl o seintiau** cf. 12. 'Cymru' ll.1–2; 2. 'Y Sant', n.
226	**coelcerthi** tanllwythi mawr 'yn yr awyr agored, yn enw. ar ben mynydd neu le uchel i rybuddio rhag perygl neu i ddathlu digwyddiad arbennig'; GPC, 532.
227	**yr Aran** mynydd (907m) yn sir Feirionnydd, i'r de-orllewin o Lyn Tegid.
	Eryri gw. ll.118n.
228	**'r Berwyn** mynydd-dir yng ngogledd Cymru, i'r dwyrain o Lyn Tegid.
	'r Frenni [Fawr] mynydd (395m) ger Crymych yn sir Benfro.
229	**mall, ysgall** Adleisir llinell o waith Ieuan Brydydd Hir (1731–88), 'Drain ac ysgall mall a'i medd', o'i 'Englynion i Lys Ifor Hael'; gw. BDdG, 69; cf. ll.59–64n.
241	**didawl oedd mawl** gw. 2. 'Y Sant' ll.558n.
243–4	cf. Eseia 40:3–4; Mathew 3:3; Marc 1:3; Luc 3:4.
251–4	Lled-gyfeirir yma at chwedl Persephone ym mytholeg Groeg. Dygwyd Persephone merch Demeter (duwies grawn) i'r Isfyd gan Hades. Chwiliodd ei mam ar hyd ac ar led amdani, dan ymprydio, ac o'r herwydd aeth y ddaear yn ddiffrwyth. Trefnwyd wedyn bod Persephone yn treulio rhan o'r flwyddyn yn yr Isfyd a'r gweddill ar y ddaear. Dehonglwyd y myth yn drosiad am fyd natur: rhaid i'r grawn ddisgyn i'r ddaear farwaidd yn y gaeaf er mwyn cael bywyd newydd y gwanwyn a'r haf. Gw. OCCL, 177, 422; cf. hefyd ll.25–6n.
255	**agor dy byrth a'th ddorau** cf. Salm 24:7–10; Eseia 26:2.
257	Lled-gyfeirir yma at hanes y Mab Afradlon; gw. Luc 15:11–32.
258	**eneiniog Duw** cf. 2 Samuel 23:1. Hen arfer yw eneinio brenin, yn arwydd o'i gysegriad i'w swydd, a cheir enghreifftiau pwysig o hyn yn yr Hen Destament yn achos Saul a Dafydd.
262–8	cf. y chwaraeon a'r campau a ddisgrifir yng nghyd-destun dathlu coroni Arthur yn BB, 32, a cf. ll.276–81n.
272	**pencerdd** bardd o statws uchel a phennaeth ar feirdd eraill o fewn talaith arbennig, yn ôl Cyfraith Hywel; gw. CLC, 132–3.
	cerddor yma, bardd o statws isel a'i brif waith yn ddifyrru trwy gellwair a dychanu; gw. CLC, 132–3.

Nodiadau: 'Breuddwyd y Bardd' 463

273	**neithior** gwledd briodas. Yn draddodiadol, chwaraeai'r beirdd ran amlwg yn nigwyddiadau neithior, gan gynnwys cael eu derbyn i'w graddau; gw. CLC, 531–2.
276–81	cf. y cynrychiolwyr o wledydd gwahanol sydd yn cyrchu Caerleon-ar-Wysg ar gyfer seremoni coroni Arthur yn BB, 29–30; gw. hefyd ll.262–8n.
276	**Germania** yr Almaen.
278	**Britannia** Nid Prydain, mae'n debyg, gan mai yng Nghymru y gosodir y gerdd; dichon mai Llydaw (sef Prydain Fechan) a olygir; cf. BB, 30.
281	**Gwalia** Cymru.
289	**er cof amdano** Adleisir geiriau Iesu Grist yn ystod y Swper Olaf; gw. 1. 'Y Mynach' ll.187n; cf.ll.295.
297	**telynau a fu'n fud lonydd** cf. Salm 137:2 sy'n sôn am delynau mud pobl Israel yn ystod cyfnod y gaethglud i Fabilon. Gw. 2. 'Y Sant' ll.397n.
298	**datgeinydd** aelod isradd o'r gyfundrefn farddol yn yr Oesoedd Canol. Datganai gerddi beirdd eraill i gyfeiliant cerddorol (y delyn neu'r crwth gan amlaf), neu i rythm curiadau pastwn; gw. CLC, 165.
300	**Gwea . . . dy gywydd** Trosiad cyffredin am farddoni yw sôn am blethu neu wau cerdd; cf. 84.'Pantycelyn' ll.8n.
302	**awenyddion** beirdd; rhai sy'n meddu'r awen neu ysbrydoliaeth farddol. Gw. CLC, 30, a cf. ll.41n.
303	**ffon** gw. ll.298n.
308	**cân y ddarogan** Term arall am ganu brud yw canu darogan; gw. ll.1n.
317	**Y Cynfeirdd** y beirdd Cymraeg cynharaf, yn fwyaf arbennig y rhai a fu'n canu tua diwedd y 6ed ganrif, megis Taliesin ac Aneirin, ond defnyddir y term hefyd ar gyfer beirdd (anhysbys bellach) a ganai mor ddiweddar â'r 9fed ganrif a'r 10fed. Ystyrir y Cynfeirdd yn sylfaenwyr y traddodiad barddol Cymraeg. Gw. CLC, 146. **Gogynfeirdd** y beirdd Cymraeg a fu'n canu yn y cyfnod *c.*1100–1300. Ystyrient eu hunain yn etifeddion canu'r Cynfeirdd, a chynhyrchwyd corff o ganu tra phwysig ganddynt. Gw. CLC, 275–6.
332–3	Adleisir Mathew 11:30.
335	cf. 7.'Myfyrdod' ll.16.
340–3	Er y gellid awgrymu rhai adnodau beiblaidd fel ffynhonnell bosibl i'r trosiad estynedig a geir yma (e.e., Diarhebion 17:3), mae'n fwy tebygol ei fod yn tarddu'n uniongyrchol o brofiad Gwenallt ei hun yn ymweld â'i dad yn y gwaith dur. Gw. *Credaf.*
345	**da ydyw** cf. Genesis 1:4,10,12,18,21,25,31.

Ysgubau'r Awen (Gwasg Gomer, [1939])

Adolygiadau
Saunders Lewis, *Baner ac Amserau Cymru*, 7 Chwefror 1940, 3; Gwenan Jones, *Yr Efrydydd* (y drydedd gyfres), 5:3 (Mawrth 1940), 43–5; Gwilym R. Tilsley, *Yr Eurgrawn*, 132 (Ebrill 1940), 143–4; Eurys Rowlands, *Y Genhinen*, 2 (1952), 61–2; Davies Aberpennar, *Heddiw*, 5:10 (Mawrth 1940), 496–9; W. J. Gruffydd, *Y Llenor*, 20:1 (Gwanwyn 1941), 46–8; R. Meirion Roberts, *Y Traethodydd*, 95 (Ebrill 1940), 123–5; Gerallt Jones, adolygiad llsgr. yn LlGC, Papurau'r Parch. Gerallt Jones, 67.

Trafodaethau cyffredinol
Trefor Edwards, 'Ysgubau'r Awen gan Gwenallt Jones', *Barn*, 49 (Tachwedd 1966), 25–6; T. Emrys Parry, 'Ystyried *Ysgubau'r Awen*', yn *Ysgrifau Beirniadol IV*, gol. J. E. Caerwyn Williams (1969), 228–65; Dewi Stephen Jones, 'Tu hwnt i'r wynebau oll–2', *Barddas*, 110 (Mehefin 1986), 6–9.

Cyflwyniad: nodiadau
Gwraig Priododd Gwenallt â Nel Edwards, yn Llanddewi Aber-arth, sir Aberteifi, 27 Mawrth 1937. Ceir peth o hanes eu carwriaeth yn Lynn Owen-Rees, *Cofio Gwenallt* (1978), 82–8.
Chwaer Elizabeth Anne [Owen yn ddiweddarach] (1905–97).
Mam gw. 9. 'Beddau' ll.17n.
Y Llenor cylchgrawn llenyddol chwarterol dylanwadol a gyhoeddwyd yn y cyfnod 1922–55; gw. CLC, 453.
Y Ddraig Goch papur misol Plaid Genedlaethol Cymru (Plaid Cymru yn ddiweddarach); gw. CLC, 208.
Heddiw cylchgrawn a olygwyd gan Aneirin Talfan Davies a Dafydd Jenkins, a ymddangosodd yn y cyfnod 1936–42; gw. CLC, 322–3; *Eples*, n.

4. YR ANGYLION A'R GWRAGEDD
Trafodaethau: T. Emrys Parry, 'Ystyried *Ysgubau'r Awen*', yn *Ysgrifau Beirniadol IV*, gol. J. E. Caerwyn Williams (1969), 232–3; Dewi Stephen Jones, 'Tu hwnt i'r wynebau oll–2', *Barddas*, 110 (Mehefin 1986), 7–8.

Nodiadau cyffredinol
Angylion gw. 1. 'Y Mynach' ll.388n.

1 **awen** gw. 3. 'Breuddwyd y Bardd' ll.41n.
2 **efengyl** cf. 150. 'Y Calendr' ll.4n.
4 **offrwm poeth** Roedd y poethoffrwm yn un o aberthau'r Hen Destament, lle'r offrymid anifail gwrywaidd perffaith i Dduw; gw. Lefiticus 1, a cf. 1. 'Y Mynach' ll.58n.
5 **Tri o Bersonau** Craidd diwinyddiaeth Gristnogol yw bod Duw yn dri Pherson—Tad, Mab ac Ysbryd Glân—ac eto'n un Duw; gw. ODCC, 1641–2.
7 **canonau** cyfreithiau neu ddeddfau eglwysig. Gan fod canon hefyd yn derm cerddorol am 'ddau neu fwy o leisiau'n canu'r un alaw, y naill yn cychwyn ar ôl y llall' (GPC, 416), ceir peth amwysedd wrth gyferbynnu â ll.8. Ar Eglwys, gw. 76. 'Yr Eglwys', n.
8 **Cymun** gw. 1. 'Y Mynach' ll.187n.
11 **sigl ein traed** gw. 2. 'Y Sant' ll.260n.
14 **balm** math o sudd o bren o'r un enw ac iddo rinweddau arbennig wrth wella clwyfau a briwiau; fe'i defnyddir hefyd wrth berarogli cyrff meirw. Gw. Genesis 37:25, 43:11; Jeremeia 8:22 (ystyr 'triagl' yw balm).
   nard llysieuyn o'r India a chanddo arogl bêr. Defnyddir yr olew a wesgir ohono yn feddyginiaethol ac i'w arogli. Gw. Caniad Solomon 1:12, 4:14; Marc 14:3; Ioan 12:3.
15 **isop** llwyn y priodolir iddo lawer o rinweddau meddyginiaethol; fe'i defnyddid yn aml yn yr Hen Destament yng nghyd-destun glanhau seremonïol, e.e. Lefiticus 14:4; Numeri 19:18; Salm 51:7. Daw'r ymadrodd 'tusw o isop' o Exodus 12:22.
16 **yn wynnach na'r gwlân** cf. Salm 51:7; Eseia 1:18; Datguddiad 1:14.

18	**Profens** ardal yn ne-ddwyrain Ffrainc sy'n enwog am y corff o farddoniaeth delynegol ar themâu natur a serch cwrtais a ganwyd yn ystod y 12fed ganrif a'r 13eg yn yr Hen Brofensaleg gan feirdd a adwaenir fel y Trwbadwriaid. Gwŷr uchel eu statws oedd y rhan fwyaf o'r Trwbadwriaid, ond ymddengys i rai o leiaf ohonynt grwydro o lys i lys gyda'u cerddi, a chanai rhai dramor, ar y Croesgadau. Gw. OCEL, 836. **Sbaen** Llewyrchai canu'r Trwbadwriaid yn llysoedd Sbaen hefyd, ond tybed onid cerddi epig y 12fed ganrif a'r 13eg sydd mewn golwg yma. Yr enwocaf o'r rheini yw *El Cantor de mio Cid* (c.1200) sydd yn disgrifio mewn ffordd liwgar a realistig oes aur sifalri canoloesol a gweithredoedd arwrol El Cid.
19	**Saffo** (diwedd y 7fed gan. CC), barddones Roeg a ganai, i gyfeiliant y delyn fach (*lyre*), bron yn gyfan gwbl i'w theulu a'i chyfeillion benywaidd. Ei cherdd enwocaf yw un sy'n cyfarch Aphrodite (gw. 2.'Y Sant' ll.420n). Gw. OCCL, 506–7.
20	**yn y maen** Cymerir mai at gerfluniau y cyfeirir.
21	**merthyron** gw. 158.'Y Merthyron', n.
22	**Lili a rhos** gw. 1.'Y Mynach' ll.97n; 3.'Breuddwyd y Bardd' ll.212n. Ar y cyd-drawiad, cf. 291.'Lili a Rhos'.
23	**llythyron** Cofier mai ystyr y gair 'epistol' yw llythyr. Epistolau yw cynnwys cyfran helaeth o'r Testament Newydd.
24	**Cronicl . . . brutiau** gw. 1.'Y Mynach' ll.438n. Y llyfrau hanes y cyfeirir atynt yma yw'r Efengylau, sydd yn adrodd hanes marwolaeth Crist; gw. 150.'Y Calendr' ll.4n.
25–8	cf. 7.'Myfyrdod' ll.9–12. Anodd peidio â chysylltu delweddaeth y pennill hwn â'r centawriaid a'r satyriaid yn chwedloniaeth Groeg; gw. 2.'Y Sant' ll.335n, ll.337n.
29	**duwiau fel teirw** Yn chwedloniaeth Groeg byddai'r duwiau'n aml yn ymrithio'n anifeiliaid; gw. ll.30n. Ystyr 'treisiedi' yw buchod ifainc.
30	**Ewropa** merch i frenin Tyrus yn chwedloniaeth Groeg, a enynnodd serch Zeus. Ymrithiodd yntau fel tarw hardd a nofio i'r traeth lle'r oedd i'w forwyn yn chwarae; gan mor ddof yr anifail, dringodd hi i'w gefn a nofiodd y tarw ymaith â hi i Creta, lle y ganwyd nifer o blant iddynt. Gw. OCCL, 226–7. **Leda** gwraig brenin Sparta yn chwedloniaeth Groeg. Ymserchodd Zeus ynddi a dod ati yn rhith alarch. Bu'n fam i nifer o blant Zeus, gan gynnwys Helen ('Elen' ll.31). Gw. OCCL, 321. **Io** merch brenin cyntaf Argos yn chwedloniaeth Groeg. Ymserchodd Zeus ynddi a rhoi arni rith anner ('treisiad' ll.29). Er i wraig Zeus osod bugail i wylio dros yr anner, a gyrru cleren lwyd i'w phoeni, llwyddodd Zeus i gael cyfathrach â hi. Gw. OCCL, 298.
31	**Elen** Helen; gw. 1.'Y Mynach' ll.197n.
31–32	**medi / Gwenith dwy genedl** Ceir yma ryw ledadlais o eiriau olaf Branwen yng nghainc *Branwen* ym *Mhedair Cainc y Mabinogi*, ar ôl y cyflafan fawr in Iwerddon; gw. PKM, 45. Defnyddir y gair 'gwenith' yn drosiadol am 'y gorau neu'r gwerthfawrocaf o'r rhyw'; GPC, 1637. Ar fedi, gw. 3.'Breuddwyd y Bardd' ll.180n. Cf. 193.'Yr Alarch' ll.17.
32	**Tro** Caerdroea, neu Ilium, hen ddinas yng ngogledd-orllewin Asia Leiaf sy'n chwarae rhan allweddol yn chwedloniaeth Groeg yn sgil y rhyfel rhyngddi a gwŷr Groeg; gw. OCCL, 583–4; 1.'Y Mynach' ll.197n.
36	**rhith** Ceir y nodyn canlynol ar ddiwedd y gerdd yn *Ysgubau'r Awen*: 'Yn ôl un chwedl, Rhith oedd Elen o Dro. Roedd yr Elen iawn yn neuaddau Proteus yn yr Aifft.' (Brenin yr Aifft oedd Proteus yn ôl drama Ewripides, *Helen*.)

5. Y TWRCH TRWYTH
Cadwyd copi o'r gerdd hon mewn casgliad teipysgrif o rai o gerddi Gwenallt yn BJM 3/415, [18].

Trafodaethau:
Bobi Jones, '"Y Twrch Trwyth": cerdd gan D. Gwenallt Jones', *Y Traethodydd*, 123 (Gorffennaf

1968), 108–12 (hefyd yn R. M. Jones, *Llenyddiaeth Gymraeg 1936–1972*, 1975, 13–18); T. Emrys Parry, 'Ystyried *Ysgubau'r Awen*', yn *Ysgrifau Beirniadol IV*, gol. J. E. Caerwyn Williams (1969), 250–2.

Nodiadau testunol
6   **sgêm** : raib (BJM)

Nodiadau cyffredinol
Y Twrch Trwyth baedd gwyllt chwedlonol y cadwyd ei hanes yn chwedl *Culhwch ac Olwen*. Un o'r tasgau y mae'n rhaid i Gulhwch ei chyflawni cyn y caiff briodi Olwen yw ennill crib a gwellaif (ychwanegir ellyn atynt mewn man arall yn y stori) sydd yn gorwedd rhwng clustiau'r Twrch Trwyth, er mwyn eillio tad Olwen a thorri ei wallt ar gyfer y neithior. Mae Arthur a'i wŷr yn hela'r Twrch a'i berchyll, ar ran Culhwch, o Iwerddon i Gymru, ar draws y De a thrwy Hafren i Gernyw lle y gyrrir ef i'r môr wedi cael y 'tlysau' oddi wrtho, ond nid heb golli llawer o wŷr Arthur yn yr ymdrech. Gw. CLC, 735; CO, 37–41.

Perthyn y gerdd hon i ddosbarth o gerddi a luniodd Gwenallt am anifeiliaid er mynegi ffieidd-dra pechod; cf. 8. 'Y Ffwlbart'; 96. 'Y Sarff'; 140. 'Y Draenog'; 147. 'Yr Anifail Bras'. Ar bechod, gw. 75. 'Pechod', n.

3–4   Eglurir am y twrch mai 'brenin fu, ac am ei bechod y rhithiodd Duw ef yn hwch'; CO, 38.
13   **tlysau** y term a ddefnyddir yn chwedl *Culhwch ac Olwen* wrth gyfeirio at y crib, y gwellaif a'r ellyn rhwng clustiau'r Twrch; gw., e.e., CO, 36.
15–16   Am hanes Menw (un o ddilynwyr Arthur) yn cael ei wenwyno gan wrych y Twrch Trwyth, gw. CO, 36.
19   **cleddyf glas** cf. 149. 'Amser' ll.18n.
20   Adleisir (yn eironig) linell o'r emyn cyfarwydd 'Newyddion braf a ddaeth i'n bro', sef 'Fe gollodd Ef ei waed yn lli'; gw. *Llyfr Emynau a Thonau y Methodistiaid* (1929), rhif 127.

6. ADAR RHIANNON
Cyhoeddwyd y gerdd hon gyntaf yn *Heddiw*, 3:1 (Awst 1937), 1.

Cyfieithiad: D. Myrddin Lloyd, yn *A Book of Wales*, goln D. M. ac E. M. Lloyd (1953), 254–5.

Nodiadau testunol
12   **hen harmoni** : harmoni (*Heddiw*)

Nodiadau cyffredinol
Adar Rhiannon tri aderyn chwedlonol a fu, yn ôl cainc *Branwen* ym *Mhedair Cainc y Mabinogi*, yn diddanu'r seithwyr a ddihangodd yn fyw o'r dinistr mawr yn Iwerddon, yn ystod y wledd yn Harlech. Dywedir eu bod yn canu'n bell allan uwchben y môr ('gweilgi', ll.2), er iddynt ymddangos yn agos, a bod eu cân yn felysach na dim a glywodd y seithwyr o'r blaen. Yn ôl *Culhwch ac Olwen*, cân adar Rhiannon 'a ddihun y marw ac a huna y byw' (cf. ll.9–10). Gw. PKM, 46; CO, 24. Ar Rhiannon, gw. 24. 'Balâd yr Arglwyddesau' ll.3n; 133. 'Rhiannon', n. Gw. hefyd 172. 'Y Drws'.
2   **uwch y weilgi** Adleisir ymadrodd yng nghainc *Branwen*; gw. PKM, 46.
5   **Erin** gw. 3. 'Breuddwyd y Bardd' ll.187n.

7. MYFYRDOD
Cadwyd copi o'r gerdd hon mewn casgliad teipysgrif o rai o gerddi Gwenallt yn BJM 3/415, [32].

Detholwyd i: *Hunt ac Yma* (1944), 107; H. Meurig Evans (gol.), *Cerddi Diweddar Cymru* (1962), 64–5; Gwynn ap Gwilym ac Alan Llwyd (goln), *Blodeugerdd o Farddoniaeth Gymraeg yr Ugeinfed Ganrif* (1987), 95.

Trafodaethau: T. Emrys Parry, 'Ystyried *Ysgubau'r Awen*', yn *Ysgrifau Beirniadol IV*, gol. J. E. Caerwyn Williams (1969), 253–7; Roger Williams, 'Cerddi Diweddar Cymru: Rhif 63. Myfyrdod', *Barn*, 115 (Mai 1972), 190; Gwilym R. Jones, 'Perthynas y Ffrâm a'r Llun', *Barddas*, 44 (Medi 1980), 6; Dewi Stephen Jones, 'Tu hwnt i'r wynebau oll–2', *Barddas*, 110 (Mehefin 1986), 7.

Nodiadau testunol
1 **Rhowch :** O rhowch (BJM)
2 **a marian :** neu hafan (BJM)
4 **mwstwr :** chynnwrf (BJM)
   twyllodrus : llamsachus (BJM)
7 **boeni'r :** chwipio'r (BJM)
8 **daro :** guro (BJM)
10 **hëyrn :** cedyrn (BJM)
12 A'u carlam carnol i grynu, torri'r tir. (BJM)
15 Lle byddo heddwch tan lesni'r ne, (BJM)
16 Heddwch, tawelwch, mynachdod myfyrdod mwyn. (BJM)

Nodiadau cyffredinol
Am sylwadau Gwenallt ar le myfyrdod yn y broses o lunio cerdd, gw. *Y Bardd yn ei Weithdy*, gol. T. H. Parry-Williams (1948), 28–9.
1 **cilfach a glan** gw. Actau 27:39.
3 **gwylanod** symbol o serch, efallai; cf. cywydd Dafydd ap Gwilym, 'Yr Wylan', yn Thomas Parry (gol.), *Gwaith Dafydd ap Gwilym* (1952), 313.
4 Ar y môr fel symbol o bechod, cf. Datguddiad 21:1.
8 **cesair** Mae cesair yn un o'r cosbau yn uffern Dante am bechodau'r cnawd; gw. Datguddiad 8:7 a cf. 1. 'Y Mynach' ll.242–4n.
9–12 cf. 4. 'Yr Angylion a'r Gwragedd' ll.25–8.
9 **geifr** symbol cyffredin am ddrygioni mewn llên a llun (darlunnir y diafol yn fynych fel gafr); cf. Mathew 25:32–46.
11 **pystylad meirch** symbol o ryfel, efallai; ond cf. 185. 'Y Capel yn Sir Gaerfyrddin' ll.7.
16 cf. 3. 'Breuddwyd y Bardd' ll.335.

8. Y FFWLBART
Trafodaeth: T. Emrys Parry, 'Ystyried *Ysgubau'r Awen*', yn *Ysgrifau Beirniadol IV*, gol. J. E. Caerwyn Williams (1969), 253.

Nodiadau cyffredinol
Perthyn y gerdd hon i ddosbarth o gerddi a luniodd Gwenallt am anifeiliaid er mynegi ffieidd-dra pechod; gw. 5. 'Y Twrch Trwyth', n. Ar bechod, gw. 75. 'Pechod', n.
4 **rhòl** gw. 3. 'Breuddwyd y Bardd' ll.5n.
13 **fel pechod i'r goedwig** cf. 75. 'Pechod' ll.9.

9. BEDDAU
Gw. rhif 59 am gerdd wahanol dan yr un teitl.

Cyfieithiad: B. S. Johnson a Ned Thomas, *Planet*, 29 (Hydref 1975), [23].

Trafodaethau: T. Emrys Parry, 'Ystyried *Ysgubau'r Awen*', yn *Ysgrifau Beirniadol IV*, gol. J. E. Caerwyn Williams (1969), 264; Dafydd Johnston, 'Dwy Lenyddiaeth Cymru yn y Tridegau', yn *Sglefrio ar Eiriau*, gol. John Rowlands (1992), 49.

Nodiadau cyffredinol
Mae'r penillion hyn yn efelychu 'Englynion y Beddau', sef cyfresi o hen englynion tair llinell y credir bod yr hynaf ohonynt yn dyddio'n ôl i'r 9fed ganrif neu'r 10fed. Prif nodwedd 'Englynion y Beddau' yw enwi arwr gan grybwyll rhyw nodwedd amdano tra fu fyw, a nodi man ei gladdu, weithiau mewn ffordd amwys. Gw. CLC, 223.
1 **Llansawel** pentref yng ngogledd sir Gaerfyrddin, nid nepell o Dalyllychau. O blwyf Llansawel yr hanai teulu Gwenallt ar ochr ei dad. (Yno hefyd y bu ei fam yn byw am rai

blynyddoedd cyn priodi, er mai o ran arall o'r sir yr hanai hithau; gw. ll.17n.) Mae amryw o hynafiaid Gwenallt wedi'u claddu ym mynwent eglwys y plwyf, Llansawel, gan gynnwys ei dad-cu (gw. 130.'Rhydcymerau' ll.9n); cf. ll.6.

9   **Dafydd Siop** Dyma'r 'Dafydd Ifans y Siop' y ceir portread byw ohono gan D. J. Williams yn *Hen Wynebau* (1934), 75–85.

Siâms y Dolau neu 'Nwncwl Jâms' chwedl D. J. Williams yn *Hen Dŷ Ffarm* (1953) gan ei fod yn frawd i'w dad. Roedd Siâms y Dolau yn 'perthyn' o bell i Gwenallt gan fod brawd hynaf mam Gwenallt yn briod â chwaer ieuengaf tad D. J.; gw. *Hen Dŷ Ffarm*, 71. Yn ôl D. J. Williams, 'Nwncwl Jâms' a Dafydd Ifans y Siop oedd 'dau ben cerddor yr ardal'. Gw. *Hen Dŷ Ffarm*, 148–60; *Cyfrol Deyrnged D. J. Williams, Abergwaun*, gol. J. Gwyn Griffiths (1965), 118–19.

10   **fy nhad** Thomas Ehedydd Jones (1867–1927), brodor o Lansawel, sir Gaerfyrddin. Gadawodd ei gartref yn Esgeir-ceir pan oedd yn 26 oed a symud i Bontardawe yn sir Forgannwg er mwyn cael gwaith, yn arddwr i ddechrau ond wedyn yng ngwaith dur Gilbertson. Roedd yn fardd a rhigymwr, a chanddo ef y cafodd y Gwenallt ifanc ei ddiddordeb yng nghrefft barddoni; dichon mai ei ddylanwad ef a welir yng nghynnyrch barddol cynharaf Gwenallt, gw. rhifau 274–82. Ceir hanes y ddamwain erchyll yn y gwaith dur a'i lladdodd yn *South Wales Voice*, 1 Hydref 1927, 1; *Credaf*. Ym mynwent y Methodistiaid yn Nhrebannws y claddwyd tad Gwenallt, a hefyd ei fam (ll.17n). Gw. hefyd 70. 'Fy Nhad'; 301. 'Fy Nhad'. Ceir nifer o luniau o dad Gwenallt, ei fam (ll.17), a'i frawd (ll.14) yn BBG.

13   **Sul y Blodau** y Sul sy'n rhagflaenu Sul y Pasg. Mae'n arfer, yn arbennig yn ardaloedd diwydiannol de Cymru, addurno beddau anwyliaid â blodau ar y Sul hwn.

14   **fy mrawd** John Llywelyn Jones (1901–20). Yn ôl chwaer Gwenallt, Beth Owen, 'Ein brawd John Llywelyn oedd yr unig un [yn ein teulu] a ddangosodd unrhyw ddawn canu' (gw. LlGC ex.918, sef copi anodedig o lyfr Lynn Owen-Rees, *Cofio Gwenallt*, 1978, 19).

16   Lled-adleisir llinell yn 'Stafell Gynddylan' yng Nghanu Heledd, sef cyfres o hen englynion o'r 9fed ganrif sy'n mynegi galar Heledd ar ôl i'w brawd Cynddylan gael ei ladd, 'Wylaf wers, tawaf wedi'; gw. CLIH, 35; CLC, 86.

17   **fy mam** Mary Jones (1867–1938), merch o Abergloideth, Llanfihangel-ar-arth, sir Gaerfyrddin, a fu'n byw yn ardal Rhydcymerau am rai blynyddoedd cyn priodi tad Gwenallt yn 1894. Fe'i hyfforddwyd mewn ysgol wnïo yn Llansawel, a sonia D. J. Williams amdani'n dod i'w gartref ym Mhen-rhiw i wneud dillad iddo; gw. *Barn*, 75 (Ionawr 1969), 59, a cf. atgofion Gwenallt ei hun yn 'Y Fro: Rhydcymerau', *Cyfrol Deyrnged D. J. Williams, Abergwaun*, gol. J. Gwyn Griffiths (1965), 118.

21   **yr Allt-wen** y pentref yng Nghwm Tawe lle y magwyd Gwenallt. Symudodd y teulu yno o Bontardawe cyfagos (ochr draw'r afon) pan oedd Gwenallt yn ifanc iawn. Gw. hefyd 121. 'Y Meirwon' ll.4n.

23   **Dai Bach Mawr a Thwm Gwen** dau o 'gymeriadau' yr Allt-wen.

10. GWLAD ADFEILIEDIG

Trafodaeth: T. Emrys Parry, 'Ystyried *Ysgubau'r Awen*', yn *Ysgrifau Beirniadol IV*, gol. J. E. Caerwyn Williams (1969), 264–5.

Nodiadau cyffredinol

Ar thema'r wlad ddiffaith, gw. 3. 'Breuddwyd y Bardd' ll.25–6n. Ar sail ll.23–4 gellir casglu mai cyd-destun y diffeithwch a ddarlunnir yma yw'r diboblogi mawr a ddigwyddodd yng nghefn gwlad Cymru wrth i bobl symud i ardaloedd diwydiannol y De ac i drefi mawr Lloegr i chwilio am waith; gw. Alan Llwyd, *Barddoniaeth y Chwedegau* (1986), 67–8. Gw. hefyd 13. 'Ar Gyfeiliorn'; 320. 'Y Tir'.

1	**crefft ar wrych** Cyfeirir at yr hen dechneg o blygu gwrych er mwyn creu terfyn cryf, anodd ei dreiddio, o gwmpas cae. Mae'r syniad o falchder mewn crefft yn ymhlyg yma.
2	cf. 320. 'Y Tir' ll.2.
4–8	cf. 320. 'Y Tir' ll.4–8.
4	**clicied, clo** Adleisir (yn eironig) gywydd Iolo Goch i 'Lys Owain Glyndŵr' yn Sycharth, 'Anfynych iawn fu yno / Weled na chliced na chlo'; gw. GIG, 48; 183. 'Owain Glyndŵr' ll.11n.
6	**crawc gorfoledd brain** gw. hefyd 237. 'Yr Adar Rheibus', a cf. disgrifiad *Breuddwyd Rhonabwy* o'r 'brain gorawenus ac eu cogor'; BR, 15. Diddorol cyferbynnu adar Rhiannon 'uwch y weilgi' (6. 'Adar Rhiannon' ll.2) a'r brain 'uwch y cwysi' yn y gerdd hon.
13	**rhodau llwyog** olwynion mawr 'melin a phandy' (ll.14).
17–18	Rhoddodd y Rhyfel Byd Cyntaf bwysau mawr ar goedwigoedd Prydain, yn bennaf oherwydd yr angen i gyflenwi coed i'r pyllau glo. Yn sgil argyfwng a welodd fewnforio dros 90% o anghenion coed Prydain yn 1914, sefydlwyd y Comisiwn Coedwigo yn 1919; gw. William Linnard, *Welsh Woods and Forests* (2000), a hefyd 130. 'Rhydcymerau' ll.1n. Ar 'ffermio' coed, gw. D. J. Williams, *Hen Dŷ Ffarm* (1953), 77–81.
22	**gambo** cert gwair, cerbyd syml ar ddwy olwyn.
23–4	Trosiad tra effeithiol am y diboblogi a ddigwyddodd mewn llawer o ardaloedd gwledig. Arferid mynd â llawer o gynnyrch gorau'r lleithdy o gefn gwlad gorllewin Cymru i'w werthu yng nghymoedd diwydiannol y De, a thros y ffin yn Lloegr.

11. Y BARDD A'R BEIRNIAD OLAF

Cadwyd copi o'r gerdd hon mewn casgliad teipysgrif o rai o gerddi Gwenallt yn BJM 3/415, [31], o dan y teitl 'Dydd y Farn'.

Trafodaeth: Dewi Stephen Jones, 'Tu hwnt i'r wynebau oll–2', *Barddas*, 110 (Mehefin 1986), 7.

Nodiadau testunol

1	**A daeth :** Daeth (BJM)
2	**dymchwelyd :** dymchwel (BJM)
6	**ddyfnder :** ddyfnddwys (BJM)
9	**ei lyfr a fynwesodd :** fy llyfr a fynwesais (BJM)
10	**A'i draed . . . a'i wep :** A'm traed . . . a'm gwep (BJM)
11	**ei dro . . . dynesodd :** fy nhro . . . dynesais (BJM)
21–4	Ni cheir y pennill olaf yn BJM.

Nodiadau cyffredinol

Ar y ddysgeidiaeth Gristnogol ynghylch y Farn Olaf, gw. ODCC, 660.

1	**y corn** gw. 1 Corinthiaid 15:52.
3	**codwyd y meirwon fry** cf. 1 Corinthiaid 15:52; Datguddiad 20:13.
6	**hun** trosiad cyffredin am farwolaeth; am enghreifftiau yng nghyd-destun y Farn Olaf, gw. 1 Corinthiaid 15:51; 1 Thesaloniaid 4:13–15.
7–8	cf. Datguddiad 6:15, 7:9.
14	**pererindod** 'taith i gyrchfan gysegredig fel gweithred o ddefosiwn crefyddol'; GPC, 2770. Digwydd yn aml yn drosiad am fywyd, yn enwedig bywyd y Cristion; mae'n ddelwedd gyffredin yn emynau William Williams, Pantycelyn, er enghraifft (gw. 84. 'Pantycelyn'; 217. 'Sir Gaerfyrddin' ll.14n), a dyma hefyd graidd alegori enwog John Bunyan, *Pilgrim's Progress* (1678, 1684; gw. 217. 'Sir Gaerfyrddin' ll.40n).
15	**gwlad lle bu cymaint pregethu** Bu tystiolaeth Gristnogol arwyddocaol a di-dor yng Nghymru o'r 5ed ganrif ymlaen, os nad cyn hynny. Trwy bregethu y lledaenid neges y seintiau cynnar—Dewi a'i debyg (gw. 2. 'Y Sant' ll.536n)—ond â'r cyfnod o Ddiwygiad Methodistaidd y 18fed ganrif ymlaen y cysylltir y bregeth yn fwyaf arbennig yng

Nghymru. Gw. ODCC, 1716–17; Owen Thomas, *Cofiant y Parchedig John Jones, Talsarn* ([1874]), pennod 16.
16   gw. 1. 'Y Mynach' ll.360n.
17   **teyrnas** gw. 150. 'Y Calendr' ll.6n.
18   **efengyl** gw. 150. 'Y Calendr' ll.4n.
     Calfaria Fryn (neu Calfari), y fan lle y croeshoeliwyd Crist, y tu allan i furiau Jerwsalem; gw. IBD, 227–8; ODCC, 266. Am hanes y Croeshoeliad, gw. 1. 'Y Mynach' ll.360n.
21   **pair** Gall mai at bair Ceridwen yn *Hanes Taliesin* y cyfeirir. Ynddo y berwodd Ceridwen gymysgedd hud er mwyn cynysgaeddu ei mab hyll â'r awen farddol a phob gwybodaeth; gw. CLC, 563. Posibilrwydd arall yw mai at fwg pair uffern y cyfeirir.
23   **Allt yr Ysbrydion** Mae'n bosibl mai Sheol a olygir, sef enw'r Hen Destament ar yr Isfyd neu dir yr ysbrydion meirw. Mewn Iddewaeth ddiweddarach ac yn y Testament Newydd, disodlwyd Sheol gan syniadau mwy pendant am nefoedd ac uffern, ond weithiau cyfieithir 'sheol' yn gamarweiniol gan y gair 'uffern'; gw. ODCC, 1494–5; BDPF, 513.

12. CYMRU ('Gorwedd llwch holl saint yr oesoedd')
Gw. rhifau 67, 81, 134, 184 am gerddi gwahanol dan yr un teitl. Cadwyd amrywiad ar y gerdd hon mewn casgliad teipysgrif o rai o gerddi Gwenallt yn BJM 3/415, [29–30]. Mae ll.1–12 o'r testun presennol yn cyfateb yn agos i ll.1–8, ll.13–16 yn nhestun BJM, ond nodir penillion eraill fersiwn BJM yn gyflawn isod. Nid oes dim yn BJM sy'n cyfateb i ll.13–32.

Detholwyd i: *Hunt ac Yma* (1944), 7–8; W. Leslie Richards, *Ffurfiau'r Awen* (1961), 57–8; Thomas Parry (gol.), *The Oxford Book of Welsh Verse* (1962), 474–5; H. Meurig Evans (gol.), *Cerddi Diweddar Cymru* (1962), 66–7; Elwyn Edwards (gol.), *Cadwn y Mur: Blodeugerdd Barddas o Ganu Gwladgarol* (1990), 200. Cynhwyswyd y gerdd yn 'Cofio Dewi', gwasanaeth ar gyfer Dydd Gŵyl Dewi gan Emyr Wyn Rowlands, *Yr Haul a'r Gangell* (cyfres 1978), 2 (Gwanwyn 1978), 15.
    Gosodwyd ll.1–4 o dan dorlun leino o waith E. Meirion Roberts, 'Cymru', yn *Y Fflam*, 5 (Mai 1948), 37.

Cyfieithiadau: R. O. F. Wynne, *Wales* (Keidrych Rhys), 6:3 (Hydref 1946), 15; D. Myrddin Lloyd, yn *A Book of Wales*, goln D. M. ac E. M. Lloyd (1953), 269–70; William Cranfield [Waldo Williams], *Dock Leaves*, 6:17 (Haf 1955), 10–11; Dyfnallt Morgan, *D. Gwenallt Jones*, Writers of Wales (1972), 65 (ll.1–4 yn unig); Sian Edwards, *Awen: Detholiad o Lenyddiaeth Fuddugol Eisteddfod Ryng-Golegol Prifysgol Cymru* (1970), 20–1; Gwyn Jones, yn *The Oxford Book of Welsh Verse in English*, gol. Gwyn Jones (1977), 201–2; Patrick Thomas, yn *Sensuous Glory: The Poetic Vision of D. Gwenallt Jones*, goln Donald Allchin a D. Densil Morgan (2000), 98–9. Mewn llythyr at Gwenallt dyddiedig 7 Ionawr 1947 oddi wrth y cenedlaetholwr Albanaidd Douglas Young (LlGC, Papurau Gwenallt, D58), cyfeirir at gyfieithiad i'r Sgoteg o waith y gohebydd, ond ni wyddys a gyhoeddwyd ef erioed.
    Ceir parodi gan Anna Huws yn *Awen: Detholiad o Gynhyrchion Llenyddol Eisteddfod Prifysgol Cymru* (1969), 39.

Trafodaethau: John Roderick Rees, 'Cerddi Diweddar Cymru (Cymru: Gwenallt)', *Barn*, 37 (Tachwedd 1965), 23; T. Emrys Parry, 'Ystyried *Ysgubau'r Awen*', yn *Ysgrifau Beirniadol IV*, gol. J. E. Caerwyn Williams (1969), 262–4; Donald Hughes, 'Cerddi Diweddar Cymru: 65. Cymru, D. Gwenallt Jones', *Barn*, 91 (Mai 1970), 194; Dafydd Owen, 'Ffurfiau'r Awen (gol. Leslie Richards): "Cymru" (D. Gwenallt Jones 1899–1969 [sic])', *Barn*, 156 (Ionawr 1976), 30–1; gw. hefyd D. J. Bowen, 'Cyfres Dewis Aelodau Barddas', *Barddas*, 164–5 (Rhagfyr/Ionawr 1990–91), 38–9.

Nodiadau testunol
1   **holl :** hen (BJM)
5   Engyl uwch dy dir fu'n canu (BJM)

6	Fel y cyntaf dro erioed, (BJM)
7	**nythu** : trydar (BJM)
8	**yn** : uwch (BJM)
9	Clywodd beirdd yn dy gorwyntoedd (BJM)
10	**llef Ei** : Ef a'i (BJM)
12	**Gwelent** : Gwelsant (BJM)

Amrywiadau BJM 3/415

ll.9–12   Duw a rodiodd d'ysguboriau
                   A'th ystablau wedi'r nos,
                   Ac arweiniodd bererinion
                   Drwy beryglon bryn a rhos.

ll.17–24   Dy emynau a fu'n siglo
                   Ein babandod yn y crud,
                   A chawn glywed hedd dy donau
                   Uwch ein beddau mud.

                   Mynd a dod mae'r cenedlaethau,
                   Dod a mynd o un i un,
                   Ond arhosi di'n dragwyddol
                   Fel y Duwdod mawr Ei Hun.

(Mae'r pennill olaf hwn yn adleisio dwy linell yng nghaniad olaf y gerdd 'Alun Mabon' gan Ceiriog: 'Mae cenhedlaeth wedi mynd, / A chenhedlaeth wedi dod'; gw. *Ceiriog: Detholiad o'i Weithiau*, gol. T. Gwynn Jones, 1932, 163.)

Nodiadau cyffredinol

1	**holl saint yr oesoedd** cf. 11. 'Y Bardd a'r Beirniad Olaf' ll.15n. Ar ystyr 'saint', gw. 2. 'Y Sant', n.
2	**merthyron** gw. 158. 'Y Merthyron', n.
3–4	cf. Eseia 42:5; Salm 104:29.
5	**angylion** gw. 1. 'Y Mynach' ll.388n. Dichon mai trosiad yw'r gair 'angylion' yn y fan hon am bregethwyr, yn cario neges Duw. Cf. y llysenw a roddid ar y pregethwr Methodist enwog Robert Roberts (1762–1802), sef 'yr angel o Glynnog'; 281. 'Y Glöwr' ll.14n.
8	**fel colomen** Disgynnodd Ysbryd Duw ar ffurf colomen adeg bedyddio Crist yn afon Iorddonen; gw. Mathew 3:16; Marc 1:10; Luc 3:22; Ioan 1:32. Ar yr Ysbryd Glân, gw. 4. 'Yr Angylion a'r Gwragedd' ll.5n. Cf. hefyd 126. 'Colomennod'.
10	**Cri . . . llef** Llefarodd Crist saith gwaith o'r groes: ceir rhestr yn ODCC, 1490. Dichon fod y llinell hon yn cyfeirio'n fwyaf penodol at ei lef olaf fuddugoliaethus, 'Gorffennwyd'; gw. Ioan 19:30.
12	**pren y groes** gw. 1. 'Y Mynach' ll.360n; cf. hefyd y traddodiad a nodir yn 140. 'Y Draenog' ll.1n.
13	**Ei atgyfodiad** Cadwyd hanes atgyfodiad Crist ym Mathew 28; Marc 16; Luc 24; Ioan 20. Yr Atgyfodiad a'r bedd gwag yw'r prawf fod Crist yn Fab Duw, a bod ei farwolaeth ar y groes yn aberth derbyniol gan Dduw sy'n dwyn iachawdwriaeth (ll.14) i ddynion; gw. 1. 'Y Mynach' ll.360n. Oherwydd yr elfennau cyffredin o fywyd newydd ar ôl oerni a thywyllwch marwolaeth, mae'r gwanwyn a'r Atgyfodiad yn digwydd yn aml fel trosiadau am ei gilydd.
16	**tabernaclau gras** Y tabernacl oedd y cysegr symudol a luniwyd dan gyfarwyddyd Moses yn ystod crwydriadau'r Israeliaid yn yr anialwch yn yr Hen Destament, yn arwydd

o bresenoldeb Duw ymhlith ei bobl; gw. Exodus 25–31, 35–40; IBD, 1506–11; ODCC, 1573. Ar ras, gw. 1. 'Y Mynach' ll.38n.
17–18   cf., e.e., Lefiticus 26:4; Deuteronomium 11:14; gw. hefyd Sechareia 14:17–18.
17   **Rhagluniaeth** yr athrawiaeth feiblaidd fod Duw yn cynnal ac yn rheoli'r holl greadigaeth trwy rym ei ewyllys rydd Ef ei hun.
20   cf. Sechareia 14:20.
24   **Marsiandïaeth Calfari** trosiad am yr Efengyl Gristnogol. Bu'r Cymry'n genhadon ar hyd yr oesoedd: er enghraifft, cariodd seintiau o Gymru y neges Gristnogol i wledydd eraill megis Iwerddon, Llydaw a Lloegr yn y 5ed ganrif a'r 6ed, a chwaraeodd Cymru ran allweddol yn y mudiad cenhadol byd-eang a ddatblygodd o ddiwedd y 18fed ganrif ymlaen. Cf. 192. 'Jesebel ac Elias' ll.353–5n. Ar Galfari, gw. 11. 'Y Bardd a'r Beirniad Olaf' ll.18n. Ar yr Efengyl, gw. 150. 'Y Calendr' ll.4n.
25   **morwyn iddo** cf. 2 Corinthiaid 11:2; 2. 'Y Sant' ll.544n.
26   gw., e.e., Eseia 43:10,12; Actau 1:8.
27–8   gw. Deuteronomium 6:6–9; cf. hefyd 97. 'Y Cymun' ll.29n.
29   **saint yn dorf ardderchog** cf. yr ymadrodd 'Ardderchog lu'r merthyri' yn y *Te Deum Laudamus* yn y Llyfr Gweddi Gyffredin.
31–2   gw. Mathew 23:37; Luc 13:34; cf. 3. 'Breuddwyd y Bardd' ll.78n; 250. 'Eglwys y *Dominus Flevit*' ll.5–6.

13. AR GYFEILIORN

Cadwyd dau gopi teipysgrif o'r gerdd hon yn LlGC, Papurau Gwenallt, A7. Fe'i cyhoeddwyd gyntaf yn *Heddiw*, 1 (Awst 1936), 1–2, dan y teitl 'Heddiw'; gw. hefyd Aneirin Talfan Davies, 'Gwenallt', *Barn*, 76 (Chwefror 1969), 90.

Detholwyd i: *Yr Eurgrawn*, 132:3 (Mawrth 1940), 108; H. J. Hughes, *Gwerthfawrogi Llenyddiaeth* (1959), 141–2; R. Gerallt Jones (gol.), *Poetry of Wales 1930–1970* (1974), 100; Gwynn ap Gwilym ac Alan Llwyd (goln), *Blodeugerdd o Farddoniaeth Gymraeg yr Ugeinfed Ganrif* (1987), 95–6; *Hoff Gerddi Cymru* (2000), 54.

Gosodwyd ll.1–4 o dan dorlun leino o waith E. Meirion Roberts, 'Ar Gyfeiliorn', yn *Y Fflam*, 5 (Mai 1948), 44.

Cyfieithiadau: Dyfnallt Morgan, *D. Gwenallt Jones*, Writers of Wales (1972), 14–15; R. Gerallt Jones (gol.), *Poetry of Wales 1930–1970* (1974), 101; Joseph P. Clancy, *Twentieth Century Welsh Poems* (1982), 96–7; Patrick Thomas, yn *Sensuous Glory: The Poetic Vision of D. Gwenallt Jones*, goln Donald Allchin a D. Densil Morgan (2000), 149–50.

Trafodaethau: T. Emrys Parry, 'Ystyried *Ysgubau'r Awen*', yn *Ysgrifau Beirniadol IV*, gol. J. E. Caerwyn Williams (1969), 258–9; Alan Llwyd, Gwilym R. Jones ac R. Geraint Gruffydd, 'Triawdau Cerdd; Cerdd y Mis: "Ar Gyfeiliorn" gan Gwenallt (*Ysgubau'r Awen*)', *Barddas*, 54 (Gorffennaf/Awst 1981), 6–8; Cefin Campbell, 'Ystyried rhai o gerddi Gwenallt (3)', *Barn*, 313 (Chwefror 1989), 25–6; Dafydd Johnston, 'Dwy Lenyddiaeth Cymru yn y Tridegau', yn *Sglefrio ar Eiriau*, gol. John Rowlands (1992), 51, 56; Robert Rhys, 'D. Gwenallt Jones', yn *Y Patrwm Amryliw 1*, gol. Robert Rhys (1997), 156–7. Gw. hefyd Cefin Arthur Campbell, 'Cyfres Dewis Aelodau Barddas', *Barddas*, 159–60 (Gorffennaf/Awst 1990), 11, 13.

Nodiadau testunol
11   **na diafol nac uffern** : nac uffern na diafol (*Heddiw*)

Nodiadau cyffredinol
Dioddefodd cymoedd diwydiannol de Cymru yn enbyd—yn economaidd ac yn gymdeithasol—yn ystod blynyddoedd y Dirwasgiad rhwng y ddau Ryfel Byd. Nodweddid y cyfnod gan ddiweithdra a thlodi ar raddfa eang, a chan ymdeimlad o anobaith ac anallu yn wyneb

Nodiadau: *Ysgubau'r Awen*

grymusterau allanol. Cefnwyd ar yr hen werthoedd Cristnogol traddodiadol a mabwysiadu athroniaeth sosialaidd yn gyffredin. Yn ôl Wynne Samuel (LlGC, Papurau Ymchwil yr Academi Gymreig, 19) eglurodd Gwenallt wrtho iddo lunio'r gerdd yn y tridegau yn sgil ymweliad â'i hen gynefin pan oedd diweithdra ar ei waethaf yno. Gw. CLC, 195–6. Ar y teitl 'Ar Gyfeiliorn', cf. 2 Pedr 2:15.

1   **Gwae** Mae datgan gwae ar genedl yn nodwedd a gysylltir yn arbennig â phroffwydi'r Hen Destament, a anfonwyd i rybuddio'r bobl am ddicter Duw yn eu herbyn gyda'r bwriad o'u troi yn ôl ato Ef. Gw. 1. 'Y Mynach' ll.331n.
       wybod y geiriau . . . Gair Adleisir yma (? yn anymwybodol, gw. Alan Llwyd, *Barddas*, 54, Gorffennaf/Awst 1981, 6) eiriau T. S. Eliot, 'Knowledge of words and ignorance of the Word' ('The Rock', 1934; gw. *The Complete Poems and Plays of T. S. Eliot* (1969), 147). Ar y Gair yn drosiad am Grist, gw. 159. 'Yr Eryrod' ll.46n.

2   **gwerthu ein henaid** cf. Mathew 16:26. Cofier hefyd am Ddoctor Faustus yn nrama Christopher Marlowe, *The Tragical History of Doctor Faustus* (1604), a werthodd ei enaid i'r diafol yn gyfnewid am estyn ei fywyd; gw. OCEL, 237.

3   **Dilyn** cf. gorchymyn Crist i'w ddisgyblion, 'Dilyn fi'; gw. Marc 10:21; Luc 9:59; Ioan 1:43. Cf. hefyd ddisgrifiad Crist o 'ddynion y genhedlaeth hon' yn Luc 7:32; Mathew 11:17.
       dawnsio gw. 2. 'Y Sant' ll.260n.

4   **yr Eiriolaeth** sef Eiriolaeth Crist yn y nefoedd; cf. 1 Ioan 2:1.
       yr Absoliwt craidd cyfundrefn athronyddol Idealaeth a gysylltir ag enwau megis G. W. F. Hegel, J. G. Fichte, ac F. W. J. von Schelling yn y 19eg ganrif, ac a fu'n ddylanwadol iawn ym meysydd athroniaeth crefydd a diwinyddiaeth yn y blynyddoedd yn union cyn y Rhyfel Byd Cyntaf ac am beth amser wedyn; cf. *Credaf*, a gw. ODCC, 7; 148. 'Yr Eglwys' ll.13n.

6   cf. 143. 'Narcisws' ll.3.

11   Tynnodd Geraint Bowen sylw at y tebygrwydd rhwng y llinell hon a dyfyniad o waith Edith Sitwell (1887–1964): 'This modern world is but a thin match-board flooring spread over a shallow hell. For Dante's hell has faded, is dead' (*Baner ac Amserau Cymru*, 15 Chwefror 1950, 7). Ym mherfeddion y ddaear y lleolodd Dante ei uffern; gw. 74. 'Dante'; cf. hefyd 142. 'Dyn' ll.3.

12   **angylion** gw. 1. 'Y Mynach' ll.388n.

13   **lludw yng ngenau'r genhedlaeth** Ar fwyta lludw, gw. Salm 102:9; Eseia 44:20. Lludw diwydiannol sydd gan Gwenallt yma; gw. hefyd 121. 'Y Meirwon' ll.21n.
       crawn . . . yn ei phoer cf. 3. 'Breuddwyd y Bardd' ll.98; 121. 'Y Meirwon' ll.21n.

14   cf. 75. 'Pechod' ll.13–14.

16   **Ein llong** Â'r trosiad estynedig hwn (hyd ll.20) cf. 3. 'Breuddwyd y Bardd' ll.73–4n, ll.88n; 202. 'Yr Eglwysi'.

17   **Gosod, O! Fair, Dy Seren** gw. 1. 'Y Mynach' ll.425n.

14. Y GRISTIONOGAETH

Detholwyd i: Gwynn ap Gwilym ac Alan Llwyd (goln), *Blodeugerdd o Farddoniaeth Gymraeg yr Ugeinfed Ganrif* (1987), 96–7.

Trafodaethau: T. Emrys Parry, 'Ystyried *Ysgubau'r Awen*', yn *Ysgrifau Beirniadol IV*, gol. J. E. Caerwyn Williams (1969), 259–62; Bobi Jones, '"Y Gristionogaeth" gan Gwenallt', *Y Traethodydd*, 124 (Ebrill 1969), 70–5 (hefyd yn R. M. Jones, *Llenyddiaeth Gymraeg 1936–1972*, 1975, 19–24); Branwen Jarvis, *Trafod Cerddi* (1985), 46–56 (hefyd yn *Llinynnau*, 1999, 194–205); John Rowlands, 'Atgyfodi Dadl', *Taliesin*, 64 (Hydref 1988), 80–8; D. Densil Morgan, '"Y Gristionogaeth": Ateb i John Rowlands', *Taliesin*, 66 (Mawrth 1989), 80–5.

Nodiadau testunol

23   **a fai :** fai (arg. 1939)

Nodiadau cyffredinol

Mae'r gerdd hon yn ymateb yn erbyn diwinyddiaeth ryddfrydol cyfnod ei llunio, a dueddai i orbwysleisio cariad Duw ar draul ei gyfiawnder, trwy atgoffa'r darllenydd am athrawiaethau anffasiynol megis Diwedd y Byd a Dydd y Farn. Gw. hefyd 11.'Y Bardd a'r Beirniad Olaf', n.

1   **A ddaeth Dy awr** cf., e.e., Mathew 25:13, 26:45; Ioan 2:4, 7:30, 12:23,27, 13:1; Datguddiad 18:10.

2   **cyflawnder yr amser** cf. Galatiaid 4:4; Effesiaid 1:10.

3   **yr Anghrist** gelyn neu wrthwynebydd Crist; gw. ODCC, 76.

4   **y finegr** Cynigiwyd finegr (math o win gwan) i Grist i'w yfed yn ystod y Croeshoeliad; gw. Mathew 27:34,48; Marc 15:36; Luc 23:36; Ioan 19:29–30.

      y ffagl a'r ystanc Merthyrwyd llawer o Gristnogion dros y canrifoedd trwy eu llosgi wrth yr ystanc. Gw. 158.'Y Merthyron', n.

5–6   cf. 75.'Pechod' ll.1–2.

5   **Cynefin ein min â moeth** cf. disgrifiad enwog proffwydoliaeth Eseia o Grist fel 'gŵr gofidus, a chynefin â dolur'; Eseia 53:3.

      sidan wisg Cyferbynner y cadachau a fu'n wisg i'r baban Iesu (Luc 2:7) a'r 'dillad o flew camel' a wisgai Ioan Fedyddiwr (Mathew 3:4), a hefyd ddelwedd Ioan o Fabilon fel gwraig wedi'i gwisgo'n foethus (Datguddiad 18:16). Gw. hefyd 1. 'Y Mynach' ll.233n.

6   **Gwynfyd** . . . cf. Mathew 5:3–11. Gw. 114.'Dartmoor' ll.13n.

8   **Nero**, Claudius (OC 37–68), Ymerawdwr Rhufain o OC 54 ymlaen. Cyflawnodd bob math o anfadwaith gan gynnwys lladd ei fam a'i wraig, a hefyd o bosibl achosi'r tân a ddinistriodd rannau helaeth o Rufain yn OC 64. Er mwyn dargyfeirio teimladau'r cyhoedd yn ei erbyn, ymroddodd i erlid Cristnogion gan ladd llawer ohonynt. Gw. ODCC, 1137–8; OCCL, 383.

      Jwdas [Iscariot], un o ddisgyblion Crist. Ef oedd 'trysorydd' y disgyblion ond roedd yn lleidr gan ddwyn o'r pwrs cyffredin. Bradychodd Jwdas yr Iesu i arweinyddion yr Iddewon am ddeg darn ar hugain o arian, gan roi cychwyn i'r gyfres o ddigwyddiadau a arweiniodd at y Croeshoeliad. Crogodd Jwdas ei hun gan gymaint ei euogrwydd ac ni fu felly yn dyst i atgyfodiad Crist a'r digwyddiadau a ddilynodd hynny. Gw. Mathew 26:14–16,47–9, 27:3–8; Marc 14:10–11,43–5; Luc 22:3–6,47–8; Ioan 13:21–30, 18:1–5; IBD, 830–1; ODCC, 907; 72.'Jwdas Iscariot'; 263.'Jwdas'.

      Cain mab hynaf Adda ac Efa. Oherwydd ei eiddigedd am fod Duw wedi ffafrio aberth ei frawd Abel yn fwy na'i un ef, fe'i lladdodd; gw. Genesis 4:1–8.

10   **aed heibio** Adleisir geiriau Crist yng ngardd Gethsemane y noson cyn iddo gael ei groeshoelio; gw. Mathew 26:39, a cf. Marc 14:36; Luc 22:42. Ar y Croeshoeliad ('aberth') gw. 1. 'Mynach' ll.360n.

11   **bustl** math o lysieuyn chwerw ei flas. Cymysgwyd bustl â finegr (gw. ll.4n) a'i gynnig i Grist i'w yfed ar y groes. Cf. 93. 'Saunders Lewis' ll.8n.

      main lluosog 'maen'. Lladdwyd amryw o'r merthyron Cristnogol trwy eu llabyddio; cf. Mathew 23:37; Luc 13:34; Ioan 10:31–3.

      ffrewyll fflangell. Fflangellwyd Crist gan y milwyr cyn ei groeshoelio; gw. Mathew 27:26; Marc 15:15; Ioan 19:1. Defnyddiwyd y fflangell ar hyd yr oesoedd wrth erlid Cristnogion.

      myrr gw. 1.'Y Mynach' ll.369n.

12   **melyn godau** cf. hanes Sacheus; gw. 266. 'Sacheus', n.

13–14   cf. Genesis 3:18; Eseia 34:13. Adleisir hefyd englynion Ieuan Fardd i Lys Ifor Hael; gw. 3. 'Breuddwyd y Bardd' ll.59–64n.

14   **'r esgor** At enedigaeth Crist y cyfeirir; gw. 99.'Y Nadolig', n.

	marw drud Mae cyfeirio at farwolaeth Crist fel 'angau drud' yn un o ystrydebion emynyddiaeth Gymraeg. Gw. 1. 'Y Mynach' ll.360n.
15	**Bawlyd yw purdeb ein halen** cf. Mathew 5:13; Marc 9:50; Luc 14:34–5.
16	**cannwyll** gw. 1. 'Y Mynach' ll.337n. Cf. Mathew 5:14–16.
17	**y Ddeddf** holl orchmynion a gosodiadau Duw ar gyfer ei bobl. Defnyddir y gair yn aml i gyfeirio'n benodol at y Deg Gorchymyn a roddodd Duw i Moses yn yr Hen Destament; gw. Exodus 20:1–17; ODCC, 382. Cadwyd y llechi a oedd yn cynnwys y Ddeddf mewn cist arbennig a elwid Arch y Cyfamod. Gan y credid fod yr Arch yn cynrychioli presenoldeb Duw yn eu plith, dyma grair mwyaf sanctaidd Iddewon yr Hen Destament; gw. ODCC, 104.
	y Drugareddfa yr enw ar glawr euraid Arch y Cyfamod. Gan fod y Drugareddfa yn gorwedd rhwng Duw a'r Ddeddf (gw. uchod) fe'i defnyddir weithiau'n symbol am Grist, a gyflawnodd holl ofynion Deddf Duw yn ei berson ei hun (gw., e.e., *Llyfr Emynau a Thonau y Methodistiaid*, 1929, rhif 391); gw. ODCC, 1073.
	dawnsiwn gw. 2. 'Y Sant' ll.260n.
18	cf. Mathew 21:12–13.
19	**'r anifail** Dichon mai'r anifail bras a welodd Eseia yw hwn; gw. 147. 'Yr Anifail Bras', n.
24	**Oen** gw. 1. 'Y Mynach' ll.58n.
	eryrod y nef cf. Datguddiad 4:7; gw. hefyd 159. 'Yr Eryrod', n.
27	**gras** gw. 1. 'Y Mynach' ll.38n.
29	**bom** Bron na ellir dweud bod y cyfeiriad hwn yn broffwydol, gan mai yn 1939 y gwnaethpwyd y prif ganfyddiadau sylfaenol a arweiniodd at ddatblygu'r bom niwclear; gw. 120. 'Dyn' ll.6n. Ymddengys fod cysgod bygythion cychwyniadau'r Ail Ryfel Byd yn gorwedd yn drwm ar ll.29–32.

CYFIEITHIADAU A CHYFADDASIADAU

Am sylwadau cyffredinol ar natur y cerddi a gyflwynir yma, gw. adolygiad Pennar Davies yn *Heddiw*, 5:10 (Mawrth 1940), 498; T. Emrys Parry, 'Ystyried *Ysgubau'r Awen*', *Ysgrifau Beirniadol IV*, gol. J. E. Caerwyn Williams (1969), 231–2.

15. Y CRWYDRAID YSBRYD

Cadwyd copi o'r gerdd hon mewn casgliad teipysgrif o rai o gerddi Gwenallt yn BJM 3/415, [21]. Ni ddigwydd y teitl 'Y Crwydraid Ysbryd' yno, ond nodir enw Ausonius ynghyd â'r llinell agoriadol: ('*Errantes silva in magna et . . .*').

Nodiadau cyffredinol

Ausonius, Decimus Magnus (OC *c.*310–*c.*393), bardd Lladin a luniodd gerddi ar amrywiaeth eang o bynciau gan ddefnyddio nifer o fesurau gwahanol; perthyn llawer o'i waith i'w henaint yn Bordeaux. Gw. OCCL, 82. Addasiad yw'r gerdd hon o'i 'Silva Myrtea'; gw. *Mediaeval Latin Lyrics*, gol. Helen Waddel (1929), 30–1.

16. CUSAN

Cadwyd copi o'r gerdd hon mewn casgliad teipysgrif o rai o gerddi Gwenallt yn BJM 3/415, [20]. Ni ddigwydd y teitl 'Cusan' yno, ond nodir enw Petronius Arbiter ynghyd â'r llinell agoriadol: ('*Qualis nox fuit illa, di deaeque . . .*').

Nodiadau cyffredinol

Petronius Arbiter (m. OC 65), awdur Lladin. Goroesodd nifer o ddarnau o'i waith, gan gynnwys cerddi telynegol a galarnadau; gw. OCCL, 425–6. Am destun gwreiddiol y gerdd hon, gw. *Mediaeval Latin Lyrics*, gol. Helen Waddel (1929), 20–1.

17. CWSG
Cadwyd copi o'r gerdd hon mewn casgliad teipysgrif o rai o gerddi Gwenallt yn BJM 3/415, [22]. Ni ddigwydd y teitl 'Cwsg' yno, ond nodir enw Petronius Arbiter ynghyd â'r llinell agoriadol: ('*Pulchra comis annisque decens et candida vultu* . . .').

Nodiadau cyffredinol
Petronius Arbiter gw. 16. 'Cusan', n. Am destun gwreiddiol y gerdd hon, gw. *Mediaeval Latin Lyrics*, gol. Helen Waddel (1929), 20–1.

18. PLANT BETHLEHEM
Nodiadau cyffredinol
Prudentius, Clemens Aurelius (OC 348–ar ôl 405), bardd Lladin Cristnogol. Ymhlith amryw o bethau eraill, cyfansoddodd nifer o emynau a ddefnyddir hyd heddiw, a cherddi am y merthyron ac am athrawiaeth Gristnogol. Gw. OCCL, 471. Cyfieithiad yw'r gerdd hon o ll.125–32 o'i 'Hymnus Epiphaniae'; gw. *Liber Cathemerinon*, XII; cf. *The Oxford Book of Medieval Latin Verse*, gol. F. J. E. Raby (1959), 24.
Bethlehem tref tua 9km i'r de o Jerwsalem. Proffwydwyd yn yr Hen Destament mai yno y genid y Meseia; gw. Micha 5:2, a cf. Mathew 2:6. (Ar y term 'Meseia', gw. 101. 'Yr Iddewon' ll.24n). Ym Methlehem y ganed Crist, gan gyflawni'r broffwydoliaeth honno ym meddwl Cristnogion, ac ystyrir y lle yn darddle Cristnogaeth; gw. hefyd 99. 'Y Nadolig', n. Cefndir y gerdd bresennol yw hanes Herod yn gorchymyn lladd pob bachgen dwyflwydd ac iau yn ei ymgais i ddifa'r Iesu ifanc; gw. Mathew 2:16.
5   **Ŵyn poethoffrwm** gw. 1. 'Y Mynach' ll.58n; 4. 'Yr Angylion a'r Gwragedd' ll.4n.
Gwaredwr gw. 89. 'Y Gwaredwr', n.

19. HORAS LAWRYFOG
Nodiadau cyffredinol
Goliardi beirdd addysgedig ond cellweirus ac ofer a ganai gerddi Lladin aflednais a masweddus yn Lloegr, Ffrainc a'r Almaen yn y 12fed ganrif a'r 13eg. Priodolir amryw o'r cerddi hyn i Golias yn y llawysgrifau (cf. 22. 'Cyffes y Golias'), a thybiodd rhai fod hwn yn berson o gig a gwaed; mwy tebygol fodd bynnag yw mai at Golias (Goliath) o Gath, y cawr a laddwyd gan Ddafydd yn 1 Samuel 17, y cyfeirir, a hwnnw'n symbol o ddrygioni ac anfoesoldeb; gw. 118. 'Gweithwyr Deheudir Cymru' ll.5–8n. Awgrymwyd hefyd fod yr enw Goliardi yn tarddu o'r Hen Ffrangeg *goliard* 'glwth'. Gw. OCEL, 342; BDPF, 487. Cadwyd nodiadau darlith gan Gwenallt ar y Goliardi yn LlGC, Papurau Gwenallt, CH9, 17 yml.
Horas sef Quintus Horatius Flaccus (65–8 CC), un o feirdd mawr Rhufain. Goroesodd lawer o'i waith. Roedd yn ŵr hoffus a sylwgar a fwynhâi fywyd a'i bethau. Roedd yn feistr ar yr ymadrodd cryno, pwrpasol a dyfynnir yn aml o'i waith; nid yw cerddi'r Goliardi yn eithriad. Mae diflaniad amser yn thema amlwg yng ngwaith Horas, gw., e.e., ei *Odes* Llyfr 4 rhif 7, a led-adleisir yma. Cyfeiria'r epithet 'Lawryfog' at yr hen arfer o roi coron lawryf i feirdd er cydnabod eu rhagoriaeth. Gw. OCCL, 287; BDPF, 646. Tybed ai cyfaddasiad rhydd yw hwn, yn cyfuno darllen Gwenallt ar Horas â cherdd(i)'r Goliardi megis *Carmina Burana*, goln Alfons Hilka ac Otto Schumann (1930), rhif 75.

20. CALL YW CELLWAIR
Nodiadau cyffredinol
Goliardi gw. 19. 'Horas Lawryfog', n. Am destun gwreiddiol y gerdd hon, gw. *Carmina Burana*, goln Alfons Hilka ac Otto Schumann (1930), rhif 75; cf. *Selections from the Carmina Burana*, cyf. David Parlett (1986), 81–2.
35–6   Anodd peidio â meddwl am gwpled clo'r soned 'Dychwelyd' gan T. H. Parry-Williams,

'Ni wnawn, wrth ffoi am byth o'n ffwdan ffôl, / Ond llithro i'r llonyddwch mawr yn ôl'; gw. *Cerddi* (1931), 57; cf. 2 'Y Sant' ll.5.

21. YR YSGOLOR TLAWD
Cadwyd fersiwn amrywiol ar ll.1–16 o'r gerdd hon yn llaw'r bardd yn LlGC, Papurau Gwenallt, CH9, 25, ymhlith nodiadau darlith ar y Goliardi.

Detholwyd i: D. Myrddin Lloyd (gol.), *O Erddi Eraill* (1981), 29.

Nodiadau testunol
1   Ysgolor tlawd wyf i (CH9)
2   Mewn cyni ac anghofrwydd (CH9)
3   **a'i :** a'm (CH9)
5   **at :** am (CH9)
6   **Iddo'r :** Imi'r (CH9)
7   **ei bwrs :** fy mhwrs (CH9)
8   **A'i ceidw ef :** A'm ceidw i (CH9)
9   Briw yw'r dillad ar fy nghorff, (CH9)
10   Maent yn frau a thenau, (CH9)
11   Crynaf yn fy nigs y nos (CH9)
12   A glaswyn fydd fy ngenau. (CH9)
13   **all ef :** allaf (CH9)
15   **Cyll ef :** Collaf (CH9)
16   **ganddo :** gennyf (CH9)
17–28 Ni cheir dim i gyfateb i'r llinellau hyn yn CH9.

Nodiadau cyffredinol
Goliardi gw. 19. 'Horas Lawryfog', n. Am destun gwreiddiol y gerdd hon, gw. *Carmina Burana*, goln Alfons Hilka ac Otto Schumann (1930), rhif 129; cf. *Selections from the Carmina Burana*, cyf. David Parlett (1986), 129–30.
17   **Martin Sant** ('o Tours', *c*.316–97), arloeswr mynachaeth yn y Gorllewin, ac un o seintiau mwyaf poblogaidd yr Oesoedd Canol. Cyfeiria ll.17–20 at draddodiad amdano a ddarluniwyd yn aml mewn celfyddyd eglwysig, sef bod Martin wedi torri ei fantell yn ddau hanner er mwyn dilladu cardotyn hanner-noeth yn Amiens. Yn fuan wedyn gwelodd mewn breuddwyd Grist yn gwisgo'r darn a roddasai i'r tlotyn. Gw. ODS, 265–6.
pererin gw. 11. 'Y Bardd a'r Beirniad Olaf' ll.14n.

22. CYFFES Y GOLIAS
Cadwyd fersiwn amrywiol ar ll.9–16 o'r gerdd hon yn llaw'r bardd yn LlGC, Papurau Gwenallt, CH9, 24, ymhlith nodiadau darlith ar y Goliardi. Gw. hefyd 342. '[Cyffes y Golias]', am addasiad o ll.1–8 ar fesur englyn.

Detholwyd i: D. Myrddin Lloyd (gol.), *O Erddi Eraill* (1981), 30.

Nodiadau testunol
9   Nefoedd potiwr yw cael bod (CH9)
10   Wrth ffrwd y gasgen gwrw, (CH9)
11   Hed ei ysbryd yn ei sŵn (CH9)
12   Uwch poen y byd a'i dwrw; (CH9)
13   **i'm genau :** i'w enau (CH9)

Nodiadau cyffredinol
Goliardi a **Golias** gw. 19. 'Horas Lawryfog', n. Am destun gwreiddiol y gerdd hon, gw. *Carmina*

Burana, goln Alfons Hilka ac Otto Schumann (1930), rhif 191, 12–13; cf. *Selections from the Carmina Burana*, cyf. David Parlett (1986), 154.
Cyffes Archfardd Cwlen ar ei wely angau yw hon, yn ôl traddodiad. Am hanes Gwenallt yn ei hadrodd mewn darlith, gw. Dyfnallt Morgan, 'Atgofion Myfyriwr', *Y Traethodydd*, 124 (Ebrill 1969), 118.

15 **cymysg gwin a dŵr** O gyfnod cynnar iawn cymysgwyd dŵr â'r gwin a ddefnyddir wrth weinyddu'r Cymun; gw. ODCC, 1754–5; 1. 'Y Mynach' ll.187n; cf. 260. 'Swper yr Arglwydd' ll.17n.

23. NI, GRWYDRIAID
Cadwyd fersiwn amrywiol ar y gerdd hon yn llaw'r bardd yn LlGC, Papurau Gwenallt, CH9, 26, ymhlith nodiadau darlith ar y Goliardi.

Nodiadau testunol
1 Ni fyddwn yn crwydro (CH9)
2 Gan ddadlau a brwydro, (CH9)
4 Yn bwyta'n ysgafala, (CH9)
5 Yn yfed eu [*sic*] gwala; (CH9)
7 Ni chwarddwn yfory (CH9)
8 A'n hochrau ar dorri (CH9)
10 Ar ferched ni ddotiwn (CH9)
13 Ni charwn y llithiau (CH9)
14 Na'r sychion ddarlithiau, (CH9)
22 Ni chawn win eto (CH9)
23 A disio a beto (CH9)
25–39 Ni cheir dim i gyfateb i'r llinellau hyn yn CH9.

Nodiadau cyffredinol
Goliardi gw. 19. 'Horas Lawryfog', n. Tybed ai cyfaddasiad rhydd yw'r gerdd hon o 'faniffesto' y Goliardi a gadwyd (ar fesur hollol wahanol) yn *Carmina Burana*, goln Alfons Hilka ac Otto Schumann (1930), rhif 219; cf. *Selections from the Carmina Burana*, cyf. David Parlett (1986), 173–7.

19 **Crwydredig urddolion** Tybir mai'r brodyr crwydrol a olygir, sef aelodau urddau Ffransis a Dominic yn wreiddiol, a ymwrthodai â phob eiddo a byw ar gardod wrth grwydro o le i le; gw. ODCC, 1070.
20 **Saint** gw. 2. 'Y Sant', n.
  apostolion gw. 2. 'Y Sant' ll.539n.
41 **calon wrth galon** cf. geiriau'r Archdderwydd wrth gadeirio neu goroni bardd buddugol (ac enillwyr y Fedal Ryddiaith bellach) yn yr Eisteddfod Genedlaethol gyfoes.

24. BALÂD YR ARGLWYDDESAU
Nodiadau cyffredinol
François Villon (*c*.1431–*c*.1463), bardd Ffrangeg a chymeriad hynod frith a ystyrir gan lawer yn brif fardd telynegol Ffrainc ar gyfrif harddwch a gwreiddioldeb ei waith a'i oddrychedd trawiadol. Gw. OCFL, 748–9. Addasiad yw'r gerdd hon o'i 'Ballade des dames du temps jadis'; gw. *Complete Poems of François Villon*, cyf. Beram Saklatvala (1968), 36. Am awgrym mai yn 1935 y lluniodd Gwenallt yr addasiad hwn, gw. Garfield H. Hughes, 'Atgofion Myfyrwyr', *Y Traethodydd*, 124, (Ebrill 1969), 115.

1 **Mae** Defnyddir y ferf mewn ffordd hynafol, ar ddechrau brawddeg ofynnol, 'Ble mae?'
2 **pau** gwlad.
3 **Rhiannon** un o brif gymeriadau *Pedair Cainc y Mabinogi*. Yng nghainc *Pwyll* ceir hanes ei phriodas â Phwyll, pendefig Dyfed; genir plentyn iddynt sy'n diflannu noson ei eni a chyhuddir Rhiannon o'i ladd, ond adferir y plentyn i'w rieni erbyn diwedd y gainc.

	Ceir hanes pellach amdani a'i hail ŵr, Manawydan, yn y drydedd gainc. Gw. PKM, 8–27, 49–65; CLC, 641; 133. 'Rhiannon', n; 187. 'Sir Benfro' ll.5–6n.
4	**adar** gw. 6. 'Adar Rhiannon', n.
6	**Esyllt . . . Trystan** prif gymeriadau stori serch drist ond hynod boblogaidd yn yr Oesoedd Canol. Mabwysiadwyd Trystan gan ei ewythr March, brenin Cernyw. Fe'i hanfonwyd i Iwerddon i ofyn am Esyllt yn wraig i'w ewythr, ond ar y ffordd adref yfodd y ddau, trwy ddamwain, y ddiod serch hud a baratowyd gan fam Esyllt i'w hyfed gan y ferch a March ar noson eu priodas. O ganlyniad syrthiodd Trystan ac Esyllt mewn cariad â'i gilydd, gan barhau eu perthynas yn ddirgel hyd yn oed ar ôl i Esyllt briodi March. Gw. CLC, 730–1; OCEL, 833–4.
8	**ôd** eira.
9	**Morfudd** gw. 3. 'Breuddwyd y Bardd' ll.15n.
10	**nobl** hen ddarn o aur bath, gwerth traean punt. Cyfeiria Dafydd Nanmor at 'noblau aur' wrth ddyfalu gwallt Llio Rhydderch; gw. ll.11n.
11	**Llio Rhydderch** merch a enwogwyd gan gywydd Dafydd Nanmor (*fl*.1450–90) i'w gwallt; gw. PWDN, 82–3. Adleisir y cywydd hwnnw yma yn yr ymadroddion 'lliw rhudd' (ll.4), 'Gwinwydden' (ll.48), 'seren serch' (ll.3); gw. hefyd ll.10n. Y farn draddodiadol yw mai Gwenllïan, merch Rhydderch ap Ieuan Llwyd o Lyn Aeron, yw'r Llio a gyferchir.
13	**'r ferch wen o Bennal** Lleucu Llwyd; gw. 3. 'Breuddwyd y Bardd' ll.15n. Adleisir cerdd Llywelyn Goch yma yn yr ymadroddion 'ferch wen' (ll.9), 'eira'i thâl' (ll.62).
20	**syndal a'r pali** deunyddiau sidanaidd, costus.
21	**gerlant** 'torch o flodau, dail, &c., a wisgir am y pen neu am y gwddf'; GPC, 1382. Mae gwisgo gerlant yn aml yn gysylltiedig â *milieu* serch a'r haf.
22	**mant** min, gwefus.

25. BALÂD YR ARGLWYDDI
Nodiadau cyffredinol
François Villon gw. 24. 'Balâd yr Arglwyddesau', n. Addasiad yw'r gerdd hon o'i 'Ballade des seigneurs du temps jadis'; gw. *Complete Poems of François Villon*, cyf. Beram Saklatvala (1968), 38.

2	**Muriau** trosiad ystrydebol am arglwyddi cadarn yn y canu mawl Cymraeg; cf. ll.8.
3	**Mae Ble** mae? Gw. 24. 'Balâd yr Arglwyddesau' ll.1n.
3–4	Cyfeirir at ddigwyddiadau yng nghainc *Pwyll* ym *Mhedair Cainc y Mabinogi*. Tra'n hela yng Nglyn Cuch yn Nyfed mae Pwyll yn caniatáu i'w gŵn fwydo ar ysbail a laddwyd gan gŵn eraill. Er mwyn talu iawn am y cam a wnaeth â pherchennog y cŵn hynny, sef Arawn, brenin o Annwfn (gw. 1. 'Y Mynach' ll.196n), mae Pwyll yn cyfnewid lle ag Arawn am flwyddyn. Ar ddiwedd y flwyddyn mae'n ymladd â Hafgan, gelyn Arawn, ac yn ei ladd. Gw. CLC, 609; PKM, 1–8.
5–6	**enwog farchogion / . . . y Ford Gron** elfen enwog yn y Chwedl Arthuraidd ryngwladol, er nad oes i'r ford ei hun le amlwg yn y traddodiad Cymraeg. Dywedir bod lle i 150 o farchogion o'i chwmpas, a chan ei bod yn gron nid oedd un lle wrthi'n fwy breiniol na'r llall. Gw. OCEL, 712.
7	**bedd Arthur** gw. 3. 'Breuddwyd y Bardd' ll.146n.
9	**Benlli** un o hen frenhinoedd Powys, arwr traddodiadol a enwir, er enghraifft, yng ngwaith Beirdd y Tywysogion; gw. CLC, 45; TYP, lxxiii, lxxix n.
	Rhodri cyfeiriad amwys gan fod sawl Rhodri yn arweinydd amlwg yn hanes Cymru; gw. Bywg., 787. A derbyn bod cyfeiriadaeth y gerdd yn dilyn trefn gronolegol fras, gellir tybio mai at Rodri Mawr (m. 877) y cyfeirir yma. Daeth Rhodri yn frenin Gwynedd wedi marw ei dad yn 844, ac etifeddodd wedi hynny frenhiniaeth Powys a Seisyllwg gan greu uniad bregus a fu, serch hynny, yn ysbrydoliaeth i ddyheadau ei olynwyr yng Ngwynedd a Deheubarth hyd at gwymp Llywelyn (gw. ll.13n) a cholli annibyniaeth Cymru. Gw. CLC, 642; Bywg., 787.

	Rhys cyfeiriad amwys; gw. Bywg., 788–92. A derbyn trefn gronolegol fras, gellir tybio bod hwn yn gyfeiriad at Rys ap Tewdwr (m. 1093) neu o bosibl at ei ŵyr, Rhys ap Gruffydd ('Yr Arglwydd Rhys', 1132–97). Rhys ap Tewdwr oedd yr olaf o hen frenhinoedd Deheubarth, a chymeriad dylanwadol yn yr ymwneud â'r Normaniaid yn y cyfnod yn union wedi'r Goresgyniad. Roedd yr Arglwydd Rhys yntau'n arweinydd mawr yn yr ymdrech yn erbyn y Normaniaid yn ne-orllewin Cymru, a chan fod Tywysogaeth Gwynedd yn wan ar y pryd fe'i hystyrid yn llywodraethwr Cymreig cryfaf ei gyfnod. Gw. CLC, 650–1; Bywg., 788–90.
10	**yr Ynys** Ynys Prydain. Yn ôl hanesyddiaeth draddodiadol y genedl, y Cymry oedd gwir etifeddion yr ynys gyfan, ond bod eu hetifeddiaeth wedi'i chipio oddi arnynt gan y Saeson yn y 5ed ganrif ac wedyn gan y Normaniaid o ddiwedd yr 11eg ymlaen. Gw. CLC, 527–8; a cf. 3. 'Breuddwyd y Bardd' ll.1n.
11	**Hywel** cyfeiriad amwys; gw. Bywg., 380–4. A derbyn trefn gronolegol fras, gellir tybio mai Hywel Dda a olygir; gw. 2. 'Y Sant' ll.536n. **Owain** cyfeiriad amwys; gw. Bywg., 648–52. A derbyn trefn gronolegol fras, gellir tybio mai at Owain Gwynedd ('Owain Fawr', *c.*1100–70) y cyfeirir, sef brenin Gwynedd wedi marw ei dad Gruffudd ap Cynan yn 1137. Trwy athrylith ei wleidydda creodd deyrnas gref nas chwalwyd ar ôl ei farwolaeth, gan osod seiliau ar gyfer llywodraeth Llywelyn Fawr a Llywelyn ein Llyw Olaf ar ei ôl (gw. ll.13n). Gw. CLC, 547–8; Bywg., 651–2.
12	**a'i wŷr** gosgordd Owain Gwynedd, a goffawyd gan Gynddelw Brydydd Mawr mewn cyfres o englynion marwnad; gw. CLC, 547–8; Nerys Ann Jones ac Ann Parry Owen (goln), *Gwaith Cynddelw Brydydd Mawr, II* (1995), 91–5. **ei nain** Dichon mai at yr Wyddeles Ragnell y cyfeirir, 'un o wragedd nodedig y byd'— er bod y dystiolaeth ei bod yn fam i Gruffudd ap Cynan yn bur denau; gw. D. Simon Evans (gol.), *Historia Gruffud vab Kenan* (1977), 37–8.
13	**Ein Llyw Olaf** Llywelyn ap Gruffudd (m. 1282), arweinydd mawr olaf Cymru annibynnol. Trwy gyfuniad o filwriaeth fedrus a gwleidyddiaeth graff, llwyddodd i gael tywysogion eraill Cymru i ymostwng iddo ac yn 1258 fe'i cyhoeddodd ei hun yn Dywysog Cymru. Cyfyngwyd yn sylweddol ar awdurdod Llywelyn yn ddiweddarach, yn enwedig yn sgil esgyniad Edward I i orsedd Lloegr. Cododd gwrthryfel trwy'r wlad ar ôl i'w frawd Dafydd ymosod ar gastell Penarlâg, Sul y Blodau 1282, a lladdwyd Llywelyn ger afon Irfon—bron yn ddamweiniol fe ymddengys, ac yntau ond â mintai fach o filwyr gydag ef—ar 11 Rhagfyr yr un flwyddyn. Gydag ef hefyd y bu farw unrhyw obaith am gadw Cymru annibynnol. Gw. Bywg., 564–5; CLC, 475; 178. 'Llywelyn ein Llyw Olaf'.
14	**Syr Owain y Glyn** Owain Glyndŵr; gw. 3. 'Breuddwyd y Bardd ' ll.146n.
18	Cyfeirir at syniadaeth Platon ynghylch natur bywyd; gw. 192. 'Jesebel ac Elias' ll.724n.
21	**Siasbar a Harri** dau aelod o deulu pwysig Tuduriaid Penmynydd. Ar Harri, gw. 3. 'Breuddwyd y Bardd' ll.146n. Roedd Siasbar Tudur (*c.*1431–95), Iarll Penfro ac ewythr i Harri, yn amlwg iawn yng ngwleidyddiaeth ei gyfnod. Ef oedd yn bennaf gyfrifol am sicrhau teyrngarwch de Cymru i blaid y Lancastriaid, gan ennill sylw'r beirdd Cymraeg yn sgil hynny. Bu'n brif gynghorwr i Harri yn ystod ei alltudiaeth, ac roedd wrth ei ochr pan laniodd ym Milffwrdd yn 1485, ac wedyn ar faes Bosworth. Gw. Bywg., 927; CLC, 733–4.
26	**De a Gwynedd** Cymru gyfan. Gwynedd oedd y deyrnas ogledd-orllewinol yng Nghymru'r Oesoedd Canol, a'r gryfaf ohonynt am y rhan fwyaf o'r cyfnod; gw. CLC, 311–12. Mae De yn derm amhenodol, ond yn wyneb cyfeiriadaeth y gerdd gellid tybio mai Deheubarth a olygir, sef y deyrnas dde-orllewinol yng Nghymru'r Oesoedd Canol; gw. CLC, 187–8.

26. HWYRGAN Y CRWYDRYN
Nodiadau cyffredinol
Goethe, Johann Wolfgang von (1749–1832), y pwysicaf o feirdd telynegol yr Almaen; gw. OCGL, 288–91. Addasiad yw'r gerdd hon o 'Wandrers Nachtlied II'; gw. *Goethe: Selected Verse*, Penguin Classics (1986), 50.

27. DUW
Gw. rhif 199 am gerdd wahanol dan yr un teitl. Cadwyd fersiwn amrywiol o'r gerdd hon mewn casgliad teipysgrif o rai o gerddi Gwenallt yn BJM 3/415, [19]. Ni ddigwydd y teitl 'Duw' yno, ond nodir enw Rainer Maria Rilke ynghyd â'r llinell agoriadol: (*'Lösch mir die Augen aus . . .'*. Studenbuch).

Nodiadau testunol
3   **fe'th folwn eilwaith Di** : eto fe'th folwn Di (BJM)
7   **wnawn** : Ti (BJM)
8   **teflit** : taflet (BJM)

Nodiadau cyffredinol
Rainer Maria Rilke (1875–1926), y pwysicaf o feirdd telynegol yr Almaen yn yr 20fed ganrif. Dyfnhawyd ei brofiad crefyddol gan ddau ymweliad â Rwsia, ac adlewyrchir hyn yn ei waith o tua 1905 ymlaen; gw. OCGL, 699–700. Addasiad yw'r gerdd hon o'i 'Lösch mir die Augen aus . . .'; gw. *Rainer Maria Rilke: Sämtliche Werke, 1* (1955), 313.

ENGLYNION, &c.
Ceir y nodyn canlynol ar waelod y ddalen yn *Ysgubau'r Awen*: 'Lluniwyd llawer o'r Englynion hyn ar ôl darllen yr Epigramau Groeg.' Cf. cyfrol H. J. Rose a T. Gwynn Jones (cyf.), *Blodau o Hen Ardd* (1927).

28. HOMER
Nodiadau cyffredinol
Homer (8fed gan. CC?), bardd mawr Gwlad Groeg, awdur yr *Iliad* a'r *Odyseia*. Syniai'r hen Roegiaid amdano'n hen ŵr dall a ddioddefodd dlodi a chaledi yn ystod ei fywyd. Gw. OCCL, 283–4. Gw. H. J. Rose a T. Gwynn Jones (cyf.), *Blodau o Hen Ardd* (1927), 58–9, a cf. *Anthologia Palatina* VII. 1–7.
1   **Helas** hen enw ar Wlad Groeg a ddefnyddid yn y cyfnod clasurol; gw. OCCL, 264.
2   **Apolos** duw goleuni (ymhlith amryw o bethau eraill) ym mytholeg Groeg; fe'i huniaethid weithiau â'r haul. Gw. OCCL, 43–4.
3   **Pen Awen** gw. 3. 'Breuddwyd y Bardd' ll.41n. Cyfeiria 'pen' at safle a statws Homer yn nhraddodiad llên Groeg.
     eos aderyn nodedig am felystra ei gân, yn enwedig yn ystod oriau'r nos; cf. 30. 'Heracleitos' ll.8n.
4   **Ios** Ar Ynys Ios ym Môr Aegea y claddwyd Homer.

29. HESIOD
Nodiadau cyffredinol
Hesiod (*fl. c.*700 CC), un o'r cynharaf o feirdd Groeg, awdur nifer o gerddi epig. Yn ôl traddodiad bu farw yn Locris, ond honnid bod ei feddrod yn Orchomenus yn Boeotia. Gw. OCCL, 277. Cf. *Anthologia Palatina* VII. 52–5.
4   **awen** gw. 3. 'Breuddwyd y Bardd' ll.41n.

30. HERACLEITOS
Trafodaeth: Ceri Davies, 'Heracleitos: Tri Fersiwn', *Y Traethodydd*, 127 (Ionor 1972), 14–18.
Nodiadau cyffredinol
Heracleitos (3edd gan. CC), bardd Groeg a chyfaill i'r bardd Callimachus (*c.*310–*c.*240 CC) a luniodd epigram enwog adeg ei farw; gw. OCCL, 269, 110–11. Gw. H. J. Rose a T. Gwynn Jones (cyf.), *Blodau o Hen Ardd* (1927), 62–3, a cf. *Anthologia Palatina* VII. 80.

Ysbrydolwyd soned Iorwerth Peate, 'Heraclitws', gan waith cerddorol o'r un enw gan Syr Charles Villiers Stanford; gw. Dyfnallt Morgan, 'Canu Chwarter Canrif', *Barn*, 37 (Tachwedd 1965), 24. Nid oes awgrym am ysbrydoliaeth o unrhyw gyfeiriad ar wahân i lenyddiaeth glasurol yng ngherdd Gwenallt.

8   **Eosiaid** Ceir y nodyn canlynol ar waelod y ddalen yn *Ysgubau'r Awen*: 'Enw ar lyfr ei farddoniaeth.' Digwydd y gair 'eos(iaid)' mewn sawl lle yn llenyddiaeth Groeg i ddynodi cynnyrch yr awen; cf. 28. 'Homer' ll.3n.

31. DEWIS
Gw. rhif 171 am gerdd wahanol dan yr un teitl.

Detholwyd i: Aneirin Talfan Davies (gol.), *Englynion a Chywyddau* (1958), 46; Alan Llwyd (gol.), *Y Flodeugerdd Englynion* (1978), 85.

Nodiadau cyffredinol
Dyma enghraifft dda o 'englyn cytbwys, cydnerth sy'n epigram o'i sillaf gyntaf i'w ddiwedd'; Gwilym R. Jones, 'Pigion Englynion fy Ngwlad', *Y Genhinen*, 1 (1950–51), 74.

32. MWYNIANT MERCHED
Nodiadau cyffredinol
4   **Acheron** un o afonydd yr Isfyd neu Hades (teyrnas y meirw) ym mytholeg Groeg. Defnyddid yr enw weithiau gan awduron clasurol i olygu'r Isfyd ei hun; gw. OCCL, 4.

33. HEN FERCH
Detholwyd i: *The Welsh Review*, 5:2 (1946), 118.

Cyfieithiad: Idris Bell, *The Welsh Review*, 5:2 (1946), 119; idem, yn *The Oxford Book of Welsh Verse in English*, gol. Gwyn Jones (1977), 204.

34. BEDDARGRAFF PRIODASFERCH
'Beddargraff Priodferch' yw'r teitl yn arg. 1939.

35. BEDDARGRAFF Y GWEITHIWR DUR
Nodiadau cyffredinol
Am hanes Gwenallt yn ymweld â'i dad yn y gwaith dur, a'r ddamwain a'i lladdodd yno, gw. *Credaf*.
1   **twrn** sifft, stem (ar lafar yn y De); camp, gorchest.

37. BEDDARGRAFF AMAETHWR
Detholwyd i: *The Welsh Review*, 5:2 (1946), 116.

Cyfieithiad: Idris Bell, *The Welsh Review*, 5:2 (1946), 117.

38. YMSON YR ARCH
Nodiadau cyffredinol
3   **tŷ tywyll** trosiad am y bedd yn ogystal â chyfeiriad at yr arfer o dywyllu tŷ galar trwy dynnu'r llenni.

39. BEDDARGRAFF MORWR
Gw. rhif 57 am gerdd wahanol dan yr un teitl.
Nodiadau cyffredinol
3–4   motiff cyffredin wrth goffáu morwyr; cf. 63. 'Er Cof am Mr Oliver Jones' ll.31–2; 284. 'Er Cof am fy nghyfaill annwyl, Mr Oliver Jones' ll.33–4.

40. CYSUR
Detholwyd i: Aneirin Talfan Davies (gol.), *Englynion a Chywyddau* (1958), 13.
Nodiadau cyffredinol
3   **yw** gw. 2. 'Y Sant' ll.161n.

42. ATGYFODIAD LASARUS
Yn ôl nodyn yn *Baner ac Amserau Cymru*, 16 Ebrill 1959, 5, dyma'r 'englyn gorau yn yr iaith'.
Nodiadau cyffredinol
Lasarus brawd Mair a Martha o Fethania, a chyfaill agos i'r Iesu. Bu farw Lasarus a'i gladdu tra oedd yr Iesu oddi yno, ond ar ei orchymyn Ef ar ôl iddo ddychwelyd i Fethania ymhen pedwar diwrnod, daeth Lasarus allan o'r bedd yn fyw; gw. Ioan 11:1–12:11. Roedd y wyrth hon yn dyngedfennol o ran ennill dilynwyr i Grist ar y naill law, ac o ran ennyn casineb yn ei erbyn ar y llaw arall.
1–2   **dillad / Diollwng y beddau** gw. Ioan 11:44.
3   **golau** gw. 2. 'Y Sant' ll.150n.
4   **Iau** duw goleuni'r awyr a phrif dduw y Rhufeiniaid, yn cyfateb i Zeus y Groegiaid; gw. OCCL, 308, 603–4.

43. BEDDARGRAFF GŴR CYFOETHOG
Nodiadau cyffredinol
4   **ceiniog** Ceir y nodyn canlynol ar waelod y ddalen yn *Ysgubau'r Awen*: 'Rhoddai'r Groegiaid ddarn arian yng ngenau'r meirwon i dalu'r cludiad dros yr afon.' Yr afon y cyfeirir ati yw afon Styx, yr oedd rhaid i'r meirwon ei chroesi i gyrraedd yr Isfyd; gw. OCCL, 542.

44. BEDDARGRAFF GWRONIAID
Nodiadau cyffredinol
1   **rhwd . . . gwyfn** cf. Mathew 6:19–20.
4   **pau** gwlad.

45. BEDDARGRAFF GWRAIG ENWOG
Nodiadau cyffredinol
3   **alarch** aderyn a gysylltir yn draddodiadol â marwolaeth gan y dywedir bod alarch yn canu'n beraidd cyn marw.
4   **gwdihŵ** tylluan; aderyn y nos a gysylltir yn draddodiadol â marwolaeth a drygargoel; gw. BDPF, 115.

46. GOLUD MARWOLAETH
Detholwyd i: *Hwnt ac Yma* (1944), 102.
Nodiadau cyffredinol
4   cf. Philipiaid 1:21.

47. FFORDD Y BEDD
Nodiadau cyffredinol
Ar y ddelwedd a gynhelir trwy'r englyn hwn, cf. Mathew 7:13–14.

48. DELW ALECSANDER FAWR
Nodiadau cyffredinol
Alecsander Fawr (356–323 CC), cadfridog mwyaf yr hen fyd. Daeth yn frenin Macedonia yn 336 CC, ac mewn cyfres o fuddugoliaethau nodedig estynnodd ei awdurdod o Roeg i'r Aifft (lle y sefydlodd Alexandria), ac ymlaen i India. Gw. OCCL, 24–7; cf. 221. 'John Edward Daniel' ll.48n. Goroesodd sawl delw efydd o Alecsander Fawr o'r henfyd, a goroesodd sawl epigram ar y testun hwn hefyd; cf. *Anthologia Palatina* XVI. 119–22.

49. ADFEILION HEN DDINAS
Nodiadau cyffredinol
Ar thema'r wlad ddiffaith, gw. 3. 'Breuddwyd y Bardd' ll.25–6n. Ar sail y cyfeiriad at ddreigiau yn ll.4, gellir awgrymu mai dinas Babilon sydd dan sylw; gw. Jeremeia 51:37. Ar Fabilon, gw. 2. 'Y Sant' ll.397n.
1   **Tŵr y sêr** cf. Genesis 11:4; 136. 'T. Gwynn Jones' ll.59n.
4   **dreigiau** gw. 1. 'Y Mynach' ll.211n.

53. CYFLYMDER BYWYD
Nodiadau testunol
2   **yn llawn ynni :** llawn o ynni (arg. 1939)
Nodiadau cyffredinol
4   cf. Salm 90:9.

56. BEDDARGRAFF MILWYR
Nodiadau cyffredinol
4   **rhingyll** y swyddog milwrol a fyddai'n gyfrifol am drosglwyddo gorchmynion i'r milwyr.

57. BEDDARGRAFF MORWR
Gw. rhif 39 am gerdd wahanol dan yr un teitl.
Nodiadau cyffredinol
3   **pau** gwlad.
4   cf. 1. 'Y Mynach' ll.520n.

59. Y BEDDAU
Gw. rhif 9 am gerdd wahanol dan yr un teitl.
Nodiadau cyffredinol
3   **seiad** (amr. 'seiat'; benth. o'r Saesneg, *society*) cyfarfod crefyddol anffurfiol a darddodd o gyfnod y Diwygiad Methodistaidd; ei ddiben oedd dyfnhau profiadau ysbrydol yr aelodau ac o'r herwydd fe'i gelwid weithiau y Seiat Brofiad. Ysgrifennodd William Williams, Pantycelyn lyfr enwog ar sut i gynnal seiat dan y teitl *Drws y Society Profiad* (1777); gw. 84. 'Pantycelyn'; CLC, 661. Trwy estyniad, gellir galw unrhyw gylch trafod yn seiat, a gwneir hynny weithiau â chryn eironi.

60. BARDDONIAETH
Detholwyd i: Aneirin Talfan Davies (gol.), *Englynion a Chywyddau* (1958), 60.
Cyfieithiad: Dyfnallt Morgan, *D. Gwenallt Jones*, Writers of Wales (1972), 40–1.
Nodiadau testunol
1   **ai seiniau :** neu seiniau (arg. 1939, *ECh*)
Nodiadau cyffredinol
Ar y berthynas rhwng cynnwys ac arddull, cf. sylwadau Gwenallt yn ei ragymadrodd i *Yr Areithiau Pros* (1934), xix.

61. ENGLYN CYSUR I MR W. J. RICHARDS
Nodiadau cyffredinol
W[illiam] J[ohn] Richards, Derwen-las ('Gwilym Maldwyn'; 1901–51), bardd a gyhoeddodd o leiaf dair cyfrol o farddoniaeth delynegol rhwng 1928 ac 1948. Fe'i cyfyngid i gadair olwynion am gyfnod hir, oherwydd salwch.
2   **gwau** gw. 84. 'Pantycelyn' ll.8n.

62. BEDDARGRAFF MR DAFYDD NICOLAS
Detholwyd i: Alan Llwyd (gol.), *Y Flodeugerdd Englynion* (1978), 43.
Nodiadau cyffredinol
Mr Dafydd Nicolas, Crymych tad y bardd T. E. Nicholas (gw. 105. 'Y Comiwnyddion', n). Ceir llun o Dafydd Nicolas a'i wraig, Bet, yn James Nicholas, *Pan Oeddwn Grwt Diniwed yn y Wlad* (1979), yn wynebu t.12.

63. ER COF AM MR OLIVER JONES
Detholwyd i: Aneirin Talfan Davies (gol.), *Englynion a Chywyddau* (1958), 22–3; Alan Llwyd (gol.), *Y Flodeugerdd Englynion* (1978), 50–1.
Nodiadau testunol
Cyhoeddwyd fersiwn gwahanol ar y gerdd hon yn Charles Davies ac Edward K. Prosser (goln), *A Book of Aberystwyth Verse* ([1926]), 24–5. Gan mor wahanol yw'r ddau fersiwn, argraffwyd testun 1926 yn gyflawn yn adran y Cerddi Ychwanegol, rhif 284.
Nodiadau cyffredinol
Oliver Jones (m. 1918), llanc o Bontardawe a chyfaill personol i Gwenallt, a foddwyd ar 21 Awst 1918 yn 28 oed. Ceir llun ohono yn ei wisg forwrol, ynghyd â llun o gerdyn coffa iddo yn BBG, 24. **Gunstone Jones** brawd Oliver Jones a chyfaill mynwesol i Gwenallt. Roedd yn un o gymeriadau'r pentref ac iddo gryn enw'n lleol fel actor comig ac adroddwr. Ymddiddorai'n arbennig ym myd canu gwerin, ac ef a enynnodd ddiddordeb Gwenallt yn y maes hwnnw.
  Mae ambell drawiad yn y gerdd hon sydd yn debyg i englynion R. Williams Parry, 'Hedd Wyn'; gw. *Yr Haf a Cherddi Eraill* (1924), 100–1.
5–6   cf. 3. 'Breuddwyd y Bardd' ll.198–9.
23   cf. 286. 'Ynys Enlli' ll.155.
24   **Awen** gw. 3. 'Breuddwyd y Bardd' ll.41n.
32   **Beddau gwag** cf. 39. 'Beddargraff Morwr' ll.3–4n.
35   **Cerdd Dafod** hen derm am y grefft o farddoni; fe'i defnyddir fel arfer heddiw i ddynodi llunio cerddi ar y mesurau traddodiadol. Gw. CLC, 100.
36   **Cerdd Dant** term am grefft y cerddor; fe'i defnyddir fel arfer heddiw i gyfeirio at ddull arbennig o ganu cyfalaw i gainc a genir ar y delyn. Gw. CLC, 100.

64. ER COF AM MRS DAVIES
Nodiadau cyffredinol
Mrs Davies mam Albert Davies, cyfaill mynwesol i Gwenallt; gw. 232. 'Cyfeillion' ll.13n.

5–6   cf. Actau 5:15.
12   **napcyn gwyn** rhan o wisg y bedd; cf. y napcyn a ddodwyd am ben Crist yn y bedd, Ioan 20:6–7 (ond gw. hefyd Actau 19:12).
16   **actau** cf. teitl llyfr Actau'r Apostolion yn y Testament Newydd.

65. ER COF AM MR IDWAL JONES
Nodiadau cyffredinol
Idwal Jones (1895–1937), dramodydd, digrifwr ac awdur llawer o gerddi ysgafn. Roedd yn gydfyfyriwr â Gwenallt a chyfaill agos iddo yng Ngholeg Prifysgol Cymru, Aberystwyth, lle'r oedd yn nodedig am ei driciau a'i hwyl. Lluniodd gomedi cerdd am fywyd y Coleg, *Yr Eosiaid* (1936). Cyhoeddodd Gwenallt gofiant iddo yn 1958. Gw. CLC, 393–4; 343. 'Plismyn Pen-ffwrn', n.

1   **Olwen** Ceir y nodyn canlynol ar waelod y ddalen yn *Ysgubau'r Awen*: 'Miss Olwen Jones, ei chwaer.' Dyn di-briod oedd Idwal Jones, a'i chwaer Olwen a ofalodd amdano yn ei waeledd.
16   **gwawr** Lluniodd Idwal Jones ddrama un-act o'r teitl 'Gwrid y Wawr'. *Y Wawr* oedd teitl cylchgrawn colegol Aberystwyth.
17   **Wermwd garchar** Wormwood Scrubs. (Bu Gwenallt ei hun yn garcharor yno am gyfnod; gw. 114 'Dartmoor', n).
18   **y Tri** Saunders Lewis, Lewis Valentine a D. J. Williams, a garcharwyd yn Wormwood Scrubs yn 1937 am losgi'r Ysgol Fomio ym Mhenyberth, sir Gaernarfon, ym mis Medi 1936; gw. 93. 'Saunders Lewis', n, ll.5n. Roedd y Tri yn y carchar pan fu farw Idwal Jones ym mis Mai 1937.

66. YR AWEN
Gw. rhifau 168, 313 a 325 am gerddi gwahanol dan yr un teitl.

Trafodaeth: T. Emrys Parry, 'Ystyried *Ysgubau'r Awen*', yn *Ysgrifau Beirniadol IV*, gol. J. E. Caerwyn Williams (1969), 239–40.

Nodiadau cyffredinol
Awen gw. 3. 'Breuddwyd y Bardd' ll.41n.

1   **ogof** lledadlais o waith Platon, *Y Wladuriaeth* (Llyfr 7); gw. 192 'Jesebel ac Elias' ll.724n.
2   **fy nghannwyll wêr** cf. Salm 18:28; Diarhebion 20:27; 90. 'Y Duwdod' ll.14n.
4   **haul a lloer a sêr** cf. Salm 148:3; Pregethwr 12:2; Luc 21:25.
7   **Pelican y nef** Mae hen gred (ddi-sail) fod pelicanod yn bwydo'u cywion ar eu gwaed eu hunain. O gyfnod cynnar yn hanes Cristnogaeth defnyddid hyn yn symbol o Grist yn achub pechaduriaid trwy aberth ei waed; gw. BDPF, 835–6; 1. 'Y Mynach' ll.360n.
9   **Crochenydd** trosiad beiblaidd am Dduw; gw., e.e., Eseia 64:8; Jeremia 18:6.
12   Adleisir llinell enwog o'r *Gododdin* gan Aneirin, cerdd sydd, yn ôl y farn draddodiadol, yn coffáu cais trychinebus (*c*.600) gan lu Frythonig i adennill Catraeth (yn swydd Efrog bresennol) o ddwylo'r Eingl a ymsefydlasai yn nwyrain Prydain erbyn hynny. Gw. CLC, 274–5; CA, ll.84, 90, 97, etc.
13   **Llywarch** cymeriad mewn corff o hen ganu ar fesur englyn o'r 9fed ganrif. Calon y canu yw'r portread o Lywarch yn hen ŵr blin ac unig wedi colli pob un o'i feibion, a heb groeso iddo bellach yn y llys. Cyfeiria ll.14 yn benodol at englyn enwog iawn lle y darlunnir deilen grin yn cael ei chwipio gan y gwynt a hynny'n ddelwedd amlwg o Lywarch ei hun (CLlH, 10). Gw. CLC, 86–7.

67. CYMRU ('Er mor annheilwng ydwyt ti o'n serch')
Gw. rhifau 12, 81, 134, 184 am gerddi gwahanol dan yr un teitl. Cyhoeddwyd y gerdd hon gyntaf yn *Y Ddraig Goch*, 10:4 (Ebrill 1936), 5. Cadwyd amrywiad arni mewn casgliad teipysgrif o rai o gerddi Gwenallt yn BJM 3/415, [38].

Detholwyd i: Gwynn ap Gwilym ac Alan Llwyd (goln), *Blodeugerdd o Farddoniaeth Gymraeg yr Ugeinfed Ganrif* (1987), 97; Elwyn Edwards (gol.), *Cadwn y Mur: Blodeugerdd Barddas o Ganu Gwladgarol* (1990), 128.

Cyfieithiad: H. I. Bell, *Wales* (Keidrych Rhys), 5:7 (Haf 1945) 19.

Trafodaeth: T. Emrys Parry, 'Ystyried *Ysgubau'r Awen*', yn *Ysgrifau Beirniadol IV*, gol. J. E. Caerwyn Williams (1969), 241–2. Gw. hefyd L. Haydn Lewis, 'I'r rhai a gyfarchodd Gymru', *Baner ac Amserau Cymru*, 1 Hydref 1952, 2.

Nodiadau testunol
2   **fudr y stryd :** bwdr dy wedd (*YDdG*)
        â'r taeog lais : a'th daeog wedd (BJM)
4   Lai nag anwylo d'enw hyd ein bedd. (BJM)
7   **seren :** canllaw (*YDdG*); balchder (BJM)
8   **llên ac awen :** llenor, cerddor, (BJM)
9   Y dewr a roes ei waed i'th gadw'n bur (BJM)
10   Rhag trais a niwed a dolurus friw, (BJM)
11   Er mwyn eu haberth hwy erglyw ein cur, (BJM)
12   Yn uchder mawr Dy nef, drugarog Dduw, (BJM)
13   **nerth :** law (*YDdG*)

Nodiadau cyffredinol
2   **putain** gw. 2. 'Y Sant' ll.545–6n.
6   Cyfeiriad, o bosibl, at thema Sofraniaeth; gw. 3. Breuddwyd y Bardd' ll.25–6n.
8   **awen** gw. 3. 'Breuddwyd y Bardd' ll.41n.
9–12   Mae yma adleisiau o'r Anthem Genedlaethol a hefyd o emyn Elfed, 'Cofia'n gwlad, Benllywydd tirion'; gw. 217. 'Sir Gaerfyrddin' ll.55n.
11   **erthyglau'r groes** cf. yr ymadrodd 'erthyglau'r Ffydd'. Ar y groes, gw. 1. 'Y Mynach' ll.360n. Ar saint, gw. 2. 'Y Sant', n.

68. YR ILIAD
Cadwyd amrywiad ar y gerdd hon mewn casgliad teipysgrif o rai o gerddi Gwenallt yn BJM 3/415, [4].

Trafodaeth: T. Emrys Parry, 'Ystyried *Ysgubau'r Awen*', yn *Ysgrifau Beirniadol IV*, gol. J. E. Caerwyn Williams (1969), 233–4.

Nodiadau testunol
1   **tal :** mawr (BJM)
2   Mewn brwydr farwol am Helen freichwen, fad, (BJM)
3   Hector, Patroklos ac Achilles gawr (BJM)
4   Yn 'sgubo fel ystorm ar flaen y gad. (BJM)

Nodiadau cyffredinol
Yr Iliad cerdd epig Roeg o waith Homer, yn adrodd hanes diwedd y gwarchae enwog ar Gaerdroea (gw. 1. 'Y Mynach' ll.197n). Mae'r gerdd yn agor â chweryl rhwng Agamemnon, brenin Mycenae a chadfridog y lluoedd Groegaidd, ac Achilles, arwr sydd wedi gadael y frwydr mewn tymer ddrwg. Gwŷr Caerdroea sydd â'r llaw uchaf bellach ac anfonir Patroclos, cyfaill Achilles, i'w

gwrthwynebu. Lleddir Patroclos gan Hector, arwr Caerdroea, a rhuthra Achilles yn ffyrnig i'r frwydr a lladd Hector. Gw. OCCL, 294–5.

3   **Elen** Helen o Gaerdroea; gw. 1.'Y Mynach' ll.197n.

9   **duwiau cecrus** Yn y gerdd mae'r duwiau ar fynydd Olympus yn ymddiddori'n fawr yn y frwydr am Gaerdroea, a rhai'n pleidio'r naill ochr a rhai yn pleidio'r llall, gan ymyrryd o bryd i'w gilydd yn y digwyddiadau.

13   **Tro** Caerdroea; gw. 4.'Yr Angylion a'r Gwragedd' ll.32n.

14   **Iliwm** enw arall ar Gaerdroea.

69. IWERDDON

Trafodaeth: T. Emrys Parry, 'Ystyried *Ysgubau'r Awen*', yn *Ysgrifau Beirniadol IV*, gol. J. E. Caerwyn Williams (1969), 240–1.

Nodiadau cyffredinol

Dechreuwyd y broses o blannu trefedigaethau Seisnig ac Albanaidd yng ngogledd Iwerddon yn 1607, yn ystod teyrnasiad Iago I. Rhoddwyd dros hanner miliwn o erwau o'r tir gorau i'r mewnfudwyr, gan orfodi'r boblogaeth frodorol i chwilio am diroedd eraill tua'r gorllewin. Y mewnlifiad hwn o bobl o dras wahanol ac o draddodiad crefyddol gwahanol (roedd y mewnfudwyr yn Brotestaniaid a'r brodorion yn Gatholigion), a roddod fod yn uniongyrchol i dros dri chan mlynedd o derfysg gwaedlyd rhwng Gwyddelod ac Eingl-Wyddelod yn Ulster.

Taniwyd diddordeb Gwenallt yn Iwerddon, ei hanes, ei dwylliant a'i thraddodiadau, yn sgil mynychu ysgol haf yn Spideal tua 1929; gw. *Credaf*, a cf. 3.'Breuddwyd y Bardd', n.

1   **Deidre** merch ddiarhebol ei harddwch yn y traddodiad Gwyddelig, ac arwres chwedl enwog yng nghylch chwedlau Ulster. Roedd Conchobar, brenin Ulster, am ei phriodi, ond syrthiodd hi mewn cariad â Naoise mab Usnach a'i cipiodd, gyda chymorth ei frodyr, a mynd â hi i'r Alban. Gw. OCEL, 225; OCIL, 315.

2   **Cocholyn** un o brif arwyr cylch chwedlau Ulster. Yn ôl traddodiad roedd yn nai i Conchobar, ac yn meddu ar nerth a dewrder rhyfeddol o oedran gynnar. Gw. OCEL, 207; OCIL 125–6.

      Ffinn prif arwr cylch o chwedlau Gwyddelig a elwir weithiau yn gylch Osian. Fe'i gosodwyd yn arweinydd ar y Fianna, gosgordd o ddynion a feddai ar nerth corfforol a dewrder eithriadol yr anfarwolir ei champau mewn llawer o chwedlau. Gw. OCEL, 300; OCIL, 194–5.

8   **Mair** gw. 1.'Y Mynach' ll.80n.

70. FY NHAD

Cadwyd cerdd wahanol dan yr un teitl mewn casgliad teipysgrif o rai o gerddi Gwenallt yn BJM 3/415, [7]; gw. rhif 301 yn adran y Cerddi Ychwanegol, a cf. *Taliesin*, 25 (Rhagfyr 1972), 140.

Nodiadau cyffredinol

Cyd-destun y gerdd hon yw'r erledigaeth a ddioddefodd tad Gwenallt (gw. 9.'Beddau' ll.10n) gan drigolion Pontardawe a'r Allt-wen, ac yn benodol gan ei gyd-aelodau yng nghapel Soar, yn sgil carcharu Gwenallt yn 1917 am iddo wrthod mynd i'r rhyfel. Gweinidog Soar ar y pryd, a hyd 1946, oedd y Parch. D. G. Jones, cefnogwr pybyr i'r rhyfel a arferai ledaenu propaganda yn agored o'r pulpud; nid yn annisgwyl, gwrthododd siarad dros Gwenallt—yr unig aelod o'i gynulleidfa a wrthododd ymladd yn y rhyfel—yn y Tribiwnlys. Mae'n glir mai wedi marwolaeth ei dad yn 1927 y lluniodd Gwenallt soned hon.

1   **Testament** cyfamod. Cred Cristnogion fod y Beibl (sy'n cynnwys yr Hen Destament a'r Testament Newydd) yn fynegiant cyflawn o gyfamod Duw â'i bobl. Ystyr arall i'r gair 'testament' yw ewyllys.

9   Cymerir mai delweddu diwedd y rhyfel a wneir yma. Mae'r trosiadau a ddewiswyd yn

bur eironig o gofio'r amgylchiadau a achosodd farwolaeth tad Gwenallt, sef iddo gael ei losgi gan fetel tawdd yn y gwaith dur; gw. *South Wales Voice*, 1 Hydref 1927, 1; *Credaf*.

12–14   Mae geirfa'r llinellau hyn (yn enwedig 'bendith', 'cabl', 'croesbren' a 'coron') yn ein gwahodd i gymharu profiad tad Gwenallt dan law ei erlidwyr â phrofiad Crist ei hun; gw. 1. 'Y Mynach' ll.360.

71. CARIAD

Cadwyd cerdd dan y teitl 'Serch', a chanddi linell agoriadol debyg i eiddo hon, mewn casgliad teipysgrif o rai o gerddi Gwenallt yn BJM 3/415, [39]; gw. rhif 326 yn adran y Cerddi Ychwanegol.

Nodiadau testunol
1   **Crwydrasai'r** : Brwydrasai'r (arg. 1951)

Nodiadau cyffredinol
1   cf. 326. 'Serch' ll.1.
1–4   cf. 75. 'Pechod' ll.5–9.

72. JWDAS ISCARIOT

Gw. rhif 263 am gerdd arall i'r un person.

Detholwyd i: Aneirin Talfan Davies (gol.), *Munudau gyda'r Beirdd* (1954), 65; R. Gerallt Jones (gol.), *Poetry of Wales 1930–1970* (1974), 104.

Cyfieithiadau: R. Gerallt Jones (gol.), *Poetry of Wales 1930–1970* (1974), 105; Patrick Thomas, yn *Sensuous Glory: The Poetic Vision of D. Gwenallt Jones*, goln Donald Allchin a D. Densil Morgan (2000), 109.

Trafodaeth: Cefin Campbell, 'Ystyried rhai o gerddi Gwenallt (4)', *Barn*, 314 (Mawrth 1989), 24–6.

Nodiadau testunol
13   **Gallasit** : Gallaset (arg. 1939)

Nodiadau cyffredinol
Jwdas Iscariot gw. 14. 'Y Gristionogaeth' ll.8n; 263. 'Jwdas'.
1   **cwmni gwirion** disgyblion Crist. Mae ystyr 'gwirion' yn amwys: gall olygu 'diniwed' neu 'ffôl'.
3   **Ioan . . . Pedr** dau o'r deuddeg disgybl, a dau a oedd yn aelodau o'r 'cylch mewnol' o ddisgyblion a oedd yn arbennig o agos at Grist. Gw. 148. 'Yr Eglwys' ll.2n; 159. 'Yr Eryrod' ll.29n; ODCC, 880–1, 1260–1; IBD, 794–5, 1199–1202.
5   **cist** y 'gôd' neu bwrs y gofalai Jwdas amdani; cyferbynner ll.14n.
6   **Pasg** gŵyl Iddewig a ddethlir yn y gwanwyn bob blwyddyn trwy fwyta cig oen a bara croyw yn unol â hanes ei sefydlu yn Exodus 12, er coffáu'r modd yr arbedwyd meibion cyntaf-anedig cenedl Israel rhag marwolaeth yn yr Aifft. Hwnnw oedd yr olaf, a'r gwaethaf, o ddeg pla a anfonodd Duw ar yr Aifft i gosbi Pharo (brenin yr Aifft) am beidio â rhyddhau pobl Israel. Dathlu'r Pasg yr oedd Crist a'i ddisgyblion adeg y Swper Olaf; gw. 1. 'Y Mynach' ll.187n. Gan fod Crist wedi ei groeshoelio ac wedi atgyfodi adeg y Pasg Iddewig, mabwysiadwyd yr enw hwnnw yn Gymraeg ar gyfer yr ŵyl Gristnogol sy'n coffáu'r digwyddiadau hynny. Gw. ODCC, 1229; IBD, 1157–8.
9   **Mab y Dyn** term a ddefnyddiodd Crist droeon yn yr Efengylau i gyfeirio ato Ef ei hun; gw., e.e., Mathew 8:20, 9:6, 10:23 etc. Dehonglwyd yr enw enigmatig hwn mewn sawl ffordd, ond y tebyg yw bod Crist yn pwysleisio trwyddo ostyngeiddrwydd ei ddynodd, o'i gymharu â gogoniant ei dduwdod, er bod Daniel 7:13 yn cysylltu 'Mab y

	dyn' â chymylau'r nefoedd; gw. 2. 'Y Sant' ll.141n; ODCC, 1518. Mae 'codi' yma yn cyfeirio at atgyfodiad Crist; gw. 12. 'Cymru' ll.13n.
10	**bara croyw** bara heb furum (lefain); gw. ll.6n. Rhannodd y Crist atgyfodedig fwyd â'i ddisgyblion ar fwy nag un achlysur; gw. Luc 24:30,41–3; Ioan 21:9–14. Ar win a bara yn elfennau'r Cymun, gw. 1. 'Y Mynach' ll.187n.
11	**Y groes** gw. 1. 'Y Mynach' ll.360n.
	brad . . . dy fin Cusan oedd yr arwydd y cytunwyd arno rhwng Jwdas a'r awdurdodau Iddewig ar gyfer bradychu Crist iddynt. Cyfarchodd Jwdas Ef â chusan er mwyn dangos iddynt (yn y tywyllwch) p'un ydoedd. Gw. Marc 14:44–5.
12	**d'arian brwnt** y deg darn ar hugain o arian a gafodd Jwdas yn dâl am fradychu'r Iesu: ystyriai Jwdas ei hun, ynghyd â'r archoffeiriaid, yr arian yn 'frwnt'; gw. Mathew 27:3–6; cf. 263. 'Jwdas' ll.4, ll.7.
13	**fel Pedr wylo'n chwerw dost** Ar ôl i Grist gael ei gymryd gan yr awdurdodau, bradychwyd Ef gan un arall o'r disgyblion, sef Pedr, trwy iddo wadu dair gwaith ei fod yn ei adnabod Ef; gw. Mathew 26:69–75; Marc 14:66–72; Luc 22:54–62; Ioan 18:15–27. Noda Mathew 26:75 a Luc 22:62 i Bedr wylo 'yn chwerw dost' wedi'r trydydd gwadiad; cf. 155. 'Ceiliog y Gwynt' ll.4–5; 264. 'Ioan Marc' ll.16.
14	**y gist** nid cist lythrennol ll.5, ond trosiad am yr Eglwys Fore.
	Pentecost gŵyl Iddewig a ddethlir yn flynyddol 50 niwrnod ar ôl gŵyl y Pasg (gw. ll.6n). Ar ddydd y Pentecost yn dilyn croeshoeliad ac atgyfodiad Crist disgynnodd yr Ysbryd Glân mewn ffordd arbennig ar y disgyblion. Pregethodd Pedr am Grist a'r Atgyfodiad i'r torfeydd o Iddewon a ymgasglasai yn Jerwsalem ar gyfer yr ŵyl, a daeth tua thair mil ohonynt yn ddilynwyr i Grist ar yr un diwrnod hwnnw; gw. Actau 2:1–41, a cf. 113. 'Rwsia' ll.10n; 191. 'Beirdd a Llenorion Ewrob' ll.16n.

73. CYFAILL O FARDD

Cadwyd cerdd wahanol o dan yr un teitl (eto wedi'i chyflwyno i B. J. Morse) mewn casgliad teipysgrif o rai o gerddi Gwenallt yn BJM 3/415, [1]; gw. rhif 309 yn adran y Cerddi Ychwanegol. Gw. hefyd 232. 'Cyfeillion'; 328. '[Cofio Cymdeithas]'.

Nodiadau cyffredinol
B[enjamin] J[oseph] Morse (1899–1977), cyd-fyfyriwr â Gwenallt, un o'r 'nythaid o feirdd' y soniodd Gwenallt amdano yn *Credaf*, a ganai yng Ngholeg Prifysgol Cymru, Aberystwyth, lle y graddiodd yn 1922. Bu'n ddarlithydd (ac wedyn yn uwch-ddarlithydd) ar staff Coleg y Brifysgol yng Nghaerdydd, yn dysgu Eidaleg yn Adran y Ffrangeg a'r ieithoedd Romawns, ac roedd ganddo ddiddordeb byw hefyd mewn barddoniaeth Almaeneg. Roedd yn hoff iawn o deithio a threuliai ei wyliau ar y cyfandir yn aml; yn ôl y sôn yng nghylchoedd colegol Caerdydd yn y cyfnod yn union wedi'r Ail Ryfel Byd, gwasanaethai Ben Morse â'r Gwasanaethau Cudd yn ystod y rhyfel. Bu Gwenallt a Ben Morse yn gyfeillion oes; byddent yn gohebu â'i gilydd yn gyson, ac yn ymweld â'i gilydd yn rheolaidd. Ceir llun o B. J. Morse yn BBG, 28.

10	**awen** gw. 3. 'Breuddwyd y Bardd' ll.41n.
13	**cloff o glun** cf. y disgrifiad o Jacob ar ôl iddo ymdrechu â Duw; gw. Genesis 32:30–1.

74. DANTE
Nodiadau testunol
12	**gwelit** : gwelet (arg. 1939)

Nodiadau cyffredinol
Dante gw. 3. 'Breuddwyd y Bardd' ll.85n. Er i Dante ddyweddïo yn 1277 â'i ddarpar wraig, Gemma Donati, digwyddiad pwysicaf ei ieuenctid ar ei dystiolaeth ei hun oedd cwrdd yn 1274 â merch a elwir ganddo yn Beatrice yn ei gerddi, a syrthio mewn cariad â hi; tybir mai Bice Portinari oedd hon, a ddaeth yn wraig i Simone de Bardi. Pan fu honno farw yn 1290 a hithau

ond yn 20 oed, torrodd Dante ei galon. Yn ei 'La vita nuova' a luniwyd yn y cyfnod 1290–04, mae Dante yn adrodd hanes ei gariad am Beatrice, gan ddehongli'r cariad hwnnw o safbwynt un sy'n gweld ei anwylyd yn ei arwain i iachawdwriaeth ysbrydol. Gw. OCEL, 215–16.

2   **nawfed** gw. 2. 'Y Sant' ll.581n.
12   **trwy ddellt y cnawd** cf. Caniad Solomon 2:9.
14   **yr ogoneddus Fam** Mair, mam yr Iesu; gw. 1. 'Y Mynach' ll.80n. Â delweddaeth y llinell gyfan, cf. 93. 'Saunders Lewis' ll.14n.

75. PECHOD

Cadwyd amrywiad ar y gerdd hon mewn casgliad teipysgrif o rai o gerddi Gwenallt yn BJM 3/415, [2].

Detholwyd i: Thomas Parry (gol.), *The Oxford Book of Welsh Verse* (1962), 473–4; Gwynn ap Gwilym (gol.), *Gogoneddus Arglwydd, Henffych Well!* (1999), 292; *Hoff Gerddi Cymru* (2000), 30.

Cyfieithiadau: Dyfnallt Morgan, *D. Gwenallt Jones*, Writers of Wales (1972), 18–19; Joseph P. Clancy, *Twentieth Century Welsh Poems* (1982), 94; R. Glyn Jones, *Barddas*, 192 (Ebrill 1993), 12; Patrick Thomas, yn *Sensuous Glory: The Poetic Vision of D. Gwenallt Jones*, goln Donald Allchin a D. Densil Morgan (2000), 147.

Trafodaethau: Derec Llwyd Morgan, *Y Soned Gymraeg*, Cyfres Pamffledi Llenyddol Cyfadran Addysg Aberystwyth, rhif 13 (1967), 14–15; T. Emrys Parry, 'Ystyried *Ysgubau'r Awen*', yn *Ysgrifau Beirniadol IV*, gol. J. E. Caerwyn Williams (1969), 249–50; R. M. Jones, *Llenyddiaeth Gymraeg 1936–1972* (1975), 10–12.

Nodiadau testunol
4   **yr :** a'i (BJM)
5   Mae nwyd y bwystfil yn ein deunydd crai (BJM)
6   **Llysnafedd bwystfil :** A'i brynti creulon (BJM)
7   Bydd gwres ei hiasau'n poethi'r esgyrn clai (BJM)
8   A thom y ddaear yn trymhau ein traed. (BJM)
9   **rydd :** drist (BJM)
10   **Canfyddwn :** Ni welwn (BJM)
11   **anthemau gras a ffydd :** am aberth gwyrthiol Crist (BJM)
13   Ac yna awn a gorwedd yn Ei Dŷ, (BJM)

Nodiadau cyffredinol
Pechod term diwinyddol am y cyflwr o anufudd-dod i ewyllys Duw a gwrthryfel yn ei erbyn Ef. Dysg y Beibl mai dyma gyflwr naturiol pob person ac mai trwy farwolaeth Iesu Grist ar y groes yn unig y mae modd cael gwaredigaeth ('iechydwriaeth', ll.12) rhag cosb Duw ar bechod. Gw. ODCC, 1505; IBD, 1456–9; 1. 'Y Mynach' ll.360n. Dywedodd Gwenallt mai 'darganfyddiad syfrdanol' iddo ef yn ei yrfa farddol oedd darganfod pechod; gw. *Llais y Lli*, 25 Mai 1966, 2; *Credaf*.

Perthyn y gerdd hon i ddosbarth o gerddi sy'n mynegi ffieidd-dra pechod; gw. 5. 'Y Twrch Trwyth', n. Ar ddelweddaeth y gerdd, cf. 8. 'Y Ffwlbart' ll.13.

1–2   cf. 14. 'Y Gristionogaeth' ll.5–6.
5–9   cf. 71. 'Cariad' ll.1–4.
8   **dawns** gw. 2. 'Y Sant' ll.260n.
9   **fforest wreiddiol** cf. y term 'pechod gwreiddiol', sef y cyflwr pechadurus sydd wedi nodweddu'r ddynoliaeth oddi ar y Cwymp, yn ôl dysgeidiaeth y Beibl; gw. ODCC, 1195–7.
11   **saint** gw. 2. 'Y Sant', n.
      gras gw. 1. 'Y Mynach' ll.38n.

12	*Magnificat* gw. 1. 'Y Mynach' ll.464n. Nid cyfeiriad at Gân Mair fel y cyfryw sydd yma, ond at unrhyw gân o fawl i Dduw.
13–14	cf. 13. 'Ar Gyfeiliorn' ll.14.
14	**y gwaed a'n prynodd ni** Cyfeirir at aberth Crist ar y groes; cf. Galatiaid 3:13; Datguddiad 5:9; gw. 1. 'Y Mynach' ll.360n.

76. YR EGLWYS

Gw. rhif 148 am gerdd wahanol dan yr un teitl, a cf. rhif 202. Cadwyd copi o'r gerdd hon mewn casgliad teipysgrif o rai o gerddi Gwenallt yn BJM 3/415, [34]. Cyhoedddwyd hi gyntaf yn *Y Llenor*, 13 (1934), 9.

Cyfieithiadau: Dyfnallt Morgan, *D. Gwenallt Jones*, Writers of Wales (1972), 20–1; Joseph P. Clancy, *Twentieth Century Welsh Poems* (1982), 94.

Trafodaeth: T. Emrys Parry, 'Ystyried *Ysgubau'r Awen*', yn *Ysgrifau Beirniadol IV*, gol. J. E. Caerwyn Williams (1969), 247–8.

Nodiadau cyffredinol
Mae'r gair 'eglwys' yn dwyn sawl ystyr. Fe'i defnyddir wrth gyfeirio at adeilad a ddefnyddir ar gyfer addoliad cyhoeddus, ond yn yr ystyr gynharaf cyfeiria at y gymuned grediniol—naill ai cymdeithas neu gynulleidfa leol o Gristnogion, neu'r gymuned Gristnogol fyd-eang ar hyd yr oesoedd. Gw. IBD, 283–5; ODCC, 343–5.

1–3	**sêr ... gaer** Adleisir soned R. Williams Parry, 'Dinas Noddfa'; gw. *Yr Haf a Cherddi Eraill* (1924), 44. (Mae 'caer' yn elfen yn enw sawl cytser yn Gymraeg, e.e., Caer Arianrhod, Caer Eiddionydd; gw. GPC, 384.) Cf. hefyd 93. 'Saunders Lewis' ll.10.
6	**Baich** Mae delweddu pechod fel baich yn gyffredin mewn llenyddiaeth Gristnogol; gw. Salm 38:4; 2 Timotheus 3:6; a cf. baich Cristion yn alegori John Bunyan, *Taith y Pererin*.
8	**Dy greadigaeth ryfedd Di** Am fynegiant beiblaidd o ryfeddod at y greadigaeth, gw., e.e., Salm 8:3–9.
9–10	cf. Salm 104:27.
11–14	cf. Salm 104:1–6.
14	**mantell gerddgar** Cyfeirir at yr hen gred fod pob planed yn cynhyrchu sain wahanol, yn ôl cyflymder ei symudiad trwy'r gofod, a chan fod pob peth naturiol mewn cytgord â'i gilydd, bod y seiniau hynny'n cynganeddu. Gw. BDPF, 1044; OCCL, 260. Cf. hefyd Salm 104:2.

77. ANN GRIFFITHS

Cadwyd copi o'r gerdd hon mewn casgliad teipysgrif o rai o gerddi Gwenallt yn BJM 3/415, [9]. Cyhoeddwyd hi gyntaf yn *Y Llenor*, 13 (1934), 9, lle y ceir y dyfyniad canlynol dan y teitl: 'Bûm yn ddiweddar yn neilltuol bell mewn putteindra ysprydol oddiwrth yr Arglwydd, ... *Gwaith Ann Griffiths*, Ab Owen, t.17.'

Detholwyd i: Aneirin Talfan Davies (gol.), *Munudau gyda'r Beirdd* (1954), 52.

Nodiadau testunol

3	**gwawr :** dydd (*Llenor*)
5	**a'r gloch :** a chloch (*Llenor*)
6	**diwnïad :** ei ddiwnïad (*Llenor*)
8	**berarogl :** aroglau (BJM)
9	**crwydrit :** crwydret (arg. 1939, BJM, *Llenor*)
13	**Ond tynnodd :** A thynnodd (*Llenor*)

Nodiadau cyffredinol
Ann Griffiths (1776–1805), prif emynyddes y Gymraeg. Fe'i ganed yn Nolwar Fach ym mhlwyf

Llanfihangel-yng-Ngwynfa, sir Drefaldwyn. Mae'n debyg ei bod yn ferch fywiog yn ei hieuenctid, yn hoff o ddawnsio a'r noson lawen, ond cafodd dröedigaeth yn 1796 wrth wrando ar bregeth mewn cyfnod o ddiwygiad yn y cylch. Am weddill ei bywyd byr ymroddodd i fywyd o dduwioldeb, gan roi mynegiant i'w phrofiadau ysbrydol mewn penillion nas bwriadwyd ar gyfer eu lledaenu, ond a ddaeth i amlygrwydd ar ôl ei marwolaeth; cyfrifir y penillion hyn ymhlith trysorau pennaf llenyddiaeth grefyddol y Gymraeg. Un o nodweddion amlycaf emynau Ann Griffiths yw ei mynegiant o'i chariad at Grist, a chyfyd llawer o'i delweddaeth o fyd serch a phriodas (yn tynnu ar rannau o'r Ysgrythur megis Caniad Solomon). Mae'r soned bresennol yn adleisio'r ddelweddaeth honno ac yn ei hymestyn. Gw. CLC, 285–6; Bywg., 283.

1   **puteindra** Fel y gwelir o'r dyfyniad a ymddangosodd uwchben y soned hon yn *Y Llenor*, cyfeiriodd Ann ei hun at ei 'phuteindra ysbrydol', sef y cyflwr o roi ei serch ar bethau ar wahân i Grist, ei Phriod; gw. RhF, Llythyr VI. Cf. hefyd 2. 'Y Sant' ll.545–6n.

5   **Priod** Crist. Cyfeiriodd Ann Griffiths at Grist fel Priod ar fwy nag un achlysur yn ei hemynau; gw. RhF, Emyn IV.2, XIV.2. (Priododd Ann â Thomas Griffiths o blwyf Meifod yn Hydref 1804, ond bu farw o fewn llai na blwyddyn yn sgil geni plentyn.)

5–6 Mae'r disgrifiad hwn o wisg y Priod yn cyfuno'r eitemau hynny a roddwyd am Grist wrth ei watwar cyn ei groeshoelio, sef coron ddrain a gwisg borffor (Mathew 27:28–31; Marc 15:17–20; Ioan 19:2–5), a gwisg seremoniol yr archoffeiriad a oedd â chlychau aur a phomgranadau am yn ail ar odre'i fantell (Exodus 28:34). Ceir yr un ddelwedd sylfaenol o Grist fel yr aberth (gw. 1. 'Y Mynach' ll.58n) a hefyd yr offeiriad yng ngwaith Ann ei hun, ac fe'i hadleisir yma; gw. RhF, Emyn III.1 a XXVI. Ar yr ansoddair 'diwnïad', gw. Ioan 19:23.

7   **neithior** gwledd briodas. Ar elfennau'r Cymun y gwleddir; gw. 1. 'Y Mynach' ll.187n.

8   **bara yn berarogl** Adleisir rhan o lythyr oddi wrth Ann at ei chyfaill John Hughes, Pontrobert; gw. RhF, Llythyr 1.

9   **addunedau** Adleisir pennill o waith Ann; gw. RhF, Emyn V.4.

78. SIR GAERFYRDDIN

Gw. rhif 217 am gerdd arall dan yr un teitl. Cadwyd amrywiad ar y gerdd hon mewn casgliad o deipysgrif o rai o gerddi Gwenallt yn BJM 3/415, [35]. Cyhoeddwyd hi gyntaf yn T. H. Parry-Williams (gol.), *Elfennau Barddoniaeth* (1935), 153–4, dan y teitl 'Gwŷr Sir Gaerfyrddin, *wrth y Sir*'.

Detholwyd i: W. Leslie Richards, *Ffurfiau'r Awen* (1961), 69; H. Meurig Evans (gol.), *Cerddi Diweddar Cymru* (1962), 52; John Davies (gol.), *O Fôn i Fynwy* (1962), 142; *Hoff Gerddi Cymru* (2000), 34.

Cyfieithiad: Joseph P. Clancy, *Twentieth Century Welsh Poems* (1982), 96.

Trafodaethau: Dafydd Rowlands, 'Cerddi Diweddar Cymru: rhif 48. "Sir Gaerfyrddin"–D. Gwenallt Jones', *Barn*, 77 (Mawrth 1969), 136–7; Dafydd Owen, 'O Fôn i Fynwy', *Barn*, 122 (Nadolig 1972), 79; Wynne Jenkins, 'O Fôn i Fynwy (gol. John Davies): "Sir Gaerfyrddin" Gwenallt', *Barn*, 152 (Medi 1975), 820–1; Dafydd Johnston, 'Dwy Lenyddiaeth Cymru yn y Tridegau', yn *Sglefrio ar Eiriau*, gol. John Rowlands (1992), 50.

Nodiadau testunol
1   Ni wn beth ydyw'r ias a gerdd drwy'r cnawd (BJM)
2   Pan groesaf i dy ffin mewn bws neu drên, (BJM)
3   **gweled wyneb :** megis gweled (BJM)
5   Ac eto gwn. Er treulio 'mywyd yn y De (BJM)
6   **tomennydd :** trychineb (BJM)
7   **It roi in :** Ti roist im' (BJM)
8   **haearn ym meddrodau'r :** sydd yn ddwfn rhwng beddau'r (BJM); haearn sy 'meddrodau'r (*EB*)

9	Ac yn nhywyllwch pwll a berw'r gwres (BJM)
10	Hiraethem am dy ddolydd iachus, ir, (BJM)
11	Gwnaem fyw'n ofalus a chynilem bres (BJM)
12	I fwrw hwyrddydd oes yn hedd dy dir, (BJM)
13	A dewis bedd rhwng blant dy og a'th swch, (BJM)
14	A rhoddi ynot ein hangerddol lwch. (BJM)

Nodiadau cyffredinol

O sir Gaerfyrddin yr hanai teulu Gwenallt ar y ddwy ochr (gw. 9. 'Beddau' ll.1n, ll.17n), ond daeth ei rieni i Gwm Tawe yn yr 1890au i chwilio am waith, fel y gwnaeth llawer iawn o deuluoedd eraill sir Gaerfyrddin yn yr un cyfnod. Er bod y diwydiannau trwm—y pyllau glo a'r gweithfeydd metel—yn darparu cynhaliaeth faterol i'r mewnfudwyr hyn, nid yn gyflym yr anghofiasant am eu cefndir gwledig, ac arfer cyffredin oedd dychwelyd i'r 'hen sir' am dro, er mwyn ymweld ag aelodau o'r teulu a arhosodd ar ôl. Mynegi hiraeth 'y genhedlaeth gyntaf' o alltudion a wneir yma, gan bersonoli'r sir wrth ei chyfarch yn uniongyrchol.

3	**wyneb brawd** cf. 2. 'Y Sant' ll.504.
5	cf. 127. 'Y Morgrug' ll.7.
8	cf. 2. 'Y Sant' ll.508n; 9. 'Beddau'.
	gwreiddiau haearn cf. 'rhaffau dur', 121. 'Y Meirwon' ll.3.
12	**colomennod** Arferai llawer o weithwyr yng nghymoedd diwydiannol y De gadw colomennod er mwyn eu rasio, a chyfeirir yma at allu'r golomen i hedfan adref o ba le bynnag y'i rhyddheir. Â'r syniad o ddianc a gyfleir yma gan y colomennod, cf. Salm 55:6. Mae'r golomen yn symbol o heddwch a thynerwch, ac mewn cyd-destun Cristnogol gall fod yn symbol o'r Ysbryd Glân; gw. 12. 'Cymru' ll.8n. Cf. 126. 'Colomennod'.
13	**yr og a'r swch** offer aredig. Cyfeiria'r ymadrodd 'plant yr og a'r swch' yn bennaf, efallai, at y rhai a arhosodd ar ôl yn sir Gaerfyrddin amaethyddol.

79. GOLDEN GROVE

Cadwyd amrywiad ar y soned hon mewn casgliad teipysgrif o rai o gerddi Gwenallt yn BJM 3/415, [3].

Nodiadau testunol

9	**rhwng** : a'u (BJM)
13	Ac mi af yn ôl i'r pentrefi glo (BJM)
14	â harddwch urddasol y wlad yn fy ngho. (BJM)

Nodiadau cyffredinol

Golden Grove ystad (yn cynnwys parc eang, plasty a gerddi) yn gorwedd rhwng yr A476 a'r B4300 nid nepell o Landeilo, sir Gaerfyrddin. Adeiladwyd y plasty presennol (sy'n cynnwys y cloc a'r tŵr) yn 1832, ond bu plasty blaenorol ar safle'r gerddi presennol, ac yno y bu'r Anglican enwog Jeremy Taylor (1613–67), awdur gweiriddiol *Rheol Buchedd Sanctaidd* (cyf. Elis Wynne) yn llechu am gyfnod. Bu Josi, brawd tad Gwenallt, yn arddwr ar stad y Gelli Aur, a dywedir bod Gwenallt wedi llochesu yno yn 1917 cyn cael ei garcharu am wrthod mynd i'r rhyfel; gw. 114. 'Dartmoor', n. Mae'n debyg mai creadigaeth ddiweddar yw'r enw Cymraeg 'Y Gelli Aur'. Gw. Aneirin Talfan Davies, *Crwydro Sir Gâr* (1955), 69 yml.; Francis Jones, *Historic Carmarthenshire Homes* (1987), 83–5. Ceir llun o Josi ac o *Golden Grove* yn BBG, 24–5.

1	**hiraeth am fywyd y wlad** gw. 78. 'Sir Gaerfyrddin', n.

80. Y LLEIANOD

Cadwyd cerdd wahanol dan yr un teitl mewn casgliad teipysgrif o rai o gerddi Gwenallt yn BJM 3/415. [10]; gw. rhif 312 yn adran y Cerddi Ychwanegol.

Cyfieithiad: Patrick Thomas, yn *Sensuous Glory: The Poetic Vision of D. Gwenallt Jones*, goln Donald Allchin a D. Densil Morgan (2000), 146.

Nodiadau cyffredinol

1 **colomennod** gw. 78. 'Sir Gaerfyrddin' ll.12n.
2 **Ystrad Fflur a Glyn-y-groes** dau abaty Sistersaidd (ar gyfer mynaich felly, nid lleianod). Roedd abaty Ystrad Fflur (neu Strata Florida, a sefydlwyd yn 1164) ger Pontrhydfendigaid yn sir Aberteifi; ymhlith ei is-ganghennau oedd lleiandy Llan-llŷr (a sefydlwyd cyn 1197). Roedd Glyn-y-groes (neu Valle Crucis, a sefydlwyd yn 1201) yn Iâl ym Mhowys yn is-gangen i abaty Ystrad Marchell; chwaer-sefydliad iddo oedd lleiandy Llanllugan (a sefydlwyd cyn 1236). Gw. CLC, 273, 448, 811; Glanmor Williams, *The Welsh Church from Conquest to Reformation* (1962).
7 **modrwyau Crist** Cyffelybir y fodrwy a roddir yn nod adnabod am goes colomen â'r fodrwy briodas a wisgir gan leianod rhai urddau yn symbol o'u priodas ysbrydol â Christ; cf. 1. 'Y Mynach' ll.102n.
8 **negesau** Oherwydd eu gallu i hedfan adref o ba le bynnag y'u rhyddheir, gellir defnyddio colomennod i gludo negeseuon.
12 cf. y golomen a ddaeth â deilen olewydden i Noa yn yr Arch, yn arwydd fod y dilyw a orchuddiai'r ddaear bellach yn treio; gw. Genesis 8:10–11.

81. CYMRU ('Paham y rhoddaist inni'r tristwch hwn')
Gw. rhifau 12, 67, 134, 184 am gerddi gwahanol dan yr un teitl. Cyhoeddwyd y gerdd hon gyntaf yn *Heddiw*, 1:5 (Rhagfyr 1936), 161.

Detholwyd i: H. J. Hughes, *Gwerthfawrogi Llenyddiaeth* (1959), 142–3; H. Meurig Evans (gol.), *Cerddi Diweddar Cymru* (1962), 69; Elwyn Edwards (gol.), *Cadwn y Mur: Blodeugerdd Barddas o Ganu Gwladgarol* (1990), 140.

Cyfieithiadau: Dyfnallt Morgan, *D. Gwenallt Jones*, Writers of Wales (1972), 15–16; Joseph P. Clancy, *Twentieth Century Welsh Poems* (1982), 95.

Nodiadau testunol

2 A'r trymder ofnus yn ein cnawd a'n gwaed? (*Heddiw*)
6 **enaid** : ysbryd (*Heddiw*)
8 **y tir** : dy dir (*Heddiw*)
9 **Er hyn** : Eto (*Heddiw*)

Nodiadau cyffredinol

3 cf. 3. 'Breuddwyd y Bardd' ll.154; 83. 'Golff' ll.1.
6 **cornwydydd** cf. 3. 'Breuddwyd y Bardd' ll.98.
11–13 Daw'r ddelweddaeth o filwriaeth ganoloesol, a gysylltir â'r ymdrech i gadw annibyniaeth Cymru rhag y Normaniaid a'r Saeson.
12 **astalch** tarian.

82. CNAWD AC YSBRYD
Cf. hefyd 112. 'Corff ac Ysbryd'. Cyhoeddwyd y gerdd hon gyntaf yn *Heddiw*, 3:2 (Medi 1937), 41.

Cyfieithiad: Dyfnallt Morgan, *D. Gwenallt Jones*, Writers of Wales (1972), 22.

Trafodaethau: T. Emrys Parry, 'Ystyried *Ysgubau'r Awen*', yn *Ysgrifau Beirniadol IV*, gol. J. E. Caerwyn Williams (1969), 229; Alan Llwyd, '"Y Sant": Awdl Wrthodedig Gwenallt', *Barddas*, 253 (Gorffennaf/Awst 1999), 10.

Nodiadau testunol

2 **a'i holl weithredoedd ef** : a gwaith ei ddwylo ef (*Heddiw*)

7   **waeddwn** : floeddiwn (*Heddiw*)
Nodiadau cyffredinol
5–6   gw. 76. 'Yr Eglwys' ll.8n.
11–14   Ar sail ysgrythurau megis 1 Corinthiaid 15, 2 Pedr 3, a Datguddiad 21, cred Cristnogion yn atgyfodiad y corff ar ddiwedd y byd, a bywyd newydd ar ddaear newydd.

83. GOLFF
Nodiadau cyffredinol
1   cf. 3. 'Breuddwyd y Bardd' ll.154; 81. 'Cymru' ll.3.

84. PANTYCELYN
Detholwyd i: H. Meurig Evans (gol.), *Cerddi Diweddar Cymru* (1962), 73; R. Gerallt Jones (gol.), *Poetry of Wales 1930–1970* (1974), 110.

Cyfieithiadau: R. Gerallt Jones (gol.), *Poetry of Wales 1930–1970* (1974), 111; Joseph P. Clancy, *Twentieth Century Welsh Poems* (1982), 95; Patrick Thomas, yn *Sensuous Glory: The Poetic Vision of D. Gwenallt Jones*, goln Donald Allchin a D. Densil Morgan (2000), 143.

Trafodaethau: Hugh Bevan, '"Pantycelyn" a "Colomennod", dwy gerdd gan Gwenallt', *Y Traethodydd*, 124 (Ebrill 1969), 57–63; Dafydd Rowlands, 'Cerddi Diweddar Cymru: rhif 73. "Pantycelyn"–D. Gwenallt Jones', *Barn*, 77 (Mawrth 1969), 137; Dyfnallt Morgan, *D. Gwenallt Jones*, Writers of Wales (1972), 39; Cefin Campbell, 'Ystyried rhai o gerddi Gwenallt (4)', *Barn*, 314 (Mawrth 1989), 24–6.

Nodiadau cyffredinol
Pantycelyn sef William Williams (1717–91), prif emynydd y Gymraeg. Ganed ef yng Nghefncoed ym mhlwyf Llanfair-ar-y-bryn, sir Gaerfyrddin ond ei gartref am y rhan fwyaf o'i oes oedd ffermdy Pantycelyn, hen gartref ei fam, yn yr un plwyf. Wedi cael tröedigaeth wrth wrando ar Howel Harris yn pregethu yn Nhalgarth, ymroddodd i weithgarwch Methodistaidd, ac ar ôl cael gwrthod ei ordeinio'n offeiriad yn Eglwys Loegr, treuliodd weddill ei oes yn bregethwr teithiol ac yn arolygwr seiadau gan deithio cannoedd o filltiroedd ar gefn ei geffyl yn cyflawni'r gwaith hwnnw. Er i Williams gynhyrchu toreth o lenyddiaeth, yn rhyddiaith a barddoniaeth, a'r cwbl wedi'i fwriadu i hyfforddi a chadarnhau'r Methodistiaid yn eu ffydd, ei gyfraniad pwysicaf o ddigon yw'r cannoedd o emynau a luniodd. Gw. CLC, 790–1; Bywg., 1013. Yn y soned hon, defnyddir dyfais camamseru gan bortreadu Williams Pantycelyn yn fardd canoloesol.
1   **clerwr** 'bardd crwydr o'r dosbarth isaf a thrwydded ganddo i ddychanu yn ogystal â chanu mawl am dâl ar ei daith glera' (GPC, 498) yw ystyr arferol y gair hwn, ond mae'n glir nad dyna'r ystyr a fwriadodd Gwenallt (cf. ll.3n, ll.4n). Rhaid deall y term yn ei ystyr lac, sef 'bardd sydd yn clera'—gwaith digon anrhydeddus a gyflawnwyd gan feirdd o bob gradd yn yr Oesodd Canol, sef crwydro'r wlad gan ymweld â thai uchelwyr gwahanol er mwyn canu mawl iddynt am dâl. Gw. CLC, 107–8, 132–3.
2   **gradd** statws bardd yn y gyfundrefn farddol, neu yn fwy penodol yma, trwydded farddol yn dangos bod bardd wedi llwyddo i gyrraedd y safon angenrheidiol ar gyfer rhyw radd benodol, a bod ganddo'r hawl i glera; gw. CLC, 78–9.
   Ysbryd Glân gw. 4. 'Yr Angylion a'r Gwragedd' ll.5n.
3   **pencerdd** bardd o'r radd uchaf; gw. 3. 'Breuddwyd y Bardd' ll.272n.
   eisteddfod Cyfarfyddiad o feirdd oedd yr eisteddfod yn wreiddiol, a'i diben oedd gwarchod safonau o fewn yr alwedigaeth farddol trwy osod rheolau mydryddol a thrwy ganiatáu trwyddedau; gw. ll.2n. Cynhaliwyd eisteddfodau pwysig yng Nghaerfyrddin c.1451, ac yng Nghaerwys yn 1523 a 1567; gw. CLC, 132–3, 226–7.
4   **athro** bardd o statws uchel, un a oedd yn hyfforddi disgyblion; yma yn yr ystyr o'r un oedd â'r hawl i ddyfarnu trwyddedau i'r beirdd is.

5–6	Mae geirfa'r llinellau hyn yn adleisio pennill adnabyddus Pantycelyn, 'Marchog Iesu yn llwyddiannus'; gw. *Llyfr Emynau a Thonau y Methodistiaid* (1929), rhif 421.
5–8	Prif thema barddoniaeth Gymraeg yr Oesoedd Canol oedd mawl i dywysog neu uchelwr am ddwy brif rinwedd, sef ei allu a'i ddewrder ar faes y gad, a'i haelioni a'i letygarwch i'w bobl (gan gynnwys y beirdd) yn ei lys. Cf. 3. 'Breuddwyd y Bardd' ll.27–46n.
6	**medi** gw. 3. 'Breuddwyd y Bardd' ll.180n.
	cnawd a'r byd a'r diawl cyd-drawiad emynyddol digon cyffredin; am enghraifft yng ngwaith Pantycelyn, gw. *Y Caniedydd Cynulleidfaol Newydd* (1921), rhif 991.
7	**Ei win, Ei seidr a'i fedd** diodydd a grybwyllir yn aml yng ngherddi'r beirdd canoloesol, yn rhan o'r lletygarwch a gânt yn llysoedd eu noddwyr.
8	**gwau** trosiad am farddoni a ddefnyddid gan y beirdd canoloesol eu hunain; cf. 197. 'Arachne' ll.8n; 3. 'Breuddwyd y Bardd' ll.300n.
9–10	Cyfleir israddoldeb y deiliaid (llafurwyr tir) yng nghymdeithas yr Oesoedd Canol.
11	**Cenaist, yn eu tafodiaith** Mae blas tafodiaith sir Gâr yn gryf ar emynau Pantycelyn, o ran eu geirfa a'u hodlau. Beirniadwyd Pantycelyn droeon am ei ddefnydd o iaith sathredig, ond ei fwriad oedd mynegi profiadau ysbrydol y werin yn ei hiaith ei hun, a dadleuodd Saunders Lewis fod ei ddefnydd ar dafodiaith yn athrylithgar wrth iddo ei chyfuno ag iaith ffurfiol er creu iaith lenyddol newydd; gw. *Williams Pantycelyn* (1927), 212 yml.
	cân y ffydd cf. 75. 'Pechod' ll.11.
12	**digangen bren y groes** gw. 1. 'Y Mynach' ll. 360n. Â delweddaeth y llinell hon, cf. 169. 'Yr Hen Emynau'.
13	**codi fry** cf. 95. 'Sir Forgannwg' ll.9–14.
14	**byrddau crwn** Ar natur bwrdd crwn, gw. 25. 'Balâd yr Arglwyddi' ll.5–6n.

85. Y SAESON
Detholwyd i: Elwyn Edwards (gol.), *Cadwn y Mur: Blodeugerdd Barddas o Ganu Gwladgarol* (1990), 536.

Nodiadau cyffredinol
Ymelwa anfoesol y Saeson ar draul y Cymry, a hynny ym mhob agwedd ar fywyd y genedl er cwymp Llywelyn yn 1282 a'r Goresgyniad Edwardaidd, yw testun y gerdd hon.

8	**ymerodrol felin wynt** Ar yr Ymerodraeth Brydeinig, gw. 137. 'Iarll Dwyfor' ll.9n.
10	**sglaits** llechi; GPC, 3243. Mae enwi llechi a glo yn yr un llinell yn fodd i gwmpasu Cymru gyfan.
12	**twmpathau** trosiad am domenydd ysbwriel diwydiannol a oedd yn nodwedd gyffredin ar hyd cymoedd diwydiannol y De tan ail hanner yr 20fed ganrif ac sydd i'w gweld yn ardaloedd y chwareli llechi hyd heddiw. Cf. 182. 'Y Tipiau', n.

86. NATUR
Nodiadau cyffredinol

3	**Crochenydd** gw. 66. 'Yr Awen' ll.9n.
	delw cf. Genesis 1:26–7; 1 Corinthiaid 15:49; Colosiaid 1:15.
4	**toredig lestri mân** cf. Eseia 30:14; Jeremia 19:11. Am y cyd-drawiad 'llestri mân' ac 'epil' (ll.5), gw. Eseia 22:24–5.
10	**Fe'i plygir fel dilledyn** gw. Hebreaid 1:11–12.
13	**cyrten lliw** Delwedd o fyd y theatr (cf. ll.14), ond mae gwerth cofio bod llen y Deml yn Jerwsalem, a wahanai'r bobl oddi wrth bresenoldeb Duw yn y Cysegr Sancteiddiolaf, yn un lliwgar iawn; gw. 2 Cronicl 3:14. Ar angel, gw. 1. 'Y Mynach' ll.388n.

87. FENIS

Cadwyd amrywiad ar y gerdd hon mewn casgliad teipysgrif o rai o gerddi Gwenallt yn BJM 3/415, [8].

Trafodaeth: T. Emrys Parry, 'Ystyried *Ysgubau'r Awen*', yn *Ysgrifau Beirniadol IV*, gol. J. E. Caerwyn Williams (1969), 236–7.

Nodiadau testunol

8   Moethusrwydd nos yn sigl gondolas main. (BJM)
9   **y :** di (BJM)

Nodiadau cyffredinol

Fenis dinas ar lan ogledd-orllewinol Môr Adria, wedi'i chodi ar 117 o ynysoedd; mae ynddi 170 o gamlesi a 400 o bontydd. Ymgyfoethogodd Fenis yn fawr yn yr Oesoedd Canol trwy ymelwa ar ei safle rhwng y Gorllewin a'r Dwyrain. Roedd yn ganolfan fasnachol bwysig, yn enwedig ar gyfer nwyddau megis deunyddiau drudfawr, gemau gwerthfawr a pherlysiau. Roedd ar anterth ei chyfoeth yn hanner cyntaf y 15fed ganrif, ac yn yr union gyfnod hwnnw y dechreuodd ddatblygu'n ganolfan bwysig i'r celfyddydau, yn enwedig celf a cherdd.

5   **Tiziano** Vecellio (*c*.1485–1576), neu Titian, arlunydd enwog o Fenis, sy'n nodedig am ei ddefnydd o liw yn ei waith.

11   **y Plas** sef *Palazzo Ducale* neu Blas y Prif Ustus, symbol o bŵer a gogoniant Fenis. Roedd yn gartref i brif lywodraethwr Fenis, ac yn cynnwys y llysoedd barn a'r carchardy.

14   **Pont yr Ocheneidiau** sef *Ponte dei Sospiri*, y bont sy'n cysylltu Plas y Prif Ustus (gw. ll.11n) a'r carchardy. Dywedir iddi gymryd ei henw oddi wrth ocheneidiau'r carcharorion a fyddai'n ei chroesi ar ôl eu dedfrydu, ar y ffordd i'w dienyddio.

88. FENWS A'R FORWYN FAIR

Detholwyd i: Aneirin Talfan Davies (gol.), *Munudau gyda'r Beirdd* (1954), 35, dan y teitl 'Fenws a Mair'.

Trafodaethau: T. Emrys Parry, 'Ystyried *Ysgubau'r Awen*', yn *Ysgrifau Beirniadol IV*, gol. J. E. Caerwyn Williams (1969), 234; Alan Llwyd, '"Y Sant": Awdl Wrthodedig Gwenallt', *Barddas*, 253 (Gorffennaf/Awst 1999), 8.

Nodiadau cyffredinol

Ar Fenws, gw. 2. 'Y Sant' ll.193n; ar y Forwyn Fair, gw. 1. 'Y Mynach' ll.80n.

1–2   Mae'n bosibl bod y llinellau hyn yn cyfeirio at lun enwog o waith Sandro Botticelli (1445–1510), 'Genedigaeth Fenws' (bellach yn yr Uffizi yn Fflorens).

3   **calon wrol** Er y cysylltir Fenws yn bennaf â serch a harddwch, roedd hefyd yn dduwies rhyfel.

5–6   Ymhlith y cerfluniau enwog a ysbrydolwyd gan harddwch Fenws y mae Fenws de Milo (bellach yn y Louvre, Paris) a Fenws o Capua (bellach yn amgueddfa Napoli); gw. OCCL, 592.

7   **dy deml** Codwyd llawer o demlau i Fenws, ond diddorol yng nghyd-destun cyfeiriadaeth ll.9 yw nodi i Iwl Cesar (a honnai ei fod yn ddisgynnydd i Fenws) godi teml yn Rhufain yn 46 CC i Fenws Genetrix ('Y Fam Fawr'); gw. OCCL, 592.

9   **Mam Gofidiau** Mae Eglwys Rufain yn coffáu Saith Gofid y Forwyn Fair; gw. ODCC, 1490, a cf. Luc 2:35. Cf. hefyd yr ymadrodd 'gŵr gofidus' yn Eseia 53:3 a ddehonglir gan Gristnogion fel cyfeiriad at Grist.

          Eiriolreg Nef Cyfeirir yma at gred hynafol, a ddelir o hyd gan Eglwys Rufain, yn effeithiolrwydd eiriolaeth Mair yn y nef dros bechaduriaid. Gw. ODCC, 1048, a cf. 93. 'Saunders Lewis' ll.14.

10	**Bethlem** gw. 18. 'Plant Bethlehem', n. Trosiad am ledaeniad Cristnogaeth ar draul crefydd baganaidd Rhufain a'r henfyd sydd yn ll.10–12. Perthnasol hefyd yw'r traddodiad i Fair fyw (a marw) yn Effesus wedi'r Croeshoeliad, gan symud felly o'r byd Hebraeg i'r byd Groegaidd a chynefin Aphrodite (Fenws y Groegiaid; gw. 2. 'Y Sant' ll.420n).
13–14	Adleisir Luc 2:27–30.
14	**Iechydwriaeth** trosiad am Grist, cyfrwng iachawdwriaeth trwy ei farwolaeth ar y groes; gw. 1. 'Y Mynach' ll.360n; 75. 'Pechod', n. Darlunnir Mair yn aml a chanddi naill ai'r Crist ifanc yn ei breichiau neu gorff marw'r Crist croeshoeliedig yn ei chôl.

89. Y GWAREDWR

Trafodaeth: T. Emrys Parry, 'Ystyried *Ysgubau'r Awen*', yn *Ysgrifau Beirniadol IV*, gol. J. E. Caerwyn Williams (1969), 245–6.

Detholwyd i: Gwynn ap Gwilym (gol.), *Gogoneddus Arglwydd, Henffych Well!* (1999), 292.

Nodiadau cyffredinol

Gwaredwr term a ddefnyddir yn gyffredin wrth gyfeirio at Grist. Yn wir, dyma ystyr yr enw Iesu; gw. Mathew 1:21, a cf. Rhufeiniaid 11:26. Cred Cristnogion mai marwolaeth Iesu Grist dros bechaduriaid ar y groes (gw. 1. 'Y Mynach' ll.360n) yw'r ffordd a drefnodd Duw i waredu pobl oddi wrth y gosb a roddwyd ar y ddynoliaeth yn sgil anufudd-dod Adda ac Efa yng Ngardd Eden; gw. ll.8n.

1–4	cf. Diarhebion 8:22–31 a ddehonglir yn draddodiadol gan Gristnogion fel yn sôn am Grist yn nhragwyddoldeb cyn y Creu.
5	cf. Genesis 2:15.
8	**cosb** Rhan o gosb Duw ar bechod yw marwolaeth yn ôl Genesis 2:16–17, 3:17–19; Rhufeiniaid 6:23. Gw. hefyd 2. 'Y Sant' ll.269n.
9	**tŷ Dy Dad** cf. Ioan 14:2.
11	**Heb le i orffwys** cf. Mathew 8:20; Luc 9:58.
13	**Ar bren tu faes i'r dref** gw. 1. 'Y Mynach' ll.360n; 11. 'Y Bardd a'r Beirniad Olaf' ll.18n.
14	**y carchar haearn dan yr yw** y bedd. Ar goed yw, gw. 2. 'Y Sant' ll.161n. Cyfeiria'r llinell gyfan at fuddugoliaeth Crist dros farwolaeth trwy farw ar y groes yn lle pechaduriaid ac yna atgyfodi o'r bedd; gw. 12. 'Cymru' ll.13n.

90. Y DUWDOD

Trafodaeth: T. Emrys Parry, 'Ystyried *Ysgubau'r Awen*', yn *Ysgrifau Beirniadol IV*, gol. J. E. Caerwyn Williams (1969), 246–7.

Nodiadau cyffredinol

1	cf. Salm 36:9.
2	cf. Genesis 1:2; Job 9:5; Actau 17:28.
3	cf. Genesis 1:14–18; gw. hefyd Salm 104:2–5.
7	**eglwys gadair** eglwys gadeiriol neu gadeirlan, sef eglwys y lleolir cadair swyddogol esgob ynddi. Fel arfer bydd y gadeirlan yn un o eglwysi hynaf esgobaeth, ond nid o anghenraid y fwyaf na'r fwyaf ysblennydd ohonynt. Gw. ODCC, 302–3.
9	**Ei olau** gw. 2. 'Y Sant' ll.150n.
10	**llwybr gwyn** cf. Salm 119:101–5. Mae'r ansoddair 'gwyn' yn amwys gan y gall nid yn unig ddwyn ei ystyr arferol, ond hefyd yr ystyr 'sanctaidd, bendigaid, gwynfydedig, da, dedwydd'; GPC, 1770.
14	**fy nghannwyll wêr** gw. 66. 'Yr Awen' ll.2n. Â delweddaeth ll.13–14, cf. Ioan 5:35.

91. CERDDORIAETH

Trafodaeth: John Rowlands, 'Ein Llenorion Cerddorol', *Ysgrifau Beirniadol X*, gol. J. E. Caerwyn Williams (1977), 364–5.

Nodiadau cyffredinol
Cyfeiria Lynn Owen-Rees at 'ddiddordeb eithriadol [Gwenallt] mewn canu a cherddoriaeth', gan briodoli hyn i ddylanwad ei fam arno; *Cofio Gwenallt* (1978), 19. Mewn copi anodedig o'r gyfrol honno (LlGC ex. 918), gwadodd chwaer Gwenallt, Beth Owen, y fath ddylanwad ar yr aelwyd. Rhan amlwg o ddiwylliant Pontardawe yn ystod ieuenctid Gwenallt oedd gweithgarwch cerddorol amrywiol gan gynnwys perfformio gweithiau gan rai o'r cyfansoddwyr clasurol mawr, a dichon mai hynny a gyffrôdd ddiddordeb Gwenallt mewn gwirionedd. Yn sicr, câi Gwenallt bleser o wrando ar gerddoriaeth glasurol, ac ar un adeg byddai ef a nifer o gyfeillion eraill yn cynnal sesiynau gwrando ar recordiau yn nhai ei gilydd yn Aberystwyth. Gw. hefyd 166. 'Bach'.

1–4   Adleisir llinellau agoriadol soned T. H. Parry-Williams, 'Dychwelyd'; *Cerddi* (1931), 57.

92. YR ANGHRIST A'R CRIST

Detholwyd i: Thomas Parry (gol.), *The Oxford Book of Welsh Verse* (1962), 475–6.

Trafodaeth: T. Emrys Parry, 'Ystyried *Ysgubau'r Awen*', yn *Ysgrifau Beirniadol IV*, gol. J. E. Caerwyn Williams (1969), 257–8.

Nodiadau cyffredinol
Anghrist gw. 14. 'Y Gristionogaeth' ll.3n.

1   **celwydd gwyn** anwiredd a oddefir, neu a gymeradwyir hyd yn oed, oherwydd ei fwriad. Mae geiriau cyntaf y diafol (wedi ymrithio ar ffurf sarff) wrth Efa yng Ngardd Eden yn cyhuddo Duw o fod yn gelwyddog; gw. Genesis 3:1–6.
2   cf. y disgrifiad o'r nef ym Mathew 6:20.
3   **pren y groes ar ben y bryn** gw. 1. 'Y Mynach' ll.360n; 11. 'Y Bardd a'r Beirniad Olaf' ll.18n.
4   **ysgerbydau brain** Hen arfer yw crogi cyrff brain a laddwyd wrth iddynt ddwyn had o'r caeau, er mwyn dychryn brain eraill; cf. 130. 'Rhydcymerau' ll.37–9.
5–8   Y ddelwedd yw peiriant neu drên ager a redodd oddi ar y cledrau ac sydd bellach yn hollol ddireolaeth. Un syniad poblogaidd yn y 18fed ganrif oedd bod Duw, wedi'r Creu, wedi gadael i'r greadigaeth fynd i'w ffordd ei hun, fel weindio cloc a'i adael i redeg i lawr ar ei ben ei hun.
9   **plas** cf. Ioan 14:2.
10   **meini'r nef** cf. Actau 4:11; 1 Pedr 2:4–8.
11   **bwrdd yr Aberth** bwrdd y Cymun; gw. 1. 'Y Mynach' ll.187n.
    gras gw. 1. 'Y Mynach' ll.38n.
13   **gwen** cf. 90. 'Y Duwdod' ll.10n.
14   **llestri pridd . . . cawgiau pren** cf. 2 Timotheus 2:20.

93. SAUNDERS LEWIS

Cyhoeddwyd y gerdd hon gyntaf yn *Heddiw*, 2:3 (Ebrill 1937), 100, gyferbyn â dychanlun o S.L. o waith R. Ll. Huws. Ymddangosodd hefyd yn *Wales* (Keidrych Rhys), 4 (Mawrth 1938), 141.

Detholwyd i: Elwyn Edwards (gol.), *Cadwn y Mur: Blodeugerdd Barddas o Ganu Gwladgarol* (1990), 419.

Cyfieithiad: Patrick Thomas, yn *Sensuous Glory: The Poetic Vision of D. Gwenallt Jones*, goln Donald Allchin a D. Densil Morgan (2000), 145.

Nodiadau testunol
7   **A Chymry :** A Chymru (arg. 1960)

Nodiadau cyffredinol

Saunders Lewis (1893–1985), un o gymeriadau pwysicaf yr 20fed ganrif yng Nghymru, nid yn unig ar gyfrif ei waith fel bardd, llenor, dramodydd a beirniad llenyddol, ond hefyd oherwydd ei ddylanwad ar wleidyddiaeth Cymru. Roedd yn un o sylfaenwyr Plaid Genedlaethol Cymru yn 1925, a gwnaed ef yn llywydd arni yn 1926. Saunders Lewis, gyda Lewis Valentine a D. J. Williams, a gymerodd y cyfrifoldeb dros y weithred symbolaidd o losgi'r Ysgol Fomio ym Mhenyberth, sir Gaernarfon ym Medi 1936. Y digwyddiad hwnnw a'i ganlyniadau uniongyrchol yw cefndir y soned hon, fel y buont yn achos cerddi R. Williams Parry i Saunders Lewis. Gw. CLC, 437–9, 580–1; Bedwyr Lewis Jones, *R. Williams Parry*, Dawn Dweud (1997), pennod 13.

1   **ffŵl** cf. 1 Corinthiaid 3:18–19, 4:10.
2   **merthyron Crist a Mair** Roedd Saunders Lewis yn Babydd o argyhoeddiad. Er ei fod yn fab i bregethwr gyda'r Methodistiaid Calfinaidd, ac yn ŵyr i Owen Thomas, un o brif arweinwyr y Methodistiaid yn Oes Victoria, ymunodd ag Eglwys Rufain yn 1932, a bu'n aelod ffyddlon o'r eglwys honno hyd ei farwolaeth. Ar ferthyron, gw. 158. 'Y Merthyron', n. Ar Fair, gw. 1. 'Y Mynach' ll.80n.
4   **stondingau** amr. 'stondinau'.
5   Methodd y rheithgor ym Mrawdlys Caernarfon gytuno ar ddedfryd yn achos Llosgi'r Ysgol Fomio yn Hydref 1936. Symudwyd yr achos i'r Old Bailey yn Llundain ac yn Ionawr 1937 dedfrydwyd y tri i naw mis o garchar yn Wormwood Scrubs (lle y carcharwyd Gwenallt ei hun yn y cyfnod 1917–19 am ei fod yn wrthwynebydd cydwybodol; gw. 114. 'Dartmoor', n).
6   **adar creim** (benth. o'r Saesneg, *crime*) cf. y term Saesneg *jailbird*: aderyn mewn cawell yw'r ddelwedd sylfaenol. Yn ddiddorol ddigon, defnyddiodd R. Williams Parry drosiad o fyd adar yn ei soned 'J.S.L.'; gw. *Cerddi'r Gaeaf* (1952), 76.
7   **bradog law** Dichon mai'r brad gwaethaf oedd peidio ag adfer Saunders Lewis i'w swydd yn Adran y Gymraeg, Coleg Prifysgol Abertawe, ar ôl ei ryddhau o'r carchar, er gwaethaf cefnogaeth gyffredinol llawer o staff y Coleg. Yr Athro Henry Lewis, pennaeth yr Adran ar y pryd, oedd un o'r prif wrthwynebwyr i Saunders Lewis; gw. Bedwyr Lewis Jones, *R. Williams Parry*, Dawn Dweud (1997), pennod 13.
8   cf. Galarnad Jeremeia 3:19.
        bustl gw. 14. 'Y Gristionogaeth' ll.11n; yma fe'i defnyddir yn ffigurol am brofiad chwerw.
        y wermod lwyd llysieuyn arall chwerw ei flas, eto'n cael ei ddefnyddio'n ffigurol. Mae gair mwys effeithiol yma, gan mai yn Wormwood Scrubs y carcharwyd Saunders Lewis.
10   cf. 76. 'Yr Eglwys' ll.3.
14   **mantell wen** trosiad am effeithiolrwydd Mair fel eiriolwraig ac amddiffynwraig, yn ôl credo Eglwys Rufain; cf. 88. 'Fenws a'r Forwyn Fair' ll.9n, a 74. 'Dante' ll.14. Ar rym yr ansoddair 'gwen', cf. 90. 'Y Duwdod' ll.10n.

94. Y RHUFAIN NEWYDD

Trafodaeth: T. Emrys Parry, 'Ystyried *Ysgubau'r Awen*', yn *Ysgrifau Beirniadol IV*, gol. J. E. Caerwyn Williams (1969), 257.

Nodiadau cyffredinol

Am grynodeb o hanes Rhufain, gw. OCCL, 489–502. Mae'r darlun o Rufain anfoesol yn ll.1–8 yn cyfeirio o bosibl at deyrnasiad Nero; gw. 14. 'Y Gristionogaeth' ll.8n. Gw. hefyd OCCL, 383; ODCC, 1257–8. Cf. 311. 'Rhufain'.

2   **burum Crist** cf. Mathew 13:33; Luc 13:21; 1 Corinthiaid 5:6–8.
3   **puteindy'r oes** gw. ll.11n.
9–10 cf. Mathew 28:16–20; Actau 1:4–12.
11   gw. 2. 'Y Sant' ll.40–8n. Cyfeiria 'safn y bwystfil' yn uniongyrchol at yr arfer o daflu

Cristnogion i'r llewod, ond mae 'bwystfil' hefyd yn drosiad beiblaidd am deyrn annuwiol yn erlid pobl Dduw, e.e. Daniel 7:3,17,23. Mae Protestaniaid yn tueddu i ddehongli'r bwystfil a'r butain yn Datguddiad 13 a 17 yn drosiad am y wladwriaeth ac Eglwys Rufain. Gw. hefyd Datguddiad 12:15–17, 16:13.

13 **plannu'r hedyn llin** Ystyrid lliain (deunydd a wneir o had llin) yn foethus a gwerthfawr mewn cyfnodau cynnar. Ar ddelwedd plannu had, cf. Mathew 13:3–8,18–23; Marc 4: 3–8, 14–20; Luc 8:5–8,11–15. Gall fod yma adlais hefyd o Eseia 42:3; Mathew 12:20.

95. SIR FORGANNWG

Cadwyd cerdd wahanol o dan yr un teitl mewn casgliad teipysgrif o rai o gerddi Gwenallt yn BJM 3/415, [5]; gw. rhif 310 yn adran y Cerddi Ychwanegol. Gw. hefyd 125. 'Morgannwg'.

Detholwyd i: *Heddiw*, 5:7 (Rhagfyr 1939), 329, er mwyn hysbysebu *Ysgubau'r Awen*; John Davies (gol.), *O Fôn i Fynwy* (1962), 162.

Cyfieithiadau: Dyfnallt Morgan, *D. Gwenallt Jones*, Writers of Wales (1972), 50–1; B. S. Johnson a Ned Thomas, *Planet*, 29 (Hydref 1975), [21]; Joseph P. Clancy, *Twentieth Century Welsh Poems* (1982), 96.

Trafodaethau:
J. E. Caerwyn Williams, 'Beirniaid y Chwith a'r Ddeau', *Y Llenor*, 26 (1947), 92; T. Emrys Parry, 'Ystyried *Ysgubau'r Awen*', yn *Ysgrifau Beirniadol IV*, gol. J. E. Caerwyn Williams (1969), 237–8; Dafydd Owen, 'O Fôn i Fynwy: cerddi Gwenallt–parhad', *Barn*, 123 (Ionawr 1973), 132–3; Dafydd Johnston, 'Cyferbynnu mewn Llenyddiaeth', *Ysgrifau Beirniadol XV*, gol. J. E. Caerwyn Williams (1988), 256–7; Dafydd Johnston, 'Dwy Lenyddiaeth Cymru yn y Tridegau', yn *Sglefrio ar Eiriau*, gol. John Rowlands (1992), 50; Robert Rhys, 'D. Gwenallt Jones', yn *Y Patrwm Amryliw 1*, gol. Robert Rhys (1997), 158.

Nodiadau cyffredinol
Sir Forgannwg yr ardal rhwng afonydd Llwchwr a Rhymni, y fwyaf diwydiannol o siroedd Cymru a chanolbwynt yr hen ddiwydiannau trwm traddodiadol yn y De. Erbyn diwedd y 19eg ganrif, Maes Glo De Cymru, a'i ganolbwynt yn sir Forgannwg, oedd canolfan allforio glo bwysicaf y byd. Gw. CLC, 151–3.

2 cf. 123. 'Y Dirwasgiad' ll.17n.
3–4 cf. 119. 'Cwm Rhondda' ll.3–4; 125. 'Morgannwg' ll.7–8; ond gwrthgyferbynner 126. 'Colomennod' ll.14; 148. 'Yr Eglwys' ll.22. Cf. hefyd 127. 'Y Morgrug' ll.8.
5–8 cf. *Credaf*.
6 **Mandrel a rhaw** offer cloddio'r glöwr yn y cyfnod cyn mecaneiddio'r diwydiant.
7–8 Daw'r ddelweddaeth sylfaenol o hanes croeshoeliad Crist; gw. 1. 'Y Mynach' ll.360n.
10 **enaid byw** cf. 126. 'Colomennod' ll.14.
13–14 Awgrymwyd bod y ddelwedd hon i'w chysylltu â phwll glo Tarenni-Gleision yng Ngodre'r Graig, nid nepell o'r Allt-wen, gan mai drifftiau (ac nid pyllau) oedd y gweithfeydd glo eraill yn yr ardal; gw. Atgofion Wynne Samuel yn LlGC, Papurau Ymchwil yr Academi Gymreig, 19. Adleisia'r llinellau hyn yr ymadrodd 'tynnu ar raffau addewidion Duw' (wrth sôn am weddïo).
13 **caets** term glofaol am y cerbyd (tebyg i lifft) a fyddai'n cludo'r glowyr i fyny ac i lawr rhwng gwaelod y pwll ac wyneb y ddaear.

96. Y SARFF
Trafodaethau: T. Emrys Parry, 'Ystyried *Ysgubau'r Awen*', yn *Ysgrifau Beirniadol IV*, gol. J. E. Caerwyn Williams (1969), 248–9; Dewi Stephen Jones, 'Tu hwnt i'r wynebau oll–3', *Barddas*, 114 (Hydref 1986), 10.

Nodiadau cyffredinol

Sarff gw. 1. 'Y Mynach' ll.215n.

Perthyn y gerdd hon i ddosbarth o gerddi a luniodd Gwenallt am anifeiliaid er mynegi ffieiddra pechod; gw. 5. 'Y Twrch Trwyth', n. Ar bechod, gw. 75. 'Pechod', n.

1–4	gw. Genesis 3:1–19.
2–3	**gwaharddedig bren/ . . . gwybodus frig** gw. Genesis 2:16–17.
4	**ffrwyth yr angau** gw. 2. 'Y Sant' ll.269n; 89. 'Y Gwaredwr' ll.8n.
8	**Tro** Caerdroea; gw. 4. 'Yr Angylion a'r Gwragedd' ll.32n.
	Laocôn tywysog yng Nghaerdroea ac offeiriad i Apollo. Anwybyddodd gwŷr Caerdroea ei rybudd yn erbyn derbyn 'rhoddion Groegaidd', a thynnu i mewn i'r ddinas y ceffyl enwog a guddiai lu o filwyr Groegaidd a lwyddodd wedyn i ddinistrio Caerdroea. Lladdwyd Laocôn a'i ddau fab gan ddwy sarff fawr o'r môr oherwydd iddo dramgwyddo Apollo trwy dorri addewid iddo, yn ôl un fersiwn ar y stori. Goroesodd cerflun Groegaidd enwog o Laocôn a'i feibion (*c.*25 CC; bellach yn Amgueddfa'r Fatican), sy'n nodedig am y ffordd y mynegir artaith a dychryn y sefyllfa. Gw. OCCL, 314, 582; 134. 'Cymru' ll.12n.
9–10	cf. Mathew 4:1; Marc 1:13; Luc 4:1–2.
9	**Chwibenit** Un o ystyron 'chwibanu' yw hisian; GPC, 851.
10	**trem sefydlog graff** Cyfeirir at allu nadredd i 'barlysu' eu prae â'u llygaid; cf. 134. 'Cymru' ll.7.
11–14	Mae buddugoliaeth Crist dros Satan, a ragfynegir yn Genesis 3:15, yn cael ei delweddu yma fel llwyr-feistrolaeth swynwr nadredd Indiaidd; cf. y cyfeiriad at 'raff', ll.12.
14	**gwasgu'r gwenwyn** Cyfeiria William Williams, Pantycelyn, at Grist yn sugno'r gwenwyn o'r sarff, 'ac wrth y gwenwyn hwnnw yn marw ar Galfaria'; gw. 'Bywyd a Marwolaeth Theomemphus', yn *Gweithiau William Williams Pantycelyn, Cyfrol 1*, gol. Gomer M. Roberts (1964), 244.
	fforch Gall tafod fforchiog fod yn ddelwedd am siarad amwys neu gelwyddog; cf. Genesis 3:1–5.

Cnoi Cil (Gwasg Aberystwyth, 1942)
Mae teitl y gyfrol yn adleisio 97. 'Y Cymun' ll.15.

Adolygiadau
Prosser Rhys ('Euroswydd'), *Baner ac Amserau Cymru*, 9 Rhagfyr 1942, 4; Saunders Lewis, *Baner ac Amserau Cymru*, 10 Chwefror 1943, 7; Thomas Parry, *Yr Efrydydd*, 8:3 (1943), 23–4; D. Tecwyn Lloyd, *Y Llenor*, 22 (1943), 45–8.

Trafodaethau cyffredinol
Alan Llwyd, 'Golygyddol', *Barddas*, 107 (Mawrth 1986), 7; Gareth Miles, 'D. Tecwyn Lloyd a Gwenallt—Beirniad Blaenllaw a Bardd yr Adwaith', *Barn*, 414–15 (Gorffennaf/Awst 1997), 74–7.

Rhagair: nodiadau
Y Faner papur newydd wythnosol, dylanwadol; y teitl llawn oedd *Baner ac Amserau Cymru*; gw. CLC, 34.
Heddiw gw. *Ysgubau'r Awen*, n.
Kate Roberts (1891–1985), nofelydd ac awdur straeon byrion. Cafodd ei geni a'i magu yn Rhosgadfan, sir Gaernarfon, a'r ardal honno a'r diwydiant llechi cysylltiedig yw prif ysbrydoliaeth ei gwaith llenyddol cynnar. Fodd bynnag treuliodd ugain mlynedd (gan gynnwys holl gyfnod ei hysgrifennu creadigol cynnar) yn y De, ac yn ystod ei chyfnod yn athrawes Gymraeg yn Ysgol Sir Ystalyfera (1915–17), bu Gwenallt ymhlith ei disgyblion. Gw. CLC, 629–31; Lynn Owen-Rees, *Cofio Gwenallt* (1978), 35–9.

97. Y CYMUN
Gw. rhif 258 am gerdd wahanol dan yr un teitl, a cf. rhif 273.

Nodiadau cyffredinol
Mae delweddaeth y gerdd hon yn troi o gwmpas elfennau'r Cymun, sef bara a gwin yn cynrychioli corff a gwaed Crist; gw. 1. 'Y Mynach' ll.187n. Canolog i'r ddelweddaeth hefyd yw honiadau Crist mai Ef yw 'bara'r bywyd' (Ioan 6:35) a'r 'wir winwydden' (Ioan 15:1–5). Digwydd y nodyn canlynol ar ddiwedd y gerdd yn *Cnoi Cil*: 'Ar ôl darllen pregeth San Tomos o Acwino ar "Corff Crist"'. (Ar Sant Thomas Aquinas, gw. *Y Mynach a'r Sant*, n.)

1	**Gwenith** gw. 4. 'Yr Angylion a'r Gwragedd' ll.31–2n.
3	**burum** gw. 94. 'Y Rhufain Newydd' ll.2n. Ar Fair ('Ei chroth'), gw. 1. 'Y Mynach' ll.80n.
6	**Gethsemane** gardd y tu allan i Jerwsalem lle'r aeth Crist a'i ddisgyblion ar ôl y Swper Olaf. Gweddïodd Crist yn ingol yma, ac yma hefyd y'i bradychwyd gan Jwdas Iscariot; gw. Mathew 26:36–56; Marc 14:32–50; Luc 22:39–53; Ioan 17–18:12. Gw. IBD, 555; ODCC, 671–2; 248. 'Gardd Gethsemane'.
	'r groes gw. 1. 'Y Mynach' ll.360n.
7	**Arctwros** seren oren ddisglair yng nghytser Boötes.
9	cf. Eseia 63:2–3.
13	**gwledd** Sonnir am y Cymun yn aml fel gwledd; cf. hefyd Datguddiad 19:9,17.
14	**atgofion** cf. Luc 22:19; 1 Corinthiaid 11:24.
16	**cwpan Ei waed** cf. Luc 22:20; 1 Corinthiaid 11:25.
19	**bwyta ffrwyth rhyfygus y pren** gw. 2. 'Y Sant' ll.269n; Genesis 3:1–7.
25	**swper Ei Basg** gw. 1. 'Y Mynach' ll.187n; 72. 'Jwdas Iscariot' ll.6n. Lle y bu teuluoedd cenedl Israel yn bwyta'r Pasg yn Exodus 12, eu hetifeddion ysbrydol, sef Cristnogion ('y teulu apostolig', ll.26), sydd yn ei fwyta bellach.
27	**yr Oen** gw. 1. 'Y Mynach' ll.58n.
29	**y gwaed ar y capan a'r post** Hwn oedd yr arwydd i Dduw basio heibio i dŷ heb ladd y mab cyntaf-anedig adeg y Pasg cyntaf; gw. Exodus 12:7,13,22–3; 72. 'Jwdas Iscariot' ll.6n.

33 **dogni** Oherwydd y Rhyfel, dechreuwyd dogni rhai bwydydd sylfaenol ym Mhrydain ym mis Ionawr 1940, gan gynnwys cig moch, menyn a siwgr (ond ni fu dogni ar fara).

98. HEULWEN Y PASG
Nodiadau cyffredinol
Digwydd y nodyn canlynol ar ddiwedd y gerdd yn *Cnoi Cil*: '"Credid yn ddiamau gynt fod yr haul yn dawnsio yn yr wybren wrth godi ar fore dydd Pasg, ac âi rhai i'r uchelfannau i wylio'r haul yn codi'r bore hwnnw". *Hanes Plwyf Llandybïe* gan Gomer M. Roberts, td. 289'; gw. hefyd BDPF, 370.

Pasg gw. 72. 'Jwdas Iscariot' ll.6n.

1 **Cuddiai ei hwyneb** Cyfeirir at y tywyllwch annaturiol a fu dros y ddaear am gyfnod o dair awr yn ystod y Croeshoeliad; gw. Mathew 27:45; Marc 15:33; Luc 23:44. Cf. hefyd sylw Ann Griffiths am 'yr haul yn cuddio ei belydrau' pan oedd Crist ar y groes; gw. RhF, Llythyr V. Ar y Croeshoeliad, gw. 1. 'Y Mynach' ll.360n.

3 **y pigau drain** y goron ddrain a roddwyd am ben Crist i'w wawdio; gw. Mathew 27:29; Marc 15:17; Ioan 19: 2,5.

4 **twll rhwng asennau** gw. Ioan 19:34.

5 **Calfari** gw. 11. 'Y Bardd a'r Beirniad Olaf' ll.18n.

7–8 gw. Mathew 27:57–66; Marc 15:42–6; Luc 23:50–3; Ioan 19:38–41.

7 **y milwyr a maen y bedd** cf. pennill Morgan Rhys, 'Er gwaetha'r maen a'r gwylwyr/ Cyfododd Iesu'n fyw'; *Llyfr Emynau a Thonau y Methodistiaid* (1929), rhif 668; gw. 193. 'Jesebel ac Elias' ll.653.

8 **Joseff** o Arimathea; gw. 1. 'Y Mynach' ll. 372n.

9 **y trydydd dydd** gw. 150. 'Y Calendr' ll.15n.

10 **liwt** ffurf dafodieithol ar 'lifft', 'dyrchafiad neu godiad . . ., hwb'; GPC, 2062. Cyfeiria'r llinell gyfan at y llieiniau a adawyd yn y bedd ar ôl i Grist atgyfodi; gw. Luc 24:12; Ioan 20:5–7. Ar yr Atgyfodiad, gw. 12. 'Cymru' ll.13n.

12 **miri-man** 'ffŵl, clown, rhywun gwyllt ac aflywodraethus'; GPC, 2465.

99. Y NADOLIG
Gw. rhifau 279 a 336 am gerddi gwahanol dan yr un teitl.

Detholwyd i: *Y Flwyddyn yng Nghymru* (1943), 71.

Nodiadau cyffredinol
Nadolig gŵyl Gristnogol, yn dathlu genedigaeth Crist. Nid oes sicrwydd ynghylch union ddyddiad ei eni, ond mae'r ŵyl wedi'i chysylltu â 25 Rhagfyr er y flwyddyn 336. Nodweddid yr ŵyl erioed gan rialtwch a gwledda ymhlith y bobl gyffredin, gan iddi etifeddu llawer o nodweddion o gwyliau paganaidd a ddisodlwyd ganddi (cf. 157. 'Mair a'r Milwr' ll.6n); gw. Trefor M. Owen, *Welsh Folk Customs* (1959), pennod 1. Am hanes geni Crist, gw. Mathew 1:18–25; Luc 2:1–20. Gw. hefyd ODCC, 335–6.

1 **yr ŵydd basgedig** Cig gŵydd, nid twrci, a fwyteid yn draddodiadol yng Nghymru wrth ddathlu'r Nadolig. Mae'r llinell gyfan yn adleisio Luc 15:23.

6 **y Baban ym mhreseb yr ych** Crist; gw. Luc 2:7,16.

7–9 Am arwyddocâd traddodiadol addurno tai â chelyn, uchelwydd a chanhwyllau adeg y Nadolig, gw. BDPF, 188, 553, 735–6; Trefor M. Owen, *Welsh Folk Customs* (1959), pennod 1.

17 **'bocs canu'** *'musical box'* yn ôl GPC, 292.

19–20 **Doethineb . . . / . . . Brenhiniaeth** gw. Mathew 2:1–12. Am 'ddoethion' yn unig y sonia'r Beibl: traddodiad sydd wedi'u troi'n frenhinoedd, a dyfarnu eu bod yn dri o ran nifer, ar sail adnod 11. Gw. hefyd 2. 'Y Sant' ll.460n.

21-2   Gweriniaeth y diadelloedd, / . . . angylion gw. Luc 2:8–16. Ar angylion, gw. 1. 'Y Mynach' ll.388n.
24   Ymgrymodd . . . penliniodd gw. 1. 'Y Mynach' ll.50n.

100. EWROB
Nodiadau cyffredinol
Cefndir y gerdd yw'r Ail Ryfel Byd, a'r bygythiad tybiedig i dreftadaeth Gristnogol gorllewin Ewrop oddi wrth Gomiwnyddiaeth y Dwyrain ar y naill law a materoliaeth y Gorllewin ar y llaw arall.

1   **pererindodau** gw. 11. 'Y Bardd a'r Beirniad Olaf' ll.14n.
2   **cyfandir Cristionogol** Daeth y ffydd Gristnogol i Ewrop yn sgil teithiau cenhadol yr apostol Paul (gw. 2. 'Y Sant' ll.539n). Ewrop oedd y cyfandir cyntaf i gofleidio Cristnogaeth ar raddfa eang, a'r dystiolaeth weladwy o'r dylanwad hwnnw a welodd y bardd (yn lluniau, murluniau, cerfluniau a chreiriau) ar ei ymweliadau â'r cyfandir, sydd yn ei feddwl yn y gerdd hon.
4   **dewines y nef** Mair; gw. 1. 'Y Mynach' ll.80n.
5-8   gw. 99. 'Y Nadolig', n, ll.6n.
5-20   cf. 1. 'Y Mynach' ll.292–302n.
7   **Nadolig yr Eidal** Roedd golygfeydd o enedigaeth Crist yn un o hoff bynciau arlunwyr mawr y Dadeni yn yr Eidal; cf. 230. 'Arddangosfa'r Llyfrgell' ll.13–14. Gw. hefyd 144. 'Plentyn' ll.15n. Ar y Nadolig, gw. 99. 'Y Nadolig', n.
       Joseff a Mair gw. 1. 'Y Mynach' ll.372n, ll.80n.
9   **Gethsemaneau** gw. 97. 'Y Cymun' ll.6n.
11   **crychydd** ffurf ddeheuol ar 'crëyr'; fe'i defnyddir weithiau (fel yma) yn ddifriol am berson tenau; GPC, 620.
11-12 **croesau / . . . hoelion a drain** Ar y Croeshoeliad, gw. 1. 'Y Mynach' ll.360n.
15   **ar Ei gefn yn bwysi** Tybir mai oherwydd pwysau'r groes, a gwendid corfforol Crist ar ôl ei fflangellu, y cymhellwyd Simon o Cyrene i'w dwyn ar ran Crist am ran o'r ffordd i Galfaria; gw. Mathew 27:32; Marc 15:21; Luc 23:26.
18   **saint a'i merthyron** gw. 2. 'Y Sant', n; 158. 'Y Merthyron', n.
19   **'r angylion a'r ceriwbiaid** gw. 1. 'Y Mynach' ll.388n.
20   **eu coluddion a'u haelodau briw** Yn sgil y Croesgadau daethpwyd â llawer o greiriau (gan gynnwys esgyrn a gweddillion y seintiau a'r merthyron) o Balestina i Ewrop, a'u cadw yn yr eglwysi; gw. ODCC, 1379.
21-4   Enwir y tri grym imperialaidd mawr yn Ewrop ar y pryd.
21   **yr Anghrist yn Rwsia** Ar yr Anghrist, gw. 14. 'Y Gristionogaeth' ll.3n. Bu'r Eglwys Gristnogol yn Rwsia dan ormes lem o ddyddiau Chwyldro 1917 ymlaen. Yn y cyfnod 1921–22, er enghraifft, cipiodd y Wladwriaeth holl eiddo'r Eglwys (gan gynnwys ei thrysorau celf), arestiwyd llawer o'r glerigiaeth a'u carcharu neu'u dienyddio. Gwaharddwyd dysgu crefydd i blant dan 18 oed, caewyd y mynachlogydd a daeth yr Eglwys fel mudiad cyhoeddus i ben tan 1941–42; gw. ODCC, 1426–8.
23   **eryrod etholedig Prwsia** Yr eryr oedd symbol imperialaidd Prwsia, y rhanbarth fwyaf yn yr Ymerodraeth Almaenig hyd 1918, a rhan ddylanwadol a phwysig o'r Trydydd Reich yn y cyfnod 1934–45. Roedd Prwsia yn nodedig am ei militariaeth elitaidd.
24   **Mamon** duw cyfoeth ac elw; gw. BDPF, 698.

101. YR IDDEWON
Gw. rhif 269 am gerdd arall dan yr un teitl.

Trafodaethau: D. Tecwyn Lloyd, *Y Llenor*, 22 (1943), 45–8; Gareth Miles, 'D. Tecwyn Lloyd a Gwenallt—Beirniad Blaenllaw a Bardd yr Adwaith', *Barn*, 414–15 (Gorffennaf/Awst 1997), 74–7.

Nodiadau cyffredinol
Mae gwrth-Semitiaeth yn hen glefyd. Er y 4edd ganrif (os nad cyn hynny), synnid am yr Iddewon fel y rhai a lofruddiodd Iesu Grist, ac wrth i Gristnogaeth ledu daeth agweddau gwrth-Semitaidd yn fwyfwy cyffredin ac erlidiwyd Iddewon yn agored ar draws Ewrop. Er y bu gwella ar sefyllfa'r Iddewon yn ystod y 18fed ganrif a'r 19eg, brigodd gwrth-Semitiaeth eto i'r wyneb erbyn diwedd y 19eg ganrif yn Ffrainc, Awstria, yr Almaen a Rwsia, ond bellach ar seiliau hiliol yn hytrach na chrefyddol. Cafwyd ffrwydrad o deimladau gwrth-Semitaidd yn yr Almaen dan y Natsïaid yn ystod yr 1930au a'r 1940au, ac erlidiwyd yr Iddewon yn giaidd ganddynt, gweithgarwch a gyrhaeddodd ei benllanw yn yr ymgais i'w difodi'n llwyr yng ngwersylloedd carchar dwyrain Ewrop, gan gynnwys yr enwog Auschwitz. Iddewon oedd y rhan fwyaf o'r 6 miliwn o bobl a laddwyd yng ngwersylloedd y Natsïaid. Gw. ODCC, 780, 876–7.

4   **Deg ar hugain am geiniog** Am ddeg darn ar hugain o arian y bradychwyd yr Iesu i awdurdodau'r Iddewon gan Jwdas Iscariot; gw. 14. 'Y Gristionogaeth' ll.8n.
5–6   Cyhuddiadau gwrth-Semitaidd cyffredin.
5   **Prynwr** enw cyffredin am Grist, ar gyfrif y gred iddo dalu dyled pechod ar y groes; gw. Job 19:25; Salm 19:14; 1. 'Y Mynach' ll.360n.
6   **Diniwed** Crist; cf. Eseia 53:9. Er i'r awdurdodau Rhufeinig ddyfarnu Crist yn ddieuog (Luc 23:14), mynnodd yr Iddewon ei groeshoelio.
10   **Marcs** sef Karl Marx (1818–83), athronydd comiwnyddol a chwyldroadol a aned ym Mhrwsia o dras Iddewig. Yn 1867 ymddangosodd y gyfrol gyntaf o'i draethawd *Das Kapital*, sy'n egluro'i ddamcaniaeth ynghylch economi gomiwnyddol gan gondemnio cyfalafiaeth yn chwyrn. Credai y byddai'r dosbarth cyfalafol yn cael ei ddymchwel gan y dosbarthiadau gweithiol mewn chwyldro byd-eang, gan greu cymdeithas ddiddosbarth.
     Lenin, Vladimir Il'ich (1870–1924), gwleidydd comiwnyddol a aned yn Rwsia o dras Iddewig (yn rhannol). Cafodd ei hyfforddi'n gyfreithiwr, ond o 1893 ymlaen aeth yn chwyldroadwr proffesiynol gan hybu athroniaeth Farcsaidd, a bu rhai o'i ysgrifeniadau yn sail i arfer a threfniadaeth Comiwnyddiaeth er hynny. Ar ôl Chwyldro 1917, Lenin oedd arweinydd unbeniaethol y Llywodraeth Gomiwnyddol newydd yn Rwsia a bu'n gyfrifol am weinyddu llawer o'i pholisïau megis atafaelu tir a berchnogid yn breifat a'i ddosrannu ymhlith y werin. Lenin oedd y person a barchid uchaf yn y byd comiwnyddol ar ôl Karl Marx ei hun. Gw. hefyd 192. 'Jesebel ac Elias' ll.405n.
13   **lloi aur** Yn ôl yr hanes yn Exodus 32, gwnaeth yr Iddewon lo aur i'w addoli ac offrymu iddo tra oedd Moses (a'u harweiniodd allan o gaethiwed yr Aifft) ar fynydd Sinai yn derbyn y Deg Gorchymyn oddi wrth Dduw.
21   **Abraham** tad cenedl yr Iddewon trwy ei wraig Sara. Ystyrir ei fywyd yn enghraifft eithriadol o ffydd yn Nuw; gw. Genesis 11:26–25:10; IBD, 5–8; ODCC, 6.
     Moses gw. 3. 'Breuddwyd y Bardd' ll.192n.
22   **Amos** y cynharaf o broffwydi'r Hen Destament. Un o nodweddion proffwydoliaeth Amos yw ei bwyslais ar genedl Israel fel pobl ddewisol Duw, sefyllfa sydd yn dwyn breintiau arbennig i'r genedl ar y naill law, ond sydd hefyd yn dwyn cosb arbennig yn ei sgil am bechu yn ei erbyn; gw. IBD, 44–5; ODCC, 53.
     Eseia proffwyd mawr yr Hen Destament. Un o nodweddion ei broffwydoliaeth yw ei bwyslais ar Jerwsalem fel lle sanctaidd a ddewiswyd gan Dduw ei hun. Er cyfnod y Testament Newydd prisiwyd proffwydoliaeth Eseia yn arbennig am y darnau sydd yn rhag-weld dyfodiad y Meseia (yn enwedig 9:2–7, 11:1–9, 53), a ddehonglwyd gan Gristnogion fel cyfeiriadau at fywyd a marwolaeth Iesu Grist; gw. hefyd ll.24n; IBD, 698–705; ODCC, 849.
24   **Meseia** teitl am yr un a ddewiswyd gan Dduw i fod yn Waredwr i'r Iddewon; proffwydwyd y byddai'n ddisgynnydd i'r Brenin Dafydd; gw. 150. 'Y Calendr' ll.6n. Gwelodd Crist (a oedd yn Iddew o ran tras) ei hun fel cyflawniad proffwydoliaethau'r Hen Destament, a defnyddid y gair Meseia gan Gristnogion o gyfnod y Testament

Newydd ymlaen yn enw arall ar Iesu Grist (ystyr y gair 'Crist' yw Meseia). Gw. IBD, 987–95; ODCC, 1075–6.

25   **Mamon** gw. 100. 'Ewrob' ll.24n.

27–8   Yn ôl trefn aberthau'r Hen Destament offrymid bwch gafr yn aberth dros bechod ar Ddydd y Cymod; gw. Lefiticus 6:24–30, a phennod 16; IBD, 1358–68; ODCC, 1437–8.

29   **Pererinion** Gall fod yma gyfeiriad at chwedl yr Iddew Crwydrad, sef Iddew a sarhaodd Grist ar ei ffordd i'r groes, ac a gafodd ei gondemnio i grwydro wyneb y ddaear hyd Ddydd y Farn; gw. BDPF, 1159; OCEL, 870. Ar bererinion, gw. 11. 'Y Bardd a'r Beirniad Olaf' ll.14n. Pwyslais ll.29-32 yw bod 'pererinion' hyn yn cadw'r byd ysbrydol a thragwyddol yn gyson o flaen llygaid gweddill y ddynoliaeth.

102. TESTAMENT YR ASYN

Cyhoeddwyd y gerdd hon gyntaf yn *Baner ac Amserau Cymru*, 6 Awst 1941, 4, lle y'i cyflwynir fel 'cyfaddasiad'.

Cyfieithiad: E. Glanffrwd James, *Wales* (Keidrych Rhys), 5:8/9 (Rhagfyr 1945), 61.

Nodiadau testunol

2   **Ganu yn** : Ganu'n (*BAC*)
6   **Fe** : Mi (*BAC*)
15   **ciciont** : cicient (*BAC*)

Nodiadau cyffredinol

Asyn Gall asyn fod yn symbol o dwpdra a ffolineb ond hefyd o ostyngeiddrwydd; gw. ll.32n.

3   **dylluan** gw. 45. 'Beddargraff Gwraig Enwog' ll.4n. Cf. hefyd gwpled olaf cerdd R. Williams Parry, 'Angau'; *Cerddi'r Gaeaf* (1952), 23.

4   Adleisir llinell gyntaf pennill o emyn, 'Ai marw raid i mi'; gw. *Llyfr Emynau a Thonau y Methodistiaid* (1929), rhif 645. Cf. llinell o waith Robert ap Gwilym Ddu, o'i englynion 'Pen y Daith', sef 'Myned sydd raid i minnau'; gw. *Robert ap Gwilym Ddu: Detholion o'i Weithiau*, gol. Stephen J. Williams (1959), 63.

8   **Â chwyr** Arferid gosod sêl gŵyr ar ddogfennau swyddogol yn arwydd o'u dilysrwydd.

17   **canonwyr** rhai sydd yn hyddysg yng nghyfraith yr eglwys.

18   **San Steffanaidd esbonwyr** San Steffan yw'r enw Cymraeg ar y capel ym Mhalas Westminster, a thrwy estyniad yn gyfystyr â'r Senedd, bellach.

20   **Caergaint** (Saesneg, *Canterbury*) prif esgobaeth Lloegr, a'r brif esgobaeth dros yr Eglwys Sefydledig yng Nghymru hyd ddatgysylltu'r Eglwys yn 1920. Archesgob Caergaint yw prif arweinydd yr Eglwys Anglicanaidd yn Lloegr; gw. ODCC, 282–3; CLC, 165.

32   **Y Gŵr** Crist; gw. 2. 'Y Sant' ll.199n. Cadwyd hanes Iesu yn marchogaeth i mewn i Jerwsalem ar gefn ebol asyn y penwythnos cyn iddo gael ei groeshoelio ym Mathew 21:1–11; Marc 11:1–10; Luc 19:28–40; Ioan 12:12–15. Cyflawnai felly'r broffwydoliaeth y marchogai Brenin Israel i Jerwsalem ar gefn asyn.

34   **totalitaraidd** Mae totalitariaeth yn derm am ideoleg neu drefn gymdeithasol lle y mae pob gweithgarwch—cymdeithasol, diwylliannol, gwleidyddol ac yn y blaen—yn ddarostyngedig i ddibenion y rhai sydd yn rheoli a'u hathroniaeth hwythau.

103. DATBLYGIAD

Nodiadau cyffredinol

Ar deitl y gerdd hon, cf. 105. 'Y Comiwnyddion' ll.1–2n.

1   **Am ddisgyn o'r mwnci** cyfeiriad tafod-ym-moch at ddamcaniaeth Darwin ynghylch esblygiad creaduriaid—ac yn benodol y syniad bod dyn yn disgyn o'r epaod—a gyflwynwyd yn ei gyfrol ddadleuol, *The Descent of Man* (1871). Cf. 156. 'Cip' ll.9n.

104. DYNGARWCH
Nodiadau cyffredinol
2   **caru'r cymydog** cf. Mathew 5:43, 19:19, 22:39; Marc 12:31,33; Luc 10:27.

105. Y COMIWNYDDION
Cyhoeddwyd y gerdd hon gyntaf yn *Baner ac Amserau Cymru*, 11 Mawrth 1942, 4. Ymddengys iddi godi allan o ddadl yn y *Faner* dros yr wythnosau blaenorol; gw. T. E. Nicholas, 'Rwsia a Moesoldeb', 18 Chwefror 1942, 5; llythyrau yn ei ateb, 25 Chwefror 1942, 4; llythyr pellach gan T. E. Nicholas, 4 Mawrth 1942, 4,7, ac yn y blaen nes i'r trafod gael ei dynnu i ben yn y golofn 'Led-led Cymru', 25 Mawrth 1942, 4.

Cyfieithiad: Dyfnallt Morgan, *D. Gwenallt Jones*, Writers of Wales (1972), 62.

Nodiadau cyffredinol
Niclas y Glais . . . Islwyn Roedd y bardd T. E. Nicholas (1878–1971) yn gyfaill oes i Gwenallt. Bu'n weinidog yn y Glais, Cwm Tawe yn y cyfnod 1904–14, ond ymroddodd yn gynyddol i weithgarwch gwleidyddol nes cael ei orfodi i adael y weinidogaeth, a sefydlodd ddeintyddfa ym Mhontardawe i ddechrau ac wedyn yn Aberystwyth. Roedd yn ffigur amlwg yn y Blaid Lafur Annibynnol, ac yn un o sylfaenwyr y Blaid Gomiwnyddol ym Mhrydain. Roedd ei wleidyddiaeth yn nodedig am y ffordd y llwyddai i gyfuno athroniaeth Farcsaidd ag agweddau ar Anghydffurfiaeth Gymreig. Y gwrthdaro rhwng Cyfalafiaeth a Chomiwnyddiaeth yw un o brif themâu'r cerddi a gyhoeddodd. Carcharwyd Niclas a'i fab Islwyn (gw. ll.10n) ar gyhuddiadau ffug am gyfnod byr rhwng Gorffennaf a Hydref 1940, ond cawsant eu rhyddhau yn sgil ymgyrch effeithiol ar eu rhan gan y mudiad Llafur. Gw. CLC, 534–5.

1–2   **Datblygiad, / . . . Cynnydd** dau o eiriau mawr Oes Victoria; cf. 116. 'Cymru Victoria', n.

3   **Stalin** (Iosif Vissarionovich Dzhugashvili; 1879–1950), unben Rwsia ac arweinydd y mudiad comiwnyddol byd-eang. Daeth yn Ysgrifennydd Cyffredinol y Pwyllgor Comiwnyddol Canolog yn Rwsia yn 1922, a defnyddiodd ei ddylanwad i gael gwared ar ei wrthwynebwyr ar ôl marwolaeth Lenin. O 1934 ymlaen rheolodd dros Rwsia trwy rym braw a dychryn gyda chymorth system o wersylloedd carchar enbyd; gw., e.e.,147. 'Yr Anifail Bras' ll.7n. Hybodd wladgarwch (yn hytrach na rhyngwladoldeb Comiwnyddiaeth gynharach), a hefyd tua diwedd ei oes, wrth-Semitiaeth a chas at estroniaid o bob math.

Churchill, Winston Leonard Spenser (1874–1965), gwleidydd (Ceidwadwr) a Phrif Weinidog Prydain am ddau gyfnod, 1940–45, 1951–55; fe'i hystyrir yn wladweinydd pwysicaf Prydain yn yr 20fed ganrif, yn bennaf ar gyfrif ei arweinyddiaeth yn ystod yr Ail Ryfel Byd. Gwrthwynebodd bob awgrym am gyfaddawd heddychlon â'r Almaen. Er sicrhau buddugoliaeth lwyr sefydlodd gysylltiadau agos â Stalin ac Arlywydd America, F. D. Roosevelt, a daeth Rwsia ac America i mewn i'r rhyfel yn 1941 yn gynghreiriaid i Brydain.

4   **hen Nic** gair mwys. Ar yr wyneb mae'n enw anwes ar Niclas y Glais, ond defnyddir yr enw ar lafar i gyfeirio at y diafol; gw. BDPF, 774.

5   **Karl Marcs** gw. 101. 'Yr Iddewon' ll.10n.

6   **Lenin** gw. 101. 'Yr Iddewon' ll.10n.

9   **dilechdid** 'celfyddyd ymresymu, rhesymeg . . .; y gallu i ddadlau a rhesymu'; GPC, 1012. Gw. *Credaf*.

10   **llyfrau Islwyn, y mab** Pan luniwyd y gerdd hon, roedd Thomas Islwyn Nicholas ('Islwyn ap Nicholas'; g. 1903) eisoes wedi cyhoeddi *One Hundred Years Ago: The Story of the Montgomery Chartists* (1939), ac *A Welsh Heretic: Dr William Price, Llantrisant* (1940).

11   **y Ffasgiaid** llu o ddynion ifainc a ymffurfiodd dan arweinyddiaeth Mussolini yn yr Eidal yn 1919, gan ymrwymo i wrthwynebu'r mudiadau comiwnyddol a sosialaidd trwy bob dull posibl, gan gynnwys trais. Tua diwedd 1921 ffurfiwyd y Blaid Ffasgaidd yn yr

	Eidal gyda'r un nodau gwleidyddol. Arferir y term hefyd am symudiadau adain-dde cyffelyb mewn gwledydd eraill.
12	**y Fatican** palas y Pab yn Rhufain; gw. ODCC, 1680. Ar y Pab, gw. 1. 'Y Mynach' ll.161n.

106. YR HEN FYD NEWYDD
Nodiadau cyffredinol
Anthony Eden (1897–1977), gwleidydd a Phrif Weinidog Prydain. Penodwyd Eden yn Weinidog Gwladol dros Ryfel yn 1940, a bu'n weinidog materion tramor dan Winston Churchill, 1940–45 (gw. 105. 'Y Comiwnyddion' ll.3n). Ef hefyd oedd arweinydd Tŷ'r Cyffredin, 1942–45. Pan ymddeolodd Churchill yn 1955, penodwyd Eden yn Brif Weinidog, ond ymddiswyddodd yn 1957 yn sgil ei bolisïau ynghylch Argyfwng Suez. Daeth ar ymweliad i Ferthyr Tudful, 29 Mawrth 1942, ac annerch torf yn Sinema'r Castell yng nghanol y dref.
Merthyr [Tudful] tref ym mhen uchaf Cwm Taf a ddatblygodd yn un o brif ganolfannau'r Chwyldro Diwydiannol erbyn hanner cyntaf y 19eg ganrif. Fel gweddill cymoedd diwydiannol De Cymru, dioddefodd ddirwasgiad economaidd enbyd yn y cyfnod rhwng y ddau Ryfel Byd.

4	**merthyr . . . Eden** geiriau mwys. Chwaraeir ar enw'r dref a'r enw cyffredin, 'merthyr' (gw. 158. 'Y Merthyron', n), ac ar gyfenw'r gwleidydd ac enw Gardd Eden (gw. 2. 'Y Sant' ll.269n).

107. ANLLYGREDIGAETH
Cyfieithiad: Keidrych Rhys, *Wales* (Keidrych Rhys), 4 (Mehefin 1944), 33.

Nodiadau cyffredinol
1–4	Mae blas Sion Cent ar y pennill hwn; cf., e.e., ei gywydd 'I'r Byd' ll.17–22; gw. CIGAE, 257.
5	**Tywi** gw. 2. 'Y Sant' ll.11n.
7–8	cf. Mathew 6:19–20.

108. GORFFENNOL CYMRU
Nodiadau cyffredinol
Syr John E[dward] Lloyd (1861–1947), hanesydd. Wedi cyfnod yn ddarlithydd yng Ngholeg Prifysgol Cymru, Aberystwyth, ac yn gofrestrydd yng Ngholeg Prifysgol Gogledd Cymru, Bangor, fe'i penodwyd yn Athro Hanes ym Mangor yn 1899. Gwnaeth gyfraniad aruthrol ac arloesol i'n hastudiaeth o hanes Cymru. Ymddiddorodd yn bennaf yn hanes y cyfnod cynnar a'r Oesoedd Canol, a chyfrifir ei waith mawr, *A History of Wales to the Edwardian Conquest* (1911), yn glasur o hyd. Nodweddir ei waith gan ymchwil manwl a defnydd deallus a beirniadol ar y ffynonellau gwreiddiol. Roedd J. E. Lloyd hefyd yn wladgarwr pybyr. Gw. CLC, 459; Bywg.[2], 40–2.

5	Tybir bod y Brythoniaid, llwyth Celtaidd a ddaethai i Brydain o'r cyfandir, yn meddu'n wreiddiol ar y cyfan o Ynys Prydain ac eithrio gogledd pellaf yr Alban; gw. 109. 'Cymru a'r Rhyfel' ll.25n, a cf. 25 'Balâd yr Arglwyddi' ll.10n. Erbyn y 5ed ganrif, fodd bynnag, cawsant eu gwthio tua'r gorllewin gan fewnfudwyr newydd o'r cyfandir, nes cyfyngu cyndadau'r Cymry i diriogaeth sydd yn cyfateb yn fras i Gymru. O'u hiaith, y Frythoneg, y datblygodd y Gymraeg erbyn tua chanol y 6ed ganrif; gw. CLC, 357–9.
6	**y ddysg Rufeinig** Bu Prydain (gan gynnwys Cymru) yn rhan o'r Ymerodraeth Rufeinig am ryw bedair canrif, o 43 CC hyd OC 410, a dylanwadodd y Rhufeiniaid ar bron pob agwedd ar fywyd, gan gynnwys dysg; gw. CLC, 644–5.
8	**cyfreithiau** Nid yw'n glir p'un ai'r gyfraith Rufeinig a olygir (gw. 310. 'Rhufain' ll.6n), ynteu Cyfraith Hywel (gw. 2. 'Y Sant' ll.536n).

12	**aradrwyr** trosiad am y seintiau cynnar a gyflwynodd Gristnogaeth i'r wlad, weithiau yn wyneb cryn wrthwynebiad; gw. CLC, 542. Ar y trosiad, cf. ll.14n, a 2. 'Y Sant' ll.501n.
14	**had o Galfari** yr Efengyl. Ar Galfari, gw. 11. 'Y Bardd a'r Beirniad Olaf' ll.18n. Ar drosiad yr had, gw. 94. 'Y Rhufain Newydd' ll.13n.
21	**Eryri** gw. 3. 'Breuddwyd y Bardd' ll.118n.
22	cf. 183. 'Owain Glyndŵr' ll.28n.
27	**Minotawros** creadur ym mytholeg Groeg a chanddo gorff dyn a phen tarw. Roedd yn ffrwyth uniad rhwng Pasiphae, gwraig Minos brenin Creta, a tharw hardd. Creodd Daedalus lenni ddrysfa na ellid dianc ohoni i gadw'r creadur ffyrnig a fwytâi gnawd y saith llanc a'r saith gwyryf a aberthid iddo'n flynyddol. Lladdwyd y Minotawros gan Theseus a lwyddodd i ddianc o'r labrinth trwy ddilyn yr edau sidan a ddirwynodd o'r bellen a roddwyd iddo gan Ariadne, merch Minos a Pasiphae. Gw. OCCL, 53–4, 312, 367. Ar yr ansoddair 'totalitaraidd', gw. 102. 'Testament yr Asyn' ll.34n.
29	**pellen edau** gw. ll.27n.
31	**labrinth** gw. ll.27n.
35	**gwŷr ifainc ... gwyryfon** gw. ll.27n.

109. CYMRU A'R RHYFEL
Nodiadau cyffredinol

4	**Mamongarwch** gw. 100. 'Ewrob' ll.24n.
6	Â'r disgrifiad trosiadol hwn o dir Cymru, cf. 232. 'Cyfeillion' ll.22.
7	**crefft dyn** cf. 10. 'Gwlad Adfeiliedig' ll.1n.
8	**pererinion** gw. 11. 'Y Bardd a'r Beirniad Olaf' ll.14n. Cf. ll.19n.
9	Cyfeirir at ddiweithdra'r cyfnod rhwng y ddau Ryfel Byd.
11	**ffatrïoedd** ffatrïoedd cynhyrchu arfau a olygir. Merched a gyflogid yn bennaf yn y ffatrïoedd hyn yn ystod cyfnod y rhyfel.
12	**gwelwliw melyn** Un o sgil-effeithiau gweithio â'r ffrwydryn TNT yn y ffatrïoedd cynhyrchu arfau oedd gwawr felen nodweddiadol ar y croen.
13	**'r fallgyrch** cyrchoedd bomio o'r awyr (o 'y fall', enw ar y diafol).
15	**un o'th drefi** Abertawe a olygir, mae'n debyg. Ymosodwyd ar y dref o'r awyr sawl gwaith rhwng 1940 ac 1943, ond yn ystod y 'Cyrch Teirnos', 19–21 Chwefror 1941, chwalwyd canol tref Abertawe gan fomiau'r Almaen a'r tân a ddaeth yn eu sgil; lladdwyd 230 o bobl ac anafwyd 409, a chollodd dros 7,000 o bobl eu cartrefi. Ymhlith yr adeiladau a ddinistriwyd yng nghanol y dref yr oedd Eglwys Fair, cf. ll.14.
17	**y Cesar** nid y teitl ar ymerawdwr Rhufain ond ei darddair Almaeneg, *Kaiser*, term ar arweinydd yr Almaen. **Sulames** yr enw a roddir ar gariadferch y Brenin Solomon yng Nghaniad Solomon 6:13.
18	**Cymun** gw. 1. 'Y Mynach' ll.187n.
19	**Dewi Sant** gw. 2. 'Y Sant' ll.536n. **Teilo** (6ed gan.), sant cynnar, cyfoeswr i Ddewi, a fu'n gyfrifol am gristioneiddio rhannau helaeth o dde Cymru. Prif ganolfan ei gwlt oedd Llandeilo Fawr, sir Gaerfyrddin. Gw. CLC, 697; ODS, 368. **Pantycelyn** gw. 84. 'Pantycelyn', n. **San Tathan** (5ed–6ed gan.), sant cynnar a sefydlodd fynachlog yn Sain Tathan ym mro Morgannwg; gw. ODS, 367. Bu'r emynydd pwysig, Thomas William (1761–1844), yn weinidog am flynyddoedd lawer yng nghapel Bethesda'r Fro yn Sain Tathan; gw. CLC, 768; Bywg., 960–1. Ar 1 Medi 1938 agorwyd gorsaf yr Awyrlu Brenhinol yn Sain Tathan, yn ymyl Bethesda'r Fro; chwaraeodd ran arwyddocaol yn y rhyfel, a llu o dros 11,500 yn gwasanaethu yno ar un adeg.
20	**Lefiathan** anghenfil môr mytholegol; defnyddir yr enw ar gyfer yr Anghrist neu'r diafol.

Gw. Salm 74:14; Eseia 27:1; IBD, 896; ODCC, 975. Ar yr Anghrist, gw. 14. 'Y Gristionogaeth' ll.3n.

25 Tybir bod y don bwysig olaf o Frythoniaid—cyndadau uniongyrchol y Cymry—wedi cyrraedd Prydain tua dechrau'r ganrif gyntaf CC, er bod peth ymfudo wedi digwydd mor gynnar o bosibl â'r 8fed ganrif CC; gw. CLC, 96–8.

26 **barbariaid Sacsonaidd** Un o themâu cyson hanesyddiaeth Gymreig draddodiadol yw bod y Cymry eisoes yn genedl Gristnogol cyn i'r mewnfudwyr Sacsonaidd paganaidd gyrraedd. Gw. hefyd 108. 'Gorffennol Cymru' ll.5n.

eglwysi catholig gw. 190. 'Albert Schweitzer' ll.4n.

28 **Llannau** Patrwm cyffredin ar enwau lleoedd yng Nghymru yw 'Llan' (yn cyfeirio at sefydliad eglwysig y tyfodd y dref neu bentref o'i amgylch) + enw priod (sant Cymreig neu Geltaidd gan amlaf); cf. 2. 'Y Sant' ll.521–2n. Goroesodd yr enwau hyn er y dylanwadau seisnigo amrywiol.

cantrefi Mae cantref yn enw ar 'adran o wlad yng Nghymru gynt yn cynnwys dau neu ychwaneg o gymydau ac (yn fras) tua chant o drefi neu ffermydd mawrion'; GPC, 418.

29 **y Tuduraidd buteindra** Yn y cyfnod Tuduraidd (a barhâi o esgyniad Harri VII yn 1485 hyd farw ei wyres Elisabeth I yn 1603), ac yn arbennig yn sgil Deddfau Uno 1536 ac 1543, bu dylanwadau seisnigeiddio ar gynnydd cyflym yng Nghymru. Yn yr un cyfnod, trodd llawer o'r uchelwyr, noddwyr traddodiadol i ddiwylliant Cymreig, eu golygon tua Lloegr a dechrau ymgyfoethogi mewn swyddi bras yn Llundain, amryw ohonynt yng nghyd-destun y Llys Brenhinol. Gw. 3. 'Breuddwyd y Bardd' ll.146n; CLC, 186.

31–2 Yn ystod teyrnasiad Elisabeth I cyhoeddwyd y Testament Newydd a'r Llyfr Gweddi Gyffredin yn Gymraeg (1567), a'u dilyn gan gyfieithiad o'r Beibl cyfan (1588). Bu'r cyfieithiadau hyn yn fodd i adfer peth statws i'r iaith Gymraeg, wedi iddi golli pob statws swyddogol gyda phasio'r Deddfau Uno (gw. ll.29n).

37 Carcharwyd Gwenallt ei hun am iddo wrthod ymuno â'r fyddin yn y Rhyfel Byd Cyntaf; gw. 114. 'Dartmoor', n.

110. NANT-Y-MOCH
Nodiadau cyffredinol
Nant-y-moch enw ar gapel, ffermdy, a bellach hefyd ar gronfa ddŵr ym mlaenau Rheidol, ym Mhumlumon, sir Aberteifi.

1 Dichon i Gwenallt etifeddu ei hoffter am bysgota oddi wrth 'Nwcwl Josi'; gw. 79. '*Golden Grove*', n; cf. Beth Owen, 'Cywiro Camsyniadau', *Taliesin*, 38 (Gorffennaf 1979), 90.

10 **Rangŵn** prifddinas Burma. Er canol y 19eg ganrif bu Rangŵn dan lywodraeth Prydain; fe'i meddiannwyd gan luoedd Siapan ar 8 Mawrth 1942.

11 **Singapôr** dinas yn ne Penrhyn Malaya. Fe'i dynodwyd yn brif ganolfan llynges Prydain yn nwyrain Asia yn 1921. Cymerwyd Singapôr gan luoedd Siapan yn Chwefror 1942.

18 **sant** gw. 2. 'Y Sant', n.

111. GANDHI
Cyhoeddwyd y gerdd hon gyntaf yn *Baner ac Amserau Cymru*, 8 Ebrill 1942, 1.

Nodiadau testunol
6   **Lle nyddai olau** : Gan nyddu golau (*BAC*)

Nodiadau cyffredinol
Gandhi, Mohandas Karamchand (1869–1948), meddyliwr ac arweinydd gwleidyddol mawr o'r India. Wedi'i hyfforddi yn y Gyfraith yn Lloegr, treuliodd gyfnod yn Ne Affrica gan ddychwelyd i'r India yn 1915 a dod yn arweinydd ar Blaid Genedlaethol y Cynulliad. Perswadiodd ei haelodau i fabwysiadu polisi o anghydweithredu di-drais er mwyn ceisio ennill annibyniaeth oddi

wrth yr Ymerodraeth Brydeinig, a dyfeisiodd ddulliau amrywiol o anufudd-dod sifil lle y torrid cyfreithiau amhoblogaidd gan y cyhoedd a derbyn y gosb briodol. Yn ogystal â'i ymdrech i sicrhau annibyniaeth wleidyddol i'w wlad, gweithiai Gandhi'n ddiflino hefyd i wella statws haenau isaf y gymdeithas. Roedd ef ei hun yn byw bywyd llym, gan ymroi i geisio gwirionedd, diweirdeb a heddwch, er i rai o'i ddilynwyr droi at ddulliau treisgar er cyflawni eu nod. Carcharwyd Gandhi gan lywodraeth Prydain yn 1942 (nid am y tro cyntaf), ond fe'i rhyddhawyd ddwy flynedd yn ddiweddarach oherwydd ei iechyd bregus. Daeth rheolaeth Prydain dros India i ben yn 1947.

4 **Mamon** gw. 100. 'Ewrob' ll.24n.
5 **ffacir** enw ar grefyddwr asetig Hindŵaidd neu Foslemaidd. Bydd ffacir Hindŵaidd yn aml yn ymroi i fywyd o weddi ac asgetiaeth lem. Roedd Gandhi yn Hindŵ.
 Siôn-Ben-Tarw 'John Bull', llysenw ar Sais, neu ar y Saeson fel cenedl; gw. BDPF, 608.
7 **gafr** Roedd Gandhi yn byw ar lysiau, sudd ffrwythau a llaeth gafr; cf. 192. 'Jesebel ac Elias' ll.350.
9 **yr ymerodraeth** gw. 137. 'Iarll Dwyfor' ll.9n.
 ei ympryd gwan Bu streiciau llwgu yn rhan o ddulliau anufudd-dod sifil Gandhi.

112. CORFF AC YSBRYD
Cf. hefyd 82. 'Cnawd ac Ysbryd'.
Nodiadau cyffredinol
2 **hen briodas** cf. 173. 'Y Maen Rhwystr' ll.10.
8 **Efengyl** gw. 150. 'Y Calendr' ll.4n.
 iechydwriaeth gw. 1. 'Y Mynach' ll.360n.
9 **hen drwbadŵr** gw. 4. 'Yr Angylion a'r Gwragedd' ll.18n.
12 **amlfronnog fam** symbol o ffrwythlondeb paganaidd.

113. RWSIA
Nodiadau cyffredinol
Rwsia gweriniaeth ffederal yn nwyrain Ewrop a oedd, rhwng 1922 ac 1991, yn rhan ddylanwadol a phwysig o'r Undeb Sofietaidd, y wlad gomiwnyddol fwyaf yn y byd. Ar hyd y canrifoedd mae hanes Rwsia wedi cael ei lywio gan y ffaith ei bod yn gorwedd yn y canol, rhwng y Dwyrain a'r Gorllewin; cf. ll.1.
6 **di-Tsar** Tsar oedd y teitl ar ymerawdwr Rwsia. Y Tsar olaf oedd Nicholas II a orfodwyd i ddiymorseddu ym Mawrth 1917; dienyddiwyd ef a'i deulu gan y Bolsieficiaid (chwyldroadwyr comiwnyddol) yng Ngorffennaf 1918.
8 **Marcs** Karl Marx; gw. 101. 'Yr Iddewon' ll.10n.
 Engels, Freidrich (1820–95), economydd gwleidyddol a chyd-sylfaenydd Comiwnyddiaeth (â Karl Marx). Cyfarfu Engels a Marx yn 1842; sylweddolodd y ddau eu bod, yn annibynnol ar ei gilydd, wedi dod i'r un casgliadau ynghylch natur cymdeithas, a phenderfynu cydweithio, nid yn unig trwy gyhoeddi llenyddiaeth yn esbonio a hybu egwyddorion Comiwnyddiaeth, ond hefyd trwy sefydlu'r mudiad comiwnyddol rhyngwladol. Cyfraniad mwyaf Engels i Gomiwnyddiaeth oedd paratoi, wedi marwolaeth Marx, ail a thrydedd gyfrol *Das Kapital* ar sail nodiadau Marx.
9 Dan Stalin (gw. 105. 'Y Comiwnyddion' ll.3n), gwasgwyd yn galed ar werin amaethyddol Siberia yn ystod yr 1930au; bu raid i filiynau ohonynt adael eu cartrefi, a bu farw miloedd ohonynt yn sgil ei raglen gyfunoli gynhwysfawr.
 yr Anghrist gw. 14. 'Y Gristionogaeth' ll.3n; 100. 'Ewrob' ll.21n.
10–14 Ar grefydd yn Rwsia, gw. 100. 'Ewrob' ll.21n.
10 **Pasg** gw. 72. 'Jwdas Iscariot' ll.6n.
 Sulgwyn gŵyl Gristnogol, yn coffáu disgyn yr Ysbryd Glân ar y Cristnogion cynharaf hanner can niwrnod ar ôl y Pasg, sef ar ddydd y Pentecost Iddewig; gw. 72. 'Jwdas

Iscariot' ll.14n.Y Sulgwyn yw'r ail ŵyl o ran ei phwysigrwydd yng nghalendr yr Eglwys (y Pasg yw'r bwysicaf); gw. ODCC, 1738.
calendr coch Cyfrifir coch yn lliw chwyldro a Sosialaeth; cf. 192. 'Jesebel ac Elias' ll.430n. Enwir y lliw yn eironig yma gan mai mewn coch y dynodir dyddiau gŵyl y merthyron Cristnogol mewn calendrau eglwysig; gw. 158. 'Y Merthyron', n.

11 Daw'r ddelwedd o'r arfer o berfformio drama'r Geni adeg y Nadolig. Ar hanes geni Crist, gw. 99. 'Y Nadolig', n.
12 **Ei groes** gw. 1. 'Y Mynach' ll.360n; cf. Mathew 7:6.
13 **Slaf** gair mwys; y Slafiaid oedd cyndeidiau pobl Rwsia (yn ogystal â nifer o bobloedd eraill yn nwyrain Ewrop). Gall 'slaf' hefyd olygu caethwas, un sy'n slafio; cf. 126. 'Colomennod' ll.2.

114. DARTMOOR

Cyhoeddwyd y gerdd hon gyntaf yn *Heddiw*, 6:12 (Hydref-Tachwedd 1941), 342.

Cyfieithiadau: Tony Conran, *Penguin Book of Welsh Verse* (1967), 251 (arg. newydd, *Welsh Verse*, 1986, 280); Emyr Humphreys, *Planet*, 43 (Mehefin 1978), 19.

Trafodaethau: Emyr Humphreys, 'Poetry, Prison and Propaganda', *Planet*, 43 (Mehefin 1978), 17–23; Robert Rhys, 'D. Gwenallt Jones', yn *Y Patrwm Amryliw 1*, gol. Robert Rhys (1997), 158–9; gw. hefyd J. Beddoe Jones, 'Gwenallt yn Dartmoor', *Barddas*, 15 (Ionawr 1978), 1, 3.

Nodiadau testunol
9 **daw :** doi (*Heddiw*)

Nodiadau cyffredinol
Dartmoor rhosdir helaeth (tua 400 milltir sgwâr) yn Nyfnaint, a hefyd enw ar y carchardy enwog a leolir yno, yn Princetown. Bu Gwenallt ei hun yng ngharchar Dartmoor, a chyn hynny yn Wormwood Scrubs, am y rhan fwyaf o'r cyfnod rhwng Mai 1917 a Mai 1919 am iddo, oherwydd ei argyhoeddiadau, wrthod ymuno â'r fyddin yn y Rhyfel Byd Cyntaf, profiad a gafodd fynegiant llenyddol yn ei nofel, *Plasau'r Brenin* (1934). Awgrymwyd y gellir uniaethu Gwenallt â'r prif gymeriad, Myrddin Tomos; gw. CLC, 586. Yn ôl Saunders Lewis, yn y carchar y ganed Gwenallt y bardd; gw. *Y Traethodydd*, 124 (Ebrill 1969), 54. (Ar Wormwood Scrubs, gw. hefyd 65. 'Er Cof am Mr Idwal Jones' ll.18n; 93. 'Saunders Lewis' ll.5n.)

4 Disgwylid i bob un o garcharorion Dartmoor weithio, naill ai wrth ryw grefft neu allan yn y caeau. Gan nad oedd crefft gan Gwenallt, bu raid iddo weithio allan ym mhob tywydd; gw. J. Beddoe Jones, 'Gwenallt yn Darmoor', *Barddas*, 15 (Ionawr 1978), 3. Mae ffust yn 'offeryn a ddefnyddid gynt i ddyrnu ŷd â llaw'; GPC, 1327.
7 **creimllyd** cf. 93. 'Saunders Lewis' ll.6n.
10 **seiat** gw. 59. 'Y Beddau' ll.3n.
11 **tor** copa caregog.
13 **Tywi** gw. 2. 'Y Sant' ll.11n.
yr hen wynfydau cyfres o addewidion am fendithion ('Gwyn fyd . . .') a ynganodd Crist yn y Bregeth ar y Mynydd; gw. Mathew 5:3–11; cf. Luc 6:20–2; IBD, 1417–19; ODCC, 174; 246. 'Mynydd y Gwynfydau', n, ll.6n.

115. LLUNDAIN
Nodiadau cyffredinol
5 **Mamon** gw. 100. 'Ewrob' ll.24n.
12 **Emynau Calfari** gw. 11. 'Y Bardd a'r Beirniad Olaf' ll.18n; 1. 'Y Mynach' ll.360n.
Charing Cross rhan o Lundain sy'n cymryd ei henw o groes a godwyd ar ganol pentref hynafol Charing gan Edward I i goffáu ei frenhines Eleanor (safai lle mae cerflun Siarl I bellach, ar Sgwâr Trafalgar). Mae'n debygol mai at olygfa a welodd Gwenallt yng ngorsaf

rheilffordd Charing Cross y cyfeirir yma. Roedd capel Eglwys Bresbyteraidd Cymru yn Charing Cross yn un o rai mwyaf dylanwadol yr enwad ar un adeg; gw. *Eples*, n.

13 **Seion** gw. 2. 'Y Sant' ll.134n. Ar y llinell gyfan, cf. 176. 'Epigramau' ll.252.
14 **creion** amr. careion; h.y. ymgynnal trwy werthu careion a mân nwyddau cyffelyb.

116. CYMRU VICTORIA
Nodiadau cyffredinol
Victoria Brenhines Lloegr rhwng 1837 ac 1901. Nodweddid 'Oes Victoria' gan bwyslais ar ledneisrwydd a moesoldeb, hunanfodlondeb yn sgil cynnydd mewn cyfoeth personol a gwladwriaethol, a datblygiadau mawr ym meysydd diwydiant, gwyddoniaeth ac addysg.

1–2 **'Eden dlos' . . . 'Haf / Bytholwyrdd'** ymadroddion nodweddiadol o ieithwedd cerddi a chaneuon poblogaidd Oes Victoria. Â 'haf bytholwyrdd', cf. geiriau'r gân boblogaidd i denor, 'O na byddai'n haf o hyd'; gw. Huw Williams, *Canu'r Bobol* (1978), 149. Ar Eden, gw. 2. 'Y Sant' ll.269n.
2 **aspidistra** planhigyn-tŷ tra phoblogaidd yn Oes Victoria (ac ar ôl hynny). Daeth yn symbol o barchusrwydd a sychdduwioldeb dosbarth-canol y cyfnod. Gw. BDPF, 54.
3 **llun Victoria** Arfer cyffredin yn Oes Victoria oedd arddangos llun o'r Frenhines yn y cartref.
4 ***what-not*** dodrefnyn bychan yn cynnwys silffoedd ar gyfer arddangos lluniau, mân addurniadau tseini etc., a oedd yn boblogaidd iawn yn Oes Victoria.
7 **yr epa** gw. 103. 'Datblygiad' ll.1n. Ar bechod, gw. 75. 'Pechod', n.
8 **ehedai dyn** Yn ystod Oes Victoria y cymerwyd y camau cyntaf tuag at deithio trwy'r awyr gyda datblygu'r llong awyr a'r awyrennau cyntaf i'w pweru â modur. (Wedi Oes Victoria y dyfeisiwyd yr awyren 'fodern' gyntaf, gyda llwyddiant y brodyr Wright yn 1903.) Dichon fod yma hefyd y syniad o ddyn yn cynyddu ac yn ymddyrchafu'n foesol.
angel broc Ar angel, gw. 1. 'Y Mynach' ll.388n. Cymerir mai yn ei ystyr dafodieithol 'garw, ysmala, brith' (GPC, 330) y defnyddir 'broc' yma, a'r ymadrodd yn cyfleu ceisiadau afrwydd cyntaf dyn i hedfan.
12 **cnaf** cf. 2. 'Y Sant' ll.134n.
13 **croes . . . Calfari** gw. 1. 'Y Mynach' ll.360n; 11. 'Y Bardd a'r Beirniad Olaf' ll.18n.
14 **bryn penglogau** Yr enw Hebraeg ar Galfari oedd Golgotha, sef 'Lle'r penglog'; gw. Mathew 27:33; Marc 15:22; Ioan 19:17; gw. hefyd IBD, 227–8; ODCC, 266.

117. OFNAU
Trafodaeth: Ceir ymateb nifer o feirdd a beirniaid i'r gerdd hon yn *Barddas*, 240 (Ebrill/Mai 1997), 12–26.
Nodiadau cyffredinol
2 cf. yr ymadrodd 'diddim diarcholl' yn soned T. H. Parry-Williams, 'Dychwelyd'; *Cerddi* (1931), 57.
5 **dau ryfel** y ddau Ryfel Byd. (Erbyn diwedd yr Ail Ryfel Byd yn 1945, lladdwyd miliynau lawer o bobl, yn filwyr a sifiliaid, yn yr ymladd, a hynny heb gyfrif y rhai a ddifodwyd mewn gwersylloedd carchar; gw. 147. 'Yr Anifail Bras' ll.7n.)

118. GWEITHWYR DEHEUDIR CYMRU
Nodiadau cyffredinol
1–2 Ar 'fagwraeth wleidyddol' Gwenallt, gw. *Credaf*.
5–8 Daw'r ddelweddaeth o'r hanes a gofnodwyd yn 1 Samuel 17. Mae'r llanc ifanc Dafydd, bugail o ran ei waith, yn lladd Goliath y cawr, prif filwr byddin y Philistiaid, trwy ei daro â charreg o'i ffon-dafl. Gwisgai Goliath arfwisg bres a llurig a addurnwyd â gemau

	gwerthfawr. Yn ddiweddarach daeth Dafydd yn frenin dros genedl Israel; gw. 150. 'Y Calendr' ll.6n.
11	**ffyn** ffyn-tafl; cf. 1 Samuel 17:40.
12	**codi'n cerrig** cf. 1 Samuel 17:40.
13	**yw** gw. 2. 'Y Sant' ll.161n.
	llannau gw. 109. 'Cymru a'r Rhyfel' ll.28n.

119. CWM RHONDDA

Gw. rhif 224 am gerdd wahanol dan yr un teitl.

Nodiadau cyffredinol

Cwm Rhondda yr enw ar ddau gwm yn sir Forgannwg a fu'n ganolbwynt i ddiwydiant glo Cymru pan oedd hwnnw yn ei anterth rhwng 1860 a *c*.1920. Suddwyd y pyllau cyntaf yno yn yr 1850au, ac erbyn 1913 roedd 53 o lofeydd yn y ddau gwm. Dioddefodd cymunedau Cwm Rhondda—rhai cadarn sosialaidd eu gwleidyddiaeth—yn enbyd yng nghyfnod y Dirwasgiad rhwng y ddau Ryfel Byd, a lefelau diweithdra yno gyda'r uchaf yn Ewrop; gw. CLC, 642–3. Am ddarlun byw o Gwm Rhondda mewn cyfnod ychydig yn gynharach, gw. D. J. Williams, *Yn Chwech ar Hugain Oed* (1959).

2	**annwn** gw. 1. 'Y Mynach' ll.196n.
3–4	cf. 95. 'Sir Forgannwg' ll.3–4; 125. 'Morgannwg' ll.7–8; a gwrthgyferbynner 126. 'Colomennod' ll.14; 148. 'Yr Eglwys' ll.22.
5–6	Dichon y cyfeirir at Etholiad Cyffredinol 1924, pryd y daeth llywodraeth Sosialaidd Ramsay MacDonald i rym; gw. *Credaf*.
7	**Marcsiaid coch** Ar Karl Marx, gw. 101. 'Yr Iddewon' ll.10n. Ar goch, gw. 113. 'Rwsia' ll.10n. (Mae 'Little Moscow' yn llysenw ar Ferndale yn y Rhondda Fach.)
9	**milgwn** Arferai llawer o lowyr gadw milgwn, er mwyn eu rasio; cf. stori Kate Roberts, 'Buddugoliaeth Alaw Jim'; gw. *Ffair Gaeaf* (1937).
10	**ffynhonnau dŵr** Yn ogystal â'r nentydd niferus sy'n tarddu o'r llethrau o'u cwmpas, mae ffynnon iacháu hynafol ar fynydd Pen-rhys sy'n gwahanu'r ddau gwm Rhondda; gw. Francis Jones, *Holy Wells of Wales* (1954).
11	**gwyn** gw. 90. 'Y Duwdod' ll.10n.
12	**Rhys ap Tewdwr a Glyndŵr** gw. 25. 'Balâd yr Arglwyddi' ll.9n; 3. 'Breuddwyd y Bardd' ll.146n. Cyfeirir yma at ddau ddraddodiad (di-sail, mae'n debyg) am hanes Cwm Rhondda. Dywedir i Rys ap Tewdwr gael ei ladd mewn brwydr yn erbyn y Normaniaid ac i'w ben gael ei dorri yn y man a elwir bellach yn Ben-rhys. Yn ail, dywedir i fynaich Pen-rhys gynnal eisteddfod dan nawdd Owain Glyndŵr yn gynnar yn y 15fed ganrif ac i Harri V wedyn orchymyn i'w filwyr ddinistrio'r fynachlog oherwydd cefnogaeth y mynaich i achos Glyndŵr.
13–14	Adlais, o bosibl, o linellau olaf cerdd William Blake (1757–1827), 'Jerusalem', ar flaen ei gerdd hir, *Milton*: 'Till we have built Jerusalem / In England's green and pleasant land'; gw. *Blake: the Complete Poems*, gol. W. H. Stevenson (ail arg., 1989), 492.

120. DYN

Gw. rhif 142 am gerdd wahanol dan yr un teitl.

Cyfieithiad: Idris Bell, *Wales* (Keidrych Rhys), 6:2 (Mehefin 1946), 9; *idem*, *Dock Leaves*, 3:9 (Gaeaf 1952), 37.

Nodiadau cyffredinol

2	**cwtsh-dan-stâr** ar lafar yn y De am y cwpwrdd o dan y grisiau.
6	**cyfrinachau ei gronynnau mân** Roedd yr ymchwil a arweiniodd at rannu'r atom, ynni niwclear a dyfeisio'r bom atomig ymhlith datblygiadau gwyddonol pwysicaf

cyfnod yr Ail Ryfel Byd. Wedi cyhoeddi *Cnoi Cil*, ond cyn diwedd y rhyfel, ffrwydrwyd dau fom atomig dros Siapan, y naill dros Hiroshima ar 6 Awst 1945 a'r llall dros Nagasaki ar 9 Awst 1945; lladdwyd dros 100,000 yn y ffrwydriadau hyn, ac anafwyd cynifer eto. Yn 1945, Unol Daleithiau America oedd yr unig wlad i feddu ar arfau atomig; erbyn 1949 roedd rhai ym meddiant yr Undeb Sofietaidd, a'r posibilrwydd o ryfel niwclear fel petai'n cynyddu o hyd trwy'r 1950au a'r 1960au wrth i'r naill wlad ar ôl y llall ddatblygu arfau atomig. O'r herwydd roedd bygythiad rhyfel niwclear yn fwgan real trwy ddau ddegawd olaf bywyd Gwenallt. Cf. 142. 'Dyn'.

12 **hoyw** yn ei ystyr wreiddiol, 'heini, sionc, bywiog'.

14 **pechod** gw. 75. 'Pechod', n.

'r farn gw. 11. 'Y Bardd a'r Beirniad Olaf', n.

Eples **(Gwasg Gomer, 1951)**
''Rwyf wedi cael hwyl ar farddoni ar ôl dod yn ôl o Oberammergau. 'Rwyf wedi llunio cerddi newydd ac wedi trwsio hen rai, ac y mae gennyf erbyn hyn tua hanner cant ohonynt, ac fe ânt i'r Wasg ddechrau'r flwyddyn' (Gwenallt mewn llythyr a dderbyniodd Aneirin Talfan Davies, 20 Tachwedd 1950; LlGC, Papurau Aneirin Talfan Davies, Blwch 4).

Adolygiadau
Geraint Bowen, 'Bardd yr Argyhoeddiad', *Baner ac Amserau Cymru*, 13 Chwefror 1952, 7; J. Gwyn Griffiths, 'Bardd Cristnogol', *Y Ddraig Goch*, 25:10 (Hydref 1951), 4; Gwilym R. Tilsley, *Yr Eurgrawn*, 144 (Mawrth 1952), 83–4; G. J. Roberts, *Y Gangell*, 24 (Gaeaf 1952), 17–21; Eurys Rowlands, *Y Genhinen*, 2 (1951–52), 61–2; G. J. Roberts, *Yr Haul*, 1:19 (Ionawr 1952), 438–42; Aneirin Talfan Davies, *Y Llan*, 5 Hydref 1951, 7; *ibid*, 12 Hydref 1951, 5–6; Alun Llywelyn-Williams, *Lleufer*, 8 (1952), 41–3.

Trafodaethau cyffredinol
Hywel Teifi Edwards, 'Eples (D. Gwenallt Jones)', *Barn*, 110 (Rhagfyr 1971), 54; *ibid*, 111 (Ionawr 1972), 81; *ibid*, 112 (Chwefror 1972), 106–7; *ibid*, 113 (Mawrth 1972), 136–7; Victor John, 'Eples', *Barn*, 125 (Mawrth 1973), 225–6; *ibid*, 126 (Ebrill 1973), 269–70; *ibid*, 127 (Mai 1973), 321–2.

Cyflwyniad: nodiadau
Aneirin Talfan [Davies] (1909–80), beirniad llenyddol, bardd a darlledwr. Brodor o Felindre, sir Gaerfyrddin ydoedd, ond cyneuwyd ei ddiddordeb mewn diwinyddiaeth a llenyddiaeth tra'n gweithio yn Llundain, yn arbennig dan ddylanwad capel Eglwys Bresbyteraidd Cymru yn Charing Cross. Yn y cyfnod hwnnw y sefydlodd (ar y cyd â Dafydd Jenkins) y cylchgrawn *Heddiw*, y cyfrannodd Gwenallt sawl cerdd i'w dudalennau, gan gynnwys y rhifyn cyntaf; gw. 13. 'Ar Gyfeiliorn', n. Wedi iddo ddychwelyd i Gymru yn 1938 i redeg busnes fferyllydd yn Abertawe, dinistriwyd ei siop gan fomiau'r Almaen; dechreuodd ar yrfa newydd fel darlledwr, yn Llundain i ddechrau ac wedyn yng Nghaerdydd lle y daeth yn Bennaeth Rhaglenni'r BBC yng Nghymru yn 1966. Trodd Aneirin Talfan Davies yntau o Anghydffurfiaeth at yr Eglwys yng Nghymru, a gellir ei ystyried yn rhan o'r un symudiad 'Anglicanaidd' â Gwenallt ei hun. Gw. CLC, 166–7.

Griffith John Williams (1892–1963), hanesydd llên ac ysgolhaig Cymraeg. Brodor o Gellan, sir Aberteifi, ydoedd ac fe'i haddysgwyd yng Ngholeg Prifysgol Cymru, Aberystwyth. Bu'n athro ysgol am gyfnod cyn ei benodi yn 1921 yn Ddarlithydd yn Adran y Gymraeg, Coleg Prifathrofaol Deheudir Cymru a Mynwy, Caerdydd, lle y'i dyrchafwyd yn Athro yn 1946. Fe'i cofir yn bennaf am ei waith fel lladmerydd Iolo Morganwg ac am ei gyfrol fawr *Traddodiad Llenyddol Morgannwg* (1948). Sefydlodd y cylchgrawn *Llên Cymru* yn 1950, a'i olygu hyd ei farw. Roedd Griffith John Williams ymhlith sylfaenwyr Plaid Genedlaethol Cymru yn 1925. Gw. CLC, 774; Bywg.[3], 232–4.
Y Faner gw. *Cnoi Cil*, n.
Y Tyst papur wythnosol enwad yr Annibynwyr; gw. CLC, 738.
Y Llenor gw. *Ysgubau'r Awen*, n.
Y Llan papur wythnosol yr Eglwys yng Nghymru.

121. Y MEIRWON
Detholwyd i: R. Gerallt Jones (gol.), *Poetry of Wales 1930–1970* (1974), 96, 98; Gwynn ap Gwilym ac Alan Llwyd (goln), *Blodeugerdd o Farddoniaeth Gymraeg yr Ugeinfed Ganrif* (1987), 98–9; *Hoff Gerddi Cymru* (2000), 102–3.

Cyfieithiadau: Tony Conran, *Poetry Wales*, 1:2 (Hydref 1965), 12; *idem*, *Penguin Book of Welsh Verse* (1967), 251–2 (arg. newydd, *Welsh Verse*, 1986, 280–1); R. Gerallt Jones, *Poetry of Wales 1930–1970* (1974), 97, 99; B. S. Johnson a Ned Thomas, *Planet*, 29 (Hydref 1975), [20]; *idem*, yn Glyn Jones a John Rowlands, *Profiles* (1980), 74–5; Joseph P. Clancy, *Twentieth Century Welsh Poems* (1982), 97–8;

idem, yn *A Book of Wales*, gol. Meic Stephens (1987), 134–5; Patrick Thomas, yn *Sensuous Glory: The Poetic Vision of D. Gwenallt Jones*, goln Donald Allchin a D. Densil Morgan (2000), 135–6.

Trafodaethau: T. Emrys Parry, 'Cerddi'r Fro Ddiwydiannol', *Y Traethodydd*, 124 (Ebrill 1969), 64–9; Gwyn Thomas, *Dadansoddi 14* (1984), 41–4; Cefin Campbell, 'Ystyried rhai o gerddi Gwenallt (2)', *Barn*, 312 (Ionawr 1989), 25–6; M. Wynn Thomas, 'Pwys Llên a Phwysau Hanes', yn *Sglefrio ar Eiriau*, gol. John Rowlands (1992), 15–19. Gw. hefyd Eigra Lewis Roberts, 'Adnabod ein Haelodau', *Barddas*, 206 (Mehefin 1994), 17; W. R. P. George, 'Dewisaf Hanner Dwsin', *Barddas*, 65 (Gorffennaf/Awst 1982), 15–16; John Dennis Jones, *Barddas*, 94 (Chwefror 1985), 2.

Nodiadau cyffredinol
Mewn sgwrs ag W. R. P. George yn Hydref 1968 dywedodd Gwenallt mai'r gerdd hon, o'i holl waith, a roddodd y boddhad mwyaf iddo; gw. *Dathlu*, gol. R. Gerallt Jones (1985), 112.

1   **hanner-cant** Roedd Gwenallt yn hanner cant ar 18 Mai 1949.
3   **rhaffau dur** cf. 78. 'Sir Gaerfyrddin' ll.8.
4   **dwy fynwent yn un o bentrefi'r De** Y pentref y cyfeirir ato yw Pontardawe. Ym mynwent y Presbyteriaid yn Nhrebannws y claddwyd teulu Gwenallt, ac ym mynwent yr Annibynwyr yn yr Allt-wen y claddwyd rhai o gymdogion y teulu gan gynnwys y teulu o Ferthyr Tudful y cyfeirir atynt yn ll.9–10; gw. hefyd 9. 'Beddau'.
8   Pesychu gwaed yw un o symtomau *silicosis*; gw. ll.21n.
9   **cymdogion** cf. 124. 'Cymdogion'.
      Merthyr Tudful gw. 106. 'Yr Hen Fyd Newydd', n.
10   **Merthyron** gair mwys; cf. 106. 'Yr Hen Fyd Newydd' ll.4n. Ceir llun o'r 'Merthyron' yn BBG, 9.
13   **parlyrau beiblaidd** Yn y parlwr (neu'r ystafell orau) y cedwid y Beibl teuluaidd yn aml, mewn lle anrhydeddus. Ar ddydd Sul ac achlysuron arbennig yn unig y defnyddid y parlwr, ac yno yr arferid gosod corff marw am yr ychydig ddyddiau cyn yr angladd.
15–16 cf. *Credaf*.
16   **Colectau gwrthryfel coch** Mae 'colect' yn derm am weddi fer (i'w hadrodd ar ddiwrnod penodol fel arfer) yn yr Eglwys Anglicanaidd neu Eglwys Rufain. Ar yr ansoddair 'coch', gw. 113. 'Rwsia' ll.10n.
      litanïau gw. 1. 'Y Mynach' ll.148n.
19–20 Ceir hanes y ddamwain erchyll yn y gwaith dur a laddodd tad Gwenallt yn *Credaf*; gw. hefyd 9. 'Beddau' ll.10n.
21   **angau hwteraidd** Roedd seinio hwter yn y gweithfeydd yn dynodi diwedd twrn neu sifft gwaith; fe'i cenid hefyd i ddynodi damwain ddifrifol.
      angau llychlyd 'Llwch ar yr ysgyfaint' neu 'y dwst' yw'r enwau cyffredin ar *silicosis*, un o brif achosion marwolaeth ymhlith gweithwyr a diwydiant glo; cf. ll.8n; 204. 'Dwst y Garreg'. Gw. *Credaf* am hanes meddygon yn ardaloedd glofaol yn cofnodi *tuberculosis* yn lle *silicosis* ar Dystysgrif Marwolaeth, er mwyn osgoi talu iawndal; gw. ll.25n.
25   **arian y gwaed** Cyfeirir at yr iawndal a delid gan berchnogion y gweithfeydd i weddwon y gwŷr a laddwyd wrth eu gwaith neu a fu farw o afiechydon diwydiannol. Mae'r ymadrodd hefyd yn dwyn i gof y tâl a gafodd Jwdas am fradychu Crist; gw. 72. 'Jwdas Iscariot' ll.12n.
27   **dodi'r ardd** plannu'r ardd. Gorchwylion dyn y teulu yw'r rhai a restrir yn ll.27.
28   **hanes dioddefaint y groes** gw. 1. 'Y Mynach' ll.360n.
29   **Dydd Sul y Blodau** gw. 9. 'Beddau' ll.13n.
30   **silicotig** gw. ll.21n. Ar rosynnau, gw. 3. 'Breuddwyd y Bardd' ll.212n.
      nwy Mae nwy ffrwydrol yn berygl cyson yn y diwydiant glo, yn achosi tanchwa. Ar lili, gw. 1. 'Y Mynach' ll.97n.
32   cf. ymateb Gwenallt i angladd ei dad; gw. *Credaf*.
33   cf. 175. 'Newid Byd' ll.14.

Wtopia (Groeg, "nunlle'), yr enw a roddodd Syr Thomas More (1478–1535) ar ynys ddychmygol ddelfrydol lle mae popeth—gan gynnwys gwleidyddiaeth, deddfau a moesau—yn berffaith; gw. BDPF, 1140; OCEL, 849–50. "Rwy'n cofio', meddai Gwenallt, 'mynd i ben Craig yr Alltwen a gweld yn y pellter uwch bae Abertawe y byd perffaith, yr Utopia: byd heb garchar, heb ryfel, heb dlodi, heb ormes ac anghyfiawnder, byd heddychlon, cyfiawn, rhydd a pherffaith. Dyna pam yr ymunais â changen yr *Independent Labour Party* ym Mhontardawe yn ddwy ar bymtheg oed'; gw. J. E. Meredith, *Gwenallt: Bardd Crefyddol* (1974), 19–20; LlGC 21754E (Papurau Gwenallt), 4.

Gellionnen bryn tua'r gorllewin o Bontardawe, rhwng Tawe a Chlydach.

34   Crynhoir delfrydau Sosialaeth Ryngwladol yma.

122. RYGBI

Cyfieithiad: B. S. Johnson a Ned Thomas, *Planet*, 29 (Hydref 1975), [21].

Nodiadau cyffredinol
Er mai o Loegr y daeth rygbi i Gymru yn ystod yr 1870au, ni bu'n hir cyn y daethpwyd i synio amdani'n gêm genedlaethol Cymru, yn fynegiant o genedligrwydd Cymreig. Cymoedd diwydiannol De Cymru oedd crud y gêm o'r 1880au ymlaen; gw. CLC, 639.

1   **yr Allt-wen** gw. 9. 'Beddau' ll.21n.
2, 4   gw. 121. 'Y Meirwon' ll.34n.
3   **stac** simnai ddiwydiannol dal.
5   **y Crysau Coch** ffordd gyffredin o gyfeirio at y tîm rygbi cenedlaethol, ar gyfrif lliw eu dillad chwarae.
6   **Sant Helen** maes rygbi Abertawe.
7   **Bancroft**, William John (1870–1959), chwaraewr rygbi a fagwyd yn Abertawe ac a chwaraeodd dros Gymru 33 o weithiau yn y cyfnod 1890–1901. Roedd yn enwog am ei gicio gwych a'i redeg mentrus. Cic gosb adlam ganddo a enillodd y gêm yn erbyn Lloegr yn 1893 pan enillodd Cymru'r goron driphlyg am y tro cyntaf erioed. Gw. Bywg.[3], 6; CLC, 33.
8   **Dici Owen** (1877–1932), un o chwaraewyr rygbi gorau Cymru yn nechrau'r 20fed ganrif. Chwaraeai dros Abertawe, a chynrychiolodd ei wlad 35 o weithiau yn y cyfnod 1901–10. Symudiad a gychwynnwyd ganddo a arweiniodd at y cais buddugol pan drechodd Cymru dîm Seland Newydd yn 1905. Gw. Bywg., 677; CLC, 559.

123. Y DIRWASGIAD

Ymddangosodd fersiwn cynharach o'r gerdd hon yn *Baner ac Amserau Cymru*, 25 Awst 1943, 4, dan y teitl 'Y Gweithfeydd Segur'. Gan i Gwenallt ei dwyigio'n bur drwyadl wrth ei chywain i dudalennau *Eples*, cynhwysir 'Y Gweithfeydd Segur' yn gyflawn yn adran y Cerddi Ychwanegol, rhif 330.

Detholwyd i: Gwynn ap Gwilym ac Alan Llwyd (goln), *Blodeugerdd o Farddoniaeth Gymraeg yr Ugeinfed Ganrif* (1987), 99–100.

Cyfieithiadau: Tony Conran, *Penguin Book of Welsh Verse*, (1967), 253 (arg. newydd, *Welsh Verse*, 1986, 281–2); B. S. Johnson a Ned Thomas, *Planet*, 29 (Hydref 1975), [22]; Joseph P. Clancy, *Twentieth Century Welsh Poems* (1982), 98–9.

Trafodaethau: T. Emrys Parry, 'Cerddi'r Fro Ddiwydiannol', *Y Traethodydd*, 124 (Ebrill 1969), 64–9; Alun Llywelyn-Williams, *Nes Na'r Hanesydd* ([1968]), 119; Robert Rhys, 'D. Gwenallt Jones', yn *Y Patrwm Amryliw 1*, gol. Robert Rhys (1997), 159.

Nodiadau cyffredinol
Dirwasgiad gw. 13. 'Ar Gyfeiliorn', n.

1	**ystac** gw. 122. 'Rygbi' ll.3n.
3	**rhugldrwst y crân** cf. 125. 'Morgannwg' ll.2.
	hwterau gw. 121. 'Y Meirwon' ll.21n.
5	cf. 192. 'Jesebel ac Elias' ll.787.
7	**locustiaid Aifft** Roedd haid o locustiaid yn un o'r deg pla a anfonodd Duw ar yr Aifft yng nghyfnod Moses am na fynnai Pharo, brenin yr Aifft, ryddhau'r Israeliaid; gw. Exodus 10:1–19, yn enwedig ad. 14–15. (Am un arall o'r plâu, gw. 72. 'Jwdas Iscariot' ll.6n.)
9	**sipsiwn o ddefaid** Peth cyffredin yng nghymoedd y De hyd ddiwedd yr 1960au oedd gweld defaid (a ddeuai i lawr o'r mynydd-dir uwchlaw) yn crwydro'r strydoedd gan ddymchwel biniau ysbwriel wrth chwilio am fwyd.
14	**fitrel** (benth. o'r Saesneg, *vitriol*), sylffad haearn (neu gopr neu sinc); mae sylffad haearn, gwyrdd ei liw, yn un o sgil-gynhyrchion proses piclo haearn.
16	**larwm y traed** sŵn esgidiau trwm y gweithwyr yn cerdded i'w gwaith.
17	**chwerthin bolwyn y llygaid** Yn y cyfnod cyn codi baddondai yn y gweithfeydd, dychwelai gweithwyr y diwydiannau trwm adref i ymolchi ar ddiwedd eu twrn neu sifft. Byddai gwyn llygaid y glowyr yn ymddangos yn arbennig o ddisglair yn ebyn bryntni eu hwynebau; cf. 95. 'Sir Forgannwg' ll.2.
22	**heb eu cysgod** cf. 131. 'D. J. Williams, Abergwaun' ll.3.
23	**Eldorado** (Sbaeneg, 'y goreuredig') Yn wreiddiol yn enw ar frenin dinas chwedlonol Manoa yn Ne America, yr arferid taenu llwch aur drosto gan mor helaeth yr aur yn ei diriogaeth, aeth Eldorado yn enw hefyd ar y ddinas ei hun. Mentrodd anturwyr o Sbaen a Lloegr i chwilio amdani yn yr 16eg ganrif, a defnyddir yr enw'n drosiadol bellach i gyfeirio at unrhyw le sy'n cynnig cyfle i ymgyfoethogi'n gyflym ac yn rhwydd. Gw. BDPF, 377; OCEL, 265.

124. CYMDOGION

Cyfieithiad: B. S. Johnson a Ned Thomas, *Planet*, 29 (Hydref 1975), [23].

Nodiadau cyffredinol
Cymdogion cf. 121. 'Y Meirwon' ll.9–12.

6	**tywydd garw** trosiad am brofedigaethau.
8	**rhoi cip ar y marw** gw. 121. 'Y Meirwon' ll.13n.
13	**Eden** gw. 2. 'Y Sant' ll.269n.
14	**y llun a'r delw** gw. 86. 'Natur' ll.3n.

125. MORGANNWG

Detholwyd i: Gwynn ap Gwilym ac Alan Llwyd (goln), *Blodeugerdd o Farddoniaeth Gymraeg yr Ugeinfed Ganrif* (1987), 101–2.

Cyfieithiad: B. S. Johnson a Ned Thomas, *Planet*, 29 (Hydref 1975), [21].

Trafodaeth: Alun Llywelyn-Williams, *Nes Na'r Hanesydd* ([1968]), 119.

Nodiadau cyffredinol
Morgannwg gw. 95. 'Sir Forgannwg', n.

2	**gantri** (benth. o'r Saesneg, *gantry*) strwythur sydd yn cynnal crân symudol.
	rhugldrwst y crân cf. 123. 'Y Dirwasgiad' ll.3.
3	**gwaith cemi** gwaith cemegol. Yn ystod ieuenctid Gwenallt roedd gwaith cemegol ym Mhontardawe, yn y Sychan, gyferbyn â'r gwaith dur lle y gweithiai ei dad; gw. 9. 'Beddau' ll.10n.
4	cf. *Credaf*.

7–8	cf. 95. 'Sir Forgannwg' ll.3–4; 119. 'Cwm Rhondda' ll.3–4, a gwrthgyferbynner 126. 'Colomennod' ll.14; 148. 'Yr Eglwys' ll.22.
11	**twlc mochyn** Arferai llawer o deuluoedd yng nghymoedd diwydiannol y De gadw mochyn i'w ladd ar gyfer ei gig.
14	**acen y Crist** cf. y trosiad beiblaidd o Grist y Gair; gw. 159. 'Yr Eryrod' ll.46n.
15	**pâr o ddwylo tyllog** dwylo'r Crist atgyfodedig yn dangos ôl hoelion y Croeshoeliad; gw. Luc 24:39–40; Ioan 20:20,24–8. Ar y Croeshoeliad, gw. 1. 'Y Mynach' ll.360n.
16	**tram** math o wagen agored a ddefnyddid mewn glofeydd i gludo glo neu'r gwastraff a gynhyrchid wrth gloddio.
17	**Ysgol Gân** cyfarfod a gynhelid yn rheolaidd mewn llawer o gapeli er mwyn ymarfer agweddau cerddorol ar yr addoliad, e.e. emynau ac anthemau; cf. *Credaf*.
18	*'All men, all things'* cytgan agoriadol y gwaith poblogaidd, *Hymn of Praise*, gan Mendelssohn (1809–47); gw. OCM, 627–8.
	'Worthy is the Lamb' y corws terfynol enwog yn oratorio Handel, *Messiah*; gw. OCM, 436; 1. 'Y Mynach' ll.457n.
19	**hwter** gw. 121. 'Y Meirwon' ll.21n. Mae glowyr yn enwog am eu hiwmor a'u tynnucoes.
24	**staciau** gw. 122. 'Rygbi' ll.3n.
	gynau gwyn cf. gweledigaeth Ioan yn Datguddiad 7:9–17, a hefyd y llinell 'Oll yn eu gynau gwynion' yn y pennill emyn 'Bydd myrdd o ryfeddodau'; gw. *Llyfr Emynau a Thonau y Methodistiaid* (1929), rhif 666.

126. COLOMENNOD

Cyfieithiadau: Dyfnallt Morgan, *D. Gwenallt Jones*, Writers of Wales (1972), 49; B. S. Johnson a Ned Thomas, *Planet*, 29 (Hydref 1975), [19]; Joseph P. Clancy, *Twentieth Century Welsh Poems* (1982), 99; Patrick Thomas, yn *Sensuous Glory: The Poetic Vision of D. Gwenallt Jones*, goln Donald Allchin a D. Densil Morgan (2000), 134.

Trafodaethau: Hugh Bevan, '"Pantycelyn" a "Colomennod", dwy gerdd gan Gwenallt', *Y Traethodydd*, 124 (Ebrill 1969), 57–63; T. Emrys Parry, 'Cerddi'r Fro Ddiwydiannol', *ibid*, 64–9.

Nodiadau cyffredinol

	Colomennod gw. 78. 'Sir Gaerfyrddin' ll.12n.
12	**Llun yr Ysbryd Glân** cf. 12. 'Cymru' ll.8n.
14	Gwrthgyferbynner 95. 'Sir Forgannwg' ll.3–4; 119. 'Cwm Rhondda' ll.3–4; 125. 'Morgannwg' ll.7–8; cf. 148. 'Yr Eglwys' ll.22. Â'r ymadrodd 'person byw', cf. 'enaid byw', 95. 'Sir Forgannwg' ll.10.
15	**gras** gw. 1. 'Y Mynach' ll.38n.

127. Y MORGRUG

Cyhoeddwyd y gerdd hon gyntaf yn *Baner ac Amserau Cymru*, 21 Rhagfyr 1949, 8.

Nodiadau testunol

5	Cyfundrefn ddiwyd, ddiwydiannol y robotiaid llwyd (*BAC*)
6	Heb iddynt orffennol na'r un dyfodol ychwaith, (*BAC*)
7	**Dygnu :** Dim ond dygnu (*BAC*)
8	**I :** Yn (*BAC*)
	hollalluog : democratig (*BAC*)
11	**Cymdeithas . . . phlanio :** Ffatri o weriniaeth wedi ei threfnu (*BAC*)
13	Darn o wladwriaeth haearn Natur o dan y chwyn, (*BAC*)
14	A'i deiliaid yn goeg-ddedwydd yn rhwydwaith rhaid; (*BAC*)
15	**adawent :** fynnent (*BAC*)

16   **I** : Yn (*BAC*)
20   **Gwŷr** : Ac (BAC)

Nodiadau cyffredinol
7   cf. 78. 'Sir Gaerfyrddin' ll.5.
8   cf. 95. 'Sir Forgannwg' ll.4.
14   **tom-tom** drwm llaw, a gysylltir â diwylliannau 'cyntefig' yn Affrica, etc.
16   **Barabbasaidd** Lleidr a therfysgwr oedd Barabbas. Mewn ymateb i gynnig Pilat i ryddhau un carcharor, naill ai Crist neu Barabbas, dewisodd y dorf ryddhau Barabbas a daethpwyd i synio amdano fel ymgorfforiad o'r rhai euog y bu Crist farw yn eu lle. Yn ôl rhai ffynonellau (ansicr), ei enw llawn oedd Iesu Barabbas. Gw. Mathew 27:15–21; Marc 15:6–14; Luc 23:16–21; Ioan 18:39–40; IBD, 175; ODCC, 155. Ymddengys fod gan Gwenallt ddiddordeb yn y cymeriad enigmatig hwn hyd ddiwedd ei oes. Yn LlGC, Papurau Gwenallt, D52, mae llythyr oddi wrth D. J. Williams at weddw Gwenallt, dyddiedig 2 Hydref 1969 ac yn amgáu toriad o'r *Guardian* 16.9.1968, 'Barabbas "was Jesus Christ"', sydd yn sôn am ddamcaniaeth yr Athro Ninian Smart mai llysenw ar Iesu ei hun oedd Barabbas. Mae nodyn ar ymyl y toriad yn llaw D. J. Williams yn darllen: 'O lyfrgell Gwenallt[.] Roedd ganddo gryn feddwl o'r ysgrif hon. DJ.'
17   **y morgrug llenyddol** Yn y chwedl ganoloesol *Culhwch ac Olwen*, un o'r tasgau y mae'n rhaid i Gulhwch eu cyflawni cyn y caiff briodi Olwen yw casglu ynghyd naw mesur o hadau llin a wasgarwyd ynghynt, er mwyn tyfu llin i wneud penwisg briodas ar gyfer Olwen. Cyflawnir y dasg ymddangosiadol amhosibl hon gyda chymorth morgrug a oedd am ad-dalu cymwynas a wnaed â hwy. Gw. CO, 22–3, 34; CLC, 120–1.
19   **y cawr** Ysbaddaden Pencawr, tad Olwen, yn chwedl *Culhwch ac Olwen*. Mae'r tasgau a osodir ganddo naill ai'n rhai ymddangosiadol amhosibl neu wedi'u bwriadu i fod yn angheuol i'r sawl sy'n ymgymryd â hwy, gan y gŵyr y bydd ef ei hun farw ar ddiwrnod priodas ei ferch.

128. Y PAUN
Nodiadau cyffredinol
Yn ôl Aneirin Talfan Davies, paun a welodd Gwenallt ar ymweliad â gerddi Castell Warwig oedd ysbrydoliaeth y gerdd hon; gw. *Y Llan*, 12 Hydref 1951, 5–6.
5   **swllt** hen ddarn arian, yn cyfateb i'r darn 5c presennol. Afraid dweud bod ei werth yn uwch o lawer adeg llunio'r gerdd nag ydyw bellach!
9   **Dafydd Nanmor** (*fl*.1450–90), un o'r pwysicaf o feirdd yr uchelwyr. Brodor o Nanmor, sir Gaernarfon ydoedd, ond ymddengys iddo gael ei erlid o Wynedd oherwydd ei gerddi serch i wraig briod, Gwen o'r Ddôl. Treuliodd weddill ei oes yn y De, lle y canai i deulu Rhys ap Maredudd o'r Tywyn, sir Aberteifi, ynghyd ag unigolion eraill yng nghyffiniau Aberteifi. Pwysleisiodd Saunders Lewis bwysigrwydd y plas a bywyd diwylliedig llysoedd uchelwyr a phendefigion yn ei waith mewn ysgrif bwysig yn *Y Llenor*, 4 (1925). Gw. Bywg., 95; CLC, 160.
10   **llatai claerbais** Un o gonfensiynau'r canu serch yn y 14eg ganrif a'r 15fed oedd bod y bardd yn anfon llatai neu negesydd serch (aderyn neu anifail fel arfer) at ei gariadferch â neges oddi wrtho; gw. CLC, 449. Yn ei gywydd 'I'r Paun', mae Dafydd Nanmor yn anfon 'Yr eglurbaun â'r glaerbais' yn llatai at Gwen o'r Ddôl; gw. PWDN, 75–6.

129. 'SUL Y FFERM'
Nodiadau cyffredinol
'**Sul y Fferm**' enw arall ar Sul yr Erfyniad (sef y Sul yng nghalendr yr Eglwys cyn Dydd Iau Dyrchafael). Ar y Sul hwn ar ddechrau'r haf, arferir gweddïo dros gnydau, fel y cânt eu diogelu rhag tywydd gwael, etc.; gw. ODCC, 1405.
4   **y ffosffad a'r calch** sylweddau a ddefnyddir yn gyffredin i wrteithio'r tir.

7	cf. 236. 'Y Ddaear' ll.5–6.
12	**cornelyn** cf. 179. 'Yr Hen Ŵr o Bencader', n.
14	**Mamon** gw. 100. 'Ewrob' ll.24n.
16	**Sain Ffagan** pentref ar gyrion gorllewinol Caerdydd; daeth enw'r pentref yn gyfystyr ag Amgueddfa Werin Cymru a leolir ar diroedd Castell Sain Ffagan. Sefydlwyd yr Amgueddfa yn 1948, yn bennaf trwy weledigaeth Iorwerth C. Peate, ei churadur cyntaf, â'r diben o gofnodi ac astudio agweddau gwahanol ar fywyd Cymru; ar y bywyd gwledig, amaethyddol y bu'r prif bwyslais yn ystod cyfnod Peate yn guradur. Dechreuwyd ailgodi enghreifftiau o adeiladau traddodiadol o wahanol rannau o Gymru yn nhiroedd y castell yn 1951. Gw. CLC, 14.
23	cf. Galatiaid 6:2.
24	gw. 1. 'Y Mynach' ll.360n.
25	gw. 76. 'Yr Eglwys' ll.14n.
26	**y Gair** y Beibl, Gair Duw. Ar y trosiad beiblaidd o Grist y Gair, gw. 159. 'Yr Eryrod' ll.46n.
27	**neithior** gw. 3. 'Breuddwyd y Bardd' ll.273n.
29	Ceir hanes Duw yn creu'r byd yn Genesis 1.
30	gw. Genesis 2:7, 3:19.
32	**Dy Swper . . . bara a'r gwin** gw. 1. 'Y Mynach' ll.187n.

130. RHYDCYMERAU

Detholwyd i: R. Gerallt Jones (gol.), *Poetry of Wales 1930–1970* (1974), 106, 108; Gwynn ap Gwilym ac Alan Llwyd (goln), *Blodeugerdd o Farddoniaeth Gymraeg yr Ugeinfed Ganrif* (1987), 100–1; Elwyn Edwards (gol.), *Cadwn y Mur: Blodeugerdd Barddas o Ganu Gwladgarol* (1990), 369–70; *Hoff Gerddi Cymru* (2000), 18–19.

Cyfieithiadau: Tony Conran, *Poetry Wales*, 1:2 (Hydref 1965), 13; idem, *Penguin Book of Welsh Verse* (1967), 254–5 (arg. newydd, *Welsh Verse*, 1986, 285–6); idem, yn *The Oxford Book of Welsh Verse in English*, gol. Gwyn Jones (1977), 199–200; idem, yn *A Book of Wales*, gol. Meic Stephens (1987), 135–6; R. Gerallt Jones (gol.), *Poetry of Wales 1930–1970* (1974), 107, 109; Joseph P. Clancy, *Twentieth Century Welsh Poetry* (1982), 100–1; Patrick Thomas, yn *Sensuous Glory: The Poetic Vision of D. Gwenallt Jones*, goln Donald Allchin a D. Densil Morgan (2000), 114–15.

Trafodaethau: Cefin Campbell, 'Ystyried rhai o gerddi Gwenallt (5)', *Barn*, 316 (Mai 1989), 28–31; Dafydd Johnston, 'Dwy Lenyddiaeth Cymru yn y Tridegau', yn *Sglefrio ar Eiriau*, gol. John Rowlands (1992), 50–1, 55; Bethan Mair Matthews, 'Y Da Cyfoes': Rhai Agweddau ar Farddoniaeth Gymraeg 1945–1952 (1996), 39–41.

Nodiadau cyffredinol

Rhydcymerau y pentref yn sir Gaerfyrddin (nid nepell o Lansawel, gw. 9. 'Beddau' ll.1n) yr hanai teulu tad Gwenallt ohono. Byddai'r Gwenallt ifanc yn treulio'i wyliau ysgol yno o bryd i'w gilydd, yn gweithio ar ffermydd gwahanol aelodau o'r teulu, ac yma hefyd y llochesai am gyfnod rhag yr awdurdodau ac yntau'n wrthwynebydd cydwybodol i'r Rhyfel Byd Cyntaf; gw. 114. 'Dartmoor', n; cf.79. 'Golden Grove', n. Ceir disgrifiad byw o'r ardal gan D. J. Williams (gw. 131. 'D. J. Williams, Abergwaun', n) yn *Hen Wynebau* (1934), *Hen Dŷ Ffarm* (1953) ac *Yn Chwech ar Hugain Oed* (1959); gw. hefyd ysgrif Gwenallt, 'Y Fro: Rhydcymerau', yn *Cyfrol Deyrnged D. J. Williams, Abergwaun*, gol. J. Gwyn Griffiths (1965), 116–26. Ceir map o'r pentref yn R. M. Jones, *Llenyddiaeth Gymraeg 1902–1936* (1987), 351.

1   **egin coed y Trydydd Rhyfel** Yn y blynyddoedd wedi'r Ail Ryfel Byd, bu'r Comisiwn Coedwigo yn plannu miloedd ar filoedd o goed pin ar draws Cymru, gyda golwg yn bennaf ar ddarparu cyflenwad o goed petai rhyfel byd arall yn torri allan, ond gyda'r nod eilaidd o greu gwaith yng nghefn gwlad. Erbyn yr 1950au roedd y Comisiwn yn prynu

	tir Cymru ar raddfa o 10,000 acer y flwyddyn. Gw. William Linnard, *Welsh Woods and Forests* (2000).
2	**Esgeir-ceir** y fferm ger Rhydcymerau lle y ganed ac y magwyd tad Gwenallt, yn un o deulu mawr (ll.13n). Wedi dyddiau'r genhedlaeth honno gwerthodd y tirfeddiannwr Esgeir-ceir i'r Comisiwn Coedwigo, ac mae adfeilion yr hen ffermdy yn sefyll bellach yn y goedwig; gw. Gwenallt, 'Y Fro: Rhydcymerau', yn *Cyfrol Deyrnged D. J. Williams, Abergwaun*, gol. J. Gwyn Griffiths (1965), 121–2, 125. Arferai Gwenallt dreulio rhan o'i wyliau ysgol yn cynorthwyo ar fferm Esgeir-ceir. **Tir-bach** fferm ger Rhydcymerau. Yma yr aeth 'Nwncwl Dafydd' (ll.16n), brawd tad Gwenallt, i ffermio am na allai Esgeir-ceir gynnal yr holl deulu. Arferai Gwenallt dreulio rhan o'i wyliau ysgol yn cynorthwyo ar fferm Tir-bach.
4	**fy mam-gu** mam tad Gwenallt, Beto, o fferm Hafod-wen ym mhlwyf Llansawel. Bu hi fyw nes ei bod dros ei 80 oed.
6	**llawysgrif Peniarth** Casgliad llawysgrifau Peniarth yw'r pwysicaf o'r casgliadau Cymreig; fe'i cynullwyd gan Robert Vaughan o'r Hengwrt yn y 17eg ganrif; erbyn y 19eg roedd y casgliad ym meddiant teulu Wynne ym Mheniarth, ac y mae bellach yn Llyfrgell Genedlaethol Cymru. Mae rhai o brif drysorau llenyddiaeth Gymraeg yr Oesoedd Canol yn rhan o gasgliad Peniarth, gan gynnwys Llyfr Du Caerfyrddin, Llyfr Taliesin a Llyfr Gwyn Rhydderch; gw. CLC, 577–8.
7	**Pantycelyn** gw. 84. 'Pantycelyn', n. Merch o Lansawel, pentref gerllaw Rhydcymerau, oedd gwraig Pantycelyn, Mary Francis. Mae tua 10 milltir, fel yr hed y frân, rhwng ffermdy Pantycelyn a Llansawel. Siaradai mam-gu Gwenallt yr un dafodiaith â Williams Pantycelyn, a defnyddiai hefyd yr un ieithwedd ysbrydol.
8	**Piwritanaidd** gw. 192. 'Jesebel ac Elias' ll.220n.
9	**fy nhad-cu** tad tad Gwenallt, Deio, a aned yn fferm Llethr Bledrig yn ardal Rhydcymerau. Bu farw yn 1884, yn 59 oed, a'i gladdu ym mynwent eglwys Llansawel.
13	**naw o blant** am wyth o blant y sonia Gwenallt yn 'Y Fro: Rhydcymerau', yn *Cyfrol Deyrnged D. J. Williams, Abergwaun*, gol. J. Gwyn Griffiths (1965), 121–2. Naw o blant oedd gan tad a mam *ei fan* yn ôl cyfrif Gwenallt; *ibid*, 122. Cf. ll.24.
14	Aelodau'r gymdeithas a berchid yn uchel yn y math o gymunedau gwledig a fodolai yng nghefn gwlad Cymru yn hanner cyntaf yr 20fed ganrif. Term am henuriad yn yr Eglwys Bresbyteraidd yw 'blaenor'. Y blaenoriaid, ynghyd â'r athrawon Ysgol Sul a'r gweinidogion (ll.37n) a oedd yn gyfrifol i raddau helaeth iawn am feithrin yng nghefn gwlad ddosbarth o bobl gyffredin a oedd yn hyddysg yn eu Beiblau ac a fedrai drafod pob math o bynciau yn huawdl yn Gymraeg, er mai ychydig iawn o addysg ffurfiol a gawsant trwy gyfrwng yr iaith. Cf. ll.37.
16	**Nwncwl Dafydd** sef Dafydd Ehedydd Jones, mab hynaf teulu Esgeir-ceir; gw. ll.2n. Roedd ganddo gryn enw'n lleol fel bardd gwlad traddodiadol. Recordiwyd y gân i'r ceiliog y cyfeirir ati yn ll.18–20 gan y gantores leol Angharad Davies yn 1989.
25	**mab hynaf** sef y Parch. Thomas Ehedydd Jones (m. 1939) a fu'n weinidog ym Mhumsaint, sir Gaerfyrddin ac wedyn ym Mhontrhydfendigaid, sir Aberteifi, lle y bu farw yn 49 oed.
29	**gwreiddiau haerllug** cf. 'gwreiddiau haearn', 78. 'Sir Gaerfyrddin' ll.8. Beirniedir y Comisiwn Coedwigo yn aml am gyflwyno rhywogaethau bytholwyrdd estron i dirlun Cymru; mewn gwirionedd, fodd bynnag, cyflwynwyd rhai mathau o goed bytholwyrdd mor gynnar â'r 1580au, ac erbyn diwedd y 18fed ganrif roedd y rhain eisoes wedi dechrau effeithio o ddifrif ar batrwm coetir Cymru. Gw. William Linnard, *Welsh Woods and Forests* (2000).
35	**Minotawros** gw. 108. 'Gorffennol Cymru' ll.27n.
37–9	cf. 92. 'Yr Anghrist' ll.4n.

39   **golchi gan y glaw** cf. y llinell 'Y beddau a'u gwlych y glaw', sydd yn agor 'Englynion y Beddau' yn Llyfr Du Caerfyrddin; gw. A. O. H. Jarman, *Llyfr Du Caerfyrddin* (1982), 36.

131. D. J. WILLIAMS, ABERGWAUN
Cyhoeddwyd y gerdd hon gyntaf yn *Baner ac Amserau Cymru*, 9 Ionawr 1946, 8, ac *Y Ddraig Goch*, 20:2 (Chwefror 1946), 2, ond fe'i diwygiwyd yn drwyadl cyn ei chyhoeddi yn *Eples*. Mae ll.1–8 yn cyfateb yn agos yn y ddau fersiwn; ll.21–4 *Eples* yn cyfateb i ll.13–16 *BAC*, *YDdG*; ll.25–8 *Eples* yn cyfateb i ll.9–12 *BAC*, *YDdG*; ll.33–6 *Eples* yn cyfateb i ll.25–8 *BAC*, *YDdG*. Nodir gweddill penillion *BAC*, *YDdG* (sef ll.17–24) yn gyflawn isod.

Detholwyd i: J. Gwyn Griffiths (gol.), *D. J. Williams, Abergwaun: Cyfrol Deyrnged* (1965), [9–10].

Trafodaethau: Hywel Teifi Edwards, 'Eples (D. Gwenallt Jones)', *Barn*, 112 (Chwefror 1972), 106–7; T. Llew Jones, 'Cyfres Dewis Aelodau Barddas', *Barddas*, 164–5 (Rhagfyr/Ionawr 1990–91), 35.

Nodiadau testunol
Ceir yr is-deitl canlynol yn *BAC*, *YDdG*: '(Ar ei ymddiswyddiad)'

2   **Tir-bach :** Aber-nant (*BAC*, *YDdG*)
3   **digysgod :** beichus (*BAC*, *YDdG*)
7   **ar :** ar hyd (*BAC*, *YDdG*)
9–20 nid yw'r llinellau hyn yn *BAC*, *YDdG*
21–4 = ll.13–16 yn *BAC*, *YDdG*
21   Fe ei di'n ôl i Rydcymerau lle y cychwynnaist bregethu, (*BAC*, *YDdG*)
22   **Yn ôl barn :** Lle y gwelaist (*BAC*, *YDdG*)
23   **Ond cafodd :** Ychydig y tybiodd (*BAC*, *YDdG*)
24   **Ar ôl hyn :** Y câi (*BAC*, *YDdG*)
25–8 = ll.9–12 yn *BAC*, *YDdG*
28   **ar :** yn (*BAC*, *YDdG*)
33–6 = ll.25–8 yn *BAC*, *YDdG*
34   **CBE :** OBE (*BAC*, *YDdG*)
35   **bydd :** fe fydd (*BAC*, *YDdG*)

Penillion ychwanegol *BAC*, *YDdG*
ll.17–24 Llai fyth y tybiodd, pan nad oedd 'Cart an' Horses'
         Yn fwy o demtasiwn iddo nag i'r brain,
         Y byddai'r Methodistiaid yn ei wrthod fel blaenor,
         Am nad oedd ei ddiod ef yn ddiod fain.

Fe gei fwy o haint dy dylwyth a fu'n rhacanu
Eu bywoliaeth arw yn ddiflino a di-feth,
Byddi di'n crafu'r ceiniogau ac yn gwerthu llenyddiaeth
Er mwyn i Blaid Cymru dalu'r rhent a'r dreth.

(ll.17 Mae llun o'r 'Cart an' Horses' yn *Cyfrol Deyrnged D. J. Williams, Abergwaun*, gol. J. Gwyn Griffiths, 113. Ar ll.19–20, gw. D. J. Williams, *Yn Chwech ar Hugain Oed*, 117–18. Ar ll.23–4, gw. *Cyfrol Deyrnged D. J. Williams, Abergwaun*, 37, 41–3.)

Nodiadau cyffredinol
D. J. Williams (1885–1970), llenor a aned ac a fagwyd yn Rhydcymerau, ardal a ddisgrifiwyd yn loyw ganddo yn *Hen Wynebau* (1934), *Hen Dŷ Ffarm* (1953) ac *Yn Chwech ar Hugain Oed* (1959), a hefyd mewn amryw o'r straeon byrion yn ei gyfrolau *Storïau'r Tir Glas* (1936), *Storïau'r Tir Coch* (1941) a *Storïau'r Tir Du* (1949). Yn 16 oed gadawodd ei fro enedigol a mynd yn lôwr i Gwm Rhondda, ond ar ôl rhyw bedair blynedd dychwelodd i'r hen sir i barhau â'i addysg, a mynd

Nodiadau: *Eples* 527

ymlaen i raddio o Goleg Prifysgol Cymru, Aberystwyth, ac wedyn o Goleg Iesu, Rhydychen. Bu'n athro yn Ysgol Lewis, Pengam am ychydig, ac wedyn yn Ysgol Ramadeg Abergwaun hyd ei ymddeoliad yn 60 oed yn 1945. Roedd Gwenallt a D. J. Williams yn perthyn o bell: priododd Dafydd, brawd hynaf mam Gwenallt, â Jane, chwaer ieuengaf tad D. J. Gw. CLC, 770.

1   **ceffylau** Mae portreadau D. J. Williams o anifeiliaid ei fro enedigol mor drawiadol a chofiadwy â'i bortreadau o'r cymeriadau dynol; gw., e.e., 'Bob yr Hen Gel Glas', *Hen Wynebau* (1934).
    Rhydcymerau gw. 130. 'Rhydcymerau', n.

2   **y Gelli**, sef y Gelli Ucha, fferm ger Rhydcymerau a weithid gan Thomas Jones (brawd mam Gwenallt) a'i deulu. Arferai Gwenallt dreulio rhan o'i wyliau ysgol yn cynorthwyo ar fferm y Gelli Ucha.
    Tir-bach . . . Esgeir-ceir gw. 130. 'Rhydcymerau' ll.2n.

3   **blynyddoedd digysgod** cf. 123. 'Y Dirwasgiad' ll.22.

4   **deir** 'hir, maith . . . blinderus'; GPC, 924. Cf. y llinell 'Neu'r tynnu to deir . . .' yng ngherdd Waldo Williams, 'Mewn Dau Gae'; gw. *Dail Pren* (1956), 27.

5–8   'Beth pe byddai Nwncwl John a Nwncwl Llewelyn Esgeir-ceir yn codi o'u beddau ym mynwent Llansawel ac yn gweld y tractor a'r peiriannau eraill! Fe allasai'r tractor aredig a llyfnu'r caeau llethrog, a lladd gwair a llafur yn llawer cyflymach na hwy; a buasai'r lleill sydd yn codi gwair a rhwymo'r ysgubau, a'u cario i dŷ gwair a mwdwl, ysgubor a helm, yn arbed y straen ofnadwy a oedd ar offer yr hen geffylau'; Gwenallt, 'Y Fro: Rhydcymerau', yn *Cyfrol Deyrnged D. J. Williams, Abergwaun*, gol. J. Gwyn Griffiths (1965), 125.

9   **cyfarwyddiaid** 'Cyfarwydd' yw'r term am y storïwr yng Nghymru'r Oesoedd Canol. Ei brif swyddogaeth oedd diddanu'r llys. Gw. CLC, 125.

10   **Nwncwl John** brawd tad Gwenallt, a arhosodd ymlaen yn Esgeir-ceir (gyda'i frawd Llewelyn a'i chwaer Ann) ar ôl i'w fam farw; gw. hefyd 130. 'Rhydcymerau' ll.2n.

16   Cf. D. J. Williams, *Yn Chwech ar Hugain Oed* (1959), 117–18.

17   **mynd i'r weinidogaeth** 'Yn ei drydedd flwyddyn yn Aberystwyth dechreuodd D.J. bregethu; yr oedd wedi dod allan ar ben y rhestr yn arholiad ei enwad i'r pregethwyr lleyg yn Awst 1913. Pan ddaeth y rhyfel dechreuodd y galwadau arno am ei wasanaeth fynd yn brinnach, brinnach oherwydd ei dystiolaethau digymrodedd ar y mater hwnnw. Ychydig o bregethu a wnaeth ar ôl hynny . . .'; Waldo Williams, 'Braslun', *Cyfrol Deyrnged D. J. Williams, Abergwaun*, gol. J. Gwyn Griffiths (1965), 18. Am hanes tröedigaeth D. J. Williams a'i bregethu cynnar, gw. *Yn Chwech ar Hugain Oed* (1959), 231-8.

20   **goleuni Crist** gw. 2. 'Y Sant' ll.150n.

22   **hen wynebau'r tir coch a'r tir glas** Chwaraeir yma â theitlau tair cyfrol gyntaf D. J. Williams, sef *Hen Wynebau* (1934), *Storïau'r Tir Glas* (1936) a *Storïau'r Tir Coch* (1941), sef yr unig rai a gyhoeddwyd adeg cyfansoddi'r gerdd.

23   **mabolgampus** Roedd D. J. yn ddyn ifanc ffit a chryf, a fyddai'n codi pwysau a phaffio; gw., e.e., *Yn Chwech ar Hugain Oed* (1959), 118, 120–1, 123. Gw. hefyd ll.36n.

24   **uwd** Mae '*doing porridge*' yn ymadrodd sathredig sy'n golygu 'treulio cyfnod yn y carchar'. Treuliodd D. J. Williams naw mis yng ngharchar Wormwood Scrubs am ei ran yn y weithred o losgi'r Ysgol Fomio ym Mhenyberth yn 1936; gw. 93. 'Saunders Lewis', n; Lewis Valentine, 'Carcharor 8988', yn *Cyfrol Deyrnged D. J. Williams, Abergwaun*, gol. J. Gwyn Griffiths (1965), 47–55.
    y Brenin yn ei Blas adlais o deitl nofel Gwenallt, *Plasau'r Brenin* (1934), a seiliwyd yn rhannol ar ei brofiadau ef ei hun yn y carchar yn y cyfnod 1917–19; gw. 114. 'Dartmoor', n. George VI oedd Brenin Lloegr ar y pryd.

34   **CBE** 'Commander (of the Order) of the British Empire', anrhydedd a ddyfernir gan y Brenin neu'r Frenhines i gydnabod gwasanaeth eithriadol mewn maes penodol.

36   **Pedair Cainc dy fabolgampau** Chwaraeir â'r teitl a roddir ar bedair o chwedlau

Cymraeg yr Oesoedd Canol, sef *Pedair Cainc y Mabinogi*; dadleuwyd mai 'hanes am febyd neu ieuenctid' oedd ystyr wreiddiol 'mabinogi'. Ar fabolgampau, gw. ll.23n.

132. SIR FORGANNWG A SIR GAERFYRDDIN
Cyfieithiadau: B. S. Johnson a Ned Thomas, *Planet*, 29 (Hydref 1975), [22]; *idem*, *A Book of Wales*, gol. Meic Stephens (1987), 136–7; Patrick Thomas, yn *Sensuous Glory: The Poetic Vision of D. Gwenallt Jones*, goln Donald Allchin a D. Densil Morgan (2000), 130.

Trafodaethau: Bethan Mair Matthews, '*Y Da Cyfoes*': *Rhai Agweddau ar Farddoniaeth Gymraeg 1945–1952* (1996), 38–9; Robert Rhys, 'D. Gwenallt Jones', yn *Y Patrwm Amryliw 1*, gol. Robert Rhys (1997), 160–2.

Nodiadau cyffredinol
Ar sir Forgannwg, gw. 95. 'Sir Forgannwg', n; ar sir Gaerfyrddin, gw. 78. 'Sir Gaerfyrddin', n; 2. 'Y Sant' ll.499n.

1   **Tomos Lewis** (1760–1842), brodor o blwyf Llanwrda, sir Gaerfyrddin, a ymsefydlodd yn of ym mhentref Talyllychau. Roedd yn un o arweinwyr Methodistiaid y sir, ac fe'i cofir ar gyfrif ei emyn adnabyddus, 'Wrth gofio'i riddfannau'n yr ardd'; gw. *Llyfr Emynau a Thonau y Methodistiaid* (1929), rhif 388. Gw. Bywg., 525; CLC, 439.
      Talyllychau pentref yn sir Gaerfyrddin, nid nepell o Lansawel (gw. 9. 'Beddau' ll.1n).

3   **mynachlog . . . llyn** Ger pentref Talyllychau mae adfeilion unig abaty Urdd y Premonstratensiaid (y Canoniaid Gwynion) yng Nghymru; fe'i sefydlwyd gan yr Arglwydd Rhys erbyn 1189. Gw. CLC, 695–6. Saif adfeilion yr abaty ger y llyn.

5   **Ysbryd Glân** gw. 4. 'Yr Angylion a'r Gwragedd' ll.5n.

6   **hoelion Calfaria Fryn** gw. 1. 'Y Mynach' ll.360n; 11. 'Y Bardd a'r Beirniad Olaf' ll.18n.

7   **Williams o Bantycelyn** gw. 84. 'Pantycelyn', n. Adleisir gwaith Pantycelyn yn y gerdd hon.

8   **Llansadwrn** pentref yn sir Gaerfyrddin, nid nepell o Dalyllychau, a lleoliad un o'r seiadau Methodistaidd cynnar.

10   **brefu am Ei wynepryd Ef** cf. emyn Pantycelyn, '"Rwy'n chwennych gweld ei degwch Ef"; gw. *Llyfr Emynau a Thonau y Methodistiaid* (1929), rhif 460; 'Rwyf innau'n *brefu* am gael prawf' oedd ar ddechrau'r trydydd pennill yn wreiddiol.

11   **bocs sebon** gw. 224. 'Cwm Rhondda' ll.24n.

12   **hyfrydlais** gw. Salm 89:15; cf. y llinell o waith Pantycelyn, 'Wrth dy lais hyfrytaf tawel'; gw. *Llyfr Emynau a Thonau y Methodistiaid* (1929), rhif 205.

14   **pererin** gw. 11. 'Y Bardd a'r Beirniad Olaf' ll.14n.

15   **baich ar ei gwar** cf. emyn Pantycelyn, 'Mi dafla' 'maich oddi ar fy ngwar'; gw. *Llyfr Emynau a Thonau y Methodistiaid* (1929), rhif 103. Roedd gan bererin John Bunyan faich ar ei gefn yntau; gw. 11. 'Y Bardd a'r Beirniad Olaf' ll.14n.

18   **Mabon** sef William Abraham (1842–1922), arweinydd mawr y glowyr yn ail hanner y 19eg ganrif. Dechreuodd yn y diwydiant fel bachgen yn gwylio'r drws; yn 1870 etholwyd ef yn gynrychiolydd y glowyr a bu'n ddylanwadol yn yr ymdrechion i sicrhau cyflogau teg i'r gweithwyr. Yn 1885 etholwyd ef yn Aelod Seneddol dros Gwm Rhondda, a phan sefydlwyd Ffederasiwn Glowyr De Cymru yn 1898, Mabon oedd ei llywydd cyntaf. Roedd yn eisteddfodwr brwd ac yn meddu ar lais canu da; roedd wrth ei fodd yn arwain cynulleidfa wrth iddi ganu emynau Cymraeg. Gw. Bywg., 1; CLC, 4.
      Caeo pentref yn sir Gaerfyrddin, nid nepell o Lansawel (gw. 9. 'Beddau' ll.1n). Mae'n bwysig yn hanes emynyddiaeth Gymraeg fel cartref yr emynydd Dafydd Jones (gw. 185. 'Y Capel yn Sir Gaerfyrddin' ll.4n), ac mae 'Caio' yn enw ar emyn-dôn adnabyddus; gw. *Llyfr Emynau a Thonau y Methodistiaid* (1929), rhif y dôn 469. Gw. Huw Williams, *Tonau a'u Hawduron* (1967), 41–2; *idem*, *Rhagor am Donau a'u Hawduron* (1969), 20.
      Keir Hardie (1856–1915), arweinydd y glowyr a sefydlydd y Blaid Lafur Annibynnol. Yn 1900 fe'i hetholwyd yn Aelod Seneddol Sosialaidd cyntaf Cymru, dros Ferthyr

Tudful. Er ei fod yn Albanwr o ran ei dras, ef oedd y cymeriad mwyaf dylanwadol yn Ne Cymru ddiwydiannol ar ddechrau'r 20fed ganrif. Cyflwynodd ei neges sosialaidd mewn ieithwedd grefyddol ac mewn dull pregethwrol a oedd yn sicr o apelio at weithwyr a fagwyd ar ddiwylliant y capeli. Roedd Keir Hardie yn un o nifer o siaradwyr adain-chwith a ymwelai ag ardal Abertawe yn ystod blynyddoedd ffurfiannol Gwenallt cyn y Rhyfel Byd Cyntaf. Gw. CLC, 319; *Credaf.*
Crug-y-bar pentref yn sir Gaerfyrddin, nid nepell o Lansawel (gw. 9. 'Beddau' ll.1n). Mae 'Crug-y-bar' yn enw ar emyn-dôn adnabyddus (gw. *Llyfr Emynau a Thonau y Methodistiaid*, 1929, rhif y dôn 561) a gysylltir â chymeriad lliwgar yn emynyddiaeth y cylch sef Nansi Crug-y-bar (Nancy Jones; 1760–1833). Gw. Huw Williams, *Tônau a'u Hawduron* (1967), 49; idem, *Rhagor am Donau a'u Hawduron* (1969), 25; Rhidian Griffiths, 'Helynt Alaw ...', *Canu Gwerin*, 9 (1986), 5–11; E. Wyn James, 'Merched a'r Emyn yn Sir Gâr', *Barn*, 402/403 (Gorffennaf/Awst 1996), 28.

19 **y groes** gw. 1. 'Y Mynach' ll.360n.
20 **Piwritaniaeth** gw. 192. 'Jesebel ac Elias' ll.220n, a cf. 130. 'Rhydcymerau' ll.8.
21 Ar Karl Marx, gw. 101. 'Yr Iddewon' ll.10n. Ar yr Eglwys, gw. 76. 'Yr Eglwys', n. Mae codi dwrn i'r awyr yn dynodi herio'r drefn.
24 **Tawe** un o brif afonydd De Cymru, sy'n codi ar y Mynydd Du ac yn llifo heibio i Ystradgynlais a Chlydach ac allan i'r môr yn Abertawe. Afon Tawe sy'n gwahanu Pontardawe a'r Allt-wen; gw. 9. 'Beddau' ll.21n.
Tywi gw. 2. 'Y Sant' ll.11n.
Canaan hen enw ar wlad Palestina, y wlad a addawodd Duw i Abram yn yr Hen Destament. Gw. Genesis 12:1–5,7 ac yml.; IBD, 230–4; ODCC, 274; 192. 'Jesebel ac Elias' ll.85n.

133. RHIANNON

Detholwyd i: R. Gerallt Jones (gol.), *Poetry of Wales 1930–1970* (1974), 94.

Cyfieithiad: R. Gerallt Jones (gol.), *Poetry of Wales 1930–1970* (1974), 95.

Trafodaethau: Hywel Teifi Edwards, 'Eples (D. Gwenallt Jones)', *Barn*, 112 (Chwefror 1972), 106; Cefin Campbell, 'Ystyried rhai o gerddi Gwenallt (2)', *Barn*, 312 (Ionawr 1989), 25–6.

Nodiadau cyffredinol

Rhiannon gw. 24. 'Balâd yr Arglwyddesau' ll.3n. Mae'r gerdd hon yn troi o gwmpas yr hanes yng nghainc *Pwyll* ym *Mhedair Cainc y Mabinogi* am ddiflaniad plentyn Rhiannon, a'i ddychweliad. Mae'r gwragedd a gyflogwyd i ofalu am Rhiannon a'i baban newydd-anedig yn achub eu crwyn eu hunain trwy ladd cŵn bach ac iro Rhiannon â'u gwaed, gan ei chyhuddo o ladd ei phlentyn ei hun. Cosb Rhiannon yw eistedd ger yr esgynfaen a dweud ei hanes wrth bawb a ddaw i'r llys, gan gynnig eu cario ar ei chefn. Yn y cyfamser caiff y plentyn ei fagu gan rieni-maeth a gafodd hyd iddo mewn amgylchiadau rhyfedd. Unwaith y sylweddolir mai plentyn Pwyll a Rhiannon ydyw, fe'i dychwelir i'w rieni a'i enwi'n Pryderi yn sgil geiriau ei fam pan sylweddola pwy ydyw. Adleisia'r gerdd lawer o eirfa ac ymadroddion y testun gwreiddiol; gw. PKM, 20–7.

3 **Arberth** tref fechan yn sir Benfro bellach; lleoliad llys Pwyll a llawer o ddigwyddiadau'r gainc, gan gynnwys hanes geni'r plentyn a chosb Rhiannon.
4 **cyfranc** hanes, stori.
8 **Ni wrthododd yr un** Gwrthgyferbynner pwyslais y testun gwreiddiol mai prin y gadawai neb iddi eu cario.
9 **gŵyr a'th gâr** Roedd tad-maeth y plentyn yn gyn-ddeiliad i Pwyll.
plentyn eurwallt Gwri Wallt Euryn oedd yr enw a roddodd ei rieni-maeth ar y plentyn, gan felyned ei liw.

134. CYMRU ('Gwlad grefyddol gysurus oedd hi')
Gw. rhifau 12, 67, 81, 184 am gerddi gwahanol dan yr un teitl.

Detholwyd i: Thomas Parry (gol.), *The Oxford Book of Welsh Verse* (1962), 477.

Cyfieithiad: Ceri Davies, *Welsh Literature and the Classical Tradition* (1995), 143.

Trafodaethau: Hywel Teifi Edwards, 'The Oxford Book of Welsh Verse (gol. Thomas Parry) Rhif 296–300: Gwenallt', *Barn*, 86 (Rhagfyr 1969), 54; Ceri Davies, *Welsh Literature and the Classical Tradition* (1995), 143–4.

Nodiadau testunol
14   **a'u :** a'i (*OBWV*)

Nodiadau cyffredinol
Ar ddelweddaeth gyffredinol y gerdd, gw. 96. 'Y Sarff', n a ll.8n.
7   **parlysu . . . gan eu llygaid slic** gw. 96. 'Y Sarff' ll.10n.
12   **phylacterau** enw a roddir weithiau ar y rhuban las y gorchmynnwyd i'r Israeliaid ei gwisgo ar odre eu dillad yn Numeri 15:38–9; trwy estyniad gall olygu ymylwaith neu odre unrhyw ddilledyn. Yn y cerflun enwog o Laocôn a'i feibion (gw. 96. 'Y Sarff' ll.8n), mae'r sarff ym ymgordeddu o gwmpas coesau Laocôn fel rhuban.

135. ER COF AM DDAFYDD LEWIS, GWASG GOMER
Cyhoeddwyd y gerdd hon gyntaf yn *Baner ac Amserau Cymru*, 8 Medi 1943, 7.

Nodiadau testunol
1–2   **ei Wasg / Oedd ei nerth :** ei hoen / Yn ei Wasg (*BAC*)

Nodiadau cyffredinol
Dafydd Lewis (1890–1943), mab hynaf J. D. Lewis, sylfaenydd Gwasg Gomer. Dysgodd grefft argraffu gan W. J. Jones, prif argraffydd y wasg, a phan fu farw ei dad yn 1914 aeth yn Gyfarwyddwr Gwasg Gomer, swydd a ddaliai hyd ei farw yntau. Roedd gan Ddafydd Lewis ddiddordeb mawr mewn llên a hanes, a thrwy Wasg Gomer gwnaeth wasanaeth bwysig i lenyddiaeth a diwylliant Cymraeg. Roedd Gwenallt ei hun ymhlith awduron amlwg yr 20fed ganrif y cyhoeddwyd eu gwaith gan Wasg Gomer. Gw. Bywg.[3], 121; CLC, 436.

136. T. GWYNN JONES
Cyhoeddwyd y gerdd hon gyntaf yn *Y Llenor*, 28:2 (1949), 57–60, dan y teitl 'Thomas Gwynn Jones'.

Trafodaeth: Hywel Teifi Edwards, 'Eples (D. Gwenallt Jones)', *Barn*, 112 (Chwefror 1972), 106–7.

Nodiadau testunol
18   **'i hun :** ei hun (*Llenor*)
19   Carai linellau cywrain (*Llenor*)
20   'R awdlau a'r cywyddau cain, (*Llenor*)
21   Eu crafter hwy a'u crefftwaith, (*Llenor*)
22   Amryfodd eu hymadrodd maith; (*Llenor*)
24   **ffrwd hi a rôi'r :** y ffrwd yn rhoi'r (*Llenor*)
62   **a aeth :** aeth (*Llenor*)
75   Ceir cwpled ychwanegol o flaen y llinell hon yn *Y Llenor*:
        Wylo uwch y bom atomig,
        Y llid oer, y gorffwyll dig;

Nodiadau cyffredinol
T. Gwynn Jones (1871–1949), llenor ac ysgolhaig. Brodor o Fetws-yn-Rhos, sir Ddinbych ydoedd, ac er mai ychydig o addysg ffurfiol a gafodd, yn 1913 fe'i penodwyd yn Ddarlithydd yn Adran y Gymraeg, Coleg Prifysgol Cymru, Aberystwyth, a'i ddyrchafu i Gadair Gregynog mewn

Llenyddiaeth Gymraeg yn 1919. Cyhoeddodd lu o weithiau yn ystod ei yrfa, ond ei farddoniaeth oedd ei gyfraniad pwysicaf: ef oedd bardd mwyaf ei genhedlaeth ac yn ddylanwad trwm ar feirdd eraill. Enillodd Gadair Eisteddfod Genedlaethol Bangor yn 1902 gydag 'Ymadawiad Arthur', y gyntaf mewn cyfres nodedig o gerddi hir cynganeddol (rhai ar fesurau traddodiadol, rhai ar fesurau arbrofol) lle y trôi yn ôl i'r Oesoedd Canol am ei ysbrydoliaeth a defnyddio hen chwedlau a hanes traddodiadol y Celtiaid er mwyn dehongli profiadau cyfoes. Gwelir dadrithio cynyddol yn ei waith, yn enwedig yn sgil y Rhyfel Byd Cyntaf. Newidiodd ddull ei ganu tua 1934–35 a defnyddiodd y *vers libre* gynganeddol yn bennaf i lunio cyfres o gerddi sy'n trafod bygythiad rhyfel, a gyhoeddwyd yn *Y Dwymyn* (1944). Roedd T. Gwynn Jones yn Athro yn Adran y Gymraeg, Aberystwyth, pan aeth Gwenallt yn fyfyriwr yno yn 1919, a phan benodwyd ef yn Ddarlithydd yn yr Adran yn 1927 (cf. ll.91), ac mae dylanwad 'canoloesol', rhamantaidd canu T. Gwynn Jones, yn ogystal â'i ddefnydd arbrofol ar fesurau, i'w weld ar lawer o gynnyrch cynnar Gwenallt. Anerchodd Gwenallt gyfarfod coffa T. Gwynn Jones yn Ninbych, 15 Gorffennaf 1950. Gw. Bywg.², 33–4; CLC, 418–19.

1	**digyngor** cf. llinell o gywydd marwnad William Llŷn i Gruffudd Hiraethog, 'A ddwg angau'n ddigyngor'; OBWV, 204.
2	**Awen** gw. 3. 'Breuddwyd y Bardd' ll.41n.
	brenhinbren 'Y pren mwyaf mewn coedwig . . ., yn *ffig.* am bendefig neu deulu bonheddig'; GPC, 318. Cf. 3. 'Breuddwyd y Bardd' ll.29.
10	**gwau** gw. 84. 'Pantycelyn' ll.8n.
22	**epigramau** Cyhoeddodd T. Gwynn Jones gyfieithiad o ddetholiad o epigramau Groeg a Lladin, *Blodau o Hen Ardd* (1927). Gw. hefyd ei gyfrol *Manion* (1930).
45	**Iwerddon** Roedd gan T. Gwynn Jones ddiddordeb byw yn Iwerddon a'r mudiad pan-Geltaidd. Am ei agwedd at Iwerddon yn y cyfnod y bu Gwenallt yn fyfyriwr iddo, gw. ei lyfryn *Iwerddon* (1919). Gwnaeth T. Gwynn Jones 'fwy na neb yn ei ddydd i godi pont rhwng Iwerddon a Chymru'; gw. David Jenkins, *Thomas Gwynn Jones: Cofiant* (1973), 354.
59	**Tŵr Babel** tŵr uchel y dechreuodd dynion ei adeiladu oherwydd eu balchder; er mwyn eu rhwystro cymysgodd Duw eu hiaith fel na fedrent ddeall ei gilydd; gw. Genesis 11:1–9. Mae Babel felly yn symbol o falchder dyn a'i gwymp, ac yn gyfystyr â dryswch a achosir oherwydd gwahaniaethau ieithyddol, neu am sefyllfa lle y mae cymaint o sŵn siarad nad oes modd deall neb. Gw. IBD, 154–7; ODCC, 141.
63	**Afallon** ynys hud baradwysaidd yn ôl traddodiad, sy'n cyfateb i Dir na n-Óg y traddodiad Gwyddelig. Mae'n gorwedd rywle tua'r gorllewin ac fe'i nodweddir gan bleserau synhwyrus ac ieuenctid bythol; gw. CLC, 805–6. Mae Afallon yn ymddangos sawl gwaith yng nghanu T. Gwynn Jones: yno yr aeth Arthur clwyfedig ar ddiwedd 'Ymadawiad Arthur' (gw. CLC, 800), a cf. cefndir 'Tir na n-Óg' (gw. CLC, 718).
65–6	gw. 3. 'Breuddwyd y Bardd' ll.59–64n.
67	**ymorol am olau** Mae gan T. Gwynn Jones gerdd â'r teitl 'Ex Tenebris' (sef 'O'r Tywyllwch'); gw. *Caniadau* (1934), 125–8.
74	**Gwirioniaid** rhai diniwed.
77	**Llywarch** gw. 66. 'Yr Awen' ll.13n.
82	**Gwên** un o bedwar mab ar hugain Llywarch Hen (ll.77), a laddwyd mewn brwydr yn erbyn y Saeson. Mewn un englyn sonia Llywarch am yr aderyn sy'n canu mewn 'perwydd pren' uwchben bedd Gwên; gw. CLlH, 30. Digwydd Gwên a Llywarch yn gymeriadau yng ngherdd T. Gwynn Jones, 'Cynddilig'; gw. ll.85n.
83	**A, Wên** Dyfynnir cyfarchiad Llywarch yn CLlH, 1.
84	**colomennod gwâr** Yn y gerdd 'Cynddilig' (gw. ll.85n), cofia'r prif gymeriad ei frawd, Gwên, yn chwarae â cholomennod dof; ni sonnir am y rhain yn yr englynion saga gwreiddiol (gw. 66. 'Yr Awen' ll.13n), dim ond am yr aderyn yn canu uwch ei fedd; gw. ll.82n. Ar arwyddocâd symbolaidd colomennod, gw. 78. 'Sir Gaerfyrddin' ll.12n.
85	**Cynddilig** un o bedwar mab ar hugain Llywarch Hen (ll.77). Ar sail sylwadau sur Llywarch

amdano oherwydd ei natur heddychlon (gw. CLlH, 31) y lluniodd T. Gwynn Jones ei gerdd 'Cynddilig' (1935); gw. *Y Dwymyn* (1944), 25–42. Ynddi mae'r prif gymeriad, mynach a ddirmygir gan ei dad am nad yw'n rhyfelwr dewr, yn sefyll yn ddi-arf yn erbyn y gelyn er mwyn achub merch ddiamddiffyn. Lleddir Cynddilig gan y Saeson a sylweddola Llywarch—yn rhy hwyr—ei fod yntau mor ddewr â'i frodyr. Gw. CLC, 146.

90 **croes** gw. 1. 'Y Mynach' ll.360n.
92 Adleisir llinell olaf cerdd T. Gwynn Jones, 'Cynddilig'; cf. ll.97.
96 **Argoed** rhan o wlad Gâl yn ôl y gerdd o'r un enw a luniwyd gan T. Gwynn Jones 1926–27. Mae bywyd gwledig syml ond delfrydol Argoed dan fygythiad enbyd gan ei gelyn mawr, Rhufain. Yn hytrach nag ildio i'r gelyn, dewisa gwŷr Argoed losgi'r goedwig, a phawb a phopeth sydd ynddi; ar ddiwedd y gerdd nid oes ond 'Rhyw wast o ludw lle bu fforest lydan'; *Caniadau* (1934), 112. Gw. CLC, 22–3.
97 Dyfynnir llinell olaf 'Cynddilig'; cf. ll.92.

137. IARLL DWYFOR
Nodiadau cyffredinol
Iarll Dwyfor sef David Lloyd George (1863–1945), gwleidydd a gwladweinydd a fagwyd yn Llanystumdwy, sir Gaernarfon. Dechreuodd ei yrfa fel cyfreithiwr yng Nghricieth yn 1885, ond etholwyd ef i'r Senedd yn 1890, yn Aelod Seneddol Rhyddfrydol dros fwrdeistrefi Caernarfon. Bu'n Ganghellor y Trysorlys (1908–15), yn Weinidog dros Arfau (1915–16) ac yn Weinidog Rhyfel rhwng Gorffennaf a Rhagfyr 1916, pryd y'i dyrchafwyd yn Brif Weinidog. Roedd yn arweinydd ysbrydoledig, ac i'w fesuras ef y priodolwyd buddugoliaeth Prydain yn y Rhyfel Byd Cyntaf. Trwy ei gynghrair â'r Ceidwadwyr cafodd fuddugoliaeth ysgubol yn Etholiad Cyffredinol 1918; erbyn 1922, fodd bynnag, roedd ef a'i bolisïau dan feirniadaeth gynyddol, ac mae llawer yn ei feio am y dirywiad yn ffawd y Blaid Ryddfrydol o 1922 ymlaen. Wedi iddo roi'r gorau i gynrychioli bwrdeistrefi Caernarfon yn Ionawr 1945, fe'i hurddwyd yn Iarll Lloyd-George o Ddwyfor. Gw. CLC, 461–2; Bywg.[2], 39–40. Ceir llun o Gwenallt yng nghwmni Lloyd George wedi'r cadeirio yn Abertawe, 1926, yn BBG, 32.

1   **Armagedon** safle'r frwydr fawr olaf rhwng da a drwg yn ôl Datguddiad 16:16; trosiad am unrhyw frwydr fawr neu gelanedd. Gw. IBD, 111.
2   **prif Seisnig esmwyth-feinciau** Gall mai at feinciau'r Senedd y cyfeirir yn benodol yma, yn ogystal ag at safleoedd o ddylanwad a moeth yn gyffredinol.
3   **Dwyfor** yr ardal o gwmpas afon Dwyfor. Dychwelodd David Lloyd George i'w gartref yn Llanystumdwy yn 1944, ac yno y bu farw 26 Mawrth 1945; fe'i claddwyd ar y llechwedd uwchlaw afon Dwyfor yn Llanystumdwy.
4   **ceinciau** cf. ll.9n.
5   **pererin** gw. 11. 'Y Bardd a'r Beirniad Olaf' ll.14n.
7–8 Daeth Lloyd George i amlygrwydd gyntaf yn 1888 fel cyfreithiwr yn ymladd achos o anghyfiawnder, ac oherwydd ei safiad yn erbyn y degwm; gw. Emyr Price, *Lloyd George Y Cenedlaetholwr Cymreig: Arwr ynteu Bradwr* (1999), 61–73. Ar lwyfan Eisteddfod Genedlaethol 1909, traddododd un o'i areithiau mwyaf grymus, 'hel coed tân cyn y gaeaf'.
9   **Ymerodraeth [Brydeinig]** y tiriogaethau hynny a feddiannwyd gan Brydain dros gyfnod o ryw 400 mlynedd o'r 16eg ganrif ymlaen. Roedd ar ei hanterth *c*.1914, a thua phumed ran o arwynebedd y ddaear a chwarter poblogaeth y byd yn perthyn iddi, gan gynnwys gwledydd fel Canada, Awstralia, India a De Affrica; arferid dynodi'r gwledydd hyn ar fapiau â'r lliw coch. Gan mor eang ei thiriogaethau, dywedid nad oedd (ac na fyddai) yr haul byth yn machlud ar yr Ymerodraeth Brydeinig. Roedd y rhesymau dros feddiannu'r tiriogaethau hyn yn y lle cyntaf yn amrywiol: diplomyddol, diffynnol, ond diau mai ffactorau economaidd a masnachol oedd y rhai pwysicaf.
    pregethau a cherddi Roedd Lloyd George yn arbennig o hoff o'r diwylliant Anghydffurfiol Cymreig. Roedd yn gymeriad cyfarwydd ar faes yr Eisteddfod

	Genedlaethol ac yn areithiwr eithriadol boblogaidd yno, ac arferai wahodd enillwyr eisteddfodol i bartïon yn ei gartref. Ef hefyd a sefydlodd Gymanfa Ganu'r Eisteddfod Genedlaethol yn 1916. Gw. Gwynn ap Gwilym (gol.), *Eisteddfota 2* (1979), 147–8.
11–12	Gwnaeth David Lloyd George lawer i wella amgylchiadau byw pobl Prydain; er enghraifft, yn ystod ei gyfnod yn Ganghellor y Drysorlys sefydlodd bensiwn i'r henoed—'pensiwn Lloyd George' fel y'i gelwid ar lafar gwlad—ac yswiriant iechyd cenedlaethol. O safbwynt Cymru, gwnaeth fwy na'r un gwleidydd o'i flaen i roi iddi statws gwleidyddol, ac yn ystod ei gyfnod cynnar yn y Senedd yn arbennig bu'n llefarydd dros y safbwynt Anghydffurfiol ac yntau'n rhan o'r symudiad gwladgarol a radicalaidd, Mudiad Cymru Fydd; cf. ll.9n. Fodd bynnag, er nad anghofiodd ei wreiddiau yng Nghymru, ymroddodd yn gynyddol o gyfnod y Rhyfel Byd Cyntaf ymlaen i faterion Prydeinig cyffredinol.
12	**cerydded di** cf. ysgrif ddeifiol Saunders Lewis, 'Cyffes Mr. Lloyd George', yn *Canlyn Arthur* (1938).

138. PROSSER RHYS
Nodiadau cyffredinol

[Edward] **Prosser Rhys** (1901–45), golygydd a bardd a aned ym Methel, ar y Mynydd Bach, sir Aberteifi. Gadawodd yr ysgol yn gynnar oherwydd afiechyd; wedi gwella cafodd swydd newyddiadurwr yn Aberystwyth ac wedyn yng Nghaernarfon. Erbyn Mehefin 1923 roedd yn olygydd *Baner ac Amserau Cymru* (a'i swyddfa yn Aberystwyth), a daliai'r swydd honno hyd ei farw. Gwnaeth Prosser Rhys lawer i hybu llenyddiaeth Gymraeg. Yn 1928 sefydlodd Wasg Aberystwyth (*Y Mynach a'r Sant*, 1928, oedd ei chyhoeddiad cyntaf), ac ef hefyd a ffurfiodd y Clwb Llyfrau Cymreig llwyddiannus yn 1937. Yn ogystal â'i gyfraniad fel golygydd a chyhoeddwr, roedd Prosser Rhys hefyd yn fardd. Daeth i amlygrwydd yn 1924 pan enillodd Goron yr Eisteddfod Genedlaethol am ei bryddest 'Atgof', cerdd a greodd gryn gynnwrf am ei bod yn sôn am deimladau rhywiol llanc. Gw. CLC, 652; Bywg.², 48–9.

1–2	Mae'n ymdeimlad a golled a fynegir yma yn fwriadol ystrydebol.
3	**ei swyddfa** swyddfa Golygydd *Baner ac Amserau Cymru* yn Ffordd y Môr, Aberystwyth (uwchben siop bresennol W. H. Smith), ac wedyn swyddfa Gwasg Aberystwyth yn 33 Rhodfa'r Gogledd.
	seiat gw. 59. 'Y Beddau' ll.3n.
5	**gwaed ifanc** Cyhoeddodd Prosser Rhys gyfrol o gerddi telynegol dan y teitl *Gwaed Ifanc* (1923) ar y cyd â John Tudor Jones ('John Eilian').
6	**A. E. Housman** (1859–1936), ysgolhaig yn y Clasuron ac Athro'r Lladin ym Mhrifysgol Caergrawnt. Fel bardd, fe'i cofir ar gyfrif dwy gyfrol o gerddi sy'n nodedig am gynildeb a symlrwydd eu mynegiant, *A Shropshire Lad* (1896) a *Last Poems* (1922). Cyhoeddodd John Tudor Jones ('John Eilian') drosiad o *A Shropshire Lad*, sef *Y Llanc o Sir Amwythig* (1939). Gw. OCEL, 400.
	Joyce, James (1882–1941), awdur a aned yn Nulyn ond a dreuliodd y rhan fwyaf o'i fywyd dramor yn ymgynnal trwy ddysgu Saesneg. Cyhoeddodd nifer o weithiau amrywiol gan gynnwys *Dubliners* (1914), *Exiles* (1918), ac *A Portrait of the Artist as a Young Man* (1914–15). Cyhoeddwyd ei nofel fawr *Ulysses* ym Mharis yn 1922—gwaith a achosodd gryn gyffro nid yn unig oherwydd ei dechnegau llenyddol arloesol ond hefyd o safbwynt beiddgarwch rhywiol ei gynnwys. Gw. OCEL, 438–9, 844; OCIL, 277–81.
7	**Llyn Eiddwen** llyn ar y Mynydd Bach, sir Aberteifi; ceir llun o Lyn Eiddwen yn *Beirdd y Mynydd Bach*, gol. Emyr Edwards, Cyfres Bro a Bywyd (1999), 5.
8	**y llanc penfelyn o Sais** h.y. 'Shropshire Lad' Housman; gw. ll.6n.
9	**Cardi** term sathredig am unrhyw frodor o Geredigion (sir Aberteifi).
11–12	cf. 12. 'Cymru' ll.5–6.

13	cf. Salm 67:1, 119:135; 220. 'Er Cof am . . . E. D. T. Jenkins' ll.42; 221. 'John Edward Daniel' ll. 75.
14	**iechyd yn y nef** Digon bregus fu iechyd Prosser Rhys yn y bywyd hwn.
15	**y llanc penfelyn o Amwythig** gw. ll.8n.
16	Adleisir caniad 62 yng ngherdd Housman; gw. *Y Llanc o Sir Amwythig*, 93.

139. LLYDAW
Nodiadau cyffredinol
Allfudodd Brythoniaid o Ddyfnaint a Chernyw i Lydaw yn y cyfnod *c*.460–80. Dechreuodd ail don o allfudo *c*.530 a pharhau tan *c*.700. Erbyn hynny iaith a diwylliant Brythonig oedd â'r llaw uchaf yng ngorllewin Llydaw, a than er dylanwadau hynny y datblygodd diwylliant y rhanbarth. Llwyddodd Llydaw i gadw ei hannibyniaeth i raddau helaeth trwy'r Oesoedd Canol ond yn 1532 fe'i corfforwyd yn swyddogol yn rhan o Ffrainc. Er yn wannach o lawer na'r Gymraeg yng Nghymru erbyn hyn (mae wedi dirywio'n gyflym er marw Gwenallt), mae'r Llydaweg a'i diwylliant cysylltiedig yn fyw o hyd, yn enwedig yn yr ardaloedd mwyaf gorllewinol a gwledig. Yn dilyn yr Ail Ryfel Byd cafwyd gwrthwynebiad ffyrnig yn Ffrainc i iaith a diwylliant Llydaw. Pan ymosododd yr Almaen ar Ffrainc yn 1940, gobaith rhai cenedlaetholwyr Llydewig oedd cydweithredu â'r Almaenwyr yn y gobaith o ennill mesur o annibyniaeth i Lydaw. Trodd y farn gyhoeddus yn chwyrn yn erbyn y cenedlaetholwyr, fodd bynnag, a lladdwyd nifer ohonynt; gw. ll.13–14n. Erbyn diwedd y Rhyfel, roedd llywodraeth Ffrainc i bob pwrpas wedi cyhoeddi rhyfel ar iaith a diwylliant Llydaw; erlidiwyd y cenedlaetholwyr o'u cartrefi, ac arestiwyd amryw ohonynt a'u carcharu. Gw. Gwyn Griffiths, *Crwydro Llydaw* (1977); 232.'Cyfeillion' ll.10n.

11	**seidr** diod draddodiadol yn Llydaw.
12	**crempogau** bwyd traddodiadol yn Llydaw (*crêpes*).
	Santes Ann mam y Forwyn Fair. Er nad oes manylion hanesyddol am ei bywyd wedi goroesi, tyfodd ei chwlt yn sgil twf cwlt y Forwyn Fair yn yr Oesoedd Canol, ac erys yn arbennig o boblogaidd yn Llydaw; gw. ODS, 17–18.
13–14	**Abbé Perrot** Gwnaeth y Tad Yann-Vari Perrot lawer i hybu iaith a diwylliant Llydaw yn hanner cyntaf yr 20fed ganrif, gan gynnwys ffurfio'r mudiad diwylliannol *Bleun Brug*. Er mai mudiad amholiticaidd oedd hwn, saethwyd yr Abbé Perrot yn farw gan elynion cenedligrwydd Llydaw ar 12 Rhagfyr 1943, wrth ei eglwys ger Scrignac.
15	**'pardwn'** uchel-ŵyl eglwysig i anrhydeddu sant (yn cyfateb yn fras i'r hen wylmabsant yng Nghymru; gw. 149.'Amser' ll.17n). Bydd miloedd o bererinion yn tyrru i bardwn o bob cyfeiriad, i ymweld â'r eglwys, i weddïo ar y sant, ac i weld y mannau hynny a gysylltir ag ef. Cynhelir Offeren yn rhan o'r dathliadau, ac fel arfer bydd gorymdaith pryd y cludir creiriau'r sant a anrhydeddir i bawb gael eu gweld. Yn ogystal â'r agweddau defosiynol, nodweddir pardwn gan stondinau yn gwerthu amrywiaeth fawr o bethau, bwyta bwydydd traddodiadol, a rhialtwch o bob math.

140. Y DRAENOG
Detholwyd i: H. Meurig Evans (gol.), *Cerddi Diweddar Cymru* (1962), 32–3.

Cyfieithiad: Joseph P. Clancy, *Twentieth Century Welsh Poems* (1982), 102.

Trafodaethau: Hugh Bevan, yn *Cerddi Diweddar Cymru*, gol. H. Meurig Evans, (1962), [11–12]; R. M. Jones, *Llenyddiaeth Gymraeg 1936–1972* (1975), 11–12, 16–17; John Rowlands, "'Y Draenog' gan Gwenallt', *Cnoi Cil ar Lenyddiaeth* (1989), 70–8.

Nodiadau cyffredinol
Perthyn y gerdd hon i ddosbarth o gerddi a luniodd Gwenallt am anifeiliaid er mynegi ffieidd-dra pechod; gw. 5.'Y Twrch Trwyth', n. Ar bechod, gw. 75.'Pechod', n.

1	**Nanteos** plasty ger Aberystwyth sy'n enwog oherwydd ei gwpan pren hynafol a

	gariwyd i Brydain, yn ôl traddodiad, gan Joseff o Arimathea (gw. 1. 'Y Mynach' ll.372n). Yn ôl gwahanol fersiynau ar y stori, gwnaethpwyd y cwpan o bren croes Crist (gw. 1. 'Y Mynach' ll.360n), neu dyma'r cwpan a ddefnyddiodd Crist yn y Swper Olaf (gw. 1. 'Y Mynach' ll.187n), neu hwn oedd y llestr a ddefnyddiwyd i ddal y gwaed a'r dŵr a redodd o ystlys Crist ar y groes; cf. 1. 'Y Mynach' ll.316n. Gw. CLC, 530; T. I. Ellis, *Crwydro Ceredigion* (1952), 17.
9–10	cf. 157. 'Mair a'r Milwr' ll.26–7.
13	**y Congo** y wlad yng ngorllewin Affrica a elwir bellach yn Zaire; fe'i henwir yma, fel Malaya a Tahiti (ll.15) a Siapan (ll.16), yn ystrydeb o ddiwylliant paganaidd.
17	**proffwyd** gw. 1. 'Y Mynach' ll.331n. Dichon bod 'adfeilion' y llinell hon yn adleisio teitl llyfryn dylanwadol Alwyn D. Rees, *Adfeilion* (1943).
18	**Cynddelw** gair mwys. Yn enw cyffredin, mae 'cynddelw' yn golygu 'patrwm neu gopi gwreiddiol, cynffurf, cynllun . . .; delweddiad, cynrychioliad . . .'; GPC, 779. Mae hefyd yn enw ar y pwysicaf a'r mwyaf toreithiog o Feirdd y Tywysogion, Cynddelw Brydydd Mawr (*fl.*1155–95); gw. 168. 'Yr Awen' ll.21n.
19	**'r Drindod** gw. 4. 'Yr Angylion a'r Gwrageddʼ ll.5n.
20	**y drain** gair mwys. Chwaraeir rhwng drain llythrennol y draenog (cf. ll.6) a choron drain Crist, gw. 98. 'Heulwen y Pasg' ll.3n.

141. Y SIPSI
Nodiadau cyffredinol

1	**ffair Aberystwyth** Cynhelir ffair Aberystwyth bob blwyddyn ar y tri dydd Llun dilynol ar ôl 13 Tachwedd.
3	**Ishtarig** ansoddair a luniwyd o'r enw personol Ishtar; gw. 2. 'Y Sant' ll.350n.
	dwyrain yn ei hen ystyr, 'codiad', efallai; gw. GPC, 1110.
4	**Pharoaidd** ansoddair a luniwyd o'r enw Pharo, teitl ar frenin yr Aifft yn yr hen fyd. (Mae'r gair 'sipsi' yn tarddu o'r gair Saesneg, *Egyptian*.)
5	**deuddecsygn** cylch y sidydd (*zodiac*); h.y. mae'r sipsi yn rhagfynegi'r dyfodol ar sail symudiad y sêr a'r planedau.
8	**pyllau** gair mwys. Roedd y 'pyllau pêl-droed' yn ddull poblogaidd o gamblo adeg llunio'r gerdd.
9	**Pythia** offeiriades Apollo yn ei deml yn Delphi yng ngwlad Groeg. Eisteddai ar stôl drithroed ('trybedd') dros dwll yn y ddaear a chael ei hysbrydoliaeth trwy anadlu'r anweddau a ddeuai ohono; gw. OCCL, 175–6.
12	**Sibyl** enw a roddid gan y Groegiaid a'r Rhufeiniaid ar eu proffwydesau yn yr hen fyd; gw. OCCL, 521.
13–16	Rhestrir amrywiaeth o ddulliau a arferid gan broffwydi a phroffwydesau paganaidd dros y canrifoedd wrth geisio darogan y dyfodol.
15	**brud** gw. 3. 'Breuddwyd y Bardd' ll.1n.
17	**Dewines Endor** gwraig a oedd yn berchen 'ysbryd dewiniaeth' yr aeth Saul (gw. ll.19n) ati er mwyn ymgysylltu â'r proffwyd Samuel (a oedd wedi marw). Ar ôl iddo ymgynghori â Samuel, gwnaeth y wraig bryd o fwyd i Saul trwy ladd ei llo bras a phobi bara cri. Gw. 1 Samuel 28:7–25.
19	**Saul** brenin cyntaf Israel yn yr Hen Destament. Trist yw ei hanes ar y cyfan, am iddo wrthod ufuddhau i Dduw; gw. IBD, 1398–1400.
	Samuel proffwyd a barnwr yn yr Hen Destament, a gynghorai'r brenhinoedd Saul a Dafydd. Tua diwedd ei fywyd ymwrthododd â Saul, a'i weithred bwysig olaf cyn marw oedd eneinio Dafydd yn frenin nesaf Israel; gw. 1 Samuel 16; IBD, 1384.
20	**Hitler**, Adolf (1889–1945), arweinydd yr Almaen o 1933 hyd 1945. Gyrrwyd ef gan syniadau elitaidd a hiliaidd, a sefydlodd drefn dotalitaraidd greulon dan faner Sosialaeth

Genedlaethol (neu Natsïaeth). Uchelgais ymerodrol Hitler a arweiniodd at yr Ail Ryfel Byd. Cymerodd ei fywyd ei hun pan welodd nad oedd modd i'w achos lwyddo.
Goebbels, Joseph (1897–1945), gweinidog propaganda ar gyfer yr Almaen Natsïaidd. Er iddo wrthwynebu Hitler yn gynnar yn ei yrfa, erbyn 1933 fe'i cyfareddwyd ganddo'n llwyr a dod yn un o'i ddilynwyr mwyaf selog. Ar ôl i Hitler gyflawni hunanladdiad cymerodd yntau ei fywyd ei hun.

22   **Llanfihangel-y-Creuddyn a Llan-non** pentrefi yn sir Aberteifi.
23   **pelen** Cyfeirir at y belen grisial y syllai'r sipsi i'w pherfeddion er cael gwybodaeth am y dyfodol.
        Caldea enw ar wlad yn ne Babilonia yn yr hen fyd, ac a ddefnyddid weithiau wrth gyfeirio at Fabilonia yn ei chyfanrwydd. Gw. ll.24n. Ar sail Daniel 2:2,4 ymddengys fod y Caldeaid yn enw ar ddosbarth o wybodusion ym Mabilon.
24   **Babilon** gw. 2. 'Y Sant' ll.397n.

142. DYN
Gw. rhif 120 am gerdd wahanol dan yr un teitl.

Nodiadau cyffredinol

3–4   cf. 13. 'Ar Gyfeiliorn' ll.11–12, 17.
12   **atomau** gw. 120. 'Dyn' ll.6n.
14   Cyfeirir at bwyslais gwyddoniaeth ddiweddar ar esbonio'r greadigaeth mewn termau gwyddonol a mathemategol, gan ddiystyru'r esboniad beiblaidd. Cf. 156. 'Cip' ll.10n; 226. 'Moderniaeth' ll.11–12; 236. 'Y Ddaear' ll.18; a gwrthgyferbynner 148. 'Yr Eglwys' ll.21n. Gw. hefyd 170. 'Gwlad ac Ynys' ll.13n.
15   **bomiau atomig** gw. 120. 'Dyn' ll.6n.
21   Llinell broffwydol o gywir. Amcangyfrifwyd y lladdwyd mwy o bobl mewn rhyfeloedd yn ystod yr 20fed ganrif nag a laddwyd yn holl ryfeloedd hanes y ddynoliaeth cyn hynny.
26   **Asyria** gwlad yn yr hen fyd. Mae olion ei diwylliant yn mynd yn ôl i'r cyfnod cyn-hanesyddol *c*.5000 CC, ond ymddengys ei bod yn ei hanterth tua'r 8fed-7fed ganrif CC pryd yr oedd ei hymerodraeth yn cynnwys Syria, Arabia, Palestina, yr Aifft a Babilonia. Goroesodd tystiolaeth archaeolegol helaeth am ei hadeiladau, ei chelfyddydau, ei chrefydd a'i llenyddiaeth, gan gynnwys gwybodaeth seryddol. Gw. IBD, 137–44.
        yr Aifft gwlad enwog am ei gwareiddiad yn yr hen fyd. Mae'r dystiolaeth gynharaf am ddiwylliant yr Aifft yn mynd yn ôl i tua'r 3edd filrif CC. Yn y cyfnod *c*.2680–2180 CC roedd yr Aifft ar ei hanterth o ran cyfoeth a diwylliant materol, a grisialir yn y gwaith o godi Pyramid Mawr Kheops. Cafwyd cyfnod pellach o ddylanwad a chyfoeth *c*.1552–1069 CC, ond gwelodd yr un cyfnod ddechrau'r broses o ddirywio a dadfeilio yn ei diwylliant a'i gwareiddiad. Gw. IBD, 414–30. Digwydd yr Aifft yn aml yng ngwaith Gwenallt yn symbol am gaethiwed a gormes Seisnigaidd dros Gymru, am i'r Israeliaid fod yn gaeth yno am gyfnod hir nes i Moses eu harwain allan i Wlad yr Addewid.
        Babilon gw. 2. 'Y Sant' ll.397n.
29   **Babel** gw. 136. 'T. Gwynn Jones' ll.59n. Cf. hefyd ll.1.
31–2   **delw . . . llun** cf. 86. 'Natur' ll.3n.

143. NARCISWS
Trafodaeth: Dewi Stephen Jones, 'Tu hwnt i'r wynebau oll–2', *Barddas*, 110 (Mehefin 1986), 7.

Nodiadau cyffredinol

Narcisws llanc hardd ym mytholeg Groeg, mab duw'r afon, Cephisus a duwies y coed, Liriope. Ymserchodd y nymff Echo ynddo, ond gwrthodwyd hi ganddo. Cosbodd Aphrodite Narcisws am ei greulondeb trwy beri iddo syrthio mewn cariad â'i adlewyrchiad ei hun yn y dŵr. Ceisiodd yn ofer gyrraedd at yr wyneb hardd a welai, nes iddo nychu a marw mewn anobaith. Fe'i trowyd gan y duwiau yn flodyn Croeso'r Gwanwyn (Lladin, *narcissus*). Gw. OCCL, 380.

1   **Lefiathan** gw. 109. 'Cymru a'r Rhyfel' ll.20n.

       Behemoth gair Hebraeg sy'n digwydd sawl gwaith yn yr Hen Destament ac a gyfieithir fel arfer â'r gair 'bwystfilod' neu 'anifeiliaid'. Fodd bynnag cedwir y gair heb ei gyfieithu yn Job 40:15 lle y mae'n amlwg y cyfeirir at ryw anifail mawr penodol. Fe'i deellir fel arfer yn greadur tir 'cyfatebol' i'r Lefiathan. Gw. IBD, 182; ODCC, 179.

3   cf. 13. 'Ar Gyfeiliorn' ll.6.

9   **ei gariadferch** Echo. Ar ôl i Narcisws ei gwrthod, nychodd nes bod dim ar ôl ohoni ond ei llais (ll.12); gw. OCCL, 201.

15   **seiat** gw. 59. 'Y Beddau' ll.3n.

144. PLENTYN
Nodiadau cyffredinol
Plentyn Ganed Mair, unig blentyn Gwenallt a'i wraig Nel, yng Nghaerdydd ar 30 Mawrth 1946.

9   **ego** (Lladin, 'mi') term athronyddol a gyflwynwyd gan Descartes i ddynodi'r dyn 'cyfan', yn gorff ac yn feddwl. Mewn rhai systemau athronyddol defnyddir y term *ego* ar gyfer bod sy'n meddwl yn ymwybodol. Gw. BDPF, 376.

12   **Electra** merch Agamemnon a Clytemnestra ym mytholeg Groeg. Ymserchodd Aegisthus, cefnder Agamemnon, yn Clytemnestra a chynllwyniodd y ddau i ladd Agamemnon. Yn ddiweddarach cynorthwyodd Electra ei brawd Orestes i ladd Aegisthus a Clytemnestra er dial lladd eu tad. Defnyddir y term 'Cymhlethdod Electra' mewn seicoleg i ddynodi merch sy'n cael ei denu at ei thad ac ar yr un pryd yn wrthwynebus i'w mam. Gw. OCCL, 207–8, 418; BDPF, 378.

15   **Sant Ffransis** o Assisi (1181–1226), mab i fasnachwr cyfoethog a'i gwrthododd oherwydd ei roddion hael i'r tlodion a'r Eglwys. Sefydlodd Ffransis urdd o frodyr a nodweddid yn wreiddiol gan dlodi mawr a symlrwydd bywyd. Er bod amryw agweddau eraill, mwy pwysfawr, i'w weinidogaeth, cariad Ffransis at fyd natur a'r greadigaeth sydd wedi cydio yn y dychymyg poblogaidd. Creadigaeth Ffransis i raddau helaeth yw'r olygfa (ystrydebol bellach) o grud y Nadolig a'r anifeiliaid yn gwylio. Gw. ODS, 157–9.

145. CYMUN YR ARGLWYDDES
Cyfieithiad: Patrick Thomas, yn *Sensuous Glory: The Poetic Vision of D. Gwenallt Jones*, goln Donald Allchin a D. Densil Morgan (2000), 95.

Nodiadau cyffredinol
Cymun gw. 1. 'Y Mynach' ll.187n.

1   **Gwanwyn, y Fair fendigaid** gw. 1. 'Y Mynach' ll.80n; 2. 'Y Sant' ll.524n. Hyd 1752, cyfrifid Gŵyl Fair yn y Gwanwyn (25 Mawrth; Saesneg, *Lady Day*) yn ddechrau'r flwyddyn yn ôl y gyfraith; o'r herwydd, ar y diwrnod hwnnw yn draddodiadol y telid rhenti'r ffermydd am y flwyddyn ac y cyflogid gweision fferm, er enghraifft. Gw. BDPF, 637. Yn 'gyfnewid' am y rhent, darparai'r landlordiaid wledd, neu ginio rhent (ll.8) ar gyfer eu tenantiaid.

5   **cwlltwr . . . oged** offer aredig.

6   **rhwng Gwynedd a Gwent** Cymru gyfan.

7   **Llanfihangel Rhos-y-corn** plwyf yng ngogledd sir Gaerfyrddin a'r ardal lle'r oedd tad-cu a mam-gu Gwenallt yn byw.

8   **cinio rhent** gw. ll.1n.

146. Y DDWY EFA

Nodiadau cyffredinol

Efa Ar yr Efa 'gyntaf', gw. 2. 'Y Sant' ll.269n. Er bod Mair, mam yr Iesu, yn cael ei chyfosod ag Efa yn aml mewn llenyddiaeth Gristnogol, yr Eglwys yw'r ail Efa sydd gan y bardd mewn golwg yn y gerdd hon. Yn union fel y mae Efa yn fam y ddynoliaeth, mae'r Eglwys yn 'fam' i Gristnogion. Darlunnir yr Eglwys weithiau fel priodasferch Crist (cf. Datguddiad 21:2,9), ac weithiau cyfeirir at Grist fel 'yr ail Adda'; gw. 192. 'Jesebel ac Elias' ll.583n. Ar yr Eglwys, gw. 76. 'Yr Eglwys', n.

1–4	cf. Genesis 2:21–3:20.
1	**Adda ... Eden** gw. 2. 'Y Sant' ll.269n.
4	**had i'r ddraig** cf. yr ymadrodd 'had y wraig', Genesis 3:15. Ar y ddraig, gw. 1. 'Y Mynach' ll.211n.
6	Cyfeirir at y cyfnod a dreuliodd Crist yn y bedd rhwng y Croeshoeliad a'r Atgyfodiad; gw. Mathew 27:60; Marc 15:46; Luc 23:53; Ioan 19:41–2.
7	**twll yn Ei ystlys** gw. Ioan 19:34, 20:24–7.
10	gw. Genesis 3:20.
11	**paradwys** gw. 2. 'Y Sant' ll.528n.

147. YR ANIFAIL BRAS

Cyhoeddwyd y gerdd hon gyntaf yn *Y Cyfaill Eglwysig*, 1029 (Hydref 1947), 140; gw. hefyd *Y Bardd yn ei Weithdy*, gol. T. H. Parry-Williams (1948), 33. Am sylwadau Gwenallt ar hanes ei chyfansoddi, gw. *ibid.*, 32–4; Bryan Martin Davies, 'Gweithio Cerdd', *Barn*, 280 (Mai 1986), 179–80.

Trafodaeth: Herbert Hughes, 'Adnabod ein Haelodau', *Barddas*, 204 (Ebrill 1994), 6.

Nodiadau testunol

2	**wn :** wn i (*CE*)
	oedd : yw (*CE, YBYEW*)
3	Ai coch neu lwyd neu ddu (*CE*); Ai coch ai llwyd ai du (*YBYEW*)
6	**canrifoedd :** oesoedd (*CE, YBYEW*)

Nodiadau cyffredinol

Yr anifail bras creadur a enwir gan y proffwyd Eseia wrth ddarlunio teyrnas Dduw fel un a fydd yn rhydd rhag pob drygioni a gelyniaeth: 'A'r blaidd a drig gyda'r oen, a'r llewpard a orwedd gyda'r myn; y llo hefyd, a chenau y llew, a'r anifail bras, fyddant ynghyd, a bachgen bychan a'u harwain' (Eseia 11:6). Perthyn y gerdd hon i ddosbarth o gerddi a luniodd Gwenallt am anifeiliaid er mynegi ffieidd-dra pechod; gw. 5. 'Y Twrch Trwyth', n. Ar bechod, gw. 75. 'Pechod', n.

4	**Eseia** gw. 101. 'Yr Iddewon' ll.22n.
7	**Siberia** tiriogaeth anferth yn nwyrain Rwsia a ddefnyddid yn alltudfan ar gyfer troseddwyr a charcharorion gwleidyddol o'r 17eg ganrif ymlaen. Dan lywodraeth Stalin (gw. 105. 'Y Comiwnyddion' ll.3n), carcharwyd degau o filiynau o bobl yno mewn gwersylloedd llafur mewn amgylchiadau llym, a bu farw miliynau ohonynt yno.
	Belsen gwersyll-garchar Natsïaidd enwog yn yr Almaen. Bu farw miloedd o Iddewon yno, naill ai trwy eu lladd yn uniongyrchol neu trwy afiechyd a newyn. Pan waredwyd y gwersyll gan luoedd y Cynghreiriaid yn Ebrill 1945, canfuwyd 13,000 o gyrff marw heb eu claddu.
	Buchenwald gwersyll-garchar Natsïaidd enwog yn yr Almaen Fe'i defnyddiwyd yn arbennig ar gyfer arbrofi 'meddygol' megis effaith nwyon a bacteria marwol ar y corff dynol. Erbyn i'r gwersyll gael ei waredu gan luoedd y Cynghreiriaid yn Ebrill 1945 roedd mwy na 50,000 o bobl wedi marw yno.
8	**Hiroshima** gw. 120. 'Dyn' ll.6n.

11	cf. Ioan 1:14.
12	**croes** gw. 1. 'Y Mynach' ll.360n.
13–14	gw. Eseia 11:6.

148. YR EGLWYS

Gw. rhif 76 am gerdd wahanol dan yr un teitl, a cf. rhif 202.

Cyfieithiad: Patrick Thomas, yn *Sensuous Glory: The Poetic Vision of D. Gwenallt Jones*, goln Donald Allchin a D. Densil Morgan (2000), 132–3.

Nodiadau cyffredinol
Eglwys gw. 76. 'Yr Eglwys', n.

1	**Mynydd y Gweddnewidiad** y mynydd lle y bu'r tri disgybl, Iago, Ioan a Pedr, yn dystion i Grist yn cael ei weddnewid yn ogoneddus, gan ymddiddan â Moses ac Elias; gw. Mathew 17:1–9; Marc 9:2–9; Luc 9:28–36; IBD, 1581; ODCC, 1636; 192. 'Jesebel ac Elias' ll.555–6n.
2	gw. Mathew 17:4; Marc 9:5; Luc 9:33. **Pedr** y blaenaf o ddisgyblion Crist, a oedd yn aml yn llefarydd dros y lleill. Roedd Pedr yn aelod o'r 'cylch mewnol' o ddisgyblion a oedd agosaf at yr Iesu, ac yn bresennol felly ar rai o'r achlysuron llai cyhoeddus yn ei weinidogaeth, gan gynnwys y digwyddiadau ar Fynydd y Gweddnewidiad. Mae'n glir ei fod yn fyrbwyll ei natur ac yn siarad cyn meddwl, fel yn hanes Mynydd y Gweddnewidiad; gw. Marc 9:5–6. Ar ôl dydd y Pentecost (gw. 72. 'Jwdas Iscariot' ll.14n) daeth Pedr yn arweinydd amlwg ar yr Eglwys Fore yn Jerwsalem. Gw. IBD, 1199–202; ODCC, 1260–1.
3	gw. Mathew 17:2; Marc 9:3; Luc 9:29.
4	**ôd** eira.
5	**yn y dyffryn** Cyferbynnir bod 'yn y dyffryn' â 'phrofiad pen-y-mynydd' yn aml mewn ieithwedd Gristnogol. **bocsys sebon** gw. 224. 'Cwm Rhondda' ll.24n.
6	Yng nghyfnod Moses, gormesodd Pharo (brenin yr Aifft) ymhellach ar bobl Israel, a oedd yn gaethion yn y wlad honno, trwy eu gorfodi i gynyrchu'r un nifer o briddfeini ('briciau') ag o'r blaen ond heb ddarparu'r gwellt ar eu cyfer; gw. Exodus 5:1–14; 3. 'Breuddwyd y Bardd' ll.192n; 142. 'Dyn' ll.26n.
7	**Engels** gw. 113. 'Rwsia' ll.8n. **Karl Marcs** gw. 101. 'Yr Iddewon' ll.10n. **Crist ar y Mynydd** Gall mai'r ddelw enwog o Grist yn yr Andes, ger y ffin rhwng Ariannin a Chile, sydd ym meddwl Gwenallt; cf. ysgrif T. H. Parry-Williams, 'Crist yr Andes', *O'r Pedwar Gwynt* (1944).
8	**Canaan** gw. 132. 'Sir Forgannwg a Sir Gaerfyrddin' ll.24n.
9	**yn y pant** gw. ll.5n, a cf. Sechareia 1:8.
10	**atomau briw** gw. 120. 'Dyn' ll.6n; 142. 'Dyn' ll.11–16.
11	**Efnysien** cymeriad sylfaenol ddrwg yng nghainc *Branwen* ym *Mhedair Cainc y Mabinogi*. Yn sgil ei weithred greulon yn anffurfio meirch Matholwch, brenin Iwerddon, cychwynnir cadwyn o ddigwyddiadau sy'n arwain at gyflafan erchyll yn Iwerddon a marwolaeth ei hanner-chwaer, Branwen, o dor-calon. Gw. CLC, 220–1; PKM, 29–48. **Elias** proffwyd mawr yn yr Hen Destament. Ni bu Elias farw, ond aeth yn syth i'r gogoniant. Credai'r Iddewon y byddai Elias yn dychwelyd atynt o'r nefoedd, a synnid amdano fel cymar i Moses yn hynny o beth; cf. ll.1n. Gw. IBD, 440–1; ODCC, 539; 192. 'Jesebel ac Elias'. **Matholwch** brenin Iwerddon yng nghainc *Branwen* ym *Mhedair Cainc y Mabinogi*. Mae'n gymeriad gwan, a'i ddynion yn dylanwadu arno'n hawdd. Oherwydd y cam-drin

	ar ei wraig, Branwen, yn ei lys yn Iwerddon, cyfyd rhyfel rhwng y Cymry a'r Gwyddelod sy'n troi'n gyflafan i'r ddwy ochr; gw. CLC, 494; PKM, 29–48.
	Moses gw. 3. 'Breuddwyd y Bardd' ll.192n; ll.1n.
12	**y llef o gwmwl Duw** gw. Mathew 17:5; Marc 9:7; Luc 9:35.
13	**Hegel**, Georg Wilhelm Friedrich (1770–1831), athronydd o'r Almaen a gafodd ddylanwad mawr ar athroniaeth ddiweddarach yn Ewrop ac Unol Daleithiau America. Roedd yn ddisgybl i Kant; gw. 159. 'Yr Eryrod' ll.42n. Yn ôl Hegel, dealltwriaeth resymegol ac athroniaeth, yn hytrach na chrefydd, oedd yr allwedd i natur gwirionedd a realaeth. Cynigiodd mai yr Absoliwt—rhyw feddwl mawr cyffredinol—oedd realaeth a bod ymwybod a gweithgarwch rhesymegol pob unigolyn yn rhan o'r Absoliwt hwnnw. Gw. ODCC, 744–6; *Credaf.*
	ysbryd o Grist Mae'r Beibl yn dysgu bod Crist, er yn Dduw, wedi cymryd corff o gnawd wrth ddod i'r byd (cf. Ioan 1:14; 2. 'Y Sant' ll.141n), ond syniai Hegel am yr Absoliwt yn nhermau'r ysbryd yn hytrach na'r cnawd; gw. ODCC, 825; IBD, 686–9.
14	**Absoliwt** gw. 13. 'Ar Gyfeiliorn' ll.4n.
	di-grud, di-fedd Am hanes geni Crist, gw. 99. 'Y Nadolig', n; am hanes ei gladdu, gw. 146. 'Y Ddwy Efa' ll.6n, a 12. 'Cymru' ll.13n.
16	**Himalaya** y gadwyn uchaf o fynyddoedd yn y byd, yn cynnwys y copa uchaf oll, Everest (8,872m). Lledgyfeiriad at ddamcaniaeth esblygiad sydd yn ll.15–16; gw. 103. 'Datblygiad' ll.1n; 156. 'Cip' ll.9n.
17	**y bom atomig** cf. 120. 'Dyn' ll.6n.
18	**pechod** gw. 75. 'Pechod', n.
21	**Ysbryd** yr Ysbryd Glân, Trydydd Person y Drindod (nid yr 'ysbryd o Grist', ll.13); gw. 4. 'Yr Angylion a'r Gwragedd' ll.5n.
	creadigaeth yw'r bydysawd Cofnodwyd hanes y Creu yn Genesis 1; gwrthgyferbynner 142. 'Dyn' ll.14n.
22	cf. 126. 'Colomennod' ll.14; gwrthgyferbynner 95. 'Sir Forgannwg' ll.3–4; 119. 'Cwm Rhondda' ll.3–4; 125. 'Morgannwg' ll.7–8.
23	**'i groes a'i fedd** gw. 1. 'Y Mynach' ll.360n; 146. 'Y Ddwy Efa' ll.6n; 12. 'Cymru' ll.13n.
	esgyn Ceir hanes Esgyniad Crist i'r nefoedd, ddeugain niwrnod ar ôl yr Atgyfodiad, yn Actau 1:4–11; gw. IBD, 129; ODCC, 112–13.
24	**eira clwyfus** Cyfeirir o bosibl at gochni'r wawr yn adlewyrchu ar yr eira. Delwedd o godiad haul sydd yn ll.23–4.
	goleuo Ar oleuni yn ddelwedd am Grist, gw. 2. 'Y Sant' ll.150n.
	seithfed nef Er nad oes sail feiblaidd i'r syniad, credir yn draddodiadol bod saith o nefoedd; trigfan Duw a'r angylion yw'r seithfed, yr uchaf ohonynt; gw. BDPF, 534; IBD, 626; ODCC, 740–1; cf. 2. 'Y Sant' ll.581n.

149. AMSER

Gw. rhif 201 am gerdd wahanol dan yr un teitl.

Nodiadau cyffredinol

1–2	cf. 201. 'Amser', n.
3	**paradwys** gw. 2. 'Y Sant' ll.528n.
4	**Armagedon** gw. 137. 'Iarll Dwyfor' ll.1n.
7	**Tantalws** mab Zeus a'r Titanes Pluto ym mytholeg Groeg. Yn gosb am ddigio'r duwiau fe'i gosodwyd ger pwll o ddŵr a giliai bob tro y ceisiai yfed ohono, ac o dan goed ffrwythau y chwythai'r gwynt eu canghennau y tu hwnt i'w gyrraedd bob tro y ceisiai estyn y ffrwyth; gw. OCCL, 549.
	annwn gw. 1. 'Y Mynach' ll.196n.

12	Er bod mytholeg Groeg yn synio fel arfer am y Tynghedau fel tair hen wraig yn nyddu, sonnir amdanynt weithiau fel gwehyddion; gw. 2. 'Y Sant' ll.142–3n.
13	**Ail Berson y Drindod** Duw'r Mab, sef Crist; gw. 4. 'Yr Angylion a'r Gwragedd' ll.5n.
16	**cyntaf ddydd Llun** Cymerir mai'r dydd Llun ar ôl yr Atgyfodiad a olygir, sef y diwrnod llawn cyntaf yn hanes yr Eglwys Gristnogol ar un ystyr. Ar yr Atgyfodiad, gw. 12. 'Cymru' ll.13n. Fodd bynnag, os at y Creu y cyfeiria ll.13–16 (yn hytrach na chychwyn yr Eglwys), ymddengys fod Gwenallt wedi methu yma, gan mai dydd Sul (ac nid dydd Llun) oedd diwrnod cyntaf wythnos y Creu.
17	**gwylmabsant** gŵyl y sant y cysegrwyd eglwys plwyf ar ei enw, ac achlysur cymdeithasol pwysig yng Nghymru ers talwm; cf. 139. 'Llydaw' ll.15n. Erbyn y 18fed ganrif collwyd golwg i raddau helaeth ar gysylltiadau crefyddol yr wylmabsant, er i'r cysylltiad â'r plwyf aros yn bwysig o hyd, ac aeth yn gyfle i ymroi i bob math o rialtwch gan gynnwys dawnsio, yfed ac ymladd ceiliogod. Gw. CLC, 309–10. **Ei groesbren** gw. 1. 'Y Mynach' ll.360n.
18	**Angau . . . glas** 'Angau glas' oedd enw cleddyf Iwl Cesar; aeth yn ymadrodd stoc yn Gymraeg am farwolaeth. Ond cf. march gwelw-las Datguddiad 6:8.
19	**Gwaredwr** gw. 89. 'Y Gwaredwr', n. Am hanes yr Atgyfodiad, gw. 12. 'Cymru' ll.13n. **y trydydd dydd** gw. 150. 'Y Calendr' ll.15n.
20	**y ddau unben** angau ac amser.
21	**holl daith** Adleisir emyn David Charles, Caerfyrddin (1762–1834), 'O fryniau Caersalem ceir gweled / Holl daith yr anialwch i gyd'; gw. *Llyfr Emynau a Thonau y Methodistiaid* (1929), rhif 701.
22	**tipiadau'r cloc** cf. cwpled clo soned Iorwerth Peate, 'Yng Nghegin yr Amgueddfa Genedlaethol', 'Nid oes a'm hetyb ond tipiadau'r cloc, / Ai oddi cartref pawb? . . . *Dic doc, dic doc*'; *Plu'r Gweunydd* (1933), 37. Cf. hefyd. 192. 'Jesebel ac Elias' ll.284–7n.
24	**tragwydd gongl-faen** trosiad am Grist; gw., e.e., Salm 118:22; Eseia 28:16; Mathew 21:42–4; Effesiaid 2:20; 1 Pedr 2:6–7.

150. Y CALENDR

Cyhoeddwyd y gerdd hon gyntaf yn *Baner ac Amserau Cymru*, 22 Rhagfyr 1948, 1; *Y Cyfaill Eglwysig*, 1045 (Chwefror 1949), 18.

Nodiadau testunol
3	**tragwydd** : tragwyddol (*CE*) **ar** : trwy (*BAC*); rhwng (*CE*)

Nodiadau cyffredinol
1–2	Cedwir cof am ddigwyddiadau mawr yn hanes Crist, yr apostolion ac amryw o seintiau eraill yng nghalendr yr Eglwys trwy'r dyddiau gŵyl sefydlog a bennir ar eu cyfer yn ystod y flwyddyn. Mae'r Eglwys Anglicanaidd yn dathlu'r gwyliau hyn yn rhan o'i threfn litwrgïaidd, a byddai Gwenallt felly yn ymwybodol iawn o'u lle yn y calendr adeg llunio'r gerdd gan ei fod yn aelod o'r Eglwys honno ar y pryd, wedi derbyn bedydd esgob gan yr Esgob Prosser ym mhlas Abergwili yn Ionawr 1944. Mae gwyliau fel y Nadolig, y Pasg, y Sulgwyn a Gŵyl Ddewi etc., yn enghreifftiau o'r calendr eglwysig a'r calendr seciwlar yn ymbriodi.
2	**apostolion** gw. 2. 'Y Sant' ll.539n.
4	**Efengyl yn hongian wrth hoel** Mae elfen o air mwys yma. Ar un olwg mae'r calendr, sydd yn crynhoi prif ddigwyddiadau'r Efengylau yn ei ddyddiau gŵyl, yn cael ei arddangos trwy ei hongian gerfydd hoelen; fodd bynnag, anodd peidio â gweld cyfeiriad yma hefyd at groeshoeliad Crist, yr ymgorfforiad o'r Efengyl; gw. 1. 'Y Mynach' ll.360n. Ystyr y gair 'Efengyl' yw newyddion da. Craidd Cristnogaeth yw'r newyddion da bod maddeuant pechodau i'w gael trwy ffydd yn Iesu Grist. Defnyddir y gair hefyd am yr

	ysgrythurau sydd yn cyflwyno'r neges honno, ac yn fwyaf penodol Efengylau Mathew, Marc, Luc ac Ioan sydd yn olrhain bywyd Crist.
5–8	Cyfeirir at ŵyl y Nadolig; gw. 99. 'Y Nadolig', n.
5	**meirch apocalyptig** gw. Datguddiad 6:1–8.
6	**teyrnas Dafydd** y deyrnas a addawyd i 'fab Dafydd', sef Crist; gw. Eseia 9:6–7; Luc 1:32–3. Brenin ar Israel yn yr Hen Destament oedd Dafydd. Gwnaeth ei brifddinas yn Jerwsalem, a daeth ag Arch y Cyfamod yno. Roedd yn ŵr eithriadol a ddaeth yn bwysig iawn yn y traddodiad Hebraeg, gan y disgwylid mai disgynnydd iddo fyddai'r Meseia; gw. 101. 'Yr Iddewon' ll.24n; ODCC, 452–3; IBD, 364–9. Dechreuodd Crist ei weinidogaeth trwy ddatgan fod teyrnas Dduw gerllaw (Marc 1:15); nid teyrnas o'r byd hwn mohoni (Ioan 18:36), ond un a gyrhaeddir trwy edifeirwch a ffydd. Brenin y deyrnas hon yw Crist, ac iddo Ef y bydd pob glin yn plygu, naill ai mewn addoliad parod neu dan farn (Rhufeiniaid 14:10–11; Philipiaid 2:9–11); gw. IBD, 853–6.
7	**Baban** Crist; gw. 99. 'Y Nadolig' ll.6n.
8	**hollti'r canrifoedd yn ddau** Yn y byd gorllewinol, cyfrifir amser yn ôl ac ymlaen o enedigaeth Crist (CC ac OC). Cf. 227. 'Y Cloc' ll.15–16.
11–12	Cyfeirir, mae'n debyg, at Grist yn gweddïo yng ngardd Gethsemane cyn ei fradychu, ei ddal a'i groeshoelio; gw. 97. 'Y Cymun' ll.6n.
13–16	Cyfeirir at y digwyddiadau a goffeir adeg gŵyl y Pasg, sef y Croeshoeliad a'r Atgyfodiad; gw. 1. 'Y Mynach' ll.360n; 12. 'Cymru' ll.13n.
14	**ufudd-dod** cf. Philipiaid 2:8.
	cernod cf. Mathew 26:67; Marc 14:65; Ioan18:22, 19:3.
15	**ar y trydydd dydd** Atgyfododd Crist ar y trydydd dydd ar ôl ei groeshoelio.
16	**gwanwyn dwbl** Ar y gwanwyn yn drosiad am yr Atgyfodiad, gw. 12. 'Cymru' ll.13n. Mae'r gwanwyn ysbrydol a thymhorol—atgyfodiad Crist ac atgyfodiad byd natur—yn cyd-ddigwydd yn y calendr; cf. 215. 'Sul y Pasg' ll.5.
17–20	Cyfeirir at y digwyddiadau a goffeir adeg yr Esgyniad a gŵyl y Pentecost neu'r Sulgwyn; gw. 148. 'Yr Eglwys' ll.23n; 113. 'Rwsia' ll.10n; 72. 'Jwdas Iscariot' ll.14n.
17	**mis Mai** mis cyntaf yr haf (cf. yr hen enw, Cyntefin). Ym mis Mai yr esgynnodd Crist i'r nef.
18	**yr Ysbryd Glân** Trydydd Person y Drindod; gw. 4. 'Yr Angylion a'r Gwragedd' ll.5n.
19	**Pentecost** gw. 72. 'Jwdas Iscariot' ll.14n.
20	**tafodau tân** gair mwys; gw. 191. 'Beirdd a Llenorion Ewrob' ll.16n; cf. 188. 'Yr Esgob William Morgan' ll.12, ll. 20.
23	**'r Drindod** gw. 4. 'Yr Angylion a'r Gwragedd' ll.5n.
24	cf. Mathew 9:37–8; Luc 10:2; Ioan 4:35.

151. CWMYREGLWYS

Mae copi holograff o'r gerdd hon ym meddiant Mrs Mari Ellis, Aberystwyth; ceir llungopi yn LlGC, Papurau Cynllun Ymchwil yr Academi Gymreig, 7.

Detholwyd i: John Davies (gol.), *O Fôn i Fynwy* (1962), 188.

Cyfieithiad: Patrick Thomas, yn *Sensuous Glory: The Poetic Vision of D. Gwenallt Jones*, goln Donald Allchin a D. Densil Morgan (2000), 93.

Trafodaethau: Dafydd Owen, 'O Fôn i Fynwy: cerddi Gwenallt–parhad', *Barn*, 123 (Ionawr 1973), 133; Wynne Jenkins, 'O Fôn i Fynwy (gol. John Davies): "Cwm yr Eglwys" D. Gwenallt Jones', *Barn*, 153 (Hydref 1975), 857.

Nodiadau testunol
11   **drown-ni** : drown (llsgr.)

Nodiadau cyffredinol
Cwmyreglwys pentref bychan ar lan y môr ger Trefdraeth, sir Benfro. Ar fin y dŵr mae adfeilion eglwys a olchwyd i'r môr gan storm arw yn 1859. Mae arwyddocâd pellach i'r gerdd o gofio bod 1859 yn flwyddyn o ddiwygiad crefyddol yng Nghymru; gw. CLC, 196–7. Roedd gan Gwenallt lun o Gwmyreglwys o waith F. R. Könekamp yn ei gartref (gw. 162. 'F. R. Könekamp', n). Ynddo gwelir y môr yn traflyncu pob peth yn ei lwybr, ond talcen yr eglwys. Atgynhyrchir y llun yn BBG, 45, ac ar siaced lwch y gyfrol hon.

3 **Seithennin** ceidwad y llifddorau a gadwai'r môr allan o dir Gwyddno Garanhir, yn ôl chwedl Cantre'r Gwaelod. Yn ei feddwdod esgeulusodd ei ddyletswyddau a boddwyd y wlad a phob un o'i thrigolion, ar wahân i'r brenin ei hun, gan y dyfroedd sydd bellach yn ffurfio Bae Ceredigion. Gw. CLC, 84–5.
4 **cangell** gw. 260. 'Swper yr Arglwydd' ll.7n.
5 **Ceidwad** gw. 1. 'Y Mynach' ll.49n.
6 cf. 7. 'Myfyrdod' ll.4n.
8 **y brenin ffôl** Caniwt yn ôl pob tebyg; gw. 224. 'Cwm Rhondda' ll.10n.
12 **gardd ffrwythau** Dichon mai Gardd Eden sydd ym meddwl y bardd yma; gw. 2. 'Y Sant' ll.269n.

152. Y PENSAER
Detholwyd i: Aneirin Talfan Davies (gol.), *Munudau gyda'r Beirdd* (1954), 62–3; Thomas Parry (gol.), *The Oxford Book of Welsh Verse* (1962), 476–7.

Trafodaeth: Dewi Stephen Jones, 'Tu hwnt i'r wynebau oll–3', *Barddas*, 114 (Hydref 1986), 11.

Nodiadau cyffredinol
Er nad oedd Joseff yn dad naturiol i'r Iesu (gw. Mathew 1:18; Luc 1:35), mae'r Beibl yn dangos iddo ymagweddu fel tad tuag at y plentyn. Saer oedd Joseff wrth ei alwedigaeth (Mathew 13:55) a rhesymol casglu mai ef a ddysgodd grefft saer i'r Iesu ifanc (Marc 6:3).

1 **fel pob llanc** Mynnai'r Iddewon fod pob plentyn yn dysgu rhyw grefft.
6 **Nasareth** y dref yng Ngalilea lle'r oedd Joseff a Mair yn byw, a chartref yr Iesu nes ei fod tua 30 oed; gw. IBD, 1061–3.
11–12 Rhagfynegiad o'r Croeshoeliad; gw. ll.14–15n.
14 **Gwaredwr** gw. 89. 'Y Gwaredwr', n.
14–15 Ar y Croeshoeliad, gw. 1. 'Y Mynach' ll.360n.
20 **gwastadedd y to** toi gwastad oedd ar gartrefi'r Iddewon; defnyddid y to fel ystafell ychwanegol.
25 **Y Pebyll** un o dair gŵyl fawr y flwyddyn Iddewig y disgwylid i bob gwryw gymryd rhan ynddi. Cymer ei henw o'r ffaith y byddai'r bobl yn byw mewn pebyll a wnaed o ganghennau dros saith niwrnod yr ŵyl; gw. IBD, 1511–12; ODCC, 1573.
 y Pentecost gw. 72. 'Jwdas Iscariot' ll.14n.
 y Pasg gw. 72. 'Jwdas Iscariot' ll.6n.
28 **Eglwys** gw. 76. 'Yr Eglwys', n.
29 **deuddeg o seiri coed a main** trosiad am y deuddeg apostol. Galwodd Iesu ddeuddeg o ddynion i fod yn ddisgyblion agos iddo, a cheir llawer o gyfeiriadau at 'y deuddeg' yn yr Efengylau. Wedi'r Atgyfodiad, a'u rhif bellach yn un ar ddeg yn sgil marwolaeth Jwdas (gw. 14. 'Y Gristinogaeth' ll.8n), dewiswyd Matheus i gymryd lle'r deuddegfed; gw. Actau 1:24–6. Cf. 192. 'Jesebel ac Elias' ll.535.

153. LASARUS
Gw. rhif 209 am gerdd arall dan yr un teitl, a cf. rhif 42.

Detholwyd i: *Yr Eurgrawn*, 144:4 (Ebrill 1952), 104.

Nodiadau cyffredinol
Lasarus gw. 42. 'Atgyfodiad Lasarus', n.
2   **Amen** gw. 192. 'Jesebel ac Elias' ll.823n.
4   **codi'r lludw** Gorchwyl cyfarwydd yng nghartrefi Cymru cyn i wres canolog ddod yn gyffredin fyddai codi lludw'r tân cyn noswylio. Mae gair mwys yma gan fod 'codi' yn gallu golygu adfywio neu atgyfodi, a defnyddir 'llwch' yn aml er cyfeirio at ran farwol dyn; cf. 1. 'Y Mynach' ll.524n.
5   **Phariseaid** carfan grefyddol Iddewig. Yn yr Efengylau maent yn gyson wrthwynebus i Grist; mae Crist o'r ochr arall yn cyhuddo'r Phariseaid o fod yn hunan-gyfiawn ac o fethu cadw eu deddfau eu hunain. Gw. IBD, 1209–10; ODCC, 1271–2.
6   **cychwyn y Croeshoelio** gw. 42. 'Atgyfodiad Lasarus', n; Ioan 11:47–12:11. Ar y Croeshoeliad, gw. 1. 'Y Mynach' ll.360n.
7   **ei ddwy chwaer** Mair a Martha; gw. 42. 'Atgyfodiad Lasarus', n.
8   cf. Ioan 12:1–2.
11   **o fwy** braidd yn fwy, tipyn yn fwy.
14   **Atgyfodiad** gw. 12. 'Cymru' ll.13n.

154. Y SWPER OLAF

Cadwyd copi teipysgrif o'r gerdd hon ar gefn copi o 271. 'Soned i Orffews' yn LlGC, Papurau Gwenallt, A13[1], 54, ond fe'i dilewyd â llinell bensil.

Nodiadau testunol
5   **Tynnai Israel :** Hi a dynnai (A13[1])
       modrwy : hen fodrwy (A13[1])
11   'Neithior cyn i'r Crist dynnu Ei Eglwys' oedd drll. gwreiddiol y llinell hon yn A13[1]; mae'r fersiwn diwygiedig arni wedi'i theipio ar ddiwedd y gerdd, heb arwydd ymha le yr oedd i'w chynnwys.

Nodiadau cyffredinol
Swper Olaf gw. 1. 'Y Mynach' ll.187n.
2   **goruwchystafell** gw. 221. 'John Edward Daniel' ll.9n.
3   **Pen-blwydd y pla olaf** gw. 72. 'Jwdas Iscariot' ll.6n; Exodus 11–12.
       Jehofa gw. 2. 'Y Sant' ll.349n.
3–4   Ceir hanes Moses yn arwain cenedl Israel allan o'r Aifft a thrwy'r Môr Coch, a ymrannodd yn dir sych ar eu cyfer, yn Exodus 14. Ar ôl i'r Israeliaid groesi'n ddiogel, dychwelodd y dyfroedd i'w lle a boddi byddin Pharo, a oedd yn eu hymlid.
5–6   Darlunnir cenedl Israel yn yr Hen Destament fel pobl sydd yn briod â Duw, ond sydd yn anffyddlon iddo, ac yn puteinio; gw., e.e., Jeremeia 31:32; Hosea 1:2; cf. 2. 'Y Sant' ll.545–6n; 67. 'Cymru' ll.2; 184. 'Cymru' ll.2.
8   **ei chwiorydd** y cenhedloedd o gwmpas pobl Israel (hwythau'n ddisgynyddion i Abraham, trwy Ismael; gw. 226. 'Sacheus' ll.6n); roedd yr Israeliaid yn eiddigeddus iawn o'u safle fel pobl etholedig Duw, a dirmygent y cenedl-ddynion.
10   **y pren** gw. 1. 'Y Mynach' ll.360n.
11–12 **Eglwys / Gatholig** gw. 76. 'Yr Eglwys', n. Ar yr Eglwys Gristnogol fel priodasferch Crist, gw. 146. 'Y Ddwy Efa', n. Ystyr 'Catholig' yma yw byd-eang; cf. 190. 'Albert Schweitzer' ll.4n.
12   **y môr coch** trosiad am waed Crist ar y groes; gw. 1. 'Y Mynach' ll.360n, a cf. ll.3–4n.

155. CEILIOG Y GWYNT

Detholwyd i: *Y Gangell*, 24 (Gaeaf 1952), 21, i gyd-fynd ag adolygiad G. J. Roberts ar *Eples*; Aneirin Talfan Davies (gol.), *Munudau gyda'r Beirdd* (1954), 68.

Nodiadau cyffredinol

Cymharodd Dewi Stephen Jones ddelwedd y ceiliog yn y gerdd hon â'r adar yng ngherddi W. B. Yeats, 'Sailing to Byzantium' a 'Byzantium'; gw. 'Tu hwnt i'r wynebau oll–3', *Barddas*, 114 (Hydref 1986), 11.

1	**Eglwys** gw. 76. 'Yr Eglwys', n.
3	**lle yn Ei blan** cf. 208. 'Barabbas' ll.12; 227. 'Y Cloc' ll.11.
4–5	Rhybuddiwyd Pedr gan yr Iesu y byddai'n ei wadu dair gwaith cyn i'r ceiliog ganu ddwywaith; gw. 72. 'Jwdas Iscariot' ll.13n.
5	**yr hen Apostol** Pedr; gw. 148. 'Yr Eglwys' ll.2n. Ar Apostol, gw. 2. 'Y Sant' ll.539n. **yn ddŵr** cf. 265. 'Pedr' ll.5n.
8	**Gwynt** trosiad cyffredin am yr Ysbryd Glân, ar sail adnodau megis Ioan 3:8; Actau 2:1–4. Ar yr Ysbryd Glân, gw. 4. 'Yr Angylion a'r Gwragedd' ll.5n.
10	**fioled** lliw litwrgïaidd y Grawys yn yr Eglwys Anglicanaidd, yn dynodi edifeirwch; gw. BDPF, 256. Ar y Grawys, gw. 210. 'Y Grawys', n.

156. CIP

Cyfieithiadau: Dyfnallt Morgan, *D. Gwenallt Jones*, Writers of Wales (1972), 12–13 (ll.13–28 yn unig); Joseph P. Clancy, *Twentieth Century Welsh Poems* (1982), 101.

Nodiadau cyffredinol

1–2	Roedd Gwenallt yn Ddarlithydd yn Adran y Gymraeg, Coleg Prifysgol Cymru, Aberystwyth, o 1927 hyd ei ymddeoliad yn 1966.
2	**Coleg [ger] y Lli** enw anwes ar Goleg Prifysgol Cymru, Aberystwyth, oherwydd safle'r adeilad gwreiddiol ('yr Hen Goleg') ger y môr.
4	**gwenithfaen** carreg o ansawdd caled iawn.
5	**rhosyn** Â delwedd y rhosyn yn y gerdd hon (gw. hefyd ll.13–16), cf. nofel Gwenallt, *Plasau'r Brenin* (1934), 86–7.
6	**gwacter ydyw'r cwbl** cf. Pregethwr 1:2.
9	**Darwin**, Charles Robert (1809–82), naturiaethwr a chwyldrôdd wyddor bywydeg â'i ddamcaniaeth am esblygiad trwy broses dethol naturiol ym myd natur, sy'n honni bod pob rhywogaeth—gan gynnwys dyn—yn disgyn o ffurfiau neu rywogaethau blaenorol. Gw. DNB; 103. 'Datblygiad' ll.1n. **Einstein**, Albert (1879–1955), ffisegydd a meddyliwr gwyddonol mawr a gyfrannodd fwy na neb arall yn yr 20fed ganrif i faes ffiseg ddamcaniaethol; cofir amdano'n arbennig efallai am ei waith ar theori perthynoledd.
10	cf. 142. 'Dyn' ll.14n.
11	Er mai at waith gwyddonol y cyfeirir yn arbennig yma, cf. Eseia 40:12,15; Daniel 5:27.
25	cf. Exodus 33:20–3; 169. 'Yr Hen Emynau' ll.28.
26	**Icarws** mab y crefftwr a'r dyfeisiwr chwedlonol o Athen, Daedalus. Er mwyn dianc o Ynys Creta lluniodd Daedalus adennydd o blu a chwyr iddo ef ac Icarws, iddynt gael hedfan i ffwrdd. Aeth Icarws yn rhy agos at yr haul, toddodd y cwyr a syrthiodd y llanc i'r môr a boddi. Gw. OCCL, 167.

157. MAIR A'R MILWR

Nodiadau cyffredinol

Mae'r sgwrs ddychmygol hon rhwng Mair Fadlen a milwr Rhufeinig yn troi o gwmpas profiadau gwahanol y ddau adeg Croeshoeliad Crist a'r Atgyfodiad; gw. 1. 'Y Mynach' ll.360n; 12. 'Cymru' ll.13n.

Mair [Fadlen] Yn ôl Luc 8:2, iachawyd Mair Fadlen gan Grist trwy fwrw saith gythraul ohoni. Daeth yn ddilynydd iddo Ef, ac fe'i henwir ymhlith y gwragedd a oedd yn bresennol adeg y Croeshoeliad. Mae Mair Fadlen yn chwarae rhan amlwg yn nigwyddiadau bore'r Atgyfodiad.

Wedi cyrraedd y bedd yng nghwmni gwragedd eraill, hi sy'n darganfod y bedd gwag a'r maen wedi'i dreiglo ymaith; hi sy'n dweud y newydd wrth y disgyblion; hi yw'r gyntaf i weld y Crist atgyfodedig. Gw. Mathew 27:56–28:1; Marc 15:40–16:10; Luc 24:10; Ioan 19:25–20:18; IBD, 960; ODCC, 1049–50.

1–4	gw. Mathew 27:27–30; Marc 15:16–19; Ioan 19:2–3.
1	**porffor** lliw yn dynodi statws ymherodr yn y diwylliant Rhufeinig; yn ddychanol y gwisgwyd llen borffor am Grist. Gw. 2. 'Y Sant' ll.364n; 192. 'Jesebel ac Elias' ll.7n.
6	**satwrnalia** gŵyl Rufeinig a ddethlid rhwng 17 a 19 Rhagfyr. Roedd yn adeg o lawenydd ac ewyllys da, o gynnau canhwyllau a chyfnewid anrhegion; ar lawer ystyr roedd yn debyg i ddathliadau Nadolig cyfoes, ac un o'r rhesymau dros bennu dathlu geni Crist ar yr adeg hon o'r flwyddyn oedd er disodli gŵyl baganaidd y satwrnalia. Dechreuid yr ŵyl trwy aberthu i'r duw Sadwrn yn ei deml, a dilynid hyn gan wledd gyhoeddus. Caeid y siopau, deuai masnachu i ben a chaniateid hap-chwarae mewn mannau cyhoeddus. Gwyrdroid y drefn arferol trwy ryddhau caethweision am y dydd; byddai'r meistri yn aml yn gweini arnynt, a dewisai pob aelwyd ryw ffug-frenin i lywodraethu dros y dathliadau. Gw. OCCL, 509.
10	**Sadwrn** duw Rhufeinig. Cysylltid ef weithiau â duw hadau, ond meddylid amdano'n arbennig fel duw'r gorffennol gwych, yr Oes Aur. Safai ei deml ar odre bryn y Capitol yn Rhufain, a gweithredai fel trysordy i Rhufeiniaid. Gw. OCCL, 509.
24–5	cf. Actau 2:27, 13:35–7.
26–7	**pryfed . . . / . . . llyffaint** creaduriaid a gysylltir â llygredigaeth a thywyllwch; cf. 140. 'Y Draenog' ll.9–10.
29	gw. Ioan 20:5–7.
31	**Gwanwyn** gw. 150. 'Y Calendr' ll.16n.
32	**Bywyd** gw. Ioan 1:4, 11:25.
33	**y trydydd dydd** gw. 150. 'Y Calendr' ll.15n.
34–5	gw. Ioan 20:17.
37	**Meseia** gw. 101. 'Yr Iddewon' ll.24n.

158. Y MERTHYRON
Nodiadau cyffredinol

Merthyron term a ddefnyddir bellach ar gyfer y rhai a ddienyddiwyd oherwydd eu ffydd. Fe'u gwelwyd gan yr Eglwys Fore fel rhai a ddilynodd esiampl Crist yn llythrennol, a rhoddwyd bri arbennig arnynt gan nodi pen-blwydd eu marwolaeth yn ŵyl yng nghalendr yr Eglwys. Coch oedd eu lliw litwrgïaidd, i ddynodi'r gwaed a gollwyd er mwyn eu ffydd. Gw. ODCC, 1046; 1. 'Y Mynach' ll.333n.

1	**Eglwys** gw. 76. 'Yr Eglwys', n. Yn Eglwys Llanbadarn Fawr, ger Aberystwyth, yr addolai Gwenallt adeg llunio'r gerdd hon; gw. 150. 'Y Calendr' ll.1–2n.
3	**lletring** 'darllenfa neu gadair ddarllen (mewn eglwys)'; GPC, 2162.
5	**Gwaredwr** gw. 89. 'Y Gwaredwr', n.
11–18	gw. 2. 'Y Sant' ll.40–8n.
19–20	Cadwyd nifer o draddodiadau am ferthyron yn canu emynau wrth gael eu dienyddio, a cf. hanes Paul a Silas yn y carchar yn Actau 16:25. Gw. hefyd y disgrifiad o Grist gogoneddus yn Datguddiad 1:16.
21	**hi** Am yr eglwys gyfoes y sonnir, mae'n debyg, a'r erlid ar Gristnogion mewn gwledydd comiwnyddol.
29–32	Am y ddelwedd sylfaenol o bobl Dduw fel defaid, cf. Salm 23, 100:3; Eseia 53:6; Ioan 10:1–18, 21:15–17; gw. hefyd ll.31n, a cf. 188. 'Yr Esgob William Morgan' ll.7–8.
29	**Notgochi** dynodi perchnogaeth ar anifail trwy osod nod coch arno.
30	cf. Mathew 7:15; Actau 20:29.
	Herod enw sydd yn ymgorfforiad o'r erlidiwr creulon. Gorchmynnodd Herod Fawr

Nodiadau: *Eples* 547

ladd pob bachgen dwyflwydd ac iau yn ei ymgais i ddifa'r Iesu ifanc; gw. 18. 'Plant Bethlehem', n. Roedd Herod Antipas yn gyfrifol am garcharu a dienyddio Ioan Fedyddiwr ac yn bresennol yn nhreial Crist; gw. Marc 6:14–28; Luc 23:7–11. Erlidiodd Herod Agripa yr Eglwys Fore; gw. Actau 12:1–4. Ar y tri Herod, gw. IBD, 642–5.

31 **bugeiliaid** trosiad cyffredin am arweinwyr eglwysig neu weinidogion; cf. Actau 20:28–9; ll.29–32n.
32 **Ei drigfannau** gw. Ioan 14:2. Cyfeirir at lywodraeth erlidgar yn meddiannu'r eglwys weledig, fel yn Tseina, neu yn yr Almaen yng nghyfnod Hitler. Cf. ll.21n.
33 **Seren Dafydd** arwydd a wnaed o ddau driongl, y naill ar ben y llall. Gorfodwyd Iddewon i wisgo Seren Dafydd gan y Natsïaid. Gw. BDPF, 1052, a cf. Datguddiad 22:16. Ar Ddafydd, gw. 150.'Y Calendr' ll.6n.
34 **Y bwystfil** gw. Datguddiad 13:15–17.
35–6 Dichon bod Gwenallt yn cyfeirio at hanesyn penodol, gan fod amryw o hanesion yn cylchredeg yn y cyfnod ar ôl y rhyfel am y math hwn o weithred hunanaberthol gan Gristnogion. Cyfeiria 'trên yr angau' at y trenau a ddefnyddiwyd i gludo'r Iddewon yn eu miloedd i'r gwersylloedd lle y caent eu difodi; gw. 147.'Yr Anifail Bras' ll.7n.
37 cf. ll.35–6n. Mae'n bosibl y cyfeirir yma at y cymorth ymarferol y ceisiai Cristnogion ei estyn i'r Iddewon yn wyneb erledigaeth y Natsïaid dan Hitler.
37–8 Cyfeirir at y prif gyfryngau erlid a ddefnyddid gan y Natsïaid dan Hitler; cf. 147. 'Yr Anifail Bras' ll.7n.

159. YR ERYROD
Nodiadau cyffredinol
Eryr aderyn a gysylltir yn aml mewn mytholeg â'r haul; mae hefyd yn symbol o bŵer, dewrder ac anfarwoldeb. Mewn celfyddyd Gristnogol mae'r eryr yn symboleiddio Ioan yr Efengylydd; gw. ll.25–8n, ll.29n. Gw. BDPF, 367.

1 Yn ôl traddodiad, mae'r eryr yn gallu edrych i lygad yr haul; gw. hefyd ll.18n.
3 cf. Eryr Gwernabwy yn chwedl *Culhwch ac Olwen*, a fu'n pigo'r sêr bob nos o ben carreg uchel; gw. CO, 32.
  pendant cf. 169. 'Yr Hen Emynau' ll.12n.
5 **saint** gw. 2. 'Y Sant', n.
10 **arennau** Credid yn draddodiadol mai'r arennau oedd tarddle cariad.
13 **Eglwys** gw. 76. 'Yr Eglwys', n.
15 cf. 165. 'Oberammergau' ll.22n.
16 **stigmata** gw. 1. 'Y Mynach' ll.77–8n.
18 cf. Eseia 40:31; Salm 103:5. Cyfeirir at hen draddodiad bod yr eryr, bob deng mlynedd, yn hedfan i'r haul cyn plymio i'r môr lle y cyll ei blu llosg a chael bywyd newydd; gw. BDPF, 368. Cymhwysir y traddodiad hwnnw yn y fan hon yn ddarlun o Gristnogion sy'n cael eu llosgi oherwydd eu ffydd (cf. 'hereticiaid', ll.14).
20 **cysgod eu hadennydd** cf. Salm 36:7.
21 **yr eryr aur** symbol brenhinol neu ymerodrol nifer o wledydd, gan gynnwys yr Ymerodraeth Rufeinig, yr Almaen a Rwsia.
23 cf. 169. 'Yr Hen Emynau' ll.9 yml. Mae 'cantigl' yn derm am emyn a gadwyd yn y Llyfr Gweddi Gyffredin.
24 **Magnificatâu** gw. 1. 'Y Mynach' ll.464n.
25 **yr Ysbryd Glân** gw. 4. 'Yr Angylion a'r Gwragedd' ll.5n.
25–8 Mae'n gyffredin i ddarllenfa mewn eglwys fod ar ffurf eryr a'i adenydd ar agor.
26 **ystlyswr** swyddog lleyg mewn eglwys leol sy'n cyflawni mân ddyletswyddau fel dangos y gynulleidfa i'w seddau, cymryd y casgliad, etc.
28 **y Datguddiad Cristnogol** y Beibl; dichon hefyd fod yma elfen o air mwys gan mai

	Ioan oedd awdur llyfr y Datguddiad; gw. ll.29n. Ar y cyfieithiad Cymraeg o'r Beibl, gw. 188. 'Yr Esgob William Morgan'.
29	**Ioan yr Efengylydd** awdur y bedwaredd Efengyl, llyfr y Datguddiad a thair epistol yn y Testament Newydd. Roedd Ioan yn un o'r apostolion, yn aelod o'r 'cylch mewnol' o ddisgyblion a oedd agosaf at yr Iesu, ac yn bresennol felly ar rai o'r achlysuron llai cyhoeddus yn ei weinidogaeth. Mae Efengyl Ioan yn wahanol i'r efengylau eraill o ran ei phwyslais a'i harddull: ei thema ganolog—fel y lleill—yw bod Crist yn Fab Duw ac iddo ddod i'r byd i achub pechaduriaid (cf. Ioan 20:31), ond tueddir i ddehongli'r thema hon yn hytrach nag adrodd yn fwy uniongyrchol am fywyd Crist fel y gwneir yn yr efengylau eraill. Gw. IBD, 794–5; ODCC, 880–1.
31	cf. ergydion rhythmig adnodau agoriadol Efengyl Ioan.
32	**dryswch rhamantaidd** cf. 171. 'Dewis' ll.1–2.
33–6	gw. *Credaf*, a cf. 112. 'Corff ac Ysbryd'.
33	**llinglwm** 'cwlwm anodd ei ddatod, cwlwm dyrys'; GPC, 2274.
37	**Karl Marcs** gw. 101. 'Yr Iddewon' ll.10n.
42	cf. 170. 'Gwlad ac Ynys' ll.28.
	Hegelaidd ansoddair wedi'i lunio o enw G.W. F. Hegel; gw. 148. 'Yr Eglwys' ll.13n.
	Kantaidd ansoddair wedi'i lunio o enw Immanuel Kant (1724–1804), athronydd o'r Almaen a gyflwynodd fethodoleg newydd ac arloesol i ddulliau athronyddol, ac a gafodd ddylanwad mawr ar feddylwyr diweddarach, gan gynnwys Hegel. Yn ôl Kant, mae gwybodaeth yn gyfuniad o ddata allanol a gweithgarwch meddyliol; gan fod y meddwl yn hidlo'r wybodaeth a ddaw iddo, mae pob gwybodaeth yn cael ei strwythuro gan y meddwl. Daliai na allwn wybod dim am bethau sydd y tu hwnt i natur, gan gynnwys Duw, er iddo ddefnyddio terminoleg grefyddol yn ei waith. Gw. ODCC, 919–20.
45	**apostolig** cf. 2. 'Y Sant' ll.539n.
46	*Logos* (Groeg, 'Gair') term a ddefnyddir yn arbennig wrth gyfeirio at Ail Berson y Drindod. Yn Ioan 1:1,14 ac 1 Ioan 1:1 sonnir am Air creadigol Duw yn dod o dragwyddoldeb gan gymryd cnawd a chael ei eni'n ddyn, sef Iesu o Nasareth. Gw. IBD, 908–9; ODCC, 992–3.
47	**y Drindod** gw. 4. 'Yr Angylion a'r Gwragedd' ll.5n.
50	gw. Ioan 1:14; cf. ll.64.
51–2	Roedd Ioan yn llygad-dyst i'r Croeshoeliad (gw. 1. 'Y Mynach' ll.360n) ac i'r Atgyfodiad (gw. 12. 'Cymru' ll.13n). Ef hefyd oedd y cyntaf i fentro i'r bedd gwag; gw. Ioan 20:8.
53–4	Ar fara a gwin, gw 1. 'Y Mynach' ll.187n; ar ddŵr, gw. 22. 'Cyffes y Golias' ll.15n; ar oleuni, gw. 2. 'Y Sant' ll.150n.
55–6	Cadwyd hanes bwydo'r pedair mil ym Mathew 15:32–8; Marc 8:1–9.
56	**catholig** gw. 190. 'Albert Schweitzer' ll.4n.
57	**Dydd y Farn** gw. 11. 'Y Bardd a'r Beirniad Olaf', n.
60	**llyfrgell o dystiolaeth** cf. Ioan 21:25.
61	gw. Ioan 13:23–5 (Ioan ei hun, fe dybir, yw'r disgybl 'yr hwn yr oedd yr Iesu yn ei garu'). Ar yr Ewcharist, gw. 1. 'Y Mynach' ll.187n.
	Haul Am yr haul yn drosiad am Grist neu Dduw, gw. Salm 84:11; Datguddiad 1:16, 10:1, 21:23, 22:5. Cf. hefyd 148. 'Yr Eglwys' ll.3n.
63	**y wennol** Yn ôl traddodiad Sgandinafaidd, hedodd gwennol dros groes Crist gan alw 'Svala! Svala!' ('Cysura! Cysura!'), ac o hynny y tardda'i henw (cf. Saesneg, *swallow*); gw. BDPF, 1069.
	y robin Yn ôl traddodiad, tynnodd robin ddraenen o goron ddrain Crist ar y ffordd i Galfari (gw. 98. 'Heulwen y Pasg' ll.3n), a'r gwaed a ddaeth o'r clwyf a liwiodd fron y robin yn goch; gw. BDPF, 943.
	'r dryw Yn ôl traddodiad, cytunai'r adar mai'r aderyn a hedai uchaf a fyddai'n frenin dros y lleill. Cododd yr eryr yn uwch na'r adar eraill i gyd, ond pan oedd ar ddiffygio

ymddangosodd dryw o'r plu ar ei gefn a hedfan ychydig yn uwch nag ef, ac felly ennill y gystadleuaeth. Câi'r dryw ei gydnabod yn frenin yr adar yn ystod y satwrnalia Rhufeinig pryd y gwyrdroid y drefn arferol; gw. 157. 'Mair a'r Milwr' ll.6n.

64 cf. ll.50n.

160. DEWI SANT

Cyfieithiadau: Dyfnallt Morgan, *D. Gwenallt Jones*, Writers of Wales (1972), 67 (ll.1–10 yn unig); Patrick Thomas, yn *Sensuous Glory: The Poetic Vision of D. Gwenallt Jones*, goln Donald Allchin a D. Densil Morgan (2000), 100–1.

Nodiadau cyffredinol

Dewi Sant gw. 2. 'Y Sant' ll.536n. Lluniodd Gwenallt ddrama radio am Ddewi Sant a ddarlledwyd 29 Chwefror 1952; gw. LlGC, Papurau Gwenallt, C2 ac C3.

1 **deufyd** gw. 1. 'Y Mynach' ll.324n.

 Eglwys gw. 76. 'Yr Eglwys', n. Mae'r rhaniad rhwng yr Eglwys filwriaethus (ll.2) a'r Eglwys fuddugoliaethus (ll.3) yn un traddodiadol.

4 **saint** gw. 2. 'Y Sant', n.

6–10 Ar y mynaich crwydrol (y bu Dewi yn un ohonynt) a ledaenodd Gristnogaeth yng Nghymru, gw. CLC, 542; 2. 'Y Sant' ll.521–2n.

8 **Y crud, y groes a'r bedd gwag** y Geni, y Croeshoeliad a'r Atgyfodiad, y tri phrif ddigwyddiad yn hanes Crist; gw. 99. 'Y Nadolig', n; 1. 'Y Mynach' ll.360n; 12. 'Cymru' ll.13n. Mae Gwenallt yn cyplysu'r rhain (ynghyd â'r Pentecost weithiau) yn aml ei gerddi, fel y gwnaeth yn *Credaf*; cf. 168. 'Yr Awen' ll.24; 169. 'Yr Hen Emynau' ll.4–7, 24; 170. 'Gwlad ac Ynys' ll.8–10; 192. 'Jesebel ac Elias' ll.304–5, ll.593–4, ll.774; 201. 'Amser' ll.11; 217. 'Sir Gaerfyrddin' ll.8–9; 226. 'Moderniaeth' ll.3; 228. 'Cyfanrwydd' ll.11–12; 241. 'Canaan' ll.21–2; 251. 'Eglwys y *Pater Noster*' ll.16–18.

12 **Efengyl** gw. 150. 'Y Calendr' ll.4n.

 allor bwrdd y Cymun; gw. 1. 'Y Mynach' ll.187n. Byddai'r mynaich crwydrol weithiau yn cario allor symudol o le i le gyda hwy. Yn y cyfnod cynnar, byddai'r offeiriad yn sefyll y tu ôl i'r allor wrth ddathlu'r Cymun, gan wynebu'r gynulleidfa, ac adferwyd yr arfer hwn mewn llawer o eglwysi bellach. Gw. hefyd ll.27n; ODCC, 46–7.

13 **Colegau** Cyfeirir yn bennaf at golegau Prifysgol Cymru, mae'n debyg; nid oedd yn arfer adeg llunio'r gerdd gyfeirio at sefydliadau cyfansoddol y brifysgol ffederal fel 'Prifysgol Abertawe', Prifysgol Caerdydd' etc., ond fel 'Coleg Abertawe', 'Coleg Caerdydd' etc.

14 **diben dysg** cf. 75. 'Pechod' ll.3.

15–19 cf. 95. 'Sir Forgannwg'; 132. 'Sir Forgannwg a Sir Gaerfyrddin'.

16 **golau ei lamp** gw. 2. 'Y Sant' ll.150n. Gall fod yma gyfeiriad at lun enwog Holman Hunt, 'Goleuni'r Byd' (1854), sy'n dangos Crist a lantern yn ei law yn curo ar ddrws yr enaid.

 talcen ffâs glo.

17 cf. *Credaf*.

 staeds (benth. o'r Saesneg, *stage*) term diwydiannol.

18 cf., e.e., Malachi 3:2–3; Job 23:10; Sechareia 13:9; 1 Pedr 1:7; *Credaf*.

20–1 cf. 1 Corinthiaid 12:27; Effesiaid 4:12; Rhufeiniaid 7:24 (yn eironig).

22 **pethau bach** Adleisir ymadrodd enwog o bregeth olaf Dewi, 'Gwnewch y pethau bychain . . .'; gw. D. Simon Evans (gol.), *Buched Dewi* (1959), 21.

23–7 Mae'r darlun a ddatblygir yma yn gysgod, mewn sefyllfa gartrefol, o ddathlu'r Cymun mewn eglwys Anglicanaidd; gw. ll.12n; cf. 158. 'Y Merthyron' ll.1n.

24 **llestri santaidd** At lestri'r Cymun y cyfeirir, cf. ll.25; gw. 1. 'Y Mynach' ll.187n.

26 **y tu ôl i'r bwrdd** gw. ll.12n.

27   **Aberth** O gyfnod cynnar gelwid offrwm y Cymun yn 'aberth' am ei fod yn gysgod uniongyrchol o aberth Crist ar y groes; cf. 'allor' ll.12n. (Term Protestannaidd yw Bwrdd y Cymun.) Gw. 1. 'Y Mynach' ll.187n.
30   gw. 192. 'Jesebel ac Elias' ll.334–40n.
36   **Lefiathan** gw. 109. 'Cymru a'r Rhyfel' ll.20n.
38   **cŵn Pavlov** anifeiliaid a ddefnyddid mewn arbrofion gan y ffisolegydd o Rwsia, Ivan Petrovich Pavlov (1849–1936), sy'n enwog am ddarganfod yr atgyrch cyflyredig. Roedd angen clafoer cŵn ar Pavlov ar gyfer ei arbrofion, a chafodd yr anifeiliaid i glafoerio trwy roi cig powdwr yn eu cegau. Sylweddolodd cyn hir y byddai'r cŵn yn clafoerio o weld y gwyddonydd a arferai roi'r cig powdwr iddynt. Darganfu Pavlov wedyn y gellid peri'r un ymateb yn y cŵn trwy gysylltu, er enghraifft, sŵn cloch â'r weithred o'u bwydo.

161. PLANT YR ALMAEN
Cadwyd copi teipysgrif o'r gerdd hon yn LlGC, Papurau Gwenallt, A13[1], 8, ar gefn copi o 227. 'Y Cloc'. Cyhoeddwyd hi gyntaf dan y teitl 'Rahel' yn *Baner ac Amserau Cymru*, 14 Tachwedd 1945, 1, ac wedyn yn *Y Ddolen*, gol. Thomas Parry (1946), 22.

Cyfieithiad: Patrick Thomas, yn *Sensuous Glory: The Poetic Vision of D. Gwenallt Jones*, goln Donald Allchin a D. Densil Morgan (2000), 123.

Nodiadau testunol
3   **ydoedd cleddyf :** oedd cleddyf yr (A13[1])
4   **ar :** wrth (*BAC, YDd*)
5   **sychion :** ysgafn (A13[1], *BAC, YDd*)
11   Yr un mor drwm fydd yr elor (*BAC, YDd*)
12   **Am fod :** Er bod (*BAC, YDd*)
16   **o :** o'i (A13[1], *BAC, YDd*)

Nodiadau cyffredinol
Cefndir y gerdd yw'r newyn dybryd a brofwyd yn yr Almaen yn y cyfnod ar ôl yr Ail Ryfel Byd.
1–4   gw. Mathew 2:16–18, sydd yn dyfynnu Jeremeia 31:15.
1   **Rahel** gwraig Jacob, un o sylfaenwyr y genedl Iddewig yn yr Hen Destament, a mam Joseff a Benjamin. Bu farw yn Rama, ger Bethel yng ngwlad Canaan, wrth esgor ar Benjamin; gw. Genesis 35:19–20; IBD, 1315–17. Mae Jeremeia yn darlunio Rahel megis wedi cyfodi o'r bedd ac yn galaru'n chwerw oherwydd lladd a chaethgludo disgynyddion ei meibion, a hyn yn ei dro yn mynd yn ddarlun yn Efengyl Mathew o alar mamau Bethlehem pan laddwyd eu plant gan Herod; gw. 18. 'Plant Bethlehem', n.
3   **cleddyf Herod** gw. 18. 'Plant Bethlehem', n; 158. 'Y Merthyron' ll.30n.
4   **Rhein** prif afon yr Almaen, sy'n codi yn yr Alpau ac yn llifo i Fôr y Gogledd. Difrodwyd nifer o drefi a dinasoedd diwydiannol pwysig yn nyffryn Rhein gan fomiau'r Cynghreiriaid yn ystod yr Ail Ryfel Byd.
        Ruhr ardal ddiwydiannol bwysig yng ngorllewin yr Almaen, yn cyffinio â dyffryn Rhein; dioddefodd fomio caled yn ystod yr Ail Ryfel Byd.
5   **swp o esgyrn sychion** gw. Eseciel 37, a cf. y llinell 'Ond swp o esgyrn mewn gwisg o gnawd' yng ngherdd T. H. Parry-Williams, 'Yr Esgyrn Hyn'; gw. *Cerddi* (1931), 18–20.
13   **Crist ar Ei groesbren** gw. 1. 'Y Mynach' ll.360n.
14   **o'i ystlys a'i draed** Wrth groeshoelio, gyrrid hoelion trwy'r dwylo a'r traed a thrywanwyd ystlys Crist â gwaywffon er sicrhau ei fod wedi marw; gw. hefyd 98. 'Heulwen y Pasg' ll.4n.
15   gw. 98. 'Heulwen y Pasg' ll.3n, a cf. y priod-ddull 'draenen yn yr ystlys'.
        penglog Gall fod gair mwys yma; yn ogystal â'r ystyr lythrennol, gw. 116. 'Cymru Victoria' ll.14n.

162. F. R. KÖNEKAMP

Detholwyd i: *Planet*, 58 (Awst/Medi 1986), 26, 28, i gyd-fynd ag erthyglau ar waith Könekamp gan Kenneth Gee a Gwen Davies.

Cyfieithiad: Tony Conran, *Welsh Verse* (1986), 284–5; idem, *Planet*, 58 (Awst/Medi 1986), 27, 29.

Nodiadau cyffredinol

Friedrich Könekamp (1897–1977) arlunydd a aned yn yr Almaen, ond a adawodd ei wlad yn 1933 pan ddaeth Hitler i rym. Symudodd i Gymru yn 1945, ac ymgartrefu mewn bwthyn ar lethrau Carn Ingli uwchben Trefdraeth yn sir Benfro. Treuliodd lawer o flynyddoedd yng ngogledd Penfro, ac mae nifer o'i luniau yn darlunio golygfeydd yr ardal honno. O ran arddull, perthyn ei waith i ysgol y Mynegiadwyr Haniaethol. Daeth Gwenallt a Könekamp yn gyfeillion; cafodd Könekamp loches gyda theulu Gwenallt yn Aberystwyth am rai misoedd tua diwedd yr Ail Ryfel Byd; trafodai Könekamp ei waith gyda Gwenallt, a soniai Gwenallt wrtho yntau am lenyddiaeth a hanes Cymru, gan gynnwys, mae'n debyg, hanes Cwmyreglwys (gw. 151. 'Cwmyreglwys', n). Gwnaeth Könekamp bortread trawiadol o Gwenallt a'r awen ar waith, a meddai'r bardd ar nifer o'i luniau yntau; gw. ll.21–4n; 151. 'Cwmyreglwys', n. Gw. Ifor Davies a Ceridwen Lloyd Morgan (goln), *Darganfod Celf Cymru* (1999), 161–3; Kenneth Gee a Gwen Davies, 'A German Painter in Pembrokeshire', *Planet*, 58 (Awst/Medi 1986), 16–25.

1   **merthyr** gw. 158. 'Y Merthyron', n.
     mynach Cafodd Könekamp dröedigaeth i'r Eglwys Gatholig yn yr 1930au, a bu'n ystyried mynd yn fynach ar un adeg.
2   **sant** gw. 2. 'Y Sant', n.
3   **Pwll Gwaelod** ger Dinas, rhwng Abergwaun a Threfdraeth, yn sir Benfro.
6   **sibolethau** 'defod, ymadrodd, hynodrwydd ieithyddol, &c., sy'n gweithredu fel nod amgen dosbarth cymdeithasol, proffesiwn, &c. . .'; GPC, 3267.
9   **egni gorfoleddus** Roedd Könekamp ei hun yn berson bywiog, byrlymus wrth natur.
11   **mathemategwr** Cafodd Könekamp yrfa academaidd ddisglair fel mathemategydd ym Mhrifysgolion Basle, Frieburg a Berlin; bu wrth draed Albert Einstein am gyfnod, ac aeth ymlaen i swydd darlithydd mewn mathemateg bur, cyn ffoi o'r Almaen yn 1933.
14   **yn ometrig** ffurf ar yr ansoddair 'geometrig'; cf. ll.11n, ll.12.
17   **egni atomig** gw. 120. 'Dyn' ll.6n.
19   cf. 100. 'Ewrob' ll.2n.
20   **El Grecoaidd Grist** El Greco oedd prif arlunydd yr ysgol Sbaenaidd yn yr 16eg ganrif; paentiai destunau crefyddol a beibladd gan mwyaf. Ei enw iawn oedd Domenikos Theotokopoulos (1541–1614), ac roedd yn frodor o Ynys Creta—felly'r llysenw El Greco gan y Sbaenwyr. Yn ystod ail hanner ei yrfa datblygodd El Greco arddull lle mae ffigurau'n cael eu hestyn yn annaturiol gan ddefnyddio lliwiau cryf er effaith ddramatig. Erbyn diwedd ei yrfa roedd ei arddull yn haniaethol ac yn fynegiadol: enghraifft dda o hyn yw ei lun enwog o'r 'Dioddefaint yn yr Ardd'. (Ai at y llun hwnnw y cyfeirir yn ll.25–8?) Roedd El Greco yn un o hoff arlunwyr Gwenallt ar un adeg, er yr ymddengys iddo ffafrio arlunwyr mwy realaidd eu dull erbyn diwedd ei oes; gw., e.e., W. R. P. George, 'Gwyliau Olaf Gwenallt', *Taliesin*, 24 (1972), 111.
21–4 Roedd y llun o waith Könekamp a ddisgrifir yma, 'Caethiwed', yn dangos ogof ddi-ben-draw, dywyll a chyfyng; mae'n bortread o un o garcharadai erchyll yr Almaen a bu'n crogi yng nghartref Gwenallt ym Mhenparcau. Ceir atgynhyrchiad ohono yn LlGC, Papurau Ymchwil yr Academi Gymreig, 7.
26   **Gethsemane** gw. 97. 'Y Cymun' ll.6n; cf. ll.20n.
     yr hoelion a'r drain gw. 1. 'Y Mynach' ll.360n; 161. 'Plant yr Almaen' ll.14n; 98. 'Heulwen y Pasg' ll.3n.
27   **ystumig . . . ymestyngar** gw. ll.20n.
28   **llafnau Toledo** Mae llafnau'r milwyr yn amlwg yn llun enwog El Greco, 'Tynnu Gwisg

Crist', yn Eglwys Gadeiriol Toledo yn Sbaen. Bu El Greco yn byw yn Toledo o 1577 ymlaen.
30   **Nebuchodonosor** y pwysicaf o frenhinoedd Babilon; teyrnasodd rhwng 605 a 562 CC. Ymosododd ar Jerwsalem, dwyn ysbail o'r Deml a mynd â charcharorion o Iddewon yn ôl i Fabilon yn 597 CC. Dinistriodd Jerwsalem eto yn 587 CC, ac yn 582 CC aethpwyd â rhagor o garcharorion Iddewig i Fabilon gan ddechrau ar gaethglud hir yr Iddewon yno. Gw. IBD, 1064–7. Gw. hefyd 2. 'Y Sant' ll.397n.
31   **arth** llysenw ar Rwsia. Ar yr ansoddair 'totalitaraidd', gw. 102. 'Testament yr Asyn' ll.34n.
    Stepiau Mae'r gair Slafonaidd *steppe* yn cyfeirio at y glaswelltiroedd eang a gwastad sydd yn ymestyn ar draws Ewrasia ganol.
38   *volk* (Almaeneg) 'pobl'.

163. I OFFEIRIAD Y DINISTRIWYD EI EGLWYS GAN FOM
Nodiadau cyffredinol
Reinhold Schneider (1903–58), awdur Almaeneg toreithiog, enwog am ei safbwynt gwrth-Natsïaidd ac ymrwymedig Babyddol (o dua 1937). Gwaharddwyd ef rhag cyhoeddi ei waith yn 1940, a chylchredwyd ei gerddi yn gyfrinachol gan ei gyfeillion; gw. OCGL, 749–50. Addasiad yw'r gerdd hon o'i 'An einen Priester, dessen Kirche völlig zerstört wurde'; gw. *Die Letzen Tage* (1945).

1   Anodd peidio â gweld cyfeiriad at ddinistrio'r Deml yn Jerwsalem yn y llinell hon; gw. 254. 'Wal yr Wylofain' ll.1n.
5   **teyrnas** gw. 150. 'Y Calendr' ll.6n.
    Mab y Dyn gw. 72. 'Jwdas Iscariot' ll.9n.
8   **Brenin** gw. 150. 'Y Calendr' ll.6n.
9   **llwybrau** delwedd feiblaidd gyffredin; cf., e.e., Deuteronomium 11:22, 26:17; Joshua 22:5.

164. MÜNCHEN
Nodiadau cyffredinol
München (*Munich*) prifddinas talaith Bafaria yn ne'r Almaen. Mae'n enwog am ei chwrw, a hefyd am ei diwydiannau cynhyrchu, a'i chrefftau. Mae München yn ganolfan ddiwylliannol o bwys, yn gartref i amgueddfeydd, orielau celf (mae yma gasgliad gwych o luniau gan arlunwyr Almaenig a Fflemaidd) a neuaddau cyngherddau. Mae hefyd yn ganolfan dysg. Dinistriwyd llawer iawn o'r ddinas gan fomiau'r Cynghreiriaid yn ystod yr Ail Ryfel Byd, ond llwyddwyd i'w hail-godi i raddau helaeth erbyn 1960. Aeth Gwenallt trwy München ar ei ffordd i Oberammergau yn 1950.

10   **eglwysi** Perthyn y rhan fwyaf o boblogaeth München i Eglwys Rufain; cf. 165. 'Oberammergau' ll.5n.
18   *Oktoberfest* gŵyl gwrw a gynhelir ym München o'r dydd Sadwrn olaf ym mis Medi i'r dydd Sul cyntaf ym mis Hydref bob blwyddyn.
19   **gwylmabsant** gw. 149. 'Amser' ll.17n.
22   **stondingau** amr. stondinau.
24–5   Mae Bafaria yn nodedig am gryfder ei diwylliant gwerin bywiog a lliwgar.
31   **ysgerbwd . . . llew o ddinas** Sefydlwyd München yn 1157 pan roddodd Harri y Llew, dug Bafaria, hawliau masnachu i farchnad a sefydlwyd gan fynaich lleol. Mae'r llew yn un o symbolau amlwg y ddinas; e.e., y cerfluniau enwog o flaen y Felderrnhalle. Ar ddelwedd yr ysgerbwd o lew, gw. Barnwyr 14:5–9,14,18, a'i awgrym o felystra yn dod allan o ddinistr.

165. OBERAMMERGAU
Cyfieithiad: Tony Conran, *Welsh Verse* (1986), 282–3.

Nodiadau testunol
14 **Mittenwald** : Mitwald (*Eples*)

Nodiadau cyffredinol
Oberammergau pentref yn Alpau Bafaria yn yr Almaen, i'r de-orllewin o München. Mae'n enwog am ei ddrama basiwn, sy'n denu cynulleidfaoedd o bedwar ban byd. Bob deng mlynedd bydd y pentrefwyr yn actio hanes dioddefaint a marwolaeth Crist, er cywiro addewid a wnaed yn 1633 pan arbedwyd y pentref rhag y Pla Du. Perfformiwyd y ddrama am y tro cyntaf yn 1634. Twristiaeth yw prif ddiwydiant yr ardal. Mae traddodiad cerfio coed a chrefftau cysylltiedig yn mynd yn ôl i'r Oesoedd Canol. Aeth Gwenallt ar daith i Oberammergau yn 1950.

1	**pererindota** gw. 11. 'Y Bardd a'r Beirniad Olaf' ll.14n.
2	**Pasiwn Calfaria** gw. 1. 'Y Mynach' ll.203n; 11. 'Y Bardd a'r Beirniad Olaf' ll.18n.
4	**Zugspitze** (2963m) copa yn Alpau Bafaria i'r de o Oberammergau, ar y ffin rhwng yr Almaen ac Awstria.
	Köpfel lle yn Alpau Bafaria, nid nepell o Oberammergau.
5	**Catholig** Perthyn mwyafrif poblogaeth Bafaria i Eglwys Rufain; cf. 164. 'München' ll.10n.
7	**Mamon asynglust** Cyfeirir at hanes Midas, brenin chwedlonol Phrygia. Oherwydd iddo wneud cymwynas ag un o'r duwiau, dyfarnwyd un dymuniad iddo; dymunodd Midas y byddai popeth y cyffyrddai ag ef yn troi'n aur, ac felly y bu. Pan sylweddolodd Midas fod ei fwyd hefyd yn troi'n aur, gofynnodd am gael tynnu ei ddymuniad yn ôl. Dro arall, roedd Midas yn feirniad mewn cystadleuaeth gerdd rhwng Apollo a Pan. Dyfarnodd Midas o blaid Pan, ac yn erbyn Apollo a roddodd glustiau asyn iddo yn arwydd o'i dwptra. Gw. OCCL, 363. Ar Famon, gw. 100. 'Ewrob' ll.24n.
10	cf. 130. 'Rhydcymerau' ll.31.
14	**Mittenwald** pentref yn Alpau Bafaria, i'r de-ddwyrain o Oberammergau, ger y ffin ag Awstria. Dechreuodd Matthius Klotz gynhyrchu fiolinau yma yn y 17eg ganrif, ac mae'r pentref bellach yn fyd-enwog am offerynnau o'r ansawdd uchaf.
18	**croeshoelio** gw. 1. 'Y Mynach' ll.360n.
19	**Phariseaid Marcsaidd** Comiwnyddion Dwyrain yr Almaen (a'r gwledydd comiwnyddol eraill yn Nwyrain Ewrop). Ar Phariseaid, gw. 153. 'Lasarus' ll.5n; ar Karl Marx, gw. 101. 'Yr Iddewon' ll.10n.
22	**gwŷr busnes yn y Deml** cf. Mathew 21:12–13; Marc 11:15–17; Luc 19:45–6. Ar y Deml, gw. 254. 'Wal yr Wylofain' ll.1n.
23	**Ianci** gair sathredig am Americanwr.
	Iwdas Jwdas; gw. 14. 'Y Gristionogaeth' ll.8n.
25	**Moscow** prifddinas Rwsia a'r Undeb Sofietaidd adeg llunio'r gerdd. Roedd Moscow yn ganolbwynt gwleidyddol ac economaidd nid yn unig i'r Undeb Sofietaidd ond hefyd i Ddwyrain Ewrop i gyd, ac yn brif ganolfan y mudiad comiwnyddol byd-eang; mae'n symbol, felly, o Gomiwnyddiaeth.
	Wall Street y stryd yn Efrog Newydd lle y ceir y Gyfnewidfa Stoc, swyddfeydd banciau a sefydliadau ariannol eraill. Fel canolfan gyllidol yr Unol Daleithiau daeth enw'r stryd yn gyfystyr â marchnad stoc America, ac felly'n symbol o gyfalafiaeth.
26	**Codi'r Crist** gw. 12. 'Cymru' ll.13n.
	Mair Forwyn gw. 1. 'Y Mynach' ll.80n.
	Mair Fadlen gw. 157. 'Mair a'r Milwr', n.
	apostolion gw. 2. 'Y Sant' ll.539n.
30	**bomiau atomig** gw. 120. 'Dyn' ll.6n.

31–2	Hen arfer yw codi croes ar ben mynydd. Ar y groes, gw. 1.'Y Mynach' ll.360n.
33–6	Cyfeirir at y delwau a'r ysgriniau pabyddol sydd i'w gweld o gwmpas pentref Oberammergau ac yn y cyffiniau.
35	**Geni** gw. 99.'Y Nadolig', n.
	Swper gw. 1.'Y Mynach' ll.187n.
37	**angylion** gw. 1.'Y Mynach' ll.388n.

166. BACH

Trafodaeth: John Rowlands,'Ein Llenorion Cerddorol', *Ysgrifau Beirniadol X*, gol. J. E. Caerwyn Williams (1977), 365.

Nodiadau cyffredinol
Bach gw. 1. 'Y Mynach' ll.456n. Er i J. S. Bach lunio llawer o weithiau seciwlar, ei weithiau mwyaf yw'r rhai crefyddol, a'r rheini sydd uchaf ym meddwl Gwenallt yn y gerdd hon, ac yn benodol, mae'n debyg 'Oratorio'r Nadolig' (ll.7–12), a 'Pasiwn Sant Mathew' (ll.13–30). Ar ddiddordebau cerddorol Gwenallt, gw. 91. 'Cerddoriaeth', n. Awgrymodd D. Tecwyn Lloyd (*Y Cardi*, 3, Awst 1968, 10), fod rhythmau'r penillion hyn yn efelychu sigl rhai o ddarnau ffiwgaidd Bach. Gw. hefyd 346.'Tyrd ferch i'r goedwig'.

1–6	Daw'r ddelwedd o ddisgrifiad Ioan 5:2–5 o natur ryfeddol pwll Bethesda yn Jerwsalem.
7–8	Gw. 99.'Y Nadolig', n.
9	**seren** gw. 2.'Y Sant' ll.503n.
10–11	gw. Luc 2:8–20; 1.'Y Mynach' ll.388n.
12	**Doethion** gw. 99.'Y Nadolig' ll.19–20n.
13	**Oen** gw. 1.'Y Mynach' ll.58n.
14	**Pasg** gw. 72.'Jwdas Iscariot' ll.6n.
15	**Pechodau nadreddog** gw. 1.'Y Mynach' ll.215n; 75. 'Pechod', n.
16–18	gw. 1.'Y Mynach' ll.187n.
20	**gardd** Gethsemane; gw. 97.'Y Cymun' ll.6n.
21	**gwaed a chwys** cf. Luc 22:44.
22–4	cf. Mathew 26:53.
24	**y bradwr** Jwdas; gw. 14.'Y Gristionogaeth' ll.8n; Mathew 26:47; Marc 14:43; Luc 22:47; Ioan 18:3.
25	**Calfaria** gw. 11.'Y Bardd a'r Beirniad Olaf' ll.18n.
26	**traethgan ac *aria*** termau cerddorol. Mae *aria* yn gyfansoddiad ar gyfer un llais ynghyd â chyfeiliant cerddorol; digwydd fel arfer yn rhan o opera, oratorio neu gantata, ac mae'n ffurf ddigon amlwg yng ngwaith Bach. Mae traethgan hefyd yn gyfansoddiad cerddorol ar gyfer un llais, ond mae'r symudiad melodig a rhythmig yn seiliedig ar oslef a rhythm llefaru (yn wahanol i *aria* lle mae'r strwythur bob amser yn gerddorol). Gw. OCM, 50, 859–60.
28–30	cf. 169.'Yr Hen Emynau' ll.28.
30	**drain a'r hoelion** gw. 1.'Y Mynach' ll.360n; 161.'Plant yr Almaen' ll.14n; 98.'Heulwen y Pasg' ll.3n.
31	**trindod** cf. 4.'Yr Angylion a'r Gwragedd' ll.5n.
32	**deuddeg** cf. 152.'Y Pensaer' ll.29n; Datguddiad 21:10–14.
36	**'r groes** gw. 1. 'Y Mynach' ll.360n. Ym mhen dwyreiniol eglwys y lleolir yr allor a'r groes, fel arfer. Dichon fod elfen o amwysedd yma; nid Cristnogaeth yw prif grefydd y byd dwyreiniol, ond Bwdaeth ac Islâm. Ystyr 'gwynfydedigo' yw bendigo; cf. 114. 'Dartmoor' ll.13n.

Gwreiddiau (Gwasg Aberystwyth, 1959)
'Mae'n debyg i'r awdur fwriadu unwaith alw'r gyfrol yn *Troi*'; R. Geraint Gruffydd, 'Cyfrol Ddiweddaraf Gwenallt', *Y Cylchgrawn Efengylaidd*, 4:9 (1960), 12.

Adolygiadau
J. Gwyn Griffiths, *Baner ac Amserau Cymru*, 25 Chwefror 1960, 7; R. Geraint Gruffydd, 'Cyfrol Ddiweddaraf Gwenallt', *Y Cylchgrawn Efengylaidd*, 4:9 (1960), 12–15; Eurys Rowlands, *Y Genhinen*, 10 (1959–60), 190–1; G. J. Roberts, *Yr Haul a'r Gangell*, 5 (Gaeaf 1960), 35–6; Harri Gwynn, *Lleufer*, 16:1 (1960), 47–9.

Rhagair: nodiadau
Aneirin Talfan Davies gw. *Eples*, n.
R[obert] L[ampert] Gapper arlunydd a cherflunydd. Roedd yn frodor o Lanaelhaearn, sir Gaernarfon, a bu'n aelod o staff Adran Gelf Coleg Prifysgol Cymru, Aberystwyth, am lawer o flynyddoedd cyn iddo ymddeol yn 1962. Y 'ffigur' a luniodd ar gyfer siaced lwch *Gwreiddiau* oedd y 'Chi-Rho', sef dwy lythyren gyntaf yr enw *Christos* (Groeg, 'Crist'), symbol a ddefnyddir yn aml i ddynodi'r ffydd Gristnogol.

167. GWREIDDIAU
Nodiadau cyffredinol

1 **Gwenith . . . haidd** Am y cyd-drawiad, gw., e.e., Deuteronomium 8:8; Job 31:40; Eseia 28:25. Cf. hefyd 97. 'Y Cymun' ll.1, sef cerdd agoriadol *Cnoi Cil*.
9 **gweryd terfynol** cf. llinell yn englynion enwog R. Williams Parry i Hedd Wyn, 'Daeth awr i fynd i'th weryd'; *Yr Haf a Cherddi Eraill* (1924), 100.
14 **Van Goghaidd** ansoddair wedi'i lunio o enw Vincent Van Gogh (1853–90), arlunydd mawr o'r Iseldiroedd, cynrychiolydd gorau ac enwocaf y dull Ôl-argraffiadol. Mae llawer o waith Van Gogh ar destunau gwledig a gwerinol, ac mae nifer o'i luniau yn ateb disgrifiad ll.13–15, e.e. 'Cae gwenith gydag ehedydd' (1887), 'Tirlun ger Auvers' (1889). Fodd bynnag, un o'i luniau enwocaf yw 'Cae gwenith gyda chypreswydd' a baentiwyd ym Medi 1889; ynddo gwelir y gwenith yn symud yn rhythmig dan awel gref, a phabïau yn glir yn y blaendir. Mae'r defnydd o felyn yn drawiadol yn y llun hwn, fel yn amryw o luniau Van Gogh.
16–20 Ar y ddelweddaeth sylfaenol, cf. 108. 'Gorffennol Cymru' ll.14n.
16 **dwthwn** Anodd peidio â meddwl am linell glo soned R. Williams Parry, 'Adref', 'Ac ni bu dwthwn fel y dwthwn hwn'; *Yr Haf a Cherddi Eraill* (1924), 20.
19 **Trwy'r canrifoedd yng Nghymru** cf. 11. 'Y Bardd a'r Beirniad Olaf' ll.15n.
 aradwyr Efengylaidd gw. 108. 'Gorffennol Cymru' ll.12n.
20 **erydr teircwys** Gan mai erydr uncwys a ddefnyddid wrth aredig hyd y 19eg ganrif, rhaid deall 'teircwys' yn drosiadol yma, naill ai am y groes (cf. 2. 'Y Sant' ll.501n) neu am y Drindod (gw. 4. 'Yr Angylion a'r Gwragedd' ll.5n). Gw. hefyd Ffransis Payne, *Yr Aradr Gymreig* (1975).

168. YR AWEN
Gw. rhifau 66, 313 a 325 am gerddi gwahanol dan yr un teitl.

Nodiadau cyffredinol
Awen gw. 3. 'Breuddwyd y Bardd' ll.41n.
1 **Pan beidiodd Duw â chreu** Ceir hanes y Creu yn Genesis 1:1–2:3. Y mateb i'r llinell hon yw'r gerdd ' "Pan beidiodd Duw â chreu . . ." Gwenallt' gan J. Proffit Jones, *Baner ac Amserau Cymru*, 10 Tachwedd 1960, 7.
3–4 gw. 4. 'Yr Angylion a'r Gwragedd' ll.5n.
5 **Gair yn Efengyl Ioan** gw. 159. 'Yr Eryrod' ll.46n.

6	**plentyn siawns ym mola Mair** Crist; gw. 1. 'Y Mynach' ll.80n; 152. 'Y Pensaer', n.
11	**nefolaidd gôr** angylion; cf. Luc 2:13–14, a gw. 1. 'Y Mynach' ll.388n.
15	**Atlas** duw ym mytholeg Groeg; ystyr ei enw yw 'yr un sy'n cynnal'. Atlas yw gwarcheidwad colofnau'r nefoedd sydd yn dal yr wybren yn ei lle; fel cosb am ei ran yng ngwrthryfel y Titaniaid, bu raid iddo ef ei hun gynnal yr wybren. Gw. OCCL, 76, 573.
17	**sgrin** ysgrin bren gerfiedig ar draws eglwys, yn gwahanu corff yr eglwys oddi wrth y gangell. Ym mhen draw'r gangell, yn y cysegr, y dethlir y Cymun. (Dinistriwyd ysgriniau'r rhan fwyaf o hen eglwysi Cymru yn ystod yr 17eg ganrif.)
	bara a gwin gw. 1. 'Y Mynach' ll.187n.
19	**anadl a roes Duw** cf. 1. 'Y Mynach' ll.303n.
20	**Besalel fab Uri** crefftwr eithriadol mewn metelau gwerthfawr a deunyddiau eraill y rhoddwyd iddo'r cyfrifoldeb o lunio'r tabernacl yn yr Hen Destament; gw. Exodus 31:1–11, 35:30–5.
21	**Cynddelw Brydydd [Mawr]** (*fl*.1155–95), y pwysicaf a'r mwyaf toreithiog o Feirdd y Tywysogion. Fel y rhan fwyaf o feirdd ei gyfnod, â'r canu mawl y cysylltir enw Cynddelw yn bennaf; canodd i deuluoedd brenhinol Powys, Gwynedd a Deheubarth yn eu tro. Ond mae gan Gynddelw hefyd nifer o gerddi mwy personol eu natur gan gynnwys cyfres nodedig o awdlau i Dduw. Gw. Bywg., 82–3; CLC, 145–6; Nerys Ann Jones ac Ann Parry Owen (goln), *Gwaith Cynddelw Brydydd Mawr, I* a *II* (1991, 1995). Nid Cynddelw oedd y cyntaf o'r beirdd Cristnogol Cymraeg; goroesodd cerddi crefyddol o'r 9fed neu'r 10fed ganrif ymlaen; gw. Marged Haycock (gol.), *Blodeugerdd Barddas o Ganu Crefyddol Cynnar* (1994).
22	**Elfed** sef Howell Elvet Lewis (1860–1953), bardd ac emynydd o sir Gaerfyrddin. Lluniodd gerddi radicalaidd a gwladgarol, a thelynegion rhamantaidd, ond fel emynydd y gwnaeth ei gyfraniad mwyaf. Mae amryw o'i emynau yn fyfyrdodau defosiynol synhwyrus a genir o hyd mewn addoliad cyhoeddus. Gw. Bywg.³, 125–6; CLC, 435; 217. 'Sir Gaerfyrddin' ll.55n.
24	gw. 160. 'Dewi Sant' ll.8n.
	y Nadolig gw. 99. 'Y Nadolig', n.
	y Groglith y diwrnod (dydd Gwener) yn y calendr eglwysig pryd y coffeir Croeshoeliad Crist (gw. 1. 'Y Mynach' ll.360n). Daw'r enw o'r arfer o ddarllen y llith am hanes y groes ('y grog') yn yr eglwysi ar y diwrnod hwnnw.
	y Pentecost gw. 72. 'Jwdas Iscariot' ll.14n.
	y Pasg gw. 72. 'Jwdas Iscariot' ll.6n.

169. YR HEN EMYNAU

Cyfieithiadau: Bryan Martin Davies, *Poetry Wales*, 11:3 (Gaeaf 1976), 80; Joseph P. Clancy, *Twentieth Century Welsh Poems* (1982), 104–5; Patrick Thomas, yn *Sensuous Glory: The Poetic Vision of D. Gwenallt Jones*, goln Donald Allchin a D. Densil Morgan (2000), 107–8.

Nodiadau cyffredinol

Fel hyn y dywed Gwenallt am y gerdd hon yn 1966, mewn llythyr personol at y Parch. Gareth H. Davies, gweinidog capel Soar, Pontardawe, ar y pryd: 'Yn Soar y clywais i yr hen emynau hyn.' Gw. Gareth H. Davies (gol.), *Seinio'i Glod: sef braslun o hanes Eglwys Iesu Grist yn Soar, Pontardawe* (1966), [3].

1–2	Ar fagwraeth grefyddol Gwenallt, gw. *Credaf*.
4–7	cf. ll.24; gw. 160. 'Dewi Sant' ll.8n.
4	**Calfaria** gw. 11. 'Y Bardd a'r Beirniad Olaf' ll.18n.
6	**Bethlehem** gw. 18. 'Plant Bethlehem', n.
8	**afon yr Iorddonen** yr afon fwyaf ym Mhalestina, sy'n llifo o fynydd Hebron trwy Fôr Galilea i'r Môr Marw. Mae Iorddonen yn gefndir cyson i ddigwyddiadau beiblaidd, ac

yn arbennig i weinidogaeth Crist. Gan fod ll.4–7 yn sôn am ddigwyddiadau penodol ym mywyd Crist, gellir tybio mai at hanes ei fedyddio gan Ioan Fedyddiwr y cyfeirir yma. Gw. Mathew 3:13–17; Marc 1:9–11; Luc 3:21–2. Mae croesi Iorddonen yn drosiad cyffredin am farw; gw. 1. 'Y Mynach' ll.520n.
fitrel gw. 123. 'Y Dirwasgiad' ll.14n. Cf. hefyd 293. 'Tir Gobaith' ll.19.

12	**pendant** cf. 159. 'Yr Eryrod' ll.3; *Credaf.*
14	**tylluanod** gw. 45. 'Beddargraff Gwraig Enwog' ll.4n.
21–3	cf. 75. 'Pechod' ll.9–12.
24	cf. ll.4–7n.
26	**y diferion gwaed a'r dŵr** gw. 1. 'Y Mynach' ll.517n.
27	cf. Salm 2:12; Luc 7:38,45.
28	cf. 156. 'Cip' ll.25n; 166. 'Bach' ll.28–30.

170. GWLAD AC YNYS
Nodiadau cyffredinol

7	**pechod** gw. 75. 'Pechod', n.
8–10	gw. 160. 'Dewi Sant' ll.8n.
8	**yr enedigaeth wyryfol** gw. 1. 'Y Mynach' ll.80n.
9	**Gwyrthiau** Cyflawnodd Crist amryw o wyrthiau yn ystod ei weinidogaeth, gan gynnwys troi dŵr yn win, atgyfodi'r meirw a gwella cleifion. Gw. IBD, 1009–11; ODCC, 1091.
	duw yn dyfod yn ddyn cf. 2. 'Y Sant' ll.141n.
13	**labordy** O ail hanner y 19eg ganrif ymlaen yn arbennig, rhoddid pwyslais cynyddol ar yr angen i 'brofi' pob peth trwy ddulliau gwyddonol, a thueddid i orseddu gwyddoniaeth uwchlaw pob disgyblaeth arall. Cf. 142. 'Dyn' ll.14n.
	Rhesymolwr Mae Rhesymoliaeth yn gyfundrefn feddyliol sydd yn pwysleisio rhan y rheswm yn y broses o ennill gwybodaeth, yn hytrach na phrofiad personol a'r synhwyrau, a datganiadau awdurdodol gan eglwys, etc. Ymddiddorai Rhesymolwyr y 18fed ganrif a'r 19eg yn fawr mewn gwyddoniaeth, gan chwarae rhan bwysig yn natblygiad gwyddoniaeth fathemategol, er enghraifft. Mae Rhesymolwyr wedi herio rhai o brif gredoau Cristnogaeth—megis y Drindod, y Creu, yr Ymgnawdoliad, yr Atgyfodiad—am nad oes modd eu profi'n rhesymegol. Gw. hefyd 216. 'Disgyblion Didymus' ll.13n.
14	**pedwar efengylydd** gw. 150. 'Y Calendr' ll.4n.
	Darwin gw. 156. 'Cip' ll.9n.
	Huxley, Thomas Henry (1826–95), biolegydd a'i henwogodd ei hun fel cefnogwr damcaniaethau Darwin ynghylch esblygiad. Yn ei lyfr *Zoological Evidences as to Man's Place in Nature* (1863), cefnogodd yr honiad mai'r epa yw perthynas agosaf dyn.
	Bradlaugh, Charles (1833–91), Rhyddfeddyliwr. Fe'i hetholwyd yn Aelod Seneddol dros Northampton yn 1880 ond ni chafodd gymryd ei sedd gan na allai, fel anffyddiwr, dyngu ar y Beibl. Cafodd ei ailethol i Dŷ'r Cyffredin sawl gwaith, a'i wrthod bob tro nes i'r Prif Weinidog ganiatáu iddo dyngu. Ymdrechodd Bradlaugh i sicrhau rhyddid y wasg i gymryd safbwynt gwrthgrefyddol, a chyhoeddodd nifer o bamffledi yn dadlau'i safbwynt. Gw. DNB; ODCC, 230–1; E. Wyn James, 'Gladstone yn Gymraeg', *Cylchgrawn Llyfrgell Genedlaethol Cymru*, 28 (1993–94), 70.
	McCabe, Joseph Martin (1867–1955), Rhesymolwr. Er iddo dderbyn urddau offeiriad yn 1890 a'i benodi'n rheithor coleg Pabyddol, cafodd McCabe ei boeni gan amheuon er ei ieuenctid. Yn 1896 gadawodd ei urdd a'r eglwys ac ymroi i ymgyrchu yn erbyn ei ddaliadau blaenorol. Cyhoeddodd lawer o lyfrau a phamffledi er hybu safbwynt y Rhesymolwyr a'r Rhyddfeddylwyr, ac roedd yn ddarlithydd a dadleuwr brwd ar y safbwyntiau hyn. Gw. DNB.

15–22	Dichon mai 'archwilwyr' yr isymwybod, megis y seicoanalydd Sigmund Freud, sydd mewn golwg yma; gw. 176. 'Epigramau' ll.67n.
22	**pysgodyn y Pasg** Defnyddiai'r Cristnogion cynnar bysgodyn yn symbol am eu ffydd am fod llythrennau'r gair Groeg *ichthus* ('pysgodyn') yn acronym o briflythrennau'r geiriau 'Iesu Grist, Mab Duw, Gwaredwr'. Ar y Pasg, gw. 72. 'Jwdas Iscariot' ll.6n.
23	**Crist coch** Ar arwyddocâd yr ansoddair, gw. 113. 'Rwsia' ll.10n; 158. 'Y Merthyron', n.
24	**Pascal**, Blaise (1623–62), gwyddonydd o Ffrainc a diffynnydd Cristnogaeth. Bu'n ymwneud ag arbrofion gwyddonol o oedran gynnar ond ar 23 Tachwedd 1654 cafodd brofiad o 'Dduw Abraham, Duw Isaac a Duw Jacob ac nid duw'r athronwyr a'r gwyddonwyr'. Lluniodd nodiadau i brofi gwirionedd Cristnogaeth yn erbyn safbwyntiau'r Rhyddfeddylwyr cyfoes. Er bod y profiad o Grist fel Gwaredwr personol yn ganolog i grefydd Pascal, mae hefyd yn dadlau'n rhesymegol ac yn cyfeirio at brofion beiblaidd o wirionedd Cristnogaeth. Gw. ODCC, 1224–5. **Kierkegaard**, Søren Aabye (1813–55), athronydd o Ddenmarc. Rhwng 1843 a'i farwolaeth cyhoeddodd gyfres o weithiau a oedd i'w osod yn rheng flaen athronwyr diweddar. Ymosododd ar Hegeliaeth (gw. 148. 'Yr Eglwys' ll.13n) a oedd mewn bri yn Nenmarc ar y pryd, ac yn ei le gosododd Gristnogaeth a ddisgrifiodd berthynas Duw a dyn yn nhermau pechod ac iachawdwriaeth, gan bwysleisio gwaith Crist ac arwyddocâd y groes. Gw. ODCC, 926–7. **fel haul** gw. 159. 'Yr Eryrod' ll.61n.
26	**Ei oleuni gwir** gw. Ioan 1:9; 2. 'Y Sant' ll.150n.
28	cf. 159. 'Yr Eryrod' ll.42. Gw. hefyd englyn T. Arfon Williams, 'Ewyn', yn *Blodeugerdd o Farddoniaeth Gymraeg yr Ugeinfed Ganrif*, goln Gwynn ap Gwilym ac Alan Llwyd (1987), 449.

171. DEWIS
Gw. rhif 31 am gerdd wahanol dan yr un teitl.

Cyfieithiadau: Dyfnallt Morgan, *D. Gwenallt Jones*, Writers of Wales (1972), 63–5; Patrick Thomas, yn *Sensuous Glory: The Poetic Vision of D. Gwenallt Jones*, goln Donald Allchin a D. Densil Morgan (2000), 119–20.

Nodiadau cyffredinol

1	gw. *Credaf*; cf. 159. 'Yr Eryrod' ll.32.
3–4	**goleuni / Neon** Mae lampau neon yn cynhyrchu golau lliw, disglair, a ddefnyddir yn aml ar gyfer hysbysebu nwyddau a siopau.
4	**myfi oeddwn i** cf. ll.27. Mae'n bosibl i chwaraeir yma â geiriau Descartes, '*Cogito ergo sum*' (Rwy'n meddwl, felly rwy'n bod). Cf. hefyd 199. 'Duw' ll.9n.
16	**croeshoelio'r niwl ar Galfaria** gw. 1. 'Y Mynach' ll.360n; 11. 'Y Bardd a'r Beirniad Olaf' ll.18n.
27	**myfi oeddwn i** cf. ll.4.
30	**pechod** gw. 75. 'Pechod', n. **gras** gw. 1. 'Y Mynach' ll.38n.
32	**eglwys** gw. 76. 'Yr Eglwys', n; 158. 'Y Merthyron' ll.1n. Gadawodd Gwenallt yr Eglwys Anglicanaidd a dychwelyd at Eglwys Bresbyteraidd Cymru yn 1957 a'i dderbyn yn aelod yn y Tabernacl, Aberystwyth. Fodd bynnag, at ei dröedigaeth i Gristnogaeth o anffyddiaeth ei ieuenctid y cyfeirir yma.
35	**seren solet** cf. 2. 'Y Sant' ll.503n. **crud Baban** gw. 99. 'Y Nadolig', n, ll.6n.

172. Y DRWS
Cyfieithiad: Patrick Thomas, yn *Sensuous Glory: The Poetic Vision of D. Gwenallt Jones*, goln Donald Allchin a D. Densil Morgan (2000), 105.

Trafodaethau: Dewi Stephen Jones, 'Tu hwnt i'r wynebau oll–2', *Barddas*, 110 (Mehefin 1986), 6–7; Robert Rhys, 'D. Gwenallt Jones', yn *Y Patrwm Amryliw 1*, gol. Robert Rhys (1997), 164.

Nodiadau cyffredinol
Mae'r gerdd hon yn troi o gwmpas digwyddiadau ar ddiwedd cainc *Branwen* ym *Mhedair Cainc y Mabinogi*. Wedi'r dinistr yn Iwerddon, saith o wŷr yn unig sy'n dychwelyd i Gymru. Ar orchymyn eu brenin clwyfedig, Bendigeidfran, maent yn torri ei ben ac ânt ymlaen i Harlech lle y gweddant am saith mlynedd a chael eu difyrru gan adar Rhiannon, a phen Bendigeidfran yn gwmni cystal ag y bu'r brenin erioed. Ar ddiwedd y saith mlynedd ânt ymlaen tua Gwales ym Mhenfro (sef ynys Grassholm) a chyrraedd neuadd ac ynddi dri drws caeedig. Arhosant hwy a'r pen yno am 80 mlynedd yn fodlon a heb heneiddio nes i Heilyn agor yr un drws a waharddwyd iddynt. Ar unwaith, cofiodd y seithwyr y cwbl o'r gofid a'r golled a fu iddynt cyn hynny, ac yn bennaf teimlasant golli eu harglwydd. Gw. CLC, 297; PKM, 44–7.

3	**yr adar esthetig** gw. 6. 'Adar Rhiannon', n.
4	Adleisir brawddeg yng nghainc *Branwen*; PKM, 46.
6	**Khayyâm**, Omar (*c*.1050?-1122), bardd a seryddwr o Bersia. Lluniodd benillion yn cynnwys ei fyfyrdodau a'i syniadau ynghylch dirgelion bywyd, a'i gyngor i yfed a mwynhau tra y gellir; fe'u cyfieithwyd i'r Gymraeg gan John Morris-Jones. Gw. J. Griffith Williams, *Omar* (1981); OCEL, 595.
8	**Helen** gw. 1. 'Y Mynach' ll.197n. **Salome** merch Herodias (wyres Herod Fawr; gw. 158. 'Y Merthyron', ll.30n) o'i gŵr cyntaf Herod Philip. Er nad enwir hi yn yr Efengylau fe'i cysylltir fel arfer â'r ferch a ddawnsiodd gerbron Herod ac y dienyddiwyd Ioan Fedyddiwr ar ei chais; gw. Mathew 14:1–11; Marc 6:14–28. Mae *Salomé* hefyd yn deitl ar ddrama gan Oscar Wilde am nwydau gormesol; fe'i cyfieithwyd i'r Saesneg o'r Ffrangeg wreiddiol yn 1894, ond gwaharddwyd ei llwyfannu ym Mhrydain. ***La Belle Dame [sans Merci]*** baled o waith y bardd Saesneg John Keats (1795–1821), a ysgrifennwyd yn 1819. Pan ddihuna marchog o'i freuddwyd am ei arglwyddes hardd ysgafndroed ('*La belle dame*'), mae'n ei gael ei hun ar allt oerllyd lle nad oes yr un aderyn yn canu. Gw. OCEL, 78.
11	cf. 121. 'Y Meirwon' ll.8n, ll.21n. **coch** Mae elfen o air mwys yma gan fod coch, yn ogystal â bod yn lliw gwaed, yn gallu golygu 'gwael, gwarthus'.
12	**y bara, y gwin a'r groes** gw. 1. 'Y Mynach' ll.187n, ll.360n.

173. Y MAEN RHWYSTR

Atgynhyrchwyd ll.5–8 (ynghyd â 176. 'Epigramau' ll.85–8) dan y pennawd 'Epigramau' yn *Y Dysgedydd*, 140 (Medi-Hydref 1960), 206.

Cyfieithiad: Patrick Thomas, yn *Sensuous Glory: The Poetic Vision of D. Gwenallt Jones*, goln Donald Allchin a D. Densil Morgan (2000), 142.

Nodiadau cyffredinol
Y maen a osodwyd yng ngheg yr ogof a ddefnyddiwyd yn fedd i Grist, ac a gafwyd wedi'i dreiglo ymaith ar fore'r Atgyfodiad yw craidd delweddaeth y gerdd hon. Gw. Mathew 27:60–28:2; Marc 15:46–16:4; Luc 24:2; Ioan 20:1. Am hanes yr Atgyfodiad, gw. 12. 'Cymru' ll.13n.

1–4	cf. Mathew 27:62–6.
4	cf. Mathew 22:23; Marc 12:18; Luc 20:27; Actau 23:8.
5	**Stalin** gw. 105. 'Y Comiwnyddion' ll.3n.
8	cf. ll.11; 112. 'Corff ac Ysbryd'.
9	**Pan holltwyd yr atom** gw. 120. 'Dyn' ll.6n.
10	**hen briodas** cf. 112. 'Corff ac Ysbryd' ll.2.

11	cf. ll.8; gw. hefyd 192. 'Jesebel ac Elias' ll.790.
13	cf. Rhufeiniaid 7:14–8:13; 1 Pedr 2:11.
15–16	Cyfeirir at hanes dau o ddilynwyr Crist yn teithio i Emaus (pentref tua 11km o Jerwsalem) wedi'r Croeshoeliad. Ymuna dieithryn â hwy sy'n egluro'r ysgrythurau iddynt, a sylweddolant o'r diwedd mai'r Crist atgyfodedig ydyw; gw. Luc 24:13–35.
15	**yr Ysbryd** yr Ysbryd Glân, Trydydd Person y Drindod; gw. 4. 'Yr Angylion a'r Gwragedd' ll.5n.
20	**Tystiolaeth** cf. Luc 24:46–8; Actau 1:8, 4:20; 1 Ioan 1:1–3.
	yr un ar ddeg Ar y deuddeg disgybl, gw. 152. 'Y Pensaer' ll.29n. Ar ôl i Jwdas Iscariot gymryd ei fywyd ei hun, a chyn dewis Matheus yn ei le, am 'yr un ar ddeg' y sonnir yn niwedd yr Efengylau; gw., e.e., Mathew 28:16; Marc 16:14.
23	**peraroglau Mair** Cyfeirir at hanes Mair Fadlen yn mynd at fedd Crist yng nghwmni gwragedd eraill gyda'r bwriad o beraroglı'r corff; gw. Marc 16:1; Luc 24:1. Ar Fair Fadlen, gw. 157. 'Mair a'r Milwr', n.
24	gw. 98. 'Heulwen y Pasg' ll.10n.

174. Y PEDWAR AMSER
Nodiadau cyffredinol
Gellir defnyddio'r ymadrodd 'y pedwar amser' i olygu 'y pedwar tymor [yn y flwyddyn]'; cf. hefyd y priod-ddull 'unwaith yn y pedwar amser'.

15	**'r Gŵr ar y pren** Crist; gw. 1. 'Y Mynach' ll.360n; 2. 'Y Sant' ll.199n.

175. NEWID BYD
Nodiadau cyffredinol

3–10	Daw delweddaeth y llinellau hyn o hanes Moses yn arwain cenedl Israel allan o'u caethiwed yn yr Aifft trwy'r anialwch ac i Wlad yr Addewid; gw. 3. 'Breuddwyd y Bardd' ll.192n; 142. 'Dyn' ll.26n. Fe'i defnyddir yn eironig yma yn drosiad am y daith tuag at ddelfryd Sosialaeth Ryngwladol. Mae'n adlewyrchu'r hyder yng nghynnydd anorfod y ddynoliaeth a nodweddai'r cyfnod cyn y Rhyfel Byd Cyntaf. Gw. *Credaf*, a cf. 121. 'Y Meirwon' ll.33–4.
6	**y Dadeni Dysg** term am y cyfnod o adfywiad eithriadol mewn celfyddyd, llên a dysg a weddnewidiodd ddiwylliant Ewrop, gan gynnwys Cymru. Dechreuwyd teimlo effeithiau'r Dadeni mor gynnar â'r 14eg ganrif yn yr Eidal, ond yr 16eg ganrif oedd cyfnod pwysicaf y Dadeni yng Nghymru. Gw. CLC, 154.
9	**pen Nebo** O gopa mynydd Nebo y gwelodd Moses wlad Canaan, Gwlad yr Addewid; gw. Deuteronomium 34:1; IBD, 1064. Cf. 'copa Gellionnen', 121. 'Y Meirwon' ll.33n.
10	cf 192. 'Jesebel ac Elias' ll.401. Ar Ganaan, gw. 132. 'Sir Forgannwg a Sir Gaerfyrddin' ll.24n.
14	cf. 121. 'Y Meirwon' ll.33.
	niwl hud y Mabinogion Yng nghainc *Manawydan* ym *Mhedair Cainc y Mabinogi*, syrthia niwl trwchus yn ddirybudd dros wlad doreithiog Dyfed. Ar ôl iddo godi gwelir bod y wlad wedi'i gadael yn ddiffrwyth a phob arwydd o fywyd—yn ddynion ac yn anifeiliaid—wedi diflannu ac eithrio pedwar prif gymeriad y stori. Gw. PKM, 51–2.
21	**'Diwedd byd a Dydd Barn'** Adleisir llinell o 'Gywydd Dydd y Farn' gan Goronwy Owen (gw. 308. 'Alltudiaeth' ll.1n), gw. BDdG, 39. Gw. hefyd 11. 'Y Bardd a'r Beirniad Olaf', n.
24	**'r bom** y bom atomig a feddylir; cf. ll.27. Gw. 120. 'Dyn' ll.6n.

176. EPIGRAMAU
Gw. rhif 238 am gasgliad arall o epigramau. Atgynhyrchwyd ll.85–8 (ynghyd â 173. 'Y Maen Rhwystr' ll.5–8) dan y pennawd 'Epigramau' yn *Y Dysgedydd*, 140 (Medi-Hydref 1960), 206.

Nodiadau cyffredinol

8 **Solo aderyn du** Mae cân yr aderyn du yn glir a melodig.

11–12 **drychau / Yn ystumio** Roedd drychau a ystumiai'r adlewyrchiad mewn gwahanol ffyrdd yn gyffredin fel atyniad mewn ffeiriau yn y cyfnod hwn.

17–18 Cyfeirir at syniadau Platon ynghylch natur bodolaeth; gw. 192. 'Jesebel ac Elias' ll.724n, a cf. ll.53–6.

24 **blin** gair mwys; gall 'blin' olygu dig yn ogystal â blinedig, a cf. y priod-ddull 'mae'n flin gennyf'.

43 **nadredd** gw. 1. 'Y Mynach' ll.215n.

48 **Bwchenfeldi** gw. 147. 'Yr Anifail Bras' ll.7n.

Hiroshimâu gw. 120. 'Dyn' ll.6n.

53–6 cf. ll.17–18n.

61 **Cawsom brifddinas** Yn 1955 y cydnabuwyd Caerdydd yn swyddogol yn brifddinas Cymru.

62 **Madam Tussaud's a Sŵ** Roedd amgueddfa delwau cwyr Madam Tussaud a Sŵ Llundain ymhlith atyniadau hamdden pwysicaf Llundain yn ystod yr 1950au.

65–6 Dan ddylanwad yr athronydd Jean Jacques Rousseau (1712–78), credai mudiad rhamantaidd y 19eg ganrif fod y dyn naturiol—a'r plentyn megis yn ymgorfforiad o'r haniaeth honno—yn hanfodol dda, yn rhydd o bob hunanoldeb ac eiddigedd, etc., ac mai cymdeithas sydd yn ei lygru. Gwaith pwysicaf a mwyaf dylanwadol Rousseau oedd ei draethawd ar addysg, *Émile* (1762); cafwyd cyfieithiad Cymraeg gan R. M. Jones yn 1963.

67 **Freud**, Sigmund (1856–1939), seicoanalydd, y person cyntaf i archwilio'r isymwybod mewn ffordd wyddonol. Cafodd ei syniadau ddylanwad mawr ar y ffordd y mae dyn modern yn synio amdano'i hun, trwy ddangos sut y mae meddyliau ac atgofion (yn enwedig rhai o natur rywiol) a wthiwyd i'r isymwybod yn effeithio ar yr unigolyn ar hyd ei fywyd; gw., e.e., 2. 'Y Sant' ll.22–6n, ll.34–5n, ll.67–73n, ll.85–91n.

68 **myned trwy** gair teg am y weithred rywiol. Nodir yma gymhlethdod seicolegol cwbl nodweddiadol o waith Freud, sef Cymhlethdod Oedipus; gw 2. 'Y Sant' ll.34–5n; a cf. 144. 'Plentyn' ll.12n.

70 **uffern dân** gw. 2. 'Y Sant' ll.53–4n.

72 gw. 120. 'Dyn' ll.6n.

73 **yr hen fyd** cf. 220. 'Er Cof am . . . E. D. T. Jenkins' ll.19n.

76 cf. ll.67n.

81 **angau'r hen gwningod** Cyfeirir at yr haint *myxomatosis* a laddodd gyfran uchel o boblogaeth cwningod Prydain yn ystod yr 1950au. Ym mis Mai 1954 y cafwyd yr adroddiad cyntaf fod *myxomatosis* wedi cyrraedd Cymru (cyraeddasai Loegr erbyn Awst 1953). Dinistriwyd 99% o gwningod gwyllt y wlad gan yr haint, ac adroddwyd bod rhai ardaloedd megis Morgannwg, Ceredigion a Llŷn yn gwbl glir ohonynt.

90 **opiwm** cyffur ac iddo nodweddion cyfnerthol, meddwol a narcotig; fe'i defnyddid yn arbennig fel tawelydd. Yn ôl Karl Marx (gw. 101. 'Yr Iddewon' ll.10n), 'crefydd yw opiwm y bobl', a'r tebyg yw y cyfeirir yn eironig at y dywediad enwog hwnnw yn y fan hon.

92 **cwmwl niwclear** gw. 120. 'Dyn' ll.6n.

94 **gwialen fedw** offeryn cosb cyffredin ar yr aelwyd yn Oes Victoria a dechrau'r 20fed ganrif.

96 **dinistr yn donnau** Adleisir llinell gyntaf awdl Eben Fardd, 'Dinistr Jerwsalem', sef 'A! dinistr! dinistr yn donnau'; gw. *Blodeugerdd Barddas o'r Bedwaredd Ganrif ar Bymtheg*, gol. R. M. Jones (1988), 174.

y Bechgyn Nedw (Saesneg, *Teddy boys*) Efelychodd llawer o bobl ifainc yr 1950au ffasiwn gwisgoedd cyfnod Edward VII (1901–10), ac o'r herwydd fe'u llysenwid â ffurf fachigol ar enw'r brenin. Fodd bynnag, adwaenid y *Teddy Boys* yn gymaint am eu hymddygiad gwrthgymdeithasol ag am eu gwisg nodweddiadol; gw. BDPF, 374. Mae *Nedw* yn enw ar gyfrol am fachgen direidus gan E. Tegla Davies (1922).

97   Dywedir mai'r hanesyn yn Numeri 15:32–6 yw gwreiddyn y darlun traddodiadol hwn o'r hen ŵr yn y lleuad a chanddo faich o goed tân ar ei gefn. Yn ôl fersiwn arall ar y traddodiad, mae gan yr hen ŵr gi yn gwmni iddo; cf. ll.100n. Gw. BDPF, 745, a cf. stori E. Tegla Davies, *Rhys Llwyd y Lleuad* (1925).

100   Dechreuwyd archwilio'r gofod o ddifrif gyda lansio *Sputnik 1* gan yr Undeb Sofietaidd ar 4 Hydref 1957. Ar 3 Tachwedd 1957 lansiwyd *Sputnik 2* a chi o'r enw Laika ar ei bwrdd. Ymunodd yr Americanwyr yn y ras i'r gofod gyda lansio *Explorer 1* ar 31 Ionawr 1958. Bu Unol Daleithiau America a'r Undeb Sofietaidd am y gorau i geisio cael dyn ar wyneb y lleuad; yr Americanwyr a orfu ar 20 Gorffennaf 1969.

110   **odlwr** bardd. Gwelodd yr 1950au symud oddi wrth ganu poblogaidd ar 'fesur ac odl' tuag at ganeuon pop llawer mwy llac eu strwythur geiriol a cherddorol.

112   **bocs jiwc** peiriant awtomatig sydd yn chwarae recordiau o'i fwydo â darnau arian. Roedd y bocs jiwc yn eitem gyffredin mewn caffi a thafarn yn yr 1950au.
    sgiffl math ar gerddoriaeth werin jaslyd a fu'n boblogaidd ym Mhrydain tua diwedd yr 1950au, ac a chwaraeid ar gitâr, drymiau, bwrdd golchi ac offerynnau-gwneud eraill. Gw. BDPF, 1027.
    iodlwr un sy'n ymarfer math o ganu dieiriau ond melodig sydd yn amrywio'n gyflym rhwng y llais cyffredin a'r meinlais; fe'i cysylltir yn draddodiadol â thrigolion mynydd-dir y Swistir a'r Tyrol, ond enillodd y dull boblogrwydd ehangach ym myd adloniant am gyfnod tua diwedd yr 1950au.

113–16   gw. ll.100n.

116   **lloerig** gair mwys. Yn ogystal â'r ystyr, 'yn ymwneud â'r lleuad, yn perthyn i'r lloer', mae 'lloerig' hefyd yn golygu 'gwallgof . . ., ynfyd, gorffwyllog'; gw. GPC, 2199.

119   Dichon mai am y Mynegiadwyr Haniaethol y sonnir, sef ysgol o arlunwyr a berthynai i ganol yr 20fed ganrif. Nodweddid eu gwaith gan ymgais i gyfleu haniaethau yn hytrach na darlunio'n gonfensiynol.

120   cf. yr ymadrodd Saesneg '*to grin like a Cheshire cat*' a enwogwyd yng ngwaith Lewis Carroll, *Alice in Wonderland* (1865); diflannai cath ryfeddol Carroll bob yn dipyn a'r wên yn parhau yn weledig am beth amser ar ôl i weddill yr anifail ddiflannu.

123   **dy obaith, dy ffydd a'th dangnefedd** geirfa feiblaidd, a ddefnyddir yma'n eironig. Gw. hefyd ll. 90n.

129   gw. ll.100n. Y chwiliedydd gofod cyntaf i gyrraedd Mawrth yn llwyddiannus oedd *Mariner 4* yr Unol Daleithiau yn 1964; glaniodd y *Viking* ar wyneb y blaned yn 1976. Y chwiliedydd gofod cyntaf i gyrraedd Fenws oedd *Mariner 2* yr Unol Daleithiau yn 1962.

131   **pechod** gw. 75. 'Pechod', n.

132   **hen drasiedi dyn** Cyfeirir at gwymp y ddynoliaeth yng Ngardd Eden; gw. 2. 'Y Sant' ll.269n. Cf. hefyd ll.73–4.

133   cf. ll.19n.

141   **Llanycil** eglwys a phentref ar Lyn Tegid, ger y Bala, sir Feirionnydd. Eglwys Llanycil yw eglwys plwyf y Bala, ac yno y gorwedd gweddillion Thomas Charles a Lewis Edwards.
    Bob Tai'r Felin Robert Roberts (1870–1951), canwr gwerin o Gwmtirmynach ger y Bala, a gyfrifid yn feistr ar adloniant y noson lawen oherwydd ei lais unigryw a'i ddull cartrefol. O 1944 ymlaen daeth yn enwog trwy Gymru yn sgil ei berfformiadau ar y rhaglen radio *Noson Lawen*, a recordiwyd nifer o'i ganeuon gan Gwmni Decca a Teledisc, gan gynnwys yr un a enwir yn ll.143–4. Gw. Bywg.[3], 179; CLC, 632.

143–4   **'r asyn / A fu farw . . .** baled boblogaidd o'r 19eg ganrif a adfywiwyd gan Bob Tai'r Felin yn nyddiau'r rhaglen radio, *Noson Lawen*; gw. Huw Williams, *Canu'r Bobol* (1978), 212.

145	**Gwaredwr** gw. 89. 'Y Gwaredwr', n.
146	**hongian ar Ei groes** gw. 1. 'Y Mynach' ll.360n.
147	**heb geiniog goch** heb yr un geiniog, heb arian o gwbl. Cyfeiria'r ansoddair 'coch' at liw'r metel copor.
148	*gaiters* gorchuddion lledr neu ddeunydd ar gyfer y goes islaw'r pen-glin; fe'u cysylltir weithiau â gwisg clerigwyr neu foneddigion.
149	**saint** gw. 2. 'Y Sant', n.
150	**arwyrain** 'moliant, clod, cerdd o foliant, molawd'; GPC, 218.
151	**Schweitzer**, Albert (1875–1965), cerddor, diwinydd a chenhadwr meddygol. Addysgwyd ef ym Mhrifysgol Strasbourg, a daeth yn Brifathro Coleg Diwinyddol Sant Thomas yn y ddinas honno. Gadawodd ei swydd yn 1906 a mynd i'w hyfforddi'n feddyg, ac yn 1913 aeth ef a'i wraig i Orllewin Affrica gyda'r bwriad o sefydlu ysbyty yn Lambaréné yn Gabon. Torrwyd ar draws y gwaith gan y Rhyfel Byd Cyntaf, a charcharwyd Schweitzer, a oedd yn ddinesydd Almaenig, gan yr awdurdodau Ffrengig. Dychwelodd i Lambaréné yn 1924 i ailgydio yn ei waith. Cododd ysbyty a roddodd driniaeth i gannoedd o Affricaniaid, gan gynnwys rhai gwahanglwyfus. Daeth Schweitzer ar ymweliad i Aberystwyth, 8 Rhagfyr 1935, a darlithio i athrawon a myfyrwyr y Coleg, gan ddangos lluniau trawiadol o'i waith yn Lambaréné; gw. *Yr Efrydydd* (3edd gyfres), 1:2 (Gaeaf 1936), 94–5. Dyfarnwyd Gwobr Heddwch Nobel iddo yn 1952. Gw. hefyd 190. 'Albert Schweitzer'. **Danilo Dolci** (g.1924), dyngarwr a aned ger Trieste yng ngogledd yr Eidal. Ar ôl yr Ail Ryfel Byd fe'i hysbrydolwyd gan offeiriad pabyddol i ymwrthod â'i fywyd dosbarth canol a mynd i weithio gyda'r tlawd a'r anghenus, ac yn 25 oed aeth i weithio gyda phlant amddifaid yn Tuscany. Yn 1952 aeth i weithio i'r lle tlotaf y gwyddai amdano, sef Trappeto yn Sisili. Fel Gandhi o'i flaen, defnyddiodd ddull y streic newyn i dynnu sylw at ei achos a phwyso am newid.
152	**Gandhi** gw. 111. 'Gandhi', n. **Vinobha Bhave** (1895–1982), un o arweinwyr ysbrydol a diwygwyr cymdeithasol mwyaf yr India yn y cyfnod modern. Yn 10 oed ymgysegrodd i fywyd o ddiweirdeb a gwasanaeth i eraill. Wrth chwilio am ffordd o fyw a gyfunai wirionedd ysbrydol â gweithredu ymarferol, daeth yn ddilynydd i Gandhi ac ymunodd ag ef yn ei ymdrech i greu India newydd annibynnol.
159	**y Bugail diobennydd** Crist; gw. Ioan 10:11,14,16. Ar y ddelwedd sylfaenol, gw. 158. 'Y Merthyron' ll.29–32n. Ar yr ansoddair 'diobennydd', gw. Mathew 8:20; Luc 9:58, a cf. 203. 'Dwy Ffordd' ll.6.
160	**digorlan . . . digynefin** cf. Eseia 53:3,6; Ioan 10:16.
161	**Hiroshima a Nagasaki** gw. 120. 'Dyn' ll.6n.
169	**y ddau leidr** Croeshoeliwyd dau leidr yr un pryd â Christ; gw. Mathew 27:38; Marc 15:27; Luc 23:32–3,39–43; Ioan 19:18; gw. hefyd 1. 'Y Mynach' ll.360n.
171	**Iddew** gw. 101. 'Yr Iddewon', n. **Affricanwr** Yn 1948 mabwysiadwyd polisi *apartheid* swyddogol yn Ne Affrica pan ddaeth Plaid Genedlaethol De Affrica i rym. Gosodai hyn gyfyngiadau llym a chwbl ddiraddiol ar amodau byw a gweithio'r boblogaeth ddu, tra'n cadarnhau breintiau a goruchafiaeth y boblogaeth wen. Er nad oedd polisi gwahaniaethol ffurfiol mewn gwledydd eraill fel Prydain ac America, yn ymarferol syniai llawer o bobl wyn am y rhai du fel pobl israddol a daeth hiliaeth yn gynyddol yn fater llosg, yn arbennig mewn dinasoedd mawrion, o'r 1940au ymlaen. Gwelodd hanner cyntaf yr 20fed ganrif ryfeloedd annibyniaeth mewn sawl gwlad yn Affrica; cf. 192. 'Jesebel ac Elias' ll.681n.
176	**Dante** gw. 3. 'Breuddwyd y Bardd' ll.85n; 74. 'Dante', n. **Mazzini**, Guiseppe (1805–72), meddyliwr gwleidyddol a chwyldroadwr gweriniaethol a frwydrai dros uno'r Eidal a'i gwneud yn wlad annibynnol. Er iddo dreulio'r rhan fwyaf

o'i fywyd mewn alltudiaeth cafodd ei ymgyrchu ddylanwad mawr ar y broses o greu'r Eidal unedig fodern, a bu ei syniadau cenedlaetholgar yn ddylanwadol hefyd ymhlith cenhedloedd gormesedig eraill megis y Pwyliaid, y Gwyddelod ac, i ryw raddau, y Cymry. Gw. D. J. Williams, *Mazzini: Cenedlaetholwr, Gweledydd, Gwleidydd* (1954).

	yr Eglwys gw. 76. 'Yr Eglwys', n.
177	**Mamon** gw. 100. 'Ewrob' ll.24n.
180	**Van Gogh** gw. 167. 'Gwreiddiau' ll.14n.

Gauguin, Paul (1848–1903), arlunydd Ffrengig, un o'r pwysicaf o'r Ôl-argraffiadwyr, a'i waith yn ddylanwadol iawn ar arddull arlunio'r 20fed ganrif.

Toulouse-Lautrec, Henri de (1864–1901), arlunydd Ffrengig, un o'r Ôl-argraffiadwyr pwysicaf. Cafodd ei waith ddylanwad mawr ar ddatblygu *Art Nouveau* yn yr 1890au.

Cézanne, Paul (1839–1906), arlunydd Ffrengig pwysig. Roedd yn gyfoeswr i'r Argraffiadwyr ond aeth ymhellach na hwy a gellid ei ystyried yn rhagredegydd y Ciwbyddion.

181–2	gw. Eseia 40:3–4.
182	**Eseia** gw. 101. 'Yr Iddewon' ll.22n.
189–190	cf. 192. 'Jesebel ac Elias' ll.334–40n; cf. 160. 'Dewi Sant' ll.29–30.
191	**wrth deithio i'r gofod** gw. ll.100n.
200	**jas** math o gerddoriaeth ddawnsio a'i gwreiddiau yng ngherddoriaeth werin poblogaeth ddu America a'r planhigfeydd cotwm; gw. BDPF, 601.
	sgiffl gw. ll.112n.
	sigl a swae (Saesneg, *rock and roll*) math o gerddoriaeth ddawnsio a gysylltir yn arbennig ag ail hanner yr 1950au; gw. BDPF, 944.
201	**Truman**, Harry S. (1884–1972), Arlywydd Unol Daleithiau America am y cyfnod 1945–53; ef a awdurdododd ddefnyddio bomiau atomig yn erbyn Siapan yn Awst 1945.
202	**y bom** y bom atomig; gw. 120. 'Dyn' ll.6n.
	y ddwy dref Hiroshima a Nagasaki; gw. 120. 'Dyn' ll.6n.
204	**teyrnas nef** gw. 150. 'Y Calendr' ll.6n.
211–12	cf. ll.65–6n.
215	**Mamon** gw. 100. 'Ewrob' ll.24n.
	'r awyr cf. yr ymadrodd 'ar yr awyr'. Cyfeirir at ddarllediadau radio a theledu.
217	**totalitaraidd** gw. 102. 'Testament yr Asyn' ll.34n.
220	**chwil-lys Sbaen** Llys eglwysig oedd y chwil-lys, a sefydlwyd i erlid hereticiaid. Y gosb oedd esgymuniad yn wreiddiol, ond gyda threigl amser dechreuwyd defnyddio cosbau corfforol creulon a'u gweinyddu gan y wladwriaeth. Roedd Chwil-lys Sbaen, a sefydlwyd gan y Pab yn 1483, yn ddiarhebol am ei gosbau llym, a'r Pen-chwilydd cyntaf, Tomas de Torquemanda, yn symbol o greulondeb a rhagfarn grefyddol.
224	**cŵn Pavlov** gw. 160. 'Dewi Sant' ll.38n.
229	**'Croeshoelier Ef'** cri'r dorf pan ofynnodd Pilat iddynt ba beth a wnâi â'r Iesu; gw. Mathew 27:22–3; cf. Marc 15:13–14; Luc 23:21; Ioan 19:6; 1. 'Y Mynach' ll.360n.
233	*Sassenach* (Gaeleg neu Wyddeleg) 'Sais' (fel arfer mewn cyd-destun dilornus).
242	**y papurau pêl-droed** gw. 141. 'Y Sipsi' ll.8n.
246	**Strontiwm naw-deg** elfen gemegol ymbelydrol a grëir mewn ffrwydriadau niwclear ac a ddaeth i sylw'r cyhoedd am y tro cyntaf tua diwedd yr 1940au. Gan ei fod yn ymgronni mewn esgyrn, dyma gyfansoddyn mwyaf peryglus llwch ymbelydrol; gw. 120. 'Dyn' ll.6n.
247	**dŵr** gw. 180. 'Tryweryn', n.
249	**'r bom uwch Hiroshima** gw. 120. 'Dyn' ll.6n.
252	cf. 115. 'Llundain' ll.13.
256	**yn gynt na sŵn** gw. 206. 'Doniau' ll.10n.

177. Y GENEDL
Cyhoeddwyd y gerdd hon gyntaf yn *Llafar*, 3:2 (Gŵyl Ddewi, 1954), 4, lle y nodir iddi gael ei darlledu yn y gyfres radio *Awr y Beirdd*, 26 Awst 1953.

Detholwyd i: Elwyn Edwards (gol.), *Cadwn y Mur: Blodeugerdd Barddas o Ganu Gwladgarol* (1990), 143.

Cyfieithiadau: Dyfnallt Morgan, *D. Gwenallt Jones*, Writers of Wales (1972), 59–60; Joseph P. Clancy, *Twentieth Century Welsh Poems* (1982), 104.

Nodiadau testunol
8		Lle y stripir dyn yn borcyn noeth, (*Llafar*)
9		**i'r** : i'w (*Llafar*)
10		**a chysur a chnawd** : a iechyd a moeth (*Llafar*)
11		Cei weled yn onest, rhwng pangfa a phangfa, (*Llafar*)
12		Yr hyn ydwyt, heb unrhyw ddihangfa. (*Llafar*)
14		**I** : Yn (*Llafar*)

Nodiadau cyffredinol
16   **hen gancr euog** pechod; gw. 75. 'Pechod', n.
        saint gw. 2. 'Y Sant', n.

17   **Meddyg gwyn** Crist. Gorwedd gwreiddiau'r trosiad ym Mathew 9:12–13; Marc 2:17; Luc 5:31–2; a cf. Luc 4:23. Defnyddir yr ansoddair 'gwyn' yma yn yr ystyr 'sanctaidd, bendigaid, gwynfydedig'; GPC, 1770. Gall fod hefyd elfen o air mwys, o gofio cot wen y meddyg ysbyty.

18   **atgyfodus Ei Basiwn** gw. 12. 'Cymru' ll.13n; 1. 'Y Mynach' ll.203n. (Dichon fod elfen o air mwys yn ynghlwm wrth y gair 'theatr' yma.)

178. LLYWELYN EIN LLYW OLAF
Cyhoeddwyd y gerdd hon gyntaf ar raglen rali Plaid Cymru yng Nghilmeri, 25 Medi 1954, ac wedyn yn *Baner ac Amserau Cymru*, 6 Hydref 1954, 4, ac *Y Ddraig Goch*, 24:10 (Hydref 1954), 1, dan y teitl 'Llywelyn ap Gruffydd'.

Detholwyd i: Elwyn Edwards (gol.), *Cadwn y Mur: Blodeugerdd Barddas o Ganu Gwladgarol* (1990), 82.

Nodiadau cyffredinol
Llywelyn ein Llyw Olaf gw. 25. 'Balâd yr Arglwyddi' ll.13n.

3   **fel pelican** gw. 66. 'Yr Awen' ll.7n.

5–6   gw. 3. 'Breuddwyd y Bardd' ll.1n, ll.146n.

7   Yn ôl arfer y cyfnod yn achos bradwyr, torrwyd pen Llywelyn a'i anfon at frenin Lloegr i'w arddangos ar bolyn yn Nhŵr Llundain.

8   **Penmynydd** stad ym Môn, cartref teulu Tuduriaid Penmynydd. At Harri Tudur y cyfeirir yma; gw. 3. 'Breuddwyd y Bardd' ll.146n.

9   **Aifft Dudurllyd** Lloegr; gw. 109. 'Cymru a'r Rhyfel' ll.29n; 142. 'Dyn' ll.26n.

11   **Irfon** yr afon sy'n rhedeg heibio i Gilmeri. Ar lan Irfon y lladdwyd Llywelyn.

12   **Cwm-hir** abaty Sistersaidd, nid nepell o Raeadr Gwy, a fu'n deyrngar i Lywelyn ap Gruffudd yn ystod ei oes. Credir i'w gorff gael ei gladdu yno yn Rhagfyr 1282, ond mae'r unig gofeb i Lywelyn a geir yno yn un ddiweddar. Gw. CLC, 122–3.

13   **Cilmeri** pentref ychydig i'r gorllewin o Lanfair-ym-Muallt, sir Frycheiniog. Y gofeb garreg ithfaen i Lywelyn ger Cilmeri, nid nepell o'r man y lladdwyd ef, yw un o brif gyrchfannau cenedlaetholwyr Cymreig; fe'i codwyd ar 23 Mehefin 1956.

16   **Dewi a Hywel Dda** gw. 2. 'Y Sant' ll.536n.

179. YR HEN ŴR O BENCADER

Trafodaeth: R. M. Jones, *Llenyddiaeth Gymraeg 1936–1972* (1975), 26–7.

Nodiadau cyffredinol
Yr Hen Ŵr o Bencader Yn ôl Gerallt Gymro (*c*.1146–1223) yn ei *Descriptio Cambriae*, pan oedd Harri II (brenin Lloegr, 1154–89) ym Mhencader yn sir Gaerfyrddin ar ei daith trwy Gymru yn 1163, gofynnodd i hen ŵr a wasanaethai yn ei fyddin beth oedd ei farn am y fyddin a'i gallu i wrthsefyll ymosodiadau'r Cymry arni. Atebodd yr hen ŵr: 'Ei gorthrymu, yn wir, ac i raddau helaeth iawn ei distrywio a'i llesgáu trwy dy nerthoedd di, O frenin, ac eiddo eraill, yn awr megis gynt a llawer gwaith eto tan orfodaeth ei haeddiannau, a ellir â'r genedl hon. Yn llwyr, fodd bynnag, trwy ddigofaint dyn, oni bo hefyd ddigofaint Duw yn cyfredeg ag ef, ni wneir ei dileu. Ac nid unrhyw genedl arall, fel y barnaf fi, amgen na hon o'r Cymry, nac unrhyw iaith arall, ar Ddydd y Farn dostlem gerbron y Barnwr Goruchaf, pa beth bynnag a ddigwyddo i'r gweddill mwyaf ohoni, a fydd yn ateb dros y cornelyn hwn o'r ddaear'; Thomas Jones (cyf.), *Gerallt Gymro* (1938), 231–2. Dadorchuddiwyd cofeb i Hen Ŵr Pencader yn y pentref gan Blaid Cymru yn 1952. Gw. CLC, 327.

1 **yr hen ŵr mwyn** Adleisir llinell gyntaf cân werin adnabyddus, 'P'le buoch chwi neithiwr, yr hen ŵr mwyn'; gw. W. S. Gwynn Williams, *Caneuon Traddodiadol y Cymry*, 1 (1961), 26.
13 **gweddill** cf., e.e., Eseia 1:9; Eseciel 14:22; Rhufeiniaid 11:5.
15 **Dydd y Farn fawr** gw. 11. 'Y Bardd a'r Beirniad Olaf', n.

180. CWM TRYWERYN

Cyhoeddwyd y gerdd hon gyntaf yn *Baner ac Amserau Cymru*, 26 Rhagfyr 1956, 7, lle y ceir yr is-deitl '(Cyflwynwyd i Gymdeithas Amddiffyn Capel Celyn)', a hefyd yn *Y Seren*, 29 Rhagfyr 1956, 4, lle y ceir yr is-deitl '(Cyflwynwyd i Pwyllgor [*sic*] Amddiffyn Capel Celyn)'.

Detholwyd i: Elwyn Edwards (gol.), *Cadwn y Mur: Blodeugerdd Barddas o Ganu Gwladgarol* (1990), 488.

Cyfieithiad: Patrick Thomas, yn *Sensuous Glory: The Poetic Vision of D. Gwenallt Jones*, goln Donald Allchin a D. Densil Morgan (2000), 140.

Nodiadau testunol
11 **gadw :** achub (*BAC*)

Nodiadau cyffredinol
Cwm Tryweryn cwm ger y Bala, sir Feirionnydd. Ychydig cyn y Nadolig 1955, cyhoeddodd Corfforaeth Lerpwl ei bwriad i gyflwyno Mesur Preifat i'r Senedd am yr hawl i godi argae ar afon Tryweryn a boddi'r cwm er mwyn creu cronfa ddŵr i gyflenwi datblygiad diwydiannol arfaethedig yn Lerpwl. Er gwaethaf protestiadau ffyrnig pobl Cymru, ac ymgyrchu dygn dros gyfnod o ddeng mlynedd, aethpwyd ymlaen â chynllun Corfforaeth Lerpwl, a dechreuwyd cronni'r dŵr ar 1 Medi 1964. Daeth cymuned pentref bychan Capel Celyn a ddifawyd fel rhan o'r cynllun yn symbol o'r diwylliant Cymraeg a ddinistrir gan fateroliaeth Philistaidd Lloegr a bu'n ffactor arwyddocaol yn nhwf cenedlaetholdeb Cymreig yn ystod yr 1960au a'r 1970au. Gw. CLC, 732; 219. 'Emyr Llewelyn Jones'. Ar gyfeiriadaeth sylfaenol y gerdd, gw. 118. 'Gweithwyr Deheudir Cymru' ll.5–8n.

1 **Goliath pres** gair mwys. Ar arfwisg bres Goliath, gw. 118. 'Gweithwyr Deheudir Cymru' ll.5–8n. Am resymau cyfalafol ('pres') y mynnai Corfforaeth Lerpwl foddi Cwm Tryweryn.
5 **Dafydd, â'th gerrig** gw. 118. 'Gweithwyr Deheudir Cymru' ll.5–8n, ll.12n.
8 **Bob Tai'r Felin** gw. 176. 'Epigramau' ll.141n.
10 **Dewi** gw. 2. 'Y Sant' ll.536n; 160. 'Dewi Sant'.

11	**y Philistiaid** gelynion rhyfelgar a phaganaidd cenedl Israel yn yr Hen Destament; cf. 118. 'Gweithwyr Deheudir Cymru' ll.5–8n. Defnyddir yr enw'n derm dirmygus ar gyfer rhai anwybodus neu anniwylliedig, neu rai sydd yn gosod ystyriaethau materol yn uwch na rhai diwylliannol; gw. BDPF, 847; IBD, 1218–23.
12	**y ddau Lywelyn** sef Llywelyn ap Iorwerth a Llywelyn ap Gruffudd, dau dywysog mawr olaf Gwynedd. Ar Lywelyn ap Gruffudd, gw. 25. 'Balâd yr Arglwyddi' ll.13n. Llywelyn ap Iorwerth (Llywelyn Fawr; 1173–1240) oedd y mwyaf o dywysogion Cymru yn yr Oesoedd Canol. Trwy gyfuniad o rym milwrol a gwleidydda craff llwyddodd i ehangu ei deyrnas nes ennill awdurdod dros Bowys a Deheubarth yn ogystal â Gwynedd. Sefydlodd wladwriaeth ffiwdal gadarn ac ennill teyrngarwch arglwyddi Cymru iddo'i hun. Cydnabuwyd ef yn uwch-arglwydd dros holl arglwyddi brodorol Cymru nid yn unig gan ei gydwladwyr ond hefyd gan frenin Lloegr yng Nghytundeb Caerwrangon, 1218. Gw. Bywg., 566–7; CLC, 476. **Glyndŵr** gw. 3. 'Breuddwyd y Bardd' ll.146n.
14	**Michael mawr o Fodiwan** sef Michael D. Jones (1822–98), gwladgarwr a ystyrir yn dad cenedlaetholdeb Cymreig y cyfnod modern. Ganed ef yn Llanuwchllyn ger y Bala, sir Feirionnydd. Wedi cyfnod byr yn weinidog yn America, dychwelodd i Gymru a'i benodi'n brifathro Coleg yr Annibynwyr yn y Bala. Dechreuodd ddadlau o blaid sefydlu gwladfa Gymreig ym Mhatagonia, rhanbarth a oedd yn ddigon pell oddi wrth ddylanwad Lloegr. Breuddwyd mawr Michael D. Jones oedd sicrhau ffyrdd i Gymru gadw ei hannibyniaeth genedlaethol a diwylliannol, a chyfrannai'n helaeth i'r wasg Gymraeg ar y pynciau hyn a materion cysylltiedig. Gw. Bywg., 466; CLC, 405–6; D. Gwenallt Jones, 'Hanes Mudiadau Cymraeg a Chenedlaethol y Bedwaredd Ganrif ar Bymtheg', yn *Seiliau Hanesyddol Cenedlaetholdeb Cymru*, gol. D. Myrddin Lloyd (1950); *idem*, 'Michael D. Jones', yn *Triwyr Penllyn*, gol. Gwynedd Pierce (1956), 1–27.
16	**mynwent wag** Cafodd y teuluoedd a chanddynt berthnasau wedi'u claddu yn y fynwent ddewis un ai i adael y gweddillion lle'r oeddynt, ai eu codi a'u claddu mewn man arall. Symudwyd wyth corff; gadawyd y gweddill a gorchuddio'r hen fynwent â haen o goncrit. Codwyd y cerrig beddau i gyd a'u gosod mewn Gardd Goffa.
18	**dienwaededig gawr** gw. 1 Samuel 17:26. Mae enwaediad yn hen arfer crefyddol ymhlith yr Iddewon, yn arwydd allanol o berthyn i genedl etholedig Duw a sefydlwyd trwy gyfamod Duw ag Abraham yn yr Hen Destament; gw. Genesis 17:9–14; IBD, 288–9; ODCC, 353–4. Defnyddiai'r Iddewon y gair 'dienwaededig' yn derm o ddirmyg; cf. Eseia 52:1; Actau 7:51.

181. DINBYCH-Y-PYSGOD
Nodiadau cyffredinol
Dinbych-y-pysgod tref lan-y-môr yn ne Penfro sy'n boblogaidd gan ymwelwyr nid lleiaf oherwydd ei thraethau dymunol.

4	**Ynys Bŷr** yr ynys fechan a welir yn glir o Ddinbych-y-pysgod, ryw ddwy filltir tua'r de. Codwyd mynachlog ar Ynys Bŷr gyntaf yn y 6ed ganrif. Yn y 12fed ganrif codwyd priody yno a fu'n eiddo i Abaty Llandudoch. Yn 1906 prynwyd yr ynys gan Urdd y Benedictiaid a gododd y fynachlog a welir yno heddiw, ond mynaich Sistersaidd sydd yn ei phreswylio bellach. Mae cychod pleser rheolaidd yn cario ymwelwyr yn ôl ac ymlaen rhwng Dinbych-y-pysgod ac Ynys Bŷr o hyd. Gw. E. Llwyd Williams, *Crwydro Sir Benfro: Yr Ail Ran* (1960), 85–7.
5–8	Cyfeirir at y gerdd 'Edmyg Dinbych' (Mawl Dinbych) a ddyddir fel arfer tua diwedd y 9fed ganrif. Yndddi cyfuna'r bardd anhysbys gân o fawl i hen gaer a safai yn Ninbych-y-pysgod (o bosibl ar safle'r castell diweddarach) ag elfen o farwnad i arglwydd y gaer. Adleisir amryw o linellau'r gerdd honno yma. Gw. CLC, 211; OBWV, 8–10.
5	**cynfardd** gw. 3. 'Breuddwyd y Bardd' ll.317n.

6	Adleisir llinell o'r gerdd 'Edmyg Dinbych', 'Addwyn gaer y sydd ar don nawfed'; OBWV, 9. **addfwyn** 'teg, hawddgar, hyfryd'; GPC, 32. (Cymysgwyd rhwng yr ansoddeiriau 'addwyn' ac 'addfwyn' o gyfnod cynnar.) **nawfed don** Yn ôl traddodiad, mae tonnau'r môr yn cynyddu'n rheolaidd nes cyrraedd uchafbwynt gyda'r nawfed; gw. GPC, 2557. (Gwrthgyferbynner BDPF, 1164 sy'n honni mai'r ddegfed yw'r fwyaf.) Ar arwyddocâd cyfrin y rhif naw, gw. 2. 'Y Sant' ll.581n.
7	Adleisir llinell o'r gerdd 'Edmyg Dinbych', 'Ac amser pan wna môr mawr wrhydri'; gw. OBWV, 8.
8	Mae'r llinell hon yn aralleirio llinell o'r gerdd 'Edmyg Dinbych'; gw. OBWV, 8.
9–10	**gwylanod . . . / . . . clebran a dadlau** Sonnir yn 'Edmyg Dinbych' am wylan wen ac am adar môr swnllyd; gw. OBWV, 9.
16	**Maenorbŷr** pentref hynafol yn ne Penfro (a man geni Gerallt Gymro). I'r gorllewin i Faenorbŷr mae Castell Martin a oedd, adeg llunio'r gerdd, ym meddiant y Swyddfa Ryfel ac yn faes ymarfer milwrol ar gyfer tanciau a gynnau mawr.

182. Y TIPIAU
Detholwyd i: *Y Llan*, 28 Hydref 1966, 1, yn dilyn Trychineb Aber-fan; gw. 218. 'Trychineb Aber-fan'.

Nodiadau cyffredinol
Tipiau tomennydd gwastraff y diwydiannau trwm. Roedd tipiau yn nodwedd amlwg ar dirwedd cymoedd diwydiannol y De adeg llunio'r gerdd; yn yr 1960au a'r 1970au cafwyd ymdrech i'w gwaredu ac adennill y tir at wahanol ddibenion; cf. ll.1–2. Am atgofion Gwenallt am y tipiau yn ystod ei ieuenctid, gw. *Credaf*. Gw. hefyd 218. 'Trychineb Aber-fan', n. Mae cerdd Bobi Jones, 'Trychineb Aber-fan', yn adleisio amryw o linellau'r gerdd hon; gw. *Yr Ŵyl Ifori* (1967), 40.

7–8	cf. 122. 'Rygbi'.
13	**saint** gw. 2. 'Y Sant', n.
14	**Salem a Seion** enwau beiblaidd nodweddiadol ar gapeli Cymru, a dichon nad oes yma gyfeiriad at gapeli penodol. I gapel Soar, Pontardawe, yr âi Gwenallt pan oedd yn ifanc. Ceir rhestr o'r cyfarfodydd amrywiol a fynychid ganddo yn *Credaf*.
16	**disgleirdeb diemwntaidd** Cyfeirir at y darnau mân o lo a adawyd ar ganol y gwastraff. Mae 'diemwntau du' yn llysenw cyffredin ar lo; gw. BDPF, 119.
17	cf. 185. 'Y Capel yn Sir Gaerfyrddin' ll.17n.

183. OWAIN GLYNDŴR
Am gerdd wahanol dan yr un teitl, gw. 240. 'Owain Glyndŵr'.

Detholwyd i: Elwyn Edwards (gol.), *Cadwn y Mur: Blodeugerdd Barddas o Ganu Gwladgarol* (1990), 120–1.

Cyfieithiad: Patrick Thomas, yn *Sensuous Glory: The Poetic Vision of D. Gwenallt Jones*, goln Donald Allchin a D. Densil Morgan (2000), 137–8.

Nodiadau cyffredinol
Owain Glyndŵr gw. 3. 'Breuddwyd y Bardd' ll.146n; 240. 'Owain Glyndŵr'.

2	**y Brut** gw. 1. 'Y Mynach' ll.438n. Mae'n bosibl mai'r cronicl y cyfeirir ato yma yw'r un yn llaw Gruffudd Hiraethog yn LlGC, Peniarth 135, sy'n cynnwys y nodyn canlynol dan y flwyddyn 1415: 'Aeth Owain i guddle ar ddydd Sant Mathew yn y Cynhaeaf, ac wedi hynny, ni wyddys mangre ei guddfan. Dywedir gan lawer y bu farw; ond deil y daroganwyr ei fod yn fyw' (*aralleiriad*).
5	**Monnington Straddel gydag Alis** gw. 3. 'Breuddwyd y Bardd' ll.146n.
9–10	Lledgyfeiriad, o bosibl, at hanesyn a gofnodir gan Elis Gruffydd y croniclwr (*c*.1490–*c*.1552). Tua diwedd ei oes roedd Owain Glyndŵr yn crwydro ar hyd

mynyddoedd y Berwyn uwch Llangollen tua thoriad y wawr pan gyfarfu abad Glynegwestl ag ef. 'F'arglwydd abad,' meddai Glyndŵr, 'rwyt wedi codi'n gynnar iawn.' 'Naddo, wir,' atebodd yr abad, 'ti sydd wedi codi'n gynnar—ganrif o flaen dy oes.' Gw. CLC, 273; 240. 'Owain Glyndŵr' ll.18–19n.

9 **ymhen pedair canrif** Gellir olrhain y mudiad cenedlaethol modern i ddechrau'r 19eg ganrif; gw. Gwenallt, 'Hanes Mudiadau Cymraeg a Chenedlaethol y Bedwaredd Ganrif ar Bymtheg', yn *Seiliau Hanesyddol Cenedlaetholdeb Cymru*, gol. D. Myrddin Lloyd (1950).

11 **Ei blasty** Roedd gan Owain Glyndŵr gartref ysblennydd yn Sycharth, nid nepell o Lansilin, a ddisgrifiwyd yn fanwl ar gywydd gan Iolo Goch (gw. 240. 'Owain Glyndŵr' ll.1n). Mae ll.11–15 yn adleisio'r gerdd honno; gw. GIG, 46–8. Llosgwyd y llys i'r llawr gan elynion Glyndŵr yn gynnar yn hanes ei ymgyrch.

15 **yr orau o'r gwragedd** Marged, ferch David Hanmer. Priododd Owain â hi o bosibl yn 1383, a chafodd chwe mab a sawl merch o'r briodas. Pan gollodd Owain gastell Harlech —canolfan ei Dywysogaeth—i'r Saeson yn 1408, cymerwyd ei wraig ynghyd â sawl aelod arall o'r teulu, gan gynnwys merched ac wyrion iddo, yn garcharorion, a mynd â hwy i Lundain. Gw. CLC, 319.

17 **Grivas**, Georgios (1898–1974), arweinydd mudiad EOKA a sefydlwyd yn 1954 i geisio sicrhau undeb rhwng Cyprus a Gwlad Groeg. Cymerodd ran mewn gweithredoedd o derfysg yn erbyn llywodraeth Brydeinig Cyprus rhwng 1954 ac 1959, pryd y daeth yr ynys yn weriniaeth annibynnol; cf. 189. 'Ynys Cyprus' ll.22–32n.

22 **Caergaint** gw. 102. 'Testament yr Asyn' ll.20n.

24 **esgobion Cymraeg** Saeson a ddaliai'r prif swyddi eglwysig yng Nghymru'r Oesoedd Canol. Roedd Gwenallt yn aelod o'r Eglwys yng Nghymru o 1944 hyd 1957; y flwyddyn honno penodwyd Alfred Morris, Sais di-Gymraeg, yn Archesgob Cymru, a gadawodd Gwenallt yr Eglwys fel gweithred o brotest. Gw. hefyd 219. 'Emyr Llewelyn Jones' ll.31n.

saint gw. 2. 'Y Sant', n.

27 **y pedwar llew** pedwar llew *rampant* oedd ar arfbais Owain Glyndŵr, sef hen arfbais frenhinol Gwynedd.

28 Ymddangosodd seren gynffonnog yn yr awyr yng ngwanwyn 1402; fe'i dehonglwyd gan y beirdd fel rhagargoel ffafriol i achos Glyndŵr. Yn ddiweddarach yn yr un flwyddyn, casglodd Harri IV fyddin anferth i ymosod ar lu Owain, ond fe'i rhwystrwyd gan y tywydd drwg—glaw, cesair ac eira—a'r rheini mor wael nes i'r Saeson ddechrau credu bod Owain yn ddewin a chanddo reolaeth dros yr elfennau. Rhwystrwyd cyrch y Saeson unwaith eto yn niwedd 1405 gan dywydd anffafriol.

31 **Senedd** Cyfeirir at Senedd-dy Glyndŵr ym Machynlleth.

184. CYMRU ('Do, fe fuom ni yn dy regi di')
Gw. rhifau 12, 67, 81, 134 am gerddi gwahanol dan yr un teitl.

Detholwyd i: Elwyn Edwards (gol.), *Cadwn y Mur: Blodeugerdd Barddas o Ganu Gwladgarol* (1990), 198.

Cyfieithiad: Patrick Thomas, yn *Sensuous Glory: The Poetic Vision of D. Gwenallt Jones*, goln Donald Allchin a D. Densil Morgan (2000), 110–11.

Nodiadau cyffredinol
1–2   cf. 67. 'Cymru' ll.1–2; 81. 'Cymru' ll.2.
3   cf. 81. 'Cymru' ll.5–6.
5   **proffwydi** gw. 1. 'Y Mynach' ll.331n.
    seintiau gw. 2 'Y Sant', n.

6	cf. yr ymadrodd 'Ac nid oes iechyd ynom' yn nhrefn gwasanaeth y Brynhawnol Weddi yn y Llyfr Gweddi Gyffredin.
10	**Iesu Hanes** cf. 221. 'John Edward Daniel' ll.17–19n.
11	**Nadolig . . . Pasg** gw. 99. 'Y Nadolig', n; 72. 'Jwdas Iscariot' ll.6n. Ar symbolaeth wyau Pasg, gw. 189. 'Ynys Cyprus' ll.18n.
12	**lili** gw. 1. 'Y Mynach' ll.97n. **y drain a'r ysgall** gw. Genesis 3:18, a cf. 3. 'Breuddwyd y Bardd' ll.229n.
13	**sachlennaidd** Roedd gwisgo sachliain yn arwydd allanol o edifeirwch ymhlith yr Iddewon; cf. Daniel 9:3; gw. IBD, 1356.
14	**halen** symbol o anllygredigaeth a gallu puryddol.
16–17	**Swper santaidd / . . . y gwin a'r bara** gw. 1. 'Y Mynach' ll.187n.
18	cf. Mathew 9:27, 20:30–1; Luc 17:13. Ar fab Dafydd, gw. 150. 'Y Calendr' ll.6n. Ailadroddir 'Arglwydd, trugarha wrthym . . . ' rhwng pob un o'r Deg Gorchymyn yn rhan ragarweiniol trefn gwasanaeth y Cymun yn y Llyfr Gweddi Gyffredin.
19	**Isaac** mab Abraham, un o dadau mawr cenedl Israel yn yr Hen Destament. Cyfeiria ll.19–22 at yr hanes yn Genesis 26, a'i ddefnyddio'n drosiadol am y weithred o ailddarganfod neu adfeddiannu'r peth cynhaliol a gwerthfawr a gollwyd. Ar Isaac, gw. IBD, 697–8; ODCC, 848.
20	**y Philistiaid** gw. 180. 'Cwm Tryweryn' ll.11n.
23	**Moses** gw. 3. 'Breuddwyd y Bardd' ll.192n. **Macabeaid** teulu Iddewig a chwaraeodd ran bwysig yn y gwrthwynebiad arfog yn erbyn yr arferion paganaidd a oedd ar fin cael eu cyflwyno i'r Deml yn Jerwsalem tua chanol yr ail ganrif CC. Trwy eu hymdrechion dymchwelwyd y bygythiad hwn i Iddewiaeth. Gw. IBD, 925–7; ODCC, 1016. **Glyndŵr** gw. 3. 'Breuddwyd y Bardd' ll.146n. **Emrys** cyfeiriad amwys. Y tebyg yw mai Emrys ap Iwan a olygir, sef Robert Ambrose Jones (1848–1906), beirniad llenyddol ac awdur brathog ar bynciau gwleidyddol. Roedd yn genedlaetholwr i'r carn a gweithiai'n ddygn i godi hyder Cymry ei oes yn eu gallu a'u treftadaeth hwy eu hunain mewn cyfnod pryd yr oedd imperialaeth Lloegr ar ei hanterth. Gw. Bywg., 480–1; CLC, 409–10. Fodd bynnag, mae'n bosibl mai Emrys Wledig (*fl.* 430 neu 475) sydd yma, cadfridog Brythonig a ymladdodd yn erbyn y goresgynwyr Seisnig gan atal eu cynnydd dros dro. Yng ngenau Emrys y rhoddwyd yr araith enwog, 'Gwinllan a roddwyd i'm gofal yw Cymru fy ngwlad' yn nrama Saunders Lewis, *Buchedd Garmon* (1937). Gw. CLC, 233.
24	**llygaid** tarddelli neu ffynonellau; GPC, 2261. **gras ac iechydwriaeth Duw** 1. 'Y Mynach' ll.38n, ll.360n.

185. Y CAPEL YN SIR GAERFYRDDIN

Cyfieithiad: Patrick Thomas, yn *Sensuous Glory: The Poetic Vision of D. Gwenallt Jones*, goln Donald Allchin a D. Densil Morgan (2000), 103.

Nodiadau cyffredinol

Sir Gaerfyrddin gw. 78. 'Sir Gaerfyrddin', n.

1	**Sabothau** Suliau. Yn draddodiadol (ar sail Genesis 2:2–3; Exodus 20:8–11) mae dydd Sul (a ddisodlodd y Saboth Iddewig yn y traddodiad Cristnogol) yn ddydd o orffwys ac addoliad. **Seion** gw. 182. 'Y Tipiau' ll.14n.
3	**Efengyl** gw. 150. 'Y Calendr' ll.4n.
4	**Pantycelyn** gw. 84. 'Pantycelyn', n. **Dafydd Jones o Gaeo** (1711–77), emynydd a phorthmon a aned yng Nghwmgogerddan, Caeo, sir Gaerfyrddin. Ei waith pwysicaf yw ei drosiadau o weithiau

Isaac Watts i'r Gymraeg, ond lluniodd hefyd nifer o emynau gwreiddiol ac mae rhai o'r rheini megis 'Wele cawsom y Meseia' ac 'O Arglwydd, galw eto' mewn bri o hyd. Gw. Bywg., 421; CLC, 380. Ar Gaeo, gw. 132. 'Sir Forgannwg a Sir Gaerfyrddin' ll.18n.
5   **Tomos Lewis o Dalyllychau** gw. 132. 'Sir Forgannwg a Sir Gaerfyrddin' ll.1n.
emynwyr y sir gw. 2. 'Y Sant' ll.499n.
7   **yr ystabl** sef stabal y capel—peth cyffredin mewn oes a ddibynnai ar geffylau am ei thrafnidiaeth.
ceffylau yn pystylad cf. 7. 'Myfyrdod' ll.11.
10   **siprys** gw. 236. 'Y Ddaear' ll.4n.
11   **Gwaredwr** gw. 89. 'Y Gwaredwr', n.
12   **Creawdwr y byd** gw. 168. 'Yr Awen' ll.1n.
14   Oherwydd rhesymau cynhyrchu ymarferol (yn ogystal ag ystyriaethau cyfalafol) byddai'r diwydiannau trwm yn gweithio'n ddi-baid, bedair awr ar hugain y dydd, saith niwrnod yr wythnos.
17   Enwir y tri *rites de passages* sylfaenol, sef bedydd, priodas, a chladdedigaeth.
atgyfodiad uwch yr arch Mae gobaith Cristnogion am fywyd ar ôl marwolaeth yn seiliedig ar y ffaith fod Crist ei hun wedi atgyfodi o'r meirw; gw. 12. 'Cymru' ll.13n.

186. CARTREFI'R GWEITHIWR
Cyfieithiad: Patrick Thomas, yn *Sensuous Glory: The Poetic Vision of D. Gwenallt Jones*, goln Donald Allchin a D. Densil Morgan (2000), 126.

Nodiadau cyffredinol
Mae'r rhesi hirion o dai teras ar lethrau cymoedd y De, sydd yn nodwedd mor amlwg ar bensaernïaeth y fro, yn dai a godwyd, a hynny ar frys yn aml, er mwyn darparu cartrefi i'r gweithwyr a'u teuluoedd a heidiai i'r cymoedd er mwyn cael gwaith yn y diwydiannau trwm a oedd yn datblygu mor gyflym ar ddiwedd y 19eg ganrif a dechrau'r 20fed.
2   **Mamon** gw. 100. 'Ewrob' ll.24n.
13–18 gw. 152. 'Y Pensaer', n.
14   **Nasareth** gw. 152. 'Y Pensaer' ll.6n.
15   **y Gair** y Beibl, Gair Duw.
16   **Meseia** gw. 101. 'Yr Iddewon' ll.24n.
17   **y croesbren** gw. 1. 'Y Mynach' ll.360n.
18   **Mair** gw. 1. 'Y Mynach' ll.80n.

187. SIR BENFRO
Detholwyd i: John Davies, *O Fôn i Fynwy* (1962), 118.

Trafodaeth: Dafydd Owen, 'O Fôn i Fynwy', *Barn*, 122 (Nadolig 1972), 78.

Nodiadau cyffredinol
Mae sir Benfro yn nodedig am ei holion cynnar o fywyd y ddynoliaeth, a'r rheini'n amrywio o dystiolaeth gyn-hanesyddol i olion Celtaidd amrywiol, gan gynnwys arwyddion o'r boblogaeth Wyddelig sylweddol a ymsefydlodd yn yr ardal o dua'r 3edd ganrif OC ymlaen; cf. ll.2n.
2   **carreg ogam** carreg ac arni arysgrif mewn hen wyddor Geltaidd a ddefnyddid yn Iwerddon a Phrydain yn y cyfnod Cristnogol cynnar. Mae llawer o gerrig ogam yn sir Benfro, e.e. ym mynwent Eglwys Nyfer.
cromlech siambr gladdu hynafol. Mae nifer o gromlechi yn sir Benfro, yn enwedig yng nghyffiniau Nyfer. Ystyrir cromlech Pentre Ifan (ar y ffordd rhwng Trefdraeth a Brynberian) yn enghraifft arbennig o wych; gw. CLC, 580.
carn 'crug, tomen o gerrig garw (wedi ei chodi fel beddrod yn y cyfnod cyn-Gristionogol)'; GPC, 429. Digwydd yr elfen 'carn' yn aml mewn enwau bryniau yn sir

	Benfro; mae Mynydd Carn Ingli (y dywedir iddo gael ei enw am fod Brynach yn arfer ei ddringo er mwyn siarad â'r angylion) yn edrych dros Nyfer a Phentre Ifan.
	croes Mae sir Benfro yn enwog am ei chroesau Celtaidd carreg hynafol. Er enghraifft, mae'r hynaf o'r ddwy groes ym mynwent Eglwys Trefalun yn perthyn i'r 9fed ganrif, fe dybir, ac mae croes hynafol arall ym mynwent Eglwys Nyfer.
5–6	Cyfeirir at hanes cyfarfyddiad Pwyll (gw. 25. 'Balâd yr Arglwyddi' ll.3–4n) a Rhiannon (gw. 24. 'Balâd yr Arglwyddesau' ll.3n) yng nghainc *Pwyll* ym *Mhedair Cainc y Mabinogi*. Ac yntau'n eistedd ar Orsedd ('twmpath') Arberth gwêl Pwyll farchoges ddieithr (sef Rhiannon) yn mynd heibio iddo. Er bod Pwyll a'i ddynion yn ei herlid, methant ei goddiweddyd. O'r diwedd mae Pwyll yn gofyn iddi aros, a gwna hynny. Gw. PKM, 8–12.
7–8	gw. 175. 'Newid Byd' ll.14n.
9–10	cf. 2. 'Y Sant' ll.522n. Dywedir mai o'r Porth Mawr ger Tyddewi yr hwyliodd Padrig am Iwerddon, er enghraifft. Gw. hefyd 7. 'Myfyrdod' ll.1n.
10	**sant** gw. 2. 'Y Sant', n.
	Gâl yr enw a roddid ar diriogaeth Geltaidd yng ngogledd-orllewin Ewrop, yn cyfateb yn fras erbyn y cyfnod Rhufeinig i ogledd Ffrainc. Yn y canrifoedd cynnar OC roedd cyswllt cyson rhwng Cristnogion Celtaidd Prydain ac Iwerddon a rhai Gâl.
11	**Preseli** mynydd-dir yng ngogledd sir Benfro a'i bwynt uchaf yw Foel Feddau (467m). Aeth helfa'r Twrch Trwyth (ll.12n) dros Breseli yn ôl chwedl *Culhwch ac Olwen*; gw. CO, 38.
12	**Y Twrch Trwyth** gw. 5. 'Y Twrch Trwyth', n. Ym Mhorth Clais ger Tyddewi y daeth y Twrch i'r tir wedi croesi Môr Iwerddon.
13	**Tyddewi** tref (ac iddi statws dinas) yng ngorllewin sir Benfro, a phrif ganolfan cwlt Dewi Sant (gw. 2. 'Y Sant' ll.536n). Sefydlwyd mynachlog yno yn y 6ed ganrif, ar safle'r Eglwys Gadeiriol bresennol, mae'n debyg.
15	**Efengyl** gw. 150. 'Y Calendr' ll.4n.

188. YR ESGOB WILLIAM MORGAN

Cyhoeddwyd y gerdd hon gyntaf yn *Yr Haul a'r Gangell*, 9 (Gaeaf 1954–55), 9.

Detholwyd i: H. Meurig Evans (gol.), *Cerddi Diweddar Cymru* (1961), 72; Elwyn Edwards (gol.), *Cadwn y Mur: Blodeugerdd Barddas o Ganu Gwladgarol* (1990), 346.

Cyfieithiadau: Dyfnallt Morgan, *D. Gwenallt Jones*, Writers of Wales (1972), 58–9; Joseph P. Clancy, *Twentieth Century Welsh Poems* (1982), 103; Patrick Thomas, yn *Sensuous Glory: The Poetic Vision of D. Gwenallt Jones*, goln Donald Allchin a D. Densil Morgan (2000), 112–13.

Trafodaeth: Roger J. Williams, 'Cerddi Diweddar Cymru–Tair Cerdd Deyrnged', *Barn*, 122 (Nadolig 1972), 77.

Nodiadau testunol

5	Gwelai o'i flaen yn y seddau yn yr Eglwys (*HG*)
6	**derfynau gras** : ffin iechydwriaeth a gras (*HG*)
8	**ganddynt** : ganddynt i'w bori (*HG*)
9	**Am hynny ef** : Efe (*HG*)
11	A gras oedd gwrando ar yr Arglwydd am y tro cyntaf (*HG*)
12	Trwy offeiriad a phroffwyd a Salmydd yn llefaru yn Gymraeg. (*HG*)
13	**ydoedd** : oedd (*HG*)
14	**gyffredinol** : ystwyth (*HG*)
15	**glywed** : weled (*HG*)
16	**yn codi ac yn esgyn** : codi ac esgyn (*HG*)
	bendefigaidd : glasurol (*HG*)
18	**Ac am ei gymorth i gadw'r** : A'i gamp yn cadw'r (*HG*)

Nodiadau cyffredinol

Yr Esgob William Morgan (1545–1604), cyfieithydd y Beibl i'r Gymraeg. Wedi cyfnod ym Mhrifysgol Caergrawnt lle y cymerodd radd Doethur yn 1583, aeth yn offeiriad i Loegr i ddechrau ac wedyn i Lanbadarn Fawr lle y daeth i gysylltiad â'r Esgob Richard Davies a fu'n rhannol gyfrifol am gyfieithu'r Testament Newydd i'r Gymraeg (1567). Aeth William Morgan yn ficer Llanrhaeadr-ym-Mochnant yn 1578 gan ymroi i'r dasg aruthrol o orffen y gwaith o gyfieithu'r Beibl cyfan i'r Gymraeg; erbyn 1588 roedd y Beibl yn barod i'w ddosbarthu i holl eglwysi Cymru. Ystyriaethau ysbrydol oedd ei brif gymhelliad dros ymgymryd â'r dasg: fel Protestant, credai William Morgan y dylai pawb fedru darllen Gair Duw yn eu hiaith eu hunain. Fodd bynnag, roedd y Gymraeg erbyn diwedd yr 16eg ganrif mewn perygl o ddirywio'n gyfres o dafodieithoedd sathredig. Bu rhyddiaith rywiog William Morgan, a dynnai'n rhannol ar hen iaith y beirdd am ei hysbrydoliaeth, yn fodd i sefydlu iaith lenyddol safonol a chyfoethog ar gyfer y cyfnod modern. Ystyrir cyhoeddi 'Beibl William Morgan' yn ffactor allweddol yng ngoroesiad y Gymraeg hyd heddiw, a hefyd yn ymwybyddiaeth y Cymry o fod yn genedl ar wahân. Cysegrwyd William Morgan yn esgob Llandaf yn 1595, a'i symud yn 1601 i esgobaeth Llanelwy. Gw. Bywg., 617; CLC, 516–17.

3–4   **Mynwy / . . . Môn** Cymru gyfan; cf. yr ymadrodd 'o Fôn i Fynwy', a gw. ll.13. Mae'n bosibl y byddai'r gwahaniaethau tafodieithol rhwng De a Gogledd yn fwy amlwg yng nghyfnod William Morgan nag a dybir yn gyffredin.

6   **gras** gw. 1. 'Y Mynach' ll.38n.

7–8   Ar y gymhariaeth sylfaenol, cf. 158. 'Y Merthyron' ll.29–32n.

8   **blewyn glas** trosiad cyffredin am borfa neu laswellt.

9   **y Llyfrgell Santaidd** y Beibl. Mae cyfanswm o 66 o lyfrau gwahanol yn y Beibl, 39 yn yr Hen Destament a 27 yn y Testament Newydd.

10   **yr Hebraeg . . . y Roeg** yr ieithoedd gwreiddiol a ddefnyddiwyd wrth ysgrifennu'r Beibl; gw. IBD, 874–81; ODCC, 703–4, 741–2, a cf. 226. 'Moderniaeth' ll.16n. Cyfeiria 'croen' a 'brwyn' at y deunydd yr ysgrifennwyd testunau cynharaf y Beibl arno.

11   **am y tro cyntaf** Nid yw hyn yn hollol wir, gan fod rhai darnau o'r Ysgrythur wedi'u cyfieithu i'r Gymraeg yn yr Oesoedd Canol, heb sôn am gyfieithiad William Salesbury o'r llithiau litwrgïaidd, *Kynniver Llith a Ban* (1551) a'r Testament Newydd (1567).

12   **y Tad, y Mab a'r Ysbryd** gw. 4. 'Yr Angylion a'r Gwragedd' ll.5n.
        parablu yn Gymraeg cf. ll.20; 150. 'Y Calendr' ll.20; 226. 'Moderniaeth' ll.16; 251. 'Eglwys y *Pater Noster*' ll.15.

14   **actau'r Meseia** cf. teitl llyfr Actau yr Apostolion yn y Testament Newydd. Ar y Meseia, gw. 101. 'Yr Iddewon' ll.24n.

15   gw. 1. 'Y Mynach' ll.187n.

16   **Yn marw, yn codi ac yn esgyn** gw. 1. 'Y Mynach' ll.360n; 12. 'Cymru' ll.13n; 148. 'Yr Eglwys' ll.23n.

20   **Datguddiad Duw** gw. 159. 'Yr Eryrod' ll.28n.

189. YNYS CYPRUS

Nodiadau cyffredinol

Ynys Cyprus ynys yn nwyrain y Môr Canoldir. Mae tua 77% o'r boblogaeth yn Roegiaid ac yn Gristnogion Uniongred o ran eu crefydd. Mae'r gerdd yn troi o gwmpas dull yr Eglwys Uniongred o ddathlu'r Pasg gan gychwyn yn draddodiadol am hanner nos ar ddechrau Sul y Pasg. Gw. ODCC, 442, 1197–9. Ar y Pasg, gw. 72. 'Jwdas Iscariot' ll.6n.

1–4   Cyferbynnir yma bwyslais yr Eglwys Uniongred ar y Crist buddugoliaethus a phwyslais y Gorllewin ar y Crist dioddefus. Cf. 228. 'Cyfanrwydd', n.

2–3   Ar y Croeshoeliad, gw. 1. 'Y Mynach' ll.360n.

3   gw. 98. 'Heulwen y Pasg' ll.3n; 161. 'Plant yr Almaen' ll.14n; *Llyfr Emynau a Thonau y Methodistiaid* (1929), rhif 293.

4	**gorgymuno â'r gwaed** gw. 1. 'Y Mynach' ll.187n.
9	Mewn rhai eglwysi rhoddir delw o gorff y Crist croeshoeliedig i orffwys o brynhawn Gwener y Groglith hyd fore Sul y Pasg. Ar y Gwaredwr, gw. 89. 'Y Gwaredwr', n.
10	**apostolion** gw. 2. 'Y Sant' ll.539n.
11	*Christos anesti* (Groeg) 'Crist a gyfododd'; cf. Luc 24:34.
12–15	Disgrifir yma hen ddefod yn yr Eglwys Uniongred ac Eglwys Rufain; gw. ODCC, 1226–7. Ar oleuni yn ddelwedd am Grist, gw. 2. 'Y Sant' ll.150n.
16	**Pasgaidd** ansoddair a luniwyd o'r enw 'Pasg'; gw. 72. 'Jwdas Iscariot' ll.6n. (Ar doriad y wawr ar fore'r Atgyfodiad yr aeth y gwragedd at fedd Crist a'i gael yn wag; gw. 12. 'Cymru' ll.13n.) Gw. hefyd 98. 'Heulwen y Pasg', n.
18	**wyau coch** Ystyrid wyau er y cyfnod cyn-Gristnogol yn symbol o ffrwythlondeb a bywyd newydd, ac arferid eu lliwio a'u bwyta mewn gwyliau paganaidd adeg y gwanwyn. Benthyciwyd y symbolaeth i Gristnogaeth, i gynrychioli bywyd newydd yr Atgyfodiad. Gw. BDPF, 370–1. Ar y lliw coch, gw. 158. 'Y Merthyron', n.
19	**oen** gw. 1. 'Y Mynach' ll.58n.
20	Am hanes yr Atgyfodiad, gw. 12. 'Cymru' ll.13n.
22–32	Twrci a fu'n rheoli Cyprus o 1570/1 hyd 1871, ac ymgartrefodd llawer o Dwrciaid ar yr ynys yn y cyfnod hwnnw. Aeth Cyprus i feddiant Prydain trwy gytundeb â Thwrci yn 1878, a ffurfiolwyd y sefyllfa honno yn 1914. Yn fuan wedyn dechreuodd Groegiaid Cyprus bwyso am gael eu huno â Gwlad Groeg, symudiad a ddaeth yn fwy poblogaidd ar ôl yr Ail Ryfel Byd. Tua'r un pryd daeth Archesgob Cyprus, Makarios III (1913–77), yn arweinydd ymgyrch dros Gyprus annibynnol. Gyrrwyd Makarios o'r wlad gan y Prydeinwyr yn 1956, ond wedi cyfnod o derfysgaeth waedlyd, cytunwyd rhwng y pleidiau gwahanol ar gynllun cyflwyno statws annibynnol i Ynys Cyprus yn 1959, ac etholwyd Makarios yn llywydd cyntaf Gweriniaeth Cyprus.
29	**Salamis, Marathon a Thermopylae** safleoedd brwydrau enwog yn hanes y rhyfeloedd rhwng Persia a Gwlad Groeg; gw. OCCL, 423–4. Ynys oddi ar arfordir Groeg, ger Piraeus, yw Salamis, a safle buddugoliaeth forwrol fawr gan y Groegiaid yn erbyn Persia yn 480 CC; gw. OCCL, 505. Safle buddugoliaeth fawr gynharach dros wŷr Persia, yn 490 CC, oedd Marathon, yng ngogledd-ddwyrain Gwlad Groeg; gw. OCCL, 346. Bwlch cul yn nwyrain Groeg, a safle amddiffynnol rhwng Gwlad Groeg a'r gogledd, yw Thermopylae. Yn 480 CC llwyddodd lluoedd Persia i ganfod ffordd heibio i'r bwlch, ac felly trechu llu'r Groegiaid; gw. OCCL, 566. Roedd y rhyfeloedd yn erbyn Persia yn fodd i gynyddu ymwybyddiaeth y Groegiaid o'u hunaniaeth genedlaethol, a buont yn hwb aruthrol i falchder gwŷr Athen yn arbennig.
31	**gras** gw. 1. 'Y Mynach' ll.38n.
32	**Gwyn eu byd** cf. 114. 'Dartmoor' ll.13n.

190. ALBERT SCHWEITZER

Detholwyd i: Cynthia a Saunders Davies, 'Te Deum Ein Canrif Ni', *Yr Haul a'r Gangell*, 71 (Haf 1975), 23 (ll.8–14 yn unig).

Nodiadau cyffredinol
Albert Schweitzer gw. 176. 'Epigramau' ll.151n.

2	**y Dwyrain Pell a'r Dwyrain Canol** dau derm tiriogaethol cyffredinol a bras. Cyfeiria 'y Dwyrain Pell' at ddwyrain Asia, yn bennaf Tseina, Siapan, Corea a Mongolia ond gan gynnwys weithiau hefyd wledydd Malaysia Orynysol a Phenrhyn Indo-Tseina. Cyfeiria 'y Dwyrain Canol' at y diriogaeth lle y mae Asia, Affrica ac Ewrop yn cydgyfarfod, yn ymestyn o Dwrci ac Iran yn y gogledd hyd Iemen yn y de, ond gan gynnwys hefyd weithiau wledydd megis rhai Gogledd Affrica, Gwlad Groeg a Phacistan.
4	**Iesu Catholig** Mae gair mwys yma gan fod amryw o ystyron i'r gair 'Catholig'. Ei ystyr

sylfaenol yw 'cyffredinol, byd-eang'; ond fe'i defnyddir hefyd yn gyffredin i gyfeirio at Eglwys Rufain, o'i chyferbynnu â'r traddodiad Protestannaidd. Am ystyron eraill, gw. ODCC, 305–6.
6   Nid dyn gwyn oedd yr Iesu, er iddo gael ei ddarlunio felly'n aml.
7   **Bach** gw. 1. 'Y Mynach' ll.456n.
    Kant gw. 159. 'Yr Eryrod' ll.42n.
    Goethe gw. 26. 'Hwyrgan y Crwydryn', n.
9   **iawn** gw. 2. 'Y Sant' ll.30n.
10 **Lambaréné** gw. 176. 'Epigramau' ll.151n.
11 **Lasarus** nid brawd Mair a Martha (gw. 42. 'Atgyfodiad Lasarus', n), ond y cardotyn 'cornwydlyd' a dderbyniwyd i'r nefoedd yn hytrach na'r dyn cyfoethog yn un o hanesion yr Iesu; gw. Luc 16:19–31. Yn yr Oesoedd Canol fe'i coffeid fel nawddsant gwahanglwyfion. Gw. IBD, 890; ODCC, 961.
12 **yr Ysbryd** Trydydd Person y Drindod; gw. 4. 'Yr Angylion a'r Gwragedd' ll.5n.
14 *apartheid* (Affricaneg, 'arwahanrwydd') gw. 176. 'Epigramau' ll.171n.
    teyrnas Dduw gw. 150. 'Y Calendr' ll.6n.

191. BEIRDD A LLENORION EWROB
Nodiadau cyffredinol
5   gw. ll.7n.
6   **fflam Gristionogol** cf. 1. 'Y Mynach' ll.337n.
    nos dotalitaraidd gw. 102. 'Testament yr Asyn' ll.34n.
7   **'r llen haearn** term am y polisi o arwahanrwydd a sefydlwyd gan yr Undeb Sofietaidd yn y cyfnod ar ôl yr Ail Ryfel Byd, yn ystod y 'Rhyfel Oer'. Gosodwyd trefn o sensoriaeth lem, a chyfyngiadau tyn ar deithio ac ar gyfnewid syniadau rhwng yr Undeb Sofietaidd (a'i gwledydd dibynnol) a gwledydd eraill y byd, ar hyd llinell a ymestynnai o Stettin ar y Môr Baltig hyd Trieste ar Fôr Adria. Gw. BDPF, 588–9.
8   Sonnir yn aml am Wlad Groeg fel crud gwareiddiad y Gorllewin. Yn y cyd-destun presennol mae'n bosibl mai am ddemocratiaeth fel dull llywodraethu a meddyliai'r bardd gan mai yng Ngwlad Groeg y datblygwyd y math hwnnw o lywodraeth gyntaf, yn y cyfnod cyn-Gristnogol. Gw. OCCL, 177–8.
9   **a gochwyd** h.y. trwy ei waed; gw 158. 'Y Merthyron', n; 1. 'Y Mynach' ll.360n.
    y Meseia gw. 101. 'Yr Iddewon' ll.24n.
11 **Jwdas a'i griw yng Ngethsemane** gw. 14. 'Y Gristionogaeth' ll.8n; 97. 'Y Cymun' ll.6n. Daw'r cyfeiriad at 'lanterni a lampau' o Ioan 18:3.
12 **mellten o Satan** cf. Luc 10:18. Cyplyswyd yr adnod hon ag Eseia 14:12 gan y Tadau Eglwysig cynnar gan esgor ar y traddodiad mai Liwsiffer oedd enw gwreiddiol Satan, cyn iddo gael ei yrru o'r nefoedd oherwydd ei falchder. Gw. IBD, 918; ODCC, 1002; BDPF, 681–2.
14 **Swper Olaf** gw. 1. 'Y Mynach' ll.187n.
    goruwchystafell gw. 221. 'John Edward Daniel' ll.9n.
15 **plygain y Pasg** Ystyr y gair 'plygain' yw 'gwawr, toriad dydd', ac mae'n enw ar un o'r oriau gweddi canonaidd (yn wreiddiol am hanner nos, ond weithiau gyda'r wawr). Mae plygain hefyd yn enw ar wasanaeth carolau a gynhelid yn draddodiadol yn gynnar ar fore Nadolig. Yr arfer oedd addurno'r eglwysi â chanhwyllau, yn symboleiddio goleuni Crist; gw. CLC, 587; 2. 'Y Sant' ll.150n. Ar y Pasg, gw. 72. 'Jwdas Iscariot' ll.6n.
16 **pabwyr** 'llinyn neu stribed o edafedd (mewn cannwyll, lamp olew, &c.) sy'n cyflenwi'r fflam â thanwydd, wic'; GPC, 2664.
    tafodau tân y Pentecost yn parablu Yn ôl Actau 2:3, ymddangosodd tafodau 'megis o dân' pan ddisgynnodd yr Ysbryd Glân ar y Cristnogion ar ddydd y Pentecost. Wedyn, pan ddechreuodd y Cristnogion siarad â'r dorf fawr amlieithog a ymgasglasai yn

Jerwsalem, rhyfeddodd pawb 'oherwydd bod pob un yn eu clywed hwy yn llefaru yn ei iaith ei hun' (Actau 2:6). Ar y Pentecost, gw. 72. 'Jwdas Iscariot' ll.14n.

192. JESEBEL AC ELIAS
Darlledwyd fersiwn ar y gerdd hon yn Bryddest Radio, dan y teitl 'Jezebel', 10 Ionawr 1955, mewn cyfres o bryddestau radio a gomisiynwyd gan Aneirin Talfan Davies. Mewn llythyr at Aneirin Talfan Davies dyddiedig 14 Mehefin 1954(?), dywed Gwenallt amdani, "Rwyf wedi ei hailysgrifennu, a byddaf yn ei theipio un o'r dyddiau nesaf. Ond y mae ychydig dros 600 o linellau. Synnais ei bod mor hir, ac y mae ddwywaith gymaint â'r rhif a awgrymaist ti' (LlGC, Papurau Aneirin Talfan Davies, Blwch 6).

Argraffwyd rhan o'r gerdd radio dan y teitl 'Y Deyrnas' yn *Llafar*, 4:2 (Gŵyl Ddewi, 1955), 44–5, a cheir fersiwn drafft (holograff) ar ganiad VI o'r bryddest 'Jesebel ac Elias' yn LlGC, Papurau Gwenallt, A8; nodir y fersiynau cynharach yn gyflawn yn adran y Cerddi Ychwanegol, rhifau 332 a 333.

Detholwyd i: Cynthia a Saunders Davies, 'Te Deum Ein Canrif Ni', *Yr Haul a'r Gangell*, 71 (Haf 1975), 25 (ll.622–4, 677 yn unig).

Cyfieithiad: Dyfnallt Morgan, *D. Gwenallt Jones*, Writers of Wales (1972), 66 (ll.684–96 yn unig).

Trafodaethau: R. Geraint Gruffydd, '"Jezebel ac Elias" gan Gwenallt', *Y Traethodydd*, 124 (Ebrill 1969), 76–83 (hefyd yn *Y Cylchgrawn Efengylaidd*, 5:2, Gaeaf 1961, 5–13); J. Gwyn Griffiths, *Baner ac Amserau Cymru*, 25 Chwefror 1960, 7; Dewi Stephen Jones, 'Tu hwnt i'r wynebau oll–2', *Barddas*, 110 (Mehefin 1986), 8–9.

Nodiadau cyffredinol
Craidd y gerdd hon yw'r hanes hir a gadwyd yn 1 Brenhinoedd 16–21 a 2 Brenhinoedd 9, ynghyd â'r awgrym a geir yn Datguddiad 2. Merch Ethbaal, brenin-offeiriad Tyrus a Sidon, oedd Jesebel, a ddaeth yn wraig i Ahab, mab brenin Israel, trwy briodas wleidyddol. Addolai Jesebel y duw paganaidd Baal, a threfnwyd y câi barhau i'w addoli ar ôl iddi ymgartrefu yn Samaria. Ymgyrchodd Jesebel yn frwd i Baal gael yr un hawliau â Duw Israel, ac o'r herwydd daeth i wrthdrawiad ag Elias, proffwyd Duw (gw. 148. 'Yr Eglwys' ll.11n). Bu buddugoliaeth Duw ac Elias dros Baal a'i broffwydi ar fynydd Carmel ond yn fodd i gynyddu sêl Jesebel dros Baal. Chwaraeodd hi ran flaenllaw yn y broses gyfreithiol lwgr a arweiniodd at gymryd gwinllan Naboth a'i ddienyddio ef a'i etifeddion—gweithred a arweiniodd at danseilio teyrnasiad Ahab, ac yn y pen draw at ddifodiant ei linach. Wedi marwolaeth Ahab parhaodd Jesebel yn fam-frenhines yn Israel ond pan laddwyd yr olaf o'i thri mab gan Jehu wynebodd farwolaeth gyda dewrder ac urddas brenhinol. Dengys y cyfeiriad at Jesebel yn Datguddiad 2:20 i'w henw fynd yn gyfystyr ag anfoesoldeb a delwgarwch erbyn cyfnod y Testament Newydd. Gw. IBD, 788.

1   **plas ifori** plas Ahab; cf. 1 Brenhinoedd 22:39; Salm 45:8.
    Jesreel dinas yn Issachar yn Israel a phrif ganolbwynt hanes Jesebel. Cysylltir Jesreel â Ser'in cyfoes, tua 90km i'r gogledd o Jerwsalem; gw. IBD, 788–9.
5   **y Sidoniaid** Roedd Sidon yn ddinas a phorthladd yn Phenecia, sef Saida cyfoes ar arfordir Libanus. Ffordd gyffredin o gyfeirio at Phenecia yn y Beibl yw trwy enwi ei dwy ddinas bwysicaf, sef Tyrus a Sidon. Roedd y Pheneciaid yn enwog fel môr-fasnachwyr ac fel artistiaid. Eu prif allforion oedd deunyddiau uchel eu safon—sidan, gwlân a lliain—wedi'u lliwio a'u brodio'n lleol, a mewnforiwyd perlysiau a pheraroglau o wahanol fathau, ymhlith pethau eraill. Roedd diwylliant gweledol y Pheneciaid yn enwog am ei waith mewn metelau gwerthfawr a cherfiadau ifori a phren. Ar ddechrau'r mileniwm cyntaf CC anturiodd gwŷr Phenecia ar hyd arfordir y Môr Canoldir mor bell â Sbaen a Môr Iwerydd gan sefydlu trefedigaethau ar y ffordd. Ysbryd anturus a gallu masnachol y Pheneciaid a fu'n bennaf gyfrifol am droi'r Môr Canoldir yn ffocws fasnachol dra phwysig yn yr hen fyd. Gw. IBD, 1223–6, 1449–50.

7	**porffor** gw. 2. 'Y Sant' ll.364n. Roedd porffor enwog y Pheneciaid, a gynhyrchwyd o bysgod-cregyn arbennig, yn gostus iawn i'w wneud ac o'r herwydd yn symbol o foethusrwydd a phŵer. Tybir bod y gair Phenecia yn dod o'r Groeg *phoinikoi*, 'y bobl goch-borffor'.
9	**Ahab** mab Omri, a reolodd dros Israel *c*.874–852 CC. Dan ddylanwad ei wraig Jesebel caniatawyd addoli Baal yn ei deyrnas; adeiladwyd teml iddo, a dechreuwyd gwrthwynebu Duw Israel a lladd ei broffwydi. Gw. IBD, 23–4.
10	**gortho** 'gorchudd, gwisg, llen, canopi, to, cronglwyd'; GPC, 1497.
	Baal (Hebraeg) 'meistr, gŵr', ond fel arfer yn yr Hen Destament defnyddir y gair yn enw ar y duw Hadad, y pwysicaf o dduwiau paganaidd gwlad Canaan pan gyrhaeddodd yr Israeliaid yno wedi'r gaethglud yn yr Aifft. Roedd amryw o dduwiau lleol yn dwyn yr enw Baal hefyd, ac mae'n bosibl mai'r un dan sylw yma yw Melqart, duw Tyrus. Er bod y dystiolaeth yn gymysglyd, tybir bod Baal yn dduw natur a ffrwythlondeb (ond nid, efallai, yn dduw'r haul fel yr arferid credu). Gw. IBD, 153; ODCC, 141.
11	**cedrwydd** gw. 1. 'Y Mynach' ll.209n; ll.5n.
13	**a rwydid yn yr eigion** gw. ll.7n.
14–16	gw. ll.5n.
15	**main** lluosog 'maen'.
19	cf. Salm 45:13. Mae disgrifiad Gwenallt o Jesebel yn tynnu ar ddisgrifiad Salm 45 o ferch brenin Tyrus a Sidon (un chwaer-ddinasoedd, cf. ll.5n.)
20	**myrr, aloes a chasia** gw. Salm 45:8. Ar fyrr, gw. 1. 'Y Mynach' ll.369n. Mae aloes yn fath o bren a ddefnyddid yn feddyginiaethol a hefyd i berarogli cyrff meirw, gwelyau a dillad. Rhisgl pren pêr ei arogl yw casia.
29	**henna** planhigyn y ceir lliw coch o'i ddail a'i sbrigau.
33–6	cf. 1 Brenhinoedd 16:31–2.
36	**Jehofa** gw. 2. 'Y Sant' ll.349n.
	Samaria prifddinas yr Israeliaid yn y gogledd, a'r diriogaeth o'i chwmpas. Omri tad Ahab a fu'n gyfrifol am ei sefydlu, a pharhawyd y gwaith gan Ahab ei hun. Gw. IBD, 1375–6; ODCC, 1449.
38	cf. 1 Brenhinoedd 18:19.
39–40	**unduwdod / Y Jehofa** cf. Exodus 20:3–5. (Ar y Drindod, gw. 4. 'Yr Angylion a'r Gwraged' ll.5n). Ar Jehofa, gw. 2. 'Y Sant' ll.349n.
45	**Astoreth** mam-dduwies a duwies ffrwythlondeb, serch a rhyfel a addolid gan baganiaid Canaan pan gyrhaeddodd yr Israeliaid Wlad yr Addewid; cf. ll.10n. Roedd cwlt Astoreth yn nodedig am ei arferion anllad. Gw. IBD, 133.
47	**colomen** cf. 78. 'Sir Gaerfyrddin' ll.12n.
49	**Dawnsiai Jesebel** cf. 2. 'Y Sant' ll.260n.
50–1	cf. ll.550.
52	**Elias y Thesbiad** cf. 1 Brenhinoedd 17:1. Ar Elias, gw. 148. 'Yr Eglwys' ll.11n.
54	**Nasareaid** carfan grefyddol lem ymhlith yr Israeliaid, a ymgysegrai'n llwyr i Dduw. Amlinellir rheolau'r Nasareaid yn Numeri 6. Gw. IBD, 1063–4; ODCC, 1134.
	Rechabiaid carfan grefyddol eithafol ymhlith yr Israeliaid, a ddilynodd orchymyn eu cyndad Jehonadab mab Rechab, i ymwrthod ag yfed gwin a byw mewn tai. Ymuniaethodd Jehonadab yn llwyr â Jehu yn 2 Brenhinoedd 10:15–31 yn ei weithred o ladd dilynwyr Baal oherwydd ei sêl dros Dduw. Roedd y Rechabiaid hefyd yn enw ar gymdeithas ddirwestol a sefydlwyd yn 1825. Gw. IBD, 1321; ODCC, 1371.
57–8	gw. 154. 'Y Swper Olaf' ll.3–4n.
59–60	gw. 14. 'Y Gristionogaeth' ll.17n.
61	Ar y ddelweddaeth, gw. 158. 'Y Merthyron' ll.29–32n.
62	Cyfeirir at ddarpariaeth ryfeddol Duw ar gyfer anghenion corfforol cenedl Israel yn

	ystod y deugain mlynedd y buont yn yr anialwch ar eu ffordd o'r Aifft i Wlad yr Addewid; gw. Exodus 16:11–15; Deuteronomium 8:4, 29:5; 1. 'Y Mynach' ll.31n.
63	**Piwritanaidd** gw. ll.220n.
74–6	cf. ll.522–4.
77	**ffiasgo Baal ar ben Carmel** Am hanes Elias yn trechu proffwydi Baal, gw. 1 Brenhinoedd 18:17–40. Mynydd Carmel yw'r prif drum (530m) mewn cadwyn o fryniau sy'n ymestyn o'r Môr Canoldir i wastadeddau Dothan yn Israel. Gw. IBD, 253; 255. 'Y Wal Wylofus' ll.9n.
78	**Cison** afon (Nahr el-Mugatta' bellach) sy'n codi ym mryniau gogledd Samaria ac yn llifo heibio i Fynydd Carmel i'r Môr Canoldir; gw. IBD, 862.
80–1	gw. 1 Brenhinoedd 19:1–4.
80	**bâr** dicter, llid.
81	**Beerseba** tref tua 77km i'r de-ddwyrain o Jerwsalem, hanner ffordd rhwng y Môr Canoldir a'r Môr Marw; gw. IBD, 180–2.
85	**ei chyfamod gynt** Mae cyfamod Duw â chenedl Israel yn mynd yn ôl i ddyddiau Abram, pryd yr addawodd Duw amlhau disgynyddion Abram yn genedl fawr, ac y rhoddai'r wlad o afon yr Aifft hyd afon Ewffrates (sef 'Gwlad yr Addewid') iddynt ei phreswylio; gw. Genesis 15, 17; IBD, 326–31; ODCC, 425; 132. 'Sir Forgannwg a Sir Gaerfyrddin' ll.24n.
86–8	cf. 1 Brenhinoedd 18:21.
88	**Sinai** (neu Horeb) y mynydd yn yr anialwch lle y datguddiodd Duw ei hun i Moses a rhoi iddo'r Deg Gorchymyn, gan ymgyfamodi eto â'r genedl etholedig; gw. Exodus 19 yml.; IBD, 1460–1; ll.98n. Cf. 14. 'Y Gristionogaeth' ll.17n.
89	**offrymu i'r llo** gw. 101. 'Yr Iddewon' ll.13n.
90	**Addoli'r ddeulo** Cyfeirir at hanes Jeroboam, brenin cyntaf Israel, yn gwneud dau lo aur ac yn gosod y naill yn Bethel a'r llall yn Dan er mwyn cystadlu â'r Deml yn Jerwsalem; gw. 1 Brenhinoedd 12:25–33.
	delwau mewn llwyni cf. 1 Brenhinoedd 15:13.
91	**arogldarthu ar yr uchelfeydd** cf. 1 Brenhinoedd 11:7–8.
93	**y butain bwdr** gw. 154. 'Y Swper Olaf' ll.5–6n.
94–5	gw. 1 Brenhinoedd 19:4.
96–101	cf. 1 Brenhinoedd 19:9–13.
98	**Horeb** enw arall ar Fynydd Sinai; gw. ll.88n.
99	**gras** gw. 1. 'Y Mynach' ll.38n.
102–10	gw. 1 Brenhinoedd 21:17–29.
103	**Naboth** perchennog gwinllan gyfagos i balas Ahab yn Jesreel. Am iddo wrthod gwerthu ei winllan i'r brenin, cynllwyniodd Jesebel yn ei erbyn a threfnu iddo gael ei gamgyhuddo o gabledd. Llabyddiwyd ef (a'i etifeddion) i farwolaeth, a meddiannodd Ahab ei winllan. Gw. 1 Brenhinoedd 21:1–16; cf.184. 'Cymru' ll.23n.
107	**Rhwng y cŵn a'r brain** cf. 1 Brenhinoedd 21:19–24. (Ystyr gyffredin yr ymadrodd yw 'mynd i'r gwellt, mynd â'i ben iddo'.)
110	**angau caregog** gw. ll.103n.
111–15	gw. 1 Brenhinoedd 22:37–8. Ceir hanes amgylchiadau lladd Ahab yn 1 Brenhinoedd 22:29–35.
116–18	gw. 2 Brenhinoedd 9:21–6.
128–9	gw. 2 Brenhinoedd 9:1–10.
129	**Jehu** mab Jehosaffat. Dechreuwyd gwrthryfel pan awdurdododd Eliseus (gw. ll.297n) un o'r proffwydi ifainc i chwilio am Jehu, arweinydd byddin Joram mab Ahab, a'i eneinio'n frenin Israel. Gyda chefnogaeth byddin Joram aeth Jehu i Jesreel a lladd Joram a'i frawd Ahaseia, a gorchymyn rhoi Jesebel i farwolaeth. Aeth ymlaen i ladd gweddill teulu Ahab a dinistrio teml Baal, gan ddileu hefyd ei ddilynwyr. Gw. IBD, 742.

Nodiadau: *Gwreiddiau*

131	**pysgod porffor** gw. ll.7n.
141–50	gw. 2 Brenhinoedd 9:30–1.
146–8	cf. ll.19n, ll.20n.
153–67	gw. 2 Brenhinoedd 9:33–7.
153	**arch** gorchymyn, cais.
168–74	cf. ll.1–7.
168	**Y Plas Grisial** adeilad anferth o wydr a haearn a godwyd i gynnwys Arddangosfa Fawr 1851 yn Llundain, pan oedd yr Ymerodraeth Brydeinig ar ei hanterth. Fe'i hystyrid yn gampwaith o bensaernïaeth fodern a adlewyrchai uchelgais a nodweddion blaengar Prydain ar y pryd. Roedd John Jones ('Talhaearn'; 1810–69) yn un o arolygwyr y gwaith adeiladu. Dinistriwyd yr adeilad gan dân yn 1936.
170	**ymerodraeth y môr** gw. 137. 'Iarll Dwyfor' ll.9n.
174	**cotwm** un o'r nwyddau a fewnforid i Brydain o diriogaethau'r Ymerodraeth—o'r India'n bennaf—ac a fu'n sail i ddiwydiant cotwm llewyrchus ym Mhrydain (wedi'i ganoli ar Fanceinion a chanolbarth Lloegr) yn y 18fed ganrif a'r 19eg.
179	**Brenhines** Victoria oedd brenhines Lloegr pan agorwyd y Plas Grisial; gw. 116. 'Cymru Victoria', n.
180	**Archesgob** gw. 102. 'Testament yr Asyn' ll.20n.
184	**Yr Aur** Gwelodd Oes Victoria gynnydd mawr yng nghyfoeth Prydain, yn rhannol yn ffrwyth yr Ymerodraeth Brydeinig; gw. 137. 'Iarll Dwyfor' ll.9n. Gwelwyd hefyd gynnydd yng nghyfoeth llawer o bobl Prydain, a gwella safonau byw yn gyfochrog. Anodd peidio â meddwl hefyd am y rhuthro am aur a nodweddai ail hanner y 19eg ganrif mewn mannau fel Colorado a Klondike a rhannau o Awstralia; cf. ll.191–2. Gw. hefyd ll.185n.
185	**rhyddfrydiaeth** 'egwyddorion a daliadau gwleidyddol . . . a nodweddir gan gred mewn rhyddid i'r unigolyn, masnach rydd, a diwygiad cymdeithasol a gwleidyddol cymedrol'; GPC, 3129. Gw. hefyd sylwadau Gwenallt ar 'oes aur Victoria' yn 'Hanes Mudiadau Cymraeg a Chenedlaethol y Bedwaredd Ganrif ar Bymtheg', yn *Seiliau Hanesyddol Cenedlaetholdeb Cymru*, gol. D. Myrddin Lloyd (1950), 110–11.
191–2	cf. ll.184n.
193	**paradwys** gw. 2. 'Y Sant' ll.528n.
197	**sofran** gair mwys. Gall 'sofran' olygu penarglwyddiaethol, ond mae hefyd yn enw ar hen ddarn punt a wnaed o aur.
	sych Mae 'arian sych' yn briod-ddull am arian parod.
198	**absoliwt** gw. 13. 'Ar Gyfeiliorn' ll.4n.
199	**y gegin o Gymru** trosiad am rôl iswasanaethgar; cf. ll.284–7n.
201	**byw ar ei bwyd ei hun** cf. yr ymadrodd 'canu ar ei fwyd ei hun' i ddisgrifio bardd amatur neu un yn canu heb nawdd; gw. GPC, 408.
206	**'i luniaeth a'i lawenydd** cf. Actau 14:17, a llinell olaf englyn W. D. Williams (1900–85), 'O Dad, yn deulu dedwydd'; gw. CLC, 793.
208	**megalopolis** dinas fawr.
209–10	cf. ll.57–8n, ll.59–60n.
211	Cwynai cenedl Israel yn gyson wrth Moses am eu hamgylchiadau yn yr anialwch wrth iddynt deithio o'r Aifft tua Gwlad yr Addewid; gw. Exodus 15:23–4, 16:2–3, 17:3 etc.
212	**pererinion** gw. 11. 'Y Bardd a'r Beirniad Olaf' ll.14n.
213	**yn hwylio ar fôr tymhestlog** Adleisir emyn Ieuan Glan Geirionydd, 'Ar fôr tymhestlog teithio'r wyf'; gw. *Llyfr Emynau a Thonau y Methodystiaid* (1929), rhif 467.
214–16	cf. 12. 'Cymru' ll.21–4.
214	**Yr Efengyl** gw. 150. 'Y Calendr' ll.4n.
	'r Llyfr y Beibl.
215	**Hosanna** gw. ll.823n.

219	**Calfin** gw. 2. 'Y Sant' ll.155n.
220	**Piwritan** term am Brotestant eithafol a oedd am ddiwygio'r Eglwys ymhellach nag a wnaed dan Elisabeth I. Mynnai'r Piwritaniaid sail feiblaidd ar gyfer pob manylyn ar addoliad cyhoeddus, gan farnu pob peth ychwanegol yn hygoelus, yn babyddol ac yn wrth-Gristnogol. Daeth cyfnod y Piwritaniaid i ben gyda'r Adferiad yn 1660; olynwyr iddynt oedd yr Hen Ymneilltuwyr. Gw. ODCC, 1351. Defnyddir yr ansoddair 'piwritanaidd', weithiau'n ddirmygus, i gyfeirio at orfanylder o ran crefydd neu foesau.
221	**Bentham**, Jeremy (1748–1832), athronydd a meddyliwr cymdeithasol. Ei waith pwysicaf oedd *An Introduction to the Principles of Morals and Legislation* (1789) sydd yn ddatganiad o egwyddorion iwtilitariaeth a'r gred mai priod nod unigolion ac arweinyddion cymdeithas yw sicrhau'r hapusrwydd mwyaf i'r nifer mwyaf, athroniaeth a fu'n ddylanwadol iawn yn y 19eg ganrif. Gw. DNB; D. Gwenallt Jones, 'Hanes Mudiadau Cymraeg a Chenedlaethol y Bedwaredd Ganrif ar Bymtheg', yn *Seiliau Hanesyddol Cenedlaetholdeb Cymru*, gol. D. Myrddin Lloyd (1950), 100.
	seiat gw. 59. 'Y Beddau' ll.3n.
222	**cymanfa** cynulliad o bobl (yn aml mewn cyd-destun crefyddol); am y posibiliadau gwahanol, gw. GPC, 754.
223	**Seion** gw. 2. 'Y Sant' ll.134n; 182. 'Y Tipiau' ll.14n.
224–5	Ar y ddadl am le crefydd yn ysgolion y 19eg ganrif, gw. Eryl Davies, *Christian Schools* (1978).
227	**'r Drindod** gw. 4. 'Yr Angylion a'r Gwragedd' ll.5n.
229	**Victoraidd** am brif nodweddion Oes Victoria, gw. 116. 'Cymru Victoria', n.
230–53	Mae'r 'emyn' hwn yn barodi ar emyn Ceiriog, 'Jerusalem fy Mrenin!'; gw. *Emynau y Cyssegr* (1885), rhif 1808.
237	**saint** gw. 2. 'Y Sant', n.
238	**Sabath** amr. Saboth; gw. 185. 'Y Capel yn Sir Gaerfyrddin' ll.1n.
239	**llith** 'darlleniad, yn enw. un o'r ddau ddarn o'r Ysgrythur . . . a benodwyd yn Eglwys Loegr i'w darllen yn y foreol a'r brynhawnol weddi'; GPC, 2188.
243	**sbel** ysbaid, hoe.
244–5	cf. 202. 'Yr Eglwysi' ll.14n.
246	**teyrnas** Ar deyrnas Crist, gw. 150. 'Y Calendr' ll.6n.
252	**telyn aur** offeryn a gysylltir yn y meddwl poblogaidd â'r nefoedd.
255–78	Mae'r 'rhieingerdd' hon yn barodi ar 'Rieingerdd' John Morris-Jones; gw. *Caniadau* (1907), 8–9.
264	**Dior**, Christian (1905–57), cynllunydd ffasiynau Ffrengig. Ar ôl yr Ail Ryfel Byd cyflwyndd gysyniad yr 'Olwg Newydd', dull ffasiwn rhamantaidd a sicrhaodd safle Paris yn brif ganolfan ffasiynau y byd yn y cyfnod hwnnw.
267	**llan** eglwys; gw. 109. 'Cymru a'r Rhyfel' ll.28n.
268–70	Mae'r eirfa sathredig yn dychanu pwyslais John Morris-Jones ar eirfa bur, farddonol, a hefyd yn dychanu'r ystrydeb o eglwyswraig arwynebol a Seisnigaidd; cf. ll.271–8.
270	**croes** gw. 1. 'Y Mynach' ll.360n.
279	**caeodd y comin** Yn yr Oesoedd Canol roedd tir Cymru ar y cyfan yn agored, i'w bori gan y sawl a fynnai. Yn ystod y 18fed ganrif yn arbennig, dechreuodd tirfeddianwyr Cymru estyn eu stadau a chreu 'caeau' â gwrychoedd o'u cwmpas a rwystrai'r bobl gyffredin rhag defnyddio'r tir hwnnw. Y canlyniad oedd tlodi mawr yng nghefn gwlad Cymru. Gw. CLC, 95.
280	**yr efail** man trafod traddodiadol; cf. hefyd 132. 'Sir Forgannwg a Sir Gaerfyrddin' ll.1n.
283	**y wennol wehydd** 'darn o bren a'i ddeupen yn meinhau sy'n cario'r anwe ar draws y gwŷdd a thrwy'r ystof wrth wau'; GPC, 1638. Ar y ddelweddaeth, gw. Job 7:6; Eseia 38:12. Mae'r sôn am saethu'r wennol rhwng ei dwygoes yn adleisio motiff a geir yn

Nodiadau: *Gwreiddiau*

Culhwch ac Olwen, a chainc *Math* ym *Mhedair Cainc y Mabinogi*, sef mynegi dawn saethu cymeriad trwy sôn am ei allu i saethu dryw rhwng ei goesau; gw. PKM, 80; CO, 13.

284–7 Anfarwolwyd yr adluniad hwn o gegin Gymreig draddodiadol yn un o orielau'r Amgueddfa Genedlaethol yng Nghaerdydd mewn cerdd gan Iorwerth C. Peate, 'Yng Nghegin yr Amgueddfa Genedlaethol', *Plu'r Gweunydd* (1933), 37. Symudwyd y gegin yn ddiweddarach i Amgueddfa Werin Cymru yn Sain Ffagan.

289 **yn llanc dwy ar bymtheg oed** Cyfeirir at hanes erlid y bardd a'i garcharu am iddo wrthod ymladd yn y Rhyfel Byd Cyntaf; gw. 114. 'Dartmoor', n; 70. 'Fy Nhad', n.

295 **Gorllewin difachlud** gw. 137. 'Iarll Dwyfor' ll.9n; cf. ll.380.

297 gw. 1 Brenhinoedd 19:19; cf. 2 Brenhinoedd 2:2–14.

Eliseus proffwyd yn yr Hen Destament. Roedd yn was i Elias ar y dechrau, ond ar ôl i Elias gael ei gymryd i'r nefoedd, etifeddodd rôl ei feistr. Roedd ganddo ddawn rhagfynegi'r dyfodol, a chyflawnodd nifer o wyrthiau yn ystod ei weinidogaeth. Gw. IBD, 441–2; ODCC, 540.

298 **proffwydi** gw. 1. 'Y Mynach' ll.331n.

299 **Horebau** gw. ll.88n.

303 **pobl gysurus, grefyddol** cf. 134. 'Cymru' ll.1.

304–5 gw. 160. 'Dewi Sant' ll.8n.

304 **Bethlehem** gw. 18. 'Plant Bethlehem', n; 99. 'Y Nadolig', n.

Calfaria gw. 11. 'Y Bardd a'r Beirniad Olaf' ll.18n.

305 **Y bedd gwag** gw. 12. 'Cymru' ll.13n.

306 **teyrnas Dduw** gw. 150. 'Y Calendr' ll.6n.

307 **Mihangel** sef Michael D. Jones; gw. 180. 'Cwm Tryweryn' ll.14n.

Emrys ap Iwan; gw. 184. 'Cymru' ll.23n. Gw. yn arbennig ysgrifau Emrys ap Iwan, 'Wele dy Dduwiau, O Walia!' ac 'Y Llo Arall', *Detholiad o Erthyglau a Llythyrau Emrys ap Iwan, 1*, gol. D. Myrddin Lloyd (1937), 42–61.Gw. hefyd ll.90n.

311–15 cf. ll.84–8.

316 **y llew** arwydd herodrol Lloegr; gw. hefyd ll.334–40n, ll.383n.

317 **y tarw** Chwaraeir yma â'r llys-enw am Sais, sef John Bull; cf. 111. 'Gandhi' ll.5n; gw. hefyd ll.43, ll.385.

llongau hollalluog cf. ll.389n.

319 **Sant Awstin** o Hippo (354–430), un o feddylwyr mawr Cristnogaeth, a ddiffiniodd lawer iawn o'r ddiwinyddiaeth sy'n nodweddu'r traddodiad Cristnogol yn y Gorllewin. Ei ddau waith pwysicaf oedd ei Gyffesiadau lled-hunangofiannol, a'i ddehongliad Cristnogol o hanes, *De Civitate Dei*. Gw. ODS, 25–6; ODCC, 128–9.

325–7 cf. ll.334–40n; 160. 'Dewi Sant' ll.30.

328–30 cf. 132. 'Sir Forgannwg a Sir Gaerfyrddin'.

334–40 Yn ôl y cysyniad canoloesol am Gadwyn Bod, cydgysylltir pethau â'i gilydd mewn trefn olynol, ar ffurf pyramid; ar ei frig ceir y peth pwysicaf neu fwyaf pwerus (y brenin ym myd dynion, y llew ym myd yr anifeiliaid, etc.), ac ar ei waelod ceir y pethau mwyaf distadl (y tlodion a'r caethion ym myd dynion, creaduriaid bach a gwan ym myd yr anifeiliaid, etc.).

340 **siantïau** (benth. o Saesneg Americanaidd, *shanty*), 'cwt neu gaban garw'; GPC, 3261.

343 **y Bastîl** caer a charchar ym Mharis, a symbol o awdurdod llwyr y frenhiniaeth yn Ffrainc cyn y Chwyldro Ffrengig. Ar 14 Gorffennaf 1789, ar ddechrau'r Chwyldro, ymosododd tyrfa ar y Bastîl a'i ysbeilio. Fe'i dymchwelwyd yn fuan wedyn.

348 **Cristionogion gwyn** cf. 190. 'Albert Schweitzer' ll.6n.

350 **ympryd a gafr** gw. 111. 'Gandhi' ll.7n, ll.9n.

353–5 Ar y mudiad cenhadol, gw. 12. 'Cymru' ll.24n. Ymhlith meysydd cenhadol pwysicaf y Cymry oedd Bryniau Khasia yng ngogledd-ddwyrain yr India, a Madagasgar.

359 **y ddau Ddwyrain** gw. 190. 'Albert Schweitzer' ll.2n.

360	**Mohammed** (Arabeg, 'yr un canmoladwy') enw sylfaenydd crefydd Islâm, a fu'n byw yn Arabia yn y 7fed ganrif. Islâm yw prif grefydd pob gwlad yn y Dwyrain Canol ar wahân i Israel, a hefyd rannau o Asia, Affrica, Ewrop a Gogledd America. **Mamon** gw. 100. 'Ewrob' ll.24n. **Bwda** (Sansgrit, 'yr un goleuedig') yr enw a roddir ar sylfaenydd crefydd Bwdaeth, sef y Tywysog Siddhartha (*c*.563–483 CC). O'i chychwyniadau yn yr India lledodd Bwdaeth ar draws Asia a'r Dwyrain Pell.
371	**hwbris** balchder mawr.
380	**na fachludai arni'r haul** cf. ll.295n.
383	Codwyd y gofeb enwog i'r Llyngesydd Horatio Nelson (1758–1805) yn Sgwâr Trafalgar yn 1843, ac ychwanegwyd y pedwar llew yn 1867. Dangosir golygfeydd o fuddugoliaethau Nelson ar bedair ochr y pedestal ar waelod y golofn. Nelson yw'r llyngesydd uchaf ei barch yn hanes morwrol Prydain, ac mae ei golofn yn symbol o oruchafiaeth forwrol Prydain. Gw. BDPF, 257.
385	**tarw** gw. ll.317n. **bwldog** ci Prydeinig, nodedig am ei gryfder a'i gyndynrwydd ffyrnig, a symbol o Brydeindod. Meithrinwyd y brîd ar gyfer baetio teirw, ond pan ddaeth y gamp honno yn anghyfreithlon yn 1835 trodd y bridwyr yr ymladdwr ffyrnig yn gydymaith dof. **pwdlgi** ci a oedd yn arbennig o boblogaidd yn Ffrainc yn y 19eg ganrif. Mae'n nodedig am ei natur addfwyn.
386	Mae i Dŵr Llundain, fel caer, carchar, a phreswylfa frenhinol hyd gyfnod Iago I, le pwysig yn hanes Lloegr. Bu brain (a ystyrir yn gyffredin yn adar drwgargoelus, yn arwydd o farwolaeth ac anffawd) yn Nhŵr Llundain erioed. Yn ôl hen draddodiad sy'n dyddio'n ôl i deyrnasiad Siarl II (1649–85) byddai Tŵr Llundain a'r Ymerodraeth Brydeinig yn cwympo pe gadawai'r brain. (Mae adenydd y brain yn cael eu tocio bellach fel na allant hedfan.) Gw. BDPF, 1114–15. Ystyr 'gerain' yw sgrechian, llefain.
389	**meistres y moroedd** cf. y llinell o'r gerdd wladgarol (Brydeinig) gyfarwydd, 'Rule Britannia', sef 'Rule Britannia, rule the waves'.
393	**Ninefe** dinas bwysig ar afon Tigris, a phrifddinas olaf Ymerodraeth Asyria. Erbyn 612 CC dinistriwyd dinas Ninefe, a daeth Ymerodraeth Asyria i ben. Gw. IBD, 1089–92. **Phenecia** gw. ll.5n. **Ffrainc** Dechreuwyd datblygu Ymerodraeth Ffrainc yn gynnar yn yr 17eg ganrif, ac aeth trwy gyfnod o dwf mawr yn ail hanner y 19eg ganrif. Erbyn 1914 roedd yn cynnwys 60 miliwn o bobl a 10,000,000 km sgwâr o dir ar draws y byd. Datgymalwyd Ymerodraeth Ffrainc yn sgil yr Ail Ryfel Byd. **Prydain** gw. 137. 'Iarll Dwyfor' ll.9n.
401	**Canaan gydradd** cf. 175. 'Newid Byd' ll.10. Ar Ganaan, gw. 132. 'Sir Forgannwg a Sir Gaerfyrddin' ll.24n.
405	**Lenin** gw. 101. 'Yr Iddewon' ll.10n. Mawsolëwm Lenin yn y Sgwâr Goch ar ganol dinas Moscow oedd prif gysegrfan y byd comiwnyddol. Pereneiniwyd corff Lenin, a'i arddangos mewn arch wydr.
409	**Wtopia** gw. 121. 'Y Meirwon' ll.33n.
417	**'r orsedd goch** Ar arwyddocâd y lliw, gw. 113. 'Rwsia' ll.10n; 158. 'Y Merthyron', n.
425	**teyrnas** gw. 150. 'Y Calendr' ll.6n.
430	**Calan Mai** gŵyl y werin bobl, yn dathlu diwrnod cyntaf yr haf. Fe'i mabwysiadwyd yn ŵyl i'r gweithwyr gan y sosialwyr a'r comiwnyddion; cf. yr arfer o gynnal raliau Llafur ar 1 Mai. Gw. BDPF, 636. **Pasg** gw. 72. 'Jwdas Iscariot' ll.6n. **y Faner Goch** arwydd Sosialaeth Ryngwladol. Mae'r gân *The Red Flag* yn anthem sosialaidd (a arddelir o hyd gan y Blaid Lafur). Cyfeirir at hanes enwog dymchwel waliau Jericho—y dref gyntaf yng Ngwlad yr

Nodiadau: *Gwreiddiau* 583

	Addewid i'r Israeliaid ddod yn ei herbyn ar ôl croesi afon Iorddonen—ar ganiad utgyrn yr offeiriaid a bloedd y bobl dan arweinyddiaeth Josua; gw. Josua 6; IBD, 748–51. Mae Jericho tua 27km i'r gogledd-ddwyrain o Jerwsalem. Bu'r seindorf bres neu arian yn nodwedd amlwg ar ddiwylliant ardaloedd diwydiannol Cymru a Lloegr o ganol y 19eg ganrif ymlaen.
434–9	cf. *Credaf*.
438	**llunio dyn ar ein llun a'n delw** gw. 86. 'Natur' ll.3n.
442	**Meseia** gw. 101. 'Yr Iddewon' ll.24n.
	mwffler . . . cordorói Gwisg bob dydd nodweddiadol (ystrydebol) y glöwr fyddai'r cadach gwddf a throwser cordorói.
447	**llais Duw** cf. y dywediad Lladin, *vox populi, vox Dei* ('llais y bobl yw llais Duw'), a fabwysiadwyd gan athronwyr dyneiddiol y 19eg ganrif.
448	**totalitaraidd** gw. 102. 'Testament yr Asyn' ll.34n.
449–57	Disgrifir yma ddau atyniad mecanyddol cyffredin mewn trefi gwyliau glân-y-môr adeg llunio'r gerdd.
459–90	Mae'r 'gân' hon yn barodi ar gerdd W. Crwys Williams (1875–1968), 'Fy Olwen i'; gw. *Cerddi Crwys* (1920), 49–50. Cyfeirir at Crwys fel 'y bardd gwerin' (ll.458) oherwydd ei bryddest enwog, 'Gwerin Cymru'; gw. *Cerddi Crwys*, 1–27.
459	**Olwen** gwrthrych cân Crwys (gw. ll.459–90n), ond hefyd y ferch hardd y ceir hanes cais Culhwch i'w hennill yn y chwedl *Culhwch ac Olwen*. Ceir disgrifiad enwog ohoni yn CO, 18. Gw. CLC, 120–1; 127. 'Y Morgrug' ll.17n, ll.19n; 5. 'Y Twrch Trwyth', n.
467–70	Adleisir y disgrifiad enwog o Olwen yn chwedl *Culhwch ac Olwen*; gw. ll.459n. (Awgrym y chwedl yw mai gwallt melyn sydd ganddi ac nid 'coron aur' lythrennol, ll.470.)
471–90	Dychenir y sefyllfa a fodolai ym Mhrydain yn yr 1950au lle'r oedd y Wladwriaeth Les yn mynd yn gyfrifol am ofalu am holl anghenion iechyd ac ariannol yr unigolyn, pe bai raid, o'i eni hyd y bedd. Yn niwedd yr 1940au sefydlwyd y Gwasanaeth Iechyd Cenedlaethol, a roddai wasanaethau meddygol a deintyddol am ddim i bobl Prydain.
502–7	gw. 99. 'Y Nadolig', n, ll.6n.
504	**y Fam-Forwyn** gw. 1. 'Y Mynach' ll.80n.
505	**ar ei gwely gwair** cf. y llinell o garol adnabyddus W. Nantlais Williams, 'Suai'r gwynt', sef 'A Mair ar ei gwely gwair'; gw. *Y Caniedydd* (1960), rhif 885.
506	**gwasanaethyddes** cf. Luc 1:38,48.
507	**Moses** gw. 3. 'Breuddwyd y Bardd' ll.192n.
509–10	cf. Luc1:51–3.
511–13	Am hanes temtiad Crist, gw. Mathew 4:1–11; Luc 4:1–13.
522–4	cf. ll.74–6.
525	gw. ll.511–13n.
534	**Tywysog** cf. Eseia 9:6. Gw. hefyd 99. 'Y Nadolig' ll.6n.
535	gw. 152. 'Y Pensaer' ll.29n. Ar y teitl Brenin, cf. Mathew 27:37; Marc 15:26; Luc 23:38; Ioan 19:19; 150. 'Y Calendr' ll.6n.
536	gw. Ioan 13:1–17.
537–8	Am hanes Iesu yn marchogaeth i mewn i Jerwsalem ar gefn ebol asyn, gw. 102. 'Testament yr Asyn' ll.32n.
538–40	gw. Mathew 21:12–13; Marc 11:15–17; Luc 19:45–6; a cf. Ioan 2:13–16.
542–3	Am y cyhuddiadau yn erbyn Crist, gw. Mathew 26:59–65; Marc 14:55–64; Luc 22:66–23:2.
543	**Cesar** Yng ngolwg yr Iddewon, Tiberius Cesar oedd 'brenin' yr Ymerodraeth Rufeinig, a gynhwysai Jwdea yn y cyfnod hwn; gw. IBD, 216–17.
544	Cadwyd hanes yr achosion a ddygwyd yn erbyn Crist ym Mathew 26:59–27:25; Marc 14:55–15:14; Luc 22:66–23:23; Ioan 18:19–40.
	Caiaffas archoffeiriad yn Iddewon OC 18–36; gw. IBD, 219.

	Herod y tetrarch, brenin yr Iddewon; gw. 158. 'Y Merthyron' ll.30n.
	Pilat Pontius Pilat oedd y rhaglaw Rhufeinig dros Jwdea. Fel rhaglaw roedd ganddo awdurdod llwyr yn y dalaith, gan gynnwys rheolaeth dros faterion crefyddol yr Iddewon a'r awdurdod i gadarnhau neu chwyldroi dedfrydau o farwolaeth a basiwyd gan y Sanhedrin, sef uchel-lys yr Iddewon. Gw. IBD, 1229–30.
547	**croes** gw. 1. 'Y Mynach' ll.360n.
550	cf. ll.50–1.
553–4	gw. Mathew 27:28–31; Marc 15:16–20; Ioan 19:1–5.
555	**gwyn** gw. 90. 'Y Duwdod' ll.10n.
555–6	**rhwng Moses ac Elias / ar Hermon** gw. 148. 'Yr Eglwys' ll.1n. Hermon yw'r mynydd uchaf ym Mhalestina (2,814m), ac oherwydd ei agosrwydd at Gesarea Philipi fe'i huniaethir yn draddodiadol â Mynydd y Gweddnewidiad; gw. IBD, 641–2.
556	**dau gangster** gw. 176. 'Epigramau' ll.169n; cf. 208. 'Barabbas' ll.12.
557	gw. 168. 'Yr Awen' ll.1n; 1. 'Y Mynach' ll.360n.
558	**Iddew** Crist; gw. 2. 'Y Sant' ll.141n.
	marwolaeth Rufeinig Roedd croeshoelio'n ddull dienyddio a ddefnyddid gan y Rhufeiniaid ar gyfer caethweision, y dihirod gwaethaf neu unrhyw berson na allai brofi ei fod yn ddinesydd Rhufeinig; gw. IBD, 342–3; ODCC, 435.
559	**fel gwas** cf. Philipiaid 2:7; Eseia 53:11.
560	**y tywyllwch** gw. 98. 'Heulwen y Pasg' ll.1n.
561	Cyfeirir at yr ysgrifen a osododd Pilat uwchben Crist ar y groes; gw. ll.535n.
562–3	cf. Mathew 26:53.
564–5	Ni bu farw Elias, ond ei gipio'n uniongyrchol i'r nefoedd mewn cerbyd â meirch tanllyd; gw. 2 Brenhinoedd 2:11. Yn ystod y Croeshoeliad tybiai rhai o'r rhai a oedd yn gwylio fod Iesu wedi galw ar Elias; gw. Mathew 27:46–9; Marc 15:34–6. Ar Elias, gw. 148. 'Yr Eglwys' ll.11n.
566	**ufudd-dod** cf. Philipiaid 2:8.
569	cf. Colosiaid 2:15.
574	**Moloch** duw paganaidd y gwnaed aberthau dynol iddo yng nghyfnod yr Hen Destament. Mae'n bosibl bod cyswllt rhyngddo a Baal-Meqart; gw. ll.10n.
	Mamon gw. 100. 'Ewrob' ll.24n.
	Fenws gw. 2. 'Y Sant' ll.193n, ll.420n.
576	**Gras** gw. 1. 'Y Mynach' ll.38n.
579	**Dagon** prif dduw'r Philistiaid; yn ôl un traddodiad roedd yn dad i Baal (gw. ll.10n). Cyfeirir yma at yr hanes yn 1 Samuel 5:1–7. Cipiasai'r Philistiaid Arch y Cyfamod (gw. 14. 'Y Gristionogaeth' ll.17n) oddi wrth yr Israeliaid a'i gosod ger delw Dagon yn ei deml. Yn y bore canfuwyd Dagon wedi syrthio ar ei wyneb o flaen arch Duw. Gw. IBD, 353–4. Ar y Philistiaid, gw. 180. 'Cwm Tryweryn' ll.11n.
580	**Ei fedd gwag** gw. 12. 'Cymru' ll.13n.
581	gw. 173. 'Y Maen Rhwystr', n.
582	**y goleuni a'r greadigaeth newydd** Ar oleuni yn drosiad am Grist, gw. 2. 'Y Sant' ll.150n. Y Crist atgyfodedig yw'r addewid am fywyd newydd o'r bedd, a thrwy ffydd ynddo Ef mae'r credadun yn greadigaeth newydd; gw. 2 Corinthiaid 5:17. Defnyddir y term 'creadigaeth newydd' hefyd ar gyfer y nef newydd a'r ddaear newydd a geir yn niwedd amser, y cafodd Ioan weledigaeth ohonynt yn Datguddiad 21.
583	**Lle bu Adda y mae Mab y Dyn** Adda, y dyn cyntaf, yw cynrychiolydd y ddynoliaeth bechadurus, syrthiedig; gw. Genesis 1:26–7, 2:15–3:24. Yn yr un modd mae Crist yn cynrychioli dynoliaeth a achubwyd trwy ei farwolaeth ar y groes; gw. Rhufeiniaid 5:12–21; 1 Corinthiaid 15:20–3; IBD, 14–16; ODCC, 1477. Ar yr ymadrodd 'Mab y Dyn', gw. 72. 'Jwdas Iscariot' ll.9n. Bu Adda a Christ ill dau mewn gardd; gw. 2. 'Y Sant' ll.269n; Ioan 19:41.

583–4	**llun / A delw Duw** cf. 86. 'Natur' ll.3n.
585	Roedd y pren y gwaharddwyd bwyta ei ffrwyth—pren gwybodaeth da a drwg—yng nghanol Gardd Eden; gw. Genesis 2:16–17, 3:2–3. Yn ôl traddodiad, o bren y goeden honno y gwnaethpwyd croes Crist. Cf. 12. 'Cymru' ll.11–12.
586	**sarff . . . draig** gw. 1. 'Y Mynach' ll.215n, ll.211n.
587	**Y drain yn Ei goron** gw. 98. 'Heulwen y Pasg' ll.3n.
	'r drain a'r ysgall gw. 184. 'Cymru' ll.12n.
588	gw. Genesis 3:24.
	ceriwbiaid gw. 1. 'Y Mynach' ll.388n; IBD, 264.
591	**Yr ail Efa** gw. 146. 'Y Ddwy Efa', n.
	o'i ystlys gyda'r dŵr a'r gwaed gw. Genesis 2:21–2; 1. 'Y Mynach' ll.517n.
592	**teyrnas** gw. 150. 'Y Calendr' ll.6n.
593–4	gw. 160. 'Dewi Sant' ll.8n.
594–5	**esgyn ar nos Sul y Pasg / I oleuni'r nef** Nid esgynnodd Crist i'r nef tan ddeugain niwrnod ar ôl yr Atgyfodiad; gw. 148. 'Yr Eglwys' ll.23n. Â chronoleg cywasgedig Gwenallt yn y fan hon, cf. geiriau'r Credo sy'n ffurfio rhan o drefn gwasanaeth y Cymun yn y Llyfr Gweddi Gyffredin, 'A'r trydydd dydd efe a atgyfododd yn ôl yr Ysgrythurau, Ac a esgynnodd i'r nef . . .'
596	gw. 191. 'Beirdd a Llenorion Ewrob' ll.12n.
598	**seraffiaid** gw. 1. 'Y Mynach' ll.388n; IBD, 1417.
600	**angylion** gw. 1. 'Y Mynach' ll.388n; 1 Pedr 1:12.
	agwedd y gwas cf. Philipiaid 2:7; ll.559.
602–3	Dyfynnir Salm 24:7.
604	cf. Colosiaid 2:15.
605–6	cf. Effesiaid 1:20–1.
607	**yr Ysbryd Glân** Trydydd Person y Drindod; gw. 4. 'Yr Angylion a'r Gwragedd' ll.5n; 72. 'Jwdas Iscariot' ll.14n.
610	**Teyrnas Duw** gw. 150. 'Y Calendr' ll.6n.
	Meseia gw. 101. 'Yr Iddewon' ll.24n.
612	**Teyrnas yr hedyn** gw. Mathew 13:31–2; Marc 4:30–2; Luc 13:18–19.
613	**teyrnas y garreg** gw. Daniel 2:31–45. Dehonglir y garreg yn symbol o Deyrnas y Meseia.
	Teyrnas y cyrn . . . llygaid gw. Datguddiad 5:6.
614	**Teyrnas yr Oen** gw. Datguddiad 5:6; 1. 'Y Mynach' ll.58n.
	aeon cyfnod anfesuradwy, tragwyddoldeb.
617	**Babeli a Babilonau dynion** gw. 136. 'T. Gwynn Jones' ll.59n; 2. 'Y Sant' ll.397n.
620	cf. Daniel 2:44.
621	**glas** lliw sy'n dynodi ffydd, ufudd-dod, purdeb a thangnefedd; gw. BDPF, 255–6.
625–6	gw. Genesis 3:1–7, yn arbennig adnod 5. Traddodiad yn unig sy'n dweud mai afal oedd y ffrwyth a fwytaodd Adda ac Efa.
627	gw. 89. 'Y Gwaredwr', n.
628	gw. 1. 'Y Mynach' ll.360n.
632	**Eden** gw. 2. 'Y Sant' ll.269n.
633	Cystrawen ail hanner y llinell yw 'oddi wrtho yr hawl arnom [ni]'.
636	**'r gwaed a'r dŵr** gw. 1. 'Y Mynach' ll.517n.
637	**Codi o'i fedd** gw. 12. 'Cymru' ll.13n.
644	**y goncwest** buddugoliaeth Crist dros bechod a marwolaeth trwy ei aberth ar y groes, a ddilysir gan yr Atgyfodiad; gw. 12. 'Cymru' ll.13n.
	'r greadigaeth newydd gw. ll.582n.
649	*Mārānāthā* (Aramaeg, 'Tyred, ein Harglwydd!') ymadrodd a ddefnyddir (heb ei esbonio) yn 1 Corinthiaid 16:22; cf. Datguddiad 22:20. Gw. IBD, 945; BDPF, 702.

650	**Tridiau** gw. 150. 'Y Calendr' ll.15n.
652–3	gw. 12. 'Cymru' ll.13n; 173. 'Y Maen Rhwystr', n.
653	**Er gwaethaf y maen a'r milwyr** gw. 98. 'Heulwen y Pasg' ll.7n.
658	**Gogoniant i ddyn yn yr ucheldir** Parodïir geiriau'r angylion yn Luc 2:14.
659	**dyneiddwyr** Mae dyneiddiaeth yn athroniaeth sydd yn derbyn cyfrifoldeb y ddynoliaeth yn y broses o lunio bywyd yr unigolyn, y gymdeithas a'r byd. Credir bod y bydysawd yn lle cwbl naturiol, a gwedir bodolaeth grymoedd goruwchnaturiol.
661	**paradwys** gw. 2. 'Y Sant' ll.528n.
662–3	**anifeiliaid glân . . . / . . . ac aflan** Mae'r syniad o lendid ac aflendid yn ganolog i Iddewiaeth, ac agweddau corfforol, defodol a moesol ar y cysyniad yn aml yn gorgyffwrdd â'i gilydd. Yn gyffredinol, anifeiliaid glân (y câi'r Iddewon eu bwyta) yw'r rhai sydd â thraed fforchiog ac yn cnoi cil; anifeiliaid aflan (na châi'r Iddewon eu bwyta) yw'r rhai sy'n bwydo ar gnawd a gwaed anifeiliaid eraill. Gw. Lefiticus 11; Deuteronomium 14; IBD, 299–301.
663	**Arch Noa** Yn Genesis 6:13–8:19, ceir hanes Noa yn achub ei deulu a chynrychiolaeth o bob rhywogaeth o anifeiliaid, rhag y dilyw a anfonodd Duw i foddi'r ddaear.
668	**pyllau petrol** Pan na fedrai corfflosgfeydd y gwersylloedd difodi Natsïaidd ddelio â'r cyrff meirw oherwydd eu lluosoced, byddid weithiau'n taflu'r cyrff i byllau agored a'u taenu â phetrol i'w llosgi.
	moduron mwrdro Un dull a ddefnyddid i ddifa'r Iddewon oedd mynd â hwy allan o'r gwersylloedd mewn faniau pwrpasol, a'u mygu trwy ryddhau nwyon gwenwynig i'r cerbydau.
669	**cenedl . . . hil** yr Iddewon a olygir, cf. ll.670; gw. 101. 'Yr Iddewon', n.
671	gw. *Credaf.*
672–3	Disgrifir y math o erchylterau a ddigwyddodd mewn gwersylloedd difodi fel Auschwitz; gw. 101. 'Yr Iddewon', n.
675–6	Cyfeirir, mae'n debyg, at y rhai a orfodwyd i nodi mewn sialc gyrchfan wagenni'r trenau a gludai'r Iddewon i'r gwersylloedd carchar a'r gwersylloedd difodi.
677	**Belsen a Buchenwald** gw. 147. 'Yr Anifail Bras' ll.7n. Ar arddull y llinell hon, gw. 9. 'Beddau', n.
680	Am erchylterau'r Almaenwyr yn erbyn yr Iddewon, gw., e.e., 101. 'Yr Iddewon', n; 147. 'Yr Anifail Bras' ll.7n. Roedd triniaeth y Siapaneaid hwythau o'u carcharorion rhyfel yn yr Ail Ryfel Byd yn annynol o lym.
681	**Ynys Cyprus** gw. 189. 'Ynys Cyprus' ll.22–32n.
	Affrica Yn y cyfnod rhwng y ddau Ryfel Byd, dechreuodd mudiadau protest godi yn amryw o wledydd Affrica, yn erbyn eu llywodraethwyr Ewropeaidd. Yn Kenya, er enghraifft, cododd y Mau Mau, mudiad militaraidd gwladgarol a wrthwynebai'r llywodraeth Brydeinig dros eu gwlad. Bu sawl terfysg yn ystod yr 1950au, ac erbyn i'r Mau Mau gael eu dymchwel yn 1956, lladdwyd dros 11,000 ohonynt, a charcharwyd dros 80,000 o ddynion, merched a phlant mewn gwersylloedd carchar.
682	**Belfast** gw. 69. 'Iwerddon', n. Yn 1920 daeth Belfast yn brifddinas talaith Gogledd Iwerddon; oddi ar hynny bu'n dyst i lawer o wrthdaro gwaedlyd rhwng y boblogaeth Brotestannaidd (yn bennaf o dras Albanaidd ac yn ffafrio undeb â Phrydain) a'r boblogaeth Babyddol (yn bennaf o dras Wyddelig ac yn ffafrio Iwerddon unedig, annibynnol).
	barbareidd-dra Ffrainc yn Algeria Yn 1945, lladdwyd miloedd o Fwslemiaid Algeria (a fu'n rhan o Ffrainc er 1848; gw. ll.393n) mewn ymateb gwaedlyd i'r ffaith fod 88 o Ffrancwyr wedi eu lladd mewn gwrthdystiad afreolus gan genedlaetholwyr Algeria. Parhaodd y gwrthdaro hyd 1962.
688	**mae Duw yn llefaru** cf. Hebreaid 1:1.
	y Drindod gw. 4. 'Yr Angylion a'r Gwragedd' ll.5n.

Nodiadau: *Gwreiddiau* 587

689 gw. 100. 'Ewrob' ll.2n; cf. ll.697.
691 **dull y pedwerydd** Cyfeirir at hanes taflu Sadrach, Mesach ac Abednego i'r ffwrn dân am iddynt wrthod addoli delwau; er mai tri a daflwyd i'r tân, ymddangosodd pedwerydd gyda hwy, sef un a'i ddull yn 'debyg i Fab Duw'; gw. Daniel 3:13–25.
696 **Paul a Silas . . . yn canu emynau** Cyfeirir at yr hanes yn Actau 16:16–31 lle y carcharwyd Paul a Silas yn Philipi wedi i Paul daflu ysbryd dewiniaeth allan o ryw ferch. A hwythau'n gweddïo ac yn canu mawl i Dduw ar ganol nos, bu daeargryn fawr ac agorwyd drysau'r carchar. Ar Paul, gw. 2. 'Y Sant' ll.539n. Roedd Silas yn aelod o'r eglwys yn Jerwsalem, a bu'n gydymaith i Paul ar ei ail daith genhadol; gw. IBD, 1451.
697 cf. ll.689.
698 **merthyron** gw. 158. 'Y Merthyron', n.
702–3 cf. Genesis 1:26–8.
707 **y Llwybr Llaethog** 'llwybr' hir o sêr sydd yn cwmpasu'r nefoedd fel gwregys. Fe'i gwneir o gynifer o sêr, a hwythau mor bell i ffwrdd, fel na ellir gweld y sêr unigol, dim ond eu goleuni cyfansawdd. Yn ôl mytholeg Groeg, dyma'r llwybr at balas Zeus; nodwyd traddodiad arall gan John Gwilym Jones yn *Y Tad a'r Mab* (1963), sef mai llaeth y dduwies Juno ydyw. Gw. BDPF, 456.
708 **Taro'r lleuad wyryfol** gw. 176. 'Epigramau' ll.100n.
714 gw. 176. 'Epigramau' ll.100n.
717 **Cyn hollti'r atom** gw. 120. 'Dyn' ll.6n.
718 cf. 112. 'Corff ac Enaid'.
720 cf. 92. 'Yr Anghrist a'r Crist' ll.5–8n.
722 **'r nefoedd yn datgan gogoniant Duw** gw. Salm 19:1.
723 **Platon** (*c*.427–347 CC), athronydd Groeg a aned yn Athen, un o feddylwyr mawr yr hen fyd, a'i waith yn sail i lawer o gysyniadau gorllewinol ym meysydd athroniaeth, seicoleg a rhesymeg. Credai Platon ym mherffeithrwydd ffurf y sffêr a symudiad cylchol, a than ei ddylanwad ceisiodd y Groegiaid esbonio symudiadau'r planedau yn nhermau sfferau a symudai mewn cylchoedd consentrig. Yng ngwaith pwysicaf Platon, *Y Wladwriaeth* (a gyfieithwyd i'r Gymraeg gan D. Emrys Evans, 1956), ceir ei ddehongliad enwog o fywyd dynol lle y mae dynion yn byw mewn ogof ac ond yn gweld cysgodion gwrthrychau real (y 'Ffurfiau' y soniai Platon amdanynt) wedi'u taflu ar y wal gyferbyn â hwy. Gw. ODCC, 1298–1300; OCCL, 442–4.
724 **sbwtnig** 'lloeren artiffisial, yn enw. un o gyfres o'r cyfryw a lansiwyd gan yr Undeb Sofietaidd rhwng 1957 a 1961'; GPC, 3197. Gw. hefyd 176. 'Epigramau' ll.100n.
725 **a fu gynt yn arglwydd** cf. ll.702–3n.
741–2 gw. 120. 'Dyn' ll.6n.
743 **collodd ei beilot . . . ei bwyll** Cyfeirir at yr Uwchgapten Claude Eatherly (m. 1978), a hedfanodd dros Hiroshima o flaen yr *Enola Gay*, a oedd yn cario'r bom atomig, er mwyn sicrhau bod y tywydd yn ddigon clir ar gyfer y cyrch. Treuliodd Claude Eatherly gyfnodau yn y carchar ac mewn ysbytai meddwl o 1947 ymlaen, a phriodolodd y seiciatryddion hyn i'r euogrwydd y credent ei fod yn ei deimlo am ei ran yng nghyflafan Hiroshima. Cyhuddwyd Cyrnol Paul Tibbets (g. 1915), peilot yr *Enola Gay*, o wallgofrwydd gan ymgyrchwyr gwrthniwclear am iddo honni na theimlai unrhyw euogrwydd am yr hyn a wnaeth.
744 **bomiau hydrogen megaton** bomiau mwy pwerus o lawer na bomiau atomig. Erbyn 1954 roedd gan Unol Daleithiau America a'r Undeb Sofietaidd y dechnoleg i gynhyrchu bomiau hydrogen tra phwerus ac yn eu ffrwydro mewn arbrofion rheoledig.
746 **bomiau cobalt** Ychwanegir cobalt i fomiau hydrogen er mwyn cynyddu maint y llwch ymbelydrol a gynhyrchir gan fod cobalt naturiol yn troi'n CO-60 ymbelydrol mewn ffrwydriad niwclear.
747–50 Er bod y defnydd o arfau cemegol a biolegol yn mynd yn ôl i ddyddiau'r Rhyfel Byd

	Cyntaf, gwelodd yr Ail Ryfel Byd a'r blynyddoedd a'i dilynodd ddatblygu pellach ar arfau o'r fath. Cynhyrchwyd amrywiaeth ohonynt, o rai na wnâi lawer mwy na pheri anhwylder dros dro i rai a achosai farwolaeth ar raddfa eang.
758–9	gw. 152. 'Y Pensaer', n.
760–1	Er bod Mair yn bresennol yn ystod y Croeshoeliad (gw. Ioan 19:25), nid yw'n cael ei henwi ymhlith y gwragedd wrth y bedd; gw. Mathew 27:56,61, 28:1; Marc 15:47, 16:1; Ioan 20:1. Ar Fair, gw. 1. 'Y Mynach' ll.80n.
760	**gweddwon y llif a'r tân** cf. 212. 'Noswyl yr Holl Eneidiau' ll.9–10.
763	**Lefiathan** gw. 109. 'Cymru a'r Rhyfel' ll.20n.
770	**cymun Ei gorff** gw. 1. 'Y Mynach' ll.187n.
771	**y Fam** trosiad am yr Eglwys; gw. 76. 'Yr Eglwys', n. Ar yr ansoddair 'Catholig', gw. 190. 'Albert Schweitzer' ll.4n.
772	**dŵr ar dalcen** gw. 205. 'Dŵr' ll.15n.
774	gw. 160. 'Dewi Sant' ll.8n.
775	Adleisir Datguddiad 5:9.
776	**llen haearn** gw. 191. 'Beirdd a Llenorion Ewrob' ll.7n.
	llen bambŵ term a luniwyd trwy gydweddiad â 'llen haearn' i ddynodi'r gwrthglawdd o gyfrinachedd a drwgdybiaeth a ymffurfiodd o gwmpas Tseina gomiwnyddol; gw. BDPF, 74.
777	**bwrdd crwn y Swper santaidd** gw. 25. 'Balâd yr Arglwyddi' ll.5–6n; 84. 'Pantycelyn' ll.14; 1. 'Y Mynach' ll.187n.
782–3	gw. Mathew 26:29.
783	**Meseianaidd** gw. 101. 'Yr Iddewon' ll.24n.
786	gw. ll.582n.
787	**sêr wedi eu golchi'n lân** cf. 123. 'Y Dirwasgiad' ll.5.
789	Mae anifeiliaid yn siarad yn un o nodweddion y gyfres o nofelau alegorïaidd gan C. S. Lewis, sef Croniclau Narnia, sydd yn agor gyda *The Lion, the Witch and the Wardrobe* (1950). Mae'r llew, Aslan, er enghraifft, yn ffigur Crist-debyg. Gw. cyfieithiad Edmund T. Owen, *Y Llew a'r Wrach* (1983); Martha C. Sammons, *A Guide through Narnia* (1979); E. Wyn James, 'Byd y Wardrob', *Y Cylchgrawn Efengylaidd* 26:2 (Mawrth/Ebrill 1989), 10–11,19.
790	**corff, enaid ac ysbryd** cf. 173. 'Y Maen Rhwystr' ll.11; 112. 'Corff ac Ysbryd'.
791	**gweled ei wyneb heb yr un drych** cf. 1 Corinthiaid 13:12; 2 Corinthiaid 3:18; Iago 1:23.
792	cf. Hebreaid 13:8
793	cf. Luc 3:5; Eseia 40:4.
794	**llun . . . delw** cf. 86. 'Natur' ll.3n.
796	**cynghanedd gron** gw. 76. 'Yr Eglwys' ll.14n.
796–7	gw. ll.283n.
799	**goleuni** gw. 2. 'Y Sant' ll.150n.
800–1	**y ddwy natur / Mewn un Person** Adleisir llinell o bennill gan Ann Griffiths; gw. RhF, Emyn VI.1; cf. 1 Timotheus 3:16. Gw. hefyd 2. 'Y Sant' ll.141n.
806	cf. 1 Corinthiaid 15:24.
809	cf., e.e., Mathew 26:64; Marc 16:19; Hebreaid 1:3.
813	**tlysau ar Ei ddwyfronneg** Dichon fod yma adlais o'r disgrifiad o wisg yr Archoffeiriad yn Exodus 28.
814	**hen waywffon** gw. Ioan 19:34.
815	**Ei wisg yn goch** gw. Eseia 63:1; Mathew 27:28; 158. 'Y Merthyron', n.
818	**senedd y saint** yr enw a roddwyd ar y senedd Biwritanaidd a alwyd ynghyd gan Oliver Cromwell yn 1653.
820	**palmwydd** Cyfeirir at y cangau o'r palmwydd a chwifiwyd gan y dyrfa a groesawodd

	Grist wrth iddo farchogaeth i mewn i Jerwsalem; gw. Ioan 12:12–13; cf. Mathew 21:8; Marc 11:8; ll.823n.
821–2	cf. Jwdas 1:25; Datguddiad 5:12, 19:1.
823	**Hosanna** (ffurf Roeg ar air Hebraeg, 'Achub, atolwg!') bloedd y dyrfa a groesawai Grist wrth iddo farchogaeth i mewn i Jerwsalem; gw. Mathew 21:9; Marc 11:10; Ioan 12:13; ll.820n; IBD, 662; ODCC, 792.
	Haleliwia (Hebraeg, 'Molwch Dduw!') anogaeth i addoli sy'n digwydd yn gyffredin yn y Salmau, ac a fabwysiadwyd i'r addoliad Cristnogol; gw. IBD, 602–3; ODCC, 43. Yng nghyd-destun y llinellau hyn, gw. Datguddiad 19:1.
	Amen (Hebraeg, 'Yn wir, yn sicr') Erbyn y Testament Newydd daeth 'Amen' yn ffurf arferol i gloi gweddi ac yn ymateb naturiol mewn addoliad cyhoeddus. Cysylltir y gair â chyflawniad unigryw addewidion Duw ym mherson Crist (2 Corinthiaid 1:20) ac fe'i defnyddir yn deitl ar Grist yn Datguddiad 3:14. Gw. IBD, 40; ODCC, 51.

193. YR ALARCH
Cyfieithiad: Joseph P. Clancy, *Twentieth Century Welsh Poems* (1982), 102–3.

Trafodaethau: T. Emrys Parry, 'Ystyried *Ysgubau'r Awen*', yn *Ysgrifau Beirniadol IV*, gol. J. E. Caerwyn Williams (1969), 230; Dewi Stephen Jones, 'Tu hwnt i'r wynebau oll–3', *Barddas*, 114 (Hydref 1986), 10.

Nodiadau cyffredinol
11	**prifdduw'r Groegiaid** Zeus. Am y chwedl y cyfeirir ati yma, gw. 4. 'Yr Angylion a'r Gwragedd' ll.30n.
12	**Leda** gw. 4. 'Yr Angylion a'r Gwragedd' ll.30n.
14	**Helen** gw. 1. 'Y Mynach' ll.197n.
17	**a dorrodd wenith ifanc dwy genedl** cf. 4. 'Yr Angylion a'r Gwragedd' ll.31–2n.
19	Dyfynnir llinell agoriadol cywydd 'I'r Alarch' gan fardd anhysbys o'r 14eg ganrif; gw. CDGG, 44–5.

195. GARDD
Gw. rhif 231 am gerdd arall dan yr un teitl.

Trafodaeth: Robert Rhys, 'D. Gwenallt Jones', yn *Y Patrwm Amryliw 1*, gol. Robert Rhys (1997), 163.

Nodiadau cyffredinol
3	**'r bwyd caneri** enw Cymraeg ar *Phalaris canariensis* (Saesneg, *canary-grass*), sef y gwair sydd yn cynhyrchu had caneri.
	cwt-y-cadno enw Cymraeg ar *Alopecurus pratensis* (Saesneg, *meadow foxtail*), math o wair a chanddo gnwd o flodau ffluwchog.

196. PANTHER Y SŴ
Rainer Maria Rilke gw. 27. 'Duw', n. Addasiad yw'r gerdd hon o 'Der Panther'; gw. *Rainer Maria Rilke: Sämtliche Werke* (1955), 505.

197. ARACHNE
Nodiadau cyffredinol
Arachne gwraig ym mytholeg Groeg a heriodd y dduwies Athena i gystadleuaeth gwehyddu. Darluniodd Arachne olygfeydd o fywyd y duwiau yn ei gwaith; cythruddwyd Athena gan ei haerllugrwydd, torrodd y gwaith a churo Arachne. Mewn anobaith a thruени crogodd Arachne ei hun, ond trodd Athena hi yn bryf copyn: *arakhnē* (Groeg) 'pryf copyn'. Gw. OCCL, 47.

1	**twysgi** pentyrrau, crugynnau.

2	**dintir** ffurf dafodieithol ar 'deintur', sef 'ffrâm bren i ddal y wlanen yn dynn fel y sycho'n deg a gwastad ar ôl ei phannu'; GPC, 924.
3	**'r wennol a'r bobin** Ar wennol, gw. 192. 'Jesebel ac Elias' ll.283n. Mae 'bobin' yn derm arall o'r un byd, yn enw ar y silindr sydd yn dal edafedd neu wlân, i'w ddad-ddirwyn yn ôl yr angen.
8	**gweoedd** gair mwys. Yn ogystal â'i ystyr lythrennol, sef cynnyrch y gwëydd, gellir defnyddio 'gwe' yn drosiadol am lenyddiaeth; cf. 84. 'Pantycelyn' ll.8n. Cf. hefyd 'rhwydweoedd' y pryf copyn, ll.11.

198. PROMETHEWS

Trafodaeth: Derec Llwyd Morgan, '"Promethews" gan Gwenallt', *Y Traethodydd*, 124 (Ebrill 1969), 84–9.

Nodiadau cyffredinol

Promethews cymeriad ym mytholeg Groeg. Er i Zeus wahardd tân i ddynion, llwyddodd Promethews i ddwyn gwreichionyn o'r nefoedd a dod ag ef i'r ddaear ar goesyn ffenigl. Dysgodd Promethews y ddynoliaeth i ddefnyddio tân ar gyfer pob math o ddibenion celfyddydol a gwyddonol, gan gynnwys trin metelau. Yn gosb am beidio â datgelu rhyw wybodaeth i Zeus, neu o bosibl am ladrata'r gwreichionyn tân, cadwynwyd Promethews wrth garreg lle y bu eryr ffyrnig yn bwydo ar ei iau bob dydd. Gan fod Promethews yn un o'r Titaniaid anfarwol, tyfai ei iau yn ôl bob nos fel bod ei artaith yn para am oesoedd maith, nes iddo o'r diwedd gael ei achub gan fab Zeus, Hercwles. Gw. OCCL, 465.

9	cf. 142. 'Dyn' ll.14n.
13	gw. 120. 'Dyn' ll.6n.

199. DUW

Gw. rhif 27 am gerdd wahanol dan yr un teitl. Cyhoeddwyd y gerdd hon gyntaf yn *Yr Efrydydd*, 9:1 (Hydref 1943), 6.

Cyfieithiad: Dyfnallt Morgan, *D. Gwenallt Jones*, Writers of Wales (1972), 63.

Nodyn testunol

4	**symiau** : syms (*Efrydydd*)

Nodiadau cyffredinol

1	**iogïaidd** ansoddair a luniwyd o'r gair 'iogi', sef un sydd yn ymarfer ioga, dull myfyrio athronyddol Hindŵaidd, er mwyn aduno ag ysbryd y bydysawd.
2	**uwch Ei fogail** cyfeiriad dilornus at osgo (llythrennol ac athronyddol) yr iogi.
3–4	cf. 142. 'Dyn' ll.14n.
7–8	gw. 92. 'Yr Anghrist a'r Crist' ll.5–8n.
9	**Efe ydyw Ef** cf. y ffordd y mae Duw yn datgelu ei enw i Moses yn Exodus 3:13–14; gw. hefyd 2. 'Y Sant' ll.349n.
13	**nawfed don** gw. 181. 'Dinbych-y-pysgod' ll.6n.
	Calfari gw. 11. 'Y Bardd a'r Beirniad Olaf' ll.18n.

200. YR AWYREN FÔR

Trafodaeth: Bobi Jones, 'Nesu at Ganu Gwenallt', *Barn*, 48 (Hydref 1966), 323–4; hefyd yn R. M. Jones, *Llenyddiaeth Gymraeg 1936–1972* (1975), 28–9.

Nodiadau cyffredinol

Ysbrydolwyd y gerdd hon gan ymweliad awyren fôr ag Aberystwyth yn ystod yr 1950au, o bosibl yr ymweliad a fu'n rhan o'r wythnos o ddigwyddiadau i nodi degfed pen-blwydd 'Brwydr Prydain', 11–17 Medi 1950.

8	**Jona** un o broffwydi'r Hen Destament. Gwrthryfelodd yn erbyn gorchymyn Duw iddo fynd i bregethu yn erbyn pechod dinas Ninefe, a mynd ar long i'r cyfeiriad arall. Cododd storm fawr, a thaflwyd Jona dros yr ochr. Fe'i llyncwyd gan bysgodyn mawr (traddodiad sy'n dweud mai morfil ydoedd, cf. ll.4) a'i chwydu allan dridiau yn ddiweddarach ar y tir sych. Gw. Jona 1–2. Mae Crist yn cyffelybu tridiau Jona ym mol y pysgodyn i'r tridiau y bu Ef yn y bedd cyn atgyfodi; gw. Mathew 12:40; 12. 'Cymru' ll.13n.
9	**deudod** h.y. dŵr ac awyr.
10	**Icarws** gw. 156. 'Cip' ll.26n.
	Neifion hen dduw dŵr y Rhufeiniaid. Dan ddylanwad y Groegiaid daethpwyd i synio amdano fel duw'r môr, a'i gysylltu â Poseidon. Gw. OCCL, 383.
17	gw. 99. 'Y Nadolig', n. Ar Fair, gw. 1. 'Y Mynach' ll.80n.
19	**esgynnodd** gw. 148. 'Yr Eglwys' ll.23n.
20	**eiriol trosom** cf. Hebreaid 7:25; 1 Ioan 2:1.

201. AMSER

Gw. rhif 149 am gerdd wahanol dan yr un teitl. Cyhoeddwyd y gerdd hon gyntaf yn *Y Cylchgrawn Efengylaidd*, 4:1 (Haf 1958), 1.

Cyfieithiad: Patrick Thomas, yn *Sensuous Glory: The Poetic Vision of D. Gwenallt Jones*, goln Donald Allchin a D. Densil Morgan (2000), 127.

Nodiadau testunol

9   **hongian** : crogi (*YCE*)

Nodiadau cyffredinol

Lle y mae rhai crefyddau a diwylliannau yn synio am amser yn nhermau cylchynol (cf. ll.1,2,12), dan ddylanwad Cristnogaeth a meddylwyr Cristnogol daethpwyd i feddwl am amser fel dimensiwn sy'n cynrychioli llinell ddilynol o ddigwyddiadau a gweithredoedd. Cf. 226. 'Moderniaeth' ll.1–4.

3	**a'n ffrwst a'n ffrost** Adleisir ymadrodd yn 'Gweledigaeth Cwrs y Byd', Ellis Wynne; gw. *Gweledigaetheu y Bardd Cwsc* (1960), 43. Cf. 237. 'Adar Rheibus' ll.7.
9	**y Calendr Efengylaidd** Cyfeirir at 'Llewyrch i'm Llwybr', calendr y dechreuyd ei gyhoeddi gan Fudiad Efengylaidd Cymru yn ail hanner yr 1950au (ac a atgyfodwyd yn ystod yr 1970au). Mewn nodyn yn *Y Llan*, 22 Tachwedd 1957, 6, cyfeiria Gwenallt ato'i hun fel aelod 'answyddogol' o'r Mudiad Efengylaidd, gan ddisgrifio'r copi o'r calendr a brynodd yn ddiweddar, a'i gyfeiriadau beiblaidd a'i ddyfyniadau o waith rhai o brif awduron Cristnogol y Gymraeg.
11	cf. 160. 'Dewi Sant' ll.8n; 148. 'Yr Eglwys' ll.23n.
	mynwes Ei Dad gw. Ioan 1:18.

202. YR EGLWYSI

Gw. rhifau 76 a 148 am gerddi gwahanol dan deitl tebyg. Cyhoeddwyd y gerdd hon gyntaf yn *Y Cyfaill Eglwysig*, 1135 (Mai 1957), 64.

Detholwyd i: R. Gerallt Jones (gol.), *Poetry of Wales 1930–1970* (1974), 102.

Cyfieithiadau: R. Gerallt Jones (gol.), *Poetry of Wales 1930–1970* (1974), 103; Patrick Thomas, yn *Sensuous Glory: The Poetic Vision of D. Gwenallt Jones*, goln Donald Allchin a D. Densil Morgan (2000), 148.

Trafodaeth: Cefin Campbell, 'Ystyried rhai o gerddi Gwenallt (4)', *Barn*, 314 (Mawrth 1989), 24–6.

Nodiadau testunol

5	**byddai arnynt** : byddai (*CE*)	
6	**haelodau, heb allu codi mwy** : cymalau, a'u traed yn glwy (*CE*)	
7	**ond pan** : pan (*CE*)	
9–16	Nid yw'r llinellau hyn yn *CE*.	
17	**godi'r** : ddirwyn yr (*CE*)	
19	**ir** : iach (*CE*)	
21	**gaent weled** : weled yn yr wybren (*CE*)	

Nodiadau cyffredinol

Â'r trosiad sylfaenol sy'n rhedeg trwy'r gerdd hon, cf. 13. 'Ar Gyfeiliorn' ll.16–20; 3. 'Breuddwyd y Bardd' ll.73–4n, ll.88–9. Nid amherthnasol yw nodi mai'r term Saesneg am gorff eglwys Anglicanaidd yw *nave*, o'r Lladin *navis*, 'llong'.

11	**ailenedigaeth** yr enedigaeth ysbrydol a gyflawnir ym mywyd yr unigolyn trwy waith yr Ysbryd Glân. Mae gwynt yn drosiad cyffredin am yr Ysbryd Glân; cf. Ioan 3:3–8. Gw. IBD, 1324–5.
13	Mae'n hen arfer mewn rhai eglwysi Anglicanaidd arddangos baneri, gan gynnwys Jac-yr-Undeb a baneri catrodau milwrol.
	y Frenhines daeth Elisabeth II i'r orsedd yn 1952.
14	**gwahardd cwrw a gwin** Cyfeirir at y mudiad dirwest a oedd yn gryf yng Nghymru yn y 19eg ganrif a dechrau'r 20fed; gw. CLC, 196. Cf. 13. 'Ar Gyfeiliorn' ll.16.
20	**Anadl** trosiad am yr Ysbryd Glân; gw. Ioan 3:8, 20:22, a cf. ll.11n.
21–2	gw. 1. 'Y Mynach' ll.360n.
22	**pliwtoniwm** deunydd ymbelydrol a ddefnyddir mewn adweithyddion ac arfau niwclear.
23–4	gw. 1. 'Y Mynach' ll.70n.
24	**ystormydd niwclear** gw. 120. 'Dyn' ll.6n.

203. DWY FFORDD
Nodiadau cyffredinol

1–2	gw. Mathew 19:12, sy'n sôn am dri math gwahanol o eunuch. Yr 'eunuchiaid' y cyfeirir atynt yma yw'r trydydd dosbarth a restrir gan Mathew, sef y sawl sy'n ymwrthod â'i chwantau naturiol, cyfreithlon, er mwyn teyrnas Dduw. Gw. IBD, 485.
2	**teyrnas Dduw** gw. 150. 'Y Calendr' ll.6n.
3	**gras** gw.1. 'Y Mynach' ll.38n.
5–6	gw. 176. 'Epigramau' ll.159n.
6	**Mab y Dyn** gw. 72. 'Jwdas Iscariot' ll.9n.
7	**picnic gyda'r pum mil** Ceir hanes Iesu'n bwydo'r pum mil ym Mathew 14:13–21; Marc 6:31–44; Luc 9:10–17; Ioan 6:5–13.
15	**rhag gwneud delw** cf. Exodus 20:4.
16	**eilun o lo** gw. 101. 'Yr Iddewon' ll.13n.

204. DWST Y GARREG

Cyhoeddwyd y gerdd hon gyntaf yn Ifan ab Owen Edwards (gol.), *Y Llinyn Arian* (1947), 124.

Nodiadau testunol

1	Y mae un bob dydd yng Ngwaun-cae-Gurwen (*YLlA*)
2	Yn gadael y pyllau glo, (*YLlA*)
3	A rhestr Anghristionogol gan y meddygon (*YLlA*)
4	O'r trueiniaid yn aros eu tro. (*YLlA*)
9	**gwynt y dwyrain** : gwynt-traed-y-meirw (*YLlA*)
11	**Y** : A'r (*YLlA*)
	dugochi'r : gollwng ar eu (*YLlA*)

12	Y gwaed â'r sment o lwch mân. (*YLlA*)
13	**Y gronynnau a ymgasgl** : Ymgasgl y gronynnau (*YLlA*)
15	**A'r carthgludydd o Angau a ddaw** : A daw'r carthgludydd o Angau (*YLlA*)
17	**Pen-ffisigydd** : Pen-ffisigwr (*YLlA*)
19	**a'u newyddion** : nid yw'r geiriau hyn yn *YLlA*
20	**Drwy** : Wrth (*YLlA*)

Nodiadau cyffredinol
Dwst y garreg gw. 121. 'Y Meirwon' ll.21n.

10	**megin** trosiad am yr ysgyfaint; cf. ll.5.
11	**dugochi'r gobennydd** cf. 121. 'Y Meirwon' ll.8n; 172. 'Y Drws' ll.11.
16	**gwargedau** gweddillion. Defnyddir 'gwarged angau' ar lafar yn y De am sypyn o esgyrn; gw. GPC, 1584.
17–20	Yn ôl Hywel Teifi Edwards, dirymir y gerdd hon 'gan bennill olaf sydd megis papur doctor ar gyfer hen glaf cyfarwydd' gan fod y 'waredigaeth Gristnogol . . . yn gymorth rhy hawdd ei gael'; gw. *Arwr Glew Erwau'r Glo* (1994), 243.
18	**Pen-ffisigydd** Crist. Am y trosiad, gw. 177. 'Y Genedl' ll.17n, a cf. emyn D. R. Griffith, 'O Grist, Ffisigwr mawr y byd'; *Defosiwn a Direidi* (1986), 70.
20	**chwythu** cf. 202. 'Yr Eglwysi' ll.20n.

205. DŴR
Nodiadau cyffredinol

1	**cronfa ddŵr** Dichon mai helynt creu cronfa ddŵr Tryweryn oedd ym meddwl y bardd wrth iddo lunio'r gerdd hon; gw. 180. 'Cwm Tryweryn', n.
2	Adleisir Job 28:7 (o bosibl trwy'r adlais o'r adnod honno a geir mewn pennill o waith Ann Griffiths, 'Ffordd na chenfydd llygad barcut'; gw. RhF, Emyn IV.3).
3	cf. Ecclesiasticus 43:20.
4	cf. Judith 7:21.
8	**Creawdwr y byd** gw. 168. 'Yr Awen' ll.1n. Mae 'dyfroedd' yn chwarae rhan amlwg yng nghamau cyntaf y Creu yn Genesis 1:1–10.
12	Mae'r trosiad o olchi pechodau yn un beiblaidd digon cyffredin: gw., e.e., Salm 51:2; Actau 22:16. Gw. hefyd ll.15n.
	gras gw. 1. 'Y Mynach' ll.38n.
	pechodau gw. 75. 'Pechod', n.
15	**bedydd** Fel mynegiant allanol o edifeirwch ac ymroddiad i Grist, bu bedydd yn gysylltiedig â Christnogaeth o'i dyddiau cynharaf. Er bod rhai canghennau o'r Eglwys— gan gynnwys yr enwadau y bu Gwenallt yn gysylltiedig â hwy—yn bedyddio trwy daenellu dŵr ar dalcen, myn carfannau eraill mai bedyddio trwy drochiad llwyr yw'r unig batrwm ysgrythurol. Bedydd trwy drochiad sy'n darparu'r ddelweddaeth gryfaf o arwyddocâd ysbrydol y sagrafen. Mae'r syniad o olchi yn ddigon amlwg ynddi (cf. ll.12n), ond gellir dehongli bedydd hefyd yn symbol o'r Atgyfodiad, o gladdu'r hen fywyd pechadurus a chodi i fywyd newydd yng Nghrist; cf. Rhufeiniaid 6:4; Colosiaid 2:12. Gw. IBD, 172–4; ODCC, 150–2.
	o'r byd . . . i'r groth cf. Ioan 3:4–5.
16	cf. Ioan 4:13–14.

206. DONIAU
Cyhoeddwyd y gerdd hon gyntaf yn *Baner ac Amserau Cymru*, 30 Rhagfyr 1953, 1.

Nodiadau testunol

| 7 | **synni di ddim** : synni (*BAC*) |
| | **dy aelwyd** : d'aelwyd (*BAC*) |

Nodiadau cyffredinol
Doniau Ystyr y gair 'dawn' yw rhodd.
9   **mamothiaid gyrjet** Perthyn datblygu awyrennau gyrjet ar raddfa eang i'r cyfnod ar ôl yr Ail Ryfel Byd. Y Boeing-707 oedd yr awyren gyrjet gyntaf i'w defnyddio'n fasnachol.
10 **cyflymder cyntswn** Y person cyntaf i hedfan yn gyflymach na sŵn oedd Capten Charles Yeager, ar 14 Hydref 1947; roedd arbrofion cyntswn yn nodwedd ar yr 1950au.
12 **saint** gw. 2. 'Y Sant', n.

207. Y BWS TRYDAN
Nodiadau cyffredinol
7   **thrombosig** Darlunnir heol brysur yn nhermau rhydweli a'r gwaed ynddi'n ceulo.
8   **Di-fetaffiseg** Metaffiseg yw 'y gangen o athroniaeth sy'n ymwneud ag egwyddorion sylfaenol, yn enw. ynglŷn â bodolaeth a gwybodaeth'; GPC, 2443.
12 **neon** gw. 171. 'Dewis' ll.3–4n.
15–16 **Trystan . . . / . . . Esyllt** gw. 24. 'Balâd yr Arglwyddesau' ll.6n.

208. BARABBAS
Detholwyd i: *Y Cylchgrawn Efengylaidd*, 21:8 (Tachwedd/Rhagfyr 1984), 3.
Nodiadau cyffredinol
Barabbas gw. 127. 'Y Morgrug' ll.16n.
1   **y bryncyn** Calfaria; gw. 11. 'Y Bardd a'r Beirniad Olaf' ll.18n.
4   **un o'r tri** Croeshoeliwyd yr Iesu rhwng dau leidr; gw. 176. 'Epigramau' ll.169n.
5   **pechod** gw. 75. 'Pechod', n.
6   **croes** gw. 1. 'Y Mynach' ll.360n.
9   **y Deml** gw. 254. 'Wal yr Wylofain' ll.1n.
12 **lle . . . yn Ei blan** cf. 155. 'Ceiliog y Gwynt' ll.3; 227. 'Y Cloc' ll.11. Ar y gair 'gangster', cf. 192. 'Jesebel ac Elias' ll.556.

209. LASARUS
Gw. rhif 153 am gerdd arall dan yr un teitl, a cf. rhif 42.
Detholwyd i: Cynthia a Saunders Davies, 'Te Deum Ein Canrif Ni', *Yr Haul a'r Gangell*, 71 (Haf 1975), 26 (ll.19–20 yn unig).
Nodiadau cyffredinol
Lasarus gw. 42. 'Atgyfodiad Lasarus', n.
2   **Mair a Martha** gw. 42. 'Atgyfodiad Lasarus', n.
4   **pedwar diwrnod** gw. Ioan 11:17.
5   **griddfan a chynnwrf yr Iesu** gw. Ioan 11:33.
6–7 cf. Ioan 11:44.
9   **Bethania** pentref tua 3km o Jerwsalem ar y ffordd i Jericho; fe'i crybwyllir sawl gwaith yn yr Efengylau fel cartref cyfeillion yr Iesu, Mair, Martha a Lasarus. Gw. IBD, 186.
13 **y maen a'r ogof** cf. Ioan 11:38.
19 **yr Atgyfodiad a'r Bywyd** gw. Ioan 11:25. Gw. hefyd 12. 'Cymru' ll.13n.
20 **bedd ein camweddau** gw. Effesiaid 2:1,5; Colosiaid 2:13.

210. Y GRAWYS
Nodiadau cyffredinol
Y Grawys cyfnod o ddeugain niwrnod o ymprydio cyn y Pasg yng nghalendr yr Eglwys. Hyd y 3edd ganrif yr arfer oedd ymprydio am ddeuddydd neu dridiau yn unig, ond erbyn y 5ed ganrif cyfeirir at gyfnod o ddeugain niwrnod, dan ddylanwad ymprydiau Moses, Elias a Christ. Yng nghyfnod y Grawys defnyddir urddwisgoedd a llieiniau porffor mewn eglwysi Anglicanaidd (a

newidir am rai gwyn ar Sul y Pasg), ac mae cywair lleddf ar y gwasanaethau. Ystyrir y Grawys yn gyfnod o benyd, o ymwrthod â phleser ac o ymroi i ddefosiwn arbennig. Gw. ODCC, 966.

2   **trên** Mae'n glir o ll.5–8 mai trên ager sydd mewn golwg yma (fel y disgwylid adeg llunio'r gerdd).
7–8   **lludw . . . / Yn y genau** cf. 13. 'Ar Gyfeiliorn' ll.13n.
8   **sach** gw. 184. 'Cymru' ll.13n.
12   gw. Mathew 10:39, 16:25; Marc 8:35; Luc 9:23–4; cf. 1 Corinthiaid 15:31.
14   **gwyn** gw. 90. 'Y Duwdod' ll.10n.
16   **Meseia** gw. 101. 'Yr Iddewon' ll.24n.
    coch gw. 158. 'Y Merthyron', n.
    penglog y bryn gw. 11. 'Y Bardd a'r Beirniad Olaf' ll.18n; 116. 'Cymru Victoria' ll.14n.
18   **tridiau** gw. 150. 'Y Calendr' ll.15n.
20   **goleuwinddwr** gair cyfansawdd, o greadigaeth y bardd mae'n debyg. Ar olau, gw. 2. 'Y Sant' ll.150n; ar win a dŵr, gw. 22. 'Cyffes y Golias' ll.15n.

211. CORFF CRIST

Detholwyd i: *Y Cylchgrawn Efengylaidd*, 4:9 (1960), 15, ar ddiwedd adolygiad R. Geraint Gruffydd o'r gyfrol *Gwreiddiau*; Cynthia a Saunders Davies, 'Te Deum Ein Canrif Ni', *Yr Haul a'r Gangell*, 71 (Haf 1975), 25 (ll.10–11 yn unig).

Nodiadau cyffredinol

1–5   Am hanes croeshoeliad Crist, gw. 1. 'Y Mynach' ll.360n.
6–7   cf. Ioan 1:14. Am hanes genedigaeth Crist, gw. 99. 'Y Nadolig', n.
8   **Iddew** gw. 2. 'Y Sant' ll.141n.
    Bethlehem gw. 18. 'Plant Bethlehem', n.
10–11   Am hanes Atgyfodiad Crist, gw. 12. 'Cymru' ll.13n.
11   **Corff catholig** yr Eglwys; cf. 1 Corinthiaid 12:12–27; Colosiaid 1:18,24 etc. Ar yr ansoddair 'catholig', gw. 190. 'Albert Schweitzer' ll.4n.

212. NOSWYL YR HOLL ENEIDIAU

Cyfieithiad: Patrick Thomas, yn *Sensuous Glory: The Poetic Vision of D. Gwenallt Jones*, goln Donald Allchin a D. Densil Morgan (2000), 97.

Nodiadau cyffredinol

Noswyl yr Holl Eneidiau noson 1–2 Tachwedd. Yn y traddodiad Celtaidd—ynghyd â thraddodiadau paganaidd eraill—mae Calan Gaeaf (1 Tachwedd) a Nos Galan Gaeaf (sef noson 31 Hydref-1 Tachwedd) yn cael eu cysylltu'n arbennig â'r meirw, a chredid bod y ffin rhwng byd yr ysbrydion a byd y byw yn mynd yn denau iawn (gw. ll.2). Rhoddwyd blas Cristnogol ar yr hen gredoau hyn yn y 7fed ganrif pan wnaed 1 Tachwedd yn ŵyl yr Holl Saint a 2 Tachwedd yn ŵyl yr Holl Eneidiau yng nghalendr yr Eglwys. Gw. CLC, 79; ODCC, 41–2.

6   **dwy wraig** Gellir tybio mai mam Gwenallt ei hun yw un o'r ddwy; gw. 9. 'Beddau' ll.17n, 10n; cf. ll.10.
8   **Cynhaliwr** Crist.
9   Nodir gwahanol amgylchiadau a drôi wragedd yn weddwon yn aml yn y gymdeithas ddiwydiannol. Dichon fod y cyfeiriad at dân yn adleisio hanes Sadrach, Mesach ac Abednego yn dod yn ddiogel o'r ffwrn dân yn Daniel 3; cf. 192. 'Jesebel ac Elias' ll.691n.
10   **torrodd ffon eu bara** cf. Lefiticus 26:26; Salm 105:16; Eseciel 4:16, 5:16, 14:13. Ystyr 'ffon' yma yw cynhaliaeth.

213. NADOLIG 1955

Argraffwyd y gerdd hon ar garden Nadolig dan y teitl 'Nadolig', ynghyd â'r neges ganlynol: 'I ddymuno i chwi Nadolig Cristionogol Lawen a Blwyddyn Gristionogol Newydd Oddi wrth

Deulu Gwenallt'. Mae'r llun ar y garden yn dangos Mair a'r Baban a'r seren yn goleuo cymylau duon, bygythiol, yng nghanol cylch o weiren bigog. Cadwyd copi o'r garden yn BJM 3/415, ac fe'i hatgynhyrchwyd yn BBG, 46. Cyhoeddwyd y gerdd hon gyntaf yn *Baner ac Amserau Cymru*, 26 Rhagfyr 1957, 8.

Detholwyd i: *Y Drysorfa*, 131:12 (Rhagfyr 1961), 280.

Nodiadau testunol
7   Yno nid oes ond Mam gyffredin, a Baban (*BAC*)
9   **oedd** : yw (*BAC*)
10   **yn drech nag arfogaethau** : sydd yn drech nag arfogaeth (*BAC*)
11   Ni all ei holl fomiau heintio'r offeren, (*BAC*)
12   **Dinistrio'r** : Na chwythu'r (*BAC*)

Nodiadau cyffredinol
Ar 23 Rhagfyr 1955, gosododd byddinoedd Israel a Gwlad Iorddonen eu harfau i lawr ac agor y ffin er caniatáu i bererinion Cristnogol ymweld â chysegrleoedd Cristnogaeth yn Jerwsalem a Bethlehem dros yr ŵyl.
3   **pererinion** gw. 11. 'Y Bardd a'r Beirniad Olaf' ll.14n. Yn draddodiadol mae Bethlehem yn gyrchfan bwysig i bererinion adeg y Nadolig.
4   **Bethlehem** gw. 18. 'Plant Bethlehem', n.
7–8 gw. 99. 'Y Nadolig' n, ll.6n.
9   **Dwyrain Canol** gw. 190. 'Albert Schweitzer' ll.2n.
11   **offeren** gw. 1. 'Y Mynach' ll.187n.
12   **ystabl** gw. 99. 'Y Nadolig' n, ll.6n.
      seren gw. 2. 'Y Sant' ll.503n.

214. Y GROGLITH
Detholwyd i: *Baner ac Amserau Cymru*, 30 Mawrth 1961, 1.

Cyfieithiad: Patrick Thomas, yn *Sensuous Glory: The Poetic Vision of D. Gwenallt Jones*, goln Donald Allchin a D. Densil Morgan (2000), 124.

Nodiadau cyffredinol
Y Groglith gw. 168. 'Yr Awen' ll.24n. Yn ei strwythur cyffredinol a'i chyfeiriadaeth y mae tebygrwydd rhwng y gerdd hon a'r gerdd Saesneg, 'All in the April Evening' gan Katharine Tynan, a genir yn aml adeg y Pasg i gerddoriaeth gan Hugh S. Roberton.
5   **deuddeg, yn ŵyn a defaid** cf. 152. 'Y Pensaer' ll.29n; 158. 'Y Merthyron' ll.29–32n.
6   **hwrdd** cf. ll.19n.
9   **Bugail** gw. 176. 'Epigramau' ll.159n.
11   **darlun gan artist yn Ravenna** Mae dinas Ravenna yng ngogledd yr Eidal yn nodedig am ei mosaigau Bysantaidd a Rhufeinig. Ym Mawsolëwm Galla Placidia yn y ddinas honno ceir mosäig enwog iawn o'r Bugail Da, sy'n dyddio o'r 5ed ganrif.
12   **oratorio gan Bach** cf. 166. 'Bach', n.
13   **pennod yn Efengyl Ioan** Cyfeirir at Ioan 10.
15–17 gw. 1. 'Y Mynach' ll.360n.
18   cf. ll.5n.
19   **hwrdd dianghenraid a diddrysni** cf. yr hwrdd a ddaliwyd gerfydd ei gyrn mewn drysni, ac a aberthwyd gan Abraham yn lle Isaac ei fab; gw. Genesis 22:1–13.

215. SUL Y PASG
Cyfieithiad: Patrick Thomas, yn *Sensuous Glory: The Poetic Vision of D. Gwenallt Jones*, goln Donald Allchin a D. Densil Morgan (2000), 125.

Nodiadau cyffredinol

Pasg gw. 72.'Jwdas Iscariot' ll.6n.

1   **yr Wythnos Fawr** yr wythnos rhwng Sul y Blodau (gw. 9. 'Beddau' ll.13n) a Sul y Pasg; fe'i gelwir felly am ei bod yn arwain at ŵyl bwysicaf calendr yr Eglwys.
2   cf. 3. 'Breuddwyd y Bardd' ll.25–6n.
3–4   Cyfeirir at hanes y Croeshoeliad; gw.1. 'Y Mynach' ll.360n. Ar yr ansoddair 'finegraidd', gw. 14. 'Y Gristionogaeth' ll.4n.
4   **tywyllwch** gw. 98. 'Heulwen y Pasg' ll.1n.
       Mab y Dyn gw. 72. 'Jwdas Iscariot' ll.9n.
5   **dau wanwyn** cf. 150. 'Y Calendr' ll.16n.
6   **y trydydd bore-ddydd** gw. 150. 'Y Calendr' ll.15n.
7   **lili** gw. 1. 'Y Mynach' ll.97n. Blodau'r gwanwyn, sydd yn aml yn eu llawn flodau erbyn y Pasg, yw briallu a chennin Pedr; cf ll.9.
8   **Gwaredwr** gw. 89. 'Y Gwaredwr', n.
       Aifft gw. 142. 'Dyn' ll.26n.
9   **Gwyrdd . . . gwyn . . . melyn** lliwiau'r blodau a restrir yn ll.7.
10   **Adda newydd** Crist; gw. 192. 'Jesebel ac Elias' ll.583n.
       codi o'i fedd yn fyw gw. 12. 'Cymru' ll.13n.
11   **iorwg** symbol o fywyd tragwyddol yn y traddodiad Cristnogol am ei fod yn fytholwyrdd; gw. BDPF, 593.
       pren gw. 96. 'Sarff' ll.2n.
       yr hen sarff gw. 1. 'Y Mynach' ll.215n.

216. DISGYBLION DIDYMUS

Ymddangosodd fersiwn cynharach o'r gerdd hon yn *Y Cylchgrawn Efengylaidd*, 3:7 (Gwanwyn-Haf 1956), 1. Gan i Gwenallt ei diwygio'n drwyadl cyn cyhoeddi *Gwreiddiau*, nodir fersiwn 1956 yn gyflawn yn adran y Cerddi Ychwanegol, rhif 334.

Nodiadau cyffredinol

Didymus ffurf Roegaidd ar yr enw Thomas; fe'i defnyddir yn Ioan 11:16, 20:24, 21:2 ar gyfer yr Apostol Thomas. Mae'r gerdd hon yn troi o gwmpas yr hanes a gadwyd yn Ioan 20:19–29. Mae'r Crist atgyfodedig yn ymddangos i'r disgyblion tra bod Thomas yn absennol o'u plith; wedi clywed yr hanes mae Thomas yn gwrthod credu i'r Crist fod yno nes iddo ef ei hun roi ei fys yn ôl yr hoelion yn ei ddwylo, a'i law yn y clwyf yn ei ochr.

4   **rhith oedd yr Ysbryd** cf. Luc 3:22; gw. 4. 'Yr Angylion a'r Gwrageddd' ll.5n.
5   cf. *Credaf*.
13   **yr hen Resymolwyr** gw. 170. 'Gwlad ac Ynys' ll.13n. Gall y cyfeirir yma at resymolwyr mawr y 18fed ganrif—Voltaire, Rousseau a Thomas Paine, er enghraifft—y mae eu gwaith yn cyd-fynd â thwf agnosticiaeth ac anffyddiaeth.
14   **apostol** gw. 2. 'Y Sant' ll.539n.
15–16   cf. Ioan 20:25,27.

Y Coed (Gwasg Gomer, 1969)
Cadwyd dau gopi teipysgrif o'r rhan fwyaf o gerddi *Y Coed* yn LlGC, Papurau Gwenallt, A13. Mae'r naill gopi (A13[1]) gan mwyaf yn gynnyrch teipiadur 'arferol' Gwenallt, a'r llall (A13[2]) yn gopi o'r copi hwnnw a wnaed, fe ymddengys, wrth gynnull cerddi *Y Coed* ynghyd ar gyfer eu cyhoeddi. Yn y mannau hynny lle y mae'r ddau gopi yn gwahaniaethu, derbyniwyd darlleniadau A13[1] gan dybio bod y rhain yn debycaf o adlewyrchu darlleniadau gwreiddiol llsgr. y bardd, a'i ddymuniad ar gyfer ei gerddi.

Adolygiadau
John Roderick Rees, 'Y Gair Olaf', *Barn*, 93 (Gorffennaf 1970), 250; R. Geraint Gruffydd, *Y Cylchgrawn Efengylaidd*, 11:3 (Ebrill-Gorffennaf 1970), 86; Rhydwen Williams, *Y Genhinen*, 20:1 (1969–70), 46–7; Idris Foster, *Poetry Wales*, 5:3 (1970), 52–7; [di-enw], *Times Literary Supplement*, 11 Medi 1969, 999.

Trafodaethau cyffredinol: Alan Llwyd, *Barddoniaeth y Chwedegau* (1986), 390–7.

Cyflwyniad: nodiadau
Mair Gwenallt gw. 144. 'Plentyn', n. Mae'r cyfeiriad at ddewrder ac aberth ieuenctid Cymru yn gyfeiriad at weithgarwch ac ymgyrchoedd Cymdeithas yr Iaith Gymraeg a sefydlwyd yn 1962; gw. CLC, 138–9.

Rhagair: nodiadau
Gwasg Gomer gw. 135. 'Er Cof am Ddafydd Lewis', n.
Dr Bobi Jones (g. 1929), llenor, beirniad ac ysgolhaig, un o'r mwyaf cynhyrchiol o awduron Cymru'r 20fed ganrif. Ac yntau'n ddarlithydd ymchwil yn Adran Addysg Coleg Prifysgol Cymru, Aberystwyth er 1959, R. M. ('Bobi') Jones a benodwyd i staff Adran y Gymraeg y Coleg hwnnw yn 1966 ar ymddeoliad Gwenallt. Gw. CLC, 411–13.
Mr W. R. P. George (g. 1912), bardd a chyfreithiwr; cyfaill personol i Gwenallt (âi'r ddau ar wyliau cyfandirol gyda'i gilydd, er enghraifft). Gw. CLC, 270.
Nel Gwenallt gw. *Ysgubau'r Awen*, n.

217. SIR GAERFYRDDIN
Gw. rhif 78 am gerdd arall dan yr un teitl. Cyhoeddwyd y gerdd hon gyntaf yn *Y Ddraig Goch*, 36:9 (Medi 1967), 7.

Nodiadau cyffredinol
Sir Gaerfyrddin gw. 78. 'Sir Gaerfyrddin', n. Achlysur canu'r gerdd hon oedd buddugoliaeth Gwynfor Evans (g. 1912) mewn is-etholiad ar gyfer etholaeth Caerfyrddin yng Ngorffennaf 1966, yn sgil marw'r aelod Llafur, Megan Lloyd George; ef oedd Aelod Seneddol cyntaf Plaid Cymru. Bu Gwynfor Evans yn allweddol yn natblygiad Plaid Cymru (ef oedd ei Llywydd o 1945 hyd 1981), ac yn wir ym mhob agwedd ar genedlaetholdeb Cymru o gyfnod yr Ail Ryfel Byd hyd ddechrau'r 1980au. Gw. CLC, 246.

1	**Er pan genais iddi gynt** Bu sir Gaerfyrddin yn ysbrydoliaeth gyson i Gwenallt: dichon mai'r cerddi pwysicaf yw 78. 'Sir Gaerfyrddin'; 130. 'Rhydcymerau'; 185. 'Y Capel yn Sir Gaerfyrddin'; 132. 'Sir Forgannwg a Sir Gaerfyrddin'.
	'r hen dylwyth gw. 9. 'Beddau' ll.1n; 78. 'Sir Gaerfyrddin', n; 130. 'Rhydcymerau'.
3	**Dwy wenithen** cf. 4. 'Yr Angylion a'r Gwragedd' ll.31–2n.
	sofol 'bonion (yn enw. ŷd) a adewir mewn cae ar ôl medi'r cnwd'; GPC, 3316. Fe'i defnyddir yn ffigurol yma, cf. 'dwy wenithen' uchod.
4–5	cf. 78. 'Sir Gaerfyrddin' ll.14.
5	**emynyddol** gw. 2. 'Y Sant' ll.499n.
6	**Pantycelyn** gw. 84. 'Pantycelyn', n.
	Tomos Lewis gw. 132. 'Sir Forgannwg a Sir Gaerfyrddin' ll.1n.
7	cf. 169. 'Yr Hen Emynau' ll.1–2n.

	Efengyl Iesu Grist gw. 150.'Y Calendr' ll.4n.
8–9	gw. 160.'Dewi Sant' ll.8n.
8	**Duw-ddyn** gw. 2.'Y Sant' ll.141n.
8–9	**y pren / Melltigedig** cf. Galatiaid 3:13. Ar y groes, gw. 1.'Y Mynach' ll.360n.
9	**agapelon** gair gwneud, a luniwyd o'r gair Groeg *agape* ynghyd â'r ôl-ddodiad ansoddeiriol sy'n mynegi cyflawnder, *-lon*. Ystyr *agape* yw cariad ysbrydol ac aberthol (yn enwedig cariad Duw a Christ at y ddynoliaeth), ac fe'i defnyddir hefyd yn derm ar y pryd bwyd a gysylltir yn yr Eglwys Fore â'r Cymun; gw. ODCC, 26.
	y bryn gw. 11.'Y Bardd a'r Beirniad Olaf' ll.18n.
	bedd . . . gwag gw. 12.'Cymru' ll.13n.
10	**'Pererin wyf mewn anial dir'** llinell agoriadol un o emynau enwocaf William Williams, Pantycelyn; gw. *Llyfr Emynau a Thonau y Methodistiaid* (1929), rhif 465. (Dyfynnir ll.3–4 yr un pennill yn ll.12 isod). Ar bererin, gw. 11.'Y Bardd a'r Beirniad Olaf' ll.14n.
12	gw. ll.10n.
13	**yng Nghefn-coed, Llanfair-ar-y-bryn** gw. 84.'Pantycelyn', n.
14	**fel anialwch** Mae taith yr Israeliaid trwy'r anialwch tua Gwlad yr Addewid yn yr Hen Destament yn drosiad cyffredin yng nghanu William Williams, Pantycelyn am daith y Cristion trwy'r byd tua'r nefoedd; gw. ll.10n. Cf. 11.'Y Bardd a'r Beirniad Olaf' ll.14n.
15	**teyrnas Crist** gw. 150.'Y Calendr' ll.6n.
18–19	Cyfeirir at gynnwrf cymdeithasol yn ail chwarter y 19eg ganrif a gysylltir yn arbennig â sir Gaerfyrddin. Fermwyr a orfodid i dalu tollau uchel er mwyn cario'u nwyddau ar hyd y ffyrdd tyrpeg a ddechreuodd yr ymgyrch, a'r tollbyrth a ddrylliwyd ganddynt liw nos oedd eu targed gwreiddiol, er yr ymosodwyd hefyd, yn ddiweddarach, ar symbolau eraill o orthrwm cymdeithasol. Cymerodd yr ymgyrchwyr eu henw o Genesis 24:60,'A hwy a fendithiasant Rebecca ac a ddywedasant wrthi . . . etifedded dy had borth ei gaseion,' a gwisgai arweinwyr y cyrchoedd ac amryw o'u dilynwyr yn aml mewn dillad merched. Gw. CLC, 39–40.
18	**ceffyl pren** ffrâm bren y gosodid arni ddelw o berson er mwyn ei wawdio; gw. Trefor M. Owen, *A Pocket Guide to the Customs and Traditions of Wales* (1991), 64–6.
19–21	Cyfeirir at ymdrech trigolion Cwm Gwendraeth Fach, 1960–64, i rwystro Corfforaeth Abertawe rhag codi argae yn Llangyndeyrn er mwyn cronni dŵr i gyflenwi Abertawe. Cyrhaeddodd y gwrthwynebiad ei anterth ym mis Hydref 1963; er rhwystro'r awdurdodau rhag cael mynediad i'r tiroedd, clowyd y gatiau, gosodwyd offer fferm i gau'r bylchau, ac roedd clochydd y plwyf, John Smith, yn barod i ganu cloch y Llan i alw'r plwyfolion ynghyd yn ôl yr angen. Gw. Robert Rhys, *Cloi'r Clwydi* (1983).
21	**Lefiathan** gw. 109.'Cymru a'r Rhyfel' ll.20n.
22–5	gw. ll.26n.
26	**[W.] Llewelyn Williams** (1867–1922), aelod seneddol a chyfreithiwr. Ganed ef yn Brownhill, Llansadwrn, sir Gaerfyrddin, ac ar ôl gyrfa fer fel newyddiadurwr trodd at y gyfraith a byd gwleidyddiaeth. Etholwyd ef yn Aelod Seneddol dros fwrdeistrefi Caerfyrddin yn 1906, a daliodd y sedd honno nes ei ddiddymu yn 1918. Roedd yn Annibynnwr o argyhoeddiad, yn dod o deulu o Annibynwyr amlwg. Rhyddfrydwr o'r hen draddodiad ydoedd o ran ei wleidyddiaeth, ond roedd hefyd yn genedlaetholwr i'r carn, yn frwd dros ymreolaeth i Gymru o fewn fframwaith y Deyrnas Gyfunol. Safai yn erbyn gorfodaeth filwrol yn Rhyfel 1914–18 ac amddiffynnodd achos y gwrthwynebwyr cydwybodol. Ymgeisiodd am sedd Ceredigion yn 1921, ond safodd ymgeisydd Rhyddfrydol swyddogol yn ei erbyn a gorchfygwyd Llewelyn Williams mewn cystadleuaeth etholiadol agos ac ffyrnig. Gw. Bywg., 1020; CLC, 793.
27	**Colisewm** sinema yn Ffordd y Môr, Aberystwyth, bellach yn gartref i Amgueddfa Aberystwyth. Am adroddiadau am y cyfarfodydd etholiadol, gw. *Cambrian News*, 4

Chwefror 1921, 3; 18 Chwefror 1921, 3. Roedd Gwenallt yn fyfyriwr yn Adran y Gymraeg, Coleg Aberystwyth, ar y pryd (ll.26).

31 **pwysau ar ben ôl** Roedd Llewelyn Williams yn ŵr corffog.

32 **di-iro-llaw** Pwysleisir gonestrwydd Llewelyn Williams, gan awgrymu cyferbyniad rhyngddo ef a gwleidyddion eraill yn hyn o beth. (Ystyr 'iro llaw' yw rhoi cil-dwrn).
    llenor cymeriadau Llansadwrn Ceir darlun cynnes o gymeriadau bro enedigol W. Llewelyn Williams yn ei lyfrau *Gwilym a Benni Bach* (1894), *Gŵr y Dolau* (1899) a *'Slawer Dydd* (1918).

33 **Black and Tans** llu a recriwtiwyd gan lywodraeth Prydain i gynorthwyo Heddlu Brenhinol Iwerddon i drechu'r cenedlaetholwyr Gwyddelig yn 1920. Dynion garw oeddynt, a defnyddient ddulliau garw yn erbyn Byddin Weriniaethol Iwerddon. Cafodd y *Black and Tans* eu henw o liwiau'u gwisg.

34 **cofadail iddo** Dadorchuddiwyd cofgolofn i Lewelyn Williams o flaen y tŷ yn Brownhill ar 15 Medi 1938. Chwaraeodd Gwenallt ei hun ran yn yr ymgyrch i godi'r arian ar gyfer y gofeb hon. Ar arwyddocâd y golomen, gw. 78. 'Sir Gaerfyrddin' ll.12n.

35 O Neuadd y Sir, Caerfyrddin, y cyhoeddwyd canlyniad Etholiad 1966.

38 **Pantycelyn** enw cartref William Williams; gw. 84. 'Pantycelyn', n.
    Brownhill enw cartref W. Llewelyn Williams.

39 **'r efail of yn Nhalyllychau** gw. 132. 'Sir Forgannwg a Sir Gaerfyrddin' ll.1n.
    Emrys ap Iwan gw. 184. 'Cymru' ll.23n.

40 *Taith y Pererin* teitl y cyfieithiad Cymraeg o alegori adnabyddus John Bunyan, *Pilgrim's Progress* (1678, 1684), sy'n darlunio bywyd y Cristion yn nhermau pererindod o Ddinas Distryw, heibio i bob math o rwystrau a pheryglon, i'r Ddinas Nefol. Gw. OCEL, 646–7. Stephen Hughes (1622–88), Anghydffurfiwr o gyhoeddwr o Gaerfyrddin a fu'n gyfrifol, gyda thri chyfaill, am gyfieithu'r gwaith i'r Gymraeg; fe'i cyhoeddwyd yn 1688 dan y teitl *Taith neu Siwrnai y Pererin*. Gw. Bywg., 369; CLC, 346.

41 **Rhys ap Tomos** (1449–1525), cymeriad dylanwadol yn hanes Caerfyrddin. Hanai o deulu pwysig: cymerasai ei dad-cu brydles ar arglwyddiaeth Dinefwr yn 1440 a chryfhawyd safle'r teulu ymhellach pan briododd ei dad aeres Abermarlais (gw. isod). Mae'n debyg iddo fedru manteisio ar ei ddylanwad lleol i gefnogi Harri Tudur pan hwyliodd hwnnw i Aberdaugleddau yn 1485, a gwnaethpwyd ef yn farchog am ei wasanaeth i Harri ar Faes Bosworth. Derbyniodd lu o ffafrau eraill gan y brenin nes dal prif swyddi De Cymru bron i gyd. Gw. Bywg., 790–1.
    Abermarlais hen blasty mawr a safai ar ochr ogleddol yr A40, ger Llangadog, sir Gaerfyrddin, ac a folwyd ar gywydd gan Lewys Glyn Cothi. Disgynnai'r teulu a breswyliai ynddo'n wreiddiol o Ednyfed Fychan o Wynedd; yn ddiweddarach aeth y tŷ i feddiant teulu Dinefwr (gw. isod). Fe'i dymchwelwyd yn yr 1970au. Gw. Francis Jones, *Historic Carmarthenshire Homes* (1987), 3–4.
    Dinefwr castell ar ben bryn ger Llandeilo, sir Gaerfyrddin. Roedd yn gartref i'r Arglwydd Rhys (gw. 25. 'Balâd yr Arglwyddi' ll.9n) a'i ddisgynyddion. Yn ddiweddarach trowyd rhan o'r castell yn blasty a'i ddefnyddio'n gartref gan Rhys ap Tomos ac aelodau eraill o'i deulu. Gw. CLC, 195.

42 **Efengylaidd** dehongliad o'r ffydd Gristnogol sydd yn gosod pwys ar anffaeledigrwydd y Beibl a'r angen i bob unigolyn ddod i ffydd bersonol yng Nghrist; gw. CLC, 220. Erbyn diwedd ei oes, ymuniaethai Gwenallt i raddau helaeth â'r safbwynt Efengylaidd; cf. 201. 'Amser' ll.9n.

44 **actau** cf. 188. 'Yr Esgob William Morgan' ll.14n.
    Gwynfor sef Gwynfor Evans; gw. y nodyn cyffredinol uchod.

45 **teisi** lluosog 'tas'.

46 **Cymru Fyddaidd** ansoddair a luniwyd o'r enw Cymru Fydd, mudiad a sefydlwyd yn 1886 ac a barhaodd am ryw 10 mlynedd. Roedd hunanlywodraeth i Gymru yn ganolog

i'w raglen ac am gyfnod fe'i bwriadwyd i gymryd lle'r Blaid Ryddfrydol yng Nghymru a'i throi'n Blaid Genedlaethol annibynnol. Gw. CLC, 142.

yr hen Lew W. Llewelyn Williams; gw. ll.26n.

48 **dy ffrwyth i'r farchnad** Roedd gan Gwynfor Evans fusnes garddio masnachol yn Llangadog, sir Gaerfyrddin.

boncyff yr hen ddewin Cysylltid tref Caerfyrddin o gyfnod cynnar iawn ag enw Myrddin, bardd a daroganwr chwedlonol yn y traddodiad Cymraeg a drodd yn ddewin yn y traddodiad Arthuraidd ehangach; gw. 3. 'Breuddwyd y Bardd' ll.53n. Yn ôl traddodiad, daroganwyd y syrthiai tref Caerfyrddin pan syrthiai'r hen dderwen a safai ar gyffordd Heol y Prior a Ffordd yr Hen Dderwen. Atgyfnerthwyd yr hen foncyff pwdr am lawer o flynyddoedd â choncrid a rheiliau haearn, ond symudwyd ei weddillion i gyntedd Neuadd y Dref yn 1978, heb unrhyw ddrwg-effaith amlwg i'r dref! Gw. Aneirin Talfan Davies, *Crwydro Sir Gâr* (1955), 116–17.

50–1 gw. 9. 'Beddau'; 78. 'Sir Gaerfyrddin' ll.8; 121. 'Y Meirwon' ll.3–4; 132. 'Sir Forgannwg a Sir Gaerfyrddin'.

52 **yn herio'r milwyr a'r plismyn pell** Dichon fod Terfysgoedd Merthyr (1831) a Thonypandy (1910) ym meddwl Gwenallt yma—dau achos enwog yn hanes Maes Glo De Cymru pryd y bu raid i'r awdurdodau anfon milwyr a phlismyn i reoli cythrwfl a godasai yn y pen draw o anfodlonrwydd ac anniddigrwydd y gweithwyr ynglŷn â chyflogau a'u hamodau gwaith. Gw. CLC, 500–1, 720. Gw. hefyd atgofion personol Gwenallt am gythrwfl lleol yn *Credaf*.

55 **emyn cenedlaethol Elfed** Ar Elfed, gw. 168. 'Yr Awen' ll.22n. Yr emyn y cyfeirir ato yma yw 'Cofia'n gwlad, Benllywydd tirion' (*Llyfr Emynau a Thonau y Methodistiaid*, 1929, rhif 718) a genid yn aml mewn cyfarfodydd gwladgarol ac a elwid weithiau yn ail anthem genedlaethol Cymru—yn eironig, gan fod amwysedd ynghylch pa wlad, yn union, oedd gan Elfed mewn golwg; gw. Branwen Jarvis, 'Elfed: Emynydd ei Oes', *Llinynnau* (1999), 121–36.

56 **Dafydd Iwan** (g. 1943), canwr gwerin a chanwr 'pop' gwladgarol a aned ym Mrynaman, sir Gaerfyrddin ac a fu am gyfnod ar ddechrau'r 1960au yn fyfyriwr i Gwenallt yn Adran y Gymraeg, Coleg Prifysgol Cymru, Aberystwyth. Erbyn llunio'r gerdd hon, gwnaethai Dafydd Iwan enw iddo'i hun fel canwr mewn nosweithiau llawen â chaneuon fel 'Mae'n wlad i mi' ac 'Wrth feddwl am fy Nghymru'; yn 1966 y torrodd ei record gyntaf. Lluniodd Dafydd Iwan gân ar gyfer is-etholiad Caerfyrddin yn 1966, sef 'Rwy'n gweld y dydd'; gw. *Holl Ganeuon Dafydd Iwan* (1992), 152–3. Yn ddiweddarach daeth Dafydd Iwan yn amlwg iawn ym mywyd gwleidyddol Cymru, yn Gadeirydd Cymdeithas yr Iaith, ac yn Gadeirydd ac Is-lywydd Plaid Cymru. Gw. CLC, 366.

218. TRYCHINEB ABER-FAN

Cyhoeddwyd y gerdd hon gyntaf yn *Taliesin*, 15 (Rhagfyr 1967), 8–10. Atgynhyrchwyd rhan o ddrafft holograff ohoni yn *Taliesin*, 18 (Awst, 1969), yn wynebu t.43.

Detholwyd i: Jac L. Williams (gol.), *Detholiad o Farddoniaeth Gymraeg* (1969), 96–7 (ll.45–64 yn unig).

Cyfieithiad: Bryan Aspden, *The Anglo-Welsh Review*, 86 (1987), 68–9 (rhan yn unig).

Trafodaeth: D. Densil Morgan, '"Dagrau tostaf yr ugeinfed ganrif": Golwg newydd ar un o gerddi Gwenallt', *Barn*, 286 (Tachwedd 1986), 377–80.

Nodiadau testunol

20 **eu hagor :** ei hagor (*Taliesin*)
25 **Tip:** y Tip (*YC*, *Taliesin*)
50 **ni allwn ni :** ni allwn (*Taliesin*)

Nodiadau cyffredinol
Trychineb Aber-fan y drychineb fwyaf ingol yn hanes Maes Glo De Cymru. Ar 21 Hydref 1966, wedi cyfnod o law trwm, llithrodd rhan o domen lo a godwyd ar ochr y mynydd uwchben Aber-fan, pentref bychan yng Nghwm Taf ryw bum milltir i'r de o Ferthyr Tudful, i'r dyffryn islaw. Difawyd popeth a safai yn llwybr y don anferth o fwd a llaca nes iddi gyrraedd o'r diwedd Ysgol Pant-glas a rhes o dai tua gwaelod y llethr. Lladdwyd 116 o blant a 28 o oedolion yn y drychineb. Cadwyd atgofion Bedwyr Lewis Jones am Gwenallt yn ymateb i raglen deledu yn dangos lluniau o Aber-fan o fewn diwrnod i'r achlysur, mae'n debyg, yn *Dathlu*, gol. R. Gerallt Jones (1986), 40. Mewn llythyr dyddiedig 30 Ebrill 1967 at ei gyfaill B. J. Morse (gw. 73. 'Cyfaill o Fardd', n), meddai Gwenallt: "Rwy hefyd wedi llunio cân neu ddwy; un ohonyn nhw i Aber-fan, ond y mae'r pwnc yn un anodd ac nid wy'n fodlon arni fel y mae, ond hwyrach y daw yn iawn' (BJM, 3/415). Ag awyrgylch y gerdd hon, gwrthgyferbynner 182. 'Y Tipiau'.

1	**tomenni** gw. 182. 'Y Tipiau', n.
2	**Tip Saith** Wrth yr enw hwn, i ddibenion yr ymchwiliad swyddogol i'r drychineb, yr adwaenid y domen a lithrodd ar Aber-fan. Amcangyfrifwyd ei bod yn 111 troedfedd o uchder ac yn cynnwys 297,000 llathen giwbig o wastraff glofaol, o lofa Merthyr Vale gyfagos.
4	**tramiau** gw. 125. 'Morgannwg' ll.16n.
5	**Hafod Tanglwys Uchaf** fferm ar lethrau'r mynydd-dir uwchben Aber-fan. Dinistriwyd dau fwthyn ar y fferm yn y drychineb, a lladdwyd y wraig a'r ddau blentyn oedd yno ar y pryd. (Chwaer Tudful oedd Tanglwys, yn ôl traddodiad, a'r ddwy yn ferched i Frychan Brycheiniog; gw. CLC, 66–7.)
6	**fel sgrechain jet** Defnyddiwyd y gymhariaeth hon gan nifer o dystion i'r drychineb wrth iddynt adrodd i'r ymchwiliad swyddogol.
7	**Ysgol Pant-glas** yr ysgol gynradd leol. Roedd tua 250 o blant a 9 athro yn yr ysgol pan ddigwyddodd y drychineb. Lladdwyd y brifathrawes, pedwar athro dosbarth a bron y cwbl o'r plant a oedd yn eu dosbarthiadau hwythau ar y pryd.
11	**trigolion yn eu tai** Dinistriwyd 18 o dai ger yr ysgol yn y drychineb.
15	**Bîtnics** term dilornus a ddefnyddiid yn gyffredin yn yr 1960au i ddynodi pobl (ifainc fel arfer) fohemaidd o anghonfensiynol eu gwisg, eu hymddygiad a'u gwerthoedd.
	Byddin yr Iachawdwriaeth mudiad crefyddol a sefydlwyd gan William Booth (1829–1912), ac a drefnwyd ar batrwm lled-filwrol. Mae'n enwog am ei gweithgarwch ymhlith y tlodion a'r digartref ac mewn sefyllfaoedd o angen cymdeithasol cyffredinol.
21	**Bethania** capel lleol yr Annibynwyr; gw. hefyd ll.42n. (Ar y Bethania beiblaidd, gw. 209. 'Lasarus' ll.9n.)
25	**Bethlem** gw. 18. 'Plant Bethlehem', n.
	Rama gw. 161. 'Plant yr Almaen' ll.1–4n; IBD, 1318.
26	**Rahel** gw.161. 'Plant yr Almaen' ll.1n.
27	**caethgludo'r plant i Fabilon** gw. 162. 'F. R. Könekamp' ll.30n; 2. 'Y Sant' ll.397n.
29	**Herod** gw. 18. 'Plant Bethlehem', n; 158. 'Y Merthyron' ll.30n.
42	Chwalwyd capel Bethania yn 1969, a chodwyd capel newydd ar y safle ar gost enwad yr Annibynwyr, Y Bwrdd Glo (gw. ll.67n) a Chronfa Trychineb Aber-fan.
47	**Senghennydd** pentref ger Caerffili, sir Forgannwg, lle y cafwyd tanchwa ddifrifol ar 14 Hydref 1913; lladdwyd 440 o lowyr, yn ddynion a bechgyn. Gw. CLC, 661.
48	**y gwirioniaid** yr enw a roddir yng nghalendr yr Eglwys ar blant Bethlehem a laddwyd gan Herod. Ystyr 'gwirion' yn y cyd-destun hwn yw diniwed.
49–50	cf. 182. 'Y Tipiau'; *Credaf*.
52	Adleisir telyneg Eifion Wyn, 'Cwm Pennant', 'Pam, Arglwydd y gwnaethost Gwm Pennant mor dlws'; gw. *Caniadau'r Allt* (1927), 28–9.
53	**Keir Hardie** gw. 132. 'Sir Forgannwg a Sir Gaerfyrddin' ll.18n.
61	**Longarone** tref ar afon Piave (ll.63n), yn Alpau gogledd-ddwyrain yr Eidal.

63	Afon sy'n llifo trwy Longarone i Fôr Adria yw Piave. Ar 9 Hydref 1963 bu tirlithriad mawr i'r dŵr a gronnwyd y tu ôl i argae Vajont ar yr afon honno. Crewyd ton anferth a blymiodd dros ymyl yr argae a disgyn 265m i'r dyffryn islaw. Boddwyd tua 2,000 o bobl gan faint a grym y dŵr, tua 1450 ohonynt yn drigolion Longarone.
67	**Behemoth** gw. 143. 'Narcisws' ll.1n. **Bwrdd Glo** Cenedlaetholwyd y diwydiant glo ym Mhrydain ar ôl yr Ail Ryfel Byd; daeth y Bwrdd Glo Cenedlaethol i fod ar 1 Ionawr 1947. Yn sgil cenedlaetholi cafwyd gwelliannau o ran diogelwch yn y diwydiant, a hefyd o ran cyflogau'r gweithwyr. Fodd bynnag, o ddiwedd yr 1950au ymlaen dechreuwyd cau pyllau a ddyfarnwyd yn 'aneconomaidd', ac ni bu effaith y polisi hwn yn fwy dramatig yn unman nag ym Maes Glo De Cymru.
69–70	Ceir yr hanes ym Mathew 2:13–23.
70	**'r hen fwtsiwr** Herod; gw. ll.29n.
72	**Gethsemane** gw. 97. 'Y Cymun' ll.6n. **y cwpan** gw. Mathew 26:39, 42; Marc 14:36; Luc 22:42; Ioan 18:11.
73	gw. 1. 'Y Mynach' ll.360n.
74	**Fe gollodd yntau afael ar Ei Dad** cf. Mathew 27:46; Marc 15:34. **tywyllwch teirawr ar ôl y clips** gw. 98. 'Heulwen y Pasg' ll.1n.
75	**A'i fam yn sefyll gerllaw** gw. 192. 'Jesebel ac Elias' ll.760–1n. **trywanu ei chalon** cf. Luc 2:35.
77	**'r fall** y diafol; cf. 109. 'Cymru a'r Rhyfel' ll.13n.
78	**Fe blymiodd Ef i'r dyfnderoedd** cf. yr ymadrodd yng Nghredo'r Apostolion, 'A ddisgynnodd i uffern'. Ar y Credo, gw. 221. 'John Edward Daniel' ll.9n.
79–80	cf. Eseia 53:5; 1 Pedr 2:24.
80	**pechaduriaid** gw. 75. 'Pechod', n. **cyfiawnhad** term diwinyddol am y modd y gwneir y ddynoliaeth bechadurus yn gyfiawn yn llygaid Duw; gw. ODCC, 914. **iawn** gw. 2. 'Y Sant' ll.30n.
81	**gras** gw. 1. 'Y Mynach' ll.38n.
84	**San Remo** tref yng ngogledd yr Eidal a chanolbwynt i fasnach flodau'r wlad. Allforir blodau o San Remo i bedwar ban byd. Cf. ll.61n, ll.63n.
86	**iachawdwriaeth** gw. 1. 'Y Mynach' ll.360n.

219. EMYR LLEWELYN JONES
Cadwyd copi teipysgrif o'r gerdd hon yn LlGC, Papurau Gwenallt, A13[1], 3.

Detholwyd i: Elwyn Edwards (gol.), *Cadwn y Mur: Blodeugerdd Barddas o Ganu Gwladgarol* (1990), 466–7.

Nodiadau cyffredinol
Emyr Llewelyn Jones (g. 1940), cenedlaetholwr, mab T. Llew Jones (gw. ll.27–9n) a chefnder Dafydd Iwan (gw. 217. 'Sir Gaerfyrddin' ll.56n). Cefndir llunio'r gerdd hon oedd hanes yr achos llys yn erbyn Emyr Llewelyn, am ei ran yn y gwaith o ddifrodi'r prif drosglwyddydd a gyflenwai drydan i'r gwaith adeiladu yng Nghwm Tryweryn, fore Sul, 10 Chwefror 1963; gw. 180. 'Cwm Tryweryn', n. Myfyriwr yn Adran Addysg Coleg Prifysgol Cymru, Aberystwyth, oedd Emyr Llewelyn ar y pryd, wedi graddio yn Gymraeg yn haf 1962; roedd felly yn gyn-fyfyriwr i Gwenallt. Gw. Alan Llwyd, *Barddoniaeth y Chwedegau* (1986), 86–7.

1	**y llys yn y Bala** Gwrandawyd yr achos yn Llys Ynadon y Bala, 14–15 Mawrth 1963; rhyddhawyd Emyr Llewelyn ar fechnïaeth, a dalwyd ar ei ran gan Gwenallt a Bobi Jones (gw. *Y Coed*, n). Trosglwyddwyd yr achos wedyn i Frawdlys Caerfyrddin, lle y dedfrydwyd Emyr Llewelyn i flwyddyn o garchar ar 29 Mawrth 1963.

	cerbyd Emyr Llewelyn a fu'n gyfrifol am logi'r car a ddefnyddiwyd wrth gyflawni'r weithred.
2	Roedd olion traed nodweddiadol yn yr eira yn rhan o'r dystiolaeth a ddygwyd yn erbyn Emyr Llewelyn.
3	**Tryweryn** gw. 180. 'Cwm Tryweryn', n.
4	**ceriwbaidd** angylaidd; ceir llun o Emyr Llewelyn adeg yr achos yn Einion Thomas, *Capel Celyn* (1997), 81.
5	**pen bryn aberth a dioddefaint** Cyfosodir gweithred Emyr Llewelyn ag aberth Crist ar y groes; gw. 1. 'Y Mynach' ll.360n; 11. 'Y Bardd a'r Beirniad Olaf' ll.18n.
7	**tri Llywelyn** cf. 180. 'Cwm Tryweryn' ll.12n; Emyr Llewelyn yw'r trydydd.
8	**Owain Glyndŵr** gw. 3. 'Breuddwyd y Bardd' ll.146n.
9	**Michael Daniel Jones** gw. 180. 'Cwm Tryweryn' ll.14n.
10	**Emrys ap Iwan** gw. 184. 'Cymru' ll.23n.
	Arthur Price (1861–1942), bargyfreithiwr a newyddiadurwr. Roedd yn genedlaetholwr brwd ac yn eglwyswr defosiynol a ddadleuai'n gryf o blaid datgysylltu'r Eglwys yng Nghymru. Gw. Bywg.², 47.
11	**y Tân yn Llŷn** sef llosgi'r Ysgol Fomio yn 1936 gan Saunders Lewis, Lewis Valentine a D. J. Williams. Teitl llyfr gan Dafydd Jenkins sy'n adrodd yr hanes yn llawn yw *Tân yn Llŷn* (1937). Gw. 93. 'Saunders Lewis', n.
13	**Gandhi** gw. 111. 'Gandhi', n.
	Kossuth, Lajos (1802–94), arweinydd Gwrthryfel 1848 yn Hwngari. Ei nod oedd sicrhau Hwngari annibynnol a rhyddfrydol a fyddai'n rhydd oddi wrth ormes Awstria. Am ei ddylanwad ar Gymru, gw. Marian Henry Jones, 'Wales and Hungary', *Trafodion Anrhydeddus Gymdeithas y Cymmrodorion*, 1968, 7–27.
	Mazzini gw. 176. 'Epigramau' ll.176n.
14	**Jean d'Arc** (c.1412–31), merch ifanc o Ffrainc a honnai iddi glywed lleisiau seintiau yn rhoi iddi'r gwaith o ryddhau Ffrainc rhag gormes y Saeson. Rhoddwyd byddin Ffrainc dan ei hawdurdod a chafwyd llwyddiant dros dro, ond wedi i'r Saeson ei dal bu raid iddi wynebu cyhuddiadau o heresi a dewiniaeth mewn llys eglwysig, ac fe'i twyllwyd i gyffesu ei heuogrwydd. Llosgwyd hi wrth y stanc ar 30 Mai 1431 yn Rouen, gogledd Ffrainc. Cyfrifir Jean d'Arc yn arwres genedlaethol ac yn santes yn Ffrainc.
18	**Padrig Pearse** (1879–1916), awdur a chenedlaetholwr a aned yn Nulyn. Gweithiai i hybu achos cenedlaetholdeb chwyldroadol, a thua diwedd 1913 roedd yn un o sylfaenwyr y Gwirfoddolwyr Gwyddelig. Fe'i hapwyntiwyd yn llywydd llywodraeth ddarpariaethol Gweriniaeth Iwerddon, ac yn bencadlywydd y lluoedd gweriniaethol ar Lun y Pasg 1916. Ar ôl i'w luoedd gael eu gorfodi i ildio fe'i dedfrydwyd i farwolaeth gan lys milwrol Prydeinig, a'i ddienyddio ar 3 Mai 1916. Gw. OCIL, 468–9; 348. 'I Garcharorion yr Iaith', n.
	James Conolly, Michael Collins gw. 3. 'Breuddwyd y Bardd' ll.188n.
21–3	cf. 81. 'Cymru'.
27–9	Tad Emyr Llewelyn yw'r bardd a'r awdur toreithiog T. Llew Jones (g. 1915), a'i fam, Margaret, yn un o ferched teulu'r Cilie, teulu hynod ddylanwadol o feirdd gwlad a fagwyd ar fferm y Cilie ger Llangrannog, sir Aberteifi; gw. CLC, 420, 105; 335. 'Cyfarch Alun yn 70'; Jon Meirion Jones, *Teulu'r Cilie* (1999).
30	**Ieuan Brydydd Hir** neu Ieuan Fardd (Evan Evans, 1731–88), bardd ac ysgolhaig a aned ym mhlwyf Lledrod, sir Aberteifi. Urddwyd ef yn offeiriad yn 1755, a threuliodd yr ugain mlynedd nesaf yn gurad mewn plwyfi gwahanol yng Nghymru a Lloegr, ond heb gael ei ddyrchafu erioed. Carai lenyddiaeth a dysg Gymraeg yn fawr, a threuliodd lawer o amser yn casglu a chopïo llawysgrifau. Gw. Bywg., 214–15; CLC, 243–4; ll.31n.
31	**Esgyb Eingl** Yn y 18fed ganrif ni fedrai'r un o esgobion Cymru y Gymraeg, a'u harfer oedd gosod cydwladwyr iddynt mewn bywoliaethau uniaith Gymraeg. Ysgrifennodd

	Ieuan Brydydd Hir draethawd yn condemnio arfer yr 'Esgyb-Eingl' fel y'u galwai, ac mae'n bur sicr i'w yrfa ddioddef yn sgil hynny.
34	**y genhinen Bedr** ar y genhinen Bedr fel symbol cenedlaethol gw. CLC, 100. Dichon mai awgrymu areithiau Gŵyl Ddewi gwag a wneir â'r ansoddair 'areithlyd'; cf. 223. 'Pwysigrwydd' ll.5n.
36–8	cf. 221. 'John Edward Daniel' ll.59.
40	**Calfaria** gw. 11. 'Y Bardd a'r Beirniad Olaf' ll.18n; 1. 'Y Mynach' ll.360n.
40–1	cf. 11. 'Y Bardd a'r Beirniad Olaf' ll.15n; 12. 'Cymru'; 160. 'Dewi Sant'.
41	**gras** gw. 1. 'Y Mynach' ll.38n.
	iachawdwriaeth gw. 1. 'Y Mynach' ll.360n.

220. ER COF AM YR ATHRO EMERITWS E. D. T. JENKINS

Cadwyd copïau teipysgrif o'r gerdd hon yn LlGC, Papurau Gwenallt, A13¹, 4 ac A13², 4.

Nodiadau testunol
ER COF AM : I GOFIO (A13², YC)
38 **gwahaniaethau :** gwahaniaeth (A13², YC)

Nodiadau cyffredinol
E[van] D[avid] T[homas] Jenkins (1882–1960), Athro'r Clasuron yng Ngholeg Prifysgol Cymru, Aberystwyth, o 1938 hyd ei ymddeoliad yn 1947, a darlithydd Groeg ar staff y Coleg am flynyddoedd lawer cyn hynny. Gwasanaethodd yn y Rhyfel Byd Cyntaf, ond fe'i clwyfwyd ar ddechrau brwydr y Somme, 1916, a dioddefodd oddi wrth y clwyfau hynny weddill ei oes.

11	cf. 100. 'Ewrob' ll.2n.
	Athen cf. 191. 'Beirdd a Llenorion Ewrob' ll.8n.
	Caersalem Jerwsalem; gw. 2. 'Y Sant' ll.134n.
13–14	Chwaraeodd E. D. T. Jenkins ran amlwg yng ngweithgarwch Bataliwn 1af Ceredigion o'r Cartreflu yn ystod yr Ail Ryfel Byd.
19	**yr henfyd** term am hen ddiwylliannau Groeg a Rhufain.
24–7	Cyfeirir at y diraddio a'r dirywio a fu ym maes astudio'r Clasuron o tua chanol yr 20fed ganrif ymlaen.
28–9	Ar ddatgysylltu'r Eglwys yng Nghymru, gw. CLC, 165; ODCC, 1716–17.
28	**Edlych** 'dyn neu greadur tila, egwan, eiddilyn, ewach'; GPC, 1166.
31	**Yr Eglwys a safai yn y canol** Cyfeirir at y sefyllfa o 'gyfaddawd' rhwng Pabyddiaeth ronc a Phrotestaniaeth chwyrn a nodweddai'r Eglwys Wladol yn Lloegr yn ystod teyrnasiad Elisabeth I; gw. ODCC, 540–1.
	Rhufain ffordd gyffredin o gyfeirio at Eglwys Rufain neu'r Eglwys Babyddol.
	Genefa gw. 2. 'Y Sant' ll.155n.
33	Bu amryw o symudiadau uchelglwysig yn Eglwys Loegr a geisiai ei dwyn yn nes at Eglwys Rufain. Yr enwocaf a'r mwyaf dylanwadol ohonynt mae'n debyg oedd Mudiad Rhydychen; gw. ODCC, 1205–6. Cyfeirir yn arbennig yma at y cynnydd mewn ucheleglwysyddiaeth a gafwyd wedi datgysylltu'r Eglwys yng Nghymru; gw. Roger L. Brown, *The Welsh Evangelicals* (1986), 163–8.
35	**Llanychaearn** pentref yng ngogledd sir Aberteifi.
42	gw. 138. 'Prosser Rhys' ll.13n.

221. JOHN EDWARD DANIEL

Cadwyd teitl y gerdd hon yn LlGC, Papurau Gwenallt, A13², 5, ond heb y testun. Cyhoeddwyd hi gyntaf yn *Taliesin*, 5 ([1962]), 56–8.

Trafodaeth: Alun Page, 'Valiant for Truth', *Anglo-Welsh Review*, 19:43 (1970), 32–43.

Nodiadau testunol
26   **offeiriaid** : offeiriad (*YC*)

Nodiadau cyffredinol
John Edward Daniel (1902–62), diwinydd a gwleidydd. Wedi graddio'n ddisglair o Goleg Iesu, Rhydychen, yn y Clasuron a Diwinyddiaeth, ymunodd â staff Coleg Bala-Bangor yn 1925. Yn 1946 fe'i penodwyd yn Arolygwr Ysgolion gyda gofal am addysg grefyddol a'r Clasuron. Roedd J. E. Daniel yn ddiwinydd medrus. Daeth yn drwm dan ddylanwad Karl Barth, a bu'n amlwg yn yr adwaith yn erbyn diwinyddiaeth ryddfrydol yng Nghymru. Roedd yn genedlaetholwr brwd, yn un o arloeswyr Plaid Genedlaethol Cymru pan sefydlwyd hi yn 1925, a bu'n ymgeisydd dros y Blaid mewn pedwar etholiad cyffredinol. Roedd yn Llywydd Plaid Cymru o 1939 hyd 1943. Lladdwyd ef mewn damwain car, 11 Chwefror 1962, a'i gladdu yn y Fynwent Newydd, Bangor. Gw. Bywg.,[3] 21; CLC, 163.

3   **Sant Awstin** gw. 192. 'Jesebel ac Elias' ll.319n.
4   **Hawen** sef David Adams (1845–1923), diwinydd rhyddfrydol ac arloeswr yn natblygiad diwinyddiaeth Hegelaidd (gw. 148. 'Yr Eglwys' ll.13n) yng Nghymru yn niwedd y 19eg ganrif. Fe'i hordeiniwyd yn weinidog yn Hawen a Bryngwenith, sir Aberteifi, yn 1878. Gw. Bywg., 3; CLC, 7.
Schleiermacher, Friedrich Daniel Ernst (1768–1834), diwinydd o'r Almaen a ddaeth dan ddylanwad Kant (gw. 159. 'Yr Eryrod' ll.42n). Dadleuai mai teimlad a greddf oedd sail crefydd ac mai ymwybod ag undod â'r anfeidrol oedd y profiad crefyddol uchaf. Gw. ODCC, 1463–4.
5   **Morganiaid modern** Adwaenir y diwinydd Pelagius (*fl*.350–418) yn aml wrth yr enw Morgan, yn enwedig yng Nghymru. Dysgai Pelagius ei bod yn bosibl i ddynion fyw yn ddibechod, ac ennill eu hiachawdwriaeth eu hunain heb ras Duw. Gw. ODCC, 1248–9; CLC, 576, a cf. ll.6n. Bu syniadau rhyddfrydol tebyg yn dra phoblogaidd yng Nghymru o ddiwedd y 19eg ganrif hyd ganol yr 20fed. Gwrthdaro rhwng Pelagiaeth ac Awstiniaeth yw cyd-destun drama Saunders Lewis, *Buchedd Garmon*; gw. *Dramâu Saunders Lewis:Y Casgliad Cyflawn, Cyfrol I*, gol. Ioan M.Williams (1996), 99–148.
6   **Calfin** gw. 2. 'Y Sant' ll.155n.
Luther, Martin (1483–1546), mynach Awstinaidd a chychwynnydd y Diwygiad Protestannaidd yn yr Almaen. Ac yntau'n athro mewn astudiaethau beiblaidd ym Mhrifysgol Wittenberg, daeth i gredu mai trwy ras yn unig y cyfiawnheir y pechadur gerbron Duw, a bod gweithredoedd da yn annigonol. Daeth ei weithred o osod ei draethawd ar faddeuebau ar ddrws eglwys Wittenberg ar 31 Hydref 1517 yn symbol o ddiwygiad eglwysig ac ysbrydol, ac o ddechrau'r Diwygiad Protestannaidd. Gw. ODCC, 1007–10.
9   **goruwchystafell** yr enw a roddir fel arfer ar yr ystafell lle y dathlodd Crist a'i ddisgyblion y Swper Olaf; gw. 1. 'Y Mynach' ll. 187n; 258. 'Y Cymun' ll.1n.
Credo'r Apostolion datganiad o ffydd sydd yn agor â'r geiriau 'Credaf yn Nuw Dad Holl-gyfoethog, Creawdwr nef a daear.' Er ei deitl mae'n bosibl nad yw'n hŷn na'r 4edd ganrif. Ceir y testun yn y Llyfr Gweddi Gyffredin, ac adroddir y Credo o hyd yn litwrgi'r Eglwys Anglicanaidd ac Eglwys Rufain. Gw. ODCC, 89; R. Tudur Jones (gol.), *Ffynonellau Hanes yr Eglwys: 1.Y Cyfnod Cynnar* (1979), 52–4.
10   **Credo Nicea** Adwaenir dau ddatganiad o ffydd wrth yr enw hwn. Mae gwir Gredo Nicea yn ddatganiad byr a gyflwynwyd gan Gyngor Nicea yn OC 325. Fodd bynnag defnyddir yr enw Credo Nicea yn gyffredin i gyfeirio at ddatganiad hwy sydd yn agor â'r geiriau, 'Credaf yn un Duw, Tad Hollalluog, Creawdwr nef a daear, Ac oll weledigion ac anweledigion.' Mae'n debyg iddi gael ei llunio yn y 4edd ganrif a'i chadarnhau gan Gyngor Caergystennin yn OC 381. Ceir y testun yn y Llyfr Gweddi Gyffredin ac fe'i hadroddir o hyd yn litwrgi'r Eglwys Anglicanaidd ac Eglwys Rufain. Gw. ODCC, 1145–6; R. Tudur Jones (gol.), *Ffynonellau Hanes yr Eglwys: 1.Y Cyfnod Cynnar* (1979), 141–3.

Nodiadau: *Y Coed*   607

[Credo] **Athanasiws** datganiad o ffydd sydd yn agor â'r geiriau, 'Pwy bynnag a fynno fod yn gadwedig'. Ceir y testun yn y Llyfr Gweddi Gyffredin, ond nis defnyddir yn gyffredin bellach. Er ei henw, nid Athanasiws (*c*.296–373), esgob Alexandria, oedd ei hawdur; fe'i lluniwyd rywbryd ar ôl OC 428. Gw. ODCC, 119.

Te Deum emyn Lladin i Dduw'r Tad a'r Mab a dadogir yn draddodiadol ar Emrys ac Awstin (ll.3), adeg bedyddio Awstin. Ceir cyfieithiad rhyddiaith yn y Llyfr Gweddi Gyffredin. Fe'i hadroddir yn rheolaidd yn litwrgi Eglwys Rufain a'r Eglwys Anglicanaidd; gw. ODCC, 1581; Julian, 1119–34; E. Wyn James, *Dechrau Canu: Rhai Emynau Mawr a'u Cefndir* (1987), 10.

11   **Ysbryd Glân** Trydydd Person y Drindod; gw. 4. 'Yr Angylion a'r Gwragedd' ll.5n. Ar oleuni, cf. 2. 'Y Sant' ll.150n.

12   **Pantycelyn** gw. 84. 'Pantycelyn', n. Cyfeirir o bosibl at waith N. Cynhafal Jones (gol.), *Gweithiau Williams Pant-y-Celyn* (2 gyfrol, 1887,1891), neu waith J. R. Kilsby Jones (gol.), *Holl Weithiau Prydyddawl a Rhyddieithol, y diweddar Barch. William Williams, Pant y Celyn* (1868?).

14   **Efengylaidd** gw. 217. 'Sir Gaerfyrddin' ll.42n.

Tertwlian, Quintus Septimius Florens (*c*.160–*c*.225), un o'r tadau eglwysig Affricanaidd. Fe'i magwyd yn bagan yng Ngharthago, ond cafodd dröedigaeth i Gristnogaeth cyn OC 197. Ysgrifennodd lawer o weithiau diwinyddol ac esboniadol dadleuol eu natur. Gw. ODCC, 1591–2.

15   **Kierkegaard** gw. 170. 'Gwlad ac Ynys' ll.24n.

Karl Barth (1886–1968), diwinydd Protestannaidd dylanwadol o'r Swistir, a fu'n athro mewn diwinyddiaeth ym mhrifysgolion Münster, Bonn a Basle. Ac yntau'n ddilynydd i Kierkegaard, ymosododd yn rymus ar ddiwinyddiaeth ryddfrydol ei oes, ac adfer y pwyslais ar bechadurusrwydd dyn ac ar ddatguddiad Duw trwy ei air ac ym mherson Iesu Grist. Roedd diwinyddiaeth Barth ar ei mwyaf dylanwadol yn y byd Saesneg yn yr 1930au a'r 1940au. Gw. ODCC, 162–3. Ysgrifennodd J. E. Daniel erthygl ar Karl Barth; gw. *Torri'r Seiliau Sicr: detholiad o ysgrifau J. E. Daniel*, gol. D. Densil Morgan (1993).

16   Cyfeirir at ddiwinyddiaeth weithiau fel brenhines y gwybodau am mai hi sydd yn llywio—ac yn lliwio—y lleill i gyd.

17–19   Cyfeirir at ddiwinyddiaeth ryddfrydol a dyfodd yn ystod y 19eg ganrif, yn enwedig dan ddylanwad diwinyddion Almaenig, ac a roddai bwys mawr ar 'ddatblygiad' (ll.19) a 'Iesu Hanes' (ll.18). Gw. Sinclair B. Ferguson a David F. Wright (goln), *New Dictionary of Theology* (1988), 386–7; Dewi Eurig Davies, *Diwinyddiaeth yng Nghymru 1927–1977* (1984); D. Densil Morgan (gol.), *Torri'r Seiliau Sicr: detholiad o ysgrifau J. E. Daniel* (1993), 149–58.

18   **gwareiddiad Ewrob** gw. 100. 'Ewrob' ll.2n; cf. 220. 'Er Cof am . . . E. D. T. Jenkins' ll.11.

19   **y dwyfoldeb mewn dyn** cf. 86. 'Natur' ll.3n.

21   **y pechod gwreiddiol** gw. 75. 'Pechod', n.

22   **y Duw-ddyn** Crist; gw. 2. 'Y Sant' ll.141n.

23   **y Cyngor Bore** term am gytundeb meddwl Tri Pherson y Drindod yn nhragwyddoldeb, fel arfer yng nghyd-destun y drefn a benderfynwyd ganddynt ar gyfer iachawdwriaeth pechaduriaid. Ar y Drindod, gw. 4. 'Yr Angylion a'r Gwragedd' ll.5n.

24–5   gw. 99. 'Y Nadolig', n, ll.6n; cf. 217. 'Sir Gaerfyrddin' ll.8.

25–6   **trwy'n pechodau / A'n temtasiynau** gw. 192. 'Jesebel ac Elias' ll.511–13n.

26   **croeshoelio** gw. 1. 'Y Mynach' ll. 360n.

offeiriaid a Chesar gw. 192. 'Jesebel ac Elias' ll.543n, ll.544n.

28   **gras** gw. 1. 'Y Mynach' ll.38n.

29   **Ei atgyfodiad** gw. 12. 'Cymru' ll.13n. Ar Eglwys, gw. 76. 'Yr Eglwys', n.

30   **cymuno** gw. 1. 'Y Mynach' ll.187n.

32	**y Drindod** gw. 4. 'Yr Angylion a'r Gwragedd' ll.5n.
32	**croesgadwr yr Apostol Paul** Un o gyhoediadau J. E. Daniel oedd *Dysgeidiaeth yr Apostol Paul* (1933); gw. hefyd 2. 'Y Sant' ll.539n. Ystyr 'croesgadwr' yw 'milwr y groes, milwr yn ymladd mewn croesgad'; GPC, 606. Yn ffigurol y'i defnyddir yma.
33	**yr henfyd** gw. 220. 'Er Cof am . . . E. D. T. Jenkins' ll.19n.
34	cf. ll.18n.
37	**medelwr** cynaeafwr. Geirfa o fyd y cynhaeaf a geir yn ll.37–8, a'i defnyddio'n ffigurol.
40	**trasiedïau hwbris dyn** Thema'r rhan fwyaf o'r dramâu trasiedi Groeg sydd wedi goroesi yw cwymp person da ei fyd, trwy ryw anffawd, i druenusrwydd dybryd. Gw. OCCL, 575–8; Ceri Davies, 'Aristoteles ac *Oidipos Frenin*', *Y Traethodydd*, 128 (Gorffennaf 1973), 169–76. Ystyr 'hwbris' yw balchder mawr.
42	**Areopagus** bryn yn Athen, i'r gorllewin o'r Acropolis, a'r enw hefyd ar y cyngor hynafol a gyfarfyddai yno. Swyddogaeth wreiddiol y cyngor hwnnw oedd cynghori'r brenin ond newidiodd hynny dros y canrifoedd; fodd bynnag parhaodd ei awdurdod fel llys barn mewn achosion o lofruddiaeth hyd y 4edd ganrif OC. Gw. OCCL, 51–2. Ceir hanes Paul yn annerch gwŷr Athen ar Areopagus yn Actau 17.
44	**Llên y march du a'r march gwyn** Cyfeirir, mae'n debyg, at ddelwedd yng ngwaith Platon, *Phaedrus*, lle y darlunnir yr enaid dynol yn nhermau pâr o feirch: y naill yn ddu (yn cynrychioli ochr lwgr yr enaid), a'r llall yn wyn (yn cynrychioli'r ochr ddyrchafol).
44–5	**y cysgodion yn yr ogof, / Cysgodion y ffurfiau tragwyddol** gw. 192. 'Jesebel ac Elias' ll.724n; cf. 66. 'Yr Awen' ll.1.
46	**Platon** gw. 192. 'Jesebel ac Elias' ll.724n.
47	**y Roeg Atig, a'r Roeg Helenistig** Defnyddir y term 'Atig' i gyfeirio at ddiwylliant Groeg (ei hiaith, llenyddiaeth a'i chelfyddyd) yng nghyfnod clasurol oes aur Athen, sef yn fras y 5ed ganrif a'r 4edd ganrif CC, hyd farwolaeth Alecsander Fawr yn 323 CC. Cyfeiria'r term 'Helenistig' at y cyfnod ôl-glasurol, hyd ddiwedd y ganrif gyntaf CC, ond weithiau'n cynnwys Groeg y Testament Newydd. Gw. OCCL, 137, 265.
48	**Alecsander** gw. 48. 'Delw Alecsander Fawr', n. Cadarnhaodd Alecsander ei fuddugoliaethau trwy sefydlu dinasoedd lle y blodeuai diwylliant Groeg ac yr arferid yr iaith Roeg yn *lingua franca*. Trwy Alecsander, lledodd y diwylliant Groegaidd dros ardal eang, gan fraenaru'r tir ar gyfer lledaenu'r Ymerodraeth Rufeinig yn ddiweddarach, a fu, yn ei dro, yn allweddol yn y broses o ledaenu'r Efengyl Gristnogol. Cf. 242. 'Bethlehem' ll.1n. Ar Efengyl, gw. 150. 'Y Calendr' ll.4n.
52	**cadwyni a weithiodd hi ei hun** Adleisir y llinell 'Rhwydau weithiodd ef ei hun' o'r emyn 'Tyred, Iesu, i'r anialwch' o waith William Williams, Pantycelyn; gw. *Llyfr Emynau a Thonau'r Methodistiaid* (1929), rhif 612.
53	**Troea** gw. 4. 'Yr Angylion a'r Gwragedd' ll.32n.
54	**y Groegiaid yn y ceffyl pren** gw. 96. 'Sarff' ll.8n.
59	Gw. diweddglo pregeth J. E. Daniel, 'Gwaed y Teulu', yn *Torri'r Seiliau Sicr: detholiad o ysgrifau J. E. Daniel*, gol. D. Densil Morgan (1993), 169–70, a cf. 219. 'Emyr Llewelyn Jones' ll.36–8.
62	**Dadeni** gw. 175. 'Newid Byd' ll.6n. Ar ddyneiddiaeth, gw. 192. 'Jesebel ac Elias' ll.659n. **Trindodaidd** gw. 4. 'Yr Angylion a'r Gwragedd' ll.5n.
64	gw. 220. 'Er Cof am . . . E. D. T. Jenkins' ll.11n. Arferid galw Bangor weithiau yn 'Athen y Gogledd'.
65	**Rhufain** gw. 220. 'Er Cof am . . . E. D. T. Jenkins' ll.31n.
66	**Efengyl** gw. 150. 'Y Calendr' ll.4n.
67	**llwch sydyn** Lladdwyd J. E. Daniel mewn damwain car; cf. ll.74.
75	gw. 138. 'Prosser Rhys' ll.13n.

222. DR LLEWELYN RHYS-JONES (*Beddargraff*)
Cadwyd copi teipysgrif o'r gerdd hon yn LlGC, Papurau Gwenallt, A13², 6.

Nodiadau cyffredinol
Llewelyn Rhys-Jones (1894–1967), un o Gymry Llundain a fu'n feddyg yn y ddinas honno am ugain mlynedd cyn agor meddygfa yn Aberystwyth ar y cyd ag un arall o Gymry Llundain, Dr John Williams, ym mis Mai 1952. Roedd yn ŵr diwylliedig, ac yn gyfaill personol i Gwenallt. Ei fwriad gwreiddiol oedd mynd yn offeiriad yn yr Eglwys Anglicanaidd, ond collodd ei ffydd a bu'n anffyddiwr am weddill ei oes.
1–3   cf. Luc 6:6–10, yn enwedig ad. 9.

223. PWYSIGRWYDD
Cadwyd copïau teipysgrif o'r gerdd hon yn LlGC, Papurau Gwenallt, A13¹, 41 ac A13², 42.

Cyfieithiad: Patrick Thomas, yn *Sensuous Glory: The Poetic Vision of D. Gwenallt Jones*, goln Donald Allchin a D. Densil Morgan (2000), 129.

Nodiadau cyffredinol
5   **cinio Gŵyl Ddewi** Un dull cyffredin o ddathlu Gŵyl Ddewi yw trwy gynnal cinio a chael siaradwr gwâdd, a fydd yn aml yn annerch ar destun gwladgarol. Yn ei hystyr ffigurol, 'gweniaith, geiriau teg' (GPC, 3198), y sonnir am 'sebon' yma (ll.6). Cf. 219. 'Emyr Llewelyn Jones' ll.34n.
8   **y glwyd** h.y. gatiau Palas Buckingham; ym Mhalas Buckingham fel arfer y cyflwynir yr anrhydeddau a grybwyllir yn ll.7.
11   **y llenyddol ras** cyfeiriad (dilornus) at yr Eisteddfod, mae'n debyg.
13   **Pilat** gw. 192. 'Jesebel ac Elias' ll.544n.
15   **pwyso mewn tafol** cf. Job 31:6; Eseia 40:12.
18   **Mair** mam yr Iesu; gw. 1. 'Y Mynach' ll.80n.
20   **'r Gair** gw. 129. 'Sul y Fferm' ll.26n.

224. CWM RHONDDA
Gw. rhif 119 am gerdd wahanol dan yr un teitl. Cyhoeddwyd y gerdd hon gyntaf yn *Y Cardi*, 3 (Awst 1968), 13. Llungopi o'r fersiwn hwnnw a geir yn LlGC, Papurau Gwenallt, A13², 7.

Nodiadau testunol
18   **Sosialwyr :** Sosialydd (*Y Cardi*)
20   **Tŷ 'r Arglwyddi :** y Tŷ Arglwyddi (*Y Cardi*)

Nodiadau cyffredinol
Cwm Rhondda gw. 119. 'Cwm Rhondda', n. Cyd-destun llunio'r gerdd hon oedd y cynnydd dramatig yn nifer y pleidleisiau a enillodd Plaid Cymru, ochr-yn-ochr â chwymp yn y gefnogaeth i'r Blaid Lafur, mewn is-etholiad ar gyfer sedd Gorllewin y Rhondda—cadarnle Llafur traddodiadol —ym mis Mawrth 1967. Er mai'r Blaid Lafur a orfu, rhyw 2,000 o bleidleisiau yn unig a fu rhwng y ddwy blaid.
J[ames] Kitchener Davies (1902–52), bardd, dramodydd a chenedlaetholwr a aned yn ardal Llwynpiod, Tregaron, sir Aberteifi. Ar wahân i gyfnod a dreuliodd yn Banbury yn sgil marwolaeth ei fam ac yntau ond yn blentyn ifanc, fe'i magwyd ar ddyddyn y Llain mewn cymuned Gymraeg a'i gwreiddiau'n ddwfn yn y fro. Chwalwyd y cartref pan ailbriododd ei dad, a bu raid i Kitchener ymgartrefu yng Nghwm Rhondda yn 1919—profiad a fu'n gryn sioc ddiwylliannol iddo. Ar wahân i'r cyfnod 1922–26 pryd y bu'n fyfyriwr yng Ngholeg Prifysgol Cymru, Aberystwyth, Cwm Rhondda fu ei gartref am weddill ei oes, a'r gymdeithas ddiweiddiau a gafodd yno yn ysbrydoliaeth i lawer o'i waith llenyddol.

Yn Aberystwyth, lle y bu'n gyfaill personol i Gwenallt, daeth Kitchener yn amlwg fel cenedlaetholwr, fel areithiwr effeithiol, fel heddychwr ac fel aelod gweithgar o'r Undeb Cristnogol.

Wedi dychwelyd i Gwm Rhondda yn 1926, ymgyrchai'n frwd dros Blaid Genedlaethol Cymru a sefyll fel ymgeisydd seneddol y Blaid, er gwaethaf y gefnogaeth lethol i'r Blaid Lafur yn lleol, yn 1945, 1950 ac 1951. Roedd hefyd yn amlwg yn y frwydyr dros sefydlu ysgol Gymraeg yn y cwm. Roedd yn aelod ffyddlon yng nghapel Bethania, Tonypandy, ac âi i bregethu ar hyd y Cymoedd. Gofidiai'n fawr am dlodi a chyflwr economaidd Cwm Rhondda yng nghyfnod y Dirwasgiad a bu'n weithgar mewn ymdrechion elusengar lleol.

Gwnaeth Kitchener Davies gyfraniad nodedig i fyd y ddrama Gymraeg. Fodd bynnag ei brif gampwaith llenyddol yw ei bryddest radio *Sŵn y Gwynt sy'n Chwythu*, a luniwyd ganddo yn yr ysbyty rhwng dwy driniaeth am y canser a oedd i'w ladd yn fuan wedyn. Lluniodd Gwenallt ragymadrodd i'r bryddest pan gyhoeddwyd hi'n llyfryn yn 1953, ac mae'r gerdd bresennol yn frith o adleisiau o'r bryddest honno. Gw. CLC, 174–5; Bywg.³, 31–2.

2   **Cardi** gw. 138. 'Prosser Rhys' ll.9n.

3   **enw milwrol** James oedd ei enw bedydd ond tadogwyd y llysenw Kitchener arno yn ystod ei gyfnod yn Ysgol y Sir, Tregaron; gw. Bywg.³, 31. Yr Arglwydd Horatio Herbert Kitchener (1850–1916) oedd prif gadfridog Prydain ar ddechrau'r 20fed ganrif (gw. ll.22), ac roedd llun o'i wyneb ynghyd â'r slogan heriol '*Your country needs you!*' yn boster recriwtio milwrol enwog adeg y Rhyfel Byd Cyntaf. Ganed James 'Kitchener' Davies yn ystod Rhyfel y Boer, a'r Arglwydd Kitchener oedd pencadlywydd lluoedd Prydain ar y pryd.

4   **Lasarus gornwydlyd** gw. 190. 'Albert Schweitzer' ll.11n.

5   **Llywodraeth Sosialaidd** Llywodraeth Lafur Ramsey Macdonald, 1929–31. Er i'r llywodraeth honno lacio ar y rheolau ynghylch budd-dal diweithdra ('cildwrn'), cynyddodd niferoedd y di-waith ym Mhrydain o 1,250,000 i 2,725,000 yn ystod ei thymor, a'r gost o'u cynnal a arweiniodd at gwymp y Llywodraeth yn Awst 1931.

Iancis gw. 165. 'Oberammergau' ll.23n.

6   **Hobnobio** 'cymdeithasu'n hy (â rhywun uwchradd), bod ar delerau cyfeillgar, ymddwyn fel ffrindiau mynwesol'; GPC, 1881.

Draig Goch rampant Ar y Ddraig Goch yn symbol cenedlaethol y Cymry, gw. CLC, 198–9; 240. 'Owain Glyndŵr' ll.7n. Term herodrol yw *rampant*, yn disgrifio anifail mewn ystum ymosodol, yn codi ar ei draed ôl; *passant* yw'r ddraig ar faner Cymru bellach, ond roedd y ffurf *rampant* arni'n boblogaidd rhwng 1485 ac 1603 fel rhan o arfbais y Tuduriaid.

baneri coch proletaraidd gw. 192. 'Jesebel ac Elias' ll.430n.

8–9   cf. atgofion Kitchener Davies yn ei sgwrs radio 'Adfyw', am y dulliau a ddefnyddid i gynnal corff ac ysbryd yng Nghwm Rhondda yn ystod y Dirwasgiad; gw. *Y Cardi*, 3 (Awst 1968), 14–18.

8   **cawl yn y ceginau** Darparai'r ceginau cawl fwyd maethlon, rhad ar gyfer rhai anghenus yn y cyfnod hwn.

9   **coblera** Yr arfer oedd trwsio (coblera) esgidiau a dreuliwyd, gan na ellid fforddio prynu rhai newydd. Dichon fod i'r gair arwyddocâd ehangach yma, yn cyfleu'r rheidrwydd i ymdopi ar lai-lai a gan yn nodwedd mor amlwg ar fywyd y cymoedd diwydiannol yn gyffredinol yng nghyfnod y Dirwasgiad.

10   **Caniwt** (*c*.995–*c*.1035), brenin Lloegr, Denmarc a Norwy. Yn ôl hen draddodiad eisteddodd Caniwt ar lan y môr ger Southampton un diwrnod a gorchymyn (yn aflwyddiannus!) i'r llanw beidio â dod yn nes. Dehonglir y stori fel arfer yn enghraifft o falchder ffôl, ond mae'n debyg mai dangos bychaned ei awdurdod oedd bwriad Caniwt mewn gwirionedd. Gw. OCEL, 142.

yn ei goler a'i dei Athro ysgol oedd Kitchener Davies wrth ei alwedigaeth.

11   **Atlas** gw. 168. 'Yr Awen' ll.15n.

14   **cwafers** (benth. o'r Saesneg, *quavers*), 'ffril, addurn; . . . ffwdan, helynt . . .'; GPC, 632.

15	**'r unig Barti a oedd yn cyfri** y Blaid Lafur; roedd Cwm Rhondda yn gadarnle i'r blaid honno yng nghyfnod Kitchener Davies (ac am flynyddoedd lawer wedyn).
18	**arian Jwdas** gw. 14. 'Y Gristionogaeth' ll.8n; 72. 'Jwdas Iscariot' ll.12n.
19	**mwffler** gw. 192. 'Jesebel ac Elias' ll.442n.
24	**bocs sebon** Arferid defnyddio bocs sebon yn llwyfan dros dro ar gyfer areithio awyragored; gall 'mynd i ben ei focs sebon' olygu areithio'n danllyd ar hoff bwnc.
28–30	Nodir taith gylch sy'n cychwyn (mae'n debyg) ar Sgwâr Tonypandy, yn mynd tua'r gogledd i Lwynypia (Sgwâr y Petris), yn troi am y de trwy Drealaw (Ynyscynon, Brithweunydd), heibio i fynwent y Llethr-ddu i'r Porth. Troir am y gogledd eto trwy'r Dinas i Ben-y-graig ac ymlaen i Donypandy (Tylacelyn, Coedymeibion) gan orffen ar Sgwâr Tonypandy. Adleisir gorymdaith a nodir yn *Sŵn y Gwynt sy'n Chwythu*.
33	**confolfiwlws** planhigyn cordeddog a chanddo flodau ar ffurf trwmpedi.
37	**sŵn y gwynt sy'n chwythu** Mae teitl pryddest Kitchener Davies yn adleisio Ioan 3:8.
38–40	Cyfeirir at y cynnydd sylweddol yn y bleidlais i Blaid Cymru yn Is-etholiad 1967.
40	**San Steffan** gw. 102. 'Testament yr Asyn' ll.18n.
42	**Hen ardd lafurus y Brithweunydd** Roedd Kitchener Davies yn arddwr brwd, ac roedd ganddo ardd gymharol fawr wrth ei dŷ ar Ffordd y Brithweunydd, Trealaw. Mae delwedd yr ardd yn un bwysig yn y bryddest *Sŵn y Gwynt sy'n Chwythu*; cf. ll.33–6.
44	**y bedd ym mynwent y Llethr-ddu** Ym mynwent y Llethr-ddu, gyferbyn â'i hen gartref, Aeron, ar Ffordd y Brithweunydd, Trealaw, y claddwyd Kitchener Davies.

225. CATHOLIGRWYDD

Cadwyd copïau teipysgrif o'r gerdd hon yn LlGC, Papurau Gwenallt, A13¹, 6 ac A13², 8 (a chopi pellach o ll.1–10 yn A13¹, 11, uwchben copi o 231. 'Gardd', ond fe'i dilewyd â llinellau pensil).

Cyfieithiad: Patrick Thomas, yn *Sensuous Glory: The Poetic Vision of D. Gwenallt Jones*, goln Donald Allchin a D. Densil Morgan (2000), 118.

Nodiadau testunol

8	A chawn gyffwrdd ar unrhyw un o'n heolydd, (A13¹, 11)
9	Neu ar y llwybrau sy'n [m]ynd ar draws y dolydd, (A13¹, 11)
10	Â'r bywyd tragwyddol wrth odre Ei hem. (A13¹, 11)

Nodiadau cyffredinol

Catholigrwydd Ar ystyr y gair, cf. 190. 'Albert Schweitzer' ll.4n.

1	cf. 336. 'Nadolig' ll.13; 337. '*Magnificat*' ll.6. Gw. hefyd 2. 'Y Sant' ll.141n.
3	**estyll byw i'r morthwylio** gw. 1. 'Y Mynach' ll.360n. Am fagwraeth Iesu yn fab i saer, gw. 152. 'Y Pensaer', n.
4	**codi o'r beddrod** gw. 12. 'Cymru' ll.13n.
6	**Calfaria** gw. 11. 'Y Bardd a'r Beirniad Olaf' ll.18n.
7	**Bethlehem** gw. 18. 'Plant Bethlehem', n.
8	**Gostegir y stormydd** gw. 1. 'Y Mynach' ll.70n.
9	**lloerigion** rhai gwallgof. Adferodd Iesu sawl un 'lloerig' i'w iawn bwyll; gw., e.e., Mathew 4:24, 17:15.
10	**wrth odre Ei hem** cf. Marc 6:56; Luc 8:43–8.
11	**Efengyl** gw. 150. 'Y Calendr' ll.4n.
	Jwdea gwlad yr Iddewon; defnyddir yr enw weithiau i ddynodi Palestina ynghyd â Galilea a Samaria, ond dro arall i ddynodi Palestina yn unig. Gw. IBD, 821–2; 245. 'Bethania' ll.2n.
14	**gwin . . . bara** gw. 1. 'Y Mynach' ll.187n.
15	**dawn yr Ysbryd** cf. Actau 2:38, 10:45. Ystyr yr ymadrodd yw 'rhodd yr Ysbryd [Glân]'; cf. 206. 'Doniau', n; 4. 'Yr Angylion a'r Gwragedd' ll.5n.
	diferion dŵr gw. 205. 'Dŵr' ll.15n.

226. MODERNIAETH

Cadwyd copïau teipysgrif o'r gerdd hon yn LlGC, Papurau Gwenallt, A13¹, 7 ac A13², 9.

Nodiadau cyffredinol
Moderniaeth enw ar symudiad diwylliannol ac athronyddol a flodeuai yn negawdau cyntaf yr 20fed ganrif. Adlewyrcha Moderniaeth ymwybod ag argyfwng diwylliannol ac fe'i nodweddir ym myd llenyddiaeth gan arbrofi o ran ffurf a chynnwys, a chwestiynu ar hen safbwyntiau. Ym myd athroniaeth a chrefydd, defnyddir y term Moderniaeth i gyfeirio at ymgais ysgolheigion ac arweinwyr eglwysig i ailddehongli diwinyddiaeth Gristnogol yng ngoleuni datblygiadau gwyddonol y 19eg ganrif. Gw. PDLT, 550–1. Ar Foderniaeth yng Nghymru, gw. R. M. Jones, *Llenyddiaeth Gymraeg 1902–1936* (1987), 561–73; Dafydd Johnston, 'Moderniaeth a Thraddodiad', *Taliesin*, 80 (Ionawr/Chwefror 1983), 13–24.

1–4	Ar y cysyniad o hanes yn ddilyniant llinynnol, cf. 201. 'Amser', n.
3	gw. 160. 'Dewi Sant' ll.8n.
	Gethsemane gw. 97. 'Y Cymun' ll.6n.
	y Groglith gw. 168. 'Yr Awen' ll.24n.
4	**Pasg** gw. 72. 'Jwdas Iscariot' ll.6n.
5–8	Ar y gwrthdaro athronyddol rhwng y 'drefn naturiol' a Duw goruwchnaturiol, gw. ODCC, 1091.
11–12	gw. 142. 'Dyn' ll.14n; 120. 'Dyn' ll.6n.
13	**y Duw-ddyn** gw. 2. 'Y Sant' ll.141n.
	yn trengi ar y post gw. 1. 'Y Mynach' ll.360n.
15	**gwacter chwyldroadol Ei fedd** gw. 12. 'Cymru' ll.13n.
16	**yr Ysbryd Glân yn parablu Groeg** Groeg oedd *lingua franca* gwledydd y Môr Canoldir a'r Dwyrain Agos yn y cyfnod Rhufeinig, ac yn yr iaith honno yr ysgrifennwyd y Testament Newydd yn wreiddiol ac y cyflwynwyd yr Efengyl i'r cenhedloedd. Gw. IBD, 878–81; ODCC, 703–4. Ar yr Ysbryd Glân, gw. 4. 'Yr Angylion a'r Gwragedd' ll.5n. Cf. 188. 'Yr Esgob William Morgan' ll.12; 191. 'Beirdd a Llenorion Ewrob' ll.16n.

227. Y CLOC

Cadwyd copïau teipysgrif o'r gerdd hon yn LlGC, Papurau Gwenallt, A13¹, 8 ac A13², 10. Ar waelod y ddalen yn A13¹ ceir drafft holograff o ddryll o gerdd arall nad oedd modd ei darllen yn sicr, ond cynigir darlleniad beirniadol yn betrus isod. Ar gefn yr un ddalen ceir teipysgrif o 161. 'Plant yr Almaen', ynghyd â fersiwn amrywiol ar 232. 'Cyfeillion' ll.43–8. Dilewyd y tri darn ychwanegol hyn â llinellau pensil.

Trafodaeth: Dewi Stephen Jones, 'Tu hwnt i'r wynebau oll–2', *Barddas*, 110 (Mehefin 1986), 8.

Nodiadau testunol
15   **yr wynebau :** wynebau (A13², *YC*)
Ar waelod y ddalen yn A13¹:
> Bûm innau yn pori ar feysydd Shankarn(?)
>   A chau gafael ar Geiriau fel Ishowa (Ishoura ?)
> Maya, Nirvana, Aharma (?) a Zen
>   A phob gair yn air wedi ei sgrifennu ar ddŵr.

Nodiadau cyffredinol
Cf. 201. 'Amser', n.

3	**yr Absoliwt** gw. 13. 'Ar Gyfeiliorn' ll.4n.
8	**gaeaf uwch Ei grud** gw. 99. 'Y Nadolig', n, ll.6n.
10	**Datguddiad Duw** gw. 159. 'Yr Eryrod' ll.28n.
11–12	gw. 1. 'Y Mynach' ll.360n.

11	**plan** cf. 155. 'Ceiliog y Gwynt' ll.3; 208. 'Barabbas' ll.12.	
12	**tri o'r gloch y prynhawn** Roedd Crist ar y groes am dair awr, o hanner dydd nes iddo farw am dri o'r gloch.	
13–14	Cyfeirir at yr ymateb i'r Atgyfodiad; gw. 12. 'Cymru' ll.13n.	
13	**apostolion** gw. 1. 'Y Mynach' ll.539n.	
14	**Mair Glewffas** Tybir mai'r un person yw Mair gwraig Cleoffas ('Glewffas'), 'y Mair arall', a 'Mair mam Iago a Joses' a restrir ymhlith y gwragedd a fu'n bresennol adeg croeshoelio a chladdu Crist, ac a aeth at y bedd ar fore'r Atgyfodiad; gw. IBD, 960; 157. 'Mair a'r Milwr', n; 192. 'Jesebel ac Elias' ll.760–1n.	
	Mair Magdalen gw. 157. 'Mair a'r Milwr', n.	
15–16	Am eironi'r llinellau hyn, cf. 150. 'Y Calendr' ll.8n.	
16	**Gwaredwr** gw. 89. 'Y Gwaredwr', n.	
17	**Eglwys** gw. 76. 'Yr Eglwys', n.	

228. CYFANRWYDD

Cadwyd copïau teipysgrif o'r gerdd hon yn LlGC, Papurau Gwenallt, A13¹, 9 ac A13², 11.

Nodiadau testunol

12   Ar ôl y llinell hon yn A13¹ ceir dwy linell deipiedig annibynnol sydd fel petaent yn rhan o bennill pellach nas gorffennwyd:
          Lle na fydd gorthrwm hwn,
          Yn un act gyfan mewn heddiw crwn.

Nodiadau cyffredinol

Thema'r gerdd hon yw'r olwg feiblaidd gyfannol ar Grist, yn was dioddefus ar y naill law, ac yn frenin buddugoliaethus ar y llaw arall. Tuedd Eglwys y Gorllewin yw pwysleisio'r Crist croeshoeliedig, lle y rhoddai'r Eglwys Fore, ynghyd â'r Eglwys Uniongred, er enghraifft, lawer mwy o bwyslais ar y Crist atgyfodedig. Cf. 189. 'Ynys Cyprus' ll.1–4n.

1	**y groes** gw. 1. 'Y Mynach' ll.360n.	
3	**Pedr** gw. 148. 'Yr Eglwys' ll.2n. Cyfeirir yma at hanes Pedr yn rhedeg at fedd Crist ar fore'r Atgyfodiad; gw. 12. 'Cymru' ll.13n.	
4	**Angau gawr** cf. yr ymadrodd 'pan gwffiwyf ag Angau gawr' yng ngherdd T. H. Parry-Williams, 'Bro'; gw. *Myfyrdodau* (1957), 120.	
5	**cwmwl dydd Iau** Cyfeirir at hanes Crist yn esgyn i'r nefoedd ar y dydd Iau cyn Sul y Pentecost (Difiau Dyrchafael); gw. 148. 'Yr Eglwys' ll.23n.	
6–8	At ddigwyddiadau'r Pentecost y cyfeirir; gw. 72. 'Jwdas Iscariot' ll.14n; 191. 'Beirdd a Llenorion Ewrob' ll.16n.	
6	**gwyn** bendigedig. Fodd bynnag, tybed oni ddylid diwygio'r gair hwn i 'gwynt', ar sail Actau 2:2.	
7–8	Pysgotwyr o Galilea oedd nifer o'r disgyblion cyn i'r Iesu eu galw i'w ddilyn a mynd yn 'bysgotwyr dynion'; gw. Mathew 4:18–19; Marc 1:16–17. Am y trosiad 'pysgod cydwladol', gw. Mathew 4:19; Marc 1:17; Actau 2:7–11. Cf. hefyd hanes y disgyblion yn pysgota ar ôl y Croeshoeliad; gw. Ioan 21:1–11.	
8	**cynhaeaf** cf. Mathew 9:37–8; Luc 10:1–2; Ioan 4:35–8; Datguddiad 14:14–16.	
	yr Ysbryd Glân gw. 4. 'Yr Angylion a'r Gwragedd' ll.5n.	
9	**y cloc** cf. 201. 'Amser'; 227. 'Y Cloc'.	
11–12	gw. 160. 'Dewi Sant' ll.8n.	
11	**bryn y groes** gw. 11. 'Y Bardd a'r Beirniad Olaf' ll.18n.	
12	**Dyrchafael** term arall am Esgyniad Crist i'r nefoedd; gw. ll.5n.	

229. YR ASYN

Cadwyd copïau teipysgrif o'r gerdd hon yn LlGC, Papurau Gwenallt, A13¹, 10 ac A13², 12.

Nodiadau cyffredinol
Ceir yma fyfyrdod ar yr ebol asyn y marchogodd Crist arno i mewn i Jerwsalem; gw. 102. 'Testament yr Asyn' ll.32n.

2   **y Gwaredwr** gw. 89. 'Y Gwaredwr', n.
      Rag term am gyfnod blynyddol o weithgareddau dros-ben-llestri gan fyfyrwyr er codi arian ar gyfer elusennau (cf. ll.3–4), a'i uchafbwynt yn orymdaith ddoniol. Byddai Gwenallt yn gyfarwydd iawn â gorymdeithiau rag myfyrwyr Aberystwyth.

3   **Hosanna** gw. 192. 'Jesebel ac Elias' ll.823n; cf. ll.11.
      disgyblion gw. 152. 'Y Pensaer' ll.29n.

4   **Meseia** gw. 101. 'Yr Iddewon' ll.24n.

5   Mae asynnod yn rhan draddodiadol o olygfa lan y môr Traeth y Gogledd, Aberystwyth, nid nepell o adeilad yr Hen Goleg lle y gweithiai Gwenallt hyd ei ymddeoliad yn 1966.

8   **teyrnas ei diniweidrwydd hi** cf. teitl cerdd Rhydwen Williams, 'Yn Nheyrnas Diniweidrwydd'; gw. *Y Ffynhonnau a Cherddi Eraill* (1970), 69–70.

9   **proffwydi** gw. 1. 'Y Mynach' ll.331n.

10   **Abraham** gw. 101. 'Yr Iddewon' ll.21n.
      Moses gw. 3. 'Breuddwyd y Bardd' ll.192n.
      Dafydd gw. 150. 'Y Calendr' ll.6n.
      palm gw. 192. 'Jesebel ac Elias' ll.820n.

11   **Adda ac Efa** gw. 2. 'Y Sant' ll.269n.

12   **angylion a'r archangylion** gw. 1. 'Y Mynach' ll.388n. Adleisir ymadrodd yng ngwasanaeth y Cymun yn y Llyfr Gweddi Gyffredin, 'Gan hynny gydag Angylion ac Archangylion . . . y moliannwn ac y mawrhawn dy ogoneddus Enw'.

230. ARDDANGOSFA'R LLYFRGELL
Cadwyd copïau teipysgrif o'r gerdd hon yn LlGC, Papurau Gwenallt, A13^1, 12 ac A13^2, 14. (Ar gefn A13^1 cadwyd copi o 231. 'Gardd' ll.41–53.)

Nodiadau testunol

16   Ceir llinell ychwanegol o flaen y llinell hon yn A13^1: I ymgrymu wrth arffed Mair.

Nodiadau cyffredinol
Darparodd Llyfrgell Genedlaethol Cymru loches yn ystod cyfnod yr Ail Ryfel Byd i drysorau nifer o sefydliadau pwysig, gan gynnwys eitemau o'r Casgliad Brenhinol (Cwrt Hampton), Coleg Dulwich a'r Amgueddfa Brydeinig ymhlith amryw o rai eraill; storiwyd llawer ohonynt mewn siambr danddaearol a baratowyd yn arbennig ger y Llyfrgell. Yn ogystal, cafodd deunydd yr Oriel Genedlaethol guddfan ddiogel yn chwareli llechi Blaenau Ffestiniog. Gw. *Adroddiad Blynyddol Llyfrgell Genedlaethol Cymru, 1945–46* (1946), 12–14.

Yn ystod y blynyddoedd yn union ar ôl y Rhyfel, gan ddechrau yn Awst 1945, cafwyd arddangosfeydd yn y Llyfrgell o ddarluniau a ddetholwyd o'r casgliadau enwog hyn. Cynhwysai Arddangosfa 1945 ddetholiad o luniau a ddangosai ddatblygiad celf Ewrop o Botticelli hyd Cézanne, wedi'u tynnu o dri chasgliad a gawsai gartref dros dro yn Aberystwyth; gw. *Adroddiad Blynyddol Llyfrgell Genedlaethol Cymru, 1945–46* (1946), 16; catalog yr Arddangosfa, *An Exhibition of Sixty Pictures from The Royal, Gregynog, and Dulwich Collections* (1945). Dichon mai'r Arddangosfa honno sydd gan Gwenallt dan sylw yma.

2   **'r fagddu ddwl** y rhyfel.

4   **esgyn o'r ogofâu** Mae gair mwys yma. Lluniau cyn-hanesyddol ar walydd ogofeydd, megis rhai enwog Lascaux yn Ffrainc, yw lluniau cynharaf Ewrop. Storiwyd llawer o drysorau celf mewn ogof bwrpasol ger y Llyfrgell Genedlaethol yn ystod yr Ail Ryfel Byd.

5   **Botticelli**, Sandro (1445–1510), un o arlunwyr mawr y Dadeni yn yr Eidal. Mae ei lun o'r Gwanwyn ('Primavera', *c*.1478, yn yr Uffizi, Fflorens) ymhlith ei luniau enwocaf.

7	Roedd llun Botticelli o'r Forwyn a'i Phlentyn (o Gasgliad Gregynog) yn rhan o Arddangosfa 1945 (ac eto yn 1948).
7	**'r hen Fona Lisa** (neu La Gioconda, 1503–6; yn y Louvre, Paris) o waith Leonardo da Vinci (gw. 291. 'Lili a Rhos' ll.64n) yw un o luniau enwocaf y byd ar gyfrif gwên enigmatig y gwrthrych. Ar sail y catalogau a gadwyd, ni bu'r un o luniau Leonardo da Vinci yn arddangosfeydd y Llyfrgell Genedlaethol yn y cyfnod ar ôl y Rhyfel.
13–14	Roedd llun yr arlunydd enwog o'r Iseldiroedd, Rembrandt Harmenszoon van Rijn (1606–69), 'Defosiwn y Doethion' (o'r Casgliad Brenhinol), yn rhan o Arddangosfa 1945. Roedd defosiwn y Doethion yn destun poblogaidd ar gyfer lluniau yng nghyfnod y Dadeni ac am beth amser wedyn, a'r arfer yw eu dangos yn ymweld â thlodi'r stabal er mai awgrym clir y Beibl yw bod yr Iesu'n blentyn ifanc, ac nid yn faban yn y preseb, adeg eu hymweliad. Ar y Doethion, gw. 99. 'Y Nadolig', n, ll.19–20n. Gw. hefyd 100. 'Ewrob' ll.7n.
16	**Plentyn Mair** Crist. Ar Fair, gw. 1. 'Y Mynach' ll.80n.

231. GARDD

Gw. rhif 195 am gerdd arall dan yr un teitl. Mae ll.1–16 o'r gerdd bresennol yn cyfateb yn agos iawn i'r gerdd honno. Cadwyd copïau teipysgrif o'r gerdd hon yn LlGC, Papurau Gwenallt, A13¹, 11 (ll.1–40) a 12v (ll.41–53), ac A13², 13.

Nodiadau testunol

3	**cancr :** ychwanegwyd y gair hwn (yn llaw Nel Gwenallt?) i fwlch a adawyd yn nheipysgrif A13¹.
11	**frwydr :** grwydr (A13¹)
23	**yr allor :** allor (A13², YC)
32	**yn un :** yn yn (A13¹); yn y (A13², YC)
40	**ddigon o :** ddigon i (A13¹)
43	**A :** Fe (A13¹)

Nodiadau cyffredinol

3	**cancr** 'haint sy'n ymosod ar blanhigion, yn enw. ar goed ffrwythau, gan beri i'r rhisgl bydru a syrthio i ffwrdd'; GPC, 408.
18	**bugeilio'r brain** Defnyddir y berfenw yn eironig. 'Gwylio rhag' a olygir, nid 'gwylio a gwarchod'; GPC, 347. Gwrthgyferbynner y gân werin gyfarwydd, 'Bugeilio'r gwenith gwyn'.
19–29	Disgrifir eglwys wedi'i haddurno â blodau a llysiau ar gyfer cyrddau diolchgarwch am y cynhaeaf, a gynhelir fel arfer yn ystod mis Medi neu ddechrau mis Hydref.
24	**lletring** gw. 158. 'Y Merthyron' ll.3n.
34	**'r Drindod** gw. 4. 'Yr Angylion a'r Gwragedd' ll.5n.
42–3	gw. 129. 'Sul y Fferm' ll.29n.
44–5	gw. 2. 'Y Sant' ll.269n.
46–7	Un o addewidion y sarff wrth geisio temtio Efa i fwyta'r ffrwyth yng Ngardd Eden oedd y byddai hi ac Adda 'megis duwiau'. Yn sgil anufudd-dod y ddau, rhoddodd Duw felltith ar y ddaear a fu tan hynny'n berffaith; gw. Genesis 3:1–21.
48–9	gw. 89. 'Y Gwaredwr', n.
50	**yn yr Ardd** Gethsemane; gw. 97. 'Y Cymun' ll.6n.
51	**ar ei phridd** cf. 252. 'Eglwys yr Holl Genhedloedd' ll.3.
52	**Ei weddïau angerddol chwyslyd** cf. Luc 22:44.
53	**'r hen bryfed a chwyn** rhan o 'felltith' Eden; cf. Genesis 3:18; ll.46–7n.

232. CYFEILLION

Cadwyd copïau teipysgrif o'r gerdd hon yn LlGC, Papurau Gwenallt, A13¹, 13 ac A13², 15. Ceir copi teipysgrif pellach o ll.1–42 yn A13¹, 20, ar waelod copi o 239. 'Y Gwawn', a chopi o ll.43–8 ar gefn copi o 227. 'Y Cloc' (A13¹, 8). Dilewyd y copïau pellach hyn â llinellau pensil. Cadwyd dau gopi teipysgrif arall yn BJM 3/415: torrodd Gwenallt ei enw ar ddiwedd un o'r rhain (BJM¹), a gynhyrchwyd ar yr un teipiadur ag A13¹.

Nodiadau testunol

3	**neu ddarn :** neu wrth ddarn (BJM¹, BJM², A13¹, 20)	
5	**Mi :** Ac (BJM²)	
9	**adrodd :** sôn (A13¹, 20)	
14	**I sôn :** A sôn (A13¹, 20)	
	sgêm : sut oedd (A13¹, 20)	
15	**I fwrw siopau :** Yn bwrw siopwyr (BJM¹, BJM²); Yn bwrw'r siopwyr (A13¹, 20)	
16	**nofel :** nofelau (BJM¹, BJM², A13¹, 20)	
21	**a locsis :** neu locsis (A13¹, 20)	
31	**Roedd :** Yr oedd (A13¹, 20)	
	uwchben gonestrwydd : uwch hen onestrwydd (BJM¹, BJM², A13¹, 20)	
43	**o'r :** o'i (A13¹, 8)	
47	**trist iawn yw'r gainc :** 'fe gofiaf am y gainc' oedd drll. gwreiddiol A13¹ cyn ei ddiwygio i'r drll. presennol; cofiaf y gainc (BJM¹); trist yn wir yw'r gainc (BJM²); trist yw'r gainc (*YC*); Mae'r cwmni yn Abertawe neu Gaerdydd yn deffro'r hen gainc, (A13¹, 8)	
48	Nid erys mwyach ond ni'n dau—heb J.D. o Ffrainc (BJM², *YC*); Pan ddôi Ben adref o'r Almaen a J.D. o Ffrainc (BJM¹, A13¹, 8); dyna hefyd oedd drll. gwreiddiol A13¹, 13, cyn ei ddiwygio i'r drll. presennol, a hynny a geir hefyd yn A13².	

Nodiadau cyffredinol

6 **Ben** B. J. Morse; gw. 73. 'Cyfaill o Fardd', n.

 J. D. sef John David Jones (1899–1937), brodor o Abertawe a chyfaill colegol i Gwenallt. Wedi ennill gradd BA yn 1923 ac wedyn gradd MA yn 1925 yng Ngholeg Prifysgol Cymru, Aberystwyth, aeth ymlaen i astudio ar y cyfandir ac ennill gradd PhD o'r Sorbonne, Paris. Gweithiodd yn Ffrainc am nifer o flynyddoedd cyn cael swydd darlithydd mewn Ffrangeg ym Mhrifysgol Hull. Roedd ganddo lais tenor da, ac roedd yn adnabyddus fel unawdydd mewn rhai cylchoedd.

7 **Rainer Maria Rilke** gw. 27. 'Duw', n. Cyhoeddodd B. J. Morse astudiaeth o waith Rilke, a chyfieithu nifer o'i gerddi i'r Saesneg.

9 **Sorbonne** enw a ddefnyddid yn wreiddiol ar gyfadran ddiwinyddol Prifysgol Paris, ond a ddaeth yn gyfystyr â'r Brifysgol ei hun.

10 **mudiad cenedlaethol a'i ganolfan yn Rennes** Cyfeirir, mae'n debyg, at *Gwenn ha du* ('Gwyn a du', sef lliwiau baner Llydaw), mudiad a ddaeth i'r amlwg yn y cyfnod rhwng y ddau Ryfel Byd ac a ddefnyddiai dulliau trais yn erbyn llywodraeth Ffrainc. Yn 1932, bedair canrif union ar ôl uno Llydaw a Ffrainc, ffrwydrodd y mudiad gofgolofn yn Rennes a symboleiddiai'r uniad hwnnw, sef cerflun o'r Dduges Anne o Lydaw yn penlinio gerbron Siarl VIII o Ffrainc. Yn Rennes hefyd y cynhaliwyd yr achosion yn erbyn y cenedlaetholwyr Llydewig ar ddiwedd yr Ail Ryfel Byd. Gw. Gwyn Griffiths, *Crwydro Llydaw* (1977), 284 yml.; 139. 'Llydaw'.

13 **Albert** sef Albert Davies o Bontardawe (1899–1985), cyfaill oes i Gwenallt, ac un arall a garcharwyd yn Wormwood Scrubs am iddo wrthod mynd i'r rhyfel. Ceir hanes eu cyfeillgarwch, gan gynnwys eu cysylltiad â'r Blaid Lafur Annibynnol yn *South Wales Voice*, 27 Mai 1971, 6. Am lun o Albert Davies, ac o siop ddillad ei frawd, Griff, ar groesffordd Pontardawe, gw. BBG, 20, 35. Mam Albert Davies a goffeir yn 64. 'Er Cof am Mrs Davies'.

16 **Goethe** gw. 26. 'Hwyrgan y Crwydryn', n.

 Proust, Marcel (1871–1922), nofelydd Ffrangeg, awdur y nofel enwog, *À la recherche du*

	temps perdu, sy'n archwilio'r cysyniad o realiti a gallu'r synhwyrau i adfer y gorffennol yn yr ymwybod trwy ryw brofiad dibwys. Gw. OCFL, 577–8.
19	Am gysylltiadau teuluaidd Gwenallt â sir Gaerfyrddin, gw. 9. 'Beddau'; 130. 'Rhydcymerau'.
20	**tafodiaith y sir** Cyfeiriodd Gwenallt at ei ddefnydd ei hun o dafodiaith sir Gaerfyrddin yn 'Sir Gaerfyrddin a Sir Forgannwg' ar y record *Gwenallt* yng Nghyfres yr Ysgol a'r Aelwyd (1969).
22	cf. 109. 'Cymru a'r Rhyfel' ll.6. Gwisg amaethyddol nodweddiadol (ystrydebol) a nodir yma.
25	**Pantycelyn** gw. 84. 'Pantycelyn', n.
27	**'Wrth gofio'i riddfannau . . .'** gw. 132. 'Sir Forgannwg a Sir Gaerfyrddin' ll.1n.
28	**Dafydd Jones o Gaeo** gw. 185. 'Y Capel yn Sir Gaerfyrddin' ll.4n.
34	**Racine**, Jean-Baptiste (1639–99), un o ddramodwyr mwyaf Ffrainc. Gosododd ei drasiedïau yn aml yn yr henfyd gan roi enwau Clasurol ar lawer o'i gymeriadau; cyfunir ynddynt y cysyniad Groegaidd o dynged na ellir ei hosgoi ac ymwybod yr 17eg ganrif o'r natur ddynol ynghyd â syniadau metaffisegol a fu mewn bri ar y pryd. Gw. OCFL, 589–90.
37	**byl** 'ymyl, min (llestr)'; GPC, 363.

233. Y BARDD

Cadwyd copïau teipysgrif o'r gerdd hon yn LlGC, Papurau Gwenallt, A13[1], 14 ac A13[2], 16.

Cyfieithiad: Dyfnallt Morgan, *D. Gwenallt Jones*, Writers of Wales (1972), 42.

Nodiadau cyffredinol

1–2	cf. 176. 'Epigramau' ll.76, ll.67n.
4	*vers libre* gw. PDLT, 1026–7.
	cynghanedd groes gw. CLC, 133–4.
5	**yr awen** gw. 3. 'Breuddwyd y Bardd' ll.41n.
	androgynaidd gwrfenywaidd, yn cyfuno nodweddion corfforol y ddau ryw.
8	**Pygmalion** brenin mytholegol Cyprus, a syrthiodd mewn cariad â cherflun o wraig hardd. Gweddïodd ar Aphrodite (gw. 2. 'Y Sant' ll.420n) i roi iddo wraig debyg i'r cerflun. Aeth Aphrodite gam yn well a rhoi bywyd i'r cerflun ei hun, a phriododd Pygmalion â hi. Gw. OCCL, 475.

234. Y SOSIALWYR

Cadwyd copïau teipysgrif o'r gerdd hon yn LlGC, Papurau Gwenallt, A13[1], 15 ac A13[2], 17.

Nodiadau cyffredinol

Ar ddaliadau Sosialaidd Gwenallt yn ddyn ifanc, gw. *Credaf*.

4	cf. 121. 'Y Meirwon' ll.33n.
10	**y bomiau atomig** gw. 120. 'Dyn' ll.6n.

235. YR HEN ŴR IFANC

Cadwyd copïau teipysgrif o'r gerdd hon yn LlGC, Papurau Gwenallt, A13[1], 16 ac A13[2], 18. Mae'r teitl gwreiddiol yn A13[1] yn cynnwys y fannod, ond fe'i dilewyd gan law arall ac nis ceir felly yn A13[2] nac *Y Coed*; fe'i hadferwyd i'r testun presennol.

Nodiadau cyffredinol

1	**blaenor** gw. 130. 'Rhydcymerau' ll.14n.
8	**poeth** 'chwantus, blysig, anllad, trythyll'; GPC, 2843.

236. Y DDAEAR

Cadwyd copïau teipysgrif o'r gerdd hon yn LlGC, Papurau Gwenallt, A13[1], 17 ac A13[2], 19.

Cyfieithiad: Dyfnallt Morgan, *D. Gwenallt Jones*, Writers of Wales (1972), 54; *idem*, yn *The Oxford Book of Welsh Verse in English*, gol. Gwyn Jones (1977), 200–1.

Nodiadau testunol

13   **ffroenchwyth** : ffroenuchel (*YC*; ymddengys mai camddarllen cywiriad i wall teipio yn A13² sy'n gyfrifol am ddrll. *YC*)

Nodiadau cyffredinol

4   **siprys** 'cymysgedd o haidd a cheirch a heuir ynghyd'; GPC, 3291.
5–6   **swch . . . / . . . ogedi** cf. 78. 'Sir Gaerfyrddin' ll.13n. Gw. hefyd 129. 'Sul y Fferm' ll.7.
7–8   Lled-gyfeirir yma at John Ceiriog Hughes (1832–87) fel teip o'r bardd alltud a ganai'n rhamantaidd am fyd natur a'i Gymru enedigol. Brodor o Lanarmon Dyffryn Ceiriog oedd Ceiriog, ond treuliodd y cyfnod 1848–65 ym Manceinion, yn groser i ddechrau ac wedyn, o 1855, yn glerc ar y rheilffordd. Tua diwedd ei gyfnod ym Manceinion dechreuodd gyhoeddi cyfrolau o farddoniaeth sentimental ei naws, am fyd natur, serch a gwladgarwch; ei gerdd enwocaf bellach yw'r un y cyfeirir ati yn ll.8, ll.23, 'Nant y Mynydd'; gw. T. Gwynn Jones (gol.), *Ceiriog: Detholiad o'i Weithiau* (1932), 116. Gw. Bywg., 362–3; CLC, 343. Cyhoeddodd Gwenallt erthygl ar Geiriog yn *Llên Cymru*, 1:1 (Ionor 1950), 12–21.
9–10   cf. Hebreaid 13:2; 12. 'Cymru' ll.5, ll.15–16.
12   **cocos** (Saesneg, *cogs*) 'cyfres o ddannedd ar hyd ymyl olwyn sy'n bachu neu'n cydio mewn cyfres gyfatebol mewn olwyn arall a thrwy hynny'n peri symudiad'; GPC, 525.
14   **poeth** yn gofyn gwrryw (Saesneg, *on heat*); cf. 235. 'Yr Hen Ŵr Ifanc' ll.8n.
16   **cemeg dramor** Mae'n debygol mai at y defnydd o wrtaith artiffisial y cyfeirir (cf. 'tomennydd' ll.15).
18   gw. 142. 'Dyn' ll.14n.
20   **safnau hydrogenaidd** gw. 192. 'Jesebel ac Elias' ll.744n.
22   **peilonau** cf. cerdd R. Williams Parry, 'Y Peilon'; *Cerddi'r Gaeaf* (1952), 81. Rhoddwyd y llysenw '*Pilon Poets*' ar ysgol o feirdd Saesneg yn yr 1930au am iddynt fynnu tynnu pethau bob dydd i'w barddoniaeth.

237. YR ADAR RHEIBUS

Cyhoeddwyd y gerdd hon gyntaf dan y teitl 'Y Grawys' yn *Baner ac Amserau Cymru*, 28 Mawrth 1945, 4, ac *Y Llan*, 30 Mawrth 1945, 5. Cadwyd copïau teipysgrif o fersiwn *Y Coed* yn LlGC, Papurau Gwenallt, A13¹, 18 ac A13², 20. Mae'r teitl gwreiddiol yn A13¹ yn cynnwys y fannod, ond fe'i dilewyd gan law arall ac nis ceir felly yn A13² nac *Y Coed*; fe'i hadferwyd i'r testun presennol.

Nodiadau testunol

2   **giwed** : cwmwl (*BAC*, *Llan*)
8   **A llarpio'r ffrwythau** : I larpio'r egin (*BAC*, *Llan*)
9   **Disgynnaf innau yn** : Disgynnwn ninnau rhag (*BAC*, *Llan*)
11   **A drachtio poteli o** : Ar fyrddau yn gwegian gan (*BAC*, *Llan*)
12   A phlateidiau o gigoedd a llysiau. (*BAC*, *Llan*)
13   Gwyn eu byd y gigfran, y drudwy a'r dryw (*BAC*, *Llan*)
14   **Yn eu bolera** : A'u bolera mân, (*BAC*, *Llan*)
15   Ni wyddant hwy ddim am ddydd Gwener Duw (*BAC*, *Llan*)
16   **Yn nail** : Nid oes Grawys yn (*BAC*, *Llan*)
17   **bach** : gall (*BAC*, *Llan*)
18   Iaith ei thramor benydiau, (*BAC*, *Llan*)
19   **Ond** : Eithr (*BAC*, *Llan*)
       i'w epil a'i ach : i gywion y fall (*BAC*, *Llan*)
20   I laswenu ar ymprydiau. (*BAC*, *Llan*)

Ceir y pennill canlynol ychwanegol yn ddiweddglo yn *BAC* a'r *Llan*; nid oes dim cyfatebol yn A13¹, A13² nac *Y Coed*:

> Ond fe ddisgyn y golomen i'r Eglwys gain
> Fore'r Pasg uwch gloddest y Cymun,
> Ac fe chwarddwn ni'n dau am ben trachwant y brain
> A'r drudwys ysgemllyd, esgymun.

Nodiadau cyffredinol
rheibus 'gwancus, barus, bolrwth . . . ; ysglyfaethus, diffeithiol, distrywgar'; GPC, 3050.
1   **cigfrain** cf. 10. 'Gwlad Adfeiliedig' ll.6n.
       drudwys lluosog 'drudwy' (ar lafar). Mae drudwyod yn ddiarhebol o gwerylgar.
3   **y Grawys** gw. 210. 'Y Grawys', n.
7   **eu ffrwst a'u ffrost** cf. 201. 'Amser' ll.3n.
11–12 cf. ll.15n.
13   **cog** Mae cywion y gog yn cael eu magu yn nythod adar eraill, a hynny ar draul cywion yr adar hynny.
15   **ympryd** Cyfnod o ymprydio yw'r Grawys yn draddodiadol; gw. 210. 'Y Grawys', n.
       Gwener y Grog gw. 168. 'Yr Awen' ll.24n.
17–18 Cyfeirir at hanesyn yng nghainc *Branwen* ym *Mhedair Cainc y Mabinogi*. Ar ôl ei phriodas â Matholwch, brenin Iwerddon, cosbir Branwen yn anghyfiawn gan y Gwyddelod am weithred ei brawd Efnysien yn anffurfio meirch Matholwch (gw. 148. 'Yr Eglwys' ll.11n). Llwydda Branwen i gael neges am ei thrueni at ei brawd, Brân, trwy ddysgu iaith i ddrudwy, a daw yntau i'w hachub (gw. 3. 'Breuddwyd y Bardd' ll.200–1n). Gw. CLC, 60; PKM, 37–8.

238. EPIGRAMAU
Gw. rhif 176 am gasgliad arall o epigramau. Cadwyd copïau teipysgrif o'r epigramau hyn yn LlGC, Papurau Gwenallt, A13¹, 19 ac A13², 21.

Nodiadau cyffredinol
1   **Pilat** gw. 192. 'Jesebel ac Elias' ll.544n. Ar gwestiwn Pilat, gw. Ioan 18:38.
4   **hwnnw** Disgrifiodd Crist ei hun fel 'y gwirionedd'; gw. Ioan 14:6.
       hongian . . . ar y groes gw. 1. 'Y Mynach' ll.360n.
7–8   Cf. yr achosion a drafodir gan R. Elwyn Hughes, *Y Traethodydd*, 154 (Ionawr 1999), 21–9.
10   Cyfeirir, mae'n debyg, at Syrcas Wladwriaethol Moscow.
11   **Lenin-Farcsaidd** gw. 101. 'Yr Iddewon' ll.10n.
15   *rouge* colur coch at liwio bochau a gwefusau.
       Hong Kong dibynwlad Brydeinig yn nwyrain Asia, oddi ar arfordir Tseina (fe'i dychwelwyd i Tseina yn 1997). Mae Hong Kong yn borthladd naturiol gwych, a'r dociau yn gyswllt masnach pwysig rhwng Tseina, Siapan a'r Gorllewin.
17–18 Yn ystod yr 1960au y daeth llygru'r amgylchedd yn bwnc trafod cyffredin am y tro cyntaf.

239. Y GWAWN
Cadwyd copïau teipysgrif o'r gerdd hon yn LlGC, Papurau Gwenallt, A13¹, 20 ac A13², 22. Ar ddiwedd y testun yn A13¹ ceir copi arall o 232. 'Cyfeillion' ll.1–42, a ddilewyd â llinellau pensil.

Nodiadau testunol
6   Ar ôl y llinell hon yn A13¹ ceir y tair llinell ganlynol, a ddilewyd â phensil:
       > Tynnodd Natur drosti ei sidanfyw fest
       > Mae'r dyndod newydd yn cysgu yn ei grud (Adfent)
       > A'r bwyd caneri, cwt-y-cadno a dant-y-llew.
       (Â'r llinell olaf hon, cf. 195. 'Gardd' ll.3.)

Nodiadau cyffredinol
Gwawn 'gweoedd gwynion ysgeifn o waith y pryf copyn a welir yn nofio yn yr awyr ar dywydd tawel heulog yn yr hydref (fe'i ceir hefyd yn hongian dros lwyni a phlanhigion neu'n gorchuddio wyneb y glaswellt'; GPC, 1605.

1   **Haf Bach Mihangel** enw ar gyfnod o dywydd braf ym mis Medi, o gwmpas Gŵyl Fihangel (29 Medi).
4   **didennau** tethi.

240. OWAIN GLYNDŴR
Am gerdd wahanol dan yr un teitl, gw. rhif 183. Cadwyd copi holograff o'r gerdd hon yn LlGC, Papurau Gwenallt, A9, a chopi teipysgrif yn A13², 23. Gadawyd dau fwlch yn A13², y naill ar ddiwedd ll.12 a'r llall ar ddechrau ll.29, a chyflenwyd y darlleniadau (yn gywir yn ôl A9) gan law arall.

Detholwyd i: Elwyn Edwards (gol.), *Cadwn y Mur: Blodeugerdd Barddas o Ganu Gwladgarol* (1990), 119.

Nodiadau testunol
2   **e'** : ef (A9, *YC*)
8   **adfer** : 'arwain' oedd drll. gwreiddiol A9, cyn ei ddiwygio i'r drll. presennol.
11   Dilewyd dwy linell ar ôl y llinell hon yn A9, sef
        Ar gynllun y gynhadledd yn Nhŷ Gwyn ar Daf
        Y seiliodd ym Machynlleth a Harlech ei senedd ef.
    Mae drll. y llinellau hyn yn debyg iawn i ll.28–9 yn y testun presennol, ac yn awgrym o bosibl mai bwriad Gwenallt oedd cynnwys ll.26–9 ar ddiwedd yr ail bennill, ac nid ar ddiwedd y gerdd fel y maent yn *Y Coed* ac yn y gyfrol hon. Gosododd llaw arall (Nel Gwenallt?) fachau petryal o gwmpas ll.26–9 yn A13².
14   **Llydawiaid :** 'Brythoniaid' oedd drll. gwreiddiol A9, cyn ei ddiwygio i'r drll. presennol.
18   **Glyn-y-groes :** Glyn Rhosyn (A9, *YC*)
20   **ludw :** dilewyd 'lwch' o flaen y gair hwn yn A9.
    ymhen pedair canrif : ymhen canrif (A9, *YC*)
21   Dilewyd 'Ei ysbryd' ar ddechrau'r llinell hon yn A9.
25   **plannu'r :** plannu'i (A9)
29   **Y cododd :** A cododd (A9)
Ar ddiwedd y gerdd yn A9 ceir y nodyn canlynol: 'Owain Glyndŵr—Llewelyn. Wms. Ed.' Gall y cyfeirir at gyfrol Llewelyn Williams, *Arwyr o Hanes Cymru* (1965), sydd yn cynnwys hanes am Glyndŵr, tt.44–6.

Nodiadau cyffredinol
Owain Glyndŵr gw. 3. 'Breuddwyd y Bardd' ll.146n; 183. 'Owain Glyndŵr'.
1   **Iolo Goch** (*c*.1325–*c*.1398), bardd o Ddyffryn Clwyd, un o'r cyntaf i ganu mawl ar fesur y cywydd. Canodd i nifer o noddwyr gwahanol; ymhlith y canu a oroesodd y mae tri chywydd i Owain Glyndŵr, gan gynnwys un sy'n manylu ar ei achau ac un arall sy'n disgrifio'i gartref yn Sycharth. Gw. Bywg., 391–2; CLC, 363–4.
    Gruffudd Llwyd (*fl. c*.1380–1410), bardd o blwyf Llangadfan, sir Drefaldwyn, un o gywyddwyr gorau ei gyfnod. Canodd fawl i amryw o uchelwyr pwysicaf ei oes, gan gynnwys Owain Glyndŵr. Gw. Bywg., 294; CLC, 292.
2   **achau ei dad** Owain Glyndŵr oedd mab ac etifedd Gruffudd Fychan ap Madog ap Gruffudd Fychan ap Gruffudd Maelor. Roedd Glyndŵr felly'n ddisgynnydd i Fadog ap Maredudd, brenin olaf Powys unedig; gw. Bywg., 650–1.
    Sycharth gw. 183. 'Owain Glyndŵr' ll.11n.
3   **bardd o Forgannwg** Gwenallt ei hun.

4	Roedd Helen yn ferch i Thomas ap Llywelyn ab Owen, ac felly'n disgyn ym mhrif linach hen deulu brenhinol Deheubarth; gw. Bywg., 650–1.
7	**Hanes yr hen Brydain** gw. 25. 'Balâd yr Arglwyddi' ll.10n. Y testunau pwysicaf sy'n cynnwys yr 'hanes' hwnnw (llawer ohono yn gwbl annibynadwy) yw *Historia Brittonum*, a *Historia Regum Britanniae* (neu 'Brut y Brenhinedd'); gw. CLC, 332–3; BB. Gw. hefyd 1. 'Y Mynach' ll.438n.
	yr ymdrech rhwng y ddwyddraig Cyfeirir at hen stori a gadwyd fersiynau ohoni yn *Historia Brittonum*, *Historia Regum Britanniae* a *Cyfranc Lludd a Llefelys*, lle y mae brwydr rhwng dwy ddraig, y naill yn goch a'r llall yn wen, yn symboleiddio'r gwrthdaro rhwng y Cymry a'r Saeson; gw. CLC, 198–9.
8	**Proffwydoliaeth y beirdd** gw. 3. 'Breuddwyd y Bardd' ll.1n.
9	**Y mab darogan** gw. 3. 'Breuddwyd y Bardd' ll.1n.
	Arthur gw. 3. 'Breuddwyd y Bardd' ll.146n.
	Cynan [Meiriadog] arwr cenedlaethol, un o sefydlwyr traddodiadol Llydaw, a hynafiad i Arthur. Mae'n ymddangos yng nghwmni Cadwaladr fel mab darogan mewn hen ganu brud. Gw. CLC, 145.
	Cadwaladr (m. 664), brenin Gwynedd. Er mai digon digyffro oedd ei deyrnasiad, tyfodd yn gymeriad pwysig yn y canu brud, a sonnir amdano fel mab darogan, yng nghwmni Cynan, yn arwain y Cymry i fuddugoliaeth dros y Saeson. Yn ôl traddodiad y Ddraig Goch oedd yr arwydd ar ei faner. Gw. Bywg., 56; CLC, 74.
10	**cyfreithiau Hywel Dda** gw. 2. 'Y Sant' ll.536n. Yn wahanol i'r dyb gyffredin, ni ddiddymwyd Cyfraith Hywel adeg y Goresgyniad Edwardaidd. Er i'r arfer arni grebachu'n raddol gydag amser, a hynny'n arbennig fe ymddengys yn y Gogledd, parhaodd Cyfraith Hywel yn gyfraith fyw mewn rhannau o leiaf o siroedd Caerfyrddin ac Aberteifi hyd y Deddfau Uno. Gw. CLC, 128–9.
13–14	**y sêr, / Y tywydd** gw. 183. 'Owain Glyndŵr' ll.28n.
14	**y Ffrancod, y Llydawiaid** Chwaraeodd gwŷr Ffrainc a Llydaw ran arwyddocaol yn llwyddiannau Glyndŵr yn y cyfnod 1403–6. Cafwyd cymorth môr-ladron o Lydaw a llu o Ffrainc dan arweinyddiaeth Jean d'Espagne i warchae ar y cestyll arfordirol. Yng Ngorffennaf 1404 aeth Owain i gytundeb â Siarl VI, brenin Ffrainc, yn erbyn eu gelyn cyffredin, Harri IV. Ymosododd llu Ffrengig yn ddigon aneffeithiol ar dde Lloegr tua diwedd 1404. Yn haf 1405 arweiniodd Owain lu cymysg Cymreig/Ffrengig yn fuddugoliaethus ar draws de Cymru hyd o fewn taro i Gaerwrangon, ond ciliodd yn ôl i dir Cymru ac aeth y rhan fwyaf o filwyr Ffrainc adref yn 1406.
	bradwyr Cyfeirir o bosibl at lwyddiannau 1403–04 pryd y cymerodd Owain gestyll Dryslwyn, Llansteffan, Castellnewydd Emlyn a Charreg Cennen, yn rhannol oherwydd bod rhai a gydymdeimlai ag achos y Cymry yng ngarsiynau'r cestyll hyn.
16–17	Cyfeirir at y deddfau penyd gormesol a basiwyd gan y Senedd yn 1401–02, yn union wedi dechrau Gwrthryfel Glyndŵr. Trwyddynt cyfyngwyd yn ddifrifol ar hawliau'r Cymry i brynu tir, dal swyddi, cario arfau a chyd-gyfarfod, ymhlith pethau eraill. Deddfwyd hefyd yn erbyn y beirdd, a ddisgrifiwyd fel '*wasters, rhymers, minstrels and other vagabonds*', gan gydnabod pwysigrwydd y garfan hon fel propagandwyr dros y symudiad cenedlaethol. Gw. CLC, 186.
18–19	gw. 183. 'Owain Glyndŵr' ll.9–10n. Mentrwyd diwygio'r testun yn y fan hon am nad Abad Glyn Rhosyn (sef Tyddewi) yw'r cymeriad yn y stori ond Abad Glyn-y-groes (sef Glynegwestl), ger Llangollen; gw. y nodiadau testunol uchod.
20	**ymhen pedair canrif** Diwygiwyd y testun yn y fan hon ar sail 183. 'Owain Glyndŵr' ll.9n, ond cf. geiriau Abad Glynegwestl, 183. 'Owain Glyndŵr' ll.9–10n. Gw. y nodiadau testunol uchod.
21	**y ffenics** aderyn mytholegol nad oes ond un o'i rywogaeth yn bod ar y tro. Ar ddiwedd 500 o flynyddoedd mae'r ffenics yn adeiladu nyth, yn cynnau tân ynddo ac yn marw yn

y fflamau; o'r lludw cyfyd ffenics newydd. Yn ôl fersiwn arall, cyfyd ffenics newydd o'r nyth ei hun, a hwnnw sy'n cario corff ei riant i deml Helios, duw'r haul, i'w losgi. Gw. OCCL, 437; BDPF, 849. Roedd dinistrio trwy losgi yn nodwedd amlwg ar Wrthryfel Glyndŵr.

22   **draig aur** Gorymdeithiodd llu Glyndŵr dan faner wen ac arni ddraig aur wrth ymosod ar gastell Caernarfon yn 1401; gw. CLC, 198–9.
       dewin gw. 183. 'Owain Glyndŵr' ll.28n.
24   Ar fan claddu Owain Glyndŵr, gw. 3. 'Breuddwyd y Bardd' ll.146n.
25   **'r Ddraig Goch** gw. CLC, 198–9; 224. 'Cwm Rhondda' ll.6n.
26   **a roes** a roddodd.
       Dinefwr gw. 217. 'Sir Gaerfyrddin' ll.41n. Er bod gan Owain 'hawl' trwy ei fam ar Ddinefwr fel un o seddi brenhinol Deheubarth, yn eironig iawn ni lwyddodd y Cymry i'w gymryd oddi ar y Saeson yn ystod y Gwrthryfel. Gw. CLC, 195.
27   **Brut** gw. 1. 'Y Mynach' ll.438n; cf. ll.7n.
       a roddes a roddodd.
28   **y gynhadledd yn Nhŷ-gwyn ar Daf** gw. 2. 'Y Sant' ll.536n.
29   Galwodd Owain gynrychiolwyr o bob cwmwd yng Nghymru i'r seneddau a gynhaliodd yn Harlech a Machynlleth. Mae senedd-dy Owain Glyndŵr ym Machynlleth yn sefyll o hyd; cf. 183. 'Owain Glyndŵr' ll.31n.

241. CANAAN
Cadwyd copïau teipysgrif o'r gerdd hon yn LlGC, Papurau Gwenallt, A13[1], 22 ac A13[2], 24.

Nodiadau testunol
7   **amldduw** : am dduw (A13[2])

Nodiadau cyffredinol
Perthyn y gerdd hon i gorff o ganu a ysbrydolwyd gan ymweliad Gwenallt ag Israel yn 1961.
Canaan gw. 132. 'Sir Forgannwg a Sir Gaerfyrddin' ll.24n.
3–5   cf. cerdd Waldo Williams, 'Cofio' ; gw. *Dail Pren* (1956), 78.
6   **y di-ddelw Unduw** gw. Exodus 20:3–5; cf. 192. 'Jesebel ac Elias' ll.39–40n.
7   gw., e.e., 192. 'Jesebel ac Elias' ll.10n, ll.45n.
8   Roedd Canaan mewn safle pwysig, ar ffordd fasnach hynafol rhwng y Dwyrain a'r Gorllewin.
9   **Bedwin** pobl nomadig sy'n trigo yn y Dwyrain Canol a Gogledd Affrica. Fe'u cysylltir yn arbennig â greoedd camelod yn y mannau mwyaf anial, ond mewn mannau mwy ffafriol bugeiliant ddefaid, geifr a gwartheg. Ystyr 'carafán' yma yw 'cwmni o farsiandwyr a phererinion, &c., ynghyd â'u heiddo a'u hanifeiliaid pwn yn cyd-deithio er mwyn diogelwch drwy'r anialwch yn y Dwyrain'; GPC, 422.
12   Ar ormes yr Eifftiaid ar genedl Israel, cf. 142. 'Dyn' ll.26n; 148. 'Yr Eglwys' ll.6n. Aeth byddinoedd Arabia i mewn i Ganaan a chymryd Jerwsalem yn OC 638, gan gychwyn cyfnod o bresenoldeb Moslemaidd yn y wlad sydd wedi para'n ddi-dor oddi ar hynny.
13   **Corff a ddrylliwyd** cf. Eseia 53:10.
14   cf. 250. 'Eglwys y *Dominus Flevit*' ll.19n.
15–16   gw. 148. 'Yr Eglwys' ll.6n.
17–18   gw. 2. 'Y Sant' ll.397n; 136. 'T. Gwynn Jones' ll.59n.
19–20   Er mai am draed y genedl y sonnir yn ll.15–24, yn ôl un traddodiad, daw Crist yn ôl ar ddiwedd amser a sefyll ar fryniau Jerwsalem a'i goesau ar led.
20   **Caersalem** ffurf Gymraeg ar enw Jerwsalem; gw. 2. 'Y Sant' ll.134n. Codwyd dinas Jerwsalem ar glwstwr o fryniau.
21–2   gw. 160. 'Dewi Sant' ll.8n.
23   **y graig** cf. 265. 'Pedr' ll.1n.

242. BETHLEHEM

Cadwyd copïau teipysgrif o'r gerdd hon yn LlGC, Papurau Gwenallt, A13¹, 23 ac A13², 25.

Nodiadau cyffredinol
Perthyn y gerdd hon i gorff o ganu a ysbrydolwyd gan ymweliad Gwenallt ag Israel yn 1961.
Bethlehem gw. 18. 'Plant Bethlehem', n.

1 **Helen** (c.255–c.330), mam Cystennin, yr Ymerawdwr Rhufeinig a roddodd ganiatâd swyddogol i arfer y grefydd Gristnogol yn ei ymerodraeth yn OC 313; gw. ODCC, 405. Yn sgil tröedigaeth Cystennin, lledodd Cristnogaeth yn gyflym trwy'r byd Rhufeinig. Pan ddaeth Cystennin yn Ymerawdwr yn OC 306, dyrchafwyd Helen i safle o anrhydedd mawr, a bu hithau'n gefnogol iawn i Gristnogaeth. Ymwelodd â Phalestina yn ei henaint a sefydlu eglwysi ar Fynydd yr Olewydd ac ym Methlehem; yn ôl traddodiad, canfu hefyd y groes y croeshoeliwyd Crist arni. Gw. ODCC, 748.
3 **Persiaid** Meddiannwyd Palestina gan y Persiaid yn y cyfnod OC 614–29.
4 **Doethion** gw. 99. 'Y Nadolig' ll.19–20n. Cf. 338. 'Y Ffurfafen' ll.17–20.
5–6 Mae Eglwys Rufain, yr Eglwys Armenaidd ac Eglwys Uniongred Groeg yn rhannu perchnogaeth Eglwys y Geni ym Methlehem. Traddodiad yn unig sy'n dweud bod yr eglwys hon yn nodi gwir fan genedigaeth yr Iesu.
6 *Grotto* yr ogof dan Eglwys y Geni lle, yn ôl traddodiad, y ganed yr Iesu; gw. 99. 'Y Nadolig', n.
7 **Seren Dafydd** gw.158. 'Y Merthyron' ll.33n.
13 *Crypta Lactis* (Lladin, 'ogof y llaeth') ogof lle, yn ôl traddodiad, y cysgododd Mair, Joseff a'r Iesu bychan ar eu ffordd i'r Aifft. Dywedir i laeth o fronnau Mair ddiferu ar y graig gan ei throi yn wyn. Mae'r ogof bellach yn rhan o gapel Ffransisgaidd.
15–18 gw. 99. 'Y Nadolig', n, ll.6n; 144. 'Plentyn' ll.15n.
18 **Mair** mam yr Iesu; gw. 1. 'Y Mynach' ll.80n.
20 **un seren** gw. 2. 'Y Sant' ll.503n.
21 **Pererinion** gw. 11. 'Y Bardd a'r Beirniad Olaf' ll.14n. Mae Bethlehem yn un o brif gyrchfannau ymwelwyr â Phalestina; cf. 213. 'Nadolig 1955', n.
22 **pechod** gw. 75. 'Pechod', n.
23 **Y pellter** cf. y llinell 'Y pellter oedd rhyngddynt oedd fawr' yn emyn John Williams, Sain Tathan, 'Pa feddwl, pa 'madrodd, pa ddawn'; *Llyfr Emynau a Thonau y Methodistiaid* (1929), rhif 228.

243. FFYNNON NASARETH

Cadwyd copïau teipysgrif o'r gerdd hon yn LlGC, Papurau Gwenallt, A13¹, 24 ac A13², 26.

Nodiadau testunol
1 **Gweled** : Gweld (A13², *YC*)

Nodiadau cyffredinol
Perthyn y gerdd hon i gorff o ganu a ysbrydolwyd gan ymweliad Gwenallt ag Israel yn 1961.
Nasareth gw. 152. 'Y Pensaer' ll.6n.
3 **Mair** mam yr Iesu; gw. 1. 'Y Mynach' ll.80n.
5, 7 Dichon mai damweiniol yw'r adlais a geir yma o'r rhigwm plant, 'Dacw mam yn dwad'!
6 Gwrthgyferbynner Luc 1:42.
10 **sgwrs â'r Angel** gw. Luc 1:26–38.
11 **Yn ei chalon** gw. Luc 2:19.
12 **Ei ddyndod i Dduw** gw. 2. 'Y Sant' ll.141n. Am hanes geni Crist, gw. 99. 'Y Nadolig', n.

244. CANA GALILEA

Cadwyd copïau teipysgrif o'r gerdd hon yn LlGC, Papurau Gwenallt, A13¹, 25 ac A13², 27.

Nodiadau testunol
14   **Rhagflasodd :** 'Gwelodd' oedd drll. gwreiddiol A13¹, cyn ei ddiwygio i'r drll. presennol.

Nodiadau cyffredinol
Perthyn y gerdd hon i gorff o ganu a ysbrydolwyd gan ymweliad Gwenallt ag Israel yn 1961.
Cana Galilea pentref yn y bryniau ar ochr orllewinol Môr Galilea, lle y cyflawnodd Crist ei wyrth gyntaf, sef troi dŵr yn win pan ballodd y cyflenwad o win mewn gwledd briodas; gw. Ioan 2:1–11; IBD, 230. Ar ddelwedd y briodas rhwng Crist a'r Eglwys, gw. 146. 'Y Ddwy Efa', n.

4	gw. Ioan 2:4.
7	**byl** gw. 232. 'Cyfeillion' ll.37n.
9	**y groes** gw. 1. 'Y Mynach' ll.360n.
12	cf. Eseia 63:1–3; 1 Pedr 1:19.
13	**ei win . . . gwaed** gw. 1. 'Y Mynach' ll.187n.
14	**y cwpan yng Ngethsemane** gw. 97. 'Y Cymun' ll.6n; 218. 'Trychineb Aber-fan' ll.72n.
16–17	gw. 72. 'Jwdas Iscariot' ll.14n; Actau 2:13,15.
16	**apostolion** gw. 2. 'Y Sant' ll.539n.

245. BETHANIA
Cadwyd copïau teipysgrif o'r gerdd hon yn LlGC, Papurau Gwenallt, A13¹, 27 ac A13², 28.

Nodiadau cyffredinol
Perthyn y gerdd hon i gorff o ganu a ysbrydolwyd gan ymweliad Gwenallt ag Israel yn 1961.
Bethania gw. 209. 'Lasarus' ll.9n.

1–4	Eglwys fodern yw'r Eglwys Ffransisgaidd bresennol. Codwyd yr eglwys gyntaf ar y safle yn y ganrif gyntaf, yr ail yn y cyfnod Bysantaidd, a'r drydedd gan y Croesgadwyr.
1	**Mair a Martha** gw. 42. 'Atgyfodiad Lasarus', n.
2	**Palestina** enw arall ar Ganaan; gw. 132. 'Sir Forgannwg a Sir Gaerfyrddin' ll.24n.
5–6	Mae'r eglwys yn enwog am ei lluniau mosäig trawiadol, gan gynnwys yr un a ddisgrifir yma yn dangos atgyfodiad Lasarus.
7	**Lasarus** gw. 42. 'Atgyfodiad Lasarus', n.
11–14	Cadwyd yr hanes yn Luc 10:38–42.
20	**yr awen** gw. 3. 'Breuddwyd y Bardd' ll.41n.
25	**y Gŵr** Crist; gw. 2. 'Y Sant' ll.199n.

246. MYNYDD Y GWYNFYDAU
Cadwyd copïau teipysgrif o'r gerdd hon yn LlGC, Papurau Gwenallt, A13¹, [28] ac A13², 29.

Nodiadau testunol
2	**gyfarfod :** gwrdd (A13², YC)
18	**y pren :** gadawyd bwlch yn nheipysgrif A13¹ yn y fan hon, ac ysgrifennwyd 'Y Bregeth' ynddo (llaw Nel Gwenallt?); newidiwyd 'Bregeth' i 'Pren' (yn llaw Nel Gwenallt?) yn A13².

Nodiadau cyffredinol
Perthyn y gerdd hon i gorff o ganu a ysbrydolwyd gan ymweliad Gwenallt ag Israel yn 1961.
Mynydd y Gwynfydau yr enw a roddir yn draddodiadol i'r man lle y traddododd Crist y Bregeth ar y Mynydd, gw. ll.6n. Mae traddodiad yn cysylltu'r digwyddiad â bryn o'r enw Karn Hattin, ychydig i'r de o Gapernaum. Ar y Gwynfydau, gw. 114. 'Dartmoor' ll.13n.

1	Mae'r eglwys Ffransisgaidd bresennol yn un ddiweddar a godwyd ar safle eglwysi blaenorol. Mae ei siâp wythochrog yn symboleiddio'r wyth Gwynfyd; cf. ll.3n.
2	**Galileaidd** gw. 249. 'Y Dafarn' ll.1n.

3	**yr wyth Gwynfyd** gw. 114. 'Dartmoor' ll.13n.
4	**Tolstoy**, Leo (1828–1910), nofelydd a diwygiwr cymdeithasol o Rwsia. Er ei fod yn fwyaf adnabyddus ar gyfrif ei nofelau *Rhyfel a Heddwch* (1865–69) ac *Anna Karenina* (1875–77), erbyn 1877 roedd Tolstoy wedi ymwrthod â'i waith llenyddol gan ymroi i feddwl ac ysgrifennu ar bynciau moesegol a chrefyddol. Er nad oedd yn credu yn nwyfoldeb Crist, gwelai'r Bregeth ar y Mynydd yn graidd Cristnogaeth, a chredai y byddai dilyn ei hegwyddorion yn arwain at sefydlu teyrnas Dduw ar y ddaear. Gw. ODCC, 1630–1; *Credaf*.
5	**ei lyfr ar y Bregeth ar y Mynydd** Dichon mai *Mae Teyrnas Dduw o'ch mewn* (1894) a olygir; gw. hefyd *Credaf*; ll.6n.
6	**y Bregeth [ar y Mynydd]** yr enw a roddir yn draddodiadol ar ddysgeidiaeth Iesu Grist a gofnodir ym Mathew 5–7; gw. ODCC, 1487; IBD, 1417–19.
10	**Rousseauaidd** ansoddair a luniwyd o enw'r athronydd Jean Jacques Rousseau; gw. 176. 'Epigramau' ll.65–6n.
12	**Eglwys** gw. 76. 'Yr Eglwys', n.
14	**y groes** gw. 1. 'Y Mynach' ll.360n.
15	**Pont Trefechan** y bont dros afon Rheidol ar gyrion deheuol tref Aberystwyth, a enwogwyd fel safle protest gyntaf Cymdeithas yr Iaith, 2 Chwefror 1963. Byddai Gwenallt yn gorfod croesi Pont Trefechan wrth fynd o'i gartref ym Mhenparcau i dref Aberystwyth neu i'w waith yn y Coleg.
16–18	Ceisiai diwinyddiaeth ryddfrydol dechrau'r 20fed ganrif wahanu Crist yr iachawdwr ('Gwaredwr') a Christ y dysgawdwr ('Proffwyd'); cf. ymosodiad Saunders Lewis ar 'grefydd y "Proffwyd"' yn ei 'Lythyr Ynghylch Catholigiaeth', *Y Llenor*, 6 (Haf 1927). Gw. hefyd John Emyr, *Dadl Grefyddol Saunders Lewis ac W. J. Gruffydd* (1986).
17	**Rabbi** (Hebraeg, 'fy meistr') cyfarchiad parchus yn wreiddiol, ond yn ystod y ganrif gyntaf OC daeth 'rabbi' yn deitl ar y sawl a awdurdodwyd i ddehongli a dysgu'r gyfraith Iddewig.
	Gwaredwr gw. 89. 'Y Gwaredwr', n.
18	**Proffwyd** gw. 1. 'Y Mynach' ll.331n.
	pren gw. 1. 'Y Mynach' ll.360n.
19	**Palestina** gw 245. 'Bethania' ll.2n.
20	**Mynydd yr Olewydd** cadwyn o bedwar copa (yr uchaf ohonynt yn 830m) sy'n edrych dros Jerwsalem. I Fynydd yr Olewydd yr aeth Crist a'r disgyblion ar ôl y Swper Olaf; gw. Mathew 26:30; Marc 14:26; Luc 22:39. (Mae Gethsemane ar odre Mynydd yr Olewydd; gw. 97. 'Y Cymun' ll.6n.) O Fynydd yr Olewydd yr esgynnodd Crist i'r nefoedd; gw. 148. 'Yr Eglwys' ll.23n; Actau 1:12. Gw. IBD, 1114–16; ODCC, 1182.
	Golgotha gw. 116. 'Cymru Victoria' ll.14n.
22	**y bedd gwag** gw. 12. 'Cymru' ll.13n.
23	**Ei deyrnas Ef** gw. 150. 'Y Calendr' ll.6n. Mae llawer iawn o'r Bregeth ar y Mynydd yn ddysgeidiaeth am deyrnas Dduw.

247. YR OLEWYDDEN

Cadwyd copïau teipysgrif o'r gerdd hon yn LlGC, Papurau Gwenallt, A13[1], 29 ac A13[2], 30. Mae'r teitl gwreiddiol yn A13[1] yn cynnwys y fannod, ond fe'i dilewyd gan law arall (Nel Gwenallt?); fe'i hadferwyd yn y testun presennol.

Nodiadau cyffredinol

Perthyn y gerdd hon i gorff o ganu a ysbrydolwyd gan ymweliad Gwenallt ag Israel yn 1961.
Olewydden Yr olewydd yw coed pwysicaf Palestina—yr unig goed o faint mewn rhai ardaloedd —ac fe'u prisir nid yn unig am eu ffrwythau (y gellir eu bwyta neu eu gwasgu er cael olew) ond hefyd fel mannau cysgodi rhag yr haul. Gw. IBD, 1112–14.

2	**Eglwys yr Holl Genhedloedd**	Saif Eglwys yr Holl Genhedloedd tua godre Mynydd yr Olewydd (gw. 246. 'Mynydd y Gwynfydau' ll.20n). Fe'i codwyd yn 1924 gan gonsortiwm a dynnwyd o 12 o genhedloedd, ar safle eglwysi blaenorol sy'n dyddio'n ôl i'r 4edd ganrif. Dyma ardal gydnabyddedig gardd Gethsemane; gw. 97. 'Y Cymun' ll.6n.
3		Mae coed olewydd hynaf y byd yn yr ardal hon—ambell un yn ddigon hen, meddai rhai, i fod wedi tystio i ddigwyddiadau'r Efengylau, er bod eraill yn amau hynny. Gw. IBD, 1116; cf. 252. 'Eglwys yr Holl Genhedloedd' ll.6–7.
4	**Gethsemane**	gw. 97. 'Y Cymun' ll.6n.
5	**chwysodd y Gwaredwr**	gw. Luc 22:44; 89. 'Y Gwaredwr', n.
6	**disgyblion yn cysgu**	gw. Mathew 26:40–5; Marc 14:37–41; Luc 22:45–6.
7	**cwpan fyned heibio**	gw. 218. 'Trychineb Aber-fan' ll.72n.
11–13		Mae ffrwythau'r olewydden wyllt yn fach a diwerth; i fod yn gynhyrchiol rhaid impio canghennau o goeden a feithrinwyd ar lwyn gwyllt er dwyn stoc da. Defnyddir y ffaith hon i greu alegori effeithiol yn Rhufeiniaid 11:17, a cheir darlun cyffelyb yma. Gw. IBP, 1113–14.
12	**o'i waed Ef**	gw. 1. 'Y Mynach' ll.360n.
14	**iachawdwriaeth Duw**	gw. 1. 'Y Mynach' ll.360n.

248. GARDD GETHSEMANE

Cadwyd copïau teipysgrif o'r gerdd hon yn LlGC, Papurau Gwenallt, A13¹, 30 ac A13², 31.

Nodiadau cyffredinol
Perthyn y gerdd hon i gorff o ganu a ysbrydolwyd gan ymweliad Gwenallt ag Israel yn 1961. Cf. sylwadau J. E. Meredith, *Gwenallt: Bardd Crefyddol* (1974), 18–19.
Gardd Gethsemane gw. 97. 'Y Cymun' ll.6n; 247. 'Yr Olewydden' ll.2n.

1	**y Groglith**	gw. 168. 'Yr Awen' ll.24n.
6	**yr olewydd**	gw. 247. 'Yr Olewydden', n, ll.3n.
7–9		gw. 132. 'Sir Forgannwg a Sir Gaerfyrddin' ll.1n.

249. Y DAFARN

Cadwyd copïau teipysgrif o'r gerdd hon yn LlGC, Papurau Gwenallt, A13¹, 31 ac A13², 32.

Nodiadau testunol

14	**Gristionogol**	: 'Gristnogol' yw'r ffurf yn A13¹ ac A13²; fe'i diwygiwyd yma er mwyn cydymffurfio â ffurf arferol Gwenallt ar y gair.

Nodiadau cyffredinol
Perthyn y gerdd hon i gorff o ganu a ysbrydolwyd gan ymweliad Gwenallt ag Israel yn 1961.

1	**Galilea**	ardal yng ngogledd Palestina. Yn yr ardal hon, yn Nasareth, y magwyd Crist, a dyma'r ardal sy'n gefndir daearyddol a diwylliannol i'r rhan fwyaf o gynnwys yr Efengylau. Gw. IBD, 537. Ar Balestina, gw. 245. 'Bethania' ll.2n.
2	**Efengylau**	gw. 150. 'Y Calendr' ll.4n.
3	**Moslem**	dilynydd ffydd Islâm; gw. 192. 'Jesebel ac Elias' ll.360n. Mae'r *Qur'an* (gw. 261. 'Gabriel' ll.3n) yn cynnwys gwaharddiadau yn erbyn yfed alcohol, ac ni chaiff Moslem werthu na gweini diodydd cadarn.
5	**dolerog**	ansoddair a luniwyd o'r gair 'doler', uned ariannol Unol Daleithiau America.
9	***absinthe***	(Ffrangeg, 'wermod') gwirod gwyrdd a wneir o win a wermod.
14	**yfed ychydig**	gw. 1 Timotheus 5:23; cf. hefyd 1 Timotheus 3:3,8; Titus 1:7, 2:3.
16	**jac-tar**	enw sathredig ar forwr; ers talwm gwnaed dillad morwyr yn ddiddos trwy ddefnyddio tar. Gw. BDPF, 1083.

250. EGLWYS Y *DOMINUS FLEVIT*

Cadwyd copïau teipysgrif o'r gerdd hon yn LlGC, Papurau Gwenallt, A13¹, 32 ac A13², 33.

Nodiadau testunol
4   **O** : Trwy (A13², *YC*). Newidiwyd drll. gwreiddiol A13¹, 'O', i 'Trwy' gan law arall.

Nodiadau cyffredinol
Perthyn y gerdd hon i gorff o ganu a ysbrydolwyd gan ymweliad Gwenallt ag Israel yn 1961.
Dominus Flevit (Lladin, 'Wylodd yr Arglwydd') Lleolir yr eglwys hon ar lethrau Mynydd yr Olewydd (gw. 246. 'Mynydd y Gwynfydau' ll.20n) yn y man lle, yn ôl traddodiad, yr wylodd yr Iesu uwchben Jerwsalem; gw. Luc 19:41. Mae'r eglwys bresennol (sydd ar ffurf deigryn) yn un ddiweddar a godwyd ar safle eglwys ganoloesol a godwyd yn ei thro ar safle mynachlog sy'n dyddio'n ôl i'r 5ed ganrif.

3   **Caersalem** Jerwsalem; gw. 241. 'Canaan' ll.20n.
4   Mae'r olygfa dros Jerwsalem yn arbennig o drawiadol o'r fan hon.
5–6   gw. 12. 'Cymru' ll.31–2n.
7–11   Gwrthryfelodd yr Iddewon yn erbyn y llywodraeth Rufeinig yn OC 66, a bu'r ddinas dan warchae am bedair blynedd. Yn OC 70 llwyddodd y cadfridog Rhufeinig Titws i wthio'i ffordd i mewn i'r ddinas; lladdwyd llawer o'r boblogaeth a dinistriwyd y rhan fwyaf o'r adeiladau, gan gynnwys y Deml. Parhaodd poblogaeth fach i fyw yno nes i'r Ymerawdwr Hadrian, wedi terfysg Iddewig arall *c*. OC 132, ailsefydlu'r ddinas yn ddinas Rufeinig o'r enw Aelia Capitolina, cf. ll.11n. Gw. ODCC, 868–9; IBD, 752–60.
11   ***Aelia Capitolina*** Roedd yr enw newydd hwn ar Jerwsalem yn coffáu'r ymerawdwr ei hun (Publius Aelius Hadrianus) a'r duw Iau Capitolinus. Codwyd cerfluniau i'r ddau yng nghyffiniau safle'r Deml. Gw. ODCC, 22.
13   **Iau** gw. ll.11n; 42. 'Atgyfodiad Lasarus' ll.4n.
       Iwno gwraig Iau, a gysylltir â Hera ym mytholeg Groeg. Roedd yn gysylltiedig yn arbennig â bywyd merched, y lleuad, ffrwythlondeb a phriodas. Gw. OCCL, 307–8.
       Fenws gw. 2. 'Y Sant' ll.193n.
14   **llyn Siloam** llyn yn Jerwsalem. Ymddengys yr arferai cleifion (ac eraill) ymolchi yn ei ddyfroedd yng nghyfnod y Testament Newydd; cf. hanes Iesu yn adfer golwg y dyn dall yn Ioan 9:1–11. Gw. IBD, 1452–4; ODCC, 1500.
       nymffaewm teml neu ysgrin i nymffiaid, sef duwiesau dŵr y Rhufeiniaid; gw. 2. 'Y Sant' ll.336n.
15   **'r Cysegr Santeiddiolaf** y rhan fwyaf sanctaidd o'r Deml, lle y byddai Duw ei hun yn ymbresenoli. Gw. IBD, 1522–32; ODCC, 1585.
       delw Iau a'r Ymerawdwr gw. ll. 11n.
16   **fforwm** (Lladin, 'marchnad') Nodwedd arferol mewn trefi Rhufeinig fyddai'r ardal betryal agored hon tua chanol y dref a fyddai'n ganolbwynt i'w bywyd gwleidyddol, masnachol a chymdeithasol. Gw. OCCL, 237.
       Golgotha gw. 116. 'Cymru Victoria' ll.14n.
17   **Adonis** llanc hardd ym mytholeg Groeg. Syrthiodd Aphrodite (gw. 2. 'Y Sant' ll.420n) mewn cariad ag ef ac yn ôl un hanes fe'i rhoddodd mewn cist a'i roi i Persephone (gw. 3. 'Breuddwyd y Bardd' ll.251–4n) i ofalu amdano. Dyfarnodd Zeus y dylai dreulio rhan o'r flwyddyn gyda Persephone a'r gweddill gydag Aphrodite. Fe'i lladdwyd gan faedd gwyllt, ac o'i waed y tyfodd blodau'r anemoni coch. Dehonglwyd hanes Adonis yn fyth 'cylch natur', lle y mae duw yn marw bob blwyddyn ac yn cael bywyd newydd gyda thyfiant newydd y gwanwyn; cf. 12. 'Cymru' ll.13n. Gw. OCCL, 6.
       Eglwys yr Enedigaeth ym Methlehem gw. 242. 'Bethlehem'.
19   **Wal yr Wylofain** rhan o wal orllewinol y Deml yn Jerwsalem (gw. 254. 'Wal yr Wylofain' ll.1n) a ddinistriwyd yn OC 70 (gw. ll.7–11n). Bu'n arfer gan yr Iddewon ers canrifoedd lawer alaru yma am ddinistr y Deml a dinas Jerwsalem, a gweddïo am eu hadferiad. Dyma fan fwyaf cysegredig yr Iddewon. Gw. ODCC, 1712.

251. EGLWYS Y PATER NOSTER

Cadwyd copïau teipysgrif o'r gerdd hon yn LlGC, Papurau Gwenallt, A13¹, 33 ac A13², 34.

Cyfieithiad: Patrick Thomas, yn *Sensuous Glory: The Poetic Vision of D. Gwenallt Jones*, goln Donald Allchin a D. Densil Morgan (2000), 128.

Nodiadau testunol

4	**Yn batrwm o weddi :**	drll. gwreiddiol A13¹ oedd 'Patrwm Ei Weddi Ef', cyn ei ddiwygio i'r drll. presennol; dilewyd cywiriad Gwenallt gan law arall a rhoi 'Ei batrwm Ef o Weddi' (A13², *YC*)
5	**phedair :**	'dwy' oedd drll. gwreiddiol A13¹, cyn ei ddiwygio i '4'.
14	**Cristionogol :**	newidiwyd y drll. hwn yn A13¹ gan law arall i 'Cristnogol' (A13², *YC*)
15	**Un :**	'Ac un' oedd drll. gwreiddiol A13¹ cyn ei ddiwygio i'r drll. presennol. Mae A13² yn cadw'r drll. gwreiddiol.

Ar ddiwedd copi A13¹ ceir y llinellau canlynol yn llaw Gwenallt:
Rhagorfreintiau lawer a gafodd yr iaith
Ond hon yw'r rhagorfraint fwyaf (bennaf)
Iaith â'i geirfa
Iaith â'i chystrawen.

Nodiadau cyffredinol

Perthyn y gerdd hon i gorff o ganu a ysbrydolwyd gan ymweliad Gwenallt ag Israel yn 1961.
Pater Noster (Lladin, 'Ein Tad') geiriau cyntaf Gweddi'r Arglwydd; gw. 1. 'Y Mynach' ll.466n. Codwyd yr eglwys gyntaf ar y safle hwn gan Helen fam Cystennin (gw. 242. 'Bethlehem' ll.1n) ger ogof lle, yn ôl traddodiad, yr arferai Iesu ddysgu ei ddisgyblion a lle, yn ôl traddodiad diweddarach, y dysgodd iddynt Weddi'r Arglwydd.

1	**Mynydd yr Olewydd**	gw. 246. 'Mynydd y Gwynfydau' ll.20n.
2	**disgyblion**	gw. 152. 'Y Pensaer' ll.29n.
8	**Aramaeg**	iaith Semitig, yr iaith lafar arferol ym Mhalestina yn ystod oes Crist, ac iaith wreiddiol ambell ddarn o'r Hen Destament; gw. IBD, 876–8; ODCC, 95.
	Gwaredwr	gw. 89. 'Y Gwaredwr', n.
9	**y Weddi yn Gymraeg**	Urdd Gobaith Cymru a aeth yn gyfrifol am osod y weddi yn Gymraeg, mewn ymateb i gais Llywydd Cymdeithas Gymraeg Jerwsalem yn 1944.
14		cf. 11. 'Y Bardd a'r Beirniad Olaf' ll.15n.
15		cf. 150. 'Y Calendr' ll.20; 188. 'Yr Esgob William Morgan' ll.12, ll.20; 226. 'Moderniaeth' ll.16. Ar y Drindod, gw. 4. 'Yr Angylion a'r Gwragedd' ll.5n.
16–18		gw. 160. 'Dewi Sant' ll.8n.
17	**Calfaria**	gw. 11. 'Y Bardd a'r Beirniad Olaf' ll.18n.
19	**Hosanna**	gw. 192. 'Jesebel ac Elias' ll.823n.

252. EGLWYS YR HOLL GENHEDLOEDD

Cadwyd copïau teipysgrif o'r gerdd hon yn LlGC, Papurau Gwenallt, A13¹, 34 ac A13², 35.

Nodiadau testunol

7	**wyres :**	'sbrigyn' oedd drll. gwreiddiol A13¹, cyn ei ddiwygio i'r drll. presennol.

Nodiadau cyffredinol

Perthyn y gerdd hon i gorff o ganu a ysbrydolwyd gan ymweliad Gwenallt ag Israel yn 1961.
Eglwys yr Holl Genhedloedd gw. 247. 'Yr Olewydden' ll.2n.

3–4		Ni sonnir yn y Beibl am Grist yn gweddïo ar garreg, ond cf. Luc 22:41. Gw. hefyd 231. 'Gardd' ll.51.
4	**Ei chwys**	gw. 247. 'Yr Olewydden' ll.5n.
5	**Gardd Gethsemane**	gw. 97. 'Y Cymun' ll.6n.

6–7	cf. 247. 'Yr Olewydden' ll.3n.
9–11	Ymddengys mai cyfystyron yw'r ansoddeiriau 'Catholig', 'Eciwmenaidd' ac 'Efengylaidd' yma.
9	**Catholig** gw. 190. 'Albert Schweitzer' ll.4n.
10	**Eciwmenaidd** 'byd-eang, cyffredinol, catholig'; GPC, 1158.
11	**Efengylaidd** gw. 217. 'Sir Gaerfyrddin' ll.42n.

253. MOSG AL-AGSA

Cadwyd copïau teipysgrif o'r gerdd hon yn LlGC, Papurau Gwenallt, A13^1, 35 ac A13^2, 36.

Nodiadau testunol

7	Ni cheir y llinell hon yn A13^2.
19	**ar flaen :** o flaen (A13^2, *YC*); diwygiwyd drll. gwreiddiol A13^1 yn ddiangen gan law arall.
24–5	Ysgrifennodd Gwenallt y gair 'Piwritanaidd' gyferbyn â'r llinellau hyn yn A13^1 (ond yn cyfeirio at ll.20–22?).
28–30	Y rhagenw trydydd unigol gwrywaidd ('ei') sydd yn y llinellau hyn yn A13 ac *YC*; fe'i diwygiwyd yma i'r ffurf luosog ('eu') er mwyn cydymffurfio â ll.25–7.

Nodiadau cyffredinol

Perthyn y gerdd hon i gorff o ganu a ysbrydolwyd gan ymweliad Gwenallt ag Israel yn 1961.

Mosg Al-Agsa mosg yn Jerwsalem sydd yn dyddio'n ôl i adeilad a godwyd yn wreiddiol gan Abd al-Malik yn yr 8fed ganrif, ac sy'n sefyll ar safle'r hen Deml; gw. 254. 'Wal yr Wylofain' ll.1n.

1	*mwesin* (Arabeg) term am y geilwad Moslemaidd sy'n cyhoeddi oriau gweddi i ffyddloniaid Islâm.
	minaret (Arabeg) enw ar y tŵr cul ynghlwm wrth fosg, ac arno oriel i'r *mwesin* alw ohoni.
4	Un o 'bum colofn Islâm' yw'r *salat*, gweddi ddefodol a offrymir bum gwaith y dydd tra'n wynebu Mecca; gw. ODCC, 852–3.
7	**Mohammed** gw. 192. 'Jesebel ac Elias' ll.360n.
12	**carpedi Persaidd** y carpedi gorau yn y byd, oherwydd eu crefftwaith eithriadol.
15–16	**Brenin / Faruk** (1920–65), brenin yr Aifft rhwng 1936 ac 1952, pryd y gorfodwyd iddo ildio'r orsedd. Mae'r nenfwd y cyfeirir ato wedi'i baentio'n gywrain iawn.
20	**hen bwlpud cedrwydd** y *minbar*, lle y saif y pregethwr wrth siarad. Roedd *minbar* Mosg Al-Agsa wedi'i gerfio'n hardd (fe'i dinistriwyd mewn tân yn 1969).
23	*mihrab* (Arabeg) term am y gilfach yn wal y mosg sydd yn dangos cyfeiriad Mecca. Mae *mihrab* Mosg Al-Agsa wedi'i gerfio'n gain ac yn dyddio'n ôl i Saladin, Swltan yr Aifft, a gipiodd Jerwsalem yn 1187 gan ysbarduno'r Drydedd Groesgad.
29	**Allah** enw Duw yng nghrefydd Islâm.
32–5	Goresgynnwyd y rhan fwyaf o Sbaen gan luoedd Moslemaidd o ogledd Affrica tua dechrau'r 8fed ganrif. Dan y Mwriaid, fel y'u gelwid, rhagorodd diwylliant Sbaen yn ddirfawr ar ddiwylliant gweddill Ewrop yn yr un cyfnod. Adeiladwyd ysgolion a phrifysgolion lle'r astudid mathemateg, athroniaeth a llenyddiaeth. Astudid gwaith yr athronydd Groegaidd Aristoteles, er enghraifft, yn Sbaen ymhell cyn iddo fod yn hysbys yng ngweddill Ewrop.

254. WAL YR WYLOFAIN

Cadwyd copïau teipysgrif o'r gerdd hon yn LlGC, Papurau Gwenallt, A13^1, 36 ac A13^2, 37.

Nodiadau cyffredinol

Perthyn y gerdd hon i gorff o ganu a ysbrydolwyd gan ymweliad Gwenallt ag Israel yn 1961. Gw. hefyd 255. 'Y Wal Wylofus'.

Wal yr Wylofain gw. 250. 'Eglwys y *Dominus Flevit*' ll.19n.
1   **Teml Herod** Codwyd y Deml gyntaf yn Jerwsalem gan Solomon; gw. 2. 'Y Sant' ll.362n. Fe'i dinistriwyd gan wŷr Babilon *c.*586 CC, a chodwyd Teml newydd *c.*520 CC. Ailadeiladwyd y Deml a'i haddurno'n gyfoethog yn 20 CC gan Herod Fawr (gw. 158. 'Y Merthyron' ll.30n), yn bennaf er mwyn ennill poblogrwydd yn hytrach nag am unrhyw gymhellion crefyddol, a dyna'r Deml a safai yn Jerwsalem yn oes Crist ac a ddinistriwyd yn OC 70; gw. 250. 'Eglwys y *Dominus Flevit*' ll.7–11n. Gw. hefyd IBD, 1522–32; ODCC, 1585.
4   **hen Deml** Ai teml Solomon a olygir? Gw. ll.1n.
5   **Gorsedd Dafydd** gw. 2. 'Y Sant' ll.134n; 150. 'Y Calendr' ll.6n.
6   **gogoniant Solomon** gw. 2. 'Y Sant' ll.362n; cf. Mathew 6:29; Luc 12:27.
8   **Unduw** gw. 192. 'Jesebel ac Elias' ll.39–40n; cf. 241. 'Canaan' ll.6n.
9   **hwynt-hwy a groeshoeliodd Deml Ei gorff Ef** Ar hanes y Croeshoeliad, gw. 1. 'Y Mynach' ll.360n; ar y trosiad 'teml Ei gorff', gw. Mathew 26:61; Marc 14:58; Ioan 2:19–21; ar gyhuddiadau gwrth-Semitaidd, gw. 101. 'Yr Iddewon', n, ll.5–6n.
10   **tridiau** gw. 150. 'Y Calendr' ll.15n.
       morfil o ddaear gw. 200. 'Yr Awyren Fôr' ll.8n.
11   **cododd** gw. 12. 'Cymru' ll.13n.
       Eglwys Crist gw. 76. 'Yr Eglwys', n. Ar gorff Crist yn drosiad am yr Eglwys, gw., e.e., Rhufeiniaid 12:4–5; 1 Corinthiaid 12:12–31; Effesiaid 1:22–3.
12   **Archoffeiriad** trosiad am Grist; gw., e.e., Hebreaid 3:1, 4:14, 5:10, 6:20.
13   Roedd llen yn gwahanu'r Cysegr a'r Cysegr Santeiddiolaf yn y Deml; gw. 250. 'Eglwys y *Dominus Flevit*' ll.15n. Yn ôl trefn aberthau'r Hen Destament âi'r Archoffeiriad heibio i'r llen i'r Cysegr Santeiddiolaf unwaith y flwyddyn i aberthu dros bechodau'r bobl trwy daenellu gwaed ar y Drugareddfa; gw. 14. 'Y Gristionogaeth' ll.17n. Y foment y bu farw Crist ar y groes rhwygwyd y llen yn ddau hanner, o'r brig i'r gwaelod. Gw. Mathew 27:51; Marc 15:38; 1. 'Y Mynach' ll.58n.
15   **Duw-ddyn** gw. 2. 'Y Sant' ll.141n.
       aberth gw. 1. 'Y Mynach' ll.58n.
16   **gwaed croeshoeliedig** gw. 1. 'Y Mynach' ll.360n.

255. Y WAL WYLOFUS
Cadwyd copi holograff o'r gerdd hon yn LlGC 20,625E, a chopi teipiedig yn LlGC, Papurau Gwenallt, A13², 38.

Nodiadau cyffredinol
Perthyn y gerdd hon i gorff o ganu a ysbrydolwyd gan ymweliad Gwenallt ag Israel yn 1961 (ond gw. ll.1–2n). Gw. hefyd 254. 'Wal yr Wylofain'.
Y Wal Wylofus gw. 250. 'Eglwys y *Dominus Flevit*' ll.19n.
1–2   Collodd yr Iddewon eu meddiant ar y Wal Wylofus yn 1948 pan gymerwyd Hen Ddinas Jerwsalem gan wŷr Gwlad Iorddonen. Pan ymosodod yr Israeliaid ar ddechrau'r Rhyfel Chwe Diwrnod yn 1967, brwydrasant eu ffordd yn uniongyrchol at y Wal ac adfer y cysegrle hwn i feddiant yr Iddewon. Ymddengys felly mai wedi'r rhyfel hwnnw y lluniwyd y gerdd hon yn derfynol.
2   **Hen Gaersalem** sector yr Hen Ddinas yn Jerwsalem; gw. 241. 'Canaan' ll.20n; 261. 'Gabriel' ll.8–12n.
4   **sgrin** man gysegredig (Saesneg, *shrine*).
       hen Deml cf. 254. 'Wal yr Wylofain' ll.4n.
7   **Teml Solomon** gw. 254. 'Wal yr Wylofain' ll.1n; 2. 'Y Sant' ll.362n.
       'r ddinas a gododd y Brenin Dafydd gw. 1. 'Y Mynach' ll.134n; 150. 'Y Calendr' ll.6n.

8	*shofar* (Hebraeg) corn hwrdd a chwythir mewn seremonïau crefyddol Iddewig.
9	**yr hwrdd a aberthwyd yn lle Isaac** gw. 214. 'Y Groglith' ll.19n. Codwyd Cromen y Graig (mosg ar safle'r Hen Deml, nid nepell o'r Wal Wylofus) dros y garreg y dywedir i Abraham ymbaratoi i aberthu Isaac arni. **Mynydd Carmel** gw. 192. 'Jesebel ac Elias' ll.77n.
10	**Abraham** gw. 101. 'Yr Iddewon' ll.21n.
13–14	cf. 269. 'Yr Iddewon' ll.27–8.
13	Ar feddrod Dafydd, gw. 258. 'Y Cymun' ll.2n.
14	**Jwdas Macabews** un o arweinyddion gwrthryfel Iddewig a ddechreuwyd yn 168 CC; gw. 184. 'Cymru' ll.23n.
16	**Seion eu Salmau** Ar Seion, gw. 2. 'Y Sant' ll.134n. Mae llawer o gyfeiriadau at Seion yn Salmau'r Hen Destament. Priodolir tua hanner y Salmau i Ddafydd Frenin.

256. MÔR GALILEA

Cadwyd copi holograff o'r gerdd hon yn LlGC 20,625E, a chopi teipysgrif yn LlGC, Papurau Gwenallt, A13², 39: mae darlleniadau'r copi llsgr. yn rhagori mewn sawl man ar ddarlleniadau *Y Coed* ac A13² ac fe'u derbyniwyd i'r testun presennol.

Nodiadau testunol

1, 2	**Fiolyn** : Frolin (A13²)
4	**Llithra'r** : Llithra'u (A13², *YC*)
9	**Methsaida** : Methesda (A13², *YC*); gw. ll.9n isod.
10	**Dyweder** : Dywedir (A13²)
11	**wedi eu troi** : wedi ei troi (A13²); wedi ei throi (llsgr.)

Nodiadau cyffredinol

Perthyn y gerdd hon i gorff o ganu a ysbrydolwyd gan ymweliad Gwenallt ag Israel yn 1961. **Mor Galilea** llyn yng ngogledd Palestina (gw. 245. 'Bethania' ll.2n) a oedd, ynghyd â phentrefi'i lannau, yn gefndir daearyddol i lawer o weinidogaeth yr Iesu yn yr Efengylau. Roedd nifer o ddisgyblion yr Iesu'n bysgotwyr a enillai eu bywoliaeth ar bysgodfeydd enwog y llyn hwn cyn iddynt gael eu galw i fod yn 'bysgotwyr dynion'; gw. 228. 'Cyfanrwydd' ll.7–8n. Mae safle'r llyn, yng ngwaelod dyffryn hollt Iorddonen a chylch o fryniau o'i gwmpas, yn peri bod stormydd dirybudd yn nodwedd gyffredin, a chadwyd dau hanesyn yn yr Efengylau sy'n cyfeirio at stormydd o'r fath; gw. Mathew 8:23–7, 14:22–33; IBD, 537–8.

1	**Fiolyn o fôr** Cyfeirir at siâp Môr Galilea (gan ymgysylltu'n thematig â chyfeiriadaeth ll.5, ll.7). Cadwyd sillafiad ansafonol *Y Coed*, 'fiolyn', yma am fod ynddo elfen o air mwys, er yr ymddengys mai golygyddion y gyfrol honno a fu'n gyfrifol am y sillafiad.
5	**Mozart**, Wolfgang Amadeus (1756–91), cyfansoddwr clasurol y nodweddid ei waith gan bwyslais ar gydbwysedd a harddwch; gw. OCM, 662–3.
7	**Beethoven**, Ludwig van (1770–1827), cyfansoddwr mawr sydd yn pontio rhwng y cyfnod clasurol (gw. ll.5n) a'r cyfnod rhamantaidd, a'i bwyslais ar fynegi pegynnau emosiynau a phrofiadau dyn; gw. OCM, 92–4.
9	**Bethsaida** tref ar lannau gogleddol Môr Galilea, sydd yn ymddangos yn yr Efengylau; gw. IBD, 190. Enw ar bwll yn Jerwsalem yw Bethesda, drll. *Y Coed* (gw. y nodiadau testunol uchod), drll. a grewyd trwy gamddarllen llaw Gwenallt; gw. IBD, 187–8.
10–11	Cyfeirir at y sefyllfa wleidyddol yn Israel adeg ymweliad y bardd â'r wlad.

257. DAU WAREIDDIAD

Cadwyd copïau teipysgrif o'r gerdd hon yn LlGC, Papurau Gwenallt, A13¹, 39 ac A13², 40.

Nodiadau testunol

11–12	Ysgrifennodd Gwenallt y geiriau 'yr ych a'r tacsi' gyferbyn â'r llinellau hyn yn A13¹.

Nodiadau cyffredinol
Perthyn y gerdd hon i gorff o ganu a ysbrydolwyd gan ymweliad Gwenallt ag Israel yn 1961.

1	**Hen Gaersalem** gw. 255. 'Y Wal Wylofus' ll.2n.
10	**y cyrn diamynedd** cf. 306. 'Yr Hen Amser Gynt' ll.14.
14	**yn fforchi'r ewyn** Adleisir y rheoliadau Iddewig am anifeiliaid glân ac aflan; gw. 192. 'Jesebel ac Elias' ll.662–3n.
15	**tanc triphen** Dichon mai am y camel Bactraidd y sonnir, gan fod ei ddau grwb yn rhoi golwg driphennog iddo. Mae gallu'r camel i oroesi'n hir heb ddŵr yn ddiarhebol; cyflenwadau o fraster a chnawd sydd yn y crybiau, nid dŵr fel y cyfryw, cf. ll.16.
18	**Abraham** gw. 101. 'Yr Iddewon' ll.21n. Mae'r ymadrodd 'yn hŷn nag Abraham' yn adleisio llinell o garol John Thomas, Pentrefoelas, 'Y bore hwn, trwy buraf hedd'; gw. E. Wyn James (gol.), *Carolau a'u Cefndir* (1989), 66.
24	**Henry Ford** (1863–1947), sylfaenydd Cwmni Moduron Ford, a'r cymeriad mwyaf dylanwadol yn hanes cynnar datblygu'r diwydiant ceir yn America os nad y byd i gyd.
25	**Moslem** gw. 249. 'Y Dafarn' ll.3n.
	Allah gw. 253. 'Mosg Al-Aqsa' ll.29n.

258. Y CYMUN
Gw. rhif 97 am gerdd wahanol dan yr un teitl, a cf. rhif 273. Cadwyd copïau teipysgrif o'r gerdd hon yn LlGC, Papurau Gwenallt, A13^1, 40 ac A13^2, 41.

Nodiadau cyffredinol
Perthyn y gerdd hon i gorff o ganu a ysbrydolwyd gan ymweliad Gwenallt ag Israel yn 1961.
Y Cymun gw. 1. 'Y Mynach' ll.187n.

1	**Cenacl** yn llythrennol, 'ystafell fwyta', ond defnyddir y gair yn benodol yn derm ar yr oruwchystafell lle y bwytaodd Crist a'i ddisgyblion y Swper Olaf; gw. 1. 'Y Mynach' ll.187n. Bu'r Cenacl, a leolir uwchben Beddrod Dafydd (gw. ll.2n), yn gysegrle i Gristnogion er y cyfnod Bysantaidd. Cf. 264. 'Ioan Marc', n, ll.5n. **Mynydd Seion** gw. 2. 'Y Sant' ll.134n. Defnyddir yr enw Mynydd Seion yn benodol bellach i gyfeirio at ran o'r bryn ar ochr ddeheuol Hen Ddinas Jerwsalem; yng nghyfnod yr Hen Destament cyfeiriai'r enw at fryn ar ochr ddwyreiniol yr ardal a adwaenir bellach fel Dinas Dafydd. Mae'r ardal yn cynnwys nifer o safleoedd pwysig, gan gynnwys safle tebygol y Swper Olaf, a Beddrod Dafydd (gw. uchod).
2	**Caersalem** gw. 241. 'Canaan' ll.20n. **Beddgell y Brenin Dafydd** gw. 2. 'Y Sant' ll.134n; 150. 'Y Calendr' ll.6n. Er bod yr Iddewon yn parchu'r safle hwn ar Fynydd Seion yn fawr, pur ansicr yw ei ddilysrwydd: mae'n fwy tebygol fod Dafydd wedi'i gladdu yn yr 'hen' Fynydd Seion; gw. ll.1n.
3	**araith Pedr** At yr araith a wnaeth Pedr ar ddydd y Pentecost y cyfeirir yma; gw. Actau 2:14–36, ac yn benodol adnod 29. Ar Bedr, gw. 148. 'Yr Eglwys' ll.2n.
4	**goruwchystafell** gw. ll.1n; 221. 'John Edward Daniel' ll.9n.
5	**Eglwys Syriaidd San Marc** prif eglwys y gymuned Uniongred Syriaidd yn Jerwsalem, sy'n credu bod y fan honno yn cadw safle cartref Mair, mam Marc, lle'r aeth Pedr ar ôl iddo gael ei ryddhau o'r carchar gan angel (Actau 12:12). Cred y Syriaid mai yma y bedyddiwyd Mair, mam yr Iesu, a hefyd mai yma—ac nid y Cenacl—oedd gwir safle'r Swper Olaf; gw. ll.1n.
6–9	gw. 1. 'Y Mynach' ll.158n.
9	**Meseia** gw. 101. 'Yr Iddewon' ll.24n.
10	**Gŵyl y Pasg** gw. 72. 'Jwdas Iscariot' ll.6n.
11	**Canaan** gw. 132. 'Sir Forgannwg a Sir Gaerfyrddin' ll.24n.
12	**lladd oen** gw. 1. 'Y Mynach' ll.58n.
13	**y gwaed ar yr ystlysborth** gw. 97. 'Y Cymun' ll.29n.

14	Am fara a gwin yn unig y sonia'r Efengylau wrth adrodd hanes y Swper Olaf.
15	cf. geiriau Isaac yn Genesis 22:7; gw. hefyd 214. 'Y Groglith' ll.19n.
16	**Croeshoelio** gw. 1. 'Y Mynach' ll.360n.
19	**Oen** trosiad am Grist; gw. 1. 'Y Mynach' ll.58n.
	y bryn gw. 11. 'Y Bardd a'r Beirniad Olaf' ll.18n.
20–2	gw. 1. 'Y Mynach' ll.187n.
20	**a droes y gwin yn waed** cf. gwyrth gyntaf yr Iesu, sef troi dŵr yn win; gw. 244. 'Cana Galilea', n.
22	**Cyfamod** gair arall am 'Testament'; cf. Mathew 26:28; Marc 14:24; Luc 22:20; 1 Corinthiaid 11:25.
25	Adleisir geiriau Ioan Fedyddiwr adeg bedyddio'r Iesu; gw. Ioan 1:29.

259. GWEITHDY'R SAER

Cadwyd copïau teipysgrif o'r gerdd hon yn LlGC, Papurau Gwenallt, A13¹, 42 ac A13², 43.

Nodiadau cyffredinol
Perthyn y gerdd hon i gorff o ganu a ysbrydolwyd gan ymweliad Gwenallt ag Israel yn 1961.
Saer cf. 152. 'Y Pensaer', n.

2	**Nasareth** gw. 152. 'Y Pensaer' ll.6n.
8	**Shalom** (Hebraeg, 'heddwch') cyfarchiad Iddewig a ddefnyddir wrth gyfarfod a ffarwelio.
19	**Y Morthwyl a'r Cryman** symbol comiwnyddol, yn dynodi cyfuno llafur amaethyddol a diwydiannol dan y drefn gomiwnyddol.
20	**Marcsaidd** Ar Karl Marx, gw. 101. 'Yr Iddewon' ll.10n.

260. SWPER YR ARGLWYDD

Cadwyd copïau teipysgrif o'r gerdd hon yn LlGC, Papurau Gwenallt, A13¹, 43 ac A13², 44.

Detholwyd i: R. Gerallt Jones (gol.), *Poetry of Wales 1930–1970* (1974), 112.

Cyfieithiadau: R. Gerallt Jones (gol.), *Poetry of Wales 1930–1970*, (1974), 113; Patrick Thomas, yn *Sensuous Glory: The Poetic Vision of D. Gwenallt Jones*, goln Donald Allchin a D. Densil Morgan (2000), 121–2.

Trafodaeth: Cefin Campbell, 'Ystyried rhai o gerddi Gwenallt (5)', *Barn*, 316 (Mai 1989), 28–31.

Nodiadau cyffredinol
Yn wahanol i'r cerddi sydd o boptu iddi, ymddengys y gorwedd ysbrydoliaeth y gerdd hon yn y cyfnod 1944–57, pryd yr addolai Gwenallt yn Eglwys Llanbadarn Fawr, ger Aberystwyth. Awgrym ll.9–12 yw mai Cymun fore'r Nadolig sydd dan sylw, gwasanaeth yr oedd Gwenallt ei hun yn arbennig o hoff ohono; ond anodd cysoni hynny efallai â ll.1–4, ll.24n.
Swper yr Arglwydd gw. 1. 'Y Mynach' ll.158n.

3	**bugail . . . defaid** Am bosibiliadau trosiadol ll.3–4, gw. 158. 'Y Merthyron' ll.29–32n; 176. 'Epigramau' ll.159n.
4	**pechodau** gw. 75. 'Pechod', n.
	braen 'pwdr, llygredig, mall, wedi madru . . .'; GPC, 305.
6	**croes** Ceir delw o groes (yn aml rhwng dwy ganhwyllbren, cf. ll.19) ar yr allor yn y rhan fwyaf o eglwysi Anglicanaidd. Ar hanes y Croeshoeliad, gw. 1. 'Y Mynach' ll.360n.
7	**cangell** y rhan o adeilad eglwys—gan amlaf y pen dwyreiniol—sydd agosaf at yr allor ac a neilltuir ar gyfer y côr, clerigwyr, etc.
9–12	gw. 99. 'Y Nadolig', n, ll.21–2n, ll.24n.
	Bethlem gw. 18. 'Plant Bethlehem', n.
11	**Mair** gw. 1. 'Y Mynach' ll.80n.
13	**Gehenna** (neu Ddyffryn Hinnom), dyffryn i'r de o Jerwsalem. Arferid addoli duwiau

	paganaidd yno ar un adeg, gan gynnwys aberthu plant, ond ymddengys y defnyddid y lle yn ddiweddarach ar gyfer llosgi cyrff drwgweithredwyr ac unrhyw wastraff arall; o'r herwydd daeth enw Gehenna yn gyfystyr ag uffern. Gw. IBD, 651; ODCC, 657.
15–16	gw. 12. 'Cymru' ll.13n.
15	**tridiau** gw. 150. 'Y Calendr' ll.15n.
16	**corff ysbrydol** cf. 1 Corinthiaid 15:43 yml.
17	**sŵn disgyn dŵr** Arllwysir dŵr ar ben y gwin yn rhan o ddefod paratoi'r Cymun yn yr Eglwys Anglicanaidd; cf. 22. 'Cyffes y Golias' ll.15n.
19	**dwy gannwyll** gw. ll.6n.
20	**Ei ddynoliaeth ddwyfol Ef** gw. 2. 'Y Sant' ll.141n. Ar oleuni yn drosiad am Grist, gw. 2. 'Y Sant' ll.150n.
21	**düwch marwol yr yw** gw. 2. 'Y Sant' ll.161n; cf. 270. 'Y Coed' ll.6.
	Llanbadarn gw. 158. 'Y Merthyron' ll.1n.
23	**Rheidol ac Ystwyth** dwy afon sy'n codi yn y mynydd-dir i'r dwyrain o Aberystwyth, gan lifo i'r môr o fewn rhyw dri-chwarter milltir i'w gilydd ar ochr ddeheuol y dref.
24	Tybir mai'r haul yn machlud ar ddŵr Bae Aberteifi a ddisgrifir; cf. y nodyn cyffredinol uchod. Ar fflamau tân, gw. 191. 'Beirdd a Llenorion Ewrob' ll.16n. Adleisir disgrifiad yn awdl T. Gwynn Jones, 'Anatiomaros', 'nes gloywi o'r trochion / Fel ewyn tân ar flaenau y tonnau'; *Caniadau* (1934), 85.

261. GABRIEL

Cadwyd copïau teipysgrif o'r gerdd hon yn LlGC, Papurau Gwenallt, A13[1], 44 ac A13[2], 45.

Nodiadau testunol

6   **phwyntio** : phwyntiodd (A13[2], *YC*)

Nodiadau cyffredinol

Perthyn y gerdd hon i gorff o ganu a ysbrydolwyd gan ymweliad Gwenallt ag Israel yn 1961.

1	**Archangel** Gabriel yw un o ddau angel a enwir yn y Beibl, ac yn un o'r angylion sy'n sefyll gerbron gorsedd Duw. Gabriel a gyhoeddodd eni Ioan Fedyddiwr i Sechrias (Luc 1:11–20) a geni'r Iesu i Fair (Luc 1:26–38). Ar angylion, gw. 1. 'Y Mynach' ll.388n.
	Gwlad yr Iorddonen Dichon mai Dwyrain Jerwsalem a'r Banc Gorllewinol a olygir; roedd y Banc Gorllewinol yn rhan o Wlad Iorddonen rhwng 1948 a'r Rhyfel Chwe Diwrnod yn 1967. Gw. hefyd ll.8–12n.
3	**Qur'an** neu'r Corân, llyfr sanctaidd crefydd Islâm (gw. 192. 'Jesebel ac Elias' ll.360n). Cred Moslemiaid fod y *Qur'an* yn cynnwys y geiriau a ddatguddiodd Duw i Mohammed trwy gyfrwng yr Archangel Gabriel. Gw. ODCC, 935.
4	**Mynydd yr Olewydd** gw. 246. 'Mynydd y Gwynfydau' ll.20n.
5	**Eglwys yr Esgyniad** Mae golygfeydd gwych ar draws dinas Jerwsalem ac anialwch Jwdea i'w gweld o dŵr yr eglwys hon ar Fynydd yr Olewydd. Ar yr Esgyniad, gw. 148. 'Yr Eglwys' ll.23n.
6	**Caersalem** gw. 241. 'Canaan' ll.20n.
8–12	Rhwng 1922 ac 1948 roedd Jerwsalem yn rhan o'r diriogaeth dan awdurdod Prydain ym Mhalestina. Pan gyhoeddodd Israel ei hannibyniaeth yn 1948 gwelwyd brwydro ffyrnig rhwng Iddewon ac Arabiaid yn Jerwsalem, a rhannwyd y ddinas rhwng Israel (y rhan orllewinol, 'fodern') a Gwlad Iorddonen (y rhan ddwyreiniol, gan gynnwys yr 'Hen Ddinas'). Yn sgil llwyddiannau tiriogaethol Israel, bu raid i lawer o Arabiaid ffoi o'u cartrefi, nid yn unig yn Jerwsalem ond hefyd yng ngwlad Israel yn gyffredinol.
13	**Jericho** gw. 192. 'Jesebel ac Elias' ll.431n.
14	**Bethania** gw. 209. 'Lasarus' ll.9n.
	Hen Gaersalem gw. 255. 'Y Wal Wylofus' ll.2n.
19	**Y Cenhedloedd Unedig** corff rhynglywodraethol byd-eang a sefydlwyd ar ddiwedd yr

Ail Ryfel Byd i geisio sicrhau heddwch a diogelwch rhyngwladol. Gwnaeth y Cenhedloedd Unedig gyfraniad mawr tuag at gadw heddwch yn y Dwyrain Canol yn y cyfnod ar ôl Argyfwng Suez yn 1956.

23   **Bethlehem** gw. 18. 'Plant Bethlehem', n.
28   **Mohammed** gw. 192. 'Jesebel ac Elias' ll.360n.
33   **Ffoadur dwyfol** Crist. Ar y trosiad, cf. 176. 'Epigramau' ll.159n.
34   **chwysodd ing** gw. Luc 22:44.
    Mynydd yr Olewydd gw. 246. 'Mynydd y Gwynfydau' ll.20n.

262. MAGDALA

Cadwyd copïau teipysgrif o'r gerdd hon yn LlGC, Papurau Gwenallt, A13^1, 45 ac A13^2, 46. Cyhoeddwyd hi gyntaf yn *Y Drysorfa*, 134:8 (Awst 1964), 161 dan y teitl 'Y Ferch o Fagdala', ynghyd â'r nodyn esboniadol 'Un o'r cerddi ar y bererindod i Balesteina'.

Nodiadau testunol

7   **â dôr y creigfedd :** â'r darn o'r fynwent (*Drysorfa*)
8   Lle y drygsawrai crefydd ynddi hi. (*Drysorfa*)
10   **crefyddol :** deddfol; hi (*Drysorfa*)

Nodiadau cyffredinol

Perthyn y gerdd hon i gorff o ganu a ysbrydolwyd gan ymweliad Gwenallt ag Israel yn 1961. **Magdala** tref ar lannau Môr Galilea; gw. IBD, 930. O'r dref hon y daeth Mair Fadlen; gw. 157. 'Mair a'r Milwr', n. Mae'r gerdd yn troi o gwmpas y digwyddiad a gofnodir yn Luc 7:36–50.

3   gw. Luc 7:38.
4   **nard** gw. 4. 'Yr Angylion a'r Gwragedd' ll.14n.
5   **Simon y Pharisead** gw. Luc 7:39–40; 153. 'Lasarus' ll.5n.
7   **Meseia** gw. 101. 'Yr Iddewon' ll.24n.
7–8 **creigfedd, / A'r gwyngalch** gw. Mathew 23:27.
11–12 gw. Luc 7:47.
12   **pechodau** gw. 75. 'Pechod', n.

263. JWDAS

Am gerdd arall i'r un person, gw. rhif 72. Cadwyd copïau teipysgrif o'r gerdd hon yn LlGC, Papurau Gwenallt, A13^1, 46 ac A13^2, 47.

Nodiadau testunol

3   **Maes y Gwaed :** Y Maes Gwaed (A13^1, A13^2, *YC*)
    Jwdas : Jwda (A13^1, A13^2, *YC*)

Nodiadau cyffredinol

Perthyn y gerdd hon i gorff o ganu a ysbrydolwyd gan ymweliad Gwenallt ag Israel yn 1961. **Jwdas** gw. 14. 'Y Gristionogaeth' ll.8n; 72. 'Jwdas Iscariot'.

1   **crocbren Jwdas** cf. Mathew 27:5; Actau 1:18.
2   **Aceldama** (Aramaeg, 'Maes y Gwaed'); gw. Actau 1:19, a cf. ll.3n.
3   **Maes y Gwaed** gw. Mathew 27:7–8; Actau 1:19; a cf. Sechareia 11:12–13.
4   gw. Mathew 27:6. A'r ymadrodd 'arian coch', cf. 'arian brwnt', ll.7. Mae'r ansoddair 'coch' yn llwythog yma; cf. 158. 'Y Merthyron', n; 172. 'Y Drws' ll.11n; 176. 'Epigramau' ll.147n.
6   **y cusanodd Ef** gw. 72. 'Jwdas Iscariot' ll.11n.
    Gardd Gethsemane; gw. 97. 'Y Cymun' ll.6n.
7   **arian brwnt** gw. 72. 'Jwdas Iscariot' ll.12n; cf. 'arian coch', ll.4.
9   **bargen ddeg ar hugain** gw. 72. 'Jwdas Iscariot' ll.12n.

10	**iachawdwriaeth goch** gw. 1. 'Y Mynach' ll.360n; 88. 'Fenws a'r Forwyn Fair' ll.14n; 158. 'Y Merthyron', n; cf. ll.4.	
	y Drindod gw. 4. 'Yr Angylion a'r Gwragedd' ll.5n.	
11	**crocbren y Crist** gw. 1. 'Y Mynach' ll.360n.	
12	**Brawd** Ar Grist yn frawd, gw., e.e., Mathew 12:48–50; Rhufeiniaid 8:29.	

264. IOAN MARC

Cadwyd copïau teipysgrif o'r gerdd hon yn LlGC, Papurau Gwenallt, A13¹, 47 ac A13², 48.

Nodiadau testunol

15   'A chanu o'r ceiliog ddwywaith' oedd drll. gwreiddiol A13¹, cyn ei ddiwygio i'r drll. presennol.

Nodiadau cyffredinol

Perthyn y gerdd hon i gorff o ganu a ysbrydolwyd gan ymweliad Gwenallt ag Israel yn 1961.
Ioan Marc Uniaethir Ioan Marc, a fu'n gydymaith am gyfnod i Paul a Barnabas ar eu teithiau cenhadol (Actau 12:12–13:13, 15:37), â Marc awdur yr ail Efengyl. Roedd Ioan Marc yn frodor o Jerwsalem, mae'n debyg, ac yn ôl un traddodiad yn ei dŷ ef yr oedd yr oruwchystafell lle y cynhaliwyd y Swper Olaf; cf. 258. 'Y Cymun' ll.5n. Gw. IBD, 948–52; ODCC, 1038–9.

1	**Nos Iau Cablyd** (Saesneg, *Maundy Thursday*) nos Iau cyn y Pasg.	
	Eglwys San Marc gw. 258. 'Y Cymun' ll.5n.	
2	**Gethsemane** gw. 97. 'Y Cymun' ll.6n.	
5	**goruwchystafell y Swper Olaf** gw. 1. 'Y Mynach' ll.187n; 258. 'Y Cymun' ll.1n, ll.5n.	
6	**Eglwys Syriaidd** cf. 258. 'Y Cymun' ll.5n.	
7	**hanes y nos Iau** h.y. o'r Swper Olaf hyd at gyhuddo Crist gan yr awdurdodau Iddewig; gw. Mathew 26:20–75; Marc 14:17–72; Luc 22:14–65; Ioan 13:1–18:27.	
8	**'r Apostol Pedr** gw. 2. 'Y Sant' ll.539n; 148. 'Yr Eglwys' ll.2n. Credir mai cofnodi'r hanes fel y'i hadroddwyd wrtho gan Bedr a wnaeth Marc yn yr ail Efengyl.	
	Aramaeg gw. 251. 'Eglwys y *Pater Noster*' ll.8n.	
9	**Groeg** gw. 226. 'Moderniaeth' ll.16n; cf. 188. 'Yr Esgob William Morgan' ll.10n.	
12–16	gw. 72. 'Jwdas Iscariot' ll.13n.	

265. PEDR

Cadwyd copïau teipysgrif o'r gerdd hon yn LlGC, Papurau Gwenallt, A13¹, 49 ac A13², 50.

Nodiadau cyffredinol

Perthyn y gerdd hon i gorff o ganu a ysbrydolwyd gan ymweliad Gwenallt ag Israel yn 1961.
Pedr gw. 148. 'Yr Eglwys' ll.2n.

1	**Apostol** gw. 2. 'Y Sant' ll.539n.	
	y graig Enw gwreiddiol Pedr oedd Simon. Yn ôl Ioan 1:42 rhoddodd Crist enw newydd iddo ar eu cyfarfyddiad cyntaf, sef Ceffas (gair Aramaeg, yn golygu 'carreg'); mae Pedr yn fersiwn Groegaidd ar yr enw hwnnw. Ar achlysur arall, dywedodd Crist y byddai'n adeiladu ei eglwys 'ar y graig hon'; gw. Mathew 16:18; cf. 241. 'Canaan' ll.23.	
2–4	gw. 72. 'Jwdas Iscariot' ll.13n.	
2	**Caiaffas** gw. 192. 'Jesebel ac Elias' ll.544n.	
5	cf. Mathew 7:24–7.	
6	**Pentecost** gw. 72. 'Jwdas Iscariot' ll.14n.	
7–10	gw. 258. 'Y Cymun' ll.3n. Ar y Croeshoeliad, gw. 1. 'Y Mynach' ll.360n; ar yr Atgyfodiad, gw. 12. 'Cymru' ll.13n.	
8	**Caersalem** gw. 241. 'Canaan' ll.20n.	
10	**eistedd ar ddeheulaw Duw** gw., e.e., Actau 2:34; Effesiaid 1:20; Colosiaid 3:1.	
11	**y tyst** gw. Actau 2:32.	
13	**craig ddi-syfl** Adleisir y llinell 'Y graig ni syfl ym merw'r lli' yn emyn Dafydd Jones,	

Nodiadau: *Y Coed* 637

Tre-borth, 'Mae Duw yn llond pob lle'; *Llyfr Emynau a Thonau y Methodistiaid* (1929), rhif 61.
14 **merthyr** gw. 158. 'Y Merthyron', n. Yn ôl traddodiad, croeshoeliwyd Pedr a'i ben i lawr; cf. Ioan 21:18–19.

266. SACHEUS
Cadwyd copïau teipysgrif o'r gerdd hon yn LlGC, Papurau Gwenallt, A13^1, 50 ac A13^2, 51. Cyhoeddwyd hi gyntaf yn *Y Cylchgrawn Efengylaidd*, 9:3 (Rhagfyr 1967–Ionawr 1968), 65–6; cadwyd copi o'r rhifyn hwnnw ymhlith deunyddiau A13.
Nodiadau testunol
9 **meddw** : gwingar (*YCE*)
23 **weld y sycamorwydden lle y gwelodd** : weled y sycamorwydden lle gwelodd (A13^2, *YC*)

Trafodaeth: Dewi Stephen Jones, 'Tu hwnt i'r wynebau oll–3', *Barddas*, 114 (Hydref 1986), 11–12.
Nodiadau cyffredinol
Perthyn y gerdd hon i gorff o ganu a ysbrydolwyd gan ymweliad Gwenallt ag Israel yn 1961. **Sacheus** prif gasglwr-trethi Jericho—un a gamddefnyddiasai ei safle i ymgyfoethogi, ond a edifarhaodd a dod yn ddisgybl i'r Iesu. Cadwyd yr hanes sydd wrth wraidd y gerdd hon yn Luc 19:1–10. Gw. IBD, 1672.
1 **Jericho** gw. 192. 'Jesebel ac Elias' ll.431n.
2 **Meseia** gw. 101. 'Yr Iddewon' ll.24n.
3–5 Dirmygid y casglwyr trethi fel dosbarth gan yr Iddewon, yn rhannol am eu bod yn tueddu i fod yn dwyllwyr a chribddeilwyr a weithiai ar ran y goresgynwyr Rhufeinig, ond yn bennaf am eu bod yn ymwneud yn gyson â'r cenedl-ddynion ac yn gweithio ar y Sabath. Gw. IBD, 1520–1; ODCC, 1346.
3 **teyrnas nef** gw. 150. 'Y Calendr' ll.6n.
6 **Ismael** mab Abram, trwy Agar llawforwyn Sarai. Am fod Sarai yn ddiffrwyth, rhoddodd ei morwyn i Abram genhedlu plentyn arni, ond yn ei heiddigedd gyrrodd Sarai yr Agar feichiog ymaith. Wedi cyfnod o gymod, anfonwyd Agar ac Ismael ymaith oherwydd i Ismael eiddigeddu at Isaac, blentyn Sara ac Abraham (y ddau erbyn hynny wedi cael enwau newydd oddi wrth Dduw). Gw. Genesis 16:1–21:21; IBD, 705–6. Roedd Ismael yn un o gyndadau'r Arabiaid.
8 **Mab Duw** teitl a ddefnyddir ar Grist yn yr Efengylau, ac iddo'r un arwyddocâd sylfaenol â'r teitl 'Meseia' (gw. 101. 'Yr Iddewon' ll.24n). Defnyddir y ddau deitl ynghyd mewn adnodau megis Mathew 16:16, 26:63; Ioan 11:27, 20:31. Gw. ODCC, 1075–6.
9 cf. Mathew 9:10–11, 11:19; Marc 2:15–16; Luc 5:30–2, 7:34, 15:2.
    publicanod casglwyr trethi.
15 gw. Luc 19:10.
17 **cenedl Abraham** yr Iddewon; gw. Luc 19:9. Ar Abraham, gw. 101. 'Yr Iddewon' ll.21n.
18–19 gw. Luc 19:8.
20 **iachawdwriaeth** gw. 88. 'Fenws a'r Forwyn Fair' ll.14n; 1. 'Y Mynach' ll.360n.
21 **Efengyl** gw. 150. 'Y Calendr' ll.4n.
24 **Gwaredwr** gw. 89. 'Y Gwaredwr', n.
    gobaith . . . ffydd cf. 1 Corinthiaid 13:13.
25 **Pren yr iachawdwriaeth** cf. y groes; gw. 1. 'Y Mynach' ll.360n.
    gollyngodd ef . . . yn rhydd cf. y brawddegau yn eglureb enwog Christmas Evans sy'n disgrifio pechadur yn y doc mewn llys barn, 'Gollwng ef yn rhydd. Mi a gefais Iawn'; gw. Sioned Davies, 'Perfformio o'r Pulpud: Rhagarweiniad i'r Maes', *Y Traethodydd*, 155 (Hydref 2000), 275; cf. 338. 'Y Ffurfafen' ll.26n.
26 **y Groglith** gw. 168. 'Yr Awen' ll.24n.

	Calfaria Fryn gw. 11. 'Y Bardd a'r Beirniad Olaf' ll.18n.
27	Ar y personoli ar iachawdwriaeth a geir yma, gw. Luc 19:9, a cf. 88. 'Fenws a'r Forwyn Fair' ll.14n.
28	**rhwng y ddau leidr** gw. 176. 'Epigramau' ll.169n.
32	**codi o'r bedd y trydydd dydd** gw. 12. 'Cymru' ll.13n; 150. 'Y Calendr' ll.15n.
33	**Sul y Pasg** gw. 72. 'Jwdas Iscariot' ll.6n.
34	**deuliw** blodau melynwyrdd sydd i'r sycamorwydden; fodd bynnag mae rhai rhywogaethau wedi'u meithrin i gynhyrchu dail brithliw gwyrdd, gwyn a phinc.
	coch gw. 158. 'Y Merthyron', n.
	gwyn lliw purdeb a sanctedidrwydd, a hefyd lliw litwrgïaidd y Pasg.
35	**Duw-ddyn** gw. 2. 'Y Sant' ll.141n.
38	**cainc** gair mwys. Gall 'cainc' olygu 'cangen' a hefyd 'tôn, alaw'; cf. ll.39n.
39	**'Hosanna i Fab Dafydd'** gw. 192. 'Jesebel ac Elias' ll.823n. Credai'r Iddewon y byddai'r Meseia yn ddisgynnydd i Ddafydd; gw. 150. 'Y Calendr' ll.6n; 101. 'Yr Iddewon' ll.24n. Mae 'Hosanna' yn enw ar emyn-dôn (*Llyfr Emynau a Thonau y Methodistiaid*, 1929, rhif y dôn 27), a geiriau Morgan Rhys, 'Hosanna, Haleliwia / I'r Oen fu ar Galfaria' (*Llyfr Emynau a Thonau y Methodistiaid*, 1929, rhif 168), a genir yn aml ar y dôn honno, yn fynegiant priodol o brofiad Sacheus. Mae *Hosanna i Fab Dafydd* (1751, 1754) hefyd yn enw ar un o lyfrau emynau William Williams, Pantycelyn.

267. LUC

Cadwyd copïau teipysgrif o'r gerdd hon yn LlGC, Papurau Gwenallt, A13[1], 48 ac A13[2], 49.

Nodiadau cyffredinol

Perthyn y gerdd hon i gorff o ganu a ysbrydolwyd gan ymweliad Gwenallt ag Israel yn 1961.

Luc awdur y drydedd Efengyl a Llyfr yr Actau. Yn ôl Colosiaid 4:14 roedd Luc yn feddyg o ran ei alwedigaeth. Dengys arddull ei ysgrifennu ei fod yn ŵr addysgedig a chanddo ddawn trin geiriau. Nid yn annisgwyl, efallai, dengys ei waith ddiddordeb penodol mewn materion meddygol, a defnyddia ieithwedd feddygol o bryd i'w gilydd. Gw. IBD, 919–22; ODCC, 1005–6.

1	**Eglwys Syriaidd San Marc** gw. 258. 'Y Cymun' ll.5n.
	Hen Gaersalem gw. 255. 'Y Wal Wylofus' ll.2n.
2	**darlun o'r Forwyn Fair** Honnir bod y llun hwn o'r Forwyn a'r plentyn, a baentiwyd ar ledr, wedi'i dynnu 'o'r byw'. Ar Fair, gw. 1. 'Y Mynach' ll.80n.
5	**ffisigwr** meddyg. Gelwir Luc weithiau 'y ffisigwr annwyl'; gw. Colosiaid 4:14.
12	**Efengyl** gw. 150. 'Y Calendr' ll.4n.
16	**Iddew mawr** Crist; gw. 2. 'Y Sant' ll.141n.
17	**Groeg** gw. 226. 'Moderniaeth' ll.16n; cf. 188. 'Yr Esgob William Morgan' ll.10n.

268. SIMON SELOTES

Cadwyd copi teipysgrif o'r gerdd hon yn LlGC, Papurau Gwenallt, A13[2], 52. Ceir ffacsimile o gopi holograff ohoni yn wynebu t. 76 yn yr argraffiad cyntaf o *Y Coed*.

Nodiadau testunol

9	**am** : ag (ffacsimile).

Nodiadau cyffredinol

Perthyn y gerdd hon i gorff o ganu a ysbrydolwyd gan ymweliad Gwenallt ag Israel yn 1961.

Simon Selotes neu Simon y Canaanead, un o ddisgyblion yr Iesu. (Nid y Simon a dderbyniodd yr enw Pedr gan Grist; gw. 148. 'Yr Eglwys' ll.2n; 265. 'Pedr'.) Tybir bod yr enw Selotes a roddir iddo yn Luc 6:15 ac Actau 1:13 yn dynodi ei fod yn aelod o blaid y Selotiaid, carfan chwyldroadol a gyfunai sêl wladgarol a chrefyddol yn ei hawydd i weld diwedd ar reolaeth Rhufain dros genedl Israel ac ailorseddu Duw a'i gyfraith Ef. Gw. IBD, 1454–5, 1674; ODCC, 1502, 1778–9.

1	**Paham y gadewaist** Adleisir llinell gyntaf cerdd I. D. Hooson, 'Seimon, mab Jona' (sef

	Simon Pedr), 'Paham y gadewaist dy rwydau a'th gwch'; gw. *Y Gwin a Cherddi Eraill* (1948), 44.
	byddin y cenedlaetholwyr y Selotiaid.
2	**rhyw gang ddiniwed ddi-gledd** disgyblion Crist; gw. 152. 'Y Pensaer' ll.29n.
5–7	gw. 102. 'Testament yr Asyn' ll.32n.
5	**Brenin** gw. 192. 'Jesebel ac Elias' ll.535n.
	Caersalem gw. 241. 'Canaan' ll.20n.
6	**asyn** gw. 102. 'Testament yr Asyn', n, ll.32n.
7	**palmwydd . . . Hosanna** gw. 192. 'Jesebel ac Elias' ll.820n, ll.823n.
9	**Jwdas** gw. 14. 'Y Gristionogaeth' ll.8n; 72. 'Jwdas Iscariot'; 263. 'Jwdas'.
10	gw. Mathew 26:51–2; Ioan 18:10–11.
	Pedr gw. 148. 'Yr Eglwys' ll.2n.
	yr Ardd Gethsemane; gw. 97. 'Y Cymun' ll.6n.
11	**maddeuodd i'w elynion ar y groesbren** gw. Luc 23:34; 1. 'Y Mynach' ll.360n.
12	**lleng o angylion** cf. Mathew 26:53; 1. 'Y Mynach' ll.388n.
13–16	gw. 242. 'Bethlehem' ll.1n.
15	cf. 100. 'Ewrob' ll.2n.
16	**bedd gwag** gw. 12. 'Cymru' ll.13n.
	eiriolaeth yn y nef gw. 13. 'Ar Gyfeiliorn' ll.4n.

269. YR IDDEWON (*Israeliaid*)

Gw. rhif 101 am gerdd arall dan yr un teitl. Cadwyd copi teipysgrif o'r gerdd hon yn LlGC, Papurau Gwenallt, A13², 53.

Nodiadau cyffredinol

Perthyn y gerdd hon i gorff o ganu a ysbrydolwyd gan ymweliad Gwenallt ag Israel yn 1961.

5	**Arabiaid Bedwin** gw. 241. 'Canaan' ll.9n.
6	**Abram** y ffurf ar enw Abraham cyn i Dduw gyfamodi ag ef; gw. 101. 'Yr Iddewon' ll.21n; cf. 266. 'Sacheus' ll.6n. Mae'r crwydro y cyfeirir ato yma yn cwmpasu'r cyfnod o pryd y galwodd Duw Abram allan o Ur y Caldeaid nes i'r genedl fynd i mewn i Wlad yr Addewid; gw. 132. 'Sir Forgannwg a Sir Gaerfyrddin' ll.24n.
7	**Rechabiaid** gw. 192. 'Jesebel ac Elias' ll.54n.
	piwritanaidd gw. 192. 'Jesebel ac Elias' ll.220n.
9	**Ffynnon Jacob** ffynnon tua 1km i'r de o bentref Askar (sef Sichar yn Samaria); gw. Ioan 4:5–6; IBD, 1496. Mab Isaac oedd Jacob, ac roedd yn ŵyr felly i Abraham. Fe'i hystyrir yn un o dadau mawr cenedl Israel. Gw. IBD, 727–30; ODCC, 855.
10	Cyfeirir at y pennill o waith Thomas William (1761–1844), Bethesda'r Fro, 'Y Gŵr wrth Ffynnon Jacob', a fu'n boblogaidd iawn yn sgil Diwygiad 1904; gw. *Y Llawlyfr Moliant Newydd*, rhif 772. Ar 'y Gŵr', gw. 2. 'Y Sant' ll.199n.
11	**y Môr Marw** y môr hallt yn ne Palestina. Mae wyneb y dŵr tua 427m islaw lefel y môr, ac er bod Iorddonen a rhai afonydd llai yn llifo iddo, nid oes dim yn llifo allan; anweddiad sydd yn cadw lefel y dŵr yn gyson. Cymer ei enw o'r ffaith fod y cyfuniad dwys o gemegolion yn ei ddŵr yn farwol i blanhigion a physgod. Gw. IBD, 371–2.
	Sodom a Gomorra dwy ddinas a ddinistriwyd gan Dduw yn yr Hen Destament oherwydd eu pechadurusrwydd. Gw. Genesis 19:24–5; IBD, 1237.
13	**Haifa** trydedd ddinas Israel o ran ei maint, a leolir ar ochrau Mynydd Carmel; gw. 192. 'Jesebel ac Elias' ll.77n.
14	gw. 192. 'Jesebel ac Elias' ll.77n.
15	**Jericho . . . y dref a ddinistriwyd gan fiwsig** gw. 192. 'Jesebel ac Elias' ll.431n.
17	**ei ddinas ei hun** Jerwsalem, dinas Dafydd; gw. 2. 'Y Sant' ll.134n.
	Beddgell Dafydd gw. 258. 'Y Cymun' ll.2n.
18	**Rabbiniaid** lluosog 'Rabbi'; gw. 246. 'Mynydd y Gwynfydau' ll.17n.

19		*Tora* (Hebraeg, 'y gyfraith'), term am bum llyfr cyntaf yr Hen Destament, a briodolir i Moses; gw. ODCC, 1632. *Talmud* (Hebraeg, 'dysgeidiaeth'), casgliad o gyfreithiau a thraddodiadau Iddewig, a'r dylanwad pwysicaf ar fywyd Iddewig ar ôl ysgrythurau'r Hen Destament; gw. ODCC, 1576.
24		**Groeg a Lladin ac Aramaeg** gw. 226. 'Moderniaeth' ll.16n; 1. 'Y Mynach' ll.168n; 251. 'Eglwys y *Pater Noster*' ll.8n. (Cf. Luc 23:38; Ioan 19:20.)
25		**proffwydi** gw. 1. 'Y Mynach' ll.331n.
26		**Amos** gw. 101. 'Yr Iddewon' ll.22n. **Eseia** gw. 101. 'Yr Iddewon' ll.22n. **Jeremeia** un o broffwydi mawr yr Hen Destament, a broffwydodd ddinistr Jerwsalem. Gw. IBD, 743–8; ODCC, 865–6. **Elias** gw. 148. 'Yr Eglwys' ll.11n. **Eliseus** gw. 192. 'Jesebel ac Elias' ll.297n.
27–8		cf. 255. 'Y Wal Wylofus' ll.13–14.
28		**Jwdas Macabeus** gw. 255. 'Y Wal Wylofus' ll.14n.

270. Y COED

Cadwyd copïau teipysgrif o'r gerdd hon yn LlGC, Papurau Gwenallt, A13¹ (2 gopi) ac A13², 54. Nid yw perthynas y copïau yn A13¹ yn glir, a derbyniwyd darlleniadau gan y naill a'r llall i'r testun presennol.

Nodiadau testunol

7		**na chlychau** : oedd yn gwrando clychau (A13¹ᵃ, A13¹ᵇ; newidwyd 13¹ᵃ i'r drll. presennol gan law arall.)
12		**yr anghyfiawnder a'r cam?** : nid yw'r geiriau hyn yn A13¹ᵃ, A13², *YC*
13		**Natsïaid** : Almaenwyr Natsiaidd (A13¹ᵃ, A13¹ᵇ; newidiwyd A13¹ᵃ i'r drll. presennol gan law arall (Bobi Jones?))
18		**Fe fydd** : A bydd (A13², *YC*; newidwyd drll. A13¹ᵃ i 'A bydd' gan law arall (Bobi Jones?))
25		**'n aros** : ceir bwlch yn A13¹ᵇ; drll. gwreiddiol A13¹ᵃ oedd 'drain' ond fe'i diwygiwyd gan law arall (Bobi Jones?)
26		**fyddant** : fyddont (A13¹ᵃ, A13¹ᵇ)

Nodiadau cyffredinol

Perthyn y gerdd hon i gorff o ganu a ysbrydolwyd gan ymweliad Gwenallt ag Israel yn 1961. Yn ôl nodyn ar waelod y ddalen yn *Y Coed*, hon oedd 'cerdd olaf Gwenallt; fe'i cyfansoddwyd yn ei waeledd olaf'. Fodd bynnag, ar sail sylwadau W. R. P. George, 'Gwyliau Olaf Gwenallt', *Taliesin*, 24 (Gorffennaf 1972), 105–6, 112, gellir casglu bod y gerdd ar waith mor gynnar â haf 1968.

1		**Caersalem** gw. 241. 'Canaan' ll.20n.
2		Amcangyfrifir i chwe miliwn o Iddewon gael eu lladd gan y Natsïaid yn ystod yr Ail Ryfel Byd. Nid yn 'y ffyrnau nwy' y lladdwyd y cyfan: bu farw rhai o newyn neu heintiau, rhai trwy eu saethu ac eraill trwy amrywiaeth o ddulliau erchyll mewn gwersylloedd carchar; gw. hefyd 147. 'Yr Anifail Bras' ll.7n.
4		**wrn** term am lestr a ddefnyddir i gadw lludw person a gorfflosgwyd.
6		**angladdol yw** gw. 2. 'Y Sant' ll.161n, a cf. 260. 'Swper yr Arglwydd' ll.21n.
7		**mwesin y Mosg** gw. 253. 'Mosg Al-Aqsa' ll.1n.
10		cf. 261. 'Gabriel' ll.8–12n.
11		**Cairo** prifddinas yr Aifft a chanolbwynt y diwylliant Arabaidd. **Amman** prifddinas Gwlad Iorddonen
14		**Dresden** dinas yn nwyrain yr Almaen. Dinistriwyd Dresden gan fomiau lluoedd y Cynghreiriaid ym mis Chwefror 1945; lladdwyd tua 135,000 o bobl.
15		gw. 120. 'Dyn' ll.6n.

16–17	gw. 142. 'Dyn' ll.21n.
19	cf. 192. 'Jesebel ac Elias' ll.747–50n.
22	**tair croes** gw. 1. 'Y Mynach' ll.360n; 176. 'Epigramau' ll.169n.
23	**Unig Un** Crist.
	Efengyl gw. 150. 'Y Calendr' ll.4n.
27	**saint** gw. 2. 'Y Sant', n.

271. SONED I ORFFEWS
Cadwyd copïau teipysgrif o'r gerdd hon yn LlGC, Papurau Gwenallt, A13¹, 54, ac A13², 55. Ar gefn copi A13¹ cadwyd copi o 154. 'Y Swper Olaf', wedi'i ddileu â llinell bensil.

Nodiadau cyffredinol
Rainer Maria Rilke gw. 27. 'Duw', n. Addasiad yw'r gerdd hon o'i soned 'Du aber, Göttlicher, du . . .'; gw. *Rainer Maria Rilke: Sämtliche Werke* (1955), 747–8.
Orffews Yn ôl traddodiad, bardd Groeg cynnar oedd Orffews, mab i un o'r Awenau (gw. 3. 'Breuddwyd y Bardd' ll.41n), a medrai ganu'r delyn mor felys fel y gallai swyno anifeiliaid gwyllt a pheri i goed a cherrig symud. Rhwygwyd Orffews yn ddarnau gan lu o wragedd, naill ai o genfigen oherwydd ei gariad at Ewridice, neu am na fynnai anrhydeddu'r duw Dionysus. Arnofiodd ei ben i lawr afon Hebrus, gan siarad a chanu ar hyd yr amser yn ôl rhai fersiynau ar y stori, nes cyrraedd ynys Lesbos, crud barddoniaeth delynegol. Gw. OCCL, 399–400.

272. DINISTR SENACHERIB
Cadwyd copïau teipysgrif o'r gerdd hon yn LlGC, Papurau Gwenallt, A13¹, 55 ac A13², 56.

Nodiadau cyffredinol
Byron, George Gordon (1788–1824), bardd Saesneg pwysig a ddylanwadodd yn fawr ar y Mudiad Rhamantaidd. Mae'r gerdd hon yn gyfieithiad o'i gerdd adnabyddus, 'The Destruction of Semnacherib', a luniwyd yn 1815; gw. *Lord Byron: The Complete Poetical Works 3*, gol. Jerome J. McGann (1981), 309–10.
Senacherib Brenin Asyria 705–681 CC. Mae'r gerdd yn adrodd hanes 2 Brenhinoedd 18:13–19:36. Gw. IBD, 1414–15.

1	**Asyria** gw. 142. 'Dyn' ll.26n.
2	**porffor** gw. 2. 'Y Sant' ll.364n.
4	**Môr Galili** gw. 256. 'Môr Galilea', n.
21	**Assur** Ffurf ar enw Asyria, neu o bosibl yn gyfeiriad at un o ddinasoedd pwysicaf Asyria (bellach Sharqat yn Irac).
22	**Baal** gw. 192. 'Jesebel ac Elias' ll.10n.
23	**Nêr** arglwydd; yma, yr Arglwydd Dduw.

273. Y CYMUN BENDIGAID
Gw. rhifau 97 a 258 am gerddi gwahanol dan deitl tebyg. Cadwyd copi teipysgrif o'r gerdd hon yn LlGC, Papurau Gwenallt, A13², 57.

Detholwyd i: *Yr Eurgrawn*, 161 (Gaeaf 1969), 181.

Nodiadau cyffredinol
Heber, Reginald (1783–1826), emynydd cynhyrchiol yn ystod ei gyfnod yn ficer Hodnet, sir Amwythig, 1807–23, cyn iddo gael ei ddyrchafu'n esgob Calcutta. Roedd ganddo gysylltiadau agos â Chymru, a lluniodd ei emyn enwog, 'From Greenland's icy mountains' tra'n aros yn ficerdy Wrecsam yn 1819. Cyfieithiad yw'r gerdd hon o'r emyn 'Bread of the world in mercy broken'; gw. *Hymns Ancient and Modern*, rhif 714. Gw. OCEL, 376; Julian, 503–4.
Y Cymun gw. 1. 'Y Mynach' ll.187n.
| 1 | **Bara** Yn ogystal â delweddaeth arferol y Cymun, gw. Ioan 6:35. |

	ar bren gw. 1.'Y Mynach' ll.360n.
2	**Gwin** Yn ogystal â delweddaeth arferol y Cymun, gw. Ioan 15:1,5.
	y groes a roes Â'r odl fewnol hon, cf. odl gyrch pennill o emyn Peter Jones (Pedr Fardd, 1775–1845), 'Yn rawnwin, ar y groes, / Fe droes y drain'; *Llyfr Emynau a Thonau'r Methodistiaid* (1929), rhif 293. Ar y groes, gw. 1.'Y Mynach' ll.360n.
4	**Ei fedd** gw. 12.'Cymru' ll.13n.
8	**gwledd** gw. 97.'Y Cymun' ll.13n.

Cerddi Ychwanegol

274. Y FRIALLEN
Cadwyd copi holograff o'r gerdd hon yn LlGC, Papurau Gwenallt, CH10, 2–3. Er bod y rhestr swyddogol o gynnwys LlGC, Papurau Gwenallt (t.11) yn disgrifio cerddi CH10 yn 'ddarnau adrodd eisteddfodol ar amrywiol bynciau', heb awgrym mai gwaith Gwenallt ydynt, nid oes yr un rheswm llawysgrifol dros eu gwrthod. Dilynir yma arweiniad R. Non Mathias, 'Bywyd a Gwaith Cynnar Gwenallt' (Traethawd MA Prifysgol Cymru [Aberystwyth], 1983), 45, a chynnig mai enghreifftiau o ymdrechion barddol y Gwenallt ifanc ydynt, a rhai ohonynt yn gynnyrch eisteddfodau lleol. Roedd llunio telyneg ar y testun 'Y Friallen' ymhlith cystadlaethau Eisteddfod Pontardawe 1913; gw. *Tarian y Gweithiwr*, 17 Gorffennaf 1913, 6. Dichon fod eraill o gerddi CH10 yn gynnyrch y mân gyfarfodydd llenyddol a adwaenid fel *Penny Readings*; bu'r Gwenallt ifanc a'i dad yn bur ffyddlon yn *Penny Readings* Capel Gelli-nudd, ger Pontardawe.

Nodiadau cyffredinol
Mae'n bosibl bod y gerdd hon yn dangos dylanwad cerddi gan ddau o 'arwyr' barddol Gwenallt yn y cyfnod cynnar hwn, sef Ben Bowen ac Elfed; gw. David Bowen (gol.), *Cofiant a Barddoniaeth Ben Bowen* (1904), 253, 257; H. Elvet Lewis, *Caniadau Elfed* (1909), 206; cf. 281. 'Y Glöwr', n.
Briallen blodyn gwyllt sydd gyda'r cynharaf i flodeuo yn y gwanwyn.

3	**Eden** gw. 2. 'Y Sant' ll.269n.	
7	**'oll yn hawddgar'** gw. Caniad Solomon 5:16.	
13	**awen** gw. 3. 'Breuddwyd y Bardd' ll.41n.	
20	**calon lân** cf. cytgan emyn adnabyddus Daniel James ('Gwyrosydd'; 1847–1920), 'Nid wy'n gofyn bywyd moethus', sef 'Calon lân yn llawn daioni, / Tecach yw na'r lili dlos' (cf. ll.21n); *Llyfr Emynau a Thonau y Methodistiaid* (1929), rhif 765.	
21	**'lili y dyffrynnoedd'** gw. Caniad Solomon 2:1.	
30	**can** gwyn.	
34	**paradwys** gw. 2. 'Y Sant' ll.528n.	
35	**myg** 'gogoneddus, anrhydeddus, sanctaidd . . .'; GPC, 2529.	
40	**telynau mud** cf. Salm 137:1–4; 3. 'Breuddwyd y Bardd' ll.297n.	

275. UFUDD-DOD
Cadwyd copi holograff o'r gerdd hon yn LlGC, Papurau Gwenallt, CH10, 3–4; gw. 274. 'Y Friallen', n. Roedd llunio darn adrodd i blant ar y testun 'Ufudd-dod' ymhlith cystadlaethau Eisteddfod Pontardawe, 1913; gw. *Tarian y Gweithiwr*, 17 Gorffennaf 1913, 6, a 31 Gorffennaf 1913, 7.

Nodiadau cyffredinol
Mae'r gerdd yn frith o ymadroddion stoc emynau a cherddi crefyddol y cyfnod.

1	cf. Exodus 20:12.	
10	**angel** gw. 1. 'Y Mynach' ll.388n; 12. 'Cymru' ll.5n.	
15	**Iôr** Arglwydd.	
16	**teyrnas nef** gw. 150. 'Y Calendr' ll.6n.	
17	gw. ll.29n.	
24	**golau yn yr hwyr** Adleisir llinell olaf emyn E. Herber Evans, 'Dal fi'n agos at yr Iesu', sef 'Bydd goleuni yn yr hwyr', sydd yn ei thro yn adleisio Sechareia 14:7; gw. *Llyfr Emynau a Thonau y Methodistiaid* (1929), rhif 624.	
29	**yr Ufudd** Crist; cf. Philipiaid 2:8.	

276. LLOFRUDD YR EOS
Cadwyd copi holograff o'r gerdd hon yn LlGC, Papurau Gwenallt, CH10, 4; gw. 274. 'Y Friallen', n.
Nodiadau cyffredinol
4	**eos** gw. 28. 'Homer' ll.3n.	

dylluan gw. 45. 'Beddargraff Gwraig Enwog' ll.4n.
5–8 Adleisir y gân werin adnabyddus, 'Boneddwr mawr o'r Bala'; gw. Phyllis Kinney a Meredydd Evans (goln), *Caneuon Gwerin i Blant* (1981), 15.

277. YR YSMOCIWR
Gw. rhif 278 am gerdd wahanol dan yr un teitl. Cadwyd copi holograff o'r gerdd hon yn LlGC, Papurau Gwenallt, CH10, 5. Mae'r ffaith fod dwy gerdd ddilynol yn CH10 ar yr un testun yn awgrymu'n gryf mai cynnyrch cystadleuaeth sydd yma; gw. 274. 'Y Friallen', n.

Nodiadau testunol
6   **a ddaw :** y daw (CH10)

Nodiadau cyffredinol
Mae J. Beddoe Jones yn cofio Gwenallt yn wrth-ysmygwr o argyhoeddiad yn ei ddyddiau yn fyfyriwr yn Aberystwyth; gw. *Barddas*, 28 (Mawrth 1979), 7. Yn ddiweddarach y daeth Gwenallt yn hoff o sigarét hir.

278. YR YSMOCIWR
Gw. rhif 277 am gerdd wahanol dan yr un teitl. Cadwyd copi holograff o'r gerdd hon yn LlGC, Papurau Gwenallt, CH10, 5v. Am awgrym mai cynnyrch cystadleuaeth yw hi, gw. 277. 'Yr Ysmociwr', n; 274. 'Y Friallen', n.

Nodiadau cyffredinol
Gw. 277. 'Yr Ysmociwr', n.
6   **clop** 'pen, penglog . . . (yn aml yn gellweirus am benbwl neu hurtyn)'; GPC, 507.
10   **y Gŵr Drwg** y diafol.

279. Y NADOLIG
Gw. rhifau 99 a 336 am gerddi gwahanol dan yr un teitl. Cadwyd copi holograff o'r gerdd hon yn LlGC, Papurau Gwenallt, CH10, 6v-7; gw. 274. 'Y Friallen', n.

Nodiadau cyffredinol
Nadolig gw. 99. 'Y Nadolig', n.
7   **ganwyd inni Geidwad** cf. Luc 2:11.
8   **Yn y preseb** gw. 99. 'Y Nadolig' ll.6n.
10   **Baban** Crist; gw. 99. 'Y Nadolig' ll.6n.
11   **benyr** lluosog 'baner'.
13–14 cf. Luc 2:10.
20   **angylion** gw. 1. 'Y Mynach' ll.388n; cf. ll.26n, ll.32.
23   **cadachau** gw. Luc 2:12.
26   Mae'n bosibl y cyfeirir yma at gân y côr nefol yn Luc 2:13–14, er nad oes 'Haleliwia' yno fel y cyfryw; cf. ll. 32. Ar 'Haleliwia', gw. 192. 'Jesebel ac Elias' ll.823n.
28   **Bethlem Jwda** gw. 18. 'Plant Bethlehem', n.
29–30 gw. ll.26n, a cf. Datguddiad 3:12, 21:2–3,10.
32   **cymanfa o angylion** cf. ll.26n; 192. 'Jesebel ac Elias' ll.222.

280. PWLPUD CYMRU
Cadwyd copi holograff o'r gerdd hon yn LlGC, Papurau Gwenallt, CH10, 7v-8; gw. 274. 'Y Friallen', n.

Nodiadau cyffredinol
Ar bwysigrwydd y bregeth yn hanes Cristnogaeth yng Nghymru, gw. 11. 'Y Bardd a'r Beirniad Olaf' ll.15n.
3   **canllawiau** gair mwys, gan fod canllaw nid yn unig yn gallu golygu 'math o gledrwaith

	neu barapet megis ar ochr pont ac ar ymyl grisiau', ond hefyd 'cymorth, cynhaliaeth'; GPC, 412.
8	**yn ymgusanu** Adleisir Salm 85:10; cf. ll.19–20n.
15–16	Cyfeirir at y berth ryfeddol a welodd Moses yn llosgi heb ei difa; gw. Exodus 3:1–6. Ar Horeb, gw. 192. 'Jesebel ac Elias' ll.88n.
19–20	Adleisir Salm 85:10; cf. ll.8n.
21	**goleuni yr Efengyl**, gw. 150. 'Y Calendr' ll.4n; 2. 'Y Sant' ll.150n. Ar le Cymru yn y mudiad cenhadol, gw. 192. 'Jesebel ac Elias' ll.353–5n; 12. 'Cymru' ll.24n.

281. Y GLÖWR

Cadwyd copi holograff o'r gerdd hon yn LlGC, Papurau Gwenallt, CH10, 8–9; gw. 274. 'Y Friallen', n.

Nodiadau cyffredinol

Yn ei hedmygedd o'r glöwr a'i phwyslais ar slafdod tanddaearol, mae'r gerdd hon yn nodweddiadol o'i chyfnod; diddorol nodi y ceir yr un pwyslais yng ngwaith 'arwyr' barddol Gwenallt yn y cyfnod, sef Ben Bowen ac Elfed; gw. David Bowen (gol.), *Cofiant a Barddoniaeth Ben Bowen* (1904), 43–4; H. Elvet Lewis, *Caniadau Elfed* (1909), 24; cf. 274. 'Y Friallen', n. Gw. Hywel Teifi Edwards, *Arwr Glew Erwau'r Glo* (1994).

2	**mad** 'da, daionus, rhinweddol, sanctaidd, teg, hyfryd, hardd'; GPC, 2300.
8	**Y cyfanfyd mawr** Ar ddechrau'r 20fed ganrif, Maes Glo De Cymru oedd y pwysicaf yn y byd, a chymaint â thri chwarter ei gynnyrch yn cael ei allforio.
14	**angel** yma yn yr ystyr 'un anfonedig, gwasanaethwr'; cf. Hebreaid 1:14; 12. 'Cymru' ll.5n.
21–2	cf. Genesis 3:24; 1 Pedr 1:7, 4:12; 1 Corinthiaid 3:13.
24	**nos y cam** cf. ll.33.
25–8	Darlunnir y glöwr yn gymeriad Crist-debyg; cf. ll.37n.
29	Adleisir llinell o emyn William Williams, Pantycelyn, 'Disgwyl pethau gwych i ddyfod'; gw. *Llyfr Emynau a Thonau y Methodistiaid* (1929), rhif 688.
32	**Gwynfa dlos** gw. 1. 'Y Mynach' ll.108n. Cf. hefyd 121. 'Y Meirwon' ll.33n.
36	**Milflwyddiant** yn llythrennol, cyfnod o fil o flynyddoedd, ond fe'i defnyddir yn enw ar oes aur neu gyfnod o wynfyd, fel arfer yn gysylltiedig â theyrnasiad Crist ar y ddaear; gw. Datguddiad 20:1–5.
37	**y Brawd a'r Cyfaill** termau a ddefnyddir yn aml wrth gyfeirio at Grist; cf. ll.25–8n. Ar y ddelwedd o Grist yn frawd, gw. 263. 'Jwdas' ll.12n.

282. AWRLAIS Y CAPEL

Cadwyd copi holograff o'r gerdd hon yn LlGC, Papurau Gwenallt, CH10, 9v; gw. 274. 'Y Friallen', n.

Nodiadau cyffredinol

Awrlais cloc. Canodd Gwenallt nifer o gerddi ar thema amser; gw. 150. 'Y Calendr'; 201. 'Amser'; 227. 'Y Cloc'.

4	**y tŷ** capel (tŷ Dduw); cf. Salm 84:4.
6	cf. 2 Brenhinoedd 9:17.
7	**angel** gw. 1. 'Y Mynach' ll.388n.
8	Mae'n bosibl fod yma adlais eironig o hanes Wil Bryan yn newid bysedd cloc y capel yn nofel Daniel Owen, *Hunangofiant Rhys Lewis, Gweinidog Bethel* (1885), pennod 5. Cf. hefyd yr anogaeth ar ddiwedd y bennod gyntaf, 'Cofia ddyweyd y gwir'.
12	**Cerdded** Sonnir am amser yn cerdded, a cherddeth hefyd a wna bysedd cloc.

283. GWANWYN
Cadwyd copi holograff o'r gerdd hon yn LlGC, Papurau Gwenallt CH19, 15v. Nodir y dyddiad 'Mawrth 18, 1916' o dani.

Nodiadau cyffredinol
3 **'i dŵr** Cymerir mai adlewyrchiad hir haul isel ar y dŵr yw'r tŵr y cyfeirir ato yma.

284. ER COF AM FY NGHYFAILL ANNWYL, MR OLIVER JONES
Cadwyd y gerdd hon yn Charles Davies ac Edward K. Prosser (goln), *A Book of Aberystwyth Verse* ([1926]), 24–5; ymddangosodd fersiwn arall, pur wahanol, yn *Ysgubau'r Awen*; gw. rhif 63.

Nodiadau cyffredinol
Fel yn fersiwn rhif 63, mae nifer o drawiadau yma sydd yn debyg i englynion R. Williams Parry i 'Hedd Wyn'; gw. *Yr Haf a Cherddi Eraill* (1924), 100–1.
Mr Oliver Jones gw. 63. 'Er Cof am Mr Oliver Jones', n.
7 **arab** 'cellweirus, ysmala' neu 'llawen, llon, bywiog'; GPC, 174.
y Bau Mae peth amwysedd yma, yn arbennig o ddarllen y gerdd ar lafar. Mae 'pau', sef 'gwlad, tir, tiriogaeth, . . . bro, ardal, lle' (GPC, 2703), yn creu delwedd annisgwyl; 'bae' yw'r ystyr a ddisgwylir, ond nid yw'n cadw'r odl yn gywir.
13–14 **gwlith . . . / . . . glaw** cf. 12. 'Cymru' ll.17.
24 **Awen** gw. 3. 'Breuddwyd y Bardd' ll.41n.
33–4 cf. 39. 'Beddargraff Morwr' ll.3–4n.
35 **gwylain** gw. 7. 'Myfyrdod' ll.3n.
35–6 cf. 286. 'Ynys Enlli' ll.143–4.

285. I'M RHIENI—ABERTH
Cadwyd copi holograff o'r gerdd hon yn LlGC, Papurau Gwenallt, CH4, 68v.

Nodiadau cyffredinol
Gan iddo wrthod ymladd yn y Rhyfel Byd Cyntaf, ni dderbyniodd Gwenallt grant i fynd yn fyfyriwr i Goleg Prifysgol Cymru, Aberystwyth, yn 1919; aberth ariannol ei rieni wrth iddynt ymdrechu i'w gadw yn ei fywyd newydd yn y Coleg yw testun y gerdd. Ar rieni Gwenallt, gw. 9. 'Beddau' ll.10n, ll.17n.
2 **Drutwaith fy newydd wisg** Ar wisgoedd dandïaidd beirdd y Coleg, gw. *Credaf*.
8 cf. Mathew 15:14.
9 **Pan rwygo llen** trosiad am farwolaeth; cf. 254. 'Wal yr Wylofain' ll.13n, a gw. y llinell yn emyn enwog John Elias, 'Ai am fy meiau i', sef 'Agorodd ffordd, pan rwygai'r llen'; gw. *Llyfr Emynau a Thonau y Methodistiaid* (1929), rhif 360.
12 Ar y ddelwedd, cf. 164. 'München' ll.31n.
13 **eiriol** h.y. gweddïau ei rieni ar ei ran.

286. YNYS ENLLI
Hon oedd awdl arobryn Eisteddfod Coleg Prifysgol Cymru, Aberystwyth, 25 Chwefror 1922; defnyddiodd Gwenallt y ffugenw 'Seiriol Wyn', a'r beirniad oedd W. J. Gruffydd (gw. ei feirniadaeth yn *Y Brython*, 6 Ebrill 1922, 4). Cadwyd copi holograff o'r awdl yn LlGC, Papurau Gwenallt, A3, yn ogystal â chopi teipysgrif yn LlGC, Papurau Gwenallt, A4. Cyhoeddwyd detholiad o'r gerdd (ll.113–36) yn *The Dragon*, 44:3 (1922), 176. Roedd Gwenallt yn lletya yng nghartref Dewi Morgan adeg llunio'r gerdd hon; gw. *Y Mynach a'r Sant*, n. Ceir atgofion J. Beddoe Jones am amgylchiadau ei llunio yn *Barddas*, 28 (Mawrth 1979), 7.

Mae'r copi o'r awdl a gadwyd yn LlGC, Papurau Gwenallt, A3, yn dwyn y cyfarchiad 'I Nel Gwenallt' (yn llaw Nel Gwenallt?) ar y tudalen cyntaf; ychwanegiad diweddarach, yn ddiau, yw'r cyfarchiad hwn gan mai yn 1937 y priodwyd y ddau.

Trafodaeth: Bryan Martin Davies, 'Awdlau Gwenallt' (Traethawd MA Prifysgol Lerpwl, 1974).

Nodiadau testunol

64   **Yn** : Yw (A3)

Nodiadau cyffredinol

Enlli gw. 2. 'Y Sant' ll.542n.

1–4   Mynegir awydd rhamantaidd i ddianc o'r dref i'r wlad, a fynegir hefyd yng ngwaith beirdd fel R. Williams Parry a Cynan yn yr un cyfnod.

9   **Aberdaron** pentref ar arfordir Llŷn; o Aberdaron yr hwyliai pererinion am Enlli.

18   **creigiau** Mae Aberdaron yn enwog am ei greigiau sy'n codi o'r môr mewn ffordd ddramatig; gw. ll.19–20. Cf. y cyfeiriad yng ngherdd Cynan i 'Aberdaron' at 'greigiau Aberdaron a thonnau gwyllt y môr'; gw. *Caniadau Cynan* (1927), 32.

33   **Ynys firain** Adleisir disgrifiad Meilyr Brydydd o Ynys Enlli yn ei 'Farwysgafn'; gw. J. E. Caerwyn Williams a P. I. Lynch (goln), *Gwaith Meilyr Brydydd a'i Ddisgynyddion* (1994), 101, ll.33. Gw. hefyd ll.129n.

50   **menych** lluosog 'mynach'.

58   **llad** bendith; cf. 290. 'Cyfnos a Gwawr' ll.146.

67   **gosber** gw. 1. 'Y Mynach' ll.441n.

68   **Nêr** Arglwydd, sef yr Arglwydd Dduw.

72   **llaswyr** gw. 1. 'Y Mynach' ll.180n.

73   cf. y llinell o waith Goronwy Owen, 'Hyfrydwch pob rhyw frodir'; gw. 'Cywydd yn ateb Huw'r Bardd Coch o Fôn', BDdG, 65.

75   **Rhi** Arglwydd.

76   Ar y cyd-drawiad, cf. llinell o awdl T. Gwynn Jones, 'Ymadawiad Arthur', 'I sanctaidd Oes Ieuenctyd'; *Caniadau* (1934), 32; 296. 'Yr Hen Darw' ll.6.

79   **y Fair Forwyn** Ar enw Mair y cysegrwyd Abaty'r Canoniaid Awstinaidd ar Enlli; gw. 1. 'Y Mynach' ll.80n.

106   **prydydd** bardd; cf. ll.129n.

112   **sanctaidd ddyfredd** Mae ffynnon sanctaidd ar Ynys Ynlli y credid bod i'w dyfroedd alluoedd rhiniol. Cf. 2. 'Y Sant' ll.526–7n.

120   **Oriau** gw. 1. 'Y Mynach' ll.43n.

121–4   Yn ôl traddodiad, mae Beuno, Dyfrig a Phadarn ymhlith y seintiau a gladdwyd ar Enlli. Gw. hefyd ll.129n.

129   **Meilyr [Brydydd]** (*fl.* 1110–37), pencerdd Gruffudd ap Cynan, ac un o'r cynharaf o Feirdd y Tywysogion; gw. Bywg., 589; CLC, 497. Yn ei gerdd 'Farwysgafn' mae'n ymwrthod â'i waith fel bardd llys ac yn mynegi ei awydd i fynd yn bererin i Enlli a'i gladdu yno. Gw. hefyd ll.33n.

132   **breuddwyd** Canodd mab Meilyr Brydydd, Gwalchmai, gerdd enwog a elwir 'Breuddwyd Gwalchmai' lle y mae'n mynegi ei ddadrithiad â bywyd ac yn myfyrio ar farwolaeth; gw. J. E. Caerwyn Williams a P. I. Lynch (goln), *Gwaith Meilyr Brydydd a'i Ddisgynyddion* (1994), 255.

133–4   Adleisir 'Marwysgafn' Meilyr Brydydd, ll.22–3; cf. ll.33n.

136   **gwely** Ystyr y gair 'Marwysgafn' yw gwely angau.

138   **ynys wen** Ar ystyr yr ansoddair, cf. 177. 'Y Genedl' ll.17n.

139   **Weithion** yn awr.

        ethyw aeth.

143–4   cf. 284. 'Er Cof am fy nghyfaill annwyl, Mr Oliver Jones' ll.35–6.

155   cf. 63. 'Er Cof am Mr Oliver Jones' ll.23.

287. GOFYN OED YN Y NOSON LAWEN—A'R ATEB

Roedd y cywydd hwn yn gyd-fuddugol yn Eisteddfod Coleg Prifysgol Cymru, Aberystwyth, 25

Chwefror 1922. Y beirniad oedd T. Gwynn Jones, a ffugenw Gwenallt oedd 'Cainc yr Encil'. Cadwyd copi holograff o'r gerdd yn LlGC, Papurau Gwenallt, A5. Ar gefn ail ddalen y llsgr. ceir y nodyn canlynol: 'Darn bach i 'scrifennu *topicaliaid* arno syđ eisiau arnaf. Y mae'n drueni gwneud hynny ar gefn cywyđ. Diolch C[assie Davies?]' Roedd Cassie Davies yn gyfaill colegol i Gwenallt; gw. ei hatgofion am y cyfnod hwnnw yn ei chyfrol, *Hwb i'r Galon* (1973), 58 yml.; gw. yn arbennig t.65, lle y cyfeiria at Eisteddfod Gyd-golegol 1921 [*sic*] a llwyddiant Gwenallt yng nghystadlaethau'r cywydd a'r englyn.

Nodiadau cyffredinol

8   *soirée* noson gymdeithasol, cyfarfyddiad fin nos i fwynhau cerddoriaeth ac ymddiddan.
16   **Ynys** Ynys Prydain; cf. 25. 'Balâd yr Arglwyddi' ll.10n.
22   **'Marwol wyf'** Adleisir llinell o gywydd serch gan Ieuan Deulwyn, 'Marwol wyf am yr ail oed'; gw. Ifor Williams (gol.), *Casgliad o Waith Ieuan Deulwyn* (1909), 16.
25   **Mair** mam yr Iesu; gw. 1. 'Y Mynach' ll.80n.
34   **Gwen** enw ystrydebol yn y canu serch Cymraeg.
49   **dyun** 'cytûn, cyfun, unol, unfryd; parod, awyddus, eiddgar'; GPC, 1150.

288. [CYFARCH Y BARDD BUDDUGOL]

Cadwyd copi holograff o'r gerdd hon yn LlGC, Papurau Gwenallt, A5, 3v (h.y. ar gefn dalen olaf 287. 'Gofyn Oed yn y Noson Lawen—a'r Ateb'). Cerdd gyfarch ydyw i Iorwerth C. Peate a enillodd Gadair Eisteddfod Coleg Prifysgol Cymru, Aberystwyth, 25 Chwefror 1922, am bryddest ar y testun 'Adar Rhiannon'. Cyhoeddwyd detholion o'r bryddest yn *The Dragon*, 44:3 (1922), 175. Cf. Cassie Davies, *Hwb i'r Galon* (1973), 65, lle y dywedir bod Iorwerth Peate yn fuddugol ar y testun hwnnw yn yr Eisteddfod Gyd-golegol a gynhaliwyd ym Mangor, 1921.

Nodiadau testunol

2   **maes** : dilewyd 'oll' o flaen y gair hwn yn y llsgr.
4   **gynt ei** : 'fyth ei' oedd y drll. gwreiddiol, cyn ei ddiwygio i'r drll. presennol.

Nodiadau cyffredinol

1   **bardd o Lanbryn-mair** Iorwerth C. Peate (1901–82), bardd ac ysgolhaig a ddaeth yn ddiweddarach yn guradur cyntaf Amgueddfa Werin Cymru yn Sain Ffagan. Ganed ef ym Mhandy Rhiwsaeson ym mhlwyf Llanbryn-mair. Aeth i Goleg Prifysgol Cymru, Aberystwyth, yn 1918 a graddio mewn Hanes i ddechrau, ac wedyn mewn Daearyddiaeth. Gw. CLC, 573.
2   **maes o dair** Hytrach yn annisgwyl yw'r ffurf fenywaidd ar y rhifol, ond dichon fod gair megis 'ymgais' yn ddealledig. Ar ymyl y ddalen yn LlGC, Papurau Gwenallt, A5, 3v, ceir yr enwau canlynol yn llaw Gwenallt, ond nid yw arwyddocâd y rhestr yn glir: 'Peate, W. J. Lloyd, D. J. Jones, Stephen Owen, Idwal Jones'. Fel 'D. J. Jones' yr adwaenid Gwenallt yn ei ddyddiau colegol; gw. Iorwerth C. Peate, *Rhwng Dau Fyd* (1976), 68.
3   **adar tlws** adar Rhiannon, testun y bryddest arobryn; gw. 6. 'Adar Rhiannon', n.
6   **Coleg ger y Lli** Coleg Prifysgol Cymru, Aberystwyth; gw. 156. 'Cip' ll.2n.

289. Y DI-WAITH

Englyn arobryn Eisteddfod Gyd-golegol Prifysgol Cymru, a gynhaliwyd ar 21 Mawrth 1922. Fe'i cyhoeddwyd yn *The Dragon*, 44:3 (1922), 176.

290. CYFNOS A GWAWR

Yn LlGC, Papurau Gwenallt, CH17, cadwyd dau gopi drafft o'r gerdd hon (ff.1–7, 9–14) ynghyd â chopi teg (ff.16–20), ill tri yn llaw'r bardd. Cadwyd copi teipysgrif o'r gerdd yn BJM 3/415, lle y'i disgrifir fel 'Awdl Fuddugol Eisteddfod Myfyrwyr Cymru [1924]'. Ar frig dalen gyntaf y copi hwnnw ceir y nodyn canlynol yn llaw Gwenallt: 'Cyflwynir y Copi hwn i'm cyfaill a'm brawdfardd Mr B. J. Morse, B.A. fel arwydd fach wael o gyfeillgarwch gwresocaf fy nghalon. D. J. Jones'. Ar B. J. Morse, gw. 73. 'Cyfaill o Fardd', n.

Nodiadau testunol

'Du a Gwyn' yw teitl y gerdd yn y fersiwn drafft cyntaf (CH17, 1), ond 'Cyfnos a Gwawr' ydyw ym mhob copi arall. Oherwydd y gweithio a'r ailweithio a fu ar y gerdd hon, mae'r testun presennol (ynghyd â'r nodiadau testunol) yn seiliedig ar fersiwn BJM 3/415 a'r copi teg (CH17, 16–20) yn unig hyd at ll.174; o ll.175 ymlaen fe'i seilir ar BJM 3/415 a chopi drafft ff.14–14v.

Gadawyd bwlch o flaen y gerdd yn y copi teg, CH17, 16, o bosibl ar gyfer y llinellau canlynol sy'n agor fersiynau drafft CH17, 1, a CH17, 9. Nid oes dim sy'n cyfateb iddynt yn BJM 3/415:

        Wedi'r chwarae daw'r gaeaf,
        Gwynfyd yr ynfyd yw'r haf.
        Marw yw byw. Na siomer byd
        Pand gaeaf yw haf hefyd.

Lled-adleisir yma nifer o linellau o awdl 'Yr Haf', R. Williams Parry, gan gynnwys, er enghraifft, ei diweddglo; gw. *Yr Haf a Cherddi Eraill* (1924), 51–82.

Ar ôl y llinellau hyn yn CH17, 1, dyfynnir yr adnod canlynol, 'Ond dyn a aned i flinder fel yr eheda gwreichionen i fyny' (Job 5:7), ynghyd â'r geiriau:

        The flesh will grieve on other bones than ours
        Soon, & the soul will mourn in other breasts.

10		'E gaed yn eu tramwy gysgodau trymion' oedd drll. gwreiddiol CH17, cyn ei ddiwygio i'r drll. presennol.
15	**hyd :**	hud (CH17)
24	**Grwn taer y gaeaf ag :**	Rhwn taer y gaeaf a'i (CH17)
35	**Ânt ill dau yn llwch :**	'Hwy ânt o'u tristwch' oedd drll. gwreiddiol CH17, cyn ei ddiwygio i'r drll. presennol.
36	**Hir hun :**	'I hir hun' oedd drll. gwreiddiol CH17, cyn ei ddiwygio i'r drll. presennol.
37	**daeth :**	y daeth (CH17)
40	**y purffydd :**	pob purffydd (CH17)
43	**meddwn, 'i'm hedd** :	ebwn 'hedd im (CH17)
44	**Drwy :**	O (CH17)
50	**ei :**	eu (CH17)
52	**na sain :**	a sain (CH17)
53		'Garw eilwaith galw o'r gro i olau' oedd drll. gwreiddiol CH17; diwygiwyd y drll. hwnnw sawl gwaith cyn cyrraedd y drll. presennol.
54	**drymder :**	'amdo' oedd drll. gwreiddiol CH17, cyn ei ddiwygio i'r drll. presennol.
56	**eu :**	'pob' oedd drll. gwreiddiol CH17, cyn ei ddiwygio i'r drll. presennol.
62		'I'r bod dan ei benyd, i'r byd tan boenau' oedd drll. gwreiddiol CH17, cyn ei ddiwygio i'r drll. presennol.
63	**yr :**	hir (CH17)
64	**Wych deyrn :**	ychwanegiad diweddarach gan Gwenallt yw 'Wych' yn CH17.
65	**grin :**	diwygiodd Gwenallt ddrll. gwreiddiol (annarllenadwy) CH17.
66	**asur eu rhodau :**	'eu hasur rodau' oedd drll. gwreiddiol CH17, cyn ei ddiwygio i'r drll. presennol.
67	**drymloes :**	'bwys poen' oedd drll. gwreiddiol CH17, cyn ei ddiwygio i 'gur poen'.
71	**oror :**	'limbo' oedd drll. gwreiddiol CH17, cyn ei ddiwygio i'r drll. presennol.
99	**hoen :**	haen (CH17)
102	**fywyd :**	'ei fywyd' oedd drll. gwreiddiol CH17, cyn ei ddiwygio i'r drll. presennol.
112		'Nes rhoi dyrys hug oer . . .' oedd drll. gwreiddiol CH17, cyn ei ddiwygio i'r drll. presennol.
131	**chwarae :**	dilewyd y fannod ar ôl y gair hwn yn CH17.

141	**a'i phoen a'i thrybini** : 'y poen a'r trybini' oedd drll. gwreiddiol CH17, cyn ei ddiwygio i'r drll. presennol.	
143–4	'A disgwyl mawr am des a goleuni / Nes deuai yr ing, ac mewn hirnos drengi' oedd drll. gwreiddiol CH17, cyn ei ddiwygio i'r drll. presennol.	
149	**ryw fyd gwell** : 'rin bywyd' oedd drll. gwreiddiol CH17, cyn ei ddiwygio i'r drll. presennol.	
160	**Ac** : ychwanegiad diweddarach yn CH17.	
163	**heulwen** : o heulwen (CH17)	
	dre'r : 'dir' oedd drll. gwreiddiol CH17, cyn ei ddiwygio i'r drll. presennol.	
166	'E gar edrych eilwaith hen ffyrdd ei grwydro' oedd drll. gwreiddiol CH17, cyn ei ddiwygio i'r drll. presennol.	
168	**dŷ** : 'wisg' oedd drll. gwreiddiol CH17, cyn ei ddiwygio i'r drll. presennol.	
	adewir : 'ddiosgir' oedd drll. gwreiddiol CH17, cyn ei ddiwygio i'r drll. presennol.	
169	'O wisg i wisg y mae hwnnw yn esgyn' oedd drll. gwreiddiol CH17, cyn ei ddiwygio i'r drll. presennol.	
170	A derfydd pob rhyfel rhyngddo a'i elyn (CH17)	
172	**ei bridd** : 'y pridd' oedd drll. gwreiddiol CH17; fe'i diwygiwyd gan Gwenallt i 'pob nerth'.	
175–98	Ni chadwyd y llinellau hyn yn y copi teg yn CH17, sy'n gorffen gyda ll.174. Am weddill y gerdd cymharwyd y deipysgrif yn BJM 3/415 â'r fersiwn drafft ar ff.14–14v.	
175	**i'w gôl** : 'yn ôl' oedd drll. gwreiddiol CH17, cyn ei ddiwygio i'r drll. presennol.	
177	**ar lyn a bryn** : 'glyn a bryn dan' oedd drll. gwreiddiol CH17, cyn ei ddiwygio i'r drll. presennol.	
180	**Y broydd** : 'Ei froydd' oedd drll. gwreiddiol CH17, cyn ei ddiwygio i'r drll. presennol.	
	â phob breuddwyd : 'a'i freuddwydio', wedi'i ddiwygio i 'breuddwyd' (CH17)	
181	**rodau** : 'fyd tlws' oedd drll. gwreiddiol CH17; fe'i diwygiwyd gan Gwenallt i 'ddaear' ac wedyn i 'rodau'.	
182	**I fro'i ogoniant** : 'I'w wynfa wen' oedd drll. gwreiddiol CH17; ceir sawl diwygiad cymhleth yma.	
183	**O** : 'Uwch' oedd drll. gwreiddiol CH17, cyn ei ddiwygio i'r drll. presennol.	
188	**dawn** : wedi'i ychwanegu yn BJM 3/415 yn llaw Gwenallt. Fersiwn CH17 ar y ll. hon yw, 'A daw ohono [wedi'i newid i 'o'i anian'] Wir, Hedd, a Daioni'.	
189	Hwy dyfant yn gain is glain y goleuni (CH17)	
190–1	'A dwyn hoen ddiadael dan hir ddiedni / Pob Iwtopia aruchel yno a weli' oedd drll. gwreiddiol CH17; ceir sawl diwygiad cymhleth yma.	
195	**fy nos a'i düwch** : duwch fy nos (CH17)	
	gwawrddydd : 'y wawrddydd' oedd drll. gwreiddiol CH17, cyn ei ddiwygio i'r drll. presennol.	
196	**goleuni** : y goleuni (CH17)	
198	**A minnau** : 'Mi yno' oedd drll. gwreiddiol CH17, cyn ei ddiwygio i'r drll. presennol.	

Nodiadau cyffredinol

Yn ei thywyllwch pruddglwyfus y mae'r gerdd hon yn dwyn i gof dywyllwch drama Shakespeare, *King Lear*.

16	**cysgod ywen** gw. 2. 'Y Sant' ll.161n.	
31–6	cf. y cyfeiriad at olwyn ffawd yn *King Lear*, II.2 a V.3.	
37	**prelad** 'gŵr eglwysig o radd uchel megis esgob neu archesgob, hefyd am abad neu brior tŷ crefydd'; GPC, 2873.	
44	**digwl** 'di-nam, dibechod, di-fai'; GPC, 1002.	
46	**pannwl** 'pant neu gwm bychan, ceudod, twll'; GPC, 2680.	
50	**engyl** lluosog 'angel'; gw. 1. 'Y Mynach' ll.388n.	

66	**asur** lliw glas.
81	Adleisir llinell o ddisgrifiad enwog T. Gwynn Jones o Ynys Afallon, 'A fu'n esmwytho ofn oesau meithion', yn ei awdl 'Ymadawiad Arthur'; gw. *Caniadau* (1934), 33.
96	**awen** gw. 3. 'Breuddwyd y Bardd' ll.41n.
97	**O fedd y gaeaf** cf. y llinell 'Uwch bedd y gaeaf du' yng ngherdd Cynan, 'Eirlysiau'; gw. *Caniadau Cynan* (1927), 26.
109	**Pererin** gw. 11. 'Y Bardd a'r Beirniad Olaf' ll.14n.
114	**angel** gw. 1. 'Y Mynach' ll.388n.
116	**caddug** 'niwl, tawch ... duwch, tywyllwch'; GPC, 382.
124	**lili'r moroedd** cf. dyfaliad Dafydd ap Gwilym o'r wylan yng nghywydd 'Yr Wylan'; gw. GDG, 313.
133	cf. 'Stafell Gynddylan' yng Nghanu Heledd; gw. CLIH, 35–7.
137–8	gw. 76. 'Yr Eglwys' ll.14n.
146	**llad** bendith; cf. 286. 'Ynys Enlli' ll.58.
198	Adleisir llinell o waith Taliesin, 'Armafy blwydyn nat wy kynnyd'; gw. Ifor Williams (gol.), *Canu Taliesin* (1960), 6.

291. LILI A RHOS

Cadwyd copi holograff o'r gerdd hon yn LlGC, Papurau Gwenallt, CH4, 19–23v, lle y mae'n amlwg yn anorffenedig. Tybir ei bod yn perthyn i'r un cyfnod yn fras â 290. 'Cyfnos a Gawr'.

Nodiadau testunol

1	**fy :** ysgrifennodd Gwenallt 'f'ysgafn' mewn pensil uwchben y gair hwn.
5	Ymddengys fod y llinell hon yn anorffenedig (ac felly hefyd y pennill).
14	**gwŷdd :** 'coed' oedd y drll. gwreiddiol, cyn ei ddiwygio i'r drll. presennol.
19	**hwyliau :** gwyliau (CH4).
39	**ether :** ychwanegodd Gwenallt y gair 'soniarus' mewn pensil uwchben y gair hwn.
	Ar verso ff.20 cadwyd nifer o linellau ychwanegol, ond anodd gweld patrwm pennill rheolaidd yma, ac nid ydyw'n glir ble y bwriadodd Gwenallt eu cynnwys. Cynigir yma destun beirniadol o'r llinellau:

        Cyn profi cwsg yr hemloc, min y dur,
           Na rhoddi haearn bywyd yn fy ngwaed,
        [   ]
           Sêr uwch fy mhen a'r glaswellt tan fy nhraed,
        Diniwed loer yn chwerthin ar freuddwydion pur.
        [   ]
        A'r tyrau yn breuddwydio rhwng y nef
          A mwstwr masnach wallgo ar y stryd.

42	**mwyn :** 'gwyn' oedd y drll. gwreiddiol, cyn ei ddiwygio i'r drll. presennol.
44	'Breuddwyd yn llithro [ ] neu swyn' oedd drll. gwreiddiol y llinell hon, cyn ei ddiwygio i'r drll. presennol.
45	**tan :** 'trwy' oedd y drll. gwreiddiol, cyn ei ddiwygio i'r drll. presennol.
46	**sombr :** 'gwyn' oedd y drll. gwreiddiol, cyn ei ddiwygio i'r drll. presennol.
48	**ein byw :** 'y byd' oedd y drll. gwreiddiol, cyn ei ddiwygio i'r drll. presennol.
	ei : eu (CH4)
49	**a'i thraed :** a'u traed (CH4)
52	**Ar bersawr y blodau :** 'Persawr rhos a lili' oedd y drll. gwreiddiol, cyn ei ddiwygio i'r drll. presennol.
53	**Ei threm yn disgwyl duw :** 'Disgwyl a wnai am dduw' oedd y drll. gwreiddiol; rhoddodd Gwenallt 'chwennych' yn lle 'Disgwyl', cyn ei ddiwygio eto i'r drll. presennol.
55	'Eu llygaid a freuddwydiai' oedd y drll. gwreiddiol, cyn ei ddiwygio i'r drll. presennol.

61	**toddi'n un** : diwygiodd Gwenallt y drll. gwreiddiol hwn i 'uno'n', cyn adfer y drll. gwreiddiol mewn pensil. Mae ail hanner y llinell hon, hyd ddiwedd llinell 77, oll mewn pensil.
62	**sylffia** : 'manwe' oedd y drll. gwreiddiol, cyn ei ddiwygio i'r drll. presennol.
63	**greiglan** : 'gerrig' oedd y drll. gwreiddiol, cyn ei ddiwygio i'r drll. presennol.
65	**ar adenydd cudd** : 'fe'i codai'r gwynt' oedd y drll. gwreiddiol, cyn ei ddiwygio i'r drll. presennol.
68	**brydferth** : 'gelfydd' oedd y drll. gwreiddiol, cyn ei ddiwygio i'r drll. presennol.
	gwylan : rhoddodd Gwenallt 'golau troed' mewn inc o dan y drll. hwn.
70	**gain** : 'deg' oedd y drll. gwreiddiol; fe'i diwygiwyd gan Gwenallt i 'dlws' ac wedyn i'r drll. presennol.
73	'Tawodd y gân a daeth i lawr y llen' oedd y drll. gwreiddiol, cyn ei ddiwygio i'r drll. presennol.
78	Mae'r testun mewn inc eto o'r llinell hon ymlaen.
80	'Disgynnodd llenni'r hwyr ar faes a choed' oedd drll. gwreiddiol y llinell hon; diwygiodd Gwenallt 'faes' i 'nef' cyn ysgrifennu 'Y dydd a edy'r nen, y maes a'r coed'; yn ddiweddarach newidiwyd 'a edy'r' i 'yn gado'r'.
87	**y nos** : 'y sêr' oedd y drll. gwreiddiol, cyn ei ddiwygio i'r drll. presennol.
88	'A llygaid tanbaid duwiau'r coed a'r gwynt' oedd y drll. gwreiddiol; fe'i diwygiwyd i'r drll. presennol wrth newid odl ll.87.
89	**Draw** : 'naid' oedd y drll. gwreiddiol, cyn ei ddiwygio i'r drll. presennol.
90	**Yn ysgafn naid, gan** : 'Yn crynu'r dail, yn' oedd y drll. gwreiddiol; fe'i diwygiwyd i 'A naid yn wan gan', cyn ei ddiwygio i'r drll. presennol.
91–5	Mae ail hanner y pennill hwn wedi'i ddiwygio'n llwyr. Y drll. gwreiddiol oedd:

    Gwefusau'r bacchante yn ddracht o win
      A yf fy enaid hyd y gwaddod gloew
    Pelydrau'r lloer yn rhwyd llywethau llin
    [   ] fe chwardd fy nghalon hoew
    Wrth glywed cochni'r rhos yn chwerthin ar ei min.

95–6	Dileodd Gwenallt ddau bennill cyfan rhwng ll.95 a dechrau ll.96. Mae testun beirniadol o'r llinellau hynny fel a ganlyn (ni ddangosir diwygiadau):

    Hi ddaw! y ddawnsferch mor ysgafn ei throed
      Ag anadl wan colomen yn ei nyth,
    Y dawnsio caled er yn ieuanc oed
      A roes i'w throed lithrigrwydd yn y gwlith.
    Hi ddaw, yn bennoeth fel delw bydferth lân
      Neu dduwies Groeg a gerddai'n daear gynt,
    Ei thoreth gwallt mor [   ] fflwch a mân
    Fel pe bai duw a'i gweodd ef o'r gwynt
    A'i ddisglair liw mor ddu â'r nos dan adain brân.

    Tan aeliau gwyfn breuddwydiai'i llygaid mwyn,
      Breuddwydion glas, am anfarwoldeb pur,
    Nid trem colomen ŵyl a'i liw a meddal swyn
      Ond glas y don yn un â glas y dur.
    Ei gruddiau oedd yn farmor byw, bu cŷn
      Rhyw feistr celf yn naddu'i chnawd i hon.
    Gwefusau bach: eu hail ni welodd dyn
      Fy nghalon [   ] a chwarddai yn fy mron
    Wrth glywed cochni'r rhos yn chwerthin ar ei min.

Â llinell olaf y pennill cyntaf uchod, cf. 293. 'Tir Gobaith' ll.39.

96	**ngrudd** : 'ngwedd' oedd y drll. gwreiddiol, cyn ei ddiwygio i'r drll. presennol.

Nodiadau: Cerddi Ychwanegol

100	**Gwrandawodd brennau'r nos** : 'Prennau y nos a glywodd' oedd y drll. gwreiddiol, cyn ei ddiwygio i'r drll. presennol.
101	**A ddaeth o galon Keats** : 'A ddygodd hi o galon' oedd y drll. gwreiddiol, cyn ei ddiwygio i'r drll. presennol.
108	**deimlodd** : 'wyddai' oedd y drll. gwreiddiol, cyn ei ddiwygio i'r drll. presennol.
112	**Roedd** : 'Oedd' oedd y drll. gwreiddiol, cyn ei ddiwygio i'r drll. presennol.
113	**Cnawd oedd** : 'A'i chnawd' oedd y drll. gwreiddiol, cyn ei ddiwygio i'r drll. presennol.
114–22	Rhagflaenir copi teg o'r llinellau hyn yn CH4 gan linellau sydd yn amlwg yn fersiwn drafft ohonynt, er na chawsant eu dileu. Cyfleir y drll. drafft yn y nodiadau a ganlyn:
114	**Gan blygu'n ôl, a'i** : Eistedd tan goed, ei (drafft) **dan** : am (drafft)
115	**Syllai i'm trem â** : 'A phlygu'n ôl, ei', wedi'i ddiwygio i 'Chwarddai tan goed, ei', wedi'i ddiwygio i 'Tremia i'm bron, ei' (drafft)
116	**Y sêr a weai'u** : Gweai y sêr eu (drafft)
117	**Ddigwlwm edau aur** : Eu hedau greff, ddi-gwlwm (drafft)
118	**Aroglau uchel** : Fe ddaeth aroglau (drafft)
120	**Miwsig ei min** : Ei geiriau per (drafft)
121	**genlli gwefr** : 'llif [ ]' oedd drll. gwreiddiol y copi teg, cyn ei ddiwygio i'r drll. presennol.

Nodiadau cyffredinol
Lili a rhos gw. 1. 'Y Mynach' ll.97n; 3. 'Breuddwyd y Bardd' ll.212n.

39	**ether** 'yr awyr uchaf, yr wybren glir, y nwyfre'; GPC, 1253.
42	**nymff** gw. 2. 'Y Sant' ll.336n.
59	**Chopin**, Frederic François (1810–49), cyfansoddwr o Wlad Pwyl a ysgrifennodd bron yn gyfan gwbl ar gyfer y piano. Mae ei waith yn nodedig am ei deimladrwydd a'i synwyrusrwydd. Gw. OCM, 179–80.
62	**sylffia** Mae sylff yn enw ar ysbryd (mytholegol) yr awyr, a thrwy estyniad yn derm am ferch fain a lluniaidd.
64	**Leonardo [da Vinci]** (1452–1519), un o arlunwyr mwyaf y Dadeni yn yr Eidal. Yn ogystal â'i luniau enwog (gw., e.e., 230. 'Arddangosfa'r Llyfrgell' ll.7n), goroesodd gerfluniau meistraidd o'i waith.
68	**gwylan** gw. 7. 'Myfyrdod' ll.3n; 290. 'Cyfnos a Gwawr' ll.124n.
83	**hundai** lluosog 'hundy', 'adeilad neu ran o adeilad lle byddir yn cysgu'r nos, ystafell gysgu, ystafell wely'; GPC, 1923. Yn drosiadol y defnyddir y gair yn y fan hon.
94	**naead** gw. 2. 'Y Sant' ll.336n.
101	**Keats**, John (1795–1821), bardd rhamantaidd Saesneg, nodedig am ansawdd synhwyrus ei gerddi. Gw. OCEL, 443–4. **Byron** gw. 272. 'Dinistr Senacherib', n.
107	**lotus** Dichon mai cyfeiriad sydd yma at y chwedl enwog, sy'n destun cerdd adnabyddus gan Tennyson, 'The Lotos-Eaters'. Effaith bwyta ffrwythau pren y lotus yw anghofio teulu a chyfeillion a dymuno aros am byth yn segura yng ngwlad y lotus.

292. HIRAETHGAN NATUR

Yn ôl R. Non Mathias, 'Bywyd a Gwaith Cynnar Gwenallt' (Traethawd MA Prifysgol Cymru [Aberystwyth], 1983), cadwyd y gerdd hon ar ddalen rhydd yn LlGC, Papurau Gwenallt. Methais ddod o hyd iddi yno, fodd bynnag, a seilir y testun presennol ar destun Non Mathias, *ibid*, 340. Tybir ei bod yn perthyn i'r un cyfnod yn fras â 290. 'Cyfnos a Gwawr'.

Nodiadau testunol

4	**dillyn** : diblyn (RNM)

Nodiadau cyffredinol

4   **dillyn** 'hardd, prydferth, gwych, tlws, telediw . . .'; GPC, 1018.
7–8,12   Lled-adleisir 'Cwyn y Gwynt' John Morris Jones; gw. *Caniadau* (1907), 6.
17   **meibion Prydain** cf. ll.2, ll.8; os cywir yr awgrym y cyfansoddwyd y gerdd hon yn gynnar yn yr 1920au, mae'n debyg mai at filwyr Prydeinig y Rhyfel Byd Cyntaf y cyfeirir.
19   **clybod** clyw.

293. [TIR GOBAITH]

Cadwyd llungopi (anghyflawn) o'r gerdd hon yn llaw Gwenallt yn LlGC, Papurau Ymchwil yr Academi Gymreig, 7. Ymddengys o'r copi hwnnw fod ll.1–68 wedi'u cadw'n gyflawn, ynghyd â ll. 135–51 (sef diwedd y gerdd?). Gan fod ll.135–51 yn digwydd ar yr un tudalen â chopi o englyn cyntaf 298. 'Er Cof am "Ferch y Bryniau"', a chyferbyn â chopi holograff o 299. 'Y Gwynt', mae'n debyg y gellir casglu y lluniwyd y gerdd hon hithau tua chanol yr 1920au.

Nodiadau testunol

10   **eu** : ei (llungopi)
16   **rhuddliw** : rhuddiw (llungopi)
17   **ei** : 'y' oedd y drll. gwreiddiol, cyn ei ddiwygio i'r drll. presennol.
36   **mhrydferthwch** : 'hualau' oedd y drll. gwreiddiol, cyn ei ddiwygio i'r drll. presennol.
149   **yn ddiniwed** : drll. ansicr.

Nodiadau cyffredinol

6   **Columbus**, Christopher (1451–*c*.1480), mentrwr o'r Eidal a hwyliai'r byd yng ngwasanaeth Sbaen. Priodolir iddo yn aml y gamp o 'ddarganfod' America (er iddo ef ei hun gredu ei fod wedi cyrraedd Asia trwy'r llwybr gorllewinol).
19   cf. 169. 'Yr Hen Emynau' ll.8.
23   **cerrig nadd** cf., e.e., y disgrifiad o Deml Solomon yn 1 Brenhinoedd 6:7.
35   **Angelo** sef Michelangelo (1475–1564), y mwyaf o arlunwyr y Dadeni Dysg, ac o bosibl yr arlunydd mwyaf a welodd y Gorllewin erioed. Gŵr o Fflorens yn yr Eidal ydoedd. Syniai amdano'i hun yn bennaf fel cerflunydd ac mae ei gerfluniau mawr mewn marmor yn drawiadol am fywiogrwydd a hyblygrwydd eu ffurf.
        Leonardo gw. 291. 'Lili a Rhos' ll.64n.
39   cf. ll. olaf y pennill cyntaf ychwanegol yn 291. 'Lili a Rhos' ll.95–6n.
54   **hoyw** yn ei ystyr wreiddiol, 'heini, sionc . . . siriol, llon, llawen'; GPC, 1901.
56   **rhos** gw. 3. 'Breuddwyd y Bardd' ll.212n.
57   **Bacchante** gw. 1. 'Y Mynach' ll.165n.
58   **Atalanta** merch yn chwedloniaeth Groeg, helwraig fedrus a oedd yn enwog am ei chyflymdra wrth redeg; gw. OCCL, 69.
61   cf. llinell agoriadol emyn adnabyddus William Williams, Pantycelyn, 'O! nefol addfwyn Oen'; gw. *Llyfr Emynau a Thonau y Methodistiaid* (1929), rhif 159.
135   **Od** os.
146   **colomen wen** gw. 78. 'Sir Gaerfyrddin' ll.12n.

294. [GWAE FI]

Cedwir y gerdd hon yn J. E. Meredith, *Gwenallt: Bardd Crefyddol* (1974), 20, lle yr honnir ei bod i'w chael mewn llawysgrif; methais ddod o hyd iddi yng nghasgliadau'r Llyfrgell Genedlaethol. Oherwydd ei natur bruddglwyfus, a'i hagwedd negyddol at grefydd, tybir bod hon yn perthyn i'r un cyfnod yn fras â 290. 'Cyfnos a Gwawr'.

Nodiadau cyffredinol

1   cf. llinell gyntaf y gerdd 'Rhyfel' gan Hedd Wyn, 'Gwae fi fy myw mewn oes mor ddreng'; gw. *Cerddi'r Bugail* (1918), 146.

4   **mên** isel, dirmygus.
8   **gwaed Calfaria** gw. 1. 'Y Mynach' ll.360n; 11. 'Y Bardd a'r Beirniad Olaf' ll.18n.

295. [TRISTWCH]
Cadwyd copi holograff o'r gerdd hon yn LlGC, Papurau Gwenallt, CH85, 88v. Oherwydd ei hawyrgylch bruddglwyfus, credir bod hon, fel rhif 294, yn perthyn i'r un cyfnod yn fras â 290. 'Cyfnos a Gwawr'. (Mae CH85 yn cynnwys nodiadau ar lenyddiaeth Saesneg, o bosibl ar gyfer arholiadau gradd 1923.)

Nodiadau cyffredinol
1   **ywen** gw. 2. 'Y Sant' ll.161n.
2   **lili** gw. 1. 'Y Mynach' ll.97n; cf. 291. 'Lili a Rhos'.

296. YR HEN DARW
Cadwyd copi holograff o'r gerdd hon yn LlGC, Papurau Gwenallt, CH17, 52v.

Nodiadau testunol
Yn ogystal â'r llinellau a gyhoeddir yma, ceir dwy linell unigol arall ar ymyl y ddalen yn y llsgr.: 'Rhes tlws ar ei ystlysau'; 'Daw o'r ddol ddolef'.
9–10   Mae'r llinellau hyn yn ymddangos ddwywaith yn y llsgr.

Nodiadau cyffredinol
6   cf. 286. 'Ynys Enlli' ll.76n.
11   cf. 4. 'Yr Angylion a'r Gwragedd' ll.29n, ll.30n.

297. PLAS GRUG
Ymddangosodd y gerdd hon yn *The Dragon*, 46:3 (1924), 196.

Nodiadau testunol
1   **i :** o (*Dragon*)

Nodiadau cyffredinol
Plas Grug Cymerir mai at Blas Crug y cyfeirir, sef y rhodfa goediog sy'n ymestyn yn fras o orsaf rheilffordd Aberystwyth i Lanbadarn Fawr. Mae mynwent Aberystwyth (lle y claddwyd Gwenallt) rhwng Plas Crug a Heol Llanbadarn.
4   Yn ôl Cassie Davies (gw. 287. 'Gofyn Oed yn y Noson Lawen—a'r Ateb', n), ni châi merched Coleg Aberystwyth fynd i Blas Crug yng nghwmni bechgyn yn y cyfnod hwn; gw. *Hwb i'r Galon* (1973), 63–4.

298. ER COF AM 'FERCH Y BRYNIAU'
Cyhoeddwyd y gerdd hon yn Charles Davies ac Edward K. Prosser (goln), *A Book of Aberystwyth Verse* ([1926]), 22–3. Cadwyd llungopi o gopi holograff o'r englyn cyntaf yn LlGC, Papurau Ymchwil yr Academi Gymreig, 7; gw. hefyd 293. '[Tir Gobaith]', n.

Nodiadau cyffredinol
'Merch y Bryniau' Mae'r gerdd hon yn coffáu Mary Myfanwy Daniel, plentyn ifanc o'r Alltwen, a gladdwyd ar ddydd Nadolig 1924. Ar y llysenw, cf. y llinell yng ngherdd W. J. Gruffydd, 'Cerdd yr Hen Chwarelwr', 'Carodd ferch y bryniau ac fe'i cafodd'; gw. *Caneuon a Cherddi* (1906), 53. Trawyd Cymru gan y storm waethaf ers rhai blynyddoedd tua dydd Nadolig 1924.

299. Y GWYNT
Cyhoeddwyd y gerdd hon yn Charles Davies ac Edward K. Prosser (goln), *A Book of Aberystwyth Verse* ([1926]), 26. Cadwyd llungopi o gopi holograff o ll.1–20 yn LlGC, Papurau Ymchwil yr Academi Gymreig, 7.

Nodiadau testunol
6   **flawd** : ffawd (*BAV*)
7   **glân** : glan (*BAV*)

300. Y GÂN GOLL
Cyhoeddwyd y gerdd hon yn *The Dragon*, 49:2 (1927), 25.

Nodiadau cyffredinol
9–10   cf. 6. 'Adar Rhiannon', n. (Mae ll.10 yn adleisio teitl nofel T. Gwynn Jones, *Gwedi brad a gofid* (1898).)

301. FY NHAD
Gw. rhif 70 am gerdd wahanol dan yr un teitl. Cadwyd copi o'r gerdd hon yn BJM 3/415, [7], mewn casgliad teipysgrif o rai o gerddi Gwenallt; gw. hefyd *Taliesin*, 25 (Rhagfyr 1972), 140. Mae'n glir o ll.13–14 mai wedi marwolaeth ei dad ym mis Medi 1927 y lluniodd Gwenallt y soned hon, a dengys y nodyn yn *Taliesin* ei bod wedi'i chyfansoddi cyn Dydd Calan 1933.

Nodiadau testunol
1   **Ti** : Fe (*Taliesin*)
2   **A'i** : Ei (*Taliesin*)
5   **dy** : y (*Taliesin*)
7   **o** : dro (*Taliesin*)
12   **thrin** : thrwy (*Taliesin*)

Nodiadau cyffredinol
Fy nhad gw. 9. 'Beddau' ll.10n.
1   **sir** sef sir Gaerfyrddin; gw. 78. 'Sir Gaerfyrddin', n.
6   **Emynau lawer** gw. 2. 'Y Sant' ll.499n; cf. 132. 'Sir Forgannwg a Sir Gaerfyrddin'; 169. 'Yr Hen Emynau'.
        englynion lu cf. 130. 'Rhydcymerau' ll.23.
7   **gorthrwm landlord** gw. 217. 'Sir Gaerfyrddin' ll.18–19n.
9   **castelli ffug** h.y. cestyll yn yr awyr.
13   **angau llosg** Am amgylchiadau'r ddamwain a achosodd farwolaeth tad Gwenallt, gw. *South Wales Voice*, 1 Hydref, 1927, 1; *Credaf*.

302. YR ANGAU
Cyhoeddwyd y gerdd hon yn *The Dragon*, 50:3 (1928), 53.

Nodiadau testunol
22   **ddywed O** : ddywedo (*Dragon*; fe'i cywirwyd i'r drll. presennol mewn *erratum* a gynhwyswyd ar flaen y rhifyn dan sylw).

Nodiadau cyffredinol
6   **dawn** rhodd.
9   **fy rhieni** gw. 9. 'Beddau' ll.10n, ll.17n. Ymddengys i Gwenallt lunio'r gerdd hon cyn marw ei dad ym mis Medi 1927, er nas cyhoeddwyd hi tan 1928.
10   **chwaer deg** gw. *Ysgubau'r Awen*, n.
14   **Edau fain** gw. 2. 'Y Sant' ll.142–3n.

303. [CYFARCH D. ERNEST WILLIAMS]
Cadwyd yr englyn cyfarch hwn yn llaw Gwenallt ar ddalen flaen copi o *Y Mynach a'r Sant* sydd bellach ym meddiant Dr Rhidian Griffiths. Mae'r cyfarchiad wedi'i ddyddio 12 Ebrill 1929. Roedd D. Ernest Williams yn ddeintydd ym Mhontardawe, a bu'n cydweithio am gyfnod â T. E. Nicholas (gw. 105. 'Y Comiwnyddion', n).

304. LOTTIE
Cadwyd llungopi o'r englyn hwn i Loti Rees, wedi'i gofnodi yn llawysgrifen ei thad, yn LlGC, Papurau Ymchwil yr Academi Gymreig, 7. Priodolir yr englyn i 'Gwenallt Jones MA', a rhaid felly dyddio'r copi, os nad yr englyn ei hun, ar ôl haf 1929 gan mai dyna pryd y derbyniwyd Gwenallt i'r radd honno.

Nodiadau cyffredinol
Lottie sef Loti Rees [Hopkins, ac yna Hughes yn ddiweddarach] (1908–69), chwaer ieuengaf Mati Rees, o Ben-y-Banc, ger Rhydaman. Roedd Loti Rees yn Gymraes i'r carn, yn aelod brwd o'r Blaid Lafur ac yn weithgar ym mhob math o feysydd diwylliannol. Roedd hi hefyd yn dipyn o gymeriad. Am atgofion Mati Rees am Loti a Gwenallt (adeg ymweliad Loti â'i chwaer yn Aberystwyth tua 1924), gw. *Teulu'r Glöwr* (1977), 92.
3   **Haden** 'ar lafar yng Ngheredigion a Dyfed yn yr ystyr "cymeriad lliwgar, direidus, aderyn"'; GPC, 1799.
4   **spud** term poblogaidd mewn cylchoedd colegol yn y cyfnod hwnnw am berson hwyliog.

305. YR EIRA
Cyhoeddwyd y gerdd hon yn *Y Llenor*, 9 (1930), 68.

Nodiadau cyffredinol
2   **ôd** eira.

306. YR HEN AMSER GYNT
Ymddangosodd y gerdd hon yn *Beirdd Ein Canrif, 2*, gol. E. Prosser Rhys (1934), 2. Cadwyd copi ohoni yn BJM 3/415, [36], mewn casgliad teipysgrif o rai o gerddi Gwenallt.

Nodiadau testunol
1   **chlywa' i'r :** chlywai'r (*BEC*, arg. 2); chlywa'r (*BEC*, arg. 1); chlywa' 'r (BJM)
10   **Y llewod :** A'r llewod (BJM)
11   **eliffantiaid :** eliffantod (BJM)

Nodiadau cyffredinol
1   **crioedd dynol** Cyfeirir at arfer gwerthwyr crwydrol o hysbysebu eu nwyddau trwy weiddi (neu ganu) yn y stryd; cf. ll.3–4; 344. 'Y Ferch o Gydweli' ll.7–10.
5   **hyrdi-gyrdi** 'offeryn cerdd a genir trwy droi handlen, organ dro, organ faril'; GPC, 1980.
14   **diamynedd gyrn** cf. 257. 'Dau Wareiddiad' ll.10.

307. POBOL Y BLAID
Cyhoeddwyd y gân ddychanol hon ym mhapur misol Plaid Cymru, *Y Ddraig Goch*, 10:1 (Ionawr 1936), 3.

Nodiadau testunol
14   Camleolwyd y ll. hon ar ôl ll.11 yn *Y Ddraig Goch*.

Nodiadau cyffredinol
Y Blaid sef Plaid Cymru; gw. CLC, 585–6.
Mae Robin yn Swil tôn faled boblogaidd; gw. Huw Williams, *Canu'r Bobol* (1978), 129.
16   cf. Mathew 5:45.

308. ALLTUDIAETH
Cadwyd copi teipysgrif o'r gerdd hon yn LlGC 22060D, 85 (wedi'i gydrwymo â deunyddiau yn ymwneud â *Ffwrneisiau*). Ar sail ei chrefft tybir ei bod yn perthyn i'r un cyfnod â sonedau *Ysgubau'r Awen* a'r sonedau ychwanegol yn BJM 3/415.

Nodiadau testunol
13   **megis tân** : ceir 'fel gwin trist prudd' yn llaw Gwenallt uwchben y geiriau hyn, ond ni ddiwygiwyd odl ll.14 i gyd-fynd â'r newid.

Nodiadau cyffredinol
1   **Goronwy [Owen]** (1723–69), bardd a aned yn Llanfair Mathafarn Eithaf, sir Fôn. Wedi cyfnod byr yn athro fe'i hordeiniwyd yn ddiacon yn 1746 a gwasanaethodd am flwyddyn yn ei blwyf enedigol. Bu'n gurad ac yn athro mewn amryw o fannau yn Lloegr wedyn, cyn derbyn swydd fel athro mewn ysgol a oedd yn gysylltiedig â Choleg William a Mary yn Williamsburgh, Virginia, yn America, a hwylio yno yn 1757. Treuliodd naw mlynedd olaf ei fywyd yn berson plwyf yn nyfnderoedd Virginia. Perthyn barddoniaeth Goronwy Owen i'r cyfnod cyn iddo ymadael am America. Roedd Goronwy Owen ar ganol diddordebau ymchwil Gwenallt yn y 18fed ganrif; gw. BDdG, 36–68; Bywg., 661–2; CLC, 555.
3   **hiraeth at sir Fôn** Mynegodd Goronwy Owen ei gariad alltud at ei sir enedigol gliriaf yn ei 'Gywydd Ateb i'r Bardd Coch o Fôn'; gw. BDdG, 54–6.
5   **Ceiriog** gw. 236. 'Y Ddaear' ll.7–8n.
8   **Ei nant, ei mynydd** Cyfeirir at gerdd enwocaf Ceiriog, 'Nant y Mynydd'; gw. 236. 'Y Ddaear' ll.7–8n.
    alawon hen Adleisir llinell olaf y gerdd 'Alun Mabon', o waith Ceiriog, 'A'r alawon hen yn fyw'; gw. T. Gwynn Jones (gol.), *Ceiriog: Detholiad o'i Weithiau* (1932), 163.
10   **tramor, trwm** Adleisir llinell gyntaf englynion coffa R. Williams Parry i 'Hedd Wyn', 'Y bardd trwm dan bridd tramor'; gw. *Yr Haf a Cherddi Eraill* (1924), 100.

309. CYFAILL O FARDD
Gw. rhif 73 am gerdd wahanol dan yr un teitl. Cadwyd y gerdd hon yn BJM 3/415, [1], mewn casgliad teipysgrif o rai o gerddi Gwenallt.

Nodiadau cyffredinol
B. J. Morse gw. 73. 'Cyfaill o Fardd', n; 232. 'Cyfeillion'; 328. '[Cofio Cymdeithas]'.
5–6   **'r hedd / Na ŵyr bydolion daear am eu blas** cf. llinell gyntaf emyn Elfed, 'Rho im yr hedd, na ŵyr y byd amdano'; gw. *Llyfr Emynau a Thonau y Methodistiaid* (1929), rhif 644.

310. SIR FORGANNWG
Gw. rhif 95 am gerdd wahanol dan yr un teitl, a cf. rhif 125. 'Morgannwg'. Cadwyd y gerdd hon yn BJM 3/415, [5], mewn casgliad teipysgrif o rai o gerddi Gwenallt.

Nodiadau cyffredinol
Sir Forgannwg gw. 95. 'Sir Forgannwg', n.
12   **gwyn** Yn ogystal â'r cyferbyniad amlwg â 'düwch', gw. 90. 'Y Duwdod' ll.10n.

311. RHUFAIN
Cadwyd y gerdd hon yn BJM 3/415, [6], mewn casgliad teipysgrif o rai o gerddi Gwenallt.

Nodiadau testunol
2   **fron** : gron (BJM)

Nodiadau cyffredinol
Mae'r gerdd hon yn crynhoi rhai o brif gyfraniadau Rhufain, trwy ei hymerodraeth eang, i wareiddiad y Gorllewin, ym meysydd athroniaeth a dysg, adeiladu a phensaernïaeth, a chrefydd. Am grynodeb o hanes Rhufain, gw. OCCL, 489–502. Cf. 94. 'Y Rhufain Newydd'.
2   **tirf** bras, toreithiog.
3   **athroniaeth** Ar athroniaeth Rhufain (a Groeg, gw. ll.4n), gw. OCCL, 434–5.

4	**Helas** gw. 28. 'Homer' ll.1n.	
5	Rheolodd y Rhufeiniaid eu hymerodraeth eang trwy godi ceyrydd yn y gwledydd hynny a ddarostyngwyd ganddynt, yn enwedig mewn tiriogaethau ffiniol, a'u cysylltu â rhwydwaith effeithiol o heolydd; gw. OCCL, 488–9.	
6	**cyfraith** Chwaraeai'r gyfraith ran greiddiol ym mywyd ac athroniaeth Rhufain; er y gallai'r cosbau fod yn bur llym, nodweddid cyfraith Rufain yn gyffredin gan gyfiawnder. Trwy'r Ymerodraeth Rufeinig, lledodd dylanwad cyfraith Rufain nes dod yn sylfaen i'r rhan fwyaf o systemau cyfreithiol y Gorllewin. Gw. OCCL, 317–20.	
7	**eryr** Darlunnid eryr ar faneri byddin Rhufain; cf. 159. 'Yr Eryrod' ll.21n.	
9	**sylfaen Eglwys Dduw** Dan yr Ymerawdwr Rhufeinig Decius (OC 249–51) gwelwyd yr ymgais systematig gyntaf i ddifodi Cristnogion, a chafwyd rhagor o erledigaeth arnynt yn ystod ail hanner y 3edd ganrif OC. Daeth Cristnogaeth yn grefydd 'swyddogol' yr Ymerodraeth Rufeinig yn ystod teyrnasiad Cystennin; gw. OCCL, 126–7; 242. 'Bethlehem' ll.1n. Ar Eglwys Dduw, gw. 76. 'Yr Eglwys', n.	
11–13	Dechreuodd yr Ymerodraeth Rufeinig wegian dan bwysau llwythau'r barbariaid tua diwedd y 4edd ganrif OC; erbyn diwedd y 5ed ganrif daethai'r Ymerodraeth Rufeinig i ben yn y Gorllewin. Gw. OCCL, 231.	

312. Y LLEIANOD

Gw. rhif 80 am gerdd wahanol dan yr un teitl. Cadwyd y gerdd hon yn BJM 3/415, [10], mewn casgliad teipysgrif o rai o gerddi Gwenallt.

Nodiadau cyffredinol

4	**rhugldrwst** cf. 123. 'Y Dirwasgiad' ll.3; 125. 'Morgannwg' ll.2.	
8	Yn ei gywydd 'Cyrchu Lleian', anfonodd Dafydd ap Gwilym latai at leianod Llanllugan gan obeithio denu un ohonynt i ddod i garu yn y coed gydag ef; gw. GDG, 298–9.	
10	**pechod** gw. 75. 'Pechod', n.	
11	**Brawd** gw. 263. 'Jwdas' ll.12n.	
12	**nyth** delwedd emynyddol led gyffredin, ar sail Numeri 24:21.	
	Ei groes gw. 1. 'Y Mynach' ll.360n.	

313. YR AWEN

Gw. rhifau 66, 168 a 325 am gerddi gwahanol dan yr un teitl. Cadwyd copi teipysgrif o'r gerdd hon yn LlGC 22060D, 86 (wedi'i gydrwymo â deunyddiau yn ymwneud â *Ffwrneisiau*), ac un arall yn BJM 3/415, [11], mewn casgliad teipysgrif o rai o gerddi Gwenallt.

Nodiadau testunol

8	**Oerfel** : 'Nawnddydd' oedd y drll. gwreiddiol yn y ddau gopi, ond fe'i diwygiwyd gan Gwenallt yn LlGC 22060D i 'Sadrwydd' ac yna i 'Cynildeb' cyn rhoi'r drll. presennol.	

Nodiadau cyffredinol
Awen gw. 3. 'Breuddwyd y Bardd' ll.41n.

314. DISTAWRWYDD

Cadwyd y gerdd hon yn BJM 3/415, [12], mewn casgliad teipysgrif o rai o gerddi Gwenallt.

315. DINIWEIDRWYDD

Cadwyd y gerdd hon mewn casgliad teipysgrif o rai o gerddi Gwenallt yn BJM 3/415, [13].

Nodiadau cyffredinol

5	**fy mam** gw. 9. 'Beddau' ll.17n.	
7	**angau sydyn ei phriod hi** gw. 9. 'Beddau' ll.10n; *South Wales Voice*, 1 Hydref 1927, 1; *Credaf*.	

316. MADDEUANT
Cadwyd y gerdd hon yn BJM 3/415, [14], mewn casgliad teipysgrif o rai o gerddi Gwenallt.

Nodiadau cyffredinol
1   **ban** uchel.
7   gw. 9. 'Beddau' ll.10n; *South Wales Voice*, 1 Hydref 1927, 1; *Credaf.*
8   **fy mam** gw. 9. 'Beddau' ll.17n.

317. GOLLYNGDOD
Cadwyd y gerdd hon yn BJM 3/415, [15], mewn casgliad teipysgrif o rai o gerddi Gwenallt.

318. Y LLAIS
Cadwyd y gerdd hon yn BJM 3/415, [16], mewn casgliad teipysgrif o rai o gerddi Gwenallt.

319. Y DREF
Cadwyd y gerdd hon yn BJM 3/415, [17], mewn casgliad teipysgrif o rai o gerddi Gwenallt.

320. Y TIR
Cadwyd y gerdd hon yn BJM 3/415, [23], mewn casgliad teipysgrif o rai o gerddi Gwenallt.

Nodiadau cyffredinol
Ar thema gyffredinol y gerdd hon, gw. 10. 'Gwlad Adfeiliedig', n. Mae sawl llinell yn y gerdd bresennol yn adleisio'r gerdd honno, a dichon mai fersiwn cynnar ydyw ar y gerdd gyhoeddedig.
2   cf. 10. 'Gwlad Adfeiliedig' ll.2.
4–8   cf. 10. 'Gwlad Adfeiliedig' ll.4–8.
6   **crawc gorawen brain** gw. 10. 'Gwlad Adfeiliedig' ll.6n.
9–10   gw. 10. 'Gwlad Adfeiliedig' ll.17–18n.

321. HIRAETH
Cadwyd y gerdd hon yn BJM 3/415, [24–5], mewn casgliad teipysgrif o rai o gerddi Gwenallt.

Nodiadau cyffredinol
2   gw. 156. 'Cip' ll.1–2n.
3   **sir a gerais cyd** sef sir Gaerfyrddin; gw. 78. 'Sir Gaerfyrddin', n; 130. 'Rhydcymerau', n.
8   **helm** 'tas gron o ŷd'; GPC, 1845.
    mwdwl 'pentwr (crwn) o wair ac weithiau o ŷd, &c., a adewir yn y cae cyn ei gywain'; GPC, 2507.
9   **da** gwartheg.
17   **buddai** 'corddwr, llestr neu beiriant at gorddi ymenyn trwy droi neu guro llaeth nes gwahanu'r elfennau olewaidd oddi wrth y rhai dyfrol'; GPC, 345.
19   **fflwcs** 'manflew, casnach; chwyn, manion bethau, ysbwrial, sothach'; GPC, 1298.

322. EMYN
Cadwyd y gerdd hon yn BJM 3/415, [26], mewn casgliad teipysgrif o rai o gerddi Gwenallt.

Nodiadau cyffredinol
1   **Esgob ein heneidiau** Crist; cf. 1 Pedr 2:25. Nid yn yr ystyr dechnegol o glerigwr o statws uchel yn yr eglwys esgobol y defnyddir y gair 'esgob' yma, ond yn ei ystyr wreiddiol yn yr Eglwys Fore, sef 'goruchwyliwr, gwarcheidwad'; gw. GPC, 1243.
11–12   gw. 1. 'Y Mynach' ll.187n.
16   cf. 1 Pedr 5:8.
17   cf. y llinell 'Ond os caf fy nhroed i sengi' yn emyn Eben Fardd, 'O! fy Iesu bendigedig'; gw. *Llyfr Emynau a Thonau y Methodistiaid* (1929), rhif 212.

20   Adleisir yr ymadrodd 'Hedd, perffaith hedd' a ailadroddir ar ddechrau pob pennill ond yr olaf yn emyn Evan Rees ('Dyfed'; 1850–1923); *Llyfr Emynau a Thonau y Methodistiaid* (1929), rhif 637.

323. EMYN CENEDLAETHOL
Cadwyd y gerdd hon yn BJM 3/415, [27–8], mewn casgliad teipysgrif o rai o gerddi Gwenallt.

Nodiadau cyffredinol
Er ei bod yn demtasiwn casglu ar sail ll.17–18 mai cynnyrch blynyddoedd yr Ail Ryfel Byd yw'r gerdd hon, o gofio safiad Gwenallt fel gwrthwynebydd cydwybodol yn y Rhyfel Byd Cyntaf (gw. 114.'Dartmoor', n, a cf. 327.'Gorfodaeth Filwrol'), mae'n fwy tebygol mai'r 'frwydr' genedlaethol yw cefndir y gerdd.

3–4   cf. thema soned R.Williams Parry,'Cymru, 1937'; gw. *Cerddi'r Gaeaf* (1952), 63.
5–8   cf. llinellau'r Anthem Genedlaethol, 'Ein gwrol ryfelwyr, gwladgarwyr tra mad, / Tros ryddid collasant eu gwaed.'
7   **gwrêng** 'y werin, y bobl gyffredin'; GPC, 1702.
11–12   gw. 1.'Y Mynach' ll.432–5n.
11   **saint mewn clasau** Ystyr 'clas' yw 'teulu neu gôr crefyddwyr mynachlog, cwfaint, coleg o grefyddwyr . . .'; GPC, 490. Ar saint, gw. 2.'Y Sant', n.
13   **ysguboriau** Mewn ysguboriau a mannau dirgel eraill y cynhaliai'r Anghydffurfwyr cynnar eu cyfarfodydd, rhag iddynt gael eu canfod gan yr awdurdodau seciwlar neu eglwysig.

324. IEUENCTID
Cadwyd y gerdd hon yn BJM 3/415, [33], mewn casgliad teipysgrif o rai o gerddi Gwenallt.

Nodiadau cyffredinol
8   cf. Mathew 11:30.
9–10   Lled-adleisir cerdd T. H. Parry-Williams,'Yr Esgyrn Hyn'; gw. *Cerddi* (1931), 18–20.
16   cf. 7.'Myfyrdod' ll.4n.

325. YR AWEN
Gw. rhifau 66, 168 a 313 am gerddi gwahanol dan yr un teitl. Cadwyd y gerdd hon yn BJM 3/415, [37], mewn casgliad teipysgrif o rai o gerddi Gwenallt.

Nodiadau cyffredinol
Awen gw. 3.'Breuddwyd y Bardd' ll.41n.
13   **gras** gw. 1.'Y Mynach' ll.38n.

326. SERCH
Cadwyd y gerdd hon yn BJM 3/415, [39], mewn casgliad teipysgrif o rai o gerddi Gwenallt.

Nodiadau cyffredinol
1   cf. 71.'Cariad' ll.1.
10   **lilïaidd** Ar lili, gw. 1.'Y Mynach' ll.97n.

327. GORFODAETH FILWROL
Cadwyd copi holograff o'r englyn hwn ar gerdyn post yn LlGC, Papurau Plaid Cymru, M388, lle y'i rhagflaenir gan y geiriau,'Dyma'r englyn, ar eich cais', yn llaw'r bardd. Fe'i lluniwyd i gefnogi cyfarfod a drefnwyd gan Blaid Cymru yng Nghaernarfon, 27 Mai 1939, yn erbyn gorfodaeth filwrol. (Cyhoeddasai'r Prif Weinidog yn niwedd Ebrill 1939 ei fwriad i gyflwyno mesur seneddol a fyddai'n dwyn gorfodaeth filwrol ar Brydain. Y cyfarfod yng Nghaernarfon oedd uchafbwynt gwrthwynebiad Plaid Cymru i'r bwriad.) Carcharwyd Gwenallt fel gwrthwynebydd cydwybodol yn ystod y Rhyfel Byd Cyntaf; gw. 114.'Dartmoor', n.

328. [COFIO CYMDEITHAS]
Ymddangosodd yr englyn hwn yn *Barddas*, 125 (Medi 1987), 11, wedi'i roi i'r golygydd gan Bobi Jones (gw. *Y Coed*, n): 'Englyn ydyw . . . i gyfaill yn ei atgoffa am hwyl eu cymdeithas gyda'i gilydd.' Y cyfaill y sonnir amdano yw B. J. Morse, gw. 73. 'Cyfaill o Fardd', n. Gw. hefyd 232. 'Cyfeillion'; 309. 'Cyfaill o Fardd'.

Nodiadau cyffredinol
3   **gwau** gw. 84. 'Pantycelyn' ll.8n.

329. [I'R GWEDDWON]
Pennill a gafwyd mewn teipysgrif yn LlGC, Papurau Gwenallt, DD10 yw hwn; yn betrus y'i priodolir i Gwenallt yma. (Cadwyd pennill anweddus arall yn llaw Gwenallt yn LlGC 22060D, 11, ar ganol deunydd yn ymwneud â *Ffwrneisiau*. Roedd yr englyn hwnnw yn hysbys yng nghylchoedd Coleg Aberystwyth yn yr 1960au, ac yn cael ei briodoli ar y pryd i R. Williams Parry; o'r herwydd nis cynhwysir yma.)

Nodyn testunol
4   **contia** : contiau (DD10); fe'i diwygiwyd yma er mwyn yr odl.

330. Y GWEITHFEYDD SEGUR
Ymddangosodd y gerdd hon yn *Baner ac Amserau Cymru*, 25 Awst 1943, 4; cyhoeddwyd fersiwn pur wahanol ohoni yn *Eples*; gw. 123. 'Y Dirwasgiad'.

Nodiadau cyffredinol
Gw. 123. 'Y Dirwasgiad'.
19   **Cyrs** cawn (Saesneg, *reeds*).

331. I NORAH ISAAC
Cyhoeddwyd y gerdd hon gyntaf yn *Barddas*, 12 (Hydref 1977), 7, lle y'i rhagflaenir gan y nodyn canlynol: 'Cyfansoddwyd y gerdd ganlynol drannoeth perfformiad y ddrama "Amser" (cyfieithiad Elsbeth Evans o ddrama J. B. Priestley, "Time and the Conways") a berfformiwyd yn Neuadd y Brenin, Aberystwyth, Mawrth 1949. Cynhyrchwyd y ddrama gan y fon. Norah Isaac, Caerfyrddin, gwrthrych y gerdd . . . Ni chyhoeddwyd mo'r gerdd erioed o'r blaen.' Fe'i cyhoeddwyd eto (ynghyd â'r un nodyn yn honni mai dyma'r tro cyntaf iddi ymddangos) yn *Y Faner*, 12 Mawrth 1982, 6.

Nodiadau cyffredinol
Norah Isaac (g. 1914), awdures, darlithydd a chynhyrchydd dramâu a aned ym Maesteg, sir Forgannwg. Fe'i penodwyd yn brifathrawes gyntaf Ysgol Gymraeg Aberystwyth yn 1939, swydd a ddaliai adeg llunio'r gerdd hon. Yn 1950 aeth yn ddarlithydd yng Ngholeg Hyfforddi Morgannwg, Y Barri, ac wedyn yn Brif Ddarlithydd Cymraeg a Drama yng Ngholeg y Drindod, Caerfyrddin. Gw. CLC, 365.

3   **Cefn Ydfa** tŷ ger Llangynwyd, sir Forgannwg, a gysylltir â'r hanes rhamantus (ond di-sail, mae'n debyg) am Ann Williams (1704–27, 'Y Ferch o Gefn Ydfa'). Pan oedd yn 21 oed priododd Ann ag Anthony Maddocks, cyfreithiwr cefnog a mab y gŵr a fu'n warcheidwad arni er marwolaeth ei thad pan oedd hithau ond yn ddwy oed. Yn ôl y traddodiad, roedd Ann mewn cariad â'r bardd ifanc Wil Hopcyn (1700–41), a honnir iddo gyfansoddi'r gân adnabyddus 'Bugeilio'r Gwenith Gwyn' iddi. Bu farw Ann—o dorcalon fe ddywedir—yn fuan ar ôl iddi briodi Maddocks. Gw. CLC, 483.

5   **Eirian** cymeriad yn y ddrama, nofelydd a gohebydd papur newydd; Norah Isaac ei hun a chwaraeodd ran Eirian.

6   **Holiŵdebus** ansoddair a luniwyd o'r enw lle Hollywood, canolbwynt diwydiant ffilm a theledu America.

9 **y Lluest** neu Luest Gwilym, plasty bychan yn Llanbadarn Fawr ger Aberystwyth. Swyddfa'r Urdd yn nhref Aberystwyth oedd cartref cyntaf yr Ysgol Gymraeg, ond yn 1945 prynwyd Lluest Gwilym yn gartref newydd iddi. Erbyn 1951 penderfynwyd y byddai'n rhaid ei werthu eto, am resymau ariannol. Y mae'r Lluest bellach yn gartref Cristnogol i bobl dan anfantais meddyliol.

332. Y DEYRNAS
Cyhoeddwyd y gerdd hon yn *Llafar*, 4:2 (Gŵyl Ddewi 1955), 44–5; mae'n rhan o'r bryddest radio 'Jezebel' a ddarlledwyd 10 Ionawr 1955. Gw. hefyd 192. 'Jesebel ac Elias', ll.505 yml., a 333. 'Jesebel ac Elias (Darn)'.

Nodiadau cyffredinol
1 **Gostyngeiddrwydd** gw. Philipiaid 2:6–8.
2 **teyrnas** gw. 150. 'Y Calendr' ll.6n.
3 **croes** gw. 1. 'Y Mynach' ll.360n.
4 **bedd gwag** gw. 12. 'Cymru' ll.13n.
6 cf. Salm 45:6.
8–15 cf. 192. 'Jesebel ac Elias' ll.717–29. Cyfeirir at y duedd gynyddol a welwyd o'r 19eg ganrif ymlaen i orseddu gwyddoniaeth ar draul diwinyddiaeth, a dehongli dyn yn nhermau'r materol yn unig; cf. 142. 'Dyn' ll.14n.
12 cf. (yn eironig) Philipiaid 2:7.
17–22 gw. 192. 'Jesebel ac Elias' ll.747–50n.
21 **cobalt** gw. 192. 'Jesebel ac Elias' ll.746n.
24 cf. 160. 'Dewi Sant' ll.8n.
26 gw. 2. 'Y Sant' ll.141n; 1. 'Y Mynach' ll.360n.
29 **delw** gw. Genesis 1:26.
30 **cocos** gw. 236. 'Y Ddaear' ll.12n.
   peiriant gw. 92. 'Yr Anghrist a'r Crist' ll.5–8n.
31 **Lefiathan** gw. 109. 'Cymru a'r Rhyfel' ll.20n.
32 **Ei Swper** gw. 1. 'Y Mynach' ll.187n.
33 cf. Datguddiad 7:9.
34 **llen haearn** gw. 191. 'Beirdd a Llenorion Ewrob' ll.7n.
   llen arian term a luniwyd trwy gydweddiad â 'llen haearn' a 'llen bambŵ' (gw. 192. 'Jesebel ac Elias' ll.776n) i ddynodi, mae'n debyg, y gwahanfur cyfalafol sydd yn gorwedd rhwng gwledydd tlawd a gwledydd cyfoethog y byd.
35 **y groes gydradd** cf. 192. 'Jesebel ac Elias' ll.401n.
37–8 gw. 1. 'Y Mynach' ll.187n.
40 **Y Wledd Feseianaidd** gw. 97. 'Y Cymun' ll.13n; 101. 'Yr Iddewon' ll.24n.
42–5 cf. 192. 'Jesebel ac Elias' ll.610–15.
43 **Seion** gw. 2. 'Y Sant' ll.134n.
44 **Teyrnas ynom** cf. Luc 17:21.
46 **Cesar** gw. 192. 'Jesebel ac Elias' ll.543n.
   Caiaffas, Herod gw. 192. 'Jesebel ac Elias' ll.544n.
   Jesebel gw. 192. 'Jesebel ac Elias', n.
47–9 cf. 192. 'Jesebel ac Elias' ll.502–4; 333. 'Jesebel ac Elias (Darn)' ll.1–3.
48–9 gw. 99. 'Y Nadolig' ll.6n.
49 **y Fam-Forwyn** Mair; gw. 1. 'Y Mynach' ll.80n.
51 **yr Efa gyntaf** gw. 2. 'Y Sant' ll.269n.
53 **'r ail Efa** Mair, mam yr Iesu; gw. 146. 'Y Ddwy Efa', n; 1. 'Y Mynach' ll.80n.
54 **Awdur Bywyd** cf. y llinell o waith Ann Griffiths, 'Rhoi Awdur bywyd i farwolaeth'; gw. RhF, emyn I.2.

55	**teulu Adda** y ddynoliaeth; gw. 192. 'Jesebel ac Elias' ll.583n; 2. 'Y Sant' ll.269n.
56	**gwasanaethyddes** cf. Luc 1:38,48.
60–4	cf. 333. 'Jesebel ac Elias (Darn)' ll.14–18.
60	*Magnificat* gw. 1. 'Y Mynach' ll.464n. Mae ll.58–9 yn adleisio'r *Magnificat*.
	bomiau bendigedig gw. 120. 'Dyn' ll.6n; 192. 'Jesebel ac Elias' ll.744n, ll.746n.
61	cf. 192. 'Jesebel ac Elias' ll.617n.
63	**Ahabiaid** gw. 192. 'Jesebel ac Elias' ll.9n.

333. JESEBEL AC ELIAS (DARN)

Cadwyd y darn hwn o ddrafft holograff o 'Jesebel ac Elias' yn LlGC, Papurau Gwenallt, A8. Er bod y berthynas rhwng y ddau destun yn bell o fod yn glir, gwelir bod y darn hwn yn cyfateb yn fras i ll.502–79 yn nhestun 192. 'Jesebel ac Elias'. Gw. hefyd, 332. 'Y Deyrnas'.

Nodiadau testunol

5	**hi yw'r :** 'y' oedd y drll. gwreiddiol, cyn ei ddiwygio i'r drll. presennol.
9	**'r diniwed a'r gostyng[edig] :** 'y gostyngedig o galon' oedd y drll. gwreiddiol, cyn ei ddiwygio i'r drll. presennol.
12	**disodli :** 'diorseddu' oedd y drll. gwreiddiol, cyn ei ddiwygio i'r drll. presennol.
16	**cynllwyn :** 'holl gynllwyn' oedd y drll. gwreiddiol, cyn ei ddiwygio i'r drll. presennol.
19	Dilewyd 'Yng' ar ddechrau'r llinell hon.
20	Dilewyd y ddwy linell ganlynol o flaen y llinell hon:
	Yn ei holl ysblander, ac ni fu erioed ei gwisgoedd yn gyfrwysach
	Y colur ['lliwbaent' uwchben] ar ei hwyneb yn fwy prydferth
20–1	**ei gwisgoedd / Erioed yn gywreiniach, na'r :** 'erioed / Ei gwisgoedd yn gyfrwysach, y' oedd y drll. gwreiddiol, cyn ei ddiwygio i'r drll. presennol.
24	**hi :** ychwanegodd Gwenallt y gair hwn yn ddiweddarach.
27	**y pwerau demonig :** 'y bara Stalinaidd' oedd y drll. gwreiddiol, cyn ei ddiwygio i'r drll. presennol.
44–6	Mae'r llsgr. yn gymysglyd iawn yn y fan hon: cynigir yma destun beirniadol o'r llinellau.
67–8	Mae'r llsgr. yn gymysglyd iawn yn y fan hon: cynigir yma destun beirniadol o'r llinellau.

Nodiadau cyffredinol

1–3	cf. 192. 'Jesebel ac Elias' ll.502–4; 332. 'Y Deyrnas' ll.47–9.
2–3	gw. 99. 'Y Nadolig' ll.6n.
3	**y Fam-Forwyn** Mair; gw. 1. 'Y Mynach' ll.80n.
5	**gwasanaethyddes** cf. Luc 1:38,48.
8	*Magnificat* gw. 1. 'Y Mynach' ll.464n. Mae ll.9–13 yn adleisio'r *Magnificat*.
13	cf. Luc 3:5; Eseia 40:4.
14–18	cf. 332. 'Y Deyrnas' ll.60–4.
14	**bomiau bendigedig** gw. 120. 'Dyn' ll.6n; 192. 'Jesebel ac Elias' ll.744n, ll.746n.
15	cf. 192. 'Jesebel ac Elias' ll.617n.
17	**Ahabiaid** gw. 192. 'Jesebel ac Elias' ll.9n.
	Jesebeliaid gw. 192. 'Jesebel ac Elias', n.
18	**teyrnas** gw. 150. 'Y Calendr' ll.6n.
19–25	cf. 192. 'Jesebel ac Elias' ll.511–17.
19	**Grawys** gw. 210. 'Y Grawys', n.
24–5	Am hanes temtiad Crist, gw. Mathew 4:1–11; Luc 4:1–13.
24	**Meseia** gw. 101. 'Yr Iddewon' ll.24n.
26–30	cf. 192. 'Jesebel ac Elias' ll.518–19, ll.522–4.
31–8	cf. 192. 'Jesebel ac Elias' ll.525–31.
31	gw. ll.24–5n.
33	**Stalinaidd** ansoddair a luniwyd o enw Stalin; gw. 105. 'Y Comiwnyddion' ll.3n.

39–47	cf. 192. 'Jesebel ac Elias' ll.532–40.
41	gw. 99. 'Y Nadolig', n, ll.6n. Ar y teitl Tywysog, cf. Eseia 9:6.
42	gw. 152. 'Y Pensaer' ll.29n. Ar y teitl Brenin, cf. Mathew 27:37; Marc 15:26; Luc 23:38; Ioan 19:19; 150. 'Y Calendr' ll.6n.
43	gw. Ioan 13:1–17.
44–5	Am hanes Iesu yn marchogaeth i mewn i Jerwsalem ar gefn ebol asyn, gw. 102. 'Testament yr Asyn' ll.32n.
45–7	gw. Mathew 21:12–13; Marc 11:15–17; Luc 19:45–6; a cf. Ioan 2:13–16.
48–50	cf. 192. 'Jesebel ac Elias' ll.541–2.
49	**Naboth y gwinllannwr** gw. 192. 'Jesebel ac Elias' ll.103n.
51–9	cf. 192. 'Jesebel ac Elias' ll.551–70.
53	**dau gangster** gw. 176. 'Epigramau' ll.169n; cf. 208. 'Barabbas' ll.12.
55–6	gw. Mathew 27:28–31; Marc 15:16–20; Ioan 19:1–3.
57	cf. Mathew 26:53.
58	**Elias yn ei gerbyd tân** gw. 148. 'Yr Eglwys' ll.11n; 192. 'Jesebel ac Elias' ll.564–5n.
62–9	cf. 192. 'Jesebel ac Elias' ll.571–9.
62	**ar ben y bryn** gw. 11. 'Y Bardd a'r Beirniad Olaf' ll.18n.
	y groes gw. 1. 'Y Mynach' ll.360n.
65	**Moloch** gw. 192. 'Jesebel ac Elias' ll.574n.
	Mamon gw. 100. 'Ewrob' ll.24n.
	Fenws gw. 2. 'Y Sant' ll.193n, ll.420n.
69	**Dagonau** gw. 192. 'Jesebel ac Elias' ll.579n.

334. DISGYBLION DIDYMUS

Gw. rhif 216 am gerdd wahanol dan yr un teitl; mae ll. 9–12 yma yn cyfateb i ll.13–16 yn y gerdd honno. Cyhoeddwyd y gerdd hon yn *Y Cylchgrawn Efengylaidd*, 3:7 (Gwanwyn-Haf 1956), 1.

Nodiadau cyffredinol

Didymus	gw. 216. 'Disgyblion Didymus', n.
2	**merthyr** gw. 158. 'Y Merthyron', n.
	Calfari gw. 11. 'Y Bardd a'r Beirniad Olaf' ll.18n.
4	gw. 103. 'Datblygiad' ll.1n; 2. 'Y Sant' ll.269n; 192. 'Jesebel ac Elias' ll.583n.
5	**pechod** gw. 75. 'Pechod', n.
7	**croes** gw. 1. 'Y Mynach' ll.360n.
9	gw. 216. 'Disgyblion Didymus' ll.13n.
10	**Apostol** gw. 2. 'Y Sant' ll.539n.
11–12	cf. Ioan 20:25, 27.

335. CYFARCH ALUN YN 70

Cyhoeddwyd ll.5–20 o'r gerdd hon yn *Y Cardi*, [14] (Calan 1977), 12, lle y nodir bod dechrau'r cyfarchion wedi'u colli. Cadwyd pennill arall o'r gerdd gan Gerallt Jones, 'Cofio Gwenallt', *Y Genhinen*, 19:2 (Gwanwyn 1969), 170; gosodir y pennill hwnnw o flaen y lleill yn y testun presennol gan ragdybio mai un o'r penillion coll ydyw.

Nodiadau cyffredinol

Alun [Jeremiah Jones] ('Alun Cilie'; 1897–1975), bardd gwlad, un o deulu enwog fferm y Cilie ger Llangrannog, yn ne Ceredigion. Mae ei waith yn gofnod diddan a hiraethus o fywyd fferm a'r gymdeithas wledig, glòs a fodolai yn ei fro enedigol yn hanner cyntaf yr 20fed ganrif. Gw. CLC, 378; Jon Meirion Jones, *Teulu'r Cilie* (1999).

1	**ei gyfrol o gerddi** Ymddangosodd *Cerddi Alun Cilie* yn 1964. Casglodd T. Llew Jones ail gyfrol, *Cerddi Pentalar* (1976), ar ôl i Alun Cilie farw.

7–8	Cyfeirir at gerddi penodol yn *Cerddi Alun Cilie*; gw. 'Y Pwdl', 40–3; 'Cywydd coffa [i 'Moss']', 22–3; 'Yr Hen Geffyl', 60, 64; 'Y Mochyn', 71.
14	**Homer** gw. 28. 'Homer', n.
16	**beirdd gwledig Ceredigion** Am grynodeb o nodweddion gwaith y beirdd gwlad, gw. CLC, 36.
17	**Cwmtydu** cwm bychan a thraeth yn ne Ceredigion. Canodd Alun Cilie gerdd hiraethus o'r enw 'Cwmtydu'; gw. *Cerddi Alun Cilie* (1964), 9–11.

336. NADOLIG

Gw. rhifau 99 a 279 am gerddi gwahanol dan yr un teitl. Cadwyd copi holograff o'r gerdd hon yn LlGC, Papurau Gwenallt, A10. Mae'n anorffenedig, ac ni osododd Gwenallt yr un teitl uwch ei phen. Tybir mai golygyddion *Y Coed* (llaw Bobi Jones?) a roddodd y teitl pensil 'Nadolig' ar frig y ddalen ac a drawodd linellau pensil trwy rannau o'r gerdd yn y llsgr. (gw. isod).

Nodiadau testunol

1	**ryw** Ychwanegodd Gwenallt y gair hwn yn ddiweddarach.
2	**Fel ar Ŵyl :** 'Ac yn enwedig' oedd y drll. gwreiddiol, cyn ei ddiwygio i'r drll. presennol.
3	**Addurnwn y :** 'Llanw'r' oedd y drll. gwreiddiol, cyn ei ddiwygio i'r drll. presennol.
4	'A phrydferthu'r preseb ag aur, perl a gem' oedd y drll. gwreiddiol, cyn ei ddiwygio i'r drll. presennol.
6–8	Y fersiwn gwreiddiol ar y llinellau hyn oedd:

        Mor swynol yw'r seren honno yn y ne
        A ddarganfu'r tri seryddwr, ac wedyn ei dilyn
        Nes iddi aros yn stond uwch y llety yn y dre.

    Ysgrifennodd Gwenallt fersiwn y testun presennol yn gyflawn ar waelod y ddalen, gyda'r bwriad o ddisodli'r fersiwn gwreiddiol (mae llinellau pensil bellach trwy destun gwreiddiol ll.6–8). Wedyn ceir y geiriau 'corff lleyg cnawd seciwlar' mewn llinell ar eu pen eu hunain (cf. ll.16), ac yna fersiwn drafft ar y pennill olaf; gw. ll.17–20n.

9	**Gabriel :** 'y geni yn y preseb' oedd y drll. gwreiddiol, cyn ei ddiwygio i'r drll. presennol.
13	**ei gyfnod :** gyfnod (A10)
17–20	Ceir fersiwn drafft o'r pennill hwn ar ôl y fersiwn gwreiddiol o'r ail bennill; gw. uchod, ll.6–8n. Dilewyd y fersiwn drafft hwn â llinellau pensil. Oherwydd yr ailweithio cymhleth arno, cynigir yma destun beirniadol o'r pennill:

    Y Seren, dangos di â'th oleuni gonest
        Mai'r un cnawd sydd ganddo â chnawd y babanod lliw;
    Chwi, glychau, peidiwch chi â boddi â'ch canu soniarus
        Gri'r rhai sy'n marw o newyn yn santeiddgnawd Duw.

20	**yn India** Ychwanegwyd y geiriau hyn yn ddiweddarach.

Ceir llinell unigol ar ddiwedd y gerdd yn A10 sydd fel petai'n llinell gyntaf pennill pellach nas gorffennwyd: 'Rhaid i ni geisio dihatru'r Nadolig, a'i weld yn ei noethni'.

Nodiadau cyffredinol

Nadolig gw. 99. 'Y Nadolig', n.

2	**Bethlehem** gw. 18. 'Plant Bethlehem', n.
3–4	**stabl . . . / . . . preseb** gw. 99. 'Y Nadolig' ll.6n.
4	cf. 337. '*Magnificat*' ll.1n.
5	**côr y bugeiliaid** gw. Luc. 2:8–16.
6	**seren** gw. 2. 'Y Sant' ll.503n.
7	**tri seryddwr** y Doethion; gw. 99. 'Y Nadolig' ll.19–20n.
8	gw. Mathew 2:9.
9	**Gabriel** gw. 261. 'Gabriel' ll.1n.
	y Forwyn Mair; gw. 1. 'Y Mynach' ll.80n.

10	**yr Ysbryd Glân** gw. 4. 'Yr Angylion a'r Gwragedd' ll.5n.
11	cf. 337. '*Magnificat*' ll.5; 332. 'Y Deyrnas' ll.47; 333. 'Jesebel ac Elias (Darn)' ll.1.
12	cf. 333. 'Jesebel ac Elias (Darn)' ll.6–7.
13	cf. 337. '*Magnificat*' ll.6; 225. 'Catholigrwydd' ll.1–2.
15	**Efengyl** gw. 150. 'Y Calendr' ll.4n.
16	**oes atomig** gw. 120. 'Dyn' ll.6n.
17	cf. yr emyn 'Loywaf o'r sêr sydd yn britho'r ffurfafen'; gw. *Llyfr Emynau a Thonau y Methodistiaid* (1929), rhif 769.
18	cf. 190. 'Albert Schweitzer' ll.6n.
19	cf. 2. 'Y Sant' ll.141n.

337. MAGNIFICAT

Cadwyd copi holograff o'r gerdd hon yn LlGC, Papurau Gwenallt, A10, ar ddiwedd rhif 336. 'Nadolig'. Tybir ei bod yn anorffenedig, ac mai gwaith golygyddion *Y Coed* yw'r llinellau pensil a drawyd trwyddi yn A10.

Nodiadau testunol

5	**gan ras :** 'â gras' oedd y drll. gwreiddiol, cyn ei ddiwygio i'r drll. presennol.

Nodiadau cyffredinol
Magnificat gw. 1. 'Y Mynach' ll.464n.

1	**Bethlehem** gw. 18. 'Plant Bethlehem', n. Cyfeirir yma at yr allor enwog yn y *Crypta Lactis* ym Methlehem; gw. 242. 'Bethlehem' ll.13n.
2	cf. 100. 'Ewrob' ll.2n, ll.7n.
3–5	gw. 99. 'Y Nadolig' ll.6n.
5	cf. 336. 'Nadolig' ll.11.
	gras cf. Luc 1:28. Gw. 1. 'Y Mynach' ll.38n.
6	cf. 336. 'Nadolig' ll.13; 225. 'Catholigrwydd' ll.1–2.
7	cf. 82. 'Cnawd ac Ysbryd'.

338. Y FFURFAFEN

Cadwyd copi holograff o'r gerdd hon yn LlGC, Papurau Gwenallt, A11. Cerdd anorffenedig ydyw, ac ni osododd Gwenallt yr un teitl uwch ei phen. Tybir mai golygyddion *Y Coed* (llaw Bobi Jones?) a roddodd y teitl pensil 'Y Ffurfafen' ar frig y ddalen ac a drawodd linellau pensil trwy rannau o'r gerdd yn y llsgr. (gw. isod).

Nodiadau testunol

1	'Yr wybren a reolai'r holl ddaear yn yr henfyd' oedd drll. gwreiddiol y llinell hon, cyn ei ddiwygio i'r drll. presennol.
5	**hwythau :** 'hwy' oedd y drll. gwreiddiol; ychwanegiad diweddarach yw'r '–thau'.
6	**hwy :** ychwanegodd Gwenallt y gair hwn yn ddiweddarach.
7	**gofod :** 'bydysawd' oedd y drll. gwreiddiol, cyn ei ddiwygio i'r drll. presennol.
8	**rhagluniad :** 'yn y byd' oedd y drll. gwreiddiol, cyn ei ddiwygio i'r drll. presennol.
9–16	cf. ll.28n.
12	**achosai :** 'roddi' oedd y drll. gwreiddiol, cyn ei ddiwygio i'r drll. presennol.
14	**beth oedd ei sgôp :** 'phob greddf' oedd y drll. gwreiddiol, cyn ei ddiwygio i'r drll. presennol.
16	**horosgôp :** 'deddf' oedd y drll. gwreiddiol, cyn ei ddiwygio i'r drll. presennol.
18	**erioed :** ychwanegodd Gwenallt y gair hwn yn ddiweddarach.
19	**gobeithgar o Bersia :** 'o Fesopotamia' oedd y drll. gwreiddiol, cyn ei ddiwygio i'r drll. presennol.
20	**A gwelsant hi :** 'A'i gweld' oedd y drll. gwreiddiol, cyn ei ddiwygio i'r drll. presennol.
21	**yno :** ychwanegodd Gwenallt y gair hwn yn ddiweddarach.

22	**Brenin :** 'serendduw' oedd y drll. gwreiddiol, cyn ei ddiwygio i'r drll. presennol.
eu teyrnged : 'iddo' oedd y drll. gwreiddiol, cyn ei ddiwygio i'r drll. presennol.
23	**gŵr a gwraig gyffredin :** 'preseb ac anifeiliaid' oedd y drll. gwreiddiol, cyn ei ddiwygio i'r drll. presennol.
24	'Mair a Joseff, a'r baban yn gorwedd ar y gwair' oedd y drll. gwreiddiol, cyn ei ddiwygio i'r drll. presennol.
25–8	O flaen y pennill hwn yn y llsgr. ceir y pennill canlynol a ddilewyd gan Gwenallt ei hun:

    Y seren a ddiddymodd ormes yr holl sêr a'r planedau,
    Y seren a ollyngodd o'u ffawd holl ddynion y byd;
    Y baban a orweddai ar y gwair, hwnnw oedd eu creawdwr;
    A'r creawdwr hwnnw oedd carwr y cosmos i gyd.

Fe'i dilynir gan ddwy linell sydd fel petai'n hanner pennill nas gorffennwyd:

    Y seren a ddaw allan o Jacob, y Seren sy'n Feseia
    Hi a ddiddymodd ddewiniaeth y planedau, unbennaeth y sêr

25	'Seren goleuni Bethlem; seren carwr y cosmos' oedd y drll. gwreiddiol, cyn ei ddiwygio i'r drll. presennol.
27	**ffurfafen :** 'wybren' oedd y drll. gwreiddiol, cyn ei ddiwygio i'r drll. presennol.
28	**rhyddid :** 'gobaith ni' oedd y drll. gwreiddiol, cyn ei ddiwygio i'r drll. presennol. Mae'r diwygiad hwn hefyd wedi'i ddileu yn y llsgr., ond gosodwyd tic gyferbyn ag ef. Wedyn ceir llinell unigol yn y llsgr. sydd fel petai'n llinell gyntaf pennill nas gorffennwyd; dilewyd y llinell hon â llinellau pensil:

    Seren gwyrdd yr ymgnawdoliad y Seren swynol.

Wedyn ceir dau bennill cyfan sydd fel petaent yn ail fersiynau ar ll.9–16. Mae testun beirniadol o'r llinellau hynny fel a ganlyn (ni ddangosir diwygiadau):

    Y duwiau a'r duwiesau a achosai ddigwyddiadau hanes,
    Hwynt-hwy a roddai gyfoeth, tlodi, rhyfel, hedd;
    Cyfeillgarwch, casineb, anrhydedd, gwarth a gwynfyd;
    Holl daith dyngedfennol dynion o'r crud i'r bedd.

    Dylanwad y sêr, y planedau a'r deuddegsygn *zodiac*
    A welid ar aelodau'r corff, y deall, pob greddf,
    A phan aned baban i'r byd rhaid oedd i'r rhieni wybod
    Pa blaned a oedd yn yr wybren, beth oedd ei ddylanwad a'i ddeddf.

Ceir llinell unigol ar ddiwedd y gerdd yn A11 sydd fel petai'n llinell gyntaf pennill pellach nas gorffennwyd; dilewyd y llinell hon â llinellau pensil:

    Seren goleuni ['gwyrdd' uwchben] yr ymgnawdoliad, Seren Dafydd a'r Meseia.

Wedyn ceir y geiriau 'Ewyllys rydd'.

Nodiadau cyffredinol

1	**Mesopotamia** enw ar y wlad rhwng afonydd Tigris ac Ewffrates; yn ei ddefnydd ehangaf arferol, mae Mesopotamia yn cynnwys Babilonia. Roedd astudio'r sêr, gan gynnwys sêr-ddewiniaeth, yn rhan amlwg iawn o ddiwylliant cynnar y rhan hon o'r byd. Gw. IBD, 986–7; 2. 'Y Sant' ll.397n.
5	**astrolegwyr** sêr-ddewinwyr. Astroleg yw'r enw a roddir ar y grefft o ddehongli dylanwad honedig y sêr a'r planedau ar fywydau pobl.
17–18	cf. Mathew 2:1–2.
17	**Tri astrolegwr yn y dwyrain** y Doethion; gw. 99. 'Y Nadolig' ll.19–20n.
18	**Seren** gw. 2. 'Y Sant' ll.503n.
19	**Persia** y wlad rhwng Môr Caspia a Gwlff Persia (sef Iran bellach). Cf. 242. 'Bethlehem' ll.2–3.
20	**Bethlehem** gw. 18. 'Plant Bethlehem', n.

21	cf. Mathew 2:9.
22	cf. Mathew 2:11. Ar roddion y Doethion, gw. 1.'Y Mynach' ll.42n, ll.369n.
23	cf. 337. '*Magnificat*' ll.5; 336. 'Nadolig' ll.11.
24	**brenin yr Iddewon** cf. Mathew 2:2.
	ar orsedd o wair cf. 230. 'Arddangosfa'r Llyfrgell' ll.13–14n.
25	**Seren . . . Dafydd** gw. 158. 'Y Merthyron' ll.33n. Ar Ddafydd, gw. 150. 'Y Calendr' ll.6n.
	Meseia gw. 101. 'Yr Iddewon' ll.24n.
26	**Immanuel** enw arall ar yr Iesu, yn golygu 'Duw gyda ni'; gw. Mathew 1:23.
	gollwng ni yn rhydd cf. cais Moses i Pharo i ryddhau pobl Israel yn Exodus 5:1, 9:1; gw. hefyd Luc 4:18; 226. 'Sacheus' ll.25n.

339. TEGWCH
Cyhoeddwyd y gerdd hon yn *The Dragon*, 46:1 (1923), 65.

Nodiadau cyffredinol
Masefield, John (1878–1967), bardd Saesneg toreithiog, nodedig am ei gerddi realaidd, a wnaeth lawer i dorri i lawr gonfensiynau Victoraidd ym marddoniaeth Saesneg ar ddechrau'r 20fed ganrif. Cyfieithiad yw'r gerdd hon o 'Beauty'; gw. John Masefield, *Ballads and Poems* (1910), 36.

Nodiadau testunol
4	**irwellt :** inwellt (*Dragon*)	

340. Y GÔT
Cadwyd copi holograff o'r pennill hwn yn LlGC, Papurau Gwenallt, CH9, 19, ymhlith nodiadau darlith Gwenallt ar y Goliardi; fe'i cyhoeddwyd yn Dyfnallt Morgan, 'Atgofion Myfyriwr', *Y Traethodydd*, 124 (Ebrill 1969), 117.

Nodiadau cyffredinol
Goliardi gw. 19. 'Horas Lawryfog', n. Cyfieithiad yw'r pennill hwn, fe ddywedir, o gerdd gan Hugo, Athro Rhethreg Prifysgol Orleans, a adawodd ei swydd i ymuno â'r beirdd crwydrol, y Goliardi. Yn ôl yr hanes, cafodd Hugo anrheg o gôt gan ryw esgob, ond tynnodd hwnnw'r ffwr oddi arni cyn ei rhoi. Mae'r pennill hwn, a luniodd Hugo ar yr achlysur hwnnw, wedi'i osod yng ngenau'r gôt, ac yr oedd yn boblogaidd iawn yn yr Oesoedd Canol.

1	**Gwlân a ffwr nid oes gennyf** Adleisir geiriau Pedr yn Actau 3:6.
3	**Primas** 'Meistr'. Hugo oedd y *Primas Vagorum*, sef pennaeth y beirdd crwydrol.
4	**Jacob foel . . . Esau flewog** gefeilliaid, meibion Isaac yn yr Hen Destament; gw. Genesis 25:24–6, 27:11.

341. CÂN SERCH ADERYN
Cadwyd copi holograff o'r gerdd hon yn LlGC, Papurau Gwenallt, CH9, 21–2, ymhlith nodiadau darlith Gwenallt ar y Goliardi.

Nodiadau cyffredinol
Goliardi gw. 19. 'Horas Lawryfog', n. Am destun gwreiddiol y gerdd hon, gw. *Carmina Burana*, goln Alfons Hilka ac Otto Schumann (1930), rhif 174; cf. *Selections from the Carmina Burana*, cyf. David Parlett (1986), 139–40.

3–4	cf. 23. 'Ni, Grwydriaid' ll.3n.

342. [CYFFES Y GOLIAS]
Cadwyd copi holograff o'r englyn hwn yn LlGC, Papurau Gwenallt, CH9, 23, ymhlith nodiadau darlith Gwenallt ar y Goliardi. Fe'i priodolir i Gwenallt hefyd gan Gwynfil Rees yn LlGC, Papurau Cynllun Ymchwil yr Academi Gymreig, 19; noda fodd bynnag fod Gwenallt, ymhen blynyddoedd 'wedi mynd yn grefyddol iawn' ac yn gwadu iddo ei lunio. Dichon mai'r esboniad ar

hyn yw mai addasiad o bennill o waith y Goliardi ydyw, ac nid englyn gwreiddiol. Am addasiad o'r un pennill ar fesur gwahanol, gw. 22. 'Cyffes y Golias' ll.1–8.

Nodiadau cyffredinol
Goliardi gw. 19. 'Horas Lawryfog', n.
1   **Barnwr** gw. 11. 'Y Bardd a'r Beirniad Olaf', n.
3   **gwyn** gair mwys; gw. 90. 'Y Duwdod' ll.10n; 125. 'Morgannwg' ll.24n.
     Gŵr Crist; gw. 2. 'Y Sant' ll.199n.

343. PLISMYN PEN-FFWRN
Cadwyd teipysgrif o'r gerdd hon yn LlGC, Papurau Dai Williams (Tregaron), 7.

Nodiadau cyffredinol
Efelychiad yw hon o'r gân gyfarwydd, 'The Policeman's Song' o'r opera ysgafn, *The Pirates of Penzance* gan W. S. Gilbert ac A. Sullivan. Er i Gwenallt restru'r gân mewn rhaglen o ddeunydd ysgafn o waith Idwal Jones a berfformiwyd gan y cwmni poblogaidd 'Adar Tregaron' yn y Felinfach yn 1935, yn *Cofiant Idwal Jones* (1958), 235, heb awgrymu nad Idwal Jones oedd yr awdur, mae'r deipysgrif yn LlGC, Papurau Dai Williams (Tregaron), 7, yn ei phriodoli i Gwenallt ei hun. Digwydd enw Gwenallt ar ymyl y ddalen fel perfformiwr amryw o eitemau ysgafn yn rhaglenni'r 'Adar' ym mhapurau Dai Williams, arweinydd y cwmni. Yn LlGC 21754E, enwa Gwenallt *The Pirates of Penzance* fel un o'r operâu a nodweddai ddiwylliant ei fagwraeth ym Mhontardawe.
Pen-ffwrn enw gwneud.
5   **Cart and Horses** cf. 131. 'D. J. Williams, Abergwaun' ll.17–24 (amrywiadau).

344. Y FERCH O GYDWELI
Cadwyd teipysgrif o ll.1–20 yn LlGC, Papurau Mati Rees, 26, a theipysgrif o'r gerdd gyfan yn LlGC, Papurau'r Parch. Gerallt Jones, 77. Ar slip o bapur yn y fan honno ceir y nodyn canlynol: 'Copi a chysurai [*sic*] Mrs. Gerallt Jones un fawr—gan iddi ofyn i un o'i hathrawon Coleg, Gwenallt Jones, am gyfieithiad Cymraeg o'r gân Londonnery [*sic*] Air i'w chanu ar yr alaw honno.' Nid cyfieithiad o eiriau i'w canu ar 'Londonderry Air' mo hon, ond yn hytrach addasiad o gân Wyddelig adnabyddus arall, sy'n dechrau â'r geiriau, 'In Dublin's fair city'. Gw. hefyd Mati Rees, *Teulu'r Glöwr* (1977), 75.

Nodiadau testunol
6   **union a syth** : union (MR)
14   **ngwely** : ngwely'n (MR)

Nodiadau cyffredinol
Cydweli pentref glan-y-môr yn sir Gaerfyrddin, enwog am ei rython.
7–10 cf. 306. 'Yr Hen Amser Gynt' ll.1n.
13   **y Glais** pentref ger Clydach yng Nghwm Tawe, a chartref T. E. Nicholas am gyfnod; gw. 105. 'Y Comiwnyddion', n.

345. CÂN FUDDUGOL WALTHER
Cadwyd y gân hon ar daflen a baratowyd ar gyfer Eisteddfod Genedlaethol Frenhinol Cymru [1965], o dan olygyddiaeth y cerddor amlwg John Hughes (1896–1968); gw. Bywg.[3], 78. Ceir copi yn LlGC.

Nodiadau cyffredinol
Wagner, Wilhelm Richard (1813–83), cyfansoddwr o'r Almaen, a chymeriad dylanwadol yn hanes cerddoriaeth Ewrop yn y 19eg ganrif; gw. OCM, 1101–2. Cyfieithiad yw'r gerdd bresennol o 'Preislied' o'r opera *Die Meistersinger von Nürnberg*.
10   **Efa 'mharadwys** gw. 2. 'Y Sant' ll.269n, ll.527n.

20   **Parnasws** mynydd (2,460m) yng Ngwlad Groeg, a gysylltid ag addoli Apollo a'r Awenau; gw. OCCL, 410.
30   **awen** gw. 3. 'Breuddwyd y Bardd' ll.41n.

346. TYRD FERCH I'R GOEDWIG
Cyhoeddwyd y gân hon gan Snell a'i Feibion, Abertawe (d.d.), i'w gosod ar gerddoriaeth J. S. Bach.

Nodiadau cyffredinol
Bach gw. 1. 'Y Mynach' ll.456n. Addasiad yw'r geiriau hyn o 'Mer hahn en neue Oberkeet. Kleinschocher müse so zart' o'r *Bauernkantata* (Cantata rhif 212, *libretto* gan Picander).
1   **bedwen** coeden a gysylltir yn gyffredin â *milieu* serch a'r haf.
2   **Mai** mis cyntaf yr haf, a'r mis delfrydol ar gyfer caru yn ôl confensiynau'r canu serch.

347. I'R TRAGWYDDOL
Cadwyd y gân hon ar daflenni a baratowyd ar gyfer Eisteddfodau Cenedlaethol Llanelli a'r Cylch, 1962, a Rhydaman a'r Cylch, 1970; ceir copïau yn LlGC.

Nodiadau cyffredinol
Schubert, Franz Peter (1797–1828), cyfansoddwr o Awstria y cyfrifir ei ganeuon ymhlith goreuon y *genre*; gw. OCM, 931–2. Cyfieithiad yw'r gerdd bresennol o 'Dem Undenlichen', sef Cân D291 (geiriau gan Friedrich Klopstock).
8   **Jiwbilî** 'blwyddyn o ryddhad ac adferiad a gorfoledd a oedd i'w chadw gan yr Iddewon (yn ôl Lefiticus xxv), bob hanner can mlynedd, pryd y rhyddheid pob caethwas o Iddew ac yr adferid tir i'w ddeiliaid blaenorol neu i'w hetifeddion'; GPC, 2047–8. Defnyddir y gair yn gyffredin ar gyfer achlysur neu dymor o orfoledd.

348. I GARCHARORION YR IAITH
Cyhoeddwyd y gerdd hon yn *Barn*, 46 (Awst 1966), 264. Roedd Ebrill 1966 yn hannercanmlwyddiant Gwrthryfel y Pasg yn Nulyn; gw. OCIL, 165–6.

Nodiadau cyffredinol
Padraic H. Pearse gw. 219. 'Emyr Llewelyn Jones' ll.18n. Cyfieithiad yw'r gerdd hon o 'The Fool'; gw. *Collected Works of Padraic H. Pearse* (1917).
1   **ffŵl** cf. 93. 'Saunders Lewis' ll.1n.
21 **Ei gymryd ar Ei air** cf. yr ymadrodd, 'nghymryd i ar fy ngair' yng ngherdd Kitchener Davies, 'Sŵn y Gwynt sy'n Chwythu'; gw. *Gwaith James Kitchener Davies* (1980), 24.
23 **Y mae hwn yn cablu** cf. Mathew 9:3.

BYRFODDAU

Cyffredinol

ad.	adnod(au)	g.	ganwyd
adarg.	adargraffiad	gol.	golygydd (lluosog: goln)
amr.	amrywiad	gw.	gweler
arg.	argraffiad	h.y.	hynny yw
benth.	benthyciad	ll.	llinell(au)
c.	*circa*	llsgr.	llawysgrif
CC	Cyn Crist	m	metr
cf.	cymharer	m.	bu farw
cyf.	cyfieithydd	myn.	mynegol
d.d.	dim dyddiad	n.	nodyn
drll.	darlleniad	OC	Oed Crist
e.e.	er enghraifft	pres.	presennol
fl.	*floruit*	t.	tudalen (lluosog: tt.)
ff.	ffolio	un.	unigol
km	cilometr	yml.	ymlaen

Llyfryddol

BAC	*Baner ac Amserau Cymru*
BAV	*A Book of Aberystwyth Verse*, goln Charles Davies ac Edward K. Prosser (Y Drenewydd, [1926])
BB	*Brut y Brenhinedd*, gol. B. F. Roberts (Dulyn, 1971)
BBG	*Bro a Bywyd Gwenallt (David James Jones) 1899–1968*, gol. Dafydd Rowlands (Caerdydd, 1982)
BBGC	*Bwletin y Bwrdd Gwybodau Celtaidd*
BDPF	*Brewers Dictionary of Phrase and Fable*, Ivor H. Evans (14eg arg., Llundain, 1993)
BDdG	*Blodeugerdd o'r Ddeunawfed Ganrif*, gol. D. Gwenallt Jones (5ed arg., Caerdydd, 1953)
BJM	Casgliad Papurau B. J. Morse yn Archif Prifysgol Cymru, Caerdydd
BRh	*Breudwyt Ronabwy*, gol. Melville Richards (Caerdydd, 1948)
Bywg.	*Y Bywgraffiadur Cymreig hyd 1940* (Llundain, 1953)
Bywg.²	*Y Bywgraffiadur Cymreig 1941–1950* (Llundain, 1970)
Bywg.³	*Y Bywgraffiadur Cymreig 1951–1970* (Llundain, 1997)
CA	*Canu Aneirin*, gol. Ifor Williams (Caerdydd, 1938)
CBPM	*Celtic Britain and the Pilgrim Movement*, G. Hartwell Jones (Llundain, 1912)
CDGG	*Cywyddau Dafydd ap Gwilym a'i Gyfoeswyr*, goln Ifor Williams a Thomas Roberts (Bangor, 1914)
CE	*Y Cyfaill Eglwysig*
CIGE	*Cywyddau Iolo Goch ac Eraill*, goln Henry Lewis *et al.* (adarg., Caerdydd, 1972)
CLC	*Cydymaith i Lenyddiaeth Cymru*, gol. Meic Stephens (arg. newydd, Caerdydd, 1997)
CLlH	*Canu Llywarch Hen*, gol. Ifor Williams (Caerdydd, 1935)
CO	*Culhwch ac Olwen*, goln Rachel Bromwich a D. Simon Evans (Caerdydd, 1992)
Credaf	cyfraniad Gwenallt i'r gyfrol *Credaf*, gol. J. E. Meredith (Aberystwyth, 1943); fe'i hatgynhyrchwyd yn *Gwenallt: Bardd Crefyddol*, gol. J. E. Meredith (Llandysul, 1974)
DNB	*Dictionary of National Biography* (adarg. Rhydychen, 1975)
GIG	*Gwaith Iolo Goch*, gol. Dafydd Johnston (Caerdydd, 1988)
GDG	*Gwaith Dafydd ap Gwilym*, gol. Thomas Parry (ail arg., Caerdydd, 1963)

GPC	*Geiriadur Prifysgol Cymru* (Caerdydd, 1950–)
HG	*Yr Haul a'r Gangell*
HGC	*Hen Gerddi Crefyddol*, gol. Henry Lewis (Caerdydd,1931)
IBD	*The Illustrated Bible Dictionary* (adarg., Caerlŷr, 1988)
Julian	*A Dictionary of Hymnology*, gol. John Julian (adarg., Llundain, 1915)
LlGC	Llyfrgell Genedlaethol Cymru
OBWV	*The Oxford Book of Welsh Verse*, gol. Thomas Parry (Rhydychen, 1962)
OCCL	*The Oxford Companion to Classical Literature*, gol. M. C. Howatson (ail arg., Rhydychen, 1993)
OCEL	*The Oxford Companion to English Literature*, Paul Harvey (4ydd arg., Rhydychen, 1975)
OCFL	*The Oxford Companion to French Literature*, goln Paul Harvey a J. E. Heseltine (Rhydychen, 1969)
OCGL	*The Oxford Companion to German Literature*, Henry a Mary Garland (3ydd arg., Rhydychen, 1997)
OCIL	*The Oxford Companion to Irish Literature*, gol. Robert Welch (Rhydychen, 1996)
OCM	*The Oxford Companion to Music*, Percy A. Scholes (10fed arg., Rhydychen, 1972)
ODCC	*The Oxford Dictionary of the Christian Church*, goln F. L. Cross ac E. A. Livingstone (Rhydychen, 1997)
ODS	*The Oxford Dictionary of Saints*, David Hugh Farmer (adarg., Rhydychen, 1979)
PDLT	*The Penguin Dictionary of Literary Terms and Literary Theory*, J. A. Cuddon (3ydd arg., 1992).
PKM	*Pedair Keinc y Mabinogi*, gol. Ifor Williams (ail arg., Caerdydd, 1964)
PWDN	*The Poetical Works of Dafydd Nanmor*, gol. Thomas Roberts ac Ifor Williams (Caerdydd, 1923)
RhF	*Rhyfeddaf Fyth*, gol. E. Wyn James (Gregynog, 1998)
TYP	*Trioedd Ynys Prydein*, gol. Rachel Bromwich (ail arg., Caerdydd, 1978)
YBYEW	*Y Bardd yn ei Weithdy*, T. H. Parry-Williams (Lerpwl, 1948)
YA	*Ysgubau'r Awen*, D. Gwenallt Jones (Llandysul, 1939)
YC	*Y Coed*, D. Gwenallt Jones (Llandysul, 1969)
YCE	*Y Cylchgrawn Efengylaidd*
YDd	*Y Ddolen*
YDdG	*Y Ddraig Goch*
YLlA	*Y Llinyn Arian*, gol. Ifan ab Owen Edwards (Aberystwyth, 1947)